Microsoft Exchange Server SE und Exchange Online – Das Handbuch

Thomas Joos ist selbstständiger IT-Consultant und seit 20 Jahren in der IT-Branche tätig. Er schreibt Fachbücher und berät Unternehmen im Mittelstands- und Enterprise-Bereich in den Themenfeldern Active Directory, Exchange Server und IT-Sicherheit. Durch seinen praxisorientierten und verständlichen Schreibstil sind seine Fachbücher für viele IT-Spezialisten eine wichtige Informationsquelle geworden. Seinen Blog finden Sie auf *http://thomas-joos.wordpress.com*. Neben vielen erfolgreichen Büchern schreibt er für zahlreiche IT-Publikationen wie z.B. *c't*, *iX*, *IT Administrator* und *tecchannel.de*.

Thomas Joos

Microsoft Exchange Server SE und Exchange Online – Das Handbuch

Der Einsatz im Rechenzentrum und in der Cloud mit Microsoft 365

O'REILLY®

Wir hoffen, dass Sie Freude an diesem Buch haben und sich Ihre Erwartungen erfüllen. Falls Sie Anregungen, Wünsche und Kommentare haben, lassen Sie es uns wissen: **service@rheinwerk-verlag.de**.

Informationen zu unserem Verlag und Kontaktmöglichkeiten finden Sie auf unserer Verlagswebsite **www.dpunkt.de**. Dort können Sie sich auch umfassend über unser aktuelles Programm informieren und unsere Bücher und E-Books bestellen.

Autor: Thomas Joos
Lektorat: Sandra Bollenbacher
Buchmanagement: Julia Griebel
Copy-Editing: Petra Heubach-Erdmann, Düsseldorf
Satz: Gerhard Alfes, mediaService, Siegen, *www.mediaservice.tv*
Herstellung: Stefanie Weidner, Frank Heidt
Covergestaltung: Michael Oréal, *www.oreal.de*
Bildnachweis: D3Damon, Stock-Fotografie-ID: 918939600
Druck: BELTZ Grafische Betriebe GmbH, Bad Langensalza

FSC www.fsc.org MIX Papier | Fördert gute Waldnutzung FSC® C089473

Dieses Buch wurde mit mineralölfreien Farben auf FSC®-zertifiziertem Papier aus nachhaltiger Waldwirtschaft gedruckt. Der Umwelt zuliebe verzichten wir zusätzlich auf die Einschweißfolie. Hergestellt in Deutschland.

Bibliografische Information der Deutschen Nationalbibliothek:
Die Deutsche Nationalbibliothek verzeichnet diese Publikation in der Deutschen Nationalbibliografie; detaillierte bibliografische Daten sind im Internet über *http://dnb.dnb.de* abrufbar.

ISBN Print: 978-3-96009-260-5
ISBN PDF: 978-3-96010-973-0
ISBN ePub: 978-3-96010-974-7

1. Auflage 2026

Dieses Buch erscheint in Kooperation mit O'Reilly Media, Inc. unter dem Imprint »O'REILLY«. O'REILLY ist ein Markenzeichen und eine eingetragene Marke von O'Reilly Media, Inc. und wird mit Einwilligung des Eigentümers verwendet.

Rheinwerk Verlag GmbH • Rheinwerkallee 4 • 53227 Bonn
service@rheinwerk-verlag.de

Inhaltsverzeichnis

Teil E Migration und Überwachung

Teil A

Einstieg und Installation

Kapitel 1

Neuerungen und Grundlagen

Mit dem Supportende von Exchange Server 2016 und 2019 im Oktober 2025 hat Microsoft einen tiefgreifenden Umbruch in der E-Mail-Infrastruktur vieler Unternehmen ausgelöst. Microsoft stellt die klassische Produktlinie ein und führt mit Exchange Server SE erstmals auch On-Premises, ein abonnementbasiertes Lizenzmodell, ein. Statt einer neuen Plattform bringt Microsoft eine Fortführung von Exchange 2019, die ab sofort regelmäßig über kumulative Updates weiterentwickelt wird. Der Weg in diese neue Zukunft beginnt mit der Installation von CU15 für Exchange Server 2019. Exchange-Server lassen sich mit den Installationsdateien von Exchange SE direkt zu SE aktualisieren, wie über die Installation eines kumulativen Updates.

Mit Exchange Server Subscription Edition (SE) stellt Microsoft die neue Version als Plattform für Messaging und Zusammenarbeit im Unternehmen zur Verfügung. Diese aktuelle Version bietet im Vergleich zu Exchange Server 2016/2019 wenige Neuerungen. Generell baut Exchange SE auf Exchange 2019 CU15 auf.

Die Connectors, E-Mail-Adressenrichtlinien und die generelle Struktur haben sich im Vergleich zu Exchange Server 2016/2019 nicht stark verändert und auch mit Exchange 2013 gibt es viele Ähnlichkeiten. Administratoren kommen also schnell mit der neuen Server-Version zurecht, vor allem wenn zuvor Exchange 20116/2019 im Einsatz kam. Auch die Verwaltung von Exchange Online ist sehr ähnlich, da die Exchange-Version in Microsoft 365 ebenfalls sehr ähnlich verwaltet wird.

Im weiteren Verlauf dieses Buches kürze ich die Schreibweise *Exchange Server Subscription Edition* zu *Exchange SE*.

1.1 Neuerungen im Überblick

Die neue Exchange-Version verfügt über zahlreiche Neuerungen, darunter eine engere Anbindung an Office 365, eine bessere Hochverfügbarkeit und einige Optimierungen unter der Haube. Im Vergleich zu Exchange 2016 gibt es wenige Neuerungen, zu Exchange 2010/2013 allerdings einige Verbesserungen.

Exchange Server 2019 CU15 markiert den Wendepunkt in der Produktentwicklung. Die Codebasis dieser Version entspricht vollständig der technischen Grundlage von Exchange SE. Ein Inplace-Upgrade auf SE ist nur dann möglich, wenn CU15 bereits installiert wurde. Dabei wird nicht der Server neu eingerichtet, sondern lediglich der Lizenzstatus verändert und die Version angepasst. Exchange bleibt unverändert. CU15 für Exchange 2019 ist somit keine gewöhnliche Aktualisierung, sondern Voraussetzung für jedes weitere Update. Wer Exchange weiterhin lokal betreiben möchte, kann auf dieser Basis ohne Neuinstallation direkt zu SE wechseln und damit Exchange weiterhin auch lokal betreiben, mit oder ohne Anbindung an Microsoft 365 und Exchange Online. Die Funktionalität bleibt identisch, erst mit dem CU1 für SE kommen neue Features hinzu. Technisch gesehen besteht der eigentliche Unterschied zwischen Exchange 2019 CU15 und Exchange SE RTM lediglich in der Lizenz und der Versionsnummer.

Datenbankkopien sollen zum Beispiel nicht nur als Backup für den Ausfall genutzt werden, sondern auch als aktiver Teil der Umgebung. In Exchange SE lässt sich zum Beispiel der Suchindex von Postfachdatenbanken aus passiven Kopien erstellen, und aktive Kopien können Fehler und Inkonsistenzen auf Basis von passiven Datenbankkopien erkennen und beheben. Das funktioniert auch in Exchange 2016, aber noch nicht in Exchange 2010/2013.

Exchange SE lässt sich auf Servern mit Windows Server 2019/2022 und Windows Server 2025 installieren, Windows Server 2016 und älter werden nicht unterstützt. Auch SE unterstützt die Installation auf Core-Servern. Wenn auf einem Server bereits Exchange installiert ist, darf das Betriebssystem nicht auf eine neue Version aktualisiert werden, zum Beispiel von Windows Server 2022 zu Windows Server 2025. Daher ist es sinnvoll, Exchange SE gleich auf einem Server mit Windows Server 2025 zu betreiben, um den maximalen Support-Zeitraum ausnutzen zu können. Außerdem lässt sich Exchange SE nicht in Active Directory-Gesamtstrukturen installieren, in denen noch Exchange 2013 im Einsatz ist.

1.1.1 Neue Funktionen in CU15 – mehr als nur ein Update

Die Bedeutung von Exchange 2019 CU15 erschöpft sich nicht in seiner Rolle als technisches Bindeglied zu SE. Auch funktional bringt das Update eine Reihe von Verbesserungen, die ebenso für Exchange SE gelten. Administratoren erhalten mit CU15 wieder Zugriff auf die Zertifikatsverwaltung im Exchange Admin Center. Diese war in früheren Updates entfernt worden und steht jetzt erneut über die grafische Oberfläche zur Verfügung. Ein weiterer Fortschritt ist die teilweise Unterstützung von TLS 1.3. Auf Windows Server 2022 und 2025 ist das Protokoll für alle Dienste außer SMTP bereits nutzbar.

Die vollständige Implementierung für SMTP soll in einem späteren Update erfolgen. Microsoft hat dafür bereits die nötigen Cipher Suites aktiviert, darunter TLS_AES_256_GCM_SHA384 und TLS_AES_128_GCM_SHA256.

CU15 unterstützt offiziell Windows Server 2025, aber auch das CU14 ist bereits für den Betrieb mit Windows Server 2025 freigegeben. Damit lassen sich neue Exchange-Installationen auf dem neuesten Serverbetriebssystem einrichten. Ist das mit dem CU14 bereits erfolgt, kann der Server direkt zu CU15 aktualisiert werden und ist damit bereit für das Update zu Exchange SE. Auch Active Directory-Umgebungen mit Windows Server 2025 als Domänencontroller sind voll kompatibel. Die Installationsdateien von Exchange SE entsprechen in dieser Hinsicht denen von Exchange 2019 CU15.

Ein weiterer Meilenstein ist die Einführung der Microsoft-eigenen DocParser-Bibliothek als Ersatz für die bisher eingesetzte Oracle Outside In-Technologie. DocParser übernimmt die Extraktion von Dateiinhalten für Transportregeln und DLP-Funktionen. Die Umstellung erfolgt vollständig serverseitig, ohne zusätzlichen Konfigurationsaufwand. Exchange SE verbessert außerdem die Integration mit dem Antimalware Scan Interface, kurz AMSI. Diese Schnittstelle erlaubt die frühzeitige Erkennung potenziell schädlicher Inhalte auf dem Transportweg. Gleichzeitig sorgt die automatische Bereinigung alter OWA-Dateien für mehr Ordnung auf dem Server und reduziert die Speicherlast.

Ein bislang wenig beachtetes Detail betrifft den Konfigurationscontainer in Active Directory. Auch wenn Exchange SE kein neues Schema einführt, wird der Container auf eine neue Versionsnummer aktualisiert. Der Befehl *Setup.exe /PrepareOrganization /IAcceptExchangeServerLicenseTerms_DiagnosticDataOn* ist deshalb Teil der Update-Routine.

Exchange SE bereitet weitere Neuerungen vor, die aktiviert werden können. Dazu gehört das sogenannte Feature Flighting. Es handelt sich um einen cloudbasierten Dienst, der über den Office Config Service neue Funktionen in lokalen Exchange-Servern aktiviert. Funktionen lassen sich dadurch gezielt ein- und ausschalten, ohne ein Update einspielen zu müssen. Diese Infrastruktur ist bereits in Exchange 2019 CU15 enthalten, wird aber erst mit den kommenden SE-Versionen relevant, wenn erste Funktionen auf diesem Weg verteilt werden. Exchange SE bringt darüber hinaus die Unterstützung für ECC-Zertifikate. Diese sind nun für den Edge Transport-Dienst sowie die Protokolle POP3 und IMAP4 vollständig nutzbar.

Ein weiteres technisches Detail betrifft den Edge Transport-Dienst. Nach der Installation von SE kann es in bestimmten Konfigurationen zu Neustarts oder Hängern dieses Dienstes kommen. Microsoft hat das Problem dokumentiert und entsprechende Workarounds veröffentlicht.

1.1.2 Änderungen der Serverrollen im Überblick

Auch in Exchange SE gibt es keine dedizierte Serverrolle für den Clientzugriff mehr, der Clientzugriffsserver (Client Access Server) aus älteren Versionen wurde abgeschafft, seine Funktion übernehmen die Postfachserver. Alle Funktionen, die Clientzugriffsserver beherrschen, werden also von den Postfachservern übernommen. Interessant ist das für Admins, die von Exchange 2013 über Exchange 2019 zu Exchange SE migrieren.

Greift ein Anwender auf einen Postfachserver zu, auf dem sich nicht sein Postfach befindet, überprüft der Server in Active Directory, welcher Server das Postfach bereitstellt, und leitet die Anfrage des Anwenders automatisch weiter. Diese Aufgabe hat bis Exchange 2013 der Clientzugriffsserver übernommen. Das heißt, Postfachserver stehen zukünftig auch für den Zugriff per Outlook im Web, Outlook, Exchange Active Sync, IMAP und SMTP zur Verfügung. Die entsprechenden Ports müssen dazu in der Firewall freigeschaltet werden.

Microsoft will dadurch die Anzahl der notwendigen Exchange-Server im Unternehmen reduzieren. Und Unternehmen sparen so Hardware- und Lizenzkosten bei geringerem Verwaltungsaufwand.

Die Serverrollen *Hub-Transport* und *Unified Messaging* hat Microsoft seit Exchange 2013 entfernt. Die Funktion der beiden Rollen haben ebenfalls die Postfachserver übernommen. Unified Messaging ist generell kein Thema mehr in Exchange 2019.

Die Exchange-Verwaltungskonsole und die webbasierte Exchange-Systemsteuerung von Exchange 2010 hat Microsoft zum Exchange Admin Center zusammengefasst. Dieses entspricht den Funktionen in Microsoft 365 und in Exchange 2016/2019.

Der Postfachserver umfasst alle Serverkomponenten aus Exchange: Clientzugriffsprotokolle, Transportdienst und Postfachdatenbanken. Der Postfachserver verarbeitet alle Vorgänge für die aktiven Postfächer auf dem lokalen Server.

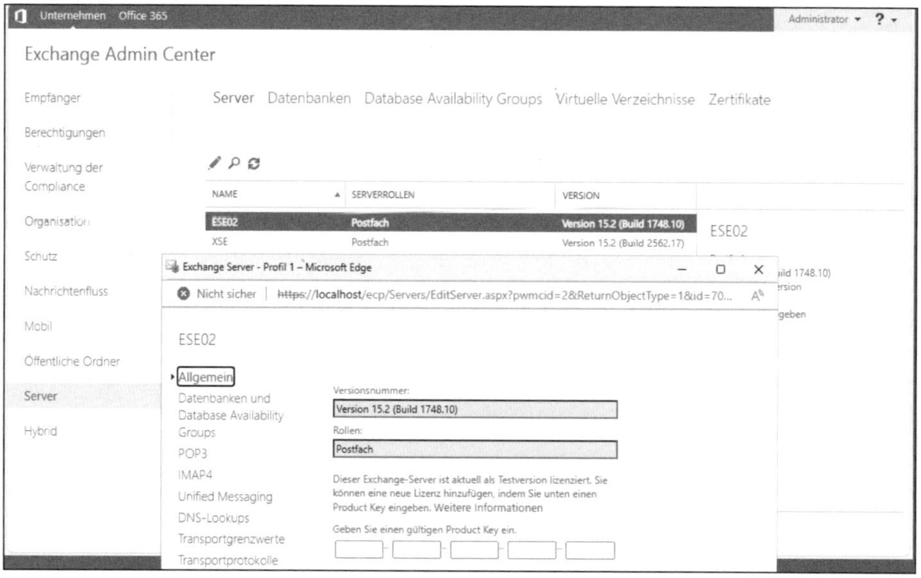

Abb. 1.1 Die Verwaltung von Exchange SE erfolgt weiterhin vor allem mit dem Exchange Admin Center.

Die Transportdienste sind auch für das Verwenden und Umsetzen der Transportregeln zuständig. Diese werden als Richtlinien zur Verhinderung von Datenverlust (Data Loss Prevention, DLP) bezeichnet und sollen verhindern, dass sensible Daten nach außerhalb versendet werden. Microsoft hat dazu die Möglichkeit der Transportregeln in der Vergangenheit ständig erweitert. Es ist zum Beispiel auch möglich, Anwender daran zu hindern, bestimmte Daten nach extern zu versenden.

Außerdem sind in Exchange SE Funktionen zur Überprüfung auf Schadsoftware bereits bei der Installation integriert (wie bei Exchange 2016/2019). Diese Technik schützt Exchange von Anfang an vor Schadsoftware. Die Server scannen alle ein- und ausgehenden E-Mails nach Viren. Unternehmen, die Antivirenprogramme von Drittherstellern einsetzen, können die in Exchange SE integrierte Funktion jederzeit deaktivieren.

Exchange SE lässt sich in bestehende Organisationen mit Exchange 2016/2019 installieren.

1.1.3 Systemvoraussetzungen im Überblick

In diesem Abschnitt zeige ich Ihnen, welche Systemvoraussetzungen Sie für den Einsatz von Exchange SE erfüllen müssen.

1.1.4 Zusammenarbeit mit älteren Serverversionen und Betriebssystemen

Unternehmen, die zu Exchange SE migrieren, können in der Organisation noch Exchange-Server mit Exchange 2016 und Exchange 2019 betreiben, die Exchange-Versionen 2007 und 2010/2013 werden nicht mehr unterstützt. Für eine direkte Aktualisierung zu Exchange SE muss Exchange 2019 CU14 oder CU15 genutzt werden.

Damit Exchange SE zusammen mit Exchange 2016 gemeinsam betrieben werden kann, muss auf den vorhandenen Servern das jeweils CU23 installiert sein.

Für die Zusammenarbeit mit Exchange 2019 benötigen Sie auf den Servern mit Exchange 2019 das CU14 oder besser CU15.

Für den gemeinsamen Betrieb von Exchange SE mit Exchange 2016 benötigen Sie auf den Servern mit Exchange 2016 mindestens CU23. Microsoft geht auf der Seite *https://learn.microsoft.com/de-de/Exchange/plan-and-deploy/supportability-matrix* näher auf die Themen ein.

1.1.5 Netzwerk und Hardware

Exchange SE nutzt IPv6 und IPv4 zur Kommunikation. Auch wenn Sie im Netzwerk IPv6 nutzen, muss IPv4 aktiv sein.

Alle Partitionen müssen mit dem NTFS-System formatiert sein. Die Festplatte oder Partition, auf denen Sie die Datenbankdateien von Exchange betreiben, können Sie mit dem ReFS-Dateisystem formatieren. Dieses ist leistungsfähiger und gegen Abstürze ausfallsicherer.

Als Outlook-Client für Exchange SE eignen sich die aktuellen Versionen Outlook 2021/2024, das neue Outlook und Outlook aus den Microsoft 365-Apps. Dieses entspricht in der aktuellen Version Outlook 2024.

1.1.6 Öffentliche Ordner und Exchange Admin Center

In Exchange SE gibt es weiterhin öffentliche Ordner. Zwar nutzen immer mehr Unternehmen andere Möglichkeiten für die Zusammenarbeit, zum Beispiel Microsoft Teams, SharePoint oder Lösungen von Drittanbietern, dennoch lassen sich auch weiterhin öffentliche Ordner im Team nutzen.

Gemeinsame Inhalte werden über Postfächer zur Verfügung gestellt, die wiederum zur Ausfallsicherheit mit Datenbankverfügbarkeitsgruppen (Database Availability Group, DAG) abgesichert werden. Öffentliche Ordner sind daher in Exchange SE als Postfach innerhalb der Postfachdatenbank abgebildet. Dies erleichtert die Konfiguration und verbessert die Hochverfügbarkeit. Die Verwaltung von öffentlichen Ordnern findet im Exchange Admin Center statt.

Um öffentliche Ordner zu nutzen, erstellen Sie zunächst ein Postfach für öffentliche Ordner und danach die öffentlichen Ordner in diesem Postfach. Exchange SE erstellt keine Datenbanken für öffentliche Ordner während der Installation. Die Postfächer für öffentliche Ordner sind in der Postfachdatenbank gespeichert, die auch die Benutzerpostfächer zur Verfügung stellt.

In Exchange SE können Sie weiterhin im Exchange Admin Center ein freigegebenes Postfach erstellen. Dabei handelt es sich um einen Empfängertyp, der den Zugriff von mehreren Anwendern erlaubt. Die Verwaltung der Exchange-Infrastruktur findet im webbasierten Exchange Admin Center (EAC) statt, genauso wie in den Vorgängerversionen und in Exchange Online mit Microsoft 365. Zusätzlich gibt es auch weiterhin die Exchange Management Shell, also die PowerShell-Erweiterung von Exchange.

Die Exchange-Verwaltungskonsole aus Exchange 2010 gibt es in Exchange SE in der bekannten Form nicht mehr. Microsoft hat die Funktionen der Exchange-Verwaltungskonsole und der webbasierten Exchange-Systemsteuerung zum webbasierten Exchange Admin Center (EAC) zusammengefasst. Das EAC ist nach der Installation über *https://<Servername>/ecp* im Webbrowser erreichbar.

1.1.7 Clientanbindung und Hochverfügbarkeit

Die Kommunikation zwischen Outlook und Exchange findet in den neuen Versionen über HTTP(s) statt; das Remote Procedure Call(RPC)-Protokoll wird nicht mehr verwendet.

Outlook 2019/2021/2024 arbeitet mit Exchange SE und dem Offlinecachemodus der neuen Version am besten zusammen. Zum Zeitpunkt des Schreibens dieses Buches hat das webbasierte, neue Outlook Exchange SE noch nicht unterstützt. Allerdings plant Microsoft natürlich diese Unterstützung.

In Exchange SE erfolgt der gesamte Microsoft Outlook-Clientzugriff über das MAPI/HTTPS-Protokoll.

1.1.8 Outlook im Web – Die neue Outlook Web App

Für Anwender hat Microsoft die Oberfläche von Outlook Web App (OWA) erneuert. Sie ist an Outlook orientiert und auch Outlook orientiert sich an der webbasierten Oberfläche. Einmal synchronisiert können Anwender auch offline mit Outlook Web App arbeiten. Microsoft hat die Bezeichnung »Outlook im Web« in Exchange SE beibehalten.

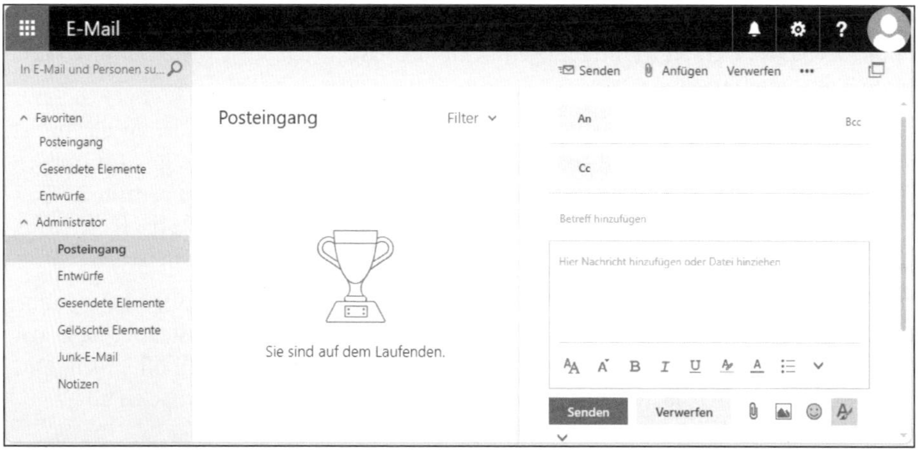

Abb. 1.2 Outlook im Web mit Exchange SE

Neu seit Exchange 2016 ist die Integration von Apps für Outlook im Web. So lässt sich die Oberfläche mit neuen Funktionen erweitern. Outlook im Web funktioniert am besten mit Microsoft Edge, Firefox sowie Google Chrome und Apple Safari. Allerdings unterstützen Safari und Firefox kein S/MIME mit Exchange SE. Die Oberfläche hat Microsoft für den Touchbetrieb optimiert, sodass auch Anwender mit Tablets damit arbeiten können. Auch die Ansicht des Kalenders und der Kontakte hat Microsoft verbessert.

1.1.9 Das bleibt in Exchange SE unverändert

Zunächst brauchen sich Administratoren keine Sorgen zu machen, dass mit Exchange SE alles anders wird. Die grundlegende Struktur in Exchange SE bleibt im Vergleich zu den Vorgängerversionen Exchange 2016/2019 weitgehend unverändert, vor allem zu Exchange 2019 CU15.

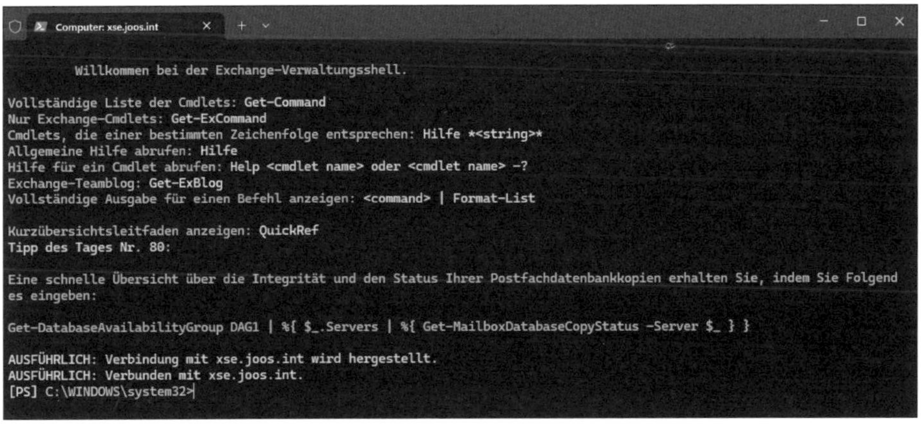

Abb. 1.3 Exchange SE lässt sich weiterhin mit der Exchange Management Shell verwalten.

Auch die Verwaltungswerkzeuge Exchange Admin Center, ehemals Exchange-Verwaltungskonsole, und Exchange Management Shell bleiben erhalten und sehen noch so aus wie in Exchange 2016/2019. Die grundsätzliche Struktur und der Aufbau von Exchange sind unverändert. Das gilt auch für die Verwendung von Exchange Online in Microsoft 365.

1.2 ReFS und Database Divergence Detection

Microsoft empfiehlt, die Datenspeicher für Postfachserver mit dem ReFS-Dateisystem zu formatieren. Dieses Dateisystem ist vollständig kompatibel zu Tools, die normalerweise auf NTFS setzen, allerdings unempfindlicher bei Abstürzen des Servers. Davon profitieren vor allem die Datenbankdateien in Exchange. Außerdem kann sich ReFS bei Abstürzen schneller selbst reparieren, wovon auch Exchange-Datenbanken profitieren.

Zusätzlich kann ReFS mit mehr Dateien und größeren Datenträgern umgehen und sich selbst bei Ausfall schneller reparieren. ReFS arbeitet besser mit Storage Spaces und Storage Spaces Direct zusammen und bietet vollständige Kompatibilität mit NTFS-Anwendungen und Dateifreigaben. Entdeckt ReFS einen Fehler in einem Speicherplatz, veranlasst das Dateisystem eine Reparatur. Dazu verwendet es gespeicherte Prüfsummen und Metadaten des Systems. Allerdings ist dazu bei der Erstellung eines Speicherplatzes eine Ausfallsicherheit notwendig.

Sie können auf ReFS-Datenträgern weder die Komprimierung noch das verschlüsselte Dateisystem einsetzen. Auch Windows-Datenträgerkontingente funktionieren nicht. Außerdem können Sie Datenträger nicht verkleinern oder vergrößern wie mit NTFS. Diese Funktionen werden auf Exchange-Servern aber ohnehin nicht verwendet.

Exchange SE bietet dazu eine Funktion mit der Bezeichnung »Database Divergence Detection« (Datenbankabweichungserkennung) und kann Probleme in den Datenbanken dadurch schneller erkennen und beheben, vor allem beim Einsatz auf ReFS-Datenträgern. Exchange SE überwacht im laufenden Betrieb die aktiven Kopien von Datenbanken und vergleicht die Daten mit den passiven Datenbanken. Findet Exchange dabei Fehler, korrupte Bereiche oder Abweichungen, kann sich die Datenbank automatisch reparieren. Es ist also durchaus sinnvoll, auch in kleinen Unternehmen auf Datenbankverfügbarkeitsgruppen zu setzen.

Unter Umständen kann es auch sinnvoll sein, die Datenbanken auf Datenträger mit Storage Spaces Direct (direkte Speicherplätze) abzulegen. In Windows Server lassen sich Storage Spaces über mehrere Server verteilen. Unternehmen sollten daher den Einsatz von Storage Spaces Direct in Erwägung ziehen, wenn auf Exchange SE mit Windows Server 2022/2025 umgestellt werden soll. Dabei spielt es keine Rolle, ob Sie Exchange virtualisieren oder auf physischen Servern betreiben.

Anwender können in Exchange auch über Outlook im Web/Outlook Web App (OWA) Office-Dokumente lesen und bearbeiten, ohne dass auf dem zugreifenden Rechner das Office-Paket installiert sein muss. Das war generell auch mit den Vorgängerversionen möglich, allerdings müssen hier Administratoren Änderungen an der Umgebung vornehmen.

1.3 Grundlagen zur Installation von Exchange SE

Sie können Exchange SE auf Core-Servern installieren, es ist keine vollständige Installation von Windows Server 2022/2025 notwendig. Microsoft bietet in diesem Zusammenhang auch erweiterte grafische Werkzeuge für die Verwaltung von Core-Servern an. Diese sind für Exchange SE aber nicht notwendig. Verwalten lassen sich Core-Server zum Beispiel auch mit dem Windows Admin Center, das von der Bedienung her an das Exchange Admin Center erinnert.

Die Verwaltungstools von Exchange SE können Sie auch auf Arbeitsstationen mit Windows 11 installieren. Vor der Installation von Exchange SE bietet es sich zusätzlich an, über die PowerShell, den Server-Manager oder das Windows Admin Center die Remoteserver-Verwaltungstools für Active Directory auf dem ersten Exchange-Server zu installieren, das Snap-In *Active Directory-Schema* zu starten und über das Kontextmenü eine Verbindung zum Schemamaster aufzubauen. Unternehmen, die auf SharePoint setzen, können darüber besser Postfächer und öffentliche Ordner in Exchange SE durchsuchen.

E-Mails, die Anwender in SharePoint auf Servern mit Exchange SE finden, lassen sich in *.pst*-Dateien exportieren. Die neue Exchange-Version lässt sich auch an Domänen anbinden, die auf Windows Server 2016/2019 basieren, es ist nicht unbedingt Windows Server 2025 notwendig. Bis Windows Server 2022 hat Microsoft ohnehin nur »Windows Server 2016« als Funktionsebene bereitgestellt. Exchange SE unterstützt die neue Funktionsebene für Windows Server 2025 ebenfalls. Sie können auch nach der Integration von Exchange SE in einem Active Directory die Domäne und Gesamtstruktur zu Domänencontrollern mit Windows Server 2025 aktualisieren. Es ist auch problemlos möglich, Exchange SE mit Windows Server 2025 in einer Domäne mit Windows Server 2019/2022 zu implementieren.

Sie können Exchange SE zwar auf Domänencontrollern installieren, Microsoft empfiehlt das jedoch nicht. Nachdem Sie Exchange installiert haben, können Sie den Server weder zu einem Domänencontroller heraufstufen noch einen Domänencontroller herabstufen.

Microsoft gibt Exchange SE für die Virtualisierung frei. Optimal dazu geeignet ist Hyper-V in Windows Server 2022/2025.

Um neue Hilfedateien direkt in die Verwaltungsshell herunterzuladen, verwenden Sie am besten das Cmdlet *Update-ExchangeHelp-Verbose*.

Natürlich lässt sich die Hilfe auch offline im Netzwerk aktualisieren. Dazu laden Sie zunächst die notwendigen Hilfedateien herunter und integrieren sie anschließend auf dem Exchange-Server.

1.4 Migrationsszenarien – lokal, hybrid oder vollständig in die Cloud

Wer den lokalen Betrieb beibehalten will, kommt an SE nicht vorbei. Die Lizenzumstellung auf neuere SE-Versionen erfolgt später durch Aktivierung des entsprechenden Produktschlüssels. Ein direkter Wechsel von Exchange 2016 zu SE ist ausgeschlossen. Unternehmen müssen daher zunächst auf Exchange 2019 CU15 migrieren. Der Aufwand für diese Migration ist erheblich, insbesondere bei bestehenden DAGs oder Anwendungen, die Exchange spezifisch anbinden.

Für hybride Szenarien bleibt der Einsatz eines lokalen Exchange-Servers auch in Zukunft notwendig, wenn Postfächer in Exchange Online verwaltet werden sollen. In diesem Fall kann SE als reine Verwaltungsoberfläche eingesetzt werden. Sobald alle Postfächer in die Cloud migriert wurden, entfällt die Notwendigkeit zur CAL-Lizenzierung. Der Server selbst muss jedoch lizenziert bleiben, solange er aktiv betrieben wird. Microsoft weist darauf hin, dass der Support für Hybridconnectors älterer CUs mit Oktober 2025 endet. Die Funktionalität bleibt möglicherweise erhalten, unterliegt aber keinen Garantien mehr. Einschränkungen bei der Nachrichtenübermittlung, Verzögerungen oder komplette Ausfälle sind denkbar. Wer Exchange Online in der Hybridform nutzen will, muss daher auf SE aktualisieren.

1.4.1 Migration zu Exchange SE im Detail

Die Einführung von Exchange Server SE erfolgt damit unter völlig veränderten Rahmenbedingungen im Vergleich zu früheren Versionswechseln. Während bei früheren Releases wie Exchange 2013 oder 2016 der Support für die Vorgängerversion noch über Jahre hinweg gewährleistet war und Koexistenz über längere Zeiträume möglich blieb, verengt Microsoft diesmal das Zeitfenster drastisch.

Die eigentliche Migration erfolgt in zwei Phasen. Zunächst wird Exchange Server 2019 mit CU15 auf Windows Server 2025 installiert. Der Betrieb auf Windows Server 2019/2022 ist ebenfalls möglich, aber durch den Einsatz von Windows Server 2025 erhöht sich der Support-Zeitraum deutlich. Damit stellt Microsoft erstmals ein Inplace-Upgrade zur Verfügung, bei dem weder neue Server installiert noch Postfächer verschoben werden müssen. Der technische Aufwand reduziert sich erheblich, es genügt später, den Produktschlüssel zu ändern und das System als SE zu aktivieren.

Ein Inplace-Upgrade im klassischen Sinn ist allerdings ausschließlich für Exchange, nicht für das zugrunde liegende Betriebssystem möglich. Microsoft unterstützt keine Upgrades von Windows Server 2019 oder 2022 auf Windows Server 2025 bei installiertem Exchange. Das ändert sich auch mit Exchange SE nicht.

1.4.2 Exchange 2013 mit Exchange 2019 und Exchange SE betreiben

SE lässt sich nicht in Umgebungen installieren, in denen Exchange 2013 noch aktiv ist. Empfohlen wird hier der Zwischenschritt über Exchange 2019 CU14, da diese Version noch mit Exchange 2013 koexistieren kann. Anschließend erfolgt die Deinstallation aller Exchange 2013-Server, bevor das Update auf CU15 vorgenommen wird. Erst dann ist das System bereit für Exchange SE. Unternehmen mit Exchange 2016 sollten direkt auf Exchange CU15 und dann auf Exchange SE migrieren. Auch hier ist die Koexistenz mit Exchange 2019 gegeben, die Migration erfolgt klassisch durch Verschieben der Postfächer. Wichtig ist, dass Exchange SE CU1 keine Koexistenz mehr mit Exchange 2016 oder älteren Versionen zulässt. Spätestens dann muss die gesamte Umgebung vollständig auf SE umgestellt sein.

Auch wer heute bereits Exchange 2019 betreibt, sollte den Zeitpunkt für die Umstellung gezielt wählen. Systeme, die auf Windows Server 2022 laufen, können mit CU15 problemlos in Exchange SE überführt werden. Die Umstellung erfolgt ebenfalls per Inplace-Upgrade, eine Migration des Betriebssystems ist in diesem Fall nicht notwendig. Diese Konfiguration bleibt bis 2031 unterstützt und bietet bereits jetzt Funktionen wie TLS 1.3, die auch in SE relevant bleiben. Wer noch auf Windows Server 2019 setzt, sollte über eine Neuinstallation auf moderner Hardware oder einem neuen OS nachdenken. Auch wenn Exchange SE zunächst noch auf Windows Server 2019 läuft, ist davon auszugehen, dass Microsoft diesen Support perspektivisch einschränkt.

Exchange 2019 lässt sich mit CU15 komplett neu auf neuer Hardware installieren. Eine verlässliche Planung setzt deshalb voraus, dass die Migration zu CU15 und Windows Server 2025 vorbereitet und möglichst früh abgeschlossen wird. Auch Hybridumgebungen müssen berücksichtigt werden. Exchange SE wird wie bisher auch eine kostenlose Lizenz für den hybriden Verwaltungsserver bieten, der allerdings keine Postfächer aufnehmen darf. Der Einsatz dieses hybriden Servers bleibt wichtig, wenn eine Anbindung an Exchange Online bestehen bleiben soll.

1.4.3 Komplette Migration zu Microsoft 365 ohne Wechsel zu Exchange SE

Unternehmen, die ihre E-Mail-Infrastruktur vollständig in die Cloud verlagern wollen, können auf eine Migration zu Exchange Server SE verzichten, sofern sie einen klaren und rechtzeitig geplanten Umstieg auf Exchange Online in Microsoft 365 verfolgen. Exchange Online bietet den Vorteil eines vollständig gemanagten Dienstes, bei dem keine eigene Serverinfrastruktur betrieben, gewartet oder abgesichert werden muss. Updates, Skalierung und Ausfallsicherheit übernimmt Microsoft. Im Gegensatz dazu erlaubt der lokale Betrieb mit Exchange SE maximale Kontrolle über Daten, Systeme und Integrationen. Gleichzeitig erfordert diese Variante deutlich höheren administrativen Aufwand, regelmäßige Sicherheitsmaßnahmen und Investitionen in Hardware sowie Lizenzen.

Dabei ist entscheidend, welche Exchange-Version derzeit in der Umgebung aktiv ist. Wer noch auf Exchange Server 2013 setzt, muss schnell handeln, denn der Support dieser Version ist bereits im April 2023 ausgelaufen. In solchen Fällen besteht keine sichere Basis mehr für einen direkten Hybridbetrieb. Die Migration sollte deshalb über einen Zwischenschritt auf Exchange 2019 CU14 erfolgen, da diese Version als letzte eine Koexistenz mit Exchange 2013 erlaubt. Anschließend lassen sich die Postfächer direkt zu Microsoft 365 verschieben, der 2019er-Server bleibt als Verwaltungsinstanz bestehen.

Auch für Exchange 2016 gilt es, keine Zeit zu verlieren. Wer noch auf dieser Plattform arbeitet, kann die Postfächer direkt nach Exchange Online migrieren, ohne vorher zu Exchange SE zu wechseln. Die empfohlene Vorgehensweise besteht darin, einen neuen Exchange 2019 CU15-Server bereitzustellen, diesen in die bestehende Organisation zu integrieren und darüber den Hybridconnector mit Microsoft 365 aufzubauen. Nach Abschluss der Migration dient dieser Server als reine Verwaltungsoberfläche und kann später außer Betrieb genommen werden. Ein Wechsel zu Exchange SE ist nicht erforderlich, sofern nach Abschluss keine Postfächer mehr lokal verbleiben.

Bei Exchange 2019 gestaltet sich die Situation flexibler. Da diese Version seit Oktober 2025 nicht mehr im Support ist, kann auch hier der Weg direkt in die Cloud führen, ohne über SE zu gehen. Wer CU15 installiert, kann den Server nach der Migration als Hybridserver weiterverwenden. Alternativ kann er nach vollständiger Postfachmigration außer Betrieb genommen werden, sobald alle DNS-Einträge wie Autodiscover und MX auf Microsoft zeigen. Wichtig ist in allen Szenarien, dass keine Postfächer mehr lokal existieren, denn nur dann entfällt die Notwendigkeit einer gültigen Exchange-Serverlizenz.

Ein vollständiger Umstieg auf Microsoft 365 setzt eine sorgfältige Planung voraus, insbesondere bei Anwendungen, die auf Exchange zugreifen oder spezielle SMTP-Konfigurationen nutzen. Eine präzise Analyse bestehender Workflows, Servicepostfächer und Integrationen gehört ebenfalls dazu, um den Cloudbetrieb vollständig und ohne Einschränkungen zu gewährleisten. Wer frühzeitig mit der Bereinigung und Vorbereitung beginnt, kann den Wechsel zu Exchange Online effizient umsetzen und den Betrieb lokaler Serverinfrastruktur dauerhaft beenden.

1.5 Editionen von Exchange Server SE

Wie bereits die Vorgängerversionen steht Exchange Server SE in den beiden Editionen Standard und Enterprise zur Verfügung (*https://learn.microsoft.com/de-de/Exchange/plan-and-deploy/deployment-ref/editions-and-versions*). Die Installationsdateien der beiden Editionen sind identisch. Die Lizenzierung unterscheidet sich lediglich bei der Eingabe des Produktschlüssels. Jeder Exchange-Server wird zunächst als Testversion installiert. Erst durch die Integration des Produktschlüssels wird festgelegt, welche Edition im Einsatz ist. Sie können den Produktschlüssel jederzeit von der Standard-Edition zur Enterprise-Edition wechseln. Setzen Sie allerdings bereits die Enterprise-Edition ein, müssen Sie den Server neu installieren, um zukünftig auf die Standard-Edition zu setzen.

Exchange Server SE Standard Edition kann Servern aber nur maximal fünf Datenbanken bereitstellen. Setzen Sie Exchange Server SE Enterprise ein, können Sie auf jedem Server bis zu 100 Datenbanken bereitstellen. Diese Berechnungen müssen mit einbezogen werden, um die richtige Lizenzierung zu planen. In einer Exchange-Organisation können Standard- und Enterprise-Editionen miteinander vermischt werden. Die Edition wird im Exchange Admin Center angezeigt.

Nutzen Sie Datenbankverfügbarkeitsgruppen (DAGs), dürfen diese 16 Mitglieder umfassen. Beim Einsatz der Standard-Edition darf jeder Server aber nur maximal fünf aktive oder passive Datenbankkopien bereitstellen. Wird die Enterprise-Edition eingesetzt, lassen sich auch hier bis zu 100 Datenbanken nutzen.

Setzen Sie einen Edge-Transportserver ein, können Sie bedenkenlos auch auf die Standard-Edition setzen. Auf diesen Servern werden keine Datenbanken bereitgestellt, daher gibt es bei der Standard-Edition auch keine Einschränkungen.

1.6 Exchange SE lizenzieren

Für jeden Server, auf dem Sie Exchange SE installieren, müssen Sie eine Lizenz erwerben. Wie bereits in den Vorgängerversionen gibt es die beiden Editionen Standard (kleine und mittlere Unternehmen) sowie Enterprise (große Unternehmen).

Die Lizenzierung von Exchange SE erfolgt vollständig über ein Abonnement. Bestehende Software-Assurance-Verträge für Exchange 2019 können genutzt werden, um später auf SE umzustellen. Microsoft hat bestätigt, dass Exchange SE zunächst die Produktschlüssel von Exchange 2019 akzeptiert. Änderungen an der Lizenzstruktur sind erst mit dem ersten CU für SE zu erwarten. Unternehmen, die Exchange und die zugehörigen CALs mit aktiver Software Assurance besitzen, sind also bereits lizenziert und können nach Veröffentlichung direkt auf SE umsteigen.

Die empfohlene Zielkonfiguration lautet deshalb Exchange Server 2019 CU15 auf Windows Server 2025 mit anschließender Lizenzumstellung zu Exchange SE. Wer bereits auf CU15 ist, benötigt keine weitere Migration, sondern nur das geplante Inplace-Upgrade. Wer noch auf Exchange 2013 oder 2016 arbeitet, muss den Weg über CU14 beziehungsweise CU15 gehen und dann vollständig zu SE wechseln.

Für jeden Server, auf dem Exchange SE installiert wird, muss eine Lizenz vorliegen. Eine Lizenz ermöglicht die Installation auf einem virtuellen oder physischen Server.

Für alle Benutzer, die auf Exchange zugreifen, benötigen Sie außerdem eine Clientzugriffslizenz (Client Access License, CAL). Auch hier gibt es zwei Typen:

- **Standard-CAL** Mit dieser CAL decken Sie die Grundfunktionen für den Zugriff der Anwender ab. Beispiele dafür sind der Zugriff auf E-Mail, die Aufgaben und die Kontakte.
- **Enterprise-CAL** Wollen Sie Enterprise-Funktionen nutzen, müssen die Anwender zusätzlich zur Standard-CAL noch eine Enterprise-CAL nutzen. Das gilt aber nur für Postfächer, die auch auf diese Funktionen zugreifen. Ein Beispiel dafür ist die Archivierung. Enterprise-CALs bauen also immer auf Standard-CALs auf.

Standard-CALs und Enterprise-CALs arbeiten beide mit den Editionen Standard und Enterprise von Exchange SE zusammen. Neben den beiden Exchange-Editionen gibt es also auch Standardzugriffslizenzen (CALs) und Enterprise-CALs für die jeweiligen Clients.

Die Lizenzen lassen sich zwischen den Editionen mischen. Dies bedeutet, dass Sie für die Enterprise Edition von Exchange SE nicht unbedingt auch Enterprise-CALs benötigen und umgekehrt. Enterprise-CALs schalten Funktionen innerhalb der beiden Editionen frei, die Anwender nutzen können, wie beispielsweise einen verbesserten Spamschutz oder die Archivierung. Diese Funktionen stehen in beiden Server-Editionen zur Verfügung, benötigen aber Enterprise-CALs für die Anwender, die sie nutzen. Anwender erhalten die Funktionen »In-Situ-Archiv« und »In-Situ-Aufbewahrung« über die Exchange Online-Archivierung für Exchange Server.

Andere Anwender, die mit demselben Server arbeiten, benötigen zum Beispiel nur die Standard-CALs, wenn sie die erweiterten Funktionen nicht nutzen. Zunächst benötigt jeder Anwender eine Standard-CAL. Nutzen Anwender Funktionen, die eine Enterprise-CAL benötigen, müssen Sie diese zusätzlich zur Standard-CAL zuweisen. Für folgende Funktionen in Exchange SE benötigen Sie Enterprise-CALs und zusätzlich Standard-CALs für die Anwender:

- Archivierung von Postfächern über das Archivierungspostfach
- Suchmöglichkeiten zwischen verschiedenen Postfächern
- E-Mail-Transportrichtlinien
- Verwendung der Rechteverwaltung innerhalb von Exchange

Zusätzlich zu Exchange-CALs benötigt jeder Anwender, der sich mit Exchange verbindet, auch eine CAL für den Windows-Server. Verwenden Anwender die Rechteverwaltung von Windows Server 2022/2025, benötigen sie zusätzlich eine CAL für die Rechteverwaltung.

Weder die Standard-CAL noch die Enterprise-CAL von Exchange SE enthalten eine Outlook-Lizenz. Die Standard-CAL enthält das Recht, auf das Postfach zuzugreifen, aber keinerlei Rechte, Outlook einzusetzen. Sie müssen daher Outlook getrennt lizenzieren. Sobald das neue Outlook auch Exchange SE unterstützt, lässt sich das Programm auf Windows 11 nutzen, da es hier bereits vorinstalliert ist.

Für Unternehmen, die eine Lizenz für Exchange External Connector einsetzen, gibt es für Exchange SE keinerlei Änderungen.

1.7 Zusammenfassung

In diesem Kapitel habe ich Ihnen gezeigt, welche Neuerungen es in Exchange SE gibt und wie Sie diese Neuerungen nutzen. Auch das Thema Lizenzierung und was Sie bei der Installation beachten müssen, finden Sie in diesem Kapitel beschrieben. Im nächsten Kapitel erfahren Sie, wie Sie Exchange SE richtig installieren.

Kapitel 2

Installation und Grundeinrichtung

In diesem Kapitel lernen Sie, wie Exchange SE auf einem Server eingerichtet wird. Bei der Installation wird davon ausgegangen, dass Sie Exchange SE auf einem Server mit Windows Server 2025 installieren. Ich zeige Ihnen in diesem Zusammenhang auch die Installation auf einem Core-Server mit Windows Server 2025. Das war in Exchange 2016 noch nicht möglich. Die Installation von Windows Server 2022 läuft identisch ab.

Sie können Exchange SE in Organisationen mit Exchange 2016/2019 installieren. Ältere Versionen, auch Exchange 2013, lassen sich nicht gemeinsam mit Exchange SE betreiben.

Wollen Sie von älteren Versionen migrieren, müssen Sie entweder zuerst nach Exchange 2019 mit CU14 migrieren oder die Daten in eine andere Organisation übernehmen.

Exchange SE unterstützt bereits den neuen Betriebsmodus für Windows Server 2025, läuft aber auch problemlos in der Vorgängerversion Windows Server 2016, die für Windows Server 2016/2019/2022 verwendet wurde.

2.1 Active Directory für Exchange SE vorbereiten

Wie alle Serversysteme von Microsoft benötigt auch Exchange SE einige Zusatztools und Erweiterungen, die Sie vor der Installation des Servers installieren müssen. Zunächst installieren Sie das Betriebssystem, und zwar Windows Server 2025. Installieren Sie den Server und nehmen Sie ihn in die Domäne mit auf, in der Sie auch Exchange integrieren wollen.

2.1.1 Funktionsebenen von Gesamtstrukturen und Domänen verstehen

Während der Installation von Active Directory oder nachträglich legen Sie die Funktionsebene der Gesamtstruktur und damit aller Domänen sowie einzelner Domänen fest. Active Directory kann unter verschiedenen Funktionsebenen betrieben werden:

- Funktionsebene der einzelnen Domänen in der Gesamtstruktur
- Funktionsebene der Gesamtstruktur, die dann für alle Domänen gültig ist

Sie können die Funktionsebene für die Domänen im Snap-In *Active Directory-Domänen und -Vertrauensstellungen (domain.msc)* über das Kontextmenü der Domäne einstellen. Die Funktionsebene für die Gesamtstruktur stellen Sie über das Snap-In *Active Directory-Domänen und -Vertrauensstellungen* ein, ebenfalls über das Kontextmenü ganz oben.

Während die Funktionsebene der Gesamtstruktur nur einmal verändert werden muss, müssen Sie für jede Domäne der Gesamtstruktur deren eigene Funktionsebene anpassen. Diese beiden Ebenen können teilweise unabhängig voneinander jeweils verschiedene Funktionsebenen annehmen. Diese Funktionsebenen haben keine Kompatibilitätsunterschiede für Mitgliedsserver oder -PCs.

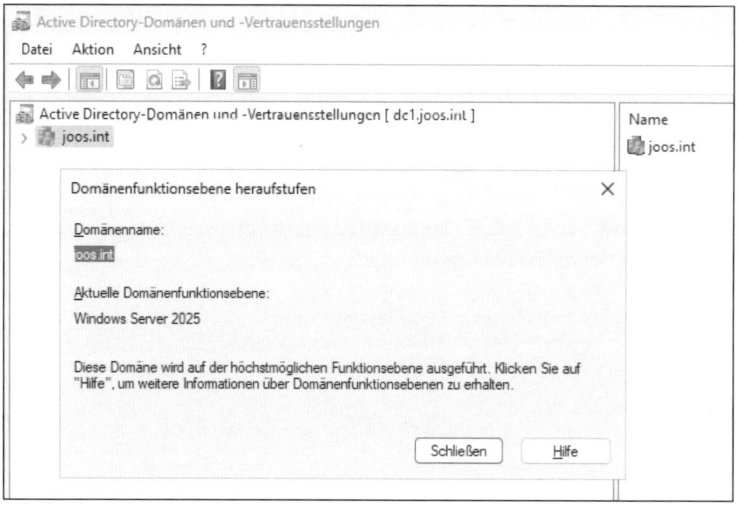

Abb. 2.1 Konfigurieren der Domänenfunktionsebene

2.1.2 Schemamaster – Active Directory erweitern

Active Directory verfügt über ein erweiterbares Schema. Dieses bietet die Möglichkeit, zusätzliche Informationen im Ordner flexibel zu speichern. Diese Funktion wird beispielsweise von Exchange genutzt. Alle notwendigen Informationen zu einem E-Mail-Postfach werden in Active Directory abgelegt. Bei der Installation von Exchange wird das Schema von Active Directory um die notwendigen Attribute und Klassen erweitert.

Damit das Schema erweitert werden kann, wird der Schemamaster benötigt, von dem es in jeder Gesamtstruktur nur einen gibt. Nur auf diesem Schemamaster können Änderungen am Schema vorgenommen werden. Steht der Schemamaster nicht mehr zur Verfügung, können auch keine Erweiterungen des Schemas stattfinden und die Installation von Exchange schlägt fehl. Der erste installierte Domänencontroller der ersten Domäne und Struktur einer Gesamtstruktur erhält die Rolle des Schemamasters. Ansonsten hat der Schemamaster keine Auswirkungen auf den laufenden Betrieb.

Damit der Schemamaster angezeigt werden kann, müssen Administratoren zunächst das Snap-In registrieren, das das Schema anzeigt. Aus Sicherheitsgründen wird dieses Snap-In zwar installiert, jedoch nicht angezeigt. Durch Eingabe des Befehls *Regsvr32 schmmgmt.dll* in der Eingabeaufforderung wird die Konsole verfügbar gemacht.

Im Anschluss können Sie das Snap-In *Active Directory-Schema* in eine MMC über *Datei/ Snap-In hinzufügen* integrieren. Mit einem Klick der rechten Maustaste auf das Menü *Active Directory-Schema* und der Auswahl von *Betriebsmaster* öffnet sich ein neues Fenster, in dem der Betriebsmaster angezeigt wird.

Sie können mithilfe dieses Fensters später den Betriebsmaster auch auf einen anderen Domänencontroller verschieben. Dazu müssen Sie sich über das Kontextmenü von *Active Directory-Schema* mit dem Domänencontroller verbinden, auf den Sie die Rolle übertragen wollen. Den Schemamaster können Sie sich in der Eingabeaufforderung anzeigen lassen:

```
Dsquery server -hasfsmo schema
```

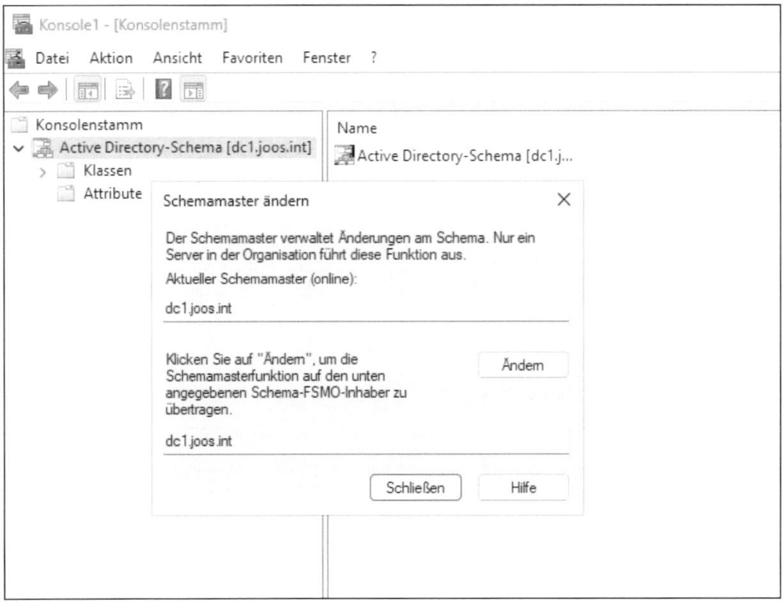

Abb. 2.2 Anzeigen des Schemamasters einer Gesamtstruktur

Die Schemaerweiterungen sollten Sie am besten direkt auf dem Schemamaster durchführen.

In einigen Fällen erscheint ein Schemaerweiterungsfehler mit der Nummer 8224. Er tritt vor allem auf virtuellen Servern häufig auf. Das Problem liegt an der TCP-Chimneyabladung (TCP Chimney Offload) und der empfangsseitigen Skalierung (Receive Side Scaling), da hier die Funktionen von der CPU, nicht der Netzwerkkarte berechnet werden. Teilweise vermeiden Sie den Fehler, wenn diese beiden Funktionen deaktiviert werden. Das funktioniert in der Befehlszeile mit den folgenden Anweisungen:

```
Netsh int tcp set global rss=disabled
Netsh int tcp set global chimney=disabled
Netsh int tcp show global
```

Der letzte Befehl zeigt den Status an. Erscheint bei Ihnen kein Fehler, brauchen Sie keine Aktionen durchzuführen.

2.1.3 Voraussetzungen an Domänencontroller und IPv6

Exchange arbeitet eng mit den Domänencontrollern und Active Directory. Daher müssen Sie beim Betrieb darauf achten, dass die Domänencontroller gewisse Voraussetzungen erfüllen.

Der Schemamaster wird standardmäßig auf dem ersten in einer Gesamtstruktur installierten Domänencontroller ausgeführt.

An jedem Active Directory-Standort, an dem Exchange SE installiert werden soll, muss mindestens ein globaler Katalogserver und ein schreibbarer Domänencontroller installiert sein. Exchange SE unterstützt keine schreibgeschützten Domänencontroller (RODC).

In Exchange SE wird IPv6 vollständig unterstützt, allerdings nur, wenn auch IPv4 installiert ist. Sie können IPv4 deaktivieren, sodass nur IPv6 aktiviert ist; die Deinstallation von IPv4 wird nicht unterstützt und auch nicht empfohlen.

2.2 Softwarevoraussetzungen für Exchange SE

Exchange SE lässt sich auf Core-Servern installieren. Sie können natürlich auch eine vollständige Installation von Windows Server 2022/2025 verwenden. Außerdem müssen Sie auf dem Server noch Vorbereitungen treffen. Darauf gehe ich nachfolgend ein.

2.2.1 Betriebssystem für Exchange vorbereiten

Beachten Sie bei der Installation von Windows Server 2022/2025, dass standardmäßig der Core-Modus voreingestellt ist. Haben Sie versehentlich einen Core-Server mit Windows Server 2022/2025 installiert, müssen Sie das Betriebssystem neu installieren.

> Exchange SE unterstützt vollständig IPv6. Sie dürfen aber IPv4 auf dem Server nicht deinstallieren. Es ist allerdings möglich, IPv4 zu deaktivieren.

Bevor Sie Exchange SE auf einem Server installieren, sollten Sie die aktuellen Updates für das Betriebssystem installieren.

2.2.2 Tools und Voraussetzungen installieren

Vor der Installation von Exchange SE müssen Sie erst einige Vorbereitungen treffen. Darauf gehe ich in den nächsten Abschnitten ausführlicher ein.

> Bevor Sie auf einem Server mit Windows Server 2022/2025 die Installation von Exchange Server SE beginnen, sollten Sie sicherstellen, dass alle Windows-Aktualisierungen auf dem Server installiert sind.

Bevor Sie Exchange SE auf einem Server mit Windows Server 2022/2025 installieren können, benötigen Sie die notwendigen Serverrollen und Features auf dem Server. Diese installieren Sie am schnellsten über die PowerShell.

Um Exchange SE zu installieren, sind folgende Erweiterungen des Betriebssystems notwendig. Natürlich sollte vor der Installation von Exchange SE der Server mit den neuesten Updates versorgt werden. Außerdem ist es sinnvoll, auf dem Server den Echtzeitschutz von Microsoft Defender abzuschalten. Das erfolgt in der Windows-Sicherheit-App bei *Viren- und Bedrohungsschutz/Einstellungen verwalten* durch das Deaktivieren von *Echtzeitschutz*. Danach erfolgt die Installation der erforderlichen Features. Das lässt sich am schnellsten in der PowerShell erledigen:

```
Install-WindowsFeature Server-Media-Foundation, NET-Framework-45-Features, RPC-
over-HTTP-proxy, RSAT-Clustering, RSAT-Clustering-CmdInterface, RSAT-Clustering-
Mgmt, RSAT-Clustering-PowerShell, WAS-Process-Model, Web-Asp-Net45, Web-Basic-
Auth, Web-Client-Auth, Web-Digest-Auth, Web-Dir-Browsing, Web-Dyn-Compression,
Web-Http-Errors, Web-Http-Logging, Web-Http-Redirect, Web-Http-Tracing, Web-
ISAPI-Ext, Web-ISAPI-Filter, Web-Metabase, Web-Mgmt-Console, Web-Mgmt-Service,
Web-Net-Ext45, Web-Request-Monitor, Web-Server, Web-Stat-Compression, Web-
Static-Content, Web-Windows-Auth, Web-WMI, Windows-Identity-Foundation, RSAT-ADDS
```

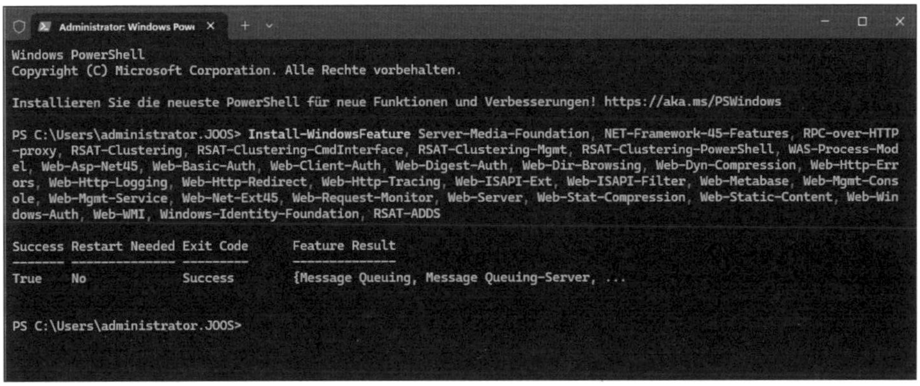

Abb. 2.3 Installieren der Voraussetzungen für die Exchange-Installation

Im Anschluss werden die notwendigen Runtimes für C++ benötigt und auf dem Server installiert:

- Visual C++ Redistributable for Visual Studio 2012 (*https://www.microsoft.com/en-us/download/details.aspx?id=30679*)
- Update for Visual C++ 2013 Redistributable Package (*https://support.microsoft.com/de-de/topic/update-for-visual-c-2013-redistributable-package-d8ccd6a5-4e26-c290-517b-8da6cfdf4f10*)

Danach erfolgt die Installation des IIS URL Rewrite Moduls (*https://download.microsoft.com/download/1/2/8/128E2E22-C1B9-44A4-BE2A-5859ED1D4592/rewrite_amd64_en-US.msi*). Auch die Unified Communications Managed-API-Runtime ist notwendig. Die Installationsdateien befinden sich im Verzeichnis *UCMARedist* in den Installationsdateien von Exchange SE. Anschließend installieren Sie Exchange SE über das Installationsprogramm, genauso wie bei den Vorgängerversionen.

Der generelle Ablauf deckt sich noch mit der Installation von Exchange 2016/2019. Sie können problemlos Exchange SE in Organisationen mit Exchange 2016/2019 installieren. Allerdings stellt Microsoft die Zusammenarbeit mit älteren Exchange-Versionen ab dem CU1 für Exchange SE ein.

Installieren Sie Exchange SE in einer Testumgebung, wird das Active Directory-Schema automatisch für die Installation vorbereitet. Sie brauchen dazu keine weiteren Befehle einzugeben. Das geht auch in produktiven Umgebungen. Allerdings ist es besser planbar, wenn Sie im Vorfeld die Schemaerweiterungen manuell vornehmen.

Nach der Installation erhalten Sie über den Befehl *Get-ExchangeServer |fl* umfangreiche Informationen zum installierten Server und allen anderen Servern in der Organisation. Sie können die Cmdlets von Exchange SE auch direkt in eine PowerShell-Sitzung integrieren. In diesem Fall rufen Sie nicht die Exchange Management Shell auf, sondern die PowerShell oder das Windows-Terminal und geben den folgenden Befehl ein:

```
Add-PSSnapin Microsoft.Exchange.Management.PowerShell.SnapIn
```

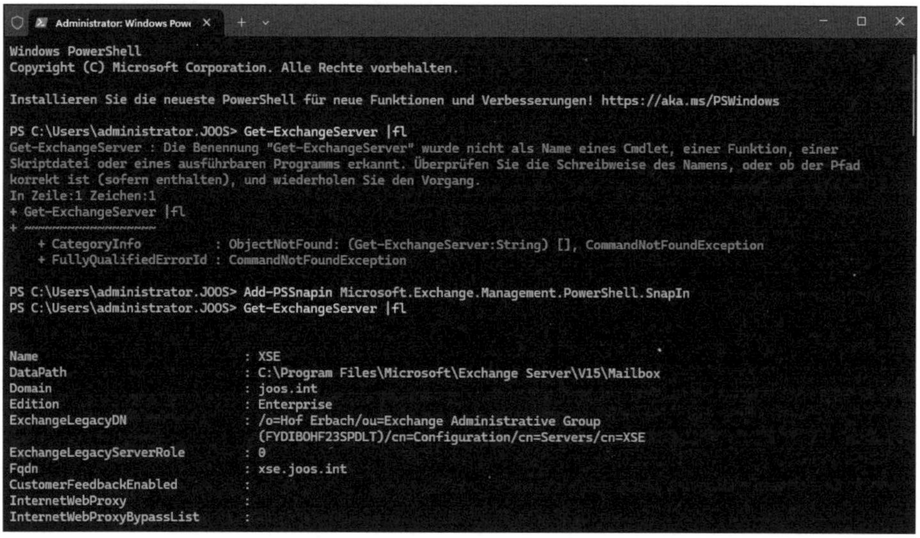

Abb. 2.4 Das Verwenden von Exchange-Cmdlets in der PowerShell erfordert das Einbinden des Exchange-Moduls.

Das Exchange Admin Center unterscheidet sich kaum von der Version in Exchange Server 2019. Das heißt, die generelle Verwaltung der neuen Version bleibt zunächst gleich, grundsätzlich auch im Vergleich mit Exchange 2016.

In der PowerShell starten Sie am schnellsten mit dem Befehl *Restart-Computer* einen Server mit Windows Server 2022/2025 neu.

Verwenden Sie bei der Installation der notwendigen Serverrollen für Exchange SE noch die Option *-Restart*, startet der Server nach der Installation der notwendigen Rollen und Features automatisch neu.

2.2.3 Active Directory und Domänen vorbereiten

Haben Sie den Server für Exchange SE vorbereitet und auch die Domänencontroller und andere Voraussetzungen überprüft, müssen Sie Active Directory und das Schema noch erweitern. Die Vorgänge werden auch durch das Installationsprogramm von Exchange SE durchgeführt. Es ist aber besser, wenn Sie den Vorgang vor der Installation von Exchange durchführen, damit die verschiedenen Daten auch zwischen den Domänencontrollern repliziert werden können.

Wenn Sie Exchange SE mit einer ISO-Datei auf einem Core-Server installieren, können Sie die ISO-Datei in der PowerShell als Laufwerk auf dem Server bereitstellen:

```
Mount-DiskImage <Pfad und Name der ISO-Datei>
```

Danach steht die ISO-Datei als Laufwerk zur Verfügung, genauso wie auf einem herkömmlichen Server.

Das Schema erweitern Sie zunächst über das Exchange-Installationsprogramm in einer Befehlszeile. Geben Sie dazu alternativ einen der beiden folgenden Befehle ein:

```
Setup.exe /PrepareSchema /IAcceptExchangeServerLicenseTerms_DiagnosticDataOff
```

Oder:

```
Setup.exe /PrepareSchema /IAcceptExchangeServerLicenseTerms_DiagnosticDataOn
```

Es kann durchaus passieren, dass einzelne Befehle mit einem Fehler abgebrochen werden. In diesem Fall beheben Sie den Fehler und starten den Befehl erneut. Der Fehler wird im Fenster angezeigt und zusätzlich in der Protokolldatei *ExchangeSetup.log* im Verzeichnis *C:\ExchangeSetupLogs*.

Sie können für die Installation von Exchange Server SE auch die ISO-Datei des aktuellen kumulativen Updates für Exchange SE verwenden. In diesem Fall wird der Server gleich mit der aktuellen Version installiert.

Wenn Sie Exchange SE-Setup mit einem Konto ausführen, das über die erforderlichen Berechtigungen (Schema-Admins, Domänen-Admins und Organisations-Admins) für das Vorbereiten von Active Directory und der Domäne verfügt, wird die Vorbereitung von Active Directory und der Domäne vom Assistenten automatisch ausgeführt. Das heißt, Sie brauchen keine manuelle Vorbereitung durchzuführen. Allerdings ist die manuelle Erweiterung besser, weil Sie so die Erweiterung von der eigentlichen Installation trennen können.

Bei einer Neuinstallation von Exchange SE geben Sie anschließend den folgenden Befehl ein, damit der Assistent das Active Directory erweitert:

```
Setup /PrepareAd //IAcceptExchangeServerLicenseTerms_DiagnosticDataOff /
OrganizationName:<Organisationsname>
```

Neben Schemaerweiterungen und Rechten legen diese Befehle eine neue Organisationseinheit (OU) mit den entsprechenden Sicherheitsgruppen an. Mit dem folgenden Befehl bereiten Sie anschließend alle Domänen der Gesamtstruktur für Exchange vor:

```
Setup /PrepareAllDomains /IAcceptExchangeServerLicenseTerms_DiagnosticDataOff
```

Der Computer, auf dem dieser Befehl ausgeführt wird, muss über Port 389 eine Verbindung mit allen Domänen in der Gesamtstruktur herstellen können. Lassen sich Exchange-Server nicht installieren, hilft es oft, wenn Sie diese beiden Befehle erneut eingeben. Dadurch werden Objekte überprüft, neu angelegt und Fehler oft beseitigt.

Wenn Sie bei den Befehlen die Option */DomainController* verwenden, können Sie noch den Domänencontroller angeben, der als Schemamaster fungiert.

Die Schemaerweiterungen sollten Sie am besten direkt auf dem Schemamaster durchführen oder auf einem Server, der sich am selben Standort wie der Schemamaster befindet.

Im Anschluss müssen Sie warten, bis die Replikation der Änderungen in der gesamten Exchange-Organisation abgeschlossen ist, bevor Sie mit dem nächsten Schritt fortfahren. Der für die vollständige Replikation benötigte Zeitraum hängt von Ihrer Active Directory-Topologie ab. Jeder Domänencontroller muss erst die notwendigen Daten über seine Replikationsverbindungen erhalten. Um zu überprüfen, ob dieser Schritt erfolgreich abgeschlossen wurde, vergewissern Sie sich, dass in der Stammdomäne eine neue Organisationseinheit mit den Microsoft Exchange-Sicherheitsgruppen vorhanden ist.

Denken Sie daran, bei den obigen *Setup*-Befehlen jeweils den Parameter */IAcceptExchangeServerLicenseTerms* mit anzugeben. Ansonsten brechen die Befehle mit einem Fehler ab.

Die Befehle erstellen unter anderem in der aktuellen Domäne eine globale Domänengruppe mit dem Namen *Exchange Install Domain Servers*. Die Gruppe enthält die Exchange-Server im Unternehmen. Der Befehl nimmt diese Gruppe im Container *Microsoft Exchange System Objects* auf. Außerdem wird die Gruppe *Exchange Install Domain Servers* der universellen Sicherheitsgruppe *Exchange Servers* hinzugefügt.

Die Gruppe *Exchange Install Domain Servers* wird verwendet, wenn Exchange SE in einer untergeordneten Domäne installiert wird, bei der es sich um einen anderen Active Directory-Standort als die Stammdomäne handelt. Um den Befehl *Setup /PrepareAllDomains /IAcceptExchangeServerLicenseTerms_DiagnosticDataOff* auszuführen, müssen Sie Mitglied der Gruppe *Organisations-Admins* sein.

Um *Setup /PrepareDomain* auszuführen, wenn die vorbereitete Domäne bereits vorhanden war, bevor Sie *Setup /PrepareAD* ausgeführt haben, müssen Sie Mitglied der Gruppe *Domänen-Admins* in der Domäne sein. Wenn die vorbereitete Domäne erstellt wurde, nachdem Sie *Setup /PrepareAD* ausgeführt haben, müssen Sie Mitglied der Exchange-Gruppe *Organisations-Admins* und der Gruppe *Domänen-Admins* in der Domäne sein.

Für Domänen, die sich an einem anderen Active Directory-Standort als die Stammdomäne befinden, tritt bei *Setup /PrepareDomain* teilweise ein Fehler auf. Warten Sie die Active Directory-Replikation ab oder erzwingen Sie die Replikation zwischen dieser Domäne und der Stammdomäne. Führen Sie anschließend *Setup /PrepareDomain* erneut aus.

Sie müssen den Befehl *Setup /PrepareDomain* zur Erweiterung der Domänen in jeder Domäne ausführen, in der Sie Exchange SE installieren. Dieser Befehl muss auch in jeder Domäne ausgeführt werden, die E-Mail-aktivierte Benutzer enthalten soll, auch dann, wenn Exchange SE in der Domäne nicht installiert ist.

Um zu überprüfen, ob dieser Schritt erfolgreich abgeschlossen ist, können Sie Folgendes sicherstellen:

1. Im Container *Microsoft Exchange System Objects* befindet sich eine neue globale Gruppe *Exchange Install Domain Servers*. Um erweiterte Container in *Active Directory-Benutzer und -Computer* anzuzeigen, klicken Sie im Snap-In *Active Directory-Benutzer und -Computer* im Menü *Ansicht* auf *Erweiterte Features*.
2. Die Gruppe *Exchange Install Domain Servers* ist Mitglied der universellen Sicherheitsgruppe *Exchange Servers* in der Stammdomäne.

2.2.4 Hybridkompatible Vorbereitung: Exchange SE mit Exchange Online verbinden

Wenn Exchange SE in eine hybride Umgebung eingebunden oder für eine spätere Migration zu Exchange Online vorbereitet werden soll, empfiehlt es sich, bereits nach der Basisinstallation den Zugriff auf Exchange Online testweise herzustellen. Zwar betrifft die eigentliche Exchange Online-Verwaltung nicht das lokale Setup, dennoch ermöglicht eine frühe Prüfung der Cloud-Konnektivität die reibungslose spätere Einrichtung des Hybridbetriebs und hilft, typische Konfigurations- oder Berechtigungsprobleme frühzeitig zu erkennen.

Zunächst muss auf dem Exchange SE-Server das Exchange Online PowerShell-Modul installiert werden. Dieses Modul heißt *ExchangeOnlineManagement* und lässt sich mit folgendem Befehl installieren:

```
Install-Module -Name ExchangeOnlineManagement -Scope AllUsers
```

Nach der Installation wird die Verbindung mit Exchange Online über das Cmdlet *Connect-ExchangeOnline* hergestellt. Dabei öffnet sich ein Anmeldefenster, über das ein Benutzer mit ausreichenden Rechten (z. B. Exchange-Administrator in Microsoft 365) ausgewählt wird:

```
Connect-ExchangeOnline
```

Optional kann ein bestimmter Benutzer angegeben werden:

```
Connect-ExchangeOnline -UserPrincipalName admin@firma.onmicrosoft.com
```

Nach erfolgreicher Verbindung stehen alle Exchange Online-spezifischen Cmdlets zur Verfügung. Ein typisches Beispiel für die hybride Vorbereitung ist das Cmdlet:

```
Enable-OrganizationCustomization
```

Dieser Befehl aktiviert die erweiterten Exchange Online-Konfigurationsobjekte (z. B. für benutzerdefinierte Rollenzuweisungen, Richtlinien oder Adressbücher), die später im Rahmen des Hybridbetriebs oder bei Migrationsszenarien benötigt werden. Ohne diese Aktivierung lassen sich viele Exchange Online-Funktionen nicht vollständig konfigurieren.

Dieses Cmdlet existiert ausschließlich in Exchange Online. Auf Exchange SE oder über die lokale Exchange-Verwaltungsshell steht dieser Befehl nicht zur Verfügung. Wird er lokal ausgeführt, erscheint die Fehlermeldung, dass das Cmdlet unbekannt sei. Das ist technisch korrekt und kein Fehler im System.

Nach Abschluss der Konfiguration kann die Sitzung wieder getrennt werden:

```
Disconnect-ExchangeOnline
```

Diese vorbereitende Verbindung zu Exchange Online ist nicht zwingend für den Betrieb von Exchange SE erforderlich. Sie dient jedoch in hybriden Szenarien dazu, frühzeitig die Verbindung, Authentifizierung und Berechtigungen zwischen der lokalen und der cloudbasierten Umgebung zu validieren. Damit wird die spätere Einrichtung des Hybrid Configuration Wizard deutlich beschleunigt und abgesichert.

2.2.5 Servernamenswahl, Zertifikatstrategie und Namespace-Planung

Bereits vor der Installation von Exchange SE sollte der Servername so gewählt werden, dass er sich problemlos in Namensräume, Zertifikate und administrative Routinen integrieren lässt. Exchange verwendet den Hostnamen intern in zahlreichen Objekten – unter anderem in Autodiscover-Serviceverweisen, Outlook-Profilbindungen, Ereignisprotokollen und Konfigurationspfaden. Empfohlen wird ein kurzer, konsistenter Hostname ohne Sonderzeichen oder numerische IDs, wie *mail01*, *exse01* oder *mbx01*. Vermeiden Sie Namen mit Unterstrichen, Nicht-ASCII-Zeichen oder zufälligen alphanumerischen Ketten, da diese später in Zertifikaten, URLs oder Logging-Kontexten zu Konflikten führen.

Parallel zur Namenswahl sollten Sie den zukünftigen externen E-Mail-Namespace festlegen. Dieser FQDN (z. B. *mail.contoso.de*) wird später für Dienste wie Outlook on the Web, Exchange Web Services und Autodiscover verwendet. Er muss intern auflösbar sein, über gültige DNS-Einträge verfügen und in das spätere Zertifikat aufgenommen werden.

Planen Sie deshalb bereits vor dem Setup die folgenden DNS-Einträge und Zertifikatnamen:

- *autodiscover.contoso.de*
- *mail.contoso.de* (Hauptdienstname für OWA, ECP, EWS, MAPI)
- optional: Hostname des Servers selbst (nur intern benötigt)

Verwenden Sie Subject Alternative Names (SAN) im Zertifikat, um alle notwendigen Dienste mit einem Zertifikat abzudecken. Diese Planung verhindert spätere Zertifikatsfehler, SCP-Konflikte und Outlook-Verbindungsprobleme.

2.2.6 DNS-Validierung und Reverse-Lookup vorbereiten

Exchange SE erwartet eine konsistente DNS-Auflösung des Servernamens sowohl intern als auch extern. Noch vor der Setup-Initialisierung sollten Sie sicherstellen, dass der geplante Hostname des Exchange-Servers korrekt in der DNS-Zone eingetragen ist.

Prüfen Sie mit *Resolve-DnsName mail01.firma.local*, ob der A-Record des Servers aufgelöst wird. Ebenso wichtig ist der Reverse-Lookup (PTR-Record), insbesondere für späteren Mailflow. Ein fehlender PTR-Eintrag kann dazu führen, dass externe Empfänger den Server als potenziell unsicher einstufen.

Der Reverse-Eintrag kann mit folgendem Befehl überprüft werden:

```
[System.Net.Dns]::GetHostEntry("10.0.1.10")
```

Wenn die Antwort den korrekten FQDN zurückliefert, ist die Konfiguration valide. Für den SMTP-Mailfluss ist ein konsistenter PTR-Record sinnvoll. Viele empfangende Systeme lehnen Verbindungen ab, wenn kein gültiger PTR für die Absender-IP existiert. Tragen Sie diesen Eintrag frühzeitig in Ihrer internen DNS-Zone ein oder stellen Sie sicher, dass Ihr Provider ihn extern korrekt hinterlegt.

2.3 Installation von Exchange SE durchführen

Haben Sie alle Vorbereitungen getroffen, starten Sie die Installation von Exchange SE, am besten in der grafischen Oberfläche. Klicken Sie dazu doppelt auf die Datei *Setup.exe*. Sie können die Installation auf Core-Servern aber auch problemlos in der Eingabeaufforderung starten.

> Installieren Sie nicht das Windows Admin Center auf Servern, auf denen Sie auch Exchange SE installiert haben. Ansonsten funktioniert das Exchange Admin Center nicht mehr.

2.3.1 Exchange Server SE auf Core-Servern installieren

Sobald die Voraussetzungen für Exchange Server SE installiert sind, kann der eigentliche Installationspart beginnen. Normalerweise findet die Installation über eine ISO-Datei statt, die auf dem Server bereitgestellt wird. Das funktioniert auf virtuellen und physischen Servern gleichermaßen per Doppelklick auf die Datei. Um die ISO-Datei auf einem Core-Server bereitzustellen, wird der folgende Befehl verwendet:

```
Mount-DiskImage <Pfad und Name der ISO-Datei>
```

Auf Core-Servern wird die Installation über die PowerShell gestartet, zum Beispiel mit:

```
.\Setup.exe /m:install /roles:m /IAcceptExchangeServerLicenseTerms
/InstallWindowsComponents
```

Wenn noch keine Exchange-Organisation in der Gesamtstruktur angelegt wurde, muss noch die Option */Organizationname:<Name>* angehängt werden. Das lässt sich aber bereits während der Einrichtung von Active Directory für Exchange vornehmen.

Im Rahmen der Installation kann bei entsprechender Internetanbindung nach Updates für die Installationsdateien gesucht werden. Das ist in den meisten Fällen aber nicht notwendig. Generell lassen sich alle Vorgaben der Installation einfach übernehmen.

Auf der Seite *Empfohlene Einstellungen* bietet es sich an, die Option *Empfohlene Einstellungen nicht verwenden* zu nutzen. Denn so können die einzelnen Optionen selbst konfiguriert werden. Diese Auswahl erscheint aber nur, wenn die grafische Oberfläche zur Installation verwendet wird.

2.3.2 Volume-Strategie und Speicherplanung für Exchange SE

Vor dem Setup sollte die Speicherstruktur des Exchange SE-Servers gezielt geplant werden, um die spätere Performance, Wartbarkeit und Fehlertoleranz sicherzustellen. Exchange verwendet standardmäßig festgelegte Pfade für Datenbanken, Transaktionsprotokolle und Wartungsdateien. Werden diese nicht angepasst, landen alle Dateien auf dem Systemlaufwerk, was in produktiven Umgebungen unbedingt zu vermeiden ist.

Eine saubere Trennung der Datenbereiche verbessert nicht nur die Ausfallsicherheit und Performance, sondern vereinfacht auch Backup-, Replikations- und Überwachungsprozesse. Microsoft empfiehlt die folgende Struktur:

- Laufwerk C: ausschließlich für Betriebssystem, Exchange-Binärdateien und temporäre Installationsdateien
- Laufwerk D: für Exchange-Datenbanken (EDB-Dateien)
- Laufwerk E: für Transaktionsprotokolle
- Optional separate Laufwerke für Transportdatenbank, Content Index oder Exchange-Protokolle (z. B. *F:\TransportLogs*)

Während der Setup-Ausführung lässt sich der Zielpfad für Datenbanken und Logfiles über die Parameter */DbFilePath* und */LogFolderPath* explizit setzen:

```
Setup.exe /IAcceptExchangeServerLicenseTerms_DiagnosticDataON /Mode:Install
/Roles:Mailbox /DbFilePath:"D:\ExchangeDBs\DB01.edb"
/LogFolderPath:"E:\ExchangeLogs"
```

Durch diese Vorgabe wird vermieden, dass die Exchange-Datenbank versehentlich auf dem Systemlaufwerk installiert wird, was bei Updates, Speicherengpässen oder Notfallwiederherstellung erhebliche Probleme verursachen kann.

Darüber hinaus sollten die Laufwerke mit dem Dateisystem ReFS formatiert sein. Exchange SE unterstützt dieses Dateisystem offiziell für Mailboxdatenbanken und empfiehlt es für bessere Fehlertoleranz, Integritätsschutz und Performance bei großen EDB-Dateien. Es empfiehlt sich zudem, Volume Mount Points zu verwenden, um eine skalierbare Struktur bei späterem Wachstum zu ermöglichen.

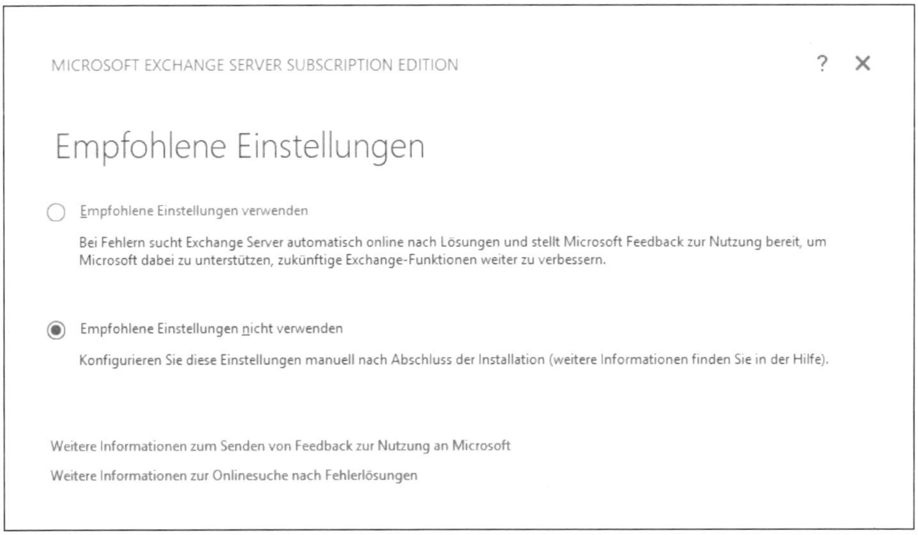

Abb. 2.5 Starten der Exchange-Installation

Auf der nächsten Seite des Installations-Assistenten wird ausgewählt, ob ein Exchange-Server installiert werden soll, der auch als Postfachserver genutzt wird, oder ein Edge-Transportserver für die Anbindung an das Internet. Andere Rollen sind nicht verfügbar. In Exchange Server SE gibt es auch keine Unified-Messaging-Rolle mehr.

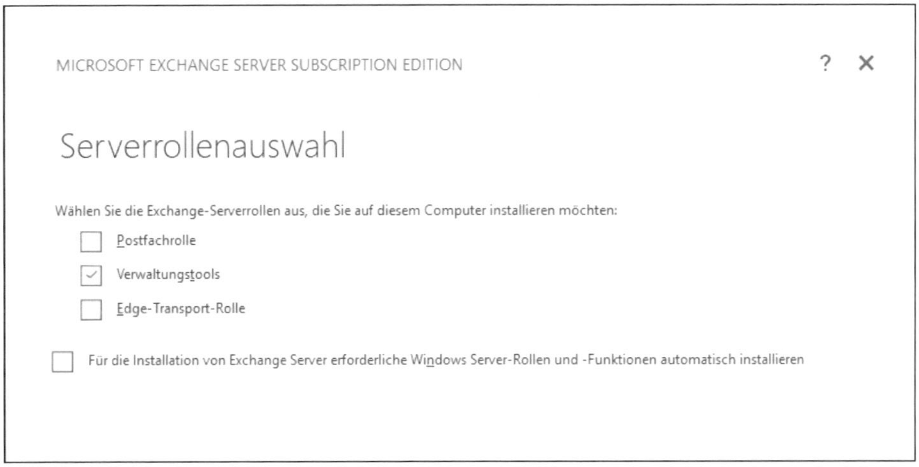

Abb. 2.6 Auswahl der Serverrollen

Im Rahmen der Installation kann ausgewählt werden, auf welcher Festplatte die Systemdateien von Exchange installiert werden sollen. In produktiven Umgebungen ist es sinnvoll, Exchange auf einer eigenen Festplatte zu installieren. Liegt in Active Directory noch keine Exchange-Installation vor, kann im Rahmen der Installation der Name der Organisation gesteuert werden.

Auch die Verwendung des Malware-Schutzes kann im Rahmen der Installation gesteuert werden. Anschließend überprüft der Assistent, ob auf dem Server alle Voraussetzungen für Exchange Server SE getroffen wurden, und beginnt danach die Installation. Nach etwa einer Stunde ist die Installation des Servers abgeschlossen.

2.3.3 Aufgaben nach der Installation und Troubleshooting

Der Fortschritt der Installation oder eventuelle Fehler werden in der Datei *Exchange-Setup.log* festgehalten. Diese kann auch auf Core-Servern mit dem Editor geöffnet werden:

```
start notepad c:\ExchangeSetupLogs\ExchangeSetup.log
```

Für die Verwaltung kann auf Arbeitsstationen mit Windows 11 auch das Exchange Admin Center installiert werden. Die Installation erfolgt über die Installationsdateien des Exchange-Servers. Auf Core-Servern kann die Exchange Management Shell mit *LaunchEMS* gestartet werden, oder Sie laden die Exchange-Cmdlets mit dem folgenden Befehl in die PowerShell:

```
Add-PSSnapin Microsoft.Exchange.Management.PowerShell.SnapIn
```

> Installieren Sie in Exchange SE die Postfachrolle, werden automatisch die Transportdienste, die Clientzugriffsdienste und der Postfachdienst installiert.

Wenn Sie den ersten Exchange SE-Server in der Organisation installieren, muss das verwendete Konto Mitglied der Gruppe *Organisations-Admins* sein. Haben Sie das Schema bereits vorbereitet und nicht den ersten Server mit Exchange SE in der Organisation installiert, muss das verwendete Konto Mitglied der Exchange SE-Rollengruppe *Organization Management* sein.

Administratoren, die Mitglied der Rollengruppe *Delegated Setup* sind, können Exchange SE-Server bereitstellen, die zuvor durch ein Mitglied der Verwaltungsrollengruppe *Organization Management* bereitgestellt wurden.

> Nach der Installation von Exchange SE auf einem Server darf der Servername nicht geändert werden. Auch die Aktualisierung des Betriebssystems auf eine neue Version wird nicht unterstützt, zum Beispiel ein Update von Windows Server 2022 auf Windows Server 2025. Daher ist es besser, wenn Sie Exchange SE gleich auf einem Server mit Windows Server 2025 installieren.

2.3.4 Installation in der grafischen Benutzeroberfläche durchführen

Starten Sie das Setupprogramm mit einem Doppelklick auf *Setup.exe*. Legen Sie auf der Seite *Soll nach Updates gesucht werden* fest, ob eine Verbindung mit dem Internet hergestellt werden soll und Produkt- und Sicherheitsupdates für Exchange SE heruntergeladen werden sollen.

Bestätigen Sie auch die Lizenzbedingungen, bevor Sie die Installation fortsetzen. Sie können während der Installation außerdem auswählen, ob Sie *Empfohlene Einstellungen verwenden* oder *Empfohlene Einstellungen nicht verwenden* nutzen wollen. Die zweite Option erlaubt mehr Auswahlmöglichkeiten.

Die Verwaltungstools werden bei der Installation automatisch installiert. Sie können Sie auch auf Arbeitsstationen mit Windows 10 installieren.

Wählen Sie *Für die Installation von Exchange Server erforderliche Windows Server-Rollen und -Funktionen automatisch installieren*, damit alle erforderlichen Windows-Voraussetzungen installiert werden, sollten sie fehlen oder Änderungen erfordern.

Teilweise müssen Sie den Server neu starten, um die Installation einiger Windows-Funktionen abzuschließen. Auch wenn Sie die Rollen bereits installiert haben, kann es sinnvoll sein, diese Option zu nutzen, da durch die Aktivierung auch notwendige Änderungen durchgeführt werden können, ohne dass Sie manuell eingreifen müssen.

Als Nächstes wählen Sie den Installationspfad aus. Außerdem erfahren Sie, wie viel Speicherplatz die Installation benötigt.

Sie können auf dieser Seite aber auch einen anderen Installationspfad auswählen. Wenn es sich um den ersten Exchange-Server in Ihrer Organisation handelt und Sie Active Directory nicht bereits konfiguriert haben, können Sie während der Installation auch den Namen der Organisation festlegen. Der Name der Exchange-Organisation darf nur die folgenden Zeichen enthalten:

- A bis Z
- a bis z
- 0 bis 9
- Leerzeichen (nicht führend oder nachgestellt)
- Bindestrich/Gedankenstrich

Der Name der Organisation darf maximal 64 Zeichen enthalten und darf nicht leer sein. Wählen Sie als Sicherheitsmodell das Modell mit geteilten Berechtigungen aus. Für die meisten Organisationen ist es nicht erforderlich, das Modell mit geteilten Berechtigungen von Active Directory anzuwenden.

Wenn Sie die Verwaltung von Active Directory und der Exchange-Konfiguration voneinander trennen wollen, können Sie die geteilten Berechtigungen für die rollenbasierte Zugriffssteuerung (Role Based Access Control, RBAC) verwenden.

Wenn Sie die Postfachrolle installieren, legen Sie auf der Seite für die Einstellungen zum Schutz vor Schadsoftware fest, ob die Prüfung auf Schadsoftware aktiviert oder deaktiviert werden soll. Falls Sie die Prüfung auf Schadsoftware jetzt deaktivieren, können Sie sie später jederzeit wieder aktivieren.

Überprüfen Sie anschließend den Status, um festzustellen, ob die Überprüfung der Voraussetzungen für die Organisation und die Serverrollen erfolgreich abgeschlossen wurde. Eventuell gemeldete Fehler müssen Sie beheben, bevor Sie Exchange SE installieren können.

Klicken Sie nach dem Beheben eines gemeldeten Fehlers auf *Zurück* und dann auf *Weiter*, um die Überprüfung der Voraussetzungen erneut auszuführen. Überprüfen Sie auch alle gemeldeten Warnungen. Sind alle Überprüfungen der Bereitschaft erfolgreich abgeschlossen, klicken Sie auf *Weiter*, um die Installation von Exchange SE zu starten. Erscheint die Warnung, dass ein Sendeconnector für den Adressraum * fehlt, bedeutet das lediglich, dass noch keine E-Mails in das Internet gesendet werden können. Den Connector erstellen Sie aber ohnehin erst später.

Schließen Sie die Installation von Exchange SE ab, sobald keine Fehler mehr angezeigt werden.

2.3.5 Automatische Installation oder Deinstallation über die Eingabeaufforderung

Exchange SE lässt sich auch über die Eingabeaufforderung automatisiert installieren. Sie können die Rollen über eine Befehlszeile mitgeben, die Vorbereitung des Schemas (früher *Forestprep*) durchführen und alle weiteren Optionen angeben, die auch über die grafische Oberfläche zur Verfügung stehen.

Hierüber können Sie Exchange SE unbeaufsichtigt installieren. Die Installation über die Befehlszeile erfolgt über das Setupprogramm *Setup.exe*. Ihnen stehen einige Optionen zur Verfügung, über die Sie die Installation automatisieren können. Diese Optionen lassen sich miteinander kombinieren:

- **/Mode:<Setupvariante>** Als *<Setupvariante>* können Sie *Install* oder *Uninstall* verwenden. Wenn Sie diese Option nicht auswählen, wird das Standardverhalten *Install* verwendet.
- **/Mode:RecoverServer** Über diese Option reparieren Sie eine Exchange-Installation direkt auf dem Server, wenn Exchange nicht mehr ordnungsgemäß funktioniert. Während dieses Vorgangs ruft der Server auch Daten ab, die in Active Directory hinterlegt sind.
- **/Roles:<Serverrollen>** (oder auch */r:<Serverrollen>*) Über diese Option können Sie die Serverrollen auswählen, die Sie auf dem Server installieren wollen. Sie können aus den nachfolgend genannten Rollen auswählen. Geben Sie den Befehl *Setup /Roles:Mailbox* oder *Setup /r:M* ein, um einen normalen Exchange-Server zu installieren. Folgende Optionen stehen zur Auswahl:
  - *Mailbox* (oder *MB* oder M)
  - ManagementTools (oder MT oder T)

Die nachfolgenden Optionen sind optional. Werden sie nicht mitgegeben, verwendet das Installationsprogramm die jeweilige Standardeinstellung:

- **/MdbName:** Name der Standarddatenbank des Servers, wenn Sie einen Postfachserver installieren
- **/DbFilePath:** Pfad zur *.edb*-Datei der Datenbank
- **/LogFolderPath:** Pfad, in dem Exchange die Transaktionsprotokolle speichern soll
- **/ExternalCASServerDomain:** Installieren Sie einen Clientzugriffsserver, können Sie hierüber die externe URL für den virtuellen Ordner *OWA/ActiveSync/Web Services/OAB* angeben.
- **/OrganizationName:<Name der Exchange-Organisation>** Diese Option wird nur benötigt, wenn Sie den ersten Exchange-Server in einer Organisation installieren. Bei zusätzlichen Servern können Sie diese Option nicht verwenden.
- **/TargetDir:<Zielordner>** Hier können Sie einen Installationsordner auswählen, wenn Sie mit dem Standardpfad *C:\Programme\Microsoft\Exchange Server\v15* nicht einverstanden sind.
- **/SourceDir:** Pfad der Exchange-Installationsdateien
- **/UpdatesDir:<Ordner, aus dem Aktualisierungen gezogen werden>** Hier können Sie einen Ordner angeben, aus dem das Installationsprogramm Aktualisierungen für Exchange SE beziehen kann. Bei den Updatedateien muss es sich entweder um *.exe*- oder

um *.msp*-Dateien handeln. Diese Funktion ergibt erst dann Sinn, wenn Updates oder Service Packs für Exchange SE verfügbar sind.

- **/DomainController:<FQDN eines DCs>** Hier können Sie einen Domänencontroller mitgeben, den das Setupprogramm für die benötigte Verbindung zu Active Directory verwendet.
- **/AnswerFile:<Dateiname>** Mit dieser Option können Sie den Pfad und die Bezeichnung einer Antwortdatei mitgeben. In dieser Datei können Sie verschiedene, erweiterte Optionen wählen, die Sie auch als Option für die Installation über die Befehlszeile mitgeben können. Als Syntax für die Textdatei nehmen Sie die Werte, die Sie in diesem Abschnitt sehen, und dann den Wert in der Schreibform: *<Schlüssel>=<Wert>*.
- **/DoNotStartTransport** Verwenden Sie diese Option, wird nach der erfolgreichen Installation der Dienst Microsoft Exchange Transport zunächst nicht gestartet. Dieser Dienst ist für das Versenden von E-Mails vom Server verantwortlich und stellt den SMTP-Server von Exchange zur Verfügung. Beenden Sie den Dienst, ist der Server über Port 25 nicht mehr erreichbar. Dieser Dienst wird vor allem auf Edge-Transportservern benötigt. Wollen Sie nach der Installation auf einem Server noch Konfigurationen vornehmen, bevor E-Mails über diesen Server versendet werden, ist diese Option sinnvoll.
- **/EnableErrorReporting** Bei dieser Option wird die Fehlerberichterstattung zu Microsoft aktiviert. Sie ist selten sinnvoll und wird normalerweise nicht benötigt.
- **/CustomerFeedbackEnabled** Hier geben Sie mit *true* oder *false* ein, ob Sie am Programm zur Benutzerfreundlichkeit teilnehmen wollen.
- **/RemoveProvisionedServer** (oder */rprs*) Verwenden Sie diese Option, wird das mit */rprs* erstellte Platzhaltercomputerkonto entfernt.

Sie können die beschriebenen Optionen auch miteinander mischen. Die ausführliche Befehlszeile sieht dann folgendermaßen aus:

```
Setup.exe [/Mode:<Setupmodus>] [/IAcceptExchangeServerLicenseTerms]
[/Roles:<Serverrollen>] [/InstallWindowsComponents]
[/OrganizationName:<Name der Exchange-Organisation>]
[/TargetDir:<Zielordner>] [/SourceDir:<Quellordner>]
[/UpdatesDir:<Ordner mit Updates>]
[/DomainController:<FQDN>] [/DisableAMFiltering]
[/AnswerFile:<Dateiname>] [/DoNotStartTransport]
[/EnableErrorReporting] [/CustomerFeedbackEnabled:<True | False>]
[/RemoveUmLanguagePack:<Unified Messaging-Sprachpaket>]
[/NewProvisionedServer:<Server>] [/RemoveProvisionedServer:<Server>]
[/MdbName:<Postfachdatenbank>] [/DbFilePath:<Pfad zu den .edb-Dateien>]
[/LogFolderPath:<Pfad zu den Protokolldateien>]
[/ActiveDirectorySplitPermissions:<True | False>]
[/TenantOrganizationConfig:<Pfad>]
```

Das Setupprogramm überprüft zunächst die Voraussetzungen. Falls nicht alle Voraussetzungen erfüllt sind, tritt bei der Installation ein Fehler auf, genau wie bei der Installation in der grafischen Oberfläche. Starten Sie den Server nach Abschluss der Installation neu.

Einfache Beispiele:

- *Setup.exe /Mode:Install /Role:Mailbox /OrganizationName:Contoso /IAcceptExchangeServerLicenseTerms* Installiert die Postfachrolle und erstellt die Organisation *Contoso*.

- *Setup.exe /Mode:Install /Role:Mailbox /TargetDir:"C:\Exchange Server"* Wenn Sie nicht den Standardordner für die Installation verwenden, sondern selbst einen Ordner angeben wollen.
- *Setup.exe /Mode:Uninstall* Entfernt Exchange komplett vom aktuellen Server.
- *Setup.exe /Role:Mailbox /UpdatesDir:"C:\ExchangeServer\New Patches"* Aktualisiert mit Patches und installiert dann die Rolle *Postfachserver* sowie die Verwaltungstools. Wenn ein Sprachpaket im Ordner vorhanden ist, wird es ebenfalls installiert.
- *Setup.exe /Mode:Install /Role:Mailbox /DomainController:DC01* Verwendet den Domänencontroller *DC01*, um während der Installation Abfragen an Active Directory zu senden und Änderungen vorzunehmen.
- *Setup.exe /Mode:Install /Role:Mailbox /AnswerFile:c:\ExchangeConfig.txt* Installiert die Serverrolle mit Einstellungen in der Datei *ExchangeConfig.txt*.

Eine komplette Auflistung aller Parameter und Optionen zum Exchange-Setupprogramm finden Sie auf Microsoft Docs unter »Verwenden des unbeaufsichtigten Modus im Exchange-Setup« (*https://docs.microsoft.com/de-de/Exchange/plan-and-deploy/deploy-new-installations/unattended-installs?view=exchserver-2019*).

2.3.6 Installation von Exchange SE delegieren

Administratoren können die Installation eines Exchange-Servers vorbereiten sowie den Namen festlegen und die eigentliche Installation der Systemdateien an untergeordnete Administratoren delegieren. Der Administrator, der den Server installiert, benötigt bei diesem Vorgang keine Rechte für die Organisation, da der Organisations-Admin alles Notwendige vorgegeben hat.

Der erste Server der Organisation lässt sich allerdings nicht auf diesem Weg delegieren. Für eine solche Installation verwenden Sie die Option */NewProvisionedServer* der Setupdatei von Exchange SE. Bei diesem Vorgang legt das Setupprogramm alle notwendigen Serverobjekte an, konfiguriert die Gruppenmitgliedschaften und setzt entsprechende Berechtigungen. Die Syntax des Befehls lautet:

```
Setup.exe /NewProvisionedServer:<Server-Name> /IAcceptExchangeServerLicenseTerms
```

Über eine solche Delegierung lässt sich Exchange allerdings nur installieren, eine Deinstallation ist auf diesem Weg nicht möglich. Nach der Bereitstellung sehen Sie den Server bereits im Exchange Admin Center über *Server*. Das Computerkonto des Servers muss dazu aber bereits in Active Directory vorhanden sein. Anlegen lässt sich das Konto zum Beispiel über das Snap-In *Active Directory-Benutzer und -Computer*.

Damit Administratoren delegierte Server installieren können, müssen zuvor die Benutzerkonten in die Rollengruppe *Delegated Setup* aufgenommen werden. Sie benötigen dazu die Exchange Management Shell. Über den Befehl

```
Get-RoleGroupMember "Delegated Setup"
```

lassen Sie sich die aktuellen Mitglieder der Gruppe anzeigen.

Mit dem Befehl

```
Add-RoleGroupMember "Delegated Setup" -Member <Benutzerkonto>
```

nehmen Sie Benutzerkonten in die Gruppe auf.

Entfernen können Sie Benutzer über:

```
Remove-RoleGroupMember "Delegated Setup" -Member <Benutzerkonto>
```

2.3.7 Rollup Packages und kumulative Updates installieren

Nach der Installation eines Servers sollten Sie auch jeweils das aktuelle Rollup Package oder das kumulative Update (CU) installieren. Aus diesem Grund sollten Sie immer die aktuelle Versionen installieren. Diese enthalten eine Sammlung wichtiger Aktualisierungen. Kumulative Updates enthalten immer alle vorhergehenden Updates. Mit den Installationsdateien von kumulativen Updates können Sie immer auch einen kompletten Server neu installieren, ohne zuvor Exchange SE installieren zu müssen.

Manche Updates erweitern das Schema von Active Directory. Das heißt, es kann durchaus sinnvoll sein, vor einer Installation auch das Schema mit den Installationsdateien des CU zu aktualisieren. Entpacken Sie dazu die Installationsdateien und erweitern Sie das Schema, die Gesamtstruktur und die Domänen mit den folgenden drei Befehlen:

```
Setup.exe /PrepareSchema /IacceptExchangeServerLicenseTerms
Setup.exe /PrepareAD /IacceptExchangeServerLicenseTerms
Setup.exe /PrepareDomain /IAcceptExchangeServerLicenseTerms
```

In den meisten Fällen sind die Packages kumulativ, sie enthalten also auch die Patches des vorangegangenen Pakets. Laden Sie sich das aktuelle Update-Paket herunter und installieren Sie es auf allen Exchange-Servern. Überprüfen Sie vorher im Internet, ob es bekannte Probleme gibt. Die Installation läuft immer gleich ab:

1. Sie laden sich das aktuelle Package herunter. Es liegt normalerweise im *.msp*-Format oder als *.exe*-Datei vor. Kumulative Updates werden in den meisten Fällen als ISO-Datei zur Verfügung gestellt.
2. Sie klicken doppelt auf das Package und bestätigen die Installation. Die Installation kann durchaus bis zu 20 Minuten dauern, abhängig von den Dateien, die das Package austauscht.
3. Auch wenn es nicht immer notwendig ist, sollten Sie nach der Installation den Server möglichst neu starten, damit sichergestellt ist, dass alle Serverdienste noch problemlos funktionieren.

Installieren Sie das aktuelle kumulative Update für Exchange SE, zum Beispiel das CU3, kopieren Sie am besten die ISO-Datei auf den Exchange-Server und stellen sie mit einem Doppelklick als Laufwerk bereit. Durch das Starten der Datei *setup.exe* beginnt die Aktualisierung. Sie können am Beginn der Aktualisierung im Internet nach Updates für das CU suchen, was aber in den meisten Fällen nicht notwendig ist. Danach werden die Dateien, die zur Installation notwendig sind, auf den Server kopiert. Danach erhalten Sie die Information, dass eine Aktualisierung des Servers durchgeführt wird, also ein »Upgrade«.

Im Anschluss werden die Lizenzbedingungen angezeigt und eine Bereitschaftsprüfung für die Aktualisierung durchgeführt. Hier sollten möglichst keine Probleme angezeigt werden. Beseitigen Sie eventuelle Fehler, bevor Sie die Überprüfung erneut durchführen und den Server aktualisieren. Wenn keine Fehler angezeigt werden, starten Sie die Aktualisierung zum aktuellen CU über *Installieren*. Auch hier werden die Vorgänge in der Protokolldatei *ExchangeSetup-Log* im Verzeichnis *C:\ExchangeSetupLogs* gespeichert.

Sie können die Aktualisierung aber auch in der Befehlszeile starten. Dazu rufen Sie das Setupprogramm des CU mit der folgenden Syntax auf:

```
Setup.exe /IAcceptExchangeServerLicenseTerms /Mode:Upgrade
```

Auch, wenn es nicht immer notwendig ist, sollten Sie nach der Installation eines neuen kumulativen Updates den Exchange-Server neu starten. Überprüfen Sie nach dem Neustart, ob alle Exchange-Dienste gestartet wurden.

2.3.8 Exchange-Sprachpakete installieren

Exchange SE wird standardmäßig sprachneutral installiert. Auch über das Internet bietet Microsoft verschiedene Sprachen für Exchange an.

Die Sprachen sind vor allem wichtig, um Anwendern die richtigen Bezeichnungen für die Ordner in ihren Postfächern zu bieten. Wollen Sie bereits während der Installation eine zusätzliche Sprache installieren, verwenden Sie den Befehl:

```
Setup.exe /mode:install /roles:.... [/LanguagePack:]
```

Jedes Service Pack für Exchange bringt in den meisten Fällen auch ein neues Sprachpaket. Das heißt, nach der Installation von Service Packs müssen Sie auch die Sprachpakete aktualisieren.

Sprachen lassen sich nicht einzeln installieren, sondern immer nur über das Sprachpaket auf Servern integrieren. Der schnellste Weg, die unterstützten Sprachen für Outlook im Web und Outlook auf einem Exchange-Server zu installieren, ist der Download des entsprechenden Sprachpakets. Nach dem Download starten Sie per Doppelklick die Installation.

Nach der Überprüfung klicken Sie auf *Installieren*, um die Sprachpakete auf dem Server zu installieren. Einzelne Sprachen können Sie an dieser Stelle nicht auswählen.

In der Datei *ExchangeSetup.log* im Ordner *C:\ExchangeSetupLogs* sehen Sie den Fortschritt der Installation. Hier können Sie auch recht schnell Fehler entdecken und beheben. Suchen Sie nach einem Fehler im Internet, erhalten Sie oft schon Hinweise für die Problemlösung.

2.3.9 Exchange-Verwaltungstools installieren

Sie können auf einem anderen Server oder einer Arbeitsstation mit Windows 11 die Verwaltungstools für Exchange SE installieren. Nachdem Sie die Voraussetzungen getroffen haben, können Sie über die Exchange SE-Installationsdateien die Verwaltungstools für Exchange SE installieren. Sie können aber auch ohne die Installation der Verwaltungstools auf das Exchange Admin Center von Exchange SE zugreifen. Dazu verwenden Sie den Link *https://<Servername>/ecp*. Die Verwaltungstools integrieren aber die Cmdlets für die Verwaltung von Exchange über die Verwaltungsshell.

2.3.10 Exchange SE deinstallieren

Wollen Sie auf einem Server Exchange SE deinstallieren, rufen Sie das Applet *Programm deinstallieren* über die Systemsteuerung auf. Wählen Sie *Microsoft Exchange Server Subscription Editionen* aus und klicken Sie dann auf *Deinstallieren*. Am schnellsten starten Sie das Programm, indem Sie in der PowerShell oder der Eingabeaufforderung (cmd) die Zeichenfolge *appwiz.cpl* eintippen und mit der ↵-Taste bestätigen.

> In Exchange SE ist es nicht möglich, einzelne Serverrollen von einem Exchange-Server zu entfernen oder zu installieren.

2.4 Erste Schritte nach der Installation

In den nächsten Abschnitten erfahren Sie, wie sich nach der Installation der Server anpassen lässt und welche Einstellungen nach der Installation notwendig sind. Zunächst sollten Sie das Exchange Admin Center auf dem Server über die URL *https://<Servername>/ecp* öffnen. Hierbei sollten keine Fehler erscheinen. Öffnen Sie das Center direkt mit dem Browser auf dem Server, kann die erweiterte Sicherheit des Internet Explorers stören, auch wenn Microsoft Edge installiert ist, wie in Windows Server 2022/2025. Bestätigen Sie in diesem Fall einfach die Meldungen, damit sie nicht mehr erscheinen.

Nach dem Start des Exchange Admin Centers melden Sie sich zunächst als Administrator an. Klicken Sie anschließend auf *Server*, um sicherzustellen, dass der Server ordnungsgemäß in die Umgebung integriert wurde.

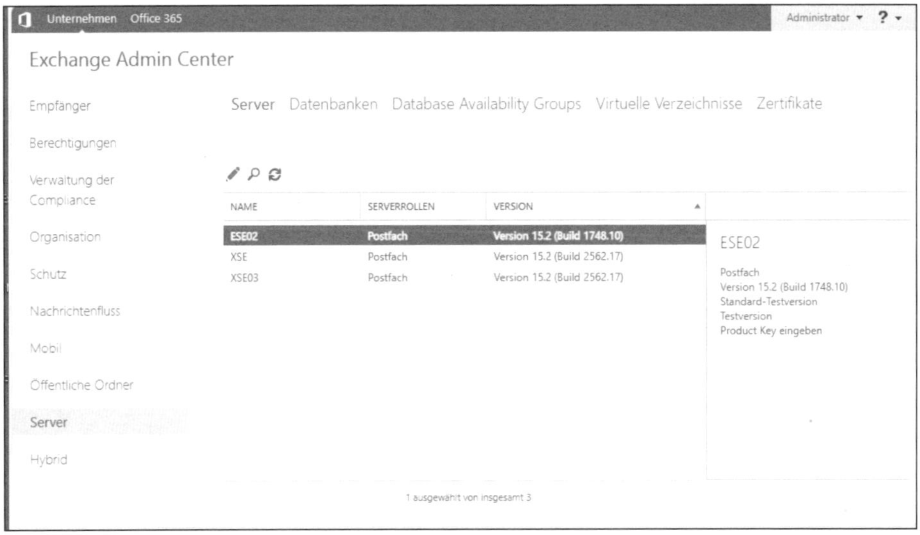

Abb. 2.7 Überprüfen der installierten Exchange-Server in der Organisation

Sie erkennen in der Spalte auch die installierte Exchange-Version. Exchange 2019 mit CU15 hat die Version 15.2 Build 1748.10. Die Version von Exchange SE ist ebenfalls 15.2, allerdings ab Build-Nummer 2562.17.

2.4.1 Installation in der Exchange Management Shell überprüfen und Fehler beheben

Um die Installation zu überprüfen, verwenden Sie am besten die Exchange Management Shell und geben den folgenden Befehl ein. Bereits der erfolgreiche Start der Exchange Management Shell zeigt an, dass der Server generell funktioniert. Lassen Sie sich danach Informationen zum Server anzeigen:

```
Get-ExchangeServer |fl Name, AdminDisplayVersion
```

Als *AdminDisplayVersion* wird bei Exchange SE Version 15.2 (Build 2562.17 und höher) erscheinen, wenn Sie die Installation von Exchange SE auf Basis der RTM-Version von Exchange SE vorgenommen haben. Nutzen Sie ein neueres CU, erhöht sich die Versionsnummer entsprechend.

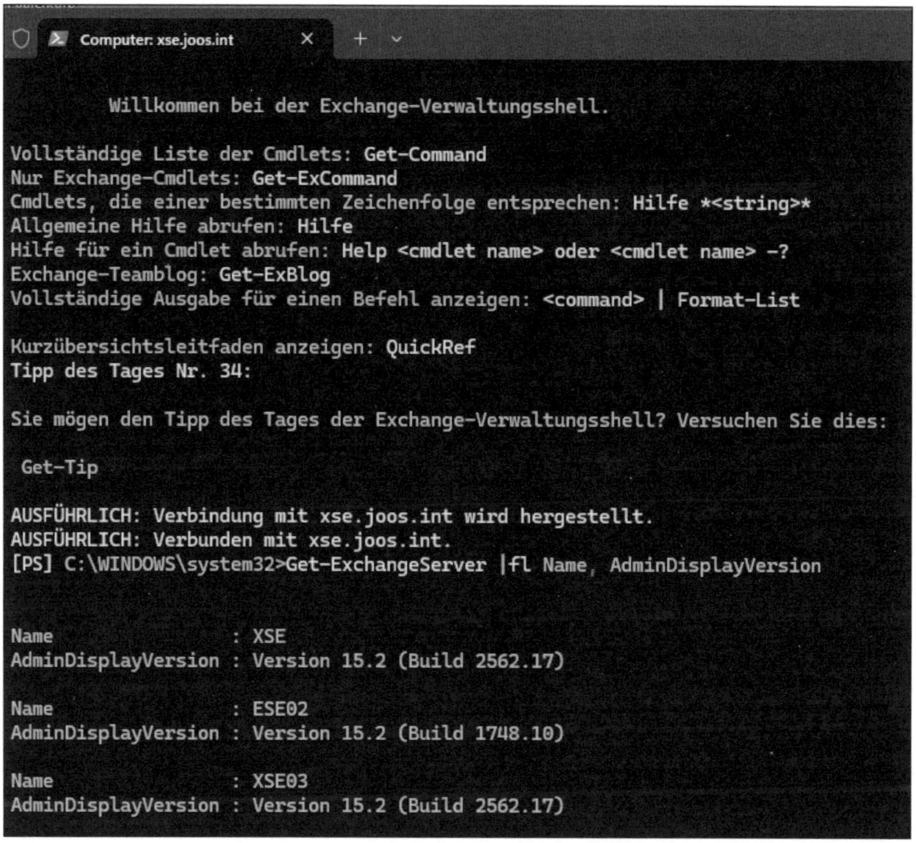

Abb. 2.8 Installierte Exchange-Server und deren Versionen in der Exchange Management Shell anzeigen

Hier sehen Sie auf Wunsch auch andere Informationen, wenn Sie nur die Option */fl* verwenden. Standardmäßig erfolgt bei jedem Start eines Exchange SE-Servers die Bindung an einen zufällig ausgewählten Domänencontroller sowie an einen globalen Katalogserver am eigenen Standort.

Diese Daten können Sie ebenfalls über das Cmdlet *Get-ExchangeServer* in der Exchange Management Shell anzeigen. Sie können auch das Cmdlet *Set-ExchangeServer* verwenden, um eine statische Liste mit Domänencontrollern zu konfigurieren, an die die Bindung eines Exchange SE-Servers erfolgen soll. Eine andere Möglichkeit besteht in der Konfiguration einer Liste mit Domänencontrollern, die Exchange nicht verwenden soll.

Nach der Installation von Exchange SE sollten Sie in der Exchange-Verwaltungsshell mit dem Cmdlet *Test-ServiceHealth* überprüfen, ob alle Serverdienste auf dem Server noch funktionieren.

2.4.2 Product Key eingeben

Die Installation von Exchange SE erfordert keinen Product Key. Geben Sie auch nach der Installation keinen Key ein, können Sie diese Exchange-Installation einige Zeit testen. Nach der Testzeit stellt der Server den Betrieb ein.

Haben Sie einen Product Key vorliegen, geben Sie ihn über das Exchange Admin Center ein. Klicken Sie dazu auf den Menübefehl *Server* und klicken Sie auf den noch nicht lizenzierten Server. Wählen Sie aus dem Menü das Stiftsymbol aus, um Einstellungen des Servers zu bearbeiten.

Im Fenster geben Sie den Product Key ein und klicken auf *Speichern*. Stimmt der Schlüssel, zeigt das Exchange Admin Center den Server auf der rechten Seite als lizenziert an. Sie sollten nach der Eingabe am besten den Server neu starten, mindestens aber den Systemdienst des Informationsspeichers. Sie können den Product Key auch über die Exchange Management Shell eingeben. Verwenden Sie dazu den Befehl:

```
Set-ExchangeServer -Identity <Servername> -ProductKey <Product Key>
```

2.4.3 Exchange-Zertifikate konfigurieren

Exchange SE setzt wie die Vorgängerversionen auf SSL-gesicherte Verbindungen und Verschlüsselung. Aus diesem Grund benötigt jeder Exchange-Server ein eigenes Serverzertifikat. Während der Installation stellt sich jeder Exchange-Server ein selbstsigniertes Zertifikat aus und verwendet es für die einzelnen Einsatzbereiche.

Sie haben auch die Möglichkeit, eine Zertifikat-Anforderung in der Exchange Management Shell zu erstellen. Das ist zum Beispiel dann sinnvoll, wenn Sie diese Anforderung für das Einreichen bei der Zertifizierungsstelle eines Drittherstellers verwenden wollen. In diesem Fall verwenden Sie zum Beispiel die folgenden Befehle:

```
$RequestData = New-ExchangeCertificate -GenerateRequest -Server mail01
-SubjectName "c=com, S=germany, L=berlin, O=Contoso, OU=ex,
CN=webmail.contoso.com" -DomainName webmail.contoso.com,autodiscover.contoso.com
-PrivateKeyExportable $true
Set-Content -path \\mail01\c$\download\ssl-request.req -value $RequestData
```

Dadurch erstellen Sie eine Textdatei, in der die Zertifikatsanforderung abgelegt ist. Ist auf Basis dieser Zertifikatsanforderung ein Zertifikat erstellt, können Sie dieses ebenfalls in der Exchange Management Shell mit Exchange verbinden. Dazu kopieren Sie das heruntergeladene Zertifikat in das Verzeichnis, in das Sie bereits die Zertifikatsanforderung kopiert haben:

```
$Data = [Byte[]]$(Get-Content -Path "\\mail01\c$\download\webmail.cer" -Encoding
byte -ReadCount 0)
Import-ExchangeCertificate -Server mail01 -FileData $Data | Enable-
ExchangeCertificate -Server mail01 -Services IIS
```

Das Problem dabei ist, dass kein Client dieser Zertifizierungsstelle vertraut, was in Zertifikatfehlermeldungen resultiert. Seit Exchange 2019 hat Microsoft das Problem aber entschärft, da sich die Server untereinander vertrauen. Sie brauchen daher nicht unbedingt das Zertifikat anzupassen. In produktiven Umgebungen ist es aber besser, wenn Sie auf Basis der Active Directory-Zertifikatdienste ein neues Zertifikat ausstellen lassen und für Exchange nutzen. Diese Einrichtung sollten Sie so schnell wie möglich nach der Installation durchführen.

Internen Zertifizierungsstellen vertrauen Clients, die Mitglied der gleichen Active Directory-Gesamtstruktur sind, automatisch. Bei Zertifizierungsstellen von Drittherstellern müssen Sie das Zertifikat der Zertifizierungsstelle manuell in die vertrauenswürdigen Stammzertifizierungsstellen integrieren, sofern diese noch nicht bekannt ist.

Sie können bei einer Migration zu Exchange SE auch das alte Zertifikat Ihrer Exchange-Server weiterverwenden. Dazu exportieren Sie das Zertifikat in der Zertifikatverwaltung oder in den Internetinformationsdiensten (Internet Information Services, IIS) in eine *.pfx*-Datei. Diese können Sie in Exchange SE wieder importieren.

2.4.4 Zertifikatänderung auf dem Exchange-Server vorbereiten

In Exchange SE haben Sie die Möglichkeit, Serverzertifikate im Exchange Admin Center zu verwalten. Um dem Server ein Zertifikat zuzuweisen, klicken Sie im Exchange Admin Center auf *Server* und dann auf *Zertifikate*.

Jeder Exchange-Server in der Organisation erhält sein eigenes Zertifikat. Um ein neues Zertifikat zu installieren, klicken Sie zunächst auf das Pluszeichen. Der Assistent erstellt eine Zertifikatanforderung, die Sie dann entweder über die Active Directory-Zertifikatdienste oder über das Webfrontend des Drittherstellers anfordern.

Sie erstellen jetzt eine Zertifikatanforderung. Diese übertragen Sie zu den Active Directory-Zertifikatdiensten, um ein Zertifikat zu erhalten:

1. Klicken Sie auf das Pluszeichen im Fenster, um den Assistenten für die Installation von Zertifikaten zu starten.
2. Bestätigen Sie *Anforderung eines Zertifikats von einer Zertifizierungsstelle erstellen*.
3. Im nächsten Schritt des Assistenten geben Sie den Namen ein, mit dem das Zertifikat angezeigt werden soll. Hier bietet sich zum Beispiel »Microsoft Exchange SE-Zertifikat« an.
4. Auf der nächsten Seite legen Sie fest, dass Sie untergeordnete Domänen mit dem Zertifikat anbinden wollen. Setzen Sie nur eine Domäne ein, ist das nicht notwendig.
5. Danach wählen Sie den Exchange-Server aus, auf dem Sie die Anforderung des Zertifikats speichern wollen.

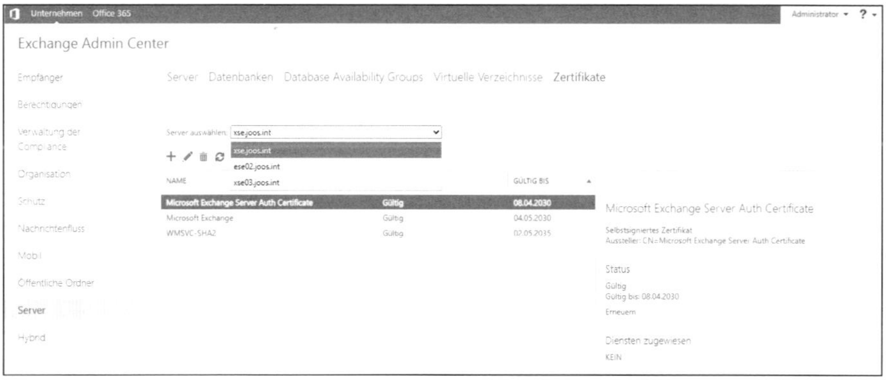

Abb. 2.9 Exchange-Zertifikate verwalten

6. In dem nächsten Fenster wählen Sie die Serverdienste aus. Klicken Sie auf jeden Serverdienst und auf das Stiftsymbol. Geben Sie für jeden Dienst den vollständigen DNS-Namen an, mit dem auf den Server zugegriffen wird.
7. Danach erhalten Sie eine Zusammenfassung aller DNS-Namen, die mit dem Zertifikat verknüpft werden.
8. Anschließend geben Sie den Namen der Organisation und einige Daten zum Unternehmen ein.
9. Danach speichern Sie die Anforderung als Textdatei in einer Freigabe im Netzwerk. Mit dieser Datei fordern Sie das Zertifikat anschließend an.
10. Sie sehen im Exchange Admin Center den Status des Zertifikats als *Ausstehende Anforderung*.

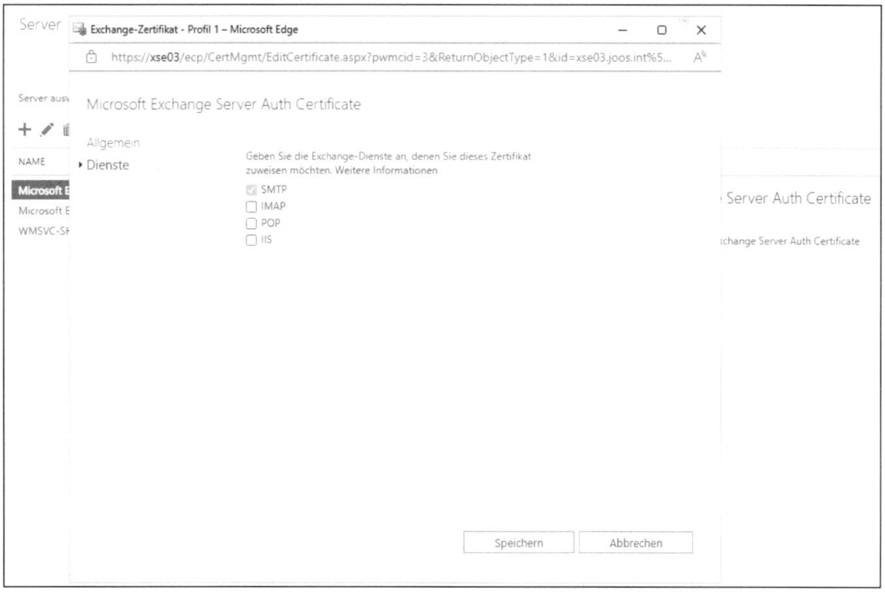

Abb. 2.10 Verwalten der Dienste von Exchange-Zertifikaten

2.4.5 Zertifikat von der Zertifizierungsstelle abrufen

Im nächsten Schritt öffnen Sie das Webfrontend des Zertifikatausstellers:

1. Verwenden Sie die Active Directory-Zertifikatdienste, erreichen Sie diese über die Adresse *https://<Servername>/certsrv*.
2. Wählen Sie *Ein Zertifikat anfordern* und anschließend *erweiterte Zertifikatanforderung*.
3. Wählen Sie die Option *Reichen Sie eine Zertifikatanforderung ein, die eine Base64-codierte CMD- oder PKCS10-Datei verwendet, oder eine Erneuerungsanforderung, die eine Base-64-codierte PKCS7-Datei verwendet*.
4. Im nächsten Fenster geben Sie im Feld *Gespeicherte Anforderung* den Text der *.req*-Datei ein, die Sie im Vorfeld erstellt haben. Sie öffnen die Datei im Editor und kopieren den Inhalt in die Zwischenablage. Sie müssen den kompletten Text der Datei verwenden.
5. Wählen Sie als Zertifikatvorlage *Webserver* und klicken Sie auf *Einsenden*.
6. Anschließend laden Sie das Zertifikat als *.cer*-Datei herunter und speichern diese auf dem Exchange-Server.

2.4.6 Neues Zertifikat in Exchange integrieren

Als Nächstes integrieren Sie das neue Zertifikat in Exchange. Dazu arbeiten Sie wieder mit dem Exchange Admin Center:

1. Klicken Sie auf *Server/Zertifikate*.
2. Klicken Sie auf das Zertifikat in der Konsole mit dem Status *Ausstehende Anforderung* und danach auf *Abschließen*.
3. Wählen Sie die heruntergeladene *.cer*-Datei aus und schließen Sie den Vorgang ab. Das Zertifikat wird danach als *Gültig* angezeigt. Sie müssen als Pfad einen Netzwerkpfad angeben.

Erscheint ein Fehler, überprüfen Sie, ob das Zertifikat der Stammzertifizierungsstelle auf dem Exchange-Server bei den vertrauenswürdigen Stammzertifizierungsstellen hinterlegt ist:

1. Geben Sie *certlm.msc* in einer Eingabeaufforderung oder der PowerShell ein.
2. Erweitern Sie in der Konsole *Zertifikate/Vertrauenswürdige Stammzertifizierungsstellen/Zertifikate*.
3. Überprüfen Sie an dieser Stelle, ob das Zertifikat der Zertifizierungsstelle hinterlegt ist. Finden Sie das Zertifikat nicht, geben Sie in der Eingabeaufforderung den Befehl *gpupdate /force* ein, damit das Zertifikat der Stammzertifizierungsstelle von der internen Zertifizierungsstelle abgerufen wird.

Nach diesem Vorgang haben Sie das Zertifikat erfolgreich in Exchange integriert. Markieren Sie das Zertifikat, können Sie über das Stift-Symbol jederzeit Einstellungen ändern und es auch mit den anderen Diensten in Exchange verbinden. Dazu klicken Sie im neuen Fenster auf *Dienste*, markieren die noch nicht ausgewählten Dienste und klicken auf *Speichern*. In manchen Fällen werden Sie noch gefragt, ob bereits vorhandene Zertifikate überschrieben werden sollen. Das bestätigen Sie.

Wollen Sie nicht mit einem internen Zertifikat von den Active Directory-Zertifikatdiensten arbeiten, können Sie auch ein externes Zertifikat kaufen und integrieren. Die Vorgehensweise ist nahezu identisch, nur verwenden Sie die Weboberfläche des entsprechenden Anbieters.

Sehr wichtig an dieser Stelle ist, dass Sie den Namen, mit dem der Server aus dem Internet erreichbar ist, als allgemeinen Namen hinterlegt haben, wenn Sie ein Zertifikat ausstellen.

Ansonsten erhalten Clients, die aus dem Internet auf den Server zugreifen, eine Fehlermeldung, da der Name des Zertifikats nicht mit der URL für den Zugriff übereinstimmt. Dieser Bereich ist vor allem für die Verwendung von Outlook und Exchange ActiveSync wichtig. Falls ein Zertifikatfehler in Outlook Web App erscheint, können Anwender ihn ohne große Auswirkungen bestätigen, Outlook verweigert allerdings die Verbindung bei solchen Fehlern.

Das Zertifikat sollte als *Gültig* angezeigt werden. Dazu muss das von der Zertifizierungsstelle bezogene Zertifikat in den vertrauenswürdigen Stammzertifizierungsstellen auf dem Exchange-Server hinterlegt sein.

Arbeiten Sie mit den Active Directory-Zertifikatdiensten, installiert der Exchange-Server das Zertifikat der Vertrauensstellung automatisch über die Gruppenrichtlinien. Das Zertifikat der Stammzertifizierungsstelle muss auf dem Exchange-Server hinterlegt sein, damit der Exchange-Server den Zertifikaten dieser Zertifizierungsstelle vertraut.

Exchange-Zertifikate können natürlich auch in der Exchange Management Shell zugewiesen werden. Dazu steht das Cmdlet *Enable-ExchangeCertificate* (*https://learn.microsoft.com/en-us/powershell/module/Exchange/enable-Exchangecertificate*) zur Verfügung. Um ein Zertifikat zuzuweisen, wird sein Fingerabdruck benötigt. Danach erfolgt die Zuweisung mit:

```
Enable-ExchangeCertificate -Thumbprint <Fingerabdruck> -Services Imap,
POP, IIS, SMTP
```

Ein Beispiel dafür ist:

```
Enable-ExchangeCertificate -Thumbprint 5113ae0233a72fccb75b1d0198628675333d010e
-Services POP,IMAP,SMTP,IIS
```

Importieren lassen sich Exchange-Zertifikate mit dem Cmdlet *Import-ExchangeCertificate* (*https://learn.microsoft.com/en-us/powershell/module/Exchange/import-Exchangecertificate*). Ein Beispiel für die Ausführung ist:

```
Import-ExchangeCertificate -Server Mailbox01 -FileName
"\\FileServer01\Data\Exported Fabrikam Cert.pfx" -Password (ConvertTo-
SecureString -String 'P@ssw0rd1' -AsPlainText -Force)
```

2.4.7 DigiCert SSL Installation Diagnostics Tool – Sicherheitstests

Vermuten Sie Probleme beim externen Zugriff auf Ihre Exchange-OWA-Seite, können Sie diesen über das Unternehmen DigiCert (*https://www.digicert.com/help*) kostenlos online testen lassen. Sie brauchen dazu nur die Adresse des Servers einzugeben. Außerdem können Sie mit dem Tool auch überprüfen, ob das Zertifikat anfällig für eine Heartbleed-Attacke ist.

Sie sehen außerdem die IP-Adresse, die dem Rechnernamen mit dem Zertifikat zugewiesen ist, und wie lange das Zertifikat noch gültig ist. Auch die Protokolle, die das Zertifikat unterstützt, sehen Sie an dieser Stelle. Der Hersteller bietet auch noch Tools an, mit denen Sie Namen von internen Servern und von Zertifikaten anpassen können.

2.4.8 E-Mail-Versand und -Empfang konfigurieren

Der Empfang und Versand von E-Mails setzt sich aus verschiedenen Bereichen zusammen. Nach der Installation kann ein Exchange-Server zunächst noch keine E-Mails empfangen und senden. Dies ist auch bei Exchange SE so.

Zunächst müssen Sie einige Einstellungen vornehmen. Das sind folgende Bereiche, die Sie im Exchange Admin Center finden:

1. Exchange nimmt zunächst nur E-Mails für Domänen an, die im Menü *Nachrichtenfluss* bei *Akzeptierte Domänen* hinterlegt sind.
2. Damit ein Exchange-Server E-Mails entgegennehmen kann, muss ein Empfangsconnector erstellt und so konfiguriert sein, dass er E-Mails vom sendenden Server akzeptiert. Empfangsconnectors finden Sie über *Nachrichtenfluss/Empfangsconnectors*. Standardmäßig legt Exchange SE bereits Connectors an.

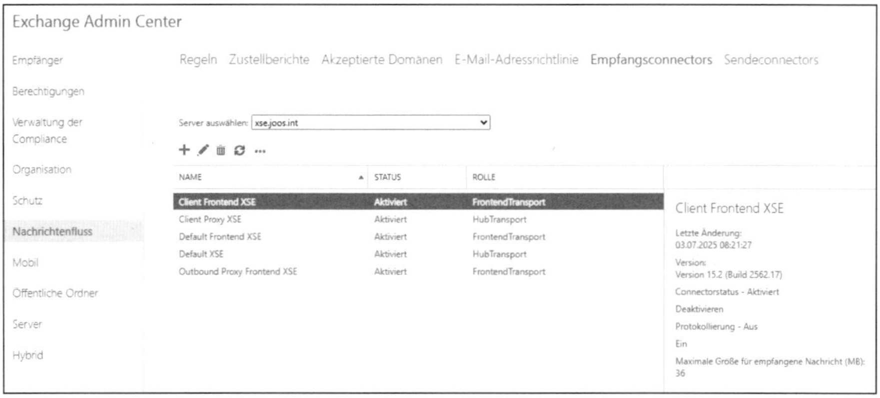

Abb. 2.11 Konfigurieren des E-Mail-Flusses in Exchange

3. Damit Exchange-Server E-Mails intern zustellen können, muss die in der E-Mail angegebene Adresse in der Organisation vorhanden sein. Welche E-Mail-Adressen der Server an die Anwender verteilt, sehen Sie im Bereich *Nachrichtenfluss* auf der Registerkarte *E-Mail-Adressenrichtlinie*.
4. Postfächer für Anwender erstellen Sie über *Empfänger/Postfächer*. An dieser Stelle können Sie auch gleich neue Benutzerkonten in Active Directory anlegen.
5. Damit Exchange E-Mails nach extern versenden kann, muss mindestens ein Sendeconnector erstellt sein. Diese Konfiguration finden Sie über *Nachrichtenfluss* auf der Registerkarte *Sendeconnectors*. Nach der Installation ist noch kein solcher Sendeconnector vorhanden. Sie müssen mindestens einen Connector mit der Domäne * erstellen. Das bedeutet, dass über diesen Connector alle ausgehenden E-Mails versendet werden.

2.4.9 Virtuelle Verzeichnisse konfigurieren

Nach der Installation von Exchange SE sollten Sie auch die verschiedenen virtuellen Verzeichnisse auf dem Server konfigurieren. Sie sind für die Anbindung der verschiedenen Clients notwendig. Vor allem die folgenden Verzeichnisse sollten dafür überprüft oder angepasst werden:

- ecp (Default Web Site)
- EWS (Default Web Site)
- mapi (Default Web Site)
- Microsoft-Server-ActiveSync (Default Web Site)
- OAB (Default Web Site)
- owa (Default Web Site)
- PowerShell (Default Web Site)

Generell empfiehlt Microsoft den Einsatz einer Split-DNS-Konfiguration. Bei ihr verwenden Sie intern die gleiche Domäne wie extern, zum Beispiel *webmail.contoso.com*.

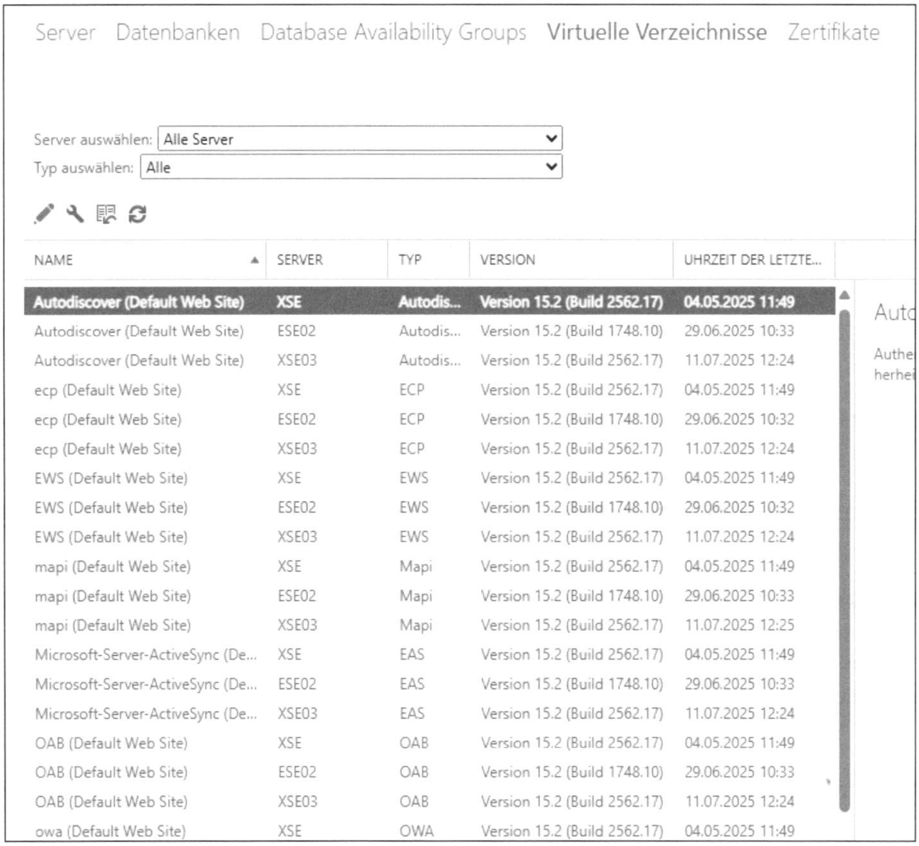

NAME	SERVER	TYP	VERSION	UHRZEIT DER LETZTE...
Autodiscover (Default Web Site)	XSE	Autodis...	Version 15.2 (Build 2562.17)	04.05.2025 11:49
Autodiscover (Default Web Site)	ESE02	Autodis...	Version 15.2 (Build 1748.10)	29.06.2025 10:33
Autodiscover (Default Web Site)	XSE03	Autodis...	Version 15.2 (Build 2562.17)	11.07.2025 12:24
ecp (Default Web Site)	XSE	ECP	Version 15.2 (Build 2562.17)	04.05.2025 11:49
ecp (Default Web Site)	ESE02	ECP	Version 15.2 (Build 1748.10)	29.06.2025 10:32
ecp (Default Web Site)	XSE03	ECP	Version 15.2 (Build 2562.17)	11.07.2025 12:24
EWS (Default Web Site)	XSE	EWS	Version 15.2 (Build 2562.17)	04.05.2025 11:49
EWS (Default Web Site)	ESE02	EWS	Version 15.2 (Build 1748.10)	29.06.2025 10:32
EWS (Default Web Site)	XSE03	EWS	Version 15.2 (Build 2562.17)	11.07.2025 12:24
mapi (Default Web Site)	XSE	Mapi	Version 15.2 (Build 2562.17)	04.05.2025 11:49
mapi (Default Web Site)	ESE02	Mapi	Version 15.2 (Build 1748.10)	29.06.2025 10:33
mapi (Default Web Site)	XSE03	Mapi	Version 15.2 (Build 2562.17)	11.07.2025 12:25
Microsoft-Server-ActiveSync (De...	XSE	EAS	Version 15.2 (Build 2562.17)	04.05.2025 11:49
Microsoft-Server-ActiveSync (De...	ESE02	EAS	Version 15.2 (Build 1748.10)	29.06.2025 10:33
Microsoft-Server-ActiveSync (De...	XSE03	EAS	Version 15.2 (Build 2562.17)	11.07.2025 12:24
OAB (Default Web Site)	XSE	OAB	Version 15.2 (Build 2562.17)	04.05.2025 11:49
OAB (Default Web Site)	ESE02	OAB	Version 15.2 (Build 1748.10)	29.06.2025 10:33
OAB (Default Web Site)	XSE03	OAB	Version 15.2 (Build 2562.17)	11.07.2025 12:24
owa (Default Web Site)	XSE	OWA	Version 15.2 (Build 2562.17)	04.05.2025 11:49

Abb. 2.12 Verwalten der virtuellen Exchange-Verzeichnisse in Exchange SE

Um die verschiedenen virtuellen Verzeichnisse zu konfigurieren, verwenden Sie entweder das Exchange Admin Center oder die Exchange Management Shell. Im Exchange Admin Center finden Sie die Konfiguration der virtuellen Verzeichnisse über den Menüpunkt *Server*.

Wollen Sie die virtuellen Verzeichnisse in der Exchange Management Shell konfigurieren, verwenden Sie zum Beispiel die folgenden Befehle:

```
Get-OWAVirtualDirectory -Server MAIL01 | Set-OWAVirtualDirectory -InternalURL
https://webmail.contoso.com/owa -ExternalURL https://webmail.contoso.com
Get-ECPVirtualDirectory -Server MAIL01 | Set-ECPVirtualDirectory -InternalURL
https://webmail.contoso.com/ecp -ExternalURL https://webmail.contoso.com/ecp
Get-WebServicesVirtualDirectory -Server MAIL01 | Set-WebServicesVirtualDirectory
-InternalURL https://webmail.contoso.com/ews/Exchange.asmx -ExternalURL
https://webmail.contoso.com/ews/Exchange.asmx
Get-ActiveSyncVirtualDirectory -Server MAIL01 | Set-ActiveSyncVirtualDirectory
-InternalURL https://webmail.contoso.com/Microsoft-Server-ActiveSync
-ExternalURL https://webmail.con-toso.com/Microsoft-Server-ActiveSync
Get-PowerShellVirtualDirectory -Server MAIL01 | Set-PowerShellVirtualDirectory
-InternalURL https://webmail.contoso.com/PowerShell -ExternalURL
https://webmail.contoso.com/PowerShell
Get-MAPIVirtualDirectory -Server MAIL01 | Set-MAPIVirtualDirectory -InternalURL
https://webmail.contoso.com/mapi -ExternalURL https://webmail.contoso.com/mapi
 Get-OabVirtualDirectory -Server MAIL01 | Set-OabVirtualDirectory -InternalURL
https://webmail.contoso.com/oab -ExternalURL https://webmail.contoso.com/oab
```

Grundsätzlich ist es auch sinnvoll, wenn Sie den internen Service Connection Point (SCP) für die Anbindung von Outlook ebenfalls entsprechend anpassen:

```
Set-ClientAccessService -Identity "MAIL01" -AutoDiscoverServiceInternalUri
"https://mail01. contoso.com/autodiscover/autodiscover.xml"
-AutoDiscoverSiteScope "webmail"
```

Das Gleiche gilt auch für die Outlook Anywhere-Konfiguration. Hier können Sie die Standard-Authentifizierung nutzen, müssen aber darauf achten, dass Sie auch für das Web SSL konfiguriert haben:

```
Get-OutlookAnywhere -Server mail01| Set-OutlookAnywhere -ExternalHostname
webmail.contoso.com -ExternalClientsRequireSsl:$true
-ExternalClientAuthenticationMethod:Basic -InternalHostName webmail.contoso.com
-InternalClientsRequireSsl:$true -InternalClientAuthenticationMethod:Basic
```

2.5 Fehlerbehebung während der Installation

In manchen Situationen bricht die Installation des Servers ab. Ist das bei Ihnen der Fall, können Sie mit der Schaltfläche *Wiederholen* die erneute Installation der entsprechenden Komponenten veranlassen, ohne den Server oder die Installation neu starten zu müssen. Die Installationsroutine von Exchange SE führt eine eigene Protokolldatei, in der alle Informationen der Installation gespeichert sind. Alternativ können Sie bei Problemen auch versuchen, Exchange vom Server zu deinstallieren. Dazu können Sie ebenfalls die Befehlszeile verwenden:

```
Setup.exe /IAcceptExchangeServerLicenseTerms /mode:Uninstall
```

Diese Datei trägt die Bezeichnung *ExchangeSetup.log* und wird im Ordner *C:\Exchange-Setup-Logs* gespeichert. Hier werden alle Informationen abgelegt, die während der Installation anfallen. Untersuchen Sie Probleme während der Installation von Exchange SE, sollten Sie die

Datei *ExchangeSetup.log* verwenden, da diese Datei mehr Informationen enthält, nach denen Sie auch im Internet suchen können, wenn Probleme auftreten. Treten Probleme während der Installation auf, haben Sie die größte Chance, in dieser Protokolldatei den Fehler zu finden.

Geben Sie den entsprechenden Fehler in eine Suchmaschine ein, finden Sie sicherlich ausführliche Hilfen zum Problem. Die Protokolldateien der Exchange SE-Installation liegen im Textformat vor und können von jedem Texteditor gelesen werden. Normalerweise werden diese Protokolldateien nur im Fehlerfall benötigt.

In der Datei *ExchangeSetup.msilog* werden die Informationen gespeichert, die der Windows-Installer während der Extraktion der Exchange-Server-Installationsdateien protokolliert.

Sie können diese Datei auch während der Installation aufrufen, wenn Ihrer Meinung nach die Installation einer Rolle zu lange dauert. Tritt ein Fehler während der Installation auf, wartet das Setupprogramm häufig nach verschiedenen Intervallen und hält den Fehler auch in der Protokolldatei fest. So können Sie bereits nach dem Fehler suchen, während Exchange noch versucht, den Server zu installieren. Entsprechende Fehler sehen Sie dann am Ende der Datei.

Bricht die Installation mit einem Fehler ab, erhalten Sie ebenfalls einen entsprechenden Hinweis. Auch er hilft bei der Recherche. Starten Sie die Installation erneut, startet Exchange im Wartungsmodus und Sie können mit der Installation fortfahren, nachdem Sie den Fehler behoben haben.

Das Erste, was Sie bei der Fehlerbehebung in der Eingabeaufforderung tun sollten, ist das Anpingen des Domänencontrollers mit seiner IP-Adresse und seinem FQDN. Der Server muss fehlerfrei erreicht werden, damit die Installation von Exchange gelingt. Deutet der Fehler auf Probleme in der Active Directory-Verbindung hin, sollten Sie zum Beispiel mit dem Befehlszeilentool *Dcdiag* eine Diagnose von Active Directory auf dem Domänencontroller durchführen.

Starten Sie die Installation nach einem Abbruch erneut, erkennt der Assistent, dass bereits Dienste installiert sind, und kann die Installation fortsetzen.

In einigen Fällen weist Sie auch der Installations-Assistent auf Probleme hin und erläutert, wie Sie sie beheben. Bei erneuter Installation müssen Sie über ADSI-Edit zum Beispiel häufig einzelne Werte aus Active Directory entfernen.

2.5.1 Exchange-Server mit ADSI-Edit aus Active Directory entfernen

Wenn bei einem Server gar nichts mehr geht, die Installation aber schon so weit fortgeschritten ist, dass der Server in Active Directory integriert ist, können Sie ihn und seine Konfiguration direkt aus Active Directory über ADSI-Edit löschen.

Allerdings sind solche Vorgänge mit Vorsicht durchzuführen, da Sie durch das direkte Löschen von Objekten in Active Directory eine Gesamtstruktur stark beschädigen können. Die Daten von Exchange SE finden Sie am schnellsten über den ADSI-Editor in der Programmgruppe *Windows-Verwaltungsprogramme*. Um die Daten von Exchange abzurufen, gehen Sie folgendermaßen vor:

1. Starten Sie den ADSI-Editor über *Tools* im Server-Manager oder durch Eingabe des Begriffs im Suchfeld der Windows-Taskleiste.

2. Klicken Sie im Fenster mit der rechten Maustaste auf *ADSI-Editor* und wählen Sie *Verbindung herstellen*.
3. Aktivieren Sie die Option *Bekannten Namenskontext auswählen* und wählen Sie im Dropdownlistenfeld den Eintrag *Konfiguration* aus.
4. Klicken Sie auf *OK*, um die Verbindung aufzubauen.

Navigieren Sie dann zu *Konfiguration/Configuration/CN=Services/CN=Microsoft Exchange/<Name der Organisation>/CN=Administrative Groups/CN=Exchange Administrative Groups*.

Hier finden Sie die wichtigsten Daten von Exchange SE zur Verbindung mit Active Directory. Alle Änderungen, die Sie hier vornehmen, haben sofort Auswirkungen auf die Exchange-Struktur im Unternehmen.

Im Container *CN=Servers* finden Sie weitere Container für jeden einzelnen Exchange-Server. Im Container *CN=Databases* finden Sie die Datenbanken. Lässt sich ein Server gar nicht mehr installieren, löschen Sie seinen Container unterhalb von *CN=Servers* und seine Datenbank unterhalb von *CN=Databases*.

Öffnen Sie anschließend das Exchange Admin Center auf einem anderen Server, sehen Sie, dass der Server nicht mehr in der Serverkonfiguration auftaucht. Führen Sie eine erneute Installation von Exchange SE auf dem Server durch.

Gelingt das nicht, führen Sie die Schritte erneut aus und installieren Sie in diesem Fall auch das Betriebssystem neu auf dem Server. Wenn gar nichts mehr hilft, versuchen Sie einen anderen Servernamen, da bei bestimmten Fehlern der Servername noch an verschiedenen Stellen in Active Directory steht und sich dort nicht korrekt entfernen lässt.

2.5.2 Neuinstallation durch Setupfehler oder falsche Uhrzeit

Laufen die Uhren des Exchange-Servers und des Domänencontrollers nicht synchron, bricht die Installation oft mit einem Fehler ab. Überprüfen Sie bei einem Setupfehler daher immer die Uhrzeit auf dem Domänencontroller und die Uhrzeit auf dem Exchange-Server und gleichen Sie sie untereinander ab. Bei bis zu fünf Minuten Unterschied ist kein Problem zu erwarten, aber ab fünf Minuten Unterschied macht Active Directory oft Schwierigkeiten.

Wollen Sie die Zeit auf dem Exchange-Server während der Installation mit dem Domänencontroller synchronisieren, geben Sie in der Eingabeaufforderung den folgenden Befehl ein:

```
Net time \\<Name des Domänencontrollers> /set /yes
```

Anschließend synchronisiert sich die Zeit automatisch.

2.5.3 Exchange-Reparaturinstallation durchführen

Funktionieren Systemkomponenten in Exchange SE nicht, können Sie eine Reparatur-Installation durchführen. Bei diesem Vorgang werden keine Daten gelöscht, sondern nur die Systemdateien repariert. Die Installation dazu nehmen Sie in der Befehlszeile vor.

Wechseln Sie dazu in das Verzeichnis mit den Installationsdateien von Exchange SE oder dem entsprechenden CU (Cumulative Update), das Sie installiert haben. Die Reparaturinstallation starten Sie mit:

```
Setup /m:upgrade /IAcceptExchangeServerLicenseTerms
```

Exchange überprüft den Server und versucht dann, Systemkomponenten zu reparieren. Starten Sie den Server danach neu, sollte Exchange wieder funktionieren.

> Lassen sich neue Exchange-Server nicht installieren, kann es helfen, die Vorbereitungen für Active Directory und die Domänen erneut durchzuführen. Dazu verwenden Sie folgende Befehle:

```
Setup /PrepareAd /IAcceptExchangeServerLicenseTerms /OrganizationName:
<Organisationsname>
```

```
Setup /PrepareAllDomains /IAcceptExchangeServerLicenseTerms
```

Starten Sie die Exchange-Installation erneut, wenn sie durch einen Fehler abgebrochen ist, erkennt das der Installations-Assistent und schlägt die Fortsetzung der Installation vor. Sie sollten parallel aber in der Protokolldatei der Installation überprüfen, warum die Installation abgebrochen ist. Zwar kann es manchmal funktionieren, wenn Sie die Installation einfach erneut starten, in den meisten Fällen muss der entsprechende Fehler aber zuerst behoben werden.

2.5.4 System-Benutzerpostfächer verschieben und neu erstellen

Bei Reparatur-Installationen, Testumgebungen oder auch in größeren Netzwerken passiert es häufig, dass sich Exchange nicht installieren lässt, weil Postfächer fehlen oder auf gelöschten Datenbanken angelegt wurden. Um das Problem zu lösen, werden diesen Benutzern einfach neue Postfächer auf anderen Datenbanken zugewiesen. Probleme machen in diesem Fall vor allem Systempostfächer und Systembenutzer für die Archivierung.

Mit dem folgenden Cmdlet lassen sich alle Benutzer anzeigen, für die Exchange aktuell kein Postfach finden kann. Sollen neue Server installiert werden, erhalten Administratoren häufig Fehler in der Art *Cannot find E-discovery arbitration mailbox with name=$name* und *Skipping creating Discovery Arbitration mailbox beause of insufficient permissions.*

Lassen Sie sich dazu zunächst die Arbitration-Postfächer anzeigen:

```
Get-Mailbox -Arbitration | Select Name,Database
```

Danach können Sie die defekten Postfächer reparieren:

```
Set-Mailbox <Fehlerhaftes Postfach> -Database <Neue Datenbank> -Arbitration
```

Jetzt können Sie mit dem folgenden Cmdlet nach weiteren Benutzern suchen, für die kein Postfach gefunden werden kann:

```
Get-Mailbox | Select Name,Database
```

Im Anschluss können Sie die defekten Postfächer auch hier reparieren:

```
Set-Mailbox <Fehlerhaftes Postfach> -Database <Neue Datenbank>
```

Haben Sie diese Befehle ausgeführt, sollten keinerlei defekte Postfächer angezeigt werden. Starten Sie die Installation neu, sollte sie an genau der Stelle fortgesetzt werden, an der sie abgebrochen ist.

Neben dieser Fehlermeldung können aber auch Fehlermeldungen erscheinen, dass bei einigen Benutzern die Datenbank fehlt. Auch dieses Problem liegt dann meistens daran, dass einige Systembenutzer nicht mehr gefunden werden können.

Hier kann es hilfreich sein, wenn Sie die Exchange-Benutzer aus Active Directory löschen und anschließend über den Befehl *Setup.exe /PrepareAd /IAcceptExchangeServerLicenseTerms* des Exchange-Installationsprogramms neu erstellen lassen. Wird dadurch das Problem noch nicht gelöst, lassen sich die entsprechenden Postfächer neu anlegen. Dazu verwenden Sie die beiden folgenden Befehle:

```
Get-User | Where {$_.Name -like "SystemMailbox*"} | Enable-Mailbox -Arbitration
Get-User | Where {$_.Name -like "FederatedEmail*"} | Enable-Mailbox -Arbitration
```

2.5.5 Exchange und Domänencontroller – Probleme bei der Zusammenarbeit beheben

Exchange und die Domänencontroller arbeiten eng zusammen. Gibt es bei der Verbindung Probleme, können Sie die Exchange Management Shell dazu verwenden, die Zusammenarbeit zu testen und die Probleme zu beheben.

Mit *Get-ExchangeServer |fl *Domain** lassen Sie sich die Active Directory-Domäne anzeigen, in der sich das Konto des Exchange-Servers befindet. Außerdem sehen Sie hier, welche Domänencontroller auf dem Exchange-Server als statische Verbindung konfiguriert wurden. Standardmäßig verwendet Exchange eine dynamische Zuordnung der Domänencontroller.

Sie können mit dem Cmdlet *Get-DomainController* die Domänencontroller am Standort anzeigen lassen, mit denen sich Exchange verbinden kann. Sie erhalten durch dieses Cmdlet weitere Informationen wie Standort, Datum der letzten Replikation und mehr.

Die statische Zuordnung können Sie in der Exchange Management Shell ebenfalls anpassen. Den statischen Domänencontroller passen Sie mit *Set-ExchangeServer* an. Die Syntax dazu ist:

```
Set-ExchangeServer -Identity <Exchange-Server> -StaticDomainControllers
<Domänencontroller> -StaticGlobalCatalogs <Globaler Katalog>
```

Haben Sie die Einstellung geändert, können Sie diese wiederum mit *Get-ExchangeServer |fl *Domain** anzeigen. Das hilft zum Beispiel bei Verbindungs- oder Leistungsproblemen von Exchange, die durch die Verbindung mit Active Directory-Domänencontroller verursacht werden.

Sie haben in diesem Fall aber auch die Möglichkeit, langsame Domänencontroller oder Domänencontroller, die weit entfernt sind, von Exchange auszuklammern. Dazu verwenden Sie die Option *-StaticExcludedDomainControllers*. Die Syntax des Befehls ist ansonsten identisch.

Grundsätzlich haben Sie auch die Möglichkeit, den Domänencontroller zu steuern, der in der aktuellen Sitzung der Exchange Management Shell verwendet wird. Mit *Get-AdServerSettings* rufen Sie die Einstellung ab. Um einen bestimmten Domänencontroller vorzugeben, verwenden Sie:

```
Set-AdServerSettings -PreferredServer <Servername>
```

Der Befehl *Get-AdSite* zeigt den Active Directory-Standort an, dem der aktuelle Exchange-Server zugewiesen ist. Wird hier ein falscher Standort angezeigt, sind Leistungsprobleme in Exchange schnell erklärt. Sie können in der Exchange Management Shell aber auch den Standort steuern:

```
Set-Adsite <AD-Standort> -HubSiteEnabled $true
```

Die Replikation zwischen den Standorten, die auch Exchange betrifft, fragen Sie mit *Get-AdSiteLink* ab.

Das Cmdlet *Get-Credential* wird verwendet, um den Benutzernamen und das Kennwort eines Benutzers abzufragen, der Rechte hat, die Daten abzurufen. Dazu sind nicht alle Administratoren berechtigt. Die Anmeldeinformationen werden in der Variablen *$UserCredentials* gespeichert:

```
$UserCredentials = Get-Credential
```

Die Variable wird anschließend an die Option *Credential* für das Cmdlet *Get-DomainController* übergeben. Um eine noch bessere Liste zu erhalten, lassen sich die Daten übersichtlicher anordnen:

```
Get-DomainController -DomainName <Domäne> -Credential $UserCredentials | Format-
Table -AutoSize Name, ADSite
```

Über diesen Weg lassen sich auch Informationen zu Organisationseinheiten anzeigen:

```
Get-OrganizationalUnit
```

Auch hier lassen sich Filter verwenden:

```
Get-OrganizationalUnit -SearchText "Einkauf" | Format-Table Name,
DistinguishedName
```

In großen Umgebungen spielen zum Beispiel Vertrauensstellungen eine wichtige Rolle. Sie lassen sich ebenfalls in der Exchange Management Shell anzeigen:

```
Get-Trust
```

2.6 Virtualisierung von Exchange SE

Exchange SE ist offiziell für die Virtualisierung freigegeben. Sie können beide Serverrollen, also Postfachserver und Edge-Transportserver virtualisieren. Microsoft empfiehlt zur Virtualisierung von Exchange SE die Verwendung von Windows Server 2025 oder Azure Local.

Microsoft empfiehlt allerdings nicht die Bereitstellung von Exchange SE über virtuelle Computer in Microsoft Azure. Wenn Sie Exchange SE in der Cloud nutzen wollen, setzen Sie daher besser auf Exchange Online in Microsoft 365. Natürlich können Sie Exchange SE auch mit anderen Virtualisierungslösungen virtualisieren. Allerdings sollten Sie bei Microsoft und dem entsprechenden Hersteller vorher sicherstellen, dass die geplante Lösung für Exchange SE geeignet ist und Sie durch den Einsatz nicht den Support verlieren.

> Exchange SE unterstützt nicht die Verwendung von dynamischem Arbeitsspeicher in Windows Server 2022/2025. Weisen Sie daher immer festen Arbeitsspeicher zu.

Sie sollten allerdings für virtuelle Exchange-Server keine Snapshots (Prüfpunkte) erstellen, da von diesen auch die Datenbank von Exchange erfasst wird. Setzen Sie einen Snapshot zurück, kann es zu erheblichen Problemen in den Exchange-Datenbanken kommen. Production Snapshots können durchaus Sinn ergeben, da sie auch die Exchange-Datenbanken berücksichtigen. Diese binden den virtuellen Server und seine Datenbanken über den Volume Shadows Service in den Snapshot mit ein.

2.6.1 Allgemeine Hinweise zu virtuellen Exchange-Servern

Sie müssen jedem virtuellen Exchange-Server ausreichend Speicherplatz für die Nachrichtenwarteschlangen sowie für die Datenbanken und Protokolldateien auf Postfachservern zuweisen.

Der verwendete Speicher für Exchange-Daten (Postfachdatenbanken und Transportwarteschlangen) kann aus virtuellen Festplatten mit einer festen Größe, SCSI-Pass-Through-Speicher oder iSCSI-Speicher bestehen. Bei jedem vom Exchange-Server verwendeten Speicher für Exchange-Daten muss es sich um Speicher auf Blockebene handeln.

Exchange SE unterstützt nicht die Verwendung von NAS-Speichern (Network Attached Storage). Außerdem wird NAS-Speicher, der für den Gast als Speicher auf Blockebene über den Hypervisor dargestellt wird, nicht unterstützt. Feste VHDs können aber in SMB 3.x-Dateifreigaben gespeichert sein.

SMB 3.x-Dateifreigaben werden ausschließlich als Speicher fester VHDs unterstützt. Solche Dateifreigaben können nicht für die direkte Speicherung von Exchange-Daten verwendet werden. Wenn SMB 3.0-Dateifreigaben zur Speicherung fester VHDs verwendet werden, sollte der Speicher, der die Dateifreigabe unterstützt, für hohe Verfügbarkeit konfiguriert sein. Die Konfiguration von iSCSI-Speicher für die Verwendung eines iSCSI-Initiators in einem virtuellen Exchange-Server wird unterstützt.

2.6.2 Integrationsdienste und Zeitsynchronisierung beachten

Virtualisieren Sie Exchange-Server, müssen Sie bei der Zeitsynchronisierung in der entsprechenden Virtualisierungslösung eventuell ebenfalls Konfigurationen vornehmen. Vor allem, wenn Sie Exchange Server oder SharePoint virtualisieren, sind Konfigurationsmaßnahmen notwendig. Auf jedem virtuellen Computer installiert Hyper-V zum Beispiel automatisch die Integrationsdienste. Dabei handelt es sich um ein Softwarepaket, das die Leistung virtueller Server deutlich verbessert.

Rufen Sie dazu für jeden Server die Einstellungen auf und klicken Sie auf *Integrationsdienste*. Hier stellen Sie ein, ob sich die virtuellen Server mit dem Host synchronisieren sollen. Für virtuelle Windows-Server in Active Directory-Domänen sollten Sie diese Synchronisierung deaktivieren, da durch die Zeitsynchronisierung Inkonsistenzen auftreten können. Vor allem bei der Virtualisierung von SharePoint, Exchange oder virtuellen Domänencontrollern liegt in dieser Konfiguration eine häufige Fehlerquelle.

Da die Server Mitglied einer Domäne sind, synchronisieren sie die Zeit mit einem Domänencontroller in der Domäne.

2.6.3 Automatisches Starten und Herunterfahren

In den Einstellungen von virtuellen Maschinen können Sie auch festlegen, wie der virtuelle Server beim automatischen Starten oder Stoppen reagieren soll. Über dieses Verhalten legen Sie fest, wie sich virtuelle Server verhalten sollen, wenn der Hyper-V-Host neu startet oder herunterfährt.

Microsoft empfiehlt als Einstellung für *Automatische Stoppaktion* die Option *Gastbetriebssystem herunterfahren*. Die Speicherung des Zustands empfiehlt Microsoft nicht, da dadurch die Synchronisierung der Farmserver gestört wird. Das Herunterfahren ist die optimale Einstellung, wenn der Host neu gestartet werden muss.

Beim Herunterfahren schließt Exchange SE alle noch offenen Synchronisierungsvorgänge ab, sodass beim erneuten Start keine Inkonsistenzen durch veraltete Daten entstehen. Als automatische Startaktion empfiehlt Microsoft entweder keine Aktion oder die Einstellung, dass der Server neu starten soll, wenn er beim Herunterfahren gestartet war.

2.6.4 Snapshots und Datensicherungen für virtuelle Server

Unternehmen, die über Hyper-V virtuelle Server zur Verfügung stellen, müssen in den meisten Fällen auch das Datensicherungskonzept der virtuellen Maschinen überdenken und auf die virtuellen Server hin optimieren. Viele Unternehmen behandeln im Bereich der Datensicherung virtuelle Server genauso wie physische Server, obwohl sich generell virtuelle Server leichter sichern lassen und andere Vorgänge notwendig sind. Außerdem kann es leicht zu E/A-Problemen kommen, wenn auf den physischen Hyper-V-Hosts die virtuellen Server über die herkömmlichen Backupclients angebunden sind.

Solche Sicherungen sind ineffizient und können auch die Leistung und Stabilität der Server beeinträchtigen. Datensicherungen, die Hyper-V unterstützen, sichern die Server nicht auf herkömmlichem Weg, sondern auf Ebene des Hypervisors. Diese Lösungen können zum Beispiel Snapshots von virtuellen Servern erstellen und dann sichern, und zwar vollkommen automatisiert. Allerdings müssen Sie im Bereich Exchange sehr vorsichtig mit Snapshots umgehen, da diese die Zeitsynchronisierung während der Erstellung stören.

Zwischen Start und Ende des Snapshots gibt es eine Latenz, was die Datensynchronisierung von Exchange stört. Hyper-V unterstützt auch für virtuelle Maschinen den Volumeschattenkopie-Dienst (Volume Shadow Copy Service, VSS). Wichtig ist in diesem Fall, dass Sie VSS auf dem Server entsprechend konfigurieren und den VSS-Writer, der die Schattenkopien erstellt, auch für Hyper-V aktivieren.

Sie müssen sicherstellen, dass VSS die *.vhdx*-Dateien der virtuellen Server auf dem Host konsistent im Bereich der Schattenkopien des physischen Servers sichert. Auf diese Weise lassen sich Backups von Hyper-V-Servern erstellen, ohne dass Sie die Sicherung innerhalb der virtuellen Maschine starten müssen oder Host und physische Server unnötig belasten und beeinträchtigen.

Die Sicherung kann auch über das interne Datensicherungsprogramm in Windows Server 2019 erfolgen.

2.6.5 Daten von virtuellen Servern aus Hyper-V auslesen

Administratoren benötigen oft einen Überblick zu den verschiedenen Servern im Netzwerk. Betreiben Sie im Unternehmen virtuelle Exchange-Server auf Basis von Hyper-V, lesen Sie mit einfachen Tools und Befehlen schnell und einfach Daten wie IP-Adressen, Festplattendaten oder die Konfiguration aus. Dazu sind nicht immer teure Zusatztools wie der System Center Virtual Machine Manager notwendig. Oft reichen Bordmittel oder günstige Freeware- beziehungsweise Open-Source-Tools.

Verwenden Sie im vSphere-Client oder in Hyper-V die grafische Oberfläche, um zum Beispiel die IP-Adressen virtueller Server auszulesen, müssen Sie sich durch zahlreiche Fenster klicken, um die notwendigen Informationen abzufragen. Im Hyper-V-Manager sehen Sie die IP-Adressen und Netzwerkdaten von virtuellen Servern zum Beispiel, wenn Sie einen Server markieren und ganz unten die Registerkarte *Netzwerk* aufrufen.

Sie sehen an dieser Stelle auch den virtuellen Switch, mit dem der virtuelle Server verbunden ist, und welchen Status die Verbindung hat. Dies funktioniert auch, wenn Sie Hyper-V in Windows 8.1/10 nutzen. Sie sehen im Fenster zusätzlich die aktuelle MAC-Adresse des Servers. Diese spielt zum Beispiel für den Aufbau eines Lastenausgleichclusters eine Rolle. Über diesen Weg können Sie die IP-Adressen der virtuellen Server im Hyper-V-Manager für alle angebundenen Hyper-V-Hosts anzeigen.

Zum Auslesen der IP-Adressen und Netzwerkdaten können Sie auch das Cmdlet *Get-VMNetworkAdapter* nutzen. Wollen Sie zum Beispiel aus allen virtuellen Servern die IP-Adressen auslesen, rufen Sie mit *Get-VM* die virtuellen Server eines Hosts ab und übergeben das Ergebnis an *Get-VMNetworkAdapter*.

Anschließend können Sie das Ergebnis noch filtern und nur die IP-Adressen der virtuellen Server anzeigen. Dazu verwenden Sie zum Beispiel den folgenden Befehl:

```
Get-VM | foreach{(Get-VMNetworkAdapter $_).IPAddresses}
```

Mit dem Zusatz *foreach* liest der Befehl nacheinander die gewünschten Daten aller VMs aus und zeigt sie an. Mit dem Befehl lesen Sie aber nicht nur die IP-Adressen der virtuellen Server auf einem lokalen Hyper-V-Host aus, sondern auch Hosts im Netzwerk. Dazu nutzen Sie den folgenden Befehl:

```
Get-VM -computername <Name des Hyper-V-Hosts> | foreach{(Get-VMNetworkAdapter
$_).IPAddresses}
```

Eine weitere Möglichkeit, um Daten virtueller Server, aber auch von physischen Servern im Netzwerk abzufragen, sind WMI-Abfragen. Dazu nutzen Sie die PowerShell und das Cmdlet *Get-WMI-Object*. Dem Cmdlet übergeben Sie ein bestimmtes WMI-Objekt und lassen sich so die entsprechenden Daten des Servers anzeigen. Um beispielsweise Daten von Festplatten auszulesen, verwenden Sie das WMI-Objekt *Win32_LogicalDisk*. Als Beispiel nutzen Sie den Befehl *Get-WmiObject Win32_LogicalDisk*. Sie haben auch die Möglichkeit, das Ergebnis zu filtern. Dazu nutzen Sie die Option *-Filter*.

Auch für das Cmdlet *Get-WMI-Object* haben Sie die Möglichkeit, über das Netzwerk Daten von physischen oder virtuellen Servern abzufragen. Dazu nutzen Sie die Option *-Computername*. Außer Laufwerken lassen sich auch Einstellungen der Netzwerkkarten abfragen. Dazu verwenden Sie die Klasse *Get-WmiObject Win32_Networkadapter*.

Virtuelle Exchange-Server können Bestandteil eines Clusters sein und auch Mitglied von Datenbankverfügbarkeitsgruppen (Database Availability Group, DAGs). Auch Funktionen wie die Livemigration können Sie nutzen.

2.7 Zusammenfassung

In diesem Kapitel haben Sie erfahren, wie Sie Active Directory, den Server und die einzelnen Domänen für Exchange SE vorbereiten. Ich bin außerdem darauf eingegangen, wie Sie die notwendigen Voraussetzungen für Exchange installieren und wie Exchange SE auf einem Server eingerichtet wird.

Auch die automatisierte und die geskriptete Installation habe ich Ihnen in diesem Kapitel erläutert. Und das Thema Fehlerbehebung war ebenfalls ein wichtiger Bestandteil des Kapitels.

Im nächsten Kapitel erfahren Sie, wie Sie die ersten Schritte mit Exchange SE durchführen, wie Sie den Server verwalten und wie Sie Nachrichten von und zu Exchange senden.

Kapitel 3

Erste Schritte

In diesem Kapitel gehe ich ausführlicher auf die einzelnen Serverrollen von Exchange SE ein und zeige, welche ersten Schritte nach der Installation durchgeführt werden sollten. Außerdem erläutere ich die Systemdienste und Ordner, die ein Exchange-Server benötigt und die von Administratoren verwaltet werden müssen.

Administratoren, die eine Exchange-Infrastruktur verwalten, sollten nicht nur über die grafische Oberfläche oder die Exchange Management Shell Bescheid wissen, sondern auch die Hintergründe verstehen, da bei Problemen mit dem Server oft hier die Lösung liegt. Die Serverrollen und die Standorte in Active Directory interagieren miteinander. Exchange-Administratoren, die Exchange SE über mehrere Standorte verteilt einsetzen, sollten sich daher mit der Thematik der Active Directory-Standorte auseinandersetzen. Das gilt natürlich auch für die Migration von Exchange 2016/2019 zu Exchange SE und der parallele Betrieb mehrerer Exchange-Versionen.

3.1 Erste Schritte mit Exchange SE

Nach der Installation von Exchange können Sie sich durch ein paar erste Schritte mit der Konfiguration von Exchange SE vertraut machen.

Die Verwaltung von Exchange SE findet hauptsächlich über das Exchange Admin Center und die Exchange Management Shell statt. Sie können das webbasierte Exchange Admin Center auch über das Netzwerk über die URL *https://<Servername>/ecp* aufrufen, ohne dass auf dem entsprechenden Client die Verwaltungstools installiert sein müssen. Durch die Installation der Verwaltungstools für Exchange SE können Sie aber lokal die Exchange Management Shell aufrufen. Über diesen Weg starten Sie das Exchange Admin Center auch von Clients aus. Eine Domänenmitgliedschaft für das Aufrufen ist nicht notwendig, da die Authentifizierung über die Weboberfläche stattfindet.

Im folgenden Abschnitt erläutere ich den grundlegenden Umgang mit diesen Werkzeugen, bevor ich in den restlichen Kapiteln des Buches ausführlicher darauf eingehe. Die Exchange Management Shell ist nur verfügbar, wenn Sie die Exchange-Verwaltungstools installiert haben.

3.1.1 Das Exchange Admin Center verstehen

Sie starten das Exchange Admin Center über *https://<Servername>/ecp*. Nach der Anmeldung finden Sie die verschiedenen Bereiche zur Verwaltung der Konsole. In den Kapiteln 1 und 2 bin ich bereits auf wichtige Punkte eingegangen.

> Vor allem bei Migrationen zu Exchange SE kann es passieren, dass sich die Konsole nicht öffnet. Verwenden Sie in diesem Fall die URL:
>
> *https://<Servername>/ecp/?ExchClientVer=15*

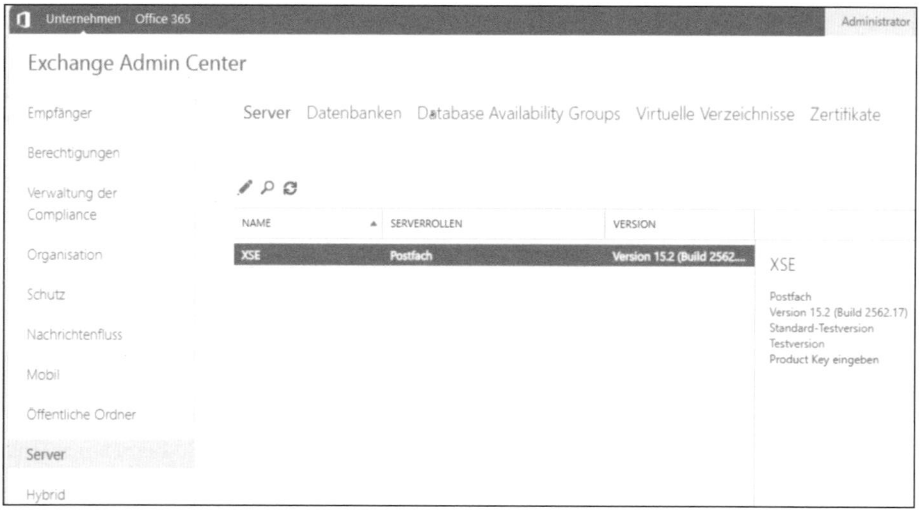

Abb. 3.1 Starten des Exchange Admin Centers

Haben Sie das Exchange Admin Center zum ersten Mal gestartet, sehen Sie den Aktionsbereich rechts. In diesem Bereich werden Befehle und Aktionen angezeigt. Der Aktionsbereich mit den verfügbaren Befehlen zieht sich durch die gesamte Bedienung.

Für einzelne Objekte finden Sie aber auch im mittleren Fenster wichtige Schaltflächen, wie zum Beispiel das Stiftsymbol zum Bearbeiten von Einstellungen. Sie können die Einstellungen aber auch per Doppelklick öffnen.

Abb. 3.2 Im Aktionsbereich lassen sich die Objekte verwalten, die im Exchange Admin Center ausgewählt wurden.

Die einzelnen Aktionen, die Sie durchführen können, erscheinen nach der Auswahl des Menüpunkts in der Symbolleiste.

Unterhalb dieser verschiedenen Menüpunkte stehen Ihnen die verschiedenen Bereiche zur Verfügung, über die Sie die Einstellungen der Organisation, der Benutzer, Objekte und Server vornehmen.

Sie finden auch über *Server/Datenbanken* die verschiedenen Datenbanken der Server in der Organisation. Hier zeigt das Exchange Admin Center die Datenbanken der Postfachserver der Organisation an. Über diesen Bereich können Sie die Datenbanken verwalten und auch Bereitstellungen aufheben oder erneut aktivieren.

Im Exchange Admin Center sehen Sie über *Empfänger* oben links alle Postfächer der Organisation. Klicken Sie auf die drei Punkte (QuickInfo *Mehr*) in der Symbolleiste, können Sie über *Spalten hinzufügen/entfernen* festlegen, welche Informationen Sie zu den einzelnen Empfängern anzeigen lassen wollen.

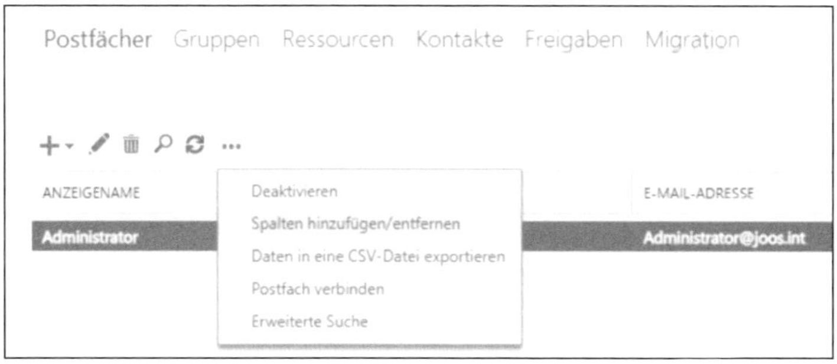

Abb. 3.3 Die Verwaltung der Empfänger erfolgt ebenfalls im Exchange Admin Center.

Auch die Reihenfolge, in der die Informationen angezeigt werden, legen Sie an dieser Stelle fest, indem Sie auf die Spalte klicken. Über alle Spalten können Sie eine Sortierung durchführen, indem Sie auf die jeweilige Spaltenüberschrift klicken. Den Befehl mit den drei Punkten (*Mehr*) gibt es auch für andere Objekte im Exchange Admin Center. Hier finden Sie weitere Befehle, die über die Möglichkeiten der Symbolleiste hinausgehen.

3.1.2 Exchange-Organisation verwalten

Über den Menüpunkt *Organisation* erreichen Sie die Einstellungen, die für die gesamte Organisation, also alle Exchange-Server, alle Datenbanken und alle Empfänger gelten.

In Exchange SE nehmen Sie solche Einstellungen aber auch in den anderen Menüs vor. Über *Organisation* verbinden Sie mehrere Exchange-Organisationen mit einer Verbundvertrauensstellung, installieren Add-Ins in Outlook Web App oder steuern die Adresslisten.

3.1.3 Exchange-Server verwalten

Über den Menüpunkt *Server* auf der linken Seite des Exchange Admin Centers erreichen Sie alle serverspezifischen Einstellungen der Serverkonfiguration. Hier verwalten Sie zum Beispiel die verschiedenen Postfachdatenbanken aller Exchange-Server.

Unterhalb des Menüpunkts *Server* finden Sie im oberen Bereich verschiedene Einstellungen. Klicken Sie direkt auf den Menüpunkt *Server*, werden Ihnen im Ergebnisbereich alle notwendigen Informationen für alle Exchange-Server der kompletten Organisation angezeigt. Hier sehen Sie auch, welche Serverrollen den einzelnen Exchange-Servern zugewiesen wurden.

Über die einzelnen Menüs haben Sie im Aktionsbereich rechts weitere Möglichkeiten, die Einstellungen für die entsprechend markierte Einstellung vorzunehmen.

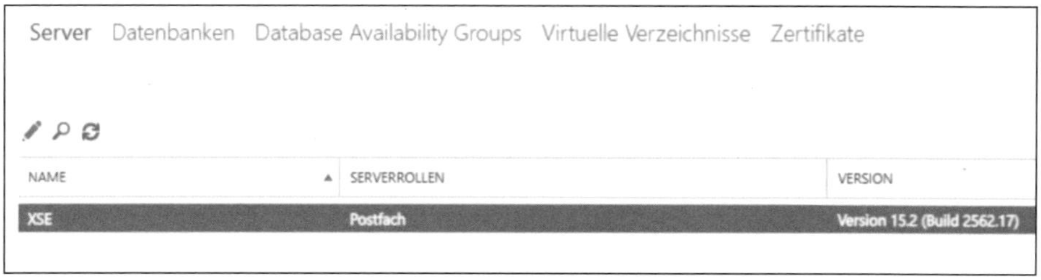

Abb. 3.4 Verwalten der Exchange-Server über die Serverkonfiguration

Rufen Sie über die Symbolleiste die Eigenschaften eines Servers über das Stiftsymbol oder per Doppelklick auf, erhalten Sie ausführliche Informationen über seine Edition und Konfiguration. Sie sehen, ähnlich wie bei den Benutzerkonten, an zentraler Stelle alle relevanten Informationen über den Server. Da Exchange SE auf ein Rollenmodell aufbaut, erhalten Sie an dieser Stelle die Information, welche Rollen den einzelnen Servern zugewiesen sind. Neben den Informationen können Sie in den verschiedenen Menüs zahlreiche Einstellungen vornehmen.

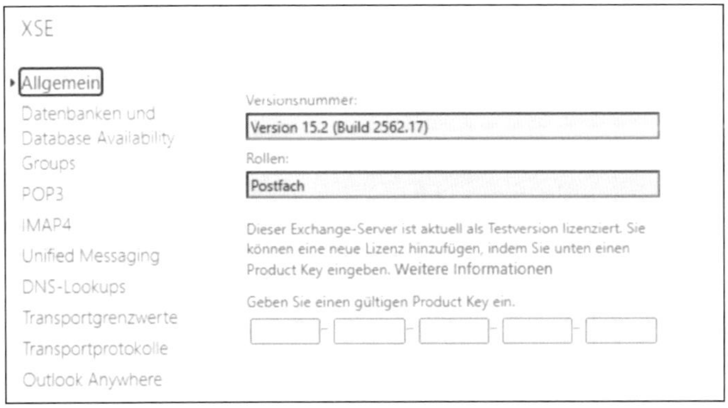

Abb. 3.5 Eigenschaften eines Exchange-Servers

3.1.4 Empfänger verwalten

Über den Menüpunkt *Empfänger* erreichen Sie alle Einstellungen, die Ihre Empfänger auf allen Exchange-Servern der Organisation betreffen.

Abb. 3.6 Verwalten der Empfänger

Über diesen Menüpunkt können Sie Postfächer verwalten, Benutzer anlegen (auch zugehörige Benutzerkonten in Active Directory), Verteilergruppen und E-Mail-Kontakte erstellen sowie Postfächer erneut verbinden. Außerdem können Sie über den Menüpunkt *Migration* Postfächer zwischen Servern und Datenbanken verschieben.

Klicken Sie auf den Menüpunkt *Empfänger*, werden Ihnen in der Mitte der Konsole alle Empfänger innerhalb der Exchange-Organisation angezeigt. Sie sehen hier nicht nur die Empfänger des aktuellen Servers oder der Domäne, sondern alle Empfänger der Organisation innerhalb der Gesamtstruktur.

Darüber hinaus können Sie noch Filter erstellen, die die Ansicht der Empfänger Ihrer Organisation an Ihre Bedürfnisse anpassen. Diese Funktion erreichen Sie über die Symbolleiste nach einem Klick auf die drei Punkte (*Mehr*). Klicken Sie auf den Befehl *Erweiterte Suche*, erscheint innerhalb der Konsole ein weiterer Eingabebereich, über den Sie konfigurieren können, nach welchem Attribut die Empfänger angezeigt werden sollen.

Des Weiteren können Sie in den mittleren Fensterbereich klicken, um die einzelnen Konfigurationsmöglichkeiten anzuzeigen. Die entsprechenden Befehle werden in der rechten Seite der Konsole angezeigt.

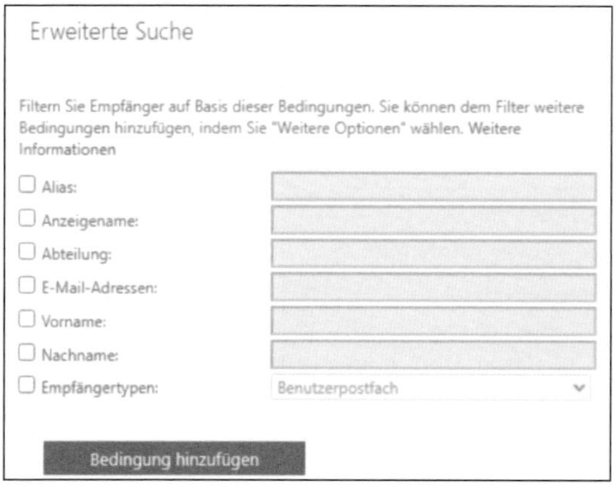

Abb. 3.7 Konfiguration eines Filters zur Anzeige von Empfängern

Sie können auch neue Postfächer für bereits vorhandene Benutzerkonten erstellen. Haben Sie Postfächer erstellt, können Sie sie im gleichen Bereich anklicken und die Eigenschaften aufrufen. Daraufhin werden Ihnen alle Informationen zu diesem Benutzerkonto und zu dem dazugehörigen Postfach angezeigt. Über den Menüpunkt *Postfachnutzung* sehen Sie die verschiedenen Informationen.

In den Eigenschaften von Postfächern können Sie auch Änderungen vornehmen. Sie sehen auf der ersten Registerkarte bereits, auf welchem Server und innerhalb welchen Postfachspeichers sich das Postfach befindet. Zusätzlich erfahren Sie, welche Datenmenge bereits im Postfach gespeichert ist, und weitere Informationen, wie zum Beispiel die letzte Anmeldung, um zu erkennen, ob das Postfach überhaupt noch verwendet wird.

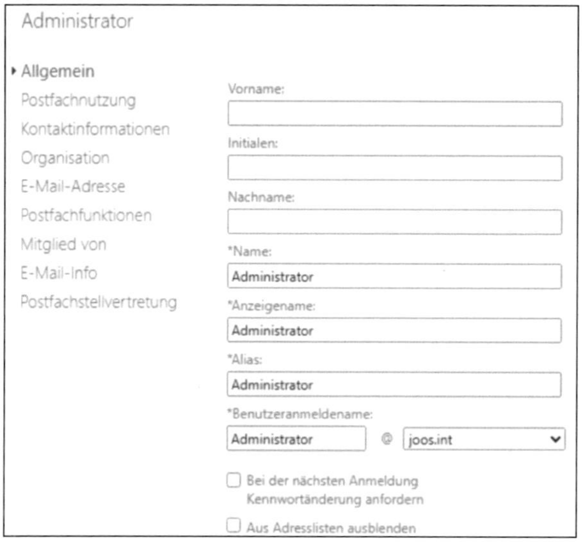

Abb. 3.8 Anzeigen von Benutzerpostfächern

Klicken Sie auf die einzelnen Spaltenüberschriften in der Komplettansicht, können Sie die Ansicht auch nach dem entsprechenden Bereich filtern.

3.1.5 Einführung in die Exchange Management Shell

Neben der grafischen Verwaltung existiert darüber hinaus noch die Exchange Management Shell, die die Befehlszeilenoberfläche von Exchange SE startet. Die meisten Serverprodukte von Microsoft bauen auf der PowerShell auf. Dies trifft auch auf Exchange SE zu. Microsoft erweitert die Funktionen ständig.

Generell ist der Umgang mit der Exchange Management Shell nicht sehr kompliziert. Rufen Sie die Shell zunächst über das Windows-Startmenü in der Programmgruppe *Microsoft Exchange Server* auf. Geben Sie *Get-Command* ein, sehen Sie alle Befehle, die die Shell zur Verfügung stellt. Die Exchange Management Shell bietet jedoch auch eine ausführliche Hilfe an.

Haben Sie nur den Teil eines Befehls in Erinnerung, können Sie mit dem Platzhalter * arbeiten. Der Befehl *Get-Command *mailbox* zeigt zum Beispiel alle Cmdlets an, deren Name mit »mailbox« endet. Ich bin in Kapitel 2 bereits auf das Thema eingegangen.

Ist der gesuchte Befehl nicht dabei, können Sie auch mehrere Platzhalter verwenden, zum Beispiel den Befehl *Get-Command *mailbox**. Diese Anweisung zeigt alle Befehle an, in denen das Wort »mailbox« an beliebiger Stelle vorkommt.

Haben Sie das gewünschte Cmdlet gefunden, unterstützt Sie die Management Shell mit weiteren Möglichkeiten. Für nahezu alle Cmdlets gilt die Regel, dass sie in vier Arten vorliegen:

- Es gibt Cmdlets mit dem Präfix *New-*, um etwas zu erstellen, z. B. *New-Mailbox*.
- Das gleiche Cmdlet gibt es dann immer auch mit *Remove-*, um etwas zu löschen, zum Beispiel *Remove-Mailbox*.
- Wollen Sie das Objekt anpassen, gibt es das Präfix *Set-*, etwa *Set-Mailbox*.
- Als Letztes gibt es noch das Cmdlet *Get-*, zum Beispiel *Get-Mailbox*, um Informationen zum Objekt abzurufen.

Neben diesen Cmdlets existieren noch viele andere, zum Beispiel *Start-* und *Stop-* oder *Export-* und *Import-*Cmdlets. Allerdings bestehen die meisten Administrationsaufgaben aus den erwähnten *New-*, *Remove-*, *Set-* und *Get-*Cmdlets.

Geben Sie nur den Befehl ohne weitere Parameter ein, passiert entweder überhaupt nichts oder das Cmdlet zeigt alle Objekte der Organisation an oder Sie werden nach der Identität des Objekts gefragt. So listet das Cmdlet *Get-Mailbox* alle Postfächer der Organisation auf.

Wollen Sie nur ein einzelnes Objekt bearbeiten, müssen Sie noch dessen Namen angeben. Tun Sie das nicht, erhalten Sie entweder eine Fehlermeldung, die Sie darüber informiert, welche Optionen fehlen, was ebenfalls eine Hilfe sein kann, oder die Exchange Management Shell fragt schrittweise die notwendigen Optionen ab und legt das Objekt an, zum Beispiel über *New-Mailbox*.

Das Gleiche gilt für die anderen *Set-*, *Remove-* und *Get-*Cmdlets. Wollen Sie aber lieber alle notwendigen Informationen und Optionen in einer Befehlszeile angeben, anstatt sie nach und nach einzugeben, bietet die Exchange Management Shell eine ausführliche Hilfe an. Mit dem Befehl *Help <Cmdlet-Name>* erhalten Sie Informationen zum entsprechenden Cmdlet, zum Beispiel *Help New-Mailbox*.

Für viele Cmdlets gibt es noch die Option *Help <Cmdlet-Name> -Detailed*. Darüber erhalten Sie noch mehr Informationen. Mit *Help <Cmdlet-Name> -Examples* lassen sich Beispiele für den Befehl anzeigen. Auch das funktioniert für alle Befehle in der Exchange Management Shell.

Mit *Get*-Cmdlets lassen Sie sich Informationen zu Objekten anzeigen, die in der Exchange Management Shell wesentlich umfangreicher als im Exchange Admin Center sind. Mit der Option *|fl* wird die Ausgabe formatiert. Auch hier sehen Sie, wie viele Informationen die Exchange Management Shell zur Verfügung stellt.

Wollen Sie aber nicht alle Informationen, sondern nur einzelne Parameter anzeigen, können Sie diese nach der Option *|fl* anordnen. Wollen Sie zum Beispiel für das Postfach *thomas.joos@contoso.int* nur den Anzeigenamen, die Datenbank, den Alias und die Organisationseinheit (Organizational Unit, OU) anzeigen, verwenden Sie den Befehl *Get-Mailbox thomas.joos@contoso.int |fl DisplayName, Database, Alias, OrganizationalUnit*. Die Groß- und Kleinschreibung spielt übrigens beim Aufruf von Cmdlets keine Rolle. Neben der formatierten Liste (*fl*) können Sie auch eine formatierte Tabelle (*ft*) erhalten.

Sie können in der Management Shell auch alle Exchange-Datenbanken ausgeben lassen, die auf den Servern Ihrer Organisation angelegt wurden. Rufen Sie dazu in der Exchange Management Shell den Befehl *Get-MailboxDatabase* auf. Sie erhalten mit diesem Befehl nicht nur eine formatierte Liste aller Postfachdatenbanken eines Servers, sondern alle Postfachdatenbanken auf allen Exchange-Servern in der Organisation.

Über den Befehl *Dismount-Database* heben Sie die Bereitstellung einer Datenbank in der Befehlszeile auf (siehe Kapitel 5). Sie brauchen dazu lediglich den Namen der Datenbank mitzugeben, damit die Exchange Management Shell weiß, von welcher Datenbank die Bereitstellung aufgehoben werden soll. Sie können so etwa den Befehl *Dismount-Database (Get-MailboxDatabase)* eingeben.

Wenn Sie den Namen einer Datenbank direkt eingeben, müssen Sie Anführungszeichen verwenden. In diese schreiben Sie die Bezeichnung der Postfachdatenbank, wenn Sie die Eingabe des Befehls in einer einzelnen Zeile durchführen. Alternativ rufen Sie nur den Befehl *Dismount-Database* auf und geben dann den Namen ein, den Sie vorher mit *Get-MailboxDatabase* abgefragt haben.

Nach der Ausführung des Befehls erhalten Sie keine weitere Meldung, Sie erkennen aber im Exchange Admin Center, dass die Bereitstellung der Postfachdatenbank aufgehoben worden ist. Drücken Sie in der Management Shell die Taste [↑] auf der Tastatur, erscheint der eingegebene Befehl noch einmal. Sie können den Befehl *Dismount-Database* in *Mount-Database* abändern, damit die Datenbank wieder bereitgestellt wird. Sie erhalten bei der Bereitstellung keine weitere Meldung, können aber im Exchange Admin Center die [F5]-Taste drücken, damit der Status der Datenbank wieder als *Bereitgestellt* angezeigt wird.

Eine weitere Möglichkeit der Exchange Management Shell ist das Auslesen der Postfächer innerhalb einer Postfachspeicherdatenbank. Geben Sie den Befehl *Get-Mailbox* ein, erhalten Sie eine Liste aller Postfächer der Organisation angezeigt. Sie sehen hier auch, auf welchem Server die einzelnen Postfächer liegen und ob ein Grenzwert eingetragen ist, der das Senden verbietet. Über den Befehl *Get-Mailbox | Format-Table DisplayName, Database* können Sie sich die Postfächer sortiert nach Anzeigename und Postfachdatenbank anzeigen lassen.

3.1.6 Clientzugriff testen

Der schnellste Weg, um den Zugriff auf Exchange zu testen, führt über Outlook Web App (OWA), in Exchange SE auch Outlook im Web genannt. Haben Sie Exchange-Server installiert, können Sie auf dem Server oder von einem anderen PC im Netzwerk Outlook Web App über den Link *https://<Servername>/owa* testen. OWA ist bereits standardmäßig nach der Installation aktiviert und SSL-verschlüsselt.

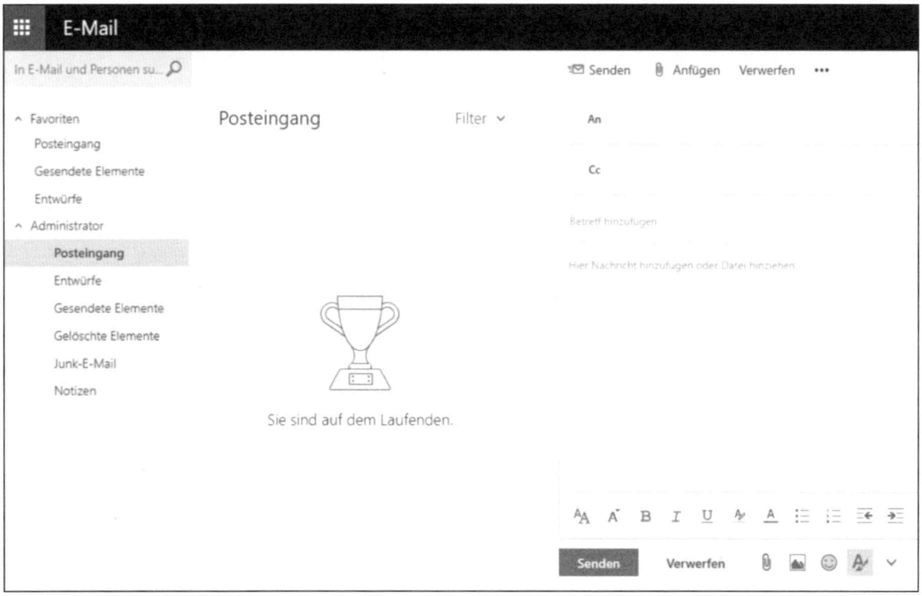

Abb. 3.9 Outlook Web App-Anbindung in Exchange SE nutzen

3.1.7 User Principal Name und E-Mail-Domänen anpassen

Generell ist es auch in Exchange SE möglich, den UPN-Anmeldenamen in den Eigenschaften von Benutzerkonten in Active Directory mit der primären E-Mail-Adresse zu erweitern.

Der UPN ist eine Syntax der Anmeldenamen in der Form *<Benutzername>@<Active Directory-Domäne>*. UPNs sind in einer Gesamtstruktur immer eindeutig. Sie können durchaus UPNs erstellen, die den E-Mail-Adressen der Anwender entsprechen. Das vereinfacht die Anmeldung in verschiedenen Bereichen.

Das hat den Vorteil, dass AutoDiscovery und andere Dienste wesentlich besser funktionieren. Sie finden den UPN in den Eigenschaften eines Benutzerkontos, zum Beispiel in *Active Directory-Benutzer und Computer* (*dsa.msc*) auf der Registerkarte *Konto*.

Abb. 3.10 Verwalten der Kontonamen für Benutzer

Sie können die UPN-Suffixe der Active Directory-Domänen im Snap-In *Active Directory-Domänen und Vertrauensstellungen (domain.msc)* in den Eigenschaften des obersten Menüpunkts *Active Directory-Domänen und Vertrauensstellungen* pflegen.

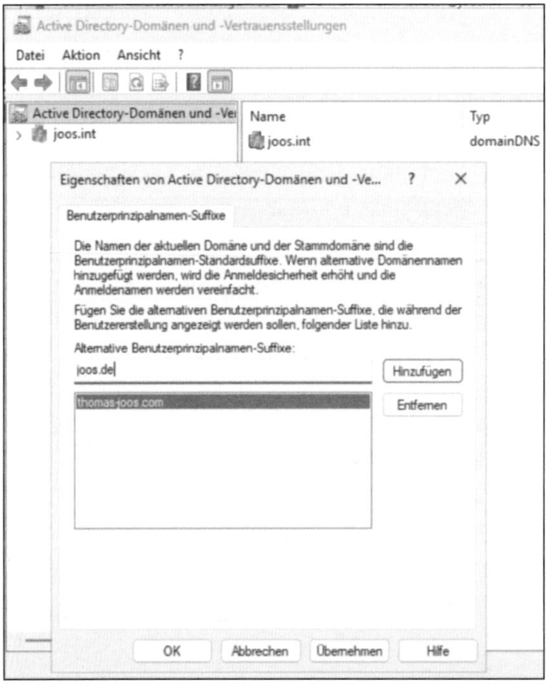

Abb. 3.11 Pflegen der Benutzersuffixe in Active Directory

Tragen Sie als UPN-Suffix die Domänen ein, die Sie für Benutzer als primäre E-Mail-Adresse nutzen. Sie können nach dem Anlegen in den Eigenschaften der Benutzerkonten diese Domänen auswählen.

Jedem Benutzer können Sie aber nur einen UPN zuordnen, mit dem er sich auch an der Domäne anmelden kann. Verwenden Sie hier die E-Mail-Adresse, kann sich der Benutzer am Rechner mit seiner E-Mail-Adresse anmelden und auf Wunsch auch an anderen Systemen, die eine Anmeldung in Active Directory oder mit der E-Mail-Adresse ermöglichen.

3.1.8 Dienstpunkte und virtuelle Verzeichnisse verstehen und überprüfen

Exchange arbeitet auch in Exchange Server SE stark mit Active Directory und IIS (Internet Information Services, Internetinformationsdienste) auf dem Server zusammen. Die Verbindung mit den einzelnen Serverdiensten wird über virtuelle Verzeichnisse über IIS hergestellt. Dazu sollten sich Administratoren mit den virtuellen Verzeichnissen auseinandersetzen. Diese sind auch im Exchange Admin Center über den Bereich *Server* mit einem eigenen Menüpunkt zu finden.

Der Zugriff von Outlook-Clients erfolgt über den ClientAccessService. In Exchange Server SE ist dieser Dienst auf Postfachservern installiert. Seine Konfiguration lässt sich in der Exchange Management Shell mit dem Befehl *Get-Client-AccessService* anzeigen.

Outlook lädt das Offline-Adressbuch über eine Webseite herunter. Auch hier wird ein virtuelles Verzeichnis verwendet. Ob dieses funktioniert, können Sie ebenfalls in der Exchange Management Shell testen:

```
Get-OabVirtualDirectory -Server mail | fl
```

Seit Exchange 2013 und Outlook 2013 können Exchange und Outlook über das MAPI/HTTP-Protokoll miteinander kommunizieren. Auch hierzu wird ein virtuelles Verzeichnis verwendet, dessen Konfiguration Sie mit dem folgenden Befehl überprüfen können:

```
Get-MapiVirtualDirectory | fl
```

Der Zugriffspunkt für Outlook Web App lässt sich ebenfalls über die Exchange Management Shell anzeigen. Hier können Sie zum Beispiel den folgenden Befehl verwenden:

```
Get-OwaVirtualDirectory -identity "mail\OWA (Default Web Site)" | fl
```

Damit sich Smartphones und Tablets mit Exchange ActiveSync synchronisieren können, wird ebenfalls ein virtuelles Verzeichnis verwendet. Ob dieses funktioniert, lässt sich mit dem folgenden Befehl überprüfen:

```
Get-ActiveSyncVirtualDirectory -Server mail | fl
```

3.1.9 HealthChecker.ps1 – Analyse und Systemprüfung von Exchange SE

Das PowerShell-Skript *HealthChecker.ps1* ist eines der nützlichsten Werkzeuge, um eine Exchange SE-Umgebung regelmäßig auf technische Konsistenz und Sicherheitslücken zu überprüfen. Es stammt von Microsoft und wird über GitHub gepflegt, gehört aber nicht zur Standardinstallation von Exchange. Daher erkennt PowerShell den Befehl *.\HealthChecker.ps1* zunächst nicht, solange das Skript nicht lokal verfügbar ist.

Um das Tool zu verwenden, muss es heruntergeladen und im gewünschten Verzeichnis abgelegt werden. Am einfachsten erfolgt der Download direkt über PowerShell. Nach dem Anlegen eines Ordners, zum Beispiel *C:\Scripts*, lässt sich das Skript über den folgenden Befehl abrufen:

```
Invoke-WebRequest -Uri " https://github.com/microsoft/CSS-Exchange/releases/
latest/download/HealthChecker.ps1" -OutFile "C:\temp\HealthChecker.ps1"
```

Damit befindet sich das Skript lokal auf dem Server und kann sofort eingesetzt werden. Anschließend ist ein Wechsel in das Verzeichnis erforderlich, in dem die Datei liegt. Dies geschieht mit dem Befehl *Set-Location C:\temp*. Wird der Inhalt des Ordners mit *Get-ChildItem* geprüft, sollte die Datei *HealthChecker.ps1* sichtbar sein.

Damit PowerShell das Skript ausführen kann, muss die Ausführungsrichtlinie angepasst werden. Die Standardeinstellung *Restricted* verhindert normalerweise das Starten von nicht signierten Skripts. Eine temporäre Freigabe erfolgt mit:

```
Set-ExecutionPolicy RemoteSigned -Scope Process
```

Diese Einstellung gilt nur für die aktuelle Sitzung und stellt kein dauerhaftes Sicherheitsrisiko dar. Nach dieser Freigabe lässt sich das Skript mit dem Befehl

```
.\HealthChecker.ps1
```

ausführen. Nach kurzer Laufzeit erstellt es einen ausführlichen HTML-Bericht.

Der Bericht zeigt sämtliche Exchange-Server der Organisation an, prüft Buildnummern, installierte Cumulative Updates, .NET-Versionen, TLS-Konfiguration, Zertifikatsgültigkeit, DAG-Status, Suchindizes und Sicherheitseinstellungen. Farbige Markierungen zeigen potenzielle Risiken an, etwa ablaufende Zertifikate, veraltete CU-Stände oder deaktivierte Sicherheitsmechanismen. Administratoren erhalten so in wenigen Minuten einen kompletten Überblick über den technischen Zustand ihrer Exchange-Infrastruktur.

Da Microsoft das Skript regelmäßig erweitert, sollte es in festen Abständen aktualisiert werden. Das HealthChecker-Skript ist ein wichtiges Werkzeug für die laufende Kontrolle von Exchange SE. Es deckt Konfigurationsfehler, Sicherheitslücken und veraltete Komponenten auf, lange, bevor sie im Produktivbetrieb Probleme verursachen.

3.1.10 Sicherheitskonfiguration und TLS-Härtung in Exchange SE

Nach der Installation von Exchange SE sollten Sie den Server schnellstmöglich sicherheitstechnisch härten. Microsoft hat viele Standardkonfigurationen verbessert, dennoch bleiben einige Einstellungen manuell anzupassen, um die Kommunikation konsequent auf aktuelle TLS-Standards zu beschränken und veraltete Protokolle zu deaktivieren.

Beginnen Sie mit der Überprüfung der aktiven Protokolle. Exchange SE unterstützt standardmäßig TLS 1.2 und optional TLS 1.3. Veraltete Protokolle wie SSL 3.0, TLS 1.0 und TLS 1.1 sollten Sie vollständig deaktivieren, da sie bekannte Schwachstellen enthalten. Öffnen Sie dazu eine administrative PowerShell-Sitzung und erstellen Sie folgende Registry-Einträge:

```
New-Item -Path
"HKLM:\SYSTEM\CurrentControlSet\Control\SecurityProviders\SCHANNEL\Protocols\
TLS 1.0\Server" -Force | Out-Null

New-ItemProperty -Path
"HKLM:\SYSTEM\CurrentControlSet\Control\SecurityProviders\SCHANNEL\Protocols\
TLS 1.0\Server" -Name "Enabled" -Value 0 -PropertyType DWord -Force

New-Item -Path
"HKLM:\SYSTEM\CurrentControlSet\Control\SecurityProviders\SCHANNEL\Protocols\
TLS 1.1\Server" -Force | Out-Null

New-ItemProperty -Path
"HKLM:\SYSTEM\CurrentControlSet\Control\SecurityProviders\SCHANNEL\Protocols\
TLS 1.1\Server" -Name "Enabled" -Value 0 -PropertyType DWord -Force
```

Nach einem Neustart akzeptiert der Server keine Verbindungen mehr über die alten TLS-Versionen.

TLS 1.3 ist ab Windows Server 2025 automatisch aktiviert, lässt sich aber bei Bedarf gezielt prüfen. Verwenden Sie:

```
Get-TlsCipherSuite | Where-Object {$_.Name -like "*TLS_AES*"}
```

Wenn dieser Befehl Cipher Suites anzeigt, ist TLS 1.3 aktiv. Sollte keine Suite erscheinen, aktivieren Sie das Protokoll manuell:

```
New-Item -Path
"HKLM:\SYSTEM\CurrentControlSet\Control\SecurityProviders\SCHANNEL\Protocols\
TLS 1.3\Server" -Force | Out-Null

New-ItemProperty -Path
"HKLM:\SYSTEM\CurrentControlSet\Control\SecurityProviders\SCHANNEL\Protocols\
TLS 1.3\Server" -Name "Enabled" -Value 1 -PropertyType DWord -Force
```

Prüfen Sie anschließend mit IIS Crypto oder Qualys SSL Labs, ob Ihr Server ausschließlich moderne Cipher Suites verwendet. Entfernen Sie unsichere Ciphers wie RC4, 3DES oder NULL.

Für die interne Kommunikation zwischen Exchange-Servern sollten Sie sicherstellen, dass Mutual TLS (MTLS) aktiv ist. Diese Methode prüft beidseitig die Gültigkeit der Zertifikate, wodurch Man-in-the-Middle-Angriffe praktisch ausgeschlossen sind. Kontrollieren Sie die aktuelle Einstellung mit:

```
Get-SendConnector | ft Name,RequireTLS
Get-ReceiveConnector | ft Name,AuthMechanism
```

Wenn ein Connector nicht auf TLS basiert, erzwingen Sie die Verschlüsselung mit:

```
Set-SendConnector "Outbound to Internet" -RequireTLS $true
```

und aktivieren Sie für eingehende Verbindungen nur die Mechanismen *TLS*, *BasicAuth*, *ExternalAuthoritative* und *ExchangeServer*.

Exchange SE unterstützt zusätzlich die Verwendung moderner Zertifikate mit elliptischer Kurve (ECC). Diese Zertifikate erzeugen kürzere Schlüssellängen bei gleicher Sicherheit. Erstellen Sie solche Zertifikate mit einem Befehl wie:

```
New-ExchangeCertificate -FriendlyName "mail.contoso.de ECC" -DomainName
mail.contoso.de -KeySize 384 -PrivateKeyExportable $true
```

Weisen Sie das Zertifikat anschließend den Diensten IIS und SMTP zu.

Ein weiterer wichtiger Aspekt ist die Absicherung des IIS. Entfernen Sie ungenutzte Webmodule und deaktivieren Sie veraltete Authentifizierungsmethoden wie Anonymous für Exchange-Verwaltungsseiten. Prüfen Sie die aktiven Module mit:

```
Get-WebConfigurationProperty -pspath 'MACHINE/WEBROOT/APPHOST' -filter
"system.webServer/security/authentication/*" -name *
```

Deaktivieren Sie *AnonymousAuthentication* für ECP und OWA, falls nur interne Authentifizierung verwendet wird:

```
Set-WebConfigurationProperty -filter /system.webServer/security/authentication/
anonymousAuthentication -name enabled -value false -location "Default Web Site/
ECP"

Set-WebConfigurationProperty -filter /system.webServer/security/authentication/
anonymousAuthentication -name enabled -value false -location "Default Web Site/
OWA"
```

Zum Abschluss empfiehlt sich ein vollständiger Funktionstest. Nutzen Sie:

```
Test-Mailflow
Test-WebServicesConnectivity
Test-OutlookConnectivity
```

und prüfen Sie mit *openssl s_client -connect mail.contoso.de:443*, ob nur TLS 1.2 oder TLS 1.3 ausgehandelt wird.

Diese Abhärtungsmaßnahmen bilden die Grundlage für eine sichere Exchange SE-Installation. Sie reduzieren das Angriffsrisiko, verbessern die Transportverschlüsselung und sorgen dafür, dass Ihr Server modernen Sicherheitsanforderungen entspricht.

3.1.11 Sicherheitsüberwachung und TLS-Validierung im laufenden Betrieb

Nach der TLS-Härtung ist es sinnvoll, die Konfiguration regelmäßig zu überwachen. Updates, neue Cumulative Updates oder Windows-Sicherheits-Patches können Cipher Suites, Prioritäten oder Registry-Einstellungen ändern. Ohne laufende Kontrolle besteht die Gefahr, dass unsichere Verschlüsselungen unbemerkt wieder aktiviert werden.

Führen Sie daher mindestens einmal im Monat eine Validierung der aktiven Cipher Suites durch. Verwenden Sie dazu:

```
Get-TlsCipherSuite | Sort-Object CipherSuite | ft
Name,Certificate,CipherLength,Protocols
```

Vergleichen Sie die Ausgabe mit Ihren dokumentierten Sollwerten. Für Exchange SE gelten Cipher Suites mit ECDHE und AES-GCM als optimal. Wenn Einträge wie *TLS_RSA_WITH_*

AES_128_CBC_SHA oder *TLS_RSA_WITH_3DES_EDE_CBC_SHA* erscheinen, sind alte Cipher Suites wieder aktiviert worden und sollten entfernt werden:

```
Disable-TlsCipherSuite -Name "TLS_RSA_WITH_AES_128_CBC_SHA"
```

Achten Sie darauf, dass TLS 1.2 und TLS 1.3 aktiv bleiben. Kontrollieren Sie dies regelmäßig mit:

```
Get-TlsCipherSuite | Where-Object {$_.Protocols -contains 772 -or $_.Protocols
-contains 771}
```

Ergänzend sollten Sie externe Tests nutzen. Verwenden Sie das Tool openssl von einem anderen Server oder einer Linux-Workstation aus:

```
openssl s_client -connect mail.contoso.de:443 -tls1_2
openssl s_client -connect mail.contoso.de:443 -tls1_3
```

Die Ausgabe sollte zeigen, dass die Verbindung mit TLS 1.2 oder TLS 1.3 und AES-GCM verschlüsselt wird. Wenn ein Versuch mit *-tls1_0* oder *-tls1_1* erfolgreich ist, wurden die alten Protokolle wieder aktiviert.

Zur Laufzeitüberwachung empfiehlt es sich, regelmäßig automatisierte Prüfungen auszuführen. Legen Sie beispielsweise ein PowerShell-Skript an, das die wichtigsten TLS-Werte abfragt und bei Änderungen eine E-Mail sendet:

```
$Result = Get-TlsCipherSuite | Where-Object {$_.Name -match "TLS_AES"}
if (-not $Result) {
    Send-MailMessage -To "admin@contoso.de" -From "Exchange@contoso.de" `
    -Subject "Warnung: TLS-Konfiguration geändert" `
    -Body "TLS_AES Cipher Suites wurden nicht gefunden. Prüfen Sie den Server
       $env:COMPUTERNAME." `
    -SmtpServer "mail.contoso.de"
}
```

Dieses Skript lässt sich über den Windows-Aufgabenplaner einmal täglich ausführen.

Überwachen Sie zusätzlich den Exchange-Transportdienst. Wenn TLS-Probleme auftreten, erscheinen im Ereignisprotokoll Meldungen mit der Quelle *MSExchangeTransport* und den IDs 12014 oder 15021. Der häufigste Grund ist ein abgelaufenes Zertifikat oder eine beschädigte Bindung. Beheben Sie das Problem mit:

```
Get-ExchangeCertificate | ft Thumbprint,Subject,NotAfter
Enable-ExchangeCertificate -Thumbprint <Thumbprint> -Services "SMTP,IIS"
Restart-Service MSExchangeTransport
```

Für eine vollständige TLS-Prüfung können Sie außerdem Microsoft Exchange Analyzer oder *HealthChecker.ps1* verwenden. Führen Sie das Skript nach jedem CU aus:

```
.\HealthChecker.ps1 -BuildHtmlServersReport
```

Im Vorfeld müssen Sie das Skript aber ohne Parameter durchführen, damit die notwendigen Daten zur Analyse zur Verfügung stehen.

Im Bericht werden TLS- und Cipher-Konfigurationen farblich hervorgehoben. Ein gelber Hinweis *TLS configuration requires update* zeigt, dass Registry- oder Cipher-Einstellungen nicht mehr dem empfohlenen Stand entsprechen.

Optional lässt sich die TLS-Validierung auch zentral überwachen. In größeren Umgebungen kann das Microsoft 365 Defender-Portal TLS-Warnungen und Zertifikatsabläufe aggregiert anzeigen. Aktivieren Sie in Exchange Online unter *Mail flow / Accepted domains* die Protokollierung der TLS-Authentifizierung. Damit erkennt das System, wenn eine Gegenstelle unsichere Cipher Suites aushandelt.

3.2 Nachrichtenfluss konfigurieren

Bevor Ihre Exchange-Server Nachrichten empfangen und senden können, müssen Sie verschiedene Einstellungen durchführen. Darauf bin ich bereits in Kapitel 2 eingegangen. In den folgenden Abschnitten zeige ich Ihnen ausführlich, wie Sie den Nachrichtenfluss in Exchange SE steuern, damit die Exchange-Server einsatzbereit sind.

3.2.1 Sendeconnector erstellen

Den E-Mail-Empfang regeln Exchange-Server über Empfangsconnectors. Hierzu legt Exchange bereits bei der Installation Connectors an, um den Mail-Empfang zu steuern. Sie können die Konfiguration dieser Connectors in der Exchange Management Shell überprüfen. Dazu verwenden Sie den folgenden Befehl:

```
Get-ReceiveConnector -Server mail | ft name,tra*,bindings,remo* -AutoSize
```

Wollen Sie noch mehr Informationen angezeigt bekommen, verwenden Sie den folgenden Befehl:

```
Get-ReceiveConnector -Server mail | fl
```

Das Versenden von E-Mails funktioniert über Sendeconnectors. Diese müssen Sie nach der Installation aber zunächst anlegen.

Bevor Sie E-Mails an das Internet senden können, müssen Sie daher auf dem Postfachserver einen Sendeconnector erstellen. Gehen Sie hierzu wie nachfolgend beschrieben vor:

1. Öffnen Sie das Exchange Admin Center, indem Sie in Ihrem Browser die Adresse *https://<Servername>/ecp* aufrufen.

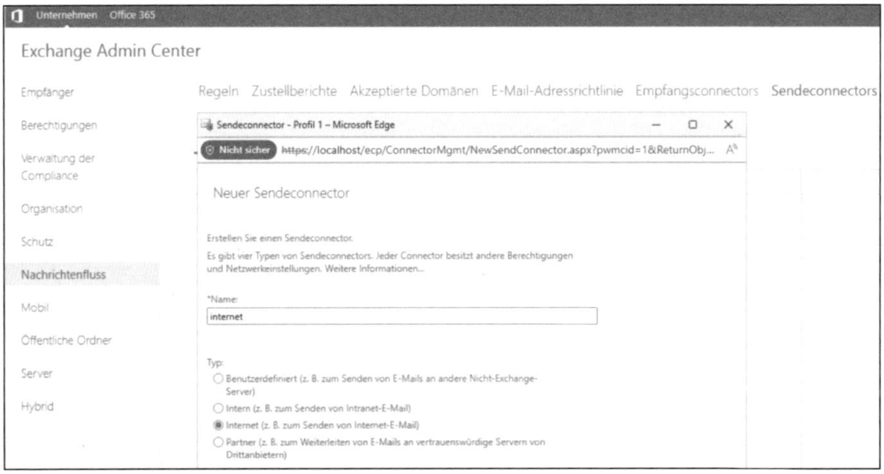

Abb. 3.12 Erstellen eines Sendeconnectors

2. Wechseln Sie zu *Nachrichtenfluss/Sendeconnectors*. Klicken Sie auf der Seite *Sendeconnectors* auf *Hinzufügen* (Pluszeichen).
3. Geben Sie im Fenster einen Namen für den Sendeconnector an und wählen Sie die Option *Internet*. Klicken Sie dann auf *Weiter*. Dadurch erstellen Sie einen Connector, der E-Mails auch nach extern versenden kann.

Stellen Sie sicher, dass die Option *Mit der Empfängerdomäne verbundener MX-Eintrag* aktiviert ist, wenn der Server die E-Mails direkt zustellen soll. Klicken Sie dann auf *Weiter*. Alternativ können Sie alle E-Mails auch zum Smarthost Ihres Providers senden.

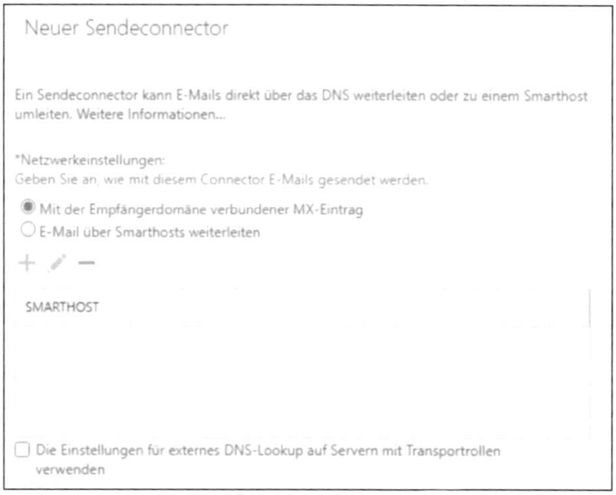

Abb. 3.13 Konfigurieren eines Sendeconnectors

Klicken Sie unter *Adressraum* auf *Hinzufügen* (Pluszeichen). Stellen Sie sicher, dass im Fenster *Domäne hinzufügen* als *Typ* die Einstellung *SMTP* aktiviert ist. Geben Sie im Feld *Vollqualifizierter Domänenname (FQDN)* den Wert * ein. Sie können später weitere Connectors für bestimmte Domänen erstellen, wenn Sie das wollen. Exchange verwendet immer zuerst den Connector mit der passenden Domäne, und dann erst den mit dem Platzhalter.

Klicken Sie auf *Speichern*. Damit sendet dieser Connector alle E-Mails ins Internet. Sie können für einzelne Domänen auch eigene Connectors erstellen. Exchange verwendet immer zuerst passende Connectors, und den Platzhalter-Sendeconnector nur dann, wenn kein passender Connector verfügbar ist.

Stellen Sie sicher, dass das Kontrollkästchen *Sendeconnector mit Bereich* deaktiviert ist, und klicken Sie auf *Weiter*. Eingeschränkte Connectors funktionieren nicht für alle Exchange-Server der Organisation, sondern nur für ausgewählte.

Klicken Sie unterhalb von *Quellserver* auf *Hinzufügen*. Wählen Sie im Fenster *Server auswählen* einen oder mehrere Postfachserver aus, die zum Senden von E-Mails an das Internet verwendet werden sollen.

Nachdem Sie die Server ausgewählt haben, klicken Sie auf *Hinzufügen* und anschließend auf *OK*. Klicken Sie auf *Fertig stellen*, damit der Connector verfügbar ist.

Bei der Installation von Exchange SE wird ein standardmäßiger Empfangsconnector erstellt. Dieser Empfangsconnector akzeptiert anonyme SMTP-Verbindungen von externen Servern.

Wenn Sie eingehende Verbindungen von externen Servern einschränken wollen, ändern Sie den Empfangsconnector *Default Frontend <Server>* im Bereich *Nachrichtenfluss/Empfangsconnectors*.

Stellen Sie sicher, dass der neue Sendeconnector im Exchange Admin Center unter *Nachrichtenfluss/Sendeconnectors* angezeigt wird. Öffnen Sie Outlook Web App und senden Sie eine E-Mail-Nachricht an einen externen Empfänger. Wenn der Empfänger die Nachricht erhält, haben Sie den Sendeconnector erfolgreich konfiguriert.

Einen Connector für die Verbindung zum Internet erstellen Sie auch in der Exchange Management Shell:

```
New-SendConnector -Internet -Name "To Internet" -AddressSpaces "*"
-DNSRouting-Enabled:$TRUE -SourceTransportServers "mail01"
```

Wollen Sie statt der direkten Zustellung einen Smarthost verwenden:

```
New-SendConnector -Internet -Name "To Internet" -AddressSpaces "*"
-DNSRouting-Enabled:$FALSE -SourceTransportServers "mail01" -
SmartHosts "<IP Addresse des Smarthosts>"
```

Aktualisieren Sie Ihre Umgebung zu Exchange SE und liegt bereits ein Sendeconnector vor, können Sie die neu installierten Exchange-Server mit Exchange SE ebenfalls in der Exchange Management Shell hinzufügen:

```
Get-SendConnector -Identity "To Internet" | Set-SendConnector
-SourceTransportServers @{Add="mail02","mail03"}
```

3.2.2 E-Mail-Domänen konfigurieren

Damit der Exchange-Server E-Mails empfangen und versenden kann, müssen Sie festlegen, welche E-Mail-Domänen die Exchange-Infrastruktur verwalten soll. Je nach Netzaufbau können dies auch mehrere Domänen sein. Außerdem muss festgelegt werden, über welche Connectors die einzelnen Domänen versenden dürfen.

Ein wichtiger Schritt bei der Konfiguration des E-Mail-Flusses in Exchange SE besteht in der Festlegung, welche E-Mail-Domänen die Exchange-Server entgegennehmen und welche Domänen die diversen Connectors akzeptieren. Diese Domänen haben in Exchange SE die Bezeichnung »akzeptierte Domänen«. Für akzeptierte Domänen ist Exchange zuständig, das bedeutet, die E-Mails bleiben innerhalb der Exchange-Organisation, kein Connector versendet sie nach außen.

Kommen E-Mails für die akzeptierten Domänen bei einem Exchange-Server der Organisation an, nimmt er sie entgegen und stellt sie dem jeweiligen Benutzer zur Verfügung. Eine der verwendeten Domänen betrachtet Exchange SE immer als Standarddomäne.

Um die als Standard akzeptierte Domäne zu ändern, legen Sie eine neue akzeptierte Domäne an und bestimmen diese als neue Standarddomäne. Um eine neue akzeptierte Domäne für die Exchange-Organisation zu erstellen, gehen Sie folgendermaßen vor:

1. Starten Sie das Exchange Admin Center (*https://<Servername>/ecp*).
2. Die Einstellungen befinden sich im Menüpunkt *Nachrichtenfluss/Akzeptierte Domänen.*
3. Im Bereich *Akzeptierte Domänen* zeigt Exchange die standardmäßig akzeptierte Domäne an.

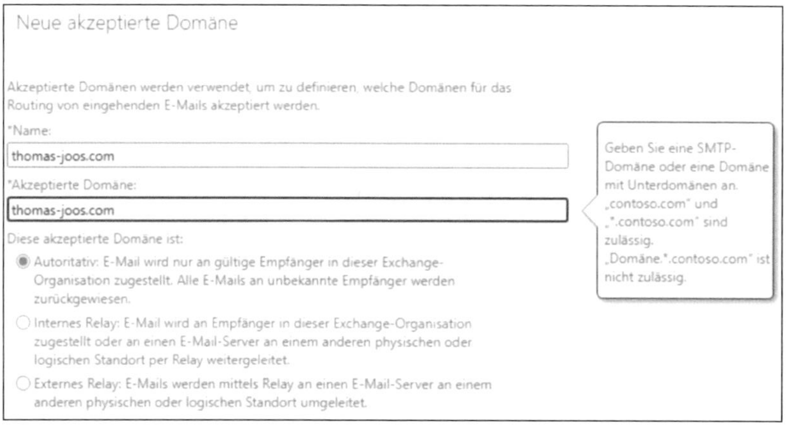

Abb. 3.14 Anpassen der akzeptierten Domänen in Exchange SE

Durch Auswahl des Pluszeichens öffnet sich das Fenster zur Konfiguration einer neuen akzeptierten Domäne. Hier legen Sie die Domäne fest und wählen aus, welchen Typ die neue akzeptierte Domäne haben soll. Exchange bietet dabei drei verschiedene Typen an:

- **Autoritativ** E-Mails zu autoritativen Domänen muss Exchange SE innerhalb der Organisation zustellen, das heißt, einem Active Directory-Benutzerkonto in der Gesamtstruktur muss eine E-Mail-Adresse dieser Domäne zugeordnet sein, ansonsten ist die E-Mail nicht zustellbar. Hier besteht die Möglichkeit, mit Platzhaltern zu arbeiten, um auch Unterdomänen automatisch zu konfigurieren. So führt zum Beispiel **.contoso.com* dazu, dass Exchange alle Unterdomänen von *contoso.com* als akzeptierte Domänen ansieht. Sollen einzelne E-Mail-Domänen in den Empfängerrichtlinien konfiguriert werden, dürfen Sie nicht mit Platzhaltern arbeiten, sondern müssen die einzelnen untergeordneten Domänen direkt eintragen.
- **Internes Relay** Auch bei dieser Auswahl bleibt die E-Mail innerhalb des Unternehmens. Die E-Mail-Adresse muss nicht zwingend in der Gesamtstruktur des Exchange-Servers vorhanden sein, sondern kann auch in einer anderen Gesamtstruktur liegen. In diesem Fall sendet Exchange die E-Mail aus der Organisation per SMTP zu einem anderen fest vorgegebenen E-Mail-Server. Außerdem liegen die Adressen der Empfänger als Kontakte im globalen Adressbuch. Durch die gemeinsame Nutzung von Active Directory mit Exchange SE definiert die Grenze der Active Directory-Gesamtstruktur (Forest) die Exchange SE-Organisation. Es ist nicht möglich, dass eine Active Directory-Gesamtstruktur (Forest) mehrere unterschiedliche Exchange SE-Organisationen oder eine Exchange SE-Organisation mehrere Gesamtstrukturen (Forests) umfasst.
- **Externes Relay** Bei dieser Auswahl nimmt Exchange die E-Mail an und sendet sie extern über einen Sendeconnector. Über diese Domäne haben Sie ansonsten keinerlei weitere Kontrolle, der Server fungiert in diesem Fall ausschließlich als Relay.

Sie können eine neue akzeptierte Domäne auch in der Exchange Management Shell erstellen:

```
New-AcceptedDomain -Name <Name> -DomainName <Domäne> -DomainType
Authoritative
```

3.2.3 E-Mail-Adressenrichtlinien verwalten

E-Mail-Adressenrichtlinien (in früheren Versionen Empfängerrichtlinien genannt) dienen zur Verwaltung der E-Mail-Adressen der Empfänger in der Organisation. Ihre Anwender können erst dann E-Mails senden und empfangen, wenn ihnen eine oder mehrere E-Mail-Adressen auf Basis einer E-Mail-Adressenrichtlinie zugewiesen worden sind.

Standardmäßig baut Exchange SE die E-Mail-Adressen aus der Domäne von Active Directory auf und verwendet sie automatisch. Sie können diesen Aufbau an Ihre Anforderungen anpassen und mit einer oder mehreren Richtlinien die Struktur der E-Mail-Adressen aller Empfänger Ihrer Organisation steuern. Exchange ist für alle E-Mail-Domänen zuständig, die in den akzeptierten Domänen definiert sind.

In den E-Mail-Adressenrichtlinien können Sie die Domänen für die Generierung von E-Mail-Adressen in der Organisation verwenden, die auf der Registerkarte *Akzeptierte Domänen* im Exchange Admin Center unter *Nachrichtenfluss* festgelegt worden sind.

Bevor Sie E-Mail-Adressenrichtlinien ändern, müssen Sie zunächst die akzeptierten Domänen konfigurieren. Exchange SE legt während der Installation eine Richtlinie für E-Mail-Adressen mit dem Namen *Default Policy* an. Sie können parallel mehrere Richtlinien definieren. Diese lassen sich anhand von Prioritäten ordnen, wobei immer die erste zutreffende Richtlinie und deren Regeln für einen Benutzer angewendet werden.

Die *Default Policy* hat immer die niedrigste Priorität und kann nicht gelöscht werden. Definieren Sie mehrere Richtlinien und passt keine dieser Richtlinien für einen Benutzer, wird immer die *Default Policy* angewendet. Sollen alle Mitarbeiter der Organisation dieselbe Internetdomäne als E-Mail-Adresse erhalten, brauchen Sie nicht mehrere Richtlinien zu definieren und können die *Default Policy* anpassen. Sie benötigen lediglich dann eine zweite oder mehrere Richtlinien, wenn einige Empfänger Ihrer Organisation eine andere Domäne in ihrer E-Mail-Adresse erhalten sollen als andere.

Abb. 3.15 Anpassen der E-Mail-Adressrichtlinie

Um Einstellungen in der Richtlinie zu ändern, klicken Sie doppelt auf sie. Zunächst definieren Sie ihren Namen sowie die Priorität, wenn Sie eine neue Richtlinie erstellen.

Die *Default Policy* ist für alle Empfängertypen in der Organisation zuständig. Empfängertypen sind nicht nur Benutzer, sondern auch Kontakte, Verteilerlisten oder öffentliche Ordner. Im Abschnitt *Anwenden auf* in den Eigenschaften der Richtlinie lassen Sie sich über den Link *Vorschau der Empfänger anzeigen, für die diese Richtlinie gilt* anzeigen, für welche Objekte in Active Directory die Richtlinie angewendet wird.

Hierbei werden die entsprechenden Felder ausgelesen, die Sie für Empfänger in Active Directory festgelegt haben. Sobald Sie ein Attribut festgelegt haben, müssen Sie den Wert eingeben, nach dem die Empfänger gefiltert werden sollen. Sie können für einzelne Attribute mehrere Werte hinterlegen. Achten Sie darauf, dass Sie hier nicht mit Platzhaltern arbeiten können, sondern der Wert exakt mit dem Feld in Active Directory übereinstimmen muss.

Auf der Seite *E-Mail-Adressformat* legen Sie fest, wie die E-Mail-Adressen Ihrer Empfänger generiert werden sollen. Hier können Sie definieren, welche Domäne an die Empfänger als Adresse propagiert werden soll.

Sie können hier die E-Mail-Domänen auswählen, die Sie auf der Registerkarte *Akzeptierte Domänen* festgelegt haben, oder SMTP-Domänen direkt eingeben. In diesem Fall müssen Sie aber vorher konfigurieren, dass der Exchange-Server diese Domäne überhaupt erst annimmt.

Über die Schaltfläche *Hinzufügen* können Sie weitere Domänen sowie die Variablen, die zum Aufbau der Adresse vor der Domäne verwendet werden, hinzufügen. Werden hier nicht alle Domänen angezeigt, die Sie im Unternehmen einsetzen, sollten Sie sie zunächst im Bereich *Nachrichtenfluss* auf der Registerkarte *Akzeptierte Domänen* anlegen.

Um auch den E-Mail-Namen vor der Domäne automatisch generieren zu lassen, können Sie vor dem @-Zeichen mit Variablen arbeiten. Unter Exchange SE können Sie auswählen, wie die E-Mail-Adresse aufgebaut sein soll, ohne direkt die Variablen zu kennen.

Sie können für Empfänger innerhalb einer Richtlinie nur eine SMTP-Adresse als Antwortadresse definieren, auch wenn der Empfänger E-Mails unter mehreren Adressen empfangen könnte. Empfänger können E-Mails mit allen Adressen empfangen, wenn sie aber auf eine E-Mail antworten, wird die Antwortadresse verwendet.

Klicken Sie im Konfigurationsfenster für die E-Mail-Adresse auf die E-Mail-Adresse, die als Antwortadresse verwendet werden soll, und aktivieren Sie anschließend das Kontrollkästchen *Dieses Format für die Adresse der Antwort-E-Mail verwenden*.

Empfänger können E-Mails zu allen E-Mail-Adressen empfangen, die Sie in einer Richtlinie definieren. Die E-Mail-Adresse, die als Antwortadresse definiert ist, verwenden die Clients zum Versenden von Nachrichten. Hier handelt es sich um die Hauptadresse Ihres Unternehmens.

Beachten Sie, dass Ihre Änderungen sofort aktiv sind und die E-Mail-Adressen Ihrer Benutzer angepasst werden. Die alten E-Mail-Adressen werden dabei nicht gelöscht, sondern müssen von Ihnen manuell über die Benutzereigenschaften entfernt werden. Anwender können weiterhin E-Mails mit den alten E-Mail-Adressen empfangen, solange diese Adressen noch ihrem Benutzerkonto zugeordnet sind.

Um die Priorität einer Richtlinie zu ändern, müssen Sie sie mit der rechten Maustaste anklicken und im Kontextmenü die Pfeilschaltflächen anwählen. Sie können die Richtlinie mit diesem Menü nach oben oder nach unten verschieben. Exchange wendet auf Empfänger immer die erste zutreffende Richtlinie an. Treffen auf einen Benutzer die Bedingungen mehrerer Richtlinien zu, wird die Richtlinie mit der höheren Priorität angewendet.

Wollen Sie die neuen Richtlinien in der Exchange Management Shell erstellen, verwenden Sie zum Beispiel den folgenden Befehl:

```
New-EmailAddressPolicy -Name Contoso -IncludedRecipients AllRecipients
-ConditionalCompany "Contoso" -EnabledEmailAddressTemplates
"SMTP:%1@contoso.com"
```

Wenn Sie eine neue E-Mail-Richtlinie erstellen, wird diese nicht automatisch an die Postfächer weiterverteilt. Sie starten diesen Vorgang in der Exchange Management Shell:

```
Update-EmailAddressPolicy -Identity Contoso
```

3.2.4 E-Mail-Größen definieren

Sie sollten an den verschiedenen Stellen in Exchange SE überprüfen, ob die angegebenen Maximalgrößen für E-Mails Ihren Vorgaben im Unternehmen entsprechen. In Kapitel 4 gehe ich ausführlich auf dieses Thema ein. Nachfolgend finden Sie eine Liste, wie Sie die Größen einstellen können. Sie verwenden dazu am einfachsten das Exchange Admin Center:

- Maximale Größe, die ein Exchange-Server entgegennimmt: *Nachrichtenfluss/Empfangsconnectors/<Eigenschaften des Connectors>/Maximale Größe für empfangene Nachricht (MB)*

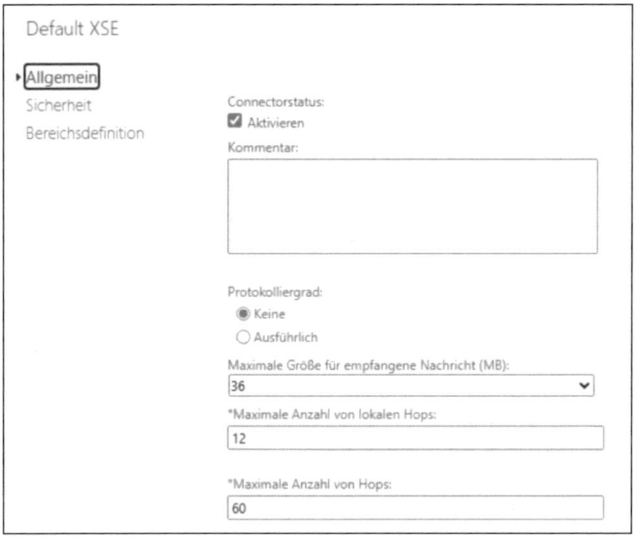

Abb. 3.16 Einstellen der maximalen Nachrichtengröße für empfangene Nachrichten

- Maximale Größe, die ein Exchange-Server sendet: *Nachrichtenfluss/Sendeconnectors/<Eigenschaften des Connectors>/Maximale Größe für gesendete Nachricht (MB)*
- Globale Einstellung für alle Connectors; hier verwenden Sie die Exchange Management Shell und als Beispiel folgenden Befehl:

```
Set-TransportConfig -MaxSendSize 100MB -MaxReceiveSize 100MB
```

3.3 Allgemeine Informationen zu Serverrollen und Serverdiensten

Die eingeschränkten Serverrollen in Exchange 2016/2019/SE sind eine der maßgeblichsten Änderungen seit Exchange 2003/2007/2010/2013. Im Vergleich zu Exchange 2007/2010 gibt es zwar in der Bedienung der Rollen Unterschiede, Exchange 2010 bietet aber die gleichen Rollen und Funktionen wie Exchange 2007. Hier bringt Exchange SE im Vergleich zu Exchange 2010 und auch 2013 einige Neuerungen mit, die ich bereits in den Kapiteln 1 und 2 behandelt habe. Im Vergleich zu Exchange 2016/2019 halten sich die Neuerungen in Grenzen.

Zunächst gibt es in Exchange SE nur noch die Rollen *Postfach* und *Edge-Transportserver*. Diese beiden Rollen sorgen in der neuen Version für den E-Mail-Fluss, die Speicherung der Daten und den Zugriff der Clients.

Durch diese neuen Möglichkeiten können Unternehmen einzelne Exchange-Server speziell nach deren gewünschter Funktion einsetzen, aber ohne die unnötige Komplexität von Exchange 2010/2013. Lesen Sie dazu auch die Kapitel 1 und 2.

3.3.1 Systemdienste von Exchange SE

Im folgenden Abschnitt gehe ich ausführlicher auf die einzelnen Systemdienste von Exchange SE ein. Sie finden die Dienste am schnellsten über die Eingabe von *services.msc* in der PowerShell oder Exchange Management Shell von Windows Server SE. Die Dienste von Exchange tragen die Bezeichnung *Microsoft Exchange <Spezieller Dienstname>*.

Sie können sich die einzelnen Exchange-Dienste auch in der Exchange Management Shell anzeigen lassen. Dazu verwenden Sie den folgenden Befehl:

```
Get-Service msex* | ft -AutoSize
```

Microsoft Exchange Active Directory-Topologie	Stellt den Exch...	Wird au...	Automa...	Lokales System
Microsoft Exchange DAG-Verwaltung	Der Microsoft ...	Wird au...	Automa...	Lokales System
Microsoft Exchange EdgeSync	Repliziert Konf...	Wird au...	Automa...	Lokales System
Microsoft Exchange Flighting Service	Unterstützt Ex...	Wird au...	Automa...	Lokales System
Microsoft Exchange Frontend Transport	Dieser Dienst ...	Wird au...	Automa...	Lokales System
Microsoft Exchange IMAP4	Stellt IMAP (In...		Manuell	Lokales System
Microsoft Exchange Information Store	Manages the ...	Wird au...	Automa...	Lokales System
Microsoft Exchange POP3	Stellt POP3-Di...		Manuell	Lokales System
Microsoft Exchange Search Host Controller	This service pr...	Wird au...	Automa...	Lokales System
Microsoft Exchange Server Extension for Windows Server Backup	Enables Wind...		Manuell	Lokales System
Microsoft Exchange-Antispamupdate	Der Microsoft ...	Wird au...	Automa...	Lokales System
Microsoft Exchange-Compliancedienst	Host für Com...	Wird au...	Automa...	Lokales System
Microsoft Exchange-Diagnose	Agent, der de...	Wird au...	Automa...	Lokales System
Microsoft Exchange-Diensthost	Stellt einen H...	Wird au...	Automa...	Lokales System
Microsoft Exchange-Einschränkungen	Beschränkt di...	Wird au...	Automa...	Netzwerkdienst
Microsoft Exchange-IMAP4-Back-End	Stellt IMAP-Di...		Manuell	Netzwerkdienst
Microsoft Exchange-Integritätsdienst	Verwaltet die E...	Wird au...	Automa...	Lokales System
Microsoft Exchange-Integritäts-Manager-Wiederherstellung	Der Wiederher...	Wird au...	Automa...	Lokales System
Microsoft Exchange-Konformitätsprüfung	Der Microsoft ...	Wird au...	Automa...	Lokales System
Microsoft Exchange-Notfallrisikominderungsdienst	Hilft Ihnen, Ihr...	Wird au...	Automa...	Lokales System
Microsoft Exchange-POP3-Back-End	Stellt den POP...		Manuell	Netzwerkdienst
Microsoft Exchange-Postfach-Assistenten	Führt die Hint...	Wird au...	Automa...	Lokales System
Microsoft Exchange-Postfachreplikation	Verarbeitet Ver...	Wird au...	Automa...	Lokales System
Microsoft Exchange-Postfachtransportübergabe	Dieser Dienst, ...	Wird au...	Automa...	Lokales System
Microsoft Exchange-Postfachtransportzustellung	Dieser Dienst, ...	Wird au...	Automa...	NT-AUTORITÄ...
Microsoft Exchange-Replikation	Der Microsoft ...	Wird au...	Automa...	Lokales System
Microsoft Exchange-RPC-Clientzugriffsdienst	Verwaltet Clie...	Wird au...	Automa...	Lokales System
Microsoft Exchange-Suche	Fördert die In...	Wird au...	Automa...	Lokales System
Microsoft Exchange-Transport	Der Microsoft ...	Wird au...	Automa...	Netzwerkdienst
Microsoft Exchange-Transportprotokollsuche	Stellt Fähigkei...	Wird au...	Automa...	Lokales System

Abb. 3.17 Die Systemdienste von Exchange verwalten Sie in der Dienstesteuerung von Windows Server SE.

Abhängig von den installierten Rollen werden nicht immer alle Dienste installiert oder gestartet. Im folgenden Abschnitt gehe ich auf die wichtigsten Dienste ein. Nach der Installation von Exchange SE sollten Sie darauf achten, dass die notwendigen Dienste auch gestartet sind. Funktionieren einige Komponenten nicht, ist oft der beste Weg, zu überprüfen, ob eventuell Dienste mit dem Starttyp *Automatisch* nicht gestartet oder abgestürzt sind. Hier hilft oft auch die Ereignisanzeige auf den Exchange-Servern. Ein Neustart von Exchange-Diensten kann darüber hinaus ebenfalls häufig Probleme lösen.

- **Microsoft Exchange Active Directory-Topologie** Da Exchange SE eng mit den Active Directory-Standorten zusammenarbeitet, ist ein Dienst notwendig, der für die Synchronisierung der Daten mit Active Directory zuständig ist. Dieser Dienst hat keine Abhängigkeiten und läuft auf allen Servern.
- **Microsoft Exchange DAG-Verwaltung** Dieser Dienst steuert die Verwaltung von Postfachservern und die Zusammenarbeit mit Datenbankverfügbarkeitsgruppen (Database Availability Groups, DAGs). Der Dienst muss auf Postfachservern gestartet sein, vor allem, wenn Sie mit DAGs arbeiten.
- **Microsoft Exchange EdgeSync** Dieser Dienst dient zur Synchronisation von Daten mit eventuell vorhandenen Edge-Transportservern. Er spielt im Bereich des Spamschutzes eine Rolle, da hierüber auch die Daten der Empfänger mit Outlook synchronisiert werden, die die vertrauten Absender betreffen (siehe Kapitel 11).

- **Microsoft Exchange Frontend Transport** Dieser Dienst sorgt für den Nachrichtenverkehr zwischen Postfachservern in der Organisation. Er wird auch auf allen Postfachservern ausgeführt und dient als SMTP-Proxy, um Nachrichten weiterzuleiten.
- **Microsoft Exchange IMAP4** und **Microsoft Exchange POP3** Diese Dienste steuern den Zugriff von Benutzern auf ihre Postfächer über das POP3- oder IMAP-Protokoll auf den Servern. Outlook verwendet zum Zugriff HTTPS und liest demnach direkt den Informationsspeicher aus. Sollen Anwender auch per IMAP oder POP3 auf ihre Postfächer zugreifen können (zum Beispiel über das Internet), werden diese beiden Dienste benötigt.
- **Microsoft Exchange Information Store** Der Informationsspeicher ist für die Verbindung der Clients und Server zu den Exchange-Datenbanken zuständig. Er ermöglicht den Benutzern den Zugriff auf den Postfachspeicher und den Speicher für die öffentlichen Ordner. Ohne diesen Dienst ist kein Zugriff auf die Postfächer der Benutzer möglich. Auf Postfachservern ist er einer der wichtigsten Dienste. Läuft er nicht mehr, deutet das auf Probleme mit den Datenbanken hin.
- **Microsoft Exchange Search Host Controller** Dieser Dienst stellt die Verbindung zwischen der Postfachsuche und Anwendungen wie SharePoint zur Verfügung. Auf diesem Weg lässt sich auch von anderen Anwendungen wie SharePoint eine Suche durchführen.
- **Microsoft Exchange Server Extension for Windows Server Backup** Dieser Dienst ermöglicht die Onlinedatensicherung der Exchange-Datenbanken mit der internen Windows-Server-Sicherung (siehe Kapitel 14). Ohne ihn ist keine Onlinesicherung der Datenbanken mit der Windows-Sicherung möglich.
- **Microsoft Exchange-Antispamupdate** Dieser Dienst ist für den Download der Antispamdefinitionen zuständig (siehe Kapitel 12).
- **Microsoft Exchange-Compliancedienst** Der Dienst steuert das Archiv und die Funktionen für Compliance in Exchange SE. Er ist auch für die Zusammenarbeit der Systemdienste zuständig, die Archiv- und Speicherfunktionen bieten.
- **Microsoft Exchange-Diagnose** Der Dienst ist dafür zuständig, die Server in der Organisation auf Zustand und Stabilität hin zu überprüfen.
- **Microsoft Exchange-Diensthost** Der Dienst steuert die Kommunikation der verschiedenen Exchange-Dienste sowie die Anbindung von Clients und Überwachung der Protokolle wie RPC/HTTPS und MAPI/HTTPS.
- **Microsoft Exchange-Einschränkungen** Der Dienst verhindert, dass einzelne Benutzer oder Dienste den Server durch zu viele Benutzeranfragen oder Aktionen überlasten und lahmlegen. Er limitiert die Anzahl an Benutzerinteraktionen mit dem Server und ist auch für die Einhaltung von Einschränkungen für Benutzer bezüglich des Mailversands notwendig.
- **Microsoft Exchange-Konformitätsprüfung** Auch dieser Dienst muss gestartet sein, damit die Systemkomponenten funktionieren.
- **Microsoft Exchange-Notfallrisikominimierungsdienst** Der Systemdienst ist eine Schutzkomponente in Exchange Server ab Version 2016 CU22 und in Exchange Server SE integriert. Er überprüft regelmäßig über HTTPS die von Microsoft bereitgestellte Cloud-Dienstschnittstelle Office Config Service (OCS) und ruft dort aktuelle Mitigations ab. Diese enthalten Konfigurationsanweisungen, mit denen Exchange bekannte, aktiv ausnutzbare Sicherheitslücken automatisch abschwächt, noch bevor ein regulärer Patchday-Fix verfügbar ist. Der Dienst kann Regeln aktivieren oder deaktivieren, IIS-Komponenten blockieren, URL-Rewrite-Regeln setzen oder bestimmte Funktionen temporär einschränken. Alle ange-

wendeten Maßnahmen werden lokal im Verzeichnis *Program Files\Microsoft\Exchange Server\V15\MitigationService* dokumentiert. Administratoren können den Dienst über die Exchange Management Shell steuern. Mehr dazu ist in der Microsoft-Dokumentation zu finden (*https://learn.microsoft.com/de-de/Exchange/plan-and-deploy/post-installation-tasks/security-best-practices/Exchange-emergency-mitigation-service*).

- **Microsoft Exchange-Postfach-Assistenten** Dieser Dienst stellt verschiedene Funktionen für Kalender und die Planung von Ressourcen für Besprechungsanfragen bereit. Er wird auch für den Abwesenheits-Assistenten benötigt. Dieser Dienst ist vom Systemdienst Microsoft Exchange Active Directory-Topologiedienst abhängig.
- **Microsoft Exchange-Postfachreplikation** Dieser Dienst steuert das Verschieben von Benutzerpostfächern zwischen Servern.
- **Microsoft Exchange-Postfachtransportübergabe** Auch dieser Dienst ist für den Transport zuständig. Er sorgt dafür, dass E-Mails der Anwender zum MIME-Standard konvertiert werden, und gibt sie an den Transportdienst weiter.
- **Microsoft Exchange-Postfachtransportzustellung** Dieser Dienst stellt, zusammen mit Microsoft Exchange Transport, den SMTP-Server des Exchange-Servers zur Verfügung und ist für seinen Transportstack zuständig und dafür, E-Mails von Postfachservern zum Transportdienst zu übertragen. Die Server transportieren dann die E-Mails zu den jeweiligen Transportservern im Active Directory-Standort des Empfängers.
- **Microsoft Exchange-Replikation** Dieser Dienst wird für die Replikation von Datenbanken benötigt, wenn Sie Datenverfügbarkeitsgruppen (Database Availability Groups, DAG) einsetzen. Ist er nicht gestartet, werden keine Daten mehr für DAG repliziert (siehe Kapitel 15).
- **Microsoft Exchange RPC-Clientzugriffsdienst** Der Dienst ist dazu vorgesehen, Clientanbindungen, die auch über das Internet eintreffen, zu steuern. Über den Dienst greifen unter anderem die verschiedenen Cmdlets der Exchange-Verwaltungsshell zu, um die Anbindung an Clientzugriffsserver zu steuern, zum Beispiel *Set-RpcClientAccess*. Über diesen Befehl lassen sich beispielsweise bestimmte Outlook-Clients und -Versionen blockieren. Die Anbindung an Exchange ist ohne diesen Dienst nicht möglich.
- **Microsoft Exchange-Suche** Dieser Dienst verwaltet die Indizierung auf dem Server sowie die Suche nach E-Mails. Verwenden Sie keine Indizierung, benötigen Sie ihn nicht. Haben Sie jedoch die Indizierung einzelner Informationsspeicher aktiviert, steht der Index lediglich dann zur Verfügung, wenn dieser Dienst gestartet ist. Er läuft auf Servern mit der Postfach-Rolle.
- **Microsoft Exchange-Transport** Dieser Dienst ist für das Versenden von E-Mails zwischen Exchange-Servern und dem Internet zuständig.
- **Microsoft Exchange-Transportprotokollsuche** Dieser Dienst ist für die Nachrichtenverfolgung (Message Tracking) und das Durchsuchen der Protokolle für den Nachrichtenversand zuständig (nicht zu verwechseln mit den Transaktionsprotokollen der Datenbank).
- **Microsoft-Filterverwaltungsdienst** Dieser Dienst ist für die Virensuche in den E-Mails verantwortlich.

3.3.2 Ordnerstruktur von Exchange SE

Auch wenn die verschiedenen Ordner von Exchange SE nicht ständig zur Verwaltung notwendig sind, sollten Administratoren die Funktion der einzelnen Unterordner im Exchange SE-Installationsordner kennen.

Ich komme in den einzelnen Kapiteln dieses Buches noch auf den einen oder anderen Ordner zurück. Im folgenden Abschnitt gehe ich im Überblick auf die wichtigsten Ordner ein. Standardmäßig wird Exchange SE im Ordner *C:\Program Files\Microsoft\Exchange Server\V15* installiert, genauso wie Exchange 2013. Sie können den Installationsordner während der Installation frei wählen. Unabhängig vom Installationsordner gibt es Unterordner mit verschiedenen Funktionen.

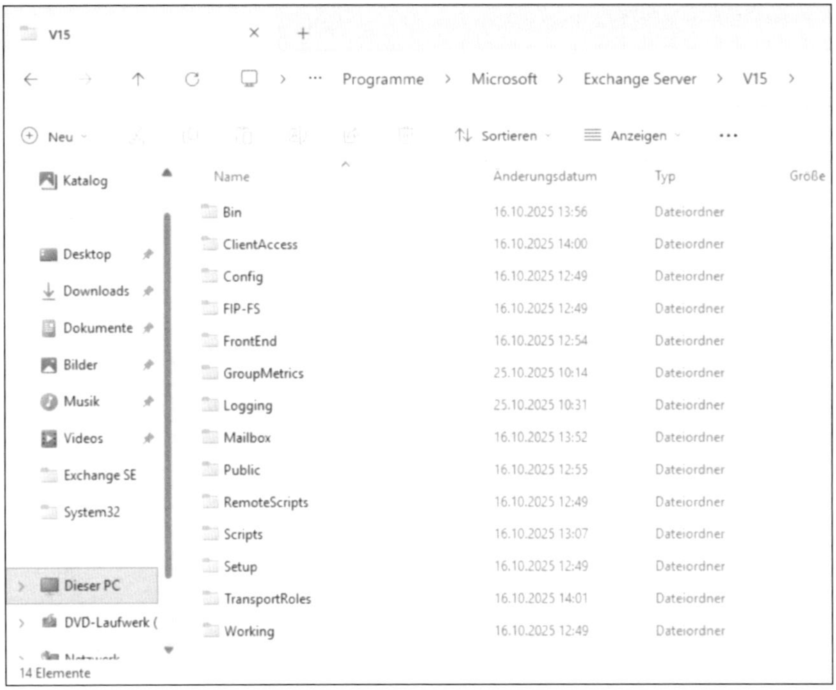

Abb. 3.18 Exchange SE-Ordnerstruktur im Explorer anzeigen

- **\Bin** In diesem Ordner werden die Verwaltungsprogramme und Zusatzprogramme von Exchange SE gespeichert. Hier finden Sie die ausführenden Dateien und wichtigsten Programme sowie die Systemdateien von Exchange SE. Auch das eine oder andere Zusatztool wie *Eseutil.exe* liegt hier. Programme von Drittherstellern benötigen häufig Zugriff auf diesen Ordner.
- **\ClientAccess** In diesem Ordner befindet sich die Konfiguration der Clientzugriff-Serverrolle eines Exchange-Servers. Dieser Ordner spielt in Exchange 2013 nur auf Clientzugriffsservern eine Rolle, in Exchange SE ist er auch auf Postfachservern wichtig. In diesem Ordner befinden sich zum Beispiel die notwendigen Ordner für die Autodiscover-Funk-

tion von Outlook und die Ordner *Owa*, *exchweb* sowie *PopImap* und *Sync*. Diese Ordner enthalten dann wiederum die Installations- und Konfigurationsdateien der entsprechenden Funktion.

- **\Config** Systemverzeichnis
- **\FIP-FS** In diesem Ordner liegen die Steuerdateien des integrierten Virenschutzes in Exchange SE. Im Unterordner */Bin* finden Sie wiederum Tools wie *Fpsdiag.exe*, die in der Befehlszeile bei der Diagnose des Virenschutzes helfen.
- **\FrontEnd** In diesem Ordner sind verschiedene Systemdateien gespeichert, die den Benutzerzugriff steuern. Auch Startdateien für verschiedene Unified Messaging-Funktionen und den Zugriff über Outlook finden Sie hier. Zusammen mit *\ClientAccess* ist das ein wichtiger Ordner.
- **\GroupMetrics** Bei der Gruppenmetrik handelt es sich um eine Sammlung von Informationen zu Verteilergruppen und dynamischen Verteilergruppen in Ihrer Organisation. Sie enthält die Anzahl der Mitglieder innerhalb und außerhalb Ihrer Organisation. Gruppenmetrikdaten werden verwendet, um E-Mail-Infos in Microsoft Exchange SE zu unterstützen. E-Mail-Infos sind informative Meldungen, die dem Absender beim Verfassen einer Nachricht angezeigt werden.
- **\Logging** In diesem Ordner befinden sich verschiedene Protokolldateien von Exchange SE, allerdings nicht die Transaktionsprotokolle der Datenbank (siehe Kapitel 5).
- **\Mailbox** Dieser Ordner enthält alle Dateien, die zur Exchange-Datenbank gehören. Für jede Datenbank ist ein eigener Ordner verfügbar. Dieser Ordner spielt auf Postfachservern eine wichtige Rolle. Darin liegen die Transaktionsprotokolle und die restlichen Dateien der Exchange-Datenbanken. Hier finden Sie auch die *.dll*-Dateien für die Erstellung von E-Mail-Adressen. Dort werden die Daten des Offlineadressbuchs gespeichert. In diesem Ordner liegen weiterhin die Daten und Konfigurationen der öffentlichen Ordner. Die Dateien der Datenbanken werden vor allem in Kapitel 5 noch ausführlicher beschrieben.
- **\Public** In diesem Ordner liegen keine Daten von öffentlichen Ordnern, sondern die *.xml*-Dateien und Treiber, die von Transportservern benötigt werden, um E-Mails zu versenden.
- **\RemoteScripts** In diesem Ordner liegen Skripts für Multiserverumgebungen und die Zusammenarbeit verschiedener Exchange-Infrastrukturen.
- **\Scripts** Dieser Ordner enthält die Skripts, die die Exchange Management Shell für automatisierte Aufgaben zur lokalen Verwendung nutzt.
- **\Setup** Dieser Ordner enthält die beiden Unterordner *Data* und *Perf*. Diese Ordner enthalten wiederum notwendige *.xml*-Dateien, die für die Konfiguration von Exchange SE benötigt werden.
- **\TransportRoles** Dieser Ordner enthält die Unterordner *agents*, *data*, *Logs*, *Pickup*, *Replay* und *Shared*. Die beiden Ordner *Pickup* und *Shared* werden für den E-Mail-Versand benötigt. Alle Protokolldateien, die den E-Mail-Fluss von Transportservern betreffen, werden im Ordner *Logs* gespeichert. Im Ordner *data* werden die Daten der IP-Filter-Datenbank und der Warteschlangen (siehe Kapitel 4) gespeichert.
- **\Working** Hierbei handelt es sich um einen Ordner für Converter, die neuen OWA-Apps und andere Daten. Er spielt keine wesentliche Rolle.

3.3.3 Den Pickup-Ordner für selbst erstellte E-Mails verwenden

Legen Sie speziell formatierte E-Mail-Nachrichten als Dateien im *Pickup*-Ordner ab (*C:\ Program Files\Microsoft\Exchange Server\V15\TransportRoles\Pickup*), werden sie durch Exchange SE automatisch zugestellt.

Diese Funktion können vor allem Administratoren zu Testzwecken, aber auch Applikationen verwenden, die E-Mail-Nachrichten über Exchange versenden sollen. Die Nachrichten werden als *.eml*-Datei in den *Pickup*-Ordner kopiert. Nach dem Kopiervorgang werden folgende Prozesse abgewickelt:

1. Exchange SE überprüft alle fünf Sekunden, ob sich im *Pickup*-Ordner eine *.eml*-Datei befindet. Dieses Intervall kann nicht verändert werden. Standardmäßig kann Exchange bis zu 100 Nachrichten pro Minute aus diesem Ordner verwalten. Sie können diesen Grenzwert in der Exchange Management Shell über den Befehl *Set-TransportServer* anpassen.
2. Im Anschluss überprüft Exchange, ob die Grenzwerte für Nachrichten in diesem Ordner eingehalten worden sind, zum Beispiel maximale Zahl der Empfänger und Größe des E-Mail-Headers. Auch diese Grenzwerte können Sie über den Befehl *Set-TransportServer* steuern.
3. Als Nächstes wird die aktuell verarbeitete *.eml*-Datei in eine *.tmp*-Datei umbenannt. Teilweise wird den Namen auch noch die aktuelle Uhrzeit und das Datum angehängt, wenn bereits eine identische *.tmp*-Datei existiert. Die Datei kann an dieser Stelle nicht mehr manuell gelöscht werden, sie wird durch das System gesperrt.
4. Als Nächstes wird die Nachricht versendet und die *.tmp*-Datei gelöscht. Wird der Dienst *Microsoft Exchange-Transport* während eines solchen Vorgangs neu gestartet, werden alle *.tmp*-Dateien wieder in *.eml*-Dateien umbenannt und der Prozess beginnt von vorne. Dieser Effekt kann in doppelt zugestellten E Mail-Nachrichten resultieren.

Damit die Nachrichten über den *Pickup*-Ordner zugestellt werden können, müssen die *.eml*-Dateien entsprechende Voraussetzungen erfüllen:

1. Die Nachricht muss als Textdatei dem SMTP-Format entsprechen.
2. Die Datei muss zwingend die Endung *.eml* haben.
3. Es muss mindestens ein Absender im *From:*-Bereich der Datei existieren (siehe auch Kapitel 4).
4. Es muss mindestens ein Empfänger im *To:*-, *Cc:*- oder *Bcc:*-Bereich hinterlegt sein.
5. Es muss eine Leerzeile zwischen Header und E-Mail-Body (dem Text der E-Mail) existieren.

```
:
01 To: <administrator@contoso.com>
02 From: <test@contoso.com>
03 Subject: Testnachricht
04
05 Das ist der E-Mail-Body mit dem Text.
```

List. 3.1 Beispiel für eine Nachricht im Pickup-Ordner

Die Zeilen 1 bis 3 bilden den Header, die Zeile 5 den Body der Nachricht. Auch MIME-Nachrichten können im Ordner abgelegt werden. Diese Nachrichten werden dann allerdings eher von Applikationen erstellt, da sie sich nicht für Testzwecke eignen.

MIME ist ein Nachrichtenformat, das ursprünglich dazu eingeführt wurde, per E-Mail verschickte Dateien anhand ihrer Dateierweiterung zu erkennen und vor dem Verschicken mittels eines Headers zu kennzeichnen, um sie dann beim Empfänger mit der richtigen Software darzustellen oder wiederzugeben.

```
To: <administrator@contoso.com>
From: <test@contoso.com>
Subject Message subject
MIME-Version: 1.0
Content-Type: text/html; charset=iso-8859-1
Content-Transfer-Encoding: 7bit

<HTML><BODY>
<TABLE>
<TR><TD>cell 1</TD><TD>cell 2</TD></TR>
<TR><TD>cell 3</TD><TD>cell 4</TD></TR>
</TABLE>
</BODY></HTML>
```

Kann eine Nachricht aus dem *Pickup*-Ordner nicht zugestellt werden, bleibt die *.eml*-Datei im Ordner erhalten und es werden entsprechende Meldungen in der Ereignisanzeige im Anwendungsprotokoll protokolliert.

3.3.4 Die Funktion des Replay-Ordners

Im *Replay*-Ordner (*C:\Program Files\Microsoft\Exchange Server\V15\TransportRoles\Replay*) werden E-Mails abgelegt, die über Connectors von Drittherstellern kommen oder in Exchange SE importiert wurden, um sie über den Server zu versenden.

Grundsätzlich bietet der *Replay*-Ordner die gleichen Funktionen und auch der Prozess für das Versenden von E-Mails ist identisch zum *Pickup*-Ordner.

3.4 Active Directory-Replikation überprüfen

Repadmin.exe ist das wichtigste Tool, um die Replikation in Active Directory zu überprüfen. Geben Sie in der Eingabeaufforderung den Befehl *Repadmin.exe /showreps* ein. Es werden alle durchgeführten Replikationsvorgänge von Active Directory sowie etwaige Fehler mit Angabe der Ursache für die nicht funktionierende Replikation angezeigt.

Sie können sich die Anzeige auch in eine Datei mit *Repadmin /showreps >C:\repl.txt* umleiten lassen. Mit *Repadmin /showrepl * /csv > reps.csv* leiten Sie die Replikationsinformationen in eine *.csv*-Datei um.

Den Status der Replikation erfahren Sie auch in der PowerShell. Dazu verwenden Sie das Cmdlet *Get-ADReplicationUpToDatenessVectorTable <Name des Servers>*. Eine Liste aller Server erhalten Sie mit:

```
Get-ADReplicationUpToDatenessVectorTable * | Sort Partner,Server | ft
Partner,Server,UsnFilter
```

Die Version von *Dcdiag.exe*, die mit Windows Server SE ausgeliefert wird, enthält einen Test, mit dem sich Replikationsprobleme anzeigen lassen, die von Kerberos-Problemen verursacht werden: Öffnen Sie eine neue Eingabeaufforderung und geben Sie den folgenden Befehl ein:

```
Dcdiag /test:CheckSecurityError /s:<Name des Domänencontrollers, der Probleme hat>
```

Anschließend überprüft *Dcdiag.exe* für diesen Domänencontroller, ob irgendeine Active Directory-Replikationsverbindung Probleme mit der Übertragung von Kerberos hat.

Das wichtigste Tool für die Diagnose von Domänencontrollern ist *Dcdiag.exe*. Sie können das Tool in der Befehlszeile mit Administratorrechten aufrufen, indem Sie *Dcdiag* eingeben. Eine ausführliche Diagnose erhalten Sie durch *Dcdiag /v*. Mit *Dcdiag /a* überprüfen Sie alle Domänencontroller am gleichen Active Directory-Standort, über *Dcdiag /e* werden alle Server in der Gesamtstruktur getestet.

Um sich nur die Fehler und keine Informationen anzeigen zu lassen, verwenden Sie *Dcdiag /q*. Die Option *Dcdiag /s:<Domänencontroller>* ermöglicht den Test eines Servers über das Netzwerk. Es wird während des Tests auch geprüft, ob das Computerkonto in Active Directory in Ordnung ist und ob es sich richtig registriert hat.

Sie können über die Option *Dcdiag /RecreateMachineAccount* eine Fehlerbehebung versuchen, wenn der Test fehlschlägt. Über *Dcdiag /FixMachineAccount* können Sie ebenfalls eine Fehlerbehebung versuchen. Eine weitere Option, die Fehler behebt, ist *Dcdiag /fix*.

Geben Sie in der Eingabeaufforderung den Befehl *Nltest /dclist:<NetBIOS-Domänenname>* ein, zum Beispiel *Nltest /dclist:contoso*. Alle Domänencontroller sollten mit ihren vollständigen Domänennamen ausgegeben werden. Werden einzelne Domänencontroller nur mit ihrem NetBIOS-Namen angezeigt, überprüfen Sie deren DNS-Registrierung auf den DNS-Servern.

Starten Sie mit *Net stop netlogon* und dann *Net start netlogon* den Anmeldedienst auf dem Domänencontroller neu, versucht der Dienst, die Daten der Datei *netlogon.dns* aus dem Ordner *\Windows\System32\config\netlogon.dns* erneut in DNS zu registrieren. Gibt es hierbei Probleme, finden sich im Ereignisprotokoll unter *System* Einträge des Dienstes, die bei der Problemlösung weiterhelfen.

Auch der Befehl *Nltest /dsregdns* hilft oft bei Problemen in der DNS-Registrierung. Funktioniert die erneute Registrierung durch Neustart des Anmeldedienstes nicht, löschen Sie die DNS-Zone *_msdcs* und die erstellte Delegierung. Beim nächsten Start des Anmeldedienstes liest dieser die Daten von *netlogon.dns* ein, erstellt die Zone *_msdcs* neu und schreibt die Einträge wieder in die Zone. Mit *Dcdiag* lassen sich danach die Probleme erneut diagnostizieren.

Außerdem können Sie mit dem Befehl *Net accounts* in der Eingabeaufforderung den Status des Domänenkontos eines Domänencontrollers überprüfen. Innerhalb der Ausgabe von *Net accounts* sollte die Rolle des Computers *Primär* sein, wenn es sich um den PDC-Emulator handelt. Bei allen anderen Domänencontrollern wird an dieser Stelle die Rolle *Sicherung* angezeigt.

3.5 Zusammenfassung

In diesem Kapitel haben Sie erfahren, welche Aufgaben Sie nach der Installation von Exchange SE durchführen sollten. Ich bin auch darauf eingegangen, welche Systemdienste es gibt und wie die Ordnerstruktur von Exchange aussieht. Zusätzlich haben Sie in diesem Kapitel die ersten Schritte bei der Einrichtung und dem Umgang mit dem Exchange Admin Center unternommen.

Im nächsten Kapitel zeige ich Ihnen, wie Sie den Nachrichtenfluss in Exchange über Connectors optimal gestalten. Lesen Sie dazu auch die entsprechenden Abschnitte in Kapitel 1 und in diesem Kapitel durch.

Teil B

Einrichtung und Verwaltung

Kapitel 4

Nachrichtenfluss und Connectors

In Kapitel 2 und 3 haben Sie bereits erfahren, wie Sie Exchange so konfigurieren, dass der Versand und Empfang von E-Mails funktionieren. In diesem Kapitel gehe ich ausführlicher auf den Nachrichtenfluss und die Möglichkeiten der Connectors ein. Haben Sie Exchange SE installiert und angepasst, bestehen die weiteren Aufgaben darin, den E-Mail-Fluss von Exchange SE zu konfigurieren.

Bevor Sie sich also mit diesem Kapitel beschäftigen, sehen Sie sich die Konfiguration in Kapitel 3 erneut an. In diesem Kapitel gehe ich die notwendigen Konfigurations- und Verwaltungsaufgaben durch, die zum Transportieren von E-Mails gehören. Exchange SE nutzt für den Versand von E-Mails ins Internet sowie zwischen verschiedenen Active Directory-Standorten das SMTP-Protokoll. Auch Exchange SE kann, wie seine Vorgänger, keine E-Mails per POP3 abholen, sondern unterstützt ausschließlich die Zustellung per SMTP (Simple Mail Transfer-Protokoll).

Viele Unternehmen haben jedoch für ihre Mitarbeiter keine einzelnen POP3-Postfächer, sondern ein Sammel-POP3-Postfach, in dem alle E-Mails des Unternehmens zugestellt werden. Ein POP3-Connector holt dann die E-Mails aus dem Postfach ab und stellt sie dem Exchange-Server zu, der wiederum die E-Mails auf Basis der E-Mail-Adressen verteilt. Das Abholen von E-Mails per POP3 kann allerdings nur für sehr kleine Unternehmen empfohlen werden und ist selbst dann nicht optimal und stabil. Größere Unternehmen sollten auf jeden Fall auf SMTP setzen.

Der erste Schritt bei der Konfiguration des E-Mail-Flusses besteht darin, dass Sie festlegen, welche E-Mail-Domänen die Exchange-Server entgegennehmen und welche über die diversen Connectors nach extern versendet werden. Bevor Sie Connectors erstellen oder Richtlinien konfigurieren, müssen Sie die SMTP-Namensräume festlegen, die die Exchange-Server Ihrer Organisation entgegennehmen.

Diese Domänen werden akzeptierte Domänen genannt (siehe Kapitel 3). Standardmäßig wird während der Installation als erste SMTP-Domäne der FQDN der Active Directory-Gesamtstruktur festgelegt. Hierbei handelt es sich allerdings nur in Ausnahmefällen auch um die E-Mail-Domäne des Unternehmens, daher müssen Sie hier zunächst Anpassungen vornehmen. Wie das geht, zeigte ich Ihnen in Kapitel 3.

Arbeiten Sie mit einem externen Exchange-Server, zum Beispiel einem Edge-Transportserver, der direkt mit dem Internet verbunden ist und die E-Mails über den MX-Eintrag der Domäne erhält, können Sie über die Seite *https://mxtoolbox.com* die MX-Einträge Ihrer E-Mail-Domänen überprüfen. Sie sehen hier, welche MX-Einträge vorhanden sind und welche IP-Adressen für das Zustellen der E-Mails verwendet werden.

4.1 Informationen zum E-Mail-Routing in Exchange SE

In Exchange SE verschicken Postfachserver die E-Mails (siehe Kapitel 1, 2 und 3). Hub-Transportserver gibt es seit Exchange 2013 nicht mehr. Der Edge-Transportserver ist in Exchange SE verfügbar. Sie können weiterhin vorhandene Exchange 2016/2019-Edge-Transportserver verwenden oder sie sofort auf Exchange SE aktualisieren.

Bei Exchange SE wartet immer der sendende Server darauf, dass der empfangende Server die E-Mail entweder in ein Postfach oder einen weiteren Transportserver zugestellt hat. Stellt der sendende Server fest, dass sich eine E-Mail auf dem Empfangsserver nicht zustellen lässt, versucht Exchange SE eine Zustellung auf einem alternativen Weg. Diesen Transportcache behandle ich in den folgenden Abschnitten dieses Kapitels noch ausführlicher.

Benutzer haben die Möglichkeit, eine E-Mail bis zum Erreichen des Empfängers zu verfolgen. Mit der Nachrichtenverfolgung in Outlook Web App (OWA) können alle Benutzer Nachrichten verfolgen.

Exchange SE kennt verschiedene Filter und Aktionen beim Erstellen neuer Transportregeln. Die Cmdlets *New-TransportRule* und *Set-TransportRule* bieten die Möglichkeit, alle Aktionen mit einem einzigen Befehl festzulegen.

Außerdem lassen sich in Exchange SE Regeln auf Basis eines AD RMS-Schutzes (Active Directory Rights Management Services, Active Directory-Rechteverwaltungsdienste) erstellen. Mehr zu diesem Thema erfahren Sie in Kapitel 10. Empfangsconnectors überwachen die Nachrichtenübermittlungen nach Benutzer und IP-Adresse.

Sie können direkt im Exchange Admin Center als Administrator Transport- und Journalregeln erstellen. Das Exchange Admin Center erreichen Sie über *https://<Servername>/ecp*. Über den Link *Nachrichtenfluss/Regeln* stehen Ihnen verschiedene Optionen zur Verfügung, um Transportregeln und Journalregeln zu erstellen.

Eine Komponente des Transportdienstes ist der Categorizer. Dieser entscheidet für jede E-Mail, ob sie intern zugestellt werden kann oder ins Internet zu einem Smarthost oder per MX (Mail Exchange) direkt zum Zielsystem zugestellt wird (siehe Kapitel 3). Der Ablauf beim Versenden von E-Mail ist folgender:

1. Ein Anwender verschickt über Outlook eine E-Mail. Diese E-Mail legt der Client im Postausgang ab.
2. Der Postfachserver des Anwenders erkennt die Nachricht und überträgt die E-Mail aus dem Postfach.
3. Der Transportdienst erhält die Nachricht, kategorisiert sie, wendet Nachrichtenrichtlinien an und stellt die Nachricht an einen Server am Standort des Empfängers über SMTP zu. Dabei erfolgen im Detail folgende Vorgänge.

4. Die Nachricht wird in die Submission Queue auf dem Server aufgenommen.
5. Ist auf dem Server ein Malware-Schutz aktiv, überprüft der Agent für den Malware-Schutz die E-Mail.
6. Haben Sie Journalregeln erstellt, wendet der Agent sie als nächste an.
7. Der Categorizer versucht, die Empfängeradresse in Active Directory aufzulösen, oder entscheidet auf dieser Basis, ob es sich um einen internen oder externen Empfänger handelt, auch auf Basis der verwendeten Domänen zu den E-Mail-Empfängern.
8. Anhand dieser Erkenntnis berechnet der Server die beste Route zum Empfänger und stellt die Servernamen und die IP-Adressen der nächsten Hops fest.
9. Bevor der Server die E-Mail an den nächsten Hop weiterschickt, formatiert er die Nachricht so, dass der Inhalt für den Empfänger lesbar ist. Dabei wandelt er die Mail von MIME oder UUENCODE zu Base64 um und konvertiert auch den Text entsprechend.
10. Als Nächstes wendet der Server Transportregeln an und nochmals die Journalregeln. Die Journalregel überprüft zum Beispiel nach dem Transport-Agent, ob eine Änderung der Nachricht eine neue Journalanforderung rechtfertigt. Während Exchange SE vollständiges Journaling an beliebige interne oder externe SMTP-Ziele erlaubt, sind in Exchange Online ausschließlich externe, zertifizierte Journalendpunkte zulässig. Das Einrichten eines Journalpostfachs im selben Tenant ist nicht möglich. Organisationen mit rechtlicher Archivierungspflicht sollten Journaling ausschließlich in Exchange SE abbilden oder eine dedizierte Journalinglösung per SMTP-Gateway bereitstellen.
11. Als Nächstes stellt der Server die E-Mail in die Übermittlungswarteschlange zum nächsten Server.
12. Anschließend wird die E-Mail per SMTP an das Zielsystem gesendet.
13. Der Server überträgt die Nachricht in Form einer RPC-Verbindung zum Postfachserver des Empfängers.

4.1.1 Routing in Exchange verstehen

Shadow-Redundanz ist ein Sicherheitsmechanismus in Exchange Server SE, der den Verlust von E-Mails während der Übertragung verhindert. Beim Empfang einer Nachricht erstellt der Transportdienst sofort eine redundante Kopie auf einem anderen Postfachserver innerhalb derselben Hochverfügbarkeitsgrenze (z. B. einer DAG oder eines Active Directory-Standorts), bevor der ursprüngliche Server den Empfang gegenüber dem Absender bestätigt. Fällt ein Server aus oder geht eine Nachricht verloren, kann Exchange sie aus dieser Schattenkopie erneut zustellen. Erst wenn beide Server die erfolgreiche Verarbeitung bestätigen, wird die Nachricht endgültig gelöscht.

Ob der sendende Server die Shadow-Redundanz unterstützt oder nicht, spielt keine Rolle. So wird sichergestellt, dass von allen Nachrichten eine redundante Kopie erstellt wird, während sie übermittelt werden. Falls Exchange SE feststellt, dass die ursprüngliche Nachricht während der Übertragung verloren gegangen ist, wird die redundante Kopie der Nachricht übermittelt. Diese Funktion ist in Exchange SE standardmäßig aktiv.

In Exchange Online existiert kein direkter Verwaltungszugriff auf Shadow Redundancy. Der Dienst übernimmt die Absicherung im Hintergrund und repliziert E-Mails innerhalb von Microsofts Rechenzentren automatisch. Es gibt keine Möglichkeit, Shadow Redundancy in

Exchange Online zu deaktivieren oder zu überwachen. Im Gegensatz dazu lässt sich in Exchange SE über Set-TransportConfig exakt festlegen, ob Nachrichten bei fehlender Schattenkopie abgelehnt oder akzeptiert werden.

Wenn eine Nachricht von einem Transportserver innerhalb der Transportgrenze für Hochverfügbarkeit empfangen wird, versucht Exchange, zwei redundante Kopien der Nachricht auf den Transportservern innerhalb der Grenze beizubehalten. Wenn eine Nachricht die Transportgrenze für Hochverfügbarkeit überschreitet, behält Exchange die redundanten Nachrichtenkopien nicht mehr bei.

E-Mails, die vom Transportdienst auf einem Postfachserver erfolgreich verarbeitet oder an einen Postfachempfänger übermittelt wurden, werden in das Sicherheitsnetz verschoben.

Sie können Exchange SE so konfigurieren, dass eine Nachricht zurückgewiesen wird, auch wenn keine redundante E-Mail-Kopie erstellt wurde. Verwenden Sie dafür das Cmdlet *Set-TransportConfig* mit der Option *RejectMessageOnShadowFailure*. Die E-Mail wird mit einem vorübergehenden Fehler zurückgewiesen, der sendende Server kann die Nachricht jedoch erneut übertragen. Der SMTP-Antwortcode lautet *451 4.4.0 Message failed to be made redundant*. Sie sollten Exchange so konfigurieren, dass Nachrichten, von denen keine redundante Kopie erstellt werden kann, nur dann zurückgewiesen werden, wenn Ihre Organisation über mehrere Exchange SE-Postfachserver verfügt.

Das Cmdlet *Set-TransportConfig* mit der Option *ShadowRedundancyEnabled $true* aktiviert die Shadow-Redundanz auf allen Transportservern in der Organisation. Mit *$false* wird sie auf allen deaktiviert.

Über das Cmdlet *Set-TransportConfig* mit der Option *RejectMessageOnShadowFailure $false* legen Sie fest, dass die primäre Nachricht trotzdem von den Transportservern in der Organisation akzeptiert wird. Mit *$true* werden Nachrichten von keinem Transportserver akzeptiert oder bestätigt, bis eine Schattenkopie der Nachricht erstellt wurde. Wenn keine Schattenkopie der Nachricht erstellt werden kann, wird die primäre Nachricht mit einem vorübergehenden Fehler zurückgewiesen.

Sie sollten diesen Wert nur dann auf *$true* festlegen, wenn Sie über mehrere Exchange SE-Postfachserver in einer Datenbankverfügbarkeitsgruppe (Database Availability Group, DAG) oder an einem Active Directory-Standort verfügen. Diese Option ist nur von Bedeutung, wenn die Option *ShadowRedundancyEnabled* auf *$true* festgelegt ist.

Das Hauptziel der Shadow-Redundanz besteht darin, immer über zwei Kopien einer Nachricht innerhalb einer Transportgrenze für Hochverfügbarkeit zu verfügen, während die Nachricht übermittelt wird. Bei einer Transportgrenze für Hochverfügbarkeit kann es sich um Folgendes handeln:

- Eine DAG für Postfachserver, die Mitglieder einer DAG sind. Hierzu gehören auch DAGs, die sich über mehrere Active Directory-Standorte erstrecken.
- Ein Active Directory-Standort für Postfachserver, die zu keiner DAG gehören
- Shadow-Redundanz bleibt immer innerhalb der definierten Transportgrenze für Hochverfügbarkeit aktiv. Sobald eine Nachricht diese Grenze überschreitet, startet der Mechanismus neu. Dadurch wird unnötiger Datenverkehr vermieden und verhindert, dass Schattenkopien über Standort- oder DAG-Grenzen hinweg erneut übertragen werden. Empfängt ein Exchange SE-Postfachserver eine Nachricht von außerhalb dieser Grenze,

erstellt er – unabhängig davon, ob der sendende Server Shadow-Redundanz unterstützt – eine eigene Kopie der Nachricht auf einem weiteren Postfachserver innerhalb derselben Hochverfügbarkeitsumgebung und bestätigt erst danach den Empfang. Wird eine Nachricht an einen Empfänger außerhalb der Hochverfügbarkeitsgrenze übermittelt und der Empfang per SMTP bestätigt, verschiebt Exchange sie in das Sicherheitsnetz, wo sie zwar gespeichert, aber nicht erneut versendet wird.

4.1.2 Sicherheitsnetz in Exchange SE

In Exchange SE wird die hohe Verfügbarkeit von Postfächern durch Datenbankverfügbarkeitsgruppen (Database Availability Groups, DAGs) gewährleistet. Ergänzend dazu dient das sogenannte Sicherheitsnetz als Erweiterung des Transportdiensts. Dabei handelt es sich um eine Warteschlange, in der Kopien bereits verarbeiteter Nachrichten abgelegt werden. Die Aufbewahrungsdauer dieser Kopien lässt sich konfigurieren, nach Ablauf der definierten Frist werden sie automatisch gelöscht. Eine DAG ist für das Sicherheitsnetz nicht zwingend erforderlich, bei aktivem DAG-Betrieb werden die Nachrichtenkopien jedoch zusätzlich auf anderen Postfachservern am selben Active Directory-Standort gespeichert.

Das Sicherheitsnetz arbeitet redundant. Ist das primäre Sicherheitsnetz länger als zwölf Stunden nicht erreichbar, übernimmt das Shadow-Sicherheitsnetz die Zustellung und sendet die gespeicherten Nachrichten erneut. Während die Shadow-Redundanz Nachrichten während der Übertragung absichert, schützt das Sicherheitsnetz sie nach erfolgreicher Verarbeitung. Die primäre Instanz des Sicherheitsnetzes liegt auf dem Postfachserver, der die Nachricht ursprünglich verarbeitet hat. Dort wird die Nachricht nach Abschluss der Zustellung aus der aktiven Warteschlange in das Sicherheitsnetz verschoben. Das Shadow-Sicherheitsnetz befindet sich auf dem Server, der die Schattenkopie verwaltet. Sobald dieser erkennt, dass die ursprüngliche Nachricht erfolgreich verarbeitet wurde, verschiebt er seine Kopie ebenfalls in das eigene Sicherheitsnetz.

4.1.3 Zustellungsgruppen, Routingziele und Transportdienste verstehen

Das Routing in Exchange SE bietet eine vollständige Unterstützung für Datenbankverfügbarkeitsgruppen (Database Availability Groups, DAG). In Exchange SE hosten alle Postfachserver den Transportdienst.

Der Transportdienst auf einem Postfachserver kommuniziert nie direkt mit einer Postfachdatenbank, sondern mit dem Postfachtransportdienst auf dem Postfachserver.

Nur der Postfachtransportdienst kommuniziert mit der Postfachdatenbank auf dem lokalen Postfachserver. Wenn der Postfachserver Mitglied einer DAG ist, akzeptiert nur der Postfachtransportdienst auf dem Postfachserver, auf dem die aktive Kopie der Postfachdatenbank gespeichert ist, eine Nachricht für den Zielempfänger.

Exchange SE berücksichtigt bei der Auswahl von Zielservern die Active Directory-Topologie. AD-Site-Links mit unterschiedlichen »Kosten« beeinflussen das Routing. Mit dem Befehl

```
Set-AdSiteLink "Berlin-München" -Cost 25
```

lässt sich die Route beeinflussen. Geringere Kosten werden bevorzugt. Dies ist besonders in Mehrstandortumgebungen mit langsamen WAN-Verbindungen entscheidend.

Der Postfachtransportdienst verwendet RPC (Remote Procedure Call), um Nachrichten an die lokale Postfachdatenbank zu senden oder von dieser zu empfangen. Wenn der Postfachserver Mitglied einer DAG ist, verwendet der Postfachtransportdienst RPC nur zur lokalen Kommunikation mit den aktiven Kopien der Postfachdatenbanken. RPCs werden daher nie für die serverübergreifende Kommunikation verwendet. Stattdessen kommunizieren der Postfachtransportdienst und die Transportdienste auf anderen Postfachservern über SMTP.

Für das Routing in Exchange SE wurden Routingziele und Zustellungsgruppen eingeführt. Das endgültige Ziel einer Nachricht wird als *Routingziel* bezeichnet. Postfachdatenbanken sind das Routingziel für jeden Empfänger mit einem Postfach in der Exchange-Organisation.

> Das Routen von Nachrichten an Empfänger in öffentlichen Ordnern funktioniert in Exchange SE genauso wie das Routen von Nachrichten an Postfachempfänger.

Ein Zustellungs-Agent-Connector oder ein fremder Connector dient in Exchange SE als Routingziel für Nachrichten, die nicht über SMTP versendet werden, zum Beispiel für Fax- oder Drittanbieter-Connectors. Ein Server, der Verteilergruppen aufgliedert, kann ebenfalls als Routingziel fungieren, wenn er für die Auflösung der Gruppenmitgliedschaften zuständig ist.

Jedes Routingziel in Exchange SE ist einem Transportserver zugeordnet, der die Zustellung der Nachrichten übernimmt. Mehrere Transportserver können zu einer Zustellungsgruppe zusammengefasst sein. Handelt es sich beim Routingziel um eine Postfachdatenbank, müssen alle beteiligten Transportserver dieselbe Exchange-Version verwenden.

Befindet sich der Quelltransportserver in derselben Zustellungsgruppe wie das Ziel, wird die Nachricht direkt an das Zielsystem, zum Beispiel die Postfachdatenbank oder den Connector, übermittelt. Liegt der Quellserver außerhalb der Zustellungsgruppe, berechnet Exchange SE automatisch den kostengünstigsten Routingpfad. Dabei werden die Kosten der IP-Standortverknüpfungen aus Active Directory berücksichtigt. Bei mehreren gleichwertigen Pfaden wählt Exchange SE den Pfad mit der geringsten Anzahl von Hops oder, falls identisch, den alphabetisch ersten Zielstandort.

Routingfähige DAGs bestehen aus mehreren Exchange SE-Postfachservern, die gemeinsam Postfachdatenbanken hosten. Die Postfachdatenbanken innerhalb einer DAG bilden die Routingziele, die von der Zustellungsgruppe verwaltet werden. Empfängt ein Transportdienst auf einem Postfachserver eine Nachricht, leitet er sie an den Postfachtransportdienst des Servers weiter, auf dem die aktive Kopie der betreffenden Datenbank liegt. Dieser stellt die Nachricht dann direkt in der lokalen Postfachdatenbank zu.

Der Front-End-Transportdienst fungiert in Exchange SE als Proxy für eingehenden und ausgehenden SMTP-Verkehr. Für ausgehende Nachrichten kommuniziert der Transportdienst über konfigurierte Sendeconnectors mit dem Front-End-Transportdienst. Ist die Option *Proxy über Clientzugriffsserver* aktiv, werden Nachrichten automatisch über diesen Weg weitergeleitet. Der Front-End-Transportdienst selbst ist kein Mitglied einer Zustellungsgruppe und kommuniziert ausschließlich mit dem Transportdienst der Postfachserver.

Der Postfachtransportdienst besteht aus zwei Komponenten: dem Dienst für die Postfachtransportübermittlung und dem Dienst für die Postfachtransportzustellung. Der Zustelldienst empfängt Nachrichten vom Transportdienst per SMTP und stellt sie über RPC an die lokale Postfachdatenbank zu. Der Übermittlungsdienst ruft Nachrichten aus der Datenbank ab und übergibt sie per SMTP an den Transportdienst. Beide Dienste laden Routingtabellen aus Active Directory und nutzen Zustellungsgruppen, um den optimalen Weg der Nachricht festzulegen.

Da Transport- und Postfachtransportdienst auf demselben Postfachserver laufen, gehören sie derselben Zustellungsgruppe an. Der Übermittlungsdienst kann Nachrichten bei Bedarf jedoch auch an Transportdienste anderer Postfachserver außerhalb der Gruppe senden. Der Zustelldienst akzeptiert eingehende Nachrichten nur, wenn sich die Zielpostfächer in einer aktiven Kopie der lokalen Datenbank befinden. Andernfalls wird ein Unzustellbarkeitsbericht an den Transportdienst zurückgegeben.

4.2 Sendeconnectors erstellen und verwalten

Sendeconnectors verwalten Sie im Exchange Admin Center über den Menüpunkt *Nachrichtenfluss* auf der Registerkarte *Sendeconnectors*. Im Gegensatz zu Empfangsconnectors legt Exchange während der Installation keinen Sendeconnector an. Sie müssen manuell mindestens einen Connector anlegen, damit Exchange E-Mails versenden kann. Mehr zu diesem Thema lesen Sie auch in Kapitel 3.

> Standardmäßig legt Exchange SE zwar Empfangsconnectors zum Empfangen von E-Mails an, allerdings keine Sendeconnectors. Um E-Mails mit Exchange zu versenden, müssen Sie also immer auch Sendeconnectors erstellen.

Exchange legt Sendeconnectors als Konfigurationsobjekte in Active Directory ab. Wenn ein Server eine E-Mail verarbeiten soll, prüft er dort, welcher Connector für die jeweilige E-Mail-Domäne zuständig ist, und übermittelt die Nachricht über die hinterlegten Transportserver. Sind in einem Connector mehrere Server eingetragen, verteilt Exchange die Nachrichten automatisch nach Auslastung. Dadurch entsteht Redundanz, da eine E-Mail erst dann übertragen wird, wenn ein verfügbarer Server erreicht werden kann. Diese Ausfallsicherheit gilt jedoch nur für die im jeweiligen Connector definierten Systeme. Werden mehrere Connectors für denselben Adressraum eingerichtet, ist keine Lastverteilung mehr möglich. Ein Sendeconnector fungiert damit als logisches Gateway, das den Nachrichtenfluss sowohl innerhalb der Exchange-Organisation als auch zu externen Zielen steuert.

4.2.1 Neue Sendeconnectors erstellen

Exchange erstellt bei der Installation keine Sendeconnectors. Sie müssen mindestens einen Sendeconnector manuell erstellen und konfigurieren, wenn die Server in Ihrem Unternehmen eine direkte Verbindung zum Internet haben sollen (siehe Kapitel 3). Sie benötigen im Unternehmen mindestens einen Sendeconnector, auf dem hinterlegt ist, welche E-Mail-Domänen über welche Server ins Internet versendet werden.

Sie brauchen keine Sendeconnectors zwischen den Exchange-Servern Ihrer Organisation untereinander zu erstellen. Hier läuft der Nachrichtenfluss automatisch. Nur Connectors, die ins Internet oder zu anderen E-Mail-Systemen Nachrichten übermitteln, müssen Sie manuell erstellen. Haben Sie den Assistenten zur Erstellung eines neuen Sendeconnectors aufgerufen, legen Sie auf der ersten Seite zunächst einen Namen fest.

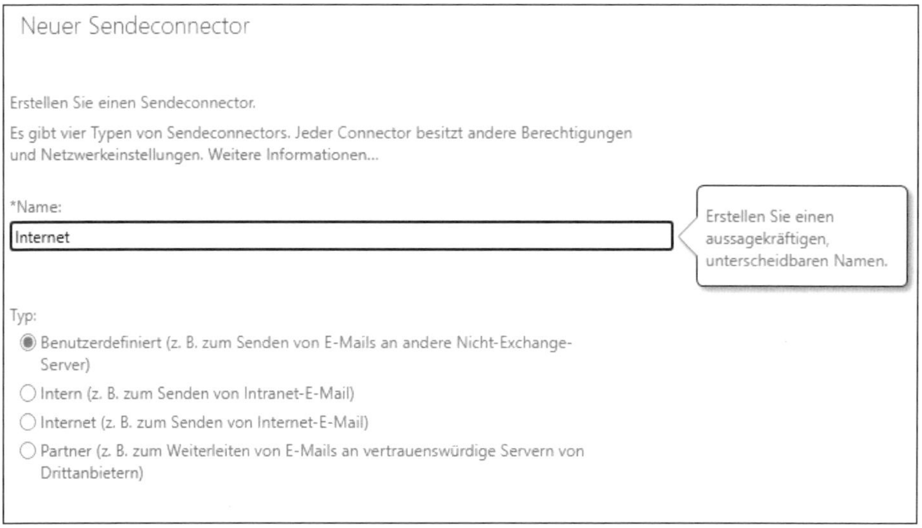

Abb. 4.1 Erstellen eines neuen Sendeconnectors

Auf der ersten Seite legen Sie auch die Verwendung des Connectors fest. Durch die Auswahl des Verwendungstyps bestimmen Sie die Authentifizierung für den Connector. Sie brauchen allerdings nicht zwingend einen Verwendungstyp auszuwählen, sondern können die Auswahl auch auf *Benutzerdefiniert* belassen. Alle Möglichkeiten zur Authentifizierung lassen sich auch nachträglich festlegen:

- **Intern** Erstellen Sie einen Sendeconnector für den internen Versand innerhalb Ihrer Organisation, wählen Sie als Verwendungstyp *Intern* aus. Dies kann zum Beispiel sinnvoll sein, wenn Sie zwischen zwei Servern spezifische Connectors, auch auf Basis von Domänen, erstellen wollen.
- **Internet** Wollen Sie über den Connector E-Mails ins Internet zustellen, dann verwenden Sie diese Option.
- **Partner** Diese Art von Connector verwenden Sie, wenn Sie E-Mails zwischen verschiedenen Organisationen oder E-Mail-Systemen im Unternehmen oder zwischen Partnern versenden wollen. Bei dieser Art von Connector können Sie beispielsweise mit TLS-Verschlüsselung (Transport Layer Security) auf Basis von SSL (Secure Sockets Layer) und Zertifikaten arbeiten. Er wird so konfiguriert, dass er nur Verbindungen zu Servern zulässt, die sich mit TLS-Zertifikaten authentifizieren und die in der Liste der Domänen enthalten sind. Verwenden Sie zur Konfiguration das Cmdlet *Set-TransportConfig* mit der Option *TLSSendDomainSecureList*.

Auf der nächsten Seite legen Sie fest, wohin die E-Mails gesendet werden sollen, die über diesen Connector verschickt werden. Sie können an dieser Stelle entweder eine IP-Adresse, einen FQDN oder die Auflösung über MX-Einträge verwenden.

Wählen Sie die direkte Zustellung per MX-Eintrag, müssen Sie zuvor sicherstellen, dass Ihre Exchange-Server Internetadressen über DNS auflösen können und auch das Recht haben, zu den einzelnen Empfangsservern direkt E-Mails zu senden. Sie müssen dazu Ihre internen DNS-Server so konfigurieren, dass auch externe Internetadressen aufgelöst werden können.

Abb. 4.2 Festlegen des Ziels eines Sendeconnectors

Die direkte Zustellung bietet sich eigentlich nur für größere Organisationen an. Das Problem ist, dass viele E-Mail-Server im Internet nicht von allen Servern E-Mails annehmen, sondern nur von großen und bekannten Providern, deren Server eine statische IP-Adresse besitzen. Haben Sie keine statische IP-Adresse im Internet, sondern arbeiten Sie mit einer dynamischen IP-Adresse, werden Sie mit vielen E-Mail-Servern Schwierigkeiten haben.

Wählen Sie in dem Fall zur Sicherheit die Zustellung zu Ihrem Provider aus, der auch den DNS-Server für Ihre Domäne verwaltet. Dieser sendet die E-Mails weiter. Die notwendigen Daten dieses Smarthosts erhalten Sie von Ihrem Provider.

Um einen neuen Smarthost hinzuzufügen, klicken Sie auf das Plus-Zeichen. Aktivieren Sie zusätzlich noch die Option *Die Einstellungen für externes DNS-Lookup auf Servern mit Transportrollen verwenden*, wenn Sie, statt der hinterlegten DNS-Server im Netzwerkadapter, eigene DNS-Server für den Connector hinterlegen wollen, die die Namensauflösung für den Connector durchführen. Dadurch können Sie die herkömmliche Namensauflösung von Windows von der DNS-Auflösung für E-Mails trennen. Diese Einstellung ist aber nur optional.

Sie finden diese DNS-Server über das Cmdlet *Set-TransportService* oder über das Menü *DNS-Lookups* in den Eigenschaften des Servers im Exchange Admin Center bei *Server*. Die Einstellung können Sie jederzeit anpassen, auch nach der Erstellung des Sendeconnectors.

Auf der nächsten Seite des Assistenten zum Erstellen neuer Sendeconnectors legen Sie den Adressraum fest, der über diesen Connector versendet werden soll. Wollen Sie alle E-Mail-Domänen über diesen Connector versenden, wählen Sie als Domäne den Platzhalter * aus.

Sie können beim Anlegen von neuen Sendeconnectors für einzelne E-Mail-Domänen einen eigenen Connector erstellen. Findet Exchange keinen passenden Connector für eine spezielle Domäne, wird automatisch der mit dem Adressraum * verwendet. Wird ein passender Connector gefunden, verwendet Exchange diesen auch dann, wenn ein Connector mit dem Adressraum * vorhanden ist.

Haben Sie zum Versenden einen Smarthost eingetragen, geben Sie auf der nächsten Seite die Authentifizierungsdaten für ihn ein. Unterstützt der empfangende E-Mail-Server das Transport Layer Security-Protokoll (TLS), können Sie die Option *Standardauthentifizierung erst nach dem Start von TLS anbieten* aktivieren. In diesem Fall wird die Authentifizierung verschlüsselt. Allerdings unterstützen nicht alle E-Mail-Server standardmäßig TLS.

Bei der TLS-Verschlüsselung handelt es sich um eine besondere Art der SSL-Verbindung. Im Gegensatz zur normalen Übertragung ist es bei TLS nicht mehr möglich, den Datenverkehr zwischen zwei SMTP-Servern abzuhören. Benötigt der empfangende E-Mail-Server keine Authentifizierung, können Sie die Einstellung auf *Keine* belassen. Wenn Sie mehrere Smarthosts angeben, müssen alle den gleichen Benutzernamen und das Kennwort akzeptieren.

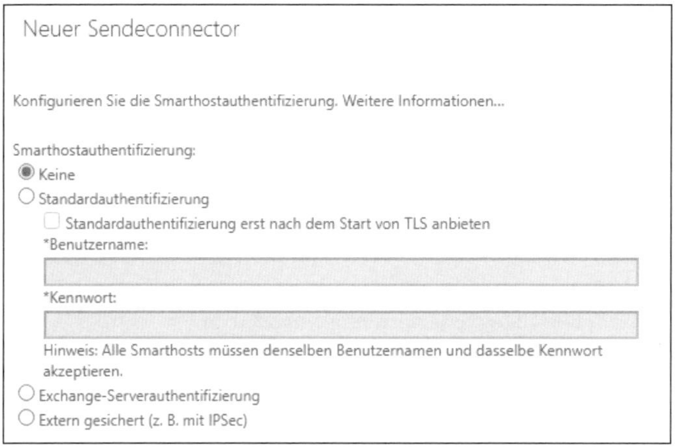

Abb. 4.3 Konfigurieren der Authentifizierung für den Smarthost

- **Exchange-Serverauthentifizierung** Bei dieser Art wird eine Exchange-interne Authentifizierung wie TLS oder Kerberos verwendet.
- **Extern gesichert** Bei dieser Einstellung können Sie zum Beispiel IPsec oder ein VPN (virtuelles privates Netzwerk) für die Verbindung verwenden. Bevor der Connector nach einem Verbindungsaufbau E-Mails zu senden versucht, wird auf die Authentifizierung gewartet. Diese wird allerdings nicht durch den Exchange-Server gesteuert.

Alternativ können Sie auch einen eigenen Connector für einzelne E-Mail-Domänen erstellen. Exchange verwendet immer den Connector mit der hinterlegten E-Mail-Domäne zum Versenden und erst dann Connectors mit dem Platzhalter. Mit der Deaktivierung der Option *Sendeconnector mit Bereich* kann der Connector standardmäßig von allen Servern in der Exchange-Organisation verwendet werden. Aktivieren Sie diese Option, kann er nur von Servern verwendet werden, die am selben Active Directory-Standort positioniert sind.

Anschließend wählen Sie aus, welche Transportserver dieser Connector verwenden darf, um seine E-Mails zu versenden. Wählen Sie an dieser Stelle mehrere Server aus, verteilt er das Versenden der E-Mails auf Basis der Last der Server. Ist ein Server nicht verfügbar, verwendet er einen anderen hinterlegten Quellserver.

Der Connector wird im Anschluss im Exchange Admin Center angezeigt. Klicken Sie ihn doppelt an oder rufen Sie seine Eigenschaften auf, können Sie alle konfigurierten Einstellungen nachträglich anpassen.

4.2.2 Sendeconnectors in der Exchange Management Shell erstellen

Mit dem Cmdlet *New-SendConnector -Name <Connectorname> -AddressSpaces <Adressraum> <Optionale Parameter>* erstellen Sie Connectors auch in der Exchange Management Shell von Exchange:

```
New-SendConnector -Name "Microsoft" -Usage Custom -AddressSpaces
"*.microsoft.com;1","*.fabrikam.com;2" -DNSRoutingEnabled $false -SmartHosts
192.168.178.95 -MaxMessageSize 20MB
```

- *Name*: Microsoft
- *Verwendungstyp*: Benutzerdefiniert
- SMTP-Adressraum *microsoft.com* und alle Unterdomänen
- Die Adressraumkosten sind *1*. Exchange verwendet immer den Connectorweg mit den niedrigsten Gesamtkosten, also der Summe aller verwendeten Connectors.
- Der Connector sendet außerdem noch E-Mails an die Domäne *fabrikam.com*, ebenfalls mit allen Unterdomänen. Die Adressraumkosten zu diesem Namensraum sind *2*.
- Der Connector verwendet den Smarthost 192.168.178.95.
- Für diesen Connector gilt eine maximale Nachrichtengröße von 20 MB. Größere E-Mails verweigert der Connector und informiert den Absender darüber.

Ein weiteres, einfaches Beispiel zeigt den Standardfall für den Versand von E-Mails ins Internet:

```
New-SendConnector -Internet -Name "Internet-SMTP" -AddressSpaces *
```

Dieser Befehl erstellt einen Sendeconnector namens Internet-SMTP, der alle Nachrichten über das Internet weiterleitet. Der Parameter *-Internet* definiert den Verwendungszweck, *-Name* legt die Bezeichnung fest und *-AddressSpaces** bestimmt, dass alle Domänen (*) über diesen Connector erreichbar sind.

Für gezielte Routen zu bestimmten Domänen kann der Adressraum eingeschränkt werden:

```
New-SendConnector -Name "Partner-Mail" -AddressSpaces
"contoso.com;1","fabrikam.com;2" -Internet
```

Hier werden E-Mails an die Domänen *contoso.com* und *fabrikam.com* gesendet. Die Zahlen hinter dem Semikolon geben die Routingkosten an; kleinere Werte stehen für bevorzugte Pfade.

Wenn der Versand über einen Smarthost erfolgen soll, wird der Parameter *-SmartHosts* verwendet:

```
New-SendConnector -Name "Outbound via Smarthost" -AddressSpaces *
-DNSRoutingEnabled:$false -SmartHosts mail.gateway.net -SmartHostAuthMechanism
BasicAuth -AuthenticationCredential (Get-Credential)
```

In diesem Beispiel wird der DNS-basierte Versand deaktiviert *(-DNSRoutingEnabled:$false)*, da der Connector stattdessen den Smarthost *mail.gateway.net* nutzt. Die Authentifizierung erfolgt per Standardauthentifizierung (*BasicAuth*) und erfordert hinterlegte Zugangsdaten, die über *Get-Credential* abgefragt werden.

Für verschlüsselte Übertragungen kann zusätzlich TLS erzwungen werden:

```
New-SendConnector -Name "Secure Mail to Partner" -AddressSpaces "partner.de"
-RequireTLS:$true -TlsAuthLevel DomainValidation -TlsDomain "partner.de"
```

Der Parameter *-RequireTLS* verlangt eine Transport Layer Security-Verbindung. Mit *-TlsAuthLevel DomainValidation* prüft Exchange das Zertifikat des Zielservers gegen die im Parameter *-TlsDomain* angegebene Domäne.

Ein weiterer praxisnaher Fall ist die Aktivierung der Protokollierung, um Verbindungsprobleme zu analysieren:

```
New-SendConnector -Name "Logged Internet Connector" -AddressSpaces *
-ProtocolLoggingLevel Verbose
```

Hier aktiviert der Parameter *-ProtocolLoggingLevel Verbose* die detaillierte Protokollierung der SMTP-Kommunikation, um den E-Mail-Verkehr über diesen Connector nachzuvollziehen.

Alle Beispiele verdeutlichen, dass die Parameter des Cmdlets *New-SendConnector* eine feingranulare Steuerung des E-Mail-Flusses ermöglichen – von der einfachen Internetanbindung über Partnerkommunikation mit TLS bis hin zu speziellen Routen über Smarthosts.

Wenn Sie eine Hybridumgebung konfigurieren, in der die Postfächer zum Teil lokal und zum Teil in der Cloud gehostet werden, empfiehlt sich der Assistent für die Hybridkonfiguration. In Exchange SE werden E-Mails an den Antispamdienst unter Verwendung des MX-Eintrags geroutet, und verknüpfte Connectors sind nicht erforderlich.

Die standardmäßige maximale Nachrichtengröße, die durch die Option *MaxMessageSize* angegeben wird, wurde erhöht. Die Option *TlsCertificateName* wird zum Authentifizieren des lokalen Zertifikats für ausgehende Verbindungen verwendet.

4.2.3 Sendeconnectors verwalten

Rufen Sie die Eigenschaften von Sendeconnectors auf, können Sie alle Einstellungen, die Sie beim Erstellen angeben, über verschiedene Menüs ändern. Die Optionen habe ich in den vorangegangenen Abschnitten behandelt. Im folgenden Abschnitt gehe ich auf die Möglichkeiten ein, die sich nicht aus den vorangegangenen Abschnitten ergeben.

Sie können über den Aktionsbereich rechts im Exchange Admin Center einen Connector auch zeitweise deaktivieren. Ein deaktivierter Connector kann jederzeit wieder aktiviert werden, sodass er für den E-Mail-Verkehr wieder zur Verfügung steht. Die Konfiguration des Connectors geht während der Deaktivierung nicht verloren. Sie deaktivieren einen Connector, indem Sie ihn mit einem Mausklick im Exchange Admin Center markieren und im Aktionsbereich auf den Link *Deaktivieren* klicken.

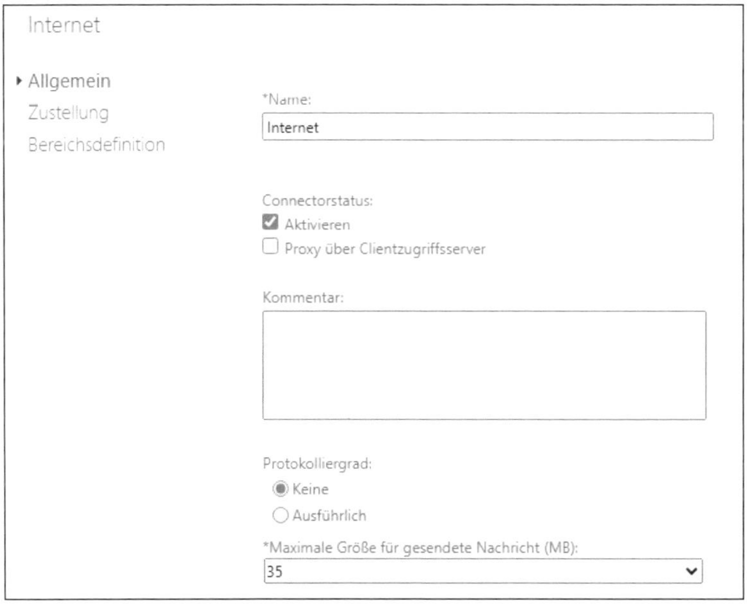

Abb. 4.4 Verwalten der Eigenschaften eines Connectors

Auf der Registerkarte *Allgemein* in den Eigenschaften können Sie nachträglich den Namen des Connectors anpassen:

- **Connectorstatus** Zeigt an, ob der Connector aktiviert oder deaktiviert ist. Den Status können Sie an dieser Stelle ebenfalls ändern.
- **Protokolliergrad** Wählen Sie hier aus, welche Bereiche Exchange bezüglich des Connectors protokollieren soll.
- **Maximale Größe für gesendete Nachricht (MB)** Geben Sie hier einen Wert in Megabyte ein, wenn Sie für die Nachrichten, die über diesen Connector gesendet werden, eine maximale Nachrichtengröße festlegen wollen. Der gültige Eingabebereich liegt zwischen 0 und 2.096.128 MB. Um alle Einschränkungen aufzuheben, aktivieren Sie die Option *unlimited*.

4.2.4 Eigenschaften eines Sendeconnectors mit der Exchange Management Shell konfigurieren

Mit dem Cmdlet *Set-SendConnector* passen Sie vorhandene Sendeconnectors gezielt an. Ein typischer Einstieg ist die Größenbegrenzung und eine erweiterte Protokollierung:

```
Set-SendConnector "Verbindung zu Contoso.com" -MaxMessageSize 50MB
-ProtocolLoggingLevel Verbose
```

Die Option *MaxMessageSize* begrenzt einzelne Nachrichten, *ProtocolLoggingLevel Verbose* schreibt detaillierte SMTP Logs.

Die SMTP-Protokollierung über *ProtocolLoggingLevel* wird im Setup aktiviert, doch standardmäßig speichert Exchange SE diese Logs in *C:\Program Files\Microsoft\Exchange Server\V15\TransportRoles\Logs\ProtocolLog\SmtpSend* und ... *\SmtpReceive.* Sie sollten regelmäßig geprüft und abhängig vom Speicherbedarf in separate Volumes ausgelagert oder durch die Parameter *LogFilePath*, *MaxDirectorySize* und *MaxFileSize* angepasst werden.

Für Legacy-Gegenstellen erzwingen Sie bei Bedarf HELO:

```
Set-SendConnector "Verbindung zu Contoso.com" -ForceHELO:$true
```

ForceHELO schaltet von EHLO auf HELO, wenn der entfernte Server das ESMTP-Handschlagverfahren nicht versteht. Stimmt der Zielport nicht mit 25 überein, definieren Sie einen alternativen Port:

```
Set-SendConnector "Verbindung zu Contoso.com" -Port 587
```

Für verbindliche Transportverschlüsselung aktivieren Sie TLS und validieren die Gegenstelle:

```
Set-SendConnector "Partner Secure" -RequireTLS:$true -TlsAuthLevel
DomainValidation -TlsDomain partner.de
```

RequireTLS erzwingt TLS, *TlsAuthLevel DomainValidation* prüft Zertifikatkette und Namensbindung gegen *TlsDomain*. Muss ein definiertes Zertifikat präsentiert werden, hinterlegen Sie den Zertifikatbezeichner:

```
Set-SendConnector "Partner Secure" -TlsCertificateName "<I>CN=Contoso
CA<S>CN=mail.contoso.com"
```

In hybriden oder partnergebundenen Szenarien ist es erforderlich, dass ein Sendeconnector gezielt ein bestimmtes Zertifikat für Transport Layer Security (TLS) präsentiert. Exchange SE ermöglicht diese Bindung über den Parameter *TlsCertificateName*. In Verbindung mit *RequireTLS* und *TlsAuthLevel* kann Exchange TLS-Verbindungen absichern, die von externen Partnern oder Microsoft 365 erwartet werden. Die Konfiguration erfolgt so:

```
Set-SendConnector "Partner Secure" -RequireTLS:$true -TlsAuthLevel
DomainValidation -TlsDomain "partner.firma.de" -TlsCertificateName
"<I>CN=Contoso CA<S>CN=mail.firma.de"
```

Dieser Befehl erzwingt TLS, validiert die Gegenstelle anhand der angegebenen Domäne und verwendet gezielt das benannte Zertifikat. So wird sichergestellt, dass nur zertifikatsverifizierte Verbindungen zugelassen werden.

Leiten Sie ausgehende Verbindungen über die Frontend-Ebene, wenn ein Proxy am CAS gewünscht ist:

```
Set-SendConnector "Internet" -FrontendProxyEnabled:$true
```

Benötigen Sie für die Namensauflösung explizit die extern konfigurierten DNS-Server des Transportdienstes, aktivieren Sie:

```
Set-SendConnector "Internet" -UseExternalDNSServersEnabled:$true
```

Zur Steuerung des EHLO-Namens oder für MTLS-Szenarien setzen Sie einen festen Absender-FQDN:

```
Set-SendConnector "Internet" -Fqdn mail.contoso.com
```

Für Smarthost-Routings mit Anmeldung kombinieren Sie Authentifizierung und Zielhost:

```
$cred = Get-Credential

Set-SendConnector "Smarthost Out" -DNSRoutingEnabled:$false -SmartHosts
mail.gateway.net -SmartHostAuthMechanism BasicAuthRequireTLS -
AuthenticationCredential $cred
```

DNSRoutingEnabled false schaltet auf Smarthost, *SmartHostAuthMechanism BasicAuthRequireTLS* verlangt Authentifizierung über TLS. Zur Drosselung von Sessions und Timeouts passen Sie Verbindungsparameter an:

```
Set-SendConnector "Internet" -SmtpMaxMessagesPerConnection 100
-ConnectionInactivityTimeOut 00:05:00
```

SmtpMaxMessagesPerConnection begrenzt Nachrichten pro SMTP-Session, *ConnectionInactivityTimeOut* beendet Leerlaufverbindungen schneller. Für standortgebundene Nutzung in großen Umgebungen schränken Sie die Sichtbarkeit ein:

```
Set-SendConnector "Internet" -IsScopedConnector:$true
```

Der Connector steht dann nur Postfachservern am selben Active Directory-Standort zur Verfügung. Die Quellserverliste pflegen Sie dynamisch, etwa beim Rollout weiterer Transportknoten:

```
Set-SendConnector "Internet" -SourceTransportServers @{Add="EXCH02","EXCH03"}
Set-SendConnector "Internet" -SourceTransportServers @{Remove="EXCH01"}
```

Fehlerbehandlung lässt sich für definierte Leitungen anpassen:

```
Set-SendConnector "Partner Line" -ErrorPolicies DowngradeDnsFailures
```

Und wenn Sie die Konfiguration dokumentieren wollen, hilft ein Kommentar:

```
Set-SendConnector "Internet" -Comment "Aktiv TLS, Logging verbose,
Lastverteilung EXCH02 EXCH03"
```

Mit diesen Parametern steuern Sie Sicherheit, Routing, Protokollierung, Performance und Sichtbarkeit eines Sendeconnectors konsistent aus der Shell.

4.3 Empfangsconnectors erstellen und verwalten

Empfangsconnectors werden direkt für einzelne Exchange-Server auf Serverebene erstellt. Diese Connectors bilden auf Exchange-Servern den SMTP-Endpunkt, zu dem andere Server Verbindungen aufbauen und E-Mails senden. Ohne einen Empfangsconnector kann ein Exchange SE-Transportserver keine E-Mails empfangen.

Während der Installation von Exchange SE erstellt der Assistent automatisch Empfangsconnectors, die Sie aber nachträglich bearbeiten oder anpassen können. Der Connector *Default Frontend <Servername>* ist bereits so konfiguriert, dass er E-Mails aus dem Internet empfangen kann.

Abb. 4.5 Verwalten der Exchange Empfangsconnectors

Wenn Sie einen Empfangsconnector erstellen, wird er in Active Directory als untergeordnetes Objekt des Servers gespeichert.

4.3.1 Neue Empfangsconnectors erstellen

Sie finden die Konfiguration von Empfangsconnectors im Exchange Admin Center über *Nachrichtenfluss/Empfangsconnectors*. Die angelegten Empfangsconnectors werden im Ergebnisfenster der Konsole im unteren Bereich angezeigt. Über das Pluszeichen erstellen Sie einen neuen Connector.

Bereits nach der Installation von Exchange sind standardmäßige Empfangsconnectors angelegt, allerdings keine Sendeconnectors. Für beide Standardconnectors ist keine Konfiguration erforderlich, da beide bereits korrekt eingestellt sind. Sie können die Namen aber nachträglich in den Eigenschaften anpassen:

- **Client Frontend <Servername>** Dieser Connector dient dem Verbindungsaufbau von Nicht-MAPI-Clients, zum Beispiel der Verbindung über POP3 oder IMAP4. Er nimmt über jede Netzwerkverbindung von allen IP-Adressen entsprechende Anfragen entgegen. Er antwortet auf den Port 587 auf die Anfrage von Nicht-MAPI-Clients.
- **Default <Servername>** Dieser Connector nimmt Nachrichten von anderen Transportservern der Organisation auf Port 25 entgegen. Er akzeptiert ebenfalls Verbindungen von allen IP-Adressen. Dieser Connector ist zudem für den Empfang externer E-Mails zuständig.

Starten Sie den Assistenten für die Erstellung eines neuen Empfangsconnectors, haben Sie ähnliche Auswahlmöglichkeiten wie bei der Erstellung eines Sendeconnectors. Wenn Sie den Assistenten starten, müssen Sie auf der ersten Seite zunächst den Namen und den Verwendungszweck festlegen.

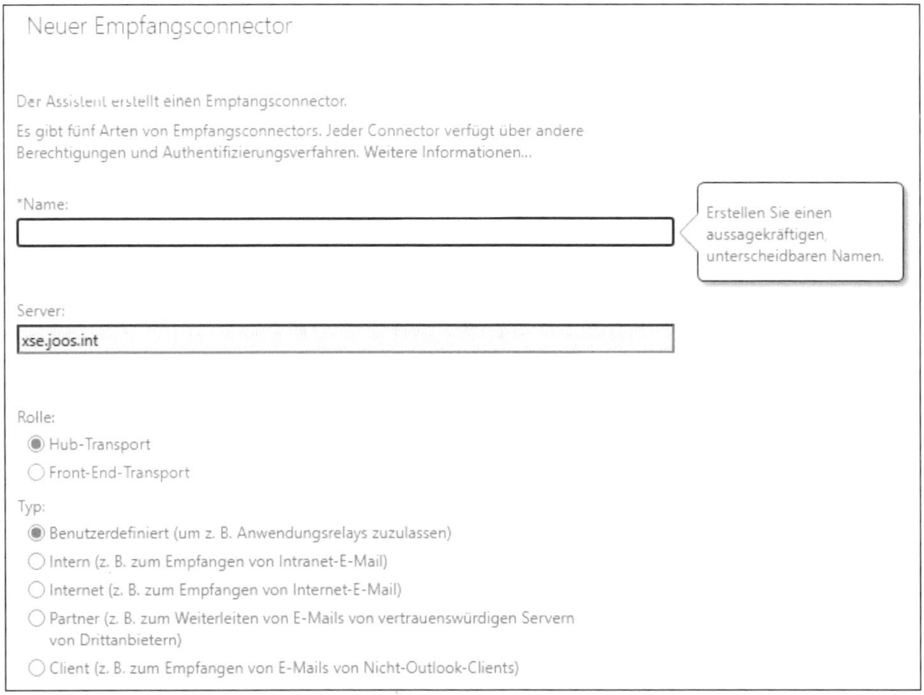

Abb. 4.6 Erstellen eines neuen Empfangsconnectors

Beim Verwendungszweck können Sie zwischen fünf Punkten auswählen, die hauptsächlich für die Konfiguration der Authentifizierung benötigt werden:

- **Benutzerdefiniert** Es ist nicht zwingend notwendig, die Authentifizierung bereits dann festzulegen, wenn Sie einen neuen Connector für bestimmte Szenarien erstellen. In diesem Fall können Sie die Option *Benutzerdefiniert* verwenden.
- **Intern** Erstellen Sie einen Empfangsconnector für den internen Versand Ihrer Organisation oder einen Empfangsconnector zwischen verschiedenen Gesamtstrukturen innerhalb Ihres Unternehmens, wählen Sie als Verwendungstyp *Intern* aus.
- **Internet** Wählen Sie diese Option aus, kann der Connector Nachrichten aus dem Internet empfangen. Dazu wird die Authentifizierung deaktiviert, sodass der Exchange-Server auch anonyme Verbindungen entgegennimmt. Da die Authentifizierung nicht erlaubt ist, kann dieser Connector nicht von externen Clients mit Anmeldung als Relay verwendet werden.
- **Partner** Bei dieser Art von Connector können Sie, wie beim Sendeconnector, eine interne TLS-Verschlüsselung konfigurieren.
- **Client** Bei dieser Art von Connector nimmt der Connector E-Mails von Anwendern entgegen, die sich nicht mit Outlook (MAPI) oder Outlook Web App mit dem Server verbinden, sondern E-Mails per SMTP versenden.

Auf der nächsten Seite geben Sie die IP-Adressen des Servers an, bei denen er auf eine Verbindung warten soll. Standardmäßig hört der Connector auf Port 25 alle verbundenen IP-Adressen.

Jeder Empfangsconnector benötigt eine eigene Kombination aus IP-Adresse und Port, auf die er hören kann. Standardmäßig hören die bereits angelegten Empfangsconnectors auf alle verfügbaren IP-Adressen des Servers.

Haben Sie als Verwendungstyp *Benutzerdefiniert*, *Partner*, *Intern* oder *Client* ausgewählt, erscheint die Seite *Remotenetzwerkeinstellungen*. Geben Sie auf der Seite die IP-Adresse oder den IP-Adressbereich der Remoteserver ein, von denen der Connector eingehende Verbindungen akzeptiert.

Wenn Sie zum Beispiel die Adresse 192.168.1.1 eingeben, akzeptiert der Empfangsconnector nur Nachrichten von diesem Host. Geben Sie 192.168.1.0/24 an, akzeptiert er Nachrichten aus dem gesamten Klasse-C-Subnetz von 192.168.1.0. Sie können an dieser Stelle sowohl IPv4- als auch IPv6-Adressen angeben.

Mit dem Cmdlet *New-ReceiveConnector* erstellen Sie Empfangsconnectors in der Exchange Management Shell.

4.3.2 Sicherheit von Empfangsconnectors verwalten

Wie Sendeconnectors können Sie auch bei Empfangsconnectors die Eigenschaften aufrufen, um deren Konfiguration zu ändern. Hierüber können Sie Connectors auch deaktivieren oder löschen.

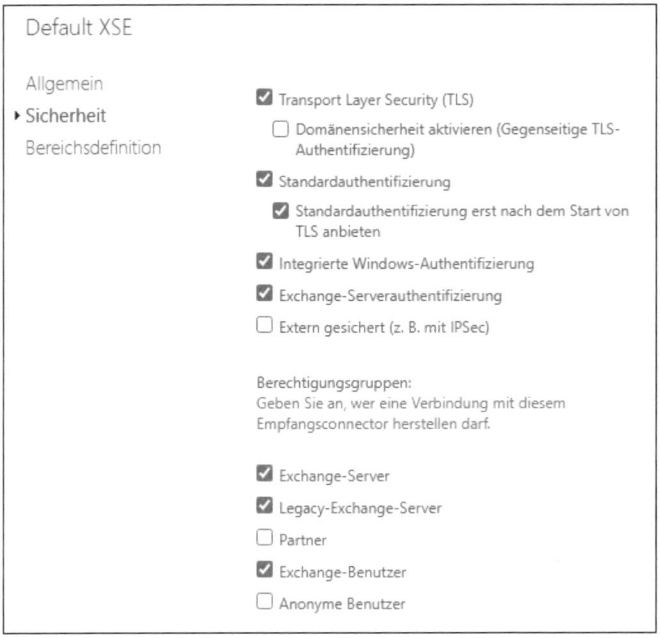

Abb. 4.7 Konfigurieren der Eigenschaften von Empfangsconnectors

Auf der Registerkarte *Sicherheit* können Sie nachträglich die Authentifizierung für Empfangsconnectors konfigurieren, also wie sich Clients an diesem Server anmelden müssen, damit der Connector E-Mails entgegennimmt. Dabei haben Sie sieben verschiedene Möglichkeiten:

- **Transport Layer Security (TLS)** Aktivieren Sie diese Option, verwendet der Server das *STARTTLS* in der *EHLO*-Antwort an SMTP-Server, die eine Verbindung herstellt, und wartet auf eine TLS-Authentifizierung. Die Datenübertragung ist ähnlich wie beim Zugriff auf eine HTTPS-Adresse über SSL verschlüsselt.
- **Domänensicherheit aktivieren (Gegenseitige TLS-Authentifizierung)** Aktivieren Sie diese Option, muss der Empfangsconnector sich mit TLS-Authentifizierung am Remoteserver genauso authentifizieren wie der Remoteserver sich am lokalen Server.
- **Standardauthentifizierung** Aktivieren Sie diese Option, verwendet der Connector *AUTH* in der *EHLO*-Antwort an SMTP-Server, die eine Verbindung herstellen. Der Server akzeptiert dann die Standardauthentifizierung. Da bei der Standardauthentifizierung der Benutzername und das Kennwort unverschlüsselt beziehungsweise nur Base64-codiert gesendet werden, sollten Sie zusätzlich mit TLS-Verschlüsselung arbeiten.
- **Standardauthentifizierung erst nach dem Start von TLS anbieten** Aktivieren Sie diese Option, startet der Connector zunächst TLS und bietet erst danach die Standardauthentifizierung an. In diesem Fall wird die Übertragung des Benutzernamens und des Kennworts verschlüsselt.
- **Integrierte Windows-Authentifizierung** Aktivieren Sie diese Option, verwendet der Connector NTLM und Kerberos für die Authentifizierung. Hierbei werden keine Kennwörter übertragen.
- **Exchange-Serverauthentifizierung** Aktivieren Sie diese Option, benutzt der Connector eine TLS-Vertrauensstellung oder Kerberos über TLS, die nur von Exchange-Servern für die interne Kommunikation verwendet wird. Unterstützt werden die Versionen Exchange 2003/2007/2010/2013/2019.
- **Extern gesichert (z.B. mit IPSec)** Bei dieser Option wird die Verbindung durch ein VPN oder über IPsec gesichert. Aktivieren Sie diese Option, kann Exchange diese Sicherung nicht überprüfen, da sie außerhalb der Exchange-Dienste stattfindet.

Bevor Sie jedoch diese Authentifizierungsmethode auswählen, sollten Sie zuerst die Option *Exchange-Server* im Bereich *Berechtigungsgruppen* wählen, damit die Kommunikation funktioniert. Hier steuern Sie über vordefinierte Sammlungen von Berechtigungen, wer E-Mails an diesen Empfangsconnector senden darf. Jeder Berechtigungsgruppe wird ein unterschiedlicher Satz von Berechtigungen erteilt. Folgende Optionen sind verfügbar:

- **Exchange-Server** Mitglieder der universellen Sicherheitsgruppe *Exchange-Servers* in der OU *Microsoft Exchange Security Groups* in Active Directory
- **Legacy-Exchange-Server** Mitglieder der universellen Sicherheitsgruppe *ExchangeLegacy Interop* in der gleichen OU in Active Directory
- **Partner** Benutzerkonten aus anderen Gesamtstrukturen, die an diese Organisation angebunden sind
- **Exchange-Benutzer** Authentifizierte Benutzerkonten
- **Anonyme Benutzer** Nicht authentifizierte Benutzer

Mit dem Cmdlet *Set-ReceiveConnector* können Sie Einstellungen für einen vorhandenen Empfangsconnector über die Exchange Management Shell anpassen.

4.3.3 Relaying für Applikationsserver erlauben

In vielen Unternehmen gibt es Server, zum Beispiel ERP-, CRM- oder auch SharePoint-Server, die für ihre Funktionen einen E-Mail-Server auf SMTP-Basis ansprechen müssen, um E-Mails zu senden. Dies gilt auch für Multifunktionsgeräte oder Scanner.

Aus Sicherheitsgründen blockiert Exchange E-Mails, die nicht von internen Anwendern kommen. Dabei ist es unerheblich, ob Exchange E-Mails intern zustellen oder über entsprechende Connectors nach extern versenden soll. Ist das Relaying für den Server deaktiviert, erhalten andere Server die Meldung *550 5.7.1 Unable to relay*. Die Lösung dieses Problems sollte sein, dem Server das Relaying zu erlauben. Sie finden diese Einstellungen im Exchange Admin Center über *Nachrichtenfluss/Empfangsconnectors*:

1. Rufen Sie die Einstellungen des Connectors *Default <Servername>* auf, sehen Sie bei *Sicherheit* und *Bereichsdefinition*, von welchen Servern der Connector E-Mails empfängt.
2. Wollen Sie weiteren Servern das Senden erlauben, sollten Sie einen neuen Empfangsconnector erstellen, der E-Mails von den entsprechenden Geräten entgegennimmt. Den Standardconnector sollten Sie möglichst nicht verändern.

Die Einstellung der aktuellen Empfangsconnectors können Sie auch in der Exchange Management Shell mit dem Befehl *Get-ReceiveConnector* anzeigen lassen.

Um einen neuen Connector zu erstellen, der das Relaying erlaubt, gehen Sie folgendermaßen vor:

1. Starten Sie das Exchange Admin Center.
2. Klicken Sie auf *Nachrichtenfluss/Empfangsconnectors.*
3. Erstellen Sie einen neuen Connector.
4. Weisen Sie dem Connector einen Namen zu und wählen Sie im darunter befindlichen Listenfeld den Eintrag *Benutzerdefiniert* aus.
5. Entfernen Sie auf der nächsten Seite den vorhandenen Eintrag der hinterlegten IP-Adressen und klicken Sie auf *Hinzufügen.*
6. Tragen Sie die IP-Adresse des Exchange-Servers ein und bestätigen Sie mit *Speichern.*
7. Auf der nächsten Seite *Remotenetzwerkeinstellungen* löschen Sie den Eintrag und klicken auf *Hinzufügen*. Geben Sie hier die IP-Adressen aller Geräte ein, die zu diesem Connector E-Mails senden sollen.
8. Schließen Sie die Erstellung des Connectors ab.
9. Rufen Sie anschließend die Eigenschaften des Connectors auf.
10. Wechseln Sie zur Registerkarte *Sicherheit.*
11. Aktivieren Sie das Kontrollkästchen *Anonyme Benutzer.*
12. Überprüfen Sie alle Einstellungen der restlichen Registerkarten und bestätigen Sie dann das Fenster mit *Speichern.*
13. Öffnen Sie die Exchange Management Shell und geben Sie den folgenden Befehl ein:

```
Get-ReceiveConnector "<Empfangsconnector>" | Add-ADPermission -User "ANONYMOUS-
ANMELDUNG" -ExtendedRights "Ms-Exch-SMTP-Accept-Any-Recipient"
```

Sie können die hier durchgeführten Aufgaben aber auch in der Exchange Management Shell durchführen:

```
New-ReceiveConnector -Name "Relay" -RemoteIPRanges ("10.0.0.54","10.0.0.55")
-TransportRole "FrontendTransport"  -Bindings ("0.0.0.0:25") -Usage
"Custom" -Server "<Server>"

Get-ReceiveConnector "<Servername>\Relay" | Add-ADPermission -User " ANONYMOUS-
ANMELDUNG" -ExtendedRights "Ms-Exch-SMTP-Accept-Any-Recipient"
```

4.4 Direkte Verbindung von Transportservern mit dem Internet

Sie können Transportserver auch ohne Edge-Transportserver direkt mit dem Internet verbinden. In diesem Fall muss ein Sendeconnector erstellt werden, der direkt eine Verbindung zum Internet aufbauen kann. Gehen Sie bei der Erstellung eines Sendeconnectors für die Internetanbindung eines Servers genauso vor wie in diesem Kapitel und in Kapitel 3 beschrieben. Geben Sie als Adressraum den Platzhalter * ein, damit dieser Connector alle E-Mails ins Internet versenden kann, für die es noch keinen anderen Connector gibt.

Damit ein Server über das Internet erreichbar ist (wenn Sie SMTP-Gateway verwenden), sollten Sie einen neuen Empfangsconnector erstellen und ihm als Verwendungstyp *Internet* zuweisen. Achten Sie darauf, diesem Connector eine eindeutige IP-Adresse zuzuweisen.

Auch bei den bereits angelegten Connectors sollten Sie den IP-Bereich anpassen, damit keine Überschneidungen entstehen. Erstellen Sie einen Empfangsconnector mit dem Verwendungstyp *Internet*, lässt er auch anonyme Verbindungen zu. Aus diesem Grund sollten Sie möglichst die Verbindung von Internet und internen E-Mails voneinander trennen.

Am besten ist es, wenn Sie für die Internetanbindung eine eigene Netzwerkkarte mit eigener IP-Adresse in den Server einbauen und diese IP-Adresse für den Empfangsconnector für Internetmails verwenden. Zwischen den Netzwerkkarten können Sie mit einer Firewall, zum Beispiel auch der Windows-Firewall, eine sichere Kommunikation ermöglichen.

4.5 E-Mail-Fluss testen

Sie können in der Exchange Management Shell den E-Mail-Fluss testen. Dazu verwenden Sie das Cmdlet *Test-Mailflow -SourceMailboxServer <Postfachserver>*. Sie erhalten auch hier das passende Ergebnis und können feststellen, ob der E-Mail-Fluss auf dem entsprechenden Postfachserver funktioniert.

Zusammen mit dem E-Mail-Fluss auf den Exchange-Servern sollten Sie ebenfalls die Abarbeitung der Warteschlangen auf den Transportservern überprüfen. Auch hier stehen Cmdlets in der Exchange-Verwaltungsshell zur Verfügung: *Get-TransportServer | Get-Queue*.

Die einzelnen Ports auf den Servern sollten Sie ebenfalls testen. Dazu verwenden Sie das Cmdlet *Test-NetConnection* und den entsprechenden Port:

```
Test-NetConnection -ComputerName <Servername> -Port <Portnummer>
```

Insbesondere die Ports 25 (Transportserver), 135 (Clientzugriffsserver und Postfachserver), 443 (Clientzugriffsserver), 587 (Transportserver) müssen offen sein und kommunizieren können.

Laden Sie sich von der Seite *https://www.frankysweb.de* das PowerShell-Skript *.\Test-MailDomain.ps1* herunter (*https://www.frankysweb.de/download/test-maildomain*). Damit können Sie testen, ob die eigenen oder andere E-Mail-Domänen optimal von Exchange erreicht werden können. Falls erforderlich, müssen Sie vorher über *Set-ExecutionPolicy* die Ausführung des Skripts erlauben.

Die Syntax ist:

```
.\Test-MailDomain.ps1 -Domainname <Domäne>
```

Das Skript ist etwas älter, funktioniert aber auch mit Exchange SE noch hervorragend.

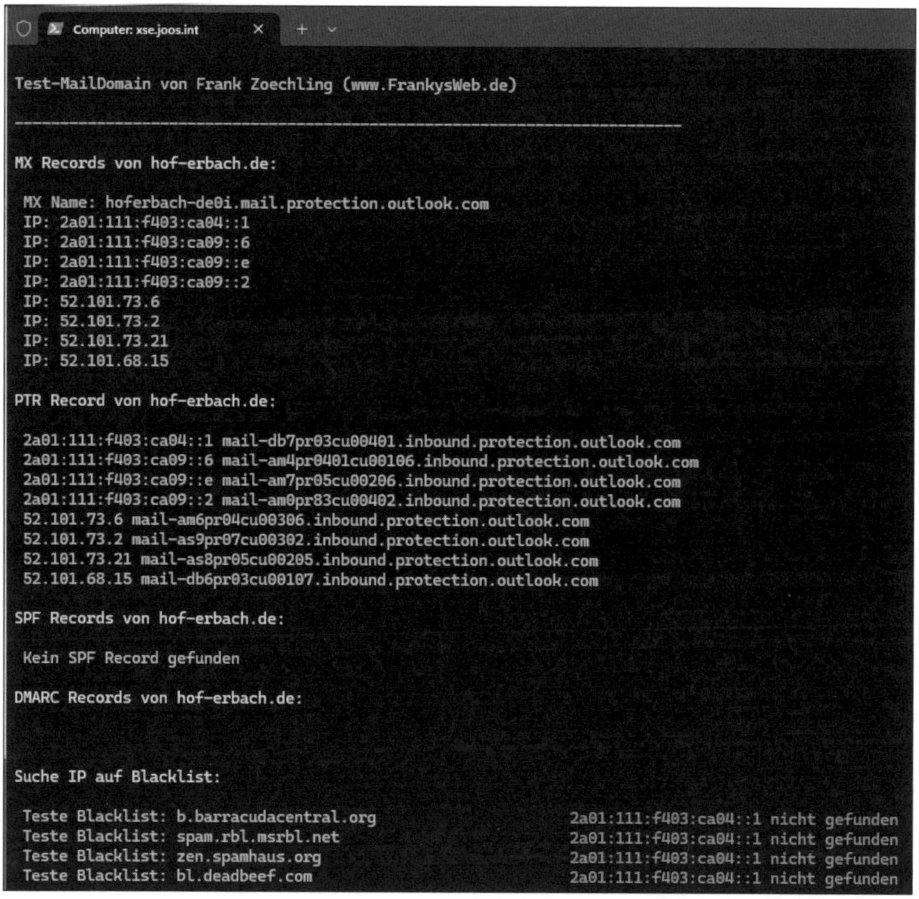

Abb. 4.8 E-Mail-Domäne und Transportfluss in Exchange SE mit externem Skript prüfen

4.6 Zustellungs-Agents und Transport-Agents

Für die Zusammenarbeit mit Drittherstellerprodukten, die Exchange zum Austauschen von E-Mails nutzen, spielen Zustellungs-Agents und Transport-Agents eine wichtige Rolle. Ich gehe nachfolgend auf diese Connectors ein.

4.6.1 Zustellungs-Agents und -Connectors

Ein Zustellungs-Agent dient in Exchange SE dazu, Nachrichten aus der SMTP-basierten Exchange-Umgebung an Systeme weiterzuleiten, die kein SMTP unterstützen, etwa Fax- oder SMS-Gateways. Jeder Zustellungs-Agent ist einem eigenen Zustellungs-Agent-Connector zugeordnet. Dieser Connector übernimmt die Übergabe der Nachricht an den jeweiligen Agent, der sie anschließend an das externe Zielsystem übermittelt oder in eine Warteschlange einreiht. Dadurch bleibt die zentrale Warteschlangenverwaltung von Exchange erhalten, es ist keine Dateiablage in Zwischenordnern nötig und der Zustellungsstatus lässt sich direkt überwachen.

Ein Zustellungs-Agent läuft als Bestandteil des Transportdiensts auf einem Postfachserver und stellt eine Verbindung zu dem Nicht-SMTP-fähigen Zielsystem her. Solche Agents stammen meist von Drittanbietern und müssen kompatibel zu Exchange SE sein. Standardmäßig enthält Exchange SE bereits einen Zustellungs-Agent-Connector für Textnachrichten, über den Nachrichten an mobile Geräte weitergeleitet werden können.

Die Einrichtung erfolgt ausschließlich über die Exchange Management Shell. Mit dem Cmdlet New-DeliveryAgentConnector wird ein neuer Connector erstellt. Beispiel:

```
New-DeliveryAgentConnector -Name "SMS-Gateway" -AddressSpaces "SMS:*;1"
-SourceTransportServers "MAIL01" -DeliveryProtocol "SMS"
```

Dieser Befehl erzeugt einen Connector namens *SMS-Gateway*, der Nachrichten an alle Adressen mit dem Adressraum *SMS* weiterleitet. Der Parameter *-SourceTransportServers* legt fest, auf welchen Postfachservern der Connector aktiv ist, und *-DeliveryProtocol* beschreibt das verwendete Übertragungsprotokoll des Agents.

Bestehende Zustellungs-Agent-Connectors lassen sich mit dem Cmdlet *Set-DeliveryAgent-Connector* anpassen. Beispiel:

```
Set-DeliveryAgentConnector "SMS-Gateway" -Enabled $true -MaxRetries 3
```

Hier wird der Connector aktiviert und so konfiguriert, dass bei Zustellfehlern bis zu drei Wiederholungsversuche stattfinden. Zur Überprüfung der vorhandenen Zustellungs-Agent-Connectors dient das Cmdlet *Get-DeliveryAgentConnector*:

```
Get-DeliveryAgentConnector | Format-List
Name,AddressSpaces,SourceTransportServers,Enabled
```

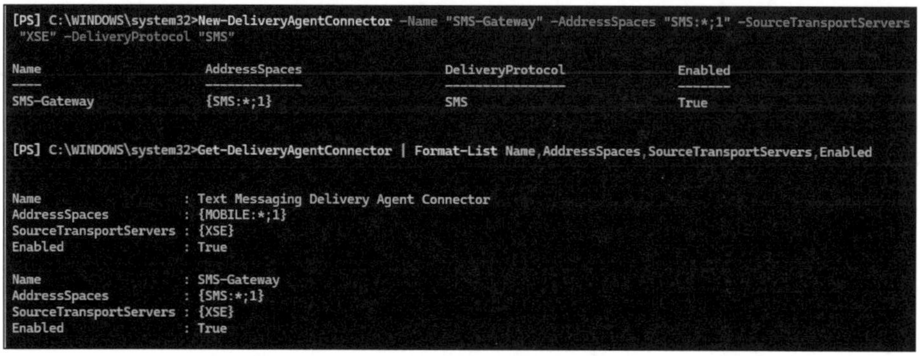

Abb. 4.9 Zustellungs-Agents und -Connectors erstellen und verwalten

Damit werden Name, zugewiesene Adressräume, beteiligte Server und Aktivierungsstatus der vorhandenen Connectors angezeigt. Über diese Cmdlets lässt sich die gesamte Zustellung über Nicht-SMTP-Systeme steuern – von der Einrichtung über die Konfiguration bis zur Überwachung des laufenden Betriebs.

4.6.2 Transport-Agents für ältere Versionen

Exchange SE unterstützt Transport-Agents, die mit Microsoft .NET Framework entwickelt wurden. Zum Aktivieren der Unterstützung älterer Transport-Agents muss die entsprechende XML-Anwendungskonfigurationsdatei geändert werden:

```
%ExchangeInstallPath%Bin\EdgeTransport.exe.config,
%ExchangeInstallPath%Bin\MSExchangeTransport.exe.config
```

Die Unterstützung für ältere Transport-Agents wird über Schlüssel in den Anwendungskonfigurationsdateien festgelegt (standardmäßig sind keine Schlüssel vorhanden):

- **useLegacyV2RuntimeActivationPolicy** Dieser Schlüssel aktiviert oder deaktiviert die Unterstützung für ältere Transport-Agents. Gültige Werte für diesen Schlüssel sind *true* oder *false*. Wenn dieser Schlüssel nicht angegeben wird, lautet der Standardwert *false*.
- **supportedRuntime version** Dieser Schlüssel gibt die Version von Microsoft .NET Framework an, die für den Agent erforderlich ist.

Wenn Sie mehrere Werte angeben wollen, verwenden Sie separate Einträge des Schlüssels *supportedRuntime version*. Änderungen an Anwendungskonfigurationsdateien werden aber erst nach dem Neustart des entsprechenden Dienstes angewendet:

- *Microsoft Exchange-Front-End-Transport (MSExchangeFrontendTransport)*
- *Microsoft Exchange-Transport (MSExchangeTransport)*

Beim Neustart der Dienste wird die Nachrichtenübermittlung auf dem Server vorübergehend unterbrochen. Gehen Sie folgendermaßen vor, um die Unterstützung für ältere Transport-Agents zu aktivieren:

1. Führen Sie den folgenden Befehl aus, um die entsprechende Anwendungskonfigurationsdatei im Editor zu öffnen:

   ```
   Notepad %ExchangeInstallPath%Bin\<AppConfigFile>
   ```

2. Navigieren Sie zum Schlüssel *</configuration>* am Ende der Datei und fügen Sie davor die folgenden Schlüssel ein:

```
<startup useLegacyV2RuntimeActivationPolicy="true">
   <supportedRuntime version="v4.0" />
   <supportedRuntime version="v3.5" />
   <supportedRuntime version="v3.0" />
   <supportedRuntime version="v2.0" />
</startup>
```

3. Speichern und schließen Sie die Anwendungskonfigurationsdatei. Führen Sie den folgenden Befehl aus, um den zugehörigen Windows-Dienst zu starten:

```
Net stop <Dienst> && Net start <Dienst>
```


4.6.3 Transport-Agents verwalten

Sie können die Transport-Agents im Front-End-Transportdienst nicht mit Exchange Admin Center verwalten. Sie müssen Exchange-Cmdlets in die Windows PowerShell-Sitzung importieren:

1. Öffnen Sie auf dem Server die PowerShell und führen Sie dann den folgenden Befehl aus:

```
Add-PSSnapin Microsoft.Exchange.Management.PowerShell.SnapIn
```

2. Führen Sie den folgenden Befehl aus, um die Transport-Agents im Front-End-Transportdienst auf einem Server anzuzeigen:

```
Get-TransportAgent -TransportService FrontEnd
```

Wenn Sie einen Transport-Agent installieren, registriert Exchange nur die *.dll*-Dateien, die ihm zugeordnet sind. Sie müssen sicherstellen, dass alle Dateien, Registrierungsschlüssel und anderen Objekte, von denen der Transport-Agent abhängig ist, ordnungsgemäß installiert und konfiguriert sind.

Transport-Agents haben Vollzugriff auf alle gefundenen E-Mail-Nachrichten. Exchange SE schränkt das Verhalten eines Transport-Agents nicht ein. Aus diesem Grund sollten Sie nur Transport-Agents installieren, die vertrauenswürdig sind und vollständig in einer Testumgebung getestet wurden.

Transport-Agents werden in deaktiviertem Zustand installiert, damit der Nachrichtenfluss von noch nicht konfigurierten Transport-Agents unbeeinträchtigt bleibt. Nach der Installation müssen Sie den Transport-Agent aktivieren:

```
Install-TransportAgent -Name <Name> -TransportAgentFactory
<"TransportAgentFactory"> -AssemblyPath <Pfad>
```

Beispiele:

```
Install-TransportAgent -Name "Contoso Transport Agent" -TransportAgentFactory
"vendor.Exchange. ContosoTransportAgentfactory" -AssemblyPath "C:\Program
Files\Vendor\TransportAgent\ContosoTransportAgentFactory.dll"
```

Enable-TransportAgent "Contoso Transport Agent" (Aktiviert den Agent)

Disable-TransportAgent "Contoso Transport Agent" (Deaktiviert den Agent)

Get-TransportAgent "Transport Rule Agent" | Format-List (Zeigt Informationen zum Agent an)

Transport-Agents mit einer hohen Priorität (1 ist am höchsten) verarbeiten E-Mails zuerst. Führen Sie den folgenden Befehl aus, um die Priorität eines vorhandenen Transport-Agents zu ändern:

```
Set-TransportAgent <TransportAgentIdentity> -Priority <Zahl>
```

Beispiel:

```
Set-TransportAgent "Contoso Transport Agent" -Priority 3
```

Woher wissen Sie, dass dieses Verfahren erfolgreich war? Geben Sie den folgenden Befehl ein, um die Eingabe zu überprüfen:

```
Get-TransportAgent | Format-List Name,Priority
```

Mit dem folgenden Befehl lassen sich die Agents wieder deinstallieren:

```
Uninstall-TransportAgent -Identity <TransportAgentIdentity>
```

4.7 Allgemeine Einstellungen für Exchange-Transportserver

Neben den Einstellungen für Sende- und Empfangsconnectors auf Transportservern können Sie im Exchange Admin Center und der Exchange Management Shell auch Einstellungen vornehmen, die die allgemeine Konfiguration von Transportservern betreffen, also des E-Mail-Flusses als Ganzes.

In der Exchange Management Shell verwenden Sie das Cmdlet *Get-TransportService*, um die Konfiguration der Transportserver in der Organisation anzuzeigen.

Ausführliche Informationen erhalten Sie mit *Get-TransportService |fl*, wie bei allen *Get*-Cmdlets.

4.7.1 Transportserver konfigurieren

Über den Befehl *Set-TransportServer* oder *Set-TransportService* passen Sie Konfigurationen der Transportserver in der Exchange Management Shell an. Die beiden Cmdlets *Set-TransportServer* und *Set-TransportService* erfüllen ähnliche Aufgaben, unterscheiden sich jedoch im Anwendungsbereich. *Set-TransportServer* wird in älteren Exchange-Versionen verwendet und greift auf die lokale Konfiguration des Transportdiensts eines Servers zu. In Exchange SE ist das Cmdlet aus Kompatibilitätsgründen noch verfügbar. Mit *Set-TransportService* hat Microsoft in Exchange 2013 und später, einschließlich Exchange SE, ein vereinheitlichtes Cmdlet eingeführt, das dieselben Parameter, aber eine modernisierte Verwaltungsstruktur nutzt. Beide Befehle ändern Einstellungen wie Protokollpfade, Nachrichtenlimits oder DNS-Optionen, doch *Set-TransportService* ist die aktuelle Variante und sollte in Exchange SE ausschließlich verwendet werden.

Neben den Einstellungen für die Connectors finden Sie im Exchange Admin Center über den Menüpunkt *Server* sämtliche Transportserver der Organisation. Doppelklicken Sie zunächst auf den Server, dessen Konfiguration Sie überprüfen wollen. Es öffnet sich ein neues Fenster, über das Sie einige Einstellungen für den Transportserver anpassen können. Zur Verwaltung des E-Mail-Transports stehen Ihnen verschiedene Registerkarten zur Verfügung.

Über das Menü *Allgemein* finden Sie Informationen über die Edition, die Produkt-ID und die installierten Rollen auf dem Server. Wenn der Product Key für den Server noch nicht eingegeben ist, finden Sie einen Hinweis, dass Exchange aktuell als Testversion lizenziert ist.

Auf der Registerkarte *DNS-Lookups* können Sie unabhängig von der DNS-Konfiguration der Netzwerkkarten spezielle DNS-Server eintragen, die für die interne und externe Namensauflösung für E-Mails verwendet werden. Die DNS-Namensauflösung im Netzwerk ist für den erfolgreichen Betrieb von Exchange SE extrem wichtig.

Sie können entweder zur Namensauflösung alle eingebauten Netzwerkkarten verwenden (diese Einstellung ist Standard) oder eine einzelne Karte auswählen, wenn mehrere verbaut sind. Außerdem können Sie über die Option *Benutzerdefinierte Einstellungen* andere DNS-Server für die Namensauflösung eintragen, als das Betriebssystem für sonstige Abfragen verwendet.

Auf der Registerkarte *Transportgrenzwerte* stellen Sie für verschiedene Funktionen des Nachrichtenflusses Zeitgrenzen ein, die ausschließlich die Verarbeitung von Nachrichten betreffen. Auf dieser Registerkarte definieren Sie keine Grenzwerte für die Benutzer Ihrer Exchange-Organisation. Hauptsächlich geht es bei diesen Grenzwerten um die Wiederholungsversuche, die der Exchange-Server bei erfolglosem Nachrichtenfluss starten kann, um die Nachricht doch noch zuzustellen. Die einzelnen Optionen sind selbsterklärend. Normalerweise brauchen Sie hier keine Änderungen vorzunehmen.

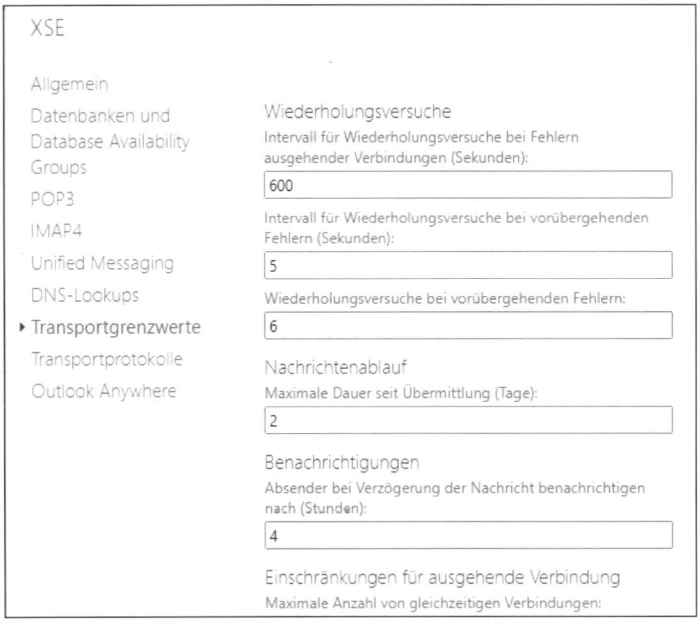

Abb. 4.10 Transportgrenzwerte in Exchange SE konfigurieren

- **Intervall für Wiederholungsversuche bei Fehlern ausgehender Verbindungen (Sekunden)** Sie sollten den Standardwert nur ändern, wenn Sie aufgrund von Timeouts auf Firewalls oder Proxyservern keine andere Wahl haben.

- **Intervall für Wiederholungsversuche bei vorübergehenden Fehlern (Sekunden)** Hier legen Sie das Intervall zwischen den einzelnen Verbindungsversuchen fest, die bei der Option *Wiederholungsversuche bei vorübergehenden Fehlern* angegeben sind. Der Standardwert ist fünf Sekunden.
- **Wiederholungsversuche bei vorübergehenden Fehlern** Hier legen Sie die maximale Anzahl von Wiederholungsversuchen fest, wenn ein Verbindungsfehler mit einem Remoteserver auftritt. Der Standardwert ist 6. Legen Sie diesen Wert auf 0 fest, versucht der Server nicht sofort, wieder eine Verbindung herzustellen.
- **Maximale Dauer seit Übermittlung (Tage)** Hier konfigurieren Sie den Ablauftimeout für eine Nachricht. Ist eine Nachricht länger als der angegebene Zeitraum in der Warteschlange, wird sie als andauernd fehlerhaft an den Absender zurückgeschickt. Die Standardeinstellung beträgt zwei Tage.
- **Absender bei Verzögerung der Nachricht benachrichtigen nach (Stunden)** Hier steuern Sie, wie lange der Server wartet, bevor er eine Benachrichtigung über den Zustellungsstatus (Delivery Status Notification, DSN) an den Absender der E-Mail verschickt. Der Standardwert ist vier Stunden.
- **Maximale Anzahl von gleichzeitigen Verbindungen** Hier legen Sie die maximale Anzahl ausgehender Verbindungen fest. Erreicht der Server das Verbindungslimit, baut er keine neuen Verbindungen auf. Der Standardwert ist 1000.
- **Maximale Anzahl von gleichzeitigen Verbindungen pro Domäne** Hier geben Sie die maximale Anzahl gleichzeitiger Verbindungen für eine einzelne Domäne an. Der Standardwert ist 20.

Die beiden letzten Angaben beeinflussen die Geschwindigkeit, mit der Ihr Server anstehende E-Mails versenden möchte. Nehmen wir an, Ihr Server möchte 1000 E-Mails versenden. In diesem Fall kann er über den Wert *Maximale Anzahl von gleichzeitigen Verbindungen* dazu gebracht werden, dass er versucht, alle diese E-Mails gleichzeitig zu versenden, indem 1000 Verbindungen parallel aufgebaut werden.

Sind unter diesen 1000 E-Mails jedoch beispielsweise 500 Empfänger in der Domäne *hotmail.com*, greift der zweite Wert *Maximale Anzahl von gleichzeitigen Verbindungen pro Domäne*, sodass er nur 20 gleichzeitige Verbindungen zu Hotmail aufbaut. Bei der Einstellung der Werte muss immer auch daran gedacht werden, mit welcher Bandbreite der Server mit dem Internet verbunden ist.

Steht Ihnen nur eine geringe Bandbreite zur Übertragung der Daten zur Verfügung, kann sie bereits durch wenige gleichzeitige Verbindungen ausgelastet sein. Weitere Verbindungen könnten dann zwar noch aufgebaut werden, erhalten aber nur sehr wenige Daten. Dies kann dazu führen, dass die Verbindung vom gegenüberliegenden Server mit einem Timeoutfehler abgebrochen wird. Die beiden Werte und die Bandbreite müssen deshalb immer gleichzeitig betrachtet werden.

Exchange SE sendet standardmäßig nach vier Stunden eine DSN (Delivery Status Notification), wenn eine Nachricht nicht zugestellt werden konnte. Dieser Zeitraum lässt sich mit dem folgenden Befehl anpassen:

```
Set-TransportService -MessageExpirationTimeout 2.00:00:00
-DelayNotificationTimeout 02:00:00
```

Die erste Einstellung legt fest, wann eine Nachricht endgültig als nicht zustellbar markiert wird. Die zweite bestimmt, nach welchem Intervall der Absender eine Verzögerungsbenachrichtigung erhält.

Auf der Registerkarte *Transportprotokolle* aktivieren Sie die Nachrichtenverfolgung und die Konnektivitätsprotokollierung. Hier legen Sie auch den Speicherort der Protokolle fest. Standardmäßig ist die Nachrichtenverfolgung bei Exchange SE nach der Installation bereits aktiv. Exchange Online verwendet MessageTrace im Defender-Portal zur Nachverfolgung von Nachrichten. Die Filtermöglichkeiten unterscheiden sich von *Get-MessageTrackingLog* und sind auf kürzere Aufbewahrungszeiträume begrenzt. Detaillierte Header und Zustellinformationen stehen in erweiterten Traces zur Verfügung. Administratoren sollten für hybride Umgebungen beide Funktionen beherrschen.

Basisordner aller Protokolle ist der Ordner *C:\Program Files\Microsoft\Exchange Server\V15\TransportRoles\Logs*. Die einzelnen Protokolle werden in entsprechenden Unterordnern angelegt. Folgende Optionen stehen zur Verfügung:

- **Protokoll für Nachrichtenverfolgung aktivieren** Standardmäßig ist die Nachrichtenverfolgung auf Transportservern aktiviert. Hier können Sie die Funktion für einzelne Server deaktivieren.
- **Protokollpfad der Nachrichtenverfolgung** In diesem Feld wird der aktuelle Speicherort der Protokolle der Nachrichtenverfolgung angezeigt. Die Protokolle sind standardmäßig im Unterordner *MessageTracking* gespeichert.
- **Konnektivitätsprotokoll aktivieren** Hier aktivieren oder deaktivieren Sie die Protokollierung für die Serververbindungen des Exchange-Servers.

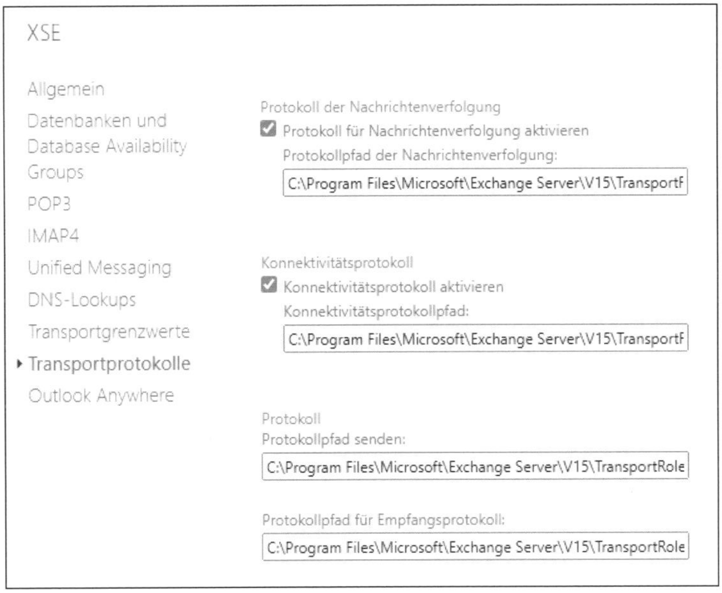

Abb. 4.11 Konfigurieren der Protokollierung für einen Exchange-Server

- **Konnektivitätsprotokollpfad** In diesem Feld wird der aktuelle Speicherort der Konnektivitätsprotokolle angezeigt. Sie werden standardmäßig im Unterordner *Connectivity* gespeichert.
- **Protokollpfad senden** In diesem Feld wird der aktuelle Speicherort der Sendeconnectorprotokolle angezeigt. Sie werden standardmäßig im Unterordner *ProtocolLog\SmtpSend* gespeichert. Alle Sendeconnectors, die auf dem Transportserver konfiguriert sind, verwenden die gleichen Protokolle.
- **Protokollpfad für Empfangsprotokoll** In diesem Feld wird der aktuelle Speicherort der Empfangsconnectorprotokolle angezeigt. Sie werden standardmäßig im Unterordner *ProtocolLog\SmtpReceive* gespeichert. Alle Empfangsconnectors, die auf dem Transportserver konfiguriert sind, verwenden die gleichen Protokolle.

Mit den Cmdlets *Set-TransportServer* oder besser *Set-TransportService* können Sie die Einstellungen in der Exchange Management Shell ändern. Hiermit können Sie insbesondere auch festlegen, wie groß die einzelnen Protokolldateien jeweils werden dürfen und nach welcher Zeit alte Dateien automatisch gelöscht werden sollen.

Auf einem Server im Produktiveinsatz sollten Sie die Lage der Protokolldateien verändern, damit sie nicht auf dem Systemlaufwerk abgelegt werden und dort gegebenenfalls Platz für wichtige Aktionen des Betriebssystems belegen.

4.7.2 Nachrichtengröße beschränken

Die maximale Größe für empfangene oder gesendete Nachrichten beträgt 10 MB. Sie steuern sie über das Cmdlet *Set-TransportConfig* und die Option *MaxReceiveSize*. Alternativ finden Sie diese Einstellungen im Exchange Admin Center über *Nachrichtenfluss/Empfangsconnectors/Mehr/Einstellungen für Organisationstransport/Grenzwerte/Maximale Größe für empfangene Nachricht*.

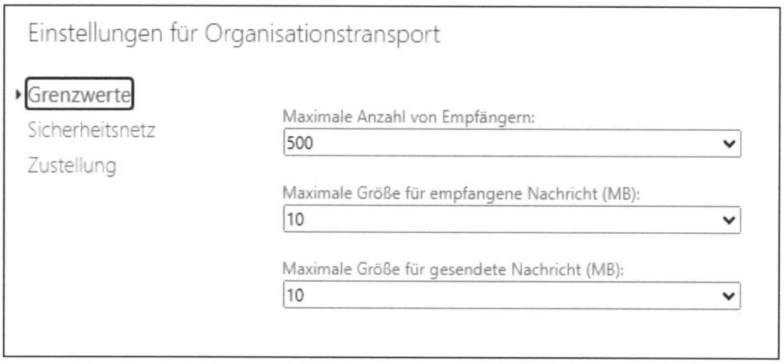

Abb. 4.12 Konfigurieren der Grenzwerte für Nachrichten

Die maximale Größe für gesendete Nachrichten steuern Sie auf derselben Seite. Das gilt dann auch für die Steuerung der maximalen Empfänger. In der Exchange Management Shell verwenden Sie das Cmdlet *Set-TransportConfig* mit der Option *MaxSendSize*.

Die maximale Anzahl von Empfängern pro Nachricht steuern Sie auch in der Exchange Management Shell mit dem Cmdlet *Set-TransportConfig* und der Option *MaxRecipient-Envelope-Limit*.

Die maximale Anlagengröße von E-Mails legen Sie in Transportregeln fest, die für alle Postfachserver in der Organisation gelten. Dazu verwenden Sie die Cmdlets *New-TransportRule* und *Set-TransportRule* mit der Option *AttachmentSizeOver*.

Zur Analyse von TLS-Problemen bei eingehenden oder ausgehenden Verbindungen eignet sich die Nachrichtenverfolgung mit gezieltem Filter auf den SMTP-Status:

```
Get-MessageTrackingLog -Start (Get-Date).AddHours(-1) -EventId RECEIVE -Source
SMTP | Where-Object { $_.ConnectorId -like "*Internet*" -and $_.TlsCipher }
```

Der Wert im Feld *TlsCipher* zeigt an, ob und mit welcher Verschlüsselung die Nachricht übertragen wurde. Ist kein Wert vorhanden, wurde keine TLS-Verbindung aufgebaut. Damit lassen sich TLS-Fehlverhalten exakt rückverfolgen. Die Auswertung des Feldes *TlsCipher* erlaubt nicht nur die Verifikation erfolgreicher TLS-Aushandlung, sondern auch das Erkennen fehlgeschlagener Verbindungen. Wird der Wert nicht gesetzt, ist davon auszugehen, dass keine Verschlüsselung erfolgte. Zusätzlich empfiehlt es sich, *EventId*-Filter wie *FAIL*, *RECEIVE* oder *DEFER* einzusetzen, um gezielt TLS-Fehler oder Zertifikatsprobleme zu isolieren:

```
Get-MessageTrackingLog -Start (Get-Date).AddHours(-1) -EventId FAIL | Where-
Object { $_.TlsCipher -eq $null }
```

Exchange Online protokolliert TLS-Aushandlungen in den Anti-Spam-Headern (X-Forefront-Antispam-Report), nicht im Tracking-Log. In Hybridumgebungen sollten daher sowohl Header als auch Protokolle kombiniert ausgewertet werden.

Alternativ erstellen Sie eine neue Regel über *Nachrichtenfluss/Regeln*. Klicken Sie auf das Plus-Zeichen und wählen Sie den Eintrag *Nachrichten nach Größe filtern*. Legen Sie anschließend die Bedingung *Diese Regel anwenden, wenn/Mindestens eine Anlage/ist größer oder gleich* fest.

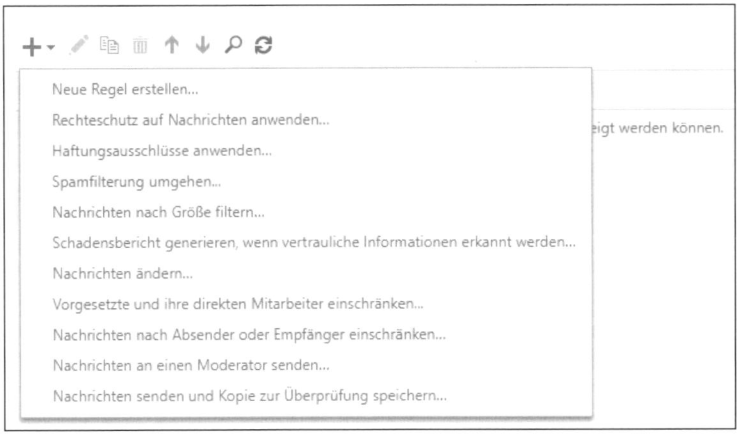

Abb. 4.13 Konfigurieren einer neuen Regel zum Steuern der Größe von Anlagen

Die maximale Kopfzeilengröße durch einen Empfangsconnector beträgt 128 KB. Sie steuern sie mit den Cmdlets *New-ReceiveConnector* und *Set-ReceiveConnector* und der Option *MaxHeaderSize.*

Im Exchange Admin Center steuern Sie den Empfang und die Größe von Nachrichten über *Nachrichtenfluss/Empfangsconnectors/Bearbeiten* auf der Registerkarte *Allgemein* mit *Maximale Größe für empfangene Nachricht.*

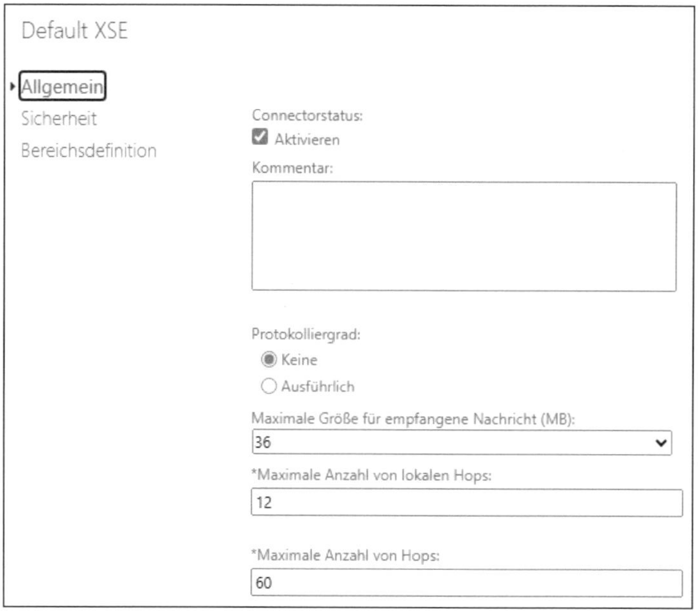

Abb. 4.14 Steuern der maximalen Größe für das Empfangen von Nachrichten

Wenn die Anzahl von Empfängern für einen anonymen Absender überschritten wird, wird die Nachricht für die ersten 200 Empfänger angenommen. Die Mehrzahl der SMTP-Messagingserver erkennt, dass eine Empfängerbeschränkung wirksam ist. Der SMTP-Messagingserver sendet die Nachricht auch weiterhin erneut in Gruppen von 200 Empfängern, bis die gesamte Nachricht allen Empfängern zugestellt wurde. Sie verwenden dazu *New-ReceiveConnector* und *Set-ReceiveConnector* mit der Option *MaxRecipientsPerMessage.*

Die maximale Nachrichtengröße durch einen Sendeconnector beträgt 10 MB. Sie steuern die Einstellung mit den Cmdlets *New-SendConnector* und *Set-SendConnector* und der Option *MaxMessageSize.*

Auch diese Einstellung finden Sie im Exchange Admin Center. Navigieren Sie dazu über *Nachrichtenfluss/Sendeconnectors/Bearbeiten* zur Registerkarte *Allgemein* und legen Sie im Feld *Maximale Größe für gesendete Nachricht* einen Grenzwert fest.

Die maximale Nachrichtengröße durch einen Active Directory-Standortlink ist unbeschränkt. Sie legen sie mit dem Cmdlet *Set-AdSiteLink* und der Option *MaxMessageSize* fest.

Auch die maximale Nachrichtengröße durch einen Zustellungs-Agent-Connector ist unbeschränkt. Sie konfigurieren sie mit *New-DeliveryAgentConnector* und *Set-DeliveryAgentConnector* über die Option *MaxMessageSize.*

Die maximale Nachrichtengröße durch einen fremden Connector bestimmen Sie mit *Set-ForeignConnectorParameter* und *MaxMessageSize*.

Exchange verarbeitet manuell zugestellte Nachrichten über den Pickup-Ordner:

```
C:\Program Files\Microsoft\Exchange Server\V15\TransportRoles\Pickup
```

Die maximale Anzahl Empfänger pro Nachricht und die maximale Kopfzeilengröße lassen sich konfigurieren:

```
Set-TransportServer -PickupDirectoryMaxRecipientsPerMessage 100
-PickupDirectoryMaxHeaderSize 64KB
```

Diese Einstellungen verhindern übergroße Nachrichten, die bei Verarbeitung blockieren würden. Die maximale Kopfgröße für Nachrichten im *Pickup*-Ordner (siehe Kapitel 3) ist 64 KB. Sie steuern sie mit *Set-TransportService* und *PickupDirectoryMaxHeaderSize.*

Die maximale Anzahl von Empfängern pro Nachricht für Nachrichten im *Pickup*-Ordner ist 100 und wird mit *Set-TransportService PickupDirectoryMaxRecipientsPerMessage* gesteuert.

Sie können Größenbeschränkungen auch für einzelne Benutzer festlegen, nicht nur für die komplette Organisation oder einzelne Connectors. Dazu verwenden Sie die folgenden Cmdlets:

- *Set-DistributionGroup*
- *Set-DynamicDistributionGroup*
- *Set-Mailbox*
- *Set-MailContact*
- *Set-MailUser*
- *Set-MailPublicFolder*
- *Set-RemoteMailbox*

Die Option *MaxSendSize* steuert die maximale Größe von Nachrichten, die gesendet werden. Sie finden die Einstellungen auch im Exchange Admin Center im Abschnitt *Empfänger* über *Postfächer/Bearbeiten/Postfachfunktionen*.

Exchange Online stellt weder Pickup- noch Replay-Verzeichnisse zur Verfügung. Diese Funktion ist Exchange SE vorbehalten und erlaubt dort das automatisierte Einspielen vorbereiteter E-Mails. In Exchange Online müssen API-basierte Ansätze wie Graph API, SMTP-Authentifizierung oder Drittanbieterschnittstellen verwendet werden.

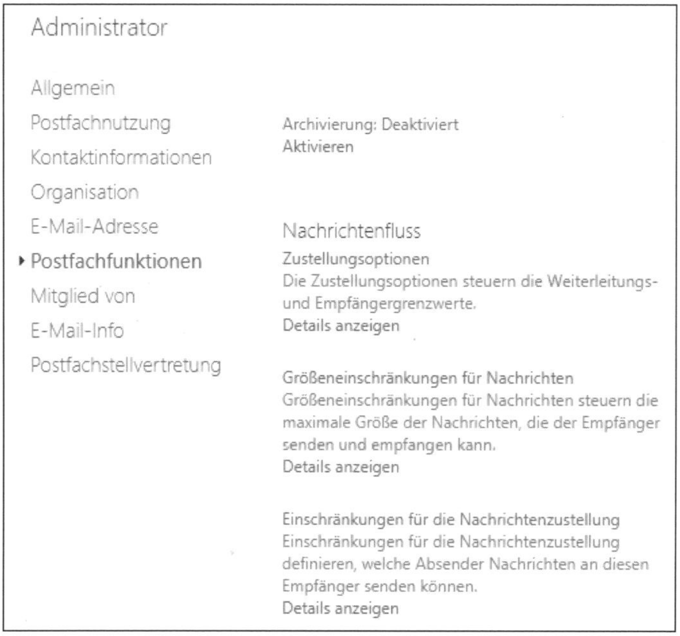

Abb. 4.15 Konfigurieren der Nachrichtengröße für einzelne Benutzer

Sie können verschiedene Nachrichtengrößenbeschränkungen auf verschiedenen Ebenen in der Exchange-Organisation festlegen. Beim Weiterleiten einer Nachricht durch die Transportinfrastruktur kann die Nachricht unterschiedlichen Beschränkungen der Nachrichtengröße unterliegen.

Beschränkungen der Nachrichtengröße für die Empfangsconnectors, die Nachrichten aus dem Internet empfangen, sollten kleiner als oder gleich den Beschränkungen der Nachrichtengröße sein, die Sie für Ihre interne Exchange-Organisation konfiguriert haben.

Beschränkungen auf Benutzerebene haben Vorrang vor anderen Beschränkungen der Nachrichtengröße. Daher können Sie ein Benutzerkonto so konfigurieren, dass seine Beschränkungen die für Ihre Organisation festgelegten Standardbeschränkungen der Nachrichtengröße überschreiten.

Wenn eine Nachricht an einen Empfänger im Internet gesendet oder von diesem empfangen wird, werden die Organisationsbeschränkungen angewendet.

4.8 Akzeptierte Domänen und Remotedomänen

In Kapitel 3 habe ich gezeigt, wie Sie in Exchange SE über akzeptierte Domänen festlegen, welche E-Mail-Domänen Ihre Exchange-Infrastruktur verwalten kann.

4.8.1 Remotedomänen verstehen

In diesem Zusammenhang sind auch die Remotedomänen wichtig. Über diese Domänen legen Sie fest, wie sich Exchange beim Versenden von Nachrichten an diese Domänen verhalten soll, zum Beispiel für aktivierte Abwesenheitsnachrichten.

Sie können Remotedomänen erstellen, um die Einstellungen für die Nachrichtenübermittlung zwischen der Microsoft Exchange SE-Organisation und Domänen außerhalb Ihrer Exchange-Organisation zu steuern. Sie können auch Nachrichtenformatrichtlinien anwenden und zulässige Zeichensätze für Nachrichten angeben, die von Benutzern Ihrer Organisation an die Remotedomäne gesendet werden. Bei den Einstellungen für Remotedomänen handelt es sich um globale Konfigurationseinstellungen für die Exchange-Organisation. Das heißt, die Einstellungen gelten für alle Exchange-Server.

Die Remotedomäneneinstellungen werden während der Kategorisierung im Transportdienst auf Postfachservern auf die Nachrichten angewendet. Bei der Empfängerauflösung wird die Empfängerdomäne mit den konfigurierten Remotedomänen verglichen. Wenn durch die Konfiguration einer Remotedomäne verhindert wird, dass ein bestimmter Nachrichtentyp an Empfänger in dieser Domäne gesendet werden kann, wird die Nachricht gelöscht.

Wenn Sie für die Remotedomäne ein bestimmtes Nachrichtenformat festlegen, werden Nachrichtenkopfzeile und -inhalt geändert. Die Einstellungen gelten für alle Nachrichten. Wenn Sie Nachrichteneinstellungen auf Basis von Anwendern konfigurieren, wird die Organisationskonfiguration durch diese Einstellungen außer Kraft gesetzt.

Standardmäßig gibt es nach der Installation bereits einen Remotedomäneneintrag. Der Adressraum der Domäne wird als Sternchen (*) konfiguriert. Das Sternchen steht für alle Remotedomänen. Wenn Sie keine weiteren Remotedomäneneinträge erstellen, gelten für alle Nachrichten, die an alle Empfänger in allen Remotedomänen gesendet werden, dieselben Einstellungen.

Beim Konfigurieren von Remotedomänen können Sie verhindern, dass bestimmte Nachrichtentypen an diese Domäne übermittelt werden. Zu diesen Nachrichtentypen gehören Abwesenheitsnachrichten, automatische Antwortnachrichten, Unzustellbarkeitsberichte (Non-Delivery Reports, NDRs) und Weiterleitungsbenachrichtigungen für Besprechungen.

Sie können auch das Nachrichtenformat und den Zeichensatz angeben. Diese Einstellungen stellen sicher, dass die gesendeten E-Mails mit dem empfangenden E-Mail-System kompatibel sind. In Exchange SE können Benutzer unterschiedliche automatische Antworten für interne und externe Empfänger angeben. Darüber hinaus sind die in der Organisation verfügbaren Typen von automatischen Antworten auch von der verwendeten Microsoft Outlook-Version abhängig.

Sie können verhindern, dass Unzustellbarkeitsberichte an eine Remotedomäne gesendet werden. Dadurch unterbinden Sie, dass darin enthaltene Daten Ihre Organisation verlassen.

Mit Exchange SE können Sie genau steuern, welche Inhalte eines Unzustellbarkeitsberichts für eine Remotedomäne bestimmt sind. Sie können Unzustellbarkeitsberichte für eine Remotedomäne zulassen und gleichzeitig alle Diagnoseinformationen entfernen. Auf diese Weise verhindern Sie, dass Informationen zur Exchange-Bereitstellung Ihre Organisation verlassen, und stellen gleichzeitig externen Absendern Unzustellbarkeitsbenachrichtigungen zur Verfügung.

4.8.2 Remotedomänen konfigurieren

Diese Funktion steuern Sie über das Cmdlet *Set-RemoteDomain* mit der Option *NDRDiagnosticInfoEnabled*. Diese Einstellung lässt sich für jede Remotedomäne festlegen. Sie können das Cmdlet *Set-RemoteDomain* verwenden, um die Eigenschaften einer Remotedomäne zu konfigurieren.

Im folgenden Beispiel werden Abwesenheitsbenachrichtigungen für die Remotedomäne *Contoso* deaktiviert:

```
Set-RemoteDomain Contoso -AllowedOOFType None
```

Im folgenden Beispiel werden nur externe Abwesenheitsnachrichten zugelassen:

```
Set-RemoteDomain Contoso -AllowedOOFType External
```

Im nächsten Beispiel werden automatische Antworten an die Remotedomäne *Contoso* zugelassen (standardmäßig deaktiviert):

```
Set-RemoteDomain Contoso -AutoReplyEnabled $true
```

Als Nächstes werden automatische Weiterleitungen an die Remotedomäne zugelassen (standardmäßig deaktiviert):

```
Set-RemoteDomain Contoso -AutoForwardEnabled $true
```

Nachfolgend werden Zustellungsberichte an die Remotedomäne *Contoso* deaktiviert (standardmäßig aktiviert):

```
Set-RemoteDomain Contoso -DeliveryReportEnabled $false
```

Als Nächstes werden Unzustellbarkeitsberichte an die Remotedomäne deaktiviert (standardmäßig aktiviert):

```
Set-RemoteDomain Contoso -NDREnabled $false
```

Die Inhaltsübertragungscodierung ermöglicht die Umleitung von E-Mails über ältere SMTP-Messagingserver, die nur Nachrichten im *Text*-Format unterstützen. In Exchange SE stehen die folgenden Methoden für die Inhaltsübertragungscodierung zur Verfügung:

- **7-bit** Dieser Wert gibt an, dass Nachrichtentextdaten bereits im einfachen US-ASCII-Textformat vorliegen und für die Nachricht keine Nachrichtencodierung erfolgt ist.
- **Quoted-printable (QP)** Diese Codiermethode verwendet druckbare US-ASCII-Zeichen zur Codierung der Nachrichtentextdaten. In der Standardeinstellung verwendet Exchange SE QP für die Codierung binärer Nachrichtendaten.
- **Base64** Diese Codiermethode basiert auf dem PEM-Standard (Privacy-Enhanced Mail), der in RFC 1421 definiert ist. Die Base64-Codierung verwendet die 64-Zeichenalphabet-Codiermethode sowie in PEM definierte Zeichen zum Auffüllen der Ausgabe, um die Nachrichtentextdaten zu codieren. Sie erzeugt einen vorhersagbaren Zuwachs der Nachrichtengröße und eignet sich für Binärdaten und Nicht-US-ASCII-Text.

Sie konfigurieren die Methode für die Inhaltsübertragungscodierung über die Cmdlets *Set-OrganizationConfig* und *Set-RemoteDomain* mit der Option *ByteEncoderTypeFor7BitCharsets*.

Die Einstellungen für die Übertragungscodierung, die Sie mit *Set-OrganizationConfig* festlegen, gelten für alle Nachrichten in der Exchange-Organisation. Die Einstellungen für die Inhaltsübertragungscodierung, die Sie mit *Set-RemoteDomain* konfigurieren, gelten nur für Nachrichten, die an externe Empfänger in der Remotedomäne gesendet werden.

Option in *Set-OrganizationConfig*	Option in *Set-RemoteDomain*
0	Use7Bit
1	UseQP
2	UseBase64
5	UseQPHtmlDetectTextPlain
6	UseBase64HtmlDetectTextPlain
13	UseQPHtml7BitTextPlain
14	UseBase64Html7BitTextPlain

Tab. 4.1 Einstellungen für Remotedomänen in der Organisation

Führen Sie zum Beispiel folgenden Befehl aus, um die Codiermethode für die Inhaltsübertragung auf Base64 festzulegen:

```
Set-OrganizationConfig -ByteEncoderTypeFor7BitCharsets 2
```

Zum Konfigurieren der Methode für die Inhaltsübertragungscodierung für alle Empfänger in einer Remotedomäne dient der folgende Aufruf:

```
Set-RemoteDomain -ByteEncoderTypeFor7BitCharsets <Wert>
```

Führen Sie zum Beispiel folgenden Befehl aus, um die Codiermethode für die Inhaltsübertragung auf Base64 festzulegen:

```
Set-RemoteDomain -ByteEncoderTypeFor7BitCharsets UseBase64
```

4.9 Warteschlangen (Queues)

Ein weiterer wichtiger Bereich, auch für die Konfiguration eines Exchange-Servers, ist die Verwaltung der Warteschlangen und des Nachrichtentrackings. Zu den regelmäßigen Tätigkeiten eines Exchange-Administrators gehört die Überwachung der Warteschlangen seines Servers.

Alle ein- und ausgehenden E-Mails werden in die einzelnen Warteschlangen gestellt, bevor sie zugestellt werden. Sie können mithilfe der Warteschlangen sehr schnell feststellen, ob Probleme beim Versenden von E-Mails auftreten oder nicht. Über Warteschlangen können Sie zudem den E-Mail-Verkehr eines Exchange-Servers nach außerhalb, auf andere Exchange-Server oder ins Internet stoppen, ohne die Benutzer zu beeinträchtigen. In Exchange SE werden die Daten der Warteschlangen in einer ESE-Datenbank gespeichert, wie bei den Vorgängern.

4.9.1 Erster Einblick in die Warteschlangenanzeige

Die Warteschlangen verwalten Sie über die Exchange-Toolbox. Die Verwaltung findet über den *Queue Viewer* statt. Sie können sich in der Warteschlangenanzeige mit allen Transportservern in Ihrem Unternehmen verbinden und sich alle Warteschlangen an zentraler Stelle anzeigen lassen.

Die Warteschlangenanzeige in Exchange SE zeigt nicht alle Warteschlangen an, sondern nur die, in denen Nachrichten enthalten sind, die zugestellt werden müssen. Die einzige Ausnahme ist die Standardwarteschlange *Übermittlung*.

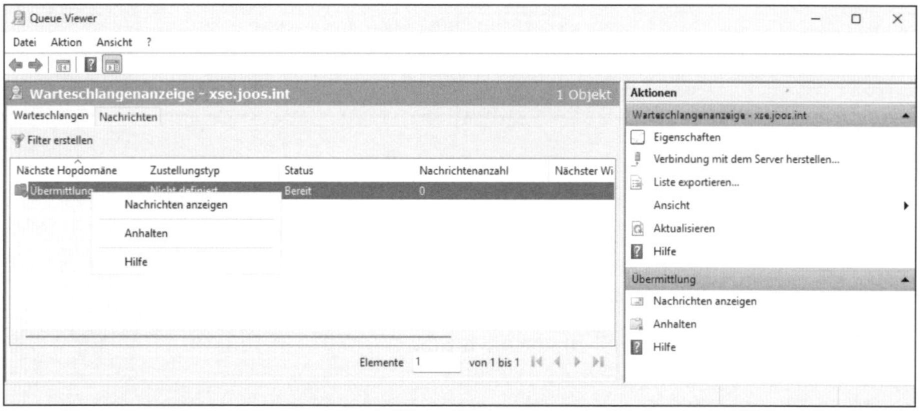

Abb. 4.16 E-Mails im Queue Viewer anzeigen

Über den Link *Verbindung mit dem Server herstellen* können Sie eine Verbindung zu jedem beliebigen Transportserver herstellen. Über das Menü *Ansicht* lassen sich verschiedene Einstellungen in der Warteschlangenanzeige anpassen, zum Beispiel auch die Optionen, welche Registerkarten angezeigt werden sollen.

Über die Schaltfläche *Filter erstellen* können Sie die Warteschlangen und Nachrichten nach speziellen Kriterien anzeigen. Vor allem auf Servern mit starkem Nachrichtenfluss kann es sehr hilfreich sein, wenn Sie nur nach bestimmten Warteschlangen oder Nachrichten suchen.

Neben der Warteschlangenanzeige im Exchange Admin Center können Sie sich die Warteschlangen auch in der Exchange Management Shell anzeigen lassen. Über *Get-Queue* sehen Sie alle aktuellen Warteschlangen auf dem lokalen Server. Über den Befehl *Get-Queue |fl* erhalten Sie eine ausführlichere, formatierte Liste.

4.9.2 Warteschlangentypen in Exchange SE

Abhängig vom E-Mail-Routing werden E-Mails zunächst in bestimmten Warteschlangen gespeichert, bevor sie zugestellt werden können. Exchange SE stellt dazu verschiedene Arten von Warteschlangen zur Verfügung:

- **Submission Queue** In diese Warteschlange werden alle eingehenden Nachrichten zuerst abgelegt, die vom Categorizer zunächst klassifiziert werden müssen. Der Categorizer legt fest, wohin eine Nachricht zugestellt wird und ob sie intern verbleibt oder ins Internet versendet werden soll. Er liest zum Beispiel auch aus Verteilerlisten die einzelnen

Empfänger aus, damit die Nachrichten zugestellt werden können. In dieser Warteschlange landen daher alle E-Mails, die durch SMTP oder den *Pickup*-Ordner (siehe Kapitel 3) zugestellt werden. Diese Warteschlange gibt es auf jedem Transportserver nur einmal. Erst wenn der Categorizer die Nachricht klassifiziert hat, wird sie in die entsprechende Zustellungswarteschlange gestellt.

- **Mailbox Delivery Queue** In diese Warteschlange werden E-Mails gestellt, die von Transportservern per gesicherter RPC-Verbindung zugestellt werden sollen. Diese Warteschlange gibt es nur auf Transportservern. Sie enthält auch nur die Nachrichten, die zu Postfachservern am selben Standort wie der entsprechende Transportserver zugestellt werden sollen. Auf einem Transportserver können mehrere Mailbox Delivery Queues existieren.
- **Remote Delivery Queue** In dieser Warteschlange werden E-Mails gespeichert, die auf andere Server per SMTP übertragen werden sollen. Aus diesem Grund können diese Warteschlangen mehrmals existieren. In jeder einzelnen Remote Delivery Queue werden die Nachrichten gespeichert, die zum selben Server übertragen werden müssen. Auf Servern enthält sie E-Mails, die zu anderen Servern in anderen Active Directory-Standorten zugestellt werden sollen. Diese Warteschlangen werden dynamisch erstellt und automatisch drei Minuten nach dem Zustellen der letzten E-Mail wieder gelöscht. Sind sehr viele dieser Warteschlangen vorhanden, kann dies ein Zeichen dafür sein, dass der Server Probleme hat, die externen Nachrichten auszuliefern.
- **Poison Message Queue** In dieser Warteschlange werden Nachrichten gespeichert, die Exchange SE nach einem Serverabsturz als gefährlich für das System klassifiziert. Sie sollte immer leer sein. Ist das der Fall, wird sie in der Warteschlangenanzeige nicht angezeigt.
- **Unreachable Queue** In dieser Warteschlange werden alle Nachrichten gespeichert, die nicht zugestellt werden können. Diese Warteschlange gibt es immer nur einmal.

4.9.3 Warteschlangen verwalten

Sie können Warteschlangen überwachen oder direkt in den Nachrichtenfluss eingreifen. Dazu stehen Ihnen verschiedene Möglichkeiten zur Verfügung:

- **Warteschlangen anhalten** Klicken Sie mit der rechten Maustaste auf eine Warteschlange, können Sie im Kontextmenü den Eintrag *Anhalten* auswählen. In diesem Fall können zwar die Anwender weiterhin E-Mails schreiben, die zur Warteschlange auch zugestellt werden, allerdings verlassen keine E-Mails mehr den Server, sondern verbleiben in der Warteschlange. Angehaltene Warteschlangen werden mit einem eigenen Symbol in der Warteschlangenanzeige aufgeführt.
- **Warteschlangen fortsetzen** Klicken Sie mit der rechten Maustaste auf eine angehaltene Warteschlange, können Sie sie über den Kontextmenübefehl *Fortsetzen* wieder aktivieren. In diesem Fall werden alle enthaltenen Nachrichten sofort zugestellt.
- **Warteschlangen wiederholen** Kann eine Nachricht aus der Warteschlange nicht zugestellt werden, wird nach einiger Zeit automatisch eine Wiederholung gestartet. Über das Kontextmenü oder den Aktionsbereich einer Warteschlange können Sie den Befehl *Wiederholen* auswählen. In diesem Fall wird die Zustellung der Nachricht sofort durchgeführt, auch wenn der Zeitplan noch keine Wiederholung vorsieht.
- **Registerkarte Nachrichten** In der Warteschlangenanzeige sehen Sie die Nachrichten, die derzeit in den Warteschlangen aufgenommen sind. Sie sehen deren SCL (Spam Confidence Level, siehe Kapitel 12).

- **Eigenschaften von Nachrichten** Hier sehen Sie weitere Informationen über die E-Mail, den sendenden Server und den Empfänger. Auch das Sende- und Empfangsdatum finden Sie an dieser Stelle.
- **Identität** Die Nachrichtenidentität wird von der Warteschlangendatenbank zugewiesen, wenn die Nachricht zur Verarbeitung empfangen wird.
- **Betreff** Dieses Feld zeigt den Betreff der E-Mail an. Der Wert wird aus dem Kopfzeilenfeld *Subject:* übernommen.
- **Internetnachrichten-ID** Dieses Feld zeigt den Wert des Kopfzeilenfelds *MessageID:* an. Der Wert dieser Eigenschaft wird als GUID, gefolgt von der SMTP-Adresse des sendenden Servers gebildet.
- **Von Adresse** Dieses Feld zeigt die SMTP-Adresse des Absenders an.
- **Status** Hier wird der aktuelle Status der E-Mail angezeigt. Eine E-Mail kann einen der folgenden Statuswerte aufweisen:
  - **Aktiv** Die Nachricht wartet auf Zustellung oder Kategorisierung, es liegt noch kein Fehler vor.
  - **Entfernen ausstehend** Die E-Mail wurde vom Administrator gelöscht, befand sich aber bereits in der Zustellung. Sie wird gelöscht, wenn die Zustellung mit einem Fehler endet. Ansonsten wird die Zustellung ausgeführt.
  - **Anhaltevorgang ausstehend** Die E-Mail wurde vom Administrator angehalten, befand sich aber bereits in der Zustellung. Die E-Mail wird angehalten, wenn die Zustellung mit einem Fehler endet. Ansonsten wird die Zustellung ausgeführt.
  - **Bereit** Die E-Mail befindet sich in der Warteschlange und ist zur Verarbeitung bereit.
  - **Wiederholen** Fehler beim letzten Verbindungsversuch für die Warteschlange, in der sich diese E-Mail befindet. Die E-Mail wartet auf den nächsten Wiederholungsversuch der Warteschlange.
  - **Angehalten** Die E-Mail wurde vom Administrator angehalten.
- **Größe (KB)** Dieses Feld zeigt die Größe der E-Mail an.
- **Name der Nachrichtenquelle** Dieses Feld zeigt den Namen der Komponente an, die diese E-Mail an die Warteschlange übermittelt hat.
- **Quell-IP** Dieses Feld zeigt die IP-Adresse des externen Servers an, der die E-Mail an die Exchange-Organisation übermittelt hat.
- **SCL (Spam Confidence Level)** Dieses Feld zeigt die SCL-Bewertung (Spam Confidence Level) der E-Mail an. Gültige SCL-Einträge sind die ganzen Zahlen von 0 bis 9. Ein leerer SCL-Eintrag zeigt an, dass die Nachricht nicht vom Inhaltsfilter-Agent verarbeitet wurde. Mehr zum Thema Spamschutz finden Sie in Kapitel 12.
- **Empfangsdatum** Dieses Feld zeigt das Datum und die Uhrzeit des Empfangs der E-Mail durch den Server an.
- **Ablaufzeit** Dieses Feld zeigt den Zeitpunkt an, zu dem die E-Mail abläuft und aus der Warteschlange gelöscht wird, wenn sie nicht zugestellt werden kann.
- **Letzter Fehler** Dieses Feld zeigt den letzten für eine E-Mail aufgezeichneten Fehler.
- **Warteschlangen-ID** Dieses Feld zeigt die ID der Warteschlange an, in der sich die E-Mail befindet. Die Warteschlangenidentität wird in der Form *Server/Ziel* angegeben.
- **Empfänger** Dieses Feld zeigt die Liste der Empfänger an, an die die E-Mail gesendet werden soll.

Mit dem Cmdlet *Get-Message* können Sie die Eigenschaften einer E-Mail anzeigen, die sich zurzeit in der Warteschlange für die Zustellung befindet.

Über das Kontextmenü können Sie die Nachricht auch aus der Warteschlange löschen. Dazu stehen Ihnen die beiden folgenden Möglichkeiten zur Verfügung:

- **Entfernen (mit Unzustellbarkeitsbericht)** Wählen Sie diesen Menüpunkt im Kontextmenü oder dem Aktionsbereich aus, wird die Nachricht gelöscht und der Absender erhält einen Unzustellbarkeitsbericht; er erfährt also, dass seine E-Mail nicht zugestellt werden konnte.
- **Entfernen (ohne Senden eines Unzustellbarkeitsberichts)** Wählen Sie diesen Menüpunkt aus, wird die Nachricht gelöscht, aber die Absender der E-Mails erhalten keinerlei Benachrichtigungen darüber.

Sie erkennen bereits an der Anzeige der Warteschlangen, welchen Status sie haben. Schon allein durch diesen schnellen Überblick lässt sich erkennen, ob der Nachrichtenfluss in Ihrer Exchange-Organisation funktioniert.

- Befindet sich der Status einer Warteschlange im normalen Zustand und können Nachrichten aus dieser Warteschlange ohne Probleme zugestellt werden, wird sie als *Aktiv* gekennzeichnet.
- Konnten E-Mails aus dieser Warteschlange fehlerfrei zugestellt werden und befinden sich keine E-Mails mehr in ihr, wird sie als *Fehlerfrei* gekennzeichnet.
- Können E-Mails aus einer Warteschlange nicht zugestellt werden, erhält sie nach einiger Zeit den Status *Fehler*. Befindet sich eine Warteschlange in diesem Zustand, kann eine Nachricht nicht zugestellt werden. Exchange versucht, diese E-Mails dennoch zuzustellen, da eventuell nur ein temporäres Verbindungsproblem vorliegt. Befindet sich eine Warteschlange in diesem Status, sollten Sie jedoch in jedem Fall überprüfen, welches Problem vorliegt.

Werden Nachrichten nicht zugestellt, liegt eventuell ein Problem mit der Namensauflösung vor. Zunächst sollten Sie testen, ob das Problem nur temporär ist, und die Warteschlange erneut zur Verbindung zwingen.

Klicken Sie dazu mit der rechten Maustaste auf diese Warteschlange und wählen Sie im Kontextmenü den Befehl *Wiederholen*. Klicken Sie auf eine Warteschlange doppelt, können Sie sich ihren Inhalt anzeigen lassen. Klicken Sie einzelne E-Mails in den Warteschlangen mit der rechten Maustaste an, können Sie auch hier verschiedene Aktionen durchführen, die analog zu denen für die Warteschlange sind, aber nur die ausgewählten E-Mails betreffen.

4.9.4 Warteschlangendatenbank verwalten

Die ESE-Datenbank der Warteschlangen wird standardmäßig im Ordner *C:\Program Files\Microsoft\Exchange Server\V15\TransportRoles\data\Queue* gespeichert.

Wie bei allen ESE-Datenbanken werden Aktionen zunächst in den Transaktionsprotokollen, im Arbeitsspeicher und dann erst auf der Festplatte abgelegt. Die Warteschlangendatenbank verwendet die Umlaufprotokollierung. Aus diesem Grund kann sie nicht ohne Weiteres zur Wiederherstellung von E-Mails verwendet werden. Im Ordner der Warteschlangendatenbank gibt es verschiedene Dateien, die beim Versenden von E-Mails über Exchange SE eine Rolle spielen:

- **mail.que** Diese Datei enthält die Datenbank der Warteschlangen.
- **temp.edb** Diese temporäre Datenbank dient zur Verifizierung des Schemas der Warteschlangendatenbank und wird beim Starten des Servers benötigt.
- **trn*.log** Bei dieser Datei handelt es sich um das Transaktionsprotokoll der Datenbank. Bei aktiven Servern werden mehrere Transaktionsprotokolle angelegt. Die Datei *trn.log* ist aber immer die aktive Transaktionsprotokolldatei; die anderen Dateien sind Archive, die bereits in die Datenbank *mail.que* geschrieben worden sind.
- **trn.chk** Bei dieser Datei handelt es sich um die Checkpointdatei. Sie enthält die Informationen darüber, welche Transaktionen bereits in die Datenbank geschrieben wurden (siehe Kapitel 5).
- **trnres00001.jrs** und **trnres00002.jrs** Bei diesen beiden Dateien handelt es sich um Platzhalter für die Transaktionsprotokolldateien. Sie werden nur verwendet, wenn der Festplattenplatz nicht mehr ausreicht, um neue Transaktionsprotokolldateien anzulegen.

4.10 Nachrichtenverfolgung (Message Tracking)

Die Nachrichtenverfolgung gehört zu den wichtigen Werkzeugen bei der Diagnose und Überwachung Ihrer Exchange-Organisation. Sie können sich mit der Nachrichtenverfolgung die zugestellten E-Mails und deren Informationen anzeigen lassen. Die Nachrichtenverfolgung greift auf Protokolldateien zu, in denen das Versenden und der interne Transport der Nachrichten protokolliert werden.

Standardmäßig finden Sie die Protokolldateien für die Nachrichtenverfolgung im Ordner *C:\Program Files\Microsoft\Exchange Server\V15\TransportRoles\Logs\MessageTracking*. Hat eine Protokolldatei ihre maximale Größe erreicht, wird eine neue Datei angelegt und es findet eine Nummerierung statt. Die Protokolldateien werden im Textformat abgespeichert. Die einzelnen Werte sind durch Komma voneinander getrennt (CSV).

4.10.1 Nachrichtenverfolgung konfigurieren

Bei Exchange SE ist die Nachrichtenverfolgung bereits standardmäßig aktiviert. Sie finden die Einstellungen der Nachrichtenverfolgung in den Eigenschaften des Servers im Exchange Admin Center. Klicken Sie auf *Server* und rufen Sie die Eigenschaften des Servers auf.

Auf der Registerkarte *Transportprotokolle* finden Sie die Konfiguration der Nachrichtenverfolgung. Ich habe die einzelnen Felder bereits im Abschnitt zur Verwaltung der allgemeinen Einstellungen von Transportservern behandelt.

Um die Einstellungen der Nachrichtenverfolgung anzupassen, können Sie auch die Exchange Management Shell verwenden. Dazu nutzen Sie die beiden Cmdlets *Set-MailboxServer* und *Set-TransportServer* beziehungsweise *Set-TransportService*, der neuen Version dieses Cmdlets.

Sie können über das Exchange Admin Center und über die Exchange Management Shell die Nachrichtenverfolgung auf einzelnen Servern deaktivieren, falls sie nicht gewünscht ist. Auf dem gleichen Weg können Sie die Nachrichtenverfolgung auch wieder aktivieren.

Um die Nachrichtenverfolgung auf Transportservern zu deaktivieren, verwenden Sie den Befehl:

```
Set-TransportService <Servername> -MessageTrackingLogEnabled: $false
```

Über den folgenden Befehl aktivieren Sie die Nachrichtenverfolgung auf Transportservern wieder:

```
Set-TransportService <Servername> -MessageTrackingLogEnabled: $true
```

Auf Postfachservern können Sie die Nachrichtenverfolgung über die folgenden beiden Befehle aktivieren oder deaktivieren:

- Um die Nachrichtenverfolgung auf Postfachservern zu deaktivieren, verwenden Sie den Befehl:

  ```
  Set-MailboxServer <Servername> -MessageTrackingLogEnabled: $false
  ```

- Über den folgenden Befehl aktivieren Sie die Nachrichtenverfolgung auf Postfachservern wieder:

  ```
  Set-MailboxServer <Servername> -MessageTrackingLogEnabled: $true
  ```

Viele Unternehmen wollen die Protokolldateien für die Nachrichtenverfolgung an einen anderen Speicherort verlegen. Achten Sie beim Ändern des Speicherorts aber darauf, dass Sie die Protokolldateien lokal speichern lassen, nicht auf einer Netzwerkfreigabe. Um den Speicherort der Protokolldateien auf einem Transportserver anzupassen, verwenden Sie den Befehl:

```
Set-TransportService <Servername> -MessageTrackingLogPath <Pfad>
```

Anführungszeichen benötigen Sie bei der Angabe des Pfads zum Speicherort grundsätzlich nur, wenn dieser Leerzeichen enthält. Sie brauchen den Ordner vorher nicht anzulegen, der Befehl erstellt ihn selbst. Allerdings werden die bereits angelegten Protokolldateien nicht kopiert, sie verbleiben in ihrem ursprünglichen Ordner.

Auf Postfachservern verwenden Sie den Befehl:

```
Set-MailboxServer <Servername> -MessageTrackingLogPath <Pfad>
```

Überprüfen Sie nach dem Ändern des Speicherorts die Berechtigungen für den Ordner der Protokolldateien. Die notwendigen Berechtigungen werden durch den Befehl nicht gesetzt, sondern müssen manuell angepasst werden. Sie sollten ausschließlich folgende Berechtigungen auf den Speicherort der Protokolldateien festlegen:

- **Administrator** Vollzugriff
- **System** Vollzugriff
- **Netzwerkdienst** Lesen, Schreiben, Unterordner und Dateien löschen. Vor allem die Berechtigungen des Netzwerkdienstes sind wichtig, da der Systemdienst Microsoft-Exchange-Transport die Berechtigungen des Netzwerkdienstes dazu verwendet, um Protokolldateien anzulegen.

Standardmäßig darf die Protokolldatei für die Nachrichtenverfolgung eine Größe von zum Beispiel 10 MB erreichen. Wird diese Größe erreicht, legt Exchange automatisch eine neue Protokolldatei an.

Um die maximale Größe einer Protokolldatei auf Transportservern anzupassen, verwenden Sie den Befehl:

```
Set-TransportService <Servername> -MessageTrackingLogMaxFileSize <Größe>
```

Auf Postfachservern nutzen Sie entsprechend den Befehl:

```
Set-MailboxServer <Servername> -MessageTrackingLogMaxFileSize <Größe>
```

Standardmäßig darf der Ordner der Protokolldateien eine Größe von 250 MB erreichen. Danach löscht Exchange automatisch die älteste Protokolldatei im Ordner. Allerdings werden nur so lange neue Protokolldateien angelegt, bis die entsprechenden Voraussetzungen nicht mehr erfüllt sind:

- Die Größe des Ordners für die Protokolldateien hat den Grenzwert erreicht. Um den Grenzwert für den Ordner festzulegen, verwenden Sie den Befehl:

  ```
  Set-TransportService <Servername> -MessageTrackingLogMaxDirectorySize
  <Ordnergröße>
  ```

  Beziehungsweise:

  ```
  Set-MailboxServer <Servername> -MessageTrackingLogMaxDirectorySize
  <Ordnergröße>
  ```

- Die Protokolldatei hat ihr maximales Alter erreicht. Dann wird sie durch die Umlaufprotokollierung automatisch gelöscht. Der Standardwert für das maximale Alter beträgt 30 Tage. Um das maximale Alter anzupassen, verwenden Sie den Befehl:

  ```
  Set-TransportService <Servername> -MessageTrackingLogMaxAge <Alter>
  ```

  Beziehungsweise:

  ```
  Set-MailboxServer <Servername> -MessageTrackingLogMaxAge <Alter>
  ```

  Das Format für das Alter geben Sie nach der Syntax TT.HH:MM:SS ein. Legen Sie als Wert 00:00:00 fest, wird verhindert, dass Protokolldateien automatisch beim Erreichen ihres maximalen Alters gelöscht werden. In diesem Fall werden sie erst gelöscht, wenn der Grenzwert für die Größe des Ordners erreicht wird. Dies kann bei Unternehmen wichtig sein, die aufgrund gesetzlicher Vorschriften besonderen Aufbewahrungsrichtlinien unterliegen.

In der Nachrichtenverfolgung ist es nicht möglich, den Text der E-Mails zu protokollieren.

Die Einstellung für die Nachrichtenverfolgung lassen Sie am besten in der Exchange Management Shell anzeigen:

```
Get-TransportService | Select Name,MessageTrackingLogEnabled | ft -auto
```

4.10.2 Nachrichtenverfolgung verwenden

Die Nachrichtenverfolgung verwenden Administratoren am besten direkt im Exchange Admin Center. Hier finden Sie im Bereich *Nachrichtenfluss* die Möglichkeit, E-Mails nachzuverfolgen. Administratoren können über *Nachrichtenfluss/Zustellberichte* E-Mails nachverfolgen.

Wenn Sie eine Nachricht gefunden haben, können Sie entscheiden, ob Sie ihren E-Mail-Fluss weiterverfolgen oder ihre Eigenschaften betrachten wollen. Rufen Sie die Eigenschaften der Nachricht auf, erhalten Sie Informationen über ihren Absender und Empfänger. Zusätzlich bekommen Sie alle maßgeblichen Informationen der E-Mail wie Sendedatum, Server, Größe der Nachricht, Priorität und Verschlüsselung angezeigt.

Außerdem erfahren Sie die interne ID der Nachricht, mit deren Hilfe Sie jederzeit speziell nach dieser Nachricht suchen können. Diese Nachrichten-ID (Message-ID) wird auch beim Transport der Nachricht zu anderen E-Mail-Systemen nicht verändert und kann somit dort ebenfalls zur Suche verwendet werden.

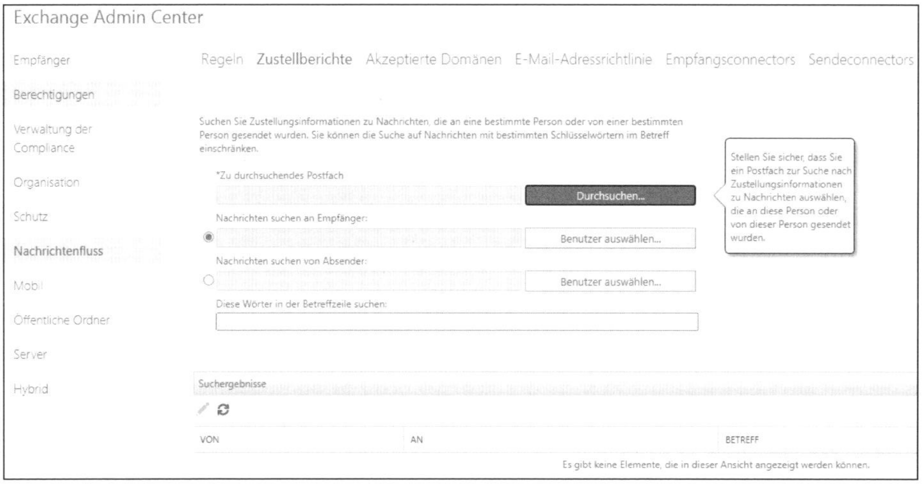

Abb. 4.17 Nachrichtenverfolgung in Exchange SE

4.11 SMTP für Fortgeschrittene

Verwalten Sie einen Exchange-Server, sollten Sie sich ein wenig mit SMTP (Simple Mail Transfer-Protokoll) beschäftigen. Vermuten Sie Probleme beim Versenden oder Empfangen von E-Mails, können Sie mit Telnet hervorragend den Fluss von E-Mails in allen SMTP-E-Mail-Servern verfolgen. Es ist dabei unerheblich, ob es sich um einen Exchange-Server, einen Linux-Server oder eine Blackbox handelt, SMTP bleibt SMTP. Das Versenden einer E-Mail ist schlussendlich nichts anderes als der Verbindungsaufbau zum Port 25 des E-Mail-Servers.

Testen Sie die SMTP-Anleitung auf den folgenden Seiten ruhig aus, Sie können hier kein System verbiegen, sondern emulieren lediglich das Versenden von E-Mails. Sie können zum Beispiel mit Telnet testen, ob ein bestimmter Server überhaupt E-Mails zum Remoteserver, beispielsweise über die Firewall hinweg, senden darf oder nicht, bevor Sie diesen Server in einem SMTP-Connector aktivieren. Wickeln Sie erfolgreich einen E-Mail-Versand über SMTP ab, können Sie schon fast sicher sein, dass der E-Mail-Fluss des Servers auch funktioniert.

Um mit Telnet eine Verbindung zu einem E-Mail-Server aufzubauen, benötigen Sie ein beliebiges Telnet-Programm. Für die Tests eines E-Mail-Servers reicht im Normalfall der Client aus, der mit Windows ausgeliefert wird (*Telnet.exe*). Sie müssen den Telnet-Client zunächst über Features aktivieren.

Für Windows 10/11 verwenden Sie die Systemsteuerung oder suchen nach *optionalfeatures* auf der Startseite beziehungsweise im Startmenü. In Windows Server benutzen Sie den Server-Manager oder das Windows Admin Center.

Wollen Sie das lokale Echo auf einem Client aktivieren (also Ihre eigenen Eingaben angezeigt bekommen), müssen Sie in der Eingabeaufforderung zunächst Telnet aufrufen. Geben Sie dazu einfach *telnet* ein. Sind Sie auf der Telnet-Oberfläche, können Sie den Befehl *Open <Servername> 25* eingeben. Bestätigen Sie Ihre Eingabe, baut der Client die Verbindung zum gewünschten E-Mail-Server auf. In der Eingabeaufforderung können Sie direkt mit *telnet <Servername> 25* eine Verbindung zum gewünschten SMTP-Server aufbauen.

Alle SMTP-Befehle können wahlweise in Groß- oder Kleinbuchstaben geschrieben werden. Zur besseren Verdeutlichung werden hier im Buch ausschließlich Großbuchstaben verwendet.

Um die Verbindung zu trennen, können Sie entweder das Fenster der Eingabeaufforderung schließen oder in der Telnet-Oberfläche *QUIT* eingeben. Nach dem Verbindungsaufbau können Sie jetzt mit SMTP-Befehlen das Versenden einer E-Mail testen. Dieser Ablauf ist dabei nahezu identisch mit dem Versenden von E-Mails zwischen zwei E-Mail-Servern.

Haben Sie die Verbindung aufgebaut, müssen Sie sich zuerst am SMTP-Server identifizieren. Sind Sie auf der Suche nach einem Verbindungsproblem, haben Sie hier schon die erste Chance auf eine Fehlerbehebung. Führen Sie zum Beispiel einen Verbindungstest mit einem E-Mail-Server im Internet durch, besteht die Möglichkeit, dass Sie sofort nach dem Verbindungsaufbau wieder getrennt werden. In einem solchen Fall wurde Ihnen vom Administrator des Remote-E-Mail-Servers kein Recht eingeräumt, mit dem Server eine Verbindung herzustellen, oder der Server ist nicht entsprechend konfiguriert.

Sie können deshalb bereits hier mit der Fehlerbehebung ansetzen. Um sich an einem E-Mail-Server zu identifizieren, können Sie zwischen zwei Befehlen wählen. Der zum Beispiel ältere und mittlerweile weniger verbreitete Befehl lautet *HELO* (für Hello). Sie sollten nach dem *HELO* noch die Bezeichnung des Computers anhängen, von dem aus Sie die Verbindung aufbauen, zum Beispiel *HELO DELL-Exchange01*.

Der neuere Standard ist das *Extended Hello* mit dem Befehl *EHLO*. Melden Sie sich mit diesem Befehl an einem SMTP-Server an, weiß der Remoteserver, dass Sie die erweiterte SMTP-Sprache verwenden wollen und auch verstehen, und begrüßt Sie nach der Eingabe mit den unterstützten Befehlen. Sind Sie an dieser Stelle und erscheint keine Fehlermeldung, wurden Sie erfolgreich vom SMTP-Server identifiziert. Ein älterer SMTP-Server kann möglicherweise den Befehl *EHLO* nicht verstehen und reagiert mit einer Fehlermeldung, in diesem Fall sollte der Client den Verbindungsaufbau erneut mit dem Befehl *HELO* versuchen.

Das Versenden einer E-Mail lässt sich grundsätzlich in drei Teile unterteilen: optional die Anmeldung am Server mit Benutzername und Kennwort, das Senden des *Envelope* (Umschlag) und das Senden des *Message-Textes* (Nachrichtentext).

Der Nachrichtentext besteht selbst aus zwei Teilen, dem *Header* und dem *Body* der Nachricht. Die Angaben im *Envelope* sagen dem SMTP-Server, wohin er eine Nachricht schicken soll, diese Angabe allein ist für die Zustellung zuständig. Die Angabe im Header einer Nachricht hat lediglich dekorativen Charakter und wird beispielsweise dem Benutzer vom E-Mail-Programm angezeigt.

Vergleichen können Sie diese Nachricht mit einem Brief, auf dessen Umschlag eine andere Adresse steht als im Briefkopf des Briefs selbst. Als Nächstes müssen Sie dem Remoteserver noch mitteilen, wer der Absender der E-Mail ist. Um dem Server mitzuteilen, wie der Absender heißt, verwenden Sie den Befehl *MAIL FROM:*. Nach dem Doppelpunkt geben Sie ohne Leerzeichen den Absender an, zum Beispiel:

```
MAIL FROM:<test@test.com>
```

Unterläuft Ihnen bei der Eingabe ein Fehler und der Remoteserver bestätigt den Absender nicht, geben Sie einfach den Befehl noch einmal ein. Hier kann es auch sein, dass Sie vom SMTP-Server getrennt werden, da Sie sich nicht authentifiziert haben.

Auf diesem Weg können Sie auch Empfangsconnectors für den Internetmailverkehr testen. Bei Empfangsconnectors für den Internetmailempfang ist der anonyme Zugriff gestattet, bei normalen Empfangsconnectors dagegen nicht. Erhalten Sie einen Fehler, dass der Server die Verbindung nicht akzeptiert, können Sie in den Eigenschaften des Empfangsconnectors in den Sicherheitseinstellungen bei *Berechtigungsgruppen* noch die anonymen Benutzer zulassen.

Im nächsten Schritt müssen Sie jetzt die Adresse des Empfängers eingeben, der die E-Mail erhalten soll. Hier ist zwingend die E-Mail-Adresse des Benutzers einzugeben, nicht der Benutzername. Wollen Sie eine E-Mail einem Benutzer zustellen, der nicht von diesem E-Mail-Server verwaltet wird, da er zu einer anderen Domäne gehört, wird der Vorgang, den Sie hier durchführen, Relaying genannt.

Dies bedeutet, Sie schicken einem Benutzer mithilfe eines anderen E-Mail-Servers eine Nachricht. Da dies von einigen Spammern ausgenutzt wird, ist das Relaying bei vielen Servern deaktiviert, wenn der Benutzer nicht mit dem Benutzernamen oder der IP-Adresse des Rechners am E-Mail-Server freigeschaltet ist. In einem solchen Fall erhalten Sie eine Fehlermeldung, wenn Sie die E-Mail abschicken wollen.

Zum Testen sollten Sie deshalb immer zuerst Benutzer verwenden, die durch den Exchange-Server verwaltet werden.

Die Adresse des Empfängers geben Sie mit dem Befehl *RCPT TO:* an, gefolgt von der E-Mail-Adresse. Führen Sie zum Beispiel den Test an der installierten Testumgebung durch, geben Sie Folgendes ein:

```
RCPT TO:<administrator@contoso.int>
```

Nach der Eingabe wird Ihnen die Verifizierung des Absenders bestätigt. Als Nächstes müssen Sie jetzt den Nachrichtentext eingeben, bestehend aus dem *Header* und dem *Body*. Als *Header* verwenden Sie einen Betreff, den Absender und den Empfänger, als *Body* den eigentlichen Text der E-Mail. Meist reicht für schnelle Tests der SMTP-Verbindung die Eingabe des E-Mail-Textes aus.

Geben Sie den Befehl *DATA* ein und bestätigen Sie, um zur Eingabe des Betreffs und des E-Mail-Textes zu gelangen. Geben Sie den Befehl ein. Haben Sie bestätigt, erscheint eine Meldung des Remoteservers, der Sie zur Eingabe auffordert. Haben Sie alle Eingaben für die E-Mail vorgenommen und den Text eingegeben, wird die E-Mail mit der Tastenfolge [↵] [.] [↵] abgeschickt. Diese Eingabe wird Ihnen auch in der Telnet-Session so angezeigt.

Diese Endemarkierung des Nachrichtentextes bedeutet natürlich auch, dass in einer E-Mail nirgendwo eine Zeile vorkommen darf, in der nur ein einzelner Punkt steht. Möchten Sie aber eine solche Nachricht schreiben, müssen Sie statt eines Punkts eben zwei Punkte verwenden, der zweite Punkt wird dann bei der Speicherung der Nachricht wieder entfernt.

Wollen Sie einen Betreff für die E-Mail eingeben, geben Sie in der Eingabeaufforderung den Befehl *SUBJECT:* und ein Leerzeichen gefolgt von dem gewünschten Text ein. Sie brauchen dabei den Text nicht in Anführungszeichen zu schreiben, auch wenn er Leerzeichen enthält. Alle Zeilen, die Sie nun eingeben, gehören zum Header der E-Mail, ihre Inhalte werden zum

Beispiel vom E-Mail-Programm des Empfängers in den entsprechenden Feldern angezeigt. Zur Eingabe des Body gelangen Sie, indem Sie eine Leerzeile durch Drücken der [↵]-Taste einfügen.

Während der Eingabe des Textes können Sie ohne Probleme die [↵]-Taste verwenden, da erst die Kombination [↵] [.] [↵] zum Beenden der E-Mail führt. Haben Sie Ihre Eingabe beendet, geben Sie die oben erwähnte Tasten-/Zeichenkombination ein. Die E-Mail wird jetzt vom Exchange-Server angenommen und dem Empfänger zugestellt.

Sie können jetzt weitere E-Mails verschicken oder die Verbindung mit dem Remoteserver mit *QUIT* beenden. Als Nächstes können Sie in Outlook oder Outlook Web App überprüfen, ob die E-Mail zugestellt wurde.

Exchange SE meldet verschiedene Fehler, wenn Server keine Verbindung zum entsprechenden Empfangsconnector aufbauen können. Über diese Meldung erfahren Sie, wo das Problem liegt und wie Sie die Verbindung dennoch herstellen können:

- **530 5.7.1 Client was not authenticated** Bei diesem Fehler hat der Absender der Nachricht nicht das Recht, E-Mails zu diesem Server zu übertragen. Entweder müssen Sie die Authentifizierung konfigurieren oder dem Sender das Recht geben, Nachrichten zum entsprechenden Empfangsconnector zu senden.
- **535 5.7.3 Authentication unsuccessful** Tritt dieser Fehler auf, hat der sendende Server falsche Authentifizierungsinformationen gesendet. Überprüfen Sie, ob die Authentifizierungsdaten korrekt konfiguriert sind.
- **550 5.7.1 Client does not have permission to submit to this server** Bei diesem Fehler hat die Authentifizierung zwar geklappt, der Absender hat aber keine Rechte, E-Mails an diesen Server zu senden.
- **550 5.7.1 Client does not have permission to send as this server** Der Absender der E-Mail verwendet als Domäne eine autorisierende Domäne. Dieser Fehler tritt auf, wenn von außerhalb, zum Beispiel vom Internet, zu einem Edge-Transportserver eine E-Mail gesendet wird, die eine Domäne verwendet, für die Exchange autorisierend zuständig ist.
- **550 5.7.1 Client does not have permission to send on behalf of the from address** Diese Meldung besagt, dass der Absender im Auftrag einer Adresse sendet, die im Header hinterlegt ist. Soll diese Funktion unterstützt werden, benötigt der Client das Recht auf dem Exchange-Server, dass er alle möglichen Absender verwenden darf.
- **550 5.7.1 Unable to Relay** In diesem Fall gehört die Domäne der E-Mail nicht zu den akzeptierten Domänen.

Durch das Versenden einer E-Mail über mehrere E-Mail-Server wird der Header der E-Mail ständig erweitert. In diesem Header werden die Informationen der verschiedenen E-Mail-Server angegeben, über die diese E-Mail gelaufen ist. Sie können diesen Header in Outlook anzeigen lassen und so sehr leicht feststellen, über welche E-Mail-Server diese E-Mail verschickt wurde.

Um im klassischen Outlook den Header einer E-Mail anzusehen, öffnen Sie die E-Mail und klicken auf ihre Registerkarte *Datei*. Rufen Sie auf der Registerkarte die Schaltfläche *Eigenschaften* auf. Im neuen Outlook klicken Sie die E-Mail mit der rechten Maustaste an und wählen *Anzeigen/Nachrichtendetails anzeigen*.

In Outlook Web App ist es ebenfalls möglich, E-Mail-Header anzuzeigen. Öffnen Sie dazu die E-Mail in Outlook Web App und klicken Sie auf die Schaltfläche für die erweiterten Aktionen rechts oben. Anschließend wird der Header der E-Mail in einem neuen Popupfenster angezeigt.

4.12 Transportregeln für den Nachrichtenfluss erstellen

Unter Exchange SE besteht weiterhin die Möglichkeit, ähnlich wie in Outlook, Regeln zu erstellen, auf deren Basis Nachrichten speziell behandelt werden. Auf allen Transportservern in der Organisation läuft der Transportregel-Agent.

4.12.1 Transportegeln verstehen

Mit Transportregeln können Sie E-Mails, die Ihre Organisation durchlaufen, auf bestimmte Bedingungen prüfen und entsprechende Aktionen direkt auf dem Server ausführen.

Der Hauptunterschied zwischen Transportregeln und den Regeln, die Sie in einer Clientanwendung wie Outlook erstellen, besteht darin, dass mit Transportregeln Aktionen für E-Mails ausgeführt werden, während sie noch übertragen werden. Posteingangsregeln werden dagegen erst nach der Zustellung der Nachricht angewendet.

Sie verwenden das Exchange Admin Center oder die Exchange Management Shell, um eine Transportregel zu erstellen. Nachdem Sie die Regel erstellt haben, wird sie in Active Directory gespeichert. Während E-Mails die Transportpipeline durchlaufen, wird der Transportregel-Agent aufgerufen. Das ist ein spezieller Transport-Agent, der die von Ihnen erstellten Transportregeln verarbeitet.

Mit Transportregelbedingungen geben Sie die Merkmale von E-Mails an, auf die eine Transportregelaktion angewendet werden soll. Bedingungen bestehen aus einem oder mehreren Prädikaten, die die Teile einer Nachricht angeben, die untersucht werden sollen. In der Exchange Management Shell zeigen Sie die Prädikate mit dem Cmdlet *Get-Transport-RulePredicate* an.

Ausnahmen basieren wiederum auf den gleichen Prädikaten, die auch für die Erstellung von Transportregelbedingungen verwendet werden. Hier werden E-Mails identifiziert, auf die Transportregelaktionen nicht angewendet werden sollen.

Eine vollständige Liste der Transportregelaktionen erhalten Sie mit dem Cmdlet *Get-TransportRuleAction*.

Die Transportregeln werden in Active Directory gespeichert und stehen nach der Replikation von Active Directory auf allen Exchange-Servern in Ihrer Exchange SE-Organisation zur Verfügung.

Exchange Online begrenzt die Regelverarbeitung technisch auf 100 zusätzliche Empfänger pro Nachricht, unabhängig von der Anzahl aktiver Transportregeln. In Exchange SE existiert diese Begrenzung nicht. Werden in einer Hybridumgebung dieselben Regeln doppelt definiert, kann dies zu doppelter Verarbeitung oder Blockierung durch Online-Grenzwerte führen.

Wird eine Transportregel erstellt beziehungsweise eine vorhandene geändert oder gelöscht, werden die Änderungen auf alle Active Directory-Domänencontroller in der Organisation repliziert.

Sie finden die Konfiguration der Transportregeln im Exchange Admin Center über das Menü *Nachrichtenfluss/Regeln*.

Sie können mit Transportregeln eine Lösung zur Verhinderung von Datenverlust (Data Loss Prevention, DLP) einführen, die über Regeln verfügt, mit denen Sie das vorhandene Transportregelframework nutzen können. DLP ist ein Premium-Feature, für das eine Enterprise-Clientzugriffslizenz (Client Access License, CAL) erforderlich ist.

Mit Transportregeln kann auch der Inhalt von unterstützten Dateitypen überprüft werden. Nicht vergessen: In Exchange Online dürfen Transportregeln pro Nachricht höchstens 100 zusätzliche Empfänger generieren. Werden diese Grenzwerte überschritten, blockiert der Dienst die Nachricht oder bricht die Regelverarbeitung ab. Dieses Verhalten betrifft vor allem Regeln mit Aktionen wie *Umleiten an*, *Kopie senden an* oder *Nachricht auch an folgende Empfänger senden*. In hybriden Umgebungen mit Transportregeln auf beiden Seiten sollten Administratoren vermeiden, dass dieselbe Regelkette in Exchange SE und Exchange Online aktiv ist. Exchange SE kennt diese Grenze nicht, was bei identischen Regeln zu unterschiedlichem Verhalten führen kann. Eine gezielte Prüfung auf parallele Regeldefinitionen ist erforderlich, um unerwünschte Nebenwirkungen zu verhindern.

Wenn die Nachricht eine komprimierte Archivdatei wie eine *.zip*- oder *.cab*-Datei enthält, prüft der Transportregel-Agent die in der Anlage befindlichen Dateien.

Unterstützt werden standardmäßig Excel-, Word-, PowerPoint- und PDF-Dateien, nicht jedoch OneNote- und Publisher-Dateien. Sie können allerdings die Unterstützung für diese Dateitypen mit der iFilter-Integration aktivieren. Ich komme in den nächsten Abschnitten noch auf diese Möglichkeiten zurück. In Exchange SE werden *.gif*- und *.png*-Dateitypen nicht unterstützt.

4.12.2 Erste Schritte mit Transportregeln

Sie können neue Regeln erstellen, indem Sie im Menü zum Plus-Symbol den Eintrag *Neue Regel erstellen* auswählen. In Exchange SE können Sie für diese Regel auch Bereiche der Active Directory-Rechteverwaltung verwenden.

Standardmäßig ermöglicht das Exchange Admin Center die einfache Erstellung von Transportregeln. Diese Regeln bestehen aus einer einzigen Bedingung und einer einzigen Aktion ohne jede Ausnahme:

1. Navigieren Sie zu *Nachrichtenfluss/Regeln*.
2. Klicken Sie auf *Neu* (Plus-Zeichen), um eine neue Transportregel zu erstellen. Sie können eine Regel über eine integrierte Regelvorlage erstellen. Klicken Sie dazu auf den Pfeil neben *Neu*. Daraufhin wird eine Liste der verfügbaren Vorlagen angezeigt.
3. Wählen Sie die gewünschte Bedingung aus den verfügbaren Bedingungen aus, die im Dropdownlistenfeld *Diese Regel anwenden, wenn...* aufgeführt sind. Für einige der Bedingungen müssen Sie Werte angeben. Falls Sie keine Bedingung angeben und diese Regel auf alle Nachrichten in Ihrer Organisation angewendet werden soll, wählen Sie die Bedingung *[Auf alle Nachrichten anwenden]* aus.
4. Wählen Sie die Aktion aus, die von der Regel auf Nachrichten angewendet werden soll. Für einige der Aktionen müssen Sie Werte angeben.

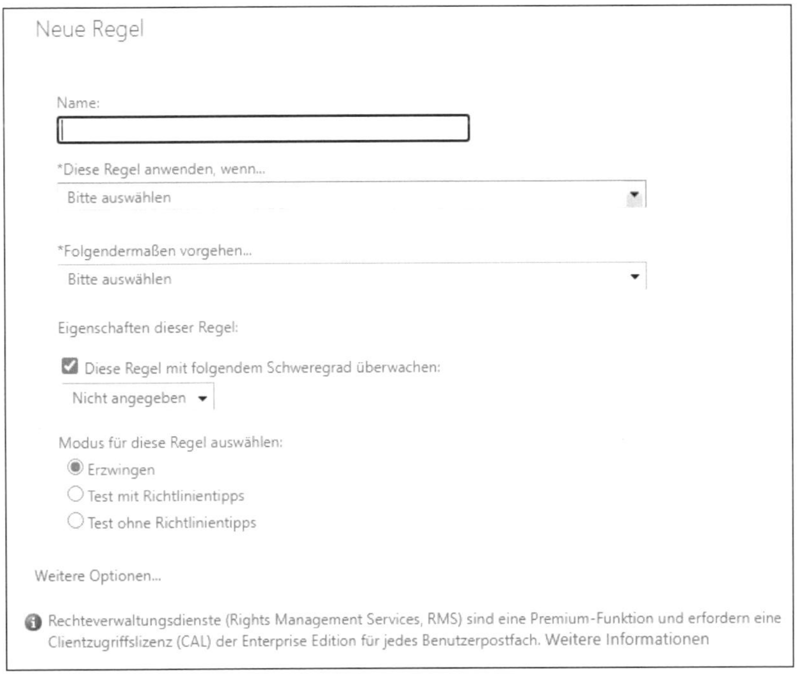

Abb. 4.18 Erstellen von neuen Regeln in Exchange SE

5. Klicken Sie auf den Link *Weitere Optionen*, um zusätzliche Bedingungen oder Aktionen hinzuzufügen oder bestimmte Ausnahmen festzulegen. Dadurch werden alle Transportregeleigenschaften aktiviert. Nachdem Sie auf *Weitere Optionen* geklickt haben, füllen Sie die Felder aus, um Ihre Regel zu erstellen.
6. Klicken Sie auf *Bedingung hinzufügen*, um weitere Bedingungen hinzuzufügen. Wenn Sie mehrere Bedingungen festlegen, können Sie eine Bedingung entfernen, indem Sie neben dem Eintrag auf das *X*-Symbol klicken.

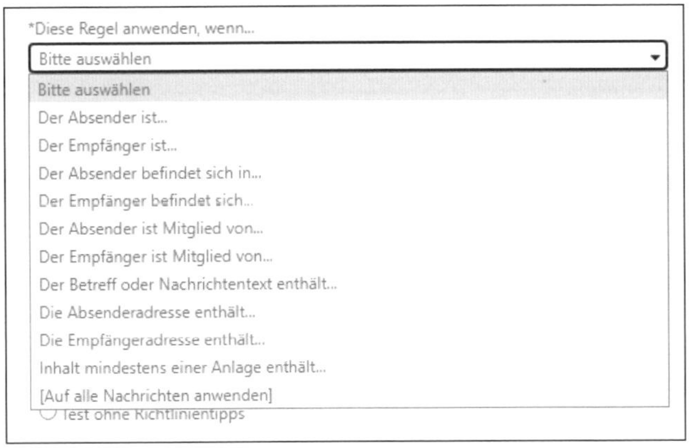

Abb. 4.19 Festlegen der Bedingungen für eine Regel

7. Klicken Sie auf *Aktion hinzufügen*, um weitere Aktionen hinzuzufügen.

8. Klicken Sie auf *Ausnahme hinzufügen* und wählen Sie anschließend die Ausnahmen im Dropdownlistenfeld *Außer wenn...* aus, wenn Sie die Regel für bestimmte Nachrichten nicht anwenden wollen.
9. Sie können festlegen, dass keine weiteren Regeln ausgeführt werden, nachdem diese Regel auf eine Nachricht angewendet wurde. Aktivieren Sie hierzu das Kontrollkästchen *Keine weiteren Regeln anwenden*. Falls Sie diese Option aktiviert haben und eine Nachricht von dieser Regel verarbeitet wird, werden auf diese Nachricht keine nachfolgenden Regeln angewendet.
10. Für Transportregeln, die sich auf Richtlinien zur Verhinderung von Datenverlusten beziehen (siehe Kapitel 10), können Sie einen Überwachungsschweregrad angeben. Wenn ein Benutzer eine Aktion wählt, die nicht mit einer Richtlinie zur Verhinderung von Datenverlusten übereinstimmt, kann ein Schadensbericht generiert werden. Aktivieren Sie das Kontrollkästchen *Diese Regel mit folgendem Schweregrad überwachen*, um einen Überwachungsschweregrad für diese Regel anzugeben.
11. Wenn diese Regel nach einem bestimmten Datum wirksam werden soll, klicken Sie auf *Diese Regel an folgendem Datum aktivieren*. Geben Sie anschließend ein Datum an.
12. Ebenso können Sie festlegen, dass die Regel an einem bestimmten Datum nicht verarbeitet wird. Klicken Sie hierzu auf *Diese Regel an folgendem Datum deaktivieren*. Geben Sie anschließend ein Datum an.

In Exchange SE können Sie eine Transportregel im Testmodus erstellen. So können Sie neue Regeln testen, ohne den Nachrichtenfluss zu beeinträchtigen. Wählen Sie eine der folgenden Optionen aus:

- **Erzwingen** Diese Option aktiviert die Regel.
- **Test mit Benachrichtigungen** Diese Option aktiviert die Regel und in den Protokollen der Nachrichtenverfolgung wird aufgezeichnet, welche Auswirkungen die Regel hätte, wenn sie erzwungen würde. Exchange führt aber keine Aktionen aus, die sich auf die Zustellung der Nachricht auswirken. Zusätzlich werden Absender über die von der Regel ausgeführten Aktionen benachrichtigt, wenn die Regel die Aktion *Absender mit Richtlinientipp benachrichtigen* enthält.
- **Test ohne Benachrichtigungen** Diese Option aktiviert die Regel, und in den Protokollen der Nachrichtenverfolgung wird aufgezeichnet, welche Auswirkungen die Regel hätte, wenn sie erzwungen würde. Exchange führt keine Aktionen aus, die sich auf die Zustellung der Nachricht auswirken.

Klicken Sie auf *Speichern*, um die Erstellung der Regel abzuschließen. In einer Hybrid-Bereitstellung werden Transportregeln sowohl in Exchange SE als auch in Exchange Online definiert. Dabei ist zu beachten, dass Regeln lokal nur auf ausgehende Nachrichten wirken, sofern der zentrale Mailfluss über die Cloud erfolgt. Um redundante Regelanwendung oder Konflikte zu vermeiden, sollten Exchange-Administratoren eindeutig definieren, ob eine Regel lokal, cloudbasiert oder in beiden Systemen aktiv sein soll. Die Hybridkonfiguration erkennt keine Regelprioritäten übergreifend.

4.12.3 Transportregel in der Exchange Management Shell erstellen

Transportregeln können Sie auch in der Exchange Management Shell erstellen. In diesem Beispiel wird eine neue Transportregel erstellt, um E-Mails, die von außerhalb der Organisation an die Verteilergruppe *Verkauf* gesendet werden, die Zeichenfolge *Externe Mail an Verkauf* voranzustellen:

```
New-TransportRule -Name "Nachrichten aus dem Internet an Verkauf markieren"
-FromScope NotInOrganization -SentTo "Verkauf" -PrependSubject "Externe Mail an
Verkauf"
```

Regeln, die Sie in der Exchange Management Shell erstellen, sind auch im Exchange Admin Center verfügbar und lassen sich auf Wunsch anpassen. Sie können Regeln aber auch in der Shell überprüfen:

```
Get-TransportRule
```

Sie müssen den Namen einer Regel angeben, um ihre ausführlichen Eigenschaften anzuzeigen:

```
Get-TransportRule <Name> | Format-List
```

Wenn Sie die Eigenschaften einer bestimmten Regel ändern wollen, können Sie neben Exchange Admin Center auch das Cmdlet *Set-TransportRule* verwenden. Mit diesem Cmdlet können Sie beliebige Eigenschaften, Bedingungen, Aktionen oder Ausnahmen ändern, die einer Regel zugeordnet sind:

```
Set-TransportRule "Absender gehört zum Vertrieb" -ExceptIfFrom "Thomas Joos"
```

Sie können eine Regel deaktivieren, um den Transportregel-Agent vorübergehend daran zu hindern, eine Transportregel auszuführen. Diese Funktion können Sie im Exchange Admin Center oder der Exchange Management Shell durchführen:

1. Navigieren Sie im Exchange Admin Center zu *Nachrichtenfluss*.
2. Wählen Sie *Regeln* aus.
3. Deaktivieren Sie das Kontrollkästchen neben dem Namen einer Regel, um sie zu deaktivieren.
4. Aktivieren Sie das Kontrollkästchen neben dem Namen einer Regel, um sie zu aktivieren.

In der Shell verwenden Sie den Befehl *Disable-TransportRule <Name>*, um eine Regel zu deaktivieren.

Um Regeln zu aktivieren, verwenden Sie *Enable-TransportRule <Name>*.

Den Status sehen Sie mit dem Cmdlet *Get-TransportRule | Format-Table Name,State*.

Der Aufruf *Remove-TransportRule <Name>* löscht eine Transportregel.

Klicken Sie im Exchange Admin Center auf eine Regel, können Sie verschiedene Aufgaben durchführen:

- Sie können die Regel über ihr Kontrollkästchen deaktivieren oder wieder aktivieren.
- Sie können die Regel löschen.
- Sie können die Regel bearbeiten und alle Einstellungen vornehmen, die Sie auch beim Erstellen vorgenommen haben.
- Sie können die Priorität der Regel ändern, also die Reihenfolge, in der die Regeln angewendet werden.

4.13 Zusammenfassung

In diesem Kapitel habe ich Ihnen umfassend gezeigt, wie der E-Mail-Fluss in Exchange SE funktioniert und wie Sie Connectors erstellen. Auch Transportregeln, E-Mail-Sicherheit und erweiterte SMTP-Befehle waren Bestandteil des Kapitels. Und auch die Nachrichtenverfolgung, die Warteschlangen sowie das Thema Relaying habe ich ausführlich behandelt.

Im nächsten Kapitel erfahren Sie, wie Sie mit den Datenbanken in Exchange SE umgehen.

Kapitel 5

Exchange-Datenbanken verstehen

In diesem Kapitel erläutere ich die Erstellung und Verwaltung von Postfachspeicher. Außerdem erfahren Sie, wie sich Speicher anlegen und verwalten lässt.

Exchange SE setzt weiter auf die ESE-Datenbank (Extensible Storage Engine). Generell gibt es daher seit Exchange 5.5 keine größeren Unterschiede, außer der deutlich gesteigerten Geschwindigkeit und besseren Stabilität. In Exchange SE hat Microsoft die Architektur der Postfachdatenbanken weiterentwickelt, ohne deren grundlegenden Aufbau zu verändern. Die Datenbankstruktur basiert weiterhin auf der Extensible Storage Engine, wurde jedoch in mehreren Punkten optimiert.

Neu ist die Funktion Database Divergence Detection, mit der der Server Abweichungen zwischen aktiven und passiven Kopien einer Datenbank automatisch erkennt und korrigiert. Dadurch lassen sich beschädigte Blöcke oder Replikationsfehler im laufenden Betrieb beheben. Der Suchindex kann in Exchange SE vollständig aus passiven Datenbankkopien erstellt werden, was die Last auf den aktiven Postfächern reduziert und die Gesamtleistung des Systems verbessert.

Zudem empfiehlt Microsoft den Einsatz des Dateisystems ReFS, das bei Beschädigungen Prüfsummen nutzt und so eine schnellere Selbstreparatur ermöglicht. Auch die Wiederherstellung nach unerwarteten Serverausfällen verläuft stabiler, da Exchange SE Änderungen am Cache- und Commit-Verhalten implementiert hat. Insgesamt ist die Datenbank-Engine damit robuster, konsistenter und stärker auf Hochverfügbarkeit ausgelegt als in früheren Versionen. Exchange SE verwendet weiterhin Postfachdatenbanken. Hier sind auch öffentliche Ordner gespeichert. Es gibt daher keine Datenbanken für öffentliche Ordner.

Postfachdatenbanken sind immer einzigartig in der Organisation und lassen sich seit Exchange 2019 deutlich einfacher wiederherstellen als bei den Vorgängerversionen. Mehr zu diesem Thema erfahren Sie in Kapitel 14. Ich erläutere Ihnen in diesem Kapitel und in Kapitel 14 auch die Wartung von Exchange-Datenbanken sowie die Reparatur.

Für die Ausfallsicherheit sorgen die Datenbankverfügbarkeitsgruppen (Database Availability Groups, DAG), die ich ausführlich in Kapitel 15 behandle. Die Sicherung und Wiederherstellung von Datenbanken behandle ich außerdem in Kapitel 14.

5.1 Einführung in die Datenbankstruktur

Der Server basiert auf der Joint-Engine-Technologie (JET). Auf deren Basis wurde die Extensible Storage Engine (ESE) von Exchange entwickelt.

Während es früher zwei Arten von Datenbanken gab, Postfachdatenbanken und öffentliche Ordnerdatenbanken, kennen Exchange 2013/2016/2019 nur noch Postfachdatenbanken. Das gilt auch für Exchange SE. Öffentliche Ordner werden in einem Postfach der Postfachdatenbank gespeichert. Das erleichtert die Hochverfügbarkeit und Replikation.

Datenbankdateien haben die Endung *.edb*. Die Datenbankdateien sind seit Exchange 2010/2013 nicht mehr in *.edb-* und *.stm*-Dateien aufgeteilt, sondern bestehen nur noch aus einer einzigen *.edb*-Datei pro Datenbank.

In dieser Datei liegen alle Daten der jeweiligen Datenbank. Bei der Installation eines Postfachservers legt Exchange automatisch eine Postfachdatenbank an. In dieser initialen Datenbank speichert Exchange SE wichtige Systempostfächer wie das Arbitration-Postfach, das Auditlog-Postfach oder das Discovery-Postfach. Diese Objekte sind erforderlich für das EAC, Moderationsnachrichten, Compliance-Suchen und andere organisatorische Dienste. Wird die Standarddatenbank gelöscht oder beschädigt, funktionieren bestimmte Verwaltungsfunktionen nicht mehr korrekt. Diese Postfächer können über PowerShell mit *Get-Mailbox -Arbitration* geprüft und bei Bedarf migriert werden. Für öffentliche Ordner legen Sie manuell Datenbanken an oder speichern die öffentlichen Ordner in der bereits vorhandenen Postfachdatenbank.

Durch das Anlegen mehrerer Datenbanken können Sie die Konsistenz Ihrer verschiedenen Daten erhöhen. Selbst wenn eine Datenbank und deren Dateien beschädigt sind, können Benutzer, deren Postfächer sich in einer anderen Datenbank befinden, weiterhin problemlos arbeiten. Bei einem notwendigen Wiederherstellungsvorgang einer Datenbank wird die Arbeit der Benutzer, deren Postfächer auf andere Datenbanken verteilt sind, nur minimal beeinträchtigt. Dadurch ist auch die Dauer eines Wiederherstellungsvorgangs bei kleineren Datenbanken um einiges kürzer als bei größeren.

Microsoft empfiehlt für den Datenträger, auf denen Sie Exchange-Datenbanken speichern, eine feste Größe der Zuordnungseinheit (NTFS Allocation Unit Size) von 64 KB. Diese Einstellung können Sie beim Anlegen eines neuen Volumes festlegen. Um zu überprüfen, ob der Datenträger, auf dem Sie die Exchange-Datenbank speichern, optimal konfiguriert ist, verwenden Sie die Eingabeaufforderung oder die PowerShell. Geben Sie dann den folgenden Befehl ein:

```
Fsutil fsinfo ntfsinfo [Laufwerksbuchstabe:]
```

Sie sehen die Größe der Zuordnungseinheit im Bereich *Bytes pro Cluster*. Ändern können Sie diese Einstellung nur über eine Neuformatierung. Sinnvollerweise sollten Sie Datenbanken in Exchange SE aber am besten auf ReFS-Datenträgern speichern.

5.2 Postfachdatenbanken erstellen und verwalten

Die Datenbanken bilden in Exchange die oberste Ebene der Datenbankstruktur, Speichergruppen wie bei den Vorgängerversionen von Exchange 2010/2013 gibt es nicht mehr. Darüber hinaus sind Datenbanken nicht an einen Server gebunden, sondern erhalten eine eigene Kennzeichnung in der Organisation. Das erleichtert die Bereitstellung von Datenbanken auch auf anderen Servern, ohne komplexe Wiederherstellungsaufgaben durchführen zu müssen.

Für jeden Postfachserver gibt es mindestens eine angelegte Datenbank. Weitere Datenbanken lassen sich nachträglich erstellen. Beachten Sie hier die Grenzwerte, die ich in Kapitel 1 erläutert habe. Alle Datenbanken der Organisation finden Sie im Exchange Admin Center über *Server/Datenbanken*. Hier sehen Sie auch, auf welchem Server die jeweilige Datenbank produktiv und als Kopie bereitgestellt ist. Kopien lassen sich jederzeit erstellen. Klicken Sie auf das Pluszeichen, können Sie neue Datenbanken erstellen. In diesem Bereich ändern Sie auch Einstellungen für Datenbanken.

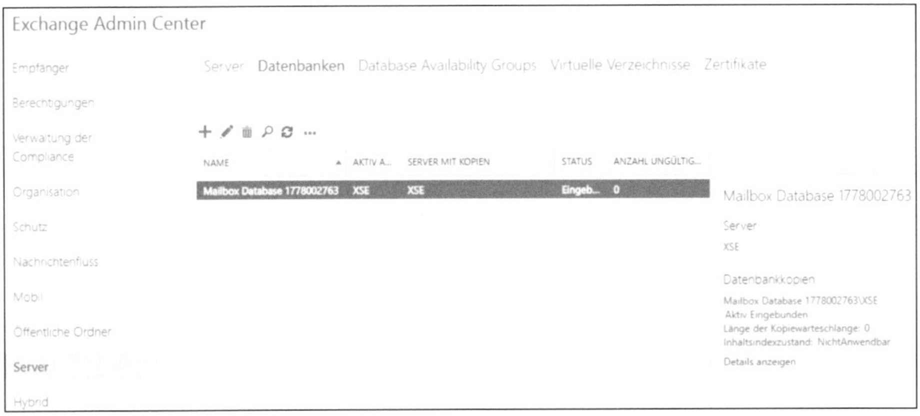

Abb. 5.1 Datenbanken in Exchange SE verwalten

Die erste standardmäßig angelegte Postfachdatenbank auf einem Postfachserver besteht aus der Datei *Mailbox Database <Nummer>.edb* im Ordner *C:\Program Files\Microsoft\Exchange Server\V15\Mailbox\Mailbox Database <Nummer>*.

5.2.1 ReFS verwenden

Microsoft empfiehlt, Exchange-Datenbanken auf Basis von Exchange Server 2019 und Exchange SE auf dem ReFS-Dateisystem abzulegen. Neben einer besseren Leistung ist hier vor allem die Stabilität des Dateisystems ein Vorteil.

Das Betriebssystem kann von ReFS-Datenträgern nicht booten. ReFS (Resilient File System, robustes Dateisystem) soll in der Lage sein, defekte Dateien automatisch zu reparieren. Außerdem gilt ReFS im Vergleich zu NTFS als wesentlich unempfindlicher gegenüber Abstürzen des Betriebssystems oder dem Ausschalten des Servers ohne vorheriges Herunterfahren. Das neue Dateisystem arbeitet optimal mit neuen Speicherpools zusammen. Speicherpools erlauben das Zusammenfassen mehrerer physischer Datenträger zu einem logischen Pool.

Neben der automatischen Korrektur soll das Dateisystem keine langen Ausfallzeiten mehr durch Reparaturmaßnahmen benötigen und zur Reparatur heruntergefahren werden müssen. Reparaturen lassen sich im laufenden Betrieb durchführen. Damit gehören stundenlange Reparaturaktionen der Vergangenheit an. In ReFS lassen sich Metadaten und Prüfsummen von Dateien wesentlich effizienter integrieren als in Vorgängerversionen.

Das Dateisystem protokolliert Änderungen in Dateien und kann ursprüngliche Änderungen speichern. NTFS dagegen überschreibt ältere Versionen von Metadaten und Prüfsummen unwiederbringlich. Das heißt, Daten gehen nicht verloren, sondern können im Dateisystem wiederhergestellt werden, auch wenn Anwender oder Serverdienste wie Exchange Dateien geändert haben. Dies funktioniert ähnlich wie bei den Schattenkopien in NTFS, ist aber nicht vom Erstellen solcher Schattenkopien abhängig, sondern läuft ständig im Hintergrund. Die Technik entspricht in etwa den transaktionalen Datenbanken. Der Vorteil dabei ist, dass auch bei Stromausfällen keinerlei Daten auf ReFS-Datenträgern verloren gehen.

Allerdings handelt es sich bei ReFS um kein Dateisystem, das Daten in Datenbanken speichern kann. Microsoft hat nur einige Vorteile des transaktionalen Systems integriert. ReFS trägt auch den immer größeren Dateien und Festplatten Rechnung. Das System unterstützt eine in nächster Zeit unerreichbare Größe von Dateien und Festplatten, die weit über die Möglichkeiten von NTFS hinausgehen. Laut Angaben von Microsoft beherrschen ReFS-Datenträger eine Größe von 16 Exabyte. Ordner auf ReFS-Dateiträgern können nahezu eine unbegrenzte Anzahl Dateien speichern, und auch die Anzahl der Ordner kann mehrere Trillionen betragen. Dateinamen können eine Länge von 32.000 Zeichen erreichen. Die Leistung soll durch große Dateien aber nicht einbrechen, dafür sorgt die neue Technologie im Hintergrund, die Daten effizienter speichert.

Wie NTFS lassen sich auch in ReFS Berechtigungen auf Basis der Zugriffssteuerungslisten (Access Control List, ACL) vergeben. ReFS unterstützt keine Komprimierung von Dateien über das Dateisystem und auch keine Verschlüsselung einzelner Dateien. Auch Quotas auf dem Datenträger unterstützt ReFS nicht.

Administratoren bemerken bei der Verwendung des neuen Dateisystems keinen Unterschied zu NTFS, die Bedienung ist vollkommen transparent. Auch Entwickler können die standardmäßige API von NTFS für den Zugriff auf ReFS nutzen. Laut Microsoft sollen auch keine Inkompatibilitäten mit aktuellen Anwendungen bestehen. Programme, die mit NTFS funktionieren, sollen auch mit ReFS laufen. Das liegt nicht zuletzt daran, dass die Zugriffsschnittstelle (API), mit der das Dateisystem kommuniziert, dem von NTFS entspricht. Nur die zugrunde liegende Technik ist unterschiedlich. Die Master File Table (MFT) auf ReFS-Datenträger unterscheidet sich ebenfalls von NTFS.

5.2.2 Neuen Postfachspeicher anlegen

Neue Datenbanken erstellen Sie im Bereich *Server/Datenbanken* über das Pluszeichen. Haben Sie den Assistenten gestartet, geben Sie zunächst einen Namen für den Postfachspeicher ein und wählen den Postfachserver aus, auf dem Exchange die Datenbank erstellen soll.

Der Name kann bis zu 64 Zeichen lang sein, darf jedoch nicht alle Zeichen enthalten, zum Beispiel \ / " = , ;. Klicken Sie auf *Durchsuchen*, um die Postfachserver der Organisation anzuzeigen, auf denen der Assistent die Datenbank erstellen soll.

Auf der Seite legen Sie auch den Pfad der *.edb*-Datei und den Pfad der Transaktionsprotokolle für die Datenbanken fest. Auf die Transaktionsprotokolle komme ich noch ausführlicher in diesem Kapitel zurück.

In Exchange hat jeder Postfachspeicher seinen eigenen Satz an Transaktionsprotokollen. In Exchange 2007 haben sich die einzelnen Datenbanken einer Speichergruppe jeweils einen Satz Transaktionsprotokolle geteilt.

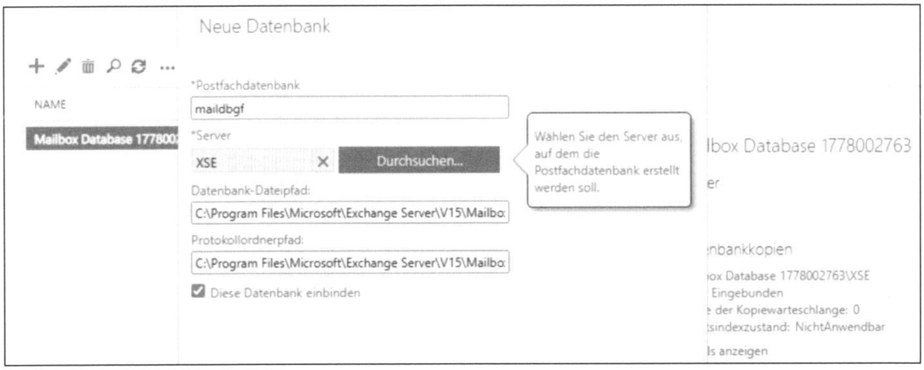

Abb. 5.2 Erstellen einer neuen Postfachdatenbank auf einem Remoteserver

Aktivieren Sie das Kontrollkästchen *Diese Datenbank einbinden*, wenn Sie diese Datenbank gleich aktiv nutzen wollen. Durch das Bereitstellen einer Datenbank wird sie online geschaltet. Sie können die Bereitstellung auch noch nach der Erstellung in den Eigenschaften durchführen. Lassen Sie die Postfachspeicherdatenbank über die Schaltfläche *Speichern* erstellen. Anschließend zeigt das Exchange Admin Center sie an. Wenn bei der Erstellung ein Fehler auftritt, finden Sie in der Zusammenfassung eine Erklärung.

In der Exchange Management Shell können Sie mit dem Cmdlet *New-MailboxDatabase* eine Datenbank erstellen. Ein Beispiel dafür ist:

```
New-MailboxDatabase -Name "Buchhaltung" -Server Mail01 -EdbFilePath
D:\DatabaseFiles\MailboxDatabase01.edb -LogFolderPath D:\DatabaseFiles\LogFolder
```

Mit dem Befehl *Mount-Database -Identity <Name der Datenbanken>* stellen Sie eine Datenbank nach der Erstellung bereit.

Nachdem Sie eine neue Datenbank angelegt haben, sollten Sie den Exchange-Informationsspeicher einmal neu starten.

Am besten verwenden Sie dazu die Eingabeaufforderung, die PowerShell oder die Exchange Management Shell mit den Befehlen *Net stop msExchangeis* und *Net start msExchangeis*.

In Umgebungen mit mehreren Postfachdatenbanken empfiehlt es sich, für jede Datenbank einen eigenen isolierten Verzeichnispfad für die EDB-Datei und die Transaktionsprotokolle zu verwenden. Eine klare Trennung der Pfade verhindert, dass Datenbanken und Logs verschiedener Datenbanken gemischt werden, was bei Backup, Recovery oder Wartung zu Fehlern führen kann. Microsoft empfiehlt, für jede Datenbankstruktur mindestens ein separates Volume zu verwenden.

5.2.3 Datenbanken verschieben

Sie können Datenbanken auch an andere Speicherorte auf dem Server verschieben. Dazu verwenden Sie die Exchange Management Shell und das Cmdlet *Move-DatabasePath*. Um den Verschiebungsvorgang auszuführen, muss die Einbindung der Datenbank vorübergehend aufgehoben werden.

```
Move-DatabasePath? -Identity <Datenbank> -EdbFilePath <Neuer Pfad und Name der
EDB-Datei>
```

Beim Verschieben können Sie natürlich auch einen neuen Pfad für die Transaktionsprotokolle angeben:

```
Move-DatabasePath DB01 -EdbFilePath D:\DB01\DB01.edb -LogFolderPath
E:\DatabaseFiles\DB01
```

Um den aktuellen Speicherort der Exchange-Datenbank anzuzeigen, können Sie ebenfalls die Exchange Management Shell verwenden:

```
Get-MailboxDatabase | fl Name,EdbFilePath,LogFolderPath
```

Jede Postfachdatenbank besitzt ein eigenes Suchindexverzeichnis. Es befindet sich standardmäßig unter:

C:\Program Files\Microsoft\Exchange Server\V15\Mailbox\<Datenbank>\CatalogData

Ist der Index beschädigt, kann die Suche über Outlook oder OWA beeinträchtigt sein. Der Status lässt sich mit *Get-MailboxDatabaseCopyStatus* und dem Wert *ContentIndexState* überwachen. Bei Fehlerzuständen wie *Failed* oder *Crawling* empfiehlt sich ein Neuaufbau mit *ResetSearchIndex.ps1*.

Jede Postfachdatenbank besitzt zusätzlich eine *MailboxDatabaseGuid*, die intern für die Zuordnung von Postfächern, Replikaten und Recovery-Abläufen genutzt wird. Diese GUID ist systemweit eindeutig und wird bei DAG-Failover, automatischer Zuordnung und Wiederherstellungen verwendet. Der Wert lässt sich mit *Get-MailboxDatabase | fl Name,Guid* anzeigen und sollte dokumentiert werden, wenn Datenbanken verschoben oder migriert werden.

Sie können Datenbanken in der Exchange Management Shell natürlich auch umbenennen, bevor Sie sie verschieben:

```
Set-MailboxDatabase "Mailbox Database 32566324217" -Name "DB01"
```

Ist die Einbindung der Datenbank aufgehoben, wird sie nach Abschluss des Befehls nicht erneut eingebunden. In einer DAG-Umgebung existieren pro Datenbank mehrere Kopien auf unterschiedlichen Servern. Nur eine davon ist aktiv, das heißt, sie akzeptiert Clientverbindungen und wird beschrieben. Passive Kopien halten synchronisierte Daten und dienen als Failover-Ziel. Über *Get-MailboxDatabaseCopyStatus* lassen sich Status, Queuelängen und Replikationsprobleme anzeigen. Wichtige Parameter sind *CopyQueueLength*, *ReplayQueueLength* und *ContentIndexState*.

Wenn die angegebene Datenbank bei der Ausführung eingebunden ist, wird die Einbindung automatisch aufgehoben und die Datenbank anschließend erneut eingebunden. In der Zwischenzeit ist sie für die Benutzer nicht verfügbar.

Sie können das Cmdlet nicht für replizierte Postfachdatenbanken ausführen (siehe Kapitel 15). Der Pfad replizierter Postfachdatenbanken lässt sich nur ändern, wenn zuvor alle Kopien entfernt wurden. Erst danach kann das Cmdlet *Move-DatabasePath* verwendet werden. Nach Abschluss muss die Replikation manuell erneut aufgebaut werden. Es ist sinnvoll, dies außerhalb der Hauptbetriebszeiten zu planen, da die Datenbank während der Umstellung nicht verfügbar ist.

Um den Pfad einer replizierten Datenbank zu ändern, müssen zunächst alle replizierten Kopien entfernt werden. Anschließend können Sie den Verschiebungsvorgang ausführen. Nach seinem Abschluss lassen sich Kopien der Postfachdatenbank hinzufügen.

5.2.4 Postfachdatenbanken verwalten

Rufen Sie die Eigenschaften einer Datenbank auf, stehen Ihnen mehrere Menüs zur Verfügung, über die Sie einzelne Konfigurationen für die Datenbank durchführen.

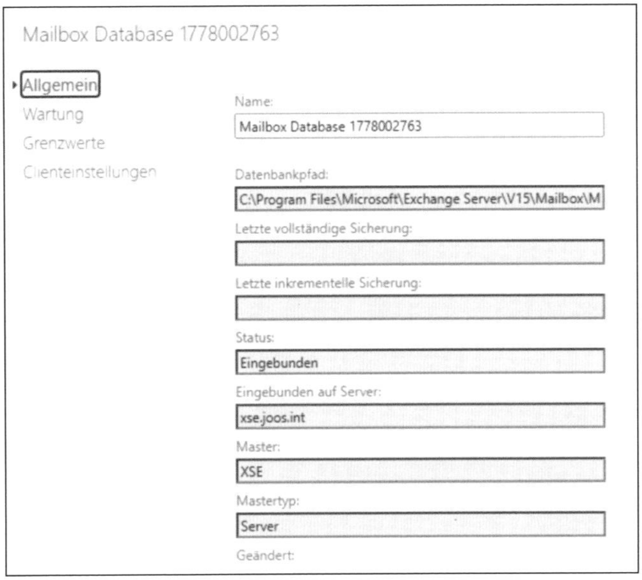

Abb. 5.3 Anzeigen der Eigenschaften einer Postfachdatenbank

5.2.5 Allgemeine Einstellungen von Postfachdatenbanken

Über den Menüpunkt *Allgemein* ist der Pfad und der Name der Datenbank zu sehen. Haben Sie Datenbankverfügbarkeitsgruppen (Database Availability Groups, DAG) im Einsatz, werden im Bereich *Eingebunden auf Server* die Server mit Kopien der Datenbank angezeigt.

Um sich den ganzen Pfad einer Datenbank anzeigen zu lassen, klicken Sie in den Text. Im Anschluss können Sie sich den kompletten Pfad anzeigen lassen, indem Sie sich in dem Textfeld bewegen. Hier können Sie den Pfad allerdings nicht anpassen, sondern nur anzeigen lassen. Über den Menüpunkt *Allgemein* sehen Sie auch den Status der Postfachdatenbank und den Zeitpunkt der letzten Sicherung. Im Feld *Geändert* sehen Sie Datum und Uhrzeit der letzten Änderung der Datenbank.

Bei *Allgemein* wird Ihnen auch der Zeitpunkt der letzten Sicherung des Postfachspeichers angezeigt. Während einer Vollsicherung werden die Datenbank und die Transaktionsprotokolle gesichert. Nach der Sicherung der Transaktionsprotokolle werden sie gelöscht. Das Löschen übernimmt das Sicherungsprogramm, nicht der Exchange-Server.

Während der inkrementellen Sicherung werden nur die Transaktionsprotokolle gesichert und gelöscht. Die Datenbankdateien werden dabei nicht gesichert. Mehr zu diesem Thema erfahren Sie in Kapitel 14. Microsoft empfiehlt für produktive Umgebungen eine maximale Datenbankgröße von 200 GB bei Einzelserverbetrieb und bis zu 2 TB bei Datenbankverfügbarkeitsgruppen (DAG). Größere Datenbanken sind technisch möglich, erhöhen jedoch das Risiko längerer Wiederherstellungszeiten. Werden diese Schwellen überschritten, sollte eine weitere Datenbank eingerichtet und Postfächer entsprechend verteilt werden.

5.2.6 Postfachdatenbanken warten

Auf der Registerkarte *Wartung* können Sie die Einstellungen des Journalempfängers angeben sowie einen Wartungszeitplan. Auch die Umlaufprotokollierung aktivieren Sie an dieser Stelle, was allerdings nicht empfohlen ist. Mit dem Kontrollkästchen *Umlaufprotokollierung aktivieren* legen Sie fest, dass die Transaktionsprotokolle immer wieder überschrieben werden.

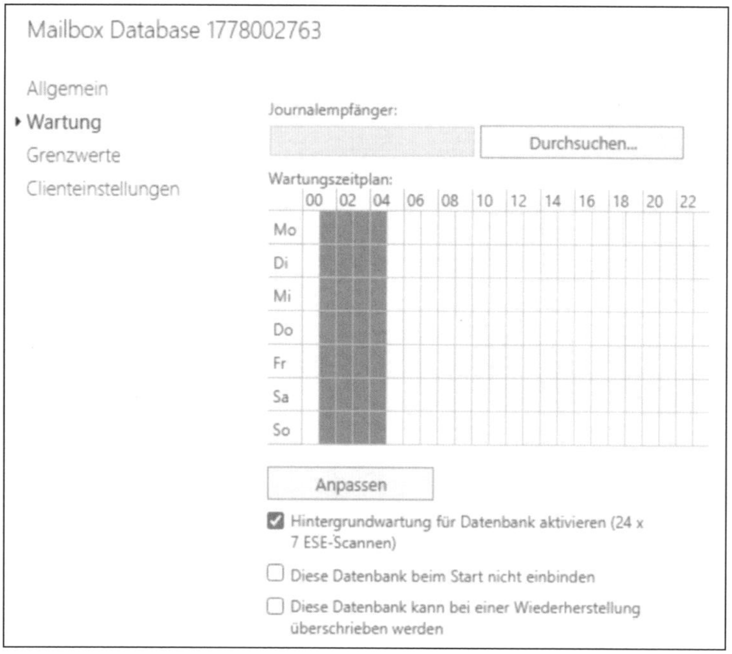

Abb. 5.4 Warten einer Postfachdatenbank

Aktivieren Sie das Kontrollkästchen *Diese Datenbank beim Start nicht einbinden*, um zu verhindern, dass Exchange diese Postfachdatenbank beim Start des Servers automatisch bereitstellt. Diese Option ist standardmäßig nicht aktiviert, jeder neue Postfachspeicher wird mit dem Starten des Servers automatisch bereitgestellt. Sie können die Bereitstellung jederzeit widerrufen, indem Sie auf die Postfachdatenbank klicken und aus dem Menü *Mehr* (die drei Punkte) den Eintrag *Einbindung aufheben* auswählen. In diesem Fall können sich die Benutzer nicht mehr mit ihrem Postfach verbinden, die Daten bleiben aber erhalten.

Alternativ lässt sich die Umlaufprotokollierung auch über PowerShell aktivieren:

```
Set-MailboxDatabase "DB01" -CircularLoggingEnabled $true
```

Nach Aktivierung muss die Datenbank einmal deaktiviert und erneut eingebunden werden. Diese Methode eignet sich nur für Laborsysteme oder unkritische Testdatenbanken, da bei einem Datenverlust keine vollständige Wiederherstellung möglich ist.

Im Menüpunkt *Wartung* in den Eigenschaften von Datenbanken definieren Sie über *Journalempfänger*, dass ein Bericht aller E-Mails, die an Postfächer in diesem Postfachspeicher zugestellt werden, zu einem weiteren Empfänger weiterversendet wird. Diese Einstellung ist aus datenschutzrechtlichen Gründen sehr vorsichtig anzugehen. Sie sollten deshalb Rücksprache mit Ihrer Geschäftsleitung und gegebenenfalls den weiteren zuständigen Stellen (Betriebsrat, Datenschutzbeauftragter) halten.

Wichtig ist auch die Einstellung für den Wartungszeitplan, auch wenn Exchange die Wartung automatisch durchführt. Deaktivieren Sie die automatische Wartung, führt Exchange die Wartung zu dem vorher von Ihnen festgelegten Zeitraum durch. Während dieser Wartungsarbeiten wird zum Beispiel die Datenbank defragmentiert und gelöschte Postfächer, die ihren Aufbewahrungszeitraum (standardmäßig 30 Tage) überschritten haben, werden gelöscht. Außerdem überprüft Exchange während der Wartung, ob für alle Postfächer dieses Postfachspeichers noch ein Benutzer in Active Directory existiert oder ob das zugeordnete Benutzerobjekt gelöscht ist.

Durch den Wartungsvorgang und die Onlinedefragmentation wird jedoch nicht die Datenbank verkleinert. Dazu müssen diese Dateien mit der Offlinedefragmentation und dem Tool *Eseutil.exe* und der Option */d* bearbeitet werden.

Die Onlinedefragmentation fasst freie Bereiche der Datenbank, die nebeneinander liegen, zusammen, damit sie einfacher und schneller wieder beschrieben werden können. Die Datenbankdateien insgesamt bleiben so groß wie vorher.

Bei der Offlinedefragmentation löscht Eseutil freie Bereiche und verkleinert dadurch die Datenbankdateien. Außerdem wird die Datenbank dabei auch auf Konsistenz überprüft.

Auf der Registerkarte *Wartung* in den Eigenschaften von Datenbanken können Sie verschiedene Einstellungen vornehmen, die die Optimierung der Datenbank betreffen. Die Option *Diese Datenbank kann bei einer Wiederherstellung überschrieben werden* wird nur bei einem Wiederherstellungsvorgang benötigt. Dieser Punkt wird in Kapitel 14 genauer erörtert.

5.2.7 Grenzwerte von Postfachdatenbanken festlegen und in Outlook anzeigen

Auf der Registerkarte *Grenzwerte* können Sie verschiedene Maximalwerte für die Größe von Postfächern definieren, die für alle Postfächer in dieser Datenbank Gültigkeit haben. Sie können festlegen, was mit Empfängern passieren soll, deren Postfächer eine bestimmte Größe überschreiten. Ihnen stehen gestaffelte Grenzwerte zur Verfügung:

- **Warnmeldung senden ab (GB)** Erreicht die Postfachgröße eines Benutzers diesen Wert, schickt der Exchange-Server ihm in regelmäßigen Abständen eine E-Mail.

- **Senden verbieten ab (GB)** Ab dieser Postfachgröße darf der Benutzer keine E-Mails mehr senden, aber erhält weiterhin E-Mails.
- **Senden und Empfangen verbieten ab (GB)** Mit dieser Option sollten Sie sehr vorsichtig umgehen, da bei Überschreitung dieses Werts der Benutzer keinerlei Eintragungen mehr in seinem Postfach vornehmen kann. Er darf nur noch Objekte löschen. Andere Benutzer, die während einer solchen Sperrung des Postfachs E-Mails an diesen Benutzer senden, erhalten einen Unzustellbarkeitsbericht (Non-Delivery Report, NDR). Beachten Sie, dass zu einem Postfach nicht allein E-Mails gehören, sondern auch Elemente wie Kontakte, Kalendereinträge oder Aufgaben.
- **Zeitspanne zwischen Warnmeldungen** Hier legen Sie fest, wann und wie oft der Exchange-Server eine Warnmeldung an Benutzer versenden soll, wenn Grenzwerte überschritten wurden. Die Meldung wird als E-Mail in das Postfach des Anwenders zugestellt.
- **Gelöschte Elemente aufbewahren für (Tage)** Löschen Benutzer Objekte, werden diese in den gelöschten Objekten des Postfachs aufbewahrt. Exchange markiert diese Objekte nur als gelöscht. Sie können jedoch während des definierten Zeitraums wiederhergestellt werden. Zu diesem Zweck gibt es die Option *Gelöschte Elemente wiederherstellen* in Outlook (siehe nächster Abschnitt).
- **Gelöschte Postfächer aufbewahren für (Tage)** Hier legen Sie fest, wie lange ein gelöschtes Postfach wieder mit einem neuen Benutzer in Active Directory verbunden werden kann, bevor es endgültig gelöscht wird.

Wurde der Benutzer zum zugehörigen Postfach gelöscht, markiert Exchange das Postfach ebenfalls als gelöscht und entfernt es nach 30 Tagen vom Server. Dies geschieht ebenfalls im Rahmen der Onlinewartung. Beachten Sie auch, dass die Onlinewartung während der Onlinedatensicherung des Postfachspeichers unterbrochen wird.

Sie sollten daher darauf achten, dass Datensicherung und Onlinewartung nicht zum selben Zeitpunkt stattfinden, wenn Sie die automatische Wartung deaktivieren. Sie riskieren zwar keinen Datenverlust, allerdings werden die notwendigen Onlinewartungsarbeiten der Datenbank verzögert oder durchgeführt, wenn Benutzer bereits mit dem System arbeiten. Die Performance ist unter diesen Umständen und je nach Anzahl der Benutzer nicht optimal.

5.2.8 Kontingentinformationen in Outlook anzeigen

Sie können die hinterlegten Grenzwerte für eine Postfachdatenbank im klassischen und im neuen Outlook anzeigen lassen. Anwender haben so einen Überblick, wie viel freien Speicherplatz sie noch haben, und können rechtzeitig Daten archivieren oder löschen. Sie finden die Informationen, wenn Sie in Outlook die Registerkarte *Datei* aufrufen, im Bereich *Postfacheinstellungen*.

Auch in der normalen Arbeitsumgebung von Outlook sehen Sie im linken unteren Bereich des Fensters der Registerkarte *Start*, wie viel Speicherplatz noch frei ist. Standardmäßig zeigt Outlook diese Informationen jedoch nicht an. Anwender müssen dazu mit der rechten Maustaste auf die Statusleiste klicken und die Option *Kontingentinformationen* aktivieren.

Im neuen Outlook finden Sie die Informationen über die Einstellungen und der Auswahl von *Konten/Speicher*.

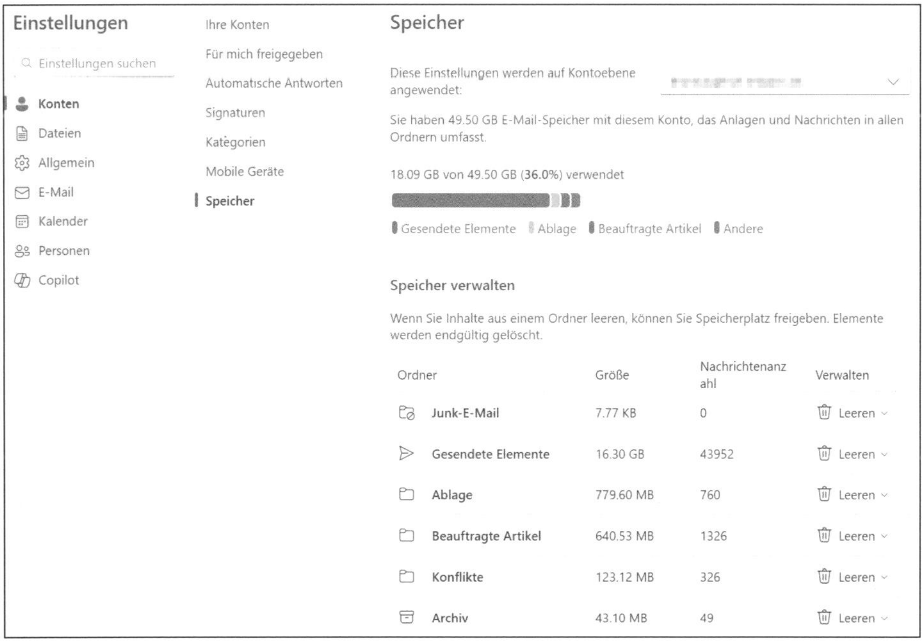

Abb. 5.5 Anzeigen des aktuellen Speicherverbrauchs im neuen Outlook

Auf der Registerkarte *Clienteinstellungen* in den Eigenschaften einer Datenbank nehmen Sie Einstellungen bezüglich des Offlineadressbuchs vor. Über die Schaltfläche *Durchsuchen* neben dem Textfeld *Offlineadressbuch* legen Sie fest, wie die Standard-Offlineadressliste des Benutzers lautet.

Benutzer können sich jederzeit auch andere Offlineadresslisten herunterladen. Die konfigurierte ist lediglich die Offlineadressliste, die dem Benutzer als Standard angeboten wird (siehe Kapitel 7).

5.2.9 Gelöschte E-Mails innerhalb des Grenzwerts in Outlook wiederherstellen (Exchange-Server-Papierkorb)

Die Anwender können mithilfe von Outlook gelöschte Elemente wiederherstellen, wenn diese noch innerhalb der im vorangegangenen Abschnitt beschriebenen Grenzwerte liegen.

In Outlook finden Sie die Wiederherstellung auf der Registerkarte *Ordner* unter dem Befehl *Gelöschte Elemente wiederherstellen*.

Nach der Auswahl des Befehls werden die E-Mails angezeigt, die gelöscht wurden und sich nicht mehr im Ordner *Gelöschte Elemente* befinden. Diese E-Mails können in diesem Fenster vom Exchange-Server wiederhergestellt werden und sind anschließend im Ordner *Gelöschte Elemente* wieder verfügbar.

5.2.10 Datenbanken löschen

Wollen Sie eine Postfachdatenbank löschen, dürfen keine Postfächer mehr darin enthalten sein. Exchange verweigert sonst den Löschvorgang.

Verschieben Sie daher vorher alle Postfächer in andere Postfachdatenbanken. Löschen Sie Datenbanken im Exchange Admin Center, werden allerdings die entsprechenden Dateien auf dem Dateisystem nicht gelöscht. Diese Dateien müssen Sie manuell löschen, nachdem die entsprechende Datenbank aus dem Exchange Admin Center entfernt wurde. Sie löschen die Datenbanken über den Bereich *Server/Datenbanken*.

5.3 Dateien aus Exchange-Datenbanken in .pst-Dateien exportieren

Eine häufig verwendete Methode, um Inhalte aus Exchange-Datenbanken zu migrieren, besteht darin, die Inhalte der Postfächer in *.pst*-Dateien zu exportieren. Zum Beispiel können Sie diese Daten zur Wiederherstellung oder bei Migrationen in andere Exchange-Organisationen verwenden oder Anwender können diese Dateien direkt in Outlook einbinden.

Handelt es sich bei dem Computer, auf dem Sie den Exportvorgang durchführen, nicht um den Exchange-Server selbst, muss er dennoch Mitglied der gleichen Active Directory-Gesamtstruktur sein. Außerdem müssen Sie sich am Computer mit einem Konto anmelden, das in der Exchange-Organisation umfassende Administratorrechte hat. Der Vorgang beim Export ist denkbar einfach.

Exchange SE verfügt über eine sehr granulare Berechtigungsstruktur auf Basis zahlreicher Rollen.

5.3.1 Berechtigung für den Export in Exchange erteilen

Bevor Sie die Cmdlets für den Export und Import in Exchange SE verwenden können, müssen Sie Rechte für den Export vergeben. Standardmäßig dürfen auch Organisationsadministratoren oder Domänenadministratoren keine Exportvorgänge durchführen und sehen die entsprechenden Cmdlets auch nicht.

Als Administrator dürfen Sie sich zwar diese Rechte erteilen, können aber standardmäßig noch nicht automatisch darüber verfügen. Geben Sie in der Exchange Management Shell zunächst den folgenden Befehl ein:

```
New-ManagementRoleAssignment -Role "Mailbox Import Export" -User
"<Benutzername>"
```

Alternativ können Sie auch eine Gruppe berechtigen:

```
New-ManagementRoleAssignment -Role "Mailbox Import Export" -SecurityGroup
"<Gruppe>"
```

Anschließend müssen Sie die Exchange Management Shell neu starten, da erst dann die Rechte verfügbar sind. Ohne diese Rechte können Sie sich als Administrator noch nicht mal die entsprechenden Cmdlets anzeigen lassen.

Nach dem Neustart der Exchange Management Shell stehen die beiden Cmdlets *New-MailboxExportRequest* und *New-MailboxImportRequest* zur Verfügung. Hilfe erhalten Sie über *Help New-MailboxExportRequest;* über den Befehl *Help New-MailboxExportRequest -Detailed* erhalten Sie ausführlichere Informationen.

Mit *Help New-MailboxExportRequest -Examples* zeigt die Exchange Management Shell auch Beispiele an. Das Ganze funktioniert auch für *New-MailboxImportRequest.* Die beiden alten Cmdlets *Import-Mailbox* und *Export-Mailbox* hat Microsoft entfernt.

In der folgenden Auflistung gehe ich auf diese Cmdlets und deren Möglichkeiten ein:

- **New-MailboxImportRequest** Mit diesem Cmdlet importieren Sie Daten einer *.pst*-Datei in Exchange-Datenbanken. Der Befehl überprüft den Import auf Duplikate und übergeht diese beim Import.
- **Get-MailboxImportRequest** Mit diesem Cmdlet erhalten Sie Informationen über aktuelle Importvorgänge und deren Status.
- **Get-MailboxImportRequestStatistics** Mit diesem Befehl lassen sich weiterführende Informationen anzeigen, die über die Möglichkeiten von *Get-MailboxImportRequest* hinausgehen.
- **Remove-MailboxImportRequest** Dieses Cmdlet löscht Importvorgänge, die noch in der Warteschlange stehen. Auch bereits durchgeführte Importvorgänge lassen sich mit dem Befehl aus der Anzeige entfernen.
- **Resume-MailboxImportRequest** Mit diesem Cmdlet starten Sie einen fehlgeschlagenen Import erneut. Auch mit *Suspend-MailboxImportRequest* pausierte Importvorgänge lassen sich mit dem Cmdlet erneut starten.
- **Set-MailboxImportRequest** Mit diesem Cmdlet passen Sie Optionen eines bereits erstellten Importvorgangs nachträglich an.
- **Suspend-MailboxImportRequest** Mit diesem Befehl halten Sie einen oder mehrere Importvorgänge an.
- **New-MailboxExportRequest** Mit diesem Befehl exportieren Sie Postfächer in *.pst*-Dateien.
- **Get-MailboxExportRequest** Dieses Cmdlet zeigt Informationen zu den anstehenden Exportvorgängen an.
- **Get-MailboxExportRequestStatistics** Mit diesem Cmdlet zeigen Sie erweiterte Informationen an, die *Get-MailboxExportRequest* nicht anzeigt.
- **Remove-MailboxExportRequest** Löscht anstehende Exportvorgänge oder entfernt die Anzeige bereits durchgeführter Vorgänge.
- **Resume-MailboxExportRequest** Mit diesem Cmdlet starten Sie einen fehlgeschlagenen Export erneut. Auch mit *Suspend-MailboxExportRequest* pausierte Exportvorgänge lassen sich mit dem Cmdlet wieder starten.
- **Set-MailboxExportRequest** Mit diesem Cmdlet passen Sie Optionen eines bereits erstellten Exports-Vorgangs nachträglich an.
- **Suspend-MailboxExportRequest** Mit diesem Befehl halten Sie einen oder mehrere Exportvorgänge an.

Die Cmdlets zum Importieren und Exportieren bieten mit der Option *ContentFilter* weitreichende Möglichkeiten zur Filterung an. Mit dem Cmdlet *Get-Mailbox -Database <Name der Datenbank>* lassen Sie sich die Postfächer einer Datenbank anzeigen, zum Beispiel mit *Get-Mailbox -Database "Mailbox Database 2011011114"*. Alle Postfächer der Organisation lassen Sie sich mit *Get-Mailbox* anzeigen.

5.3.2 .pst-Dateien in ein Postfach importieren

Wollen Sie *.pst*-Dateien in ein Exchange-Postfach importieren, verwenden Sie das Cmdlet *New-MailboxImportRequest*. Die zu importierenden *.pst*-Dateien müssen über eine Dateifreigabe zur Verfügung stehen, da die Cmdlets nur noch UNC-Pfade akzeptieren. Um eine *.pst*-Datei zu importieren, verwenden Sie den folgenden Befehl:

```
New-MailboxImportRequest -Mailbox <Name des Postfachs> -FilePath <UNC-Pfad und
Name der .pst-Datei>
```

Beispiel:

```
New-MailboxImportRequest -Mailbox joost -FilePath \\s1\temp\outlook1.pst
```

Bei diesem Befehl importieren Sie den kompletten Inhalt der *.pst*-Datei. Verwenden Sie zusätzlich die Option *-Verbose*, erhalten Sie weitere Informationen während des Imports und finden auch schneller eventuelle Fehler.

Wird Ihnen eine Fehlermeldung angezeigt, überprüfen Sie mit dem folgenden Befehl, ob der Benutzer, mit dem Sie den Befehl durchführen, auch über die Rechte *Mailbox Import Export* verfügt:

```
Get-ManagementRoleAssignment -RoleAssignee <Gruppe oder Benutzer>
```

Außerdem muss das entsprechende Zielpostfach vorhanden sein. Dieses Verhalten können Sie folgendermaßen überprüfen:

```
Get-Mailbox -Identity <Name>
```

Mit dem folgenden Befehl überprüfen Sie, ob Sie über genügend Rechte für das Postfach verfügen:

```
Get-Mailbox -Identity <Name> | Get-MailboxPermission
```

Mit den beiden Cmdlets *Get-MailboxImportRequest* und *Get-MailboxImportRequestStatistics* lassen Sie sich Informationen zu dem Importvorgang anzeigen. Auch bei diesen Cmdlets können Sie mit Pipes arbeiten, um ausführlichere Informationen zu erhalten:

```
Get-MailboxImportRequest <Name des Importvorgangs> | fl
```

Nachdem der Import erfolgreich durchgeführt wurde, müssen Sie die Anzeige des Importvorgangs noch löschen. Dazu verwenden Sie das Cmdlet *Remove-MailboxImportRequest*. Neben der Möglichkeit, die komplette *.pst*-Datei zu importieren, können Sie auch einzelne Ordner auswählen, die importiert werden sollen. Andere Ordner ignoriert der Befehl dann:

```
New-MailboxImportRequest -Mailbox <Name> -FilePath <UNC-Pfad und Name der .pst-
Datei> -Include-Folders <Name des Ordners aus der .pst-Datei>
```

Wollen Sie alle Ordner bis auf einige wenige importieren, verwenden Sie die Option *-ExcludeFolders*. Mit der Option *-ExcludeDumpster* schließen Sie den Papierkorb vom Import aus.

Sie haben auch die Möglichkeit, den Zielordner im Postfach genau festzulegen, in den das Cmdlet die Daten importieren soll:

```
New-MailboxImportRequest -Mailbox <Name> -FilePath <UNC-Pfad und Name der .pst-
Datei> -Target-RootFolder <Ordner im Postfach>
```

Den Ordner erstellt das Cmdlet automatisch, er muss nicht vorhanden sein. Verwenden Sie die Option *IsArchive*, importiert der Assistent die *.pst*-Datei in das Archiv des Benutzers:

```
New-MailboxImportRequest -Mailbox <Name> -IsArchive -FilePath <UNC-Pfad und Name
der .pst-Datei>
```

5.3.3 Postfächer in .pst-Dateien exportieren

Postfächer exportieren Sie entweder in der Exchange Management Shell oder über das Exchange Admin Center in *.pst*-Dateien. Ich zeige Ihnen nachfolgend beide Möglichkeiten.

Wollen Sie Postfächer in der Exchange Management Shell exportieren, verwenden Sie den Befehl:

```
New-MailboxExportRequest -Mailbox <Name> -FilePath <UNC-Pfad und Name der
.pst-Datei>
```

Auch hierbei berücksichtigt das Cmdlet alle Ordner des Postfachs und importiert sie in die *.pst*-Datei. Mit den Cmdlets *Get-MailboxExportRequest* und *Get-MailboxExportRequestStatistics* lassen Sie sich Informationen anzeigen. Auch hier können Sie mit den gleichen Optionen zum Ein- und Ausschließen von Ordnern arbeiten wie beim Import.

Zusätzlich steht Ihnen beim Export noch die Option *-ContentFilter* zur Verfügung, mit der Sie filtern können, welche E-Mails exportiert werden sollen.

Sie haben auch die Möglichkeit, mit einem kurzen Skript alle Postfächer eines Servers in *.pst*-Dateien zu exportieren. Verwenden Sie dazu die folgenden Befehle. Geben Sie keine Datenbank an, werden alle Postfächer aller Datenbanken auf diesem Weg exportiert.

```
$Export = Get-Mailbox -Database <Name der Datenbank>
$Export|%{$_|New-MailboxExportRequest -FilePath "<UNC-Pfad>\$($_.alias).pst"}
```

Anschließend exportiert das Cmdlet alle Postfächer in den von Ihnen angegebenen Ordner.

Entfernen Sie die Option *-Database* vom ersten Befehl, exportiert das Cmdlet sämtliche Postfächer aller Exchange-Server in der Organisation. Sie haben auch die Möglichkeit, die Exportvariable nur mit Benutzerkonten zu füllen, die sich in einer bestimmten Organisationseinheit (OU) befinden. Dazu verwenden Sie den folgenden Befehl:

```
$Export = Get-Mailbox -OrganizationalUnit "<Name der OU>"
```

Natürlich können Sie auch das Archivpostfach in eine *.pst*-Datei exportieren:

```
New-MailboxExportRequest -Mailbox <Name> -IsArchive -FilePath <Pfad und Name der
.pst-Datei>
```

Um mehrere Archivpostfächer zu exportieren, verwenden Sie wieder eine Variable, die Sie entsprechend füllen:

```
$Export = Get-Mailbox -Database <Name>
$Export|%{$_|New-MailboxExportRequest -FilePath \\<UNC-Pfad>\$($_.alias).pst
-IsArchive}
```

5.4 Transaktionsprotokolle verwalten

Bereits beim Anlegen einer Datenbank müssen Sie festlegen, wo die Protokolle dieser Speichergruppe gespeichert sein sollen. Transaktionsprotokolle sind ein wichtiger Bereich in der Datenspeicherung von Exchange.

5.4.1 Grundlagen zu Transaktionsprotokollen

Jede Datenbank verfügt über einen eigenen Satz an Transaktionsprotokollen. Alle Aktionen, die die Benutzer durchführen und somit Änderungen in der Datenbank zur Folge haben, wie beispielsweise E-Mails schreiben, Termine planen, öffentliche Ordner erstellen und so weiter, müssen von Exchange gespeichert werden. Damit dieser Speichervorgang jederzeit konsistent und performant ist, arbeitet Exchange ähnlich wie ein Datenbankserver. Jede Änderung und jede Aktion wird zunächst in ein Transaktionsprotokoll geschrieben. Innerhalb dieser Datei arbeitet Exchange dann Änderung für Änderung ab und speichert sie in seiner Datenbank (der *.edb*-Datei).

Diese Protokolldateien sind für den Betrieb eines Exchange-Servers sowie die Datensicherung unerlässlich. Sobald ein Protokoll beschrieben ist (die maximale Größe beträgt 1 MB), legt der Server automatisch eine neue Transaktionsprotokolldatei an. Werden Transaktionsprotokolle beschädigt, vor allem wenn die darin enthaltenen Änderungen noch nicht in der Datenbank gespeichert sind, ist die zugehörige Datenbank nicht mehr konsistent.

Sie können Transaktionsprotokolle entweder im selben Ordner oder auf demselben Datenträger wie die Datenbank aufbewahren oder einen getrennten Datenträger wählen. Microsoft empfiehlt, die Transaktionsprotokolldateien aus Gründen der Stabilität und Performance auf einem getrennten Festplattensystem zu speichern.

Löschen Sie keinesfalls manuell Transaktionsprotokolle. Führen Sie eine Onlinesicherung Ihrer Datenbank mit einem Exchange-tauglichen Datensicherungsprogramm durch, werden diese Dateien gesichert und danach automatisch gelöscht. Ein manuelles Eingreifen ist nicht notwendig.

Selbst wenn die Datenbankdatei (*.edb*) verloren geht, können Ihre Exchange-Daten sehr einfach mit den Transaktionsprotokollen wiederhergestellt werden. Das Löschen übernimmt nicht Exchange, sondern das Datensicherungsprogramm (siehe Kapitel 14).

Zur Not können Sie auch das Windows-eigene Datensicherungsprogramm verwenden, um die Exchange-Datenbanken auf dem Server zu sichern.

Sie sollten von Beginn an Exchange-Server online sichern. Versäumen Sie dies, besteht die Möglichkeit, dass die Partition, in der die Transaktionsprotokolldateien gespeichert sind, überläuft. Kann Exchange keine neuen Transaktionsprotokolldateien anlegen, da kein Plattenplatz mehr vorhanden ist, stellt der Server seine Funktion ein und kein Benutzer kann sich mehr mit dem System verbinden.

Exchange legt aus diesem Grund zwei Reservetransaktionsprotokolle, *E<nn>res00001.jrs* und *E<nn>res00002.jrs*, an. Sind diese jedoch ebenfalls vollgeschrieben, steht Ihr Exchange-Server still. Die erste Datenbank und deren Transaktionsprotokolle werden im Ordner *C:\Program -Files\Microsoft\Exchange Server\V15\Mailbox\Mailbox Database <ID>* gespeichert.

Ein Stau in den Transaktionsprotokollen entsteht häufig, wenn kein Backup erfolgt und somit keine Protokolle gelöscht werden. Auch ein zu hoher *CheckpointDepthMax*-Wert kann bewirken, dass Protokolle nicht in die EDB geschrieben werden. In diesem Fall hilft eine Kontrolle mit *eseutil /mk*, um den letzten Commit-Zustand zu prüfen. Alternativ kann ein temporäres Aktivieren von Circular Logging Speicherengpässe kurzfristig entschärfen, sollte aber nicht dauerhaft verwendet werden.

5.4.2 Prüfpunktdatei (.chk) verstehen

Die Prüfpunktdatei (Checkpoint File) spielt für die Arbeit von Exchange mit den Transaktionsprotokollen und damit der Datenbank eine große Rolle. Jeder Satz von Transaktionsprotokollen und jede Datenbank verfügt über eine eigene Prüfpunktdatei. Diese Datei wird in dem Ordner des Transaktionsprotokolls gespeichert, das Sie bei der Erstellung gewählt haben.

Die Datei hat die Endung *.chk*. In dieser Datei hält Exchange fest, welche Änderungen aus den Transaktionsprotokollen bereits in die Datenbank geschrieben sind. Geht diese Datei verloren, schreibt Exchange beim Starten des Servers alle Informationen, die in den Transaktionsprotokolldateien vorhanden sind, noch einmal in die Datenbank.

Dabei entstehen aber keine Duplikate der Objekte, sondern Exchange überprüft, ob sich noch Daten in den Transaktionsprotokollen befinden, die nicht in der Datenbank vorhanden sind. Je nach Anzahl Ihrer Transaktionsprotokolle kann diese Aktion einige Minuten bis Stunden dauern. Dieser Vorgang wird auch als Soft-Recovery bezeichnet und in Kapitel 14 ausführlich vorgestellt.

5.4.3 Umlaufprotokollierung verstehen

Der Begriff Umlaufprotokollierung ist in der Exchange-Welt ein wichtiger Begriff, den Sie verstehen sollten. Umlaufprotokollierung heißt nichts anderes, als dass Exchange nicht ständig neue Transaktionsprotokolle anlegt, sondern nur mit einigen wenigen Protokolldateien arbeitet und diese fortwährend überschreibt. Exchange 5.5 hat standardmäßig noch damit gearbeitet. Exchange 2000/2003 arbeitet jedoch nicht mit der Umlaufprotokollierung, das gilt auch für Exchange 2007 und Exchange 2010/2013/2016/2019 sowie für Exchange SE.

So wie Sie bei Exchange 5.5 die Umlaufprotokollierung deaktivieren konnten, können Sie sie bei Exchange SE in den Eigenschaften der Datenbanken unter *Server/Datenbanken* auf der Registerkarte *Wartung* für Postfachdatenbanken aktivieren.

Durch die Aktivierung der Umlaufprotokollierung sparen Sie zwar im Idealfall Festplattenplatz, bei Problemen mit der Datenbank oder einer notwendigen Wiederherstellung (siehe Kapitel 14) kann Exchange jedoch nur noch auf einen begrenzten Datenstamm zurückgreifen.

Sie können die Umlaufprotokollierung für jede Datenbank getrennt aktivieren oder deaktivieren. Sie sollten sie nur dann aktivieren, wenn der Inhalt der Datenbank für Ihr Netzwerk nicht sonderlich wichtig ist. Für Postfachdatenbanken sollte die Umlaufprotokollierung niemals aktiviert werden.

5.4.4 Probleme mit schnell anwachsenden Transaktionsprotokollen beheben

Da alle Exchange-Vorgänge in den Transaktionsprotokollen gespeichert und diese wiederum nur durch das Datensicherungsprogramm gelöscht werden, besteht bei vielen Exchange-Organisationen das Problem, dass die Transaktionsprotokolle schnell anwachsen und so die Festplatten eines Servers zum Überlaufen bringen.

5.4.5 E-Mail-Schleifen (Loops)

Ein weitverbreitetes Problem sind Loop-Mails, also E-Mails, die zwischen verschiedenen Servern oder Postfächern aufgrund falsch konfigurierter Regeln oder fehlerhafter Empfängerrichtlinien hin- und hergeschickt werden.

Da diese E-Mails teilweise in Sekundenbruchteilen hin- und hergeschickt werden, besteht die Gefahr, dass die Anzahl der Transaktionsprotokolle rasch anwachsen kann. Normalerweise finden Sie durch die Überwachung der Ereignisanzeige und der Warteschlange schnell den Fehler.

5.4.6 Offenes Relay

Die Anzahl Ihrer Transaktionsprotokolle wächst sehr schnell an, wenn Ihr Exchange-Server als offenes Relay im Internet steht. Dabei wird er von anderen Servern als Zwischenstation (Relais) zum Versenden von Spam oder Viren verwendet. Stellen Sie sicher, dass nur speziell eingetragene Server Ihren Exchange-Server als Relay verwenden dürfen, und am besten nur jene in Ihrem internen Netzwerk (siehe Kapitel 4).

5.4.7 Malware-Schutz auf Dateisystemebene

Installieren Sie auf einem Exchange-Server einen Malware-Schutz auf Dateisystemebene (ein Postfachscanner macht hier keine Probleme), stellen Sie sicher, dass bei einem Scanvorgang nicht der Ordner der Datenbanken gescannt wird.

Malware-Scanner verändern die gescannten Dateien und markieren sie als gescannt. Zusätzlich besteht das Problem, dass die Exchange-Datenbank durch einen solchen Vorgang zerstört werden kann. Vermeiden Sie also den Zugriff eines solchen Filescanners auf Dateiebene auf Ihre Exchange-Datenbank. Ein Virus kann sich in dieser Datei ohnehin nicht festsetzen, sondern nur innerhalb der Datenbank, die aber von Dateisystemscannern nicht durchsucht werden kann.

5.4.8 Datenbank exportieren und Postfächer verschieben

Lassen Sie eine große Anzahl von Postfächern exportieren oder verschieben, wird auch eine große Anzahl von Transaktionsprotokollen geschrieben. In diesem Fall sollten Sie vorher eventuell auf die Umlaufprotokollierung schalten.

Vor der Aktivierung der Umlaufprotokollierung sollten Sie aber eine vollständige Sicherung der Datenbanken durchführen und durch einen Neustart des Systemdienstes für den Informationsspeicher sicherstellen, dass alle Transaktionsprotokolle in die Datenbanken geschrieben sind.

Je größer die Anzahl der Postfächer ist, die Sie exportieren oder verschieben, desto weniger genau können Sie wissen, wie groß die Anzahl der Protokolle wird. Eine Aktivierung der Umlaufprotokollierung beseitigt dieses Problem, erhöht aber auch die Gefahr eines Datenverlusts.

5.5 Exchange-Datenbankfehler beheben

Exchange speichert seine Daten innerhalb einer Datenbank ab. Leider kann es passieren, dass eine solche Datenbank korrupt ist und Daten verloren gehen oder zumindest Mitarbeiter nicht mehr mit dem E-Mail-Server arbeiten können.

In diesem Abschnitt zeige ich Ihnen, wie Sie in diesem Fall am besten vorgehen, ohne überhastete Entscheidungen zu treffen. Die hier beschriebenen Methoden beziehen sich vor allem auf Exchange SE, sind aber teilweise auch auf die Vorgängerversionen übertragbar. Ist eine Datenbankdatei beschädigt, startet Exchange SE den Store-Dienst zwar weiterhin, stellt jedoch die betreffende Datenbank nicht bereit. Erst nach manueller Intervention, etwa durch Wiederherstellung aus der Sicherung, Soft Recovery oder Eseutil-Reparatur, kann der Zugriff wiederhergestellt werden. Im schlimmsten Fall markiert Exchange die Datei als unmountable, wobei in der Ereignisanzeige Hinweise auf fehlende oder beschädigte Logdateien erscheinen.

Das Wissen über die Speicherarchitektur und die Datensicherung von Exchange ist spätestens bei einem Wiederherstellungsvorgang wichtig. Durch das Anlegen mehrerer Datenbanken erhöhen Sie die Konsistenz der Exchange-Daten. Selbst wenn eine Datenbank und deren Dateien beschädigt werden, können Benutzer, deren Postfächer sich in einer anderen Datenbank befinden, weiterhin problemlos arbeiten.

Bei einem notwendigen Wiederherstellungsvorgang einer Datenbank wird die Arbeit der Benutzer, deren Postfächer auf anderen Datenbanken verteilt sind, nur minimal beeinträchtigt. Dadurch ist auch die Dauer eines Wiederherstellungsvorgangs bei kleineren Datenbanken um einiges kürzer als bei größeren. Der erste Schritt, um die Benutzer vor korrupten Datenbanken zu schützen, ist daher das Anlegen möglichst vieler Datenbanken.

Bei jedem Beenden oder Starten des Servers überprüft Exchange anhand der Prüfpunktdatei (*.chk*), welche Transaktionsprotokolle noch nicht in die Datenbank geschrieben wurden, und schreibt sie . Das Herunterfahren eines Exchange-Servers kann daher etwas dauern, wenn viele Transaktionsprotokolle zu verarbeiten sind.

Wird ein Exchange-Server beim Herunterfahren und Schreiben in die Datenbank unterbrochen, führt er diesen Vorgang beim Starten erneut durch. Geht diese Datei verloren oder wird sie absichtlich gelöscht, schreibt Exchange beim Starten des Servers alle Informationen, die in den Transaktionsprotokolldateien vorhanden sind, noch einmal in die Datenbank.

Dieser Vorgang heißt Soft-Recovery. Der Exchange-Server führt diese Aufgabe selbstständig und ohne Eingreifen eines Administrators durch. Je nach Anzahl der Transaktionsprotokolle kann dieser Vorgang einige Minuten bis Stunden dauern. Ein Soft-Recovery-Vorgang lässt sich auch mit dem Befehlszeilentool *Eseutil* durchführen.

5.5.1 Prüfung bei Serverausfall

Nach dem Ausfall eines Exchange-Servers sollten Sie zunächst die Infrastruktur der Systeme und des Netzwerks überprüfen. Sammeln Sie hierfür ausführliche Informationen darüber, was genau passiert ist, wenn der Informationsspeicher nicht mehr starten kann oder eine Datenbank korrupt ist.

Der erste Blick geht dabei in die Ereignisanzeige. Lesen Sie alle Einträge, die zum entsprechenden Ausfall passen. Einträge der Exchange-Datenbanken werden hauptsächlich im Anwendungsprotokoll abgelegt. Schauen Sie aber auch im Systemprotokoll nach Einträgen, die parallel zu den Datenbankfehlern angelegt wurden. Oft liegt bei Fehlern in Exchange-Datenbanken ein Hardwaredefekt der Festplatte oder des RAID-Controllers vor. Dieser muss nicht auf den ersten Blick ersichtlich sein.

Da Exchange jedoch mit den Festplatten arbeitet, wird ein Fehler recht schnell den Dienst beeinträchtigen, während andere Serverdienste unter Umständen noch funktionieren. Der erste Schritt bei ausgefallenen Datenbanken ist daher die Überprüfung der Hardware und der Datenträger des Servers. Die meisten Hersteller liefern dazu entsprechende Diagnosetools mit aus. Auch der Status der Exchange-Datenbank ist wichtig.

In den Ereignisanzeigen wird festgehalten, warum eine Datenbank nicht mehr bereitgestellt werden kann. Auf Basis dieser Informationen können Sie als Nächstes entscheiden, was zu tun ist. Es ergibt keinen Sinn, eine Exchange-Datenbank aus der Datensicherung zurückzuspielen oder zu reparieren, wenn die Hardware des Servers defekt ist oder Active Directory nicht mehr korrekt funktioniert. Wie bei jeder Problemlösung geht hier zunächst eine ausführliche Analyse voraus.

5.5.2 Datenbanken auf Konsistenz überprüfen

Mit dem Befehl *Eseutil /mh* überprüfen Sie die Konsistenz der Datenbanken. Ein Beispiel für den Befehl ist:

```
Eseutil /mh "Mailbox Database.edb"
```

Bevor Sie den Befehl verwenden, müssen Sie die Bereitstellung für die Datenbank aufheben, genauso wie bei der Defragmentierung.

Im Bereich *State* sollte *Clean Shutdown* erscheinen. Ist die Datenbank nicht korrekt heruntergefahren, erscheint hier *Dirty Shutdown*. Steht bei *Bad Checksum Error Count* nicht der Wert *none*, müssen Sie die Datenbank reparieren.

Um sich einen Überblick der Datenbanken zu verschaffen, verwenden Sie zunächst die Exchange Management Shell und den Befehl *Get-MailboxDatabase*. Mit *Get-MailboxDatabase | Select Name, Mounted* sehen Sie den Zustand der Datenbanken. *Get-MailboxDatabase-Status* bietet noch mehr Informationen, zum Beispiel den Bereitstellungsstatus.

Mit

```
Get-MailboxDatabase -Status | Select
Name,Mounted,LastFullBackup,LaszIncrementalBackup,Backup-inProgress
```

erhalten Sie Informationen zu Datenbanken und deren Sicherung. Den Zustand der Replikation in Datenbankverfügbarkeitsgruppen rufen Sie mit *Get-MailboxDatabaseCopyStatus* auf.

Ab Exchange 2010/2013 SP1 verwenden Sie das Cmdlet *New-MailboxRepairRequest*. Auch in Exchange SE verwenden Sie den Befehl:

```
New-MailboxRepairRequest -Database "Mailbox Database" -CorruptionType
SearchFolder,AggregateCounts,ProvisionedFolder,FolderView
```

Ein weiterer Test besteht darin, die Integrität der Datenbank zu überprüfen:

```
Eseutil /g "Mailbox Database <ID>.edb"
```

Der nächste Test besteht darin, die Datenbankdatei auf Konsistenz zu überprüfen. Nutzen Sie hierfür Eseutil mit der Option */k*.

5.5.3 Datenbanken mit der Exchange Management Shell reparieren

Ab Exchange 2010/2013 SP1, also auch in Exchange SE, können Sie für die Reparatur von Exchange-Datenbanken zusätzlich zu Eseutil auch das Cmdlet *New-MailboxRepairRequest* verwenden.

Die Funktionen des alten Tools *Isinteg* sind im Cmdlet *New-MailboxRepairRequest* der Exchange Management Shell integriert. Das Cmdlet kann auch Datenbanken überprüfen, die bereitgestellt sind. Das Befehlszeilentool *Isinteg* kann in früheren Exchange-Versionen nur Datenbanken reparieren, die nicht online sind. In Exchange Server 2019 verwenden Sie zur Reparatur *New-MailboxRepairRequest*. Die Syntax des Befehls lautet:

```
New-MailboxRepairRequest -[Mailbox] <MailboxIdParameter> -CorruptionType
<MailboxStoreCorruptionType[]> [-Archive <SwitchParameter>] [-Confirm
[<SwitchParameter>]] [-DetectOnly <S-witchParameter>] [-DomainController <Fqdn>]
[-WhatIf [<SwitchParameter>]]
```

Sie können mit der Option *-Mailbox* ein einzelnes Postfach überprüfen, mit *-Database* eine komplette Datenbank und mit *-Archive* das Archivpostfach eines Anwenders.

Die Option *-CorruptionType* gibt mit zusätzlichen Parametern an, welche Überprüfungen das Tool durchführen soll. Hier stehen die Parameter *SearchFolder*, *AggregateCounts*, *ProvisionedFolder* und *FolderView* zur Verfügung.

Verwenden Sie die Option *-DetectOnly*, zeigt das Tool die Fehler lediglich an, behebt sie aber nicht. Sie können auf jedem Postfachserver immer nur eine Datenbank gleichzeitig überprüfen. Beispiele erhalten Sie in der Exchange Management Shell, wenn Sie den folgenden Befehl verwenden:

```
Get-Help New-MailboxRepairRequest -Examples
```

Findet das Cmdlet Fehler, sollten Sie in der Ereignisanzeige über *Windows-Protokolle/Anwendung* die Ereignisse beobachten. Die Einträge finden Sie auf dem Postfachserver, auf dem Sie die Datenbank überprüfen lassen. Die Quelle der Ereignisse sind *MSExchangeIS Mailbox Store* und folgende mögliche IDs:

- 10047: Mailbox-Überprüfung gestartet
- 10064: Öffentliche Ordner-Überprüfung gestartet
- 10048: Überprüfung erfolgreich beendet
- 10050: Ein Postfach wurde vom Assistenten übersprungen
- 10059: Datenbanküberprüfung gestartet
- 10062: Korruption entdeckt

Nach dem Test sollten Sie also in der Ereignisanzeige den Eintrag mit der ID 10048 finden, die ID 10062 deutet auf einen Fehler hin. Behebt das Cmdlet Fehler auf der Datenbank, können Sie den Reparaturvorgang unterbrechen, indem Sie die Bereitstellung der Datenbank aufheben. Repariert der Assistent ein Postfach, kann der entsprechende Anwender bis zum Abschluss der Reparatur nicht auf sein Postfach zugreifen.

Bei jeder Datenbankaktion schreibt der Informationsspeicherdienst Einträge in das Anwendungsprotokoll der Ereignisanzeige. Meldungen mit den Quellen *MSExchangeIS* oder *ESE* geben detailliert Auskunft über Fehler beim Mounten, Log-Fehler, Inkonsistenzen und Indexprobleme. Die häufigsten Ereignis-IDs bei Mountfehlern sind 9518, 9519, 455, 478 und 500. Vor Eingriffen mit Reparaturtools sollte immer zuerst die Ereignisanzeige geprüft werden.

5.5.4 Offlinedefragmentierung einer Exchange-Datenbank

Durch das Verschieben von Benutzerkonten zwischen Postfachdatenbanken, aber auch durch die normale Arbeit mit dem Exchange-Server wachsen die Datenbankdateien an. Leere Bereiche innerhalb der Datenbank werden zwar erneut genutzt, der Umfang der Datenbankdateien wird jedoch nicht geringer. Auch nach einem Reparaturvorgang ist es unerlässlich, für die Datenbankdateien eine Offlinedefragmentation durchzuführen. Und sogar zum Reparieren lässt sie sich nutzen, da der Assistent auch defekte Bereiche aus der Datenbank löscht.

Die Offlinedefragmentation dauert bei entsprechender Datenbankgröße oft stundenlang, aber nur dadurch stellen Sie sicher, dass die Datenbankdateien nach einer Reparatur vollständig in Ordnung sind. Während der Offlinedefragmentation löscht Exchange leere und – falls noch vorhanden – korrupte Bereiche aus den Datenbanken. Benutzer können während dieser Zeit nicht mit der Datenbank arbeiten, da sie nicht zur Verfügung steht.

Während der Onlinedefragmentierung werden die Datenbanken nicht verkleinert. Sie stellt lediglich Festplattenplatz wieder zur Verfügung, der von Exchange nicht mehr verwendet wird. Es werden leere Bereiche innerhalb der Datenbank zusammengefasst, aber keine Dateien verkleinert und keine Konsistenz überprüft beziehungsweise wiederhergestellt. Die Gesamtgröße der Datei bleibt gleich.

Für die Offlinedefragmentierung müssen Sie die Bereitstellung der Datenbanken aufheben oder den Informationsspeicherdienst beenden (über *Net stop msExchangeis*). Um eine Offlinedefragmentierung durchzuführen, starten Sie Eseutil mit der Option */d* und dem Pfad zur Datenbank. Das Tool legt vor dem Defragmentierungsvorgang eine temporäre Kopie der Datenbankdatei an, die defragmentiert und nach dem Vorgang wieder zurückkopiert wird.

Die Temporärdateien werden auf dem Laufwerk angelegt, auf dem Sie Eseutil aufrufen, und lassen sich mit der Option */t* auch steuern. Aus diesem Grund sollte auf dem Datenträger genügend freier Speicherplatz vorhanden sein, also mindestens die doppelte Größe der Exchange-Datenbanken. Steht nicht genügend Speicherplatz zur Verfügung, kann Eseutil im

Notfall keine Datenbank defragmentieren oder reparieren. Die einzige Alternative stellt das langwierige Kopieren der Datenbank- und Eseutil-Dateien auf einen anderen Computer dar. Erhalten Sie beim Start Fehlermeldungen, dass die Datenbank keine Defragmentierung zulässt, versuchen Sie, die Datenbank wieder bereitzustellen. Starten Sie dann den Systemdienst für den Informationsspeicher neu und heben Sie dann die Bereitstellung wieder auf. Exchange sollte jetzt alle Transaktionsprotokolle in die Datenbank geschrieben haben.

Ist auf einem Server nicht genügend Speicherplatz vorhanden, um mit Eseutil eine Datenbank zu reparieren, oder die Hardware defekt, ist es sinnvoll, Eseutil auf einem anderen Server oder PC ohne installierten Exchange-Server zu starten. Dadurch besteht die Möglichkeit, die zeitaufwendige Reparatur von Exchange parallel zum Aufsetzen eines neuen Servers durchzuführen. Um eine Postfachdatenbank zu defragmentieren, müssen Sie deren Bereitstellung aufheben (dismounten). Nach diesem Vorgang können Anwender keine Verbindung mehr zum Postfach herstellen, bis Sie die Bereitstellung wiederherstellen. Um eine Datenbankbereitstellung aufzuheben, verwenden Sie den Befehl:

```
Dismount-Database -Identity <Name der Datenbank>
```

Das Aufheben der Bereitstellung müssen Sie noch bestätigen. Kennen Sie den Namen der Datenbank nicht, können Sie ihn mit *Get-MailboxDatabase* anzeigen lassen. Standardmäßig speichert Exchange SE die Datenbankdatei in einem Unterordner mit dem Namen der Datenbank im Ordner *C:\Program Files\Microsoft\Exchange Server\V15\Mailbox*. Haben Sie die Datenbank defragmentiert, besteht der nächste Schritt darin, die Bereitstellung wiederherzustellen. Dazu verwenden Sie den Befehl:

```
Mount-Database -Identity <Name der Datenbank>
```

Sie erhalten keine Rückmeldung über den Befehl, es darf aber auch keine Fehlermeldung erscheinen. Anschließend können Sie wieder die Größe der Datenbank nach der Defragmentierung überprüfen und den Umfang des leeren Bereichs in der Datenbank feststellen:

```
Get-MailboxDatabase -Status | ft Name,DatabaseSize,AvailableNewMailboxSpace
```

Die Syntax in der Befehlszeile für eine Offlinedefragmentierung lautet zum Beispiel:

```
Eseutil /d "Mailbox Database.edb"
```

Sie können auch direkt in den Ordner der Datenbanken wechseln, um sich die Eingabe des Pfads zu sparen. Hat Eseutil mit der Defragmentierung begonnen, wird die Datenbank geöffnet und eine Kopie angelegt.

Während der Defragmentierung werden auch automatisch defekte Bereiche der Datenbank gelöscht. Durch diese Option können also korrupte Datenbanken wieder repariert oder nach einer Reparatur überprüft werden. Wird die Defragmentierung durch Herunterfahren des Servers unterbrochen, kann es sein, dass die temporär angelegte Datenbankdatei noch nicht über die Originaldateien kopiert wurde.

Lokalisieren Sie dann die Temporärdatenbank und kopieren Sie sie über die Originaldateien. Erhalten Sie beim Start eine Fehlermeldung, dass die Datenbank keine Defragmentierung zulässt, versuchen Sie, sie wieder bereitzustellen. Starten Sie dann den Systemdienst für den Informationsspeicher neu und heben Sie anschließend die Bereitstellung wieder auf. Exchange sollte jetzt alle Transaktionsprotokolle in die Datenbank geschrieben haben.

Für die Offlinedefragmentierung müssen Sie die Bereitstellung der Datenbanken aufheben oder den Informationsspeicherdienst beenden. Beenden Sie den Informationsspeicherdienst, werden aber auch alle anderen Datenbanken auf dem Server beendet.

Mit dem folgenden Befehl zeigen Sie die aktuelle Größe der *.edb*-Datei der entsprechenden Datenbank sowie die Datenmenge an, um die Sie die Datenbank verkleinern können. Für den Befehl brauchen Sie die Datenbank nicht herunterzufahren:

```
Get-MailboxDatabase -Status | ft Name,DatabaseSize,AvailableNewMailboxSpace
```

Ist der Unterschied zwischen *DatabaseSize* und *AvailableNewMailBoxSpace* ziemlich groß, bietet es sich an, eine Defragmentierung durchzuführen. Starten Sie dazu Eseutil mit der Option */d* und geben Sie den Pfad zur Datenbank an, wie bereits zuvor dargestellt.

Müssen Sie eine Exchange-Datenbank reparieren, ist es wichtig, zu wissen, auf welche Basis von gesicherten Daten Sie zurückgreifen können. Nicht immer gelingt es, eine korrupte Datenbank mit den beschriebenen Mitteln zu reparieren. Stattdessen müssen Sie teilweise Daten oder die komplette Datenbank aus einer Sicherung wiederherstellen und unter Umständen mit Eseutil bearbeiten.

Eine Onlinesicherung ist eigentlich der einzig richtige und professionelle Weg zur Sicherung von Exchange-Datenbanken. Dabei sichert das Datensicherungsprogramm die Exchange-Daten, während die Exchange-Dienste weiterlaufen. Die Datenbank wird im Anschluss als gesichert markiert. Die Onlinesicherung kann zwar auch vom Windows-Datensicherungsprogramm durchgeführt werden, allerdings sollte dieses Programm nur in Ausnahmefällen oder übergangsweise eingesetzt werden.

Bei einer Onlinesicherung liest das Sicherungsprogramm jede einzelne Datenbanktabelle Stück für Stück aus. Da Änderungen in der Datenbank auch durchgeführt werden können, wenn kein Benutzer angemeldet ist, muss ein weiterer Mechanismus der Datensicherung diese Daten erfassen, wenn die Tabellen von der Sicherung bereits auf Band geschrieben wurden.

Exchange schreibt solche Änderungen in sogenannte Patchdateien auf den Datenträger. Nach dem Sichern aller Tabellen werden zum Schluss die Patchdateien gesichert, damit auch tatsächlich alle Änderungen in der Datensicherung berücksichtigt wurden.

Zum Abschluss sichert das Datensicherungsprogramm standardmäßig außerdem die Transaktionsprotokolle und löscht sie anschließend. Die Dateien sollten keinesfalls manuell gelöscht werden. Um Exchange-Datenbanken zu sichern, stehen für die verschiedenen Datensicherungsprogramme entsprechende Möglichkeiten zur Verfügung.

5.5.5 Datenbanken und Verbindungen in der Exchange Management Shell testen

Haben Sie die generelle Serververfügbarkeit überprüft und auch die Systemdienste, testen Sie als Nächstes die Exchange-Datenbanken. Dazu verwenden Sie die Exchange Management Shell. Sie haben auch hier die Möglichkeit, den Status für alle Server in Erfahrung zu bringen:

```
Get-MailboxDatabase | Get-MailboxDatabaseCopyStatus
```

Achten Sie darauf, dass die produktiven Datenbanken den Status *Mounted* besitzen. Der nächste Schritt besteht darin, dass Sie überprüfen, ob Outlook-Clients noch mit HTTP und TCP auf die Exchange-Clientzugriffsserver zugreifen können. Auch dazu verwenden Sie die Exchange-Verwaltungsshell und die beiden folgenden Befehle:

```
Test-OutlookConnectivity -Protocol http
Test-OutlookConnectivity -Protocol tcp
```

Bevor Sie den Test mit dem Cmdlet ausführen können, müssen Sie mit dem Exchange-Skript *New-TestCasConnectivityUser.ps1* einen Testbenutzer erstellen. Um das Skript auszuführen, wechseln Sie in der Exchange Management Shell in das Verzeichnis *C:\Program Files\Microsoft\Exchange Server\V15\Scripts*.

Geben Sie den Befehl *.\New-TestCasConnectivityUser.ps1* ein. Anschließend fragt Sie das Skript nach einem sicheren Kennwort für den neuen Testbenutzer. Den Namen des Benutzers legt das Skript selbst fest.

Bestätigen Sie das Anlegen mit der [↵]-Taste. Sie können das Skript auch so starten, dass ein bestimmter Postfachserver automatisch verwendet wird. Die Syntax dazu ist: *Get-MailboxServer | .\new-TestCasConnectivityUser.ps1*. Achten Sie darauf, den Befehl am besten direkt im Verzeichnis *C:\Program Files\Microsoft\Exchange Server\V15\Scripts* auszuführen.

Sie erhalten auch hier das Ergebnis, ob die Verbindung erfolgreich war. Alle Clientzugriffsserver filtern Sie mit *Get-ClientAccessService*. Ob Exchange ActiveSync funktioniert, testen Sie in der Exchange-Verwaltungsshell mit *Test-ActiveSyncConnectivity -ClientAccessServer <Servername>*.

Zusätzlich stehen noch mehr Cmdlets für die Analyse zur Verfügung. Die Syntax ist ähnlich:

- *Test-OwaConnectivity*
- *Test-EcpConnectivity*
- *Test-WebServicesConnectivity*
- *Test-PopConnectivity*
- *Test-ImapConnectivity*

Microsoft stellt auch ein Tool zur Verfügung, mit dem Anwender Probleme bei der Verbindung von Clients zu Exchange beheben können. Das Microsoft-Verbindungsuntersuchung-Tool finden Sie auf der Seite Remote Connectivity Analyzer (*https://testconnectivity.microsoft.com*). Anschließend lassen sich u. a. Verbindungsprobleme mit Outlook lösen.

5.6 Zusammenfassung

In diesem Kapitel haben Sie erfahren, wie Sie Datenbanken für Postfächer anlegen und verwalten. Auch das Exportieren und Importieren von *.pst*-Dateien war Thema dieses Kapitels. Außerdem bin ich auf die Reparatur und Überprüfung sowie die Optimierung der Exchange-Datenbanken eingegangen. Im nächsten Kapitel zeige ich Ihnen, wie Sie Server in Exchange SE optimal konfigurieren und verwalten.

Kapitel 6

Clientanbindung an Exchange

In Exchange gibt es keine dedizierte Serverrolle für den Clientzugriff. Alle Funktionen, die früher Clientzugriffsserver beherrschen, werden von den Postfachservern übernommen. So war das auch bereits bei Exchange 2016/2019.

In diesem Kapitel gehe ich darauf ein, wie sich das klassische Outlook an Exchange anbinden lässt. Das neue Outlook, das zum Lieferumfang von Windows 11 gehört, unterstützt zurzeit (Stand Januar 2026) noch keine lokal betriebenen Exchange-Server, sondern nur Exchange Online. Es ist aber zu erwarten, dass Microsoft diese Funktion recht zügig integriert.

In Exchange wird die Verarbeitung von Besprechungsanfragen und Terminen vom Client auf den Server verlegt. Dies hat den Vorteil, dass keine Inkonsistenzen entstehen, wenn mit mehreren Clients, zum Beispiel PC, OWA und Smartphone, auf Postfächer zugegriffen wird.

Die verschiedenen Clients und Geräte, OWA, Smartphones/Tablets, Heim-PCs und Unternehmens-PCs, greifen immer auf die aktuellen Daten der Termine zu, Outlook muss dabei nicht laufen. Da die Termine durch den Server selbst verwaltet werden, stehen die Frei-/Gebucht-Zeiten immer in Echtzeit zur Verfügung. Außerdem können diese Daten auch gesamtstrukturübergreifend repliziert werden. Für die Verwaltung der servergespeicherten Terminverwaltung sind Server zuständig.

Die Funktionen der serverbasierten Terminverwaltung unterstützen das klassische Outlook und auch das neue Outlook. Besprechungsräume und Ressourcen werden im Adressbuch separat dargestellt und können als Empfängerobjekte auch getrennt angelegt werden (siehe Kapitel 7). Dadurch erkennt Exchange automatisch, ob es sich bei einem Empfänger um eine Ressource oder um einen Besprechungsraum handelt, und Anwender brauchen nicht mehr im Adressbuch nach Besprechungsräumen zu suchen. Ressourcen werden daher unter Exchange SE auch speziell als Ressourcen hinzugefügt, und nicht als normale Teilnehmer wie in früheren Versionen. Durch diese getrennte Verwaltung sind die Objekte in Outlook Web App und Outlook in der Terminplanung auch ein eigener Bereich. Anwender können das Outlook Web App-Design anpassen.

Das Verschieben von Postfächern zu Exchange hat Microsoft ebenfalls verbessert. Es lassen sich mehr Postfächer gleichzeitig verschieben und E-Mail-Benachrichtigungen versenden. Bei Problemen kann der Assistent den Vorgang wiederholen, und Postfächer können priorisiert verschoben werden. Außerdem besteht die Möglichkeit, den Zugriff nach dem Verschieben erst nach einer Überprüfung freizuschalten.

6.0.1 Exchange-Clientzugriff in der Management Shell testen

In Exchange sind einige Cmdlets integriert, die beim Testen von Verbindungen von Clients helfen können. Der beste Weg dazu ist, wenn Sie zunächst die Anmeldedaten des zu testenden Benutzerkontos in einer Variablen speichern:

```
$credential = Get-Credential
```

Anschließend können Sie die verschiedenen Verbindungstypen testen. Dazu stehen folgende Cmdlets zur Verfügung:

- *Test-OutlookConnectivity*
- *Test-OwaConnectivity*
- *Test-EcpConnectivity*
- *Test-WebServicesConnectivity*
- *Test-PopConnectivity*
- *Test-ImapConnectivity*

Müssen Sie für die einzelnen Cmdlets noch erweiterte Informationen eingeben, wird dies in der Exchange Management Shell angezeigt. Beispiele erhalten Sie mit dem Befehl:

```
Get-Help <Cmdlet> -Examples
```

6.1 Autodiscover und AutoConnect mit Outlook

Exchange SE bietet in Verbindung mit Outlook die Funktionen Autodiscover und AutoConnect. Outlook erfordert immer eine korrekt konfigurierte AutoConnect-Funktion.

Für die Kommunikation mit Outlook verwendet Exchange SE standardmäßig MAPI over HTTP als Protokoll. Dies ersetzt RPC over HTTP (Outlook Anywhere), das in älteren Versionen verwendet wurde. MAPI over HTTP bietet höhere Stabilität und eine verbesserte Wiederaufnahme unterbrochener Sitzungen. Die Protokollnutzung lässt sich mit *Get-OutlookAnywhere* und *Get-MapiVirtualDirectory* überprüfen.

Exchange Online verwendet ausschließlich MAPI over HTTP. In hybriden Umgebungen sollten alle virtuellen Verzeichnisse mit identischen Authentifizierungsmethoden konfiguriert werden, um Verbindungsprobleme beim Wechsel zwischen lokalem Exchange und Exchange Online zu vermeiden.

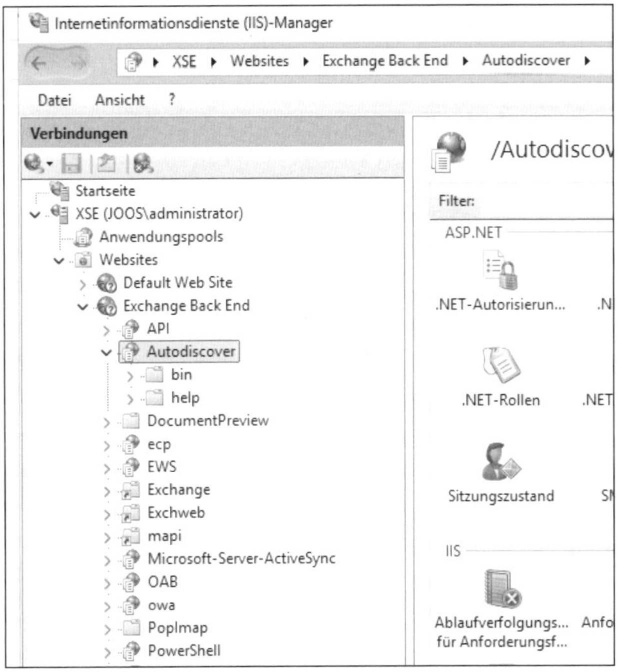

Abb. 6.1 Autodiscover muss auf dem Exchange-Server funktionieren.

6.1.1 Allgemeine Informationen zur automatischen Anbindung an Exchange

Die Funktionen zur automatischen Anbindung von Clients ersparen Anwendern und Administratoren die komplexe Konfiguration am Client und bieten die Einrichtung direkt am Server. Damit diese automatische Verbindung funktioniert, wird Exchange eng an das DNS-System angebunden und es wird die Webserverkomponente (IIS) des Servers genutzt.

Anwender brauchen Outlook nur noch zu starten, um sich mit dem Exchange-Server zu verbinden. Postfachserver und Authentifizierung entnimmt Outlook aus den Anmeldedaten am PC oder durch die Eingabe manueller Anmeldedaten. Diese Anmeldung lässt sich auch über das Internet durchführen. Dazu müssen Administratoren auf den DNS-Servern, die die Namensauflösung der E-Mail-Domäne durchführen, die Daten hinterlegen.

Beim Zugriff über das Internet erfolgt die Ermittlung der Autodiscover-URL ausschließlich über DNS. Die SCP-Mechanik wird nur genutzt, wenn Outlook in der Active-Directory-Domäne angemeldet ist. Administratoren sollten die Namensauflösung intern über Split-DNS bereitstellen und die Zertifikate so konfigurieren, dass beide Zugriffspfade, intern und extern, mit denselben FQDNs arbeiten. So vermeiden Sie Fehlermeldungen beim Wechsel zwischen Büro und Homeoffice.

Damit Outlook erfolgreich eine Verbindung zum Server aufbauen kann, muss das Zertifikat des Exchange-Servers gültig sein und exakt mit dem verwendeten Hostnamen übereinstimmen. CN- oder SAN-Einträge im Zertifikat müssen den Autodiscover-Namen sowie die Outlook-Anywhere-URL enthalten. Ein selbstsigniertes Zertifikat erzeugt in Outlook eine Sicherheitswarnung. Für produktive Umgebungen ist ein öffentlich vertrauenswürdiges Zertifikat Pflicht, das mindestens den vollständigen Autodiscover-FQDN abdeckt.

Starten Sie Outlook zum ersten Mal und haben noch kein Mailprofil eingerichtet, versucht Outlook automatisch, aus dem Anmeldenamen einen Exchange-Server zu ermitteln. Aktivieren Sie das Kontrollkästchen *Servereinstellung oder zusätzliche Servertypen manuell konfigurieren* oder *Ich möchte mein Konto manuell einrichten*, können Sie die erforderlichen Einstellungen auch manuell vornehmen.

In einem optimal konfigurierten Active Directory erkennt Outlook den Exchange-Server automatisch durch die Benutzeranmeldung am PC. Den Postfachserver und die Authentifizierung entnimmt es aus diesen Anmeldedaten. Diese Verbindung baut Outlook in Zusammenarbeit mit den Internetinformationsdiensten (IIS) auf dem Exchange-Server auf. Rufen Sie auf dem Exchange-Server mit der Clientzugriffsrolle den Internetinformationsdienste-Manager auf, sehen Sie unterhalb der Standardwebseite einen virtuellen Ordner mit der Bezeichnung *Autodiscover*.

Auf Basis der E-Mail-Adresse und des Anmeldenamens ermittelt Outlook den entsprechenden Server und verbindet sich. Dazu müssen Sie allerdings bei der Ausstellung eines neuen Exchange-Zertifikats Autodiscover auch über das Internet zur Verfügung stellen, wenn Sie Clients an lokale Exchange-Server anbinden wollen.

Damit Clients wissen, welche Exchange-Server sie nach einer Verbindung fragen sollen, ist in Active Directory hinterlegt, auf welchen Exchange-Servern mit der Clientzugriff-Serverrolle die Funktion *Autodiscover* zur Verfügung steht. Diesen Dienst bezeichnet Microsoft als Dienstverbindungspunkt.

Der Dienstverbindungspunkt (Service Connection Point, SCP) wird bei der Installation eines Exchange-Servers automatisch in Active Directory registriert. Outlook ruft diesen SCP bei interner Anmeldung über LDAP ab, um die Autodiscover-URL des zugehörigen Exchange-Servers zu ermitteln. Über das Cmdlet *Set-ClientAccessService* lässt sich der URL-Wert anpassen. In Umgebungen mit mehreren Exchange-Versionen sollte sichergestellt sein, dass nur moderne Exchange-Server wie Exchange SE für den SCP zuständig sind, um Kompatibilitätsprobleme zu vermeiden.

Im Snap-In *Active Directory-Standorte und -Dienste* (*dssite.msc*) können Sie sich dessen Einstellungen anzeigen lassen. Dazu müssen Sie im Menü *Ansicht* den Befehl *Dienstknoten anzeigen* wählen.

Navigieren Sie zu *Microsoft Exchange/<Organisation>/Administrative Groups/Exchange Administrative Group/Servers/<Servername>/Protocols/Autodiscover*. Auf der rechten Seite rufen Sie die Eigenschaften des Exchange-Servers auf. Anschließend legen Sie auf der Registerkarte *Attribut-Editor* die Einstellungen fest.

Hier zeigt Active Directory alle Server der Organisation an, da standardmäßig bei dieser Rolle immer Autodiscover mit installiert wird. In Outlook lassen sich die automatische Verbindung ebenfalls anzeigen. Starten Sie Outlook auf einem Computer, der Mitglied einer Domäne ist, sucht der Client die Einträge der Dienstverbindungspunkte (Service Connection Points, SCP). Outlook verbindet sich dann mit dem ersten SCP in der Liste, um sich mit seinem passenden Server zu verbinden.

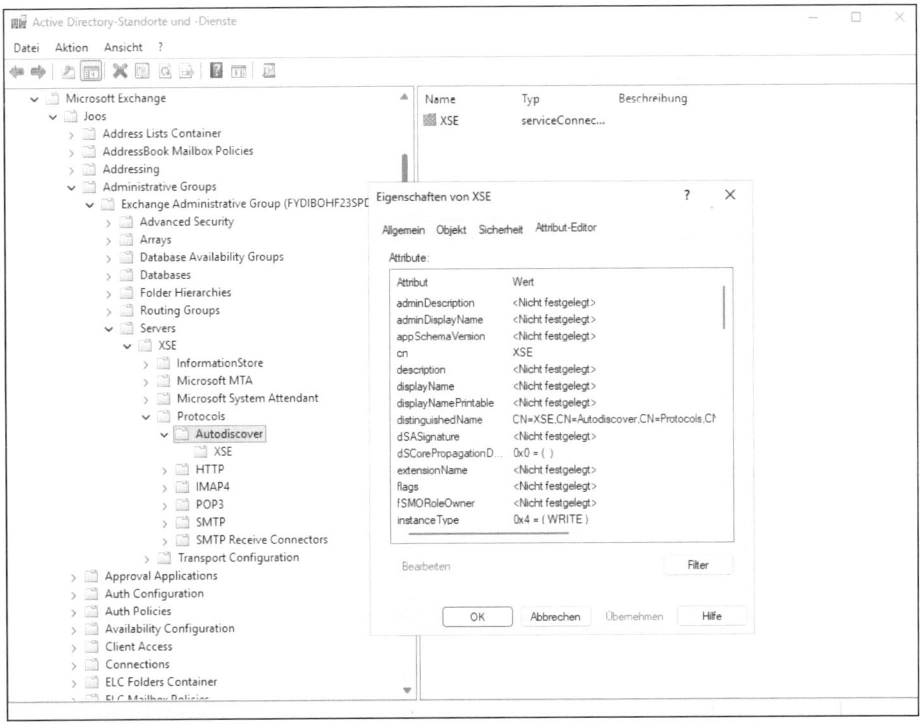

Abb. 6.2 Anzeigen des Dienstknotens im Snap-In *Active Directory-Standorte und -Dienste*

Wenn Outlook keinen gültigen SCP-Eintrag erreichen kann, sucht es automatisch über HTTPS die DNS-basierten Autodiscover-Endpunkte. Dabei werden standardisierte URLs auf Basis der E-Mail-Domäne abgefragt, zum Beispiel *autodiscover.firma.de* oder *autodiscover.outlook.com*. Diese Reihenfolge ist fest codiert und lässt sich nicht ändern. Bei hybriden Umgebungen führt ein fehlerhafter SCP oder ein nicht auflösbarer DNS-Eintrag zu wiederholten Umleitungen oder Verbindungsfehlern.

Starten Sie Outlook auf einem Computer, der nicht Mitglied der Domäne ist, kann der Client Active Directory nicht durchsuchen. In diesem Fall verwendet Outlook den DNS-Eintrag der E-Mail-Adresse, die beim Start eingegeben werden muss. Das neue Outlook versucht, sich dann mit einem Server zu verbinden, und verwendet dazu die folgenden URLs:

https://Autodiscover.<DNS-Name der E-Mail-Domäne>/autodiscover/autodiscover.xml

und

https://<DNS-Name der E-Mail-Domäne>/autodiscover/autodiscover.xml

Damit Outlook eine Verbindung zu den Servern herstellen kann, muss sich der Servername auflösen lassen. Dies bedeutet, dass Sie DNS-Einträge in der DNS-Zone oder den öffentlichen DNS-Servern für Ihre Zone erstellen müssen, damit auf diese Webseiten zugegriffen werden kann.

Sobald Sie Outlook gestartet haben, erscheint im Infobereich der Taskleiste das Outlook-Symbol. Klicken Sie mit der rechten Maustaste darauf und halten dabei die Strg-Taste gedrückt, steht Ihnen die Option *E-Mail-AutoKonfiguration testen* zur Verfügung.

Sobald Sie den Menüpunkt aufrufen, beginnt Outlook mit dem Verbindungstest. Geben Sie die E-Mail-Adresse und das Kennwort des Kontos für den Test ein. Sobald Sie auf die Schaltfläche *Test* klicken, versucht der Client, sich mit dem entsprechenden Server zu verbinden, und zeigt Informationen an. Hier dürfen keine Fehler erscheinen, ansonsten lässt sich das neue Outlook nicht an Exchange anbinden.

Auf den verschiedenen Registerkarten sehen Sie die Abläufe bei der Verbindung, die Outlook auch verwendet, wenn erstmalig eine Verbindung zum Server aufgebaut werden soll. Wollen Sie die eingetragenen Daten in Outlook über Autodiscover aktualisieren, wechseln Sie zur Registerkarte *Datei* und wählen darin *Kontoeinstellungen/Kontoeinstellungen*.

Klicken Sie dann im neuen Fenster auf *Reparieren*, um die Einstellungen erneut abzurufen. Outlook verbindet sich über Autodiscover mit dem Server und ruft die aktuellen Daten ab. So stellen Sie fest, ob Autodiscover im Netzwerk funktioniert.

Starten Sie Outlook das erste Mal und haben noch kein Profil eingerichtet, versucht Outlook automatisch, anhand des Anmeldenamens und des Kennworts des Benutzerkontos in der Domäne einen Exchange-Server zu finden.

In Outlook verwalten Sie mehrere Exchange-Konten gleichzeitig, auch zusammen mit anderen POP3/IMAP4-Konten. Wollen Sie ein weiteres Konto erstellen, klicken Sie auf die Schaltfläche *Konto hinzufügen*. Sie können diesen Vorgang jederzeit über die Registerkarte *Datei* durchführen.

Im neuen Outlook finden Sie den Bereich in den Einstellungen bei *Konto hinzufügen*. Hier lässt sich allerdings nur Exchange Online anbinden, bis Microsoft die Anbindung von lokalen Exchange-Servern auch im neuen Outlook integriert.

Exchange Online und die aktuelle Version des klassischen Outlook setzen moderne Authentifizierung mit OAuth 2.0 voraus. Die Nutzung der Basisauthentifizierung (Basic Auth) ist in Exchange Online inzwischen deaktiviert.

Exchange SE unterstützt moderne Authentifizierung nur, wenn Hybrid Modern Authentication (HMA) konfiguriert ist. Voraussetzung ist eine vertrauenswürdige Verbindung zur Azure Active Directory/Entra ID und ein gültiges Zertifikat für OAuth-Token-Anforderungen. Ohne diese Konfiguration schlägt die Anmeldung moderner Outlook-Versionen über moderne Authentifizierung fehl.

Bei der Verbindung arbeitet Outlook bereits mit Verschlüsselung und verwendet das hinterlegte Zertifikat auf dem Exchange-Server (siehe Kapitel 2), das standardmäßig durch den Exchange-Server selbst signiert ist. Haben Sie dieses Zertifikat nicht durch eines einer Zertifizierungsstelle ersetzt, der die Clients vertrauen, erhalten Anwender teilweise bei der Serververbindung eine Zertifikatwarnung, die sie zunächst bestätigen müssen. Wie Sie diesen Fehler umgehen und ein Zertifikat für Ihre Server hinterlegen, erfahren Sie in Kapitel 2.

Eine weitere Möglichkeit zur Umgehung der Warnung ist, dass Sie das Zertifikat, das sich der Exchange-Server selbst ausstellt, als vertrauenswürdige Stammzertifizierungsstelle installieren. Dazu gehen Sie folgendermaßen vor:

1. Erscheint beim Outlook-Start die Zertifikatwarnung, klicken Sie auf die Schaltfläche *Zertifikat anzeigen*.
2. Als Nächstes zeigt der Computer das Zertifikat an. Klicken Sie im neuen Fenster auf *Zertifikat installieren*.
3. Klicken Sie auf der ersten Seite des Zertifikatimport-Assistenten auf *Weiter*.
4. Auf der zweiten Seite des Assistenten legen Sie den Zertifikatspeicher fest. Hier aktivieren Sie die Option *Alle Zertifikate in folgendem Speicher speichern*.
5. Wählen Sie als Speicher *Vertrauenswürdige Stammzertifizierungsstellen* aus und klicken Sie auf *Weiter*.
6. Schließen Sie den Assistenten ab. Als Nächstes erscheint eine Warnmeldung. Bestätigen Sie sie, installieren Sie das Zertifikat und bestätigen Sie die Meldung.
7. Unter Umständen erscheint eine weitere Warnung des Zertifikats. Klicken Sie an dieser Stelle auf *Ja*. Schließen Sie nach dem erfolgreichen Import Outlook und starten Sie das Programm neu. Outlook sollte sich jetzt fehlerfrei starten lassen.

Nach der erfolgreichen Verbindung wird zuerst eine lokale Kopie des Postfachs auf den Clients angelegt, damit auch bei einer Trennung vom Exchange-Server weitergearbeitet werden kann. Ist die Erstellung des Profils abgeschlossen, startet das neue Outlook, zeigt den Posteingang an, und der Client ist mit dem Exchange-Server verbunden.

6.1.2 Autodiscover in der Exchange Management Shell testen

Sie können sich die Einstellungen für Autodiscover auch in der Exchange Management Shell anzeigen lassen. Sie verwenden dazu den Befehl *Get-AutodiscoverVirtualDirectory*. Die Ausgabe zeigt die Server an, die über einen solchen Ordner verfügen. Verwenden Sie noch die Option *|fl*, um ausführlichere Informationen anzuzeigen. Mit dem Cmdlet *Set-AutodiscoverVirtualDirectory* ändern Sie Einstellungen für Autodiscover.

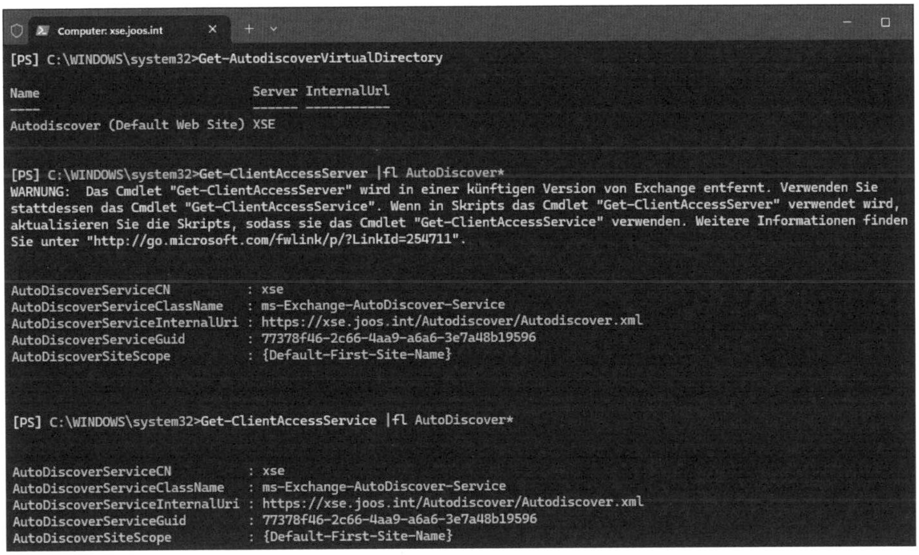

Abb. 6.3 Anzeigen der Autodiscover-Einstellungen der Server in der Organisation

Auch mit dem Cmdlet *Get-ClientAccessServer |fl* können Sie sich Informationen zu Autodiscover-Einstellungen der einzelnen Server anzeigen lassen. Verwenden Sie den Befehl *Get-ClientAccessServer fl AutoDiscover**, zeigt die Konsole nur Informationen zum Thema an. Alternativ verwenden Sie das neue Cmdlet *Get-ClientAccessService.*

Zur gezielten Diagnose von Outlook-Autokonfigurationsproblemen kann das Cmdlet *Test-OutlookConnectivity* verwendet werden. Es prüft, ob ein Benutzer erfolgreich über MAPI oder Outlook Anywhere verbunden werden kann. Zusätzlich empfiehlt sich *Test-EmailAutoConfiguration* direkt in Outlook (Strg + Rechtsklick auf das Outlook-Symbol). So lassen sich Autodiscover-URLs, Redirects, HTTP-Authentifizierung und Token-Anforderungen im Detail nachvollziehen.

6.1.3 DNS-Eintrag für Autodiscover erstellen

Sie können die Autoermittlung von Outlook auch über DNS erstellen. Dazu müssen Sie in der DNS-Verwaltung innerhalb der Zone einen neuen SRV-Eintrag anlegen. So können auch Computer, die nicht Mitglied einer Domäne sind, den passenden Server finden.

Handelt es sich bei der SMTP-Domäne um eine andere Domäne als Ihre DNS-Domäne für Active Directory, müssen Sie auf den Servern eine neue Zone erstellen, ansonsten können Sie die bestehende Zone weiterverwenden, wenn Sie die Einträge korrekt erstellen.

Die Zone muss mit der rechten Seite der SMTP-Adressen übereinstimmen. Setzen Sie mehrere SMTP-Adressen in Ihrem Unternehmen ein, müssen Sie einen SRV-Datensatz für die automatische Ermittlung in jeder Zone erstellen. Auf externen DNS-Servern sollte der Eintrag aus folgenden Daten bestehen:

- Service: *_autodiscover*
- Protocol: *_tcp*
- Port Number: *443*
- Host: Externer DNS-Namen, für den das Zertifikat gültig ist und den Sie auch für OWA oder Outlook verwenden

6.1.4 Autodiscover mit Microsoft 365 und Exchange

Nutzen Unternehmen eigene E-Mail-Domänen in Office 365, muss hier ebenfalls auf die Autodiscover-Funktion geachtet werden, das gilt auch beim Einsatz von Hybridszenarien. Wird bei der Einrichtung der eigenen Domäne die Option verwendet, dass für die DNS-Domäne die DNS-Server von Office 365 verwendet werden, steht Autodiscover automatisch zur Verfügung.

Die Einstellungen der Domäne lassen sich in der DNS-Domänenverwaltung von Microsoft 365 (*https://admin.cloud.microsoft/?#/Domains*) anzeigen und anpassen.

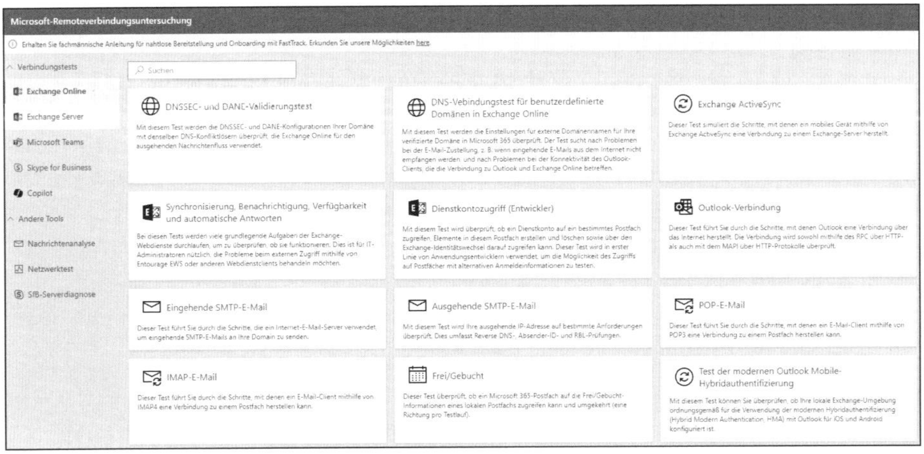

Abb. 6.4 Erfolgreiche Verbindung an Exchange und Exchange Online testen

Der einfachste Weg, um Autodiscover für Microsoft 365 zur Verfügung zu stellen, ist das Erstellen eines neuen CNAME-Eintrags in der Zone mit der E-Mail-Domäne. Diese erhält als Host die Bezeichnung *autodiscover* und leitet die Anfrage an den Host *autodiscover.outlook.com* um. Dadurch sollten sich alle Clientgeräte problemlos anbinden lassen. Es ist aber zu beachten, dass es mehrere Stunden dauern kann, bis die Einrichtung funktioniert.

Die Konfiguration von Autodiscover lässt sich auch im Remote Connectivity Analyzer (*https://testconnectivity.microsoft.com*) überprüfen. Hier können Sie auch die Anbindung an einen lokalen Exchange-Server prüfen, wenn die Domäne und der Server über das Internet erreichbar sind.

Für Office 365 sind die Einstellungen auf der Registerkarte *Office 365* im Bereich *Verbindungstests für Microsoft Office Outlook* zu finden. Nachdem die Daten der Domäne eingegeben wurden, lässt sich der Test starten. Anschließend erhalten Anwender und Administratoren umfassende Informationen zu der Autodiscover-Funktion. Wichtig an dieser Stelle ist, dass mindestens ein Schritt der automatischen Ermittlung funktioniert. Nur dann ist sichergestellt, dass sich die verschiedenen Clients automatisiert an Office 365 anbinden lassen.

6.1.5 Autodiscover in Hybrid-Umgebungen

Arbeiten Unternehmen parallel mit lokalen Exchange-Servern (on-Premise) und zusätzlich mit Microsoft 365, muss die Autodiscover-Funktion natürlich ebenfalls entsprechend angepasst werden. In einer solchen Hybrid-Umgebung sollte der Eintrag auf einem öffentlichen DNS-Server erfolgen. Die öffentliche IP-Adresse der E-Mail-Domäne und für den Autodiscover-Eintrag sollte zum lokal installierten Exchange-Server geleitet werden. Dieser kann Microsoft 365 und Exchange Online über Anfragen informieren. Hier sollten auch A-Records verwendet werden, keine SRV-Records.

Kommt in Microsoft 365 eine Anfrage eines Clients für Autodiscover an, leitet es sie an den lokalen Exchange-Server weiter. Die XML-Datei für Autodiscover wird anschließend zu Microsoft 365 übertragen und an den Client weitergegeben.

Exchange Online unterstützt neben dem klassischen Autodiscover-Protokoll auch das neue Autodiscover V2-Protokoll für moderne Outlook-Versionen. Dieses ist vollständig HTTP-basiert und verwendet priorisierte JSON-Antworten. Für Hybridbereitstellungen muss weiterhin sichergestellt werden, dass der öffentliche Autodiscover-Eintrag auf den lokalen Exchange-Server zeigt. Nur dieser kann im Hybridbetrieb die richtigen Informationen für die interne und externe Konfiguration liefern und Anfragen an Exchange Online weiterleiten. Die Hybridkonfiguration verwaltet die korrekte Weiterleitung automatisch.

Sind im Unternehmen mehrere Exchange-Versionen im Einsatz, sollte der Autodiscover-Eintrag am besten zu einem Server mit Exchange SE weitergeschickt werden. Das liegt daran, dass die neuen Exchange-Versionen besser mit den Informationen umgehen können und besser mit Microsoft 365 zusammenarbeiten.

6.2 Startoptionen zur Fehlerbehebung von Outlook

Die Outlook-Versionen, die zum klassischen Outlook-Desktop gehören, lassen sich mit einigen zusätzlichen Optionen starten. Entweder verwenden Sie dazu das Dialogfeld *Ausführen* und tippen *Outlook /<Option>* ein oder Sie rufen den Befehl über das Fenster einer Eingabeaufforderung auf. Diese Optionen dienen hauptsächlich zur Fehlerbehebung.

Ich komme im Rahmen der Einrichtung von Outlook Anywhere noch auf die Option *Outlook.exe /rpcdiag* zurück, die den RPC-Verkehr zwischen Client und Exchange-Server oder Microsoft 365 anzeigt (siehe Kapitel 16). Kann *Outlook.exe* nicht direkt über das Dialogfeld *Ausführen* gestartet werden, müssen Sie noch den Pfad zur Datei *Outlook.exe* angeben.

Er ist standardmäßig *C:\Program Files\Microsoft Office\Office15* für Outlook 2013 und *C:\Program Files (x86)\Microsoft Office\root\Office16* für Outlook in neuen Versionen, bis hin zu Outlook 2024 und den Microsoft 365-Apps. Alternativ können Sie auch die Eigenschaften der Verknüpfung von Outlook auf dem Desktop oder dem Startmenü anpassen und die Option hinzufügen. Nicht in allen Outlook-Versionen sind alle Parameter verfügbar. Die wichtigsten Startoptionen sind:

- **/checkclient** Das Standardprogramm für E-Mails, News und Kontakte wird abgefragt.
- **/cleancategories** Sämtliche benutzerdefinierten, von Ihnen erstellten Kategorienamen werden gelöscht und die Standardnamen der Kategorien werden wiederhergestellt.
- **/cleanclientrules** Outlook wird gestartet und die clientbasierten Regeln werden gelöscht.
- **/cleandmrecords** Die Protokolldatensätze, die gespeichert werden, wenn ein Vorgesetzter oder ein Stellvertreter eine Besprechung ablehnt, werden gelöscht.
- **/cleanfinders** Suchordner werden aus dem Microsoft Exchange Server-Speicher entfernt.
- **/cleanfreebusy** Frei-/Gebucht-Informationen werden gelöscht und erneut generiert. Diese Befehlszeilenoption kann nur verwendet werden, wenn Sie eine Verbindung zu einem Exchange-Server-Computer herstellen können.
- **/cleanreminders** Erinnerungen werden gelöscht und erneut generiert.
- **/cleanroamedprefs** Alle zuvor servergespeicherten Einstellungen werden gelöscht und aus den lokalen Einstellungen erneut auf den Computer kopiert, auf dem diese Option verwendet wird. Hierzu zählt die Einstellung für Serverspeicherung von Erinnerungen, Frei-/Gebucht-Rastern, Arbeitsstunden, Kalenderveröffentlichungen und RSS-Regeln.

- **/cleanrules** Outlook wird gestartet und client- sowie serverbasierte Regeln werden gelöscht.
- **/cleanserverrules** Outlook wird gestartet und serverbasierte Regeln werden gelöscht.
- **/cleansharing** Entfernt alle RSS-, Internetkalender- und SharePoint-Abonnements aus den Kontoeinstellungen, belässt jedoch zuvor heruntergeladene Inhalte auf dem Computer. Diese Option sollten Sie verwenden, wenn Sie eines dieser Abonnements in Outlook 2010/2013/2019 nicht löschen können.
- **/cleansniff** Doppelt vorhandene Erinnerungsnachrichten werden gelöscht.
- **/cleansubscriptions** Abonnementnachrichten und Eigenschaften für Abonnementfeatures werden gelöscht.
- **/cleanviews** Standardansichten werden wiederhergestellt. Sämtliche von Ihnen erstellten benutzerdefinierten Ansichten gehen verloren.
- **/finder** Öffnet das Dialogfeld *Erweiterte Suche*.
- **/importnk2** Liest *.nk2*-Dateien mit E-Mail-Adressen-Vorschlägen bei Migrationen von Outlook 2007 ein.
- **/nocustomize** Outlook wird gestartet, ohne *outcmd.dat* (angepasste Symbolleisten) zu laden.
- **/noextensions** Outlook wird mit deaktivierten Erweiterungen gestartet, diese werden jedoch weiterhin im Add-In-Manager angezeigt.
- **/nopreview** Outlook wird mit deaktiviertem Lesebereich gestartet.
- **/profile <Profilname>** Das angegebene Profil wird geladen. Enthält der Profilname ein Leerzeichen, setzen Sie den Profilnamen in Anführungszeichen.
- **/profiles** Das Dialogfeld *Profil auswählen* wird geöffnet.
- **/recycle** Outlook wird in einem bereits vorhandenen Outlook-Fenster gestartet, sofern eines vorhanden ist. Wird zusammen mit */explorer* oder */folder* verwendet.
- **/resetfolders** Fehlende Ordner werden am Standardnachrichtenübermittlungsort wiederhergestellt.
- **/resetfoldernames** Standardordnernamen (wie *Posteingang* oder *Gesendete Objekte*) werden auf die Standardnamen für die derzeit verwendete Sprache der Benutzeroberfläche von Office zurückgesetzt.
- **/rpcdiag** Outlook wird geöffnet und das Dialogfeld für den Verbindungsstatus des Remoteprozeduraufrufs (Remote Procedure Call, RPC) wird angezeigt.
- **/sniff** Outlook wird gestartet und eine Erkennung neuer Besprechungsanfragen im Posteingang wird erzwungen. Diese werden anschließend dem Kalender hinzugefügt.

6.3 Outlook Web App (OWA) konfigurieren

Outlook Web App erreichen Sie über den Link *https://<Servername>/owa*. Anwender erhalten in der OWA-Oberfläche eine Ansicht für ihre E-Mails, die nahezu der Ansicht in Outlook entspricht.

Outlook Web App ist bereits standardmäßig aktiviert und Sie müssen keine Konfigurationsmaßnahmen durchführen. Um intern auf die OWA-Webseite zuzugreifen, geben Sie im Browser die Adresse *https://<Servername>/owa* ein. OWA bietet mehrere Auswahlmöglichkeiten für die Authentifizierung am Server.

In Exchange Online steht ausschließlich formularbasierte Authentifizierung zur Verfügung, ergänzt durch Azure/Entra Conditional Access. Die Konfiguration lokaler Authentifizierungsmethoden wie Digest, Basic oder Windows-Authentifizierung ist in Exchange Online nicht möglich. Für hybride Szenarien mit Single Sign-On ist die Verwendung von Seamless SSO über Entra Connect mit passender ADFS- oder Cloud-Only-Konfiguration sinnvoll. Lokale OWA-Instanzen lassen sich darüber hinaus per NTLM oder Kerberos absichern, was in Exchange Online nicht vorgesehen ist.

Nach dem Setup ist die Standardeinstellung für die Sicherheit die formularbasierte Authentifizierung. Dies kann auf verschiedene Arten je nach den Anforderungen Ihres Unternehmens gesteigert werden.

Die Internetinformationsdienste (IIS) führen eine Authentifizierung bei Active Directory durch, um sicherzustellen, dass der betreffende Benutzer über Domänenrechte verfügt. Sie können auch Standardauthentifizierung, Digestauthentifizierung, RSA SecurID oder sogar SmartCard-Anmeldung für den Zugriff auf E-Mails verwenden.

Die höchste Sicherheit für OWA bietet die integrierte Sicherheit von Windows, die Kerberos und NTLM kombiniert. Die integrierte Sicherheit von Windows ist für Outlook Web App-Webpartzugriff sowie für Server-Verkehr zwischen Active Directory-Standorten erforderlich. Sie bietet zudem zusätzliche Vorteile für Benutzer, die auf OWA in einem Intranet zugreifen. Es bietet einmaliges Anmelden mit Windows-Clientauthentifizierung, wodurch Sie sich nicht bei OWA anzumelden brauchen, wenn Sie bereits ein vertrauenswürdiger Benutzer sind.

Verwenden Sie die formularbasierte Authentifizierung, die Standardeinstellung, wird OWA nach einem bestimmten Zeitraum der Inaktivität aufgrund einer Zeitüberschreitung beendet. Je nach Wahl des Benutzers eines öffentlichen oder privaten Computers (wenn bei der Anmeldung gefragt) kann der Timeout 15 Minuten (bei öffentlichen Computern) oder acht Stunden (bei privaten Computern) betragen. Die Wahl eines öffentlichen statt eines privaten Computers ist wichtig für Ihre Benutzer, da die Sicherheitseinstellungen in Abhängigkeit von dieser Einstellung auch anders konfiguriert sein können. Sie können beispielsweise Anlagen auf öffentlichen Rechnern sperren oder Authentifizierungstimeouts ändern.

6.3.1 OWA-Zugriff für Benutzerkonten aktivieren und deaktivieren

Standardmäßig ist der OWA-Zugriff für Anwender aktiviert. Wollen Sie für einzelne Anwender den Zugriff deaktivieren, können Sie im Exchange Admin Center deren Eigenschaften aufrufen und auf die Registerkarte *Postfachfunktionen* klicken. Hier können Sie OWA deaktivieren oder aktivieren. Die Verwaltung der Benutzerkonten findet über *Empfänger/Postfächer* statt (siehe Kapitel 7). Sie finden diese Einstellung im Abschnitt *E-Mail-Konnektivität* im unteren Bereich.

Abb. 6.5 Deaktivieren und Aktivieren von Outlook Web App für einzelne Benutzer

6.3.2 Bedienung von Outlook Web App

In Outlook Web App haben Sie die Möglichkeit, direkt im Hauptfenster nach E-Mails oder deren Inhalt zu suchen. In den einzelnen Kapiteln dieses Buches, zum Beispiel Kapitel 7, zeige ich Ihnen Funktionen in Outlook Web App wie das Verwalten von Gruppen oder die Nachrichtenverfolgung.

Grundsätzlich lässt sich Outlook Web App nahezu genauso nutzen wie das neue Outlook. Im oberen Bereich finden Sie den Link *Einstellungen* (Zahnradsymbol), über den Sie die vielfältigen Möglichkeiten erreichen, um die Organisation zu verwalten, E-Mails nachzuverfolgen, Gruppenmitgliedschaften zu ändern oder Einstellungen anzupassen.

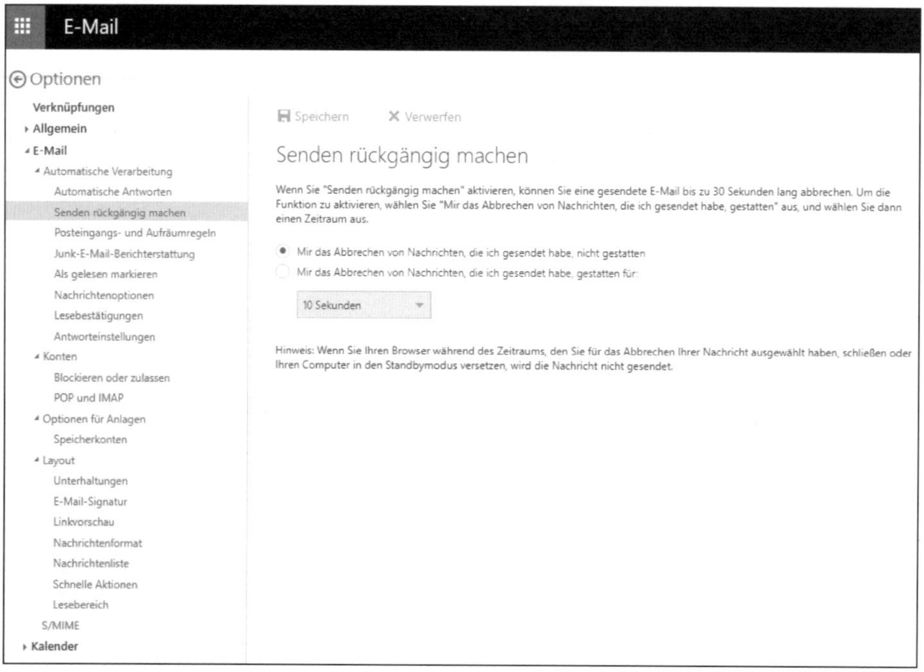

Abb. 6.6 Neue Optionen-Seite in Outlook Web App 2019

Neben der Möglichkeit der Suche lassen sich die E-Mails in Outlook Web App (ähnlich wie in Outlook) auch nach verschiedenen Kriterien sortieren. Klicken Sie dazu in OWA im Bereich der Anzeige oben auf den kleinen Pfeil.

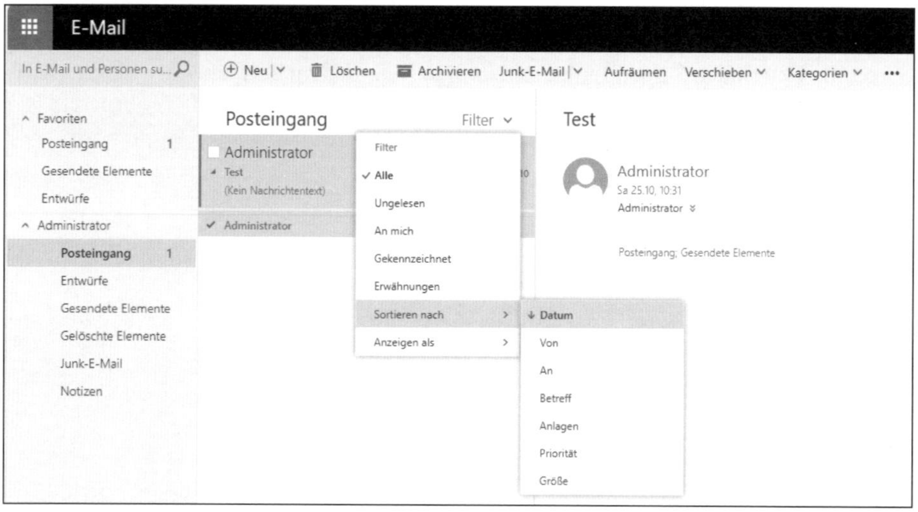

Abb. 6.7 Sortieren von E-Mails in Outlook Web App

Beim Schreiben von E-Mails verbindet sich Outlook Web App automatisch mit dem globalen Adressbuch und macht bei der Eingabe einer Adresse bereits Vorschläge, die Sie übernehmen können.

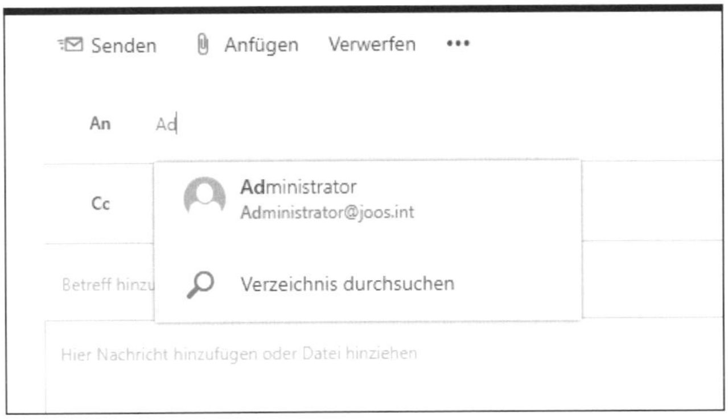

Abb. 6.8 Automatische Vervollständigung von E-Mail-Adressen

Die Kontakte in Outlook Web App wurden ebenfalls an das neue Outlook angeglichen und bieten ähnliche Funktionen. Auch das Adressbuch kann geöffnet und durchsucht werden. Die Planung von Besprechungen und der dazugehörigen Besprechungsräume wurde in Outlook Web App bereits mit Exchange 2019 deutlich optimiert. Besprechungsräume können, wie andere Teilnehmer einer Besprechung, gesondert eingeladen und verwaltet werden, genauso wie in Outlook. In Kapitel 7 gehe ich gesondert auf das Thema ein.

6.3.3 Offlinemodus in Outlook Web App nutzen

Sie können auch offline mit Outlook Web App arbeiten. Den Offlinemodus aktivieren Sie über das Zahnradsymbol. Auf diese Weise können Sie übertragene E-Mails komplett ohne Netzwerkverbindung lesen. Sie haben offline Zugriff auf Mails, aber nicht auf Dateianlagen. Auch den Kalender und Kontakte können Sie offline nutzen. Im Offlinemodus lassen sich E-Mails aber nicht sortieren oder durchsuchen.

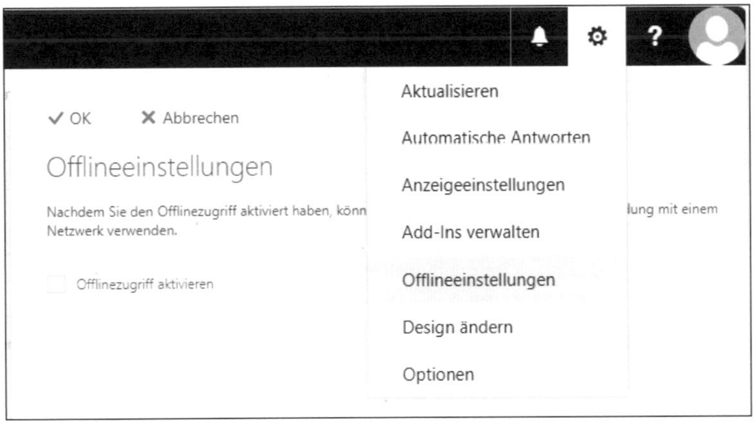

Abb. 6.9 E-Mails offline in Outlook Web App nutzen

Sie können auch E-Mails schreiben, allerdings werden sie erst übertragen, wenn Sie Outlook Web App wieder online schalten. Wenn Sie den Offlinemodus aktivieren, erhalten Sie eine Information und die Mails werden mit dem Client synchronisiert. Um den Offlinemodus wieder zu deaktivieren, klicken Sie erneut auf das Zahnradsymbol und deaktivieren den Offlinemodus wieder.

Beim Synchronisieren überträgt der Browser die Daten in lokale Datenbankdateien auf dem entsprechenden Rechner. Die Daten sind von dem Benutzerkonto aus zugreifbar, unter dem der Offlinemodus aktiviert wurde, und sind nicht verschlüsselt. Microsoft empfiehlt daher, den Offlinemodus nur auf eigenen Rechnern zu aktivieren und die Festplatten zu verschlüsseln, zum Beispiel mit BitLocker. Standardmäßig dürfen alle Benutzer den Offlinemodus nutzen. Sie können die Einstellungen über Postfachrichtlinien setzen:

```
Set-OwaMailboxPolicy -AllowOfflineOn [NoComputers | AllComputers |
PrivateComputers]
```

Alternativ können Sie den Zugriff auch über den virtuellen OWA-Ordner definieren:

```
Set-OwaVirtualDirectory -AllowOfflineOn [NoComputers | AllComputers |
PrivateComputers]
```

6.3.4 Virtuelle Ordner von Outlook Web App verwalten

Installieren Sie einen Exchange-Server, werden in den Internetinformationsdiensten virtuelle Ordner angelegt, deren Konfiguration und korrekte Funktion wichtig für das Funktionieren von Outlook Web App und dem Exchange Admin Center sind. Die Standardinstallation von Exchange SE passt diese Ordner bereits ordnungsgemäß an:

- **/Owa** Dieser Ordner verwendet Outlook Web App, um auf Postfächer auf Postfachservern mit Exchange SE zuzugreifen.
- **/Public** Dieser Ordner wird für den Zugriff auf öffentliche Ordner verwendet. In Exchange SE leitet er Anfragen automatisch an OWA um.
- **/exchweb** In diesem Ordner liegen Systemdateien, die für die Abwärtskompatibilität benötigt werden.
- **/OAB** Dieser Ordner ist für das Offlineadressbuch zuständig, um die webbasierte Verteilung des Offlineadressbuchs zu ermöglichen.
- **/ecp** Bei diesem Ordner handelt es sich um das Exchange Admin Center.

In der Exchange Management Shell werden die virtuellen Ordner angezeigt, wenn Sie *Get-OwaVirtualDirectory* eingeben. Hier erkennen Sie auch, welche Version der Ordner auf den einzelnen Exchange-Servern der Organisation aufweist.

Veröffentlichen Sie OWA über ein Gateway im Internet, müssen Sie die Authentifizierung anpassen und in der Veröffentlichungsregel die gleiche Authentifizierung verwenden. Für die virtuellen Ordner für das Offlineadressbuch (OAB), die Exchange-Webdienste, Exchange ActiveSync, Outlook Web App und das Exchange Admin Center können Sie verschiedene Einstellungen konfigurieren.

Zum Konfigurieren von Exchange ActiveSync verwenden Sie:

```
Set-ActiveSyncVirtualDirectory -Identity <CAS15>\Microsoft-Server-ActiveSync
-ExternalUrl "https://<Servername>/Microsoft-Server-ActiveSync"
```

Zum Konfigurieren des virtuellen Ordners für die Exchange-Webdienste verwenden Sie:

```
Set-WebServicesVirtualDirectory -Identity <CAS15>\Microsoft-Server-ActiveSync
-ExternalUrl "https://<Servername>/EWS/Exchange.asmx"
```

Zum Konfigurieren des Offlineadressbuchs führen Sie den folgenden Befehl aus:

```
Set-OabVirtualDirectory -Identity <Name>\Microsoft-Server-ActiveSync
-ExternalUrl "https://<Servername>/OAB"
```

6.3.5 Outlook Web App-Richtlinien

Outlook Web App bietet verschiedene Möglichkeiten, um den Datenzugriff für Anwender zu steuern.

Sie können über OWA-Richtlinien festlegen, auf welche OWA-Funktionen per Outlook Web App zugegriffen werden darf. Standardmäßig gestattet Exchange SE von allen Computern aus den Zugriff auf alle OWA-Funktionen.

Die Verwaltung findet über *Berechtigungen/Outlook Web App-Richtlinien* im Exchange Admin Center statt. Haben Sie den Bereich aufgerufen, können Sie neue Richtlinien erstellen und vorhandene Richtlinien anpassen.

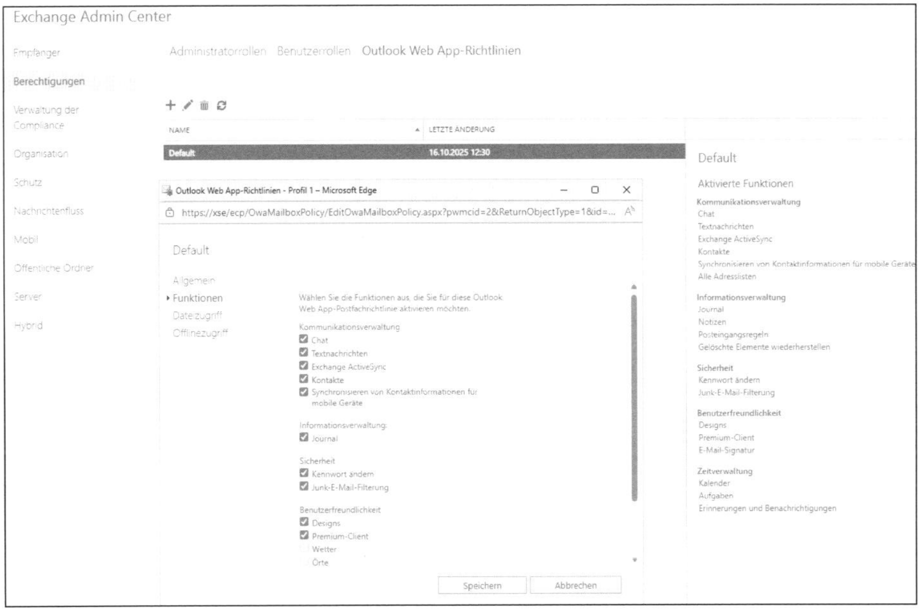

Abb. 6.10 Verwalten des Outlook Web App-Zugriffs über Richtlinien

Über verschiedene Menüs legen Sie fest, ob Sie den Zugriff auf Dateien erlauben und Funktionen wie Offlinezugriff aktivieren wollen.

Deaktivieren Sie über das Menü *Dateizugriff* das Kontrollkästchen *Direkter Dateizugriff*, darf der Anwender nicht mehr auf Dateianhänge zugreifen.

Auf diese Weise können Sie Anwendern den Zugriff auf einige Funktionen untersagen, ohne gleich den kompletten Zugriff auf Outlook Web App für alle Anwender ausschalten zu müssen.

Sie können verschiedene Richtlinien erstellen und den Anwendern zuordnen. OWA-Richtlinien hinterlegen Sie im Exchange Admin Center direkt in den Einstellungen der Empfänger:

1. Klicken Sie dazu auf den Empfänger und rufen Sie dessen Eigenschaften auf.
2. Klicken Sie auf *Postfachfunktionen*. Hier hinterlegen Sie die verschiedenen Richtlinien, die Exchange SE anbietet.
3. Klicken Sie im Bereich *E-Mail-Konnektivität* auf *Details anzeigen*.
4. Klicken Sie auf *Durchsuchen* und wählen Sie die erstellte Outlook Web App-Richtlinie aus.

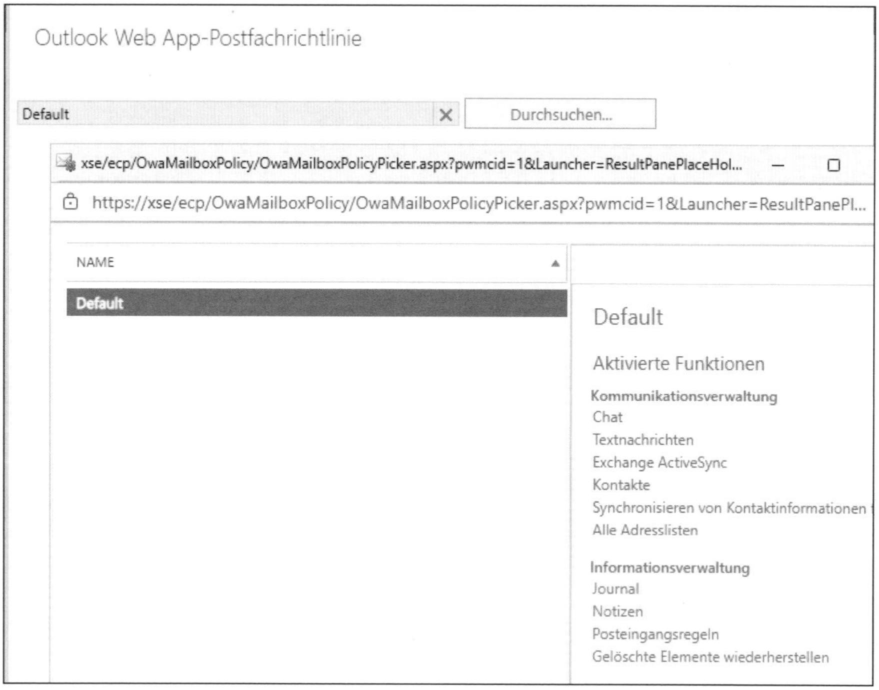

Abb. 6.11 Zuweisen von Richtlinien zu Anwendern

Bei der Installation von Servern erstellt Exchange SE eine Standardregel für OWA, die Sie anpassen können. Sie können aber ohne Weiteres auch eigene Richtlinien erstellen und Anwendern zuweisen.

Nach der Erstellung der Richtlinie lassen sich über deren Eigenschaften weitere Einstellungen vornehmen. Sie können OWA-Richtlinien auch in der Exchange Management Shell erstellen. Der Befehl dazu lautet:

```
New-OwaMailboxPolicy -Name <Name der Richtlinie>
```

Sie können Richtlinien auch in der Exchange Management Shell zuweisen. Die Syntax dazu lautet:

```
Set-CASMailbox -Identity <Empfänger> -OwaMailboxPolicy:<Richtlinie>
```

Wollen Sie eine Richtlinie von einem Empfänger wieder entfernen, verwenden Sie den folgenden Befehl:

```
Set-CASMailbox -Identity <Empfänger> -OwaMailboxPolicy:$null
```

6.3.6 GZIP-Komprimierung konfigurieren

Outlook Web App komprimiert standardmäßig die übertragenen Daten mit dem GZIP-Standard, um die Performance für den Outlook Web App-Zugriff zu erhöhen. Vor allem langsame Internetverbindungen profitieren von dieser Komprimierung, da weniger Daten zwischen Server und Client ausgetauscht werden müssen.

Wenn die Daten allerdings vor der Übertragung auch komprimiert werden müssen, belastet dies den Server. Aktuelle Servermaschinen sollten mit der Komprimierung allerdings keine Probleme haben. Darüber hinaus ist die Komprimierung standardmäßig auf Hoch (High) eingestellt.

Sie können in der Exchange Management Shell die GZIP-Komprimierung anpassen und von *High* auf *Low* umstellen und umgekehrt. Bei der Einstellung *High* werden die Daten effizienter komprimiert, aber der Server wird auch etwas stärker belastet. Verwenden Sie dazu den folgenden Befehl:

```
Set-OwaVirtualDirectory -GzipLevel High
```

Anschließend fragt Sie der Befehl nach der Identität der Seite. Geben Sie hier *OWA (Default Web Site)* ein.

Um die Komprimierung zu deaktivieren und damit die Performance des Servers zu erhöhen, verwenden Sie die Option *-GzipLevel Off*.

Die Einstellungen für OWA lesen Sie in der Exchange Management Shell durch den Befehl *Get-OwaVirtualDirectory* aus. Mit der Option *|fl* erhalten Sie eine formatierte Liste.

Bei der ersten Verbindung über Outlook Web App mit einem Postfach erscheint nach der Anmeldung ein Fenster, über das der Anwender die Sprache sowie die Zeitzone selbst auswählen kann.

Danach werden diese Informationen gespeichert und nicht mehr abgefragt. In den Optionen (Klick auf das Zahnrad-Symbol) lassen sie sich aber nachträglich abändern. Sie finden die Einstellungen über *Optionen/Allgemein/Region und Zeitzone.*

6.3.7 Outlook Web App-Dienste überprüfen und Fehler beheben

In der Exchange Management Shell können Sie mit dem Cmdlet *Test-OutlookWebServices* überprüfen, ob die notwendigen Exchange-Komponenten für OWA und Exchange-ActiveSync funktionieren. Erhalten Sie hier Fehler, können Sie auf diesem Weg die Lösung über eine Suche im Internet finden, da Sie genau die Komponente kennen, die nicht funktioniert.

Mit *Get-ClientAccessService | Test-OutlookWebServices -Identity <E-Mail-Adresse> -MailboxCredential (Get-Credential)* testen Sie den OWA-Zugriff einzelner Anwender. Funktionieren die Webdienste, funktioniert in den meisten Fällen auch Exchange-ActiveSync.

Manchmal funktioniert der Zugriff auf Outlook Web App nicht. Überprüfen Sie in diesem Fall die Ereignisanzeige, ob es Probleme mit ASP.NET auf dem Server gibt. Kontrollieren Sie dann, ob die Bindungen und Einstellungen von OWA korrekt sind. Gehen Sie am besten alle Optionen durch und überprüfen Sie im Internetinformationsdienste-Manager, ob die Bindungen für OWA korrekt sind. Sehr häufig kommt es zu Problemen, wenn im Verzeichnis *ClientAccess* unterhalb der Exchange-Installation (*C:\Program Files\Microsoft\Exchange Server\V15\ClientAccess*) Systemdateien fehlen oder nicht funktionieren.

Manche dieser Dateien sind auch im Verzeichnis *C:\Program Files\Microsoft\Exchange Server\V15\FrontEnd\HttpProxy* zu finden, zum Beispiel die Datei *SharedWebConfig.config*. Bei Problemen können Sie diese Datei in das Verzeichnis *C:\Program Files\Microsoft\Exchange Server\V15\ClientAccess* kopieren und in der Befehlszeile mit *iisreset* den IIS neu starten.

6.4 Mailtipps in Exchange SE konfigurieren

Schreibt ein Anwender innerhalb der Organisation eine E-Mail an andere Anwender, bei denen der Abwesenheits-Assistent aktiviert ist, blendet das neue Outlook eine Informationsleiste ein, die darauf hinweist, dass der Empfänger der E-Mails nicht erreichbar ist, dass er auf eine veraltete E-Mail antwortet, und vieles mehr.

Outlook überprüft bei der Namenseingabe auch, ob der Name im Adressbuch aufgelöst werden kann, erkennt aktivierte Abwesenheits-Assistenten und informiert die Absender entsprechend. Neben den Standardnachrichten lassen sich auf diesem Weg auch eigene Mailtipps erstellen, um Absendern von E-Mails beim Schreiben Informationen zu den Empfängern zukommen zu lassen.

Die erweiterten Einstellungen nehmen Sie auf Ebene der Organisation in der Exchange Management Shell vor. Mit dem folgenden Befehl lassen Sie sich die aktuellen Mailtipps anzeigen:

```
Get-OrganizationConfig | fl MailTip*
```

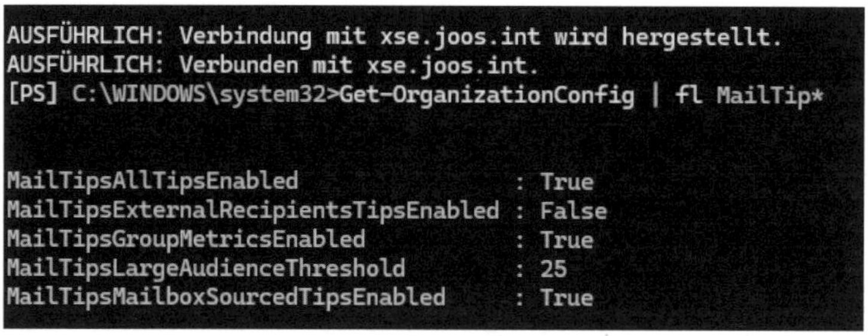

Abb. 6.12 Anzeigen der Mailtipps in Exchange SE

Wollen Sie zum Beispiel einen Mailtipp einblenden, sobald Anwender eine E-Mail an externe Empfänger senden, verwenden Sie den Befehl

```
Set-OrganizationConfig -MailTipsExternalRecipientsTipsEnabled $true
```

Mit dem Cmdlet *Set-OrganizationConfig* passen Sie auch die anderen Mailtipps in der Organisation an, die alle E-Mails betreffen. Mit dem folgenden Befehl erhalten Anwender eine Warnung, wenn eine E-Mail an mehr Empfänger verschickt werden soll, als im Grenzwert (Threshold) festgelegt ist:

```
Set-OrganizationConfig -MailTipsLargeAudienceThreshold
```

Sie können eigene Mailtipps für die verschiedenen Empfänger in der Organisation konfigurieren.

Dazu stehen folgende Bereiche zur Verfügung. Verwenden Sie dazu jeweils die *Set*-Cmdlets und die Option *-MailTip* für die Änderung und *Get*-Cmdlets für die Anzeige:

- *Mailbox*
- *MailContact*
- *MailUser*
- *DistributionGroup*
- *DynamicDistributionGroup*
- *MailPublicFolder*

Tragen Sie einen Mailtipp für eine Gruppe ein:

```
Set-DistributionGroup -Identity <Name der Gruppe> -MailTip "<Text des
Mailtipps>"
```

Sobald ein Anwender eine E-Mail an diese Gruppe schreibt, erhält er die Information in Outlook angezeigt. Mit dem folgenden Aufruf lassen Sie sich die Mailtipps zu einer Gruppe anzeigen:

```
Get-DistributionGroup -Identity <Name der Gruppe> | fl MailTip*
```

Sobald Anwender eine E-Mail an die entsprechende Gruppe senden, blendet Outlook den Mailtipp ein. Sie können die Einstellungen für Mailtipps in Outlook steuern, indem Sie auf der Registerkarte *Datei* den Befehl *Optionen* wählen, die Kategorie *E-Mail* öffnen und im Abschnitt *E-Mail-Infos* auf die Schaltfläche *Optionen für E-Mail-Infos* klicken. Anschließend können Sie festlegen, welche Tipps Outlook anzeigen soll.

6.5 E-Mail-Verschlüsselung mit Exchange SE und Outlook

Um E-Mail-Verschlüsselung in Unternehmen mit Exchange SE oder Office 365 zu integrieren, ist häufig die Verwendung von S/MIME der erste Weg. Hier haben Anwender die Möglichkeit, auf Basis von Zertifikaten eigene E-Mails manuell zu signieren und zu verschlüsseln.

Unternehmen, die auf Microsoft 365 setzen, können zusätzlich noch E-Mails automatisiert über Transportregeln verschlüsseln lassen. Arbeiten Sie mit Microsoft 365, können Sie genauso lokale Signierung und Verschlüsselung konfigurieren wie beim Betrieb eigener Exchange-Server. Die entsprechenden Konfigurationen dazu werden auf den Clients vorgenommen.

6.5.1 Voraussetzungen für die E-Mail-Verschlüsselung

Basis der Verschlüsselung ist ein Zertifikat. Dieses können Anwender entweder über eine interne Zertifizierungsstelle auf Basis der Active Directory-Zertifikatdienste oder anderer Lösungen erhalten, aber auch über Zertifikate-Anbieter im Internet.

Um mit S/MIME E-Mails zu verschlüsseln, brauchen Sie zunächst auf dem Server nichts zu ändern. Sie können sich ein eigenes Zertifikat ausstellen lassen und in Outlook einbinden.

6.5.2 Zertifikate installieren und in Outlook einbinden

Haben Sie ein Zertifikat der Zertifizierungsstelle auf dem Computer installiert, müssen Sie zunächst im Trust Center von Outlook die E-Mail-Sicherheit konfigurieren. Gehen Sie dazu folgendermaßen vor:

1. Öffnen Sie Outlook.
2. Öffnen Sie die Registerkarte *Datei*.
3. Klicken Sie auf *Optionen*.
4. Klicken Sie auf *Trust Center*.
5. Klicken Sie auf die Schaltfläche *Einstellungen für das Trust Center*.
6. Klicken Sie im neuen Fenster auf *E-Mail-Sicherheit*.
7. Klicken Sie auf die Schaltfläche *Einstellungen* neben dem Dropdownfeld *Standardeinstellung*.
8. Geben Sie einen Namen für Ihre Sicherheitseinstellungen ein.
9. Die Standardeinstellungen können Sie in den meisten Fällen belassen, wie sie sind.
10. Klicken Sie bei *Signaturzertifikat* auf *Auswählen*.
11. Wählen Sie das Zertifikat aus, das Sie für die Signierung von Nachrichten verwenden wollen. Dieses Zertifikat nutzen Sie für die digitale Signatur von E-Mails.
12. Bei *Verschlüsselungszertifikat* wählen Sie normalerweise dasselbe Zertifikat aus. Sie können E-Mails auf Basis des Zertifikats signieren, verschlüsseln oder signieren und verschlüsseln.
13. Outlook zeigt das Zertifikat an, das Sie installiert haben. Über den Link *Zertifikateigenschaften anzeigen* können Sie sich Details zum Zertifikat noch mal anzeigen lassen.
14. Bestätigen Sie die Einstellungen für die Signierung oder Verschlüsselung und schließen Sie die Konfiguration.

Erstellen Sie neue E-Mails, können Sie sie jetzt digital signieren und auch verschlüsseln. Als Nächstes konfigurieren Sie im Trust Center die generellen Optionen für die Signierung oder Verschlüsselung von E-Mails. Sie haben hier die Möglichkeit, genau festzulegen, wann Outlook E-Mails automatisch signieren oder verschlüsseln soll. Dazu stehen folgende Möglichkeiten zur Verfügung:

- *Inhalt und Anlagen für ausgehende Nachrichten verschlüsseln* Aktivieren Sie diese Option, verschlüsselt Outlook automatisch alle ausgehenden E-Mails und alle Anlagen, die Sie über Exchange/Microsoft 365 senden. Da bei der Verschlüsselung auch der Empfänger über ein gültiges Zertifikat verfügen muss, sollten Sie die generelle Verschlüsselung nicht aktivieren. Sie können jederzeit bei E-Mails die Verschlüsselung manuell aktivieren.
- *Ausgehenden Nachrichten digitale Signatur hinzufügen* Diese Option sollten Sie aktivieren, wenn Sie mit Zertifikaten in Outlook arbeiten. Dabei versieht Outlook neue E-Mails

mit der digitalen Signatur auf Basis des installierten Zertifikats. Das Zertifikat stellt sicher, dass Sie der Absender der E-Mail sind und die E-Mail zwischen dem Absender, Ihnen, und dem Empfänger nicht verändert wurde. Die digitale Signatur hat nichts mit der Signatur von E-Mails zu tun, bei der Sie einen Text unter eine E-Mail setzen lassen.

- *Signierte Nachrichten als Klartext senden* Diese Option ist dafür zuständig, dass Empfänger, deren E-Mail-Clients S/MIME-Signaturen nicht unterstützen, die Nachricht ohne Überprüfung der digitalen Signatur lesen können. Sie sollten auch diese Option aktivieren.
- *S/MIME-Bestätigung anfordern, wenn mit S/MIME signiert* Aktivieren Sie diese Option, wird eine digital signierte S/MIME-Bestätigung vom Empfänger angefordert, wenn dieser von Ihnen gesendete S/MIME-signierte Nachrichten öffnen will. Diese Option können Sie deaktivieren, außer Sie wollen diese Sicherheit in jedem Fall nutzen.

Haben Sie alle Einstellungen vorgenommen, signiert Outlook ausgehende E-Mails in Outlook über Exchange/Microsoft 365 automatisch. Sie können die digitale Signatur aber auch manuell hinzufügen oder entfernen, wenn Sie die automatische Signierung aktiviert haben. Um E-Mails manuell digital zu signieren, gehen Sie folgendermaßen vor:

Öffnen Sie im E-Mail-Fenster die Registerkarte *Optionen*. Im Menüband können Sie bei *Berechtigung* durch Aktivieren der Option *Signieren* die E-Mail signieren lassen oder die Funktion ausschalten, wenn Sie die automatische Signierung konfiguriert haben. Outlook verwendet an dieser Stelle automatisch das Zertifikat, das Sie in den Optionen hinterlegt haben.

Versenden Sie die E-Mail, gibt es für Sie zunächst keine Unterschiede. Manchmal blendet Outlook ein Fenster ein, über das Sie die Verwendung des Zertifikatschlüssels gestatten müssen. Bestätigen Sie diese Sicherheitsmeldung. Erhalten Empfänger eine signierte E-Mail, sehen sie bereits in Outlook oder dem E-Mail-Client, der S/MIME unterstützt, am Symbol, ob die E-Mail digital signiert ist: Am Symbol der E-Mail befindet sich eine kleine Medaille. Über das Icon der Medaille am rechten oberen Rand können Sie weitere Informationen zum Absender erhalten sowie das Zertifikat anzeigen.

6.5.3 E-Mails mit Outlook verschlüsseln

Wollen Sie E-Mails zu bestimmten Empfängern verschlüsseln und damit sicherstellen, dass nur der Empfänger die E-Mail lesen darf, benötigen Sie das Zertifikat dieses Empfängers. Mit diesem Zertifikat verschlüsseln Sie die E-Mail. Im Gegensatz zur Signierung benötigen Sie bei der Verschlüsselung die Daten des Empfängers.

Das Zertifikat des Empfängers erhalten Sie automatisch, wenn Sie eine signierte E-Mail von ihm erhalten haben, da hier das Zertifikat übertragen wurde. Zur Verschlüsselung von E-Mails müssen Absender und Empfänger über ein Zertifikat verfügen und dieses Zertifikat muss verfügbar sein.

Wollen Sie das Zertifikat eines Empfängers in den Kontakten speichern, müssen Sie zunächst eine von ihm signierte E-Mail erhalten. Aus dieser Signatur können Sie das Zertifikat exportieren und im Kontakt importieren.

Der schnellste Weg dazu ist, wenn Sie in der E-Mail mit der digitalen Signatur mit der rechten Maustaste auf den Absender klicken und aus dem Kontextmenü die Option *Zu Outlook-Kontakten hinzufügen* auswählen. Rufen Sie danach den Kontakt auf und wechseln Sie die Ansicht zu *Visitenkarte*. Klicken Sie in der Visitenkarte bei *Anzeigen* auf *Zertifikate*. Stellen Sie sicher, dass das Zertifikat für den Kontakt hinterlegt ist.

Haben Sie für sich selbst ein Zertifikat vorliegen und für den Empfänger der verschlüsselten E-Mail ebenfalls eines, können Sie E-Mails verschlüsseln, wenn Sie auf der Registerkarte *Optionen* die Option *Verschlüsseln* aktivieren. Der Empfänger erkennt verschlüsselte E-Mails am Schlosssymbol der E-Mail.

Sie können bei E-Mails die Verschlüsselung und die digitale Signatur gleichzeitig aktivieren. Die beiden Funktionen haben nichts miteinander zu tun. Bei der Signierung verwenden Sie Ihr eigenes Zertifikat, bei der Verschlüsselung das Zertifikat des Empfängers.

6.5.4 S/MIME in Outlook Web App

Microsoft hat in Outlook Web App die Möglichkeit integriert, E-Mails über S/MIME zu verschlüsseln oder zu signieren. Die Option ist bei neuen E-Mails über die drei Punkte und der Auswahl von *Nachrichtenoptionen anzeigen* zu finden. Damit S/MIME genutzt werden kann, müssen Sie das S/MIME-Steuerelement im Browser installieren.

In Microsoft 365 rufen Sie dazu über das Zahnradsymbol oben rechts die Optionen auf und wechseln zu *E-Mail/S-MIME*. Hier können Sie über den Link *Klicken Sie hier* das Steuerelement installieren.

Sobald Sie das S/MIME ActiveX-Element installiert haben, können Sie über die Optionen und der Auswahl von *E-Mail/S/MIME* die Optionen zur Verschlüsselung und Signierung aktivieren.

6.5.5 E-Mail-Verschlüsselung mit Microsoft 365

Auf Basis von Microsoft 365 lassen sich auch in Hybridumgebungen mit Exchange SE E-Mails effizient verschlüsseln. Alle dazu notwendigen Funktionen sind Bestandteil von Microsoft 365 in Zusammenarbeit mit Microsoft Azure. Unternehmen benötigen auch hier keine lokalen Server.

Die Verschlüsselung funktioniert innerhalb und außerhalb der Organisation sowie für das Versenden zu anderen E-Mail-Anbietern. Die Technik ist Bestandteil von Microsoft Azure Active Directory Rights Management und in vielen Abonnements standardmäßig dabei. Auf Wunsch lässt sich der Dienst einzeln buchen ohne andere Funktionen in Microsoft Azure.

Die Verschlüsselung von E-Mails wird nicht durch die Benutzer durchgeführt, sondern findet auf Basis der Transportregeln statt. Diese sind auch in Exchange verfügbar. Wenn die Verschlüsselungsfunktion in Microsoft 365 gebucht wurde, können Administratoren Regeln erstellen, auf deren Basis bestimmte E-Mails automatisch verschlüsselt werden. Der Ablauf dazu ist folgender und grundsätzlich identisch mit der Verschlüsselung über Transportregeln in Exchange SE:

1. Öffnen Sie das Exchange Admin Center in Exchange Online über *https://admin.Exchange.microsoft.com*.
2. Klicken Sie auf *E-Mail-Fluss* und dann auf *Regeln*.
3. Erstellen Sie mit dem Pluszeichen eine neue Regel. Wählen Sie dazu *Neue Regel erstellen* aus.
4. Geben Sie der Regel einen Namen.
5. Wählen Sie bei *Diese Regel anwenden, wenn* die Kriterien aus, bei denen Office 365 E-Mails verschlüsseln soll.

6. Klicken Sie auf *Weitere Optionen*.
7. Wählen Sie bei *Folgendermaßen vorgehen* aus: *Nachrichtensicherheit ändern/Office 365-Nachrichtenverschlüsselung und -Rechteschutz anwenden*.

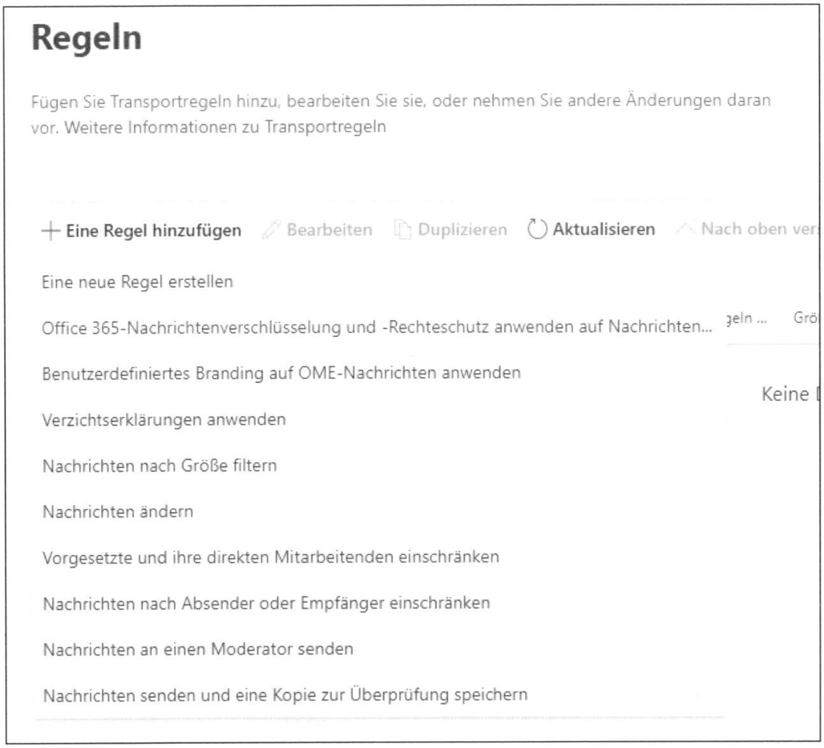

Abb. 6.13 Die Nachrichtenverschlüsselung aktivieren Administratoren über eine neue Transportregel in Office 365.

6.6 Smartphones und Tablets anbinden

Mit Exchange ActiveSync (EAS) können Anwender ihr Postfach auf Smartphones mit Kalendereinträgen über das Internet synchronisieren und E-Mails empfangen sowie versenden. In Exchange SE bleibt EAS zwar weiterhin enthalten und funktionsfähig, wird jedoch perspektivisch durch moderne, auf Microsoft Graph basierende Schnittstellen ersetzt.

In Exchange Online ist die Unterstützung für Exchange ActiveSync (EAS) funktionsreduziert. Neue Outlook-Versionen und mobile Apps greifen über das Microsoft Synchronization Framework (Graph API) auf Postfächer zu. Funktionen wie Geräteisolierung, Gerätezugriffsregeln oder ActiveSync-Postfachrichtlinien sind nur teilweise verfügbar und werden nicht mehr aktiv weiterentwickelt. Die zentrale Steuerung mobiler Geräte erfolgt über Microsoft Intune oder das Microsoft Endpoint Manager Portal.

Ziel ist eine Vereinheitlichung des Zugriffs über moderne Authentifizierungsverfahren wie OAuth 2.0 und die vollständige Integration in die cloudbasierten Microsoft 365-APIs. Mobile Clients und Outlook-Versionen, die heute noch EAS nutzen, werden schrittweise auf

MAPI over HTTP oder auf die Graph-Schnittstelle umgestellt. Diese unterstützen Funktionen wie Conditional Access, Compliance-Steuerung und mehrstufige Authentifizierung, was EAS in dieser Form nicht bietet. Für Exchange SE bedeutet das, dass EAS zwar vorerst unterstützt, aber mittelfristig durch moderne Protokolle mit zentralem Identitäts- und Sicherheitsmodell ersetzt wird.

Der Zugriff ist standardmäßig auf Servern nach der Installation aktiviert. Damit er funktioniert, brauchen die Smartphones/Tablets lediglich entsprechend konfiguriert zu werden. Damit die Funktion auch unterwegs zur Verfügung steht, können Sie sie im Internet veröffentlichen, zum Beispiel über eine Firewall.

Mit Exchange ActiveSync (EAS) können Smartphones oder Tablets eine Synchronisation mit dem Postfach über das Netzwerk oder das Internet durchführen, ohne an eine Dockingstation angeschlossen zu sein.

6.6.1 Direct Push-Grundlagen

Direct Push hält ein Smartphone oder Tablet über eine Mobilfunk- oder Drahtlosnetzwerkverbindung auf dem neuesten Stand. Über diese Funktion wird das mobile Gerät vom Exchange-Server benachrichtigt, wenn neue Inhalte zur Synchronisierung bereitstehen.

Damit Direct Push funktioniert, muss das mobile Gerät diese Funktion unterstützen. Das ist bei den aktuellen Android-Geräten und iPhones/iPads der Fall. Direct Push ist in Exchange SE standardmäßig aktiviert. Ein mobiles Gerät, das für die Synchronisierung mit einem Exchange SE-Server konfiguriert ist, sendet eine HTTPS-Anforderung an den Server. Die Anforderung informiert den Server, dass das Gerät benachrichtigt werden soll, wenn sich in den nächsten 15 Minuten Elemente in einem Ordner ändern, der für die Synchronisierung konfiguriert ist. Das mobile Gerät befindet sich im Standbymodus. Die Zeitspanne von 15 Minuten wird als Taktintervall bezeichnet.

Wenn sich innerhalb der 15 Minuten keine Elemente ändern, gibt der Server die Antwort *HTTP 200 OK* zurück. Das mobile Gerät empfängt diese Antwort, nimmt seine Aktivität wieder auf und sendet die Anforderung erneut. Wenn sich Elemente ändern, sendet der Server eine Antwort. Nachdem das mobile Gerät diese Antwort empfangen hat, sendet es eine Synchronisierungsanforderung für den Ordner, der die neuen oder geänderten Elemente enthält.

Damit Direct Push hinter einer Firewall funktioniert, muss der TCP-Port 443 geöffnet sein. Sie sollten auch den Timeoutwert für die Firewall vom Standardwert von 15 Minuten auf 30 Minuten erhöhen.

6.6.2 Benutzerverwaltung für Exchange ActiveSync

Der mobile Zugriff auf ein Postfach ist standardmäßig für alle Benutzer aktiviert. Hat ein Anwender mit seinem Endgerät Verbindung zum Netzwerk oder Internet und steht der Server zur Verfügung, kann er seine E-Mails entsprechend synchronisieren. Sie können über das Exchange Admin Center für einzelne Benutzer Exchange ActiveSync aktivieren oder deaktivieren:

1. Klicken Sie dazu auf *Empfänger/Postfächer*.
2. Rufen Sie die Eigenschaften des entsprechenden Benutzerkontos auf.
3. Klicken Sie auf *Postfachfunktionen*.

4. Über den Link *Details anzeigen* im Bereich *Mobile Geräte* können Sie eine Exchange ActiveSync-Postfachrichtlinie zuweisen und Einstellungen anpassen. Zu diesem Thema komme ich in den nächsten Abschnitten in diesem Kapitel zurück.

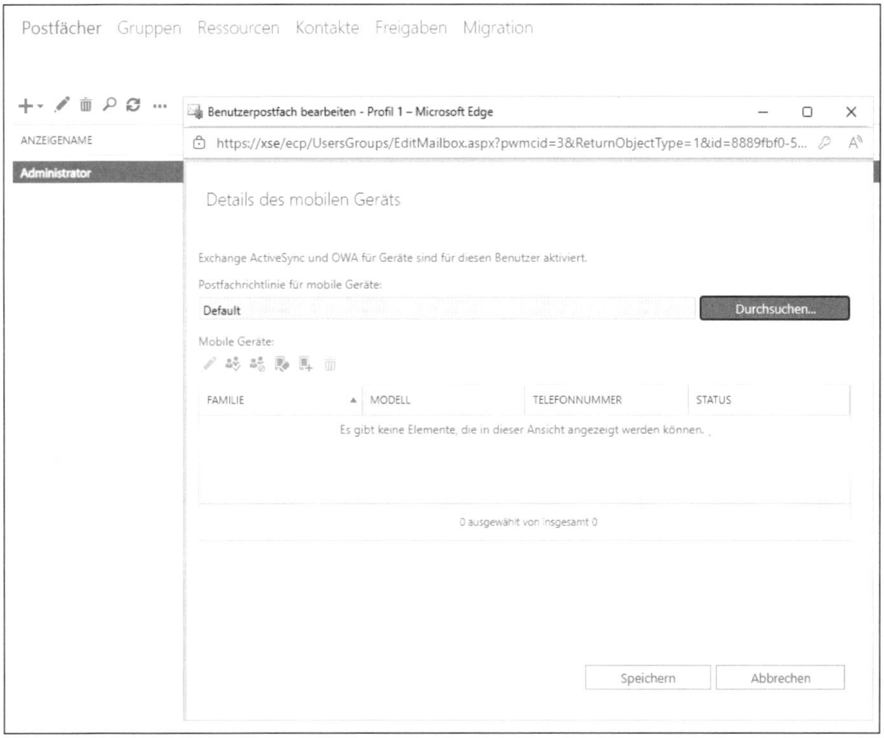

Abb. 6.14 Anpassen von Exchange ActiveSync für Postfächer

6.6.3 Exchange ActiveSync-Postfachrichtlinien

In Exchange SE können Sie weiterhin über Richtlinien steuern, welche Geräte der Server zur Synchronisierung zulässt und welche Einstellungen für die Geräte gesetzt sein müssen.

Zusätzlich steuern Sie über Exchange ActiveSync-Postfachrichtlinien bestimmte Sicherheitseinstellungen für Benutzer. Sobald sich ein Endgerät mit dem Postfach verbindet, überträgt der Server die Einstellungen. Benutzer müssen sie bestätigen, auf den Geräten umsetzen und dürfen erst dann ihr Postfach synchronisieren. Das heißt, beim Einsatz von eigenen Geräten können Benutzer selbst entscheiden, ob eine Verbindung gewünscht ist. Die Exchange ActiveSync-Postfachrichtlinien steuern die Sicherheitseinstellungen auf den Endgeräten.

Die Richtlinien konfigurieren Sie im Exchange Admin Center über *Mobil/Postfachrichtlinien für mobile Geräte*. Klicken Sie auf das Pluszeichen, erstellen Sie eine neue Richtlinie. Diese können Sie dann bei den Anwendern als Richtlinie hinterlegen.

Nach der Installation von Exchange SE finden Sie in diesem Bereich eine Richtlinie mit der Bezeichnung *Default*. Über deren Eigenschaften können Sie die Einstellungen anpassen. Sie können unterschiedlichen Benutzern auch verschiedene Richtlinien zuordnen. Bestätigt der Anwender die Richtlinien, setzt das entsprechende Endgerät die Einstellungen um.

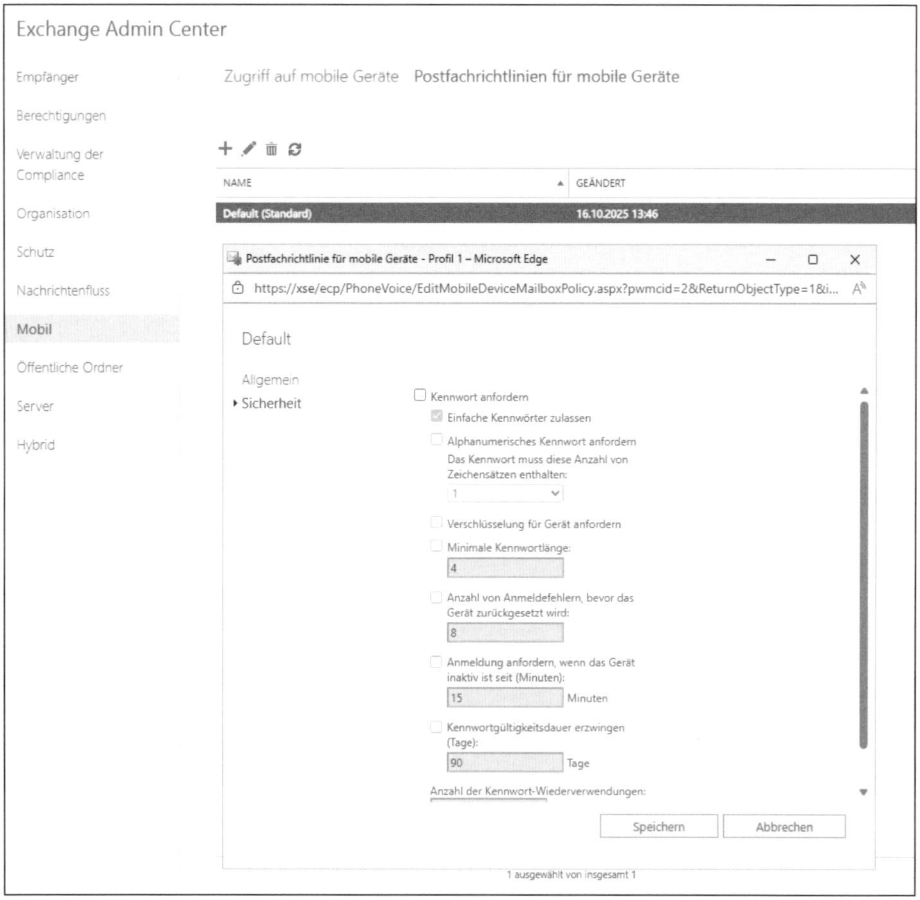

Abb. 6.15 Erstellen einer neuen Postfachrichtlinie für mobile Geräte

In Exchange Online finden Sie diese Einstellungen ebenfalls im Exchange Admin Center (*https://admin.Exchange.microsoft.com*). Hier ist der Menüpunkt bei *Mobiltelefon* zu finden.

Bei jedem Verbindungsvorgang eines Endgeräts mit Exchange ActiveSync überprüfen Endgerät und Server, ob die Richtlinien noch übereinstimmen. Ändert ein Administrator die Sicherheitsrichtlinien, übernehmen die Endgeräte die Änderungen beim nächsten Synchronisieren. Der Zeitstempel für die letzte erfolgreiche Synchronisierung der Richtlinien ist im Postfach des Benutzers gespeichert. Über verschiedene Optionen können Sie die Einstellung der Richtlinie vornehmen und festlegen, ob die Richtlinie aktuell als Standard hinterlegt ist. Das heißt, Exchange weist diese Richtlinie jedem neuen Konto nach der Erstellung automatisch zu. Nachträglich können Sie jedem Konto eine andere Richtlinie zuordnen.

Sie können über Richtlinien auch festlegen, dass Anwender vor der Verwendung des Endgeräts ein Kennwort eingeben müssen. Standardmäßig ist diese Möglichkeit nicht aktiviert und Anwender können Smartphones ohne Kennwörter verwenden. Wollen Sie festlegen, dass Anwender Kennwörter eingeben sollen, wenn das Smartphone startet oder gesperrt ist, haben Sie verschiedene Möglichkeiten:

- **Kennwort anfordern** Aktivieren Sie diese Option, müssen Anwender ein Kennwort für das Smartphone festlegen. Mit den anderen Optionen können Sie den Aufbau der Kennwörter steuern.
- **Alphanumerisches Kennwort anfordern** Aktivieren Sie diese Option, muss das Kennwort Ziffern und normale Zeichen enthalten. Diese Option ist standardmäßig nicht aktiv.
- **Verschlüsselung für Gerät anfordern** Aktivieren Sie diese Option, müssen die Speicherkarten im Gerät verschlüsselt sein. Diese Option ist standardmäßig nicht aktiviert.
- **Minimale Kennwortlänge** Diese Option gibt die Mindestlänge des Kennworts vor.

Sie können Informationen zu Richtlinien auch in der Exchange Management Shell abrufen. Dazu verwenden Sie das folgende Cmdlet:

```
Get-ActiveSyncMailboxPolicy -Identity <Name der Richtlinie>
```

Mit *Set-ActiveSyncMailboxPolicy* passen Sie Richtlinien an.

Neue Richtlinien erstellen Sie mit dem folgenden Befehl:

```
New-MobileDeviceMailboxPolicy -Name:"Management" -AllowBluetooth:$true
-AllowBrowser:$true -AllowCamera:$true -AllowPOPIMAPEmail:$false
-PasswordEnabled:$true -AlphanumericPassword-Required:$true
-PasswordRecoveryEnabled:$true -MaxEmailAgeFilter:10 -AllowWiFi:$true
-Allow-StorageCard:$true -AllowPOPIMAPEmail:$false
```

Richtig sinnvoll ist eine Richtlinie natürlich erst dann, wenn Sie sie mehreren, am besten allen Anwendern zuweisen. Verwenden Sie dazu am besten die Exchange Management Shell.

Um eine Richtlinie allen Anwendern zuzuweisen, verwenden Sie den Befehl:

```
Get-Mailbox | Set-CASMailbox -ActiveSyncMailboxPolicy(Get-ActiveSync-
MailboxPolicy <Name der Richtlinie>).Identity
```

Administratoren haben zusätzlich in den Einstellungen eines Benutzers die Möglichkeit, die Richtlinien anzupassen.

6.6.4 ActiveSync-Gerätezugriffsregeln

In Exchange SE lassen sich Regeln festlegen, die bestimmen, welche Geräte über das Internet eine Synchronisierung mit dem Postfach durchführen dürfen und welche Exchange sperrt.

Neben der Weitergabe von Richtlinien für Sicherheitseinstellungen der Geräte lassen sich daher auch Richtlinien festlegen, welche Smartphones und Endgeräte Sie im Unternehmen bei der Anbindung an Exchange SE zulassen.

Die Einstellungen dazu nehmen Sie mit Active Sync-Gerätezugriffsregeln vor. Die entsprechenden Einstellungen rufen Sie in der Exchange Management Shell mit dem Cmdlet *Get-ActiveSyncOrganizationSettings* ab. Die Einstellungen selbst setzen Sie am einfachsten im Exchange Admin Center, das Sie über *https://<Servername>/ecp* aufrufen. Sie finden sie über *Mobil* und *Zugriff auf mobile Geräte*.

Im Abschnitt *Gerätezugriffsregeln* legen Sie fest, welche Geräte Sie generell blockieren oder isolieren wollen. Dazu klicken Sie auf *Neu* und erstellen eine neue Richtlinie.

Über *Gerätefamilie* oder *Nur dieses Modell* legen Sie fest, welche Art von Geräten Sie berücksichtigen wollen. Anschließend können Sie über die Option *Zugriff blockieren* die entsprechenden Geräte blockieren. Blockierte Geräte können Sie über diesen Weg auch wieder freischalten, indem Sie die Option bei *Zugriff zulassen* setzen.

Zusätzlich können Sie bestimmte Geräte in einen isolierten Bereich setzen. Die Benutzer wiederum können in den Einstellungen für ihre eigenen Smartphones die entsprechenden Geräte freischalten oder blockieren. Zusätzlich lassen sich in diesem Bereich auch Regeln erstellen, wie sich Exchange zukünftig verhalten soll, wenn sich der Anwender mit einem ähnlichen Gerät verbindet. Im Bereich *Status* sehen Sie den aktuellen Blockierungszustand.

Über die Schaltfläche *Bearbeiten* oben rechts im Fenster *Mobil/Zugriff auf mobile Geräte* nehmen Sie Einstellungen bezüglich der Benachrichtigungen vor. Hier legen Sie fest, was mit Geräten passieren soll, die Exchange noch nicht kennt, und wie Exchange Anwender über gesperrte Geräte benachrichtigt.

Sie können zum Beispiel neue Geräte automatisch blockieren oder isolieren lassen, bevor Anwender sie synchronisieren dürfen. Standardmäßig lassen Exchange SE und Office 365 neue Geräte zu.

Blockiert Exchange ein neues Gerät oder setzt es in den isolierten Bereich von Outlook Web App, können Sie an dieser Stelle einen E-Mail-Text eingeben. Der Anwender erhält ihn in sein Postfach zugestellt, wenn er ein blockiertes Gerät synchronisieren will.

Die Einstellungen in diesem Bereich testen Sie zum Beispiel mit dem Cmdlet *Test-Active-Sync-Connectivity*. Es verhält sich generell wie ein normales Smartphone und lässt sich auch entsprechend sperren. Im ersten Schritt speichern Sie die Benutzerdaten des Benutzers, mit dem Sie den Zugriff testen wollen, in einer Variablen:

```
$credential = Get-Credential
```

Anschließend testen Sie den Zugang mit:

```
Test-ActiveSyncConnectivity -MailboxCredential $credential
```

Haben Sie ein Gerät gesperrt, erhält der entsprechende Anwender eine E-Mail zugestellt. Den Text legen Sie in den beschriebenen Einstellungen fest.

Klicken Sie im Exchange Admin Center unter *Mobil* auf *Postfachrichtlinien für mobile Geräte*, können Sie steuern, welche Sicherheitseinstellungen Smartphones verwenden müssen, damit Exchange eine Synchronisierung zulässt.

Standardmäßig legt Exchange eine Standardrichtlinie an, deren Einstellungen Sie mit *Details* verwalten. Mit *Neu* können Sie eine zusätzliche Richtlinie erstellen, die Sie dann speziellen Anwendern zuweisen. Sie können Anwendern problemlos unterschiedliche Richtlinien zuweisen.

Bei jedem Verbindungsvorgang überprüfen Endgerät und Server, ob die Richtlinieneinstellungen noch übereinstimmen. Ändert ein Administrator die Sicherheitsrichtlinien, übernimmt das Endgerät die Änderungen beim nächsten Synchronisieren. Natürlich können nicht nur Administratoren das Smartphone oder Tablet von Anwendern verwalten, sondern auch die Anwender selbst.

Dazu rufen Sie zunächst Outlook Web App auf, wenn diese Funktion im Internet zur Verfügung steht. Intern erreichen Sie die Funktion über *https://<Servername>/owa*, extern normalerweise über den gleichen Servernamen, den Sie auch für Exchange ActiveSync verwenden. Sobald Sie an OWA angemeldet sind, rufen Sie über das Zahnrad-Symbol rechts oben die Einstellungen Ihres Postfachs auf. Sie erreichen die Verwaltung Ihres Smartphones über *Allgemein/Mobile Geräte/<Gerätename>*. Das funktioniert auch bei der Anbindung an Exchange Online. Hier ist der Menüpunkt aber über *Konto* zu finden.

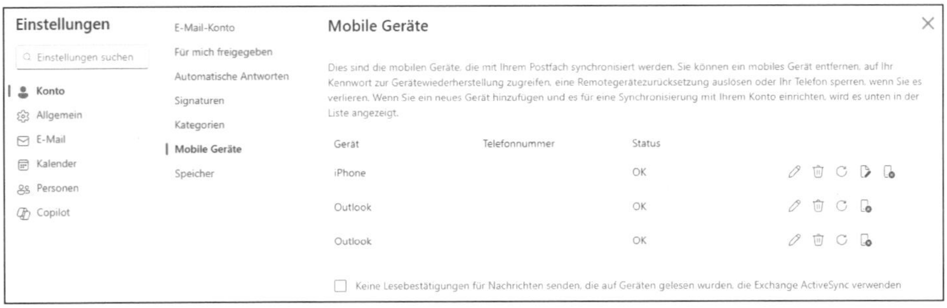

Abb. 6.16 Verwalten der Smartphones in Outlook Web App

Anwender können sich für die einzelnen Smartphones die Details anzeigen lassen und sehen, ob Richtlinien angewendet wurden beziehungsweise wann der letzte Synchronisierungsvorgang stattgefunden hat. Über die Schaltfläche *Geräte zurücksetzen* löschen sie das Endgerät, sobald es sich das nächste Mal mit dem Exchange-Server verbindet.

Auch Administratoren können einen solchen Löschvorgang starten, indem sie im Exchange Admin Center beim Empfänger auf *Postfachfunktionen* und dann auf *Details anzeigen* im Bereich *Mobile Geräte* klicken.

Sie können sich die verbundenen Smartphones von Anwendern auch in der Exchange Management Shell anzeigen lassen. Dazu verwenden Sie das Cmdlet *Get-MobileDevice -Mailbox <Benutzername>*.

6.7 POP3 oder IMAP4 für den mobilen Verbindungsaufbau verwenden

Neben den bisher beschriebenen Möglichkeiten, mobil auf das Postfach zuzugreifen, bietet Exchange SE auch weiterhin die Möglichkeit, per POP3 oder IMAP Benutzer anzubinden. POP3 beziehungsweise IMAP4 werden für das Abholen von E-Mails verwendet, während SMTP für das Versenden zuständig ist. Ein Exchange-Server stellt die Funktionalitäten eines POP3-Servers standardmäßig bereits zur Verfügung, kann aber nicht selbst mit einem POP3-Connector E-Mails aus dem Internet abholen. Wollen Sie E-Mails mit POP3 abholen, müssen Sie auf Tools von Drittherstellern zurückgreifen.

Exchange Online stellt IMAP und POP3 nur in Kombination mit OAuth 2.0 zur Verfügung. Die klassische Basisauthentifizierung wurde in Exchange Online dauerhaft deaktiviert. Clients, die weiterhin Basic Auth verwenden, erhalten keine Verbindung. Für IMAP-/POP-basierte Clients, die keine moderne Authentifizierung unterstützen, ist es sinnvoll, die Migration auf MAPI-over-HTTP-fähige Anwendungen oder Outlook im Web durchzuführen. Die Protokollverwendung kann über das Microsoft 365 Admin Center für jedes Postfach einzeln aktiviert oder deaktiviert werden.

6.7.1 POP3 versus IMAP4

Der hauptsächliche Unterschied zwischen den beiden Protokollen POP3 und IMAP ist, dass bei POP3 die E-Mails vom Posteingangsserver auf Ihren PC heruntergeladen und anschließend auf dem Server gelöscht werden können.

Bei IMAP verbleiben die E-Mails auf dem Server, sie werden nur in Ihrem Posteingang angezeigt. Außerdem unterstützt IMAP mehrere Ordner. Da die E-Mails auf dem Server erhalten bleiben, verringert sich der Datenverkehr zwischen Client und Internet und Sie können E-Mails im Postfach löschen, wenn Sie sie nicht mehr lesen wollen. Damit Sie auf ein Postfach per IMAP zugreifen können, müssen Sie online sein.

Besteht keine Internetverbindung, können Sie Ihre E-Mails nicht korrekt verwalten. POP3 lädt komplette E-Mails aus dem Internet herunter und zeigt sie im Posteingang an. Im Gegensatz zu IMAP kennt POP3 keine Unterordner. Alle E-Mails werden im Posteingang angezeigt. Sie können die E-Mails offline lesen und bearbeiten.

Greifen Sie nicht nur von zu Hause auf Ihr privates Postfach zu, sondern auch von unterwegs, sind die E-Mails auf dem Postfach gelöscht und nur noch auf Ihrem PC zu lesen. Lassen Sie die E-Mails mit IMAP anzeigen, können Sie von mehreren PCs oder Notebooks auf Ihr Postfach zugreifen. Die E-Mails werden im E-Mail-Programm angezeigt, aber nur teilweise heruntergeladen. Der größte Teil der E-Mails verbleibt auf dem Server.

IMAP kann nicht nur die E-Mails anzeigen, sondern auch eine Ordnerstruktur darstellen. Legen Sie im Postfach mehrere Unterordner an, kann darauf mit IMAP zugegriffen werden. Dadurch lassen sich E-Mails im Clientprogramm sortieren und verwalten.

Verbindet sich ein POP3- oder IMAP-Client mit einem Server, überprüft dieser, auf welchem Postfachserver sich das Postfach des Benutzers befindet, und gibt die Authentifizierungsdaten an diesen Server weiter. Der Postfachserver authentifiziert den Benutzer, gibt das Ergebnis an den Server weiter, der dann das Ergebnis wieder an den Benutzer übermittelt. Standardmäßig werden bei der Authentifizierung mit POP3 oder IMAP die Benutzernamen und Kennwörter im Klartext über das Netzwerk verschickt. Da diese Zugriffe hauptsächlich über das Internet abgewickelt werden, sollten Sie für diese beiden Protokolle SSL konfigurieren.

6.7.2 POP3 und IMAP4 aktivieren

Standardmäßig sind POP3 und IMAP4 in Exchange SE deaktiviert und Benutzer, die Postfächer auf Computern mit Exchange SE haben, können über Microsoft Outlook oder Outlook Web App, Microsoft Exchange ActiveSync oder Outlook Voice Access auf ihre Postfächer zugreifen. Outlook, Outlook Web App und Outlook Voice Access ermöglichen E-Mail-Benutzern die Verwendung der umfassenden Features, die für diejenigen bereitstehen, die über Postfächer auf Exchange SE-Servern verfügen.

Exchange SE akzeptiert sowohl unsichere POP3-Verbindungen über Port 110 als auch SSL-gesicherte Verbindungen über den Port 995. Der Zugriff auf POP3 wird von Servern zur Verfügung gestellt.

Standardmäßig ist POP3 auf einem Exchange-Server deaktiviert. Wollen Sie den Zugriff per POP3 gestatten, müssen Sie zunächst die Systemdienste *Microsoft Exchange POP3* und *Microsoft Exchange POP3 Back-End* auf Servern und auf Postfachservern auf *Automatisch* setzen und dann starten.

Standardmäßig ist auch IMAP4 auf einem Exchange-Server deaktiviert. Wollen Sie den Zugriff per IMAP gestatten, müssen Sie zunächst die Systemdienste *Microsoft Exchange IMAP4* und *Microsoft Exchange IMAP4 Back-End* auf *Automatisch* setzen und dann starten.

Im Anschluss können Sie den Verbindungsaufbau testen. Um mit einem POP3-Server eine Verbindung herzustellen, müssen Sie sich über einen Telnet-Client mit dem Port 110 verbinden:

```
Telnet <Server> 110
```

Nach dem Verbindungsaufbau erscheint eine Statusmeldung, die Sie darüber informiert, dass Sie mit dem POP3-Server verbunden sind. Um mit einem IMAP4-Server eine Verbindung aufzubauen, müssen Sie mit einem Telnet-Client Verbindung mit Port 143 herstellen.

6.7.3 POP3 und IMAP4 konfigurieren

Im Exchange Admin Center können Sie die beiden Serverdienste konfigurieren, wenn Sie auf *Server* klicken und dann auf den Server, auf dem Sie die Dienste zur Verfügung stellen wollen. Markieren Sie den entsprechenden Exchange-Server und wechseln Sie in den Eigenschaften auf das Protokoll, das Sie konfigurieren möchten.

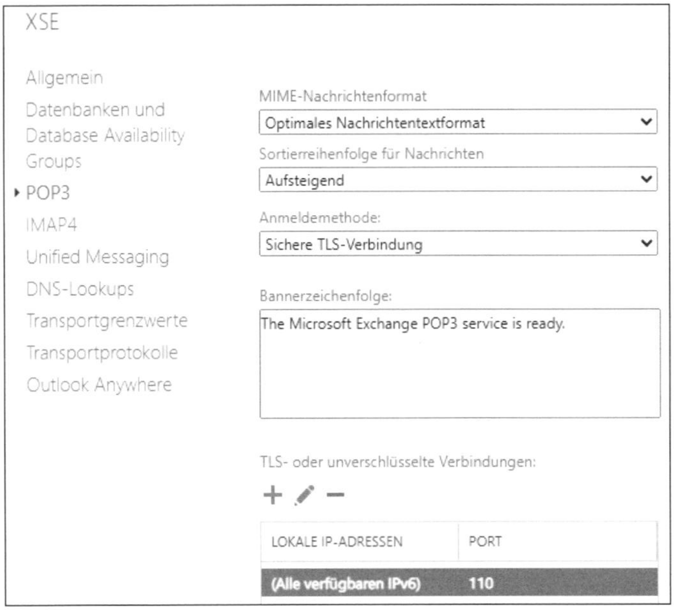

Abb. 6.17 Konfigurieren von IMAP4 und POP3 im Exchange Admin Center

Die Einstellungen für die beiden Protokolle sind identisch. Ich zeige Ihnen auf den folgenden Seiten, wie Sie die Einstellungen für POP3 festlegen. Die Einstellungen für IMAP4 sind analog durchzuführen. Nehmen Sie Änderungen vor, müssen Sie den Dienst für POP3 oder IMAP neu starten, damit er die Änderungen übernimmt.

Rufen Sie die Eigenschaften von POP3 auf, können Sie über verschiedene Bereiche die Einstellungen für POP3 auf dem Server anpassen. Hier steuern Sie auch die Informationen, die den POP3-Benutzern bei der Anmeldung angezeigt werden. Nachdem Sie Änderungen durchgeführt haben, müssen Sie den Systemdienst für POP3 neu starten, damit die Änderungen übernommen werden.

Im unteren Bereich legen Sie die IP-Adressen und TCP-Ports für den Connector fest, der Verbindungen von POP3-Clients akzeptiert. Sie können an dieser Stelle verschiedene Bereiche und den dazugehörigen Port hinterlegen, bei denen der Server per POP3 oder POP3S Anfragen entgegennimmt.

Sie müssen eine lokale IP-Adresse angeben. Dies ist wichtig, wenn Ihr Server über verschiedene IP-Adressen oder Netzwerkkarten verfügt. Standardmäßig nimmt ein Server auf allen lokalen IP-Adressen Anfragen entgegen und verwendet die beiden Standardports 110 für POP3 und 995 für POP3 über SSL (POP3S). Beachten Sie, dass Sie bei einer Änderung der Ports auch eine entsprechende Veröffentlichung des Servers ins Internet anpassen müssen.

Bei *Anmeldemethode* legen Sie fest, wie sich Anwender am Server anmelden sollen. Grundlage der Anmeldung ist das Domänenkonto, das Anwender auch intern verwenden. Exchange SE bietet drei Optionen an, um die Anmeldung zu steuern:

- **Standardauthentifizierung (Nur Text)** Aktivieren Sie diese Option, werden Benutzernamen und Kennwörter ohne TLS- oder SSL-Verbindung an den Server gesendet und sind im Klartext lesbar.
- **Integrierte Windows-Authentifizierung (Nur Text)** Bei Verwendung dieser Option verbinden sich die Anwender über die integrierte Windows-Authentifizierung.
- **Sichere TLS-Verbindung** Diese Option ist standardmäßig aktiviert. Hierbei findet die Authentifizierung über eine SSL-Verbindung mithilfe des Exchange-Zertifikats statt. Dazu können Sie das Zertifikat des Exchange-Servers für den POP3-Dienst verbinden. Geben Sie hierzu den Namen ein, auf den das Zertifikat ausgestellt ist. Sie finden es im Exchange Admin Center über *Server*. Klicken Sie auf den Server und wählen Sie das Zertifikat aus, um den entsprechenden Dienst zu verknüpfen. Nachdem die Authentifizierungseinstellungen angepasst sind, müssen Sie den POP3-Dienst erneut starten.

Über die weiteren Optionen im unteren Bereich des Fensters steuern Sie die Timeouteinstellungen für die Verbindung der POP3-Clients. Auch hier stehen verschiedene Optionen zur Verfügung:

- **Authentifizierter Timeout (Sekunden)** Hier legen Sie fest, wann Sitzungen vom Server getrennt werden, wenn sie sich nach erfolgreicher Anmeldung im Leerlauf befinden. Der Standardwert ist 1800 Sekunden, der gültige Eingabebereich liegt zwischen 30 und 86.400 Sekunden.
- **Nicht authentifizierter Timeout (Sekunden)** Hier geben Sie den Zeitraum ein, wann der Server Sitzungen beendet, die noch nicht authentifiziert sind. Der Standardwert ist 60 Sekunden, der gültige Eingabebereich liegt zwischen 30 und 3600 Sekunden.
- **Maximale Anzahl von Verbindungen** Hier steuern Sie die Gesamtanzahl von Verbindungen, die vom Server akzeptiert werden. Hierbei sind authentifizierte und nicht authentifizierte Verbindungen berücksichtigt.
- **Maximale Anzahl von Verbindungen von einer einzelnen IP-Adresse** Hier legen Sie die maximale Anzahl fest, die der Server von einer einzelnen IP-Adresse akzeptiert.

- **Maximale Anzahl von Verbindungen von einem einzelnen Benutzer** Hier geben Sie ein, wie viele Sitzungen ein einzelner Benutzer mit dem Server aufbauen kann. Der Standardwert sind 16 gleichzeitige Verbindungen.
- **Maximale Befehlsgröße (Bytes)** Hier legen Sie die Größe der POP3-Befehle fest. Der Standardwert beträgt 512 Byte, der gültige Eingabebereich liegt zwischen 40 und 1024.

Nachdem Sie die Standardeinstellungen geändert haben, können Benutzer ihre externen POP-, IMAP- und SMTP-Servereinstellungen in Outlook Web App per Klick auf *Einstellungen/Optionen/Konten/POP und IMAP* überprüfen.

6.8 Zusammenfassung

In diesem Kapitel haben Sie erfahren, wie Sie Server im Netzwerk verwalten. Ich bin in diesem Kapitel auch ausführlich darauf eingegangen, wie Sie Smartphones und Tablets über das Internet an Exchange anbinden. Auch die Anbindung von Outlook, Outlook Web App, die verschiedenen Richtlinien und Zusatztools, die bei der Einrichtung und dem Schutz der Clients helfen, habe ich erläutert.

Im nächsten Kapitel zeige ich Ihnen, wie Sie die verschiedenen Empfänger und Gruppen in Exchange SE verwalten.

Kapitel 7

Empfänger, Gruppen und Kontakte verwalten

Neben anderen administrativen Aufgaben ist die Verwaltung Ihrer Benutzer unter Exchange SE eine der wichtigsten Tätigkeiten. Im Grunde genommen handelt es sich um Benutzerkonten in Active Directory, die über Postfächer in der Exchange-Organisation verfügen.

Die Pflege der Exchange-Eigenschaften der Benutzer wird ausschließlich über das Exchange Admin Center und die Exchange Management Shell vorgenommen, nicht im Snap-In *Active Directory-Benutzer und -Computer (dsa.msc)*. Dadurch können Rechte für Exchange-Admins und Administratoren von Active Directory besser delegiert werden, da sich die Aufgaben nicht mehr überlappen.

7.1 Einführung in die Benutzerverwaltung

In Exchange SE gibt es Benutzerpostfächer, E-Mail-Kontakte, E-Mail-Benutzer mit einem Konto in der Gesamtstruktur oder einer externen E-Mail-Adresse außerhalb der Exchange-Organisation sowie Ressourcen-Postfächer. Die Ressourcen-Postfächer werden noch zwischen Raumpostfächern und Gerätepostfächern unterschieden. Natürlich gibt es auch weiterhin öffentliche Ordner und auch Verteilergruppen, die ebenfalls Exchange-Objekte sind.

Zusätzlich gibt es noch freigegebene Postfächer. Hierbei handelt es sich um Postfächer, die nicht einem einzelnen Benutzer zugeordnet sind, sondern die mehrere Benutzer gemeinsam nutzen. In diesem Bereich gibt es auch noch Websitepostfächer.

Ein Websitepostfach ist ein Postfach, das aus einem Exchange-Postfach zum Speichern von E-Mail-Nachrichten und einer SharePoint-Website zum Speichern von Dokumenten besteht. Benutzer können mit einer einzigen Clientschnittstelle sowohl auf E-Mail-Nachrichten als auch auf Dokumente zugreifen.

Darüber hinaus gibt es noch Microsoft 365-Postfächer. Bei Exchange Online-Remote-Postfächern in hybriden Umgebungen wird die Verwaltung primär lokal in Exchange SE durchgeführt. Die Zuweisung von Richtlinien wie Adressbuchrichtlinien (ABP), Aufbewahrungsrichtlinien oder Archivfunktionen muss dennoch manuell über *Set-RemoteMailbox* erfolgen. Eine automatische Richtlinienverteilung durch den Cloud-Dienst erfolgt nicht. Die Verwaltung hybrider Empfängerobjekte verlangt daher eine saubere Trennung zwischen lokalen und cloudbasierten Cmdlets.

In hybriden Bereitstellungen, also beim parallelen Einsatz von Exchange SE mit Microsoft 365, besteht ein Microsoft 365-Postfach aus einem E-Mail-Benutzer, der in Active Directory lokal vorhanden ist, und einem zugeordneten Cloudpostfach, das in Microsoft 365 gespeichert ist.

Ein verknüpfter Benutzer ist ein Benutzer, dessen Postfach in einer anderen Gesamtstruktur vorliegt als der, in der er vorhanden ist. Auch diese Objekte gibt es in Exchange SE noch.

Die komplette Pflege aller Exchange-Eigenschaften ist nur mit den Exchange-Tools möglich, also dem Exchange Admin Center und der Exchange Management Shell.

Exchange-Postfächer sind Erweiterungen der Benutzereigenschaften aus Active Directory und keine eigenständigen Objekte in einem eigenen Ordner. Das heißt, dass alle Benutzerobjekte von Active Directory, die Exchange-Erweiterungen benutzen, Empfänger sind. Exchange unterscheidet dabei zwischen verschiedenen Empfängerklassen.

Die Benutzerpostfächer sind sicherlich das wichtigste Empfängerobjekt in Exchange. Mit den Postfächern kommunizieren Ihre Benutzer untereinander und mit Partnern, Lieferanten und Kunden außerhalb Ihrer Organisation. Sie können die Exchange-Aufgaben für Benutzer am besten über das Exchange Admin Center durchführen. Da das Exchange Admin Center webbasiert ist, können Sie es auch von Arbeitsstationen aus aufrufen (*https://<Servername>/ecp*).

Zusätzlich zu Benutzer- und Ressourcenpostfächern verwaltet Exchange SE interne Systempostfächer, die für die Funktionsfähigkeit des Dienstes unerlässlich sind. Dazu zählen Arbitration-Postfächer für Genehmigungsprozesse, Auditlog-Postfächer für Aufzeichnungspflichten, Monitoring-Mailboxen für Healthchecks und Discovery-Postfächer für Compliance-Abfragen. Diese Postfächer lassen sich mit *Get-Mailbox -Arbitration*, *-AuditLog*, *-Monitoring* oder *-Discovery* gezielt anzeigen. Sie dürfen ohne vorherige Planung weder gelöscht noch verschoben werden.

7.1.1 Postfächer erstellen

Postfächer werden auf Exchange-Servern erstellt. Wollen Sie im Exchange Admin Center ein neues Postfach erstellen, verbindet sich die Konsole mit dem entsprechenden Postfachserver am Active Directory-Standort.

Um ein neues Postfach für einen Anwender zu erstellen, klicken Sie im Exchange Admin Center auf *Empfänger*. Hier sehen Sie alle bereits angelegten Empfänger, Kontakte und Gruppen. In den untergliederten Bereichen können Sie die Ansicht noch mal filtern lassen.

Abb. 7.1 Neues Benutzerpostfach in Exchange SE anlegen

Über die erweiterten Optionen (die drei Punkte in der Symbolleiste) können Sie eine erweiterte Suche starten und nach Benutzernamen filtern.

Abb. 7.2 Erweiterte Möglichkeiten für die Verwaltung von Empfängern

Klicken Sie auf das Pluszeichen und wählen Sie die Option *Benutzerpostfach*, um neue Empfänger zu erstellen. Sie können dazu vorher ein Konto in Active Directory anlegen oder direkt über den Assistenten auch ein neues Benutzerkonto für das Postfach erstellen.

Im Anschluss startet das Fenster für die Erstellung von neuen Postfächern. Hier können Sie auswählen, welche Art von Postfach Sie erstellen wollen. Sie können in diesem Assistenten Postfächer für bereits existierende Benutzer in Active Directory erstellen oder ganz neue Benutzerkonten mit dazugehörigem Postfach. Für die Verwaltung von Ressourcen gibt es unter Exchange SE einen speziellen Empfängertyp. Sie legen ihn über den Bereich *Empfänger/Ressourcen* im Exchange Admin Center an.

Ein verknüpftes Postfach verbindet ein Postfach innerhalb Ihrer Exchange-Organisation mit einem Benutzerkonto außerhalb Ihrer Gesamtstruktur. Auch diese Art von Postfächern legen Sie über *Empfänger/Postfächer* an. In diesem Abschnitt behandle ich die Erstellung von neuen Benutzerpostfächern. Zu den Raumpostfächern komme ich noch ausführlicher in den weiteren Abschnitten in diesem Kapitel. Verknüpfte Postfächer erstellen Sie auch in der Exchange Management Shell, zum Beispiel mit:

```
New-Mailbox -Name "<Name>" -LinkedDomainController "<Domänencontroller>"
-LinkedMasterAccount "<Administrator>" -OrganizationalUnit Users
-UserPrincipalName <Administrator> -LinkedCredential:(Get-Credential
<Administrator>)
```

Wählen Sie zunächst die Option *Benutzerpostfach* aus. Auf der Seite können Sie auswählen, ob Sie ein neues Benutzerkonto erstellen wollen, das mit dem Postfach direkt verknüpft wird, oder ob Sie ein bereits vorhandenes Konto für die Verbindung verwenden möchten. Jedem Benutzerkonto kann nur ein einziges Postfach zugewiesen werden, und jedes Postfach muss einem einzelnen Benutzerkonto zugewiesen sein.

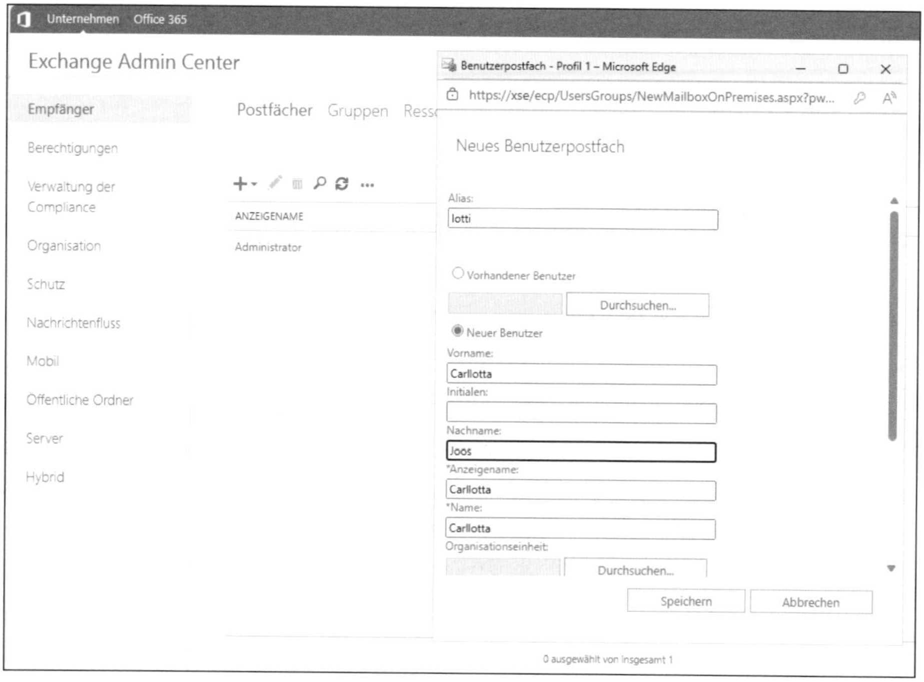

Abb. 7.3 Erstellen eines neuen Benutzerkontos für das neue Postfach

Erstellen Sie ein neues Benutzerkonto mit Postfach, können Sie auf der Seite die entsprechenden Informationen für das Anlegen eines neuen Benutzers angeben. Diese Daten übernimmt der Assistent auch in Active Directory.

Das Konto lässt sich wie jedes andere Benutzerkonto zur Anmeldung an Computern in der Domäne nutzen. Die eingegebenen Daten übernimmt der Assistent ebenfalls. Sie können nach der Erstellung die Daten entweder im Exchange Admin Center oder über das Snap-In *Active Directory-Benutzer und -Computer* ändern. Auch die Pflege im Active Directory-Verwaltungscenter ist möglich.

Allerdings lassen sich die Exchange-spezifischen Einstellungen nur im Exchange Admin Center oder der Exchange Management Shell anzeigen und anpassen. Geben Sie an dieser Stelle die Daten für das neue Benutzerkonto an. Beim Abschluss der Eingabe erstellt Exchange automatisch ein neues Postfach. Über die Schaltfläche *Durchsuchen* können Sie die Domäne und Organisationseinheit auswählen, in der das Benutzerkonto angelegt werden soll.

Oben auf der Seite legen Sie den Alias fest, also den Teil der E-Mail-Adresse, der vor dem @-Zeichen steht. Die Postfachdatenbank, in der Sie das Postfach anlegen möchten, legen Sie unten im Fenster fest. Haben Sie eine E-Mail-Adressenrichtlinie festgelegt, wird der Alias durch die Richtlinie definiert, egal welche Einstellungen Sie hier vornehmen (siehe Kapitel 3).

Legen Sie ein einzelnes Postfach an, müssen Sie trotzdem einen Alias definieren. Standardmäßig definiert Exchange jedoch nur die E-Mail-Adresse nach dem @-Zeichen, nicht den Alias. Erstellen Sie möglichst früh Ihre Richtlinie (siehe Kapitel 3), damit die E-Mail-Adressen einheitlich erstellt werden.

Sie können für das Postfach im Fenster auch ein Archivpostfach erstellen, in dem der Anwender E-Mails archivieren kann oder in dem sie per Richtlinie automatisch durch Exchange archiviert werden. In Exchange Online kann das Archivpostfach nur mit aktivierter Richtlinie wachsen. Die Erweiterung erfolgt in 100-GB-Schritten, sobald das Postfach die Grenze erreicht. Im Gegensatz zu Exchange SE ist das manuelle Konfigurieren eines sekundären Speicherorts nicht vorgesehen. Ein Archivpostfach lässt sich ausschließlich mit PowerShell oder über die Microsoft 365-Verwaltung aktivieren. Die Aktivierung erfolgt beispielsweise mit *Enable-Mailbox -Identity user@domain.com -Archive*.

Diese Funktion behandle ich ausführlicher in Kapitel 9. Archivpostfächer sind in Outlook und Outlook Web App verfügbar. Sie können auch jederzeit nach der Erstellung eines Postfachs das Archivpostfach aktivieren.

Beim Anlegen von neuen Benutzern haben Sie zusätzlich die Möglichkeit, direkt eine Adressbuchrichtlinie (Address Book Policy, ABP) zu hinterlegen. Sie erlaubt eine Filterung des globalen Adressbuchs. Die Richtlinien lassen sich Postfächern zuordnen und legen fest, welche Postfächer aus der globalen Adressliste (Global Address List, GAL) für die Benutzer sichtbar sind, denen die Adressbuchrichtlinie zugeordnet ist.

In der Exchange Management Shell nehmen Sie Einstellungen über *New-Mailbox* oder *Set-Mailbox* und der Option *AddressBookPolicy* vor.

Wenn Sie zu Beginn der Erstellung die Option *Verknüpftes Postfach* ausgewählt haben, müssen Sie auf der Seite noch Informationen angeben, die das Quellkonto des verknüpften Postfachs festlegen.

Ein Beispiel für das Erstellen von Postfächern in der Exchange Management Shell ist:

```
New-Mailbox -Name "Ernst Joos" -Alias "ernst.joos" -OrganizationalUnit
"contoso.com/Users" -UserPrincipalName "joose@contoso.com" -SamAccountName
"joose" -FirstName "Ernst" -Initials "" -LastName "Joos"
-ResetPasswordOnNextLogon $false -Database " Mailbox Database 1100673980"
-ActiveSyncMailboxPolicy "Default" -Archive
```

Das Postfach wird im Anschluss im Exchange Admin Center und der Exchange Management Shell angezeigt, und ist sofort verfügbar.

Ein weiteres Beispiel ist:

```
New-Mailbox -Alias thomas -Name "Thomas Joos" -FirstName Thomas -LastName Joos
-DisplayName "Thomas Joos" -UserPrincipalName thomas.joos@contoso.com
-OrganizationalUnit Users
```

Sie können auch das Cmdlet *Enable-Mailbox* verwenden, um mehrere bereits vorhandene Benutzer gleichzeitig für E-Mails zu aktivieren. Dazu werden die Ergebnisse des Cmdlets *Get-User* per Pipelining an das Cmdlet *Enable-Mailbox* umgeleitet. Wenn Sie das Cmdlet *Get-User* ausführen, dürfen nur Benutzer zurückgegeben werden, für die noch keine E-Mail-Aktivierung durchgeführt wurde. Dazu müssen Sie für den Parameter *RecipientTypeDetails* den Wert *User* (Benutzer) angeben.

Sie können den Umfang der zurückgegebenen Ergebnisse auch begrenzen, indem Sie den Parameter *Filter* verwenden, damit nur Benutzer zurückgegeben werden, die den angegebenen Kriterien entsprechen. Anschließend können Sie das Ergebnis per Pipelining an das Cmdlet *Enable-Mailbox* weiterleiten.

Ein Beispiel: Mit dem folgenden Befehl werden Benutzer für E-Mail aktiviert, die noch nicht entsprechend aktiviert wurden und im Benutzerfeld *Firma* den Text *Contoso* enthalten. Hierbei dient als Filter der Ausdruck *-RecipientTypeDetails User*, der nur die Benutzerkonten zurückgibt, denen noch kein Postfach zugeordnet wurde.

```
Get-User -RecipientTypeDetails User -Filter { Company -Eq "Contoso" } |
Enable-Mailbox
```

Bei der Erstellung eines verknüpften Postfachs müssen Sie den Parameter *LinkedMaster-Account* verwenden, um das Konto in der Kontogesamtstruktur anzugeben. Außerdem müssen Sie den Parameter *LinkedDomainController* nutzen, um den Domänencontroller der Kontodomäne anzugeben, zu der eine Verbindung hergestellt werden soll. Und schließlich sind mit dem Parameter *LinkedCredential* noch die Anmeldeinformationen anzugeben, mit denen auf die Kontodomäne zugegriffen werden kann. Beispiel:

```
New-Mailbox -Database "Mailbox1" -Name "Thomas Joos" -LinkedDomainController
"dc01.microsoft.com" -LinkedMasterAccount microsoft\joos -OrganizationalUnit
Users -UserPrincipalName joos@contoso.com -LinkedCredential (Get-Credential
microsoft\administrator)
```

7.2 Freigaben – Shared Mailboxes

Sie haben in Exchange SE auch die Möglichkeit, ein Postfach so zu konfigurieren, dass es von mehreren Anwendern gleichzeitig verwendet wird; solche Postfächer sind nicht direkt einzelnen Active Directory-Objekten oder -Benutzern zugewiesen.

Sie werden vor allem für Abteilungen verwendet, für Info-Postfächer oder für Postfächer, die von Web-Formularen E-Mails erhalten sollen. Um ein solches Postfach anzulegen, verwenden Sie am einfachsten die Exchange Management Shell und den folgenden Befehl:

```
New-Mailbox info -Shared
```

Diese Postfächer werden im Exchange Admin Center über den Menüpunkt *Empfänger/Freigaben* angezeigt und verwaltet. Hier können Sie sie auch erstellen. Sie können für diese Postfächer Berechtigungen anpassen, genauso wie bei herkömmlichen Empfängern.

In den Einstellungen eines Postfachs (Aufruf per Doppelklick oder das Stift-Symbol) legen Sie über den Menüpunkt *Postfachstellvertretung* fest, welche Benutzer sich diese Shared Mailbox teilen sollen. Generell ist es empfehlenswert, dass Sie diese Benutzer im Bereich *Vollzugriff* und bei *Senden als* eintragen. Diese Konfiguration lässt sich natürlich ebenfalls in der Exchange Management Shell durchführen:

```
Add-MailboxPermission <Freigabe> -User <Benutzer> -AccessRights FullAccess
-InheritanceType All
```

Wollen Sie die Berechtigung für einen Anwender auf ein solches freigegebenes Postfach wieder entfernen, können Sie ebenfalls die Exchange Management Shell verwenden:

```
Remove-MailboxPermission -Identity <Postfach> -User "<Benutzer>" -AccessRights
FullAccess
-InheritanceType All
```

Wenn Anwender E-Mails über dieses Postfach versenden, werden die gesendeten Objekte nicht im Postfach gespeichert. Sie können in der Exchange Management Shell aber konfigurieren, dass alle gesendeten E-Mails auch in den gesendeten Objekten dieses Postfach gespeichert werden:

```
set-mailbox <Postfach> -MessageCopyForSentAsEnabled $True
set-mailbox <Postfach> -MessageCopyForSendOnBehalfEnabled
```


7.3 Raum- und Gerätepostfächern erstellen und verwalten

In Exchange SE können Sie weiterhin Geräte und Besprechungsräume als eigene Postfächer anlegen. Damit können Anwender die Besprechungsräume wesentlich übersichtlicher buchen, da hierzu auch Funktionen in Outlook zur Verfügung stehen. Die Verwaltung derartiger Ressourcen-Postfächer delegieren Sie an Benutzer.

Es besteht aber auch die Möglichkeit, diese Ressourcen-Postfächer so zu konfigurieren, dass sie sich automatisch verwalten und selbstständig Besprechungen bestätigen, wenn zum Beispiel der entsprechende Raum nicht belegt ist.

7.3.1 Ressourcen-Postfach erstellen

Legen Sie ein neues Gerätepostfach oder ein Raumpostfach an, erstellt Exchange automatisch ein dazugehöriges Benutzerkonto. Das Konto ist allerdings deaktiviert. Der Vorgang ist grundsätzlich identisch mit dem Anlegen von neuen Benutzerpostfächern, mit dem Unterschied, dass Sie beim Anlegen eines neuen Raum- oder Gerätepostfachs im Assistenten die entsprechende Option auswählen.

Nachdem das Postfach angelegt ist, müssen Sie es noch anpassen, um die entsprechenden automatischen Buchungsvorgänge zu konfigurieren. Ressourcen-Postfächer verwalten Sie im Exchange Admin Center über *Empfänger/Ressourcen*. Über das Pluszeichen erstellen Sie eine neue Ressource.

Abb. 7.4 Erstellen eines neuen Ressourcen-Postfachs auf Exchange SE

Nachdem Sie das Postfach angelegt haben, steht es sofort zur Verfügung. Sie finden die Objekte für Raumpostfächer im Exchange Admin Center über *Empfänger/Ressourcen*.

In den Eigenschaften können Sie auch nach dem Anlegen alle Einstellungen vornehmen, die für normale Benutzerkonten gelten. Zusätzlich können Sie auf weiteren Registerkarten Ressourcen-Postfächer optimal konfigurieren.

Abb. 7.5 Erstellen eines neuen Raumpostfachs

Bei *Kapazität* lässt sich festlegen, mit wie vielen Personen ein Raum belegt sein darf, das heißt, wie viele Teilnehmer eine Besprechung haben darf, wenn der Organisator diesen Raum verwendet.

Damit die Ressource automatisch Besprechungsanfragen akzeptiert, müssen Sie nach dem Anlegen weitere Einstellungen vornehmen. Diese Einstellungen finden Sie über *Buchungsoptionen* in den Eigenschaften der Ressource.

Um Stellvertretungen auszuwählen, klicken Sie im Bereich *Stellvertretungen für Buchungen* auf *Hinzufügen*, um Empfänger hinzuzufügen, die für die Planungsoptionen des Ressourcen-Postfachs zuständig sind. Diese dürfen im Namen des Postfachs Besprechungen akzeptieren oder ablehnen. Aktivieren Sie diese Option, um Besprechungsanfragen an die Stellvertreter weiterzuleiten, die Sie angegeben haben.

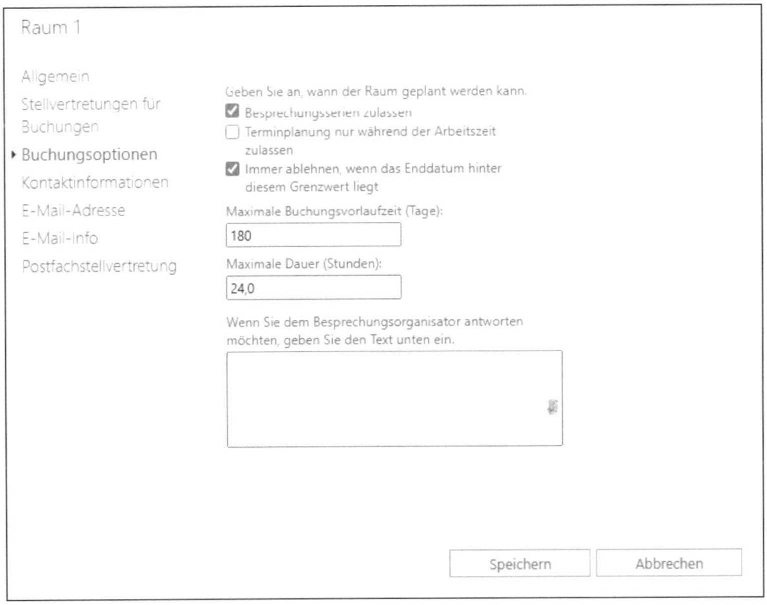

Abb. 7.6 Festlegen der Optionen für das automatische Buchen eines Besprechungsraums

Über den Bereich *Buchungsoptionen* konfigurieren Sie die Bedingungen für das automatische Buchen von Besprechungen. Hier stehen verschiedene Optionen zur Verfügung, wie sich der Besprechungsraum bei Buchungen verhalten soll.

- **Besprechungsserien zulassen** Aktivieren Sie dieses Kontrollkästchen, damit der Raum auch Besprechungsserien automatisch akzeptiert. Die Serien planen Sie in Outlook. Die Option ist standardmäßig aktiviert. Dadurch können Anwender den Raum allerdings stark belegen.
- **Terminplanung nur während der Arbeitszeit zulassen** Benutzer können Arbeitszeiten über Outlook oder Outlook Web App festlegen. Administratoren können Arbeitszeiten über das Cmdlet *Set-MailboxCalendarConfiguration* für das Ressourcen-Postfach definieren. Besprechungen, die außerhalb dieser Zeiten liegen, lehnt die Automatik ab, falls Sie dieses Kontrollkästchen aktivieren.
- **Immer ablehnen, wenn das Enddatum hinter diesem Grenzwert liegt** Hiermit legen Sie fest, dass Anwender keine Termine zu weit in der Zukunft planen können.
- **Maximale Buchungsvorlaufzeit (Tage)** Hier legen Sie fest, wie weit der Raum im Voraus gebucht werden kann. Basierend auf dieser Option und der Auswahl, dass Besprechungsserien abgelehnt werden, deren Enddatum das Buchungsfenster überschreitet, legen Sie fest, wie sich die Automatik bei Anfragen verhalten soll, die in der Zukunft liegen. Die Standardeinstellung beträgt 180 Tage.
- **Maximale Dauer (Stunden)** Diese Einstellung legt fest, wie lange die Ressource automatisch gebucht werden kann. Die Standardeinstellung beträgt 24 Stunden (1440 Minuten).

Hier geben Sie auch einen Text an, den Anwender in der automatisch generierten Antwort-E-Mail erhalten. Im Bereich *E-Mail-Info* können Sie einen Text eintragen, der den Anwendern beim Schreiben von Besprechungsanfragen in Outlook angezeigt wird, wenn sie den Besprechungsraum mit einladen (siehe Kapitel 6).

7.3.2 Rechte für Raumpostfächer verwalten

Wollen Sie Benutzern oder allen Empfängern mehr Rechte zum Lesen der Termine zuteilen, öffnen Sie als Administrator in Outlook das Raumpostfach. Anschließend legen Sie Rechte für das Postfach für andere Benutzer fest. So können Sie zum Beispiel die Berechtigung für *Standard* auf *Prüfer* setzen, um Anwendern das Recht zum Lesen zu geben.

Ohne diese Rechte sehen Anwender nur die freien und gebuchten Zeiten des Raums. Für Unternehmen, die alle Besprechungen auf einmal in allen Räumen anzeigen lassen wollen, ist der beste Weg das Anlegen eines neuen normalen Benutzerpostfachs. Dieses sollten alle Anwender, die Besprechungen planen, einladen.

Vorher konfigurieren Sie für das Postfach das automatische Bestätigen von Besprechungen und vergeben das Recht, dass alle Benutzer den Inhalt des Kalenders dieses Benutzers sehen können. Auf diesem Weg erhalten Sie auf Wunsch einen Überblick über alle geplanten Besprechungen.

7.3.3 Raumlisten erstellen und verwalten

Vor allem bei Unternehmen mit mehreren Niederlassungen kann es sinnvoll sein, Raumlisten zu erstellen. Eine Raumliste kann alle Besprechungsräume einer Niederlassung enthalten und Anwender können sich bei Besprechungsanfragen die Raumlisten anzeigen lassen und auf diese Weise leichter Räume am passenden Standort heraussuchen.

Außerdem können Sie Raumlisten auch zusammen mit den Adressbuchrichtlinien verwenden. Auf diese Weise sehen Anwender dann nur die Besprechungsräume, die Sie in der Raumliste aufgenommen haben, die wiederum der Adressbuchrichtlinie entspricht. Raumlisten sind generell normale Verteilergruppen, die Sie speziell als Raumliste konfigurieren. Verwenden Sie dazu die Option *-RoomList* des Cmdlets *New-DistributionGroup*, zum Beispiel:

```
New-DistributionGroup -Name "<Name der Raumliste>" -RoomList
```

Als Nächstes nehmen Sie dann die einzelnen Besprechungsräume, die enthalten sein sollen, in die Liste mit auf:

```
Add-DistributionGroupMember -Identity "<Name der Liste"> -Member
<Besprechungsraum>
```

Sie können die Besprechungsräume auch im Exchange Admin Center zur Raumliste hinzufügen. Raumlisten finden Sie im Exchange Admin Center über *Empfänger/Gruppen*.

7.3.4 Postfächer konvertieren

Sie können den Postfachtyp eines Empfängers ändern. Spätestens nach einer Migration ist es daher sinnvoll, wenn Sie Ihre Ressourcen-Postfächer zu entsprechenden Ressourcen-Postfächern unter Exchange SE konvertieren. Diese Konvertierung können Sie allerdings nicht im Exchange Admin Center durchführen, sondern nur in der Exchange Management Shell:

1. Starten Sie die Exchange Management Shell und geben Sie den Befehl *Set-Mailbox <Benutzername> -Type room* ein, um ein Postfach in ein Raumpostfach zu konvertieren. In diesem Fall deaktiviert Exchange das dazugehörige Benutzerkonto automatisch und das Postfach wird zukünftig als Raum angezeigt. Neben dem Typ *room* gibt es noch folgende Typen:
   - **Regular** Benutzerpostfach
   - **Equipment** Gerätepostfach
2. Legen Sie ein Gerätepostfach oder ein Raumpostfach an, wird automatisch ein dazugehöriges Benutzerkonto angelegt. Das Konto ist allerdings deaktiviert, da es nicht für die Anmeldung an einem PC verwendet werden soll.

Die Verwaltung von solchen Ressourcen-Postfächern delegieren Sie auch im Normalfall an andere Benutzer, die dann das Benutzerkonto in Active Directory nicht benötigen. Unter Exchange SE sollten Sie Besprechungsräume immer als Raumpostfach anlegen, da sie in Outlook gesondert dargestellt werden. Auch Gerätepostfächer sollten Sie separat anlegen.

7.4 Moderierter Transport – Nachrichtengenehmigung

In Exchange können Sie festlegen, dass alle E-Mails, die an bestimmte Empfänger gesendet werden, von Moderatoren genehmigt werden müssen. Sie können alle Empfänger als moderierte Empfänger konfigurieren.

Wenn der Moderator des moderierten Postfachs nicht innerhalb von fünf Tagen auf die Nachricht antwortet, löscht der Informationsassistent die Nachricht und benachrichtigt den Absender darüber, dass die Nachricht abgelaufen ist.

Anwender können E-Mails auch an eine Gruppe senden, die moderierte und nicht moderierte Empfänger enthält. In diesem Fall wird für jeden moderierten Empfänger ein Genehmigungsprozess durchgeführt.

Eine moderierte Verteilergruppe kann moderierte Empfänger enthalten. In diesem Fall wird nach der Genehmigung der Nachricht an die Verteilergruppe ein separater Genehmigungsvorgang für jeden moderierten Empfänger durchgeführt. Sie können auch die automatische Genehmigung für die Mitglieder aktivieren. Dazu verwenden Sie das Cmdlet *Set-DistributionGroup* mit der Option *-BypassNestedModerationEnabled*. Die Moderation wird auch für Besitzer von Verteilergruppen umgangen.

Nachrichten von Moderatoren werden sofort an den moderierten Empfänger zugestellt.

Wenn Sie einen Empfänger für die Moderation aktivieren, müssen alle E-Mails, die an ihn gesendet werden, von den festgelegten Moderatoren genehmigt werden. Verwenden Sie zur Konfiguration die Exchange Management Shell:

```
Set-Mailbox <Identity> -ModerationEnabled $true -ModeratedBy
<Empfänger1,Empfänger2...> -ByPassModerationFromSendersOrMembers
<Empfänger1,Empfänger2...> -SendModerationNotifications <Never | Always |
Internal>
```

Verwenden Sie den folgenden Befehl, um eine Benutzermoderation hinzuzufügen oder zu entfernen:

```
Set-Mailbox <Identity> -ModeratedBy @{Add="<Empfänger1","<Empfänger2>"...;
Remove="<recipient1>","<recipient2>"...} -ByPassModerationFromSendersOrMembers
@{Add="<recipient1>","<recipient2>"...; Remove="<Empfänger1","<Empfänger2>"...}
```

7.5 Postfächer verwalten

Nachdem Sie Postfächer angelegt haben, können Sie jederzeit Einstellungen ändern. Dazu doppelklicken Sie auf den Benutzer im Exchange Admin Center im Bereich *Empfänger/Postfächer*.

Ich gehe in den einzelnen Kapiteln in diesem Buch auf die Optionen ein, zum Beispiel in Kapitel 5 zur Konfiguration der Speichergrenzwerte. Im folgenden Abschnitt zeige ich Ihnen zusammenfassend die wichtigsten Einstellungsmöglichkeiten im Überblick.

7.5.1 Benutzerdaten, E-Mail-Adressen und Postfachnutzung

Über den Bereich *Allgemein* stellen Sie Standarddaten wie Namen und Anmeldedaten ein. Die Adresse und genauere Daten tragen Sie im Bereich *Kontaktinformationen* und *Organisation* ein. Hier legen Sie auch fest, ob Sie ein Empfängerpostfach aus den Adresslisten entfernen wollen. Über den Link *Weitere Optionen* auf der Eigenschaftenseite steuern Sie die benutzerdefinierten Attribute für einzelne Benutzerkonten. Diese Attribute können Sie für verschiedene Richtlinien nutzen, zum Beispiel die E-Mail-Adressenrichtlinien (siehe Kapitel 3).

Im Exchange Admin Center finden Sie in den Eigenschaften eines Benutzers bei Postfachnutzung seine letzte Anmeldung und die Größe des Postfachs. Die Daten lassen sich aber auch in der Exchange Management Shell anzeigen:

```
Get-MailboxStatistics <Name des Postfachs> |fl LastLogonTime
```

Über den Link *Weitere Optionen* können Sie Grenzwerte für das Postfach definieren, die unabhängig von den zentralen Einstellungen gesetzt werden. Mehr zu diesem Thema lesen Sie in Kapitel 6.

Sie können entweder die Standardeinstellungen des Postfachspeichers verwenden (siehe Kapitel 5) oder für einzelne Benutzer getrennte Einstellungen vornehmen.

In Exchange Online lassen sich Speichergrenzwerte nicht pro Benutzer anpassen, sondern werden zentral durch den Postfachtyp bestimmt. Die Standardgröße eines Benutzerpostfachs im Plan Exchange Online (Plan 2) beträgt 100 GB. Ist das Postfach voll, wird das Senden blockiert. Ein zusätzliches Archivpostfach mit unbegrenztem Wachstum steht zur Verfügung, sobald eine automatische Archivrichtlinie aktiv ist. Die Größenüberwachung und Richtlinienzuweisung erfolgen ausschließlich über die Microsoft 365 Admin-Konsole oder PowerShell mit *Set-Mailbox -AutoExpandingArchive*.

So lassen sich beispielsweise verschiedene Verhaltensweisen von Exchange festlegen, die beim Überschreiten der einzelnen Grenzwerte ausgelöst werden sollen. Das gilt auch für die Einstellung, wie sich Exchange beim Löschen von Objekten im Postfach dieses Benutzers verhalten soll:

- **Warnmeldung senden ab (GB)** Erreicht die Postfachgröße des Benutzers diesen Wert, schickt der Exchange-Server in regelmäßigen Abständen eine E-Mail an den Benutzer.
- **Senden verbieten ab (GB)** Ab dieser Postfachgröße darf der Benutzer keine E-Mails mehr senden.
- **Senden und Empfangen verbieten ab (GB)** Mit dieser Option sollten Sie sehr vorsichtig umgehen, da bei Überschreitung dieses Werts der Benutzer keinerlei Eintragungen mehr in seinem Postfach vornehmen kann. Er darf nur noch Objekte löschen. Wer während der Sperrung dieses Postfachs E-Mails an dessen Benutzer senden, erhält einen Unzustellbarkeitsbericht (Non-Delivery Report, NDR).
- **Gelöschte Elemente aufbewahren für (Tage)** Löschen Benutzer Objekte, werden sie in den gelöschten Objekten des Postfachs aufbewahrt. Werden sie durch den Benutzer gelöscht, markiert Exchange SE diese Objekte zwar als gelöscht, sie können jedoch noch während des definierten Zeitraums in Outlook wiederhergestellt werden.

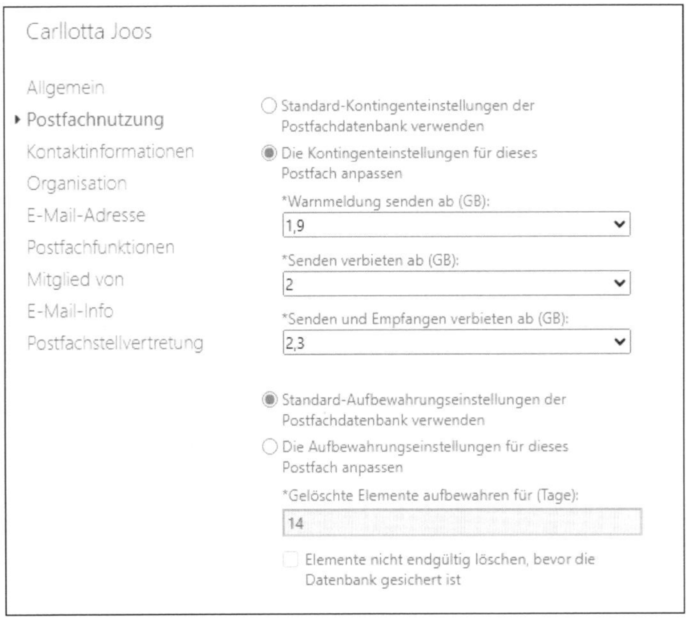

Abb. 7.7 In den Einstellungen von Postfächern legen Sie auch die Speichergrenzwerte und die verwendeten Richtlinien fest.

- **Elemente nicht endgültig löschen, bevor die Datenbank gesichert ist** Mit dieser Option legen Sie fest, dass ein Objekt unabhängig vom Zeitraum erst dann unwiederbringlich gelöscht wird, wenn die Datenbank online gesichert wurde. Eine Onlinesicherung kann auch durch das in Windows Server enthaltene Datensicherungsprogramm durchgeführt werden (siehe Kapitel 14).

Ändern Sie die Standardwerte nicht, werden die Grenzwerte für die einzelnen Postfachdatenbanken verwendet. Diese Grenzwerte finden Sie im Exchange Admin Center unter *Server/Datenbanken* auf der Registerkarte *Grenzwerte* in den Einstellungen der Datenbanken (siehe hierzu Kapitel 5).

Klicken Sie auf *E-Mail-Adresse*, können Sie entweder manuell E-Mail-Adressen eintragen, die dem Postfach zugeordnet sein sollen, oder Sie legen fest, dass das Postfach E-Mail-Adressen aus der Richtlinie erhält. Wie Sie Richtlinien definieren, lesen Sie in Kapitel 3. Standardmäßig werden durch die E-Mail-Adressenrichtlinien die E-Mail-Adressen verteilt. Sie können auf dieser Seite jederzeit weitere E-Mail-Adressen definieren.

Es kann jedoch für jeden E-Mail-Adressentyp nur eine primäre Adresse (Antwortadresse) existieren, die als Absender für den Benutzer konfiguriert ist. Sie können diese primäre E-Mail-Adresse festlegen. Als E-Mail-Domänen lassen sich aber nur jene Domänen verwenden, die als akzeptierte Domänen definiert sind (siehe Kapitel 3).

7.5.2 Erweiterte Postfachfunktionen steuern – Smartphones anbinden

Der Bereich *Postfachfunktionen* enthält die meisten Einstellungsmöglichkeiten für Exchange. Hier hinterlegen Sie die verschiedenen Richtlinien, die ich in diesem Buch behandle, und legen auch fest, ob das Konto das Recht erhält, sich mit einem Smartphone zu verbinden, Unified Messaging oder Outlook Web App zu nutzen und mehr. Klicken Sie dazu im jeweiligen Bereich auf den Link *Aktivieren* oder *Deaktivieren*. Über *Details anzeigen* finden Sie die erweiterten Einstellungen.

Abb. 7.8 Konfigurieren der Postfachnutzung

Wollen Sie für Benutzer Exchange ActiveSync deaktivieren, können Sie auch die Exchange Management Shell und den folgenden Befehl verwenden:

```
Set-CASMailbox -Identity <Benutzername> -ActiveSyncEnabled $false
```

Zum Aktivieren verwenden Sie:

```
Set-CASMailbox -Identity <Benutzername> -ActiveSyncEnabled $true
```

Auf dem gleichen Weg deaktivieren und aktivieren Sie auch Outlook Web App. Verwenden Sie dazu die beiden Befehle:

```
Set-CASMailbox -Identity <Benutzername> -OWAEnabled $false
Set-CASMailbox -Identity <Benutzername> -OWAEnabled $true
```

In Exchange Online müssen alle Clients für Outlook Web App, Exchange ActiveSync, IMAP und POP3 die moderne Authentifizierung mit OAuth2 unterstützen. Die klassische Basic Authentication wird vollständig blockiert. Dies betrifft insbesondere die Nutzung älterer Outlook-Versionen, mobiler E-Mail-Apps oder Drittanbieteranwendungen. Die Aktivierung erfolgt über das Microsoft 365 Admin Center oder über PowerShell mit *Set-AuthenticationPolicy*. Ohne passende Authentifizierungsrichtlinie schlägt jede Verbindung fehl.

Im Eigenschaftenfenster eines Postfachs können Sie über die Option *Zustelloptionen* im Abschnitt *Nachrichtenfluss* einstellen, ob die E-Mails, die an dieses Postfach geschickt werden, von Exchange automatisch an andere Benutzer weitergeleitet werden sollen.

Sie können als Weiterleitungsadresse allerdings keine E-Mail-Adresse direkt eingeben, sondern nur Objekte aus Active Directory verwenden. Wollen Sie eine Weiterleitung zu einer externen E-Mail-Adresse konfigurieren, müssen Sie vorher einen Kontakt anlegen, der auf diese E-Mail-Adresse verweist.

Außerdem können Sie hier festlegen, zu wie vielen Empfängern gleichzeitig dieser Benutzer eine E-Mail senden darf. Bei einer sehr großen Organisation mit mehreren Tausend Benutzern kann eine solche Einschränkung hilfreich sein. Hierzu zählen auch die Mitglieder von Verteilerlisten.

Im Abschnitt *Nachrichtenfluss* finden Sie noch weitere Einstellungen für den Benutzer, zum Beispiel die maximale Größe der E-Mails, die der Benutzer senden oder empfangen darf (mehr dazu in Kapitel 6). Über die Option *Größenbeschränkung für Nachrichten* definieren Sie, wie groß empfangene und gesendete Nachrichten dieses Empfängers sein dürfen.

Überschreitet eine empfangene E-Mail diese Größe, erhält der Absender einen entsprechenden Nichtzustellbarkeitsbericht (Non-Delivery Report, NDR). Sie sollten mit dieser Einstellung sehr sorgfältig umgehen, da dadurch manche E-Mails nicht an diesen Benutzer verschickt werden können oder der Benutzer bestimmte E-Mails nicht absenden kann.

Will jemand eine Nachricht versenden, die die hier definierte Größe überschreitet, verweigert der Exchange-Server die Annahme, und der Anwender bekommt eine entsprechende Fehlermeldung beim Senden angezeigt. Wird der Grenzwert für empfangene Nachrichten überschritten, erhält der Absender einen entsprechenden Nichtzustellbarkeitsbericht. Grenzwerte können Sie auch in den Eigenschaften der verschiedenen Connectors in Exchange festlegen. Mehr dazu lesen Sie in Kapitel 6.

Sie können die Grenzwerte der maximalen Größe von E-Mails, die der Anwender senden und empfangen kann, auch über die Exchange Management Shell festlegen. Dazu verwenden Sie zum Beispiel:

```
Set-Mailbox "joost" -MaxSendSize 25mb -MaxReceiveSize 35mb
```

Über die Option *Einschränkungen für die Nachrichtenzustellung* legen Sie fest, von welchen Absendern dieser Empfänger Nachrichten empfangen darf und von welchen nicht. Sie können diese Optionen allerdings nicht für den Spamschutz verwenden, sondern ausschließlich, um interne Nachrichten zu blockieren, vor allem bei größeren Unternehmen, um Geschäftsführer oder Vorstände abzuschotten.

Wollen Sie Nachrichten von externen Absendern über diese Funktion blockieren, müssen Sie die entsprechenden Kontakte zunächst in Active Directory anlegen. Erst dann können Sie diese Adresse auswählen. Versucht ein blockierter Anwender, eine E-Mail zuzustellen, erhält er einen entsprechenden Nichtzustellbarkeitsbericht.

Sie können zudem auswählen, dass nur authentifizierte Benutzer, das heißt Benutzer innerhalb der Exchange-Organisation, E-Mails an diesen Benutzer versenden dürfen. Bei Aktivierung dieser Option werden diesem Benutzer also keine E-Mails aus dem Internet zugestellt.

Auch das Archivpostfach aktivieren Sie im Bereich *Postfachfunktionen*, das gilt ebenfalls für das Beweissicherungsverfahren. Aktivieren Sie diese Funktion, lassen sich im Postfach keine Objekte mehr löschen. Die Anbindung von POP3 und IMAP zeige ich Ihnen in Kapitel 6. Die Anbindung per OWA oder Exchange ActiveSync lesen Sie ebenfalls in Kapitel 6.

7.5.3 Berechtigungen zur Verwaltung an Anwender zuweisen

Auf der Seite *Postfachfunktionen* können Sie in den Einstellungen des Benutzers auch die Rollenzuweisungsrichtlinie für das Postfach ändern. Eine Richtlinie für die Verwaltungsrollenzuweisung ist eine Sammlung aus einer oder mehreren Verwaltungsrollen, mit denen Endbenutzer ihre eigene Postfach- und Verteilergruppenkonfiguration verwalten können (siehe Kapitel 13). Mit Rollenzuweisungsrichtlinien lässt sich steuern, welche Konfigurationseinstellungen Benutzer für Postfächer und Verteilergruppen ändern dürfen.

Die Kombination aller Rollen in einer Rollenzuweisungsrichtlinie definiert, was der Benutzer in seinem Postfach oder in der Verteilergruppe verwalten darf. Eine Verwaltungsrollenzuweisung ist eine Verknüpfung zwischen einer Verwaltungsrolle und einer Rollenzuweisungsrichtlinie. Bei Verwaltungsrollen handelt es sich um eine Gruppe von Verwaltungsrolleneinträgen. Ein Verwaltungsrolleneintrag ist ein Cmdlet, Skript oder eine spezielle Berechtigung. Sie können nur Endbenutzerverwaltungsrollen mit Rollenzuweisungsrichtlinien verwenden.

Über *Postfachstellvertretung* können Sie einstellen, ob andere Empfänger in der Organisation im Auftrag dieses Benutzers E-Mails senden dürfen. Diese Option verwenden zum Beispiel oft Vorgesetzte für ihre Assistenten oder sie wird für Besprechungsräume genutzt, die von bestimmten Benutzern verwaltet werden.

Wird einem Anwender das Recht erteilt, im Auftrag eines anderen E-Mails zu senden, kann dieser in Outlook beim Schreiben einer neuen E-Mail neben den Standardadressfeldern auch das *Von*-Feld einblenden. In diesem Feld kann der Absender denjenigen auswählen, in dessen Auftrag er eine E-Mail schreiben soll. In Outlook 2010/2013/2019 können Sie das *Von*-Feld und auch das *Bcc*-Feld aktivieren, wenn Sie eine neue Nachricht erstellen. Wechseln Sie im Fenster einer neuen Nachricht zur Registerkarte *Optionen* und aktivieren Sie über die Gruppe *Felder anzeigen* das Feld, das zusätzlich angezeigt werden soll.

7.5.4 Kalender und Besprechungen konsistent halten (Calendar Repair Assistant)

Der Calendar Repair Assistant (CRA) läuft auf Postfachservern. Postfächer auf einem Server werden vom CRA überprüft und Einträge werden repariert. So lässt sich verhindern, dass Anwender im Unternehmen wichtige Besprechungen verpassen, weil eventuell Einträge nicht korrekt gesetzt wurden.

Bei der Reparatur geht der Assistent davon aus, dass der Kalendereintrag des Besprechungsorganisators korrekt ist, und überprüft, ob der Eintrag bei allen bestätigten Teilnehmern richtig gesetzt ist. Findet der CRA Fehler, ändert er die Einstellungen bei dem entsprechenden Teilnehmer auf die korrekte Zeit ab. Schreibend kann ein CRA nur den lokalen Server betreuen, lesend kann er aber auf alle Server zugreifen, um Einträge zu vergleichen.

Der CRA überschreibt keine Daten, sondern führt sie bei Inkonsistenzen zusammen, damit keine Daten verloren gehen. Außerdem schreibt der Assistent Nachrichten in den Ordner der gelöschten Elemente des Postfachs. Folgende Fehler kann er unter anderem entdecken:

- Die Zeiten der Besprechung unterscheiden sich zwischen den Teilnehmern.
- Der Besprechungsraum der Besprechung ist bei verschiedenen Teilnehmern unterschiedlich.
- Bei einem Teilnehmer fehlt der Eintrag der Besprechung im Kalender, obwohl er die Besprechungsanfrage zugesagt hatte.

Alle Änderungen, die der CRA durchführt, schreibt er in eine Protokolldatei. Sie enthält allerdings keinerlei persönliche Daten, da sie durch Administratoren einsehbar ist. Standardmäßig finden Sie die Protokolldatei im Ordner *C:\Program Files\Microsoft\Exchange Server\V15\Logging\Calendar Repair Assistant*.

Administratoren können die Einstellungen des CRA über das Cmdlet *Set-MailboxServer* anpassen. Abfragen können sie die Einstellungen mit *Get-MailboxServer |fl CalendarRepair**. Dazu stehen in der Exchange Management Shell verschiedene Optionen zur Verfügung. Im Exchange Admin Center können Sie dagegen keine Änderungen der CRA-Protokollierung vornehmen.

- *CalendarRepairLogEnabled*
- *CalendarRepairLogPath*
- *CalendarRepairLogFileAgeLimit*
- *CalendarRepairLogDirectorySizeLimit*
- *CalendarRepairLogSubjectLoggingEnabled*

Um die Protokollierung zu deaktivieren, verwenden Sie den folgenden Befehl in der Exchange Management Shell:

```
Set-MailboxServer -Identity <Datenbank> -CalendarRepairLogEnabled $false
```

Mit dem folgenden Befehl aktivieren Sie die Protokollierung:

```
Set-MailboxServer -Identity <Datenbank> -CalendarRepairLogEnabled $true
```

Aktivieren oder Deaktivieren der Kalenderreparatur für ein Postfach

Die Kalenderreparatur ist standardmäßig für alle Postfächer aktiviert, aber der Start des Assistenten nicht. Die Konfiguration nehmen Sie ausschließlich in der Exchange Management Shell vor.

Mit dem folgenden Befehl deaktivieren Sie zum Beispiel den Assistenten für ein Postfach:

```
Set-Mailbox -Identity thomas.joos@contoso.com -CalendarRepairDisabled $true
```

Mit dem folgenden Befehl aktivieren Sie den CRA, wenn er für ein Postfach deaktiviert wurde:

```
Set-Mailbox -Identity thomas.joos@contoso.com -CalendarRepairDisabled $false
```

Mit dem Befehl *Get-Mailbox thomas.joos@contoso.com |fl* lassen Sie sich Informationen zu einem Postfach anzeigen. Den Status des CRA finden Sie ziemlich am Anfang der Auflistung bei der Option *CalendarRepairDisabled.*

Mit dem Cmdlet *Set-MailboxServer* passen Sie neben der Protokollierung auch Einstellungen an. Dazu verwenden Sie folgende Optionen:

- **CalendarRepairIntervalEndWindow** Legt fest, wie weit im Voraus der Kalenderreparatur-Assistent nach Kalenderfehlern suchen soll. Die Standardeinstellung beträgt 30 Tage. Ein Beispiel für den Befehl ist:

  ```
  Set-MailboxServer -Identity mailbox01 -CalendarRepairIntervalEndWindow 90
  ```

- **CalendarRepairMissingItemFixDisabled** Mit dieser Option deaktivieren Sie das Erstellen oder Ändern fehlender Einträge durch den Kalenderreparatur-Assistenten. Standardmäßig behebt er fehlende Kalendereinträge. Fehlt einem Teilnehmer ein Kalendereintrag, wird er neu erstellt. Ein Beispiel für den Befehl ist:

  ```
  Set-MailboxServer -Identity mailbox01 -CalendarRepairMissingItemFixDisabled
  $true
  ```

7.5.5 Postfächer löschen und deaktivieren

Klicken Sie auf ein Postfach im Exchange Admin Center, können Sie es mit einem Klick auf das Papierkorb-Symbol (*Löschen*) entfernen.

Sie können ein Postfach auch in der Exchange Management Shell über den Befehl *Remove-Mailbox -Identity <Domäne>\<Benutzername>* löschen. Mit diesem Vorgang wird das Postfach des Benutzers von seinem Benutzerobjekt getrennt und zur Löschung markiert.

Sie können jedoch das Postfach innerhalb eines bestimmten Zeitraums (standardmäßig 30 Tage) wieder mit dem Benutzer (oder einem anderen Benutzer) verbinden und damit wiederherstellen. Nach diesem Zeitraum wird das Postfach endgültig vom Server gelöscht. Sie definieren diesen Zeitraum in den Eigenschaften der Postfachdatenbank im Fenster *Grenzwerte.* Wie ein solches Postfach wiederhergestellt wird, erfahren Sie in Kapitel 14.

Mit dem folgenden Befehl werden das Postfach sowie das zugehörige Benutzerkonto aus Active Directory entfernt:

```
Remove-Mailbox -Identity <Domäne>\<Benutzername> -Permanent
```

Deaktivieren Sie ein Postfach für einen Anwender, bleibt sein Benutzerkonto aktiv, aber alle Exchange-Eigenschaften werden entfernt. Der Anwender kann sich weiterhin mit seinem Benutzerkonto an der Domäne anmelden, hat aber kein Exchange-Postfach mehr.

Sie können ein Postfach auch in der Exchange Management Shell mit dem Befehl *Disable-Mailbox <Benutzername>* deaktivieren. Sie müssen die Deaktivierung noch bestätigen. Benutzer können sich anschließend nicht mit dem Postfach verbinden, aber die Daten des Postfachs bleiben im Unternehmen erhalten.

7.5.6 Postfächer erneut verbinden

Wie Sie gelöschte Postfächer wiederherstellen, zeige ich Ihnen in Kapitel 14. Getrennte oder deaktivierte Postfächer können Sie aber im Exchange Admin Center wieder verbinden.

Sie können auch verknüpfte und freigegebene Postfächer, die deaktiviert wurden, erneut mit dem gewünschten Benutzerkonto verbinden:

1. Navigieren Sie im Exchange Admin Center zu *Empfänger/Postfächer*.
2. Klicken Sie auf *Mehr* (die drei Punkte) und dann auf *Postfach verbinden*.
3. Es wird eine Liste mit Postfächern angezeigt, die auf dem ausgewählten Exchange-Server in Ihrer Exchange-Organisation getrennt sind. Diese Liste enthält deaktivierte, gelöschte und nicht endgültig gelöschte Postfächer.
4. Klicken Sie auf das deaktivierte Postfach, das Sie erneut mit einem Benutzerkonto verbinden wollen, und klicken Sie dann auf *Verbinden*.
5. Bestätigen Sie die Warnmeldung mit *Ja*.
6. Exchange verbindet das deaktivierte Postfach erneut mit dem entsprechenden Benutzerkonto.

Über das Cmdlet *Connect-Mailbox* in der Exchange Management Shell können Sie ein Benutzerkonto mit einem deaktivierten Postfach verbinden. Sie müssen den Typ des Postfachs angeben, mit dem Sie eine Verbindung herstellen. Die Option *-Identity* gibt das getrennte Postfach in der Exchange-Datenbank an.

Die Option *-User* gibt das Active Directory-Benutzerkonto an, mit dem das Postfach erneut verbunden wird:

```
Connect-Mailbox -Identity "Hans Muster" -Database MBXDB01 -User "Hans Muster"
```

Die Option *LinkedMasterAccount* gibt das Active Directory-Benutzerkonto in der Kontogesamtstruktur an, mit dem Sie das Postfach erneut verbinden wollen, und die Option *Alias* den Teil der E-Mail-Adresse links vom @-Symbol:

```
Connect-Mailbox -Identity "Hans Muster" -Database MBXDB02
-LinkedDomainController DC01 -LinkedM-asterAccount hans.muster@fabrikam.com
-Alias hansm
```

Im folgenden Beispiel wird ein freigegebenes Postfach verbunden:

```
Connect-Mailbox -Identity "Support-Postfach" -Database "Mailbox Database 03"
-User "Support" -Alias corpshared -Support
```

Wenn Sie die Option *Alias* nicht angeben, wird die Option *User* oder *LinkedMasterAccount* verwendet, um den Alias der E-Mail-Adresse des erneut verbundenen Postfachs zu erstellen.

7.5.7 Postfachberechtigungen – Anwendern Zugriff auf andere Postfächer erteilen

Exchange unterstützt zusammen mit Outlook vielseitige Möglichkeiten zum Erteilen von Berechtigungen. Anwender können anderen Anwendern den Zugriff auf das eigene Postfach gewähren und auch Administratoren können Rechte erteilen. Wie Sie dabei vorgehen und was Sie beachten müssen, lesen Sie im folgenden Abschnitt.

7.5.8 Berechtigungen in der Exchange Management Shell setzen

Geben Sie den folgenden Befehl ein, um dem Quellanwender volle Zugriffsrechte für das Zielpostfach zu erteilen:

```
Add-MailboxPermission -Identity <Quellpostfach> -User <Zielbenutzer>
-AccessRights FullAccess
```

Mit dem folgenden Befehl erteilen Sie Senden-als-Rechte:

```
Add-ADPermission <Quellpostfach> -User <Domäne\Benutzer> -Extendedrights "Send As"
```

Neben der Exchange Management Shell können Sie Berechtigungen auch im Exchange Admin Center konfigurieren. Klicken Sie dazu doppelt auf das Postfach (*Empfänger/Postfächer*) und wählen Sie *Postfachstellvertretung* aus.

Mit *Senden als*-Berechtigungen kann ein Benutzer das Zielpostfach als Absender zum Senden von Nachrichten verwenden. Als Absenderadresse erscheint die Adresse des Zielpostfachs, nicht die des absendenden Benutzers. Wenn Sie die Berechtigung sofort übernehmen möchten, starten Sie den Microsoft Exchange-Informationsspeicherdienst neu.

Das Postfach muss außerdem in der Exchange-Adressliste angezeigt werden, ansonsten können Sie diese Funktion nicht nutzen. Wenn ein Absender eine Nachricht sendet, setzt Exchange voraus, dass sich die E-Mail-Adresse auflösen lässt. Sendet ein Absender eine Nachricht im Auftrag eines Postfachs, das in Adresslisten ausgeblendet ist, klassifiziert Exchange die SMTP-Adresse als extern und verweigert den Empfang. Benutzer erhalten in Outlook beim Absenden in diesem Fall einen Fehler.

Wenn Sie einem anderen Benutzer die Berechtigung *Vollzugriff* für ein Postfach erteilen, kann er nicht nur E-Mails im Namen des Postfachs schreiben, sondern sich bei diesem Postfach anmelden und auf den gesamten Inhalt zugreifen.

7.5.9 Postfachberechtigungen über Outlook verwalten

Wie bereits bei den Vorgängern von Exchange SE lassen sich Berechtigungen für Postfächer auch von den Anwendern selbst in Outlook konfigurieren. Benutzer rufen in Outlook das Kontextmenü ihres Postfachs auf und erteilen nach Auswahl der Option *Ordnerberechtigungen* im daraufhin angezeigten Dialogfeld auf der Registerkarte *Berechtigungen* zusätzliche Berechtigungen für andere Anwender. Diese können sich dann wiederum im Netzwerk mit dem Quellpostfach verbinden und dieses an Outlook mit den zugeteilten Rechten anbinden. Im neuen Outlook finden Sie die Einstellungen über *Teilen und Berechtigungen* im Kontextmenü. Die Einstellungen lassen sich über diesen Weg auch in Exchange Online anpassen.

Damit Anwender im klassischen Outlook über die Registerkarte *Datei* und der Auswahl von *Öffnen und exportieren/Ordner eines anderen Benutzers* auf den Posteingang oder andere Ordner zugreifen dürfen, reicht es auch aus, wenn Sie in den Eigenschaften für den Posteingang auf der Registerkarte *Berechtigungen* die entsprechenden Rechte setzen.

Die Rechte, die Sie über die Ordnerberechtigungen festlegen, ermöglichen anderen Anwendern, ihr Postfach dauerhaft in Outlook einzubinden, ohne bei jedem Zugriff die Registerkarte *Datei* aufrufen zu müssen. Wie Sie dabei vorgehen, zeige ich ebenfalls in diesem Kapitel. Beide Möglichkeiten stehen auch bei der Anbindung an Microsoft 365 zur Verfügung.

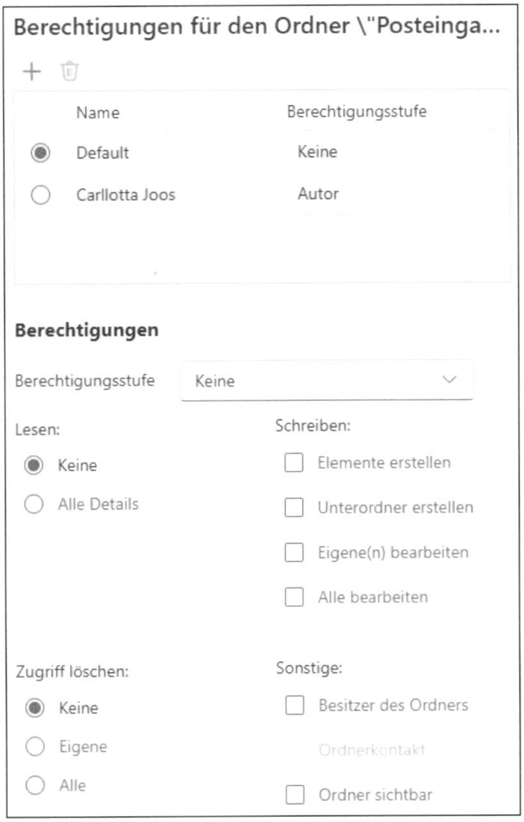

Abb. 7.9 Erteilen von Berechtigungen für Anwender im neuen Outlook

Exchange SE und Microsoft 365 ermöglichen zusammen mit dem klassischen und neuen Outlook vielseitige Optionen zum Erteilen von Berechtigungen. Anwender können anderen Anwendern den Zugriff auf das eigene Postfach gewähren und auch Administratoren können ebenfalls Rechte erteilen. Wie Sie dabei vorgehen und was Sie beachten müssen, lesen Sie im folgenden Abschnitt.

Wollen Sie anderen Anwendern den Zugriff auf manuell nachträglich erstellte Ordner in Ihrem Postfach ermöglichen, müssen Sie zunächst die Rechte für das Postfach setzen und danach für die einzelnen Ordner, ebenfalls wieder über das Kontextmenü des Ordners. Der Zielanwender kann dann Ihr Postfach anbinden und auf die freigegebenen Ordner zugreifen.

Alle Rechte, die Sie dem Benutzer *Standard* zuweisen, gelten für alle Anwender, die sich in der Exchange-Infrastruktur oder Ihrer Microsoft 365-Umgebung anmelden. Ändern Sie Rechte für den Benutzer *Anonym*, gelten diese für alle Anwender im Netzwerk, auch jene, die sich nicht authentifizieren.

Im ersten Schritt klicken Sie auf *Hinzufügen* und wählen im Adressbuch den Benutzer aus, dem Sie Rechte für Ihr Postfach oder einen Ordner erteilen wollen. Dazu wählen Sie zunächst über das Dropdownmenü *Berechtigungsstufe* eine Sammlung von Rechten aus.

Durch die Auswahl aktiviert Outlook die Rechte in den Bereichen *Lesen*, *Schreiben*, *Elemente* und *Sonstiges*. Sie können diese Rechte auch manuell aktivieren. Outlook passt in diesem Fall die Anzeige der Berechtigungsstufe automatisch an. Die Rechte haben dabei folgende Bedeutung und sind im klassischen und neuen Outlook weitgehend identisch, unterscheiden sich aber in den Bezeichnungen:

- **Keine** Benutzer mit dieser Stufe haben keinerlei Berechtigung. Verwenden Sie diese Stufe für die Standardbenutzer, wenn Sie für einen Ordner explizite Berechtigungen festlegen wollen. Sie können einzelne Benutzer oder Gruppen aufnehmen und sicherstellen, dass nur sie Berechtigung auf den Ordner haben.
- **Besitzer** Diese Berechtigungsstufe ist die höchste Stufe, die Sie erteilen können. Benutzer mit diesem Recht haben vollständigen Zugriff auf das Postfach und dürfen auch Daten löschen.
- **Veröffentlichender Bearbeiter (Editor mit Veröffentlichungsberechtigung)** Mit diesem Recht dürfen Anwender alles lesen und löschen, aber keine Rechte ändern oder sich als Kontaktperson definieren. Außerdem dürfen sie auch Unterordner im Postfach erstellen und verwalten.
- **Bearbeiter (Editor)** Mit diesem Recht dürfen Anwender alles lesen und löschen, aber keine Rechte ändern oder sich als Kontaktperson definieren. Sie dürfen keine Unterordner im Postfach erstellen. Grundsätzlich handelt es sich um die gleichen Rechte wie *Veröffentlichender Bearbeiter* mit dem fehlenden Recht, Unterordner zu erstellen.
- **Veröffentlichender Autor** Diese Anwender dürfen alles im Postfach lesen, aber nur selbst erstellte Objekte löschen oder bearbeiten, aber keine Elemente, die von anderen Anwendern oder dem Besitzer erstellt wurden. Sie dürfen Elemente im Postfach erstellen und Unterordner erstellen.
- **Autor** Diese Anwender dürfen alles im Postfach lesen, jedoch nur selbst erstellte Objekte löschen oder bearbeiten, aber keine Elemente, die von anderen Anwendern oder dem Besitzer erstellt wurden. Sie dürfen Elemente im Postfach erstellen, aber keine Unterordner.
- **Nicht bearbeitender Autor (Autor ohne Bearbeitungsberechtigung)** Anwender mit diesem Recht dürfen alle Elemente im Postfach lesen und eigene Elemente löschen, aber keine anderen Elemente. Außerdem dürfen sie selbst Elemente erstellen, aber keinerlei Änderungen mehr vornehmen.
- **Prüfer** Anwender mit diesem Recht dürfen keinerlei Elemente erstellen oder bearbeiten, sondern lediglich auf den Inhalt des Postfachs zugreifen und lesen.
- **Mitwirkender** Benutzer mit diesen Rechten dürfen Elemente erstellen und sehen die Ordner. Sie dürfen aber keine Daten lesen und keine Daten löschen.

Sie können Benutzern auch manuell Rechte vergeben, ohne die vorgefertigten Berechtigungsstufen zu verwenden. Nehmen Sie dazu den Benutzer in die Liste auf und weisen Sie ihm die Berechtigungsstufe zu, die am nächsten an die Rechte herankommt, die Sie erteilen wollen. Dazu stellt Outlook noch einige weitere Optionen zur Verfügung, die Sie anpassen können:

- **Elemente erstellen** Benutzer können neue Objekte aufnehmen und erstellen.
- **Unterordner erstellen** Mit dieser Berechtigung können neue Ordner innerhalb des Postfachs erstellt werden.
- **Eigene bearbeiten** Mit diesem Recht dürfen Anwender selbst erstellte Elemente bearbeiten, zum Beispiel Termine, allerdings keinerlei Elemente, die von anderen Anwendern oder dem Besitzer des Ordners erstellt wurden.
- **Alles bearbeiten** Dieses Recht erlaubt die komplette Bearbeitung aller Elemente im Postfach.
- **Besitzer des Ordners** Erteilt dem Benutzer das Recht, selbst Rechte zu ändern und anderen zu erteilen.
- **Ordnerkontaktperson** Findet Exchange Fehler oder Probleme in einem Ordner, benachrichtigt es den Anwender, der als Kontaktperson festgelegt ist. Falls mehrere Benutzer dasselbe Objekt innerhalb desselben Ordners bearbeiten, treten manchmal Nachrichtenbearbeitungskonflikte auf. Wenn Exchange nicht entscheiden kann, welche Änderung der Server beibehalten und welche er verwerfen soll, schickt es eine Konfliktnachricht an die Ordnerkontaktpersonen. Die Ordnerkontaktperson muss entscheiden, welche der beiden Änderungen beibehalten werden soll. Die andere Änderung löscht Exchange.
- **Ordner sichtbar** Benutzern mit dieser Berechtigung wird der Ordner in Outlook angezeigt. Dies bedeutet jedoch nicht, dass sie Rechte auf den Ordner haben, sondern nur, dass sie den Ordner sehen.

In der Rubrik *Elemente löschen* können Sie angeben, welche Elemente der Benutzer löschen darf:

- **Keine** Keine Objekte innerhalb des Postfachs können gelöscht werden.
- **Eigene** Nur die vom Benutzer selbst erstellten Objekte können gelöscht werden, andere nicht.
- **Alle** Alle Objekte können von diesem Benutzer gelöscht werden.

Damit andere Anwender auf Ordner im Postfach zugreifen können, müssen Sie für den jeweiligen Ordner, zum Beispiel den Posteingang, noch die Eigenschaften aufrufen und Rechte erteilen.

Neben dem Postfach oder einzelnen Ordnern können Sie in den Eigenschaften des *Kontakte*-Ordners im Postfach Rechte für andere Anwender konfigurieren. Das gilt ebenso für die Eigenschaften des Kalenders.

Rufen Sie dazu die Eigenschaften von *Kalender* oder *Kontakte* auf, wenn Sie in der Navigationsleiste die Ordnerliste aktiviert haben. Auf die gleiche Weise können Sie auch Aufgaben, das Journal und die Notizen für andere Anwender im Netzwerk freigeben.

7.5.10 Stellvertreter in Outlook definieren

Wollen Sie einem Assistenten oder einem anderen Mitarbeiter Rechte auf Ihr Postfach zuweisen, ist die Konfiguration der Stellvertreter-Rechte effizienter als die Freigabe der einzelnen Ordner in Outlook. Stellvertreter konfigurieren Sie auf der Registerkarte *Datei* über *Kontoeinstellungen/Zugriffsrechte für Stellvertretung*. Im neuen Outlook nehmen Sie diese Rechteverteilung über das Kontextmenü mit *Teilen und Berechtigungen* vor.

Im neuen Fenster wählen Sie über *Hinzufügen* den Benutzer im Adressbuch aus, dem Sie Rechte für Ihr Postfach zuweisen wollen. Anschließend können Sie ihm im neuen Fenster für jeden Ordner Rechte zuweisen.

Aktivieren Sie die Option *Stellvertretung kann private Elemente sehen*, kann die Stellvertretung auch Aufgaben und Termine lesen, die Sie als *Privat* klassifiziert haben (über das Menüband des Elements). Ohne die Aktivierung erkennt der Stellvertreter, dass ein Termin im Kalender eingetragen wurde, nicht aber, worum es in dem Termin geht. Bestätigen Sie alle Fenster und schließen Sie die Konfiguration ab.

Sie können in den Einstellungen für Stellvertreter auch das Kontrollkästchen *Erhält Kopien der an mich gesendeten Besprechungsnachrichten* aktivieren. In hybriden Organisationen mit Benutzern in Exchange SE und Exchange Online ist die gegenseitige Kalenderfreigabe nur mit korrekt konfiguriertem Federation Trust möglich. Die Kalenderverfügbarkeit wird dabei über EWS und AutoDiscover bereitgestellt. Für eine bidirektionale Sichtbarkeit der Frei/Gebucht-Zeiten ist in der On-Premises-Umgebung ein funktionierender AvailabilityAddressSpace erforderlich. Die Einrichtung erfolgt mit *Add-AvailabilityAddressSpace -ForestName <domain> -AccessMethod PerUserFB*.

In diesem Fall sendet der Exchange-Server oder Microsoft 365 automatisch alle Besprechungsanfragen, die an Sie gesendet werden, auch an den Stellvertreter. Dieser kann die Anfragen annehmen oder ablehnen. Sie sehen in Ihrem Postfach, ob er bereits akzeptiert oder abgelehnt hat.

Als Stellvertreter sehen Sie ebenfalls, ob die Besprechungsanfrage an Sie direkt oder an Sie als Stellvertreter gesendet wurde, und können entsprechend akzeptieren oder ablehnen.

Haben Sie die Option aktiviert, dass der entsprechende Anwender eine E-Mail erhalten soll, sendet der Exchange-Server oder Microsoft 365 automatisch eine E-Mail mit den Rechten sowie eine Anleitung, wie er auf die Ordner zugreifen kann.

Sie können die Rechte für Stellvertreter nachträglich über die Eigenschaften der jeweiligen Ordner in der Ordnerliste anpassen. Hier haben Sie die gleichen Möglichkeiten wie bei der manuellen Erteilung von Rechten.

7.5.11 Kalender über Assistenten freigeben und Rechte anpassen

Standardmäßig dürfen andere Anwender in der Exchange-Organisation und mit Microsoft 365 die Kalender aller anderen Anwender einsehen, erkennen aber nur die gebuchten Zeiten, keine Details. Wollen Sie anderen Anwendern im Unternehmen mehr Rechte erteilen, steht Ihnen der Assistent *Kalender freigeben* in der Kalenderansicht zur Verfügung. Über die Schaltfläche *Kalenderberechtigungen* passen Sie nachträglich die Rechte weiter an.

Möchten Sie Ihren Kalender nicht freigeben, teilen Sie mit Besprechungsanfragen anderen Anwendern im Netzwerk mit, wann Sie nicht im Büro erreichbar sind. Legen Sie die Option *Zeitspanne zeigen als* auf *Frei* fest, damit die Zeiten nicht in den Kalendern der anderen Benutzer blockiert werden.

Kalender im Netzwerk freigeben

Der Assistent *Kalender freigeben* hat aber den Vorteil, dass der entsprechende Anwender automatisch eine E-Mail enthält, über die er den Kalender einbinden kann.

Sobald Sie den Assistenten gestartet haben, öffnet Outlook das Formular zur Freigabe. Über *An* geben Sie den oder die Teilnehmer an, der beziehungsweise die Zugriff erhalten sollen.

Bei *Details* wählen Sie aus, welche Informationen die Anwender sehen sollen. Aktivieren Sie das Kontrollkästchen *Empfänger zum Anzeigen Ihres Ordners vom Typ "Kalender" berechtigen*, erhält der Empfänger auch die Anforderung, seinen Kalender für Sie freizugeben. Klicken Sie auf *Senden*, schickt der Assistent die E-Mail ab.

Sie erhalten noch mal eine Information, dass Sie alle Details freigeben. Anschließend richtet Outlook die Freigabe ein und sendet die E-Mail weiter. Outlook baut in der E-Mail eine Schaltfläche ein, über die der Empfänger den Kalender direkt öffnen kann, ohne den Weg über die Kalenderansicht gehen zu müssen.

Über die Schaltflächen im oberen Bereich geben Sie selbst den Kalender frei, wenn Sie eine solche E-Mail erhalten. Über *Kalender öffnen* bindet Outlook den Kalender in die Kalenderansicht mit ein und öffnet ihn gleich.

Kalenderberechtigungen ändern

Wollen Sie die Freigabe für Ihren Kalender ändern oder einen Anwender wieder aus der Freigabeliste entfernen, klicken Sie dazu im Bereich *Freigeben* auf *Freigabe*. Das Fenster funktioniert so wie die Freigabe Ihrer anderen Ordner. Hier sehen Sie auch die Anwender, denen Sie Rechte erteilt haben. Über das Fenster passen Sie die Rechte jederzeit weiter an.

7.5.12 Zusätzliche Postfächer in Outlook öffnen

Wollen Sie nicht immer manuell die Ordner öffnen, sondern dauerhaft in Outlook einbinden, muss der Anwender die Ordnerberechtigungen auf der obersten Ebene des Postfachs setzen. Anschließend können Sie im klassischen Outlook zusätzliche Postfächer einbinden.

Outlook zeigt in der Ordnerliste dann die Ordner an, für die der entsprechende Anwender Sie freigeschaltet hat. Um ein zusätzliches Postfach anzubinden, gehen Sie folgendermaßen vor:

1. Öffnen Sie die Registerkarte *Datei*.
2. Klicken Sie auf *Kontoeinstellungen/Kontoeinstellungen*.
3. Markieren Sie Ihr Exchange-Konto und klicken Sie auf *Ändern*.
4. Klicken Sie im neuen Fenster auf *Weitere Einstellungen*.
5. Öffnen Sie die Registerkarte *Erweitert*.
6. Klicken Sie bei *Postfächer* auf *Hinzufügen*.
7. Geben Sie den Namen des Postfachs ein, das Sie öffnen wollen.
8. Bestätigen Sie alle offenen Fenster mit *OK*.

Outlook zeigt im Bereich *E-Mail* und der *Ordnerliste* das geöffnete Postfach an. Sie sehen im Menü aber nur die Ordner, in deren Eigenschaften der andere Anwender die entsprechenden Rechte für Sie freigegeben hat.

7.5.13 E-Mails im Auftrag anderer Anwender senden

Damit ein Anwender in Outlook im Auftrag eines anderen Benutzers eine E-Mail senden kann, muss er das *Von*-Feld einblenden, über das er das Postfach auswählt, in dessen Auftrag er eine E-Mail schreiben will. Dieses Feld können Sie einblenden, wenn Sie eine neue E-Mail schreiben.

Klicken Sie auf *Optionen* und dann auf die Felder, die Sie anzeigen möchten. Sie können im klassischen Outlook auch über *Von* auswählen, in welchem Namen Sie eine E-Mail senden. Im Anschluss wird das *Von*-Feld angezeigt, und der Anwender kann das Benutzerkonto auswählen, in dessen Auftrag er senden will.

7.5.14 Anmeldung von Postfächern überwachen

Rufen Sie im Exchange Admin Center die Eigenschaften eines Postfach auf, sehen Sie auf der Registerkarte *Postfachnutzung*, wann sich der Benutzer das letzte Mal an seinem Postfach angemeldet hat. Hier lässt sich auch die aktuelle Größe des Postfachs ablesen.

Alternativ geben Sie in der Exchange Management Shell den folgenden Befehl ein:

```
Get-MailboxStatistics <Benutzername> |fl *logon*
```

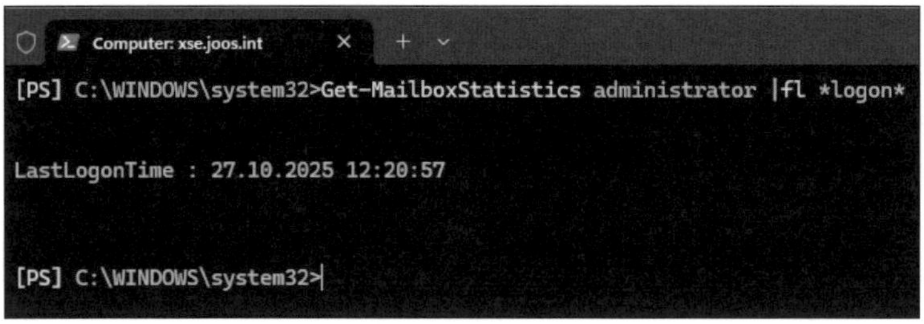

Abb. 7.10 Anzeigen der Postfachnutzung in Exchange SE

7.6 Postfächer verschieben

Das Verschieben von Postfächern ist vor allem im Rahmen einer Migration oder eines Hardwarewechsels wichtig. Microsoft hat mit Exchange SE die Möglichkeit dieses Vorgangs deutlich verbessert und einige Änderungen an den Abläufen vorgenommen sowie Möglichkeiten geschaffen, Postfächer zwischen verschiedenen Exchange-Organisationen zu verschieben.

Sie können einzelne oder mehrere Postfächer von einer Postfachdatenbank in eine andere oder auf einen anderen Exchange-Server mit der Postfachserver-Rolle verschieben. Dazu verwendet Exchange SE nicht mehr eine RPC-Verbindung zwischen den Exchange-Servern, sondern den Postfachreplikationsdienst (Mailbox Replication Service, MRS). Dieser Dienst läuft auf allen Servern.

Durch die neue Funktion zum Verschieben eines Onlinepostfachs in Exchange SE können die Anwender während des Verschiebevorgangs weiterarbeiten, ohne dass Daten verloren gehen. E-Mails bleiben erhalten und die Anwender werden bei dem Vorgang auch nicht von ihrem Postfach getrennt. Sie können auch zwischen verschiedenen Exchange-Versionen Postfächer verschieben.

Damit das Verschieben von Postfächern funktioniert, sind mehrere TCP-Ports notwendig. Die Kommunikation zu diesen Ports muss zwischen den Exchange-Servern und Domänencontrollern möglich sein.

- 808 Kommunikation durch den Mailbox Replication Service
- 53 DNS
- 135 RPC
- 389 LDAP
- 3268 LDAP, globaler Katalog
- 1024 und höher Wenn Sie den Port der Datenbanken nicht statisch festgelegt haben, sind alle Ports über 1024 notwendig.
- 88 Kerberos
- 445 Microsoft-DS-Dienst
- 443 HTTPS

Verbindet sich ein Client mit einem Server, also mit Outlook im internen Netzwerk oder über Outlook Anywhere über das Internet, spielt das RPC-Protokoll mit seinen dazugehörigen Ports eine wichtige Rolle. Auf dem Server findet eine Verbindung zwischen dem Port 135 und einem dynamischen Portbereich statt.

7.6.1 Postfächer innerhalb der Exchange-Organisation verschieben

Öffnen Sie zum Verschieben das Exchange Admin Center und navigieren Sie zu *Empfänger/Postfächer*. Klicken Sie auf das Postfach, das Sie verschieben wollen, und wählen Sie auf der rechten Seite bei *Postfach verschieben* den Link *In eine andere Datenbank* aus.

Abb. 7.11 Verschieben von Postfächern in eine andere Datenbank

Sie können auch mehrere Postfächer markieren und über *Empfänger/Migration* auf einen Rutsch verschieben. Im neuen Fenster geben Sie zunächst einen Namen für den Verschiebevorgang ein. Über diesen Namen können Sie später jederzeit den Status des Auftrags überprüfen.

Auf der Seite wählen Sie auch die Zielpostfachdatenbank aus, in die Sie die Postfächer verschieben wollen. Außerdem können Sie hier festlegen, ob Sie auch das Archiv zusammen mit dem Postfach verschieben wollen.

Beim Verschieben zahlreicher Postfächer erzeugt Exchange erhebliche Mengen an Transaktionsprotokollen sowohl auf den Quell- als auch auf den Zielservern. Auch bei Servern mit genügend Festplattenplatz ist somit schnell die Kapazitätsgrenze erreicht.

Vor allem beim Verschieben über Nacht kann daher einem Administrator am nächsten Tag eine Überraschung blühen, wenn der Verschiebevorgang abgebrochen ist, da die Transaktionsprotokolle die Festplatten überfüllt haben. Um diesem Problem aus dem Weg zu gehen, sollten Sie entweder nicht zu viele Postfächer auf einmal verschieben, dafür sorgen, dass genügend Festplattenplatz verfügbar ist, oder in den Eigenschaften der beteiligten Postfachspeicher die Umlaufprotokollierung aktivieren (siehe Kapitel 5).

Auf der nächsten Seite *Batch starten* wählen Sie einen Benutzer aus, der per E-Mail über den erfolgreichen Vorgang informiert werden soll. Außerdem können Sie hier festlegen, wann der Vorgang zum Verschieben starten soll.

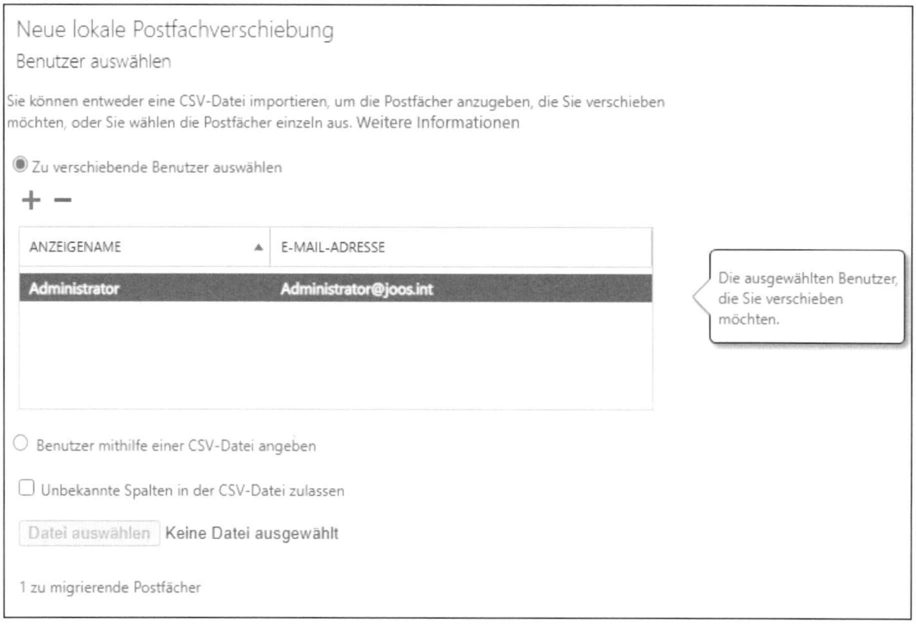

Abb. 7.12 Fertigstellen des Auftrags zum Verschieben von Postfächern

Bei Abschluss dieses Vorgangs kopiert Exchange das Postfach zunächst auf den Zielserver und vergleicht es danach mit dem Quellpostfach. Erst dann löscht der Assistent das Quellpostfach. Bei diesem Vorgang besteht zu keiner Zeit irgendeine Gefahr des Datenverlusts, da bis zum Schluss das Quellpostfach vorhanden ist. Auch wenn Sie den Verschiebevorgang abbrechen, gehen keine Daten verloren.

Sie können den Status des Vorgangs im Exchange Admin Center jederzeit im Bereich *Empfänger/Migration* überprüfen. Hier sehen Sie alle konfigurierten Vorgänge. Mit einem Doppelklick sehen Sie den Status und können auch Einstellungen anpassen.

Klicken Sie beim Erstellen eines Verschiebeauftrags auf den Link *Weitere Optionen*, können Sie noch festlegen, wie hoch die Fehlertoleranz beim Verschieben sein soll.

Während des Verschiebevorgangs können Benutzer weiter mit dem Postfach arbeiten. Nur wenn der Vorgang abgeschlossen ist und der Anwender eine Aktion durchführen will, für die Outlook eine Verbindung zum neuen Server benötigt, erscheint eine Fehlermeldung und Outlook muss neu gestartet werden.

Startet der Benutzer nach dem Verschiebevorgang Outlook neu, verbindet es sich automatisch mit dem neuen Server. Achten Sie beim Verschieben darauf, dass die Größe der Postfächer keine Grenzwerte überschreitet, die auf dem Zielpostfachspeicher gesetzt sind. Ist ein Postfach zu groß, verschiebt Exchange es nicht auf den Zielserver. Die Grenzwerte für Postfachspeicher sehen Sie auf der Registerkarte *Grenzwerte*, wenn Sie im Exchange Admin Center die Eigenschaften der Datenbank aufrufen.

Zum Verschieben von Postfächern in der Exchange Management Shell verwenden Sie das Cmdlet *New-MoveRequest*. Bevor Sie ein Postfach über die Exchange Management Shell verschieben, können Sie mit der Option *WhatIf* testen, was beim Verschieben passieren würde, ohne den Vorgang tatsächlich zu starten. Ein Beispiel für diesen Befehl ist:

```
New-MoveRequest -Identity thomas.joos@contoso.com -TargetDatabase mailbox02
-WhatIf
```

Tatsächlich verschieben Sie das Postfach dann mit dem folgenden Befehl:

```
New-MoveRequest -Identity thomas.joos@contoso.com -TargetDatabase mailbox02
```

Über den folgenden Befehl können Sie alle Postfächer einer Datenbank in eine andere Datenbank verschieben:

```
Get-Mailbox -Database mailbox01 | New-MoveRequest -TargetDatabase mailbox02
-BatchName "mb01tomb02"
```

7.6.2 Postfächer zwischen Organisationen verschieben

Mit Exchange SE besteht die Möglichkeit, Postfächer zwischen Exchange-Servern unterschiedlicher Organisationen zu verschieben. Auch die Vorgängerversionen kennen diese Funktion. Exchange SE unterstützt zwei Arten von Verschiebevorgängen für Remotepostfächer:

- **Verschieben von Postfächern innerhalb von Exchange-Organisationen** Bei diesem Szenario verfügen Sie über eine Exchange-Organisation und eine zweite Organisation.
- **Verschieben von Postfächern bei Verwendung einer älteren Exchange-Version** In diesem Szenario verfügen Sie über eine Exchange SE-Organisation und eine zweite Organisation mit Exchange 2016/2019.

Beim Verschieben zwischen Organisationen gehen unter Umständen Berechtigungen Dritter für den Postfachzugriff verloren. Das ist vor allem dann der Fall, wenn der entsprechende Benutzer nicht in der Zielorganisation vorhanden ist.

Um ein Verschieben über verschiedene Gesamtstrukturen durchzuführen, müssen Sie sich über das Exchange Admin Center erst mit der anderen Gesamtstruktur verbinden. Damit dies funktioniert, aktivieren Sie die Remoteverwaltung der PowerShell:

1. In der anderen Organisation müssen Sie über die Eingabeaufforderung zunächst mit *Winrm quickconfig* die Remoteverwaltung aktivieren.
2. Zudem müssen Sie die Namensauflösung in beiden Organisationen sicherstellen. Der schnellste Weg ist, wenn Sie eine bedingte Weiterleitung in der DNS-Verwaltung für die jeweilige Organisation auf den DNS-Servern der beiden Organisationen anlegen.

Es muss sichergestellt sein, dass sich die beiden Exchange-Server gegenseitig mit ihrem DNS-Namen auflösen können. Beim gesamtstrukturübergreifenden Verschieben von Postfächern muss die Zielorganisation über ein E-Mail-aktiviertes Benutzerobjekt verfügen, das mit dem Postfach in der Quellorganisation übereinstimmt.

Bevor Sie zwischen Organisationen Postfächer verschieben, müssen Sie mit dem Skript *Prepare-MoveRequest.ps1* arbeiten. Sie finden es im Ordner *Program Files\Microsoft\Exchange Server\V15\Scripts*.

In der Zielorganisation müssen Sie Exchange SE betreiben. Sie sollten das Skript in der Exchange Management Shell des Servers in der Zielorganisation ausführen. Das Skript verfügt über verschiedene Optionen, die Sie in der folgenden Auflistung sehen:

- **Identity** Diese Option ermöglicht die Identifizierung des Quellpostfachs, das Sie verschieben wollen.
- **RemoteDomainController** Hier geben Sie einen Domänencontroller in der Quellorganisation an.
- **RemoteForestCredential** Hier geben Sie die Anmeldedaten eines Administrators der Quellorganisation ein, der das Recht hat, Daten zu kopieren und Daten zu schreiben.
- **LocalForestCredential** Mit dieser optionalen Option können Sie die Anmeldedaten in der Zielorganisation eingeben, wenn der Benutzer, mit dem Sie arbeiten, nicht die notwendigen Rechte hat.
- **TargetOU** Hier können Sie auf Wunsch die Organisationseinheit (OU) in der Zielorganisation eingeben, in der das Skript das Benutzerkonto anlegen soll.
- **LinkedMailUser** Diese Option erlaubt die Werte *$true* und *$false*. Standardmäßig ist der Wert auf *$false* gesetzt. Mit *$true* erstellt das Skript ein verknüpftes E-Mail-aktiviertes Konto mit dem Benutzer in der Quellorganisation.
- **MailboxDeliveryDomain** Standardmäßig verwendet das Skript die Standarddomäne in der Zielorganisation.
- **UseLocalObject** Diese Option entdeckt Konflikte des Benutzerkontos und kann ein bereits existierendes Objekt entsprechend konvertieren.

Sie benötigen für das Ausführen des Skripts Administratorrechte in der Ziel- und in der Quellorganisation. Für die Quellorganisation sind die beiden Rollen *Exchange Server Administrators* und *Exchange Recipient Administrators* notwendig. In der Zielorganisation benötigt das Konto mindestens die RBAC-Rollen (Role Based Access Control, rollenbasierte Zugriffssteuerung) *Move Mailboxes, Mail Recipients* und *Mail Recipient Creation*.

Die Ausführung des Skripts nehmen Sie am besten so vor, dass Sie in Variablen die Anmeldedaten an der lokalen Organisation (Zielorganisation) und der Remoteorganisation (Quellorganisation) eingeben.

Öffnen Sie dazu die Exchange Management Shell und geben Sie den Befehl *$local = Get-Credential* ein. Sind Sie bereits mit einem Konto angemeldet, das über genügend Rechte verfügt, benötigen Sie diesen Befehl nicht. Anschließend geben Sie die Daten eines Administratorbenutzers der Zielorganisation ein. Verwenden Sie den gleichen Befehl mit der Variable *$remote = Get-Credential*.

Sie benötigen Administratorrechte in der Quellorganisation, da das Skript die Zieladresse als X500-Adresse in das Objekt der Quellorganisation schreibt. Wechseln Sie dann in den Ordner *Program Files\Microsoft\Exchange Server\V15\Scripts*. Geben Sie anschließend den folgenden Befehl ein:

```
.\Prepare-MoveRequest.ps1 -Identity JohnSmith@Fabrikan.com
-RemoteForestDomainController DC001.Fabrikam.com -RemoteForestCredential
$RemoteCredentials -LocalForestDomainController DC001.Contoso.com
-LocalForestCredential $LocalCredentials
```

Anschließend bereitet das Skript den Benutzer für den Verschiebevorgang vor und stellt sicher, dass das Benutzerkonto in der Zielorganisation über die notwendigen Attribute verfügt, um einen Verschiebevorgang zu starten.

Wollen Sie mehrere Benutzerkonten auf einmal vorbereiten, empfiehlt Microsoft, die E-Mail-Adressen in eine *.csv*-Datei aufzunehmen. Wie beim internen Verschieben können Sie auch zwischen Organisationen Postfächer in der Exchange Management Shell verschieben. Im Folgenden zeige ich Ihnen ein Beispiel für solche Vorgänge:

```
New-MoveRequest -Identity <Benutzer in der Zielorganisation> -RemoteLegacy
-TargetDatabase <Name der Zieldatenbank>" -RemoteGlobalCatalog <FQDN eines DC in
der Quellorganisation>
-RemoteCredential $Remote -TargetDeliveryDomain <Name der Zieldomäne>
```

7.7 Besprechungsanfragen erstellen und verwalten

In diesem Abschnitt zeige ich Ihnen, wie Sie Besprechungsanfragen in Exchange-Umgebungen erstellen und verwalten. Besprechungsanfragen sind – einfach ausgedrückt – ganz normale E-Mails, die einen Terminvorschlag für eine Besprechung enthalten. Zusammen mit Postfächern und Ressourcen in der Exchange-Umgebung können Sie umfassende Einstellungen vornehmen, um Besprechungen mit Exchange SE zu planen.

Outlook erkennt Besprechungsanfragen und kann Anwendern die Möglichkeit bieten, die Besprechung zu akzeptieren oder abzulehnen. Beim Akzeptieren trägt Outlook den Termin automatisch im Kalender ein und erinnert den Anwender rechtzeitig. Außerdem können Sie über Besprechungsanfragen auch automatisch Räume buchen und über OneNote Notizen für die Besprechung erstellen.

> In Outlook haben Sie die Möglichkeit, auf E-Mails direkt mit einer Besprechungsanfrage zu antworten. Dazu übernimmt Outlook den Betreff und alle Empfänger der E-Mail als Besprechungsteilnehmer.

7.7.1 Neue Besprechungsanfrage erstellen

Eine neue Besprechungsanfrage erstellen Sie entweder in der E-Mail-Ansicht von Outlook über *Neue Elemente/Besprechung*, als Antwort auf eine E-Mail oder über die Schaltfläche *Neue Besprechung* in der Kalenderansicht. Außerdem können Sie einen Bereich im Kalender mit der rechten Maustaste anklicken und im Kontextmenü den Eintrag *Besprechungsanfragen erstellen* wählen. Im neuen Outlook nutzen Sie dazu *Ereignis*.

Mit der Tastenkombination [Strg]+[⇧]+[Q] starten Sie ebenfalls eine neue Besprechungsanfrage. Mit [Strg]+[⇧]+[A] legen Sie einen neuen Termin an.

Wenn Sie aus einem Termin in Ihrem Kalender eine Besprechung erstellen möchten, öffnen Sie den Termin und klicken auf *Teilnehmer einladen*. So wird der Termin in eine Besprechungsumfrage umgewandelt.

Sobald Sie die Besprechungsanfrage erstellt haben, öffnet sich ein neues Fenster, in dem Sie die Besprechung genauer planen. Bei der Planung der Besprechung spielen vor allem die beiden Bereiche *Termin* und *Terminplanungs-Assistent* eine wichtige Rolle. Über die entsprechenden Schaltflächen schalten Sie zwischen diesen Ansichten um.

Hier legen Sie zunächst den allgemeinen Zeitpunkt des Termins und den Betreff fest. So weit gibt es keine Unterschiede zur Planung eines normalen Termins.

In das Feld *An* tragen Sie die Benutzer ein, die Sie zum Termin einladen wollen. Im Bereich *Teilnehmer* legen Sie fest, dass der Empfänger die Besprechung bestätigen muss. Hier bestimmen Sie auch, ob er einen Gegenvorschlag zum Termin machen darf.

Laden Sie einen Besprechungsraum ein, wie jeden anderen Teilnehmer, erkennt das Exchange automatisch und trägt den Raum auch automatisch als Besprechungsraum ein. Das funktioniert natürlich nur dann, wenn der Besprechungsraum als Raumpostfach angelegt wurde. Wie das geht, haben Sie bereits weiter vorne in diesem Kapitel erfahren.

Klicken Sie auf die Schaltfläche *Raumsuche*, blendet Outlook einen Kalender ein sowie alle verfügbaren Besprechungsräume, die in Exchange eingepflegt wurden. Die Räume lassen sich auch über den Terminplanungs-Assistenten auf gleiche Weise pflegen.

Arbeiten Sie in einem Unternehmen mit Mitarbeitern in verschiedenen Zeitzonen, berücksichtigen Sie über die Schaltfläche *Zeitzonen* auch diese in der Planung. Besprechungsräume sind spezielle Postfächer, die in Exchange oder Microsoft 365 angelegt werden. Ich gehe in diesem Kapitel noch ausführlich auf dieses Thema ein.

Wählen Sie Teilnehmer aus dem Adressbuch oder über den Terminplanungs-Assistenten aus, können Sie auch festlegen, welche Teilnehmer für die Besprechung wichtig sind und welche nur optional teilnehmen. Für das Eintragen im Kalender hat die Funktion keinerlei Auswirkung.

Klicken Sie beim Planen einer Besprechungsanfrage auf die Schaltfläche *Terminplanungs-Assistent*, ändert sich die Ansicht der Besprechung und Sie haben weitere Möglichkeiten, die Besprechung zu planen.

In den Feldern im linken Bereich tragen Sie die Personen ein, die Sie einladen wollen. Nach kurzer Zeit zeigt Outlook den korrekten Namen an. Wahlweise können Sie auch über die Schaltfläche *Adressbuch* die Teilnehmer einladen. In der Mitte sehen Sie für jeden eingeladenen Teilnehmer, ob er bereits einen Termin zum besagten Zeitpunkt hat. Die Legende der Anzeige sehen Sie im unteren Bereich des Fensters. Sie tragen den Termin auch im unteren Bereich manuell ein.

Haben Sie die Planung abgeschlossen, schicken Sie über *Senden* die Anfrage ab. Auf der rechten Seite der Terminplanung zeigt Outlook verfügbare Besprechungsräume an, die zu dem Termin und der Terminlänge passen. Im Bereich *Vorgeschlagene Zeiten* erkennen Sie nach Eingabe der Zeiten daher einfacher, wann ein Besprechungsraum verfügbar ist.

7.7.2 Besprechungen bearbeiten oder absagen

Öffnen Sie eine Besprechung im Kalender, können Sie sie über eine eigene Schaltfläche absagen. Der Organisator erhält eine entsprechende Information. Sagt der Organisator selbst ab, erhalten alle Teilnehmer eine Information.

Sagen Sie die Besprechung ab, müssen Sie noch auf die Schaltfläche *Absage senden* klicken, damit die Teilnehmer informiert werden.

> Erhalten Sie eine Besprechungsabsage, klicken Sie auf *Vom Kalender entfernen*. Durch das Löschen der E-Mail aus dem Posteingang wird die Besprechung nicht aus dem Kalender entfernt.

Wollen Sie als Organisator eine Besprechungsserie beenden, öffnen Sie die Besprechung und legen ein neues Enddatum fest. Auf diese Weise bleiben Besprechungen in den Kalendern der Teilnehmer erhalten, aber alle Besprechungen nach dem Enddatum werden von Outlook entfernt.

Die Teilnehmer löschen direkt über die E-Mail mit der Schaltfläche *Vom Kalender entfernen* den Termin aus dem Kalender. Abgesagte Besprechungen werden immer mit der Priorität *Wichtig* gesendet.

Auch wenn Sie Einstellungen ändern, weitere Teilnehmer einladen oder die Zeiten anpassen, sollten Sie im Fenster die Anfrage noch mal absenden, damit bei den Teilnehmern die Informationen im Kalender aktualisiert werden. Öffnen Sie als Organisator eine Besprechung, erkennen Sie über die Schaltfläche *Status* auf einen Blick, welche Teilnehmer bereits geantwortet haben.

Über das Fenster ändern Sie auch die Rolle des entsprechenden Teilnehmers von *Notwendig* auf *Optional*. Es gibt keine Möglichkeit, den Organisator der Besprechung zu ändern. Der ursprüngliche Organisator kann eine Aktualisierung mit einem neuen Enddatum senden. Auf diese Weise bleiben die vergangenen Besprechungen in den Kalendern der Teilnehmer erhalten, aber die zukünftigen Besprechungen nach dem Enddatum werden entfernt.

Der neue Besprechungsorganisator kann eine neue Besprechungsanfrage für zukünftige Besprechungen senden. Über den Termin der Besprechung senden Sie über die Schaltfläche *Teilnehmer kontaktieren* auch eine E-Mail an die Teilnehmer. Ändern Sie die Zeit ab und senden die Anfrage erneut, müssen die Teilnehmer neu zusagen. Outlook kennzeichnet die neue Zeit und streicht die alte Zeit in der Besprechungsanfrage durch. So erkennen die Teilnehmer, was sich geändert hat.

Wenn Sie eine Besprechungsanfrage geändert haben, senden Sie die Anfrage erneut, damit alle Empfänger eine aktualisierte Anfrage erhalten.

Sie können über die Registerkarte *Datei* und der Auswahl von *Optionen/Kalender* im Abschnitt *Automatisches Annehmen oder Ablehnen* Outlook so konfigurieren, dass Anfragen automatisch angenommen werden.

7.7.3 Besprechungsanfragen beantworten und Kalender verwalten

Planen Sie nicht selbst die Besprechung, sondern erhalten sie als Anfrage, zeigt Outlook automatisch im Lesebereich der Anfrage einen Ausschnitt Ihres Kalenders an. Auf diese Weise entscheiden Sie, ohne zum Kalender zu wechseln, ob Sie zum genannten Termin Zeit haben oder nicht.

Sobald Sie eine Anfrage erhalten, zeigt Outlook sie im Kalender bereits als blockiert an. Sie legen über die verschiedenen Schaltflächen fest, ob Sie akzeptieren wollen oder nicht. Die gleichen Optionen stehen zur Verfügung, wenn Sie die Besprechungsanfrage in einem neuen Fenster öffnen oder mit der rechten Maustaste anklicken.

Nach dem Eingang einer Besprechungsanfrage im Posteingang fügt Outlook die Besprechung automatisch Ihrem Kalender hinzu und markiert sie als *Mit Vorbehalt*. Auf diese Weise sehen Sie den Termin und verpassen die Besprechung nicht, wenn Sie die Anfrage im Posteingang nicht gesehen haben. Outlook sendet aber keine Antwort an den Besprechungsorganisator. Hierzu müssen Sie die Anfrage annehmen, mit Vorbehalt annehmen oder absagen.

Generell sollten Sie alle Besprechungsanfragen, die Sie erhalten, beantworten. Dabei spielt es keine Rolle, ob Sie teilnehmen wollen oder nicht. Outlook bietet alle Möglichkeiten, zu reagieren. Löschen Sie Anfragen einfach, kann der Organisator nicht erkennen, ob Sie teilnehmen oder nicht. Daher ist eine Reaktion immer sinnvoll. Löschen Sie Besprechungsanfragen auf keinen Fall sofort, da dies einer der häufigsten Gründe dafür ist, dass Besprechungen vergessen werden.

Sie brauchen zum Beantworten von Besprechungsanfragen kein neues Fenster zu öffnen, sondern können schon im Lesebereich der E-Mails alle wichtigen Informationen einsehen und Aktionen vornehmen. Im oberen Bereich stehen Ihnen verschiedene Schaltflächen zur Verfügung:

- **Zusagen** Klicken Sie auf diese Schaltfläche, wählen Sie aus, ob Sie in der Antwort an den Organisator noch einen Text schreiben, die Zusage ohne Bearbeitung zusenden oder überhaupt keine Antwort senden, sondern den Termin nur in den Kalender eintragen wollen. Outlook löscht außerdem die Besprechungsanfrage, nimmt die Informationen im Text aber im Termin mit auf. Enthält die Besprechungsanfrage eine Dateianlage, nimmt Outlook diese ebenfalls im Termin mit auf. Der Organisator erhält die Bestätigungs-E-Mail, wenn Sie das Senden nicht unterdrückt haben.

- **Mit Vorbehalt** Sagen Sie eine Besprechung mit Vorbehalt zu, trägt Outlook sie im Kalender ein und der Organisator erhält eine entsprechende Information. Der Termin ist im Kalender anders formatiert als fest zugesagte Termine.
- **Ablehnen** Lehnen Sie einen Termin ab, verschwindet auch die vorläufige Anzeige im Kalender und der Organisator erhält eine Absage. Outlook löscht auch hier die Anfrage aus dem Posteingang, und Sie brauchen sich mit der Anfrage nicht weiter zu beschäftigen.
- **Andere Zeit vorschlagen** Klicken Sie auf diese Option und wählen Sie zwischen zwei verschiedenen Varianten aus:
  - **Mit Vorbehalt und andere Zeit vorschlagen** Wählen Sie diese Option aus, trägt Outlook den Termin in den Kalender mit Vorbehalt ein und schlägt gleichzeitig einen anderen Termin für die Besprechung vor. Dazu öffnet sich der Terminplanungs-Assistent und Sie erkennen im Kalender, wann die einzelnen Teilnehmer Zeit haben. In diesem Fenster können Sie keine weiteren Teilnehmer einladen, sondern erhalten lediglich eine Information, wann die geplanten Teilnehmer überhaupt Zeit hätten.
  - **Ablehnen und andere Zeit vorschlagen** Wählen Sie diese Option aus, lehnen Sie den Termin ab, genauso wie bei der normalen Absage. Zusätzlich können Sie eine andere Zeit vorschlagen.
- **Kalender** Klicken Sie auf diese Schaltfläche in einer Besprechungsanfrage, öffnet sich ein neues Fenster mit der Tagesansicht desjenigen Tages, an dem die Besprechung stattfinden soll.

Arbeiten Sie mit Outlook auf zwei Computern, löschen Sie die Besprechungsanfrage nicht aus dem Posteingang auf dem anderen Computer. Das Löschen einer Anfrage auf dem einen Computer kann den Termin löschen. Sagen Sie in diesem Fall die Besprechung noch einmal zu.

Haben Sie Stellvertreter hinterlegt, sehen Sie in der Kopfzeile der Besprechungsanfrage, ob ein Stellvertreter für Sie bereits zugesagt oder abgesagt hat. Stellvertreter wiederum können direkt in Outlook oder Outlook Web App die Besprechung zusagen oder ablehnen.

Wenn andere Anwender als Stellvertretungen auf Ihren Kalender zugreifen, deaktivieren Sie das automatische Annehmen von Besprechungsanfragen in den Outlook-Optionen. Bei Stellvertretungen kommt es sonst schnell zu Problemen, da die Anfrage an mehrere Empfänger geht.

7.8 Kontakte und E-Mail-aktivierte Benutzer anlegen und verwalten

Kontakte sind ebenfalls Empfänger in Exchange SE und haben eine E-Mail-Adresse innerhalb der Organisation. Kontakte stehen den Empfängern Ihrer Organisation über das Adressbuch zur Verfügung und verweisen auf eine externe E-Mail-Adresse. Viele Optionen, zum Beispiel die Weiterleitung einzelner E-Mails oder ganzer Postfächer, sind oft nur zu Objekten innerhalb des Adressbuchs und daher mit Kontakten möglich.

In der Verwaltung der Kontakte können Sie auch E-Mail-aktivierte Benutzer anlegen. Jeder E-Mail-Benutzer verfügt über eine externe E-Mail-Adresse. Alle E-Mail-Nachrichten, die an den

E-Mail-Benutzer gesendet werden, werden an diese externe Adresse weitergeleitet. Ein E-Mail-Benutzer ist einem E-Mail-Kontakt ähnlich, mit der Ausnahme, dass er über Active Directory-Anmeldeinformationen verfügt und auf Ressourcen im Unternehmen zugreifen kann.

Da Kontakte im Adressbuch der Benutzer angezeigt werden, können an verschiedenen Stellen Weiterleitungen und Regeln auch für öffentliche Ordner definiert werden, die auf Kontakte verweisen. Durch das Anlegen eines Kontakts vermeiden Sie außerdem Schreibfehler innerhalb der Adresse neuer E-Mails. Da Kontakte auch Exchange-Empfänger sind, können Sie nach der Erstellung ihre Eigenschaften bearbeiten. Um einen neuen Kontakt zu erstellen, gehen Sie genauso vor wie bei der Erstellung eines neuen Benutzers mit Postfach:

1. Öffnen Sie das Exchange Admin Center.
2. Navigieren Sie zum Menü *Empfänger/Kontakte*.
3. Klicken Sie auf *Neu* (das Pluszeichen) und wählen Sie entweder *E-Mail-Kontakt* oder *E-Mail-Benutzer* aus. E-Mail-Benutzer verfügen über ein Benutzerkonto in der Gesamtstruktur, mit dem sich Anwender anmelden können, aber nur über eine externe E-Mail-Adresse. Diese wird nicht durch die Exchange-Struktur verwaltet, sondern liegt bei einem anderen Provider.
4. Im Anschluss öffnet sich das Fenster zum Erstellen eines neuen Kontakts.
5. Auf der nächsten Seite des Assistenten geben Sie die entsprechenden Daten des Kontakts ein. Nachdem Sie den Kontakt erstellt haben, können Sie ihn, wie Benutzer auch, jederzeit anpassen.

Neben dem Anlegen von neuen Kontakten können Sie im Exchange Admin Center auch vorhandene Kontakte aus Active Directory für den E-Mail-Versand aktivieren. Der Umgang und die Einstellungen ähneln den Einstellungen von Benutzern und sind weitgehend selbsterklärend.

7.9 Verteilergruppen erstellen und verwalten

Gruppen sind Container in Exchange, die alle anderen Empfängerobjekte enthalten können: postfachaktivierte oder E-Mail-(aktivierte-)Benutzer, öffentliche Ordner, Kontakte oder andere Gruppen. Eine E-Mail, die an eine Gruppe geschickt wird, stellt Exchange allen Mitgliedern dieser Gruppe zu.

Wenn Sie sehr viele Gruppen anlegen, die weitere Gruppen enthalten und auf diesem Weg die Benutzermitgliedschaft und die Gruppen verschachtelt sind, haben Sie das Problem, dass Sie nicht mehr nachvollziehen können, welche Benutzer denn Mitglied einer bestimmten Gruppe sind.

In diesem Fall haben Sie aber die Möglichkeit, ein kostenloses Skript zu verwenden, das Sie auf der Seite *https://www.frankysweb.de/benutzerkonten-in-verschachtelten-gruppen-finden* herunterladen können. Das Tool ist bereits älter und funktioniert neben älteren Exchange-Versionen auch noch in Exchange SE.

Legen Sie eine neue Gruppe an, erscheint sie im Adressbuch alphabetisch zwischen den anderen Empfängerobjekten. Bei einer großen Anzahl von Gruppen ist es teilweise sinnvoll, sie zusammengefasst anzuzeigen. In der Praxis hat es sich bewährt, einen Punkt (.) vor den Namen der Gruppe zu stellen und so zum Beispiel die Bezeichnung der Gruppe *Einkauf* als *.Einkauf* darzustellen.

Sie haben die Möglichkeit, E-Mails, die an ein Postfach gesendet werden, an eine Verteilergruppe zu versenden. Dazu benötigen Sie die E-Mail-Adresse der Verteilergruppe:

```
Set-Mailbox -Identity "<Postfach>" -ForwardingAddress "<E-Mail-Adresse
der Gruppe>"
```

7.9.1 Neue Verteilergruppe anlegen

Verteilergruppen legen Sie im Exchange Admin Center über *Empfänger/Gruppen* an.

Beim Anlegen wählen Sie den Gruppentyp und später den Namen der Gruppe aus. Bei der Verwendung von Berechtigungen unterscheidet Windows dabei zwischen E-Mail-aktivierten Sicherheitsgruppen und Verteilergruppen.

Im E-Mail-Empfang unterscheiden sich beide Gruppen nicht. E-Mail-aktivierte Sicherheitsgruppen können jedoch außer als Verteilerliste auch zum Definieren von Zugriffsrechten (zum Beispiel im NTFS-Dateisystem) verwendet werden. Sie können durch das Anlegen von E-Mail-aktivierten Sicherheitsgruppen die Anzahl Ihrer Gruppen stark einschränken. Verteilergruppen lassen sich, wie der Name schon sagt, nur als Verteilergruppe verwenden.

Dynamische Verteilergruppen pflegen sich automatisch, indem Sie bestimmte Kriterien auswählen, die ein Exchange-Objekt erfüllen muss, damit es Mitglied einer bestimmten Verteilergruppe wird. Ich komme auch auf diese Gruppen noch zurück.

In Active Directory werden die folgenden drei Gruppentypen unterschieden:

- *Domänenlokal*
- *Global*
- *Universal*

Bei der Unterscheidung und Verwendung dieser Gruppen müssen folgende Bereiche beachtet werden:

- **Lokale Gruppen** Werden für die Zusammenfassung von globalen Gruppen oder in Ausnahmefällen von Benutzern eingesetzt, denen Zugriffsberechtigungen erteilt werden.
- **Globale Gruppen** Sind überall in der Gesamtstruktur sichtbar, können aber nur Mitglieder aus der eigenen Domäne enthalten. Globale Gruppen können Mitglied von lokalen und universellen Gruppen werden. Im einheitlichen Modus können sie zudem verschachtelt werden.

Ein weiterer Gruppentyp sind die universellen Gruppen. Alle Informationen über Zugehörigkeiten zu universellen Gruppen werden auf den globalen Katalogservern gespeichert. Universale Gruppen sind eine Verbindung aus lokalen und globalen Gruppen. Wie die lokalen Gruppen können sie Mitglieder von überall her enthalten. Wie die globalen Gruppen sind sie überall sichtbar. Die Mitgliedschaft sollte auf globale Gruppen beschränkt werden.

Universale Gruppen können wiederum andere universale Gruppen enthalten. Bei ihrem Einsatz muss wohlüberlegt vorgegangen werden, da bei fehlerhafter Konfiguration erhebliche Konsequenzen für die Netzlast entstehen. Im Gegensatz zu lokalen und zu globalen Gruppen werden bei universalen Gruppen nicht nur die Informationen über die Existenz dieser Gruppe, sondern die Informationen über alle ihre Mitglieder auf die globalen Katalogserver repliziert.

Dies bedeutet, dass eine Vielzahl von Informationen repliziert werden muss, wenn eine universale Gruppe viele Mitglieder hat. Um das zu verhindern, sollten Benutzer in globale Gruppen aufgenommen werden. Diese können entweder für universale oder lokale Gruppen als Mitglied definiert werden. Damit wird die Zahl von Mitgliedern in universalen Gruppen sehr klein gehalten.

Haben Sie eine Gruppe erstellt und rufen deren Eigenschaften auf, steuern Sie über den Menüpunkt *Besitz*, welche Benutzer die Gruppe verwalten, also Mitglieder hinzufügen oder entfernen können. In Exchange SE können Sie an dieser Stelle auch andere Gruppen als Besitzer hinzufügen.

7.9.2 Benennungsrichtlinie für Verteilergruppen erstellen

Eine Benennungsrichtlinie für Gruppen ermöglicht das Standardisieren von Verteilergruppen, die von Benutzern und anderen Administratoren in der Organisation erstellt werden. Sie können festlegen, dass dem Namen von neuen Verteilergruppen bei der Erstellung ein bestimmtes Präfix und Suffix hinzugefügt werden muss. Außerdem können Sie die Verwendung bestimmter Wörter verbieten.

Nach Erstellung einer Gruppe wendet Exchange die Gruppenbenennungsrichtlinie an, indem jedes in der Richtlinie definierte Präfix oder Suffix hinzugefügt wird. Der vollständige Name wird in der Verteilergruppenliste im Exchange Admin Center angezeigt. Versucht ein Benutzer, ein blockiertes Wort zu verwenden, erhält er beim Speichern der neuen Gruppe eine Fehlermeldung.

Die maximale Länge für einen Gruppennamen beträgt 64 Zeichen. Dies beinhaltet die kombinierte Anzahl von Zeichen im Präfix, im vom Benutzer angegebenen Gruppennamen und im Suffix.

Gruppenbenennungsrichtlinien werden nur auf Gruppen angewendet, die von Benutzern erstellt werden. Wenn Sie oder andere Administratoren mit dem Exchange Admin Center Verteilergruppen erstellen, wird die Gruppenbenennungsrichtlinie ignoriert.

Sie erstellen Gruppenbenennungsrichtlinien am besten im Exchange Admin Center:

1. Wählen Sie im Exchange Admin Center *Gruppen/Mehr* (drei Punkte in der Symbolleiste)/ *Gruppenbenennungsrichtlinie konfigurieren*.
2. Konfigurieren Sie im Abschnitt *Gruppenbenennungsrichtlinie* das Präfix, indem Sie im Dropdownmenü entweder *Attribut* oder *Text* auswählen. Geben Sie die gewünschte Textzeichenfolge ein und klicken Sie anschließend auf *OK*. Die eingegebene Textzeichenfolge oder das ausgewählte Attribut wird als Link dargestellt. Klicken Sie auf den Link, um die Textzeichenfolge oder das Attribut zu ändern.
3. Klicken Sie auf *Hinzufügen*, um weitere Präfixe hinzuzufügen.
4. Klicken Sie auf *Blockierte Wörter*, um nicht erwünschte Wörter für neue Gruppen hinzuzufügen. Um ein Wort aus der Liste zu entfernen, wählen Sie es aus und klicken auf *Entfernen*. Um ein vorhandenes blockiertes Wort zu bearbeiten, wählen Sie es aus und klicken auf *Bearbeiten*.

5. Klicken Sie nach Abschluss des Vorgangs auf *Speichern*.

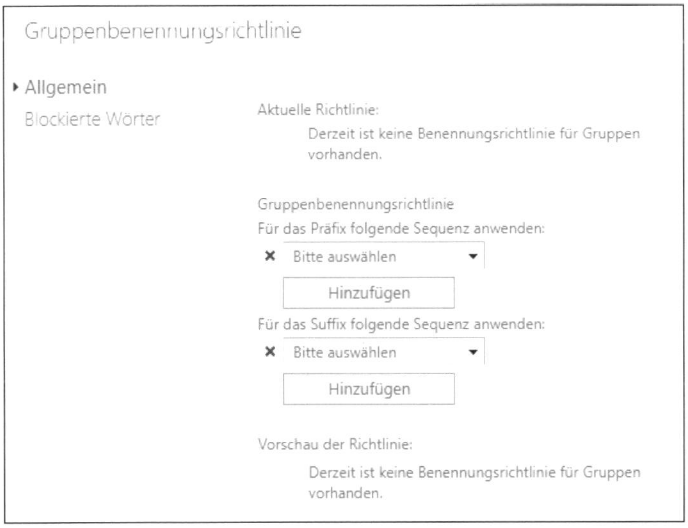

Abb. 7.13 Erstellen einer neuen Gruppenbenennungsrichtlinie

Sie können sich die erstellten Richtlinien auch in der Exchange Management Shell anzeigen lassen. Verwenden Sie dazu den Befehl:

```
Get-OrganizationConfig | fl DistributionGroupNamingPolicy
```

Sie können die Richtlinien auch außer Kraft setzen. Führen Sie dazu den folgenden Befehl aus:

```
New-DistributionGroup -Name <Name der Gruppe> -IgnoreNamingPolicy
```

Führen Sie den folgenden Befehl aus, um die Gruppenbenennungsrichtlinie beim Umbenennen einer vorhandenen Gruppe mit der Exchange Management Shell außer Kraft zu setzen:

```
Set-DistributionGroup -Identity <Alter Name> -Name <Neuer Name> -DisplayName
<Neuer Name> -IgnoreNamingPolicy
```

7.9.3 Verteilergruppen verwalten – Moderation und Mitgliedschaftsgenehmigung

Rufen Sie im Exchange Admin Center die Eigenschaften einer Verteilergruppe auf, können Sie die grundlegenden Einstellungen ändern sowie die Gruppenmitgliedschaften festlegen. Gruppen, die Sie in Exchange SE anlegen, legt Exchange automatisch als universale Verteilergruppen oder als Sicherheitsgruppen an, das hängt von Ihrer Auswahl ab.

Um eine Verteilergruppe zu verwalten und ihre Exchange-spezifischen Einstellungen anzupassen, rufen Sie ihre Eigenschaften im Exchange Admin Center unter *Empfänger/Gruppen* auf. Viele Einstellungen sind identisch mit den Einstellungen für Benutzerpostfächer. Auf der Seite *Besitz* können Sie die Verwalter der Gruppe konfigurieren. Über die Option können Sie einen Benutzer oder eine Gruppe aus dem Adressbuch bestimmen, die in Ihrem Auftrag die Mitglieder dieser Gruppe verwalten darf. Diese Benutzer dürfen Mitglieder aus dieser Gruppe in Outlook oder Outlook Web App entfernen oder aufnehmen. Auf der Seite *Mitgliedschaft* konfigurieren Sie, welche Objekte Mitglied dieser Gruppe sind. Hier können Sie auch die Gruppenmitgliedschaften ändern.

Auf der Seite *E-Mail-Optionen* stehen, wie bei den Benutzern, alle E-Mail-Adressen, die dieser Gruppe zugewiesen sind. Für Gruppen lassen sich auch eigene E-Mail-Adressenrichtlinien erstellen. Sie können für eine Verteilergruppe auch mehrere E-Mail-Adressen definieren. Auf der Seite *Zustellungsverwaltung* können Sie Feineinstellungen bezüglich des E-Mail-Empfangs dieser Gruppe vornehmen.

Die Einstellungen auf der Seite *Zustellungsverwaltung* sind grundsätzlich identisch mit den Einstellungen für Benutzerpostfächer.

7.9.4 Nachrichtenmoderation für Verteilergruppen

Über die Seite *Nachrichtengenehmigung* können Sie festlegen, ob an diese Verteilergruppe gesendete Nachrichten durch einen Moderator genehmigt werden müssen, bevor Exchange sie an die Mitglieder der Verteilergruppe zustellt.

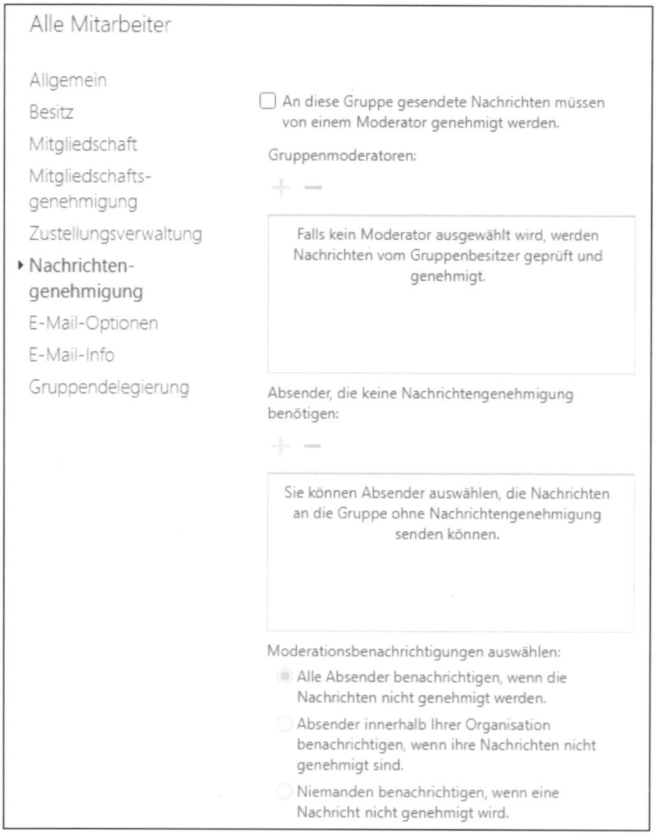

Abb. 7.14 Konfigurieren der Nachrichtenmoderation in Exchange SE

Aktivieren Sie das Kontrollkästchen *An diese Gruppe gesendete Nachrichten müssen von einem Moderator genehmigt werden*. Klicken Sie im Feld *Gruppenmoderatoren* auf *Hinzufügen* und wählen Sie die Empfänger aus, die Sie als Moderatoren der Verteilergruppe hinzufügen möchten.

Klicken Sie im Feld *Absender, die keine Nachrichtengenehmigung benötigen* auf *Hinzufügen* und wählen Sie die Empfänger aus, für die keine Genehmigung für an die Verteilergruppe gesendete Nachrichten erforderlich ist. Administratoren der Organisation bedürfen automatisch keiner Genehmigung.

Über *Moderationsbenachrichtigungen auswählen* steuern Sie, ob Absender eine Mitteilung erhalten, wenn das Versenden nicht genehmigt wurde. Standardmäßig informiert der Assistent auch externe Absender.

Schickt ein Anwender eine Nachricht an diese Gruppe, erhalten die Moderatoren eine E-Mail mit der E-Mail des Absenders im Anhang. Außerdem können Moderatoren über die Schaltfläche *Genehmigen* oder *Ablehnen* die Zustellung an andere Mitglieder durchführen oder die E-Mail verweigern. Verweigern Moderatoren eine E-Mail, können sie einen persönlichen Text an die Ablehnung anhängen oder lediglich die Standardverweigerung absenden.

7.9.5 Gruppenmitgliedschaften mit der Mitgliedschaftsgenehmigung verwalten

Über die Seite *Mitgliedschaftsgenehmigung* steuern Sie, ob für den Beitritt zur Gruppe eine Genehmigung des Besitzers erforderlich ist, den Sie als Besitzer auf der Seite *Besitz* festlegen. Hier stehen Ihnen verschiedene Möglichkeiten zur Konfiguration zur Verfügung.

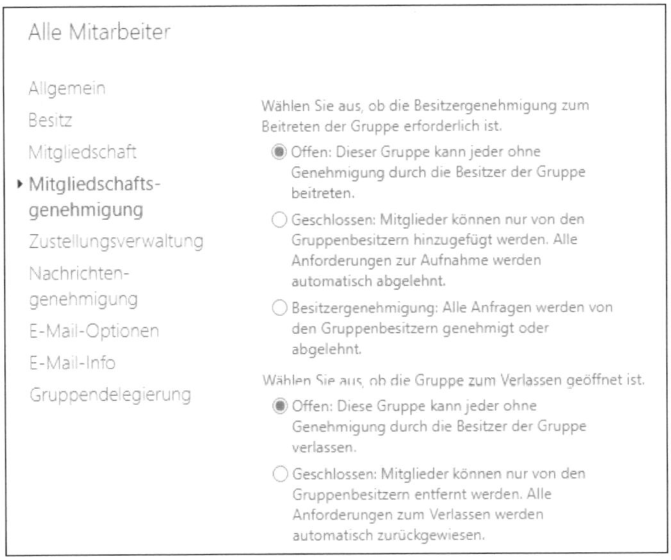

Abb. 7.15 Konfigurieren der Gruppenmitgliedschaften einer Verteilerliste

- **Offen** Aktivieren Sie diese Option, um Benutzern den Beitritt zu dieser Verteilergruppe zu ermöglichen, ohne dass eine Genehmigung der Verteilergruppenbesitzer erforderlich ist. Das bedeutet, jedes Empfängerkonto mit einem Postfach in der Organisation kann sich selbst als Mitglied zur Gruppe hinzufügen. Dazu verwenden Anwender Outlook Web App. Über den Menüpunkt *Optionen/Gruppen* sehen sie alle offenen Gruppen und können über die Schaltflächen *Beitreten* und *Verlassen* selbst die Mitgliedschaft steuern.

- **Geschlossen** Bei Aktivierung dieser Option können nur Verteilergruppenbesitzer Mitglieder zu dieser Verteilergruppe hinzufügen. Versuchen Anwender, sich über Outlook Web App aufzunehmen, erhalten sie eine entsprechende Meldung.
- **Besitzergenehmigung** Anforderungen zum Beitritt zu dieser Verteilergruppe muss der Verteilergruppenbesitzer genehmigen. Der Gruppenbesitzer erhält eine E-Mail und kann über Schaltflächen die Mitgliedschaft genehmigen oder verweigern. Bei der Verweigerung erhalten Anforderer eine E-Mail.

Empfänger können aber Verteilerlisten nicht nur beitreten, sondern selbst auch aus Gruppen austreten. Auch hierzu verwenden sie wieder Outlook Web App und den Menübefehl *Optionen/Gruppen*.

7.9.6 Dynamische (abfragebasierte) Verteilergruppen

Dynamische Verteilergruppen bieten dieselbe Funktionalität wie eine normale Verteilergruppe. Die Mitglieder der dynamischen Verteilergruppe definiert Exchange bei jedem E-Mail-Sendevorgang neu. Das heißt, Sie sparen mit der Generierung dieser Verteilergruppen deutlich administrative Aufgaben ein, da Sie nicht ständig statische Mitgliedergruppen definieren müssen.

Auf der anderen Seite belasten diese Gruppen die Performance Ihrer Exchange-Server, da bei jedem Sendevorgang LDAP-Abfragen notwendig sind, um die aktuellen Gruppenmitglieder zu bestimmen.

Die zur Verfügung stehenden Filter für dynamische Gruppen sind in der Verwaltungsshell umfangreicher, da Sie hier Abfragen hinterlegen können. Im Exchange Admin Center haben Sie nicht so viele Möglichkeiten, dafür lassen sich dynamische Gruppen schneller erstellen:

1. Navigieren Sie zu *Empfänger/Gruppen*.
2. Wählen Sie im Menü zum Erstellen einer neuen Gruppe den Befehl *Neue dynamische Verteilergruppe* aus.

   Im Anschluss startet das Fenster für das Erstellen von dynamischen Verteilergruppen.
3. Im Fenster wählen Sie die Organisationseinheit (OU) aus, in der das Active Directory-Objekt der Gruppe angelegt werden soll. Zusätzlich geben Sie auf dieser Seite den Namen der Gruppe an sowie deren Alias.
4. Unten auf der nächsten Seite legen Sie fest, welche Empfängertypen durch die dynamische Verteilergruppe erfasst werden sollen und wer der Besitzer ist.
5. Weiter unten können Sie spezifische Filter hinterlegen, ähnlich zum Anlegen der Transportregeln oder Regeln in Outlook.

Outlook zeigt in der Ansicht des Adressbuchs dynamische Verteilergruppen mit einem etwas anderen Symbol als herkömmliche Verteilergruppen an. Die Gruppen lassen sich aber auf die gleiche Weise verwenden. Den Filter und die Bedingungen sowie alle anderen Eigenschaften einer dynamischen Verteilergruppe können Sie über das Exchange Admin Center jederzeit anpassen.

Reichen Ihnen die angezeigten Filter nicht aus, müssen Sie die dynamische Verteilergruppe über die Exchange Management Shell erstellen. Hier haben Sie über den Befehl *New-DynamicDistributionGroup* mehr Möglichkeiten als über die grafische Oberfläche im Exchange Admin Center.

Bereits erstellte dynamische Verteilergruppen lassen sich mit dem Befehl *Set-DynamicDistributionGroup* bearbeiten. Über den Befehl *Get-DynamicDistributionGroup* können Sie sich die bereits erstellten dynamischen Verteilergruppen in der Exchange Management Shell anzeigen lassen. Über den folgenden Befehl lassen Sie sich detaillierte Informationen anzeigen:

```
Get-DynamicDistributionGroup -Identity ContosoEinkauf | fl *Recipient*,Included*
```

Wollen Sie beispielsweise eine neue dynamische Verteilergruppe erstellen, die alle Benutzerpostfächer des Unternehmens Contoso enthält und deren Büro sich im Gebäude DLZ befindet, müssen Sie einen benutzerdefinierten Filter erstellen. Der Befehl dazu lautet:

```
New-DynamicDistributionGroup -Name AlleContosoDLZ -OrganizationalUnit
contoso.com/Users
-RecipientFilter { ((RecipientType -eq "UserMailbox") -and (Company -eq
"Contoso")
-and (Office -eq DLZ")) }
```

Neben dem Operator *-eq* gibt es noch weitere, die Sie verwenden können:

- *-and*
- *-or*
- *-not*
- *-eq* (equals, gleich)
- *-ne* (not equal, nicht gleich)
- *-lt* (less than, weniger als)
- *-gt* (greater than, größer als)
- *-like* (Stringvergleich)
- *-notlike* (Stringvergleich)

7.9.7 Verteilergruppen-Verwaltung delegieren

In vielen Exchange-Organisationen pflegen noch die Administratoren die Verteilergruppen. Da Admins allerdings selten Einblick in Belange von Abteilungen haben, können sie schwer entscheiden, ob eine Mitgliedschaft für bestimmte Anwender noch gewünscht ist oder nicht. Besser und sicherer ist es hier, die Pflege direkt an die Abteilung zu delegieren, die mit dieser Gruppe arbeitet, oder an einen Personenkreis, der sich mit der Mitgliedschaft besser auskennt.

Die Verwaltungsrollengruppe *MyDistrybutionGroup* darf in Exchange SE Mitglieder bestimmter Verteilergruppen hinzufügen oder entfernen, aber auch Verteilergruppen entfernen und erstellen. Solche Vorgänge wollen Administratoren aber wiederum verhindern.

Es reicht oft aus, wenn bestimmte Anwender die Mitgliedschaften steuern dürfen. Welche Rechte die Benutzerrollengruppe *MyDistributionGroups* hat, sehen Sie auch in der Exchange Management Shell, wenn Sie den Befehl *Get-ManagementRoleEntry -Identity MyDistributionGroups\ ** eingeben.

Erstellen Sie zur Pflege von Verteilergruppen eine neue Verwaltungsrollengruppe:

```
New-ManagementRole -Parent "MyDistribution-Groups" -Name Contoso-
MyDistributionGroups
```

Wollen Sie verhindern, dass die Anwender zukünftig Verteilergruppen anlegen und löschen dürfen, verwenden Sie zum Beispiel die beiden Befehle:

```
Get-ManagementRoleEntry -Identity "Contoso-MyDistributionGroups\New-
DistributionGroup" | Remove-ManagementRoleEntry
```

und

```
Get-ManagementRoleEntry -Identity "Contoso-MyDistributionGroups\Remove-
DistributionGroup" | Remove-ManagementRoleEntry
```

Haben Sie die Rechte konfiguriert, können Sie sie über die Zuweisungsrollenrichtlinie den Anwendern zuweisen. Sie verwenden dazu das Exchange Admin Center und den Bereich *Berechtigungen\Benutzerrollen*. In den Eigenschaften der *Default Role Assignment Policy* weisen Sie die neu erstellte Verwaltungsrollengruppe hinzu und bestätigen die Änderung.

7.10 Adresslisten und Adressbuchrichtlinien verwalten

Verschicken Ihre Benutzer E-Mails an andere Benutzer innerhalb der Organisation oder auch nach extern, werden sie die E-Mail-Adresse der Empfänger normalerweise nicht manuell eingeben, sondern die Namen aus den Adresslisten auswählen.

Adresslisten sind eine Sammlung aller Empfängertypen eines bestimmten Bereichs. Standardmäßig gibt es bereits einige Adresslisten, die Sie sich in Outlook anzeigen lassen können. Auf diese Adresslisten können Sie zugreifen, wenn Sie eine neue E-Mail in Outlook schreiben, unabhängig von der Version.

Nach der Installation von Exchange SE stehen einige Adresslisten zur Verfügung, die von Exchange selbstständig gepflegt werden. Sie brauchen keine Konfigurationen durchzuführen, wenn Sie einen neuen Benutzer, einen neuen öffentlichen Ordner, einen Kontakt oder eine neue Verteilerliste anlegen.

Exchange nimmt den oder die neuen Benutzer automatisch in die entsprechenden Adresslisten mit auf. Zu den bereits systemseitig erstellten Adresslisten können Sie jederzeit neue hinzufügen. Meistens verwenden die Benutzer die globale Standardadressliste, da diese alle E-Mail-Empfänger, Kontakte und öffentlichen Ordner der Organisation enthält.

Adresslisten lassen sich im Exchange Admin Center verwalten. Öffnen Sie dazu die Seite *Organisation* und klicken Sie auf *Adresslisten*. Hier sehen Sie vorhandene Adresslisten und können auch deren Einstellungen ändern. Außerdem lassen sich an dieser Stelle auch neue Adresslisten anlegen.

7.10.1 Neue Adresslisten erstellen und verwalten

Um eine neue Adressliste zu erstellen, starten Sie das Exchange Admin Center und navigieren zu *Organisation/Adresslisten*.

Im oberen Bereich der Seite zum Erstellen einer neuen Adressliste geben Sie ihre Bezeichnung ein. Die Adressliste wird mit dieser Bezeichnung in Outlook bei den Benutzern angezeigt.

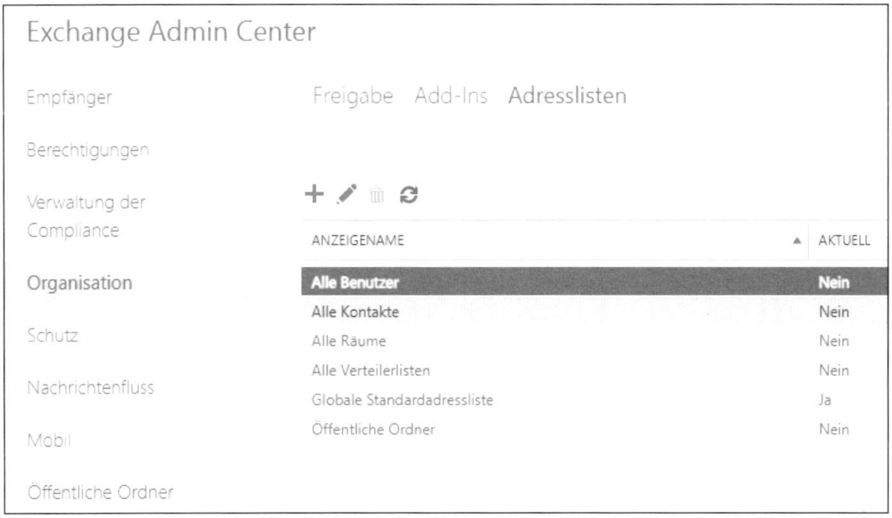

Abb. 7.16 Erstellen und Verwalten von Adresslisten

Sie können eine Adressliste entweder im Stammordner aller Adresslisten anlegen oder als Container (Behälter) eine Adressliste auswählen, unter der die neue Adressliste in Outlook angezeigt werden soll. Unten auf der Seite bestimmen Sie, welche Empfängertypen die Adressliste enthalten soll.

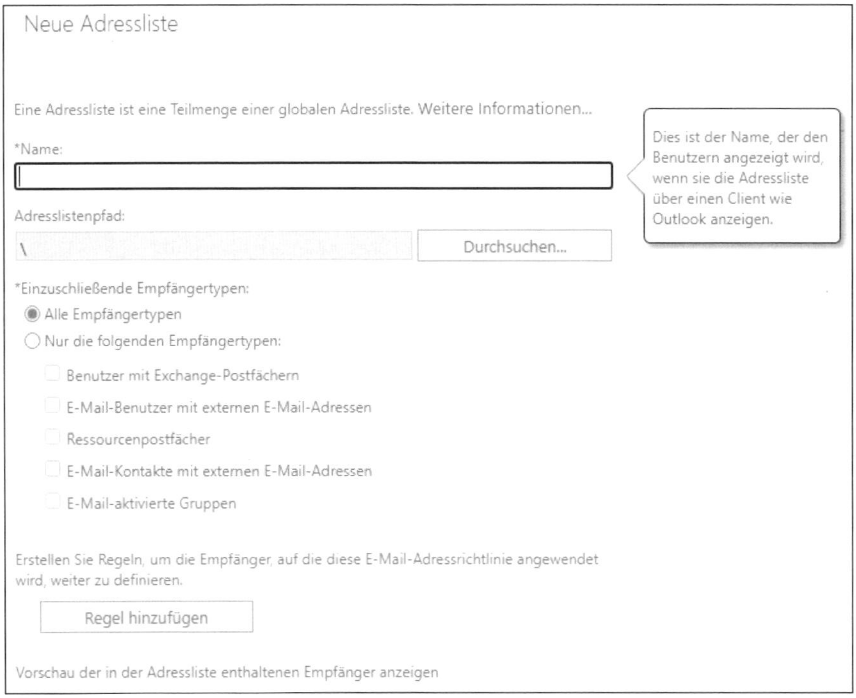

Abb. 7.17 Auswählen der Empfänger einer neuen Adressliste

Sie können den Behälter einer Adressliste nachträglich in der Exchange Management Shell mit dem folgenden Befehl anpassen:

```
Move-AddressList -Identity <Name der Adressliste> -Target <Name des
Behälters>
```

Unten auf der Seite legen Sie die Bedingung fest, unter der Einträge der neuen Adressliste hinzugefügt werden sollen. Anschließend müssen Sie den Wert für die Bedingung festlegen.

Klicken Sie auf den Link *Vorschau der in der Adressliste enthaltenen Empfänger anzeigen*, werden alle Empfänger aufgelistet, die durch die Adressliste erfasst werden. Sie können für Ihre Anwender diese benutzerdefinierten Attribute pflegen und so auf dieser Auswahl basierend neue Adresslisten oder zum Beispiel auch E-Mail-Adressen-Richtlinien erstellen.

Die Adressliste wird anschließend im Exchange Admin Center angezeigt und kann verwaltet werden. Sie können den Wert für die Bedingung und die Bedingung selbst jederzeit anpassen. Nach kurzer Zeit wird die Adressliste auch in Outlook bei den Anwendern angezeigt. Bei größeren Strukturen kann die Anzeige in Outlook einige Minuten dauern. Wird die Adressliste in Outlook angezeigt, kann sie von den Anwendern sofort verwendet werden.

Um eine Adressliste zu aktualisieren, wenn Sie beispielsweise Empfänger hinzugefügt oder entfernt haben, können Sie sie im Exchange Admin Center anklicken und aus dem Aktionsbereich den Link *Aktualisieren* auswählen.

Um eine Adressliste zu aktualisieren, also eine erneute Abfrage der Empfängertypen aus Active Directory durchzuführen, geben Sie in der Exchange Management Shell den Befehl *Update-AddressList* ein. Im Anschluss können Sie die Bezeichnung der Adressliste eingeben und sie wird aktualisiert.

Neue Adresslisten erstellen Sie in der Exchange Management Shell zum Beispiel mit der folgenden Anweisung:

```
New-AddressList -Name Besprechungsräume Frankfurt -Container \"Alle Räume"
IncludedRecipients Resources -ConditionalCustomAttribute1 Frankfurt
```

Sie können manuell erstellte Adresslisten in der Exchange Management Shell oder dem Exchange Admin Center löschen. Es besteht allerdings keine Möglichkeit, Adresslisten zu löschen, die von anderen Adresslisten als Behälter genutzt werden. In diesem Fall müssen Sie mit der übergeordneten Adressliste auch alle untergeordneten Adresslisten löschen.

Klicken Sie die Adressliste mit der rechten Maustaste an oder wählen Sie den Befehl *Entfernen* im Exchange Admin Center. In der Exchange Management Shell können Sie mit dem Befehl *Remove-AddressList* Adresslisten entfernen.

7.10.2 Adressbuchrichtlinien definieren

Mit Adressbuchrichtlinien erstellen Sie verschiedene Ansichten des globalen Adressbuchs für unterschiedliche Benutzer. Die entsprechenden Anwender sehen dann nur jene Objekte, die in der Adressbuchrichtlinie definiert sind. Dazu weisen Sie die Adressbuchrichtlinie den Benutzerkonten zu.

Adressbuchrichtlinien können nicht im Exchange Admin Center erstellt werden. Sie müssen dazu die Exchange Management Shell verwenden. Im folgenden Beispiel wird eine Adressbuchrichtlinie erstellt:

```
New-AddressBookPolicy -Name "ABP" -GlobalAddressList "Globale
Standardadressliste" -OfflineAddressBook "Default Offline Address Book"
-AddressLists "\Alle Benutzer","\Alle Kontakte","\Alle Gruppen" -roomlist "Alle
Räume"
```

Um die notwendigen Informationen in der Exchange Management Shell abzufragen, verwenden Sie folgende Cmdlets:

- **Get-GlobalAddressList** Zeigt die vorhandenen globalen Adresslisten an.
- **Get-OfflineAddressBook** Zeigt die vorhandenen Offlineadresslisten an.
- **Get-AddressList** Zeigt die vorhandenen Adresslisten an.

Nach dem Erstellen einer Adressbuchrichtlinie (Address Book Policy, ABP) müssen Sie sie den Postfachbenutzern zuweisen. Erst dann hat sie Gültigkeit. Beim Erstellen von Benutzerkonten wird den Benutzern keine Standard-ABP zugewiesen.

Sie können Adressbuchrichtlinien auch anpassen. Dazu verwenden Sie das Cmdlet *Set-AddressBookPolicy*. Um beispielsweise Adresslisten hinzuzufügen, verwenden Sie den Befehl:

```
Set-AddressBookPolicy -Identity "ABP" -AddressLists @{Add="Liste 1","Liste 2"}
```

Mit der Option *Remove* entfernen Sie eine Adressliste aus der Adresslistenrichtlinie.

Wenn Sie einem Benutzer keine Adressbuchrichtlinie (ABP) zuweisen, kann der Benutzer auf die globale Adressliste (Global Address List, GAL) für Ihre gesamte Organisation zugreifen. Sie können zwar eine ABP nicht im Exchange Admin Center erstellen, aber erstellte Richtlinien dort zuweisen:

1. Klicken Sie auf *Empfänger/Postfächer*.
2. Wählen Sie in der Listenansicht den Benutzer aus, dem Sie eine Richtlinie zuweisen wollen, und klicken Sie dann auf *Bearbeiten*. Sie können mit der [Strg]-Taste auch mehrere Benutzer markieren.
3. Klicken Sie auf *Postfachfunktionen*.
4. Wählen Sie in der Liste *Adressbuchrichtlinie* eine Richtlinie aus, die Sie auf diesen Benutzer anwenden möchten.
5. Klicken Sie auf *Speichern*.

Wollen Sie die Adressbuchrichtlinie in der Exchange Management Shell zuweisen, verwenden Sie den folgenden Befehl:

```
Set-Mailbox -Identity <Name> -AddressBookPolicy "<Name>"
```

Im nächsten Beispiel wird die ABP-Adressbuchrichtlinie allen Postfachbenutzern zugewiesen, deren *CustomAttribute11*-Wert die Zeichenfolge *Auszubildende* enthält:

```
Get-Mailbox -Filter {(CustomAttribute11 -like "Auszubildende")} | Set-Mailbox
-AddressBook-Policy ABP
```

Sie können eine ABP nicht entfernen, wenn sie Benutzern zugewiesen ist. Um festzustellen, ob eine ABP einem Benutzer zugewiesen ist, führen Sie den folgenden Befehl in der Exchange Management Shell aus:

```
Get-Mailbox | Where $._AddressBookPolicy -eq <AddressBookPolicyName>
```

Um eine ABP aus dem Postfach eines Benutzers zu entfernen, können Sie die Seite *Postfachfunktionen* in den Eigenschaften des Postfachs oder das Cmdlet *Set-Mailbox* verwenden.

> Eine ABP kann nicht im Exchange Admin Center entfernt werden. Sie müssen die Exchange Management Shell verwenden:
>
> ```
> Remove-AddressBookPolicy -Identity "ABP"
> ```

7.10.3 Offlineadresslisten verwenden

Zusätzlich zu den Standard- und benutzerdefinierten Adresslisten lassen sich Offlineadresslisten erstellen und verwalten. Diese Offlineadresslisten können von Benutzern in Outlook heruntergeladen werden und stehen, wie der Name bereits vermuten lässt, offline zur Verfügung.

> Nach der Installation von Exchange SE gibt es bereits eine Offlineadressliste, die Anwender verwenden können. Sie basiert auf der globalen Standardadressliste.

Dadurch erhalten Benutzer, die keine ständige Verbindung zum Netzwerk haben (beispielsweise mobile Nutzer mit einem Notebook), die Möglichkeit, E-Mails zu schreiben und dabei das Adressbuch Ihrer Exchange-Organisation zu verwenden. Verbindet sich ein Benutzer mit Outlook wieder mit dem Netzwerk, wird die E-Mail automatisch aus dem Postausgang verschickt.

Nach der Installation von Exchange SE steht Ihnen bereits eine Offlineadressliste zur Verfügung. Wie bei den Standardadresslisten können Sie jederzeit weitere und neue Adresslisten erzeugen, die Benutzer herunterladen können.

Jeder Postfachdatenbank auf Ihren Exchange-Servern wird eine Offlineadressliste angeboten, die Benutzer herunterladen können. Sie können jederzeit weitere Offlineadresslisten herunterladen, die Standard-Offlineadressliste eines Postfachspeichers wird lediglich zuerst angeboten. Sie konfigurieren die Standard-Offlineadressliste eines Postfachspeichers in dessen Eigenschaften auf der Registerkarte *Clienteinstellungen*.

Einzelnen Empfängern lassen sich über die Exchange Management Shell auch eigene Offlineadressbücher zuweisen, die nur von ihnen verwendet werden. Dazu steht in der Exchange Management Shell der folgende Befehl zur Verfügung:

```
Set-Mailbox -Identity <Benutzername> -OfflineAddressBook <Name des
Offlineadressbuchs>
```

In manchen Umgebungen gibt es Schwierigkeiten mit dem automatischen Download des Offlineadressbuchs. Versuchen Sie in einem solchen Fall einen manuellen Download. Nach einem manuellen Download sollte zukünftig auch der automatische Download fehlerfrei funktionieren.

In Outlook 2019 öffnen Sie zum Download die Registerkarte *Senden/Empfangen*. Klicken Sie dann auf *Senden-Empfangen-Gruppen* und auf *Adressbuch herunterladen*. Im Anschluss öffnet sich ein neues Fenster und Sie können das Offlineadressbuch entweder nochmals komplett übertragen oder nur die Änderungen seit der letzten Übertragung.

Sollten beim Übertragen des Offlineadressbuchs Probleme auftreten, werden diese angezeigt, wenn Sie sich die Ordnerliste anzeigen lassen und auf den Ordner *Synchronisierungsprobleme* klicken. Im Idealfall sollte dieser Ordner immer leer sein.

Wollen Sie nicht das Standard-Offlineadressbuch verwenden, das aus der globalen Adressliste erstellt wird, also alle Empfängertypen der Organisation enthält, können Sie ein neues Offlineadressbuch erstellen.

In der Exchange Management Shell können Sie ein neues Offlineadressbuch mit dem Befehl *New-OfflineAddressBook* erstellen. In der Exchange-Verwaltungsshell können Sie einem Offlineadressbuch (OAB) eine Adressliste hinzufügen oder daraus entfernen. OABs werden auf der Grundlage der Adresslisten generiert, die sie enthalten.

Um benutzerdefinierte OABs zu erstellen, die sich von Benutzern herunterladen lassen, können Sie den Offlineadressbüchern Adresslisten hinzufügen. Verwenden Sie dabei die Option *-AddressLists*, werden alle zurzeit vorhandenen Adresslisten überschrieben.

Ein Beispiel dazu:

```
New-OfflineAddressBook -Name OAB-Berlin -AddressLists "Global Address List
Berlin"
```

Das heißt, Sie müssen vorhandene Adresslisten einschließen, damit sie weiterhin in Ihrem OAB enthalten sind:

```
Set-OfflineAddressBook -Identity "OAB" -AddressLists
AddressList1,AddressList2,AddressList3
```

Zum Entfernen einer Adressliste aus einem OAB lassen Sie sie einfach in der Liste der Adresslisten weg. Haben Sie mehrere Adresslisten angelegt, können Sie das Standardadressbuch im Exchange Admin Center für die Postfachdatenbank ändern. Um eine Offlineadressliste zu löschen, verwenden Sie die folgende Anweisung:

```
Remove-OfflineAddressBook -Identity "OAB"
```

Sie können das Cmdlet *Set-Mailbox* verwenden, um ein OAB mit dem Postfach eines Empfängers zu verknüpfen.

Mit einem Pipezeichen (|) in der Anweisung innerhalb der Exchange Management Shell lässt sich das OAB angeben, das mehrere Empfänger basierend auf gemeinsamen Attributen herunterladen können.

Sie können dem Konto eines Postfachbenutzers eine Adressbuchrichtlinie zuweisen, um anzugeben, welches OAB in das Empfängerpostfach heruntergeladen wird. Wenn Sie einem Benutzerkonto eine Adressbuchrichtlinie zuweisen, dem bereits ein OAB zugewiesen ist, hat das dem Postfach explizit zugewiesene OAB Vorrang.

7.11 Zusammenfassung

In diesem Kapitel habe ich Ihnen umfassend gezeigt, wie Sie Postfächer in Exchange SE verwalten. Zusätzlich bin ich darauf eingegangen, wie sich Postfächer für den Zugriff im Netzwerk freigeben und mit Outlook 2019 verwenden lassen. Auch Besprechungsanfragen, Verteilergruppen und viele neue Optionen in Exchange SE sind wichtige Themen in diesem Kapitel.

Im nächsten Kapitel erläutere ich Ihnen die Teamworkfunktionen in Exchange SE.

Kapitel 8

Teamwork mit Exchange und Microsoft 365

Wollen mehrere Anwender zusammenarbeiten, bieten sich in Exchange SE weiterhin öffentliche Ordner an. Sie können in der neuen Exchange-Version aber auch Websitepostfächer und freigegebene Postfächer nutzen, um mehreren Anwendern Zugriff auf gemeinsame Informationen zu geben. Ich zeige Ihnen in diesem Kapitel daher den Umgang mit diesen Teamworkfunktionen in Exchange SE. Ich gehe dabei auch auf Funktionen in Microsoft 365 ein, die sich zusammen mit Exchange einsetzen lassen.

8.1 Öffentliche Ordner verwenden

Für öffentliche Ordner gibt es eine Vielzahl von Verwendungsmöglichkeiten. Daher existieren diese Funktionen schon seit den ersten Exchange-Versionen. Auch wenn viele dieser Funktionen mittlerweile von SharePoint und anderen Diensten übernommen wurden, ist der Einsatz von öffentlichen Ordnern in vielen Fällen durchaus sinnvoll. Der Vorteil liegt in der schnellen Einrichtung und der direkten Anbindung an Outlook. Dazu kommt die Möglichkeit, dass die Ordner auch E-Mails empfangen können.

8.1.1 Grundlagen und wichtige Fragen zu öffentlichen Ordnern in Exchange SE

Im folgenden Abschnitt gehe ich auf Bereiche und Möglichkeiten der Verwaltung von öffentlichen Ordnern ein. Microsoft hat einige Verbesserungen integriert, ohne den Nutzen zu beschneiden.

Microsoft hat die Stabilität und den Umgang mit öffentlichen Ordnern in Exchange SE weiter verbessert. Es gibt keine eigenen Datenbanken mit eigenen Transaktionsprotokollen mehr, sondern öffentliche Ordner stellen jetzt Postfächer in Postfachdatenbanken dar. Diese Technik wurde mit Exchange 2013 eingeführt und in Exchange SE verbessert.

Dadurch hat Microsoft auch die Replikation verbessert. Sie brauchen jetzt nicht mehr die Replikate öffentlicher Ordner zu verwalten, sondern können die Ausfallsicherheit von Postfachdatenbanken nutzen.

Die Verwaltung im Exchange Admin Center hat Microsoft ebenfalls verbessert. Sie brauchen keine zusätzlichen Werkzeuge aus der Toolbox des Exchange Admin Center zu nutzen wie noch in Exchange 2010.

Öffentliche Ordner können mit einer E-Mail-Adresse versehen werden und dadurch direkt E-Mails erhalten oder auch versenden. Auch in Exchange SE und Outlook lassen sich öffentliche Ordner noch einsetzen, auch wenn Sie im Unternehmen parallel SharePoint nutzen.

In diesem Kapitel gehe ich auf die Möglichkeiten und die Verwaltung von öffentlichen Ordnern ein und zeige Ihnen, wie Sie diese Klassiker in der Exchange-Groupware auch in Exchange SE nutzen.

In Exchange SE werden Berechtigungen für öffentliche Ordner über die rollenbasierte Zugriffssteuerung (Role Based Access Control, RBAC) gesteuert. Mehr zu diesem Thema lesen Sie auch in Kapitel 13.

Sie können mit den Cmdlets *Get-PublicFolderStatistics* und *Get-PublicFolderItemStatistics* die Konten überprüfen, die Verwaltungszugriff auf öffentliche Ordner haben, und deren Zugriff entsprechend überwachen.

Die Kontingente in öffentlichen Ordner funktionieren ähnlich wie Postfachkontingente. Die Größenbeschränkung für Postfächer beträgt in Exchange SE 100 GB. Die Kombination aller öffentlichen Ordner im Postfach kann diese Postfachgröße nicht überschreiten.

In Exchange SE können Sie das standardmäßige Postfach für öffentliche Ordner auf Benutzerbasis festlegen. Die Zuweisung eines spezifischen Public-Folder-Postfachs auf Benutzerebene kann über PowerShell mit Set-Mailbox -Identity <Benutzer> -DefaultPublicFolderMailbox <Postfach> erfolgen. Diese Einstellung ist besonders in DAG-Umgebungen relevant, in denen mehrere Kopien öffentlicher Ordner bestehen. Über die gezielte Zuweisung lassen sich Lesevorgänge, Performance oder geografisch optimierte Zugriffe besser steuern.

Verwenden Sie dazu das Cmdlet *Set-Mailbox* mit der Option *-DefaultPublicFolderMailbox*.

Beim Ausfall des Haupthierarchiepostfachs für öffentliche Ordner können die Benutzer die öffentlichen Ordner anzeigen, aber nicht in sie schreiben. Ihre öffentlichen Ordner sollten Teil einer Datenbankverfügbarkeitsgruppe (Database Availability Group, DAG) sein, um den Ausfall der Hierarchie zu verhindern.

Migrieren Sie öffentliche Ordner von Vorgängerversionen zu Exchange SE, werden die Regeln für öffentliche Ordner zusammen mit den Daten migriert und bleiben als Regeln für öffentliche Ordner erhalten. Sie werden nicht in Postfachregeln konvertiert.

8.1.2 Möglichkeiten der öffentlichen Ordner

Setzen Sie bereits öffentliche Ordner ein, werden Sie die Vorteile teilweise schon kennen. Vielleicht kann ich Ihnen in diesem Abschnitt noch die eine oder andere Anregung geben, welche Einsatzgebiete öffentliche Ordner abdecken können.

Ein weiterer Vorteil der öffentlichen Ordner ist die Replikation auf verschiedene Exchange-Server mit der Postfachrolle. Damit können Informationen in kürzester Zeit auf verschiedene Exchange-Server repliziert werden und stehen allen Anwendern zur Verfügung, ohne dass die Informationen mehrfach durch langsame und/oder teure WAN-Verbindungen übertragen werden müssen.

Selbst wenn auf einem Exchange-Server kein Replikat eines öffentlichen Ordners liegt, werden Benutzern, deren Postfächer auf diesem Exchange-Server liegen, dennoch die öffentlichen Ordner angezeigt und sie können sie nutzen. Die Replikation erfolgt in Exchange SE über Datenbankverfügbarkeitsgruppen (Database Availability Groups, DAG), genau wie bei Postfachdatenbanken.

8.1.3 Gemeinsame Informationsnutzung

Der wohl am häufigsten genutzte Vorzug der öffentlichen Ordner ist die gemeinschaftliche Ablage von Informationen und Dokumenten, die mehrere oder alle Benutzer angehen. Sie können zum Beispiel Preislisten, Handbücher oder andere Informationen allen Benutzern zugänglich machen.

Die Anwender können selbst entscheiden, welche Informationen in die öffentlichen Ordner gestellt werden sollen. Dadurch werden Informationen, sobald sie in einen öffentlichen Ordner kopiert wurden, sofort allen definierten Benutzern zugänglich gemacht. Sie sparen sogar noch Speicherplatz, da Informationen nicht mehrfach gespeichert werden müssen, sondern nur noch einmal im öffentlichen Ordner.

8.1.4 Gruppenkontakte

Kontakte können ebenfalls als öffentlicher Ordner angelegt werden. Die Bedienung ist dabei völlig identisch mit der lokalen Pflege der Kontakte in Outlook. Liegen die Kontakte jedoch in einem öffentlichen Ordner, ist ein gepflegter Kontakt sofort allen Mitarbeitern, die Zugriff auf diesen Ordner haben, zugänglich.

Dadurch können Sie zum Beispiel die Adressen Ihrer Lieferanten oder Kunden für jeden Mitarbeiter zugänglich speichern und pflegen, auch ohne sie fest als Kontakt in Active Directory anzulegen.

8.1.5 Ablage für automatische E-Mails

Administratoren kennen das Problem der E-Mail-Flut vieler Programme. Die Datensicherung, der Malware-Scanner, die Serverüberwachung, viele Programme unterstützen das automatische Senden von E-Mails über Informationsmeldungen oder Fehlermeldungen.

Selbst Exchange kann so konfiguriert werden, dass E-Mails automatisch an bestimmte Personen verschickt werden, falls ein Connector oder ein Server ein Problem hat. Schicken Sie solche E-Mails direkt an einen öffentlichen Ordner, werden sie zentral in einem Ordner aufbewahrt, auf den alle Empfänger zugreifen können, die über entsprechende Berechtigungen verfügen. Zusätzlich können Sie für diesen öffentlichen Ordner noch eine Verfallszeit definieren, nach der E-Mails automatisch gelöscht werden. Somit verschwenden Sie keinen unnötigen Serverplatz und der Ordner pflegt sich quasi automatisch selbst.

Ein für E-Mails aktivierter öffentlicher Ordner erhält eine E-Mail-Adresse und ist zukünftig per E-Mail erreichbar. Wird eine Nachricht an einen öffentlichen Ordner gesendet und von einem berechtigten Benutzer beantwortet, erfolgt die Antwort standardmäßig mit der Identität des antwortenden Benutzers. Soll die Antwort im Namen des Ordners erfolgen, muss dem Benutzer explizit die Berechtigung *Send As* für den Ordner zugewiesen werden. Diese Einstellung erfolgt über die Exchange Management Shell mit:

```
Add-ADPermission -Identity "Supportordner" -User "user@firma.de" -ExtendedRights
"Send As"
```

Erst nach Zuweisung dieser Berechtigung erscheint der öffentliche Ordner als Absender im Nachrichtenkopf.

Wie für jeden Benutzer können Sie auch für öffentliche Ordner definieren, dass sie im Adressbuch angezeigt werden. Öffentliche Ordner werden im Adressbuch besonders gekennzeichnet, damit Benutzer erkennen, dass es sich um einen öffentlichen Ordner handelt.

8.1.6 Ressourcenplanung

Eine weitere Möglichkeit besteht im Anlegen von Kalendern in einem öffentlichen Ordner. Damit können Sie eine Ressourcenplanung oder Terminplanung für gemeinschaftliche Bereiche wie Besprechungsräume, technisches Equipment oder sonstige Aufgaben realisieren, sodass jeder Benutzer sofort sehen kann, ob eine Ressource belegt oder verfügbar ist.

8.1.7 Faxablage

Öffentliche Ordner können Sie auch als Ablage für Ihren zentralen Faxeingang verwenden, ähnlich wie die Ablage von automatischen System-E-Mails. Faxe sind allen Benutzern zugänglich und können – falls gewünscht – mit einer Verfallszeit definiert werden, damit sie nach einigen Tagen automatisch gelöscht werden.

Um diese Funktionalität einzusetzen, benötigen Sie ein Produkt eines Drittherstellers. Es gibt viele Anbieter für Programme, die das Empfangen von Faxen unterstützen.

8.1.8 Einheitlicher Support-Ordner

Viele Firmen nutzen öffentliche Ordner außerdem als einheitlichen Posteingang für Support-Ordner. Sie können etwa einem öffentlichen Ordner die E-Mail-Adresse *info@firma.de* zuordnen lassen. Auch interne Support-Ordner können leicht angelegt werden.

Sie können zum Beispiel einen öffentlichen Ordner *User-Support* anlegen, der eine eigene E-Mail-Adresse erhält, an die Benutzer ihre Anfragen schicken. Supportmitarbeiter können im Auftrag dieses öffentlichen Ordners senden und die Mitarbeiter erhalten die Antwort wieder von diesem öffentlichen Ordner.

Wird auf solche E-Mails geantwortet, ist sichergestellt, dass sie wieder in dem öffentlichen Ordner landen und nicht bei einem einzelnen Mitarbeiter, bei dem sie vielleicht untergehen oder nicht bearbeitet werden, weil er schon Feierabend hat. Hierbei ist aber die Festlegung eines definierten Workflows wichtig, damit ein Vorgang nicht von mehreren Mitarbeitern gleichzeitig bearbeitet wird.

8.1.9 Knowledge-Datenbank

Sie können öffentliche Ordner auch als Datenbank für das Wissen innerhalb eines Unternehmens verwenden. Löst zum Beispiel ein Mitarbeiter der EDV-Abteilung ein Problem, kann er die Lösung in einen öffentlichen Ordner schicken. Zukünftig profitieren Mitarbeiter von dieser erarbeiteten Lösung und die Firma spart somit Zeit und Geld.

Wissen steht zentral und gebündelt zur Verfügung und geht nicht mehr verloren. Sie können solche Ordner sogar moderieren lassen, das heißt, ein Mitarbeiter erhält die Benachrichtigung, dass eine Nachricht in den öffentlichen Ordner gestellt werden soll, und muss diese Nachricht erst freigeben, bevor sie im Ordner aufgeführt wird.

Natürlich lässt sich dieser Bereich effizienter in SharePoint integrieren, aber auch die Verwendung von öffentlichen Ordnern für eine Wissensdatenbank kann durchaus sinnvoll sein, zum Beispiel um alle Aktionen zentral in einer Anwendung zur Verfügung zu stellen.

8.1.10 Öffentliche Ordner mit OWA und Outlook

Sie können öffentliche Ordner als Favoriten in die Outlook Web App (OWA)-Oberfläche einbinden. Dazu legen Sie sie in Outlook als Favorit an und können anschließend auch in OWA auf den Ordner zugreifen.

In Outlook klicken Sie im unteren Bereich auf die drei Punkte (…) und lassen sich die Ordneransicht anzeigen. Hier sehen Sie im unteren Bereich die öffentlichen Ordner. Klicken Sie mit der rechten Maustaste auf einen öffentlichen Ordner und wählen im Kontextmenü den Befehl *Zu Favoriten hinzufügen*, wird der entsprechende Ordner in die *Öffentliche Ordner*-Favoriten aufgenommen.

Klicken Sie danach auf den öffentlichen Ordner in den Favoriten für öffentliche Ordner, können Sie noch die Option *Zu Favoriten hinzufügen* auswählen. Durch diese Auswahl ist der öffentliche Ordner jetzt auch in der Hauptansicht von Outlook in den Favoriten sichtbar, wenn Sie unten auf *E-Mail* klicken. Rufen Sie Outlook Web App (OWA) auf, sollte auch hier der öffentliche Ordner zugreifbar sein.

Outlook synchronisiert nur öffentliche Ordner, die im Bereich »Favoriten« abgelegt wurden. Dieser Mechanismus gilt ausschließlich für Outlook im Cache-Modus. Große Ordner mit vielen Elementen können die Synchronisation verzögern oder unterbrechen. Microsoft gibt als Richtwert eine maximale Elementanzahl von 5000 pro Ordner an. Für zeitkritische Zugriffe auf große Ordner kann der Online-Modus verwendet werden. OWA arbeitet unabhängig von Favoriten und zeigt stets die Live-Ansicht.

8.1.11 Öffentliche Ordner aktivieren

Damit Sie öffentliche Ordner in Exchange SE nutzen können, müssen Sie zunächst einige Vorkehrungen treffen. Bevor Sie Anwendern öffentliche Ordner zur Verfügung stellen, sollten Sie überprüfen, ob ihre standardmäßigen Kontingentbegrenzungen und Aufbewahrungseinstellungen der Organisation Ihre Anforderungen erfüllen.

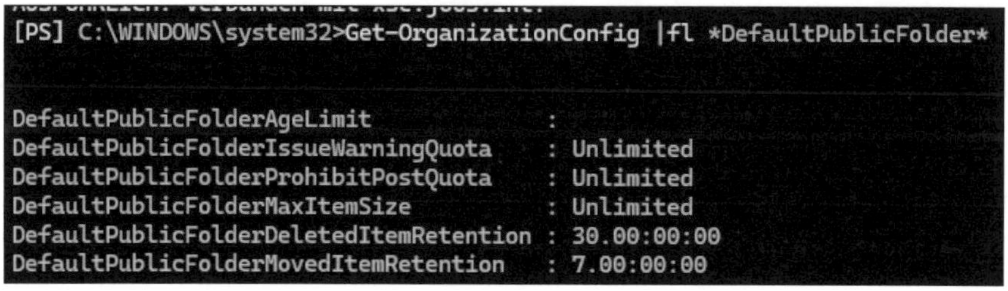

Abb. 8.1 In der Exchange Management Shell lassen sich die Standardwerte von öffentlichen Ordnern anzeigen.

Dazu verwenden Sie am besten die Exchange Management Shell und rufen das folgende Cmdlet auf:

```
Get-OrganizationConfig |fl *DefaultPublicFolder*
```

Das Cmdlet gibt die folgenden Werte zurück:

- *DefaultPublicFolderIssueWarningQuota* Unbeschränkt (Unlimited)
- *DefaultPublicFolderProhibitPostQuota* Unbeschränkt (Unlimited)
- *DefaultPublicFolderMaxItemSize* Unbeschränkt (Unlimited)
- *DefaultPublicFolderDeletedItemRetention* 30 Tage
- *DefaultPublicFolderMovedItemRetention* 7 Tage

Mit dem Cmdlet *Set-OrganizationConfig* können Sie diese Standardeinstellungen ändern. Im folgenden Beispiel wird die Kontingentbegrenzung, bei der eine Warnung ausgegeben wird, auf 2 GB festgelegt. Das Kontingent, bei der die Bereitstellung unterbunden wird, wird auf 2,5 GB begrenzt.

Die maximale Größe von Elementen, die gesendet oder empfangen werden können, wird auf 200 MB festgelegt. Es wird auch der Standardwert des Aufbewahrungszeitraums für gelöschte Elemente auf 60 Tage geändert.

```
Set-OrganizationConfig -DefaultPublicFolderIssueWarningQuota 2GB
-DefaultPublicFolderProhibitPostQuota 2.5GB -DefaultPublicFolderMaxItemSize
200MB -DefaultPublicFolderDeletedItemRetention 60.00:00:00
```

8.1.12 Primäres Postfach für öffentliche Ordner erstellen

Öffentliche Ordner speichern Sie in Exchange SE in normalen Postfächern. Diese liegen wiederum in Postfachdatenbanken.

Das primäre Postfach für öffentliche Ordner enthält eine beschreibbare Kopie der Hierarchie öffentlicher Ordner und ist das erste Postfach für öffentliche Ordner, das Sie für Ihre Organisation anlegen. Neben diesem Postfach können Sie auch weitere Postfächer anlegen, das erste ist aber das wichtigste. Nachfolgende Postfächer für öffentliche Ordner sind sekundäre Postfächer.

Bevor Sie in Exchange SE einen öffentlichen Ordner erstellen können, müssen Sie also zunächst ein erstes Postfach für öffentliche Ordner erstellen. Postfächer für öffentliche Ordner enthalten die Hierarchieinformationen für einen öffentlichen Ordner, während der öffentliche Ordner die eigentlichen Inhalte umfasst. Das erste Postfach für öffentliche Ordner, das Sie erstellen, ist das Haupthierarchiepostfach.

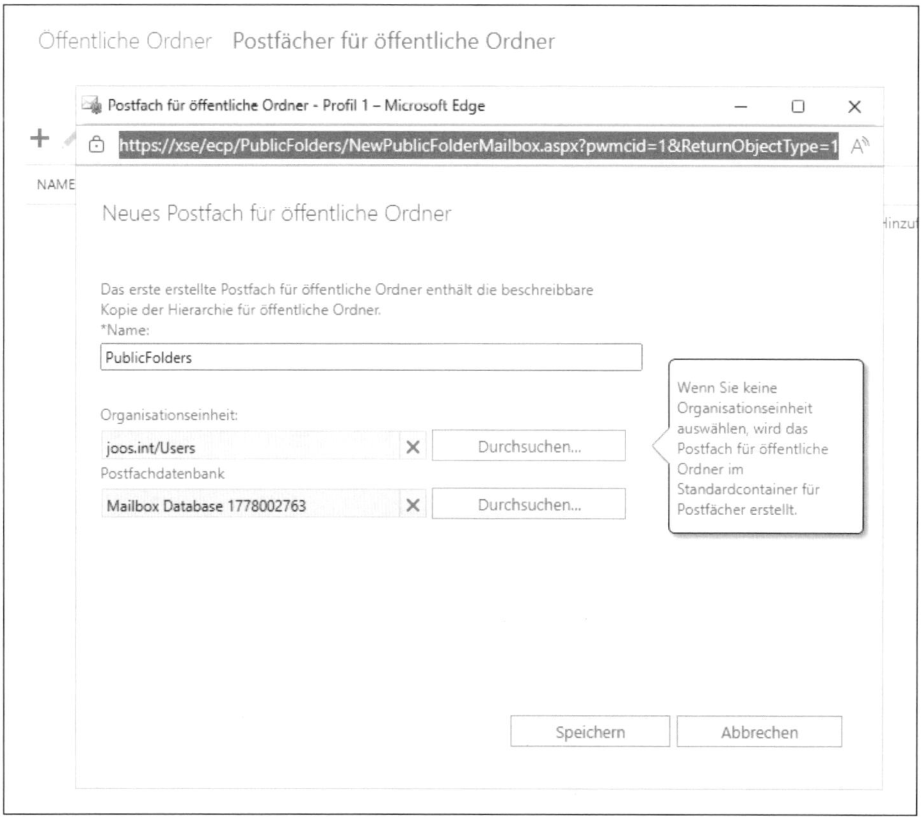

Abb. 8.2 Anlegen eines Postfachs für öffentliche Ordner

Sie können das Postfach im Exchange Admin Center oder der Exchange Management Shell erstellen:

1. Navigieren Sie zu *Öffentliche Ordner/Postfächer für öffentliche Ordner* und klicken Sie auf das Plus-Symbol (*Neues Postfach für öffentliche Ordner*).
2. Weisen Sie dem Postfach einen Namen für den öffentlichen Ordner zu. Die Felder *Organisationseinheit* und *Postfachdatenbank* sind optional. Wenn Sie keine Werte für diese Felder angeben, wird als Organisationseinheit standardmäßig der Container für Benutzer verwendet, und die Postfachdatenbank wird zufällig ausgewählt.
3. Klicken Sie auf *Speichern*.

Sie können die Aufgabe aber auch in der Exchange Management Shell durchführen:

```
New-Mailbox -PublicFolder -Name MasterHierarchy
```

Über diesen Weg können Sie auch ein sekundäres Postfach für öffentliche Ordner erstellen. Der Unterschied zwischen der Erstellung des Haupthierarchiepostfachs und einem sekundären Hierarchiepostfach besteht darin, dass das Hauptpostfach das erste Postfach ist. Sie können zusätzliche Hierarchiepostfächer zum Beispiel für den Lastenausgleich erstellen:

```
New-Mailbox -PublicFolder -Name Stuttgart -Database DBStuttgart
```

8.1.13 Fehler in den öffentlichen Ordnern beheben

Ob das Postfach erfolgreich erstellt wurde, sehen Sie entweder im Exchange Admin Center oder in der Exchange Management Shell. Dazu verwenden Sie den Befehl:

```
Get-OrganizationConfig |fl DefaultPublicFolderMailbox
```

oder

```
Get-OrganizationConfig |fl RootPublicFolderMailbox
```

Erhalten Sie keinen Servernamen zurück, sondern nur eine GUID, kann Exchange nicht mehr korrekt auf das Postfach für die primäre Hierarchie zugreifen. Durch die neue Konfiguration der öffentlichen Ordner ergeben sich aber oft auch neue Probleme. Entfernen Sie zum Beispiel den Server aus der Organisation, der für das primäre Hierarchiepostfach zuständig ist, funktionieren die öffentlichen Ordner nicht mehr korrekt.

Mit dem folgenden Befehl lassen Sie sich die Exchange-GUID des Postfachs anzeigen:

```
Get-Mailbox -PublicFolder |fl Name,ExchangeGuid
```

Zeigt die Exchange Management Shell hier keine Daten an, stimmt etwas nicht.

Wenn Sie mit der Einrichtung erst begonnen haben, ist der beste Weg, alle öffentlichen Ordner zu löschen, das Hierarchiepostfach zu löschen und alles neu anzulegen. Erscheinen die Fehler bereits während der Einrichtung von Exchange, beheben Sie sie am schnellsten, indem Sie in der Exchange Management Shell zunächst alle vorhandenen öffentlichen Ordner löschen. Geben Sie dazu den folgenden Befehl ein:

```
Get-PublicFolder -Recurse | Remove-PublicFolder
```

In den meisten Fällen werden Sie einen Fehler erhalten, dass das Postfach für öffentliche Ordner nicht gefunden werden kann. Dadurch steht fest, dass mit der Infrastruktur für öffentliche Ordner etwas nicht stimmt. In diesem Fall löschen Sie vorhandene Postfächer für öffentliche Ordner mit dem Befehl:

```
Get-Mailbox -PublicFolder | Remove-Mailbox -PublicFolder
```

Bestätigen Sie das Löschen für die Postfächer.

Auch hier besteht die Möglichkeit, dass Sie einen Fehler erhalten. Dies hat allerdings keine weiteren Auswirkungen. Die Schritte sollen nur sicherstellen, dass die notwendigen Vorbereitungen getroffen sind. Als Nächstes öffnen Sie ADSI-Edit auf einem Domänencontroller oder einem Server, auf dem Sie die Verwaltungswerkzeuge für Active Directory installiert haben:

1. Klicken Sie mit der rechten Maustaste auf der linken Seite der Konsole auf *ADSI-Editor* und wählen Sie im Kontextmenü den Befehl *Verbindung herstellen*.
2. Aktivieren Sie die Option *Bekannten Namenskontext auswählen* und wählen Sie im Dropdownlistenfeld den Eintrag *Konfiguration* aus.
3. Navigieren Sie zu *Konfiguration/CN=Configuration..../CN=Services/CN= Microsoft Exchange/<Name der Organisation>*.
4. Rufen Sie über das Kontextmenü der Organisation den Befehl *Eigenschaften* auf.
5. Suchen Sie den Eintrag *MsExchDefaultPublicFolderMailbox*.
6. Klicken Sie auf *Bearbeiten* und dann auf *Löschen*.

7. Bestätigen Sie den Löschvorgang mit *OK*.
8. Erstellen Sie jetzt – wie in den vorangegangenen Abschnitten erläutert – ein neues Hierarchiepostfach. Verwenden Sie dazu zum Beispiel in der Exchange Management Shell den folgenden Befehl:

```
New-Mailbox -PublicFolder -Name MasterHierarchy
```

8.1.14 Öffentliche Ordner erstellen und verwalten

Öffentliche Ordner können Sie in der Exchange Management Shell, im Exchange Admin Center oder in Outlook erstellen.

8.1.15 Öffentliche Ordner anlegen

Ein öffentlicher Ordner erbt standardmäßig die Einstellungen seines übergeordneten Ordners, einschließlich der Einstellungen für Berechtigungen. Legen Sie also unterhalb von öffentlichen Ordnern weitere Ordner an, müssen Sie unter Umständen die Rechte anpassen.

Sie können erst dann einen öffentlichen Ordner erstellen, wenn Sie ein Postfach für öffentliche Ordner erstellt haben. Wenn Sie einen öffentlichen Ordner im Exchange Admin Center anlegen, können Sie nur den Namen und den Pfad für den Ordner definieren. Nachdem der öffentliche Ordner erstellt wurde, müssen Sie ihn bearbeiten, um weitere Einstellungen zu konfigurieren:

1. Navigieren Sie zu *Öffentliche Ordner/Öffentliche Ordner*.
2. Wenn Sie diesen öffentlichen Ordner als untergeordneten Ordner eines vorhandenen öffentlichen Ordners erstellen wollen, klicken Sie auf den gewünschten öffentlichen Ordner. Wenn Sie einen öffentlichen Ordner der obersten Ebene erstellen wollen, markieren Sie keinen Ordner.

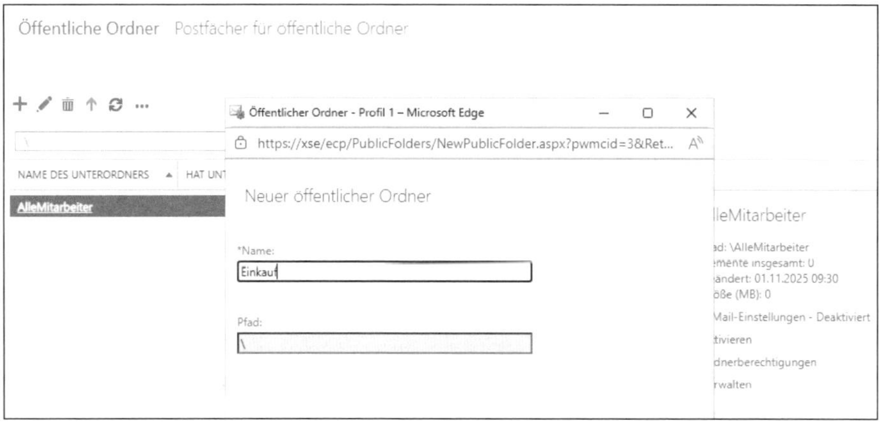

Abb. 8.3 Erstellen eines neuen öffentlichen Ordners im Exchange Admin Center

3. Klicken Sie auf das Plus-Symbol (*Neuer öffentlicher Ordner*).
4. Geben Sie im Feld *Öffentlicher Ordner* den Namen des öffentlichen Ordners ein.

5. Überprüfen Sie im Feld *Pfad* den Pfad zum öffentlichen Ordner.
6. Klicken Sie auf *Speichern*.

Wie in den Vorgängerversionen können Sie auch in Exchange SE öffentliche Ordner direkt in der Exchange Management Shell erstellen. Nachfolgend sehen Sie ein Beispiel dafür:

```
New-PublicFolder -Name Reports -Path \Einkauf
```

Klicken Sie im Exchange Admin Center auf *Aktualisieren*, um die Liste der öffentlichen Ordner zu aktualisieren. Ihr neuer öffentlicher Ordner sollte in der Liste angezeigt werden. Alternativ lassen sich öffentliche Ordner auch in der Exchange Management Shell anzeigen:

```
Get-PublicFolder -Identity \Einkauf\Reports |fl
Get-PublicFolder -Identity \Einkauf -GetChildren
Get-PublicFolder -Recurse
```

Über das Cmdlet *Remove-PublicFolder* können Sie einzelne öffentliche Ordner in der Exchange Management Shell wieder löschen. Die Syntax dazu ist identisch mit dem Erstellen öffentlicher Ordner. Das Löschen ist auch im Exchange Admin Center möglich.

8.1.16 Berechtigungen für öffentliche Ordner zuweisen

Nach dem Erstellen eines öffentlichen Ordners müssen Sie noch die Berechtigungsstufe *Besitzer* festlegen, sodass mindestens ein Benutzer auf dem Client auf ihn zugreifen und Unterordner erstellen kann. Alle nachfolgend erstellten öffentlichen Ordner erben die Berechtigungen des übergeordneten öffentlichen Ordners:

1. Navigieren Sie im Exchange Admin Center zu *Öffentliche Ordner/Öffentliche Ordner*.
2. Wählen Sie den öffentlichen Ordner aus.
3. Klicken Sie im Detailbereich auf der rechten Seite unter *Ordnerberechtigungen* auf den Link *Verwalten*.
4. Klicken Sie in *Berechtigungen für öffentliche Ordner* auf *Hinzufügen*.
5. Klicken Sie auf *Durchsuchen*, um einen Benutzer auszuwählen.
6. Wählen Sie in der Liste *Berechtigungsstufe* eine Stufe aus. Mindestens ein Benutzer sollte über die Stufe *Besitzer* verfügen.
7. Klicken Sie auf *Speichern*.

Sie können mehrere Benutzer hinzufügen, indem Sie auf das Plus-Symbol (*Hinzufügen*) klicken und die oben gezeigten Schritte ausführen, um die geeigneten Berechtigungen zuzuweisen. Außerdem lässt sich die Berechtigungsstufe anpassen, indem Sie die entsprechenden Kontrollkästchen aktivieren oder deaktivieren.

In der Exchange Management Shell passen Sie Berechtigungen mit dem Cmdlet *Add-PublicFolderClientPermission* an:

```
Add-PublicFolderClientPermission -Identity "\Einkauf" -User joost
-AccessRights CreateItems
```

Mehr Informationen zum Cmdlet finden Sie auf der Seite *https://learn.microsoft.com/en-us/powershell/module/Exchangepowershell/add-publicfolderclientpermission*

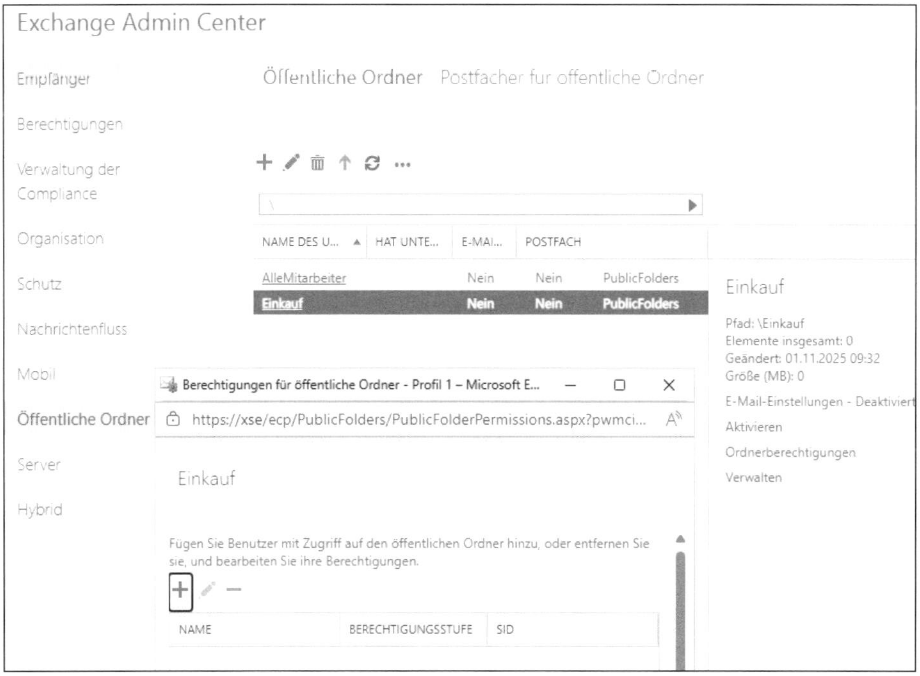

Abb. 8.4 Verwalten von Berechtigungen für öffentliche Ordner

Wenn Sie eine vordefinierte Berechtigungsstufe wie *Besitzer* bearbeiten, ändert sich die Berechtigungsstufe zu *Benutzerdefiniert*.

8.1.17 Öffentlichen Ordner für E-Mail aktivieren

Sollen Benutzer E-Mails an den öffentlichen Ordner senden können, müssen Sie ihn für E-Mail aktivieren. Dieser Schritt ist optional. Wenn Sie den öffentlichen Ordner nicht für E-Mail aktivieren, können Benutzer Nachrichten in diesem Ordner bereitstellen, indem sie Elemente aus Outlook in den Ordner ziehen. Der Ordner kann in diesem Fall aber keine E-Mails direkt empfangen. Den E-Mail-Empfang steuern Sie folgendermaßen:

1. Wechseln Sie im Exchange Admin Center zu *Öffentliche Ordner/Öffentliche Ordner*.
2. Wählen Sie den öffentlichen Ordner aus, den Sie für E-Mail aktivieren wollen.
3. Klicken Sie im Detailbereich unter *E-Mail-Einstellungen/Deaktiviert* auf *Aktivieren*.
4. Sie werden gefragt, ob Sie den öffentlichen Ordner tatsächlich für E-Mail aktivieren möchten. Klicken Sie auf *Ja*.

Der öffentliche Ordner ist jetzt für E-Mail aktiviert, sein Name ist auch der Alias. Wenn mehrere Empfänger denselben Namen verwenden, wird eine Zahl an den Alias des öffentlichen Ordners angehängt.

In der Exchange Management Shell verwenden Sie dazu das Cmdlet *Enable-MailPublicFolder*, zum Beispiel:

```
Enable-MailPublicFolder "\Einkauf"
```

8.1.18 Top-Level-öffentlichen Ordner erstellen

Eine der Aufgaben eines Exchange-Administrators besteht nach der Installation darin, festzulegen, welche Benutzer öffentliche Ordner der höchsten Ebene anlegen dürfen.

Standardmäßig dürfen nur Administratoren öffentliche Ordner direkt im Root der *Öffentliche Ordner*-Struktur anlegen. Sie sollten einen Personenkreis definieren, der das zukünftig tun soll, wenn Sie sich nicht selbst darum kümmern wollen. Legen Sie dazu am besten eine eigene Sicherheitsgruppe in Active Directory an, der Sie dann diese Berechtigung erteilen. Sie müssen dazu lediglich Benutzer in diese Gruppe aufnehmen, wenn sie öffentliche Stammordner erstellen sollen. Damit die Anwender kein Recht mehr zum Anlegen öffentlicher Top-Level-Ordner haben, entfernen Sie das Benutzerkonto aus der Gruppe.

Um die Berechtigung zum Anlegen von öffentlichen Rootordnern zu verändern, fügen Sie am besten eine neue Gruppe hinzu. Dazu klicken Sie im Exchange Admin Center auf *Öffentliche Ordner/Öffentliche Ordner* und klicken dann auf das Symbol mit den drei Punkten (*Mehr*) und anschließend auf *Stammberechtigungen*. Nehmen Sie den Benutzer oder die Gruppe auf und weisen Sie den Konten die Berechtigungen zu, die sie für öffentliche Ordner auf oberster Ebene erhalten sollen. Starten die Anwender Outlook neu, dürfen sie öffentliche Ordner auf oberster Ebene anlegen.

8.1.19 Öffentliche Ordner in Outlook anlegen

Am einfachsten ist es, wenn Sie öffentliche Ordner direkt in Outlook anlegen, sobald Sie die notwendige Infrastruktur im Exchange Admin Center oder der Exchange Management Shell geschaffen haben.

Um öffentliche Ordner anzulegen, klicken Sie mit der rechten Maustaste in Outlook auf den Eintrag *Alle öffentlichen Ordner* (oder einen bereits vorhandenen Unterordner) und wählen im Kontextmenü den Befehl *Neuer Ordner*. Die öffentlichen Ordner werden nur angezeigt, wenn Sie die Ordnerliste in Outlook anzeigen lassen.

Es öffnet sich ein Assistent, in dem Sie eingeben können, wie die Bezeichnung des öffentlichen Ordners sein soll und welche Art eines öffentlichen Ordners Sie erstellen wollen. Bestätigen Sie das Fenster mit *OK*, wird der öffentliche Ordner erstellt und steht zur Verfügung. Abhängig von der Auswahl des Typs gestaltet sich auch das Bearbeitungsfenster in Outlook und Outlook Web App.

Sie können öffentliche Ordner in Outlook über das Kontextmenü oder durch Drücken der `Entf`-Taste löschen.

8.1.20 Öffentliche Ordner verwalten

Haben Sie öffentliche Ordner angelegt, können Sie in Outlook mit der rechten Maustaste die Eigenschaften des Ordners aufrufen. Auch im Exchange Admin Center lassen sich öffentliche Ordner verwalten. In Outlook Web App können Sie öffentliche Ordner ebenfalls hinzufügen. Dazu klicken Sie mit der rechten Maustaste auf *Favoriten* und wählen dann *Öffentliche Ordner zu Favoriten hinzufügen*. Hier können Sie jetzt die gewünschten öffentlichen Ordner anbinden.

8.1.21 Öffentliche Ordner in Outlook bearbeiten

Auf der Registerkarte *Berechtigungen* in den Eigenschaften für öffentliche Ordner in Outlook können Sie verschiedene Einstellungen definieren, die die Zugriffsmöglichkeiten von anderen Benutzern betreffen. Berechtigungen konfigurieren Sie über Outlook.

Der Ersteller eines öffentlichen Ordners erhält von Exchange automatisch die Berechtigungsstufe *Besitzer*. Besitzer haben unter anderem das Recht, die Berechtigungen für diesen öffentlichen Ordner zu verwalten. Den Besitzer verwalten Sie am einfachsten im Exchange Admin Center.

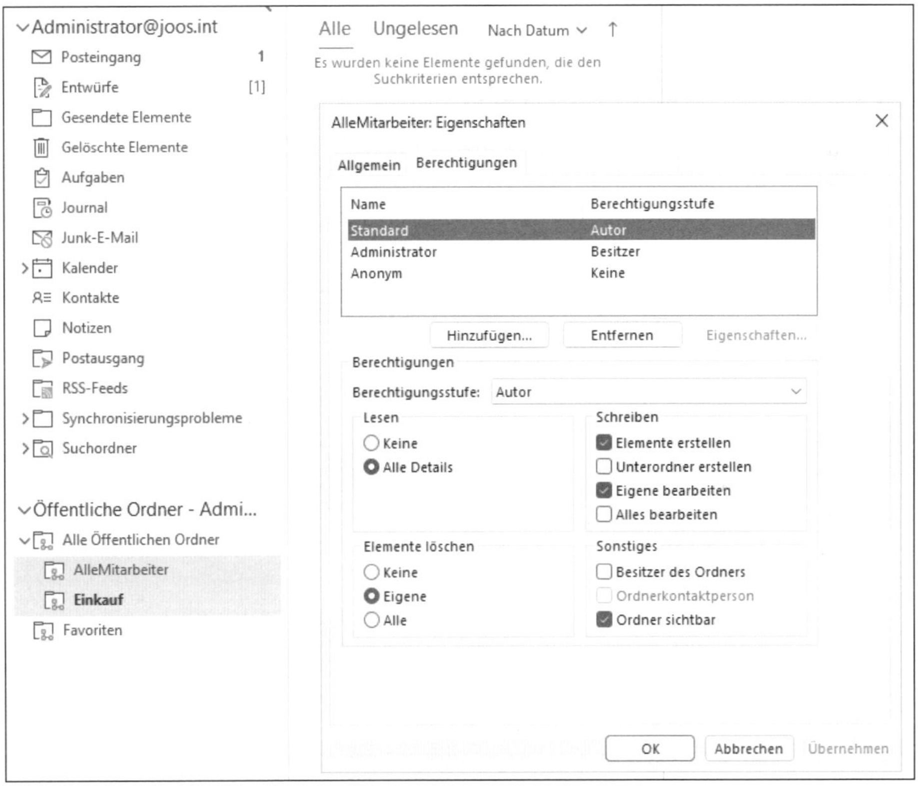

Abb. 8.5 Verwalten der Berechtigungen von öffentlichen Ordnern in Outlook

Auf der Registerkarte *Allgemein* legen Sie den Namen des öffentlichen Ordners fest und können eine Beschreibung des Inhalts eintragen. Hier wählen Sie auch das Formular aus, mit dem diesem Ordner neue Elemente hinzugefügt werden können. Nicht alle Formulare erlauben bei Anwendern alle Möglichkeiten in Outlook.

Über die Schaltfläche *Ordnergröße* können Sie sich anzeigen lassen, wie viel Speicherplatz der öffentliche Ordner und seine jeweiligen Unterordner benötigen.

Über die Schaltfläche *Ordner-Assistent* können Sie Regeln erstellen, wie mit neuen Objekten verfahren werden soll, die in diesen öffentlichen Ordner verschoben werden. Diese Regeln sind ähnlich aufgebaut wie die Posteingangsregeln in Outlook.

Auf der Registerkarte *Allgemein* im Eigenschaftenfenster des öffentlichen Ordners bietet die Option *Bereitstellen in diesem Ordner mit* durch die Auswahl von *Formular* die Möglichkeit, die bereitgestellten Objekte und die damit verbundenen Schaltflächen zur Bearbeitung in Outlook zu steuern. Die Option *Formulare* dient zur Verwaltung der hinterlegten Formulare dieses öffentlichen Ordners. In Exchange SE lassen sich benutzerdefinierte Outlook-Formulare mit öffentlichen Ordnern verknüpfen. Diese Formulare definieren die Eingabemaske, verwendete Felder und die Darstellung in Outlook. Die Formulardateien müssen im Organisationsformularspeicher veröffentlicht sein. Die Zuordnung erfolgt direkt in den Eigenschaften des öffentlichen Ordners. In hybriden Szenarien sind Formulare ausschließlich mit Exchange SE kompatibel. Exchange Online ignoriert benutzerdefinierte MAPI-Formulare.

Formulare steuern die Eingabemaske und die Optionen, mit denen neue Objekte in diesem öffentlichen Ordner bereitgestellt werden. Hier können Sie sehen, welche Formulare dem Ordner bereits zugewiesen wurden oder noch zugewiesen werden können.

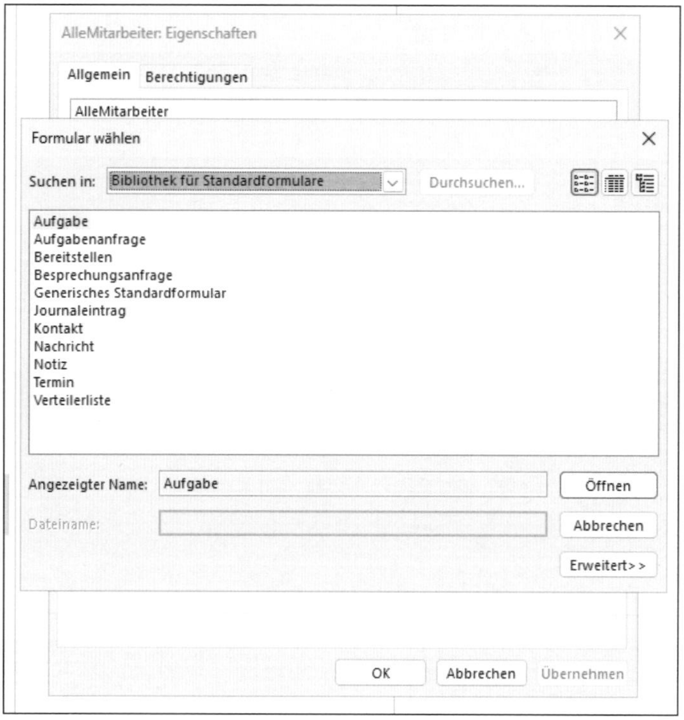

Abb. 8.6 Steuern der Formulare in den allgemeinen Einstellungen

Auf der Registerkarte *Berechtigungen* steuern Sie, welche Benutzer auf den öffentlichen Ordner zugreifen und mit welchen Berechtigungen sie arbeiten dürfen.

Im oberen Bereich sehen Sie, welche Benutzer bereits Berechtigung auf den öffentlichen Ordner haben und welcher Berechtigungsstufe sie zugeordnet sind. Sie können neue Benutzer mit aufnehmen und vorhandene entfernen. Hier lassen sich auch die Berechtigungen der einzelnen Benutzer bearbeiten.

Im Gegensatz zu den Berechtigungen im Postfach eines Benutzers können Sie bei öffentlichen Ordnern noch Berechtigungen für den Nutzer *Anonym* vergeben. Damit können Sie kontrollieren, ob E-Mails von außen aus dem Internet in den Ordner geschickt werden dürfen.

Dies können Sie beispielsweise für Standardadressen wie *info@* oder *support@* einsetzen, wenn mehrere Mitarbeiter diese Nachrichten bearbeiten sollen. Es gibt in Outlook folgende Standardberechtigungsstufen, die Sie vergeben können:

- **Keine** Benutzer mit dieser Stufe haben keinerlei Berechtigung. Verwenden Sie diese Stufe für die Standardbenutzer, wenn Sie für einen Ordner explizite Berechtigungen festlegen wollen. Sie können einzelne Benutzer oder Gruppen aufnehmen und sicherstellen, dass nur sie Berechtigung auf den Ordner haben.
- **Mitwirkender** (Stufe 1) Mit dieser Berechtigung dürfen Benutzer neue Objekte im Ordner erstellen, aber die Ansicht der bereits vorhandenen Objekte wird nicht erlaubt.
- **Prüfer** (Stufe 2) Diese Stufe liegt zwar in der Hierarchie eine Stufe höher als Stufe 1, berechtigt aber nicht zum Schreiben in das Postfach, sondern lediglich zum Lesen des Inhalts.
- **Nicht bearbeitender Autor** (Stufe 3) Die Stufe 3 ist die zusammengefasste Berechtigungsstufe 1 und Stufe 2. Benutzer mit einer Berechtigung der Stufe 3 dürfen Objekte in diesem Ordner erstellen und den Inhalt lesen.
- **Autor** (Stufe 4) Mit der Stufe 4 können Benutzer zusätzlich zur Stufe 3 die von ihnen erstellten Objekte in diesem Postfach bearbeiten und löschen.
- **Veröffentlichender Autor** (Stufe 5) Diese Stufe beinhaltet die Berechtigung der Stufe 4 und zusätzlich das Recht, untergeordnete Objekte zu bearbeiten und zu löschen, allerdings nur für untergeordnete Objekte, die von dem jeweiligen Benutzer mit Stufe 5 in den Ordner gestellt wurden.
- **Bearbeiter** (Stufe 6) Benutzer mit dieser Berechtigung können neue Objekte aufnehmen, vorhandene lesen und alle vorhandenen Objekte bearbeiten oder löschen.
- **Veröffentlichender Bearbeiter** (Stufe 7) Benutzer der Stufe 7 haben dieselbe Berechtigung wie Benutzer der Stufe 6 und können zusätzlich untergeordnete Ordner in diesem Ordner erstellen.
- **Besitzer** (Stufe 8) Diese Berechtigungsstufe ist die höchste Stufe, die für einen öffentlichen Ordner erteilt werden kann. Benutzer der Stufe 8 haben dieselben Rechte wie Benutzer der Stufe 7 und können zusätzlich Berechtigungen des Ordners bearbeiten, erteilen und entziehen.

Sie können Benutzern ebenfalls manuell bestimmte Rechte zuweisen, ohne die vorgefertigten Berechtigungsstufen zu verwenden. Nehmen Sie dazu den Benutzer in die Liste auf und weisen Sie ihm die Berechtigungsstufe zu, die am nächsten an die Rechte herankommt, die Sie erteilen wollen. Dazu stellt Outlook zusätzlich einige weitere Optionen zur Verfügung:

- **Elemente erstellen** Gleichbedeutend mit Stufe 1. Benutzer können neue Objekte aufnehmen, aber vorhandene nicht lesen.
- **Unterordner erstellen** Mit dieser Berechtigung können neue Ordner innerhalb des Ordners erstellt werden.
- **Besitzer des Ordners** Erteilt dem Benutzer die Berechtigungsstufe 8.
- **Ordner sichtbar** Benutzern mit dieser Berechtigung wird der Ordner in ihren Clients, zum Beispiel in Outlook, angezeigt. Dies bedeutet jedoch nicht, dass sie Rechte auf die Inhalte des Ordners haben.

In der Rubrik *Elemente löschen* können Sie angeben, welche Elemente der Benutzer löschen darf:

- **Keine** Innerhalb des Ordners können keine Objekte gelöscht werden.
- **Eigene** Nur die vom Benutzer selbst erstellten Objekte können gelöscht werden, andere nicht.
- **Alle** Alle Objekte können von diesem Benutzer gelöscht werden.

8.1.22 Öffentliche Ordner im Exchange Admin Center verwalten

In den Einstellungen für einen öffentlichen Ordner im Exchange Admin Center lassen sich weitere Einstellungen vornehmen. In Exchange SE können Sie über den Bereich *Ordnerberechtigungen* auf der rechten Seite unten im Bereich *Öffentliche Ordner/Öffentliche Ordner* Berechtigungen ändern.

Rufen Sie die Bearbeitung eines öffentlichen Ordners mit dem Stiftsymbol im Exchange Admin Center auf, können Sie weitere Einstellungen anpassen.

Abb. 8.7 Anpassen der Einstellungen für öffentliche Ordner

Auf der Registerkarte *Allgemein* steht noch die Option *Gelesen- und Ungelesen-Informationen pro Benutzer für diesen öffentlichen Ordner aufbewahren* zur Verfügung. Diese Funktion bewirkt, dass Exchange SE den individuellen Lesestatus für jedes Postfach speichert. Wird die Option deaktiviert, markiert Outlook alle Elemente in öffentlichen Ordnern pauschal als gelesen, sobald irgendein Benutzer sie geöffnet hat. Diese Konfiguration eignet sich für Ordner, die als gemeinsame Informationsquelle dienen. Für Arbeitsordner mit persönlichen Aufgaben oder Nachrichten sollte die Option aktiviert bleiben, damit Benutzer ihren eigenen Lesestatus nachvollziehen können. Aktivieren Sie dieses Kontrollkästchen, merkt sich der Ordner den Lesestatus der Elemente für einzelne Benutzer.

Auf der Registerkarte *Allgemeine E-Mail-Eigenschaften* können Sie verschiedene Einstellungen für die Anzeige des öffentlichen Ordners und der E-Mail-Adresse vornehmen. Neben der primären Adresse lassen sich zusätzliche SMTP-Aliasse für öffentliche Ordner definieren. Die Steuerung erfolgt wie bei normalen Empfängern. Wird der Ordner aus der Exchange-Adressliste ausgeblendet (*HiddenFromAddressListsEnabled*), ist er für Benutzer in Outlook nicht mehr sichtbar, bleibt aber über direkte Adresseingabe erreichbar. Dies wird häufig bei systeminternen Ordnern genutzt, die nicht für alle Benutzer sichtbar sein sollen.

Die Option *Aus Exchange-Adressliste ausblenden* verhindert, dass der Ordner in der globalen Adressliste und anderen Adresslisten angezeigt wird. Über *Benutzerdefinierte Attribute* können Sie bis zu 15 benutzerdefinierte Attribute definieren. Diese lassen sich wiederum an den verschiedenen Stellen für Richtlinien verwenden.

Über die Registerkarte *E-Mail-Adresse* konfigurieren Sie die vorhandenen Adressen und legen zusätzliche fest. Die Einstellungen entsprechen den Einstellungen für normale Empfänger.

Auf der Registerkarte *Zustellungsoptionen* können Sie Einstellungen für den Nachrichtenfluss festlegen:

- **Senden als** Wählen Sie diese Option aus, kann der Anwender im Namen des öffentlichen Ordners E-Mails senden. Das verhält sich ähnlich wie bei den Anwendern (siehe Kapitel 7).
- **Senden im Auftrag von** Klicken Sie auf *Hinzufügen*, um einem Empfänger in der Organisation die Berechtigung zu erteilen, stellvertretend für den ausgewählten öffentlichen Ordner E-Mails zu senden. Es ist in der E-Mail aber ersichtlich, wer sie gesendet hat.

Wichtige Einstellungen finden Sie auch über das Menü *Nachrichtenflusseinstellungen*. Hier lassen sich Einstellungen ebenso vornehmen wie für normale Benutzer:

- **Größeneinschränkungen für Nachrichten** Hier können Sie die maximale Nachrichtengröße festlegen, die von diesem Ordner gesendet und empfangen werden können.
- **Einschränkungen für die Nachrichtenzustellung** Hier legen Sie fest, welche Empfänger E-Mails an den Ordner senden dürfen. Aktivieren Sie *Allen Absendern*, um festzulegen, dass der Ordner Nachrichten von allen Absendern akzeptieren kann. Dabei kann es sich um Absender innerhalb oder außerhalb der Exchange-Organisation handeln. Diese Option ist standardmäßig aktiviert. Haben Sie das Kontrollkästchen *Authentifizierung aller Absender anfordern* deaktiviert, empfängt der Ordner auch E-Mails aus dem Internet. Die Option *Nur Absendern aus der folgenden Liste* bewirkt, dass der Ordner nur Nachrichten von bestimmten Empfängern akzeptiert.

Die Grenzwerte für öffentliche Ordner auf einem Postfachserver werden im Exchange Admin Center im Bereich *Grenzwerte* gesetzt. Rufen Sie die Eigenschaften der Datenbank auf, in der sich das Postfach für den öffentlichen Ordner befindet, können Sie ebenfalls Grenzwerte definieren (siehe Kapitel 5).

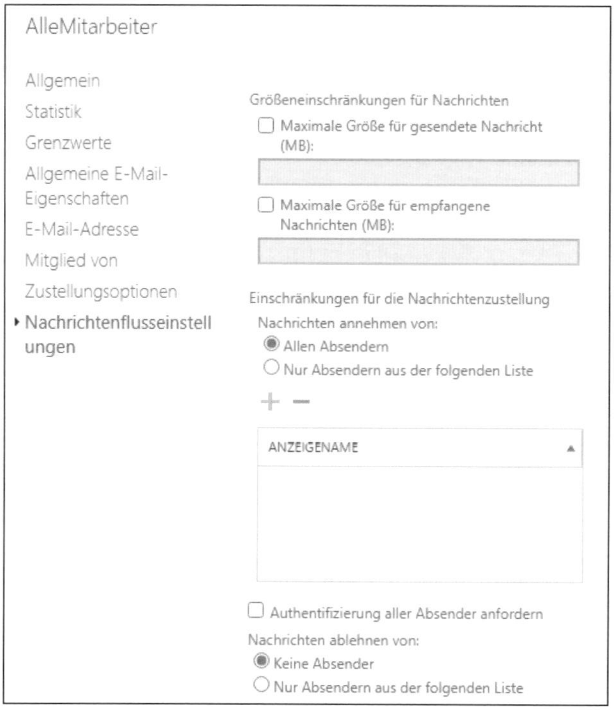

Abb. 8.8 Konfigurieren des Nachrichtenflusses für öffentliche Ordner

Haben Sie für einen öffentlichen Ordner die Standardgrenzwerte deaktiviert, kann er eine unbegrenzte Datenmenge enthalten. Sie können aber auch speziell für einzelne öffentliche Ordner Grenzwerte setzen. Zunächst müssen Sie dazu die Standardgrenzwerte für den öffentlichen Ordner deaktivieren.

8.1.23 Öffentliche Ordner in der Exchange Management Shell verwalten

Auch in der Exchange Management Shell können Sie verschiedene Cmdlets verwenden, um öffentliche Ordner zu konfigurieren. Vor allem das Cmdlet *Set-PublicFolder* findet hier Einsatz.

Mit der folgenden Anweisung lassen Sie sich eine Statistik zur Nutzung von öffentlichen Ordnern anzeigen:

```
Get-PublicFolderItemStatistics -Identity "\<Pfad und Name>" |fl
```

Sie finden diese Informationen auch im Exchange Admin Center, indem Sie im Eigenschaftenfenster des öffentlichen Ordners den Menüpunkt *Statistik* aufrufen.

Sinnvoll kann das sein, wenn Sie ältere Ordner, deren Inhalt die Anwender nicht mehr nutzen, löschen wollen. Sie können diesen Inhalt zur besseren Analyse auch in eine *.csv*-Datei exportieren. Ein Beispiel dafür ist:

```
Get-PublicFolderItemStatistics -Identity "\Verkauf" | Select
Subject,LastModificationTime,HasAttachments,ItemType,MessageSize | Export-CSV
C:Verkauf.csv
```

Sie können sich die folgenden Informationen zu Elementen in einem öffentlichen Ordner anzeigen lassen:

- Typ des Elements
- Betreff
- Uhrzeit der letzten Änderung durch einen Benutzer
- Zeitpunkt des letzten Benutzerzugriffs
- Erstellungszeit
- Anlagen

Im folgenden Beispiel wird die Ausgabe des Cmdlets in die Datei *Stats.csv* exportiert, die die folgenden Informationen für alle Elemente im öffentlichen Ordner *\Einkauf* enthält:

- Betreff der Nachricht (*Subject*)
- Datum und Uhrzeit der letzten Änderung des Elements (*LastModificationTime*)
- Information, ob das Element Anlagen enthält (*HasAttachments*)
- Typ des Elements (*ItemType*)
- Größe des Elements (*MessageSize*)

```
Get-PublicFolderItemStatistics -Identity "\Einkauf" | Select
Subject,LastModificationTime,HasAttachments,ItemType,MessageSize | Export-CSV
C:\Temp\Stats.csv
```

Mit dem Befehl *New-PublicFolder* können Sie öffentliche Ordner in der Exchange Management Shell erstellen, mit *Remove-PublicFolder* lassen sie sich wieder löschen. Um die Eigenschaften von öffentlichen Ordnern zu bearbeiten, verwenden Sie den Befehl *Set-PublicFolder*.

Die Einstellungen der öffentlichen Ordner rufen Sie auf, indem Sie in der Exchange Management Shell den Befehl *Get-PublicFolder* ausführen. Geben Sie den Befehl ohne weitere Optionen ein, werden Ihnen die Informationen der obersten Ebene der *Öffentliche Ordner*-Hierarchie angezeigt.

Verwenden Sie den folgenden Befehl, werden Ihnen alle Informationen über einen bestimmten öffentlichen Ordner angezeigt:

```
Get-PublicFolder -Identity \<Name des öffentlichen Ordners>
```

Um sich die Unterordner anzeigen zu lassen, verwenden Sie die folgende Befehlssyntax:

```
Get-PublicFolder -Identity \<Name des übergeordneten Ordners>\<Name des
untergeordneten Ordners>
```

Alle Informationen eines öffentlichen Ordners, einschließlich seiner untergeordneten Ordner, erhalten Sie über den folgenden Befehl:

```
Get-PublicFolder -Identity \<Name des Ordners> -Recurse
```

Möchten Sie nur die Informationen von untergeordneten Ordnern eines übergeordneten Ordners erhalten, verwenden Sie den Befehl:

```
Get-PublicFolder -Identity \<Name des übergeordneten Ordners> -GetChildren
```

Die Bezeichnung aller öffentlichen Ordner erhalten Sie über die folgende Anweisung angezeigt:

```
Get-PublicFolder -Recurse |fl Name
```

Wollen Sie eine Zusammenfassung aller öffentlichen Ordner anzeigen lassen, verwenden Sie den Befehl *Get-PublicFolderStatistics*. Über diese Statistik sehen Sie die Anzahl der Objekte sowie die letzte Zugriffszeit von öffentlichen Ordnern, einschließlich der Systemordner.

Mit dem Befehl *Set-PublicFolder* werden die meisten Konfigurationen vorgenommen, um einen öffentlichen Ordner zu steuern.

Mit der folgenden Anweisung setzen Sie die standardmäßigen Grenzwerte für den öffentlichen Ordner zurück. Für alle anderen öffentlichen Ordner gelten die Grenzwerte noch.

```
Set-PublicFolder -Identity \<Name des öffentlichen Ordners>
-UseDatabaseQuotaDefaults: $False
```

Mit dem folgenden Befehl werden für den öffentlichen Ordner die Standardwerte der Grenzwerte verwendet, die für die Datenbank gesetzt worden sind:

```
Set-PublicFolder -Identity \<Name des öffentlichen Ordners>
-UseDatabaseQuotaDefaults: $True
```

Rufen Sie die Eigenschaften eines öffentlichen Ordners im Exchange Admin Center auf, können Sie seinen Grenzwert in den Eigenschaften über die Registerkarte *Grenzwerte* festlegen.

8.2 Öffentliche Ordner zu Microsoft 365-Gruppen migrieren

Wollen Unternehmen von lokalen Exchange-Servern zu Microsoft 365 migrieren oder Microsoft 365 parallel in hybriden Umgebungen einsetzen, stellt sich häufig die Frage, wie die beste Vorgehensweise bei öffentlichen Ordnern ist. Hier besteht zum Beispiel die Möglichkeit, die öffentlichen Ordner in Microsoft 365-Gruppen zu migrieren.

Um öffentliche Ordner in Microsoft 365 zu migrieren, gilt die gleiche Vorgehensweise wie bei der Einführung einer neuen Exchange-Version. Im ersten Schritt sollten die öffentlichen Ordner überprüft und dahin gehend optimiert werden, dass nur notwendige Daten migriert werden. Bevor eine Migration erfolgt, sollten darüber hinaus vorhandene Probleme und Fehler in den Exchange-Datenbanken behoben werden. Ich beschreibe nachfolgend die Vorgehensweise in Exchange SE.

> Vor der Migration zu Microsoft 365-Gruppen sollten Fehler in den öffentlichen Ordnern behoben werden. Das Vorgehen dazu finden Sie weiter vorne in diesem Kapitel im Abschnitt 8.1.13 beschrieben.

8.2.1 Microsoft 365-Gruppen als Ersatz für öffentliche Ordner nutzen

Microsoft 365-Gruppen stellen ein Sicherheitskonzept dar, mit dem Gruppenarbeit in Microsoft 365 effektiver dargestellt werden kann. Grundsätzlich sind Microsoft 365-Gruppen ein Objekt in Azure Active Directory, das mit Microsoft 365 verbunden ist. Administratoren können einer Microsoft 365-Gruppe verschiedene Benutzer zuordnen. Dadurch stehen den Gruppen verschiedene Funktionen zur Verfügung, mit denen sich auch Daten speichern lassen.

Neben internen Benutzern lassen sich auch externe als Gäste in Microsoft 365-Gruppen einbinden. Diese müssen vorab in Entra ID als Gastbenutzer registriert sein. Der Zugriff kann über Gruppenrichtlinien kontrolliert werden. Gastmitglieder erhalten je nach Einstellung Zugriff auf SharePoint-Inhalte, Unterhaltungen, Dateien und das Notizbuch, jedoch nicht immer auf Planner oder Outlook-Kalender. Die Einladung erfolgt automatisiert per E-Mail, sobald sie zur Gruppe hinzugefügt wurden:

```
Add-UnifiedGroupLinks -Identity "Projektgruppe" -LinkType Members -Links
gast@externefirma.de
```

Mit dieser Kombination können Gruppen Zugriffsberechtigungen erteilt werden, die für einzelne Teammitglieder gelten. Erhält ein Benutzer zum Beispiel das Recht, auf die Microsoft 365-Gruppe *Einkauf* zuzugreifen, erhält er automatisch Zugriff auf alle Tools und Daten der Gruppe. Dazu gehören zum Beispiel auch die SharePoint-Teamsite der Gruppe und die verschiedenen Datenablagen.

Die Unterhaltungsansicht von Outlook ermöglicht den Teammitgliedern einer Microsoft 365-Gruppe Diskussionen auf Basis von E-Mails. Hier kann auf Outlook 2016/2019, aber auch auf Outlook Web App (OWA) in Microsoft 365 gesetzt werden. In OWA sind die verschiedenen Dienste und Tools direkt im Browser verfügbar.

Microsoft 365-Gruppen kombinieren verschiedene Dienste in Microsoft 365 zu einem gemeinsamen Arbeitsbereich. Dieser wird den Teammitgliedern zur Verfügung gestellt.

Microsoft 365-Gruppen erhalten ein Exchange-Postfach in Microsoft 365, so wie es bei öffentlichen Ordnern möglich ist. Außerdem erhalten sie einen gemeinsamen Kalender. Dieser erlaubt die Koordination von Terminen für die ganze Gruppe. Natürlich lassen sich die Termine der Gruppe auch in den einzelnen Postfächern der Anwender anzeigen. Jede Gruppe erhält eine eigene Teamseite beziehungsweise Site Collection. Diese Bereiche basieren auf SharePoint Online, was für Teamwork-Funktionen ohnehin besser geeignet ist als öffentliche Ordner in Exchange.

Dateien werden wiederum in einer SharePoint-Dokumentenbibliothek gespeichert. Diese ist Bestandteil der Teamseite und steht dem gesamten Team zur Verfügung. Die Berechtigungen dazu lassen sich wesentlich effektiver steuern als mit Exchange-Berechtigungen. Zusätzlich wird dem Team ein gemeines Notizbuch auf Basis von OneNote zur Verfügung gestellt. In den Notizen lassen sich ebenfalls Daten speichern und gemeinsam im Team nutzen. Wie die Dateien des Teams wird auch das OneNote-Notizbuch in der SharePoint-Seite gespeichert. Der Planner-Bereich stellt ein Verwaltungswerkzeug für Aufgaben zur Verfügung.

Wem diese Funktionen noch nicht ausreichen, kann in der Microsoft 365-Gruppe auch PowerBI nutzen und dem Team PowerBI-Dashboards zur Verfügung stellen. Microsoft Teams rundet die Kommunikationsmöglichkeiten der Microsoft 365-Gruppen ab.

Jede neue Microsoft 365-Gruppe lässt sich in Microsoft Teams integrieren. Sobald Teams aktiviert ist, wird automatisch ein Team mit Kanälen, OneNote, Planner und SharePoint-Site bereitgestellt. Die Datenhaltung erfolgt vollständig über die Microsoft 365-Gruppeninfrastruktur. Administratoren verwalten die Gruppenmitgliedschaft über Microsoft Entra ID, SharePoint-Zugriffsrechte über die zugehörige Site Collection. Für die Integration muss sichergestellt sein, dass Gruppen über die Outlook-Oberfläche oder PowerShell mit dem Parameter -ForceTeamSiteCreation erweitert werden.

Wird eine Microsoft 365-Gruppe mit Microsoft Teams verbunden, entsteht im Hintergrund ein Gruppenpostfach mit Kalender, Unterhaltungen und Ordnerstruktur. Das Postfach kann nicht direkt in Outlook geöffnet oder verwaltet werden. Der Zugriff erfolgt ausschließlich über Teams oder die Gruppenansicht in Outlook. Administratoren können die Inhalte mit *Get-Mailbox*, *Get-UnifiedGroup* oder über das Microsoft 365 Admin Center einsehen. Gruppenpostfächer aus Teams dienen als Kommunikationsspeicher für Chatverläufe, Planungsdaten und SharePoint-Dokumente.

Die Chat- und Conferencing-Lösung baut ebenfalls auf Microsoft 365-Gruppen auf. Jede Gruppe erhält einen eigenen Chat-Arbeitsbereich. Außerdem können eigene Chat-Räume und -Kanäle eingerichtet werden.

Wie bei öffentlichen Ordnern auch kann bei Microsoft 365-Gruppen mit verschiedenen Clients zugegriffen werden. Im Fokus steht Outlook.

Parallel zu Outlook kann natürlich auch Outlook Web Access genutzt werden. Die neue Bezeichnung »Outlook Web App« bezeichnet dieselbe Oberfläche. Hier hat Microsoft nur den Namen geändert. Außerdem steht für iOS, Android und Windows Phone eine Mobile-Lösung zur Verfügung. Auf die verschiedenen Funktionen kann außerdem mit unterschiedlichen Apps zugegriffen werden. Apps für SharePoint-Zugriffe gibt es von vielen Anbietern.

Für Microsoft Teams gibt es einen passenden Client sowie eine App. Diese erlaubt ebenfalls den Zugriff auf die verschiedenen Funktionen von Microsoft 365-Gruppen. Microsoft 365-Gruppen können außerdem an externe Dienste angebunden werden. Diese aktualisieren in den meisten Fällen den internen Konversationsfeed der Gruppe mit aktuellen Informationen. Zu diesen Diensten gehören zum Beispiel X, RSS, JIRA, ToDo, GitHub, Facebook, Google Analytics und Azure DevOps Services.

Microsoft 365-Gruppen, öffentliche Ordner und freigegebene Postfächer lassen sich in Exchange Online mit Aufbewahrungsrichtlinien aus Microsoft Purview verbinden. Diese Richtlinien bestimmen, wie lange Inhalte erhalten bleiben und wann sie automatisch gelöscht oder archiviert werden. Die Anwendung erfolgt auf Ordner, Nachrichten oder ganze Postfächer. Beispiele sind rechtlich bindende Aufbewahrungsfristen oder die automatische Löschung alter Projektkommunikation nach drei Jahren.

8.2.2 Unterschiede von Microsoft 365-Gruppen zu öffentlichen Ordnern

Öffentliche Ordner bieten eine Ordnerhierarchie, die sehr tief verwurzelt sein kann. Im Gegensatz dazu verfügen Microsoft 365-Gruppen über eine flache Struktur. Dadurch lassen sich Daten schneller anzeigen und finden, allerdings nicht so tief gehend organisieren wie bei öffentlichen Ordnern.

Berechtigungen lassen sich bei öffentlichen Ordnern sehr granular und komplex vergeben. Das ist bei Microsoft 365-Gruppen nicht möglich. Hier gibt es nur die beiden Gruppen *Besitzer* und *Mitglied*. Vor der Migration von öffentlichen Ordnern zu Microsoft 365-Gruppen sollten Sie also genau planen, wie die Berechtigungen der Gruppen aussehen sollten.

8.2.3 Migration von öffentlichen Ordnern zu Microsoft 365-Gruppen durchführen

Sind alle Vorbereitungen getroffen, kann die Migration durchgeführt werden. Sie können mit einer Stapelmigration E-Mails und Kalender aus öffentlichen Ordnern in Microsoft 365-Gruppen verschieben.

Nach Abschluss der Migration eines E-Mail-aktivierten öffentlichen Ordners zu einer Microsoft 365-Gruppe werden alle E-Mails von der Gruppe empfangen, nicht mehr von dem öffentlichen Ordner.

Die Migration basiert auf dem Postfachreplikationsdienst (Mailbox Replication Service, MRS). Dadurch lassen sich mehrere öffentliche Ordner sehr schnell migrieren, ähnlich wie beim Verschieben von Postfächern zwischen Postfachdatenbanken.

Lokale öffentliche Ordner können direkt zu Microsoft 365-Gruppen migriert werden. Bei der Migration ist es nicht erforderlich, zuerst die öffentlichen Ordner zu Microsoft 365 und dann in Gruppen zu verschieben. Sie können den Vorgang in einem Rutsch durchführen. Sie können bestimmte öffentliche Ordner für die Migration vorsehen und andere Ordner auf den Exchange-Servern belassen, wenn Sie sie noch nicht migrieren wollen.

Bei der Stapelmigration werden die Daten aus den Quellordnern kopiert. Danach findet keine weitere Synchronisierung statt. Das erleichtert die Migration, muss aber geplant werden. Allerdings kann die Migration auch wiederholt werden, sodass weitere Daten synchronisiert werden.

Die öffentlichen Ordner und die beteiligten Gruppen bleiben bis zum Abschluss der Migration online. Sie können bis zu diesem Zeitpunkt ein Rollback zu den öffentlichen Ordnern durchführen. Auch nach der Migration ist es möglich, ein Rollback zu öffentlichen Ordnern durchzuführen.

8.2.4 Migration in der Praxis durchführen

Sie müssen Ihre Exchange-Umgebung mit Microsoft 365 zu einer Hybrid-Bereitstellung kombinieren. Erst dann ist die Migration von öffentlichen Ordnern zu Microsoft 365-Gruppen möglich. Sie müssen auch Mitglied der Rollengruppe *Organisationsverwaltung* sein. Die Microsoft 365-Gruppen sollten außerdem vorher angelegt werden.

Microsoft 365-Gruppen verfügen standardmäßig über ein Postfach mit 50 GB Speicherplatz. Stellen Sie also sicher, dass der Speicherplatz der öffentlichen Ordner, die Sie migrieren, maximal 50 GB beträgt. Enthalten zu migrierende öffentliche Ordner verschiedene Unterordner, werden diese nicht automatisch zur Migration vorgesehen, sondern Sie müssen sie zur Migration markieren.

Microsoft unterstützt Unternehmen mit Skripts bei der Migration. Diese können Sie bei Microsoft auf der Seite *https://www.microsoft.com/en-us/download/details.aspx?id=55985* herunterladen. Das Skript ist schon etwas älter und es ist durchaus möglich, dass es mit Exchange SE auf Dauer nicht zuverlässig funktioniert und Fehlermeldungen verursacht. Speichern Sie die Skripts auf dem Exchange-Server, auf dem Sie die Migration starten wollen. Die Sammlung erhält verschiedene Skripts:

- *AddMembersToGroups.ps1* Mit diesem Skript fügen Sie Mitglieder und Besitzer zu Microsoft 365-Gruppen hinzu.

- *LockAndSavePublicFolderProperties.ps1* Dieses Skript versetzt öffentliche Ordner in den schreibgeschützten Modus und überträgt die E-Mail-Adressen von den öffentlichen Ordnern zu den Microsoft 365-Gruppen.
- *UnlockAndRestorePublicFolderProperties.ps1* Mit diesem Skript werden Zugriffsrechte und E-Mail-Eigenschaften der öffentlichen Ordner wiederhergestellt.
- *WriteLog.ps1* Dieses Skript aktiviert die Protokollierung für die drei vorhergehenden Skripts.
- *RetryScriptBlock.ps1* Mit diesem Skript können die vorhergehenden Skripts automatisch neu starten, wenn ein Befehl nicht funktioniert.

Die Migrationsfunktion *PAW* muss für Microsoft 365 aktiviert sein. Das können Sie in der Exchange Online PowerShell mit *Get-MigrationConfig* überprüfen. Erstellen Sie eine CSV-Datei, die die notwendigen Daten zur Migration enthält. Dabei benötigen Sie folgende Spalten:

- FolderPath Der Pfad des öffentlichen Ordners, der migriert werden soll
- TargetGroupMailbox Die SMTP-Adresse der Zielgruppe in Microsoft 365

Sie können die Daten in der PowerShell anzeigen lassen:

```
Get-UnifiedGroup <Alias der Gruppe> |ft PrimarySmtpAddress
```

Die Datei kann zum Beispiel folgendermaßen aussehen:

```
"FolderPath","TargetGroupMailbox"
"\Sales","sales@contoso.onmicrosoft.com"
"\Sales\EMEA","emeasales@contoso.onmicrosoft.com"
```

Wenn Sie mehrere öffentliche Ordner zur selben Microsoft 365-Gruppe migrieren wollen, können Sie verschiedene Migrationsbatches starten und hintereinander ausführen.

Als Nächstes sammeln Sie Informationen aus der Exchange-Umgebung. Anschließend erstellen Sie ein Exchange Online PowerShell-Migrationsbatch und starten damit die Migration. Im Skript verwenden Sie die Anmeldeinformationen eines Exchange-Administrators. Die Daten können Sie in einer Variablen speichern, zum Beispiel mit:

```
$Source_Credential = Get-Credential
<Quelldomäne>\<PublicFolder_Administrator_Account>
```

Der MRS-Proxyserver in der Exchange 2016-Umgebung wird ebenfalls in einer Variablen gespeichert:

```
$Source_RemoteServer = "<MRS-Proxyendpunkt>"
```

Erstellen Sie in der Exchange Online PowerShell einen Migrationsendpunkt:

```
$PfEndpoint = New-MigrationEndpoint -PublicFolderToUnifiedGroup -Name
PFToGroupEndpoint
-RemoteServer $Source_RemoteServer -Credentials $Source_Credential
```

Danach erstellen Sie einen neuen Batch, um die Migration durchzuführen. Sie müssen bei dem Befehl auch die CSV-Datei übergeben (*CSVData*). Mit *NotificationEmails* können Sie Administratoren über den Status und Fortschritt der Migration informieren:

```
New-MigrationBatch -Name PublicFolderToGroupMigration -CSVData (Get-Content
<Pfad zur .csv-Datei> -Encoding Byte) -PublicFolderToUnifiedGroup
-SourceEndpoint $PfEndpoint.Identity
[-NotificationEmails <E-Mail-Adressen für Migrationshinweise>] [-AutoStart]
```

Wenn Sie nicht die Autostart-Option verwenden wollen, starten Sie den Batch manuell in der PowerShell:

```
Start-MigrationBatch PublicFolderToGroupMigration
```

Sie können den Fortschritt mit *Get-MigrationBatch* und *Get-MigrationUser* anzeigen. Im Exchange Admin Center ist über *Empfänger/Migration* der Status der Migration ebenfalls zu sehen.

Sie können nach der Migration jederzeit manuell Mitglieder zur Microsoft 365-Gruppe hinzufügen. Mit dem Skript *AddMembersToGroups.ps1* werden die Benutzer des öffentlichen Ordners in die Gruppe aufgenommen. Dazu müssen die Benutzerpostfächer aber mit Exchange Online synchronisiert werden:

```
.\AddMembersToGroups.ps1 -MappingCsv < Pfad zur .csv-Datei> -BackupDir <Pfad zum
Backup-Ordner > -ArePublicFoldersOnPremises $true -Credential (Get-Credential)
```

Das Skript *LockAndSavePublicFolderProperties.ps1* versieht die öffentlichen Ordner mit einem Schreibschutz:

```
.\LockAndSavePublicFolderProperties.ps1 -MappingCsv < Pfad zur .csv-Datei>
-BackupDir
<Pfad zum Backup-Ordner> -ArePublicFoldersOnPremises $true -Credential
(Get-Credential)
```

Führen Sie die Migration erneut durch, werden inkrementelle Daten erneut zur Microsoft 365-Gruppe übertragen. Microsoft unterstützt mehrstufige Migrationen von öffentlichen Ordnern zu Microsoft 365-Gruppen. Dabei lassen sich in einem ersten Schritt nur Metadaten und Struktur übertragen. Änderungen an Inhalten während der Testmigration können in einem inkrementellen Batch übernommen werden. Skripts wie *LockAndSavePublicFolderProperties.ps1* verhindern weitere Änderungen während der letzten Übertragung. Dieser Ablauf sichert konsistente Zustände bei produktiver Umschaltung.

8.3 Freigegebene Postfächer

Freigegebene Postfächer sind normale Exchange-Postfächer. Sie sind aber nicht direkt mit einem einzigen Benutzerkonto verbunden, sondern mehreren Anwendern zugeordnet. Die freigegebenen Postfächer verhalten sich ähnlich wie öffentliche Ordner, sind aber vor allem für kleine Teams gedacht.

Mit freigegebenen Postfächern können Sie auch Kalender bereitstellen, sodass mehrere Benutzer Urlaubszeiten oder andere Termine anzeigen und gemeinsam planen können. In hybriden Umgebungen mit Exchange SE und Exchange Online muss die Kalenderfreigabe eingerichtet werden. Nur mit einem funktionierenden Federation Trust und konfiguriertem *AvailabilityAddressSpace* lassen sich Frei/Gebucht-Informationen organisationsübergreifend abrufen. Die Konfiguration erfolgt lokal mit:

```
Add-AvailabilityAddressSpace -ForestName "firma.mail.onmicrosoft.com"
-AccessMethod PerUserFB -UseServiceAccount $true
```

Ohne diese Einstellung kann Outlook keine Kalenderinformationen zwischen On-Premises und Cloud-Postfächern austauschen. Wenn ein Kalender gezielt freigegeben werden soll, lässt sich die Freigabe granular mit PowerShell über das Cmdlet *Add-MailboxFolderPermission* konfigurieren. Damit können Sie einem Benutzer beispielsweise Lese- oder Bearbeitungsrechte auf einen bestimmten Ordner wie den Kalender zuweisen:

```
Add-MailboxFolderPermission -Identity info:\Kalender -User MeierT -AccessRights
Reviewer
```

Gängige Berechtigungen sind *Reviewer* (nur anzeigen), *Editor* (lesen, schreiben) oder *PublishingEditor* (inkl. Ordner erstellen). Die Rechte lassen sich später mit *Set-MailboxFolderPermission* anpassen oder mit *Remove-MailboxFolderPermission* wieder entfernen.

Ein freigegebenes Postfach verfügt über eine E-Mail-Adresse (*info@joos.int* oder *sales@contoso.com*). Mehrere Benutzer können an eine E-Mail-Adresse gesendete E-Mails überwachen und sie beantworten.

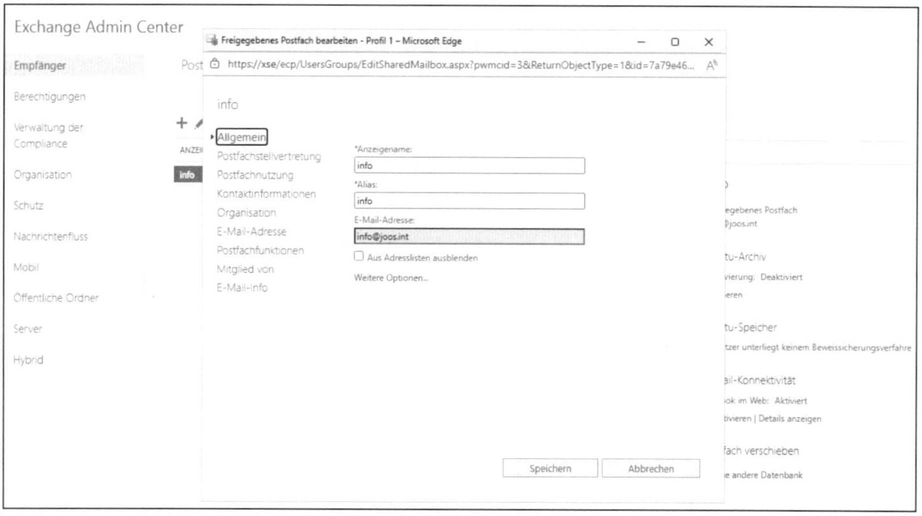

Abb. 8.9 Freigegebene Postfächer im Exchange Admin Center erstellen und verwalten

8.3.1 Freigegebene Postfächer verstehen

Ein freigegebenes Postfach ist eine Art Benutzerpostfach, das keinen eigenen Benutzernamen und kein Kennwort aufweist. Ein freigegebenes Postfach unterscheidet sich funktional von der Stellvertretungsfunktion. Während bei Stellvertretungen die Berechtigungen gezielt auf Kalender, Aufgaben oder einzelne Postfachelemente gesetzt werden, greifen Benutzer bei freigegebenen Postfächern direkt auf das gesamte Postfach zu. Stellvertretung eignet sich für persönliche Assistenten, freigegebene Postfächer für Abteilungen oder zentrale Funktionspostfächer. Beide Modelle können parallel genutzt werden, müssen aber unterschiedlich konfiguriert und verwaltet werden.

Die Benutzer können sich nicht direkt mit den Anmeldedaten des Postfachs anmelden. Für den Zugriff auf ein freigegebenes Postfach muss den Benutzern erst die Berechtigung *Senden als* oder *Vollzugriff* erteilt werden. Anschließend können sie sich bei ihren eigenen Postfächern anmelden und dann auf das freigegebene Postfach zugreifen, indem sie es ihrem Outlook-Profil hinzufügen.

In Exchange SE können Sie das Exchange Admin Center verwenden, um ein freigegebenes Postfach in einem Schritt zu erstellen, genauso wie öffentliche Ordner oder normale Postfächer. Sie können das freigegebene Postfach mit den folgenden Stellvertreterberechtigungen konfigurieren:

- **Vollzugriff** Die Berechtigung *Vollzugriff* ermöglicht es einem Benutzer, sich beim freigegebenen Postfach anzumelden und als sein Besitzer zu agieren. Während er angemeldet ist, kann er Kalenderelemente erstellen, E-Mails lesen, anzeigen, löschen und ändern sowie Aufgaben und Kalenderkontakte erstellen. Ein Stellvertreter mit der Berechtigung *Vollzugriff* kann jedoch keine E-Mails über das freigegebene Postfach senden, außer er hat auch die Berechtigung *Senden als* oder *Senden im Auftrag von*. Zusätzlich zum Vollzugriff müssen Sendeberechtigungen separat gesetzt werden. *SendAs* erlaubt das Senden im Namen des Postfachs, *SendOnBehalf* markiert zusätzlich den tatsächlichen Absender. Die Konfiguration erfolgt über:
  - Add-MailboxPermission -Identity "Info" -User "Mitarbeiter01" -AccessRights FullAccess
  - Set-Mailbox -Identity "Info" -GrantSendOnBehalfTo "Mitarbeiter01"
  - Ohne diese Konfiguration erscheinen gesendete Nachrichten unter dem Absender des Stellvertreters.
- **Senden als** Die Berechtigung *Senden als* ermöglicht es einem Benutzer, im Namen des Postfachs E-Mails zu schreiben. Die Adresse des Anwenders wird dabei nicht angezeigt.
- **Senden im Auftrag von** Die Berechtigung *Senden im Auftrag von* ermöglicht es einem Benutzer, E-Mails im Auftrag des freigegebenen Postfachs zu senden. Dabei ist aber auch der Name des E-Mail-Erstellers ersichtlich, genauso wie bei öffentlichen Ordnern. Zum Erteilen der Berechtigung *Senden im Auftrag von* müssen Sie die Exchange Management Shell verwenden. Benutzen Sie das Cmdlet *Set-Mailbox* mit der Option *-GrantSendOnBehalfTo*.

In Vorgängerversionen von Exchange SE konnten Sie ein normales Postfach als Postfach mit Stellvertretungszugriff verwenden. In Exchange SE lassen sich diese Postfächer mit Stellvertretungszugriff mit der Exchange Management Shell in freigegebene Postfächer konvertieren.

In Umgebungen mit vielen freigegebenen Postfächern kann die automatische Einbindung durch Auto-Mapping zu längeren Ladezeiten in Outlook führen. Um dies zu verhindern, lässt sich die Funktion beim Hinzufügen der Berechtigung abschalten:

```
Add-MailboxPermission -Identity "Marketing" -User "mueller@firma.de"
-AccessRights FullAccess -AutoMapping $false
```

Das Postfach steht anschließend weiterhin zur Verfügung, muss aber manuell in Outlook eingebunden werden. Diese Methode verbessert die Leistung beim Start von Outlook.

Exchange SE und Exchange Online bieten verschiedene PowerShell-Befehle zur Analyse von Postfächern. Mit *Get-MailboxStatistics* lässt sich der Speicherverbrauch auslesen, *Get-MailboxFolderStatistics* zeigt die Elementanzahl pro Ordner. Für Auditzwecke liefert *Search-Mail-*

boxAuditLog Informationen über Zugriffe auf freigegebene Postfächer durch Dritte. Diese Befehle helfen dabei, nicht genutzte Postfächer zu identifizieren, Speicher zu planen oder verdächtige Zugriffe zu untersuchen.

8.3.2 Freigegebenes Postfach erstellen

Navigieren Sie zu *Empfänger/Freigaben* und klicken Sie dann auf das Plus-Symbol (*Neu*). Füllen Sie die folgenden erforderlichen Felder aus, um das Postfach zu erstellen.

Klicken Sie zum Erteilen von Vollzugriff oder *Senden als*-Berechtigungen auf das Plus-Symbol (*Hinzufügen*) und wählen Sie dann die Benutzer aus, denen Sie Berechtigungen erteilen wollen.

Sie können die `Strg`-Taste verwenden, um mehrere Benutzer auszuwählen. Klicken Sie auf *Speichern*, um Ihre Änderungen zu speichern und das freigegebene Postfach zu erstellen.

Im folgenden Beispiel wird das freigegebene Postfach *Verkauf* erstellt, und der Sicherheitsgruppe *Vertrieb* werden der Vollzugriff und *Senden im Auftrag von*-Berechtigungen erteilt. Benutzer, die Mitglied der Sicherheitsgruppe sind, erhalten die Berechtigungen für das Postfach.

```
New-Mailbox -Shared -Name "Verkauf" -DisplayName "Verkauf" -Alias Verkauf |
Set-Mailbox -GrantSendOnBehalfTo Vertrieb | Add-MailboxPermission -User Vertrieb
-AccessRights FullAccess -Inher-itanceType All
```

Standardmäßig speichert Exchange gesendete Nachrichten aus freigegebenen Postfächern im Ordner *Gesendete Elemente* des sendenden Benutzers. Um die Nachvollziehbarkeit sicherzustellen, sollten gesendete E-Mails zusätzlich auch im Postfach selbst abgelegt werden. Die Konfiguration erfolgt über:

```
Set-Mailbox "Info" -MessageCopyForSentAsEnabled $true
Set-Mailbox "Info" -MessageCopyForSendOnBehalfEnabled $true
```

Diese Einstellung gilt gleichermaßen für Exchange SE und Exchange Online. Freigegebene Postfächer lassen sich auch über Sicherheitsgruppen oder Microsoft 365-Gruppen steuern. Die Rechtevergabe erfolgt an die Gruppe, nicht an einzelne Personen. Mitglieder dieser Gruppen erhalten automatisch Zugriff auf das Postfach oder den Kalender. Dies erleichtert die Verwaltung, da bei Wechseln in der Abteilung keine manuellen Anpassungen am Postfach notwendig sind. Die Berechtigung wird über folgenden Befehl zugewiesen:

```
Add-MailboxPermission -Identity "Support" -User "Gruppe_Vertrieb" -AccessRights
FullAccess
```

8.3.3 Benutzerpostfach in ein freigegebenes Postfach konvertieren

In diesem Beispiel wird das Benutzerpostfach *Marketing@contoso.com* in ein freigegebenes Postfach konvertiert:

```
Set-Mailbox -Identity Marketing@contoso.com -Type Shared
```

Sie können das Konvertieren nur in der Exchange Management Shell durchführen. Um die Änderung zu überprüfen, verwenden Sie zum Beispiel:

```
Get-Mailbox -Identity Marketing@contoso.com |fl RecipientTypeDetails
```

Der anschließend angezeigte Wert für *RecipientTypeDetails* sollte *SharedMailbox* lauten.

8.4 Websitepostfächer – Exchange und SharePoint gemeinsam betreiben

Websitepostfächer verbinden Exchange und SharePoint und erlauben gemeinsamen Zugriff auf die Daten der beiden Systeme. Das heißt, Websitepostfächer können E-Mails empfangen und haben Zugriff auf SharePoint-Bibliotheken und die darin gespeicherten Dokumente.

8.4.1 Grundlagen zu Websitepostfächern

Wenn ein Anwender E-Mails oder Dokumente im Websitepostfach speichert, kann jedes andere Mitglied der Projektgruppe auf diese Inhalte zugreifen. Websitepostfächer sind in Outlook sichtbar und ermöglichen Benutzern den einfachen und gemeinsamen Zugriff auf E-Mails und Dokumente. Der Einsatz macht vor allem dann Sinn, wenn im Unternehmen mit SharePoint und Exchange parallel gearbeitet wird und bestimmte Projektgruppen gemeinsam an Dokumenten arbeiten, die in SharePoint gespeichert sind, und E-Mails erhalten, die in Exchange eingehen.

SharePoint speichert die Dokumente und bietet eine gemeinsame Dokumenterstellung sowie Versionsverwaltung. Exchange synchronisiert Metadaten aus SharePoint für die Dokumentansicht in Outlook. Beispiele dafür sind Dokumenttitel, Datum der letzten Änderung, Autor der letzten Änderung.

Mit dem Cmdlet *Set-SiteMailboxProvisioningPolicy* in der Exchange Management Shell können Sie Kontingente für Websitepostfächer festlegen. Die Bereitstellungsrichtlinien für Websitepostfächer gelten nur für E-Mails, die an das Websitepostfach und von ihm gesendet werden, sowie für die Größe des Websitepostfachs auf dem Exchange-Server. Die Dokumente in SharePoint sind davon nicht betroffen.

Die Einstellungen für den SharePoint-Bereich der Dokumente werden in SharePoint festgelegt. Wenn Sie mit *New-SiteMailboxProvisioningPolicy* mehrere Bereitstellungsrichtlinien für Websitepostfächer erstellen, wird nur die standardmäßige Bereitstellungsrichtlinie auf alle Websitepostfächer angewendet. Kontingente können Sie über die folgenden Optionen festlegen:

- **IssueWarningQuota** Gibt die Größe des Websitepostfachs an, bei der eine Warnmeldung gesendet wird.
- **MaxReceiveSize** Gibt die maximale Größe von E-Mails an, die von dem Websitepostfach empfangen werden können.
- **ProhibitSendReceiveQuota** Gibt die Größe an, ab der das Websitepostfach keine Nachrichten mehr senden oder empfangen kann.

Der Lebenszyklus eines Websitepostfachs wird über eine SharePoint-Website verwaltet. Sie erstellen dazu in SharePoint eine Lebenszyklusrichtlinie, die alle Websitepostfächer automatisch nach sechs Monaten schließt. Wenn ein Benutzer ein solches Websitepostfach weiterhin nutzen will, kann er es über SharePoint erneut aktivieren.

Wenn SharePoint ein Websitepostfach schließt, wird es so lange im geschlossenen Status beibehalten, wie in der Lebenszyklusrichtlinie festgelegt ist.

Nach Ablauf des Aufbewahrungszeitraums wird dem Namen des Exchange-Websitepostfachs die Zeichenfolge *MDEL:* vorangestellt. Um den Speicherplatz und Namen des Postfachs freizugeben, müssen Sie es manuell aus der Postfachdatenbank löschen.

Wenn Sie keine SharePoint-Lebenszyklusrichtlinie eingerichtet haben, können Sie Websitepostfächer nicht zum Löschen markieren. Mit folgendem Befehl können Sie nach Websitepostfächern suchen, die zum Löschen markiert sind, und sie entfernen:

```
Get-Mailbox MDEL:* | ?{$_.RecipientTypeDetails -eq "TeamMailbox"} |
Remove-Mailbox -Confirm:$false
```

Wenn Sie das Websitepostfach löschen, werden auch die aufbewahrten Elemente gelöscht. Wenn Sie das SharePoint eDiscovery Center verwenden, können Sie Websitepostfächer in die Compliance-eDiscovery einbinden und Schlüsselwortsuchläufe in Benutzer- oder Websitepostfächern durchführen.

Für die Sicherung und Wiederherstellung der Websitepostfächer verwenden Sie die gleichen Sicherungs- und Wiederherstellungsvorgänge wie für alle Exchange-Postfächer (siehe Kapitel 14). Wenn Sie SharePoint-Inhalte mit derselben URL wiederherstellen, funktioniert das Websitepostfach wie bisher, und es ist keine weitere Konfiguration erforderlich.

Wenn Sie eine andere URL zur Wiederherstellung verwenden, müssen Sie das Cmdlet *Set-SiteMailbox* verwenden, um die Eigenschaft *SharePointURL* zu aktualisieren. In diesem Beispiel wird die Standardbereitstellungsrichtlinie mit den folgenden Einstellungen erstellt:

```
New-SiteMailboxProvisioningPolicy -Name SM_ProvisioningPolicy -IsDefault
-IssueWarningQuota 10GB -ProhibitSendReceiveQuota 11GB -MaxReceiveSize 50MB
```

- Das Kontingent für Websitepostfächer, ab dem eine Warnung ausgegeben wird, beträgt 10 GB.
- Websitepostfächer können keine Nachrichten mehr erhalten, wenn das Postfach eine Größe von 11 GB erreicht hat.
- Die maximale Größe für an ein Websitepostfach gesendete E-Mail-Nachrichten beträgt 50 MB.

Die Einstellungen für die Richtlinien lassen Sie sich mit dem folgenden Befehl anzeigen:

```
Get-SiteMailboxProvisioningPolicy |fl
```

Die Standardrichtlinie können Sie sich mit diesem Befehl anzeigen lassen:

```
Get-SiteMailboxProvisioningPolicy |fl Name
```

Mit dem folgenden Befehl wird das Kontingent, ab dem eine Warnmeldung gesendet wird, auf 9 GB und das Kontingent für das Sende- und Empfangsverbot auf 10 GB festgelegt:

```
Set-SiteMailboxProvisioningPolicy -Identity Default -IssueWarningQuota 9GB
-ProhibitSendReceive-Quota 10GB
```

Über den folgenden Befehl löschen Sie die Standardrichtlinie:

```
Remove-SiteMailboxProvisioningPolicy -Identity Default
```

Sie müssen zuerst eine andere Standardrichtlinie erstellen und zuweisen, bevor Sie die Richtlinie *Default* entfernen können.

8.4.2 Websitepostfächer in der Praxis

Mit Exchange/Microsoft 365 und SharePoint hat Microsoft die neuen Websitepostfächer eingeführt. Diese sind in der Lage, E-Mails zu empfangen, zu senden, und haben gleichzeitig direkten Zugriff auf Dokumenten-Bibliotheken in SharePoint. Dadurch können Mitarbeiter in Teams besser zusammenarbeiten.

Einfach ausgedrückt ist ein Websitepostfach ein gemeinsames Postfach eines Teams, das E-Mails über Exchange senden und Dokumente in SharePoint speichern kann. Das Postfach kann E-Mails senden und empfangen. Der Umgang erfolgt entweder in Outlook oder Outlook Web App. Ein Link zum Öffnen befindet sich auf der entsprechenden SharePoint-Website, in der Sie die App hinzugefügt haben.

Um Websitepostfächer zu nutzen, benötigen Sie eine funktionsfähige Umgebung mit Exchange Server und SharePoint Server oder Microsoft 365.

Speichern Anwender bereits Dokumente in einer SharePoint-Website, übernimmt das Websitepostfach die Rechte dieser Seite. Erstellen Sie ein Websitepostfach, erhalten automatisch alle Anwender das Recht zum Zugriff, die auch auf die SharePoint-Website zugreifen, in der das Websitepostfach zur Verfügung gestellt wird. Haben Sie die Benachrichtigungen konfiguriert, erhalten die Anwender über ihr herkömmliches Postfach auch eine E-Mail und können das Websitepostfach nutzen.

Basis eines Websitepostfachs ist der Benutzerprofil-Synchronisierungsdienst. Er kann Exchange-relevante Daten aus Active Directory, zum Beispiel die E-Mail-Adresse, zwischen Exchange und SharePoint synchronisieren. Der Dienst muss funktionieren und Daten zwischen Exchange und SharePoint austauschen können, unabhängig vom Websitepostfach.

Dieser Dienst wird nicht nur für Websitepostfächer verwendet, sondern auch für andere Bereiche, bei denen Sie in SharePoint Daten aus Active Directory nutzen wollen.

Achten Sie darauf, dass die Zertifikate, die Sie in Exchange und SharePoint nutzen, von einer Zertifizierungsstelle ausgestellt sind, denen alle Server vertrauen. Ist das nicht der Fall, installieren Sie das Zertifikat der Stammzertifizierungsstelle auf allen beteiligten Servern.

Damit Exchange und SharePoint zusammenarbeiten können, benötigen Sie auf den SharePoint-Servern noch die Erweiterung *Microsoft Exchange Web Services Managed API 2.0* (*http://www.microsoft.com/en-us/download/details.aspx?id=35371*). Microsoft stellt sie kostenlos zur Verfügung und Sie müssen sie auf den SharePoint-Servern installieren, eine Einrichtung ist dabei nicht notwendig. Wollen Sie die Installation skriptbasiert, ohne Benutzer-Interaktion durchführen, verwenden Sie den Befehl:

```
msiexec /i EwsManagedApi.msi addlo-cal=
"ExchangeWebServicesApi_Feature,ExchangeWebServices-Api_Gac"
```

Wurde die Erweiterung bereits auf dem Server installiert, erhalten Sie eine entsprechende Meldung und können sie deinstallieren oder reparieren.

Nachdem Sie die Erweiterung installiert haben, können Sie in der SharePoint-Verwaltungsshell das Skript *Set-SiteMailboxConfig.ps1* ausführen, das Sie bei Microsoft aus der TechNet (*https://learn.microsoft.com/de-de/SharePoint/administration/configure-sitE-Mailboxes-in-sharepoint*) herunterladen können. Kopieren Sie die Skriptbefehle der Webseite in eine Textdatei und geben Sie dieser die Endung **.ps1*. Danach kopieren Sie das Skript auf den SharePoint-Server. Die Syntax zur Ausführung sieht folgendermaßen aus:

```
.\Set-SiteMailboxConfig.ps1 -ExchangeSiteMailboxDomain <FQDN der Domäne>
-ExchangeAutoDiscoverDomain <URL zu AutoDiscovery> -WebApplicationURL
<Webanwendung in SharePoint>
```

Beispiel:

```
.\Set-SiteMailboxConfig.ps1 -ExchangeSiteMailboxDomain contoso.com
-ExchangeAutodiscoverDomain x2k16.contoso.com -WebApplicationUrl
https://contoso.com
```

Um die Einrichtung zu überprüfen, verwenden Sie das Skript *Check-SiteMailboxConfig.ps1* von der oben angegebenen Microsoft-Website. Auch hier kopieren Sie den Inhalt in eine Textdatei. Speichern Sie beide Skripts im selben Verzeichnis.

Danach öffnen Sie die Exchange Management Shell auf den Exchange-Servern und wechseln in das Skriptverzeichnis. Das geht am schnellsten mit *cd $exscripts*. Um Exchange mit SharePoint zu verbinden, starten Sie das folgende Skript:

```
.\Configure-EnterprisePartnerApplication.ps1 -ApplicationType Sharepoint
-AuthMetadataUrl https://<Ihre HTTPS SharePoint Site>/_layouts/15/metadata/json/1
```

Sind Exchange und SharePoint miteinander verbunden, erstellen Sie auf der von Ihnen gewünschten SharePoint-Website das Websitepostfach. Sie fügen es als App zur SharePoint-Seite hinzu, genau wie Listen, Bibliotheken und andere Apps auch.

Danach wechseln Sie auf die SharePoint-Seite und starten die Websitepostfach-App über den Link *Postfach*. Über einen Assistenten wird dieses jetzt eingerichtet und steht danach zur Verfügung. Websitepostfächer lassen sich mit Outlook Web App, aber auch mit Outlook anzeigen. Sobald ein Anwender den Link anklickt, öffnet sich automatisch der Inhalt des Websitepostfachs.

8.4.3 Websitepostfach in der Praxis nutzen

Wenn Sie die Websitepostfach-App der Webseite hinzugefügt haben, steht sie als eigener Menüpunkt *Postfach* der Seite zur Verfügung. Alle Mitglieder, die auf die Webseite zugreifen können, finden den neuen Menüpunkt auf der linken Seite der Website. Durch einen Klick auf *Postfach* öffnet sich Outlook Web App und der Inhalt der Seite ist zu sehen. Die Teammitglieder können jetzt E-Mails im Auftrag des Websitepostfachs schreiben. Antworten dieser E-Mail gehen automatisch im Websitepostfach ein und lassen sich über den Link öffnen.

8.4.4 Websitepostfächer und Microsoft 365

Setzen Sie Microsoft 365 ein, können Sie Websitepostfächer noch einfacher erstellen. Sie brauchen keinerlei Vorbereitungen zu treffen, da Exchange Online und SharePoint Online bereits in der Lage sind, Websitepostfächer zu öffnen:

1. Öffnen Sie *Websites* als Administrator in der Weboberfläche von Microsoft 365.
2. Klicken Sie auf *Teamwebsite*.
3. Klicken Sie auf *Listen, Bibliotheken und andere Apps*.
4. Suchen Sie nach *Websitepostfach* und fügen Sie die App hinzu.
5. Öffnen Sie die Teamwebsite und schließen Sie über den Link die Einrichtung ab.
6. Auf dem gleichen Weg fügen Sie Websitepostfächer auch zu anderen Webseiten hinzu.

8.5 Zusammenfassung

In diesem Kapitel habe ich Ihnen die Neuerungen im Bereich Teamwork gezeigt. Ich bin darauf eingegangen, wie Sie öffentliche Ordner verwenden und die neuen freigegebenen Postfächer oder Websitepostfächer nutzen. Auch den neuen Umgang zum Speichern von öffentlichen Ordnern in Postfachdatenbanken habe ich behandelt.

Das nächste Kapitel befasst sich mit dem Thema Richtlinien und Archivierung in Exchange-Organisationen.

Teil C

Compliance

Kapitel 9

Richtlinien und Archivierung

Exchange SE bietet weiterhin die Möglichkeit an, für Anwender ein Archiv zu erstellen, in dem der Server abgelaufene E-Mails speichern kann. Das Archiv lässt sich mit einem Schreibschutz versehen, um so sicherzustellen, dass keine E-Mails verloren gehen. Aktivieren Sie für ein Postfach in Exchange SE das Onlinearchiv, wendet Exchange Aufbewahrungsrichtlinien an, um E-Mails automatisch archivieren zu können. Das war auch bereits in Exchange 2016/2019 so.

Standardmäßig verschiebt Exchange Nachrichten, die älter als zwei Jahre sind, in das Archiv. Neben der vorhandenen Aufbewahrungsrichtlinie lassen sich auch eigene Richtlinien erstellen und zuweisen. Sie können das Archivpostfach der Anwender in anderen Postfachdatenbanken als das Quellpostfach speichern. Außerdem lassen sich archivierte *.pst*-Dateien direkt in das Archivpostfach auf dem Exchange-Server importieren.

Auch Anwender mit Outlook können auf das Archivpostfach zugreifen. Sie können über Regeln oder per Drag & Drop E-Mails in das Archivpostfach verschieben und auch Unterordner anlegen. Das Archivpostfach lässt sich allerdings nicht für das Senden oder Empfangen von E-Mails nutzen, sondern ausschließlich zur Archivierung.

Beim Einsatz von Exchange Server SE können Sie für In-Place Hold und eDiscovery auch öffentliche Ordner verwenden.

Wollen Sie zum Beispiel ein Hold für einen öffentlichen Ordner mit der Bezeichnung *ProjektA* erstellen, verwenden Sie am besten die Exchange Management Shell mit den folgenden Befehlen:

```
New-MailboxSearch -Name "ProjectA" -AllSourceMailboxes $False
-AllPublicFolderSources $True -SearchQuery "ProjektA"
-InPlaceHoldEnabled $True -TargetMailbox "Discovery Search Mailbox"
Start-MailboxSearch "ProjectA"
```

Sie können aber auch generell den Inhalt aller öffentlichen Ordner in diesen Status versetzen:

```
New-MailboxSearch -Name "PFHold" -AllPublicFolderSources $True
-AllSourceMailboxes $False -EstimateOnly -InPlaceHoldEnabled $True
Start-MailboxSearch "PFHold"
```

Compliance

9.1 Grundlagen zur Archivierung

Für Empfänger, bei denen das Archiv aktiviert ist, benötigen Sie eine Enterprise-CAL (Clientzugriffslizenz). Das Archiv steht auch in der Standard-Edition von Exchange SE zur Verfügung, lediglich der Client benötigt zusätzlich zur Standard-CAL die Enterprise-CAL. Nach der Aktivierung eines Archivs können Anwender per Drag & Drop wichtige Nachrichten in das Archivpostfach verschieben. Das Archiv ist nicht nur ein Ordner im Postfach des Anwenders, sondern ein eigenständiges Postfach, das mit dem Postfach des Anwenders verbunden ist.

Sie können auch Richtlinien hinterlegen und Einstellungen vornehmen, über die sichergestellt ist, dass Exchange automatisch wichtige E-Mails nach bestimmten Zeiten archiviert. Die Archivierung wird für jeden einzelnen Benutzer speziell aktiviert und konfiguriert. Einfach ausgedrückt ist das Archivpostfach lediglich ein zweites Postfach für den Anwender, in dem er E-Mails auslagern kann oder in das Exchange auf Basis spezieller Richtlinien Daten auslagert. Beim Verschieben und Speichern von Archiven können Sie auch verschiedene Datenbanken nutzen. Das Archivpostfach muss sich nicht in derselben Datenbank befinden wie das normale Postfach des Anwenders.

Zusätzlich gibt es noch die Möglichkeit, spezielle Aufbewahrungsrichtlinien zu erstellen, bei denen die Archivierung automatisiert oder halbautomatisiert stattfindet. Darüber können Unternehmen für Exchange-Postfächer das Bearbeiten und Löschen von Postfachelementen einfrieren (Legal Hold). So ist sichergestellt, dass geschäftswichtige Daten von Anwendern zwar bearbeitet und gelesen, aber nicht gelöscht werden können. Anwender können zwar Nachrichten problemlos bearbeiten und auch in ihrem Client löschen, jedoch löscht Exchange die Nachrichten nicht permanent. Sie lassen sich archivieren und auch wiederherstellen.

Die Option lässt sich für einzelne Postfächer, aber auch organisationsweit nutzen. Anwender erhalten Hinweise, wenn bestimmte Bereiche des Postfachs oder das ganze Postfach unter diese Richtlinie fallen.

Wenn Sie in Exchange SE die Berechtigungen für den Vollzugriff auf ein Postfach erteilen, kann die Stellvertretung, der die Berechtigungen zugewiesen wurden, auch auf das Archiv des Benutzers zugreifen.

Wenn Stellvertretungen mit Outlook auf ein Exchange SE-Postfach zugreifen, kann sowohl das primäre Postfach als auch das Archiv, auf das sie zugreifen können, in Outlook angezeigt werden.

Anwender können Nachrichten auch über Posteingangsregeln verschieben oder kopieren. In Exchange SE können Sie Nachrichten mit einer Postfachimportanforderung aus einer *.pst*-Datei in das Archiv- oder primäre Postfach des Benutzers importieren. Exchange SE-Setup erstellt eine Standardarchiv- und eine Standardaufbewahrungsrichtlinie.

Wenn Sie ein Compliance-Archiv für einen Postfachbenutzer aktivieren und dem Postfach nicht bereits eine Aufbewahrungsrichtlinie zugewiesen ist, werden automatisch die Standardarchiv- und die Standardaufbewahrungsrichtlinie zugewiesen. Benutzer können nach der Aktivierung Ordner oder E-Mails markieren, die in das Archivpostfach verschoben werden sollen. Ich gehe in diesem Kapitel in den verschiedenen Abschnitten noch ausführlich auf diese Möglichkeiten ein. Standardmäßig werden E-Mails aus dem Postfach nach zwei Jahren verschoben.

Es wird empfohlen, Benutzer vor der Bereitstellung der Archivpostfächer über die Archivrichtlinien aufzuklären. Wenn Sie eine Aufbewahrungsrichtlinie auf Benutzer anwenden, die über ein Archivpostfach verfügen, wird die Standard-MRM-Richtlinie durch die Aufbewahrungsrichtlinie ersetzt (die Abkürzung MRM steht für Messaging-Datensatzverwaltung, Messaging Records Management). Sie können mit der Aktion *In Archiv verschieben* ein oder mehrere Aufbewahrungstags erstellen und mit der Aufbewahrungsrichtlinie verknüpfen. Wie das geht, zeige ich Ihnen in den nachfolgenden Abschnitten.

Sie können ein Archivpostfach auch mit Speichergrenzwerten erstellen. Wenn die Größe eines Archivpostfachs den Kontingentgrenzwert überschreitet, wird im Anwendungsereignisprotokoll ein Warnereignis festgehalten. In Exchange SE ist der Kontingentgrenzwert für Archive standardmäßig auf 45 GB und das Archivierungskontingent auf 50 GB festgelegt.

Bei der Exchange-Suche gibt es keinen Unterschied zwischen dem primären Postfach und dem Archivpostfach. Der Inhalt in beiden Postfächern wird indiziert. Da das Archivpostfach auf dem Computer eines Benutzers nicht zwischengespeichert wird, werden die Suchergebnisse für das Archiv immer von der Exchange-Suche bereitgestellt.

Wenn Sie das gesamte Postfach in Outlook oder in Outlook Web App durchsuchen, enthalten die Suchergebnisse das primäre und das Archivpostfach des Benutzers.

Wenn ein Discovery-Administrator eine Suche durchführt, werden auch die Archivpostfächer der Benutzer durchsucht. Es gibt keine Möglichkeit, sie auszuschließen, wenn Sie im Exchange Admin Center eine Discoverysuche durchführen. Sie können aber die Exchange Management Shell verwenden, um eine Suche ohne Archivpostfach zu erstellen.

Erstellen Sie in der Exchange Management Shell eine Discoverysuche, können Sie das Archiv mit dem Cmdlet *New-MailboxSearch* und der Option *DoNotIncludeArchive* ausschließen. Legen Sie für ein Postfach ein Compliance-Archiv oder das Beweissicherungsverfahren fest, gilt diese Einstellung für das primäre und für das Archivpostfach. Das zeigt, dass Exchange die beiden Postfächer eng miteinander verknüpft.

Das Archivpostfach enthält einen Ordner für wiederherstellbare Elemente. Dieser unterliegt Kontingenten wie der Ordner *Wiederherstellbare Elemente* des primären Postfachs.

Statistiken für das Postfach und das Archivpostfach zeigen Sie mit der Option *Archive* über die Cmdlets *Get-MailboxStatistics* und *Get-MailboxFolderStatistics* an. In Exchange SE können Sie auch mit dem Cmdlet *Test-ArchiveConnectivity* die Verbindung mit dem angegebenen lokalen oder cloudbasierten Archiv des Benutzers testen.

9.2 Archiv aktivieren und anpassen

Wenn Sie ein Postfach für einen Benutzer anlegen, ist das Archivpostfach noch nicht automatisch aktiv. Sie können während der Erstellung eines Benutzerkontos die Archivierung aktivieren oder auch jederzeit nachträglich. Ein Archivpostfach ist keine zwingende Voraussetzung in Exchange.

In Exchange Online steht die Archivfunktion standardmäßig zur Verfügung, ohne dass dafür eine Enterprise-CAL erforderlich ist. Zusätzlich kann bei Bedarf ein automatisches Zusatzarchiv aktiviert werden, wenn das Standardarchiv an seine Kapazitätsgrenze stößt. Exchange Online unterstützt darüber hinaus Aufbewahrungsrichtlinien aus dem Microsoft Purview Compliance Center. Diese Richtlinien können Exchange Online-Postfächer in Verbindung mit eDiscovery, Sensitivitätskennzeichnungen und Aufbewahrungsplänen zentral verwalten. In hybriden Umgebungen erfolgt die Archivaktivierung entweder direkt in der lokalen Umgebung oder über ein cloudbasiertes Archiv, das einem lokalen Postfach zugeordnet wird:

```
Enable-Mailbox -Identity "user@firma.de" -Archive
Enable-Mailbox -Identity "user@firma.de" -RemoteArchive
```

Mit *-RemoteArchive* wird ein Cloudarchiv für ein On-Premises-Postfach aktiviert. Voraussetzung ist ein hybrides Setup mit funktionierendem OAuth-Trust und verbundenem Microsoft 365-Tenant.

9.2.1 Archivpostfach aktivieren

Sie können die Archivierung im Exchange Admin Center über *Empfänger/Postfächer* in den Einstellungen des Benutzers oder während des Anlegens des Benutzers aktivieren. Es muss nicht jeder Anwender ein Archiv erhalten. Sie sehen in der Spalte *Postfachtyp* im Exchange Admin Center, für welche Benutzer das Archiv aktiviert ist.

Klicken Sie auf einen Benutzer und legen Sie in den Einstellungen unter *Postfachfunktionen* das Archiv an, wenn Sie noch keines während der Erstellung festgelegt haben. Die Archivierung unterstützt Aufbewahrungsrichtlinien, um E-Mails automatisiert zu archivieren. Sobald Sie das Archiv aktiviert haben, erkennen Sie dies am Postfachtyp im Exchange Admin Center. In den Eigenschaften des Empfängers sehen Sie auf der Registerkarte *Postfachfunktionen*, dass die Archivierung aktiviert ist. Hier können Sie die Eigenschaften aufrufen.

Ob Sie während der Erstellung oder nachträglich ein Archivpostfach anlegen, spielt keine Rolle, die Bedienung und Verwendung ist auf beiden Wegen uneingeschränkt möglich. Sie können entweder das Archiv in derselben Postfachdatenbank speichern lassen, in dem auch bereits das Quellpostfach gespeichert ist, oder Sie können explizit eine andere Datenbank auswählen.

Arbeiten Sie mit einem gehosteten Exchange-System bei einem Provider, können Sie auch hier das Archiv speichern lassen. Auf der Registerkarte *Postfacheinstellungen* können Sie über die Eigenschaften von *Archivierungskontingent* die maximale Größe für das Archivpostfach festlegen. Um die Daten eines Benutzerpostfachs abzurufen, geben Sie in der Exchange Management Shell den Befehl *Get-Mailbox <Alias> |fl DisplayName, *archive** ein.

Wollen Sie über die Exchange Management Shell einem Empfänger ein Archiv zuweisen, verwenden Sie das Cmdlet *Enable-Mailbox <Alias> -Archive*. Mit dem Cmdlet *Disable-Mailbox <Alias> -Archive* deaktivieren Sie das Archiv für einen Benutzer. Wollen Sie in der Exchange Management Shell die Größe eines Postfachs anzeigen lassen, geben Sie den Befehl *Get-MailboxStatistics <Alias>* ein. Mit dem Befehl *Get-MailboxStatistics <Alias> -Archive* machen Sie das Gleiche mit dem Archiv.

Im Exchange Admin Center sehen Sie über *Empfänger/Postfächer* in der Mitte der Konsole alle Empfänger der Organisation.

9.2.2 Archivpostfach verwenden

Anwender können auch manuell Daten in das Archivpostfach verschieben, genauso wie bei der Verwendung einer *.pst*-Datei. Benutzer können aber parallel zum Archivpostfach auch weiterhin mit Outlook archivieren. Nachrichten lassen sich über das Kontextmenü oder über Drag & Drop verschieben.

Über einen Klick auf das Archivpostfach in Outlook lässt sich der Inhalt anzeigen. Auch eigene Ordner lassen sich auf diesem Weg anlegen. Anwender brauchen dazu nur mit der rechten Maustaste auf das Archiv zu klicken und haben die Optionen zum Anlegen neuer Ordner, genauso wie bei einem normalen Postfach.

Der Vorteil des Archivpostfachs ist, dass es immer zur Verfügung steht, auch über Outlook Web App. So können auch mobile Anwender mit Archivierung arbeiten und dennoch auf wichtige archivierte E-Mails zurückgreifen.

9.2.3 Archivierung deaktivieren, Aufbewahrungszeiten festlegen und erneut verbinden

Deaktivieren Sie das Archiv für einen Benutzer wieder, erscheint es bei ihm nicht mehr im Client. Die enthaltenen Objekte bewahrt Exchange aber wie gelöschte Postfächer auch für 30 Tage auf. Diese Einstellungen können Sie in den Eigenschaften der jeweiligen Postfachdatenbank anpassen. Bei Postfächern, für die Sie die Archivierung aktiviert haben, können Sie das Archiv nachträglich in eine andere Datenbank verschieben. Dabei gehen Sie vor, wie beim Verschieben von Postfächern in Kapitel 7 beschrieben:

1. Öffnen Sie das Exchange Admin Center.
2. Wählen Sie *Empfänger/Postfächer*.
3. Klicken Sie auf das Postfach, das Sie verschieben wollen, und wählen Sie auf der rechten Seite im Abschnitt *Postfach verschieben* den Link *In eine andere Datenbank* aus.
4. Auf der Seite *Konfiguration verschieben* wählen Sie auch die Zielpostfachdatenbank aus, in die Sie die Postfächer verschieben wollen. Außerdem können Sie hier festlegen, ob Sie auch das Archiv zusammen mit dem Postfach verschieben wollen und in welche Datenbank das Postfach und das Archiv verschoben werden sollen.

Im unteren Bereich der Seite stehen Ihnen Möglichkeiten zur Verfügung, nur das Archiv, nur das Postfach oder beides in eine andere Datenbank zu verschieben.

Getrennte Archive lassen sich innerhalb der 30-Tagefrist jederzeit wieder mit dem Benutzerkonto verbinden. Am besten verwenden Sie dazu die Exchange Management Shell und rufen hier den folgenden Befehl auf:

```
Set-MailboxDatabase -Identity <Name der Datenbank> -MailboxRetention <Gewünschte
Tage zur Aufbewahrung>
```

Wollen Sie den Aufbewahrungszeitraum noch genauer als mit Tagen steuern, verwenden Sie die Syntax TT.HH:MM:SS, wobei T = Tage, H = Stunden, M = Minuten und S = Sekunden ist. Sie erhalten keine Rückmeldung. Wollen Sie den Status abfragen, verwenden Sie den folgenden Befehl:

```
Get-MailboxDatabase <Datenbank> |fl MailboxRetention
```

Archivpostfächer deaktivieren Sie im Exchange Admin Center über *Empfänger/Postfächer* in den Einstellungen des Empfängers im Bereich *Postfachfunktionen*.

Wollen Sie ein getrenntes Archiv wieder verbinden, gehen Sie vor wie in Kapitel 14 zum Verbinden von getrennten Postfächern beschrieben. Wird das getrennte Archiv an dieser Stelle noch nicht angezeigt, öffnen Sie die Exchange Management Shell und geben den Befehl *Clean-MailboxDatabase* ein und dann den Namen der Datenbank.

Die Verwaltungskonsole zeigt allerdings nur Postfächer und getrennte Archive an, die auch einen Inhalt haben. Leere Archive brauchen Sie nicht neu zu verbinden. In diesem Fall können Sie die Archivfunktion einfach nur neu aktivieren. Getrennte Archive lassen sich auch in der Exchange Management Shell wieder verbinden. Dazu müssen Sie zunächst den Namen des getrennten Archivs erfahren und dieses dann wieder mit dem Postfach verbinden. Mit dem folgenden Befehl zeigen Sie gelöschte Archive für eine Datenbank an:

```
Get-MailboxDatabase "<Datenbank>" | Get-MailboxStatistics | Where
{($_.DisconnectDate -ne $null) -and ($_.IsArchiveMailbox -eq $true)} |fl
```

Haben Sie den Namen beziehungsweise die GUID des Archivs in Erfahrung gebracht, verbinden Sie das Archiv erneut zum Beispiel mit dem Befehl:

```
Connect-Mailbox -Identity "<GUID>" -Archive -User "<Benutzername>" -Database
"<Datenbank>"
```

9.2.4 Archivrichtlinien ändern

In Exchange SE können Sie Archivrichtlinien zum automatischen Verschieben von Postfachelementen in persönliche (lokale) oder cloudbasierte Archive verwenden.

Archivrichtlinien sind Aufbewahrungstags, die die Aufbewahrungsaktion *In Archiv verschieben* verwenden. Ich komme in den nächsten Abschnitten ausführlich auf das Thema zurück. Exchange-Setup erstellt die Aufbewahrungsrichtlinie *Default MRM Policy* (*Verwaltung der Compliance/Aufbewahrungsrichtlinien*). Dieser Richtlinie ist ein Standardrichtlinientag (DPT) zugewiesen, mit dem Elemente nach zwei Jahren in das Archivpostfach verschoben werden.

Die Richtlinie enthält auch einige persönliche Tags, die Benutzer auf Ordner oder Postfachelemente anwenden können, um Nachrichten automatisch zu verschieben oder zu löschen.

Wenn einem Postfach bei der Aktivierung des Archivs keine Aufbewahrungsrichtlinie zugewiesen wird, verwendet Exchange automatisch die Standardrichtlinie. Sie können auch eigene Archiv- und Aufbewahrungsrichtlinien erstellen und auf Postfachbenutzer anwenden.

Arbeiten Sie nicht mit den Aufbewahrungsrichtlinien, können Sie die Standardrichtlinie für die Archivierung anpassen:

1. Navigieren Sie im Exchange Admin Center zu *Verwaltung der Compliance/Aufbewahrungstags*.
2. Wählen Sie in der Listenansicht das Tag *Default 2 year move to archive* aus und klicken Sie auf *Bearbeiten* (das Stiftsymbol).
3. Bearbeiten Sie die Einstellungen, um sie an Ihre Bedürfnisse anzupassen, und klicken Sie auf *Speichern*.

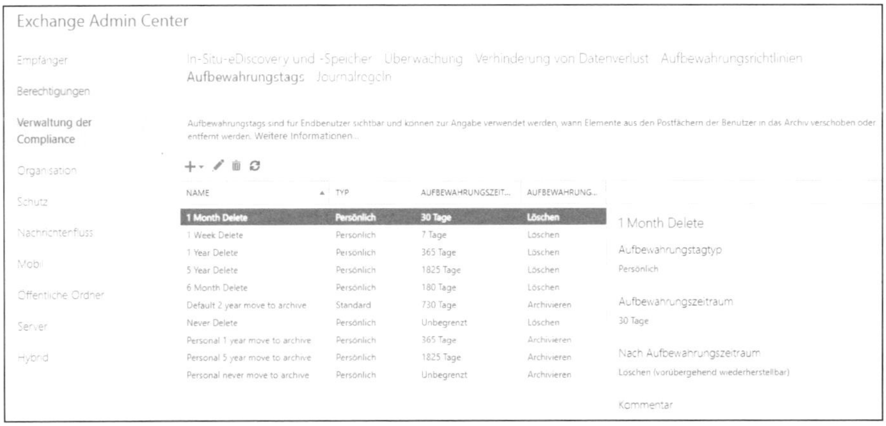

Abb. 9.1 Anpassen der Standardrichtlinie für das Archiv

Sie können die Richtlinie aber auch in der Exchange Management Shell anpassen. In diesem Beispiel wird das Tag *Default 2 year move to archive* geändert, um Elemente nach 1095 Tagen (drei Jahren) zu verschieben:

```
Set-RetentionPolicyTag "Default 2 year move to archive" -Name "Default 3 year
move to archive" -AgeLimitForRetention 1095
```

Im folgenden Beispiel wird das Tag *Default 2 year move to archive* deaktiviert:

```
Set-RetentionPolicyTag "Default 2 year move to archive" -RetentionEnabled $false
```

Als Nächstes werden alle Archiv-DPTs und persönlichen Tags abgerufen und deaktiviert:

```
Get-RetentionPolicyTag | ? {$_.RetentionAction -eq "MoveToArchive"} |
Set-RetentionPolicyTag -RetentionEnabled $false
```

Verwenden Sie das Cmdlet *Get-RetentionPolicyTag*, um die Einstellungen des Aufbewahrungstags abzurufen:

```
Get-RetentionPolicyTag "Default 2 year move to archive" |fl
```

9.2.5 Kontingente für das Archiv konfigurieren

Archive werden standardmäßig mit unbegrenzten Speicherkontingenten erstellt. Sie können aber nachträglich die Eigenschaften eines Postfachs bearbeiten, um für das Archiv Speicherkontingente festzulegen.

Wenn ein Archiv das angegebene Archivierungskontingent überschreitet, wird ein Ereignis protokolliert und der Postfachbenutzer erhält eine Warnmeldung:

1. Navigieren Sie zu *Empfänger/Postfächer*.
2. Wählen Sie in der Listenansicht ein Postfach aus.
3. Klicken Sie im Detailbereich unter *In-Situ-Archiv* auf *Details anzeigen*.
4. Wählen Sie in den Dropdownlistenfeldern *Archivkontingent (GB)* und *Warnmeldung senden ab (GB)* die gewünschten Werte aus.
5. Klicken Sie auf *OK*.

Sie können die Einstellungen aber auch in der Exchange Management Shell durchführen. In folgendem Beispiel wird das Archivierungskontingent des Postfachs von Thomas Joos auf 10 GB festgelegt. Wird der Wert überschritten, erhält der Benutzer eine Warnmeldung, dass das Compliance-Archiv voll ist und er keine weiteren Elemente in das Archiv verschieben kann.

Zusätzlich wird in diesem Beispiel das Archivierungskontingent, ab dem eine Warnung ausgegeben wird, auf 9 GB gesetzt. Danach erhält der Benutzer eine Warnmeldung, dass das Compliance-Kontingent beinahe voll ausgeschöpft ist.

```
Set-Mailbox -Identity "Thomas Joos" -ArchiveQuota 10GB -ArchiveWarningQuota 9GB
```

In der Exchange Management Shell lassen Sie die Werte mit dem folgenden Befehl anzeigen:

```
Get-Mailbox <Name> |fl Name,Archive*Quota
```

9.2.6 E-Mail-Archivierung mit Exchange SE-Bordmitteln in der Praxis

Neben den gesetzlichen Vorschriften zur dauerhaften Speicherung von Daten spielen auch interne Gründe eine wichtige Rolle, warum sich die Archivierung lohnen kann. Die Archivierung dient in erster Linie dazu, die Postfächer der Anwender zu verkleinern und wichtige E-Mails auf Basis verschiedener Richtlinien dauerhaft zu speichern. Wenn Sie im Unternehmen Richtlinien definiert haben, nach denen alte E-Mails automatisch gelöscht werden, kann das zwar Speicherplatz sparen und die Leistung von Exchange erhöhen. Aber die eine oder andere E-Mail soll sicher auch über den definierten Zeitraum hinaus aufbewahrt werden. Hier kann die Archivierung helfen.

Sie können über Richtlinien die Archivierung automatisieren. Für Anwender ist der Umgang sehr einfach, da alle Funktionen in Outlook Web App und Outlook integriert sind. Auch von Smartphones aus können Anwender auf ihr Archiv zugreifen. Jeder Anwender erhält sein eigenes Archiv, auf das nur er Zugriff hat. Sie können im Unternehmen natürlich auch weitreichende Rechte konfigurieren und auch anderen Anwendern oder Administratoren Zugriff auf das Archiv gewähren, das ist aber nur optional. Mit wenigen Schritten erhöhen Sie also die Übersicht im Exchange-Postfach, verkleinern produktive Datenbanken und beschleunigen Exchange. Es spricht also nichts dagegen, sich die Archivierung in Exchange einmal in der Praxis anzusehen.

9.2.7 So funktioniert die Archivierung in Exchange grundsätzlich

In einer einfachen Archivierungs-Umgebung mit Exchange SE wird den Anwendern ein zusätzliches Postfach, parallel zu ihrem produktiven Postfach, zugewiesen. Dieses zweite Postfach dient der Archivierung. Sinnvollerweise sollte dieses Postfach in einer anderen Postfachdatenbank als das produktive Postfach liegen. Diese Datenbank sollten Sie wiederum auf anderen Datenträgern speichern. Die Einstellungen dazu lassen sich im Exchange Admin Center (ehemals Exchange-Verwaltungskonsole) und der Exchange Management Shell vornehmen. Ich zeige Ihnen nachfolgend beide Wege. Archivpostfächer lassen sich verschieben wie normale Postfächer auch. Bei Migrationen können Sie das Archivpostfach sogar gesondert verschieben oder zusammen mit dem produktiven Postfach.

Die Archivpostfächer werden in Outlook und Outlook Web App integriert. Anwender können manuell E-Mails in das Archiv verschieben, Regeln für das Verschieben erstellen oder Administratoren lassen über Richtlinien E-Mails automatisiert in das Archiv verschieben. Sie brauchen nach der Aktivierung des Archivs bei den Anwendern keine Einstellungen zu ändern oder das Postfach hinzuzufügen. Sobald Sie das Archiv aktivieren, wird es automatisch bei den Outlook-Clients angezeigt. Es ist maximal ein Neustart von Outlook notwendig. Anwender können das Archiv wie jeden anderen E-Mail-Ordner auch nutzen. Der einzige Unterschied liegt in der Speicherung der Daten. Ich zeige in den nächsten Abschnitten in der Praxis, wie dabei vorgegangen wird.

Suchen Anwender Daten in ihrem Postfach, wird bei der Suche natürlich auch das Archivpostfach berücksichtigt. Anwender brauchen also nicht mehrmals zu suchen oder sich zu merken, wo eine E-Mail gespeichert wurde, um sie zu finden.

9.2.8 Das muss für die Archivierung beachtet werden

Für jeden Anwender, der das Exchange-Archiv nutzt, müssen Sie eine Exchange Server SE Enterprise CAL nutzen. Diese muss zusätzlich zur Standard-CAL lizenziert werden. Enterprise-CALs ergänzen die Standard-CALs, sie ersetzen sie nicht. Die Archiv-Funktion ist auch in Exchange Server SE Standard integriert, Sie benötigen nur Enterprise-CALs, nicht die Enterprise-Edition. Mehr zur Exchange-Lizenzierung finden Sie auf der Seite *https://www.microsoft.com/de-de/microsoft-365/Exchange/microsoft-Exchange-server-licensing-licensing-overview*.

Grundsätzlich kann das Archiv in derselben Postfachdatenbank gespeichert werden wie das produktive Postfach des Anwenders. In der Praxis macht das allerdings keinen Sinn. Sie sollten die Archivpostfächer in einer eigenen Archiv-Postfachdatenbank speichern. Um die produktiven Datenbanken nicht zu beeinträchtigen, sollte die Archivdatenbank am besten auch auf einem anderen Datenträger als die produktiven Datenbanken gespeichert werden. Archivdatenbanken unterscheiden sich nicht von Postfachdatenbanken und werden auf dem gleichen Weg erstellt und verwaltet. Mehr gibt es generell nicht zu beachten.

9.2.9 Archivdatenbank anlegen

Bevor Sie die Archivierung für Anwender aktivieren, legen Sie zunächst eine Archivdatenbank an. Dabei handelt es sich im Grunde genommen um eine ganz normale Postfachdatenbank. Am einfachsten geht das im Exchange Admin Center:

1. Klicken Sie auf *Server* und dann auf *Datenbanken*.
2. Klicken Sie auf das Pluszeichen und legen Sie die neue Datenbank an.
3. Geben Sie der Datenbank die Bezeichnung *Archivdatenbank* oder einen ähnlichen Namen.
4. Legen Sie fest, wo die Datenbank gespeichert werden soll und auf welchem Server Sie sie bereitstellen wollen.
5. Achten Sie darauf, Transaktionsprotokolle und Datenbankdateien auf unterschiedlichen Datenträgern zu speichern, wenn das möglich ist. Dadurch steigt die Leistung und Sie können die Datenbank leichter wiederherstellen, wenn ein Datenträger ausfällt. Sie können die Protokolle und Datenbankdateien aber auch auf denselben Datenträgern speichern.

Wie normale Datenbanken können Sie auch Archivdatenbanken in Datenbankverfügbarkeitsgruppen integrieren und damit die Verfügbarkeit der Datenbank erhöhen. Das ist aber nur optional und zu Beginn nicht notwendig. Nachdem Sie die Postfachdatenbank erstellt haben, sollten Sie noch ihre Einstellungen aufrufen. Zunächst sollten Sie über die Registerkarte *Grenzwerte* die Grenzwerte für die Datenbank festlegen, das gilt auch für die Aufbewahrungszeiträume für gelöschte Objekte im Archiv. Gehen Sie noch die weiteren Einstellungen durch und passen Sie sie an die Bedürfnisse Ihres Unternehmens an. Sie sollten die Datenbank auch an die Datensicherung anbinden, wenn das durch Ihre Software nicht automatisch geschieht.

9.2.10 Archiv für Empfänger aktivieren

Sobald die Postfachdatenbank zur Verfügung steht, können Sie im Empfänger-Bereich des Exchange Admin Centers für einzelne oder alle Empfänger das Archiv aktivieren:

1. Dazu rufen Sie im Bereich *Empfänger/Postfächer* des Exchange Admin Centers die Eigenschaften eines Empfängers auf und wechseln zum Menü *Postfachfunktionen*.
2. Im unteren Bereich finden Sie die Option *Archivierung: Deaktiviert*. Mit dem Link *Aktivieren* schalten Sie die Archivierung für Benutzer ein.
3. Im neuen Fenster klicken Sie bei *Postfachdatenbank für das Archiv auswählen* auf *Durchsuchen*, wählen die von Ihnen erstellte Postfachdatenbank für das Archiv aus und bestätigen mit *OK*.
4. Klicken Sie im Fenster *In-Situ-Archiv erstellen* auf *OK*, um das Archiv zu erstellen.
5. Über *Details anzeigen* können Sie Informationen zum Archiv anzeigen und Kontingente dafür steuern. Außerdem können Sie hier die Bezeichnung des Archiv-Ordners im Postfach des Anwenders festlegen.

Sie können auf diesem Weg auch Archive für mehrere Benutzer erstellen. Dazu markieren Sie im Exchange Admin Center einfach alle Benutzer, für die Sie das Archiv erstellen wollen, und nehmen die Einstellung als Stapelverarbeitung vor. Legen Sie neue Empfänger an, können Sie über den Link *Weitere Optionen* sofort das Archiv anlegen und auch festlegen, in welcher Datenbank es gespeichert werden soll.

Grundsätzlich ist es sinnvoll, den Exchange-Server mit der Archivdatenbank nach dem Anlegen der Postfachdatenbank und dem Zuordnen der Archive einmal neu zu starten. So ist sichergestellt, dass das Archiv in allen Exchange-Bereichen von Exchange zur Verfügung steht und keine Fehler erscheinen. Das brauchen Sie aber nicht gleich zu machen, aber am besten vor der nächsten Datensicherung.

In der Exchange Management Shell können Sie sich mit dem Befehl *Get-Mailbox <Alias> |fl DisplayName, *archive** die Archive anzeigen lassen und feststellen, welche Benutzer bereits das Archiv verwenden. Wollen Sie über die Exchange Management Shell einem Empfänger ein Archiv zuweisen, verwenden Sie das Cmdlet *Enable-Mailbox <Alias> -Archive*. Mit dem Cmdlet *Disable-Mailbox <Alias> -Archive* deaktivieren Sie das Archiv für einen Benutzer.

Wollen Sie in der Exchange Management Shell die Größe eines Postfachs anzeigen lassen, geben Sie den Befehl *Get-MailboxStatistics <Alias>* ein. Mit dem Befehl *Get-MailboxStatistics <Alias> -Archive* machen Sie das Gleiche mit dem Archiv.

9.2.11 Archiv auf Empfänger-Seite nutzen

Sobald Sie die Archivierung für ein Benutzerpostfach aktiviert haben, steht es als eigener Ordner in Outlook Web App und Outlook zur Verfügung. Anwender können jetzt schon manuell E-Mails in das Archiv ziehen oder mit Regeln verschieben lassen. Drag & Drop funktioniert in Exchange auch in Outlook Web App.

Der Ordner wird so angezeigt, wie Sie den Namen in den Einstellungen des Benutzerpostfachs angegeben haben. Schon an dieser Stelle ist das Archiv sinnvoll genutzt, da Anwender ihre Daten nicht mehr in PST-Dateien speichern müssen oder einfach im produktiven Postfach belassen.

9.2.12 Archivierung automatisieren

Richtig Sinn ergibt eine Archivierung natürlich nur dann, wenn Sie sie automatisieren. Dazu bietet Exchange SE die Messaging-Datensatzverwaltung. Hier legen Sie Richtlinien und Regeln fest, wann E-Mails archiviert werden sollen. Sobald eine E-Mail in den Ordnern der Anwender eine bestimmte Bedingung, zum Beispiel Alter, erfüllt, verschiebt Exchange sie automatisch in das Archiv.

In Exchange SE nutzen Sie Archivrichtlinien zum automatischen Verschieben von E-Mails in Archive der Anwender. Archivrichtlinien sind wiederum eine Sammlung von verschiedenen Aufbewahrungstags, die die Aufbewahrungsaktion *In Archiv verschieben* verwenden. Die Aufbewahrungsrichtlinien arbeiten also mit den Aufbewahrungstags (Retention Tags) zum Archivieren. Darüber legen Sie fest, wann genau Exchange eine E-Mail archivieren soll. Mehrere Tags verbinden Sie daher mit einer Richtlinie, die Sie dann auf die einzelnen Postfächer oder alle Empfänger anwenden. Klingt zunächst etwas kompliziert, ist im Grunde genommen aber sehr einfach, da Exchange schon Standardeinstellungen vorgibt. In den Eigenschaften der Postfächer im Exchange Admin Center sehen Sie die Richtlinie, die auf das entsprechende Postfach angewendet wird. Exchange SE unterscheidet drei verschiedene Aufbewahrungstags (Retention Tags):

- *Aufbewahrungsrichtlinientags (Retention Policy Tags, RPT)* Wenden Aufbewahrungseinstellungen auf die Standardordner im Postfach an, zum Beispiel den *Posteingang*, *Gesendete Elemente*, *Gelöschte Elemente* und so weiter. Sie können immer nur ein RPT für einen Standardordner in einer Aufbewahrungsrichtlinie hinterlegen. In Exchange SE können Sie die Tags und Richtlinien auch auf Kalender und Aufgaben anwenden.
- *Standardrichtlinientags (Default Policy Tags, DPT)* DPTs weisen Sie unmarkierten (untagged) Objekten in Postfächern zu. Bei solchen Objekten handelt es sich zum Beispiel um E-Mails, auf die kein Tag angewendet wurde.
- *Persönliche Tags (Personal Tags)* Benutzer können persönliche Tags manuell in Outlook oder Outlook Web App zuweisen. Solche Tags sind bei selbst erstellten Ordnern oder einzelnen Objekten im Postfach sinnvoll. Sie können zum Beispiel ein Tag erstellen, das Anwender selbst E-Mails zuweisen können, zum Beispiel für geschäftskritische E-Mails, die Anwender dann selbst markieren können und die dann wiederum auf Basis der Richtlinien in das Archiv verschoben werden sollen.

Über *Verwaltung der Compliance/Aufbewahrungsrichtlinien* sehen Sie diese Richtlinien. Standardmäßig wird hier bereits die Richtlinie *Default MRM Policy* angelegt und allen Empfängern zugewiesen. Sie können sie bearbeiten oder eigene Richtlinien erstellen.

Dieser Richtlinie ist ein Standardrichtlinientag (DPT) zugewiesen, mit dem E-Mails nach zwei Jahren automatisch aus dem normalen Postfach in das Archivpostfach verschoben werden. Die Richtlinie enthält auch einige persönliche Tags, die Benutzer auf Ordner oder Postfachelemente manuell anwenden können, um Nachrichten automatisch zu verschieben oder zu löschen.

Wenn einem Postfach bei der Aktivierung des Archivs keine andere Aufbewahrungsrichtlinie zugewiesen wird, verwendet Exchange automatisch diese Standardrichtlinie. Generell müssen Sie daher an dieser Stelle keine Änderungen vornehmen, sollten aber verstehen, was im Hintergrund passiert.

Sie können jederzeit auch eigene Archiv- und Aufbewahrungsrichtlinien erstellen und auf Postfachbenutzer anwenden. Die Einstellungen dazu finden Sie in den Eigenschaften der Empfänger über Postfachfunktionen. Bei *Aufbewahrungsrichtlinie* wählen Sie die Richtlinie aus, die dem Anwender zugewiesen wird. Arbeiten Sie nicht mit eigenen Aufbewahrungsrichtlinien, können Sie auch einfach die Standardrichtlinie (Default MRM Policy) für die Archivierung anpassen.

9.3 Messaging-Datensatzverwaltung

Messaging-Datensatzverwaltung (Messaging Records Management, MRM) ist die Funktion in Exchange SE, die Organisationen dabei unterstützt, den E-Mail-Lebenszyklus zu verwalten.

In Exchange SE wird MRM durch die Nutzung von Aufbewahrungstags und Aufbewahrungsrichtlinien verwaltet. Exchange Online bietet zusätzlich zum klassischen MRM-Modell auch das moderne Aufbewahrungsmodell über Microsoft Purview. Im Unterschied zu Exchange SE, das mit Retention Tags und -Policies arbeitet, basiert die moderne Verwaltung auf Aufbewahrungslabels und Richtlinien, die organisationsweit oder benutzerspezifisch verteilt werden. Für Organisationen mit hybriden Postfächern empfiehlt Microsoft, nur einen der beiden Verwaltungsansätze zu verwenden. Die klassische MRM-Struktur mit Tags und Richtlinien ist weiterhin auch in Exchange Online verfügbar, muss jedoch manuell aktiviert werden:

```
Set-RetentionCompliancePolicy -Identity "OnlineArchivierung" -Mode Enforce
```

Die Verwaltung erfolgt über PowerShell oder das Microsoft Purview Compliance Portal.

Aufbewahrungstags verwenden Sie, um Aufbewahrungseinstellungen auf ein Postfach und Postfachordner wie *Posteingang* und *Gelöschte Elemente* anzuwenden. Sie können Aufbewahrungstags erstellen, die Outlook- sowie Outlook Web App-Benutzer auf Ordner oder einzelne E-Mails anwenden.

Nach der Erstellung fügen Sie Aufbewahrungstags zu einer Aufbewahrungsrichtlinie hinzu und wenden dann die Richtlinie auf Benutzer an. Wenn eine E-Mail den im Aufbewahrungstag festgelegten Aufbewahrungszeitraum erreicht, führt Exchange die im Tag festgelegte Aufbewahrungsaktion aus. Wenn für den Benutzer ein Archiv bereitgestellt ist, können Sie mit Aufbewahrungstags auch Elemente in sein Compliance-Archiv verschieben.

In Exchange SE können Sie auch Aufbewahrungsrichtlinientags für *Kalender* und *Aufgaben* erstellen. Wenn Sie für Elemente in Standardordnern des Exchange-Postfachs von Anwendern kein Aufbewahrungslimit festlegen, konnen Sie ein deaktiviertes Aufbewahrungstag erstellen.

Mit Exchange SE können Sie Aufbewahrungsrichtlinien mit einem Archiv kombinieren. Über Aufbewahrungsrichtlinien werden E-Mails nach dem festgelegten Zeitraum aus dem Postfach gelöscht. Mit einem zeitbasierten Archiv werden E-Mails für diesen Zeitraum auch dann weiter gespeichert, wenn sie gelöscht oder geändert wurden.

Um zum Beispiel E-Mails für fünf Jahre aufzubewahren, können Sie eine Aufbewahrungsrichtlinie mit einem Standardrichtlinientag erstellen, über das Nachrichten nach fünf Jahren gelöscht werden. Gleichzeitig erstellen Sie ein Archiv, in dem Nachrichten fünf Jahre aufbewahrt werden.

9.3.1 Aufbewahrungsrichtlinien verstehen und einsetzen

Aktivieren Sie für ein Postfach das Archiv, wendet Exchange automatisch die standardmäßig bereits vorhandene Aufbewahrungsrichtlinie an. Die Steuerung der Aufbewahrungsrichtlinien nehmen Sie in der Exchange Management Shell vor.

Um sich die vorhandenen Richtlinien und deren Werte anzusehen, verwenden Sie das Cmdlet *Get-RetentionPolicy*. Mit *Get-RetentionPolicy |fl* erhalten Sie eine formatierte Liste mit allen Daten. Die Verwaltung nehmen Sie im Exchange Admin Center im Bereich *Verwaltung der Compliance* vor.

Die Aufbewahrungsrichtlinien arbeiten mit Aufbewahrungstags (Retention Tags). Darüber legen Sie fest, wann Exchange eine E-Mail archivieren soll. Mehrere Tags verbinden Sie mit einer Richtlinie, die Sie dann auf die einzelnen Postfächer anwenden. Haben Sie für Objekte kein eigenes Aufbewahrungstag festgelegt, verwendet Exchange das Standardrichtlinientag.

In den Retention Tags legen Sie fest, wie lange ein bestimmtes Objekt im Postfach verbleibt und was nach dem Ablauf passieren soll. Nach Ablauf der Zeit verschiebt Exchange das Objekt in das Archiv, löscht es oder fordert den Empfänger auf, eine bestimmte Aktion durchzuführen. Exchange SE unterscheidet zwischen drei verschiedenen Aufbewahrungstags (Retention Tags): Aufbewahrungsrichtlinientags, Standardrichtlinientags und Persönliche Tags. Näheres wurde bereits weiter vorne in diesem Kapitel im Abschnitt »9.2.12« erläutert.

9.3.2 Aufbewahrungstags (Retention Tags) erstellen

Aufbewahrungstags erstellen Sie in der Exchange Management Shell oder über *Verwaltung der Compliance* im Exchange Admin Center.

9.3.3 Aufbewahrungstags im Exchange Admin Center erstellen

Navigieren Sie zu *Verwaltung der Compliance/Aufbewahrungstags* und klicken Sie dann auf *Neues Tag* (das Plus-Symbol). Hier können Sie nun die vorhandenen Tags bearbeiten oder neue erstellen.

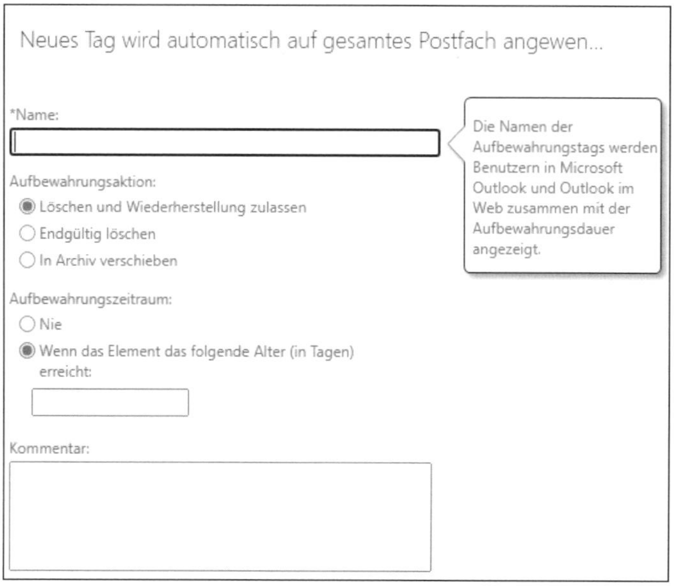

Abb. 9.2 Erstellen von neuen Aufbewahrungstags

Sie haben beim Erstellen von Tags verschiedene Auswahlmöglichkeiten:

- **Automatisch auf gesamtes Postfach angewendet (Standard)** Mit Standardrichtlinientags können Sie eine Standardlöschrichtlinie erstellen, die für alle Elemente im Postfach gilt.
- **Automatisch auf einen Standardordner angewendet** Aufbewahrungsrichtlinientags können nur mit der Aktion *Löschen* und *Wiederherstellung zulassen* oder *Endgültig löschen* erstellt werden.
- **Von Benutzern auf Elemente und Ordner angewendet (Persönlich)** Diese Tags ermöglichen Benutzern von Outlook und Outlook Web App das Anwenden von Archivierungs- oder Löscheinstellungen auf eine E-Mail oder einen Ordner. Die Einstellungen unterscheiden sich von den Einstellungen, die für den übergeordneten Ordner oder das Postfach gültig sind.

Dieses Tag auf folgenden Standardordner anwenden ist verfügbar, wenn Sie *Automatisch auf einen Standardordner angewendet* ausgewählt haben.

- **Aufbewahrungsaktion** Wählen Sie eine der folgenden Aktionen aus, die Exchange ausführen soll, wenn der Aufbewahrungszeitraum des Elements abläuft:
  - **Löschen und Wiederherstellung zulassen** Mit dieser Option lassen sich Elemente löschen. Benutzer haben aber die Möglichkeit, die Elemente mit der Option *Gelöschte Elemente wiederherstellen* in Outlook oder Outlook Web App wiederherzustellen. Elemente werden von Exchange aufbewahrt, bis die Aufbewahrungszeit für gelöschte Elemente erreicht ist. Die Einstellung nehmen Sie für die Postfachdatenbank oder das Postfach vor.
  - **Endgültig löschen** Durch diese Option wird das Element endgültig aus der Postfachdatenbank gelöscht. Postfächer oder Elemente, die der Archivierung oder dem Beweissicherungsverfahren unterliegen, werden aufbewahrt und bei Compliance-eDiscovery-Suchvorgängen zurückgegeben.

   - **In Archiv verschieben** Diese Aktion wird verfügbar, wenn Sie ein Standardrichtlinientag oder persönliches Tag erstellen. Die Aktion ermöglicht das Verschieben von Elementen in das Compliance-Archiv des Benutzers.
- **Aufbewahrungszeitraum** Hier legen Sie fest, wie Exchange den Zeitraum messen soll, in dem das Element noch aufbewahrt werden soll:
   - **Nie** Elemente werden nie gelöscht oder in das Archiv verschoben.
   - **Wenn das Element das folgende Alter (in Tagen) erreicht** Der Aufbewahrungszeitraum wird ab dem Datum berechnet, an dem ein Element empfangen oder erstellt wird. Der Aufbewahrungszeitraum für Kalender- und Aufgabenelemente wird ab dem Enddatum berechnet.

Im Feld *Kommentar* können Sie optionale Hinweise oder Kommentare eingeben. Das Feld wird Benutzern nicht angezeigt.

9.3.4 Aufbewahrungstags in der Exchange Management Shell erstellen

Verwenden Sie das Cmdlet *New-RetentionPolicyTag*, um ein Aufbewahrungstag in der Exchange Management Shell zu erstellen. Der folgende Befehl erstellt ein Standardrichtlinientag zum Löschen aller Nachrichten im Postfach nach sieben Jahren (2556 Tagen):

```
New-RetentionPolicyTag -Name "Delete" -Type All -AgeLimitForRetention 2556
-RetentionAction DeleteAndAllowRecovery
```

Der nächste Befehl erstellt ein Standardrichtlinientag zum Verschieben aller E-Mails in das Archiv in zwei Jahren (730 Tagen).

```
New-RetentionPolicyTag -Name "Move" -Type All -AgeLimitForRetention 730
-RetentionAction MoveToArchive
```

Der folgende Befehl erstellt ein Standardrichtlinientag zum Löschen von Voicemail-Nachrichten nach 20 Tagen:

```
New-RetentionPolicyTag -Name "Voicemail" -Type All -MessageClass Voicemail
-AgeLimitForRetention 20 -RetentionAction DeleteAndAllowRecovery
```

Im nächsten Beispiel erstellen Sie ein Aufbewahrungsrichtlinientag zum endgültigen Löschen der Nachrichten im Junk-E-Mail-Ordner nach 30 Tagen:

```
New-RetentionPolicyTag -Name "JunkMail" -Type JunkEmail -AgeLimitForRetention 30
-Retention-Action PermanentlyDelete
```

Ein persönliches Tag, bei dessen Anwendung Nachrichten nie gelöscht werden, erstellen Sie folgendermaßen:

```
New-RetentionPolicyTag -Name "Never Delete" -Type Personal -RetentionAction
DeleteAndAllowRecovery -RetentionEnabled $false
```

Mit dem Cmdlet *Get-RetentionPolicyTag* lassen Sie sich die erstellten Tags anzeigen. Hilfe erhalten Sie in der Exchange Management Shell über die Option *-Detailed* und *-Examples*. Im folgenden Beispiel erstellen Sie das Aufbewahrungsrichtlinientag für den Standardordner *Gelöschte Elemente*. Durch Anwendung des Tags löscht Exchange die enthaltenen Elemente nach 30 Tagen aus der Datenbank:

```
New-RetentionPolicyTag "Gelöschte Objekte" -Type "DeletedItems" -Comment
"Gelöschte Objekte werden nach 30 Tagen permanent gelöscht" -RetentionEnabled
$true -AgeLimitForRetention 30 -RetentionAction PermanentlyDelete
```

Haben Sie das Tag erstellt, sehen Sie es auch im Exchange Admin Center, wenn Sie die Ansicht aktualisieren. Wollen Sie ein Tag wieder löschen, verwenden Sie das Cmdlet *Remove-RetentionPolicyTag* oder entfernen es im Exchange Admin Center. Mit *Get-RetentionPolicyTag |fl* überprüfen Sie, ob das Tag gelöscht wurde.

Mit dem Befehl *Get-Command *retention** lassen Sie sich alle verfügbaren Cmdlets für Aufbewahrungsrichtlinien anzeigen. Im folgenden Beispiel erstellen Sie das persönliche Tag *BusinessCritical*. Elemente, auf die Anwender das Tag anwenden, verschiebt Exchange nach drei Jahren in das Archiv:

```
New-RetentionPolicyTag "BusinessCritical" -Type Personal -Comment "Kritische
Geschäftsmails werden nach 3 Jahren automatisch archiviert" -RetentionEnabled
$true -AgeLimitForRetention 1095 -RetentionAction MoveToArchive
```

Auf diesem Weg können Sie für verschiedene Ordner Tags erstellen. Diese wendet Exchange aber erst dann an, wenn Sie sie zu einer Richtlinie zusammenfassen und auf die Empfänger-Postfächer anwenden. Wie das geht, zeige ich Ihnen nachfolgend etwas ausführlicher.

9.3.5 Aufbewahrungsrichtlinien (Retention Policies) erstellen

Aufbewahrungsrichtlinien sind eine Zusammenfassung mehrerer Aufbewahrungstags. Daher erstellen Sie erst die verschiedenen Tags und danach die Aufbewahrungsrichtlinien auf Basis der erstellten Tags.

Sie können Postfächern immer nur eine Aufbewahrungsrichtlinie zuweisen, und jedes Aufbewahrungstag kann nur einer einzigen Aufbewahrungsrichtlinie zugewiesen sein. Nach dem Anlegen einer Aufbewahrungsrichtlinie können Sie jederzeit zusätzliche Tags erstellen und diese einer Richtlinie zuweisen oder von der Richtlinie wieder entfernen. Tags wendet Exchange erst dann an, wenn sie mit einer Aufbewahrungsrichtlinie mit Postfächern verknüpft sind.

9.3.6 Aufbewahrungsrichtlinie im Exchange Admin Center erstellen

Aufbewahrungsrichtlinien erstellen Sie im Exchange Admin Center. Navigieren Sie zu *Verwaltung der Compliance/Aufbewahrungsrichtlinien* und klicken Sie dann auf *Neu* (das Plus-Symbol). Geben Sie einen Namen für die Richtlinie ein und wählen Sie die Tags aus, die Sie der Richtlinie zuordnen wollen.

Eine Aufbewahrungsrichtlinie kann die folgenden Tags enthalten:

- Ein Standardrichtlinientag mit der Aktion *In Archiv verschieben*
- Ein Standardrichtlinientag mit der Aktion *Löschen und Wiederherstellung zulassen* oder *Endgültig löschen*
- Ein Standardrichtlinientag für Voicemail-Nachrichten mit der Aktion *Löschen und Wiederherstellung zulassen* oder *Endgültig löschen*
- Ein Aufbewahrungsrichtlinientag pro Standardordner, zum Beispiel den Posteingang, zum Löschen von Elementen
- Eine beliebige Anzahl von persönlichen Tags

Es wird empfohlen, mit einer Aufbewahrungsrichtlinie nicht mehr als zehn persönliche Tags zu verknüpfen. Ansonsten verwirren Sie Anwender unnötig, da sie die Tags manuell zuordnen müssen.

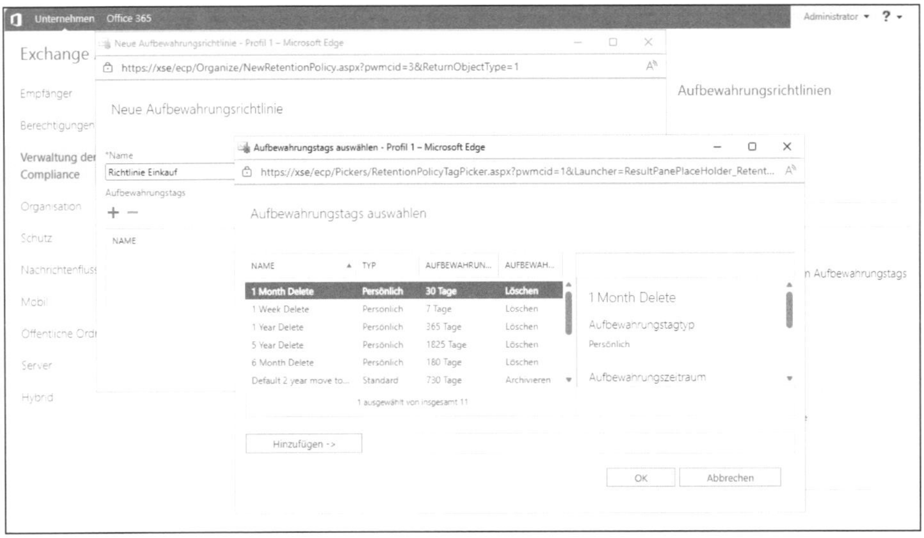

Abb. 9.3 Erstellen einer neuen Aufbewahrungsrichtlinie

Sie können eine Aufbewahrungsrichtlinie erstellen, ohne Aufbewahrungstags hinzuzufügen. Elemente im Postfach, für die die Richtlinie gilt, werden allerdings nicht verschoben oder gelöscht. Dies funktioniert nur, wenn Tags zugewiesen sind. Sie können einer Aufbewahrungsrichtlinie auch nach ihrer Erstellung Aufbewahrungstags hinzufügen oder daraus entfernen. Auch hierzu können Sie Exchange Admin Center verwenden.

9.3.7 Aufbewahrungsrichtlinie in der Exchange Management Shell erstellen

Aufbewahrungsrichtlinien erstellen Sie in der Exchange Management Shell auch mit dem Cmdlet *New-RetentionPolicy*. Im folgenden Beispiel erstellen Sie die Aufbewahrungsrichtlinie *RP* und verknüpfen das erstellte Tag *BusinessCritical*:

```
New-RetentionPolicy "RP" -RetentionPolicyTagLinks "BusinessCritical"
```

Im folgenden Beispiel wird die Aufbewahrungsrichtlinie *Retention* erstellt und der Parameter *-RetentionPolicyTagLinks* verwendet, um der Richtlinie fünf Tags zuzuordnen.

```
New-RetentionPolicy "Retention" -RetentionPolicyTagLinks
"Delete","Move","Voicemail"," JunkMail","Never Delete"
```

Wenn mit der Richtlinie bereits Aufbewahrungstags verknüpft sind, werden sie ersetzt, wenn Sie neue Tags in der Exchange Management Shell zuordnen. Das heißt, Sie müssen die vorhandenen Tags erst in einer Variablen speichern, die neuen Tags hinzufügen und dann alle Tags wieder zusammenfassen. Sie verwenden dazu das Cmdlet *Set-RetentionPolicy*.

In diesem Beispiel wird das Aufbewahrungstag *DeletedItems* mit der Aufbewahrungsrichtlinie *RetPolicy* verknüpft, mit der bereits andere Aufbewahrungstags verknüpft sind:

```
$TagList = (Get-RetentionPolicy "RetPolicy").RetentionPolicyTagLinks
$TagList.Add((Get-RetentionPolicyTag 'DeletedItems').DistinguishedName)
Set-RetentionPolicy "RetPolicy" -RetentionPolicyTagLinks $TagList
```

In diesem Beispiel wird das Aufbewahrungstag *Inbox* aus der Aufbewahrungsrichtlinie *RetPolicy* entfernt:

```
$TagList = (Get-RetentionPolicy "RetPolicy").RetentionPolicyTagLinks
$TagList.Remove((Get-RetentionPolicyTag 'Inbox').DistinguishedName)
Set-RetentionPolicy "RetPolicy" -RetentionPolicyTagLinks $TagList
```

Überprüfen Sie mit dem Cmdlet *Get-RetentionPolicy* die Eigenschaft *RetentionPolicyTagLinks*,ob das Aufbewahrungstag der Aufbewahrungsrichtlinie korrekt hinzugefügt oder daraus entfernt wurde.

Im nächsten Beispiel verwenden Sie das Cmdlet *Get-RetentionPolicy*, um die Tags anzuzeigen, die der Richtlinie *Default MRM Policy* hinzugefügt sind:

```
(Get-RetentionPolicy "Default MRM Policy").RetentionPolicyTagLinks |fl Name
```

9.3.8 Aufbewahrungsrichtlinie anwenden

Nachdem Sie Aufbewahrungsrichtlinientags erstellt und mit einer Aufbewahrungsrichtlinie verknüpft haben, müssen Sie die Richtlinie noch auf Empfänger anwenden. Ein Postfach darf nur mit einer Aufbewahrungsrichtlinie verknüpft sein.

Diese Richtlinie weisen Sie in den Einstellungen des Postfachs zu. Freigegebene Postfächer unterliegen denselben Aufbewahrungsregeln wie Benutzerpostfächer. Da freigegebene Postfächer keine Anmeldekonten besitzen, muss die Richtlinie manuell zugewiesen werden:

```
Set-Mailbox "info@firma.de" -RetentionPolicy "Archivierung_5Jahre"
```

Zur Kontrolle verwenden Sie:

```
Get-Mailbox "info@firma.de" | fl RetentionPolicy
```

In Exchange Online lassen sich diese Postfächer zusätzlich über Compliance-Richtlinien im Purview-Portal absichern. Besonders in hybriden Umgebungen sollte die Zuweisung konsistent dokumentiert werden, da sie nicht automatisch synchronisiert wird.

Nachrichten laufen nach der Verknüpfung auf der Grundlage von den Einstellungen ab, die in den mit der Richtlinie verknüpften Aufbewahrungstags definiert sind. Vor dem Anwenden einer Aufbewahrungsrichtlinie sollten Sie sie testen und die zugeordneten Aufbewahrungstags prüfen. Die Zuweisung erfolgt folgendermaßen:

1. Navigieren Sie zu *Empfänger/Postfächer*.
2. Wählen Sie in der Listenansicht das Postfach aus und klicken Sie auf *Bearbeiten*.
3. Klicken Sie auf *Postfachfunktionen*.
4. Wählen Sie in der Liste *Aufbewahrungsrichtlinie* die Richtlinie aus, die auf das Postfach angewendet werden soll, und klicken Sie auf *Speichern*.

Sie können eine Richtlinie über diesen Weg aber auch weiteren Anwendern zuordnen. Verwenden Sie in der Listenansicht die Tasten Strg oder ⇧, um mehrere Postfächer auszuwählen, und klicken Sie im Detailbereich auf *Weitere Optionen*.

Klicken Sie dann bei *Aufbewahrungsrichtlinie* auf *Aktualisieren*. Anschließend wählen Sie in der Liste *Massenzuweisung von Aufbewahrungsrichtlinie* die Aufbewahrungsrichtlinie aus und klicken auf *Speichern*.

Sie können die Richtlinie auch Mitgliedern einer Verteilergruppe zuordnen und dabei dynamische Verteilergruppen verwenden. Im folgenden Beispiel verknüpfen Sie die Aufbewahrungsrichtlinie mit den Mitgliedern der Verteilergruppe *.Einkauf*:

```
Get-DistributionGroupMember -Identity ".Einkauf" | Set-Mailbox -RetentionPolicy
"RP"
```

Kann der Assistent einzelnen Empfängern keine Richtlinie zuweisen, übergeht er sie und zeigt entsprechende Fehler an. Um die Zuweisung über das Exchange Admin Center durchzuführen, rufen Sie die Eigenschaften der entsprechenden Postfächer auf und wechseln zur Registerkarte *Postfachfunktionen*.

In der Exchange Management Shell halten Sie den Aufbewahrungszeitraum für unbestimmte Zeit mit dem folgenden Befehl an:

```
Set-Mailbox <Alias> -RetentionHoldEnabled $true
```

Über den folgenden Befehl setzen Sie das Erfassen der Aufbewahrungszeit wieder fort:

```
Set-Mailbox <Alias> -RetentionHoldEnabled $false
```

Wollen Sie in der Exchange Management Shell überprüfen, ob einem Empfänger eine Richtlinie zugewiesen ist, geben Sie diesen Befehl ein:

```
Get-Mailbox <Alias> |fl Displayname, *retention*
```

Weisen Sie eine Richtlinie einem Anwender zu, indem Sie über Mitgliedschaft von Verteilergruppen filtern, ist der Vorgang nicht dynamisch. Entfernen Sie den Anwender von der Gruppe oder fügen Sie Benutzer hinzu, hat das keinerlei Auswirkungen auf die Zuordnung von Richtlinien.

In diesem Beispiel wird die Aufbewahrungsrichtlinie *Buchhaltung* auf das Postfach des Benutzers *joost* angewendet.

```
Set-Mailbox "joost" -RetentionPolicy "Buchhaltung"
```

Im nächsten Beispiel wird die Aufbewahrungsrichtlinie *New-Policy* auf alle Postfächer angewendet, die über die alte Richtlinie *Old-Policy* verfügen.

```
$OldPolicy={Get-RetentionPolicy "Old-Policy"}.distinguishedName
Get-Mailbox -Filter {RetentionPolicy -eq $OldPolicy} -Resultsize Unlimited |
Set-Mailbox -RetentionPolicy "New-Policy"
```

Als Nächstes wird die Aufbewahrungsrichtlinie *Corp* auf alle Postfächer in der Exchange-Organisation angewendet.

```
Get-Mailbox -ResultSize Unlimited | Set-Mailbox -RetentionPolicy "Corp"
```

Nachfolgend wird die Aufbewahrungsrichtlinie *Finance* auf alle Postfächer in der Organisationseinheit für Finanzen angewendet.

```
Get-Mailbox -OrganizationalUnit "Finance" -ResultSize Unlimited | Set-Mailbox
-RetentionPolicy "Finance"
```

Zum Überprüfen, ob die Aufbewahrungsrichtlinie angewendet wurde, verwenden Sie das Cmdlet *Get-Mailbox*, um die Aufbewahrungsrichtlinie für das Postfach abzurufen:

```
Get-Mailbox <Benutzername> | Select RetentionPolicy
Get-Mailbox -Filter {RetentionPolicy -eq $policy} -ResultSize Unlimited |ft
Name,Retention-Policy -Auto
```

Anwender können manuell in Outlook über die Auswahl von *Richtlinie zuweisen* persönliche Tags vergeben, die dann für die Archivrichtlinie verwendet werden. Sie können auch über das Kontextmenü von *E-Mail* in Outlook Web App oder Outlook Richtlinien auf Objekte oder ganze Ordner anwenden. In den Eigenschaften eines Ordners auf der Registerkarte *Richtlinien* können Sie selbst eine Richtlinie auswählen, die für E-Mails in diesen Ordnern gelten.

Nachdem Sie Aufbewahrungstags erstellt, sie einer Aufbewahrungsrichtlinie hinzugefügt und diese auf einen Postfachbenutzer angewendet haben, werden Nachrichten bei der nächsten Verarbeitung des Postfachs basierend auf den in den Aufbewahrungstags konfigurierten Einstellungen verschoben oder gelöscht.

9.3.9 Assistent für verwaltete Ordner konfigurieren

Der Assistent für verwaltete Ordner kann Einstellungen für die Aufbewahrung von E-Mails durchsetzen, die in Aufbewahrungsrichtlinien festgelegt sind. Die Konfiguration kann nicht im Exchange Admin Center ausgeführt werden. Sie müssen die Exchange Management Shell verwenden.

In Exchange SE ist der Assistent für verwaltete Ordner ein einschränkungsbasierter Assistent. Diese Assistenten laufen im Hintergrund und brauchen nicht geplant zu werden. Die Systemressourcen, die von ihnen beansprucht werden können, sind begrenzt. Der Assistent kann den Server also nicht überlasten.

Sie können den Assistenten für verwaltete Ordner so konfigurieren, dass er alle Postfächer auf einem Postfachserver innerhalb eines bestimmten Zeitraums verarbeitet. Der Arbeitszyklus ist standardmäßig auf einen Tag festgelegt.

Im folgenden Beispiel wird der Assistent für verwaltete Ordner so konfiguriert, dass alle Postfächer innerhalb eines Tags verarbeitet werden:

```
Set-MailboxServer MyMailboxServer -ManagedFolderWorkCycle 1
```

Zum Überprüfen, ob der Assistent für verwaltete Ordner erfolgreich konfiguriert ist, verwenden Sie das Cmdlet *Get-MailboxServer*. Der nächste Befehl ruft alle Postfachserver in der Organisation ab und gibt die Arbeitszykluseigenschaften in Tabellenformat zurück. Die Option *-Auto* dient dazu, die Spaltenbreite automatisch anzupassen:

```
Get-MailboxServer |ft Name,ManagedFolderWorkCycle* -Auto
```

Im nächsten Beispiel wird eine sofortige Verarbeitung des Postfachs von Thomas Joos ausgelöst:

```
Start-ManagedFolderAssistant -Identity Thomas.joos@contoso.com
```

9.3.10 Gesetzliche Aufbewahrungspflicht (Legal Hold)

Postfächer in Exchange SE können Sie so konfigurieren, dass sie der gesetzlichen Aufbewahrungspflicht entsprechen. Das heißt, Anwender können in diesen Postfächern keine E-Mails mehr löschen. Die gesetzliche Aufbewahrungspflicht hat Microsoft in Exchange SE in das Compliance-Archiv integriert. Wie Sie es verwalten, erfahren Sie in den nächsten Abschnitten.

Exchange Online unterstützt zusätzlich zu Legal Hold auch den Preservation Lock. Diese Funktion verhindert, dass eine einmal aktivierte Aufbewahrungsrichtlinie gelöscht oder verändert wird, selbst durch globale Administratoren. Preservation Lock wird auf Richtlinien im Microsoft Purview Compliance Portal angewendet und eignet sich für Unternehmen mit regulatorischen Anforderungen nach SEC 17a-4(f) oder FINRA. Nach der Aktivierung lässt sich die Richtlinie weder ändern noch verkürzen. Die Einrichtung erfolgt nicht über PowerShell, sondern ausschließlich über das Portal und erfordert eine globale Konfiguration des Tenants. Eine einmal aktivierte Richtlinie mit Preservation Lock bleibt bis zum Ablauf aktiv, unabhängig vom Status des Benutzers oder der Lizenz.

Exchange unterscheidet zwischen Litigation Hold und In-Place Hold. Litigation Hold hält alle Postfachelemente vollständig fest, unabhängig vom Speicherort oder Änderungsstatus. In-Place Hold basiert auf Kriterien wie Zeitraum, Absender oder Stichwörtern. Beide Varianten verhindern das endgültige Löschen von Daten. In Exchange SE erfolgt die Aktivierung mit:

```
Set-Mailbox "user@firma.de" -LitigationHoldEnabled $true
```

Für In-Place Hold nutzen Sie stattdessen *New-MailboxSearch* mit einem Suchfilter und aktivierter Option *-InPlaceHoldEnabled*. In Exchange Online empfiehlt Microsoft, vorrangig die eDiscovery-Hold-Funktion über Microsoft Purview zu verwenden.

Die Funktion trägt auch die Bezeichnung Legal Hold. Dieser Bereich verhindert das Löschen von Postfächern und wichtigen Nachrichten. Löscht ein Anwender, Administrator oder ein Prozess ein Element in einem Postfach, speichert Exchange es in einem Ordner für gelöschte Elemente.

Aus diesem Ordner lassen sich gelöschte Elemente wiederherstellen. Die Funktion lässt sich von Anwendern nicht umgehen. Standardmäßig erhalten sie keine Informationen darüber, dass ihr Postfach auf Legal Hold gesetzt wurde. Sie müssen die Anwender manuell informieren oder einen Kommentar für das entsprechende Postfach festlegen.

Die gesetzliche Aufbewahrungspflicht (Legal Hold) für Postfächer konfigurieren Sie am schnellsten in der Exchange Management Shell. Der Befehl lautet:

```
Set-Mailbox <Alias oder Mailadresse> -LitigationHoldEnabled $true
```

Mit dem folgenden Befehl deaktivieren Sie die Funktion wieder:

```
Set-Mailbox <Alias oder Mailadresse> -LitigationHoldEnabled $false
```

Und mit diesem Befehl lassen Sie sich den aktuellen Status anzeigen:

```
Get-Mailbox <Alias oder Mailadresse> |fl LitigationHoldEnabled
```

9.4 Compliance-Archiv

Unternehmen müssen bestimmte Daten revisionssicher archivieren. Das soll eine nachträgliche Änderung der Daten verhindern. Geschäftsunterlagen müssen also sicher, vollständig, unverändert, fälschungssicher und recherchierbar archiviert werden. Das gilt nicht nur für den normalen Briefverkehr mit Rechnungen und Verträgen, sondern auch für E-Mails.

9.4.1 Grundlagen zur Archivierung

Da immer mehr Dokumente elektronisch erstellt und per E-Mail versendet werden, stehen IT-Leiter vor der Herausforderung, die gesetzlichen Vorschriften auch für diese Daten einzuhalten. Ab dem Steuervereinfachungsgesetz 2011 dürfen Rechnungen wesentlich unkomplizierter auch als E-Mail-Anhang versendet werden. Unternehmen, die eine solche Rechnung erhalten, müssen sie allerdings auch archivieren.

Der Gesetzgeber schreibt Unternehmen nicht vor, ob geschäftskritische Daten elektronisch oder in Papierform aufbewahrt werden sollen. Vorgeschrieben ist, zum Beispiel im Sozialgesetzbuch und Handelsgesetzbuch, die allgemeine Aufbewahrung der Daten. Unternehmen, die auf Microsoft-Produkte wie Exchange oder SharePoint setzen, können diese Daten mit integrierten Funktionen rechtssicher archivieren. Sie müssen bei automatisierten Archivierungen, zum Beispiel mit Exchange, allerdings darauf achten, dass private Kommunikation, auch über die geschäftliche E-Mail-Adresse, nicht ohne Weiteres archiviert werden darf. Das heißt, beim Einsatz automatisierter Archivierung von E-Mails müssen die Mitarbeiter mit einbezogen werden, da nicht ausgeschlossen werden kann, dass versehentlich private E-Mails archiviert werden.

Unternehmen können das verhindern, indem sie private E-Mails verbieten und das regelmäßig überprüfen. Alternativ erlauben sie den Anwendern das Senden privater E-Mails über nicht archivierte private Adressen. Das ist auch der empfohlene Weg. Eine weitere Möglichkeit ist das Anlegen von speziellen privaten Ordnern im Postfach des Anwenders. Diese Ordner dürfen dann nicht archiviert werden. Unternehmen, die private E-Mails archivieren wollen, müssen das mit dem Betriebsrat abklären. Exchange bietet für alle Lösungsansätze entsprechende Möglichkeiten.

Wer sich tiefergehend mit dem Thema auseinandersetzen will, kann ein entsprechendes Dokument vom Bundesamt für Sicherheit in der Informationstechnik (BSI) herunterladen (*https://www.bsi.bund.de/SharedDocs/Downloads/DE/BSI/Publikationen/TechnischeRichtlinien/TR03125/BSI_TR_03125.pdf?__blob=publicationFile*).

Im Bereich der Archivierung spielen auch die »Grundsätze zur ordnungsmäßigen Führung und Aufbewahrung von Büchern, Aufzeichnungen und Unterlagen in elektronischer Form sowie zum Datenzugriff (GoBD)« (Download der PDF-Datei über *https://www.bundesfinanzministerium.de/Content/DE/Downloads/BMF_Schreiben/Weitere_Steuerthemen/Abgabenordnung/2019-11-28-GoBD.html*) eine Rolle. Hierbei handelt es sich um ein Regelwerk des Bundesfinanzministeriums zum Thema digitale Rechnungen auf Basis von PDF und wie Unternehmen Steuerprüfer und das Finanzamt unterstützen müssen, um auf digitale Medien zugreifen zu können. Unternehmen, die steuerrelevante Dokumente archivieren, sollten die Regeln beim Einführen einer Archivierungslösung beachten.

9.4.2 Compliance-Archiv verstehen

In Exchange 2010/2013 wird die gesetzliche Aufbewahrungspflicht auf Basis der Archivierung dargestellt. Exchange SE verwendet dazu die Compliance-Archive.

Sie können festlegen, welche Elemente Exchange aufbewahren soll. Dazu legen Sie Bereiche wie Schlüsselwörter, Absender und Empfänger, Start- und Enddaten sowie den Typ der Elemente fest. Außerdem können Sie definieren, wie lange Objekte in Exchange aufbewahrt werden sollen.

Mit der Compliance können Sie detaillierte Aufbewahrungsrichtlinien erstellen, auf deren Basis Exchange dann die Daten archiviert. Die Funktion der dauerhaften Aufbewahrung entspricht dem Beweissicherungsverfahren (Legal Hold) in Exchange 2010/2013.

Wenn ein Postfach in mehr als fünf Archiven platziert ist, werden alle Elemente beibehalten, bis die Archivierungen beendet sind. Autorisierte Benutzer, die der Rollengruppe *Erkennungsverwaltung* hinzugefügt sind oder denen Sie die Verwaltungsrollen für gesetzliche Aufbewahrungspflicht und Postfachsuche zugewiesen haben, können Benutzerpostfächer in Compliance-Archiven/In-Situ-Speichern speichern.

Sie können die Aufgabe delegieren und dabei nur die notwendigen Berechtigungen zuweisen. Einem Benutzer muss die Rolle *Postfachsuche* zugewiesen sein, damit er ein abfragebasiertes Compliance-Archiv erstellen kann. Der Rollengruppe *Discoveryverwaltung* sind beide Rollen zugewiesen.

In Exchange SE ist die Compliance-Archivierung in die Compliance-eDiscovery-Suche integriert. Sie können den Assistenten für Compliance-eDiscovery und -Archiv im Exchange Admin Center oder das Cmdlet *New-MailboxSearch* in der Exchange Management Shell verwenden, um ein Postfach in einem Compliance-Archiv zu platzieren.

Die Compliance-Archivierung verwendet den Ordner *Wiederherstellbare Elemente*, um Daten wiederherstellbar zu speichern. Der Ordner *Wiederherstellbare Elemente* besteht aus mehreren Systemordnern, die Exchange intern nutzt: *Deletions*, *Purges*, *DiscoveryHold* und *Versions*. Jeder dieser Ordner erfüllt eine spezifische Funktion: *Deletions* enthält gelöschte Elemente, *Purges* speichert dauerhaft gelöschte Inhalte bis zur Bereinigung, *DiscoveryHold* wird bei aktivem Beweissicherungsverfahren genutzt, *Versions* speichert Elementänderungen bei aktivierter Journaling- oder Archivfunktion. Diese Ordner sind für Anwender unsichtbar, lassen sich jedoch mit *Get-MailboxFolderStatistics* auswerten:

```
Get-MailboxFolderStatistics "benutzer@firma.de" | Where {$_.FolderPath -like
"*Recoverable*"}
```

Das Speicherkontingent für diesen Bereich wird separat verwaltet und darf 30 GB (Standardwert) nicht überschreiten, kann aber über *Set-Mailbox* oder *Set-MailboxDatabase* angepasst werden. Der Ordner wird in Outlook und Outlook Web App angezeigt.

Elemente im Ordner *Wiederherstellbare Elemente* werden über den Zeitraum aufbewahrt, der für die Postfachdatenbank des Benutzers als Aufbewahrungszeitraum für gelöschte Elemente konfiguriert ist (siehe Kapitel 5). Standardmäßig ist der Aufbewahrungszeitraum für gelöschte Elemente 14 Tage. Sie können auch ein Speicherkontingent für den Ordner *Wiederherstellbare Elemente* festlegen. Der Ordner enthält folgende Unterordner:

- **Deletions** Elemente, die aus dem Ordner *Gelöschte Elemente* entfernt oder aus anderen Ordnern vorläufig gelöscht wurden, werden in den Unterordner *Deletions* verschoben. Standardmäßig bleiben Elemente in diesem Ordner, bis der Aufbewahrungszeitraum beendet ist.
- **Purges** Wenn ein Benutzer ein Element aus dem Ordner *Wiederherstellbare Elemente* löscht, wird das Element in den Ordner *Purges* verschoben. Elemente, die den Aufbewahrungszeitraum für gelöschte Elemente überschreiten, verschiebt Exchange ebenfalls in den Ordner *Purges*. Elemente in diesem Ordner können von Anwendern nicht mehr wiederhergestellt werden. Wenn der Postfach-Assistent das Postfach verarbeitet, werden Elemente im Ordner *Purges* endgültig aus der Postfachdatenbank gelöscht. Allerdings darf für das Postfach nicht das Beweissicherungsverfahren aktiviert sein, sonst löscht der Postfach-Assistent die Elemente nicht.
- **DiscoveryHold** Wenn Sie ein Benutzerpostfach in einem Compliance-Archiv platzieren, verschiebt Exchange gelöschte Elemente in diesen Ordner. Wenn Sie keinen Aufbewahrungszeitraum angegeben haben, werden Elemente dauerhaft aufbewahrt, bis Sie das Benutzerpostfach aus dem Archiv entfernen.
- **Versions** Wenn ein Benutzer Eigenschaften eines Elements ändert, speichert Exchange eine Kopie des ursprünglichen Elements im Ordner *Versions*. Elemente in diesem Ordner werden indiziert und bei einer Suche zurückgegeben. Haben Sie die Archivierung oder das Beweissicherungsverfahren beendet, werden die Kopien im Ordner *Versions* gelöscht.

Auch wenn Benutzer die Ordner *DiscoveryHold*, *Purges* und *Versions* nicht sehen, werden alle Elemente im Ordner *Wiederherstellbare Elemente* von der Exchange-Suche indiziert. Die Daten können über die Compliance-eDiscovery gefunden werden.

Elemente im Ordner *Wiederherstellbare Elemente* werden nicht in das Postfachkontingent des Benutzers eingerechnet, der Ordner verfügt über ein eigenes Kontingent. Überschreitet der Ordner sein Kontingent, können Benutzer den Ordner *Gelöschte Elemente* nicht mehr leeren und keine Postfachelemente dauerhaft löschen.

Für Postfachdatenbanken sind die Standardwerte für *RecoverableItemsWarningQuota* und *RecoverableItemsQuota* auf 20 GB und 30 GB festgelegt. Zum Ändern dieser Werte verwenden Sie das Cmdlet *Set-MailboxDatabase*. Zum Ändern dieser Werte für einzelne Postfächer verwenden Sie das Cmdlet *Set-Mailbox*.

Das Beweissicherungsverfahren von Exchange 2010/2013/2016 ist in Exchange SE weiterhin verfügbar. Dafür wird die Option *LitigationHoldEnabled* von Postfächern verwendet.

9.4.3 Compliance-Archiv erstellen

Bei einem Compliance-Archiv bleiben also immer alle Postfachinhalte inklusive gelöschter Elemente und Originalversionen geänderter Elemente erhalten. Alle diese Elemente zeigt Exchange bei einer Compliance-eDiscovery-Suche an. Um ein Compliance-Archiv zu erstellen, gehen Sie folgendermaßen vor:

1. Navigieren Sie zu *Verwaltung der Compliance/In-Situ-eDiscovery und -Speicher*.
2. Klicken Sie auf *Neu* (Plus-Symbol).
3. Geben Sie einen Namen und optional eine Beschreibung ein und klicken Sie dann auf *Weiter*.
4. Klicken Sie auf der Seite *Postfächer* auf *Postfächer für die Suche angeben* und dann auf *Hinzufügen* (Plus-Symbol).
5. Wählen Sie die Postfächer aus, die Sie im Archiv platzieren wollen, klicken Sie auf die Schaltfläche *Hinzufügen* und bestätigen Sie mit *OK*.
6. Schließen Sie den Vorgang mit *Weiter* und *Fertig stellen* ab.

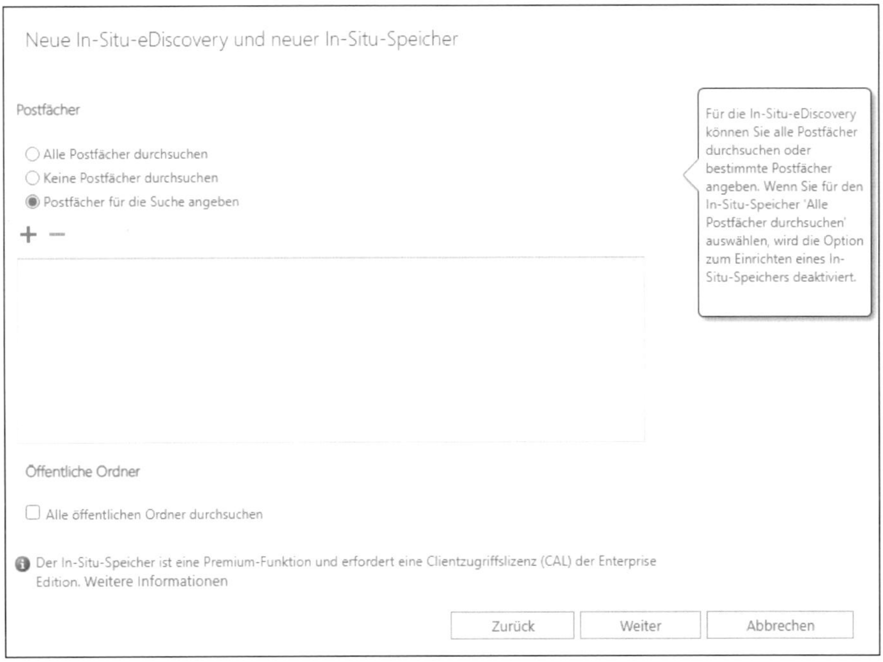

Abb. 9.4 Erstellen eines neuen Compliance-Archivs

Für Compliance-eDiscovery-Suchen können Sie die Option *Alle Postfächer durchsuchen* verwenden. Sie können diese Option aber nicht nutzen, um alle Postfächer auf einmal im Archiv zu platzieren. Zum Erstellen eines Compliance-Archivs müssen Sie einzelne Postfächer auswählen.

Klicken Sie auf *Gesamten Postfachinhalt*, um den gesamten Inhalt der ausgewählten Postfächer in einem Archiv zu platzieren, und füllen Sie die restlichen Felder entsprechend aus.

Damit Sie Ergebnisse wie beim Beweissicherungsverfahren erhalten, können Sie bei der Einrichtung auch die Option *Dauerhaft aufbewahren* auswählen. Wenn Sie keine weiteren Suchparameter angeben, speichert Exchange alle Elemente in den ausgewählten Quellpostfächern im Archiv. Mit dem Cmdlet *Get-MailboxSearch* zeigen Sie die Postfachsuche an.

9.4.4 Compliance-Archiv entfernen

Sie können ein Compliance-Archiv jederzeit wieder entfernen. Auch diesen Vorgang können Sie im Exchange Admin Center durchführen:

1. Navigieren Sie zu *Verwaltung der Compliance/In-Situ-eDiscovery und -Archiv*.
2. Wählen Sie in der Listenansicht das Compliance-Archiv aus, das Sie entfernen wollen, und klicken Sie auf *Bearbeiten*.
3. Deaktivieren Sie in den Eigenschaften auf der Seite *In-Situ-Speicher* das Kontrollkästchen *Inhalt, der mit der Suchanfrage übereinstimmt, in ausgewählten Quellen aufbewahren*, und klicken Sie dann auf *Speichern*.
4. Wählen Sie in der Listenansicht das Compliance-Archiv aus und klicken Sie auf *Löschen*.
5. Klicken Sie in der Warnung auf *Ja*, um die Suche zu entfernen.

Sie können ein Compliance-Archiv auch in der Exchange Management Shell löschen:

```
Set-MailboxSearch <Name> -InPlaceHoldEnabled $false
Remove-MailboxSearch <Name>
```

Überprüfen Sie im Exchange Admin Center, ob das Compliance-Archiv nicht mehr angezeigt wird. In der Exchange Management Shell verwenden Sie das Cmdlet *Get-MailboxSearch*.

9.4.5 Compliance-eDiscovery

Sie können mit In-Situ-eDiscovery Postfächer nach bestimmten Inhalten durchsuchen. Dazu verwenden Sie die von der Exchange-Suche erstellten Inhaltsindizes. Die rollenbasierte Zugriffssteuerung (Role Based Access Control, RBAC) stellt die Rollengruppe *Discovery Management* zum Delegieren von Suchaufgaben bereit. Anwender mit diesen Rechten dürfen Postfächer durchsuchen. Dazu sind keine weiteren administrativen Rechte notwendig.

Exchange SE bietet auch Integration in SharePoint. Mit dem eDiscovery Center in SharePoint können Sie alle Inhalte in SharePoint-Websites, Dokumenten und Postfachinhalten durchsuchen.

Damit Benutzer In-Situ-eDiscovery-Suchen durchführen können, müssen Sie sie der RBAC-Rollengruppe *Discovery Management* hinzufügen. Diese Rollengruppe besteht aus zwei Verwaltungsrollen: Die Rolle *Mailbox Search* ermöglicht das Ausführen einer eDiscovery-Suche, die Rolle *Legal Hold* erlaubt Anwendern, ein Postfach in einem Compliance-Archiv zu platzieren oder das Beweissicherungsverfahren für ein Postfach zu aktivieren.

Standardmäßig werden Benutzern keine Berechtigungen zur Ausführung der Compliance-eDiscovery-Aufgaben zugewiesen.

Mitglieder der Rollengruppe *Organization Management* können andere Benutzer zur Rollengruppe *Discovery Management* hinzufügen oder neue Rollengruppen erstellen, um die Berechtigungen auf einen bestimmten Benutzer zu beschränken.

Benutzer, die nicht Mitglied der Rollengruppe *Discovery Management* sind, sehen den Menüpunkt *Compliance-eDiscovery und -Archiv* im Exchange Admin Center nicht. Die Compliance-eDiscovery-Cmdlets stehen in der Exchange Management Shell ebenfalls nicht zur Verfügung.

Nachdem Sie eine Compliance-eDiscovery-Suche erstellt haben, können Sie die Suchergebnisse in ein definiertes Zielpostfach kopieren. Die Exchange Admin Center bietet dazu die Auswahl eines Discoverypostfachs. Dabei handelt es sich um einen speziellen Postfachtyp.

Discoverypostfächer verfügen über ein Postfachspeicherkontingent von 50 GB. Sie können das Kontingent aber jederzeit anpassen. Wie allen Postfachtypen ist auch einem Discoverypostfach ein Active Directory-Benutzerkonto zugeordnet. Dieses Konto ist aber standardmäßig deaktiviert. Auf ein Discoverypostfach können nur Benutzer zugreifen, die explizit für den Postfachzugriff berechtigt wurden. Mitglieder der Rollengruppe *Discovery Management* erhalten Vollzugriff auf das Standard-Discoverypostfach. Erstellen Sie zusätzliche Discoverypostfächer, müssen Sie für diese Rechte manuell konfigurieren.

Während der Installation von Exchange SE wird bereits ein Discoverypostfach erstellt. Mit der Exchange Management Shell können Sie weitere Discoverypostfächer erstellen. Benutzer können keine E-Mails an diese Postfächer senden.

Für die Compliance-eDiscovery-Suche wird zusätzlich das Systempostfach *SystemMailbox{e0dc1c29-89c3-4034-b678-e6c29d823ed9}* zum Speichern der Compliance-eDiscovery-Daten verwendet. Systempostfächer werden aber nicht im Exchange Admin Center und auch nicht in den Adresslisten angezeigt.

Bevor Sie eine Postfachdatenbank löschen können, in der sich das Systempostfach für die Compliance-eDiscovery-Suche befindet, müssen Sie dieses in eine andere Postfachdatenbank verschieben.

Wenn das Postfach gelöscht wird, können die Discovery-Manager erst wieder eDiscovery-Suchen durchführen, wenn es neu erstellt wurde.

Exchange SE ermöglicht eine Integration in SharePoint 2019. In diesem Fall können Anwender das neue eDiscovery Center in SharePoint nutzen. Ein entsprechend berechtigter Anwender kann über das spezielle Suchcenter Inhalte aus SharePoint, Exchange und Lync durchsuchen oder archivieren. Die Suchergebnisse lassen sich dazu in eine *.pst*-Datei exportieren.

SharePoint verwendet für Inhaltsindizierung und -abfrage Microsoft Search Foundation, den gleichen Suchdienst wie Exchange SE. Es werden in Exchange und SharePoint jeweils die gleichen Suchergebnisse zurückgegeben.

Bevor Sie das eDiscovery Center in SharePoint zum Durchsuchen von Exchange-Postfächern verwenden können, müssen Sie eine Vertrauensstellung zwischen den Systemen einrichten. In Exchange SE und SharePoint 2019 verwenden Sie dazu die OAuth-Authentifizierung. Damit ein SharePoint-Benutzer eine eDiscovery-Suche in Exchange-Postfächern durchführen kann, müssen Sie ihm Berechtigungen in Exchange zuweisen.

Benutzer der Rollengruppe *Discovery Management* können ohne weitere Konfiguration Compliance-eDiscovery-Suchen durchführen. Die Anwender können auch mit dem Exchange Admin Center oder in der Exchange Management Shell Suchen erstellen.

In einer Hybridbereitstellung mit Office 365 und lokalen Exchange-Servern können Sie Compliance-eDiscovery-Suchen für Postfächer in Office 365 mit dem Exchange Admin Center erstellen. Wenn Sie E-Mails in ein Discoverypostfach kopieren wollen, müssen Sie ein lokales Discoverypostfach auswählen.

Der Assistent für Compliance-eDiscovery und -Archiv im Exchange Admin Center ermöglicht das Erstellen einer Compliance-eDiscovery-Suche und verwendet ein Compliance-Archiv, um die Suchergebnisse aufzubewahren.

Wenn Sie eine Compliance-eDiscovery-Suche erstellen, wird ein spezielles Suchobjekt im Compliance-eDiscovery-Systempostfach erstellt. Dieses Objekt kann bearbeitet werden, um die Suche zu starten, zu beenden, zu ändern und zu entfernen.

Wenn Sie eine Compliance-eDiscovery-Suche erstellen, müssen Sie die folgenden Daten angeben:

- **Name** Der Suchname wird verwendet, um die Suche zu identifizieren.
- **Postfächer** Sie können alle Postfächer in der Exchange SE-Organisation durchsuchen. Sie können auch eine Verteilergruppe verwenden. Die Mitgliedschaft der Gruppe wird bei Erstellung der Suche berechnet.
- **Suchabfrage** Sie können entweder alle Postfachinhalte der angegebenen Postfächer durchsuchen oder nur nach einzelnen Inhalten suchen. Zum Einschränken einer Suche können Sie nach Absender oder Empfänger filtern. Standardmäßig durchsucht Exchange alle Nachrichtentypen. Sie können die Suche einschränken, indem Sie Nachrichtentypen wie E-Mail, Kontakte, Dokumente, Journal, Besprechungen, Notizen und Lync-Inhalt zum Durchsuchen auswählen.

9.4.6 Berechtigungen für eDiscovery verwalten

Wenn Sie Benutzern die Verwendung der Compliance-eDiscovery-Suche ermöglichen wollen, müssen Sie sie erst berechtigen. Dazu fügen Sie sie zur Rollengruppe *Discovery Management* hinzu. Mitglieder der Rollengruppe *Discovery Management* verfügen über vollständige Postfachzugriffsberechtigungen für das Discoverypostfach.

Standardmäßig enthält die Rollengruppe *Discovery Management* keine Mitglieder. Administratoren mit der Rolle *Organization Management* können standardmäßig keine Discoverysuchen erstellen oder verwenden, ohne zur Rollengruppe *Discovery Management* hinzugefügt worden zu sein. Exchange-Administratoren können sich aber selbst der Rollengruppe hinzufügen.

Damit Benutzer ein abfragebasiertes Compliance-Archiv erstellen können, müssen sie Mitglied der Rollengruppe *Discovery Management* sein oder es muss ihnen die Rolle *Mailbox Search* zugewiesen sein. Am einfachsten verwalten Sie die Berechtigungen im Exchange Admin Center:

1. Navigieren Sie zu *Berechtigungen/Administratorrollen*.
2. Wählen Sie den Eintrag *Discovery Management* und klicken Sie auf *Bearbeiten*.
3. Klicken Sie unter *Mitglieder* auf *Hinzufügen*.
4. Wählen Sie einen Benutzer aus, klicken Sie auf *Hinzufügen* und dann auf *OK*.
5. Klicken Sie auf *Speichern*.

Sie können aber auch die Exchange Management Shell verwenden, um Benutzer für bestimmte Rollen zu berechtigen:

```
Add-RoleGroupMember -Identity "Discovery Management"
-Member <Benutzername>
```

Mit dem folgenden Befehl zeigen Sie die Mitglieder der Administratorengruppe an:

```
Get-RoleGroupMember -Identity "Discovery Management"
```

9.4.7 Discoverypostfach erstellen

Exchange erstellt standardmäßig ein erstes Discoverypostfach. Sie können nach Bedarf zusätzliche Discoverypostfächer erstellen. Ein Discoverypostfach kann nicht für einen anderen Zweck wiederverwendet oder in einen anderen Postfachtyp umgewandelt werden. Sie können es aber löschen wie jeden anderen Postfachtyp auch.

Discoverypostfächer können Sie in der Exchange Management Shell erstellen:

```
New-Mailbox SearchResults -Discovery -UserPrincipalName
SearchResults@woodgroove.local
```

Sie können sich in der Exchange Management Shell alle verfügbaren Discoverypostfächer anzeigen lassen:

```
Get-Mailbox -Resultsize unlimited -Filter {RecipientTypeDetails -eq
"DiscoveryMailbox"}
```

Compliance-eDiscovery verwendet ein Systempostfach zum Speichern der Compliance-eDiscovery-Suchmetadaten. Dieses Discoverysystempostfach verwendet den Anzeigenamen *SystemMailbox{e0dc1c29-89c3-4034-b678-e6c29d823ed9}*. Funktioniert die Suche nicht mehr oder haben Sie das Postfach gelöscht, können Sie es in der Exchange Management Shell neu erstellen:

1. Löschen Sie das Benutzerkonto *SystemMailbox{e0dc1c29-89c3-4034-b678-e6c29d823ed9}* aus Active Directory, wenn es vorhanden ist.
2. Bereiten Sie Active Directory vor, indem Sie das Setupprogramm von Exchange SE mit der Option */PrepareAD* in der Stammdomäne der Active Directory-Gesamtstruktur ausführen (siehe Kapitel 2). Dieser Befehl hilft oft auch, wenn andere Systempostfächer nicht mehr funktionieren, unabhängig von der Compliance.
3. Aktivieren Sie das Discoverysystempostfach in der Exchange Management Shell.

In diesem Beispiel wird das Discoverysystempostfach aktiviert. Sie müssen den vollqualifizierten Domänennamen (Fully Qualified Domain Name, FQDN) eines globalen Katalogservers in der Stammdomäne der Active Directory-Gesamtstruktur angeben:

```
Enable-Mailbox -Arbitration -DomainController <FQDN eines globalen Katalogs>
-Identity "SystemMailbox{e0dc1c29-89c3-4034-b678-e6c29d823ed9}"
```

Verwenden Sie das Cmdlet *Get-Mailbox* mit der Option *Arbitration* zum Abrufen von Systempostfächern, um die erfolgreiche Neuerstellung des Discoverysystempostfachs zu überprüfen. Zeigen Sie die Ergebnisse des Befehls an, um sicherzustellen, dass das Systempostfach *SystemMailbox{e0dc1c29-89c3-4034-b678-e6c29d823ed9}* neu erstellt wurde.

9.4.8 Die Compliance-Suche nutzen

Mit der Compliance-Suche können Anwender eine große Anzahl von Postfächern gleichzeitig durchsuchen. In-Situ-eDiscovery in Exchange SE kann dagegen nur bis zu 10.000 Postfächer in einer Suche durchsuchen. Die Compliance-Suche ist allerdings nur in der Exchange Management Shell verfügbar. Dazu stehen neue Cmdlets zur Verfügung:

- *Get-ComplianceSearch*
- *New-ComplianceSearch*
- *Remove-ComplianceSearch*
- *Set-ComplianceSearch*
- *Start-ComplianceSearch*
- *Stop-ComplianceSearch*

Damit Administratoren auf die Cmdlets zugreifen dürfen, ist die Mitgliedschaft in der Gruppe *Discovery Management* notwendig. Alternativ kann dem Anwender auch die Rolle *Mailbox Search* zugewiesen werden.

9.5 Journale nutzen

Journale können auch in Exchange SE alle Kommunikationsvorgänge aufzeichnen. Der Journal-Agent ist ein Transport-Agent, der E-Mails auf Postfachservern verarbeitet. In Exchange SE ist der Journal-Agent ein integrierter Agent, wird also nicht vom Cmdlet *Get-TransportAgent* angezeigt.

Standardjournale werden für eine Postfachdatenbank konfiguriert. Dadurch kann der Journal-Agent alle Nachrichten erfassen, die in einer bestimmten Postfachdatenbank gesendet werden. Wollen Sie alle Nachrichten an alle Empfänger und von allen Absendern aufzeichnen, müssen Sie Journale für alle Postfachdatenbanken und auf allen Postfachservern in der Organisation konfigurieren.

Mit Premiumjournalen kann der Journal-Agent auf Basis von Journalregeln ebenfalls Journale erstellen. Anstatt alle Postfächer in einer Postfachdatenbank in Journale aufzunehmen, können Sie daher Journalregeln erstellen. Damit erfassen Sie einzelne Empfänger oder Mitglieder von Verteilergruppen. Zur Verwendung der Premiumjournalfunktion müssen Sie eine Exchange Enterprise-Clientzugriffslizenz (Client Access License, CAL) besitzen.

Mit Journalregeln können Sie interne, nur externe oder beide Sorten Nachrichten in einem Journal erfassen. Journalregeln erstellen Sie auf Basis der SMTP-Adresse des Empfängers, der im Journal erfasst werden soll. Dabei kann es sich um ein Postfach, eine Verteilergruppe, einen E-Mail-Benutzer oder einen Kontakt handeln.

Wenn Sie eine Verteilergruppe als Journalempfänger verwenden, werden alle Nachrichten erfasst, die an die Mitglieder und von den Mitgliedern der Verteilergruppe gesendet werden. Wenn Sie keinen Empfänger angeben, werden alle Nachrichten im Journal erfasst.

Das Journalpostfach dient zum Speichern von Journalberichten. Sie können ein Journalpostfach zum Erfassen der E-Mails von allen Journalregeln festlegen oder mehrere Journalpostfächer für unterschiedliche Journalregeln oder Journalregelgruppen verwenden.

Sie können allerdings keine Microsoft 365-Postfächer als Journalpostfach für lokale Postfächer festlegen. In einer Hybridbereitstellung können Sie ein lokales Postfach als Journalpostfach für lokale und Microsoft 365-Postfächer verwenden.

Journalregeln sind in Active Directory gespeichert und auf allen Postfachservern in der Exchange SE-Organisation verfügbar. Alle Postfachserver in der Organisation verwenden die Journalregelkonfiguration von den Domänencontrollern und wenden Journalregeln an. Die Replikation von Journalregeln in einer Organisation hängt daher von der Active Directory-Replikation ab.

Ein Journalbericht ist die Information, die der Journal-Agent erstellt, wenn eine E-Mail einer Journalregel entspricht und daher an das Journalpostfach übermittelt wird. Die originale Nachricht wird unverändert als Anlage in den Journalbericht aufgenommen. Der Text eines Journalberichts enthält Daten aus der ursprünglichen Nachricht, zum Beispiel die E-Mail-Adresse des Absenders, den Betreff der Nachricht, die Nachrichten-ID und die E-Mail-Adressen der Empfänger. Exchange SE erstellt bei der Installation einen eigenen Container in Active Directory, um Exchange SE-Journalregeln zu speichern.

9.5.1 Journal verwalten

Journalregeln können Sie am schnellsten im Exchange Admin Center erstellen:

1. Navigieren Sie zu *Verwaltung der Compliance/Journalregeln* und klicken Sie dann auf *Neu* (Plus-Symbol).
2. Geben Sie einen Namen für die Journalregel ein und füllen Sie dann die notwendigen Felder aus:
   - *Journalberichte senden an* Geben Sie die Adresse des Journalpostfachs ein, das alle Journalberichte empfangen soll.
   - *Beim Senden/Empfangen der Nachricht an/von* Geben Sie den Empfänger an, für den die Regel gilt. Sie können einen bestimmten Empfänger auswählen oder die Regel auf alle Nachrichten anwenden.
   - *Folgende Nachrichten im Journal erfassen* Sie können nur die internen Nachrichten im Journal erfassen, nur die externen Nachrichten oder alle Nachrichten.
3. Klicken Sie auf *Speichern*, um die Journalregel zu erstellen.

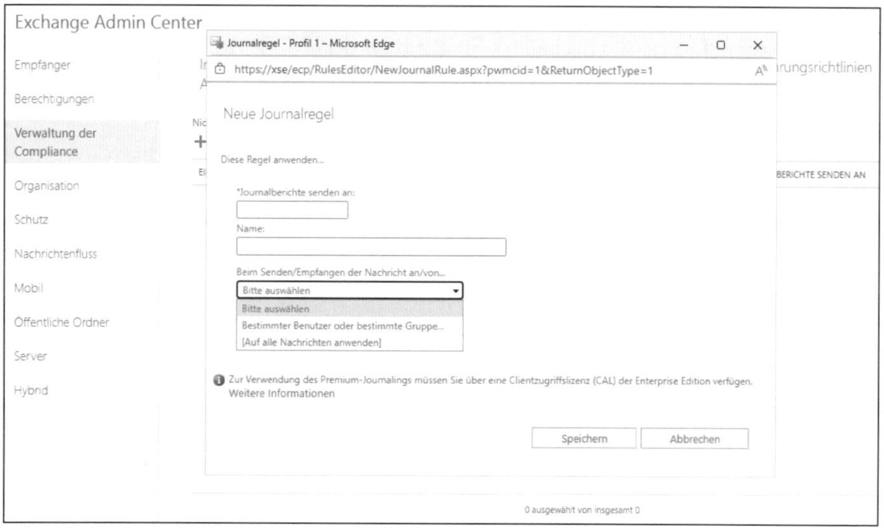

Abb. 9.5 Erstellen einer neuen Journalregel in Exchange SE

Sie können Journalregeln auch in der Exchange Management Shell erstellen. In diesem Beispiel wird die Journalregel *Journal* erstellt. Sie speichert alle Nachrichten, die von dem Benutzer *administrator@contoso.local* gesendet und empfangen werden.

```
New-JournalRule -Name "Journal" -Recipient administrator@contoso.local
-JournalEmailAddress "Journal Mailbox" -Scope Global -Enabled $True
```

Überprüfen Sie im Exchange Admin Center, ob die neue Journalregel, die Sie erstellt haben, auf der Registerkarte *Journalregeln* vorhanden ist. Sie können Journalregeln aber auch in der Exchange Management Shell anzeigen:

```
Get-JournalRule <Name der Regel>
```

Journalregeln arbeiten unabhängig von Aufbewahrungsrichtlinien, können jedoch gemeinsam genutzt werden, um gesetzliche Anforderungen zu erfüllen. Archivierung speichert Daten im Benutzerkontext, Journalregeln kopieren Nachrichten zusätzlich an zentrale Journalpostfächer. In Exchange SE ist es nicht möglich, Journalpostfächer in Exchange Online zu verwenden. In hybriden Szenarien muss daher ein lokales Journalziel bereitgestellt werden. Die Konfiguration erfolgt mit:

```
New-JournalRule -Name "ExterneKommunikation" -Recipient All -JournalEmailAddress
journal@intern.local -Scope External -Enabled $true
```

Diese parallele Verwendung von Archivierung und Journal sorgt für vollständige Nachvollziehbarkeit und Manipulationsschutz bei sensiblen Kommunikationsströmen.

Wenn Sie die Eigenschaften einer Regel ändern, verwenden Sie entweder das Exchange Admin Center oder die Exchange Management Shell. In der Shell verwenden Sie das Cmdlet *Set-JournalRule*.

Wenn Sie eine Journalregel deaktivieren, wendet der Journal-Agent die Journalfunktion nicht mehr an. Sie können die Regeln im Exchange Admin Center oder in der Exchange Management Shell aktivieren und deaktivieren. In der Exchange Management Shell verwenden Sie:

```
Enable-JournalRule <Regel>
Disable-JournalRule <Regel>
```

Um eine Liste aller Journalregeln in Ihrer Organisation anzuzeigen, verwenden Sie:

```
Get-JournalRule |ft Name,Enabled
```

Journalregeln können Sie auch in der Exchange Management Shell löschen:

```
Remove-JournalRule <Regel>
```

9.5.2 Journal für Postfachdatenbanken aktivieren oder deaktivieren

Um das Journal für Postfachdatenbanken zu aktivieren, brauchen Sie keine Journalregeln zu erstellen, sondern können die Funktion direkt in der Postfachdatenbank aktivieren. Im Exchange Admin Center gehen Sie folgendermaßen vor:

1. Navigieren Sie zu *Server/Datenbanken*.
2. Doppelklicken Sie auf die Postfachdatenbank, für die Sie das Journal aktivieren wollen.
3. Klicken Sie auf *Wartung*.
4. Klicken Sie neben dem Feld *Journalempfänger* auf *Durchsuchen*, um das Journalpostfach auszuwählen. Durch Angabe eines Journalempfängers wird das Journal für die Datenbank aktiviert.
5. Zum Deaktivieren des Journalings entfernen Sie den Journalempfänger.

Diese Einstellungen können Sie auch in der Exchange Management Shell durchführen:

```
Set-MailboxDatabase <Datenbank> -JournalRecipient <Postfach>
```

Um das Journal wieder zu deaktivieren, verwenden Sie:

```
Set-MailboxDatabase <Datenbank> -JournalRecipient $Null
```

Um die Journalerstellung pro Postfachdatenbank für alle Postfachdatenbanken in der Exchange-Organisation zu deaktivieren, verwenden Sie:

```
Get-MailboxDatabase | Set-MailboxDatabase -JournalRecipient $Null
```

Führen Sie in der Exchange Management Shell den folgenden Befehl aus, um eine Liste aller Postfachdatenbanken in Ihrer Organisation mit den zugeordneten Journalempfängern zurückzugeben:

```
Get-MailboxDatabase |ft Name,JournalRecipient
```

9.6 Zusammenfassung

In diesem Kapitel bin ich intensiv auf den Umgang mit den verschiedenen Archivfunktionen in Exchange SE eingegangen. Beispielsweise haben Sie erfahren, wie Sie E-Mails sicher aufbewahren und die gesetzlichen Aufbewahrungspflichten erfüllen. Ebenfalls Bestandteil des Kapitels waren verwaltete Ordner, das Compliance-eDiscovery und einiges mehr.

Im nächsten Kapitel lesen Sie mehr zum Thema Data Loss Prevention, also dem Absichern von Datenverlusten, weil Anwender unerlaubt Daten nach extern versenden.

Kapitel 10

Data Loss Prevention (DLP) und Überwachung

In Exchange SE gibt es weiterhin Funktionen zur Verhinderung von Datenverlust. Sie tragen die Bezeichnung Data Loss Prevention (DLP) und stellen eine Erweiterung der Transportregeln dar (siehe Kapitel 4). DLP-Richtlinien sind Regeln mit verschiedenen Bedingungen. Sie bestehen aus Transportregeln, Aktionen und Ausnahmen. DLP soll verhindern, dass Anwendern absichtlich oder versehentlich wichtige Daten per E-Mail an externe Empfänger senden.

DLP-Richtlinien können die Funktionen vorhandener Transportregeln nutzen. Sie verwalten die DLP-Richtlinien über Cmdlets in der Exchange Management Shell, aber auch im Exchange Admin Center.

> Verhinderung von Datenverlust ist ein Premium-Feature, für das eine Enterprise-Clientzugriffslizenz (Client Access License, CAL) erforderlich ist. Diese müssen Sie für Postfächer erwerben, die diese Funktion nutzen wollen.

Die Funktion *Dokumentfingerabdrücke verwalten* im Bereich *Verwaltung der Compliance/ Verhinderung von Datenverlust* erkennt interne Formulare und kann verhindern, dass Daten aus den Formularen nach extern gesendet werden. Diese Technik ist auch in Exchange SE integriert.

Abb. 10.1 DLP in Exchange SE nutzen

10.1 DLP in Exchange SE nutzen

Mit den Funktionen zur Verhinderung von Datenverlust können Sie verschiedene Kategorien vertraulicher Informationen festlegen. Beispiel dafür sind wichtige interne Daten wie Personalausweis- oder Kreditkartennummern. Sie können selbst Richtlinien und Transportregeln erstellen oder die vordefinierten DLP-Richtlinienvorlagen verwenden, um zu verhindern, dass Anwender wichtige Informationen versenden.

Eine Richtlinienvorlage in DLP besteht aus verschiedenen Bedingungen, Regeln und Aktionen, die Exchange durchführen kann. Die schnellste Möglichkeit, sich mit DLP-Richtlinien zu befassen, ist die Erstellung einer DLP-Richtlinie auf Basis einer Vorlage. Diese sind standardmäßig in Exchange schon nach der Installation verfügbar. Sie legen fest, welche Daten Exchange prüfen soll und welche Vorschriften Anwender einhalten müssen. Sie können in Exchange aber auch Richtlinien importieren, die von Drittherstellern entwickelt wurden, und natürlich auch eigene Vorlagen und Richtlinien erstellen. Sie können die Vorlagen oder eine DLP-Richtlinie, die auf Vorlagen basiert, bei der Erstellung anpassen.

10.1.1 DLP-Richtlinie aus einer Vorlage erstellen

Sie brauchen keine eigenen Regeln zu erstellen, sondern können vorgefertigte Regeln verwenden. Dazu bietet Exchange Vorlagen, auf deren Basis Sie die Einrichtung starten.

Sie können alle standardmäßig installierten DLP-Vorlagen anpassen oder ohne Änderung in Ihrer Organisation einsetzen. DLP-Richtlinienvorlagen verwenden vor allem Transportregeln (siehe Kapitel 4), die Bedingungen und Aktionen enthalten. Am schnellsten erstellen Sie eine DLP-Richtlinie im Exchange Admin Center:

1. Navigieren Sie im Exchange Admin Center zu *Verwaltung der Compliance/Verhinderung von Datenverlust*, klicken Sie auf *Neu* (Plus-Symbol) und wählen Sie im Menü das gewünschte Vorgehen aus (z. B. *Neue DLP-Richtlinie aus Vorlage)*.
2. Geben Sie einen Namen für die Regel ein und fügen Sie eine Beschreibung hinzu.
3. Wählen Sie die gewünschte Vorlage aus, auf deren Basis die DLP-Richtlinie erstellt werden soll.
4. Wählen Sie über den Link *Weitere Optionen* die von Ihnen gewünschten Einstellungen aus. Der Standardmodus für eine Richtlinie besteht aus einem Test ohne Aktionen. Das heißt, Exchange kann DLP einführen, ohne tatsächlich die E-Mails zu beeinflussen. Auf diese Weise lassen sich Tests besser durchführen.
5. Klicken Sie auf *Speichern*, um die Richtlinie zu erstellen.

Sie können nach der Erstellung der Richtlinie weitere Aktionen zur Vorlage hinzufügen. Die Richtlinien lassen sich jederzeit ändern und auch ihre Regeln. Eine Regeländerung kann zum Beispiel die Festlegung einer Ausnahme für manche Anwender oder das Senden einer Benachrichtigungs-E-Mail sein.

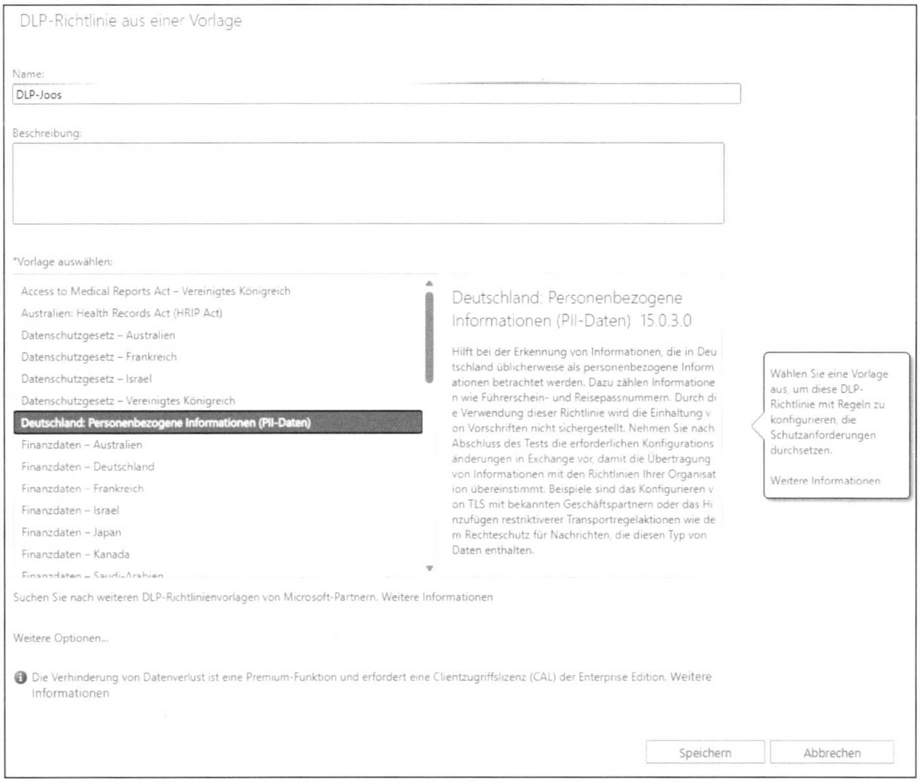

Abb. 10.2 Erstellen einer DLP-Richtlinie

Sie müssen zum Bearbeiten in den Eigenschaften einer DLP-Richtlinie über *Regeln* zum Regelsatz der entsprechenden Richtlinie navigieren. Hier legen Sie fest, auf welcher Grundlage die Richtlinie nach wichtigen Daten in E-Mails suchen soll, um das unbefugte Senden zu verhindern.

Einige Richtlinien ermöglichen das Hinzufügen von Regeln, die die Rechteverwaltung (Rights Management Service, RMS) für E-Mails verwenden. Sie müssen RMS in Exchange konfigurieren, bevor Sie die Aktionen nutzen können. Die Rechteverwaltung ist eine eigenständige Funktion, die sich aber mit DLP verbinden lässt.

Sie können für alle DLP-Richtlinien die Regeln, Aktionen, Ausnahmen und den Gültigkeitszeitraum anpassen. Sie können auch weitere Regeln in der Richtlinie aktivieren, bestehende abändern oder Regeln entfernen. Außerdem können Sie Bedingungen anpassen und eigene Bedingungen erstellen.

Wechseln Sie in den Einstellungen einer DLP-Richtlinie auf die Seite *Regeln*, können Sie hier Regeln anpassen, indem Sie auf *Bearbeiten* klicken (Stiftsymbol).

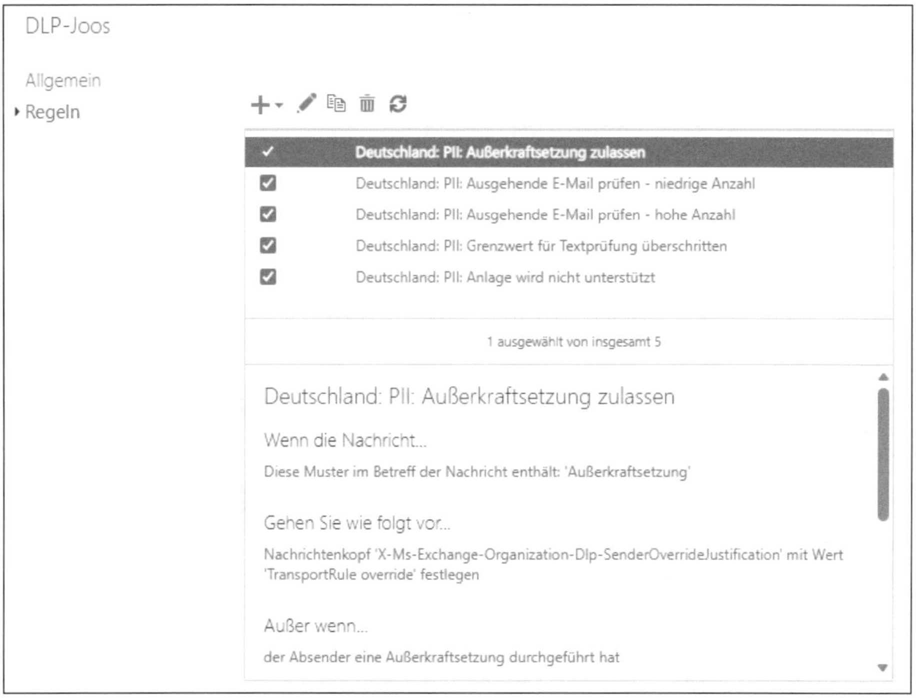

Abb. 10.3 Anpassen einer erstellten DLP-Richtlinie

10.1.2 DLP-Richtlinien verwalten

Mit dem Exchange Admin Center oder der Exchange Management Shell können Sie vorhandene Richtlinien zur Verhinderung von Datenverlusten anzeigen, ändern oder auch löschen. Den Modus der Richtlinie legen Sie im rechten unteren Bereich der Konsole fest. Für jede DLP-Richtlinie können Sie einen von drei Modi auswählen:

- **Erzwingen** Regeln in der Richtlinie gelten für alle E-Mails. Exchange kann E-Mails blockieren, wenn DLP Daten findet, die die Bedingungen der Richtlinie erfüllen. Alle in der Richtlinie festgelegten Aktionen werden aktiv ausgeführt.
- **DLP-Richtlinie mit Richtlinientipps testen** Regeln in der Richtlinie werden für alle E-Mails ausgewertet. E-Mails werden nicht blockiert. Wenn Sie Richtlinientipps konfiguriert haben, werden sie den Benutzern angezeigt. Anwender erhalten also eine Information, wenn sie geheime Daten versenden wollen.
- **DLP-Richtlinie ohne Richtlinientipps testen** Regeln in der Richtlinie werden ausgewertet, wie bei den anderen Modi. Exchange blockiert außerdem keine E-Mails und zeigt Anwendern auch keine Informationen an.

Eine Regel in einer DLP-Richtlinie kann eigene Moduseinstellungen verwenden. Wenn der Modus einer kompletten Richtlinie und der Modus einer einzelnen Regel unterschiedlich sind, hat die Regeleinstellung Vorrang.

Doppelklicken Sie auf eine der Richtlinien in der Richtlinienliste, um sie zu bearbeiten. Sie können eine DLP-Richtlinie auch erstellen und im deaktivierten Modus belassen. In diesem Modus wird sie nicht durchgesetzt. Sie können auf diesem Weg die Richtlinie anpassen, ohne dass sie produktiv im Einsatz ist.

Sie können die Einstellungen von DLP-Richtlinien auch in der Exchange Management Shell anzeigen. Dazu verwenden Sie den Befehl:

```
Get-DlpPolicy <Name> |fl
```

Sie können eine vorhandene DLP-Richtlinie jederzeit ändern. Das geht auch dann, wenn sie aktiv ist. Um eine Regel in einer Richtlinie zu löschen, markieren Sie die Regel und klicken auf *Löschen*. In diesem Zusammenhang können Sie vorhandene Regeln in der Richtlinie nachträglich anpassen oder weitere Regeln hinzufügen.

Mit der Exchange Management Shell steuern Sie die Aktions- und die Benachrichtigungsfunktionen einer Richtlinie. Im folgenden Beispiel wird der Modus einer DLP-Richtlinie so gesetzt, dass die Aktionen nicht erzwungen und keine Benachrichtigungen angezeigt werden:

```
Set-DlpPolicy <Name> -Mode Audit
```

Mit dem Exchange Admin Center löschen Sie eine DLP-Richtlinie auch. Sobald Sie eine Richtlinie gelöscht haben, wird sie nicht mehr angewendet. Es werden auch keine Regeln und Aktionen gespeichert.

Alternativ können Sie den Modus einer Richtlinie auf *DLP-Richtlinie ohne Richtlinientipps testen* festlegen. Dadurch wird definiert, dass die Richtlinie nicht angewendet wird und die Anwender nichts von ihr mitbekommen. Vorteil ist, dass ihre Konfiguration erhalten bleibt. Das kann sinnvoll sein, wenn Sie sie später erneut produktiv einsetzen wollen. Löschen Sie daher nur Richtlinien, die Sie sicher nicht mehr benötigen.

Neben dem Exchange Admin Center können Sie die DLP-Richtlinie mit *Remove-DlpPolicy <Name>* auch in der Exchange Management Shell löschen.

10.1.3 Richtlinientipps verwalten

Richtlinientipps sind Hinweise, die E-Mail-Absendern beim Erstellen einer E-Mail angezeigt werden. Der Sinn von Richtlinientipps ist, die Benutzer darüber zu informieren, dass sie Richtlinien verletzen, die Sie mit DLP festgelegt haben. Richtlinientipps werden E-Mail-Absendern angezeigt, wenn die folgenden Bedingungen erfüllt sind:

1. Die Anwender setzen Outlook ein.
2. Eine Transportregel ist vorhanden, die Benachrichtigungen zu Richtlinientipps verwendet. Sie erstellen eine Transportregel, indem Sie eine DLP-Richtlinie konfigurieren, die die Aktion *Absender mit Richtlinientipp benachrichtigen* enthält.
3. Der Inhalt eines E-Mail-Kopfs, eines E-Mail-Textes oder einer E-Mail-Anlage erfüllt die Bedingungen, die in einer DLP-Richtlinie oder -Regel festgelegt sind. Der Richtlinientipp wird nur angezeigt, wenn Anwender eine Aktion durchführen, die zum Auslösen der zugehörigen Regel in DLP führt.

Richtlinientipps erstellen Sie am einfachsten im Exchange Admin Center. Dazu gehen Sie folgendermaßen vor:

1. Navigieren Sie im Exchange Admin Center zu *Verwaltung der Compliance/Verhinderung von Datenverlust*.
2. Doppelklicken Sie auf eine der Richtlinien in der Richtlinienliste.
3. Klicken Sie auf der Seite *DLP-Richtlinie bearbeiten* auf *Regeln*.
4. Zum Hinzufügen von Richtlinientipps zu einer vorhandenen Regel markieren Sie die Regel und klicken auf *Bearbeiten*.
5. Zum Hinzufügen einer leeren Regel zu einer DLP-Richtlinie klicken Sie auf *Hinzufügen* und dann auf *Weitere Optionen*.
6. Klicken Sie auf die Schaltfläche *Aktion hinzufügen* auf dem Fenster zum Bearbeiten einer Regel.
7. Wählen Sie im Dropdownlistenfeld *Absender mit Richtlinientipp benachrichtigen* aus und wählen Sie *Absender benachrichtigen, aber Sendevorgang zulassen*. Sie haben an dieser Stelle auch die Möglichkeit, festzulegen, dass Exchange den Anwender daran hindert, die E-Mail abzusenden. Beide Aktionen lassen sich getrennt voneinander aktivieren und anpassen.
8. Klicken Sie auf *OK* und auf *Speichern*. Die Benachrichtigung ist sofort aktiv.

Es gibt mehrere Optionen für Richtlinientipps, mit denen Exchange E-Mails blockiert. Sie können sogar verhindern, dass E-Mails den Postausgang des Absenders in Outlook verlassen.

1. Navigieren Sie im Exchange Admin Center zu *Verwaltung der Compliance/Verhinderung von Datenverlust*.
2. Doppelklicken Sie auf eine der Richtlinien.
3. Klicken Sie auf der Seite *DLP-Richtlinie bearbeiten* auf *Regeln*.
4. Zum Hinzufügen von Richtlinientipps zu einer vorhandenen Regel markieren Sie die Regel und klicken auf *Bearbeiten*.
5. Zum Hinzufügen einer leeren Regel, die Sie anpassen können, klicken Sie auf *Hinzufügen* und dann auf *Weitere Optionen*.
6. Zum Hinzufügen einer Aktion, durch die ein Richtlinientipp angezeigt wird, klicken Sie auf die Schaltfläche *Aktion hinzufügen*.
7. Wählen Sie im Dropdownlistenfeld den Eintrag *Absender mit Richtlinientipp benachrichtigen* aus und wählen Sie die gewünschte Blockieraktion.
8. Klicken Sie auf *OK* und dann auf *Speichern*.

Neben dem Standardtext in Exchange können Sie auch einen benutzerdefinierten Text angeben, den Outlook den Anwendern anzeigen soll:

1. Navigieren Sie im Exchange Admin Center zu *Verwaltung der Compliance/Verhinderung von Datenverlust*.
2. Klicken Sie auf *Einstellungen für Richtlinientipps*.
3. Klicken Sie auf *Hinzufügen*.
4. Hier können Sie eigene Texte angeben.

10.1.4 Dokumentfingerabdrücke erstellen

Durch das Erstellen eines Fingerabdrucks im Bereich *Dokumentfingerabdrücke verwalten* stellen Administratoren sicher, dass der Inhalt geheimer Dokumente das Unternehmen nicht verlassen kann, zumindest nicht über den Exchange-Server. Document Fingerprinting erkennt Formulare, die Sie im Unternehmen einsetzen. Wollen Sie nicht, dass solche Formulare und die darin enthaltenen Daten per E-Mail versendet werden, können diese Formulare in DLP eingebunden werden.

Sobald Sie einen Fingerabdruck erstellen, können Sie das dazugehörige Dokument direkt im Exchange Admin Center auf den Server laden. Danach erstellen Sie eine neue DLP-Richtlinie. In der Richtlinie erstellen Sie anschließend eine neue DLP-Regel. Neu seit Exchange 2013 SP1 ist die Möglichkeit, in den DLP-Regeln die vorher erstellten Fingerabdrücke zu verwenden. Diese sind in der Auswahl zu finden wie alle anderen Möglichkeiten von DLP auch. Abschließend wird der Fingerabdruck in der DLP-Richtlinie verwendet.

Microsoft hat in OWA DLP-Mailtipps integriert. Wenn ein Anwender im Begriff ist, Daten nach extern zu versenden, die er nicht versenden darf, zum Beispiel Kreditkartennummern oder andere Daten, die Administratoren über DLP-Regeln ausklammern, erhält er in Outlook einen Hinweis. In Outlook Web App wurden in Exchange 2013 keine Mailtipps von DLP angezeigt, sondern erst mit Exchange 2013 SP1, und jetzt auch in Exchange SE. Für Unternehmen, die auf Active Directory-Verbunddienste setzen, bietet OWA in Exchange SE die Unterstützung von Claim-Based Authentifizierung.

10.1.5 Informationsrechte verwalten

In Exchange SE können Sie mit IRM-Funktionen Nachrichten und Anlagen absichern. Für IRM (Informationsrechteverwaltung, Information Rights Management) werden die Active Directory-Rechteverwaltungsdienste (AD RMS) verwendet.

Mit den IRM-Funktionen legen die Benutzer und Administratoren fest, welche Rechte den Empfängern von E-Mails eingeräumt werden. Mit der Rechteverwaltung lassen Anwender zum Beispiel Aktionen der Empfänger, wie Weiterleiten oder Drucken einer E-Mail oder einer Dateianlage, sowie das Extrahieren von Daten aus E-Mails wie Kopieren und Einfügen zu oder verweigern es.

10.1.6 Grundlagen und erste Schritte zu IRM

Exchange SE fügt E-Mails, die Anwender schützen wollen, eine spezielle Verwendungslizenz hinzu. Das kann Empfänger daran hindern, bestimmte Aktionen durchzuführen. Die Rechteverwaltung kann aber nicht die Verwendung von Drittanbieterprogrammen für Screenshots verhindern.

Benutzer mit Outlook können Outlook-Schutzregeln anlegen, die E-Mails automatisch durch die Rechteverwaltung schützen. Sie können Transportschutzregeln erstellen, mit denen Exchange automatisch E-Mails schützt. Für E-Mails zwischen Unternehmen können Sie über die Active Directory-Verbunddienste (Active Directory Federation Services, AD FS) eine Verbundvertrauensstellung zwischen den beiden Active Directory-Gesamtstrukturen erstellen. Setzen Sie die Active Directory-Rechteverwaltung ein, benötigen Sie eine interne Zertifizierungsstelle. Darüber werden die entsprechenden Zertifikate erstellt und verwaltet.

Den IRM-Schutz können Benutzer in Outlook oder Outlook Web verwenden. Im Gegensatz zu anderen Lösungen für die E-Mail-Verschlüsselung bietet Exchange noch die Möglichkeit, geschützte Inhalte zu entschlüsseln und die Einhaltung von Richtlinien zu erzwingen. Auf diesem Weg lässt sich IRM auch zusammen mit DLP verwenden.

Der IRM-Schutz wird durch eine festgelegte AD RMS-Vorlage angewendet. Mit Richtlinienvorlagen steuern Sie Berechtigungen, die Empfänger für eine Nachricht und den enthaltenen Dateianlagen haben. Durch das Verwenden der Vorlage für Benutzerrechterichtlinien auf eine E-Mail können Aktionen wie *Antworten*, *Allen antworten*, *Weiterleiten*, *Extrahieren von Informationen aus einer Nachricht*, *Speichern oder Drucken einer Nachricht* festgelegt werden.

In Exchange SE werden IRM-Funktionen mit Transport-Agents im Transportdienst auf Postfachservern bereitgestellt.

IRM-Agents werden vom Exchange-Setup standardmäßig auf einem Postfachserver installiert. IRM-Agents sind in Exchange SE nicht in der Liste der Agents enthalten, die vom Cmdlet *Get-TransportAgent* angezeigt wird.

Zum Konfigurieren der IRM-Funktionen in Exchange SE müssen Sie die Exchange Management Shell verwenden. Mit dem Cmdlet *Set-IRMConfiguration* konfigurieren Sie einzelne IRM-Funktionen. Sie können IRM für interne E-Mails, die Transportentschlüsselung, die Journalberichtentschlüsselung, die Exchange-Suche und Outlook Web App aktivieren oder deaktivieren.

Nach dem Einrichten testen Sie mit dem Cmdlet *Test-IRMConfiguration* Ihre IRM-Bereitstellung. Das Cmdlet führt die folgenden Tests aus:

- Überprüfen der IRM-Konfiguration
- Überprüfen des AD RMS-Servers auf Versions- und Hotfixinformationen
- Abrufen eines Rechtekontozertifikats (Rights Account Certificate, RAC) und eines Client-Lizenzgeberzertifikats (Client Licensor Certificate, CLC), um zu prüfen, ob ein Exchange-Server für RMS aktiviert werden kann
- Abrufen von AD RMS-Vorlagen für Benutzerrechterichtlinien vom AD RMS-Server
- Überprüfen, ob der angegebene Absender IRM-geschützte Nachrichten senden kann
- Abrufen einer Administratornutzungslizenz für den angegebenen Empfänger
- Abrufen einer Vorlizenz für den angegebenen Empfänger

10.1.7 Transportschutzregeln einsetzen

Haben Sie eine AD RMS-Infrastruktur aufgebaut, können Sie Transportregeln erstellen, die eine RMS-Vorlage auf Basis bestimmter Kriterien verwenden, oder Anwender können selbst E-Mails schützen. Erstellen Sie eine neue Transportregel und verwenden Sie dazu eine RMS-Vorlage, trägt die Transportregel die Bezeichnung Transportschutzregel (siehe auch Kapitel 4).

Mit Transportschutzregeln können Sie E-Mails auf Basis von Transportregeln mit den Informationsrechten schützen. Sie weisen dazu E-Mails mit bestimmten Kriterien, zum Beispiel Absendern oder einem bestimmten Betreff eine Rechterichtlinienvorlage für Active Directory-Rechteverwaltungsdienste zu. Wenn Sie beim Erstellen einer Transportschutzregel keine Bedingungen auswählen, schützt Exchange alle E-Mails mit IRM. Lesen Sie sich zum Erstellen von Regeln Kapitel 4 durch.

Standardmäßig ist die Richtlinienvorlage *Nicht weiterleiten* gesetzt. Sie können aber beliebige weitere Vorlagen verwenden. Diese Einstellungen müssen Sie in der Active Directory-Rechteverwaltung durchführen. Entfernen Sie eine Rechterichtlinienvorlage vom AD RMS-Server, müssen Sie alle Transportschutzregeln anpassen, die auf dieser Vorlage aufbauen.

Wenn Sie Transportschutzregeln verwenden, überprüft der Transportregel-Agent auf dem Transportserver die E-Mails nach gesetzten Bedingungen in der Vorlage. Der Verschlüsselungs-Agent wendet anschließend den IRM-Schutz auf die E-Mail an. Nachdem Sie eine Transportschutzregel erstellt haben, stellt Exchange E-Mails auf Transportservern in Warteschlangen, wenn der AD RMS-Server nicht verfügbar ist. Exchange versucht drei Mal, die E-Mail mit den Informationsrechten (IRM) zu schützen. Nach diesen drei Versuchen erhält der Absender einen Unzustellbarkeitsbericht (Non-Delivery Report, NDR), wenn der AD RMS-Server nicht erreichbar ist.

Wählen Sie bei Aktionen für eine Transportregel die Option *Rechteschutz auf Nachricht anwenden* aus. Klicken Sie auf den unterstrichenen Text *RMS-Vorlage* und wählen Sie eine verfügbare RMS-Vorlage aus.

Sie können Transportschutzregeln auch in der Exchange Management Shell erstellen. Welche Vorlagen für den Rechteschutz vorhanden sind, erfahren Sie mit:

```
Get-RMSTemplate | fl
```

Im folgenden Beispiel wird die Transportschutzregel *Geheim* erstellt. Die Regel schützt E-Mails, die den Begriff »Geheim« im Feld *Betreff* mit der Vorlage *Nicht weiterleiten* enthalten. In diesem Beispiel wird *SubjectContainsWords* verwendet. Sie können eine beliebige Kombination von Transportregelfiltern verwenden, um Bedingungen und Ausnahmen für die Regel zu erstellen:

```
New-TransportRule -Name "Geheim" -SubjectContainsWords "Geheim"
-ApplyRightsProtectionTemplate "Nicht weiterleiten"
```

Verwenden Sie das Cmdlet *Get-TransportRule*, um die Regel anzuzeigen. Verwenden Anwender Outlook, Outlook Web App oder ein Smartphone, um eine Testnachricht zu senden, die den Regelbedingungen entspricht, stellen Sie sicher, dass der Schutz funktioniert.

10.1.8 Outlook-Schutzregeln mit Outlook verwenden

Mit Outlook-Schutzregeln schützt die Active Directory-Rechteverwaltung die E-Mails bereits auf dem Client, nicht erst ab dem Transportserver. Dieser Schutz gilt auch für alle Anlagen in den E-Mails.

Outlook-Schutzregeln werden automatisch an Outlook verteilt. Damit Anwender mit Outlook diese Regeln verwenden können, muss die entsprechende AD RMS-Vorlage für Benutzerrechterichtlinien auf ihren Computern vorhanden sein.

Outlook-Schutzregeln ähneln Transportschutzregeln. Haben Sie die Transportentschlüsselung in Ihrer Exchange-Organisation aktiviert, können E-Mails, die über eine Outlook-Schutzregel geschützt sind, auf Transportservern durch den Entschlüsselungs-Agent entschlüsselt werden. Der Inhalt der E-Mail lässt sich durch den Transportregel-Agent und andere auf dem Transportserver installierte Transport-Agents untersuchen.

Zum Erstellen von Outlook-Schutzregeln verwenden Sie das Cmdlet *New-OutlookProtectionRule* in der Exchange Management Shell. Beim Erstellen einer Regel können Sie festlegen, ob Benutzer die Regel außer Kraft setzen dürfen. Outlook-Schutzregeln ermöglichen die Nutzung von drei Bereichen:

- **FromDepartment** Diese Option verwendet das Abteilungs-Attribut des Absenders in den Benutzereinstellungen von Active Directory. Es aktiviert für die E-Mail automatisch den IRM-Schutz, wenn die Abteilung des Benutzers der in der Regel angegebenen Abteilung entspricht. Dazu muss die Abteilung in den Benutzerkonten in Active Directory gepflegt sein.
- **SentTo** Mit dieser Option können Sie eine Outlook-Schutzregel erstellen, mit der E-Mails automatisch mit IRM geschützt werden, wenn die Absender in Unternehmen bestimmte Empfänger verwenden.
- **SentToScope** Diese Option ermöglicht eine Outlook-Schutzregel, die E-Mails schützt, die Anwender innerhalb der Organisation oder an Empfänger außerhalb senden. Sie können zum Beispiel die Option zusammen mit *FromDepartment* verwenden, um E-Mails mit IRM zu schützen, die von einer bestimmten Abteilung an interne Benutzer gesendet werden.

Im folgenden Beispiel erstellen Sie die Outlook-Schutzregel *Geheim*. Diese Regel schützt alle E-Mails, die an die Verteilergruppe *Buchhaltung* gesendet werden, mit der AD RMS-Vorlage *Vertraulich*:

```
New-OutlookProtectionRule -Name "Geheim" -SentTo "buchhaltung@contoso.com"
-ApplyRightsProtectionTemplate "Vertraulich"
```

Verwenden Sie die Option *SentTo* für eine Outlook-Schutzregel mit einer Verteilergruppe, schützt Outlook nur E-Mails, die Absender an die komplette Verteilerliste senden, nicht an einzelne Benutzer, die nur Mitglied der Verteilerliste sind.

Mit dem Cmdlet *Remove-OutlookProtectionRule -Identity <Name der Regel>* löschen Sie eine solche Outlook-Schutzregel wieder. Löschen Sie aber nur Regeln, mit denen noch keine E-Mails versendet wurden, da diese ansonsten ihre Gültigkeit verlieren. Mit *Get-OutlookProtectionRule* lassen Sie sich alle Regeln in der Organisation anzeigen.

10.1.9 Transport- und Journalentschlüsselung

Auch geschützte E-Mails lassen sich auf den Servern entschlüsseln, um den Nachrichtenschutz in der Organisation zu gewährleisten. Das ist zum Beispiel für das Scannen nach Viren oder für andere Aufgaben notwendig wie die Datensicherung, das Wiederherstellen oder das Durchsuchen von Postfächern mit der Discoverysuche. IRM-geschützte E-Mails kann Exchange mit der Transportentschlüsselung während der Übertragung entschlüsseln. Diese Aufgabe übernimmt der Entschlüsselungs-Agent. Anwender oder Administratoren haben keinen Zugriff auf die Daten, es ist nur das Scannen auf dem Exchange-Server durch die entsprechenden Agents möglich.

Hierbei handelt es sich um einen integrierten Agent. Diese Agents sind nicht in der Liste der Agents enthalten, die Sie sich mit dem Cmdlet *Get-TransportAgent* anzeigen lassen können. Die Transportentschlüsselung findet auf dem ersten Transportserver statt, der eine E-Mail in einer Active Directory-Gesamtstruktur verarbeitet. Wenn eine E-Mail an einen Transportserver in einer anderen Active Directory-Gesamtstruktur übertragen wird, entschlüsselt dort ein Transportserver die E-Mail erneut und scannt sie.

Nach der Entschlüsselung der E-Mails stehen die Inhalte auch für andere Transport-Agents auf dem Server zur Verfügung. So kann zum Beispiel der Agent für Transportregeln auf einem Transportserver Inhalte der E-Mail erneut untersuchen und Transportregeln anwenden. Transport-Agents von Drittanbietern, wie Antivirusscanner, können E-Mails auf Viren überprüfen.

Nachdem alle Transport-Agents die Nachricht untersucht und angepasst haben, wird sie wieder mit denselben Benutzerrechten verschlüsselt, die sie vor der Entschlüsselung durch den Entschlüsselungs-Agent hatte. Die E-Mails werden dann nicht mehr von anderen Transportservern in der Organisation entschlüsselt. Entschlüsselte E-Mails verlassen den Transportserver niemals, ohne erneut verschlüsselt zu werden. Die Sicherheit bleibt also gewahrt.

Die Transportentschlüsselung konfigurieren Sie mit dem Cmdlet *Set-IRMConfiguration* in der Exchange Management Shell. Bevor Sie die Transportentschlüsselung anpassen, müssen die Server das Recht erhalten, geschützte Inhalte zu entschlüsseln. Das ermöglichen Sie, indem Sie das Verbundzustellungspostfach (*Federatedmail ...*) der AD RMS-Administratorengruppe hinzufügen. Exchange SE unterstützt zwei Einstellungen der Transportentschlüsselung:

- **Verbindlich** Legen Sie die Transportentschlüsselung auf *Mandatory* fest, lehnt der Entschlüsselungs-Agent E-Mails ab und gibt einen Unzustellbarkeitsbericht an den Absender zurück, wenn sie sich nicht entschlüsseln lässt.
- **Optional** E-Mails, die Exchange nicht entschlüsseln kann, stellt es verschlüsselt zu, ohne auf den Inhalt zugreifen zu können.

Compliance

Im folgenden Beispiel ist die Transportentschlüsselung aktiviert. E-Mails, die nicht entschlüsselt werden können, weisen die Server zurück:

```
Set-IRMConfiguration -TransportDecryptionSetting Mandatory
```

In diesem Beispiel wird die Transportentschlüsselung deaktiviert:

```
Set-IRMConfiguration -TransportDecryptionSetting Disabled
```

Mit der Journalberichtentschlüsselung können Sie unverschlüsselte Kopien IRM-geschützter E-Mails in Journalberichten speichern (siehe Kapitel 9). Zur Verwendung der Journalberichtentschlüsselung müssen Sie über eine Exchange Enterprise-Clientzugriffslizenz verfügen.

Die Entschlüsselung erfolgt durch den Journalberichtentschlüsselungs-Agent. Hierbei handelt es sich ebenfalls um einen integrierten Agent. Die Journalberichtentschlüsselung konfigurieren Sie mit dem Cmdlet *Set-IRMConfiguration* in der Exchange Management Shell. Nachdem Sie die Journalberichtentschlüsselung aktiviert haben, kann das Journalpostfach unverschlüsselte Journalberichte mit vertraulichen Informationen enthalten. Im folgenden Beispiel wird die Journalberichtentschlüsselung für die Exchange-Organisation aktiviert:

```
Set-IRMConfiguration -JournalReportEncryptionEnabled $true
```

Im folgenden Beispiel wird die Journalberichtentschlüsselung für die Exchange-Organisation deaktiviert:

```
Set-IRMConfiguration -JournalReportDecryptionEnabled $false
```

10.1.10 Verwaltung von Informationsrechten aktivieren oder deaktivieren

Wenn IRM aktiviert ist, können Outlook Web App-Benutzer E-Mails mit IRM schützen, indem sie eine Vorlage für Active Directory-Rechteverwaltungsdienste (AD RMS) verwenden. Bevor Sie IRM auf Clientzugriffsservern aktivieren können, müssen Sie der Administratorengruppe im AD RMS-Cluster das Verbundpostfach hinzufügen.

Mitglieder der Administratorengruppe erhalten eine Nutzungslizenz für Besitzer, wenn sie eine Lizenz vom AD RMS-Cluster anfordern. So können die entsprechenden Benutzer alle durch den Rechteverwaltungsdienst geschützten Inhalte von diesem Cluster entschlüsseln. Mit folgenden Befehlen wird IRM auf Clientzugriffsservern für eine Exchange-Organisation aktiviert oder deaktiviert:

```
Set-IRMConfiguration -ClientAccessServerEnabled $true
Set-IRMConfiguration -ClientAccessServerEnabled $false
```

Verwenden Sie das Cmdlet *Get-IRMConfiguration* und überprüfen Sie den Wert *Client-AccessServerEnabled*, um Informationen anzuzeigen. Verwenden Sie Outlook Web App, um eine IRM-geschützte Nachricht zu erstellen oder zu lesen.

10.1.11 Informationsrechte in Outlook Web App verwalten

Outlook Web App unterstützt ebenfalls die Verwendung von IRM. Die folgenden IRM-Funktionen sind verfügbar:

- **Senden IRM-geschützter Nachrichten** Benutzer können von Outlook Web App eine Vorlage für Benutzerrechterichtlinien auswählen und auf E-Mails anwenden. Das ermöglicht ihnen das Senden von IRM-geschützten E-Mails auch aus Outlook Web App.
- **IRM-geschützte Anlagen** Wenn ein Benutzer eine IRM-geschützte E-Mail aus Outlook Web App sendet, wird der IRM-Schutz auf alle der E-Mail angefügten Dateien angewendet. In Exchange SE wird IRM-Schutz auf alle mit Word, Excel und PowerPoint erstellten Dokumente sowie auf *.xps*-Dateien und E-Mails angewendet. IRM-Schutz wird nur auf eine Anlage angewendet, wenn sie noch nicht IRM-geschützt ist.

Der IRM-Schutz kann nicht für E-Mails verwendet werden, die bereits mit S/MIME signiert oder verschlüsselt wurden. Wenn eine E-Mail durch IRM geschützt werden soll, müssen Anwender die S/MIME-Signatur und -Verschlüsselung entfernen. Das Gleiche gilt für IRM-geschützte Nachrichten, die mit S/MIME weder signiert noch verschlüsselt werden können.

Sie können daher nicht beide Schutzmechanismen parallel einsetzen, sondern nur die eine oder die andere.

E-Mails, die vom Absender geschützt wurden, werden in Outlook Web App im Vorschaufenster angezeigt. Der entsprechende Computer muss nicht in AD RMS registriert sein und es sind keine Add-Ins für den Internet Explorer notwendig.

Wenn ein Benutzer eine E-Mail öffnet, wird sie mit der Verwendungslizenz entschlüsselt. Nach der Entschlüsselung wird die E-Mail angezeigt. Wenn keine Vorlizenz verfügbar ist, fordert Outlook Web App eine entsprechende Lizenz vom AD RMS-Server an. IRM in Outlook Web App wird in allen Browsern unterstützt, die von Exchange SE unterstützt werden. Mehr zu diesem Thema lesen Sie in Kapitel 1.

Um IRM in Outlook Web App zu aktivieren, müssen Sie das Verbundpostfach der Administratorengruppe in AD RMS hinzufügen.

Sie aktivieren IRM in Outlook Web App, indem Sie das Cmdlet *Set-IRMConfiguration* in der Exchange Management Shell ausführen und die notwendigen Optionen setzen.

Verwenden Sie zum Aktivieren oder Deaktivieren von IRM für einen virtuellen Outlook Web App-Ordner das Cmdlet *Set-OWAVirtualDirectory* und setzen Sie die Option *IRM-Enabled* auf *$false* oder *$true* (Standard). Dadurch deaktivieren Sie IRM in Outlook Web App, während es für einen anderen virtuellen Ordner auf einem anderen Clientzugriffsserver aktiviert bleibt.

Verwenden Sie zum Aktivieren oder Deaktivieren von IRM für eine Outlook Web App-Postfachrichtlinie das Cmdlet *Set-OWAMailboxPolicy* und setzen Sie die Option *IRMEnabled* auf *$false* oder *$true* (Standard). Auf diese Weise aktivieren Sie IRM in Outlook Web App für bestimmte Benutzer und deaktivieren es für andere. Sie müssen einfach die entsprechende Outlook Web App-Postfachrichtlinie zuweisen.

10.1.12 Informationsrechte in Exchange ActiveSync verwalten

Benutzer können auf allen unterstützten Geräten auf IRM-Funktionen zugreifen, ohne dass sie AD RMS-Berechtigungen anpassen oder das Gerät mit einem Computer verbinden müssen. IRM in Exchange ActiveSync bietet Benutzern folgende Möglichkeiten:

- Erstellen von IRM-geschützten E-Mails
- Lesen von IRM-geschützten E-Mails
- Antworten und Weiterleiten von IRM-geschützten E-Mails

Auf den Clientzugriffsservern in der Organisation muss mindestens Exchange 2010/2013 SP1 oder höher installiert sein, besser Exchange SE. In der Organisation muss dazu natürlich ein AD RMS-Server verfügbar sein.

IRM muss in der Exchange ActiveSync-Postfachrichtlinie aktiviert werden. Sie können IRM mit verschiedenen ActiveSync-Postfachrichtlinien für verschiedene Benutzer aktivieren oder deaktivieren. Geräte, die das Exchange ActiveSync-Protokoll in der Version 14.1 unterstützen, auch Smartphones mit Windows Phone, können IRM unterstützen. Die E-Mail-Anwendung des Geräts muss das Tag *RightsManagementInformation* unterstützen, das in Exchange ActiveSync festgelegt ist.

Wenn Sie IRM in Exchange ActiveSync aktivieren, entschlüsselt der Clientzugriffsserver IRM-geschützte Nachrichten vor der Bereitstellung der E-Mails. Bei der Synchronisierung befinden sich IRM-geschützte Nachrichten im unverschlüsselten Format auf dem Smartphone. Der IRM-Schutz wird dabei durch die IRM-fähige E-Mail-Clientanwendung auf dem Smartphone erzwungen.

IRM in Exchange ActiveSync entschlüsselt keine IRM-geschützten Anlagen auf dem Clientzugriffsserver. Der Zugriff auf IRM-geschützte Dateien wird durch die Anwendung auf dem Smartphone erzwungen.

Fügen Sie das Verbundpostfach der Benutzergruppe mit Administratorrechten in AD RMS hinzu. Verwenden Sie das Cmdlet *Set-IRMConfiguration* in der Exchange Management Shell, um IRM auf dem Clientzugriffsserver zu aktivieren. Das aktiviert IRM in Exchange ActiveSync und IRM in Outlook Web App.

10.1.13 IRM für interne E-Mails aktivieren oder deaktivieren

In Exchange SE ist die Verwaltung von Informationsrechten für interne E-Mails standardmäßig bereits aktiviert. Sie können nicht das Exchange Admin Center zum Aktivieren oder Deaktivieren der IRM-Protokollierung verwenden, sondern müssen die Exchange Management Shell nutzen:

```
Set-IRMConfiguration -InternalLicensingEnabled $true
Set-IRMConfiguration -InternalLicensingEnabled $false
```

Verwenden Sie das Cmdlet *Get-IRMConfiguration*, um zu testen, ob IRM für interne E-Mails aktiviert oder deaktiviert ist.

10.1.14 Protokollierung der Verwaltung von Informationsrechten aktivieren oder deaktivieren

Sie können die Protokolle der Verwaltung von Informationsrechten nutzen, um IRM-Aktionen zu überwachen und Probleme zu beheben. Die IRM-Protokollierung ist standardmäßig aktiviert. Die Optionen zur Steuerung der Protokollierung sind folgende:

- **IRMLogEnabled** Dient zum Aktivieren oder Deaktivieren der IRM-Protokollierung. Standardwert: *$true*.
- **IRMLogMaxAge** Legt das maximal zulässige Alter von IRM-Protokolldateien fest. Dateien, die älter als 30 Tage sind, werden automatisch gelöscht.
- **IRMLogMaxDirectorySize** Legt die maximale Größe des Ordners fest, in dem die IRM-Protokolle gespeichert sind. Wenn die maximale Größe erreicht ist, löscht Exchange zuerst die ältesten Protokolldateien. Der Standardwert ist 250 MB.
- **IRMLogMaxFileSize** Legt die maximale Größe der einzelnen IRM-Protokolldateien fest. Wenn eine Protokolldatei die angegebene Größe erreicht, wird eine neue Protokolldatei angelegt, der Standardwert ist 10 MB.
- **IRMLogPath** Gibt den Speicherort des IRM-Protokollordners an. Standardwert: *%ExchangeInstallPath%Logging\IRMLogs*.

Sie müssen für die Konfiguration der Protokollierung die Exchange Management Shell verwenden. Mit folgendem Befehl wird die IRM-Protokollierung auf einem Postfachserver aktiviert:

```
Set-TransportService -Identity X01 -IRMLogEnabled $true
```

Im nächsten Beispiel wird die IRM-Protokollierung auf einem Postfachserver deaktiviert:

```
Set-TransportService -Identity E01 -IRMLogEnabled $false
```

Mit dem Cmdlet *Get-TransportService* zeigen Sie die IRM-Einstellungen an. Hier überprüfen Sie, ob die IRM-Protokollierung auf einem Server aktiviert oder deaktiviert ist:

```
Get-TransportService -Identity <Servername> | Format-List IRMLog*
```

10.2 Postfachüberwachungsprotokollierung

Da Postfächer vertrauliche und wichtige Informationen enthalten können, ist es in vielen Unternehmen notwendig, festzustellen, wer sich an den verschiedenen Postfächern anmeldet und welche Aktionen ausgeführt werden. Eine wichtige Rolle spielt dabei die Verfolgung des Postfachzugriffs durch Benutzer, die nicht Postfachbesitzer sind. Mit der Postfachüberwachungsprotokollierung können Sie Postfachzugriffe aller Benutzer auf alle Postfächer protokollieren und damit überwachen.

Wenn Sie die Überwachungsprotokollierung für ein Postfach aktivieren, können Sie festlegen, welche Benutzeraktionen Exchange protokollieren soll. Die Einträge im Überwachungsprotokoll enthalten auch Daten wie die Client-IP-Adresse, den Hostnamen und den Prozess oder Client, der für den Zugriff auf das Postfach verwendet wird.

Postfachüberwachungsprotokolle werden für jedes Postfach erstellt, für das Sie die Postfachüberwachungsprotokollierung aktivieren. Die Protokolleinträge werden im Unterordner *Überwachungen* des Ordners *Wiederherstellbare Elemente* des überwachten Postfachs gespeichert. Wenn Sie ein Postfach auf einen anderen Postfachserver verschieben, werden die Postfachüberwachungsprotokolle natürlich mit verschoben.

Standardmäßig speichert Exchange Postfachüberwachungsprotokolleinträge 90 Tage lang. Sie passen diese Frist mit der Option *AuditLogAgeLimit* des Cmdlet *Set-Mailbox* an. Wenn es sich um ein Compliance-Archiv handelt oder sich ein Postfach in einem Beweissicherungsverfahren befindet, werden Überwachungsprotokolle so lange aufbewahrt, bis dieses Verfahren abgeschlossen ist.

10.2.1 Postfachüberwachungsprotokollierung aktivieren

Die Postfachüberwachungsprotokollierung wird immer auf Postfachebene aktiviert. Verwenden Sie dazu das Cmdlet *Set-Mailbox*:

```
Set-Mailbox -Identity "<Postfachname>" -AuditEnabled $true
```

Um die Protokollierung wieder zu deaktivieren, verwenden Sie:

```
Set-Mailbox -Identity "<Postfachname>" -AuditEnabled $false
```

Zum Überprüfen, dass Sie die Postfachüberwachungsprotokollierung für ein Postfach erfolgreich aktiviert haben, verwenden Sie das Cmdlet *Get-Mailbox*:

```
Get-Mailbox <Name> | fl *audit*
```

Sie können in der Exchange Management Shell auch für alle Benutzerpostfächer in der Organisation die Überwachung aktivieren:

```
$UserMailboxes = Get-Mailbox -Filter {(RecipientTypeDetails -eq 'User-
Mailbox')}
$UserMailboxes | ForEach {Set-Mailbox $_.Identity -AuditEnabled $true}
```

Damit Exchange auch vom Postfachbesitzer ausgeführte Aktionen protokolliert, müssen Sie konfigurieren, welche Besitzeraktionen überwacht werden sollen. Vorhandene Protokolleinträge löscht Exchange, wenn ihr festgelegtes Alter erreicht ist.

Mit dem Cmdlet *Search-MailboxAuditLog* durchsuchen Sie die Postfachüberwachungsprotokolleinträge für ein Postfach. Die Suchergebnisse werden in der Exchange Management Shell angezeigt. Verwenden Sie zum Erstellen der Suche das Cmdlet *New-MailboxAuditLogSearch*.

Bei der Administratorüberwachungsprotokollierung werden alle Aktionen aufgezeichnet, die Administratoren ausführen.

Bei der Postfachüberwachungsprotokollierung werden alle Postfachzugriffe erfasst, die Anwender vornehmen, bei denen es sich nicht um Besitzer des Postfachs handelt. So stellen Sie fest, wer auf ein Postfach zugegriffen hat und welche Aktionen er durchgeführt hat.

Im Exchange Admin Center können Sie auf der Seite *Verwaltung der Compliance/Überwachung* nach Einträgen aus dem Administratorüberwachungsprotokoll und aus dem Postfachüberwachungsprotokoll suchen und sie auf Wunsch auch exportieren. Wenn Sie die Suchergebnisse exportieren, werden sie in einer *.xml*-Datei gespeichert, die an eine E-Mail angehängt wird.

Wenn Sie im Exchange Admin Center auf der Seite *Überwachung* einen Bericht auswählen, werden die Ergebnisse im Detailbereich angezeigt:

- **Bericht für Nicht-Besitzer-Postfachzugriff ausführen** Postfächer, auf die von einem Anwender zugegriffen wurde, bei dem es sich nicht um den Besitzer des Postfachs handelt
- **Administrator-Rollengruppenbericht ausführen** Änderungen an Administratorrollengruppen in Exchange (siehe Kapitel 13)
- **In-Situ-eDiscovery- und –Speicherbericht ausführen** Postfächer, die im Compliance-Archiv gespeichert oder daraus entfernt wurden
- **Beweissicherungsverfahren-Bericht pro Postfach ausführen** Postfächer, für die das Beweissicherungsverfahren aktiviert oder deaktiviert wurde

Wenn die Postfachüberwachungsprotokollierung für ein Postfach nicht aktiviert ist, erhalten Sie beim Aufrufen sowie beim Exportieren des Postfachüberwachungsprotokolls keine Ergebnisse angezeigt.

Standardmäßig können Administratoren im Exchange Admin Center auf alle Berichte der Seite *Überwachung* zugreifen. Anderen Benutzern können Sie die notwendigen Berechtigungen aber nachträglich zuweisen.

Die einfachste Art, den Benutzern Zugriff zu erteilen, ist das Hinzufügen der Benutzer zur Rollengruppe *Records Management* (siehe Kapitel 13):

1. Im Exchange Admin Center navigieren Sie zu *Berechtigungen/Administratorrollen*.
2. Klicken Sie in der Liste mit den Rollengruppen auf *Records Management* und dann auf *Bearbeiten*.
3. Klicken Sie unter *Mitglieder* auf *Hinzufügen*.
4. Wählen Sie den Benutzer aus. Sie suchen nach einem Benutzer, indem Sie seinen Namen eingeben und dann auf *Suchen* klicken.
5. Klicken Sie auf *Hinzufügen* und dann auf *OK*.
6. Klicken Sie auf *Speichern*.

Im Detailbereich des Exchange Admin Center wird der Benutzer unter *Mitglieder* angezeigt. Der Benutzer kann nach der Berechtigung im Exchange Admin Center auf die Seite *Überwachung* zugreifen, Überwachungsberichte anzeigen und Überwachungsprotokolle exportieren.

In der Exchange Management Shell verwenden Sie zum Erteilen der Rechte:

```
New-ManagementRoleAssignment -Role "Audit Logs" -User "<Benutzername>"
```

Danach kann der Benutzer im Exchange Admin Center den Bereich *Verwaltung der Compliance/Überwachung* aufrufen, um einen Bericht anzuzeigen. Außerdem kann er das Postfachüberwachungsprotokoll und das Administratorüberwachungsprotokoll exportieren.

Wenn Sie einem Benutzer das Anzeigen von Überwachungsberichten, aber nicht das Exportieren von Überwachungsprotokollen erlauben wollen, weisen Sie die Rolle mit Leserechten für Überwachungsprotokolle zu.

Wenn Sie das Postfachüberwachungsprotokoll oder das Administratorüberwachungsprotokoll exportieren, wird das Überwachungsprotokoll (*.xml*-Datei) an eine E-Mail angehängt.

Outlook Web App blockiert aber standardmäßig XML-Anlagen. Wenn Sie daher mit Outlook Web App auf exportierte Überwachungsprotokolle zugreifen wollen, müssen Sie OWA entsprechend konfigurieren.

Geben Sie den folgenden Befehl ein, um XML-Anlagen in Outlook Web App zuzulassen:

```
Set-OwaMailboxPolicy -Identity Default -AllowedFileTypes
'.rpmsg','.xlsx','.xlsm','.xlsb','.tiff','.pptx','.pptm','.ppsx',
'.ppsm','.docx','.docm','.zip','.xls','.wmv','.wma','.wav','.vsd',
'.txt','.tif','.rtf','.pub','.ppt','.png','.pdf','.one','.mp3',
'.jpg','.gif','.doc','.bmp','.avi','.xml'
```

10.2.2 Postfachüberwachungsprotokollsuche erstellen

Sie lassen das Protokoll im Exchange Admin Center mit den folgenden Schritten anzeigen:

1. Navigieren Sie zu *Verwaltung der Compliance/Überwachung*.
2. Wählen Sie in der Listenansicht *Postfachüberwachungsprotokolle exportieren* aus.
3. Füllen Sie im Fenster *Postfachüberwachungsprotokolle exportieren* die notwendigen Felder aus und klicken Sie dann auf *Exportieren*.

10.3 Administratorüberwachungsprotokollierung

Mit der Administratorüberwachungsprotokollierung können Sie protokollieren, wann ein Administrator eine Änderung vornimmt. Standardmäßig ist die Überwachungsprotokollierung in Exchange SE aktiviert.

10.3.1 Überwachungsprotokoll verstehen

Cmdlets, die Administratoren direkt in der Exchange Management Shell ausführen, überwacht die Protokollierung automatisch. Darüber hinaus werden auch Aktionen protokolliert, die Administratoren im Exchange Admin Center durchführen. Genau genommen lösen Aktionen im Exchange Admin Center Cmdlets in der Exchange Management Shell aus.

Cmdlets vom Typ *Get* und *Search* werden nicht protokolliert. Hierbei handelt es sich um Cmdlets, die Informationen nur anzeigen und nicht anpassen.

Wenn die Überwachungsprotokollierung aktiviert ist, erstellt Exchange standardmäßig immer einen Protokolleintrag, wenn ein Cmdlet ausgeführt wird. Sie können die Überwachungsprotokollierung so anpassen, dass nur einige Cmdlets und Optionen überwacht werden. Dazu konfigurieren Sie sie mit dem Cmdlet *Set-AdminAuditLogConfig*.

Wenn Administratoren einen Befehl ausführen, überwacht Exchange das verwendete Cmdlet. Wenn das Cmdlet mit der Option *AdminAuditLogCmdlets* in die Überwachungsliste aufgenommen ist, überwacht Exchange die Optionen, die Sie angegeben haben. Stimmt eine Option mit der Optionenliste überein, protokolliert Exchange das verwendete Cmdlet.

Sie können die vollständigen Namen der Cmdlets verwenden, zum Beispiel *New-Mailbox*, oder Teile mit Platzhalter (*). Zusätzlich können Sie auch die Cmdlets überwachen, die nur protokolliert werden sollen, wenn Administratoren bestimmte Optionen verwenden. Nutzen Sie dazu die Option *AdminAuditLogConfigParameters*. Auch hier können Sie mit Platzhaltern arbeiten.

Standardmäßig ist die Überwachungsprotokollierung so konfiguriert, dass Überwachungsprotokolleinträge 90 Tage lang gespeichert werden. Nach 90 Tagen wird der Überwachungsprotokolleintrag gelöscht. Sie passen die Verfallszeit mit der Option *AdminAuditLogAgeLimit* an. Wenn Sie die Verfallszeit auf 0 setzen, löscht Exchange alle Einträge im Überwachungsprotokoll.

Standardmäßig protokolliert Exchange im Administratorüberwachungsprotokoll Name, Optionen und Werte, das geänderte Objekt und den Benutzer, der das Cmdlet verwendet hat. Auch der Zeitpunkt und der Server, auf dem das Cmdlet ausgeführt wurde, protokolliert Exchange. Im Administratorüberwachungsprotokoll wird aber nicht protokolliert, welche Eigenschaften des Objekts geändert wurden.

Wollen Sie im Überwachungsprotokoll auch die geänderten Eigenschaften des Objekts anzeigen, aktivieren Sie die ausführliche Protokollierung, indem Sie die Option *LogLevel* auf *Verbose* setzen. Wenn Sie die ausführliche Protokollierung aktivieren, protokolliert Exchange auch die geänderten Eigenschaften eines Objekts, inklusive der alten und neuen Werte.

Cmdlets, die mit dem Wort *Test* beginnen, werden standardmäßig nicht protokolliert, es sei denn, Sie legen die Option *TestCmdletLoggingEnabled* auf *$true* fest.

Überwachungsprotokolle werden in einem Vermittlungspostfach gespeichert, auf das Sie nur über das Exchange Admin Center oder die Cmdlets *Search-AdminAuditLog* und *New-AdminAuditLogSearch* zugreifen können.

Die folgenden Berichte enthalten Informationen zu Konfigurationsänderungen in der Organisation:

- **Administrator-Rollengruppenbericht** Ermöglicht die Suche nach Änderungen an Verwaltungsrollengruppen. Die Ergebnisse enthalten Informationen zu Rollengruppen, wer sie geändert hat und die Art der Änderungen.
- **Administratorüberwachungsprotokoll** Ermöglicht den Export von Überwachungsprotokolleinträgen.

Beim Verwenden des Cmdlets *Search-AdminAuditLog* zeigt Exchange alle Überwachungsprotokolleinträge, die den angegebenen Suchkriterien entsprechen, an. Sie können folgende Suchkriterien verwenden:

- **Cmdlets** Cmdlets, nach denen im Administratorüberwachungsprotokoll gesucht werden soll
- **Optionen** Optionen, nach denen im Administratorüberwachungsprotokoll gesucht werden soll
- **Enddatum** Administratorüberwachungsprotokollergebnisse zum Protokollieren von Einträgen vor dem Datum
- **Startdatum** Administratorüberwachungsprotokollergebnisse zum Protokollieren von Einträgen nach dem angegebenen Datum
- **Objekt-IDs** Administratorüberwachungsprotokolleinträge, die die angegebenen geänderten Objekte enthalten
- **Benutzer-IDs** Administratorüberwachungsprotokolleinträge, die die angegebenen IDs des Benutzers enthalten, der das Cmdlet verwendet hat
- **Erfolgreicher Abschluss** Administratorüberwachungsprotokolleinträge, die einen bestimmten Vorgang durchführen

Das Cmdlet *New-AdminAuditLogSearch* durchsucht das Überwachungsprotokoll wie das Cmdlet *Search-AdminAuditLog*. Es sendet die Suchergebnisse per E-Mail an die angegebenen Empfänger. Die Ergebnisse werden als XML-Anlage in die E-Mail aufgenommen.

Sie können die gleichen Suchkriterien beim Cmdlet *New-AdminAuditLogSearch* verwenden, die auch für das Cmdlet *Search-AdminAuditLog* zur Verfügung stehen.

Zusätzlich zum Protokollieren von Exchange-Cmdlets bietet Exchange SE das Cmdlet *Write-AdminAuditLog*. Mit diesem Cmdlet legen Sie einen Text im Überwachungsprotokoll fest. Die Option *Comment* erlaubt eine Zeichenfolge aus bis zu 500 Zeichen. Sie lassen einen manuellen Überwachungsprotokolleintrag genauso anzeigen wie andere Protokolleinträge. Verwenden Sie dazu die Seite *Überwachung* des Exchange Admin Center oder die Cmdlets *Search-AdminAuditLog* und *New-AdminAuditLogSearch*.

Die Administratorüberwachungsprotokollierung verwendet die Active Directory-Replikation für die Replikation von Konfigurationseinstellungen, die Sie für die Domänencontroller konfiguriert haben.

Das folgende Beispiel zeigt einen Überwachungsprotokolleintrag:

- Am 02.01.2026 um 15:48:15 Uhr (UTC-7) hat der Benutzer *Administrator* das Cmdlet *Set-Mailbox* ausgeführt.
- Beim Ausführen der Cmdlets *Set-Mailbox* wurden die beiden folgenden Optionen verwendet:
  - *Identity* mit dem Wert *thomas*
  - *ProhibitSendReceiveQuota* mit dem Wert *10GB*
- Die folgenden zwei Eigenschaften auf dem Objekt *thomas* wurden geändert. Die geänderten Eigenschaften werden im Überwachungsprotokoll gespeichert, da die Option *LogLevel* für das Cmdlet *Set-AdminAuditLogConfig* auf *Verbose* festgelegt ist:
  - Der neue Wert für *ProhibitSendReceiveQuota* wurde auf 10 GB festgelegt.
  - Der vorherige Wert von 35 GB für *ProhibitSendReceiveQuota* wurde ersetzt.

```
Der Vorgang wurde erfolgreich ohne Fehler abgeschlossen.
<?xml version="1.0" encoding="utf-8"?>
<SearchResults>

  <Event Caller="corp.e15a.contoso.com/Users/Administrator" Cmdlet="Set-
Mailbox" Object-Modified="corp.e15a.contoso.com/Users/david" RunDate="2026-
01-02T15:48:15-07:00" S-ucceeded="true" Error="None"
OriginatingServer="WIN8MBX (15.00.0516.032)">
    <CmdletOptions>
      <Optionen Name="Identity" Value="thomas" />
     <Optionen Name="ProhibitSendReceiveQuota" Value="10 GB (10,737,418,240
bytes)" />
    </CmdletOptions>
    <ModifiedProperties>
      <Property Name="ProhibitSendReceiveQuota" OldValue="35 GB
(37,580,963,840 bytes)" NewValue="10 GB (10,737,418,240 bytes)" />
    </ModifiedProperties>
  </Event>
</SearchResults>
```

List. 10.1 Anzeigen eines Protokolleintrags im Exchange-Überwachungsprotokoll

10.3.2 Administratorüberwachungsprotokollierung verwalten

Wenn Sie Cmdlets angegeben haben und zukünftig alle Cmdlets überwachen wollen, verwenden Sie das Platzhalterzeichen (*) in der Option *AdminAuditLogCmdlets* mit dem Cmdlet *Set-AdminAuditLogConfig*:

```
Set-AdminAuditLogConfig -AdminAuditLogCmdlets *
```

Sie legen fest, welche Cmdlets überwacht werden sollen, indem Sie mit der Option *AdminAuditLogCmdlets* eine Liste von Cmdlets konfigurieren. In der Liste der zu überwachenden Cmdlets verwenden Sie einzelne Cmdlets oder arbeiten mit Platzhaltern (*). Die Einträge in der Liste sind durch Kommas getrennt. Beispiel:

New-Mailbox
**TransportRule*
Management
*Set-Transport**

Ein entsprechender Befehl in der Exchange Management Shell könnte folgendermaßen aussehen:

```
Set-AdminAuditLogConfig -AdminAuditLogCmdlets New-Mailbox, *TransportRule,
*Management*, Set-Transport*
```

Standardmäßig wird ein Protokolleintrag erstellt, unabhängig von den verwendeten Optionen der überwachten Cmdlets. Wenn Sie Optionen angegeben haben und in Zukunft alle Optionen überwachen wollen, verwenden Sie das Platzhalterzeichen (*) mit *AdminAuditLogParameters* für das Cmdlet *Set-AdminAuditLogConfig*:

```
Set-AdminAuditLogConfig -AdminAuditLogParameters *
```

Mit den Optionen *AdminAuditLogParameters* konfigurieren Sie, welche Optionen überwacht werden sollen. In der Liste der zu überwachenden Optionen können Sie einzelne Optionen, Optionen mit Sternchen (*) oder eine Kombination überwachen. Die Einträge in der Liste sind durch Kommas getrennt. Beispiel:

Database

Address

*Custom**

**Region*

```
Set-AdminAuditLogConfig -AdminAuditLogParameters Database, *Address*, Custom*,
*Region
```

Cmdlets, die mit *Test* beginnen, werden standardmäßig nicht protokolliert. Mit dem folgenden Befehl aktivieren Sie die Protokollierung von *Test*-Cmdlets:

```
Set-AdminAuditLogConfig -TestCmdletLoggingEnabled $True
```

Mit dem nächsten Befehl deaktivieren Sie die Protokollierung von *Test*-Cmdlets:

```
Set-AdminAuditLogConfig -TestCmdletLoggingEnabled $False
```

Verwenden Sie den folgenden Befehl, um die Administratorüberwachungsprotokollierung zu deaktivieren:

```
Set-AdminAuditLogConfig -AdminAuditLogEnabled $False
```

Verwenden Sie den folgenden Befehl, um die Administratorüberwachungsprotokollierung zu aktivieren:

```
Set-AdminAuditLogConfig -AdminAuditLogEnabled $True
```

Verwenden Sie den folgenden Befehl, um die für Ihre Organisation konfigurierten Einstellungen für die Administratorüberwachungsprotokollierung anzuzeigen:

```
Get-AdminAuditLogConfig
```

10.3.3 Änderungen in der Ereignisanzeige anzeigen

Exchange protokolliert viele Änderungen in der Ereignisanzeige des Servers, allerdings sehen Sie hier meistens nicht, welcher Benutzer oder Administrator die Änderung vorgenommen hat.

Sie sehen aber, welche Änderungen durchgeführt wurden und wann sie stattgefunden haben. Aus diesem Grund ist eine regelmäßige Kontrolle der Ereignisanzeige auf Exchange-Servern ebenfalls notwendig, um Änderungen nachzuvollziehen. Um Änderungen in der Ereignisanzeige anzuzeigen, gehen Sie folgendermaßen vor:

1. Geben Sie im Suchfeld der Taskleiste *eventvwr* ein und starten Sie die Ereignisanzeige.
2. Navigieren Sie zu *Anwendungs- und Dienstprotokolle/MSExchange Management*.
3. Im rechten Bereich sehen Sie alle durchgeführten Änderungen, allerdings nicht, wer die Änderung durchgeführt hat.

10.3.4 Definierte Berechtigungen anzeigen

Neben der Überwachung einzelner Administratoren sollten Sie in regelmäßigen Abständen auch die generelle Vergabe der Berechtigungen zur Verwaltung der Exchange-Organisation überprüfen.

Mit der Option *GetEffectiveUsers* des Cmdlets *Get-ManagementRoleAssignment* zeigen Sie an, welchen Benutzern die Berechtigungen einer Verwaltungsrolle gewährt sind:

```
Get-ManagementRoleAssignment -Role <Verwaltungsrolle> -GetEffectiveUsers
```

Wollen Sie nur einen bestimmten Benutzer anzeigen, geben Sie die mit *Get-ManagementRole-Assignment* erstellte Liste an das Cmdlet *Where* weiter:

```
Get-ManagementRoleAssignment -Role <Verwaltungsrolle> -GetEffectiveUsers | Where
{ $_.Effective-UserName -Eq "<Benutzername>" }
```

Wollen Sie alle Verwaltungsrollen anzeigen, die Sie einem Benutzer zugewiesen haben, verwenden Sie zum Beispiel den folgenden Befehl:

```
Get-ManagementRoleAssignment -GetEffectiveUsers | Where { $_.EffectiveUserName
-Eq "<Benutzername>" }
```

Sie haben im Exchange Admin Center auch die Möglichkeit, genau überwachen zu lassen, wer Änderungen an den Berechtigungen vornimmt. Dazu benötigen Sie kein Protokoll, sondern können direkt im Exchange Admin Center eine Abfrage durchführen. Gehen Sie dazu folgendermaßen vor:

1. Melden Sie sich als Administrator am Exchange Admin Center an.
2. Klicken Sie auf *Verwaltung der Compliance/Überwachung/Administrator-Rollengruppenbericht ausführen*.
3. Wählen Sie die Rollengruppe aus, die Sie überwachen wollen. Sie haben auch die Möglichkeit, alle Rollengruppen zu überwachen.
4. Klicken Sie auf *Suchen*. Im Fenster sehen Sie jetzt alle durchgeführten Änderungen.

10.4 Zusammenfassung

In diesem Kapitel habe ich Ihnen über ausführliche Anleitungen gezeigt, wie Sie die Funktionen für den Datenverlust nutzen und Transportschutzregeln erstellen. Außerdem bin ich auf die Rechteverwaltung eingegangen und habe Ihnen erläutert, wie Sie Benutzer und Administratoren optimal überwachen.

Das nächste Kapitel geht auf die Themen rund um die Anbindung von Transportservern an das Internet mit Edge-Transportserver ein.

Teil D

Sicherheit und Hochverfügbarkeit

Kapitel 11

Edge-Transportserver

Edge-Transportserver dienen als Schnittstelle der Exchange-Organisation zum Internet, wenn die Funktion nicht von einem anderen Transportserver übernommen werden soll.

11.1 Edge-Transport mit Exchange SE

Die Edge-Transport-Rolle kann nicht mit anderen Rollen zusammen installiert werden. Ein Edge-Transportserver muss nicht Mitglied einer Windows-Domäne sein. Sie sollten aber dennoch den FQDN des Servers so festlegen, dass dieser dieselbe DNS-Domäne hat wie die Domäne, in der sich die anderen Server befinden.

Außerdem müssen Sie sicherstellen, dass der eingetragene DNS-Server in den IP-Einstellungen des Edge-Transportservers während der Installation erreichbar ist. Sie können dazu entweder den internen DNS-Server verwenden oder in der DMZ einen eigenen DNS-Server betreiben. Der beste Weg ist jedoch, dass der Edge-Transportserver die internen DNS-Server verwenden kann, die auch die Active Directory-Domänen verwalten. Kann der konfigurierte DNS-Server während der Installation nicht erreicht werden, spielt das zunächst keine Rolle.

Für die Synchronisierung der notwendigen Daten für den Edge-Transportserver mit Active Directory sollten Sie jedoch sicherstellen, dass bei der Einrichtung idealerweise eine Verbindung vom DNS-Server der Active Directory-Domäne hergestellt werden kann, damit die Namensauflösung problemlos funktioniert.

Soll der Edge-Transportserver auch E-Mails aus dem Internet empfangen, müssen Sie den MX-Eintrag der entsprechenden E-Mail-Domäne auf die öffentliche IP-Adresse des Edge-Transportservers anpassen.

Die Firewall zwischen DMZ und dem internen Netzwerk muss den Datenverkehr zum Port 50636 (TCP, Secure LDAP) und Port 25 (TCP, SMTP) durchlassen.

Auf dem Edge-Transportserver brauchen Sie dagegen keine Anpassungen vorzunehmen, hier wird die Windows-Firewall automatisch konfiguriert.

11.2 Exchange SE Edge-Transportserver installieren

Um einen eigenständigen Edge-Transportserver zu installieren, gehen Sie ähnlich vor wie bei der Installation eines herkömmlichen Exchange-Servers. Sie müssen das Betriebssystem installieren, am besten Windows Server 2025, sowie alle notwendigen Aktualisierungen. Außerdem muss im Netzwerk Active Directory vorhanden sein und auch bereits eine funktionierende Exchange-Organisation.

11.2.1 Installation von Edge-Transportservern vorbereiten

Um Exchange SE auf einem Server mit Windows Server 2025 zu installieren, müssen Sie einige Vorbereitungen treffen. Wollen Sie einen Edge-Transportserver installieren, müssen Sie auf Active Directory Lightweight Directory Services (AD LDS) setzen. Außerdem ist das .NET Framework 4.8.1 notwendig. Beim Einsatz von Windows Server 2022 installieren Sie das .NET Framework 4.8. Im Anschluss werden die notwendigen Runtimes für C++ benötigt und auf dem Server installiert:

Visual C++ Redistributable for Visual Studio 2012 (*https://www.microsoft.com/en-us/download/details.aspx?id=30679*)

Update for Visual C++ 2013 Redistributable Package (*https://support.microsoft.com/de-de/topic/update-for-visual-c-2013-redistributable-package-d8ccd6a5-4e26-c290-517b-8da6cfdf4f10*)

Darüber hinaus werden für die Installation noch Active Directory Lightweight Directory Services benötigt. Sie installieren sie über die PowerShell:

```
Install-WindowsFeature ADLDS
```

Abb. 11.1 Für den Betrieb eines Edge-Transportservers brauchen Sie auf dem Server ADLDS.

Sie können diesen Installationsschritt aber auch überspringen und diese Installation dem Exchange-Installations-Assistenten überlassen, genauso wie die Installation des .NET Frameworks. Danach wird der Server über die Installationsdateien von Exchange im Netzwerk integriert.

Über den Installationsassistenten können Sie ebenfalls die notwendigen Features für Edge-Transportserver aktivieren lassen. Sie müssen für die Installation aber das primäre DNS-Suffix auf dem Server anpassen. Wenn der vollständig qualifizierte Domänenname des Edge-Servers *edge.joos.int* lautet, sollte das DNS-Suffix für den Server auf *joos.int* gesetzt werden.

Das Umbenennen eines Servers nach der Installation einer Exchange SE-Serverrolle wird nicht unterstützt, das gilt auch bei der Installation der Edge-Transport Rolle.

Stellen Sie mit *nslookup* sicher, dass die internen Exchange-Server den Namen des Edge-Transportservers auflösen können und der Edge-Transportserver den Namen der internen Server.

Unter Umständen müssen Sie die DNS-Einträge für den Edge-Transportserver manuell erstellen. Das ist vor allem dann notwendig, wenn Sie die DNS-Server so konfiguriert haben, dass sie nur Einträge von einem Mitgliedsserver entgegennehmen, der Edge-Transportserver aber kein Mitglied in Active Directory ist.

11.2.2 Edge-Transportserver installieren

Starten Sie anschließend die Installation des Exchange-Servers mit *Setup.exe*. Bestätigen Sie alle Fenster bis zur Abfrage der Installationsart. Wählen Sie auf der Seite *Empfohlene Einstellungen* die Option *Empfohlene Einstellungen nicht verwenden*. Wählen Sie auf der nächsten Seite *Edge-Transport-Rolle* aus.

Hier aktivieren Sie auch noch das Kontrollkästchen *Für die Installation von Exchange Server erforderliche Windows Server-Rollen und -Funktionen automatisch installieren.*

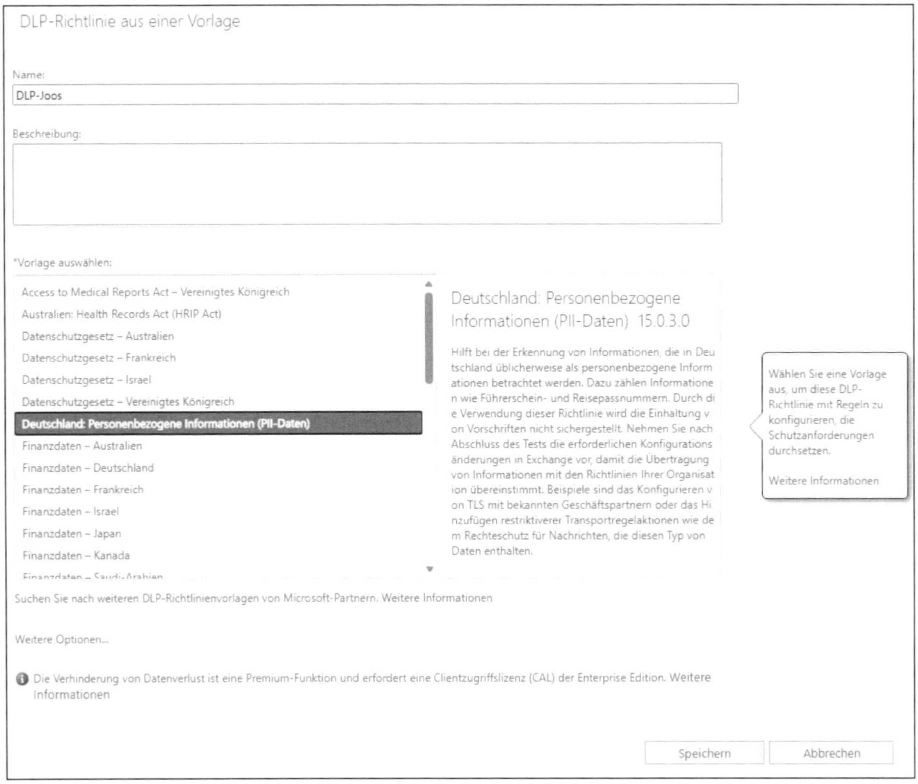

Abb. 11.2 Installieren der Edge-Transport-Rolle

Klicken Sie danach auf *Weiter* und legen Sie das Installationsverzeichnis fest. Anschließend überprüft der Assistent die Voraussetzungen und installiert weitere Serverfeatures, falls sie fehlen sollten. Erhalten Sie im Überprüfungsfenster einen Fehler angezeigt, beheben Sie ihn und lassen die Überprüfung noch einmal durchführen. Klicken Sie danach auf *Installieren*, um die eigentliche Installation zu starten.

In Kapitel 2 zeige ich die Installation von Exchange SE über die Befehlszeile. Edge-Transportserver installieren Sie zum Beispiel mit:

```
Setup /mode:Install /roles:et /IAcceptExchangeServerLicenseTerms
```

oder

```
Setup.exe /IAcceptExchangeServerLicenseTerms /mode:Install
/r:EdgeTransport
```

Um anschließend die Installation zu überprüfen, verwenden Sie die Exchange Management Shell und geben den folgenden Befehl ein:

```
Get-ExchangeServer |fl Name,AdminDisplayVersion
```

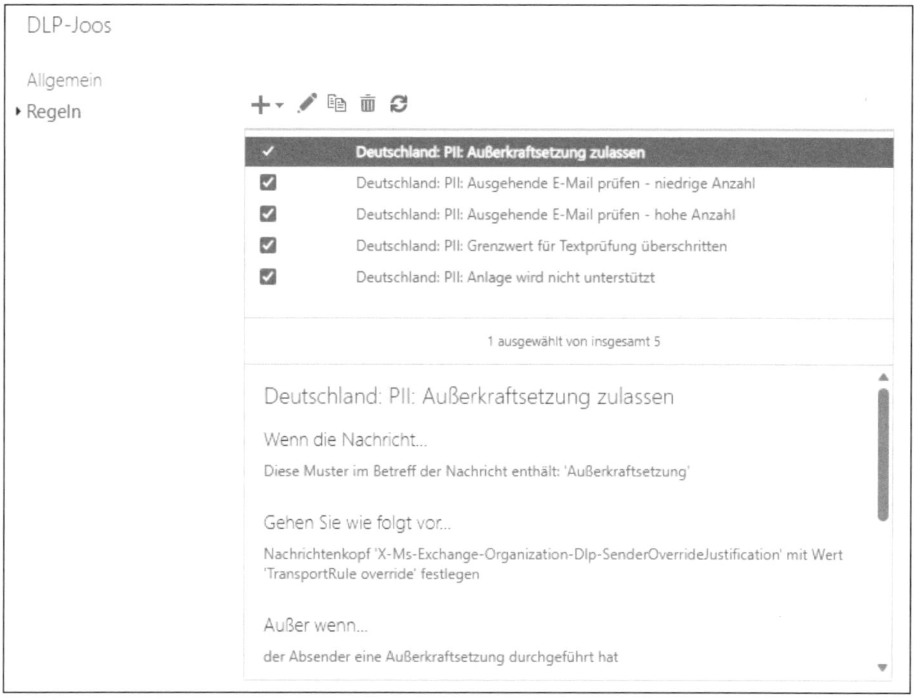

Abb. 11.3 Exchange-Server nach der Installation überprüfen

Sie erhalten als Information *Version 15.2 (mindestens Build 2562.17)*.

11.2.3 Installation überprüfen und lizenzieren

Sie können den Produktschlüssel für Edge-Transportserver auch über die Exchange Management Shell eingeben. Verwenden Sie dazu den Befehl:

```
Set-ExchangeServer -Identity <Servername> -ProductKey <Produktschlüssel>
```

11.2.4 Edge-Server mit der Organisation verbinden

Nachdem Sie den Edge-Transportserver installiert haben, müssen Sie ihn mit der Exchange-Organisation verbinden. Dazu erstellen Sie eine XML-Datei auf dem Edge-Transportserver und lesen sie auf einem Exchange-Server innerhalb der Organisation ein.

Die Synchronisierung findet ausschließlich von den internen Exchange-Servern zum Edge-Transportserver statt (nicht in umgekehrter Richtung). Dabei werden nach dem Dienststart die Konfigurationsdaten der Connectors und des Abonnements synchronisiert. Benutzerdaten werden ebenfalls synchronisiert, also zum Beispiel auch neue Empfänger und die vertrauten Absender der Empfänger. Dieser Zeitplan kann nicht angepasst werden.

Von Edge-Transportservern werden zwar E-Mails aus dem Internet zu den Transportservern mit Exchange SE gesendet, allerdings werden keinerlei sonstige Daten synchronisiert. Durch das Abonnieren eines Edge-Transportservers werden verschiedene Connectors erstellt. Sie regeln die Kommunikation zwischen dem Internet und dem Edge-Transportserver sowie zwischen Edge-Transport- und den internen E-Mail-Servern.

Das Abonnement von Edge-Transportservern läuft in vier Schritten ab:

1. Sie erstellen eine spezielle Abonnement-Datei auf dem Edge-Transportserver (ich gehe darauf gleich noch näher ein).
2. Sie kopieren und importieren die Datei auf einen internen Exchange-Server.
3. Sie überprüfen die erfolgreiche Synchronisierung mit den Ereignismeldungen des Dienstes *Microsoft EdgeSync* auf dem Server und starten die Synchronisierung in der Exchange Management Shell.
4. Sie löschen aus Gründen des Datenschutzes die Importdatei, da sie nach der Synchronisierung nicht mehr benötigt wird.

Starten Sie zunächst auf dem Edge-Transportserver die Exchange Management Shell und geben Sie den folgenden Befehl ein:

```
New-EdgeSubscription -Filename C:\EdgeSubscriptionInfo.XML
```

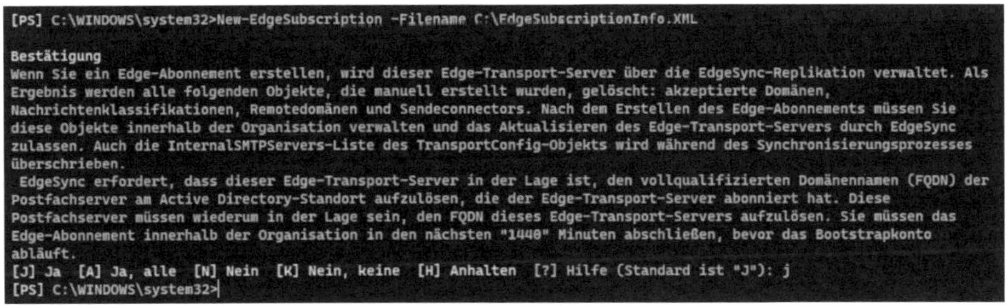

Abb. 11.4 In der Exchange Management Shell des Edge-Transportservers erstellen Sie eine Abonnement-Datei.

Sicherheit und Hochverfügbarkeit

Als Nächstes importieren Sie die Datei auf einem Exchange-Server mit Exchange SE. Sie müssen die XML-Datei dazu auf einen Postfachserver mit Exchange SE kopieren, im folgenden Beispiel wird dazu das Verzeichnis *C:\Temp* verwendet. Öffnen Sie anschließend die Exchange Management Shell und geben Sie den folgenden Befehl ein:

```
New-EdgeSubscription -FileData ([byte[]]$(Get-Content -Path
"C:\Temp\EdgeSubscriptionInfo.xml" -Encoding Byte -ReadCount 0)) -Site "Default-
First-Site-Name"
```

Passen Sie die Pfade und den Namen des Active Directory-Standorts an Ihre Infrastruktur an. Den Namen des Standorts lassen Sie sich am schnellsten mit dem Befehl *nltest /dsgetsite* in der Exchange Management Shell oder der Befehlszeile anzeigen. Nach einiger Zeit taucht der Server im Exchange Admin Center im Bereich *Server* auf. Sie können den Server aber auch mit *Get-ExchangeServer* anzeigen lassen. Hier tauchen alle internen Exchange-Server und der Edge-Transportserver auf.

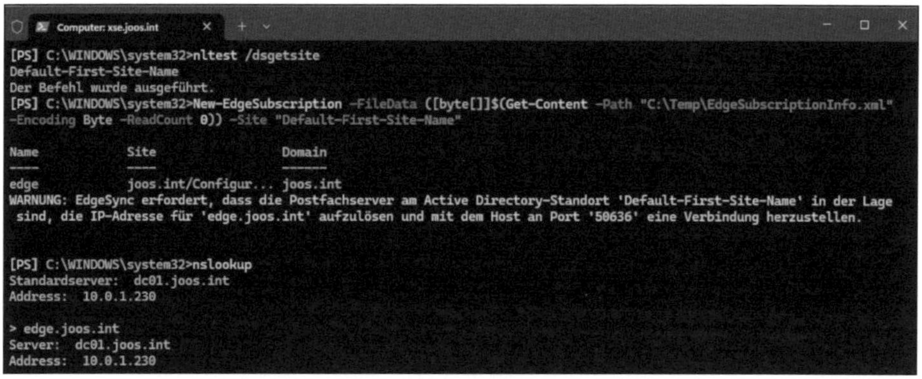

Abb. 11.5 Einrichten eines Edge-Abonnements auf einem Postfachserver

Anschließend können Sie die Synchronisierung manuell in der Exchange Management Shell starten.

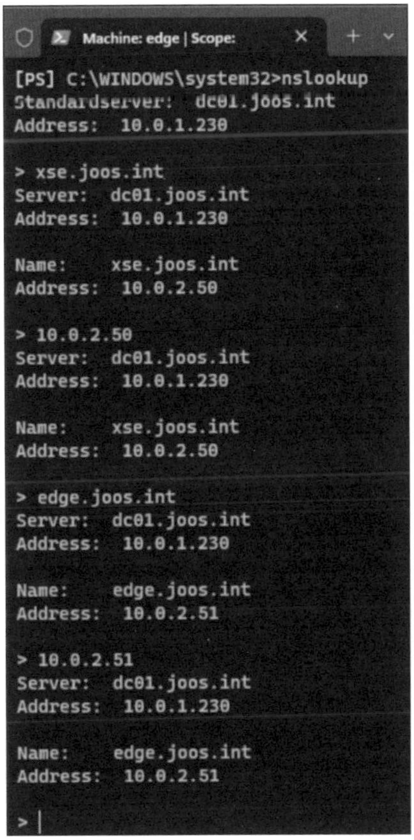

Abb. 11.6 Prüfen der Namensauflösung zwischen der Exchange-Organisation und dem Edge-Transportserver

Öffnen Sie dazu auf dem Server mit Exchange SE die Exchange Management Shell. Geben Sie den Befehl *Start-EdgeSynchronization* ein.

Es kann einige Zeit dauern, bis die Verbindung als erfolgreich angezeigt wird. Achten Sie darauf, dass der beim Verbinden angezeigte Port in der Windows Defender-Firewall des Edge-Transportservers freigeschaltet ist und die Namensauflösung zwischen Edge-Transport- und internen Exchange-Servern funktioniert.

Funktioniert der E-Mail-Verkehr vom Edge-Transportserver zum Exchange SE-Server nicht, stellen Sie auf dem Server mit Exchange SE für den entsprechenden Empfangsconnector die Authentifizierung auf die Exchange-Serverauthentifizierung um.

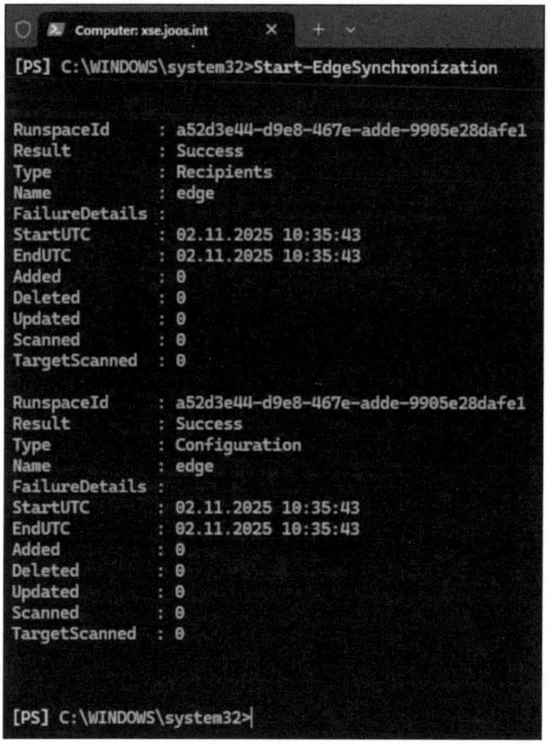

Abb. 11.7 Nach der Einrichtung lassen sich interne Exchange-Server und Edge-Transportserver miteinander synchronisieren.

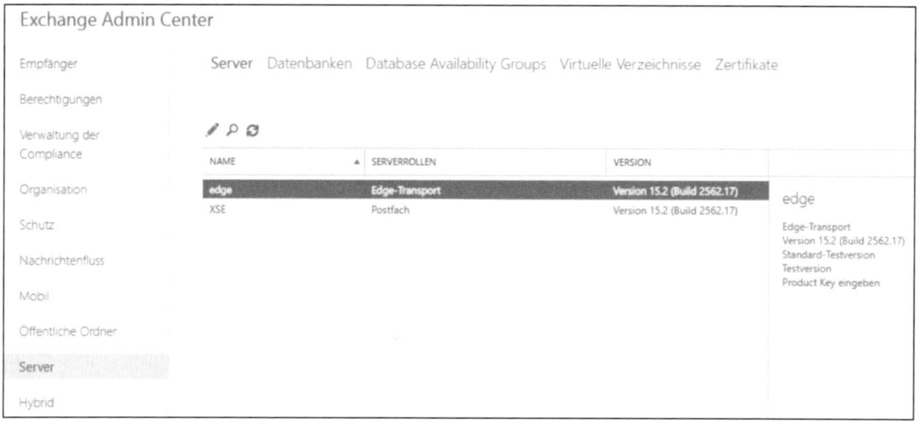

Abb. 11.8 Integration von Edge-Transportserver in eine Exchange-Organisation

11.2.5 Edge-Abonnement verstehen

Die notwendigen Daten werden auf dem Edge-Transportserver in AD LDS gespeichert und mit dem Systemdienst *Microsoft Exchange EdgeSync* synchronisiert. Dieser Dienst spielt auch im Bereich des Spamschutzes eine Rolle, da hierüber die Daten der Empfänger synchronisiert werden, die die vertrauten Absender betreffen.

Er ist vom Systemdienst *Microsoft Exchange Active Directory-Topologiedienst* abhängig und auch für die Synchronisierung von AD LDS-Daten per LDAP zwischen Edge-Transportservern und internen Exchange-Servern zuständig. Diese Synchronisation der Daten findet aber erst nach der Abonnierung des Edge-Transportservers statt. Dabei wird ein Transportserver (Postfachserver) verwendet, der sich am selben Active Directory-Standort befindet, an dem der Edge-Transportserver abonniert wurde.

Die Synchronisierung findet ausschließlich vom Transportserver zum Edge-Transportserver statt (nicht in umgekehrter Richtung). Dabei werden nach dem Dienststart die Konfigurationsdaten der Connectors und des Abonnements stündlich synchronisiert. Benutzerdaten werden alle vier Stunden synchronisiert, also zum Beispiel auch neue Empfänger und die vertrauten Absender der Empfänger.

Durch die Abonnierung eines Edge-Transportservers werden von dem Dienst *Microsoft EdgeSync* folgende Connectors auf dem Edge-Transportserver erstellt:

- Ein Sendeconnector von den Transportservern der Gesamtstruktur zum Edge-Transportserver
- Ein Sendeconnector vom Edge-Transportserver zu den Transportservern an dem Active Directory-Standort, für den Sie den Edge-Transportserver abonniert haben
- Ein Sendeconnector vom Edge-Transportserver zum Internet

Durch die Synchronisierung mit dem Edge-Transportserver werden folgende Daten ausgetauscht und in AD LDS auf dem Edge-Transportserver gespeichert:

- Konfiguration der Sendeconnectors
- Akzeptierte Domänen
- Remotedomänen
- Liste der vertrauten Absender für den Spamschutz
- Empfänger der Organisation

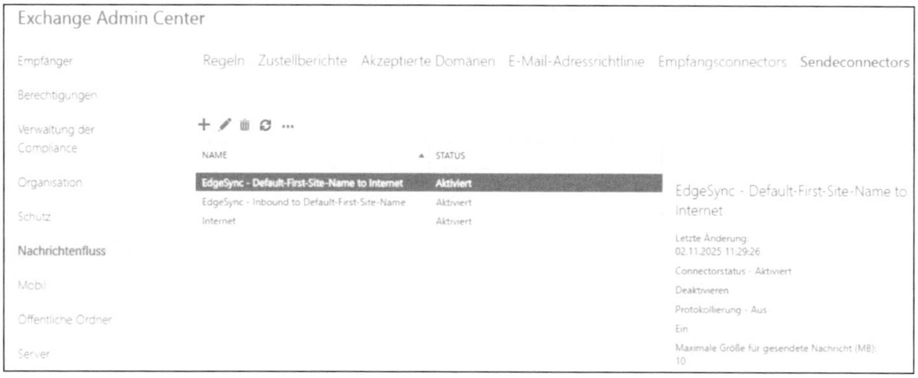

Abb. 11.9 Der Einrichtungsassistent für Edge-Transportserver richtet automatisch Connectors ein.

11.3 Address Rewriting Agent verwalten

Mit dem Address Rewriting Agent können auch unter Exchange E-Mail-Adressen beim Empfangen oder Versenden in die Exchange-Organisation umgeschrieben werden. Viele Unternehmen verwenden diese Funktion in Verbindung mit anderen E-Mail-Servern, um ausgehende oder aus Routingzwecken auch eingehende E-Mail-Domänen anzupassen.

Der Address Rewriting Agent läuft ausschließlich auf Edge-Transportservern. Auch wenn Sie im Unternehmen mehrere E-Mail-Domänen einsetzen, können Sie am Übergangspunkt zum Internet eine Vereinheitlichung der E-Mail-Domänen durchführen. Diese Funktion kann auch umgekehrt sinnvoll sein, sodass Sie auch eingehende E-Mails umschreiben können.

Bei Unternehmen mit mehreren Tochterunternehmen oder auch bei Unternehmenszusammenschlüssen kann diese Funktion enorm hilfreich sein, um den internen E-Mail-Fluss so einfach wie möglich abzubilden, aber dennoch nach extern eine einheitliche Domäne zu verwenden.

11.3.1 Address Rewriting Agent aktivieren und deaktivieren

Damit die Address Rewriting-Funktion genutzt werden kann, müssen Sie auf dem Edge-Transportserver jeweils den Agent für das Address Rewriting eingehender E-Mails und ausgehender E-Mails aktivieren.

Der Agent für ausgehende Nachrichten hat die Bezeichnung *Address Rewriting Outbound Agent*. Der Agent für eingehende Nachrichten ist mit *Address Rewriting Inbound Agent* benannt. Erst wenn die beiden Agents aktiviert sind, können E-Mail-Adressen umgeschrieben werden.

Um zu überprüfen, ob die Agents für das Address Rewriting aktiviert oder deaktiviert sind, müssen Sie auf dem Edge-Transportserver zunächst die Exchange Management Shell öffnen. Rufen Sie dann den Befehl *Get-TransportAgent* auf. In der Konsole werden alle Agents des Edge-Transportservers sowie deren Status angezeigt. Die meisten Agents sind für den Spamschutz zuständig.

- Über den folgenden Befehl können Sie den Agent für eingehende Nachrichten aktivieren, falls er nicht aktiviert ist:

  ```
  Enable-TransportAgent -Identity "Address Rewriting Inbound Agent"
  ```

- Mit der folgenden Anweisung lässt sich der Agent deaktivieren:

  ```
  Disable-TransportAgent -Identity "Address Rewriting Inbound Agent"
  ```

- Mit *Get-TransportAgent* können Sie sich den aktuellen Stand des Agents nochmals anzeigen lassen, um zu überprüfen, ob die Aktion erfolgreich war.
- Über den folgenden Befehl können Sie den Agent für ausgehende Nachrichten aktivieren, falls er nicht aktiviert ist:

  ```
  Enable-TransportAgent -Identity "Address Rewriting Outbound Agent"
  ```

- Den Agent deaktivieren Sie über die folgende Anweisung:

  ```
  Disable-TransportAgent -Identity "Address Rewriting Outbound Agent"
  ```

Beide Agents auf einmal lassen sich mit dem folgenden Befehl in der Exchange Management Shell auf dem Edge-Transportserver aktivieren:

```
Enable-TransportAgent "Address Rewriting Inbound Agent"; Enable-TransportAgent
"Address Rewriting Outbound Agent"
```

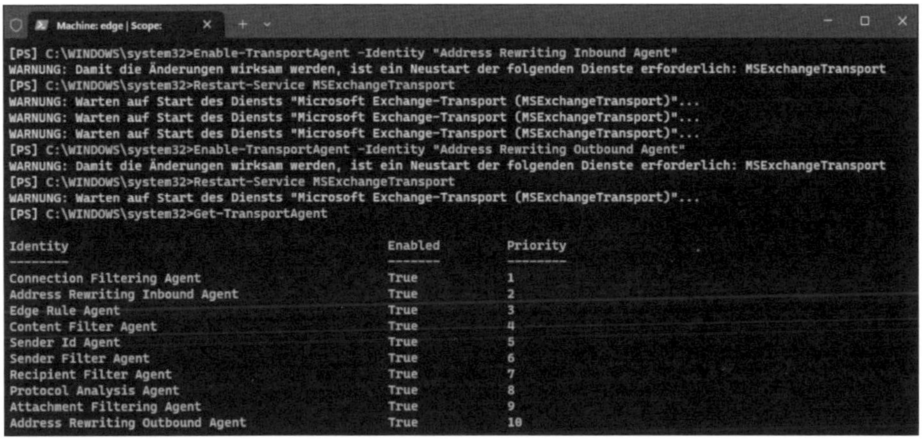

Abb. 11.10 Address Rewriting in Exchange SE

11.3.2 Address Rewriting Agent konfigurieren

Für die Verwendung der Address Rewriting Agents sind verschiedene Szenarien denkbar:

- **Umschreiben einzelner E-Mail-Adressen** Bei diesem Vorgang wird der Header einer einzelnen E-Mail umgeschrieben. So können Sie zum Beispiel E-Mails des Anwenders *thomas.joos@contoso.com* zu *support@contoso.com* umwandeln lassen. Eingehende Nachrichten, zum Beispiel Antworten auf versendete E-Mails, werden dann wieder automatisch in *thomas.joos@contoso.com* umgeschrieben.
- **Umschreiben einer einzelnen Subdomäne** Bei dieser Funktion werden automatisch alle E-Mails, die von einer einzelnen Domäne kommen und nach extern gesendet werden, umgeschrieben. So können Sie zum Beispiel die interne E-Mail-Domäne *@de.contoso.com* nach extern in *@contoso.org* umwandeln lassen. Eingehende Nachrichten werden dann wieder automatisch von *@contoso.org* in *@de.contoso.com* umgeschrieben, damit sie intern zugestellt werden können.
- **Umschreiben mehrerer Subdomänen** Diese Funktion verhält sich grundsätzlich ähnlich wie das Umschreiben einer einzelnen Subdomäne. Sie haben in diesem Fall aber mehrere Möglichkeiten:
  - **Umschreiben aller Subdomänen** Bei dieser Konfiguration werden ausnahmslos alle Subdomänen zu einer einzelnen externen Domäne umgeschrieben. Verwenden Sie zum Beispiel die internen E-Mail-Domänen *de.contoso.com*, *fr.contoso.com* und *us.contoso.com*.
  - **Umschreiben einiger Subdomänen** In diesem Fall müssen Sie die einzelnen Subdomänen konfigurieren, deren E-Mails umgeschrieben werden sollen. Die anderen Domänen sind davon nicht betroffen.

- **Umschreiben aller Subdomänen mit Ausnahmen** In diesem Fall müssen Sie die Subdomänen festlegen, die nicht umgeschrieben werden sollen.

11.3.3 Einzelne E-Mail-Adressen umschreiben

Die Konfiguration zum Umschreiben einzelner E-Mail-Adressen erfolgt in der Exchange Management Shell, eine Konfiguration mit dem Exchange Admin Center ist nicht möglich.

Um einen neuen Eintrag für das Umschreiben zu erzeugen, verwenden Sie den Befehl *New-AddressRewriteEntry*. Der Assistent fragt Sie nach allen notwendigen Daten, also der internen Adresse, die Sie umschreiben wollen, der externen, zu der umgeschrieben werden soll, und dem Namen des Eintrags.

> Sie können nicht nur die E-Mail-Adresse vor dem @-Zeichen umschreiben, sondern auch die komplette E-Mail-Domäne.

11.3.4 Einzelne Subdomäne umschreiben

Auch der Eintrag zum Umschreiben einer einzelnen Domäne wird in der Exchange Management Shell erstellt. In diesem Fall erhalten alle ausgehenden E-Mails eine neue definierte Domäne. Kommen eingehende E-Mails mit der umgeschriebenen Domäne am Edge-Transportserver an, wandelt dieser die E-Mails wieder in die interne Domäne um. Der ganze Vorgang ist für Anwender vollkommen transparent.

Sie können auf diesem Weg zum Beispiel alle E-Mails der Domäne *de.contoso-einkauf.com* in *northwindtraders.com* umwandeln lassen. Kommen am Edge-Transportserver E-Mails mit der Domäne *northwindtraders.com* an, werden sie automatisch in *de.contoso-einkauf.com* umgeschrieben.

Um einen neuen Eintrag für das Umschreiben zu erzeugen, verwenden Sie den folgenden Befehl:

```
New-AddressRewriteEntry -Name <Bezeichnung des Eintrags> -InternalAddress
<interne E-Mail-Domäne> -ExternalAddress <Domäne, zu der umgeschrieben werden
soll>
```

11.3.5 Mehrere Subdomänen umschreiben

Eine weitere Möglichkeit ist das Umschreiben aller Subdomänen zu einer einzigen externen Domäne.

Um alle Subdomänen einer bestimmten Domäne umzuschreiben, müssen Sie einen neuen Eintrag für den Address Rewriting Agent erstellen.

Dazu verwenden Sie den folgenden Befehl:

```
New-AddressRewriteEntry -Name <Bezeichnung des Eintrags> -InternalAddress
<*.Interne E-Mail-Domäne> -ExternalAddress <Domäne, zu der umgeschrieben werden
soll> Outboundonly:$true
```

Die Option *Outboundonly:$true* muss gesetzt werden, wenn mehrere Subdomänen zu einer einzigen externen Domäne umgeschrieben werden sollen. In diesem Fall kann der Edge-Transportserver bei eingehenden E-Mails nicht feststellen, welcher internen Domäne die Adresse zugeordnet ist.

Wollen Sie einzelne Domänen umschreiben, verwenden Sie am besten diesen Befehl:

```
New-AddressRewriteEntry -Name <Bezeichnung des Eintrags> -InternalAddress
<Interne E-Mail-Domäne> -ExternalAddress <Domäne, zu der umgeschrieben werden
soll> Outboundonly:$true
```

Legen Sie für jede einzelne Subdomäne, die umgeschrieben werden soll, einen eigenen Eintrag an.

Eine weitere Möglichkeit ist die Umleitung aller Domänen mit fest definierten Ausnahmen. In diesem Fall werden alle E-Mails umgeschrieben, außer von den Domänen, die Sie festlegen.

Verwenden Sie dazu den folgenden Befehl:

```
New-AddressRewriteEntry -Name <Bezeichnung des Eintrags> -InternalAddress
<*.interne E-Mail-Domäne> -ExternalAddress <Domäne, zu der umgeschrieben werden
soll> Outboundonly:$true -ExceptionAddress <Interne Subdomäne, die nicht
betroffen sein soll>
```

Legen Sie für jede einzelne Subdomäne, die Sie umschreiben möchten, einen eigenen Eintrag an.

11.3.6 Einträge für das Address Rewriting bearbeiten und löschen

Wollen Sie einzelne Einträge bearbeiten, verwenden Sie den Befehl:

```
Set-AddressRewriteEntry
```

Wollen Sie die externe Domäne eines Eintrags ändern, verwenden Sie den Befehl:

```
Set-AddressRewriteEntry <Bezeichnung des Eintrags> -ExternalAddress <Externe
Domäne, zu der Sie umschreiben wollen>
```

Wollen Sie die interne Domäne eines Eintrags ändern, nutzen Sie den Befehl:

```
Set-AddressRewriteEntry <Bezeichnung des Eintrags> -ExternalAddress <Interne
Domäne, die umgeschrieben werden soll>
```

Wollen Sie nachträglich den Parameter *Outboundonly:$true* setzen, verwenden Sie den Befehl:

```
Set-AddressRewriteEntry <Bezeichnung des Eintrags> -Outboundonly:$true
```

Um einem Eintrag für die Umleitung aller Subdomänen eine Ausnahme hinzuzufügen, verwenden Sie den Befehl:

```
Set-AddressRewriteEntry <Bezeichnung des Eintrags> -ExceptionAddress
<Ausnahmedomäne>
```

Die Bezeichnung eines Eintrags passen Sie mit diesem Befehl an:

```
Set-AddressRewriteEntry <Bezeichnung des Eintrags> -name <Neuer Name>
```

Generell sollten Sie sich überlegen, ob Sie einzelne Einträge nicht besser löschen und neu erstellen, anstatt sie zu bearbeiten.

Sie löschen einen Eintrag mit dem Befehl:

```
Remove-AddressRewriteEntry <Bezeichnung des Eintrags>
```

Möchten Sie vor dem Löschen zunächst die Auswirkungen testen, können Sie den folgenden Befehl verwenden:

```
Remove-AddressRewriteEntry <Bezeichnung des Eintrags> whatif
```

11.4 Zusammenfassung

In diesem Kapitel haben Sie erfahren, wie sich Edge-Transportserver mit einer Exchange SE-Organisation verbinden lässt.

Das nächste Kapitel geht darauf ein, wie Sie den Viren- und Spamschutz in Exchange SE optimal verwalten und einrichten.

Kapitel 12

Viren- und Spamschutz

Den Malware-Schutz in Exchange können Sie bei der Installation bereits starten oder aber deaktivieren, wenn Sie eine andere Lösung nutzen. Die Verwaltung des Malware-Schutzes nehmen Sie im Exchange Admin Center vor. Sie können aber auch in der Exchange Management Shell Einstellungen anpassen. Das gilt auch für den Spamschutz.

Abb. 12.1 Exchange SE verfügt weiterhin über einen internen Malware-Schutz.

Außerdem lassen sich Transportregeln erstellen, um unternehmensspezifische Bestimmungen und Richtlinien zu erzwingen. Wie Sie dabei vorgehen, lesen Sie in Kapitel 9. Die Steuerung des Schutzes entspricht in Exchange SE noch dem Vorgehen in Exchange 2019. Ich berücksichtige daher in diesem Kapitel die Einstellungen, die bei beiden Exchange-Versionen funktionieren.

12.1 Integrierten Malware-Schutz verwalten

Sobald Sie Exchange SE installieren, ist auch der integrierte Malware-Schutz aktiviert. Sie können während der Installation den Malware-Schutz aber auch deaktivieren, wenn Sie auf eine eigene Lösung in diesem Bereich setzen. Der integrierte Dienst verwendet nur ein Modul.

Der grundlegende Schutz kann deaktiviert, ersetzt oder mit einem cloudbasierten Dienst kombiniert werden. Sie können auch eine Drittanbieterlösung zum Schutz vor Schadsoftware einsetzen. In diesem Fall muss der integrierte Schadsoftwareschutz deaktiviert werden.

Die Prüfung auf Schadsoftware wird für E-Mails durchgeführt, die an einen Postfachserver gesendet oder von diesem empfangen werden. Sie wird nicht für eine Nachricht ausgeführt, auf die in einem Postfach zugegriffen wird, da sie bereits überprüft worden sein sollte. Eine Nachricht wird erneut überprüft, wenn sie wieder aus einem Postfach gesendet wird.

Zum Herunterladen von Updates ist eine Internetverbindung des Servers erforderlich. Microsoft empfiehlt, dass Sie Updates für das Antischadsoftwaremodul und die Definitionen manuell auf Ihren Exchange-Server herunterladen, bevor Sie ihn in der Produktionsumgebung einbinden.

Exchange SE prüft jede Stunde auf neue Schadsoftwaredefinitionen.

Transportregeln können den Schadsoftwarefilter nicht umgehen. Wenn die Software einen Virus erkennt, wird der Anhang gelöscht. Sie können die integrierte Antischadsoftwareprüfung dauerhaft deaktivieren oder temporär umgehen, indem Sie den Schutz zeitweise deaktivieren.

12.1.1 Malware-Schutz testen

Sie können mit einem Testvirus überprüfen, ob der Malware-Schutz funktioniert. Erstellen Sie dazu eine neue Textdatei mit der Bezeichnung *EICAR.TXT*.

Fügen Sie die folgende Zeichenfolge in die Textdatei ein:

```
X5O!P%@AP[4\PZX54(P^)7CC)7}$EICAR-STANDARD-ANTIVIRUS-TEST-FILE!$H+H*
```

Dies muss die einzige Zeichenfolge in der Datei sein. Sie haben dann eine 68-Byte-Datei erstellt. Achten Sie aber darauf, dass der lokal installierte Virenscanner die Datei nicht zuerst filtert. Sie können mit dem Testvirus alle Einstellungen des Malware-Schutzes überprüfen.

12.1.2 Malware-Schutz aktualisieren

Sie können manuell das Antischadsoftwaremodul sowie Updates der Definitionen herunterladen. Bevor Sie einen Server in Produktion nehmen, ist diese Vorgehensweise zu empfehlen. Um manuell Definitionsupdates herunterzuladen, führen Sie den folgenden Befehl aus:

```
& $env:ExchangeInstallPath\Scripts\Update-MalwareFilteringServer.ps1 -Identity
<FQDN des Servers>
```

Um zu überprüfen, ob Updates erfolgreich heruntergeladen wurden, müssen Sie die Ereignisanzeige öffnen:

1. Tippen Sie *eventvwr.msc* im Startmenü ein.
2. Erweitern Sie in der Ereignisanzeige den Ordner *Windows-Protokolle* und klicken Sie auf *Anwendung*.

3. Klicken Sie im Menü *Aktionen* auf *Aktuelles Protokoll filtern.*
4. Wählen Sie im Dialogfeld *Aktuelles Protokoll filtern* im Dropdownlistenfeld *Quellen* den Eintrag *FIPFS* aus und klicken Sie dann auf *OK.*

Sie sehen im Protokoll jetzt alle Meldungen zur Aktualisierung, auch Fehler oder erfolgreiche Aktualisierungen.

12.1.3 Malware-Schutz deaktivieren oder umgehen

Sie können die Schadsoftwarefilterung für alle E-Mails, die über einen Server übertragen werden, deaktivieren oder umgehen. Dies ist zum Beispiel sinnvoll, wenn Sie ein anderes Produkt für den Malware-Schutz einsetzen.

Deaktivieren Sie den Virenscanner in Exchange, wird der Agent komplett ausgeschaltet. Er führt dann auch keine Aktualisierung der Definitionsdateien mehr durch.

Neben dem Deaktivieren der Filterung können Sie den Filter auch umgehen. Beim Umgehen werden keine E-Mails mehr gescannt, aber der Agent lädt weiterhin Definitionsdateien aus dem Internet und kann sich selbst aktualisieren.

Sie müssen die nachfolgenden Befehle in der Exchange Management Shell auf allen Servern durchführen, auf denen Sie das Scannen deaktivieren oder umgehen wollen.

Zum Deaktivieren des Virenscanners geben Sie den folgenden Befehl in der Exchange Management Shell ein:

```
& $env:ExchangeInstallPath\Scripts\Disable-AntimalwareScanning.ps1
```

Zum Aktivieren der Filterung verwenden Sie das Skript *Enable-AntimalwareScanning.ps1* anstelle von *Disable-AntimalwareScanning.ps1.*

Um zu überprüfen, ob die Schadsoftwarefilterung deaktiviert ist, führen Sie folgenden Befehl aus. Es muss der Wert *False* zurückgegeben werden:

```
Get-TransportAgent "Malware Agent"
```

Um den notwendigen Systemdienst in der Exchange Management Shell neu zu starten, verwenden Sie den Befehl *Restart-Service msExchangetransport.*

Führen Sie zum temporären Umgehen der Schadsoftwarefilterung den folgenden Befehl aus:

```
Set-MalwareFilteringServer -BypassFiltering $true
```

Zum erneuten Aktivieren des Scanners verwenden Sie den Befehl:

```
Set-MalwareFilteringServer -BypassFiltering $false
```

Um zu überprüfen, ob die Schadsoftwarefilterung umgangen wird, führen Sie den folgenden Befehl aus. Es muss der Wert *True* angezeigt werden:

```
Get-MalwareFilteringServer | fl Name, BypassFiltering
```

Exchange Online Protection steht als Testversion für einen Microsoft 365 Enterprise-Account zur Verfügung. Die Verwaltung des Dienstes erfolgt innerhalb der Verwaltung von Microsoft 365. Die Konsole entspricht der von Exchange SE.

Da sich Exchange Online Protection in das Microsoft 365 Admin Center integriert, können Sie zentral den Status aller Sicherheitsdienste in Microsoft 365 steuern und überwachen.

12.1.4 Exchange Online Protection und Exchange SE

Sie können Exchange so konfigurieren, dass E-Mails, die bereits auf Schadsoftware geprüft wurden, vom Scandienst erneut überprüft werden. Das bietet eine weitere Schutzebene gegen Viren. Diese Optionen sind wichtig beim gemeinsamen Einsatz von lokalen Exchange-Servern und Microsoft 365. Sie können auf diesem Weg den lokalen Schutz zusammen mit Exchange Online Protection nutzen.

Interne E-Mails werden durch die in Exchange integrierten Funktionen zum Schutz vor Viren gescannt. Standardmäßig werden E-Mails, die in der Cloud geprüft wurden, lokal nicht noch einmal nach Viren gescannt. Das können Sie aber anpassen, um die Sicherheit zu erhöhen.

Damit Exchange SE E-Mails scannt, wenn der gehostete Dienst sie bereits gescannt hat, geben Sie folgenden Befehl in der Exchange Management Shell ein:

```
Set-MalwareFilteringServer -ForceRescan $true
```

Wenn Sie wieder die Standardeinstellung aktivieren wollen, bei der Mails nicht erneut geprüft werden, legen Sie diese Option wieder auf *$false* fest:

```
Set-MalwareFilteringServer -ForceRescan $false
```

Um den Wert nur zu überprüfen, geben Sie den folgenden Befehl ein:

```
Get-MalwareFilteringServer | fl Name,ForceRescan
```

12.1.5 Standardrichtlinie für Antischadsoftware konfigurieren

Der Virenscanner ist in Exchange SE standardmäßig aktiviert. Sie können ihn aber jederzeit anpassen und bereits bei der Installation deaktivieren. Die schon vorhandene Antischadsoftware-Richtlinie steuert Einstellungen für den Scanner. Sie können die standardmäßige Richtlinie nicht löschen, aber an Ihre Vorstellungen anpassen. Die Richtlinie lässt sich am einfachsten im Exchange Admin Center bearbeiten. Dazu gehen Sie folgendermaßen vor:

1. Navigieren Sie im Exchange Admin Center zu *Schutz/Schadsoftwarefilter*.
2. Doppelklicken Sie auf die Standardrichtlinie *Default*.
3. Klicken Sie auf *Einstellungen*.

Auf der Seite können Sie jetzt Einstellungen vornehmen, um die Richtlinie an Ihre Bedürfnisse anzupassen:

- **Gesamte Nachricht löschen** Verhindert die Zustellung der E-Mail einschließlich Anlagen an die Empfänger.
- **Alle Anlagen löschen und Standardwarntext verwenden** Löscht alle Anlagen, nicht nur infizierte, und fügt eine Textdatei mit folgendem Standardwarntext der E-Mail hinzu: *In mindestens einer Anlage zu dieser E-Mail-Nachricht wurde Schadsoftware erkannt. Alle Anhänge wurden gelöscht.* Der Text der E-Mail bleibt aber erhalten.
- **Alle Anlagen löschen und benutzerdefinierten Warntext verwenden** Löscht alle Anlagen und fügt eine Textdatei mit einer Nachricht ein. Den Text können Sie selbst festlegen.

Wenn im Nachrichtentext selbst Schadsoftware erkannt wird, löscht Exchange immer die gesamte E-Mail einschließlich Anlagen. Das gilt für alle ein- und ausgehenden E-Mails.

Im Bereich *Benachrichtigungen* können Sie festlegen, dass Exchange eine Benachrichtigungs-E-Mail an Absender oder Administratoren sendet, wenn eine Nachricht als Schadsoftware erkannt wird.

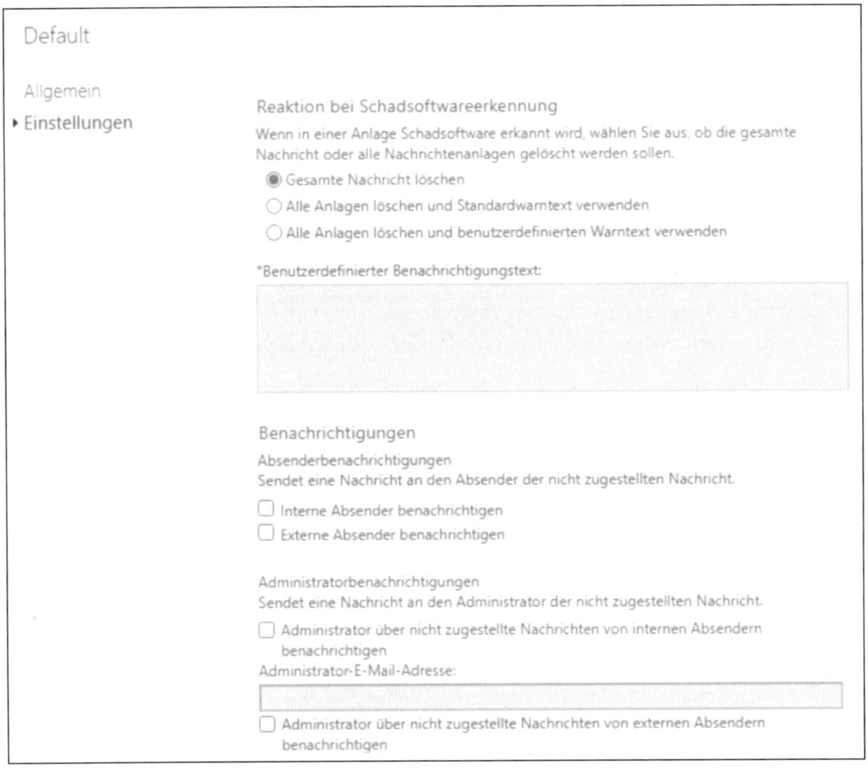

Abb. 12.2 Festlegen der Benachrichtigungen für den Malware-Schutz

Aktivieren Sie im Bereich *Administratorbenachrichtigungen* das Kontrollkästchen *Administrator über nicht zugestellte Nachrichten von internen Absendern benachrichtigen* oder das Kontrollkästchen *Administrator über nicht zugestellte Nachrichten von externen Absendern benachrichtigen*.

Der Standardbenachrichtigungstext lautet: *Diese Nachricht wurde von E-Mail-Zustellungssoftware automatisch erstellt. Ihre E-Mail wurde nicht an die gewünschten Empfänger übermittelt, da Schadsoftware erkannt wurde.* In welcher Sprache der Text gesendet wird, hängt von der verseuchten E-Mail ab.

Im Bereich *Benachrichtigungen anpassen* können Sie einen benutzerdefinierten Text eingeben, der statt des Standardtextes verwendet wird.

Sie können hier auch den Absender festlegen, in dessen Namen die E-Mail gesendet wird, den Betreff und den Text der Benachrichtigung. Der Standardbetrefftext lautet *Unzustellbare Nachricht*. Klicken Sie nach der Anpassung auf *Speichern*. Auf der rechten Seite wird eine Zusammenfassung der Standardrichtlinieneinstellungen angezeigt.

12.2 Wichtige Einstellungen für Virenscanner auf Dateisystemebene

Viele Unternehmen setzen auch auf Exchange-Servern Virenscanner auf Dateisystemebene ein. Sie müssen dazu in Exchange SE einige Dinge beachten. Scanner auf Dateiebene bieten keinen Schutz vor E-Mail-Viren.

Scanner auf Dateiebene können eine Datei scannen, wenn sie in Verwendung ist, oder sie können in einem geplanten Intervall scannen. Dieser Vorgang kann bewirken, dass die Scanner ein Exchange-Protokoll oder eine Datenbankdatei sperren oder isolieren. Dies kann die Datenbank zerstören oder den Server zumindest deutlich langsamer reagieren lassen.

Wenn Sie Antivirenprogramme auf Dateiebene auf Exchange-Servern bereitstellen, stellen Sie sicher, dass die entsprechenden Ausschlüsse für Ordner, Prozesse und Dateinamenerweiterungen sowohl für die speicherresidente als auch für die Prüfung auf Dateiebene eingerichtet sind.

Sie sollten bestimmte Ordner für jeden Exchange-Server ausschließen, für den Sie einen Antivirenscanner auf Dateiebene ausführen. Auf Postfachservern sollten Sie alle Postfachdatenbanken und Protokolldateien von der Prüfung ausschließen. Diese Dateien werden standardmäßig in Unterordnern des Ordners *%ExchangeInstallPath%\Mailbox* gespeichert.

Wollen Sie den Speicherort einer Postfachdatenbank, eines Transaktionsprotokolls und einer Prüfpunktdatei testen, führen Sie den folgenden Befehl in der Exchange Management Shell aus:

```
Get-MailboxDatabase -Server <Servername> |fl *path*
```

Datenbankinhaltsindizes sollten Sie ebenfalls nicht scannen lassen. In der Standardeinstellung befinden sie sich im selben Ordner wie die Datenbankdatei.

GroupMetrics-Dateien liegen im Ordner *%ExchangeInstallPath%\GroupMetrics*. Auch diese sollten Sie vom Scannen ausschließen.

Protokolldateien für die Nachrichtenverfolgung und Kalenderreparatur sollten auch nicht gescannt werden. Standardmäßig befinden sich diese Dateien in Unterordnern der Ordner *%ExchangeInstallPath%\TransportRoles\Logs* und *%ExchangeInstallPath%\Logging*. Den Speicherort erfahren Sie mit:

```
Get-MailboxServer <Servername> |fl *path*
```

Offlineadressbuch-Dateien befinden sich in Unterordnern des Ordners *%ExchangeInstallPath%\ClientAccess\OAB*, IIS-Systemdateien im Ordner *%SystemRoot%\System32\inetsrv*. Auch diese Ordner sollten Sie ausschließen.

Der temporäre Ordner der Postfachdatenbank im Ordner *%ExchangeInstallPath%\Mailbox\MDBTEMP* muss auch nicht nach Viren gescannt werden.

Auf Servern, die Mitglied einer Datenbankverfügbarkeitsgruppe (Database Availability Group, DAG) sind, schließen Sie die folgenden Ordner aus:

- *%WinDir%\Cluster*
- *%SystemDrive%\DAGFileShareWitnesses\<DAGFQDN>*

Protokolldateien für Nachrichtenverfolgung und Verbindungsprotokolle liegen in Unterordnern des Ordners *%ExchangeInstallPath%\TransportRoles\Logs*. Führen Sie folgenden Befehl in der Exchange Management Shell aus, um die verwendeten Protokollpfade zu erfahren:

```
Get-TransportService <Servername> |fl *logpath*,*tracingpath*
```

Schließen Sie am besten auch diese Ordner aus. Dies gilt ebenfalls für die Nachrichtenordner *Pickup* und *Replay*. Standardmäßig sind diese Ordner im Ordner *%Exchange-InstallPath%\TransportRoles*.

Der folgende Befehl zeigt den Speicherort in der Exchange Management Shell an:

```
Get-TransportService <Servername> |fl *dir*path*
```

Ebenfalls ausschließen sollten Sie:

- Die Warteschlangendatenbanken und Protokolldateien im Ordner *%ExchangeInstallPath%\TransportRoles\Data\Queue*
- Die Dateien der Absenderzuverlässigkeitsdatenbank im Ordner *%ExchangeInstallPath%\TransportRoles\Data\SenderReputation*
- Dateien zum Versenden von E-Mails auf Postfachservern: *%ExchangeInstallPath%\Working\OleConvertor*
- Die Komponenten zum Scannen von Inhalten im Ordner *%ExchangeInstallPath%\FIP-FS*
- Verbindungsprotokolle in Unterordnern des Ordners *%ExchangeInstallPath%\TransportRoles\Logs\Mailbox* (Auflistung über *Get-MailboxTransportService <Servername> | fl *logpath**)

Auf Unified Messaging-Servern sollten Sie ebenfalls Dateien ausschließen:

- Die Grammatikdateien für unterschiedliche Gebietsschemas in den Unterordnern des Ordners *%ExchangeInstallPath%\UnifiedMessaging\grammars*
- Die Dateien für Ansagen, Begrüßungen und Informationsmeldungen in den Unterordnern des Ordners *%ExchangeInstallPath%\UnifiedMessaging\prompts*
- Die Voicemaildateien im Ordner *%ExchangeInstallPath%\UnifiedMessaging\voicemail*
- Die durch Unified Messaging generierten temporären Dateien im Ordner *%Exchange-InstallPath%\UnifiedMessaging\Temp*

Auch auf Clientzugriffsservern sollten Sie Ordner vor dem Scannen ausschließen:

- IIS-Systemdateienordner: *%SystemRoot%\System32\inetsrv*
- Systemdateien des Webservers im Verzeichnis *Inetpub\logs\logfiles\w3svc*
- POP3-Ordner: *%ExchangeInstallPath%\Logging\POP3*
- IMAP4-Ordner: *%ExchangeInstallPath%\Logging\IMAP4*
- Verbindungsprotokolle und Protokolle in Unterordnern des Ordners *%ExchangeInstall-Path%\TransportRoles\Logs\FrontEnd* (Auflistung über *Get-FrontEndTransportService <Servername> | fl *logpath**)

Sicherheit und Hochverfügbarkeit

Viele Antivirenprogramme unterstützen die Prüfung von Prozessen. Auch das kann Exchange-Server negativ beeinflussen. Schließen Sie daher Prozesse von Exchange aus, wenn das Scannen in Ihrer Umgebung Probleme bereitet. Neben Ordnern und Prozessen sollten Sie auch die Exchange-spezifischen Dateinamenerweiterungen ausschließen.

12.3 Spamschutz und E-Mail-Sicherheit mit Exchange

Exchange SE verfügt über interne Antispam-Agents. Exchange verwendet Transport-Agents, um Antispamfilter bereitzustellen. Normalerweise werden Antispam-Agents auf einem Postfachserver nur dann aktiviert, wenn Ihre Exchange-Organisation nicht über einen Edge-Transportserver verfügt oder eingehende E-Mails nicht im Vorfeld nach Spam filtert (siehe Kapitel 11).

Antispam-Agents arbeiten nach Prioritäten. Je niedriger der Wert ist, desto höher ist die Priorität: Ein Antispam-Agent mit Priorität 1 wird also vor einem Agent mit Priorität 9 ausgeführt. Exchange führt die Spamfilter standardmäßig in folgender Reihenfolge aus:

1. **Absenderfilter-Agent** Die Absenderfilterung vergleicht den Absender mit einer Liste der Absender oder Absenderdomänen, die keine E-Mails an Ihre Organisation senden dürfen.
2. **Empfängerfilter-Agent** Die Empfängerfilterung vergleicht die Nachrichtenempfänger mit einer Empfängersperrliste. Sie vergleicht außerdem Empfänger in eingehenden Nachrichten mit den lokalen Empfängern, um sicherzugehen, dass die E-Mail an gültige Empfänger adressiert ist. Wenn eine Nachricht nicht an gültige Empfänger geschickt wurde, wird sie zurückgewiesen.
3. **Sender ID-Agent** Die Sender-ID verwendet die IP-Adresse des sendenden Servers und die Adresse des Absenders, um zu überprüfen, ob der Absender gefälscht ist.
4. **Inhaltsfilter-Agent** Die Inhaltsfilterung bewertet den Inhalt der E-Mails, um auf Basis des Textes zu bestimmen, ob es sich bei der E-Mail um eine Spammail handelt.
5. **Protokollanalyse-Agent** Der Protokollanalyse-Agent verwendet die Absenderzuverlässigkeit in Exchange. Diese prüft die IP-Adresse des sendenden Servers.

Wenn in Ihrer Organisation ein Edge-Transportserver installiert ist (siehe Kapitel 11), werden alle Antispam-Agents, die auf einem Postfachserver verfügbar sind, standardmäßig auf dem Edge-Transportserver installiert und aktiviert. Folgende Antispam-Agents sind nur auf einem Edge-Transportserver verfügbar:

- **Verbindungsfilter-Agent** Die Verbindungsfilterung untersucht die IP-Adresse des sendenden Servers. Verbindungsfilter verwenden IP-Sperrlisten, IP-Zulassungslisten sowie Anbieter für blockierte oder für zugelassene IP-Adressen, um zu überprüfen, ob die Verbindung blockiert oder zugelassen werden soll. Der Agent nutzt also verschiedene Informationen und trifft dann die Entscheidung zum Filtern.
- **Anlagenfilter-Agent** Die Anlagenfilterung filtert E-Mails basierend auf dem Dateinamen der Anlage, der Dateinamenerweiterung oder dem MIME-Inhaltstyp der Datei. Sie können die Anlagenfilterung so konfigurieren, dass Exchange E-Mails und Anlagen blockiert, die Anlage entfernt und die Nachricht zustellt oder die Nachricht mit Anlage ohne Benachrichtigung löscht.

Mit etwas Aufwand erreichen Sie aber auch mit den Standardwerkzeugen einen nicht unerheblichen Schutz vor Spam-E-Mails. Microsoft hat in Outlook ab Version 2010 eine verbesserte automatische Spamfilterung integriert. Zusammen mit Exchange SE kann durch Kombination der Spamfilter ein durchaus effizienter Spamschutz erreicht werden.

Antispam-Agents werden auf Edge-Transportservern (siehe Kapitel 11) standardmäßig in dieser Reihenfolge angewendet:

1. Verbindungsfilter-Agent
2. Absenderfilter-Agent
3. Empfängerfilter-Agent
4. Sender ID-Agent
5. Inhaltsfilter-Agent
6. Protokollanalyse-Agent für die Absenderzuverlässigkeit
7. Anlagenfilter-Agent

Die Einstellungen für den Spamschutz werden auf Edge-Transportservern automatisch installiert und aktiviert. Diese Exchange-Server sind unter Exchange 2013/SE für das Senden von E-Mails vom und ins Internet in der DMZ (demilitarisierte Zone) verantwortlich (siehe Kapitel 11).

12.3.1 Spamschutzfunktionen installieren

Microsoft empfiehlt einen Edge-Transportserver für die Verbindung einer Exchange-Organisation mit dem Internet. Setzen Sie keinen ein, können die Antispamfilter auch auf einem Postfachserver eingerichtet werden.

Es stehen die folgenden Antispam-Agents im Transportdienst auf Postfachservern zur Verfügung, die jedoch nicht standardmäßig installiert werden:

- Inhaltsfilter-Agent
- Sender ID-Agent
- Absenderfilter-Agent
- Empfängerfilter-Agent
- Protokollanalyse-Agent für die Absenderzuverlässigkeit

Sie können diese Antispam-Agents mit einem Skript der Exchange Management Shell installieren. Normalerweise installieren Sie die Antispam-Agents nur dann auf einem Postfachserver, wenn kein anderer Spamschutz im Netzwerk vorhanden ist und Sie auch keinen Edge-Transportserver einsetzen.

Die Antispam-Agents auf dem Postfachserver erkennen die Antispamheaderwerte, die von anderen Exchange-Antispam-Agents zu E-Mails hinzugefügt werden. Alle E-Mails mit diesen Informationen passieren den Server ohne erneute Prüfung. Vom Empfängerfilter-Agent ausgeführte Empfängersuchen werden jedoch auf dem Postfachserver erneut gescannt.

Der Verbindungsfilter-Agent und der Anlagenfilter-Agent sind auf Postfachservern nicht verfügbar. Sie stehen nur auf einem Edge-Transportserver zur Verfügung.

Der Antischadsoftware-Agent wird immer standardmäßig auf einem Postfachserver installiert und aktiviert.

Führen Sie über die PowerShell den folgenden Befehl auf dem Postfachserver aus, auf dem Sie den Spamschutz aktivieren wollen:

```
& $env:ExchangeInstallPath\Scripts\Install-AntiSpamAgents.ps1
```

Ob die Agenten gestartet sind, lässt sich mit dem folgenden Befehl überprüfen:

```
Get-TransportAgent | Where-Object {$_.Enabled -eq $true}
```

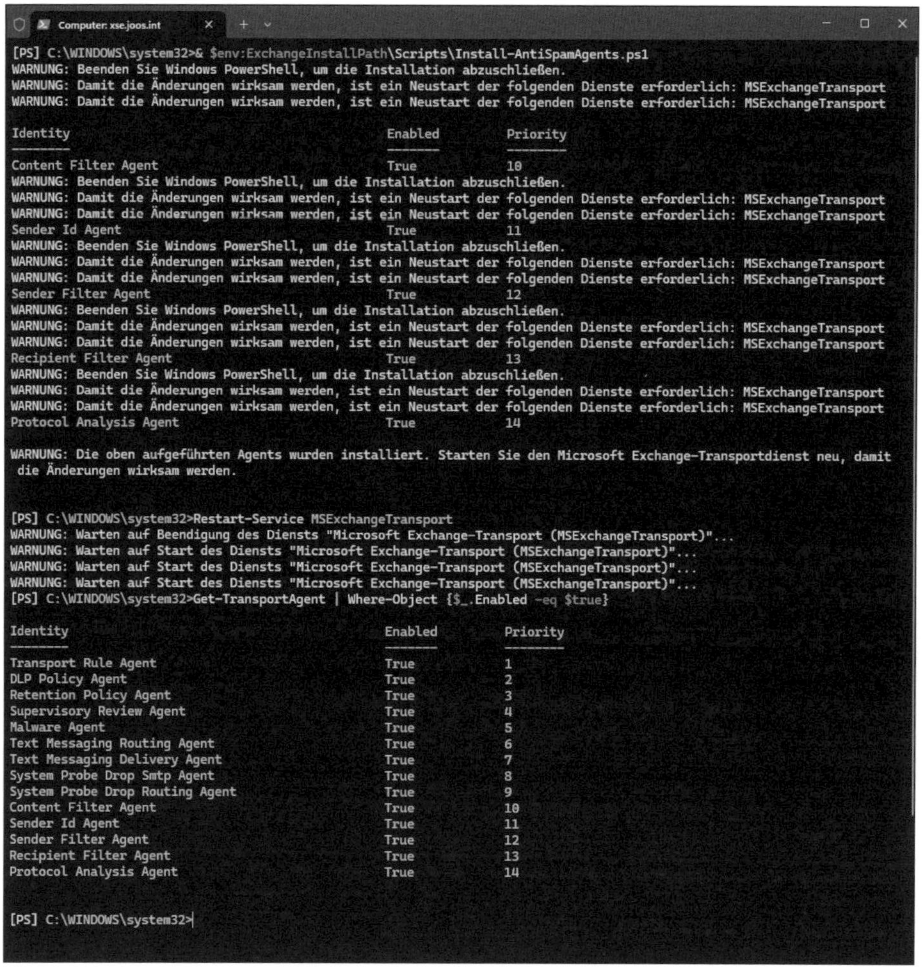

Abb. 12.3 Installieren und Überprüfen der Antispam-Agenten in Exchange SE

Starten Sie mit *Restart-Service MSExchangeTransport* den Transportdienst auf dem Server neu. Überzeugen Sie sich danach, dass der Dienst erfolgreich neu gestartet wurde.

Anschließend müssen Sie die IP-Adressen der internen SMTP-Server angeben, die durch den Sender ID-Agent ignoriert werden sollen. Wenn der Postfachserver, auf dem die Antispam-Agents installiert sind, der einzige SMTP-Server in der Organisation ist, geben Sie die IP-Adresse des lokalen Servers ein.

Führen Sie diesen Befehl aus, um die IP-Adressen interner SMTP-Server hinzuzufügen:

```
Set-TransportConfig -InternalSMTPServers @{Add="<IP1>","<IP2>"...}
```

Anschließend überprüfen Sie die Konfiguration mit dem folgenden Befehl:

```
Get-TransportConfig | fl InternalSMTPServers
```

Haben Sie die Installation und erste Einrichtung abgeschlossen, können Sie sich mit *Get-TransportAgent* die Installation bestätigen lassen.

Wollen Sie sich die aktuelle Konfiguration des Inhaltsfilters anzeigen lassen, verwenden Sie das folgende Cmdlet:

```
Get-ContentFilterConfig | Format-Table Name,Enabled; Get-SenderFilterConfig |
Format-Table Name,Enabled; Get-SenderIDConfig | Format-Table Name,Enabled;
Get-SenderReputationConfig | Format-Table Name,Enabled
```

Weitere Informationen zu den Spamfiltern rufen Sie mit den folgenden Befehlen ab:

```
Get-ContentFilterConfig | Format-List
*Enabled,RejectionResponse,*Postmark*,Bypassed*,Quarantine*;
Get-SenderFilterConfig | Format-List *Enabled,*Block*
Get-SenderIDConfig | Format-List *Enabled*,*Action,Bypassed*
Get-SenderReputationConfig | Format-List *Enabled*,*Proxy*,*Block*,*Ports*
```

12.3.2 Spam Confidence Level (SCL) im Überblick

Beim Eingang einer E-Mail auf dem Exchange-Server wird ihr ein Wert zwischen 0 und 9 zugeteilt. Dabei arbeitet Microsoft mit dem Spam Confidence Level (SCL), er gilt auch für Exchange SE. Die einzelnen Agents in Exchange verwenden SCL, um E-Mails entsprechend zu klassifizieren oder den SCL-Wert für andere Agents zu konfigurieren.

Der SCL einer E-Mail wird ihr beim Speichern in der Datenbank angehängt. Ein Administrator kann auf dem Exchange-Server auf Basis des SCL definieren, was mit einer Nachricht passieren soll, die einen gewissen Grenzwert überschreitet. Im Zusammenspiel mit Outlook kann er entscheiden, dass E-Mails mit einem gewissen Wert, zum Beispiel höher als SCL 6, direkt in den Junk-Mail-Ordner in Outlook geschoben werden.

Benutzer können in Outlook wiederum basierend auf SCL Maßnahmen ergreifen und E-Mails mit bestimmten SCL-Werten sofort löschen lassen. Zusätzlich gibt es in Exchange SE die Möglichkeit, mit Transportregeln E-Mails basierend auf ihrem SCL-Wert zu behandeln (siehe Kapitel 4).

Sie können auf diesem Weg zum Beispiel dem Betreff der E-Mails eine Erweiterung in der Form ****SPAM**** hinzufügen. Anwender können in Outlook dann wiederum Regeln definieren, was mit solchen E-Mails passieren soll.

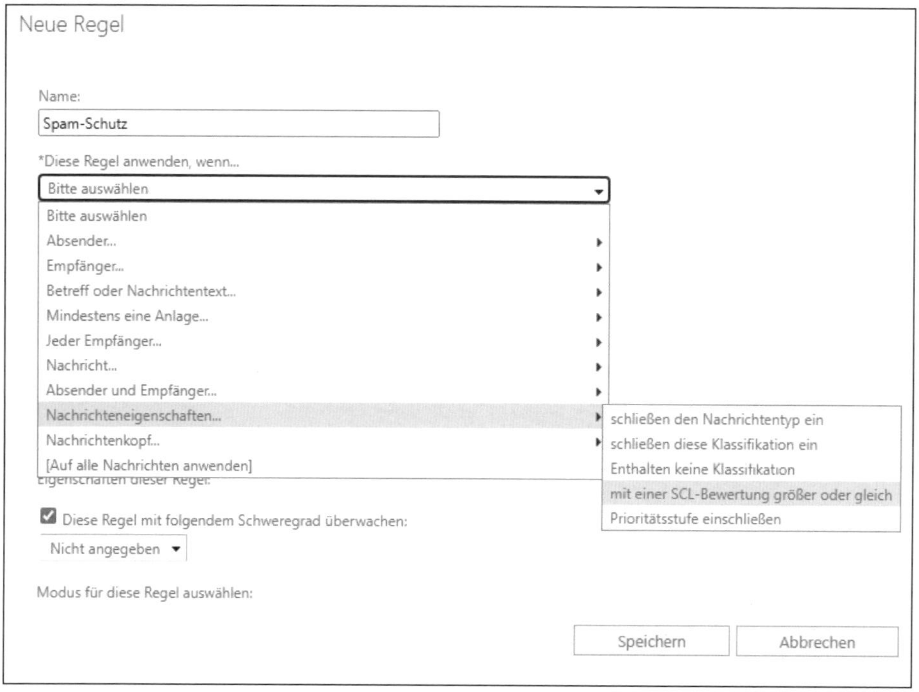

Abb. 12.4 Spam-E-Mails mit Transportregeln bearbeiten

Ich komme im Rahmen der Antispamkonfiguration in diesem Kapitel noch ausführlicher auf das Thema SCL an den verschiedenen Stellen zurück.

Über den Befehl *Get-Message* können die E-Mails in den Warteschlangen eines Servers in der Exchange Management Shell angezeigt werden. Eine ausführlichere, formatierte Liste erhalten Sie über den Befehl *Get-Message |fl* oder *|ft*.

12.4 Spamfilter in Exchange konfigurieren

Nachfolgend beschreibe ich, wie Sie die Spamfilter in Exchange SE und auf Edge-Transportservern konfigurieren. Betreiben Sie in der Exchange SE-Organisation einen Edge-Transportserver (siehe Kapitel 11), können Sie die Einstellungen im Exchange Admin Center vornehmen.

12.4.1 Spamserver aussperren – Verbindungsfilter konfigurieren

Der Verbindungsfilter setzt sich aus der Konfiguration verschiedener Agents zusammen und ist der erste Filter, den ein Edge-Transportserver anwendet, wenn ein SMTP-Server eine Verbindung aufbauen will. Auf Postfachservern mit Exchange SE ist dieser Filter nicht verfügbar.

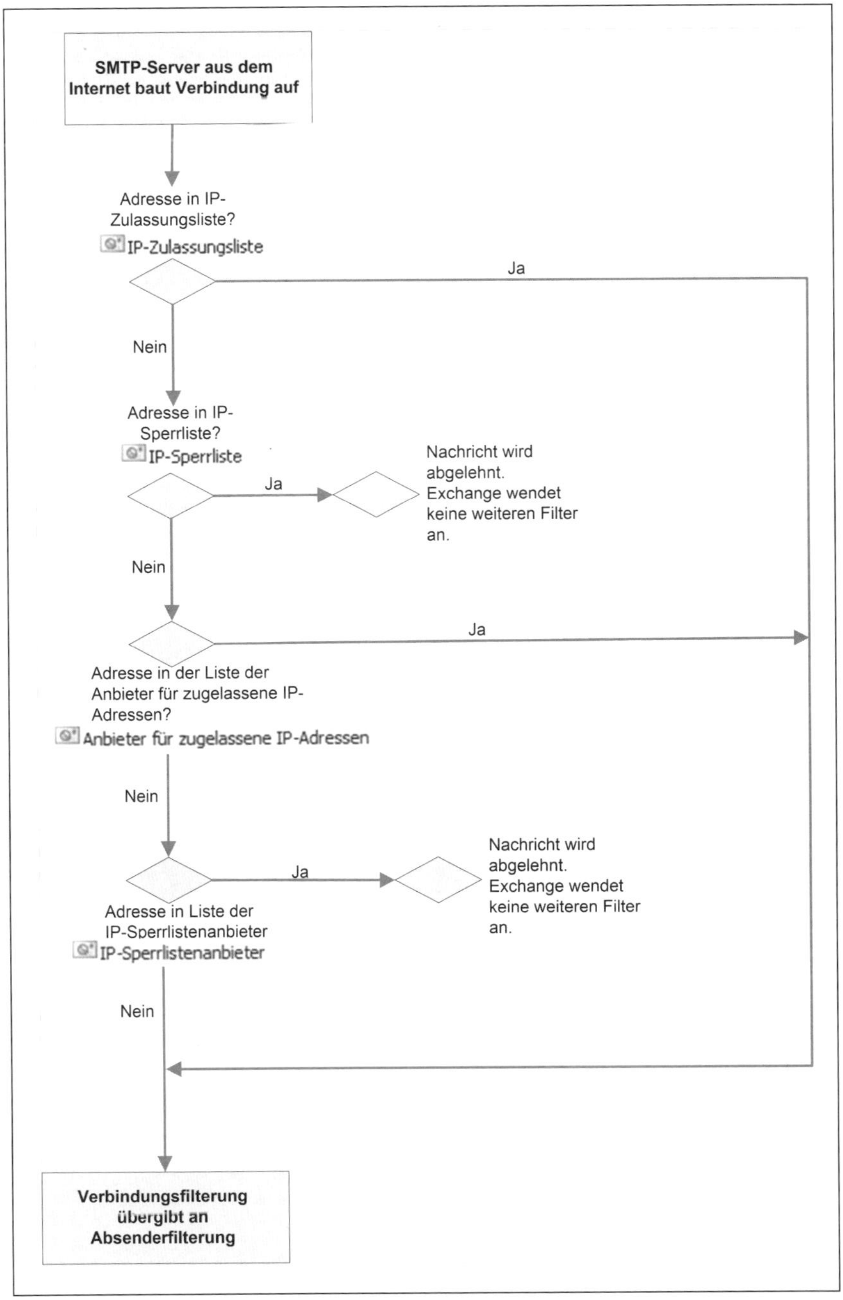

Abb. 12.5 Ablauf der Verbindungsfilterung

Die einzelnen Agents des Filters sind IP-Sperrlistenanbieter, Anbieter für zugelassene IP-Adressen, die IP-Sperrliste und die IP-Zulassungsliste. Mindestens einer dieser Agents muss konfiguriert sein, damit der Verbindungsfilter-Agent funktioniert. Am besten konfigurieren Sie jedoch alle.

Die Verbindungsfilterung wird verwendet, um von E-Mail-Servern, die auf einer Blacklist stehen, generell keine Verbindung anzunehmen. Wird der Verbindungsfilter-Agent aktiviert, ist er der erste Antispam-Agent, der ausgeführt wird, wenn eine eingehende Nachricht bewertet wird.

Ist die Quell-IP-Adresse weder auf einer IP-Zulassungsliste noch auf einer IP-Sperrliste zu finden, wird die Nachricht an weitere Antispam-Agents übergeben. Ich beschreibe die Konfiguration dieser vier Agents in den folgenden Abschnitten.

12.4.2 Schwarze Schafe finden – IP-Sperrlistenanbieter verwenden

Exchange lässt sich so konfigurieren, dass bestimmte Listen von Spamservern aus dem Internet abgefragt werden. Dazu wird es so eingestellt, dass der Server mit bestimmten Realtime Blackhole Lists (RBL) zusammenarbeiten und sie abfragen kann.

Sehr ausführliche Informationen zum Thema RBL finden Sie auf der Internetseite *https://de.wikipedia.org/wiki/DNS-based_Blackhole_List*. Exchange überprüft bei jeder SMTP-Verbindung, ob der absendende E-Mail-Server auf der RBL-Liste des konfigurierten RBL-Anbieters aufgeführt ist, und verweigert bei Erkennung die Verbindung. Es wird also keine Mail von diesem E-Mail-Server akzeptiert. Ein bekannter Anbieter in diesem Bereich ist *Spamhaus.org*. Um die RBL-Liste dieses Anbieters zu integrieren, verwenden Sie auf dem Edge-Transportserver in der Exchange Management Shell den Befehl:

```
Add-IPBlockListProvider -Name 'SpamHaus' -LookupDomain 'zen.spamhaus.org'
-Enabled $true
-BitmaskMatch $null -IPAddressesMatch @() -Priority '1' -AnyMatch $true
-RejectionResponse 'Message blocked due to black listing'
```

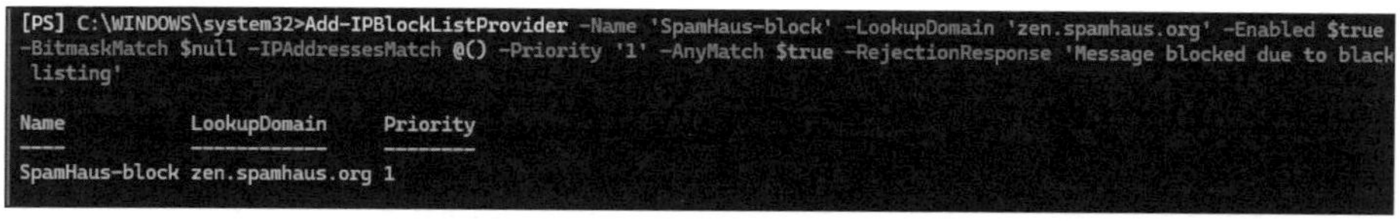

Abb. 12.6 Auf dem Edge-Transportserver tragen Sie RBL-Anbieter in der Exchange Management Shell ein.

Neben SpamHaus lassen sich mehrere weitere Anbieter eintragen. Jeder Filter prüft die IP-Adresse des einliefernden Mailservers gegen eine öffentliche Blacklist und kann die Annahme einer Nachricht blockieren, wenn ein Treffer vorliegt. Typische RBL-Anbieter, die in Exchange-Umgebungen oft verwendet werden:

```
Add-IPBlockListProvider -Name "SpamCop" -LookupDomain "bl.spamcop.net" -Enabled
$true -Priority 2 -AnyMatch $true -RejectionResponse "Message blocked due to
SpamCop listing"

Add-IPBlockListProvider -Name "Barracuda" -LookupDomain "b.barracudacentral.org"
-Enabled $true -Priority 3 -AnyMatch $true -RejectionResponse "Message blocked
due to Barracuda reputation"

Add-IPBlockListProvider -Name "SORBS" -LookupDomain "dnsbl.sorbs.net" -Enabled
$true -Priority 4 -AnyMatch $true -RejectionResponse "Message blocked due to
SORBS listing"

Add-IPBlockListProvider -Name "SpamRATS" -LookupDomain "all.spamrats.com"
-Enabled $true -Priority 5 -AnyMatch $true -RejectionResponse "Message blocked
due to SpamRATS listing"
```

Exchange fragt diese DNSBLs in der Reihenfolge der Priority-Werte ab, bis ein Treffer erfolgt.

Mit dem folgenden Befehl lassen sich die Filter prüfen:

```
Get-IPBlockListProvider | Format-Table Name,LookupDomain,Enabled,Priority
```

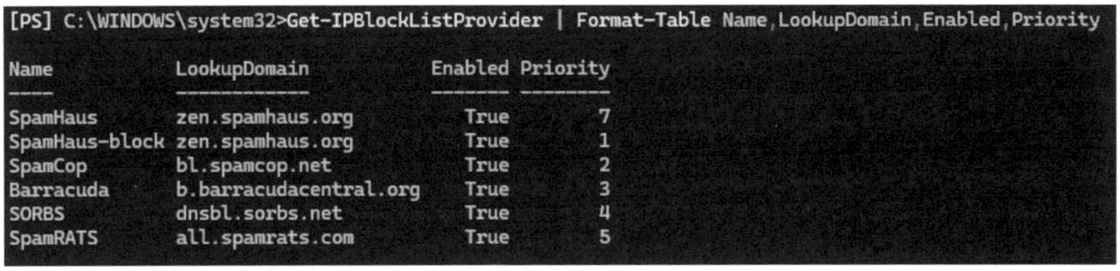

```
[PS] C:\WINDOWS\system32>Get-IPBlockListProvider | Format-Table Name,LookupDomain,Enabled,Priority

Name            LookupDomain            Enabled Priority
----            ------------            ------- --------
SpamHaus        zen.spamhaus.org           True        7
SpamHaus-block  zen.spamhaus.org           True        1
SpamCop         bl.spamcop.net             True        2
Barracuda       b.barracudacentral.org     True        3
SORBS           dnsbl.sorbs.net            True        4
SpamRATS        all.spamrats.com           True        5
```

Abb. 12.7 Anzeigen mehrerer Blockfilter für den Spamschutz

Einen einzelnen RBL-Eintrag können Sie in der Exchange Management Shell ebenfalls löschen:

```
Remove-IPBlockListProvider -Identity "SpamHaus"
```

Wollen Sie nur temporär einen Filter deaktivieren, nutzen Sie:

```
Disable-IPBlockListProvider -Identity "SpamHaus"
```

Die Verbindung zu diesen Filtern setzt voraus, dass der Connection Filtering Agent aktiv ist. Auf einem Mailbox-Server steht er standardmäßig erst nach Ausführung des Skripts *Install-AntiSpamAgents.ps1* zur Verfügung.

12.4.3 Weiße Listen – Anbieter für zugelassene IP-Adressen

IP-Zulassungslisten werden auch als Safe Lists oder weiße Listen bezeichnet. Anbieter für zugelassene IP-Adressen pflegen Listen von IP-Adressen, von denen sicher bekannt ist, dass sie mit keiner Spamaktivität in Verbindung stehen. Gibt ein Anbieter für zugelassene IP-Adressen eine sogenannte IP-Zulassungsentsprechung zurück, leitet der Verbindungsfilter-Agent die E-Mail an den nächsten Agent in der Antispamkette weiter. Hier wird die E-Mail dann weiter gescannt.

Die Spamüberprüfung dieses Filters wird damit beendet. Auch in den Eigenschaften dieses Agents können Sie Anbieter eintragen, ähnlich zur Konfiguration der Anbieter für blockierte IP-Adressen. Bei den IP-Sperr- und IP-Zulassungslisten handelt es sich um definierte Listen, in denen IP-Adressen sowie IP-Adressbereiche angegeben sind, die vom Verbindungsfilter-Agent verarbeitet werden.

Der Verbindungsfilter-Agent trennt die SMTP-Verbindung automatisch, wenn eine IP-Absenderadresse einer IP-Adresse oder einem IP-Adressbereich in der IP-Sperrliste entspricht. Sie können auch einen Zeitpunkt für den Ablauf des IP-Sperrlisteneintrags angeben, den Sie erstellen. Die Verwaltung der IP-Sperrlisten und der IP-Zulassungsliste ist identisch.

In den Eigenschaften beider Agents können IP-Adressen von Servern hinterlegt werden, die entweder blockiert werden oder E-Mails zustellen dürfen. Die IP-Zulassungsliste ist der IP-Sperrliste übergeordnet. Lassen Sie zum Beispiel einen IP-Bereich verweigern und eine einzelne IP aus diesem Bereich global annehmen, hat die globale Genehmigung dieser Verbindung Vorrang.

E-Mails von diesem Server werden also akzeptiert, auch wenn sich seine IP-Adresse in einem Bereich befindet, der eigentlich verweigert wird. Entspricht eine IP-Absenderadresse einer in der IP-Zulassungsliste enthaltenen IP-Adresse oder einem IP-Adressbereich, sendet der Verbindungsfilter-Agent die E-Mail, ohne dass sie von weiteren Antispam-Agents verarbeitet wird.

Um weiße Listen zu pflegen, verwenden Sie ebenfalls die Exchange Management Shell und folgendes Cmdlet:

```
Add-IPAllowListEntry -IPAddress <IP-Adresse>
```

Eigene IP-Zulassungslisten dienen in Exchange dazu, vertrauenswürdige Mailserver explizit von den RBL-Prüfungen auszunehmen. Damit verhindern Sie, dass Nachrichten aus bekannten Quellen fälschlich blockiert werden. Der zuständige Agent ist auch hier der Connection Filtering Agent.

Sie können eigene Safe-List-Provider definieren oder einzelne IP-Adressen manuell freigeben. Eine Safe-List-Provider-Konfiguration wird ähnlich wie ein Block-List-Provider erstellt, verwendet jedoch den Befehl *Add-IPAllowListProvider*. Beispiel:

```
Add-IPAllowListProvider -Name "Microsoft Trusted" -LookupDomain
"trusted.microsoft.com" -Enabled $true
```

In der Praxis ist dieser Ansatz weniger verbreitet, da meist nur feste IP-Bereiche bestimmter Partner ausgenommen werden. Dafür nutzen Sie *Add-IPAllowListEntry*:

```
Add-IPAllowListEntry -IPAddress 198.51.100.10
Add-IPAllowListEntry -IPAddress 203.0.113.0/24
```

Überprüfen Sie die aktuelle Liste mit:

```
Get-IPAllowListEntry
```

Wenn eine Adresse entfernt werden soll, nutzen Sie:

```
Remove-IPAllowListEntry -Identity 198.51.100.10
```

Diese Freigaben wirken sofort, ohne Neustart des Transportdienstes. Exchange prüft eingehende SMTP-Verbindungen dann zuerst gegen die Allow-Liste. Nur wenn keine Übereinstimmung besteht, erfolgt die Abfrage bei den RBL-Anbietern.

Sie sollten darauf achten, dass sich nur vertrauenswürdige Systeme in der Allow-Liste befinden, vorzugsweise feste IPs von Partner-Mailservern oder Gateways, die intern abgesichert sind. Eine zu großzügige Freigabe kann die gesamte Spam-Filterung unwirksam machen.

12.4.4 Spamabsender gezielt blockieren – Absenderfilterung konfigurieren

Der Absenderfilter-Agent filtert E-Mails von bestimmten Absendern außerhalb der Organisation und ist der zweite Filter, den Exchange nach der Verbindungsfilterung anwendet. Auf Postfachservern mit Exchange SE wird dieser Filter als Erstes angewendet, da hier der Verbindungsfilter nicht verfügbar ist.

Administratoren pflegen eine Liste von Absendern, denen das Senden von E-Mails an die Organisation untersagt ist. Sie können konfigurieren, welche Aktion der Absenderfilter-Agent ausführen soll, wenn eine Nachricht von einem blockierten Absender zugestellt wird. Der Filter wird nach der Installation automatisch aktiviert. Das gilt für alle Spamfilter unter Exchange SE. Über das Kontextmenü kann dieser Filter aktiviert oder deaktiviert werden.

Der Filter ist vor allem dann sinnvoll, wenn Sie immer wieder von derselben Domäne oder Person E-Mails erhalten, die blockiert werden sollen. Eine manuelle Pflege von Spamversendern ist allerdings sehr ineffektiv, da diese ständig die Adressen wechseln beziehungsweise zufällig generieren. Es werden bei diesem Filter außerdem nur E-Mails aus externen Quellen gefiltert.

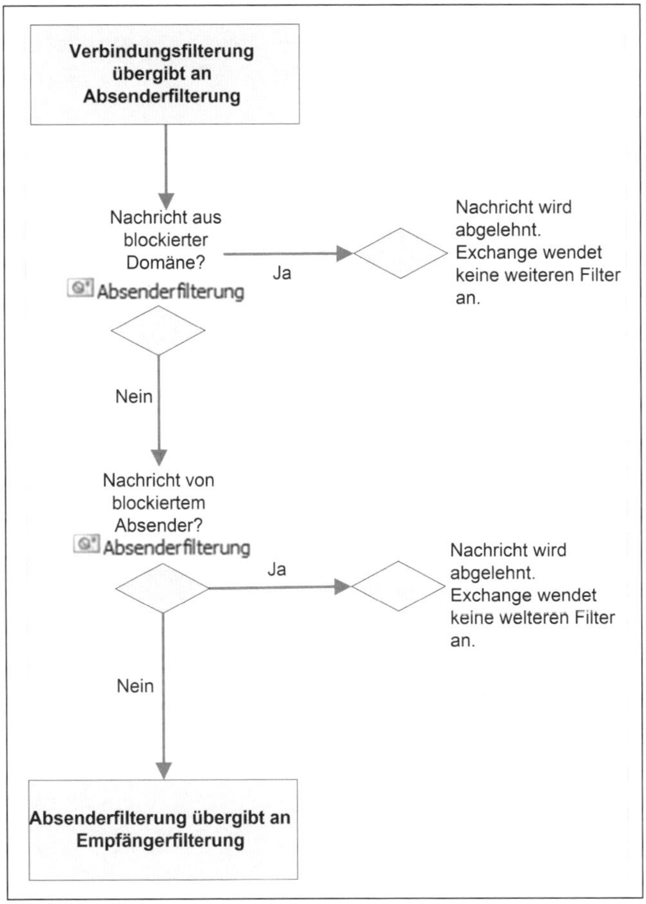

Abb. 12.8 Ablauf während der Absenderfilterung

12.4.5 Absenderfilter auf Edge-Transportservern verwalten

Auch den Absenderfilter steuern Sie in der Exchange Management Shell. Um den Filter zu deaktivieren, verwenden Sie:

```
Set-SenderFilterConfig -Enabled $false
```

Um die Absenderfilterung zu aktivieren, verwenden Sie:

```
Set-SenderFilterConfig -Enabled $true
```

Wenn Sie die Absenderfilterung deaktivieren, ist der zugrunde liegende Absenderfilter-Agent immer noch aktiviert. Führen Sie zum Deaktivieren des Absenderfilter-Agents den folgenden Befehl aus:

```
Disable-TransportAgent "Sender Filter Agent"
```

Ob der Agent aktiviert oder deaktiviert ist, sehen Sie mit:

```
Get-SenderFilterConfig | fl Enabled
```

Die blockierten Absender und Domänen konfigurieren Sie ebenfalls in der Exchange Management Shell. Führen Sie den folgenden Befehl aus, um die vorhandenen Werte zu ersetzen:

```
Set-SenderFilterConfig -BlockedSenders <sender1,sender2...> -BlockedDomains
<domain1,domain2...> -BlockedDomainsAndSubdomains <domain1,domain2...>
```

Beispiel:

```
Set-SenderFilterConfig -BlockedSenders kim@contoso.com,john@contoso.com
-BlockedDomains fabrikam.com -BlockedDomainsAndSubdomains northwindtraders.com
```

Um Einträge hinzuzufügen oder zu entfernen, verwenden Sie:

```
Set-SenderFilterConfig -BlockedSenders @{Add="<sender1>","<sender2>"...;
Remove="<sender1>","<sender2>"...} -BlockedDomains
@{Add="<domain1>","<domain2>"...; Remove="<domain1>","<domain2>"...}
-BlockedDomainsAndSubdomains @{Add="<domain1>","<domain2>"...;
Remove="<domain1>","<domain2>"...}
```

Beispiel:

```
Set-SenderFilterConfig -BlockedSenders
@{Add="chris@contoso.com","michelle@contoso.com"} -BlockedDomains
@{Remove="tailspintoys.com"} -BlockedDomainsAndSubdomains @{Add="blue-
yonderairlines.com"}
```

Um sich die Konfiguration anzuzeigen, verwenden Sie:

```
Get-SenderFilterConfig |fl
BlockedSenders,BlockedDomains,BlockedDomainsAndSubdomains
```

Verwenden Sie zum Aktivieren oder Deaktivieren der Blockierung von E-Mails ohne Absender den folgenden Befehl:

```
Set-SenderFilterConfig -BlankSenderBlockingenabled <$true | $false>
```

Um die Konfiguration anzuzeigen, verwenden Sie:

```
Get-SenderFilterConfig |fl BlankSenderBlockingEnabled
```

12.4.6 Schüsse ins Blaue verhindern – Empfängerfilterung konfigurieren

Eine weitere Option zur Bekämpfung von Spam ist die Empfängerfilterung. Dieser Filter wird auf Edge-Transportservern und auf Postfachservern angewendet. Exchange wendet ihn nach der Absenderfilterung an.

Viele Spamversender versenden E-Mails, bei denen die Empfängeradressen nicht existieren, die E-Mail-Domäne aber schon. Das hat die Auswirkung, dass Administratoren im Unternehmen zahlreiche E-Mails erhalten, die nicht zugestellt werden können, aber dennoch gesichtet werden müssen, um normale E-Mails, bei denen ein Schreibfehler vorliegt, von Spam-E-Mails zu unterscheiden.

Mit dem Filter können E-Mails, die an bestimmte Empfänger innerhalb des Unternehmens geschickt werden, blockiert werden. Hauptsächlich wird dieser Filter aber dazu genutzt, E-Mails zu blockieren, für die es im Unternehmen keinen Empfänger gibt. Sobald eine E-Mail blockiert wird, entweder weil sie keinen Absender enthält oder weil der Empfänger blockiert ist, nimmt Exchange zwar die Verbindung des fremden SMTP-Servers an, lehnt die Mail dann aber ab. Findet sich kein Sperreintrag in der Empfängerfilterung, übergibt der Filter die Mail an den Agent für die Sender-ID.

Auf Postfachservern mit Exchange SE müssen Sie den Filter ebenfalls in der Exchange Management Shell konfigurieren. Die Empfängerfilterung wird durch den Empfängerfilter-Agent bereitgestellt. Wenn die Empfängerfilterung auf einem Exchange-Server aktiviert ist, werden eingehende E-Mails gefiltert, die aus dem Internet stammen und nicht authentifiziert sind. Diese Nachrichten werden als externe Nachrichten behandelt.

Die Option *AddressBookEnabled* des Cmdlets *Set-AcceptedDomain* aktiviert oder deaktiviert die Empfängerfilterung für Empfänger in einer akzeptierten Domäne.

Die Empfängerfilterung ist standardmäßig für autoritative Domänen aktiviert und für interne sowie externe Relaydomänen deaktiviert. Führen Sie den folgenden Befehl aus, um den Status von *AddressBookEnabled* für die akzeptierten Domänen in Ihrer Organisation anzuzeigen:

```
Get-AcceptedDomain |fl Name,AddressBookEnabled
```

Verwenden Sie zum Deaktivieren der Empfängerfilterung den folgenden Befehl:

```
Set-RecipientFilterConfig -Enabled $false
```

Führen Sie den folgenden Befehl aus, um den Filter zu aktivieren:

```
Set-RecipientFilterConfig -Enabled $true
```

Wenn Sie die Empfängerfilterung deaktivieren, ist der zugrunde liegende Empfängerfilter-Agent weiterhin aktiviert. Verwenden Sie den folgenden Befehl, um ihn zu deaktivieren:

```
Disable-TransportAgent "Recipient Filter Agent"
```

Den Status des Agents lassen Sie mit dem folgenden Befehl anzeigen:

```
Get-RecipientFilterConfig |fl Enabled
```

Mit diesem Befehl wird die Empfängersperrliste aktiviert:

```
Set-RecipientFilterConfig -BlockListEnabled $true
```

Den Status können Sie sich über diesen Befehl anzeigen lassen:

```
Get-RecipientFilterConfig |fl BlockListEnabled
```

Führen Sie den folgenden Befehl aus, um vorhandene Werte zu ersetzen:

```
Set-RecipientFilterConfig -BlockedRecipients <Empfänger 1, Empfänger 2>
```

Führen Sie folgenden Befehl aus, um Einträge hinzuzufügen oder zu entfernen, ohne vorhandene Werte zu ändern:

```
Set-RecipientFilterConfig -BlockedRecipients @{Add="<Empfänger 1>","<Empfänger
2>"...; Remove="<Empfänger 1>","<Empfänger 2>"...}
```

Beispiel:

```
Set-RecipientFilterConfig -BlockedRecipients @{Add="chris@contoso.com";
Remove="michelle@con-toso.com"}
Get-RecipientFilterConfig | fl BlockedRecipients
```

Mit dem zweiten Befehl lassen Sie die Liste anzeigen. Das Aktivieren oder Deaktivieren der Empfängersuche führen Sie ebenfalls in der Exchange Management Shell aus:

```
Set-RecipientFilterConfig -RecipientValidationEnabled <$true | $false>
```

Verwenden Sie den folgenden Befehl, um E-Mails an Empfänger, die in der Organisation nicht vorhanden sind, zu sperren. Mit dem zweiten Befehl lassen Sie den Status anzeigen:

```
Set-RecipientFilterConfig -RecipientValidationEnabled $true
Get-RecipientFilterConfig |fl RecipientValidationEnabled
```

12.4.7 Absender vor der Zustellung überprüfen – Sender-ID verwenden

Der Agent zur Sender-ID übernimmt die E-Mail nach der Empfängerfilterung auf Postfachservern und auf Edge-Transportservern. Dabei überprüft Exchange anhand von DNS, ob Absenderdomäne und ausgehender E-Mail-Server übereinstimmen.

Die Sender-ID können Sie ebenfalls in der Exchange Management Shell deaktivieren oder aktivieren:

- *Set-SenderIdConfig -Enabled $false*
- *Set-SenderIdConfig -Enabled $true*

Den Sender ID-Agent deaktivieren Sie mit:

```
Disable-TransportAgent "Sender ID Agent"
```

Führen Sie den folgenden Befehl aus, um die Sender-ID-Aktion zu konfigurieren:

```
Set-SenderIdConfig -SpoofedDomainAction <StampStatus | Reject | Delete>
```

Im folgenden Beispiel wird der Sender-ID-Agent so festgelegt, dass alle E-Mails zurückgewiesen werden, bei denen die IP-Adresse des sendenden Servers nicht als autoritativer SMTP-Server für die sendende Domäne definiert ist:

```
Set-SenderIdConfig -SpoofedDomainAction Reject
```

Die Einstellungen lassen Sie mit dem folgenden Befehl anzeigen:

```
Get-SenderIdConfig |fl SpoofedDomainAction
```

Überprüfen Sie, ob der angezeigte Wert dem Wert entspricht, den Sie festgelegt haben. Verwenden Sie den folgenden Befehl, um die Sender-ID-Aktion für vorübergehende Fehler zu konfigurieren:

```
Set-SenderIdConfig -TempErrorAction <StampStatus | Reject | Delete>
```

Mit dem nächsten Befehl wird der Sender-ID-Agent so konfiguriert, dass Nachrichten gestempelt werden, deren Sender-ID-Status wegen eines temporären DNS-Serverfehlers nicht festgestellt werden kann. Die E-Mail wird durch weitere Antispam-Agents überprüft, und der Inhaltsfilter-Agent verwendet die Information beim Ermitteln des SCL-Werts für die E-Mail:

```
Set-SenderIdConfig -TempErrorAction StampStatus
```

Verwenden Sie den folgenden Befehl zur Überprüfung der Einstellung:

```
Get-SenderIdConfig |fl TempErrorAction
```

Führen Sie den folgenden Befehl aus, um vorhandene Werte zu ersetzen:

```
Set-SenderIdConfig -BypassedRecipients <recipient1,recipient2...>
-BypassedSenderDomains <domain1,domain2...>
```

Mit dem folgenden Befehl lassen sich Einträge hinzufügen oder entfernen, ohne vorhandene Werte zu ändern:

```
Set-SenderIdConfig -BypassedRecipients @{Add="<recipient1>","<recipient2>"...;
Remove="<recipient1>","<recipient2>"...} -BypassedSenderDomains
@{Add="<domain1>","<domain2>"...; Remove="<domain1>","<domain2>"...}
```

Die Einstellungen lassen Sie sich mit dem folgenden Befehl anzeigen:

```
Get-SenderIdConfig |fl BypassedRecipients,BypassedSenderDomains
```

12.4.8 Spam-E-Mails nach ihrem Inhalt entlarven – Inhaltsfilterung verwenden

Die Inhaltsfilterung überprüft eingehende E-Mails direkt nach der Verbindungsfilterung, Absenderfilterung, Empfängerfilterung und der Sender-ID.

Sie können für einzelne Postfächer den Inhaltsfilter komplett deaktivieren. Alle anderen Antispamfilter wendet Exchange dagegen immer an. Für die Anwendung des Inhaltsfilters ist das Attribut *AntiSpamBypassEnabled* zuständig. Standardmäßig ist diese Option nicht aktiv, das heißt, Exchange wendet den Inhaltsfilter an.

Sie können das Attribut leicht abfragen, indem Sie das Cmdlet *Get-Mailbox* verwenden, zum Beispiel mit:

```
Get-Mailbox thomas.joos |fl AntispamBypassEnabled
```

Wollen Sie den Inhaltsfilter für ein Postfach deaktivieren, müssen Sie dieses Attribut auf *$true* setzen. Dazu verwenden Sie den Befehl *Set-Mailbox*, zum Beispiel:

```
Set-Mailbox thomas.joos -AntispamBypassEnabled $true
```

Mit dem Befehlsparameter *$false* aktivieren Sie den Inhaltsfilter für das Postfach. Achten Sie darauf, dass diese Deaktivierung nicht alle Antispam-Agents für das Postfach deaktiviert, sondern nur den Inhaltsfilter. Sie können die Deaktivierung des Inhaltsfilters für einzelne Postfächer auch mit dem folgenden Cmdlet steuern:

```
Set-ContentFilterConfig -BypassedRecipients 'postmaster@contoso.int',
'suser@contoso.int'
```

Mit diesem Filter können E-Mails auf Basis des SCL-Levels klassifiziert oder spezielle Begriffe hinterlegt werden, durch die E-Mails blockiert werden.

Den Filter verwalten Sie ebenfalls in der Exchange Management Shell. Verwenden Sie dazu folgendes Cmdlet:

```
Add-ContentFilterPhrase -Phrase "<Text, nach dem gesucht werden soll>"
-Influence BadWord
```

Sie können ebenfalls die SCL-Konfiguration des Filters bearbeiten. Auch dazu verwenden Sie die Exchange Management Shell:

```
Set-ContentFilterConfig -QuarantineMailbox 'quarantaine@contoso.int'
-SCLQuarantineEnabled $true -SCLQuarantineThreshold '7'
Set-ContentFilterConfig -SCLDeleteEnabled:$true -SCLDeleteThreshold '9'
Set-ContentFilterConfig -SCLRejectEnabled:$true -SCLRejectThreshold '8'
```

Das Quarantäne-Postfach müssen Sie in der Exchange Management Shell angeben:

```
Set-ContentFilterConfig -QuarantineMailbox <SMTP-Adresse>
```

Den Inhaltsfilter verwalten Sie auf Postfachservern mit Exchange SE ebenfalls in der Exchange Management Shell. Geben Sie zum Deaktivieren der Inhaltsfilterung folgenden Befehl ein:

```
Set-ContentFilterConfig -Enabled $false
```

Verwenden Sie den folgenden Befehl, um die Inhaltsfilterung zu aktivieren:

```
Set-ContentFilterConfig -Enabled $true
Disable-TransportAgent "Content Filter Agent"
```

Der zweite Befehl deaktiviert den kompletten Filter. Verwenden Sie den folgenden Befehl, um die Inhaltsfilterung für externe E-Mails zu aktivieren oder zu deaktivieren:

```
Set-ContentFilterConfig -ExternalMailEnabled $false
Set-ContentFilterConfig -ExternalMailEnabled $true
Get-ContentFilterConfig | fl ExternalMailEnabled
```

Der letzte Befehl zeigt den Wert an. Um interne Nachrichten zu filtern oder nicht zu filtern, verwenden Sie:

```
Set-ContentFilterConfig -InternalMailEnabled $true
Set-ContentFilterConfig -InternalMailEnabled $false
Get-ContentFilterConfig | fl InternalMailEnabled
```

Der letzte Befehl zeigt den Wert an. Geben Sie den folgenden Befehl ein, um die vorhandenen Werte zu ersetzen:

```
Set-ContentFilterConfig -BypassedRecipients <recipient1,recipient2...>
-BypassedSenders <sender1,sender2...> -BypassedSenderDomains <domain1,domain2...>
```

Im folgenden Beispiel werden die Ausnahmen für die Inhaltsfilterung konfiguriert:

```
Set-ContentFilterConfig -BypassedRecipients laura@contoso.com,julia@contoso.com
-BypassedSenders steve@fabrikam.com,cindy@fabrikam.com BypassedSenderDomains
*.nwtraders.com
```

Verwenden Sie folgenden Befehl, um Einträge hinzuzufügen oder zu entfernen, ohne vorhandene Werte zu ändern:

```
Set-ContentFilterConfig -BypassedRecipients
@{Add="<recipient1>","<recipient2>"...; Remove="<recipient1>","<recipient2>"...}
-BypassedSenders @{Add="<sender1>","<sender2>"...;
Remove="<sender1>","<sender2>"...} -BypassedSenderDomains
@{Add="<domain1>","<domain2>"...; Remove="<domain1>","<domain2>"...}
```

Die Konfiguration zeigen Sie mit dem folgenden Befehl an:

```
Get-ContentFilterConfig |fl Bypassed*
```

Geben Sie den folgenden Befehl ein, um zulässige und blockierte Wörter und Ausdrücke hinzuzufügen:

```
Add-ContentFilterPhrase -Influence GoodWord -Phrase <Phrase> -Influence BadWord
-Phrase <Phrase>
```

Verwenden Sie den folgenden Befehl, um zulässige oder blockierte Ausdrücke zu entfernen:

```
Remove-ContentFilterPhrase -Phrase <Phrase>
```

Die Konfiguration zeigen Sie mit dem folgenden Befehl an:

```
Get-ContentFilterPhrase |fl Influence,Phrase
```

Verwenden Sie den folgenden Befehl, um SCL-Schwellenwerte festzulegen:

```
Set-ContentFilterConfig -SCLDeleteEnabled <$true | $false> -SCLDeleteThreshold
<Value> -SCLRejectEnabled <$true | $false> -SCLRejectThreshold <Value>
-SCLQuarantineEnabled <$true | $false> -SCLQuarantineThreshold <Value>
```


Das Löschen hat Vorrang vor der Zurückweisung. Dafür hat eine Zurückweisung Vorrang vor der Isolieraktion. Aus diesem Grund muss der SCL-Schwellenwert für die Löschaktion größer sein als der SCL-Schwellenwert für die Zurückweisungsaktion.

Der Wert der Zurückweisungsaktion muss dafür größer als der Wert der Isolieraktion sein. Standardmäßig ist nur die Zurückweisungsaktion konfiguriert. Für diese Aktion ist der SCL-Schwellenwert 7 festgelegt.

Beispiele:

```
Set-ContentFilterConfig -SCLDeleteEnabled $true -SCLDeleteThreshold 9
SCLRejectEnabled $true -SCLRejectThreshold 8 -SCLQuarantineEnabled $true
-SCLQuarantineThreshold 7
```

Mit dem folgenden Befehl zeigen Sie die Konfiguration an:

```
Get-ContentFilterConfig |fl SCL*
```

Wenn die Zurückweisungsaktion aktiviert ist, können Sie den Text anpassen, der an den Absender der E-Mail gesendet wird. Die Antwort darf maximal 240 Zeichen lang sein.

Verwenden Sie den folgenden Befehl, um einen benutzerdefinierten Text festzulegen:

```
Set-ContentFilterConfig -RejectionResponse "<Text>"
```

Und mit dem folgenden Befehl zeigen Sie den Wert an:

```
Get-ContentFilterConfig |fl *Reject*
```

Bei der E-Mail-Poststempelüberprüfung von Outlook handelt es sich um Daten, die Outlook ausgehenden E-Mails hinzufügt, um E-Mail-Servern von Empfängern die Unterscheidung zwischen normalen E-Mails und Spam zu erleichtern. Poststempel sind ab Outlook 2007 verfügbar.

Mit Poststempeln lässt sich die Anzahl von falsch positiven (false positive) Ergebnissen reduzieren. Outlook-E-Mail-Poststempel sind standardmäßig aktiviert. Verwenden Sie den folgenden Befehl, um Outlook-E-Mail-Poststempel zu deaktivieren:

```
Set-ContentFilterConfig -OutlookEmailPostmarkValidationEnabled $false
```

Führen Sie den folgenden Befehl aus, um Outlook-E-Mail-Poststempel zu aktivieren:

```
Set-ContentFilterConfig -OutlookEmailPostmarkValidationEnabled $true
```

Und mit dem folgenden Befehl zeigen Sie den Wert an:

```
Get-ContentFilterConfig |fl OutlookEmailPostmarkValidationEnabled
```

Mit der Möglichkeit der Zusammenfassung von Listen vertrauenswürdiger E-Mail-Adressen verbinden Sie die Spamschutzfunktionen von Outlook mit Exchange. Diese Listen verwendet der Inhaltsfilter, um Spamversender ein- oder auszuschließen. Dazu synchronisiert Outlook die externen Kontakte mit Exchange, sodass die Server davon ausgehen, dass E-Mails von diesen Absendern keine Spamabsender sind.

Standardmäßig konfiguriert Outlook zunächst alle Kontakte als vertrauenswürdig. Die Funktion dient weniger dazu, Spam-E-Mail zu filtern, sondern die Zahl fälschlicherweise herausgefilterter (falsch positive, false positive) E-Mails zu verringern.

Sie können die maximale Anzahl sicherer und blockierter Absender, die ein Benutzer konfigurieren kann, für jeden Benutzer einzeln festlegen. Sie verwenden dazu das Cmdlet *Set-Mailbox*. Standardmäßig können Benutzer bis zu 5000 sichere Absender und 600 blockierte Absender konfigurieren. Wollen Sie diese Werte ändern, verwenden Sie folgenden Befehl:

```
Set-Mailbox <Postfach> -MaxSafeSenders <Anzahl> -MaxBlockedSenders <Anzahl>
```

Und mit dem folgenden Befehl zeigen Sie den Wert an:

```
Get-Mailbox <Postfach> |fl MaxSafeSenders, MaxBlockedSenders
```

Das Cmdlet *Update-Safelist <Anwender> -Type SafeSenders* liest die Sammlung von Listen sicherer Adressen im Postfach des Benutzers und integriert sie in die Servereinstellungen. In Exchange SE erfolgt die Zusammenlegung von Listen sicherer Adressen automatisch. Sie müssen das Cmdlet *Update-Safelist* deshalb nicht planen oder manuell ausführen.

Zum Testen der Funktion sicherer Adressen müssen Sie sich selbst eine Nachricht von einem sicheren Absender schicken, der ohne diese Liste durch die Inhaltsfilterung blockiert würde. Erstellen Sie zum Beispiel ein E-Mail-Konto bei einem kostenlosen webbasierten E-Mail-Anbieter wie Outlook.com:

1. Fügen Sie dieses Konto der Liste sicherer Absender in Outlook hinzu.
2. Kopieren Sie die Sammlung von Listen sicherer Absender aus dem Postfach mit dem Cmdlet *Update-SafeList*.
3. Wenn Sie den Inhaltsfilter-Agent auf einem Edge-Transportserver ausführen, verwenden Sie das Cmdlet *Start-EdgeSynchronization*, um eine EdgeSync-Replikation zu erzwingen (siehe Kapitel 11).
4. Fügen Sie Ihrer Inhaltsfilterungskonfiguration ein bestimmtes Wort als blockierten Ausdruck hinzu.
5. Senden Sie über das erstellte externe E-Mail-Konto eine Nachricht mit dem konfigurierten blockierten Ausdruck an Ihr Exchange-Postfach.
6. Wenn die Nachricht erfolgreich an Ihren Posteingang gesendet wird, funktioniert die Aggregation von Listen sicherer Adressen ordnungsgemäß.

12.4.9 Antispameinstellungen für Postfächer konfigurieren

Sie können für einzelne Postfächer spezielle Antispameinstellungen konfigurieren, die sich von den Antispameinstellungen anderer Postfächer unterscheiden. Wenn Sie für ein Postfach eine Antispameinstellung konfigurieren, setzt diese die organisationsweite Inhaltsfilterung oder die Antispameinstellung auf Organisationsebene außer Kraft.

Verwenden Sie folgende Syntax, um die Antispameinstellungen für ein einzelnes Postfach zu konfigurieren:

```
Set-Mailbox <Mailbox> -AntispamBypassEnabled <$true | $false>
-RequireSenderAuthentication-Enabled <$true | $false> -SCLDeleteEnabled <$true |
$false | $null> -SCLDeleteThreshold <0-9 | $null> -SCLJunkEnabled <$true |
$false | $null > -SCLJunkThreshold <0-9 | $null> -SCLQuarantineEnabled <$true |
$false | $null > -SCLQuarantineThreshold <0-9 | $null> -SCLRejectEnabled <$true |
$false | $null > -SCLRejectThreshold <0-9 | $null>
```

Im nächsten Beispiel wird das Postfach eines Benutzers so konfiguriert, dass alle Antispamfilter umgangen werden und Nachrichten, die einen SCL-Schwellenwert von 5 für den Junk-E-Mail-Ordner erreichen oder überschreiten, an seinen Junk-E-Mail-Ordner in Outlook zugestellt werden.

```
Set-Mailbox "Jeff Phillips" -AntispamBypassEnabled $true -SCLJunkEnabled $true
-SCLJunk-Threshold 4
```

Die Einstellungen rufen Sie mit dem folgenden Befehl ab:

```
Get-Mailbox <MailboxIdentity> |fl SCL*,Bypass*,*SenderAuth*
```

Verwenden Sie folgende Syntax, um alle Antispameinstellungen für mehrere Postfächer zu konfigurieren.

```
Get-Mailbox [<Filter>]| Set-Mailbox <Antispameinstellungen>
```

Sicherheit und Hochverfügbarkeit

Beispiel:

```
Get-Mailbox -OrganizationalUnit Contoso.com\Users | Set-Mailbox
-SCLQuarantineEnabled $true -SCLQuarantineThreshold 7
```

Und mit dem folgenden Befehl zeigen Sie die Einstellungen an:

```
Get-Mailbox [<Filter>] | fl Name,SCL*,*SenderAuth*
```

Den Junk-E-Mail-Schwellenwert für alle Postfächer in der Organisation legen Sie folgendermaßen fest:

```
Set-OrganizationConfig -SCLJunkThreshold <SCL-Wert>
```

Und mit dem folgenden Befehl zeigen Sie die Daten an:

```
Get-OrganizationConfig |fl SCLJunkThreshold
```

Überprüfen Sie, ob der angezeigte Wert dem Wert entspricht, den Sie konfiguriert haben.

12.4.10 Spamsender entdecken – Absenderzuverlässigkeitsfilterung verwenden

Der Absenderzuverlässigkeits-Agent ist eine Antispamfunktion für Exchange SE, um E-Mails anhand verschiedener Eigenschaften des Absenders zu klassifizieren. Die Absenderzuverlässigkeit verwendet bestehende Daten zum Absender, um die Aktion zu bestimmen, die für eine eingehende Nachricht ausgeführt werden soll.

Dieser Filter arbeitet mit dem Absenderzuverlässigkeitsgrad (Sender Reputation Level, SRL), den der Agent auf Basis verschiedener Informationen berechnet. Die Absenderzuverlässigkeit scannt eine E-Mail nur, wenn diese vom Verbindungsfilter-Agent, vom Absenderfilter-Agent, vom Empfängerfilter-Agent oder vom Sender ID-Agent geprüft wurde.

In einem solchen Fall ruft die Absenderzuverlässigkeit die aktuelle SRL-Bewertung des Absenders ab. Sie überprüft, ob die Ursprungs-IP-Adresse, von der der Absender die E-Mail zugestellt hat, dem registrierten Domänennamen entspricht, der vom absendenden Server mit dem SMTP-Befehl HELO oder EHLO übermittelt wird.

Die Absenderzuverlässigkeit vergleicht den von DNS zurückgegebenen Domänennamen mit dem Domänennamen, der vom Absender mit dem SMTP-Befehl HELO/EHLO übermittelt wurde. Entsprechen sich die Domänennamen nicht, ist der Absender wahrscheinlich ein Spammer.

Die Daten über Absender und die SCL-Bewertungen der E-Mails sind für die Analyse durch die Absenderzuverlässigkeit verfügbar. Die Absenderzuverlässigkeit berechnet die Statistik für einen Absender aus dem Verhältnis aller E-Mails dieses Absenders mit einer niedrigen SCL-Bewertung und einer hohen SCL-Bewertung in der Vergangenheit. Zusätzlich fließt die Anzahl der E-Mails mit einer hohen SCL-Bewertung, die der Absender innerhalb des letzten Tags versendet hat, in die SRL-Berechnung ein.

Die Absenderzuverlässigkeit ist standardmäßig aktiviert. Ein Open Proxy (offener Proxy) ist ein Proxyserver, der alle Verbindungsanforderungen von E-Mail-Servern akzeptiert und E-Mails weiterleitet, als ob sie von den lokalen Servern stammen. Open Proxys, die meistens über so gut wie keine Protokollierung verfügen, bieten Spammern eine ideale Möglichkeit.

Führt die Absenderzuverlässigkeit einen Open-Proxy-Test durch, wird eine SMTP-Anforderung erstellt, um von dem offenen Proxyserver aus eine Verbindung zurück zum Edge-Transportserver herzustellen (der Edge-Transportserver versucht, über den Proxy eine Nachricht an sich selbst zu schicken).

Wird von dem Proxyserver danach eine SMTP-Anforderung empfangen, stellt die Absenderzuverlässigkeit fest, dass es sich bei dem Proxyserver um einen Open Proxy handelt, und aktualisiert die Open-Proxy-Teststatistik dieses Absenders entsprechend. Standardmäßig ist dieser Test nach der Aktivierung des Filters aktiv.

12.5 Transportregeln für Spam-E-Mails erstellen

Unter Exchange SE besteht die Möglichkeit, Regeln zu erstellen, auf deren Basis E-Mails speziell behandelt werden (siehe Kapitel 4). Auf allen Transportservern in der Organisation läuft der Transportregel-Agent, auf Edge-Transportservern läuft der Edge-Regel-Agent (siehe Kapitel 11).

Mit dieser Funktion kann dem Betreff von Spam-E-Mails eine Erweiterung hinzugefügt werden. Diese Technik wird von den meisten Antispamlösungen verwendet. Gehen Sie dazu folgendermaßen vor:

1. Sie finden die Konfiguration der Transportregeln im Exchange Admin Center über *Nachrichtenfluss/Regeln*.
2. Klicken Sie auf den kleinen Pfeil oben beim Pluszeichen und wählen Sie aus dem Dropdownmenü den Eintrag *Neue Regel erstellen* aus.
3. Im Anschluss startet der Assistent. Geben Sie zunächst eine Bezeichnung für die neue Regel ein.
4. Klicken Sie anschließend auf den Link *Weitere Optionen*, damit alle Auswahlmöglichkeiten für die Regel zur Verfügung stehen.
5. Wählen Sie im Dropdownmenü *Diese Regel anwenden, wenn* die Option *Nachrichteneigenschaften* und dann *mit einer SCL-Bewertung größer oder gleich*.
6. Wählen Sie nun den gewünschten SCL-Wert aus, ab dem E-Mails als Spam deklariert werden sollen, zum Beispiel 6, und klicken Sie auf *OK*.
7. Weiter unten bei *Folgendermaßen vorgehen* legen Sie die Aktion fest, die durchgeführt werden soll, wenn die Bedingung zutrifft. Wählen Sie die Option *Dem Betreff der Nachricht Folgendes voranstellen*.
8. Legen Sie die Zeichenfolge fest, zum Beispiel ****SPAM****, und bestätigen Sie mit *OK*.
9. Weiter unten können Sie festlegen, ob es für die Regel eine Ausnahme geben soll, also wann die festgelegte Aktion nicht durchgeführt wird.
10. Klicken Sie auf *Speichern*, um die Erstellung der Regel abzuschließen.

12.6 Zusammenfassung

In diesem Kapitel bin ich ausführlich auf den Malware-Schutz in Exchange SE sowie auf die Möglichkeiten des Spamschutzes mit Exchange eingegangen. Ich habe Ihnen gezeigt, wie Sie die einzelnen Spamfilter konfigurieren und Exchange zusammen mit Outlook absichern.

Im nächsten Kapitel erfahren Sie, wie sich in Exchange SE Berechtigungen zuweisen lassen.

Kapitel 13

Berechtigungen verstehen und einrichten

Die rollenbasierte Zugriffssteuerung (Role-Based Access Control, RBAC) verwalten Sie entweder in der Exchange Management Shell oder im Exchange Admin Center. In den einzelnen Kapiteln in diesem Buch bin ich bereits auf Berechtigungen eingegangen. In diesem Kapitel zeige ich eine Zusammenfassung aller Möglichkeiten und gebe Anleitungen zur Konfiguration von Berechtigungen in Exchange SE.

In Exchange SE basieren die Berechtigungen, die Administratoren und Benutzern zugewiesen werden können, auf Verwaltungsrollen. Eine Rolle enthält die Aufgaben, die ein Administrator oder Benutzer ausführen kann. Die Verwaltungsrolle *E-Mail-Empfänger* definiert zum Beispiel die Aufgaben, die ein Benutzer für Postfächer, Kontakte und Verteilergruppen ausführen kann. Wenn einem Administrator oder Benutzer eine Rolle zugewiesen ist, erhält er die von der Rolle bereitgestellten Berechtigungen. Es gibt zwei Typen von Rollen, Administratorrollen und Endbenutzerrollen:

- **Administratorrollen** Diese Rollen umfassen Berechtigungen, die Administratoren oder Benutzern über Rollengruppen zur Verwaltung eines bestimmten Bereichs der Exchange-Organisation zugewiesen werden. Mit Rollengruppen können Sie Administratoren und Benutzern Berechtigungen erteilen. Wenn ein Administrator Mitglied mehrerer Rollengruppen ist, erteilt Exchange ihm die Berechtigungen aller dieser Rollengruppen.
- **Endbenutzerrollen** Diese Rollen werden über Richtlinien zur Rollenzuweisung zugewiesen und ermöglichen Benutzern die Verwaltung bestimmter Daten eigener Postfächer und Verteilergruppen. Endbenutzerrollen beginnen mit dem Präfix *My*. Über Richtlinien zur Rollenzuweisung können Sie Endbenutzern die Berechtigung zum Ändern der Einstellungen ihrer eigenen Postfächer oder Verteilergruppen erteilen.

Die Berechtigungen einer Rolle zum Ausführen von Aufgaben werden Administratoren und Benutzern erteilt, indem ihnen die entsprechenden Cmdlets zur Verfügung gestellt werden.

Da das Exchange Admin Center und die Exchange Management Shell zur Verwaltung von Exchange Cmdlets verwenden, können Administratoren oder Benutzer mit Zugriff auf ein Cmdlet die entsprechende Aufgabe über jede der Exchange-Verwaltungsschnittstellen ausführen.

13.1 Client Access Rules – Zugriff auf das Exchange Admin Center steuern

Exchange SE verfügt über das neue Feature »Client Access Rules«. Hierüber kann eingeschränkt werden, von welchen Netzwerken der Zugriff auf das Exchange Admin Center oder die Exchange Management Shell stattfinden darf. Wichtig ist dies, wenn Sie sicherstellen wollen, dass die Verwaltung von Exchange SE nur von bestimmten Netzwerken aus möglich ist und der Zugriff vom Internet aus verhindert wird. Wollen Sie zum Beispiel den Zugriff auf die Exchange Management Shell und das Exchange Admin Center auf einen bestimmten IP-Bereich beschränken, geben Sie folgende Befehle in der Exchange Management Shell ein:

```
New-ClientAccessRule -Name "Remote PowerShell blockieren" -Action DenyAccess
-AnyOfProtocols RemotePowerShell -ExceptAnyOfClientIPAddressesOrRanges
192.168.0.0/16
New-ClientAccessRule -Name "Block EAC blockieren" -Action DenyAccess
-AnyOfProtocols -ExchangeAdminCenter -ExceptAnyOfClientIPAddressesOrRanges
192.168.0.0/16
```

13.2 Verwaltungsrollengruppen und Verwaltungsrollen verstehen

Grundlage des rollenbasierten Rechtemodells sind die Verwaltungsrollengruppen. Diese Gruppen verfügen über eine Sammlung an Berechtigungen, zum Beispiel das Verwalten der Organisation, die Verwaltung von Postfächern und Mitgliedern, die diese Rechte verwenden dürfen. Wenn eine vorhandene Rollengruppe nicht alle erforderlichen Berechtigungen bietet, können Sie auch Änderungen durchführen, Rechte hinzufügen und entfernen und auf dieser Basis eine neue Rollengruppe erstellen.

Sie können vorhandene Rollengruppen kopieren und ändern, ohne dass sich der Vorgang auf die ursprüngliche Rollengruppe auswirkt. Wenn Sie die Rollengruppe kopieren, können Sie einen neuen Namen und eine Beschreibung festlegen, Rollen zur neuen Rollengruppe hinzufügen oder daraus entfernen und neue Mitglieder hinzufügen.

Vorhandene Rollengruppen können ebenfalls geändert werden. Sie können Rollen vorhandenen Rollengruppen hinzufügen oder daraus entfernen und gleichzeitig Mitglieder hinzufügen oder entfernen. Durch das Hinzufügen und Entfernen von Rollen aus Rollengruppen aktivieren und deaktivieren Sie Verwaltungsfunktionen für Mitglieder dieser Rollengruppe.

Die Gruppen verwalten Sie in der Exchange Management Shell oder dem Exchange Admin Center. Diese rufen Sie über die URL *https://<Servername>/ecp* auf.

13.2.1 Geteilte und gemeinsame Active Directory-Verwaltung verstehen und aktivieren

Unternehmen, in denen die Verwaltung von Exchange SE- und Active Directory-Objekten getrennt wird, verwenden ein Modell mit geteilten Berechtigungen. Hier lassen sich Administratoren für Active Directory und Exchange-Rechte klar voneinander trennen.

Die maximale Stufe geteilter Berechtigungen besteht in der Aufteilung von Exchange-Verwaltung und Active Directory-Verwaltung:

- Administratoren, die die Exchange-Infrastruktur der Organisation, wie Server und Empfänger, verwalten
- Administratoren, die die Active Directory-Infrastruktur verwalten

Sie können in Exchange SE auswählen, ob Sie ein Modell mit gemeinsamen Berechtigungen oder ein Modell mit geteilten Berechtigungen verwenden wollen. Bei der Installation wird standardmäßig das Modell mit gemeinsamen Berechtigungen aktiviert. Das heißt, Administratoren in Exchange haben auch administrative Rechte in Active Directory.

Das RBAC-Modell legt fest, welche Benutzer die Aktionen durchführen können und an welchen Objekten diese Aktionen durchgeführt werden dürfen. Basis der Berechtigungen ist das Rollenmodell.

Ist ein Administrator berechtigt, eine Aktion durchzuführen, wird sie im Kontext von *Exchange Trusted Subsystem* und nicht in dem des Benutzers ausgeführt. Dabei handelt es sich um eine universelle Sicherheitsgruppe (USG). Zusätzlich gehört die Gruppe zur lokalen Sicherheitsgruppe *Administratoren* und zur USG *Exchange Windows Permissions.* Das ermöglicht Exchange das Erstellen und Verwalten von Active Directory-Objekten.

Ist ein Benutzer über RBAC berechtigt, eine Aktion durchzuführen, kann er sie unabhängig von seinen Active Directory-Berechtigungen ausführen. Das Modell mit gemeinsamen Berechtigungen ist standardmäßig bei der Installation aktiviert. Wenn Sie dieses Berechtigungsmodell verwenden wollen, brauchen Sie bei der Installation nichts zu ändern und auch keine Anpassungen danach vorzunehmen. Bei diesem Modell erfolgt die Verwaltung von Exchange- und Active Directory-Objekten in den Exchange-Verwaltungstools.

Wenn in Ihrer Organisation die Exchange-Verwaltung und die Active Directory-Verwaltung getrennt sind, müssen Sie Exchange so anpassen, dass das Modell mit geteilten Berechtigungen verwendet wird. Dazu müssen Sie das Exchange SE-Setup mit vorhandener Installation von Exchange SE starten und die entsprechende Option aktivieren.

Sie werden während der Installation gefragt, ob Sie geteilte Active Directory-Berechtigungen aktivieren wollen (siehe Kapitel 2). Wenn Sie geteilte Active Directory-Berechtigungen aktivieren und dann zu gemeinsamen Berechtigungen oder geteilten RBAC-Berechtigungen wechseln wollen, müssen Sie das Exchange-Setup erneut starten und die geteilten Active Directory-Berechtigungen deaktivieren.

Geteilte RBAC-Berechtigungen konfigurieren Sie folgendermaßen:

1. Deaktivieren Sie geteilte Active Directory-Berechtigungen über das Installationsprogramm von Exchange SE.
2. Erstellen Sie eine Rollengruppe mit den Active Directory-Administratoren, die Benutzerkonten erstellen sollen.
3. Erstellen Sie Rollenzuweisungen zwischen der Rolle zur Erstellung von E-Mail-Empfängern und der neuen Rollengruppe zur Erstellung der zugrunde liegenden Benutzerkonten.
4. Erstellen Sie Rollenzuweisungen zwischen der Rolle für Sicherheitsgruppenerstellung und -verwaltung und der neuen Rollengruppe.

5. Entfernen Sie die Verwaltungsrollenzuweisungen zwischen der Rolle für Erstellung von E-Mail-Empfängern und den Rollengruppen für die Organisationsverwaltung und Empfängerverwaltung.

Reguläre Zuweisungen sind die effektiven Rechte, die entsprechenden Cmdlets ausführen zu dürfen.

Delegierende Rollenzuweisungen sind die Möglichkeit, diese Rechte auch zu erteilen.

Nach der Anpassung können nur die Mitglieder der von Ihnen erstellten neuen Rollengruppe Postfächer erstellen. Die neue Gruppe kann nur Objekte erstellen, sie kann keine Exchange-Einstellungen für das neue Objekt konfigurieren.

Ein Active Directory-Administrator, der Mitglied der neuen Gruppe ist, muss das Objekt erstellen, und danach muss ein Exchange-Administrator dessen Exchange-Einstellungen anpassen. Genau das ist die getrennte Berechtigung in Exchange und Active Directory. Exchange-Administratoren können in diesem Fall die folgenden Cmdlets nicht verwenden:

- *New-Mailbox*
- *New-MailContact*
- *New-MailUser*
- *New-RemoteMailbox*
- *Remove-Mailbox*
- *Remove-MailContact*
- *Remove-MailUser*
- *Remove-RemoteMailbox*

Exchange-Administratoren können aber Exchange-spezifische Objekte erstellen und verwalten, wie zum Beispiel Transportregeln oder Verteilergruppen. Hier haben wiederum die Active Directory-Administratoren keine Rechte.

Wenn Sie wollen, dass die neue Rollengruppe auch die Exchange-Einstellungen für neue Benutzer und Gruppen verwalten kann, muss ihr die Rolle für E-Mail-Empfänger ebenfalls zugewiesen werden.

Mit geteilten Active Directory-Berechtigungen muss die Erstellung von Benutzern und Gruppen mit Active Directory-Verwaltungstools durchgeführt werden. Das Erstellen von Postfächern, E-Mail-aktivierten Benutzern, Verteilergruppen und sonstigen Objekten wird aus Sicherheitsgründen von den Exchange-Verwaltungstools entfernt. Verteilergruppenmitglieder können auch nicht über die Exchange-Verwaltungstools hinzugefügt und entfernt werden.

Sie wählen den Wechsel zu geteilten Active Directory-Berechtigungen bei der Installation von Exchange SE aus, indem Sie die grafische Oberfläche oder bei der Ausführung von *Setup.exe* über die Befehlszeile die Option *ActiveDirectorySplitPermissions* verwenden. Mehr dazu finden Sie in Kapitel 2.

Sie können geteilte Active Directory-Berechtigungen auch nach der Installation von Exchange SE aktivieren oder deaktivieren. Dazu müssen Sie *Setup.exe* erneut über die Befehlszeile ausführen. Legen Sie die Option *ActiveDirectorySplitPermissions* auf *true* fest, um geteilte Active Directory-Berechtigungen zu aktivieren. Wie das geht, lesen Sie auch in Kapitel 2.

Legen Sie den Wert auf *false* fest, um geteilte Berechtigungen zu deaktivieren, wenn Sie sie bei der ursprünglichen Installation aktiviert haben. Sie müssen die Option *PrepareAD* zusammen mit der Option *ActiveDirectorySplitPermissions* verwenden. Auch dazu finden Sie in Kapitel 2 mehr Informationen.

Wenn Sie über mehrere Domänen in derselben Gesamtstruktur verfügen, müssen Sie entweder die Option *PrepareAllDomains* verwenden, wenn Sie geteilte Active Directory-Berechtigungen aktivieren, oder Sie müssen das Setupprogramm mit der Option *PrepareDomain* in jeder Domäne ausführen (siehe Kapitel 2).

Sie können geteilte Active Directory-Berechtigungen nicht aktivieren, wenn Sie Exchange SE auf einem Domänencontroller installiert haben.

Rollenzuweisungen zu Rollengruppen, mit denen Exchange-Administratoren die Möglichkeit zum Erstellen von Sicherheitsprinzipalen erhalten, werden entfernt, wenn geteilte Active Directory-Berechtigungen aktiviert sind.

13.2.2 Grundlagen zu Verwaltungsrollengruppen

Mit dem Cmdlet *Get-RoleGroup* lassen Sie sich die verschiedenen Gruppen in der Exchange Management Shell anzeigen. *Get-RoleGroupMember* zeigt die Mitglieder einer Gruppe an, zum Beispiel *Get-RoleGroupMember "Organization Management"*.

Die Mitgliedschaft in der Gruppe *Organization Management* ermöglicht umfassende Rechte in der Organisation. Solche Administratoren können zum Beispiel andere Administratoren in die verschiedenen Verwaltungsrollengruppen aufnehmen und erhalten fast vollständige Verwaltungsrechte in der Exchange-Organisation.

Neben dieser Gruppe finden Sie im Exchange Admin Center noch zahlreiche weitere Gruppen, mit denen Sie Rechte steuern können. Die Gruppen finden Sie auch im RBAC-Manager, auf den ich in diesem Kapitel ebenfalls eingehe.

Auch eigene Gruppen lassen sich anlegen, Rechte an dieser Gruppe delegieren und Mitglieder aufnehmen. Um einen Benutzer in eine Verwaltungsrollengruppe (Administratorrolle) aufzunehmen, verwenden Sie die grafische Oberfläche des Exchange Admin Centers oder die Exchange Management Shell:

```
Add-RoleGroupMember <Verwaltungsrollengruppe> -Member <Benutzerpostfach>
```

Wollen Sie Mitglieder aus einer Verwaltungsrollengruppe entfernen, können Sie ebenfalls das Exchange Admin Center verwenden oder die Exchange Management Shell mit dem folgenden Befehl:

```
Remove-RoleGroupMember <Verwaltungsrollengruppe> -Member <Benutzerpostfach>
```

Sicherheit und Hochverfügbarkeit

Die Rollenverwaltung finden Sie im Exchange Admin Center, wenn Sie auf *Berechtigungen* klicken und dann auf *Administratorrollen*.

Im Fenster sehen Sie im Exchange Admin Center die bereits angelegten Gruppen. Klicken Sie auf eine Gruppe, sehen Sie im rechten Bereich, welche Rechte sie hat und welche Mitglieder zugeordnet sind. Um einen Benutzer in eine Gruppe aufzunehmen, doppelklicken Sie auf die Gruppe. Anschließend können Sie über *Mitglieder* neue Benutzer hinzufügen oder entfernen.

In einigen Fällen müssen Sie sich selbst hinzufügen, wenn Sie die Rechte der Gruppe erhalten wollen. Exchange hat dem Installations-Administrator das Recht vergeben, alle Gruppen zu pflegen, nicht aber, die Rechte der Gruppe von vornherein zu nutzen. Das heißt, Sie dürfen aus Sicherheitsgründen nicht alle Rechte ausüben, für die Sie sich berechtigen können.

Neben der Möglichkeit, die Mitglieder einer Verwaltungsrollengruppe zu pflegen, können Sie in den Details von Administratorrollen auch festlegen, welche Verwaltungsrollen die Gruppe umfasst, also welche Rechte Mitglieder dieser Gruppe haben.

Verwaltungsrollen fassen mehrere Cmdlets, die der Verwaltung von Exchange-Komponenten dienen, zusammen. Die einzelnen Rollen sind Bestandteil von Verwaltungsrollengruppen. Benutzer, die Mitglieder einer Verwaltungsrollengruppe sind, erhalten das Recht, die Cmdlets zu nutzen, die in deren Verwaltungsrollen hinterlegt sind.

Sie können einer Verwaltungsrollengruppe auch weitere Rollen hinzufügen oder Rollen entfernen. Sie legen im Exchange Admin Center fest, welche Rechte die Gruppe erhält, indem Sie die Rollen der Rollengruppe konfigurieren. Die Mitglieder, die Sie der Gruppe hinzufügen, erhalten anschließend die Rechte der Rollen, die der Rollengruppe zugeordnet sind. Sie können auch eigene Rollen erstellen und eigenen Rollengruppen zuweisen.

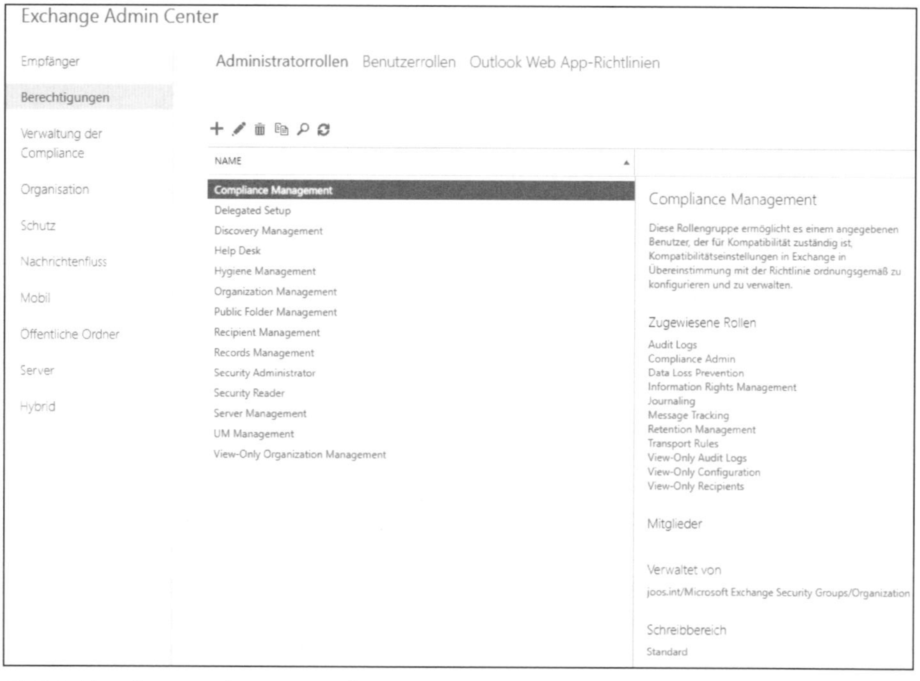

Abb. 13.1 Verwalten von Administratorrollen

Die Gruppe *Recipient Management* ermöglicht zum Beispiel das Erstellen, Löschen und Bearbeiten von Empfängern in der Organisation, hat aber keine Rechte zur Bearbeitung von Systemeinstellungen in Exchange. Die Gruppe *Server Management* erlaubt das Verwalten eines einzelnen Servers in der Organisation, aber keine organisationsweiten Einstellungen. Zu den Rechten gehören Unified Messaging-, Clientzugriffs- und Postfachfunktionen, Datenbankkopien, Zertifikate, Transportwarteschlangen, Sendeconnectors, virtuelle Ordner und Clientzugriffsprotokolle. Mitglieder von *Help Desk* dürfen Empfänger bearbeiten. Die Rollengruppe ermöglicht das Anzeigen und Ändern der Outlook Web App-Optionen aller Benutzer in der Organisation, allerdings nur für die Optionen, die Anwender selbst ändern können.

Wenn Sie eine Rollengruppe mit den Berechtigungen haben, Sie aber andere Verwaltungsbereiche anwenden oder Verwaltungsrollen hinzufügen oder entfernen wollen, können Sie die vorhandene Rollengruppe kopieren.

Wollen Sie neue Rechte erteilen, kopieren Sie am besten eine Verwaltungsrollengruppe, deren Rechte den Berechtigungen am nächsten kommen, die Sie erteilen wollen. Dann passen Sie die Verwaltungsrollengruppe an, indem Sie Verwaltungsrollen hinzufügen oder entfernen. Danach fügen Sie dann Benutzer der neuen Gruppe hinzu. Zum Kopieren von Verwaltungsrollengruppen im Exchange Admin Center gehen Sie folgendermaßen vor:

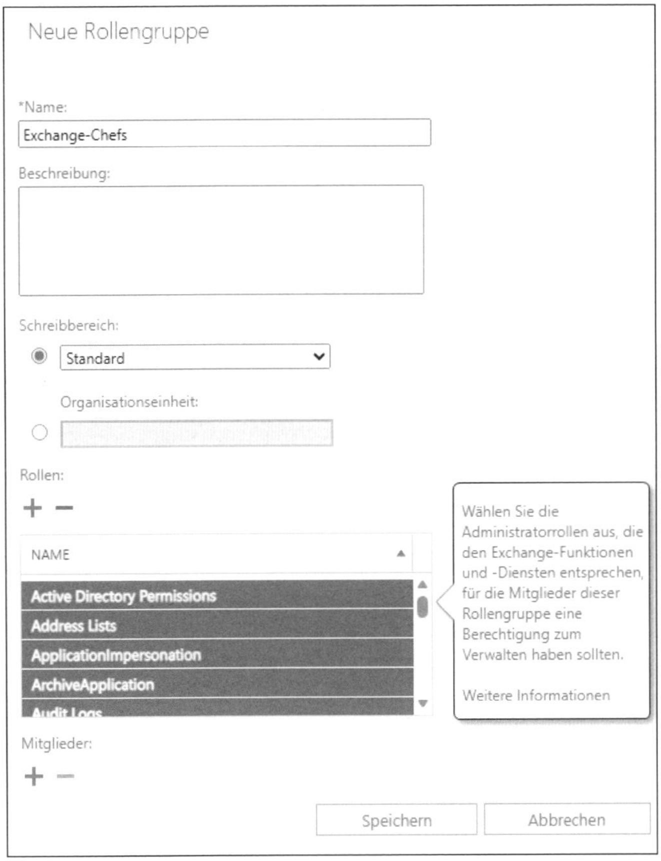

Abb. 13.2 Verwaltungsrollengruppen lassen sich auch kopieren.

1. Navigieren Sie im Exchange Admin Center zu *Berechtigungen/Administratorrollen.*
2. Markieren Sie die Rollengruppe, die Sie kopieren wollen, und klicken Sie dann auf das *Kopieren*-Symbol.
3. Geben Sie im Fenster *Neue Rollengruppe* einen Namen für die neue Rollengruppe ein.
4. Überprüfen Sie die Rollen, die in die neue Rollengruppe kopiert wurden. Fügen Sie Rollen hinzu oder entfernen Sie Rollen.
5. Überprüfen Sie den Schreibbereich, also den Bereich, in dem die Rollengruppe Rechte hat, und ändern Sie ihn nach Bedarf.
6. Überprüfen Sie die Mitglieder, die in die neue Rollengruppe kopiert wurden. Fügen Sie Mitglieder hinzu oder entfernen Sie solche, die Sie in dieser Gruppe nicht benötigen.
7. Klicken Sie auf *Speichern*, um die Rollengruppe zu erstellen.

13.2.3 Pflege von Verwaltungsrollengruppen delegieren

Stellvertreter von Verwaltungsrollengruppen können Mitglieder zu Verwaltungsrollengruppen hinzufügen oder daraus entfernen und Eigenschaften anpassen, haben aber selbst keine Rechte, die Funktionen der Verwaltungsrollengruppe zu nutzen.

Die Konfiguration des Stellvertreters erfolgt durch die Option *ManagedBy* für die Cmdlets *Set-RoleGroup* oder *New-RoleGroup*. Sollen die Benutzer auch die Rechte der Gruppe erhalten, müssen Sie diese als Mitglieder der Rollengruppe aufnehmen.

Die Option *ManagedBy* für das Cmdlet *Set-RoleGroup* überschreibt immer die gesamte Stellvertreterliste für eine Rollengruppe. Wollen Sie einzelne Stellvertreter zu einer Rollengruppe hinzufügen, ohne die gesamte Stellvertreterliste zu löschen, gehen Sie folgendermaßen vor:

1. Sie speichern die Einstellungen der Rollengruppe in einer Variablen mit dem Befehl:

   ```
   $RoleGroup = Get-RoleGroup <Verwaltungsrollengruppe>
   ```

2. Sie fügen den Stellvertreter zu der Rollengruppe hinzu, die Sie als Variable gespeichert haben:

   ```
   $RoleGroup.ManagedBy += (Get-User <Postfach, das Sie hinzufügen
   wollen>).Identity
   ```

   Wollen Sie eine universelle Gruppe hinzufügen, verwenden Sie das Cmdlet *Get-Group.*
3. Wiederholen Sie Schritt 2 für jeden Stellvertreter, den Sie hinzufügen wollen.
4. Die Liste in der Variablen müssen Sie noch in die echte Verwaltungsrollengruppe einfügen:

   ```
   Set-RoleGroup <Verwaltungsrollengruppe> -ManagedBy $RoleGroup.ManagedBy
   ```

In diesem Beispiel wollen Sie den Benutzer *Thomas Joos* als Stellvertreter der Rollengruppe *Organization Management* hinzufügen:

```
$RoleGroup = Get-RoleGroup "Organization Management"
$RoleGroup.ManagedBy += (Get-User "Thomas Joos").Identity
Set-RoleGroup "Organization Management" -ManagedBy $RoleGroup.ManagedBy
```

Sie entfernen den Stellvertreter aus der Rollengruppe, die Sie als Variable gespeichert haben, mit dem folgenden Befehl:

```
$RoleGroup.ManagedBy -= (Get-User <Benutzer, den Sie entfernen wollen>).Identity
```

Um die Anwender anzuzeigen, die die Gruppe verwalten dürfen, verwenden Sie den folgenden Aufruf:

```
Get-RoleGroup |fl ManagedBy
```

Neben den Standardgruppen können Sie auch selbst Verwaltungsrollengruppen erstellen und ihnen Benutzer zuordnen. Neue Verwaltungsrollengruppen erstellen Sie in der Exchange Management Shell mit dem Cmdlet *New-RoleGroup*. Beispiel:

```
New-RoleGroup -Name "Contoso Recipient Management" -Roles "Mail Recipients",
"Distribution Groups", "Move Mailboxes", "UM Mailboxes", "Reset Password"
-CustomRecipientWriteScope "Con-toso Users", -ManagedBy "Thomas", "Tami", "Fynn"
-Members "Stefan", "Marc", "Marco", "Hans", "Michael", "Lukas", "Flo", "Lukas",
"Isabel", "Manuela", "Thomas", "Karl"
```

Wollen Sie eine Verwaltungsrollengruppe löschen, verwenden Sie das Cmdlet *Remove-RoleGroup <Verwaltungsrollengruppe>*.

Bestehende Rollengruppen können Sie kopieren, wenn Sie Rollengruppen erstellen wollen, die zum Beispiel eingeschränkte Rechte nutzen.

Dazu verwenden Sie am besten auch die Exchange Management Shell zum Kopieren. Im ersten Schritt speichern Sie die Rollengruppe in einer Variablen:

```
$RoleGroup = Get-RoleGroup <Gruppe, die Sie kopieren wollen>
```

Verwenden Sie die folgende Syntax, um eine neue Rollengruppe zu erstellen, ihr Mitglieder hinzuzufügen und anzugeben, wer die neue Rollengruppe an andere Benutzer delegieren kann.

```
New-RoleGroup <Name> -Roles $RoleGroup.Roles -Members <member1, member2,
member3...> -Managed-By <user1, user2, user3...>
```

Wollen Sie zum Beispiel die Rollengruppe *Organization Management* kopieren, um eine neue Gruppe zu erstellen, die weniger Rechte hat, verwenden Sie folgende Befehle:

```
$RoleGroup = Get-RoleGroup "Organization Management"
New-RoleGroup "Limited Organization Management" -Roles $RoleGroup.Roles -Members
Thomas, Michael, Hans -ManagedBy Jean, Fritz
```

Nach dem Erstellen einer neuen Rollengruppe können Sie Rollen hinzufügen oder entfernen und den Bereich von Rollenzuweisungen für die Rolle ändern.

Verwenden Sie die Exchange Management Shell zum Kopieren einer Rollengruppe mit einem benutzerdefinierten Bereich:

```
$RoleGroup = Get-RoleGroup <Name>
```

Über die folgende Syntax lässt sich die neue Rollengruppe mit einem benutzerdefinierten Bereich erstellen:

```
New-RoleGroup <Name> -Roles $RoleGroup.Roles -CustomRecipientWriteScope <Name
des Bereichs> -CustomConfigWriteScope <Name>
```

Mit den folgenden Befehlen können Sie die Rollengruppe *Organization Management* kopieren und eine neue Rollengruppe *Berlin Organization Management* mit dem Empfängerbereich *Berlin-Users* und dem Konfigurationsbereich *Berlin-Server* erstellen.

```
$RoleGroup = Get-RoleGroup "Organization Management"
New-RoleGroup "Berlin Organization Management" -Roles $RoleGroup.Roles
-CustomRecipientWrite-Scope "Berlin-Users" -CustomConfigWriteScope "Berlin-Server
```

Sie können der Rollengruppe auch Mitglieder hinzufügen, wenn Sie diese mit dem Parameter *Members* erstellen. Nach dem Erstellen einer neuen Rollengruppe können Sie Rollen hinzufügen oder entfernen und den Bereich von Rollenzuweisungen für die Rolle ändern.

Verwenden Sie die folgende Syntax, um die neue Rollengruppe mit einem benutzerdefinierten Bereich zu erstellen:

```
New-RoleGroup <Name der neuen Rollengruppe> -Roles $RoleGroup.Roles
-CustomRecipientWriteScope <Name des Bereichs> -CustomConfigWriteScope <Name>
```

Mit den folgenden Befehlen können Sie die Rollengruppe *Recipient Management* kopieren und eine neue Rollengruppe *Berlin Recipient Management* erstellen, die nur die Verwaltung von Benutzern in der Organisationseinheit *Berlin Users* zulässt:

```
$RoleGroup = Get-RoleGroup "Recipient Management"
New-RoleGroup "Berlin Recipient Management" -Roles $RoleGroup.Roles
-RecipientOrganizational-UnitScope "contoso.com/Berlin Users"
```

Im Exchange Admin Center finden Sie bei *Berechtigungen/Administratorrollen* die erstellten Gruppen.

13.3 Verwaltungsrollen im Detail

Verwaltungsrollen sind eine Gruppe von Cmdlets, die das Verwalten verschiedener Exchange-Aufgaben ermöglichen. Verwaltungsrollen können Sie zu Verwaltungsrollengruppen zusammenfügen. Sie können auch Empfängern direkt Verwaltungsrollen zuweisen, allerdings wird das nicht empfohlen, da die Berechtigungsstruktur dann schnell unübersichtlich wird.

Bei Verwaltungsrollen gibt es die beiden Rechte *Regulär* und *Delegierend*. Weisen Sie eine Verwaltungsrolle *Regulär* einem Rollenempfänger zu, hat dieser das Recht, die Rolle und die damit verbundenen Cmdlets zu nutzen. Der Rollenempfänger darf aber keinerlei andere Rollenempfänger berechtigen.

Weisen Sie einem Rollenempfänger ein delegierendes Recht der Verwaltungsrolle zu, darf er die Cmdlets nicht nutzen, aber dafür Rechte der Rolle verwalten.

Die Berechtigungen eines Benutzers mit administrativen Rechten setzen sich als Summe aller Verwaltungsrollen zusammen, die den Verwaltungsrollengruppen zugewiesen sind, bei denen er Mitglied ist. Erstellen Sie eine neue Verwaltungsrolle, kopieren Sie am besten eine vorhandene und deren Verwaltungsrolleneinträge, also die enthaltenen Cmdlets, in die neue Rolle. Die vorhandene Rolle wird dabei zur übergeordneten Rolle der neuen Rolle.

Untergeordnete Rollen können keine Verwaltungsrolleneinträge enthalten, die in der übergeordneten Rolle nicht vorhanden sind, nur weniger. Um eine neue Verwaltungsrolle zu erstellen, verwenden Sie den folgenden Befehl:

```
New-ManagementRole -Parent <Existierende übergeordnete Verwaltungsrolle>
-Name <Name der neuen Verwaltungsrolle>
```

Beispiel:

```
New-ManagementRole -Parent "Mail Recipients" -Name "Berlin-Postfächer"
```

Wenn Sie eine neue Verwaltungsrolle erstellt haben, können Sie ihre Einträge ändern. Löschen Sie einen Rolleneintrag, können Administratoren, denen die Rolle zugewiesen ist, auf das zugehörige Cmdlet nicht mehr zugreifen. Um eine Verwaltungsrolle zu löschen, verwenden Sie den folgenden Befehl:

```
Remove-ManagementRole <Verwaltungsrolle>
```

13.3.1 Verwaltungsrolleneinträge bearbeiten

Für jede Verwaltungsrolle gibt es mindestens einen Verwaltungsrolleneintrag. Ein Eintrag besteht aus einem einzelnen Cmdlet und dessen Optionen, einem Skript oder einer speziellen Berechtigung. Rollen, die auf integrierten Exchange-Rollen basieren, können nur Exchange SE-Cmdlets enthalten.

Die Namen von Verwaltungsrolleneinträgen bestehen aus der Verwaltungsrolle, dem Namen des Cmdlets und sind durch einen umgekehrten Schrägstrich (\) getrennt, zum Beispiel *Mail Recipients\Set-Mailbox*. Mit dem Cmdlet *Get-ManagementRoleEntry* können Sie die Verwaltungsrolleneinträge einer Verwaltungsrolle anzeigen lassen:

```
Get-ManagementRoleEntry "<Verwaltungsrolle>\*"
```

Sie können hier ebenfalls mit dem Platzhalter arbeiten und auch eine Zeichenfolge innerhalb eines Cmdlets verwenden. Der Text nach *Get-ManagementRoleEntry* muss in Anführungszeichen gesetzt werden.

Sie können sich auch alle Verwaltungsrollen anzeigen lassen, die einen bestimmten Verwaltungsrolleneintrag verwenden:

```
Get-ManagementRoleEntry *\<Cmdlet>
```

Beispiel:

```
Get-ManagementRoleEntry *\Set-Mailbox
```

Wollen Sie den Administratoren zusätzliche Cmdlets zur Verfügung stellen, nehmen Sie diese als Verwaltungsrolleneinträge in eine Verwaltungsrolle auf. Den Standardrollen in Exchange 2019 können Sie keine weiteren Einträge hinzufügen, sondern nur selbst erstellten Verwaltungsrollen. Um einen Eintrag hinzuzufügen, verwenden Sie folgenden Befehl:

```
Add-ManagementRoleEntry <Verwaltungsrolle>\<Cmdlet>
```

Wollen Sie einen Rolleneintrag hinzufügen, aber nur bestimmte Optionen des entsprechenden Cmdlets darin aufnehmen, verwenden Sie die folgende Syntax:

```
Add-ManagementRoleEntry <Verwaltungsrolle>\<Cmdlet> -Parameters <Option 1>,
<Option 2>,…
```

13.3.2 Verwaltungsrollenbereiche verwalten

Rollenzuweisungen zwischen einer Verwaltungsrollengruppe und einer Verwaltungsrolle sind auf Verwaltungsbereiche begrenzt. Diese legen fest, welche Objekte Mitglieder der Verwaltungsrollengruppe verwalten dürfen.

Wollen Sie den Verwaltungsbereich aller Rollenzuweisungen zwischen einer Verwaltungsrollengruppe und den enthaltenen Verwaltungsrollen anpassen, rufen Sie die Rollenzuweisungen für die Verwaltungsgruppe auf und geben dann den neuen Bereich für jede Zuweisung an. Dazu verwenden Sie das Cmdlet *Get-ManagementRoleAssignment*, um die Rollenzuweisungen anzuzeigen, und übergeben nach dem Abrufen die Liste an das Cmdlet *Set-ManagementRoleAssignment*:

```
Get-ManagementRoleAssignment -RoleAssignee <Verwaltungsrollengruppe> | Set-
ManagementRole-Assignment -CustomRecipientWriteScope <Empfängerbereich>
-CustomConfigWriteScope <Konfigura-tionsbereich> -
RecipientRelativeScopeWriteScope < MyDistributioGroups | Organization | Self>
-ExclusiveRecipientWriteScope <Exklusiver Empfängerbereich>
-ExclusiveConfigWriteScope <Exklusiver Verwaltungsbereich>
-RecipientOrganizationalUnitScope <Organisationseinheit>
```

Sie brauchen nur die Optionen zu verwenden, die Sie zum Abrufen benötigen. Beispiel:

```
Get-ManagementRoleAssignment -RoleAssignee "Berlin-Empfänger-Verwaltung" | Set-
Management-RoleAssignment -CustomRecipientWriteScope "Vertriebsmitarbeiter"
```

Mit der Option *WhatIf* können Sie überprüfen, was der Befehl ausführen würde, ohne tatsächlich Änderungen vorzunehmen. Nach dem erfolgreichen Test können Sie die Option *WhatIf* entfernen, um die Änderungen anzuwenden. Im Exchange Admin Center können Sie auch Schreibbereiche einer Verwaltungsrollengruppe hinzufügen.

Sie können entweder den Standardschreibbereich verwenden, eine Organisationseinheit verwenden oder einen benutzerdefinierten Schreibbereich hinterlegen. Diesen müssen Sie aber zuvor in der Exchange Management Shell erstellen.

Rollen auf oberster Ebene ohne Bereichseinschränkung sind Verwaltungsrollen, mit denen Sie Zugriff auf benutzerdefinierte Skripts und auf Cmdlets, bei denen es sich nicht um Exchange-Cmdlets handelt, erteilen können. Die normalen Verwaltungsrollen ermöglichen nur den Zugriff auf Exchange-Cmdlets.

Um eine Rolle auf oberster Ebene ohne Bereichseinschränkung zu erstellen, müssen Sie das Cmdlet *New-ManagementRole* mit der Option *UnscopedTopLevel* verwenden. Rollen ohne Bereichseinschränkung sind immer innerhalb der gesamten Organisation gültig. Exchange-Cmdlets können Sie nicht einer Rolle ohne Bereichseinschränkung hinzufügen.

Die Rollengruppe *Organization Management* verfügt standardmäßig nicht über die Berechtigungen zum Erstellen oder Verwalten von Rollengruppen ohne Bereichseinschränkung. Sie können sich die Verwaltungsrolle *UnScoped Role Management* aber selbst zuweisen.

Rolleneinträge der obersten Ebene ohne Bereichseinschränkung verwenden Sie zusammen mit Verwaltungsrollen auf oberster Ebene ohne Bereichseinschränkung. Jeder Rolleneintrag ohne Bereichseinschränkung ist einem Skript oder einem Nicht-Exchange-Cmdlet zugeordnet. Um einen Rolleneintrag ohne Bereichseinschränkung zu erstellen, verwenden Sie das Cmdlet *New-ManagementRoleEntry* mit der Option *UnscopedTopLevel*. Die Syntax zum Erstellen einer solchen Rolle lautet:

```
New-ManagementRole <Verwaltungsrolle> -UnscopedTopLevel
```

Sie müssen alle Optionen angeben, die Anwender mit dem Skript oder dem Nicht-Exchange-Cmdlet verwenden dürfen. Skripts, die Sie einem Rolleneintrag ohne Bereichseinschränkung hinzufügen, müssen sich auf jedem Server im Ordner für Exchange SE-Skripts befinden. Der Standard-Installationsordner für Skripts ist *C:\Programme\Microsoft\Exchange Server\V15\Scripts*.

Nach der Erstellung der Verwaltungsrolle müssen Sie ihr noch Einträge, also Cmdlets oder Skripts in Form von Verwaltungsrolleneinträgen, hinzufügen. Haben Sie das Skript auf die Exchange-Server kopiert, erstellen Sie den Rolleneintrag mit der Syntax:

```
Add-ManagementRoleEntry <Erstellte Verwaltungsrolle>\<Name des Skripts>
-Parameters <Option 1, Option 2> -Type Script -UnscopedTopLevel
```

Wollen Sie Cmdlets statt Skripts hinzufügen, verwenden Sie die folgende Syntax:

```
Add-ManagementRoleEntry <Erstellte Verwaltungsrolle>\<Name des Cmdlets>
-PSSnapinName <Name des Snap-In der PowerShell, zu welcher das Cmdlet gehört>
-Parameters <Option 1, Option 2> -Type Cmdlet -UnscopedTopLevel
```

Anschließend können Sie die neue Rolle einer Rollengruppe zuweisen. Sie können ebenfalls untergeordnete Rollen ohne Bereichseinschränkung erstellen, wie bei normalen Verwaltungsrollen auch als Kopie einer übergeordneten Verwaltungsrolle ohne Bereichseinschränkung.

Die untergeordneten Verwaltungsrollen ohne Bereichseinschränkung können eine Teilmenge der Skripts und Cmdlets enthalten, die Bestandteil der übergeordneten Verwaltungsrollen ohne Bereichseinschränkung sind. Die Vorgehensweise dabei entspricht normalen Verwaltungsrollen, das gilt auch für die Einschränkungen. Die Syntax für den Befehl ist:

```
New-ManagementRole -Parent <Existierende Verwaltungsrolle> -Name <Neue
Verwaltungsrolle>
```

13.3.3 Verwaltungsrollenbereiche erstellen und verwalten

Verwaltungsrollenbereiche bieten die Festlegung eines Einflussbereichs für eine Verwaltungsrolle. Hierbei handelt es sich um eine Einschränkung des Bereichs, in dem Rechte einer Verwaltungsrolle ausgeübt werden dürfen. Sie können zum Beispiel festlegen, dass Administratoren nur Anwender in bestimmten OUs oder nur bestimmte Server oder Domänen verwalten dürfen.

Durch Ändern des Schreibbereichs einer Rollengruppe können Sie festlegen, welche Objekte den Rollengruppenmitgliedern zum Erstellen, Ändern oder Entfernen zur Verfügung gestellt werden. Den Lesebereich einer Rollengruppe können Sie nicht ändern.

Wenn Sie einen benutzerdefinierten Bereich mit einer Rollenzuweisung für eine Rollengruppe verwenden, müssen Sie ihn zuerst erstellen. Die Exchange Admin Center kann nicht zum Verwalten von Bereichen für Rollenzuweisungen zwischen Rollen und einer Rollengruppe verwendet werden, wenn Sie mehrere Bereiche oder exklusive Bereiche für diese Rollenzuweisungen konfiguriert haben.

Wenn Sie mehrere Bereiche oder exklusive Bereiche für Rollenzuweisungen konfiguriert haben, müssen Sie die Bereiche mit der Exchange-Verwaltungsshell verwalten. Im Exchange Admin Center gehen Sie zum Ändern folgendermaßen vor:

1. Öffnen Sie das Exchange Admin Center und navigieren Sie zu *Berechtigungen/Administratorrollen*.
2. Wählen Sie die Rollengruppe aus, für die Sie den Bereich ändern möchten, und klicken Sie dann auf *Bearbeiten*.
3. Wählen Sie eine der beiden folgenden Optionen unter *Schreibbereich* aus:
   - Einen *Schreibbereich* im Dropdownfeld, in dem Sie entweder den Standardschreibbereich oder einen benutzerdefinierten Schreibbereich auswählen können.
   - Wählen Sie die Option *Organisationseinheit* aus und geben Sie die Daten der Organisationseinheit ein, wenn Sie dieser Rollengruppe eine Organisationseinheit als Bereich zuordnen wollen.
4. Klicken Sie auf *Speichern*, um die Änderungen an der Rollengruppe zu speichern.

Aktivieren Sie einen Bereich, kann ein Administrator nur die in diesem Bereich enthaltenen Objekte ändern. Normalerweise zeigt eine Verwaltungsrolle bereits an, welche Objekte Sie erstellen oder ändern können.

Ein Verwaltungsrollenbereich legt fest, wo Administratoren etwas erstellen oder ändern können. Sie können Administratoren den Zugriff auf Objekte innerhalb eines exklusiven Bereichs verweigern. Jede Rolle kann folgende Bereichstypen haben:

- **Empfängerlesebereich** Dieser Bereich bestimmt, welche Empfängerobjekte der Administrator aus Active Directory lesen kann.
- **Empfängerschreibbereich** Dieser Bereich legt fest, welche Empfängerobjekte der Administrator im Active Directory ändern kann.
- **Konfigurationslesebereich** Der Konfigurationslesebereich bestimmt, welche Konfigurationsobjekte der Administrator aus Active Directory lesen kann.
- **Konfigurationsschreibbereich** Der Bereich legt fest, welche Organisations- und Serverobjekte der Administrator in Active Directory ändern kann.

Mit Bereichsfiltern können Sie einen benutzerdefinierten Bereich erstellen. Für Bereichsfilter können Sie fast alle Eigenschaften von Empfängern oder Serverobjekten verwenden. Bereichsfilter erstellen Sie mit dem Cmdlet *New-ManagementScope*.

Sie können mit dem Cmdlet verschiedene Optionen nutzen, um die Bereiche zu unterteilen. Die Bereiche sind in Empfänger und Konfiguration sowie in reguläre und exklusive Bereiche unterteilt. Dazu verwenden Sie folgende Optionen des Cmdlets *New-ManagementScope*:

- **Regulärer gefilterter Empfängerbereich** *RecipientRestrictionFilter*
- **Exklusiver gefilterter Empfängerbereich** *RecipientRestrictionFilter* mit der Option *Exclusive*
- **Regulärer gefilterter serverbasierter Konfigurationsbereich** *ServerRestrictionFilter*
- **Exklusiver gefilterter serverbasierter Konfigurationsbereich** *ServerRestrictionFilter* mit der Option *Exclusive*

Erstellen Sie einen eigenen benutzerdefinierten Bereich, verwenden Sie einen Filter, der nach Objekten innerhalb des Lesebereichs der Verwaltungsrolle sucht.

Ein Bereichsfilter ist immer eine Einschränkung des Bereichs der Rolle, also von den Objekten, die Sie mit der Verwaltungsrolle ohnehin nur verwalten können. Eine Ausweitung des Bereichs durch einen Bereichsfilter ist nicht möglich.

Geben Sie über das Cmdlet *New-ManagementScope* mit der Option *RecipientRestrictionFilter* einen Empfängerfilter an, können Sie mit *RecipientRoot* noch eine Organisationseinheit zur Filterung verwenden. Empfänger- und Konfigurationsfilter benutzen die gleiche Syntax, die mindestens folgende Bereiche enthalten muss:

- Eine öffnende geschweifte Klammer (*{*) steht am Beginn der Filterabfrage.
- Der Filterwert des Objekts, nach dem Sie filtern, zum Beispiel Servernamen, Werte des Postfachs, Abteilung usw.
- Der Vergleichsoperator in Kombination mit dem Vergleichswert. Eine Liste aller Operatoren, die Sie in der Exchange Management Shell verwenden können, finden Sie in der folgenden Auflistung.
- Mit dem Vergleichswert vergleichen Sie, zusammen mit dem Vergleichsoperator, den Wert in den Eigenschaften des Objekts, zum Beispiel *Abteilung* als Filterwert, *-Like* als Vergleichsoperator und *Einkauf* als Vergleichswert.
- Die schließende geschweifte Klammer (*}*) steht für das Ende der Filterabfrage.

Beispiel für eine solche Abfrage:

```
{City -Eq "Berlin"}
```

- **-eq** Gleich (unterscheidet nicht zwischen Groß- und Kleinschreibung)
- **-ne** Ungleich (unterscheidet nicht zwischen Groß- und Kleinschreibung)
- **-lt** Kleiner als (unterscheidet nicht zwischen Groß- und Kleinschreibung)
- **-gt** Größer als (unterscheidet nicht zwischen Groß- und Kleinschreibung)
- **-le** Kleiner als oder gleich (unterscheidet nicht zwischen Groß- und Kleinschreibung)
- **-ge** Größer als oder gleich (unterscheidet nicht zwischen Groß- und Kleinschreibung)
- **-cge** Größer als oder gleich (unterscheidet zwischen Groß- und Kleinschreibung)
- **-ceq** Gleich (unterscheidet zwischen Groß- und Kleinschreibung)
- **-cne** Ungleich (unterscheidet zwischen Groß- und Kleinschreibung)
- **-clt** Kleiner als (unterscheidet zwischen Groß- und Kleinschreibung)
- **-cgt** Größer als (unterscheidet zwischen Groß- und Kleinschreibung)
- **-cle** Kleiner als oder gleich (unterscheidet zwischen Groß- und Kleinschreibung)
- **-contains** Enthält (unterscheidet nicht zwischen Groß- und Kleinschreibung)
- **-ccontains** Enthält (unterscheidet zwischen Groß- und Kleinschreibung)
- **-notcontains** Enthält nicht (unterscheidet nicht zwischen Groß- und Kleinschreibung)
- **-cnotcontains** Enthält nicht (unterscheidet zwischen Groß- und Kleinschreibung)
- **-and** Und
- **-or** Oder
- **-not** Nicht
- **-match** Zeichenfolgen mit regulären Ausdrücken vergleichen (unterscheidet nicht zwischen Groß- und Kleinschreibung)
- **-notmatch** Zeichenfolgen mit regulären Ausdrücken vergleichen (unterscheidet nicht zwischen Groß- und Kleinschreibung)
- **-cmatch** Zeichenfolgen mit regulären Ausdrücken vergleichen (unterscheidet zwischen Groß- und Kleinschreibung)
- **-cnotmatch** Zeichenfolgen mit regulären Ausdrücken vergleichen (unterscheidet zwischen Groß- und Kleinschreibung)

- **-like** Zeichenfolgen mithilfe von Platzhalterzeichenregeln vergleichen
- **-notlike** Zeichenfolgen mithilfe von Platzhalterzeichenregeln vergleichen
- **-clike** Zeichenfolgen mithilfe von Platzhalterzeichenregeln vergleichen (unterscheidet zwischen Groß- und Kleinschreibung)
- **-cnotlike** Zeichenfolgen mithilfe von Platzhalterzeichenregeln vergleichen (unterscheidet zwischen Groß- und Kleinschreibung)

Neben den notwendigen Funktionen in einem Bereichsfilter können Sie auch optionale Komponenten einbauen, um die Abfrage zu verfeinern. Mit Klammern legen Sie die Reihenfolge fest, in der die Abfrage erfolgen soll.

Exchange verwendet die Werte in den innersten Klammern zuerst und arbeitet dann nach außen. Mit logischen Operatoren, zum Beispiel *-And*, *-Or* und *-Not*, können Sie mehrere Vergleichsoperationen miteinander verknüpfen. In diesem Fall muss die Filterabfrage die gesamte Anweisung auswerten.

Ein Beispiel für eine komplexere Abfrage ist:

```
{((City -Eq "Berlin") -And (Department -Eq "Einkauf")) -Or (Title -Like
"*Manager*")}
```

Die Filterabfrage läuft folgendermaßen ab:

1. Die Eigenschaften *City* und *Department* werden ausgewertet. Wenn beide Eigenschaften *True* sind, wertet Exchange die gesamte *And*-Anweisung mit *True*. Hat eine der beiden Eigenschaften den Wert *False*, erhält die gesamte *And*-Anweisung den Wert *False*.
2. Hat die *And*-Anweisung den Wert *True*, besitzt die gesamte Filterabfrage den Wert *True*, da der *Or*-Operator nur verlangt, dass ein Teil der Abfrage den Wert *True* aufweisen muss.
3. Erhält die *And*-Anweisung den Wert *False*, setzt Exchange die Filterabfrage fort, um die Eigenschaft *Title* auszuwerten.
4. Ist die Eigenschaft *Title* mit *True* gewertet, erhält die gesamte Filterabfrage den Wert *True*, da der *Or*-Operator nur verlangt, dass ein Teil der Abfrage den Wert *True* aufweisen muss.

Beim Erstellen eines Empfängerfilters können Sie fast jede Eigenschaft des Empfängerobjekts verwenden. Die meisten Eigenschaften funktionieren mit der Option *RecipientRestrictionFilter* des Cmdlets *New-ManagementScope*.

Exklusive Bereiche sind vor allem für Objekte mit hohen Sicherheitsanforderungen, zum Beispiel das Postfach des Geschäftsführers, gedacht und können solche Objekte besonders schützen.

Erstellen Sie einen exklusiven Bereich, können nur die Benutzer, die diesem exklusiven Bereich zugewiesen sind, die Objekte in diesem Bereich ändern. Andere Rollenempfänger können keine Objekte in diesem Bereich ändern, auch dann nicht, wenn sich ihre Rollen über Bereiche erstrecken, die die exklusiven Objekte ansonsten einschließen würden.

Exklusive Bereiche überschreiben andere reguläre Bereiche. Exklusive Bereichsfilter erstellen Sie mit dem Cmdlet *New-ManagementScope*. Sie können mit dem Cmdlet verschiedene Optionen verwenden, um die Bereiche zu unterteilen. Die Bereiche sind in Empfänger und Konfiguration sowie in reguläre und exklusive Bereiche unterteilt. Dazu verwenden Sie folgende Optionen des Cmdlets *New-ManagementScope*:

- **Exklusiver gefilterter Empfängerbereich** *RecipientRestrictionFilter* mit der Option *Exclusive*
- **Exklusiver gefilterter serverbasierter Konfigurationsbereich** *ServerRestrictionFilter* mit der Option *Exclusive*

Beim Erstellen eines Bereichs verändern Sie den Schreibbereich, der für die Verwaltungsrolle festgelegt ist. Der Administrator darf nur noch Änderungen im festgelegten Verwaltungsbereich, zum Beispiel bei den Empfängern in einer bestimmten Organisationseinheit (OU), vornehmen.

Der für die Verwaltungsrolle konfigurierte Lesebereich ist immer aktiv, das heißt, die Einstellungen anderer Empfänger darf der Administrator anzeigen, aber nicht bearbeiten. Erstellen Sie einen Empfängerfilter für einen Verwaltungsbereich, können Sie zusätzlich noch eine Organisationseinheit angeben.

Syntax:

```
New-ManagementScope -Name <Name des Verwaltungsbereichs>
-RecipientRestrictionFilter <Filter> [-RecipientRoot <OU>]
New-ManagementScope -Name <Name des Verwaltungsbereichs> -ServerList <Server 1>,
<Server 2...>
```

Beispiele:

```
New-ManagementScope -Name "Vertriebsmitarbeiter" -RecipientRestrictionFilter
{ RecipientType -eq 'UserMailbox' } -RecipientRoot "contoso.com/Vertriebs-OU"
New-ManagementRole -Name "Server am Standort Berlin" -ServerRestrictionFilter
{ ServerSite -eq 'Berlin' }
New-ManagementScope -Name "Postfachserver" -ServerList MBX1,MBX3,MBX5
```

Erstellen Sie exklusive Verwaltungsbereiche, dürfen nur die Rollenempfänger, denen der exklusive Bereich zugewiesen ist, auf enthaltene Objekte zugreifen. Beispiel:

```
New-ManagementScope "Leitende Angestellte" -RecipientRestrictionFilter
{ Department -Eq "Leitende Angestellte" } -Exclusive
```

Um Verwaltungsbereiche zu löschen, verwenden Sie die Syntax *Remove-ManagementScope <Name des Verwaltungsbereichs>*.

Die Details eines Verwaltungsbereichs lassen Sie sich mit dem Cmdlet *Get-ManagementScope |fl* anzeigen.

Ohne Parameter können Sie sich eine Liste aller angelegten Verwaltungsbereiche anzeigen lassen. Das Cmdlet listet exklusive und reguläre Bereiche auf. Eine Liste aller Verwaltungsbereiche, die keinen Administratoren zugewiesen sind, erhalten Sie mit *Get-Management -Scope-Orphan*.

Wollen Sie nur reguläre oder exklusive Verwaltungsbereiche anzeigen, verwenden Sie die folgenden Befehle:

Mit *Get-ManagementScope -Exclusive $true* lässt sich eine Liste der exklusiven Bereiche, mit *Get-ManagementScope -Exclusive $false* eine Liste der regulären Bereiche anzeigen.

Erstellte Verwaltungsbereiche lassen sich nachträglich ändern:

```
Set-ManagementScope <Name des Verwaltungsbereichs> -Name <Neuer Name des
Verwaltungsbereichs>
```

Neben dem Namen können Sie zum Beispiel auch die Filter ändern, auf deren Basis der Verwaltungsbereich aufgebaut ist:

```
Set-ManagementScope <Name des Verwaltungsbereichs> -RecipientRestrictionFilter
{ <Neuer Filter> }
```

Wollen Sie die oberste Ebene der Organisationseinheiten festlegen, in denen ein Administrator Änderungen vornehmen darf, verwenden Sie die folgende Syntax:

```
Set-ManagementScope <Name des Verwaltungsbereichs> -RecipientRoot <OU>
```

Generell sind die Möglichkeiten des Cmdlets *Set-ManagementScope* identisch mit den Möglichkeiten von *New-ManagementScope*:

```
Set-ManagementScope <Name des Verwaltungsbereichs> -ServerRestrictionFilter
{ <Neuer Filter> }
```

Die Serverliste für einen Verwaltungsbereich lässt sich allerdings nicht einfach ändern. Wollen Sie sie nachträglich anpassen, müssen Sie den Verwaltungsbereich neu erstellen und zuweisen, indem Sie die neue Serverliste verwenden. Den alten Verwaltungsbereich mit der alten Serverliste können Sie danach löschen.

13.4 Verknüpfte Rollengruppen verwalten

Sie können mit einer verknüpften Verwaltungsrollengruppe Mitglieder einer universellen Sicherheitsgruppe (Universal Security Group, USG) in einer fremden Active Directory-Gesamtstruktur berechtigen, Ihre Exchange-Organisation zu verwalten.

Wenn Sie eine universelle Sicherheitsgruppe in einer fremden Gesamtstruktur einer verknüpften Rollengruppe zuordnen, werden ihren Mitgliedern die Berechtigungen der Verwaltungsrollen gewährt, die der verknüpften Rollengruppe zugewiesen sind. Mit den Cmdlets *New-RoleGroup* und *Set-RoleGroup* können Sie verknüpfte Verwaltungsrollengruppen erstellen und konfigurieren.

Sie müssen für verknüpfte Rollengruppen zunächst eine unidirektionale Vertrauensstellung zwischen der Active Directory-Ressourcengesamtstruktur, in der sich die verknüpfte Rollengruppe befinden soll, und der fremden Active Directory-Gesamtstruktur, in der sich die Benutzer oder die universellen Sicherheitsgruppen befinden, erstellen.

Sie müssen den vollqualifizierten Domänennamen (FQDN) eines Domänencontrollers und den Namen der universellen Sicherheitsgruppe in der fremden Active Directory-Gesamtstruktur kennen, die die Mitglieder enthält, die Sie der verknüpften Rollengruppe zuordnen wollen.

13.4.1 Vertrauensstellungen zwischen Active Directory-Gesamtstrukturen erstellen

Zur Verbindung von zwei Gesamtstrukturen muss zunächst eine Vertrauensstellung eingerichtet werden. Die Vertrauensstellungen werden im Snap-In *Active Directory-Domänen und -Vertrauensstellungen* verwaltet. Wenn Sie in diesem Tool die Eigenschaften einer Domäne aufrufen, finden Sie auf der Registerkarte *Vertrauensstellungen* alle Vertrauensstellungen dieser Domäne. Generell gibt es in Active Directory zunächst zwei verschiedene Arten von Vertrauensstellungen, *unidirektionale* und *bidirektionale*. Bei unidirektionalen Vertrauensstellungen vertraut eine Domäne der anderen, aber nicht umgekehrt. Das heißt, die Benutzer der Domäne 1 können zwar auf Ressourcen der Domäne 2 zugreifen, aber die Benutzer in der Domäne 2 nicht auf Ressourcen in der Domäne 1. Dieser Vorgang ist auch umgekehrt denkbar.

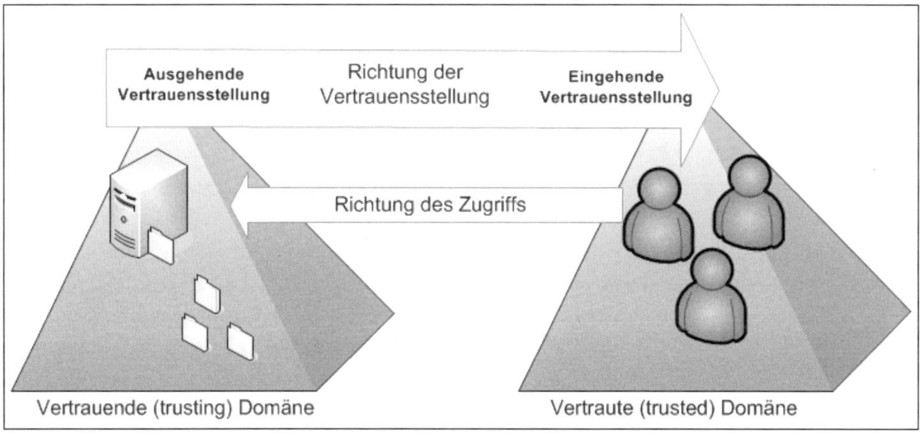

Abb. 13.3 Vertrauensstellungen in Active Directory verstehen

Weitere Unterscheidungen der Vertrauensstellungen in Active Directory sind *ausgehende* und *eingehende* Vertrauensstellungen. Bei ausgehenden Vertrauensstellungen vertraut die Domäne 1 der Domäne 2. Das heißt, Anwender der Domäne 2 dürfen auf Ressourcen der Domäne 1 zugreifen.

Bei diesem Vorgang ist die Domäne, von der die Vertrauensstellung ausgeht, die *vertrauende (trusting)* Domäne. Bei der Domäne mit der eingehenden Vertrauensstellung handelt es sich um die *vertraute (trusted)* Domäne, in der die Benutzerkonten angelegt sind, die Berechtigungen in der vertrauenden Domäne haben.

Bevor eine Vertrauensstellung erstellt wird, prüft der Server die Eindeutigkeit in folgender Reihenfolge:

- Den NetBIOS-Namen der Domäne
- Den Fully Qualified Domain Name (FQDN) der Domäne
- Den Security Identifier (SID) der Domäne

Diese drei Punkte müssen eindeutig sein, da ansonsten keine Vertrauensstellung erstellt werden kann. Wenn der Domänen-SID identisch ist, muss eine der beiden Domänen erneut installiert werden. Diese Szenarien können zutreffen, wenn eine Domäne von der anderen geklont oder nach dem Installieren des Betriebssystems auf einem Server dieser geklont wurde und anschließend *Sysprep* nicht angewendet worden ist. Meistens erhalten Sie in diesem Fall eine Fehlermeldung in der Art *Dieser Vorgang kann nicht auf der aktuellen Domäne ausgeführt werden.*

13.4.2 Varianten der Vertrauensstellungen in Active Directory

Neben den beschriebenen Vertrauensstellungen in Active Directory gibt es verschiedene Möglichkeiten, nachträglich manuelle Vertrauensstellungen einzurichten:

- Externe Vertrauensstellungen zu einer anderen Struktur oder Domäne
- Gesamtstrukturübergreifende Vertrauensstellungen, um die Rootdomänen von zwei unterschiedlichen Gesamtstrukturen zu verbinden. Alle Domänen der beiden Gesamtstrukturen vertrauen sich anschließend automatisch transitiv.
- Vertrauensstellungen zu einem Nicht-Windows-Kerberos-System
- Vertrauensstellungen zwischen untergeordneten Domänen verschiedener Strukturen, sogenannte Shortcut Trusts oder abkürzende Vertrauensstellungen, sind ebenfalls möglich. Diese Art der Vertrauensstellung wird häufig verwendet, um den Zugriff auf Ressourcen zwischen Domänen zu beschleunigen. In Active Directory vertrauen sich alle Domänen innerhalb einer Struktur untereinander. Diese Einrichtung der transitiven Vertrauensstellungen erfolgt automatisch. Es werden allerdings keine Vertrauensstellungen zwischen untergeordneten Domänen verschiedener Strukturen eingerichtet, sondern nur zwischen den Rootdomänen der einzelnen Strukturen. Wenn Anwender auf Daten verschiedener untergeordneter Domänen zugreifen wollen, muss die Authentifizierung daher immer den Weg bis zur Rootdomäne der eigenen Struktur gehen, dann zur Rootdomäne der anderen Struktur und schließlich zur entsprechenden untergeordneten Domäne. Diese Authentifizierung kann durchaus einige Zeit dauern.

13.4.3 Vertrauensstellung einrichten

Wenn Sie eine Vertrauensstellung zu einer externen Domäne erstellen wollen, sollten Sie zunächst sicherstellen, dass die Namensauflösung zwischen den Domänen fehlerfrei funktioniert. Erst wenn die Namensauflösung stabil und zuverlässig arbeitet, sollten Sie die Vertrauensstellung einrichten. Bei verschiedenen Gesamtstrukturen arbeiten Sie auf den DNS-Servern am besten mit bedingten Weiterleitungen. Testen können Sie die Namensauflösung dann mit dem Befehlszeilentool *Nslookup*.

1. Um eine Vertrauensstellung einzurichten, rufen Sie im Snap-In *Active Directory-Domänen und -Vertrauensstellungen* die Eigenschaften der Domäne auf, von der die Vertrauensstellung ausgehen soll.
2. Wechseln Sie in den Eigenschaften auf die Registerkarte *Vertrauensstellungen*.
3. Klicken Sie auf die Schaltfläche *Neue Vertrauensstellung*. Es erscheint der Assistent zur Einrichtung neuer Vertrauensstellungen. Bestätigen Sie das Fenster und geben Sie auf der zweiten Seite den Namen der Domäne an, zu der Sie eine Vertrauensstellung einrichten wollen.
4. Wenn Sie eine Vertrauensstellung zu einer Active Directory-Domäne aufbauen wollen, verwenden Sie am besten den DNS-Namen. Wählen Sie anschließend die Art der Vertrauensstellung aus.

Bei einer externen Vertrauensstellung kann eine uni- oder bidirektionale Vertrauensstellung zu einer einzelnen Domäne (in einer separaten Gesamtstruktur) eingerichtet werden.

Diese Art einer Vertrauensstellung ist nie transitiv. Eine externe Vertrauensstellung kann notwendig sein, wenn Benutzer Zugriff auf Ressourcen einer anderen Domäne in einer anderen Gesamtstruktur benötigen und keine Gesamtstrukturvertrauensstellung besteht.

Dadurch wird eine explizite Vertrauensstellung nur zu dieser einen Domäne erstellt. Wenn diese Domäne weiteren Domänen vertraut, bleibt der Zugriff auf die weiteren Domänen verwehrt. Gesamtstrukturvertrauensstellungen haben den Vorteil, dass sie eine vollständige Kerberos-Integration zwischen Gesamtstrukturen bieten, und zwar bidirektional und transitiv.

Für die gesamtstrukturübergreifenden Vertrauensstellungen müssen einige Voraussetzungen geschaffen werden:

- Stellen Sie sicher, dass die Namensauflösung zwischen den Gesamtstrukturen funktioniert. Stellen Sie domänenspezifische Weiterleitungen her und überprüfen Sie, ob sich die Domänencontroller der beiden Gesamtstrukturen untereinander per DNS auflösen können. Alternativ können Sie einen DNS-Server erstellen, der für die Zonen beider Gesamtstrukturen zuständig ist.
- Bei gesamtstrukturübergreifenden Vertrauensstellungen müssen Sie nur die beiden Rootdomänen der Gesamtstrukturen durch eine Vertrauensstellung verbinden. Dann vertrauen sich die Domänen der beiden Gesamtstrukturen transitiv, sodass Sie durch eine Vertrauensstellung mehrere Domänen miteinander verbinden können.

Nach der Auswahl der Art der Vertrauensstellung können Sie festlegen, ob Sie eine unidirektionale oder bidirektionale Vertrauensstellung aufbauen wollen:

- **Bidirektional** In diesem Fall können sich die Anwender beider Domänen in der jeweils anderen Domäne authentifizieren.
- **Unidirektional: eingehend** Bei dieser Variante legen Sie fest, dass es sich bei dieser Domäne um die vertraute Domäne der Vertrauensstellung handelt. In diesem Fall können sich die Benutzer dieser Domäne bei der anderen Domäne authentifizieren.
- **Unidirektional: ausgehend** Bei dieser Vertrauensstellung konfigurieren Sie, dass sich ausschließlich die Anwender der anderen Domäne bei dieser Domäne anmelden dürfen. Die Benutzer dieser Domäne können sich hingegen nicht bei der anderen Domäne anmelden.

Im nächsten Fenster können Sie bei *Gesamtstrukturvertrauensstellungen* auswählen, ob Sie auch gleich die Vertrauensstellung in der anderen Domäne der anderen Gesamtstruktur erstellen wollen.

Im nächsten Fenster legen Sie den Bereich der Authentifizierung der Vertrauensstellung fest. Die meisten Administratoren verwenden hier die Option *Ausgewählte Authentifizierung* beziehungsweise bei einer Gesamtstrukturvertrauensstellung die Option *Gesamtstrukturweite Authentifizierung*. Dabei können die Anwender der anderen Domäne durch Gruppenmitgliedschaften oder direkte Berechtigungen auf die Ressourcen dieser Domäne zugreifen.

Wenn Sie die Variante *Ausgewählte Authentifizierung* auswählen, müssen Sie für jeden Server, auf den die Anwender der anderen Domäne zugreifen dürfen, in den Sicherheitseinstellungen die Option *Darf authentifizieren* aktivieren. Durch diese Einstellung erhöhen Sie zwar die Sicherheit auf der anderen Seite, aber auch den Verwaltungsaufwand für die Berechtigungsstruktur.

Wenn Sie diese Option aktivieren, wird der Zugriff auf die einzelnen Server im Unternehmen für die Benutzer der anderen Domäne verweigert. Erst muss diese Verweigerung für jeden Server mit Aktivierung der Option *Darf authentifizieren* einzeln zurückgenommen werden. Im nächsten Fenster müssen Sie ein Kennwort für die Vertrauensstellung festlegen. Merken Sie sich dieses Kennwort, da Sie es unter Umständen später wieder für die Verifizierung verwenden müssen.

> Verbinden Sie zwei Gesamtstrukturen durch eine gesamtstrukturübergreifende Vertrauensstellung, sollten Sie sicherstellen, dass möglichst alle Domänennamen eindeutig sind. Sobald in den Gesamtstrukturen doppelte DNS- oder NetBIOS-Namen auftreten, können diese Domänen nicht auf Ressourcen der jeweils anderen Gesamtstruktur zugreifen.

Wählen Sie im nächsten Fenster aus, ob Sie die Vertrauensstellung überprüfen wollen. Wenn die Erstellung einer Vertrauensstellung nicht funktioniert, liegt es fast immer an Problemen mit der Namensauflösung oder entsprechenden Berechtigungen. Unter Umständen müssen Sie sich bei der Überprüfung der Vertrauensstellung erneut in der anderen Domäne authentifizieren.

Wenn in Ihrer Gesamtstruktur mehrere Strukturen eingesetzt werden, können Sie in der gesamtstrukturübergreifenden Vertrauensstellung festlegen, welche Namensräume beziehungsweise Strukturen sie nutzen kann. Sie können einzelne Namensräume aus dem Routing entfernen oder später über die Eigenschaften der Vertrauensstellung hinzufügen. Für die Verwaltung dieser verschiedenen Strukturen können Sie in den Eigenschaften der Vertrauensstellung die Registerkarte *Namensuffixrouting* verwenden.

13.4.4 Verknüpfte Rollengruppe erstellen

Gehen Sie zum Erstellen einer verknüpften Rollengruppe und zum Zuordnen von Verwaltungsrollen folgendermaßen vor:

1. Speichern Sie die Anmeldeinformationen für die fremde Active Directory-Gesamtstruktur in einer Variablen.

   ```
   $ForeignCredential = Get-Credential
   ```

2. Erstellen Sie die verknüpfte Verwaltungsrollengruppe mit folgender Syntax:

   ```
   New-RoleGroup <Verwaltungsrollengruppe> -LinkedForeignGroup <Name der
   universellen Gruppe> -LinkedDomainController <FQDN eines Domänencontrollers in
   der fremden Gesamtstruktur>
   -LinkedCredential $ForeignCredential -Roles <Verwaltungsrollen, die Sie zuweisen
   wollen, durch Komma getrennt>
   ```

3. Fügen Sie über das Snap-In *Active Directory-Benutzer und -Computer* in der fremden Active Directory-Gesamtstruktur die Mitglieder der universellen Sicherheitsgruppe hinzu.

Sie können die universelle Sicherheitsgruppe ändern, die der verknüpften Verwaltungsrollengruppe zugeordnet ist. Sie verwenden dazu das Cmdlet *Set-RoleGroup*. Gehen Sie zum Ändern folgendermaßen vor:

1. Speichern Sie die Anmeldeinformationen für die fremde Active Directory-Gesamtstruktur in einer Variablen, indem Sie den folgenden Befehl in der Exchange-Verwaltungsshell eingeben:

   ```
   $ForeignCredential = Get-Credential
   ```

2. Ändern Sie die verknüpfte Verwaltungsrollengruppe mit folgender Syntax ab:

```
Set-RoleGroup <Verwaltungsrollengruppe> -LinkedForeignGroup <Name der neuen
universellen Gruppe> -LinkedDomainController <FQDN eines Domänencontrollers in
der fremden Gesamtstruktur> -LinkedCredential $ForeignCredential -Roles
<Verwaltungsrollen, die Sie zuweisen wollen, durch Komma getrennt>
```

3. Fügen Sie über das Snap-In *Active Directory-Benutzer und -Computer* die Mitglieder der fremden universellen Sicherheitsgruppe hinzu.

Sie können die standardmäßig angelegten Verwaltungsrollengruppen in Exchange SE über Kopien als verknüpfte Verwaltungsrollengruppen neu erstellen. Exchange übernimmt bei diesem Vorgang alle Verwaltungsrollen und Verwaltungsbereiche:

1. Erstellen Sie in der fremden Gesamtstruktur eine universelle Sicherheitsgruppe für jede Verwaltungsrollengruppe, die Sie mit den neuen Verwaltungsrollengruppen verknüpfen wollen.
2. Speichern Sie die Anmeldeinformationen für die fremde Active Directory-Gesamtstruktur in einer Variablen. Die Variable können Sie auch für die anderen Gruppen verwenden:

```
$ForeignCredential = Get-Credential
```

3. Zeigen Sie alle Verwaltungsrollengruppen an:

```
$RoleGroup = Get-RoleGroup <Name der Verwaltungsrollengruppe>
```

4. Geben Sie den folgenden Befehl ein:

```
New-RoleGroup "<Verwaltungsrollengruppe> - Verknüpft" -LinkedForeignGroup <Name
der universellen Gruppe> -LinkedDomainController <FQDN eines Domänencontrollers
in der fremden Gesamtstruktur> -LinkedCredential $ForeignCredential -Roles
$RoleGroup.Roles
```

5. Wiederholen Sie Schritt 4 für jede Verwaltungsrollengruppe, die Sie als verknüpfte Verwaltungsrollengruppe erstellen wollen.

Um die Verwaltungsrollengruppe für die Organisationsverwaltung (*Organization Management*) als verknüpfte Rollengruppe zu erstellen, müssen Sie etwas anders vorgehen, da diese Verwaltungsrollengruppe über die höchsten Rechte in der Exchange-Organisation verfügt:

1. Erstellen Sie in der fremden Gesamtstruktur eine universelle Sicherheitsgruppe, die Sie mit der Verwaltungsrollengruppe *Organization Management* verknüpfen wollen.
2. Speichern Sie die Anmeldeinformationen für die fremde Active Directory-Gesamtstruktur in einer Variablen:

```
$ForeignCredential = Get-Credential
```

3. Speichern Sie alle Rollenzuweisungen der Verwaltungsrollengruppe *Organization Management* in einer Variablen:

```
$OrgMgmt = Get-RoleGroup "Organization Management"
```

4. Erstellen Sie die verknüpfte Rollengruppe *Organization Management* und fügen Sie die entsprechenden Verwaltungsrollen hinzu:

```
New-RoleGroup "Organization Management - Verknüpft" -LinkedForeignGroup <Name
der universellen Sicherheitsgruppe> -LinkedDomainController <Name eines DCs in
der fremden Gesamtstruktur> -LinkedCredential $ForeignCredential -Roles
$OrgMgmt.Roles
```

5. Entfernen Sie alle regulären Zuweisungen zwischen der verknüpften Rollengruppe *Organization Management* und den *My**-Endbenutzerrollen:

```
Get-ManagementRoleAssignment -RoleAssignee "Organization Management -Verknüpft"
-Role My* | Remove-ManagementRoleAssignment
```

6. Fügen Sie delegierende Rollenzuweisungen zwischen der verknüpften Rollengruppe *Organisationsverwaltung* und allen Verwaltungsrollen hinzu:

```
Get-ManagementRole | New-ManagementRoleAssignment -SecurityGroup "Organization
Management - Verknüpft" -Delegating
```

13.5 Verwaltung von Rollengruppen überwachen

Sie können sich im Exchange Admin Center anzeigen lassen, wer Änderungen an den Berechtigungen vornimmt, also anderen Benutzern Administratorrechte zuteilt. Die entsprechenden Informationen rufen Sie direkt im Exchange Admin Center ab:

1. Klicken Sie auf *Verwaltung der Compliance/Überwachung/Administrator-Rollengruppenbericht ausführen*.
2. Wählen Sie die Rollengruppe aus, die Sie überwachen wollen.
3. Klicken Sie auf *Suchen*. Im Fenster sehen Sie jetzt alle durchgeführten Änderungen.

In der Exchange Management Shell können Sie die Administratoren und deren Berechtigungen anzeigen. Über das Cmdlet *Get-ManagementRoleAssignment* mit der Option *GetEffectiveUsers* lassen Sie die Rechte anzeigen:

```
Get-ManagementRoleAssignment -Role <Verwaltungsrolle> -GetEffectiveUsers
```

Wollen Sie nur einen bestimmten Benutzer anzeigen, verwenden Sie den folgenden Befehl:

```
Get-ManagementRoleAssignment -Role <Verwaltungsrolle> -GetEffectiveUsers | Where
{ $_.Effec-tiveUserName -Eq "<Name des Benutzers>" }
```

Wollen Sie alle Verwaltungsrollen anzeigen, die Sie einem Benutzer zugewiesen haben, verwenden Sie:

```
Get-ManagementRoleAssignment -GetEffectiveUsers | Where { $_.EffectiveUserName
-Eq "<Name des Benutzers>" }
```

13.6 Endbenutzerrollen – Zuweisungsrichtlinien für Verwaltungsrollen

Neben den Administratorrollen zur Verwaltung der Exchange-Server können Sie in Exchange auch die Rechte von Benutzern für ihr eigenes Postfach steuern. Dazu verwenden Sie zum Beispiel die Zuweisungsrichtlinien.

Exchange SE bietet eine Standard-Rollenzuweisungsrichtlinie. Benutzer, deren Postfächer dieser Rollenzuweisungsrichtlinie zugeordnet sind, können folgende Aufgaben ausführen:

- Beitreten zu oder Verlassen von Verteilergruppen, die Mitgliedern das Verwalten der eigenen Mitgliedschaft gestatten

- Anzeigen und Ändern von Postfacheinstellungen ihrer eigenen Postfächer. Dazu zählen zum Beispiel Posteingangsregeln, Rechtschreibprüfung, Junk-E-Mail und Smartphones
- Ändern ihrer Kontaktdaten, wie zum Beispiel geschäftliche Adresse und Telefonnummer, Mobiltelefonnummer und Pagernummer
- Erstellen, Ändern oder Anzeigen von Einstellungen für Textnachrichten
- Anzeigen oder Ändern von Voicemaileinstellungen
- Anzeigen und Ändern ihrer Marketplace-Apps
- Erstellen von Teampostfächern und Verbinden dieser Postfächer mit SharePoint-Listen

Eine Richtlinie für die Verwaltungsrollenzuweisung ist eine Sammlung aus einer oder mehreren Verwaltungsrollen, mit denen Endbenutzer ihre eigene Postfach- und Verteilergruppenkonfiguration verwalten können.

Mit Rollenzuweisungsrichtlinien können Sie festlegen, welche Einstellungen Benutzer für Postfächer und Verteilergruppen ändern dürfen. Die Richtlinie für die Verwaltungsrollenzuweisung ist ein spezielles Objekt in Exchange SE. Die Kombination aller Rollen in einer Rollenzuweisungsrichtlinie legt fest, was der Benutzer in seinem Postfach oder in der Verteilergruppe verwalten darf.

Eine Verwaltungsrollenzuweisung ist eine Verknüpfung zwischen einer Verwaltungsrolle und einer Rollenzuweisungsrichtlinie. Bei Verwaltungsrollen handelt es sich wiederum um eine Gruppe von Verwaltungsrolleneinträgen. Ein Verwaltungsrolleneintrag ist in diesem Fall ein Cmdlet, Skript oder eine Berechtigung. Sie können nur Endbenutzerverwaltungsrollen mit Rollenzuweisungsrichtlinien verwenden.

Verwaltungsrolleneinträge sind die einzelnen Einträge in einer Verwaltungsrolle, die festlegen, welche Cmdlets für die Verwaltungsrolle und die Rollengruppe zur Verfügung stehen. Jeder Rolleneintrag besteht aus einem Cmdlet. Mit dem Cmdlet *Get-RoleAssignmentPolicy* lassen Sie sich alle vorhandenen Zuweisungsrichtlinien anzeigen.

Wollen Sie eine Liste bestimmter Eigenschaften für alle Zuweisungsrichtlinien anzeigen, verwenden Sie die Option *|fl*. Wie immer bei dieser Option können Sie durch Eingabe des folgenden Befehls weitere Optionen detaillierter anzeigen lassen:

```
Get-RoleAssignmentPolicy |fl <Eigenschaft 1>, <Eigenschaft 2>,...
```

Mit dem folgenden Befehl lassen sich die Namen der Zuweisungsrichtlinien festlegen, die als Standard festgelegt sind:

```
Get-RoleAssignmentPolicy |fl Name, IsDefault
```

Wollen Sie alle Postfächer anzeigen, denen eine bestimmte Zuweisungsrichtlinie zugeordnet ist, verwenden Sie das Cmdlet *Get-Mailbox* und geben dessen Ergebnis an das Cmdlet *Where* weiter. Filtern Sie die Daten mit dem Cmdlet *Where*, damit die Exchange Management Shell nur die Postfächer anzeigt, bei denen die Eigenschaft *RoleAssignmentPolicy* den Wert der Zuweisungsrichtlinie enthält, nach der Sie filtern wollen. Verwenden Sie die folgende Syntax:

```
Get-Mailbox | Where { $_.RoleAssignmentPolicy -Eq "<Name der
Zuweisungsrichtlinie>" }
```

Sicherheit und Hochverfügbarkeit

Sie können sich die Zuweisungsrichtlinie, die einem Benutzerkonto zugewiesen ist, auch in den Eigenschaften des Benutzerkontos im Exchange Admin Center anzeigen lassen und die Zuweisung ändern. Rufen Sie dazu das Menü *Postfachfunktionen* in den Eigenschaften eines Benutzerpostfachs auf.

Eine Standard-Rollenzuweisungsrichtlinie ist eine Rollenzuweisungsrichtlinie, die Exchange neuen Postfächern zuweist. Exchange SE verfügt über eine Standard-Rollenzuweisungsrichtlinie, die den Empfängern häufig verwendete Berechtigungen zuteilt. Sie können die Standardberechtigungen in der Standard-Rollenzuweisungsrichtlinie ändern, indem Sie Verwaltungsrollen hinzufügen oder entfernen.

Wollen Sie die Standard-Rollenzuweisungsrichtlinie durch eine eigene Rollenzuweisungsrichtlinie ersetzen, verwenden Sie das Cmdlet *Set-RoleAssignmentPolicy*.

Ändern Sie die Standard-Rollenzuweisungsrichtlinie, weist Exchange den Postfächern, denen sie zugewiesen ist, nicht automatisch die neue Standard-Rollenzuweisungsrichtlinie zu.

Wollen Sie die neue Richtlinie den vorhandenen Postfächern zuweisen, müssen Sie das Cmdlet *Set-Mailbox* mit der Option *RoleAssignmentPolicy* ausführen. Eine explizite Rollenzuweisungsrichtlinie ist eine Richtlinie, die Sie direkt einem Postfach mit der Option *Role-AssignmentPolicy* der Cmdlets *New-Mailbox*, *Set-Mailbox* oder *Enable-Mailbox* manuell zuweisen. Weisen Sie eine explizite Rollenzuweisungsrichtlinie zu, wird sie sofort wirksam und ersetzt die vorher zugewiesene explizite Rollenzuweisungsrichtlinie.

Sie können die Standard-Zuweisungsrichtlinie ändern, die Exchange neuen Postfächern automatisch zuordnet. Dazu verwenden Sie den folgenden Befehl:

```
Set-RoleAssignmentPolicy <Zuweisungsrichtlinie> -IsDefault
```

Neuen Postfächern weist Exchange immer die standardmäßige Zuweisungsrichtlinie zu, auch dann, wenn ihr keine Verwaltungsrollen zugewiesen sind. Bestehenden Postfächern müssen Sie die Richtlinie aber manuell zuordnen.

Die Verwaltungsrollengruppe *MyDistrybutionGroup* darf in Exchange 2010/2013/2019 zum Beispiel nicht nur Mitglieder bestimmter Verteilergruppen hinzufügen oder entfernen, sondern auch Verteilergruppen entfernen und erstellen. Solche Vorgänge wollen Administratoren aber möglichst verhindern.

Es reicht oft aus, wenn bestimmte Anwender die Mitgliedschaften steuern dürfen. Welche Rechte die Benutzerrollengruppe *MyDistributionGroups* hat, sehen Sie auch in der Exchange-Verwaltungsshell, wenn Sie den Befehl *Get-ManagementRoleEntry -Identity MyDistributionGroups\ ** eingeben.

Die Einstellungen vorhandener Verwaltungsrollengruppen sollten Sie nicht anpassen. Besser ist es, wenn Sie eine neue Verwaltungsrollengruppe erstellen und ihr die entsprechenden Mitglieder und Rechte zuweisen. In der Exchange Management Shell verwenden Sie als Beispiel für die Verwaltung von Verteilergruppen den Befehl:

```
New-ManagementRole -Parent "MyDistributionGroups" -Name Contoso-
MyDistributionGroups
```

Sie erstellen mit dem Befehl eine neue Gruppe und weisen ihr die Rechte der übergeordneten Gruppe hinzu.

Sie können die Rechte dafür auch in der Exchange Management Shell steuern. Wollen Sie zum Beispiel verhindern, dass die Anwender zukünftig Verteilergruppen anlegen und löschen dürfen, verwenden Sie zum Beispiel die beiden Befehle:

```
Get-ManagementRoleEntry -Identity "Contoso-MyDistributionGroups\
New-DistributionGroup" | Remove-ManagementRoleEntry
```

und

```
Get-ManagementRoleEntry -Identity "Contoso-MyDistributionGroups\
Remove-DistributionGroup" | Remove-ManagementRoleEntry
```

Auf diesem Weg entfernen Sie auch von anderen Verwaltungsrollengruppen alle Arten gewünschter Rechte.

Haben Sie die Rechte konfiguriert, können Sie sie über die Zuweisungsrollenrichtlinie den Anwendern zuweisen. In Exchange verwenden Sie dazu das Exchange Admin Center und den Bereich *Berechtigungen/Benutzerrollen*.

In den Eigenschaften der *Default Role Assignment Policy* weisen Sie die neu erstellte Verwaltungsrollengruppe hinzu und bestätigen die Änderung. Haben Sie eine zugewiesene Rollengruppe kopiert, entfernen Sie den Haken für die bereits zugewiesene und setzen den Haken bei der von Ihnen erstellten Richtlinie, sodass die Anwender nur die neuen Rechte erhalten. Anschließend wird über die Richtlinie allen Anwendern, denen sie zugewiesen ist, die Verwaltungsrollengruppe zugewiesen.

Durch die Zuweisung an die Richtlinie werden allen Benutzern, denen sie zugewiesen ist, die Rechte erteilt, die Sie der Verwaltungsrollengruppe gegeben haben.

Welche Richtlinie einem Benutzer zugewiesen ist, sehen Sie wiederum in den Einstellungen des entsprechenden Postfachs. In Exchange SE finden Sie die Einstellung über *Empfänger* und dann über das Menü *Postfachfunktionen*. Nehmen Sie größere Änderungen vor, ist es sinnvoll, den Exchange-Server neu zu starten.

13.6.1 Rollenzuweisungsrichtlinien hinzufügen, entfernen und verwalten

Ein Postfach kann nur eine Rollenzuweisungsrichtlinie verwenden. Wollen Sie einigen Benutzern andere Rechte zuweisen, müssen Sie für diese Postfächer eine eigene Rollenzuweisungsrichtlinie anlegen und zuweisen.

Nachdem Sie im Bereich *Berechtigungen/Benutzerrollen* eine neue Rollenzuweisungsrichtlinie erstellt haben, weisen Sie ihr die Verwaltungsrollen zu. Anschließend weisen Sie die Rollenzuweisungsrichtlinie den Postfächern zu. Sie können Verwaltungsrollen auch nachträglich noch hinzufügen und entfernen oder eine andere Rollenzuweisungsrichtlinie als Standard auswählen.

Wollen Sie die Berechtigungen anpassen, die einer Gruppe von Benutzern zugewiesen sind, erstellen Sie eine neue Zuweisungsrichtlinie für Verwaltungsrollen. Dazu wechseln Sie im Exchange Admin Center in den Bereich *Berechtigungen/Benutzerrollen*. Wenn Sie eine neue Zuweisungsrichtlinie angelegt haben, weisen Sie ihr die Verwaltungsrollen zu und ordnen sie anschließend den Benutzern zu. Um eine neue Zuweisungsrichtlinie zu erstellen, verwenden Sie in der Exchange Management Shell den Befehl:

```
New-RoleAssignmentPolicy <Name der neuen Zuweisungsrichtlinie>
```

Erstellen Sie eine neue Zuweisungsrichtlinie und wollen sie als Standardrichtlinie neuen Postfächern zuweisen, verwenden Sie den folgenden Befehl:

```
New-RoleAssignmentPolicy < Name der neuen Zuweisungsrichtlinie > -IsDefault
```

Allerdings übernehmen nur neue Postfächer diese Zuweisungsrichtlinie als Standard. Bei bereits vorhandenen Postfächern müssen Sie die Richtlinie manuell zuweisen. Sie müssen vor dem Entfernen einer Zuweisungsrichtlinie allen Benutzern eine andere Zuweisungsrichtlinie zuordnen. Außerdem müssen Sie ihre Verwaltungsrollenzuweisungen entfernen. Zum Entfernen verwenden Sie dann den Befehl:

```
Remove-RoleAssignmentPolicy <Zuweisungsrichtlinie>
```

Über das Exchange Admin Center können Sie Zuweisungsrichtlinien ebenfalls löschen. Die Zuweisungsrichtlinien, die Postfächern zugeordnet sind, lassen sich auch nachträglich ändern. Zum Ändern rufen Sie das Cmdlet *Set-Mailbox* mit der folgenden Syntax auf:

```
Set-Mailbox <Postfach oder Name> -RoleAssignmentPolicy <Zuweisungsrichtlinie>
```

Wollen Sie die Zuweisungsrichtlinie für alle Postfächer ändern, denen sie zugewiesen ist, verwenden Sie folgenden Befehl:

```
Get-Mailbox | Where { $_.RoleAssignmentPolicy -Eq "<Alte Zuweisungsrichtlinie>" }
| Set-Mailbox -RoleAssignmentPolicy <Neue Zuweisungsrichtlinie>
```

Wenn Sie am Ende des Befehls die Option *-WhatIf* hinzufügen, sehen Sie, was der Befehl durchführen würde, ohne die Änderungen tatsächlich auszuführen.

13.6.2 Verwaltungsrollen zu einer Zuweisungsrichtlinie hinzufügen, entfernen und anzeigen

Eine Zuweisungsrichtlinie wirkt sich erst dann aus, wenn Sie ihr Verwaltungsrollen zuweisen. Dazu verwenden Sie den folgenden Befehl:

```
New-ManagementRoleAssignment -Name <Name der Zuweisung> -Role <Verwaltungsrolle>
-Policy <Zuweisungsrichtlinie>
```

Alternativ können Sie im Exchange Admin Center den Bereich *Berechtigungen/Benutzerrollen* aufrufen. Zum Entfernen der Rollenzuweisung aus der Zuweisungsrichtlinie verwenden Sie die folgende Syntax:

```
Remove-ManagementRoleAssignment <Name der Rollenzuweisung>
```

Klicken Sie zum Bearbeiten im Exchange Admin Center auf *Berechtigungen/Benutzerrollen* und öffnen Sie die Einstellungen der Richtlinie. Anschließend können Sie festlegen, welche Rechte die Anwender erhalten sollen.

Mit dem Cmdlet *Get-ManagementRoleAssignment* lassen Sie sich alle zugewiesenen Verwaltungsrollen einer Zuweisungsrichtlinie anzeigen.

Über das Cmdlet *Get-RoleAssignmentPolicy* können Sie sich die Zuweisungsrichtlinien in der Organisation anzeigen lassen. Um die Verwaltungsrollen für eine Zuweisungsrichtlinie aufzulisten, verwenden Sie den folgenden Befehl:

```
Get-ManagementRoleAssignment -RoleAssignee <Zuweisungsrichtlinie>
```

Um alle Verwaltungsrollen anzuzeigen, die der Standard-Rollenzuweisungsrichtlinie zugewiesen sind, verwenden Sie den folgenden Befehl:

```
Get-ManagementRoleAssignment -RoleAssignee "Default Role Assignment Policy"
```

13.7 Definierte Berechtigungen anzeigen

Die meisten Berechtigungen vergeben Unternehmen auf Basis der Mitgliedschaft in Verwaltungsrollengruppen oder durch das Zuordnen von Zuweisungsrichtlinien zu Endbenutzern. Über das Cmdlet *Get-ManagementRoleAssignment* können Sie mit der Option *-GetEffectiveUsers* anzeigen lassen, welchen Benutzern die Berechtigungen einer Verwaltungsrolle gewährt sind. Dabei ist es unerheblich, ob diese Rechte über Rollengruppen, Verwaltungsrichtlinien oder universelle Sicherheitsgruppen zugeordnet sind.

Die Option *-GetEffectiveUser* zeigt keine Benutzer an, die Mitglieder einer verknüpften fremden Rollengruppe sind. Hier zeigt die Shell alle verknüpften Gruppenmitglieder an. Zur Anzeige verwenden Sie den folgenden Befehl:

```
Get-ManagementRoleAssignment -Role <Verwaltungsrolle> -GetEffectiveUsers
```

Mit dem folgenden Befehl lassen Sie sich nur die Benutzernamen anzeigen:

```
Get-ManagementRoleAssignment -Role <Verwaltungsrolle> -GetEffectiveUsers |fl
EffectiveUserName
```

Wollen Sie einen bestimmten Benutzer anzeigen, dem Sie über eine Verwaltungsrolle Berechtigungen zugeteilt haben, verwenden Sie das Cmdlet *Get-ManagementRoleAssignment* zum Abrufen einer Liste aller effektiven Benutzer und geben die Liste an das Cmdlet *Where* weiter. Das Cmdlet *Where* filtert die Ausgabe und zeigt nur die gewünschten Benutzer an. Verwenden Sie die folgende Syntax:

```
Get-ManagementRoleAssignment -Role <Verwaltungsrolle> -GetEffectiveUsers | Where
{ $_.EffectiveUserName -Eq "<Name des Benutzers>" }
```

Wollen Sie alle Verwaltungsrollen anzeigen, die Sie einem Benutzer zugewiesen haben, verwenden Sie ebenfalls das Cmdlet *Get-ManagementRoleAssignment* zum Anzeigen aller effektiven Benutzer und filtern mit dem Cmdlet *Where* die Anzeige:

```
Get-ManagementRoleAssignment -GetEffectiveUsers | Where { $_.EffectiveUserName
-Eq "<Name des Benutzers>" }
```

Die Ausgabe des Cmdlets *Get-ManagementRoleAssignment* lässt sich mit der Option *|fl* oder *|ft <Eigenschaft 1>, <Eigenschaft 2>,...* filtern. Dazu stehen vor allem folgende Eigenschaften zur Filterung zur Verfügung:

- **EffectiveUserName** Name des Benutzers
- **Role** zeigt die Rolle an, über die die Berechtigungen zugeteilt sind.
- **RoleAssigneeName** Bezeichnung der Rollengruppe, Zuweisungsrichtlinie oder universellen Sicherheitsgruppe, die der Rolle zugewiesen ist und den Benutzer in der Eigenschaft *EffectiveUserName* enthält
- **RoleAssigneeType** zeigt an, ob die Rollenzuweisung einer Rollengruppe, einer Zuweisungsrichtlinie, einer universellen Sicherheitsgruppe oder einem Benutzer zugeordnet ist.

- **AssignmentMethod** zeigt an, ob es sich um eine direkte oder indirekte Zuweisung zwischen der Rolle und dem Rollenempfänger handelt.
- **CustomRecipientWriteScope** zeigt den benutzerdefinierten Empfängerschreibbereich an.
- **CustomConfigWriteScope** zeigt den benutzerdefinierten Konfigurationsschreibbereich an.

13.8 Zusammenfassung

In diesem Kapitel habe ich Ihnen über diverse Anleitungen gezeigt, wie Sie die Berechtigungen in Exchange für Administratoren und Benutzer korrekt setzen. Zusätzlich habe ich einige Möglichkeiten zur Berichterstellung, für den Aufbau von Vertrauensstellungen und Zusatztools aufgezeigt.

Im nächsten Kapitel gehe ich auf das Thema Datensicherung in Exchange SE ein.

Kapitel 14

Datensicherung und Wiederherstellung

Bei der Verwaltung von Exchange SE spielt die Datensicherung eine besondere Rolle. In vielen Unternehmen ist eine spezielle Sicherungssoftware im Einsatz, die Exchange sichern kann. Administratoren sollten die Vorgänge zum Ablauf der Sicherung von Exchange verstehen, damit bei Wiederherstellungen keine Probleme auftauchen. Es gibt zwei verschiedene Varianten der Datensicherung von Exchange: die Onlinesicherung und die Offlinesicherung. In diesem Kapitel finden Sie alle wichtigen Informationen, die Sie zur Sicherung von Exchange SE benötigen.

14.1 Grundlagen zur Exchange-Sicherung

Da auch Exchange SE auf einer ESE-Datenbank aufbaut, die ständig online ist (siehe Kapitel 5), benötigen Sie zur Sicherung der Datenbank spezielle Exchange-Agents. Die wichtigsten Daten sind in den Datenbankdateien gespeichert. Hier liegen die Inhalte der Postfächer und öffentlichen Ordner. Diese Daten sind in einzelnen *.edb*-Dateien gespeichert (siehe Kapitel 5). Für jede Postfachdatenbank gibt es eine solche Datei. Folgende Daten und Dateien sollten Sie daher sichern:

- Exchange-Datenbankdateien durch eine Exchange-kompatible Datensicherung. Im Notfall können Sie übergangsweise auch die interne Datensicherung von Windows Server 2019 verwenden.
- Exchange-Transaktionsprotokolldateien, die für jede Postfachdatenbank spezifisch sind, durch eine Exchange-kompatible Datensicherung. Gesicherte Dateien löscht anschließend das Sicherungsprogramm, nicht Exchange selbst.
- In der Windows-Registrierung können Sie noch die Pfade *HKLM\SOFTWARE\Microsoft\Exchange* und *HKLM\SYSTEM\CurrentControlset\Services* regelmäßig exportieren. Alternativ sichern Sie den gesamten Status des Servers über ein passendes Sicherungsprogramm oder die interne Sicherung.

Alle Aktionen, die die Benutzer durchführen und die somit Änderungen in der Datenbank zur Folge haben, wie beispielsweise E-Mails schreiben, Termine planen, öffentliche Ordner erstellen und so weiter, muss Exchange speichern.

Damit dieser Speichervorgang jederzeit konsistent und performant ist, arbeitet Exchange ähnlich wie ein Datenbankserver. Jede Änderung und jede Aktion speichert der Server zunächst in ein Transaktionsprotokoll (siehe Kapitel 5). Von dieser Datei arbeitet Exchange dann Änderung für Änderung ab und speichert sie in seiner Datenbank.

Diese Protokolldateien sind für den Betrieb eines Exchange-Servers sowie die Datensicherung unerlässlich. Sobald eine derartige Datei von Exchange vollgeschrieben ist (die maximale Größe beträgt 1 MB), legt der Server automatisch eine neue Transaktionsprotokolldatei an. Werden Transaktionsprotokolle beschädigt, vor allem wenn die darin enthaltenen Änderungen noch nicht in der Datenbank gespeichert sind, ist die zugehörige Datenbank nicht mehr konsistent.

Löschen Sie keinesfalls manuell Transaktionsprotokolle. Führen Sie eine Onlinesicherung Ihrer Datenbank mit einem Exchange-tauglichen Datensicherungsprogramm durch, werden diese Dateien gesichert und danach automatisch gelöscht. Ein manuelles Eingreifen ist nicht notwendig. Selbst wenn Ihnen die Datenbankdatei (*.edb*) verloren geht, können Sie Ihre Exchange-Daten sehr einfach mit den Transaktionsprotokollen wiederherstellen. Das Löschen übernimmt nicht Exchange, sondern das Datensicherungsprogramm.

Zur Not können Sie auch mit dem Windows-eigenen Datensicherungsprogramm die Exchange-Datenbanken auf dem Server sichern. Sie sollten von Beginn an den Exchange-Server online sichern. Versäumen Sie das, besteht die Möglichkeit, dass die Partition, in der die Transaktionsprotokolldateien gespeichert sind, überläuft. Kann Exchange keine neuen Transaktionsprotokolldateien anlegen, da kein Speicherplatz mehr vorhanden ist, stellt der Server seine Funktion ein und kein Benutzer kann sich mehr mit dem System verbinden.

Die Prüfpunktdatei (Checkpoint File) spielt für die Arbeit von Exchange mit den Transaktionsprotokollen und damit der Datenbank eine große Rolle. Jeder Satz von Transaktionsprotokollen und jede Datenbank verfügt über eine eigene Prüfpunktdatei. Sie ist im Ordner der Transaktionsprotokolle gespeichert und hat die Endung *.chk*.

In dieser Datei hält Exchange fest, welche Änderungen aus den Transaktionsprotokollen bereits in die Datenbank geschrieben sind. Geht diese Datei verloren, schreibt Exchange beim Starten des Servers alle Informationen, die in den Transaktionsprotokolldateien vorhanden sind, noch einmal in die Datenbank. Dabei entstehen aber keine Duplikate der Objekte, sondern Exchange überprüft, ob noch Daten in den Transaktionsprotokollen stehen, die nicht in der Datenbank vorhanden sind. Je nach Anzahl Ihrer Transaktionsprotokolle kann dieser Vorgang einige Minuten bis Stunden dauern. Dieser Vorgang wird auch als Soft-Recovery bezeichnet.

In Exchange SE ist standardmäßig die Umlaufprotokollierung deaktiviert. Eine aktivierte Umlaufprotokollierung heißt, dass Exchange keine neuen Transaktionsprotokolle anlegt, sondern nur mit einigen wenigen Protokolldateien arbeitet und diese ständig überschreibt. Sie können die Umlaufprotokollierung bei Exchange SE in den Eigenschaften der Datenbanken unter *Server/Datenbanken* im Menü *Wartung* aktivieren bzw. deaktivieren.

Durch die Aktivierung der Umlaufprotokollierung sparen Sie zwar im Idealfall Festplattenplatz, bei Problemen mit der Datenbank oder einer notwendigen Wiederherstellung kann Exchange jedoch nur noch auf einen begrenzten Datenstamm zurückgreifen (siehe auch Kapitel 5).

Das Herunterfahren eines Exchange-Servers kann etwas dauern, wenn viele Transaktionsprotokolle zu verarbeiten sind. Wird der Server heruntergefahren und das Schreiben in die Datenbank unterbrochen, führt er diesen Vorgang beim nächsten Starten durch. Prinzipiell können Sie mit einer leeren Datenbank und einem vollständigen Satz an Transaktionsprotokollen Ihre Exchange-Datenbank wieder vollständig herstellen.

Der Server führt diese Aufgabe vollkommen selbstständig ohne Eingriff eines Administrators durch. Beenden Sie den Dienst *Microsoft Exchange-Informationsspeicher* und löschen Sie anschließend die Prüfpunktdatei, beginnt der Server beim Starten des Dienstes damit, die Datenbank wiederherzustellen, indem er alle vorhandenen Transaktionsprotokolle in die Datenbank schreibt. Die Prüfpunktdatei wird in diesem Schritt automatisch neu angelegt.

Starten Sie den Dienst, erkennt er, dass die Prüfpunktdatei fehlt, und meldet dies über die Ereignisanzeige im Anwendungsprotokoll. Im Anschluss meldet der Server die einzelnen Transaktionsprotokolle in der Ereignisanzeige, die vom Informationsspeicherdienst abgearbeitet und in die Datenbank geschrieben werden. Für jedes Transaktionsprotokoll, das der Server abarbeitet, sehen Sie einen Eintrag in der Ereignisanzeige. Sind alle Transaktionsprotokolle erfolgreich in die Datenbank geschrieben, erhalten Sie eine abschließende Information, dass die Wiederherstellung der Exchange-Datenbank erfolgreich durchgeführt wurde.

14.2 Onlinesicherung einer Exchange-Datenbank verstehen

Die Onlinesicherung ist der einzig korrekte und professionelle Weg der Datensicherung von Exchange-Datenbanken. Dabei speichert das entsprechende Datensicherungsprogramm den Inhalt der Datenbanken, während die Exchange-Dienste weiterlaufen. Abhängig von der Sicherungsvariante löscht es anschließend die Transaktionsprotokolle, die in die Datenbank geschrieben und gesichert wurden.

Diese Aufgabe übernimmt nicht Exchange selbst, sondern das jeweilige Sicherungsprogramm. Der Sicherungs-Assistent von Windows Server 2019 sichert auch die Exchange-Datenbanken, wenn Sie ihn eingerichtet haben. Sie brauchen dazu keine besonderen Eingaben durchzuführen, da bei der kompletten Sicherung des Servers das Sicherungsprogramm auch Exchange mitberücksichtigt. Allerdings ist das nur übergangsweise eine Lösung. Auf Dauer sollten Sie ein professionelles Sicherungsprogramm für Exchange einsetzen.

14.2.1 Grundlagen zur Onlinesicherung

Bei einer Onlinesicherung liest das Sicherungsprogramm jede einzelne Datenbanktabelle aus den Datenbankdateien (*.edb*) Stück für Stück aus. Dabei belastet es den Server entsprechend. Achten Sie daher darauf, die Sicherung zu einem Zeitpunkt durchzuführen, an dem keine Anwender mehr mit dem Server arbeiten, also immer außerhalb der üblichen Nutzungszeiten. Da aber Änderungen in der Datenbank auch stattfinden können, wenn kein Benutzer angemeldet ist, muss ein weiterer Mechanismus der Datensicherung diese Daten erfassen, wenn die Tabellen von der Sicherung bereits gesichert sind. Exchange schreibt solche Änderungen in sogenannte Patchdateien auf die Festplatte.

Hat das Sicherungsprogramm alle Tabellen gesichert, speichert es zum Schluss die Patchdateien, damit auch wirklich alle Änderungen in der Datensicherung berücksichtigt sind. Zum Abschluss sichert es außerdem standardmäßig die Transaktionsprotokolle und löscht sie anschließend. Die Dateien sollten Sie unter keinen Umständen manuell löschen, sondern ein kommerzielles Sicherungsprogramm verwenden. Programme, die zu Exchange kompatibel sind, führen diese Vorgänge automatisch durch.

Um Ihre Exchange-Datenbanken zu sichern, stehen Ihnen in den diversen Datensicherungsprogrammen verschiedene Möglichkeiten zur Verfügung. Die vollständige oder normale Sicherung ist die geläufigste Art und wird am häufigsten verwendet. Sie dauert sehr lange, da sie alle ausgewählten Daten enthält und deshalb auch am meisten Platz belegt.

Da durch diese Sicherung alle Daten des Systems in einem Sicherungssatz vorliegen, kann eine Wiederherstellung damit sehr schnell erfolgen. Alle gesicherten Daten markiert das Sicherungsprogramm als gesichert, sodass diese Sicherung auch aufbauende Datensicherungstypen wie differenziell oder inkrementell unterstützt. Die Transaktionsprotokolldateien werden vom Programm nach der Sicherung gelöscht.

14.2.2 Inkrementelle Sicherung verstehen

Die inkrementelle Sicherung eines Servers sichert keine Exchange-Datenbanken, sondern nur die Transaktionsprotokolldateien. Nach ihrer Sicherung löscht das Sicherungsprogramm sie. Die Dauer und der Umfang der Festplattenbelegung dieser Sicherung sind daher sehr gering, da dabei nur die geänderten Inhalte seit der letzten Sicherung erfasst werden. Nachdem dadurch aber auch die Exchange-Daten auf verschiedene Sicherungssätze verteilt sind, dauert eine eventuell notwendige Wiederherstellung wesentlich länger als bei der normalen Sicherung, die auch die kompletten Datenbanken enthält. Die Wiederherstellung mit der inkrementellen Sicherung dauert am längsten, denn außer der letzten vollständigen Sicherung müssen Sie auch alle seitdem erfolgten inkrementellen Sicherungen wiederherstellen.

Viele Unternehmen kombinieren inkrementelle Sicherungen mit normalen Sicherungen. In regelmäßigen Abständen, zum Beispiel einmal pro Woche oder Monat, sichern sie die Exchange-Datenbanken vollständig mit der normalen Sicherung. In dem Zeitraum zwischen diesen vollständigen Sicherungen sichern sie die Transaktionsprotokolle inkrementell. Dies ist ein guter Kompromiss zwischen Dauer und Platzverbrauch der Datensicherung und einer schnellen Wiederherstellung der Daten.

Aktivieren Sie für eine Datenbank die Umlaufprotokollierung, können Sie diese Datenbank nicht mehr inkrementell sichern. Bei der Umlaufprotokollierung verwendet Exchange immer denselben Satz an Transaktionsprotokollen. Da die inkrementelle Sicherung die Transaktionsprotokolle löscht, kann sie bei aktivierter Umlaufprotokollierung nicht verwendet werden.

14.2.3 Differenzielle Sicherung verstehen

Bei der differenziellen Sicherung sichert das Datensicherungsprogramm, wie bei der inkrementellen Sicherung, keine Datenbanken, sondern nur die Transaktionsprotokolldateien.

Im Gegensatz zu der inkrementellen Sicherung löscht das Programm die Transaktionsprotokolle aber danach nicht. Sie können beispielsweise Ihre Datenbanken wöchentlich mit der normalen Sicherung vollständig sichern und an den Wochentagen differenziell die Transaktionsprotokolle. Dadurch löschen Sie einmal in der Woche die Transaktionsprotokolle und unter der Woche erfolgt die Sicherung sehr schnell, da das Backupprogramm lediglich die Transaktionsprotokolle sichert. Die Festplattenbelegung von Exchange und die Dauer der Sicherung steigen zwar unter der Woche an, aber am Wochenende gibt das Sicherungsprogramm während der normalen Sicherung wieder Plattenplatz frei, indem es die Transaktionsprotokolle löscht.

Mit der differenziellen Sicherung lässt sich eine Wiederherstellung viel schneller durchführen als mit der inkrementellen, da Sie nur den letzten vollständigen sowie den letzten differenziellen Sicherungssatz wiederherstellen müssen. Da auch die differenzielle Sicherung auf den Transaktionsprotokollen aufbaut, können Sie diese Sicherungsmethode nicht verwenden, wenn Sie für eine Postfachdatenbank die Umlaufprotokollierung aktiviert haben.

14.2.4 Exchange-Datensicherung mit der Windows Server-Sicherung

Sichern Sie Exchange SE mit dem internen Sicherungs-Assistenten in Windows Server 2025, berücksichtigt das Tool auch die Exchange-Datenbanken bei der kompletten Serversicherung. Ähnlich funktioniert die Sicherung mit externen Sicherungsprogrammen.

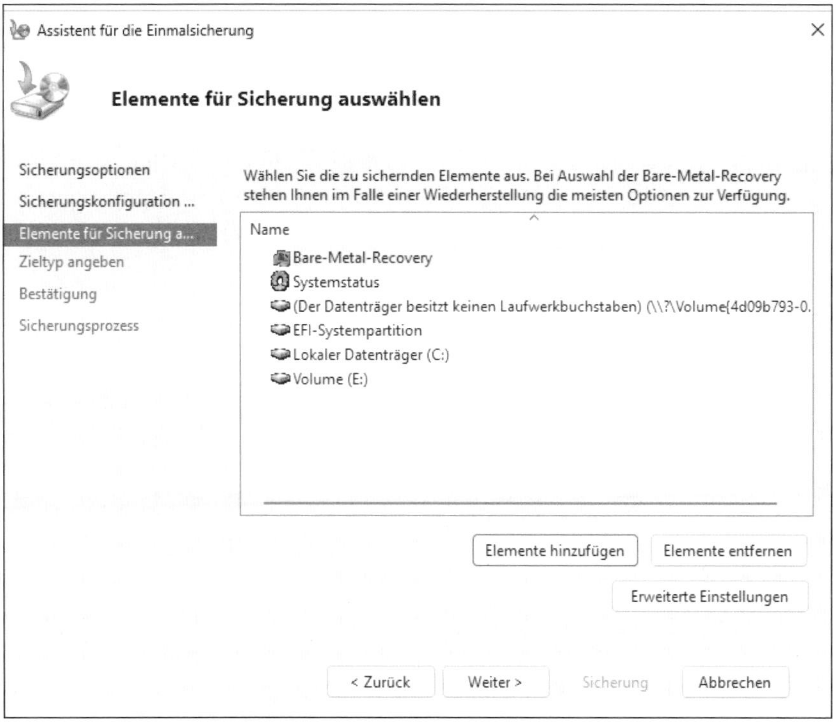

Abb. 14.1 Verwenden der Windows Server-Sicherung für die Datensicherung von Exchange

Das Sicherungsprogramm unterstützt auch die Onlinesicherung der Exchange-Datenbanken. Während der Sicherung führt es eine Konsistenzprüfung der Exchange-Datendateien durch. Der Systemstatus lässt sich inkrementell sichern. Bei der Auswahl der zu sichernden Daten zeigt das Sicherungsprogramm nicht die Exchange-Datenbanken an, sondern bindet sie automatisch ein, wenn Sie den kompletten Server und den Serverstatus sichern lassen.

Bei einer Wiederherstellung können Sie explizit Datenbanken auswählen. Den Zeitpunkt der letzten erfolgreichen Sicherung der Exchange-Datenbank sehen Sie in deren Eigenschaften im Exchange Admin Center (siehe Kapitel 5). Sie können nach einer manuellen Sicherung auch überprüfen, ob das Sicherungsprogramm die Transaktionsprotokolle wie vorgesehen gelöscht hat.

14.2.5 Exchange-Daten mit dem Sicherungsprogramm wiederherstellen

Eine Wiederherstellung starten Sie im Sicherungsprogramm über das Menü *Aktion*. Auch hier führt ein Assistent durch die einzelnen Schritte. Wählen Sie den lokalen Server für die Wiederherstellung aus. Bevor Sie eine Exchange-Datenbank wiederherstellen, sollten Sie zunächst überprüfen, an welchem Datum die letzte vollständige Sicherung durchgeführt wurde. Dazu verwenden Sie zum Beispiel die Exchange Management Shell mit dem folgenden Befehl:

```
Get-MailboxDatabase -Server s1 -Status |fl Name,LastFullBackup
```

Generell ist es empfehlenswert, wenn Sie die Datenbankdateien der Datenbank vor einer Wiederherstellung kopieren, damit Sie bei Problemen eine Wiederholung durchführen können.

Während der Wiederherstellung hebt der Sicherungs-Assistent die Bereitstellung der Datenbank, die Sie wiederherstellen, selbstständig auf und stellt sie nach der Sicherung wieder bereit. Legen Sie das Datum sowie die Uhrzeit der wiederherzustellenden Sicherung fest und wählen Sie als Wiederherstellungstyp die Option *Anwendungen* aus.

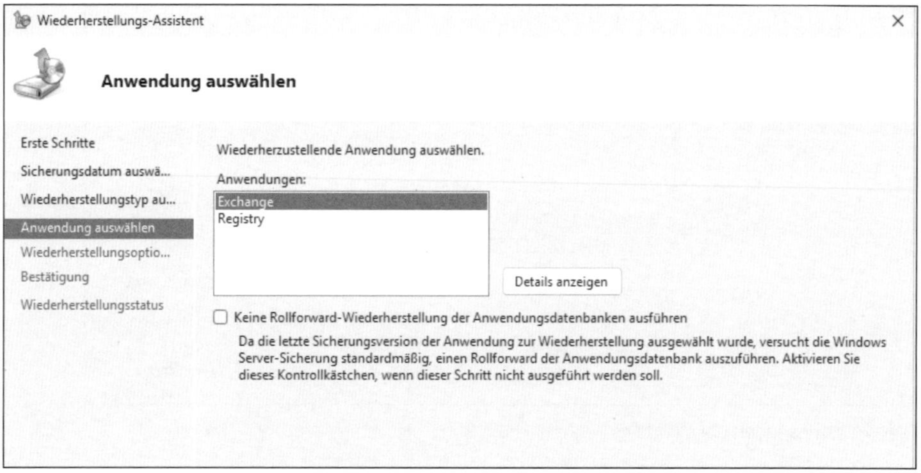

Abb. 14.2 Auswählen von Wiederherstellungsoptionen in der Windows Server-Sicherung

Auf der nächsten Seite muss im Feld *Anwendungen* der Eintrag *Exchange* aufgelistet sein. Dann ist sichergestellt, dass eine Exchange-taugliche Sicherung vorhanden ist. Klicken Sie auf *Details anzeigen*, um sich die gesicherten Exchange-Datenbanken anzeigen zu lassen.

Handelt es sich bei der Sicherung um die aktuellste Version, erscheint noch das Kontrollkästchen *Keine Rollforward-Wiederherstellung der Anwendungsdatenbanken ausführen*. Für eine Rollforward-Wiederherstellung benötigen Sie Transaktionsprotokolle, die nach der Sicherung erstellt wurden. Exchange schreibt sie anschließend in die Datenbank, um die Wiederherstellung zu vervollständigen.

Wählen Sie aus, wo Sie die Daten wiederherstellen wollen. Aktivieren Sie die Option *Am ursprünglichen Speicherort wiederherstellen*, stellt das Sicherungsprogramm alle gesicherten Datenbanken am Ursprungsort wieder her.

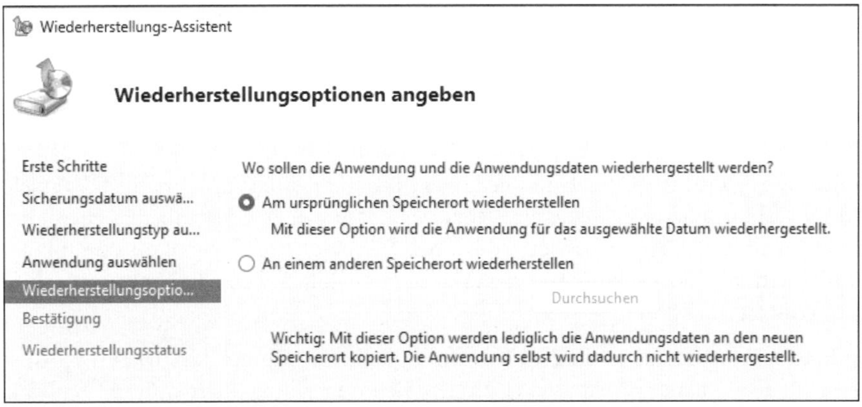

Abb. 14.3 Wiederherstellen kompletter Exchange-Datenbanken

Der Vorgang entspricht dabei der Wiederherstellung einer normalen Datei. Bei aktivierter Option *An einem anderen Speicherort wiederherstellen* können Sie die Datenbanken in einem anderen Ordner wiederherstellen.

Nach der Wiederherstellung können Sie die Datendateien in eine Wiederherstellungsdatenbank integrieren und danach manuell wieder an ihren ursprünglichen Speicherort verschieben oder einzelne Daten aus der Sicherung herstellen. Auf der nächsten Seite klicken Sie dann auf *Wiederherstellen*. Dort sehen Sie den Status der Wiederherstellung. Klicken Sie auf *Schließen*, sobald die Wiederherstellung abgeschlossen ist.

14.3 Offlinesicherung der Exchange-Datenbanken

Die Offlinesicherung ist im Gegensatz zur Onlinesicherung kein Sicherungssystem, bei dem Transaktionsprotokolle gelöscht und Dateien als gesichert markiert werden. Eine Offlinesicherung beinhaltet nur das manuelle Kopieren des Exchange-Ordners und der notwendigen Dateien in einen anderen Ordner, ohne dass dabei eine Überprüfung der Datenbank oder ein Löschen der Transaktionsprotokolle stattfindet. Damit Sie die Exchange-Datenbank kopieren können, müssen Sie notwendige, am besten alle Exchange-Dienste beenden. Nach dem Beenden der Dienste können Sie die Exchange-Daten kopieren und danach die Dienste wieder starten.

Sie sollten diese Sicherung nur in Ausnahmefällen einsetzen und keinesfalls in Ihre Sicherungsstrategie einbauen. In manchen Fällen, zum Beispiel beim Durchführen von Optimierungsarbeiten, Hardwareänderungen am Server oder Fehlerbehebungen, kann eine zusätzliche Offlinesicherung sinnvoll sein, aber auf keinen Fall als einzige Sicherungsstrategie.

Um später Transaktionsprotokolle in ein Offlinebackup einzuspielen, müssen Sie die Dateien der Datenbanken in denselben Ordner kopieren, aus dem Sie sie gesichert haben. Ändern Sie den Pfad der Datenbank nach einem Offlinebackup, müssen Sie zum Einspielen der Transaktionsprotokolle in die Datenbankdateien den früheren Pfad wiederherstellen. Sie können in einem solchen Fall nur die Transaktionsprotokolle zurückspielen, die vor dem Ändern des Datenbankpfads erstellt wurden.

Die Transaktionsprotokolle können Sie hingegen auf einem beliebigen Pfad zurückspielen. Dies liegt daran, dass die Transaktionsprotokolle zwar den Pfad zu den Datenbankdateien fest enthalten, die Datenbankdateien ihn jedoch nicht kennen. Sie sollten sich den Pfad zur Prüfpunktdatei (*E00.chk*) ebenfalls merken. In dieser Datei speichert Exchange ab, welche Transaktionsprotokolle bereits in die Datenbank geschrieben sind. Wollen Sie nach einem Offlinebackup die Transaktionsprotokolle in die Datenbank spielen, müssen Sie diese Datei eventuell löschen.

Überprüfen Sie, ob für die Datenbank die Umlaufprotokollierung aktiviert ist. Dies spielt zwar für die Offlinesicherung direkt keine Rolle; wenn Sie aber eine Datenbank sichern, bei der die Umlaufprotokollierung aktiviert ist, können Sie später keine Transaktionsprotokolle nachträglich in das Offlinebackup einspielen. Das ist nur möglich, wenn die Umlaufprotokollierung deaktiviert ist.

Standardmäßig ist bei Exchange SE die Umlaufprotokollierung immer deaktiviert. Die Konfiguration für die Umlaufprotokollierung finden Sie in den Eigenschaften der Datenbank (siehe Kapitel 5). Als Nächstes sollten Sie überprüfen, auf welchem Datenträger und Pfad die einzelnen Datenbanken und deren Dateien liegen. Auch der Speicherort der Transaktionsprotokolle und der Prüfpunktdatei ist wichtig. Diese Informationen finden Sie, wie die Umlaufprotokollierung, in den Eigenschaften der Postfachspeicher.

Um einen Postfachspeicher oder Informationsspeicher für öffentliche Ordner offline zu sichern, müssen Sie zunächst dessen Bereitstellung aufheben. Sie brauchen nicht die Bereitstellung aller Datenbanken aufzuheben oder den Informationsspeicherdienst zu beenden, wenn Sie nur einzelne Postfachspeicher sichern wollen.

Als Nächstes sollten Sie mit *Eseutil* die Datenbank auf Konsistenz prüfen. Verwenden Sie dazu den Befehl *Eseutil /mh <Pfad zur Datenbankdatei>*, zum Beispiel:

```
Eseutil /mh "C:\Program Files\Microsoft\Exchange Server\V15\Mailbox\Mailbox
Database 0331790163\Mailbox Database 0331790163.edb"
```

Nach der Eingabe des Befehls erscheint auf dem Bildschirm die Ausgabe der Abfrage. Mehr zur Konsistenzprüfung lesen Sie in Kapitel 5. Wenn Sie in der Eingabeaufforderung direkt in den Ordner der Datenbank wechseln, müssen Sie bei *Eseutil* nicht den gesamten Pfad eintragen.

Weist die Datenbank einen inkonsistenten Wert auf oder wird die Meldung ausgegeben, dass sie nicht korrekt heruntergefahren worden ist (Dirty Shutdown), sollten Sie sie wieder bereitstellen und die Bereitstellung nochmals aufheben. Dann sollte die Datenbank allerdings konsistent sein. Falls nicht, liegt vermutlich ein größeres Problem mit Ihrer Datenbank vor und sollte repariert werden (siehe Kapitel 5).

Sie können auch diese Reparatur unter Umständen mit *Eseutil* durchführen. In diesem Fall ist es wichtig, dass die Transaktionsprotokolle noch vorhanden sind, genauso wie die CHK-Datei der Datenbank. Sie verwenden dazu die Option */r*. Der Befehl kann in diesem Fall folgendermaßen aussehen:

```
Eseutil.exe /r e01 /l "C:\log files\Mailbox Database" /d "C:\Program
Files\Microsoft\Exchange Server\V15\Mailbox\Mailbox Database\Mailbox
Database.edb" /a
```

Durch die Option */a* überspringt *Eseutil* eventuelle Fehler, die durch fehlerhafte Transaktionsprotokolle verursacht werden. Zwar können bei diesem Vorgang Daten verloren gehen, dennoch haben Sie danach die Chance, dass die Exchange-Datenbank wieder funktioniert. Einen weiteren Versuch können Sie anschließend noch mit der Option */p* starten:

```
eseutil.exe /p "C:\Databases\Mailbox Database\Mailbox Database.edb"
```

Nach den notwendigen Vorarbeiten können Sie die Datenbankdateien in einen Backupordner kopieren. Sichern Sie auch die restlichen Transaktionsprotokolle vorsichtshalber mit. Haben Sie die Dateien gesichert, können Sie den Postfachspeicher wieder bereitstellen.

Um eine Datenbank offline zu sichern, müssen Sie zunächst ihre Bereitstellung aufheben oder noch besser die Exchange-Dienste auf dem Server beenden. Sie können die Bereitstellung einzelner Datenbanken aufheben, indem Sie im Exchange Admin Center auf die Datenbank klicken und in den weiteren Optionen (die drei Punkte in der Symbolleiste) den Eintrag *Einbindung aufheben* auswählen.

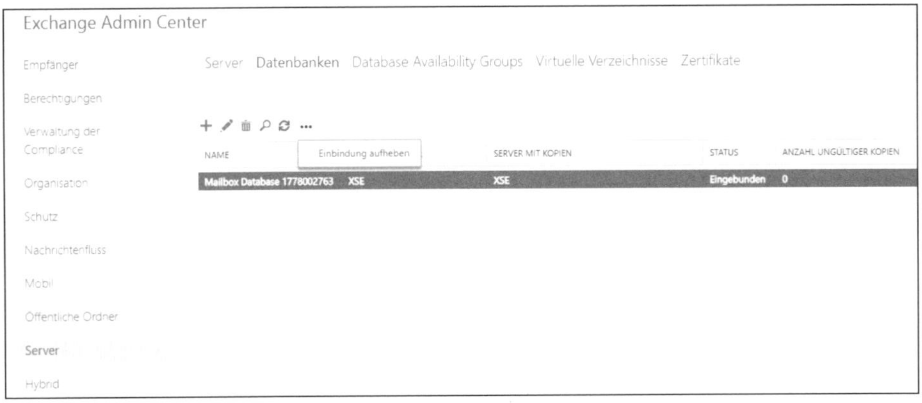

Abb. 14.4 Einbinden einer Datenbank aufheben

14.3.1 Offlinesicherung wiederherstellen

Um eine Exchange-Datenbank mit einer Offlinesicherung wiederherzustellen, stehen Ihnen zwei unterschiedliche Möglichkeiten zur Verfügung:

- Sind die aktuellen Transaktionsprotokolle verfügbar, können sie in die Offlinesicherung eingespielt und dadurch auf den aktuellen Stand gebracht werden. Diese Sicherung wird Rollforward genannt.

- Ist Ihr Server ausgefallen und stehen keine Transaktionsprotokolle zur Verfügung, müssen Sie die Offlinesicherung ohne Transaktionsprotokolle zurückspielen. Alle weiteren Daten nach dieser Sicherung sind unwiederbringlich verloren, da sie in den Transaktionsprotokollen gespeichert waren. Diese Wiederherstellung wird Point in Time genannt.

Um eine Point-in-Time-Wiederherstellung durchzuführen, müssen Sie zunächst die Bereitstellung für die Datenbanken aufheben. Klicken Sie dazu die Datenbank im Exchange Admin Center über *Server/Datenbanken* an und wählen Sie den Befehl *Einbindung aufheben* über das erweiterte Menü mit den drei Punkten.

Für die Wiederherstellung müssen Sie auch auf die *E00.chk*-Datei der Transaktionsprotokolle zurückgreifen. Löschen Sie die Prüfpunktdatei und kopieren Sie die Exchange-Datenbankdateien an den ursprünglichen Speicherort. Haben Sie die Datenbanken kopiert, können Sie sie im Exchange Admin Center bereitstellen. Die Datenbank hat jetzt den Stand der Offlinesicherung.

Ist eine Datenbank defekt, aber Ihnen stehen noch alle Transaktionsprotokolle seit der letzten Offlinesicherung zur Verfügung, können Sie eine Rollforward-Wiederherstellung durchführen. Für eine Rollforward-Wiederherstellung aus einer Offlinesicherung benötigen Sie alle Transaktionsprotokolle, die Exchange nach dem Offlinebackup erstellt hat, auch die Datei *E0n.log*. Diese Datei enthält alle Transaktionen, die aktuell von der Datenbank verwendet wurden und noch nicht in einem Transaktionsprotokoll gespeichert sind.

Die Prüfpunktdatei können Sie löschen, da sie falsche Informationen darüber enthält, welche Transaktionsprotokolle bereits in die Datenbank geschrieben sind. Die aktuelle Prüfpunktdatei enthält nur die Informationen, welche Transaktionsprotokolle in die Datenbank geschrieben wurden, die Sie durch die Wiederherstellung ohnehin überschreiben.

Da Sie eine Datenbank aus einer Offlinesicherung wiederherstellen, muss Exchange ohnehin alle Transaktionsprotokolle erneut in die Datenbank schreiben, und zwar in die wiederhergestellte Datenbank aus der Offlinesicherung. Heben Sie die Bereitstellung der Datenbank, auf die Sie wiederherstellen wollen, auf. Um eine Datenbank zu aktualisieren, ist der Stand der Offlinesicherung vollkommen egal. Es ist allerdings sehr wichtig, dass Sie alle Transaktionsprotokolle seit dieser Offlinesicherung lückenlos zur Verfügung stellen können.

Sie können eine vollständige Rollforward-Wiederherstellung nur dann ausführen, wenn sich nach dem Erstellen der Offlinesicherung die Datenbank immer noch am selben Speicherort befindet. Haben Sie die Datenbank nach dem Erstellen einer Offlinesicherung verschoben, können Sie lediglich die Transaktionsprotokolle wiederherstellen, die Exchange vor dem Verschieben angefertigt hat. Falls noch nicht geschehen, löschen Sie die Prüfpunktdatei (*E0n.chk*). Kopieren Sie die Offlinesicherung in den entsprechenden Ordner und stellen Sie die Postfachdatenbank wieder bereit. Haben Sie den Informationsspeicherdienst beendet, starten Sie ihn neu. Exchange schreibt jetzt alle Transaktionsprotokolle in die Datenbanken. Dieser Vorgang kann je nach Größe der Datenbank und Anzahl der Protokolle einige Zeit dauern. Nach diesen Schritten sollte Ihnen Ihr Informationsspeicher wieder zur Verfügung stehen.

14.3.2 Probleme beim Offlinebackup

Wollen Sie ein Offlinebackup auf einem neuen Wiederherstellungsserver und nicht auf dem Produktivserver wiederherstellen, kann es vorkommen, dass bei einem Rollforward keine Transaktionsprotokolle in die Offlinedatenbank eingelesen werden.

Dieses Problem kann auftreten, wenn Sie einen dedizierten Wiederherstellungsserver installiert haben und dieser keinen Zugriff auf Active Directory hat. Bei einem Soft-Recovery überprüft Exchange während des Wiederherstellungsvorgangs und des selbstständigen Schreibens von Transaktionsprotokollen in die Datenbank in regelmäßigen Abständen die GUID der Datenbank in Active Directory.

Hat Exchange während der Wiederherstellung keinen Zugriff auf Active Directory, geht es davon aus, dass die Transaktionsprotokolle nicht zu der Datenbank gehören, und schreibt sie nicht in den Informationsspeicher. Um dieses Problem zu lösen, installieren Sie am besten eine Kopie des produktiven Active Directory, auf das der Wiederherstellungsserver Zugriff hat.

14.4 Erweiterte Wiederherstellungsmöglichkeiten

In den folgenden Abschnitten gehe ich auf die erweiterten Möglichkeiten zur Wiederherstellung von Exchange ein. Ich zeige Ihnen, wie Sie mit Wiederherstellungsdatenbanken arbeiten und Daten mit Outlook wiederherstellen.

14.4.1 Wiederherstellungsdatenbanken nutzen

Exchange SE unterstützt die Möglichkeit, Daten direkt in einer Wiederherstellungsdatenbank wiederherzustellen. Eine Wiederherstellungsdatenbank ist eine spezielle Art von Postfachdatenbank. Sie können eine wiederhergestellte Postfachdatenbank damit verbinden und anschließend Daten extrahieren.

14.4.2 Grundlagen zu Wiederherstellungsdatenbanken

Die Daten lassen sich in einen Ordner exportieren oder in ein Postfach importieren. Mit Wiederherstellungsdatenbanken können Sie Daten aus einer Sicherung wiederherstellen, ohne Benutzer zu beeinträchtigen. Wiederherstellungsdatenbanken legen Sie in der Exchange Management Shell an.

Der Sinn dieser Datenbanken liegt darin, einzelne Daten wiederherstellen zu können und nicht gleich die komplette produktive Datenbank überschreiben zu müssen.

Wiederherstellungsdatenbanken unterstützen nur die Wiederherstellung von Postfachdatenbankdaten, nicht aber Daten in öffentlichen Ordnern. Die Datenbanken zur Wiederherstellung können keine E-Mails empfangen oder Benutzer anbinden, zählen dafür aber auch nicht zur Begrenzung der Datenbanken auf einem Server dazu.

Der gesamte Clientprotokollzugriff auf eine Wiederherstellungsdatenbank ist blockiert. Postfächer in einer Wiederherstellungsdatenbank lassen sich nicht mit Benutzerkonten verbinden. Auch die Onlinewartung wird für Wiederherstellungsdatenbanken nicht durchgeführt.

Mit dem Cmdlet *New-MailboxRestoreRequest* können Sie Daten aus einer Wiederherstellungsdatenbank extrahieren. Anschließend lassen sich die Daten in einen Ordner exportieren oder mit einem vorhandenen Postfach zusammenführen. Durch Wiederherstellungsdatenbanken können Sie Daten aus einer Sicherung oder Kopie einer Datenbank wiederherstellen, ohne den Benutzerzugriff auf aktuelle Daten zu beeinträchtigen.

Exchange SE unterstützt die Möglichkeit, Daten direkt in einer Wiederherstellungsdatenbank wiederherzustellen. Das ermöglicht es, einzelne Postfächer oder einzelne Elemente in einem Postfach wiederherzustellen. Es gibt zwei Möglichkeiten, um Daten in einer Wiederherstellungsdatenbank wiederherzustellen:

- Wenn eine Wiederherstellungsdatenbank bereits vorhanden ist, kann die Anwendung die Einbindung der Datenbank aufheben, die Daten in den Wiederherstellungsdatenbank- und Protokolldateien wiederherstellen und die Datenbank anschließend erneut einbinden.
- Die Datenbank- und Protokolldateien können in einem beliebigen Speicherort wiederhergestellt werden. Exchange analysiert die wiederhergestellten Daten und spielt die Transaktionsprotokolle erneut ab, um die Datenbanken zu aktualisieren. Anschließend kann eine Wiederherstellungsdatenbank so konfiguriert werden, dass sie auf die bereits wiederhergestellten Datenbankdateien verweist.

Es kann immer nur eine Wiederherstellungsdatenbank auf einem Postfachserver eingebunden sein. Ihre Verwendung wird bei der Datenbankbegrenzung pro Postfachserver nicht eingerechnet.

Postfachdatenbanken aus Vorgängerversionen von Exchange SE werden nicht unterstützt. Außerdem muss sich das Zielpostfach, das zur Datenzusammenführung und -extraktion verwendet wird, in derselben Active Directory-Gesamtstruktur befinden wie die Wiederherstellungsdatenbank.

14.4.3 Wiederherstellungsdatenbanken erstellen

Zum Erstellen einer solchen Datenbank starten Sie die Exchange Management Shell. Der Befehl zum Erstellen einer Wiederherstellungsdatenbank lautet:

```
New-MailboxDatabase -Server <Server> -Name <Name der DB> -Recovery -EdbFilePath
<Pfad zu den EDB-Dateien> -LogFolderPath <Pfad zu Transaktionsprotokollen>
```

Beispiel:

```
New-MailboxDatabase -Server mail01 -Name RecoveryDB -Recovery -EdbFilePath
"c:\recovery\recovery.edb" -LogFolderPath c:\Recovery
```

Um zu überprüfen, ob auf einem Server die Wiederherstellungsdatenbank vorhanden ist, verwenden Sie den Befehl *Get-MailboxDatabase*. Ausführliche Daten der Wiederherstellungsdatenbank erhalten Sie mit dem folgenden Aufruf:

```
Get-MailboxDatabase <RecoveryDatabaseName> |fl
```

14.4.4 Exchange-Datenbanken in Wiederherstellungsdatenbanken wiederherstellen

Als Nächstes stellen Sie die Datenbank, aus der Sie Daten wiederherstellen wollen, wieder her und verwenden dazu den Pfad der Wiederherstellungsdatenbank, nicht den originalen Pfad der Datenbank. Wählen Sie den Pfad der Wiederherstellungsdatenbank aus, zum Beispiel *C:\Program Files\Microsoft\Exchange Server\V15\Mailbox\dasi*, und lassen Sie die Daten wiederherstellen.

Das Sicherungsprogramm erstellt im Ordner der Wiederherstellungsdatenbank neue Ordner mit der Bezeichnung der Laufwerke, in denen die Exchange-Daten gespeichert sind. Speichern Sie die Datenbank an einem anderen Ort als die Transaktionsprotokolle, legt das Wiederherstellungsprogramm für die Festplatte *C:* einen Ordner an und für das Laufwerk, in dem Sie die Exchange-Datenbank speichern, ebenfalls einen Ordner. Es werden also immer alle Daten als eigenes Verzeichnis zurückgespielt. Damit Sie die Daten nutzen können, gehen Sie folgendermaßen vor:

1. Kopieren Sie die Exchange-Datenbank in den Stammordner der Wiederherstellungsdatenbank.
2. Kopieren Sie die Transaktionsprotokolle in den Stammordner der Wiederherstellungsdatenbank.
3. Öffnen Sie eine Eingabeaufforderung.
4. Benennen Sie die *.edb*-Datei aus der Sicherung in *<Name der Wiederherstellungsdatenbank>.edb* um, zum Beispiel *dasi.edb.*
5. Wechseln Sie in den Ordner, in dem Sie die Wiederherstellungsdatenbank erstellt haben, zum Beispiel *C:\Program Files\Microsoft\Exchange Server\V15\Mailbox\dasi.*
6. Überprüfen Sie in der Exchange Management Shell, ob die Datenbankdatei korrekt mit der Wiederherstellungsdatenbank verbunden ist; verwenden Sie dazu den Befehl *Test-Path (Get-MailboxDatabase RecoveryDB).EdbFilePath.* Erhalten Sie hier nicht die Antwort *True*, verwenden Sie noch den Befehl *Move-DatabasePath RecoveryDB -Edb-FilePath E:\RecoveryDB\DB.edb -ConfigurationOnly.*
7. Überprüfen Sie als Nächstes, ob die Datenbank im Zustand *Dirty Shutdown* beendet wurde. Dazu verwenden Sie den Befehl *Eseutil /mh .\DB.edb.*
8. Geben Sie den Befehl *Eseutil /r e00 /d <Name der Wiederherstellungsdatenbank> /i* ein, um die Datenbank für die Wiederherstellung vorzubereiten. Der Befehl darf keine Fehler ausgeben.
9. Anschließend überprüfen Sie mit *Eseutil /mh <Name der Datenbank>*, ob die Datenbank im Bereich *State* den Status *Clean Shutdown* hat.
10. Ist das nicht der Fall (*Dirty Shutdown*), verwenden Sie den Befehl *Eseutil /p <Name der Datenbank>*, um die Datenbank zu reparieren. Bestätigen Sie die Meldung, dass Daten verloren gehen können. Dies spielt an dieser Stelle keine Rolle, da Sie ohnehin nur Daten wiederherstellen und keine produktive Datenbank anpassen wollen.
11. Überprüfen Sie nochmals mit *Eseutil /mh <Name der Datenbank>*, ob die Datenbank jetzt den korrekten Status *Clean Shutdown* aufweist.

Die Datenbank muss zwingend den Status *Clean Shutdown* aufweisen. Da eine Wiederherstellungsdatenbank einen alternativen Wiederherstellungsort für alle Datenbanken darstellt, weisen alle wiederhergestellten Datenbanken den Status *Dirty Shutdown* auf. Sie können *Eseutil /R* verwenden, um die Datenbank in den Status *Clean Shutdown* zu versetzen.

14.4.5 Postfächer aus einer Wiederherstellungsdatenbank wiederherstellen

Wenn Sie alle Vorbereitungen getroffen haben, haben Sie die Möglichkeit, Postfächer aus der Wiederherstellungsdatenbank wiederherzustellen. Dazu verwenden Sie zum Beispiel den folgenden Befehl:

```
New-MailboxRestoreRequest -SourceDatabase DB1 -SourceStoreMailbox joost
-TargetMailbox joost
```

Bevor Sie aber Daten aus einer Wiederherstellungsdatenbank wiederherstellen können, müssen Sie diese in Exchange bereitstellen; dazu verwenden Sie zum Beispiel den folgenden Befehl:

```
Mount-Database RecoveryDB
```

Sie können in der Exchange Management Shell überprüfen, welche Postfächer sich auf Basis der Wiederherstellungsdatenbank wiederherstellen lassen:

```
Get-MailboxStatistics
```

Um sich zu vergewissern, dass die Postfachdaten erfolgreich wiederhergestellt wurden, öffnen Sie das Zielpostfach und überprüfen, ob die wiederhergestellten Daten vorhanden sind. Alternativ können Sie die Daten im Zielpostfach auch in einem Archivpostfach wiederherstellen. In diesem Fall verwenden Sie den folgenden Befehl:

```
New-MailboxRestoreRequest -Name "Thomas Joos" -SourceDatabase RecoveryDB
-SourceStoreMailbox "Thomas Joos" -TargetMailbox "Thomas Joos" -TargetIsArchiv
```

Das Cmdlet *New-MailboxRestoreRequest* startet den Vorgang zum Verschieben von Inhalten aus dem Postfach in einer Wiederherstellungsdatenbank in ein verbundenes primäres Postfach oder ein Archivpostfach.

Wenn Postfächer aus einer Exchange SE-Datenbank in eine andere Datenbank verschoben werden, löscht Exchange das entsprechende Postfach nicht sofort nach Abschluss des Vorgangs aus der Quelldatenbank. Stattdessen wird es in der Quellpostfachdatenbank in den Zustand *vorläufig gelöscht* versetzt. Der Zugriff auf die Postfachdaten ist somit möglich, wenn das Postfach mit dem Cmdlet *Set-MailboxRestoreRequest* wiederhergestellt wird.

Die vorläufig gelöschten Postfächer verbleiben in der Quelldatenbank, bis entweder ihr Aufbewahrungszeitraum abläuft oder bis Sie das Postfach mit dem Cmdlet *Remove-StoreMailbox* endgültig löschen.

Führen Sie zum Anzeigen vorläufig gelöschter Postfächer das Cmdlet *Get-MailboxStatistics* für eine Datenbank aus und suchen Sie nach Ergebnissen, deren *DisconnectReason* den Wert *SoftDeleted* aufweisen.

Ein Postfach wird kurz nach Abschluss des Befehls *Disable-Mailbox* oder *Remove-Mailbox* als deaktiviert markiert. Dies geschieht jedoch erst, wenn der Microsoft Exchange-Informationsspeicherdienst feststellt, dass Active Directory mit den Informationen des deaktivierten Postfachs aktualisiert wurde. Sie können den Vorgang beschleunigen, indem Sie das Cmdlet *Clean-MailboxDatabase* für die entsprechende Datenbank ausführen.

Exchange bewahrt deaktivierte Postfächer in der Postfachdatenbank auf, basierend auf den Aufbewahrungseinstellungen für gelöschte Postfächer, die für die Postfachdatenbank konfiguriert wurden. Nach der angegebenen Zeitspanne wird das Postfach dauerhaft gelöscht.

Führen Sie zum Anzeigen deaktivierter Postfächer das Cmdlet *Get-MailboxStatistics* für eine Datenbank aus und suchen Sie nach Ergebnissen, deren *DisconnectReason* den Wert *Disabled* aufweisen.

Wenn Sie die Wiederherstellungsdatenbank nicht mehr benötigen, können Sie ihre Bereitstellung aufheben und sie danach löschen. Dazu verwenden Sie zum Beispiel folgende Befehle:

```
Dismount-Database RecoveryDB
Remove-MailboxDatabase RecoveryDB
```

14.4.6 Exchange-Komponenten auf einem Server wiederherstellen

In manchen Fällen, zum Beispiel bei einem Hardware-Ausfall, kann es notwendig sein, einen kompletten Exchange-Server wiederherzustellen, auch wenn keine Sicherung des Systemstatus zur Verfügung steht. In Kapitel 2 zeige ich die Reparatur-Installation von Exchange SE. Auch sie kann einige Probleme beheben. Bei der Wiederherstellung von Exchange SE müssen Sie einige besondere Punkte beachten. Überprüfen Sie genau, wo Sie stehen:

- Welche Daten des Exchange-Servers sind mit welchem Stand wo gesichert?
- Gibt es Offlinebackups und, wenn ja, von wann?
- Können die Festplatten des Servers gerettet werden oder handelt es sich um einen Totalausfall?
- Haben Sie ausreichend Ersatzhardware vorrätig, um den Server wiederherzustellen?
- Wie groß ist die Datenbank auf der Datensicherung? Danach richtet sich die Dauer der Wiederherstellung.

Steht Ihnen eine Offlinesicherung der Datenbanken zur Verfügung oder – besser noch – eine Onlinesicherung, sollten Sie sie überprüfen und bereithalten.

Besorgen Sie sich die Datenträger und die aktuellen Service Packs für das Betriebssystem, Exchange und die Drittherstellersoftware, die auf dem Server installiert waren. Sie sollten alle notwendigen Datenträger zur Verfügung haben, damit Sie den Server nach und nach wiederherstellen können.

Installieren Sie auf dem Ersatzserver beziehungsweise auf dem reparierten Server das Betriebssystem. Hier hilft es natürlich, wenn diese Informationen möglichst genau dokumentiert wurden. Integrieren Sie nach der Installation des Betriebssystems den Server unter seinem alten Namen in Active Directory. Folgende Voraussetzungen sind wichtig für eine solche Wiederherstellung:

- Auf dem Server muss das gleiche Betriebssystem installiert sein.
- Der Server muss die gleiche Hardwarekonfiguration wie der ausgefallene Server haben. Die Größe des Arbeitsspeichers und der Festplatten kann natürlich variieren.

Nach der Installation des Betriebssystems können Sie mit der Installation von Exchange beginnen. Mit dem folgenden Befehl stellen Sie Exchange mit dem Installationsprogramm von Exchange SE wieder her:

```
Setup /m:RecoverServer /IAcceptExchangeServerLicenseTerms
```

Die Option migriert die Einstellungsinformationen, die für den Server in Active Directory gespeichert sind. Alle lokalen Anpassungen müssen Sie anschließend aber manuell vornehmen. Gehen Sie dazu folgendermaßen vor:

1. Setzen Sie das Computerkonto des Servers in der Domäne zurück und stellen Sie sicher, dass der Server sich ordnungsgemäß mit Active Directory verbunden hat. Hilfreich ist dazu oft der Befehl *Dsmod computer <Servername> -reset*. Notfalls löschen Sie das Konto einfach.
2. Installieren Sie das Betriebssystem und weisen Sie dem neuen Server den gleichen Namen wie dem ausgefallenen Server zu.
3. Nehmen Sie den Server in derselben Domäne auf, in der der ausgefallene Server Mitglied war.
4. Installieren Sie die erforderlichen Voraussetzungen und Betriebssystemkomponenten für Exchange SE.
5. Melden Sie sich am Server an und öffnen Sie eine Eingabeaufforderung.
6. Navigieren Sie zu den Installationsdateien von Exchange SE und geben Sie den folgenden Befehl ein:

   ```
   Setup /m:RecoverServer /IAcceptExchangeServerLicenseTerms
   ```
7. Nach der Installation müssen Sie alle benutzerdefinierten Einstellungen vornehmen, die auf dem Server konfiguriert waren.

Mit *Setup /m:RecoverServer* von Exchange SE können Sie also einen ausgefallenen Server wiederherstellen. Die meisten der Einstellungen sind in Active Directory gespeichert. Mit der Option */m:RecoverServer* wird anhand der Informationen und Einstellungen in Exchange ein neuer Active Directory-Server mit dem gleichen Namen erstellt.

Die Wiederherstellung eines ausgefallenen Servers mit Exchange erfolgt häufig mit neuer Hardware. Sie können jedoch auch einen vorhandenen Server verwenden.

Wenn Exchange nicht im Standardordner installiert wird, müssen Sie den Speicherort der Exchange-Binärdateien über die Option */TargetDir* angeben. Wenn Sie diese Option nicht verwenden, werden die Exchange-Dateien im Standardordner (*%Programme%\Microsoft\Exchange Server\V15*) installiert.

Führen Sie zum Ermitteln des Installationsordners die folgenden Schritte aus:

1. Starten Sie den ADSI-Editor über *Tools* im Server-Manager oder durch Eingabe von *ADSI* auf der Windows-Startseite.
2. Klicken Sie im Fenster mit der rechten Maustaste auf *ADSI-Editor* und wählen Sie *Verbindung herstellen*.
3. Aktivieren Sie die Option *Bekannten Namenskontext auswählen* und wählen Sie *Konfiguration* im Dropdownlistenfeld aus.
4. Klicken Sie auf *OK*, um die Verbindung aufzubauen.
5. Navigieren Sie dann zu *Konfiguration/Configuration/CN=Services/CN=Microsoft Exchange/<Name der Organisation>/CN=Administrative Groups/CN=Exchange Administrative Groups*. Hier finden Sie die wichtigsten Daten von Exchange SE zur Verbindung mit Active Directory. Alle Änderungen, die Sie hier vornehmen, haben sofort Auswirkungen auf die Exchange-Struktur im Unternehmen.
6. Im Container *CN=Servers* finden Sie weitere Container für jeden einzelnen Server.

7. Klicken Sie mit der rechten Maustaste auf das Exchange-Serverobjekt und wählen Sie im Kontextmenü den Befehl *Eigenschaften*.
8. Suchen Sie nach dem Attribut *msExchInstallPath*. Dieses Attribut speichert den aktuellen Installationspfad.

14.4.7 Datenbankportabilität verwenden

In Exchange SE können Sie durch die Datenbankportabilität eine Postfachdatenbank auf jedem Server innerhalb der Organisation bereitstellen. Um eine Datenbank mithilfe der Datenbankportabilität auf einem anderen Server in der Organisation zu starten, verwenden Sie eine Offlinesicherung dieser Datenbank. Heben Sie dazu zunächst die Bereitstellung der Datenbank auf.

Im nächsten Schritt erstellen Sie auf dem Zielserver eine neue, leere Datenbank. Geben Sie dieser Datenbank exakt dieselbe Bezeichnung wie auf dem Quellserver. Rufen Sie anschließend die Eigenschaften der neuen Datenbank auf dem Zielserver auf und aktivieren Sie im Menü *Wartung* die Option *Diese Datenbank kann bei einer Wiederherstellung überschrieben werden*. Verschieben Sie die Datenbankdateien (*.edb*-Dateien, Protokolldateien und den Inhaltsindizierungskatalog) an den entsprechenden Speicherort. Die Datenbankdateien müssen auf dem neuen Server vorhanden sein und am richtigen Speicherort vorliegen. Stellen Sie die Datenbank bereit.

Nach der Bereitstellung der Datenbank müssen Sie die Benutzerkonteneinstellungen ändern, damit Konten auf das Postfach auf dem neuen Postfachserver verweisen. Führen Sie den folgenden Befehl aus:

```
Get-Mailbox -Database <Quelldatenbank> | Where {$_.ObjectClass -NotMatch
'(SystemAttendantMailbox|ExOleDbSystemMailbox)'}| Set-Mailbox -Database
<Zieldatenbank>
```

Der Befehl liest die entsprechenden Postfächer aus und ändert deren Datenbank auf die neue Bezeichnung ab.

14.4.8 Dial Tone-Wiederherstellung

Durch die Dial Tone-Portabilität können Sie das Postfach eines Benutzers verschieben, ohne dass ein Zugriff auf seine Inhalte erforderlich ist. Auf diese Weise können Server die Postfächer von Benutzern speichern, die sich zuvor auf einem anderen Server befunden haben, der nicht mehr verfügbar ist.

Es ermöglicht Benutzern während des Wiederherstellungsvorgangs ihres ursprünglichen Postfachs das Senden und Empfangen von E-Mails ohne Zugriff auf die auf dem Server gespeicherten Daten. Das temporäre Postfach kann sich auf demselben oder auf einem anderen Exchange SE-Postfachserver in der Organisation befinden.

Eine Dial Tone-Datenbank erstellen Sie mit dem Cmdlet *New-MailboxDatabase*, zum Beispiel mit

```
New-MailboxDatabase -Name DTDB1 -EdbFilePath C:\DialTone\DTDB1.EDB
```

Mit dem Cmdlet *Set-Mailbox* ändern Sie die Konfiguration der Benutzerpostfächer, damit sie auf die neue Datenbank verweisen:

```
Get-Mailbox -Database <Quelldatenbank> | Set-Mailbox -Database DTDB1
```

Mit dem Cmdlet *Mount-Database* stellen Sie die Dial Tone-Datenbank bereit:

```
Mount-Database -Identity DTDB1
```

Legen Sie eine Wiederherstellungsdatenbank an und stellen Sie die Quelldatenbank wieder her oder kopieren Sie die Daten. Nachdem Sie die Daten in die Wiederherstellungsdatenbank kopiert haben, kopieren Sie noch die Transaktionsprotokolle aus der fehlerhaften Datenbank in den Protokollordner der Wiederherstellungsdatenbank. Stellen Sie die Wiederherstellungsdatenbank bereit und heben Sie dann die Bereitstellung wieder auf. Verwenden Sie dazu hintereinander die Befehle *Mount-Database -Identity <Wiederherstellungsdatenbank>* und dann *Dismount-Database -Identity <Wiederherstellungsdatenbank>*.

Nachdem Sie die Bereitstellung aufgehoben haben, verschieben Sie die aktuelle Datenbank und die Protokolldateien aus dem Ordner der Wiederherstellungsdatenbank in einen anderen Ordner. Heben Sie die Bereitstellung der Dial Tone-Datenbank auf.

Verschieben Sie die Dial Tone-Datenbank und die Protokolldateien aus ihrem Ordner in den Ordner der Wiederherstellungsdatenbank. Anschließend verschieben Sie die Datenbank und die Protokolldateien aus dem Ordner, in dem sich die wiederhergestellte Datenbank befindet, in den Ordner der Dial Tone-Datenbank, und stellen Sie dann die Datenbank bereit.

Verwenden Sie anschließend die Cmdlets *Get-Mailbox* und *New-MailboxRestoreRequest*, um Daten aus der Wiederherstellungsdatenbank zu exportieren und in die wiederhergestellte Datenbank zu importieren. Alle E-Mails, die Empfänger über die Dial Tone-Datenbank senden, werden dabei in die Produktionsdatenbank importiert. Sobald der Wiederherstellungsvorgang abgeschlossen ist, können Sie die Bereitstellung der Wiederherstellungsdatenbank aufheben und die Datenbank entfernen:

```
Remove-MailboxDatabase -Identity <Wiederherstellungsdatenbank>
```

14.4.9 Aufbewahrungszeit für gelöschte Elemente konfigurieren

Das erneute Verbinden einzelner Postfächer kann notwendig sein, wenn Sie versehentlich einen Benutzer mitsamt seinem Postfach gelöscht haben. Bei Exchange SE sind die Postfächer von Benutzern mit dem Benutzerobjekt in Active Directory verbunden. Löschen Sie das Konto des Benutzers aus Active Directory, wird auch sein entsprechendes Postfach aus der Exchange-Datenbank entfernt.

Damit durch diese enge Verbindung von Postfach und Benutzer nicht versehentlich Daten verloren gehen, hat Exchange einen Mechanismus eingebaut, der Postfächer vor einem Löschvorgang schützt. Löschen Sie einen Benutzer mitsamt dem Postfach, bewahrt Exchange sein Postfach standardmäßig weitere 30 Tage auf, bevor es endgültig aus dem System gelöscht wird.

In diesem Zeitraum lässt sich das Postfach jederzeit wieder mit einem neuen Benutzer verbinden. Sie können diesen Grenzwert in den Eigenschaften der Postfachdatenbank im Menü *Grenzwerte* festlegen. Verwenden Sie dazu die Option *Gelöschte Postfächer aufbewahren für (Tage)*.

Zur Konfiguration der Aufbewahrungszeit von gelöschten Objekten stehen Ihnen zwei Optionen zur Verfügung:

- **Gelöschte Elemente aufbewahren für (Tage)** Löschen Benutzer Objekte, werden sie in den gelöschten Objekten des Postfachs aufbewahrt. Exchange SE markiert diese Objekte nur als gelöscht, sie können jedoch während des definierten Zeitraums wiederhergestellt werden. Dafür gibt es die Option *Gelöschte Elemente wiederherstellen* in Outlook.
- **Gelöschte Postfächer aufbewahren für (Tage)** Hier legen Sie fest, wie lange ein gelöschtes Postfach wieder mit einem neuen Benutzer in Active Directory verbunden werden kann, bevor es endgültig gelöscht wird.

Geben Sie den folgenden Befehl in der Exchange Management Shell für ein Postfach ein, löscht Exchange E-Mails in diesem Postfach niemals:

```
Set-Mailbox -Identity <Postfach> -LitigationHoldEnabled $true
```

Auf diesem Weg lassen sich gelöschte E-Mails aus dem Exchange-Papierkorb jederzeit wiederherstellen.

Standardmäßig sind für Datenbanken Grenzwerte definiert, die festlegen, wie viele Daten wiederhergestellt werden können. Sie können sich diese Grenzwerte mit dem Cmdlet *Get-MailboxDatabase* anzeigen lassen. Mit dem folgenden Befehl zeigt die Exchange Management Shell nur diese Informationen an:

```
Get-MailboxDatabase <Datenbank> |fl Recoverable*
```

14.4.10 Single Item-Recovery für Exchange

Neben der Möglichkeit, einzelne Daten über Outlook wiederherzustellen, können auch der Helpdesk oder Administratoren Daten wiederherstellen. Damit das funktioniert, müssen Sie Administratoren das Recht zuweisen, Postfächer durchsuchen zu dürfen.

Dazu ist die Mitgliedschaft in der Verwaltungsrollengruppe *Discovery Management* notwendig. Einzelne Mitglieder fügen Sie mit dem folgenden Befehl hinzu:

```
Add-RoleGroupMember "Discovery Management" -Member <Benutzer>
```

Standardmäßig enthält diese Verwaltungsrollengruppe keinerlei Mitglieder, auch Exchange-Administratoren dürfen von Haus aus erst Postfächer durchsuchen, wenn das Recht explizit zugewiesen ist. Nach der Zuweisung müssen Sie die Exchange Management Shell neu starten, damit das Recht verfügbar ist.

Administratoren suchen in der Exchange Management Shell nach Elementen mit den Cmdlets *Search-Mailbox*und *New-MailboxSearch*. Die Wiederherstellung erfolgt mit folgendem Befehl:

```
Search-Mailbox <Name des Anwenders> -SearchQuery "<Betreff oder Text der E-Mail"
-TargetMailbox "Discoverysuchpostfach" -TargetFolder "<Ordner im
Discoverysuchpostfach" -LogLevel Full
```

Wollen Sie zum Beispiel beim Anwender mit dem Anmeldenamen *bergtoldt* eine E-Mail mit dem Betreff *Wichtig* wiederherstellen, verwenden Sie den folgenden Befehl:

```
Search-Mailbox bergtoldt -SearchQuery "Wichtig" -TargetMailbox
"Discoverysuchpostfach" -TargetFolder "Tamara" -LogLevel Full
```

Sie können mit der Option *-SearchDumpsterOnly* des Cmdlets *Search-Mailbox* auch nur nach gelöschten Elementen suchen. Gibt die Exchange Management Shell ein Ergebnis zurück, können Sie die gefundene E-Mail wiederherstellen. Der nächste Schritt besteht darin, dass Sie das Discoverysuchpostfach öffnen. Am schnellsten geht das über Outlook Web App. Sie können die E-Mail auch direkt in der Exchange Management Shell im Postfach des ursprünglichen Anwenders wiederherstellen. Dazu verwenden Sie den folgenden Befehl:

```
Search-Mailbox Discoverysuchpostfach -SearchQuery "<Text aus der E-Mail"
-TargetMailbox <Name des Anwenders> -TargetFolder <Beliebiger Ordner im
Postfach> -LogLevel Full -DeleteContent
```

14.4.11 Getrennte Postfächer erneut verbinden

Jedes Exchange-Postfach besteht aus einem Active Directory-Benutzerkonto und den Postfachdaten, die in der Exchange-Postfachdatenbank gespeichert sind. Alle Konfigurationsdaten für ein Postfach werden in den Exchange-Attributen des Active Directory-Benutzerobjekts gespeichert. Die Postfachdatenbank enthält die E-Mail-Daten, die sich in dem Postfach befinden, das dem Benutzerkonto zugeordnet ist.

Bei einem getrennten Postfach handelt es sich um ein Postfachobjekt in der Postfachdatenbank, das keinem Active Directory-Benutzerkonto mehr zugeordnet ist.

Wenn ein Postfach im Exchange Admin Center oder mit dem Cmdlet *Disable-Mailbox* oder *Remove-Mailbox* in der Exchange Management Shell deaktiviert oder gelöscht wird, bewahrt Exchange es in der Postfachdatenbank auf und deaktiviert es. Der Unterschied ist, dass beim Deaktivieren eines Postfachs die Exchange-Attribute aus dem Active Directory-Benutzerkonto entfernt werden, das Benutzerkonto jedoch aufbewahrt wird. Beim Löschen eines Postfachs werden sowohl die Exchange-Attribute als auch das Active Directory-Benutzerkonto gelöscht.

Deaktivierte und gelöschte Postfächer werden in der Postfachdatenbank bis zum Ablauf des Aufbewahrungszeitraums für gelöschte Postfächer aufbewahrt, also standardmäßig 30 Tage. Nach Ablauf des Aufbewahrungszeitraums wird das Postfach endgültig gelöscht. Wird ein Postfach mit dem Cmdlet *Remove-Mailbox* gelöscht, erfolgt ebenfalls eine Aufbewahrung bis zum Ablauf des Aufbewahrungszeitraums.

Wird ein Postfach mit dem Cmdlet *Remove-Mailbox* und der Option *Permanent* oder *StoreMailboxIdentity* gelöscht, wird es sofort aus der Postfachdatenbank entfernt.

Führen Sie zum Ermitteln der deaktivierten Postfächer in Ihrer Organisation den folgenden Befehl in der Exchange Management Shell aus:

```
Get-MailboxDatabase | Get-MailboxStatistics | Where { $_.DisconnectReason -eq
"Disabled" } |ft DisplayName,Database,DisconnectDate
```

Wenn ein Postfach in eine andere Postfachdatenbank verschoben wird, löscht Exchange es nach Abschluss des Vorgangs nicht aus der Quelldatenbank. Stattdessen wird es in der Quellpostfachdatenbank in den Zustand vorläufiger Löschung versetzt. Wie deaktivierte Postfächer werden vorläufig gelöschte Postfächer in der Quelldatenbank aufbewahrt, bis der Aufbewahrungszeitraum für gelöschte Postfächer abgelaufen ist oder das Postfach mit dem Cmdlet *Remove-StoreMailbox* endgültig gelöscht wird.

Führen Sie den folgenden Befehl aus, um die in Ihrer Organisation vorläufig gelöschten Postfächer zu ermitteln:

```
Get-MailboxDatabase | Get-MailboxStatistics | Where { $_.DisconnectReason -eq
"SoftDeleted" } |ft DisplayName,Database,DisconnectDate
```

Sie können mehrere Vorgänge für ein deaktiviertes Postfach ausführen, bevor es endgültig aus der Postfachdatenbank gelöscht wird:

- Verbinden Sie es wieder mit demselben Benutzerkonto.
- Verbinden Sie es mit einem anderen Benutzerkonto, das nicht E-Mail-aktiviert ist und entsprechend nicht über ein Postfach verfügt.
- Stellen Sie es in einem Benutzerkonto wieder her, das schon ein Postfach hat. Wenn ein Benutzer, dessen Postfach gelöscht wurde, ein neues Postfach hat, können Sie das deaktivierte Postfach im neuen Postfach wiederherstellen.
- Löschen Sie das Postfach endgültig aus der Exchange-Postfachdatenbank.

14.4.12 Deaktiviertes oder gelöschtes Postfach verbinden

Es gibt zwei Möglichkeiten zum Verbinden oder Wiederherstellen eines deaktivierten Postfachs:

- Eine Möglichkeit ist die Verwendung des Exchange Admin Centers oder des Cmdlets *Connect-Mailbox*, um das Postfach mit einem Benutzerkonto zu verbinden.
- Eine zweite Möglichkeit ist die Verwendung des Cmdlets *New-MailboxRestoreRequest*, um die Inhalte des deaktivierten Postfachs mit denen eines vorhandenen Postfachs zusammenzuführen. Dieses Cmdlet verwendet zum erneuten Verbinden des Postfachs den Postfachreplikationsdienst (Mailbox Replication Service, MRS).

Nach Ablauf des festgelegten Aufbewahrungszeitraums wird ein deaktiviertes Postfach endgültig aus der Exchange-Postfachdatenbank gelöscht. Sie können ein deaktiviertes Postfach mit dem Cmdlet *Remove-StoreMailbox* aus der Postfachdatenbank löschen.

Archivpostfächer werden getrennt, wenn sie deaktiviert werden (siehe Kapitel 9). Ein getrenntes Archivpostfach kann auf ähnliche Weise wie deaktivierte primäre Postfächer mit dem Cmdlet *Connect-Mailbox* mit dem Parameter *Archive* verbunden werden. Das primäre Postfach und das Archivpostfach verwenden denselben Legacy-Distinguished Name (DN). Dabei handelt es sich um eine eindeutige LDAP-Zuordnung (*http://msdn.microsoft.com/de-de/library/windows/desktop/aa366101(v=vs.85).aspx*). Sie müssen das Archivpostfach mit demselben Benutzerpostfach verbinden, mit dem es zuvor verbunden war.

Wie getrennte primäre Postfächer werden getrennte Archivpostfächer in der Postfachdatenbank aufbewahrt, bis der Aufbewahrungszeitraum für gelöschte Postfächer abgelaufen ist. Der Standardaufbewahrungszeitraum beträgt 30 Tage. Während dieses Zeitraums können Sie das Archivpostfach wiederherstellen, indem Sie es mit demselben Benutzerkonto verbinden, mit dem es vor der Deaktivierung verbunden war.

Wenn Sie ein Archivpostfach für ein Benutzerpostfach deaktivieren und anschließend ein Archivpostfach für denselben Benutzer aktivieren, erhält das Benutzerpostfach ein neues Archivpostfach. Wenn Sie ein getrenntes Archivpostfach mit einem vorhandenen Postfach verbinden wollen, müssen Sie das Cmdlet *Connect-Mailbox* verwenden.

Deaktivierte Postfächer werden in Exchange in der Postfachdatenbank basierend auf den konfigurierten Aufbewahrungseinstellungen für gelöschte Postfächer aufbewahrt. Nach Ablauf des festgelegten Aufbewahrungszeitraums wird ein getrenntes Archivpostfach endgültig aus der Exchange-Postfachdatenbank gelöscht.

Ein deaktiviertes Archivpostfach kann auf ähnliche Weise wie deaktivierte primäre Postfächer mit *Remove-StoreMailbox* gelöscht werden.

Ein vorläufig gelöschtes Postfach wird erstellt, wenn das Postfach aus einer Exchange-Postfachdatenbank in eine andere verschoben wird. Für den Fall, dass das Postfach durch einen während der Verschiebung aufgetretenen Fehler nicht in der Zieldatenbank verwendet werden kann, wird es in Exchange nach dem Verschieben nicht vollständig aus der Quelldatenbank gelöscht. Sie können das Quellpostfach wiederherstellen und den Vorgang wiederholen. Das vorläufig gelöschte Postfach wird in Exchange bis zum Ablauf des Aufbewahrungszeitraums aufbewahrt.

Sie können auch mit dem Exchange Admin Center ein deaktiviertes Postfach mit einem Active Directory-Benutzerkonto verbinden. Testen Sie mit dem Cmdlet *Get-User* in der Exchange Management Shell, ob das Active Directory-Benutzerkonto, mit dem Sie das deaktivierte Postfach verbinden wollen, vorhanden ist und ob es nicht bereits einem anderen Postfach zugeordnet ist. Sie können diesen Vorgang auch im Bereich *Empfänger* des Exchange Admin Centers durchführen oder im Snap-In *Active Directory-Benutzer und -Computer*. Verfügt das Konto über eine E-Mail-Adresse, ist ihm bereits ein Exchange-Postfach zugeordnet.

Damit ein deaktiviertes Postfach mit einem Benutzerkonto verbunden werden kann, muss es vorhanden sein. Führen Sie den folgenden Befehl aus, um sicherzustellen, dass das deaktivierte Postfach, das Sie mit einem Benutzerkonto verbinden möchten, in der Postfachdatenbank vorhanden ist und es sich nicht um ein vorläufig gelöschtes Postfach handelt:

```
Get-MailboxDatabase | Get-MailboxStatistics | Where { $_.DisplayName -eq
"<Anzeigenamen>" } |fl DisplayName,Database,DisconnectReason
```

Um eine Verbindung mit einem deaktivierten Postfach herzustellen, muss es in der Postfachdatenbank vorhanden sein und der Wert der Eigenschaft *DisconnectReason* muss *Disabled* sein. Wenn das Postfach endgültig aus der Datenbank gelöscht wurde, gibt der Befehl keine Ergebnisse zurück. In diesem Fall können Sie es nur über eine Datensicherung wiederherstellen.

Um ein Postfach im Exchange Admin Center wieder zu verbinden, gehen Sie anschließend folgendermaßen vor:

1. Navigieren Sie im Exchange Admin Center zu *Empfänger/Postfächer*.
2. Klicken Sie auf *Mehr* (die drei Punkte) und dann auf *Postfach verbinden*.
3. Es wird eine Liste mit Postfächern angezeigt, die auf dem ausgewählten Exchange-Server in der Exchange-Organisation getrennt sind. Diese Liste enthält deaktivierte, gelöschte und nicht endgültig gelöschte Postfächer. Wird das gewünschte Postfach nicht angezeigt, wechseln Sie im oberen Feld den Exchange-Server. Sie sehen im Fenster nur die Postfächer, die sich in Datenbanken auf dem entsprechenden Server befinden.
4. Klicken Sie auf das deaktivierte Postfach, das Sie mit einem Benutzerkonto verbinden wollen, und klicken Sie dann auf *Verbinden*.
5. Exchange verbindet nach Ihrer Bestätigung das deaktivierte Postfach erneut mit dem entsprechenden Benutzerkonto.

Über das Cmdlet *Connect-Mailbox* können Sie in der Exchange Management Shell ein Benutzerkonto mit einem deaktivierten Postfach verbinden. Sie müssen den Typ des Postfachs angeben, mit dem Sie eine Verbindung herstellen:

```
Connect-Mailbox -Identity <Postfach> -Database <Datenbank> -User <Benutzerkonto>
```

Im folgenden Beispiel wird ein verknüpftes Postfach verbunden. Der Parameter *Identity* gibt das getrennte Postfach in der Exchange-Datenbank an. Der Parameter *LinkedMasterAccount* gibt das Active Directory-Benutzerkonto in der Kontogesamtstruktur an, mit dem Sie das Postfach erneut verbinden möchten. Der Parameter *Alias* gibt den Teil der E-Mail-Adresse links vom Symbol (@) des erneut verbundenen Postfachs an.

```
Connect-Mailbox -Identity "Thomas Joos" -Database MBXDB02
-LinkedDomainController FabrikamDC01 -LinkedMasterAccount joost@fabrikam.com
-Alias joost
```

Mit dem folgenden Befehl wird ein freigegebenes Postfach verbunden:

```
Connect-Mailbox -Identity "Support-Postfach" -Database "Mailbox Database 03"
-User "Support Postfach" -Alias support -Shared
```

Wenn Sie den Parameter *Alias* nicht angeben, wird der im Parameter *User* oder *LinkedMasterAccount* angegebene Wert verwendet, um den Alias der E-Mail-Adresse des erneut verbundenen Postfachs zu erstellen.

Klicken Sie im Exchange Admin Center auf *Empfänger*, navigieren Sie zur entsprechenden Seite des Postfachtyps, mit dem Sie erneut eine Verbindung hergestellt haben, klicken Sie auf *Aktualisieren* und prüfen Sie, ob das Postfach angezeigt wird.

14.4.13 Postfächer deaktivieren oder löschen

Sie können ein Postfach im Exchange Admin Center oder der Shell deaktivieren oder löschen. Wenn ein Postfach deaktiviert oder gelöscht wird, behält Exchange es in der Postfachdatenbank bei und versetzt es in einen deaktivierten Status.

Deaktivierte und gelöschte Postfächer verbleiben in der Postfachdatenbank, bis der Aufbewahrungszeitraum für gelöschte Postfächer abläuft. Das ist standardmäßig nach 30 Tagen der Fall. Nach Ablauf des Aufbewahrungszeitraums wird das Postfach endgültig gelöscht. Deaktivierte oder gelöschte Postfächer werden als getrennte Postfächer bezeichnet:

1. Navigieren Sie im Exchange Admin Center zu *Empfänger/Postfächer*.
2. Klicken Sie in der Liste der Postfächer auf das Postfach, das Sie deaktivieren möchten.
3. Klicken Sie auf *Mehr* (die drei Punkte) und wählen Sie den Eintrag *Deaktivieren*.
4. Es wird eine Warnung angezeigt, in der Sie gefragt werden, ob Sie das Postfach deaktivieren wollen.
5. Nach der Bestätigung mit *Ja* wird das Postfach aus der Postfachliste entfernt.

Alternativ können Sie das Postfach auch in der Exchange Management Shell über die Anweisung *Disable-Mailbox <Postfach>* deaktivieren.

Klicken Sie in *Active Directory-Benutzer und -Computer* mit der rechten Maustaste auf das Benutzerkonto, dessen Postfach Sie deaktiviert haben, und anschließend auf *Eigenschaften*. Auf der Registerkarte *Allgemein* ist das Feld *E-Mail* leer. Dadurch wird bestätigt, dass das Postfach deaktiviert wurde, das Benutzerkonto jedoch noch vorhanden ist. Sie können aber auch in der Exchange-Verwaltungsshell eine Abfrage der deaktivierten Konten starten:

```
Get-MailboxDatabase | Get-MailboxStatistics | Where { $_.DisplayName -eq
"<Anzeigename>" } |fl DisconnectReason,DisconnectDate
```

Mit dem Wert *Disabled* der Eigenschaft *DisconnectReason* wird angezeigt, dass das Postfach deaktiviert ist.

Wenn Sie ein Postfach löschen, ist der Wert der Eigenschaft *DisconnectReason* ebenfalls *Disabled*. Überprüfen Sie auch das dazugehörige Active Directory-Benutzerkonto. Führen Sie in der Exchange Management Shell den folgenden Befehl aus:

```
Get-User <Anwender>
```

Beachten Sie, dass die Eigenschaft *RecipientType* den Wert *User* aufweist, und nicht *UserMailbox*, dem Wert für Benutzer mit aktivierten Postfächern. So können Sie ebenfalls überprüfen, dass das Postfach deaktiviert ist, das Benutzerkonto aber erhalten bleibt.

Über den gleichen Weg erreichen Sie auch die Funktion zum Löschen von Postfächern. In diesem Fall werden aber nicht nur die Exchange-Attribute entfernt, sondern Sie löschen auch das dazugehörige Windows-Konto aus Active Directory.

Außer im Exchange Admin Center löschen Sie Postfächer auch in der Exchange Management Shell, indem Sie das Cmdlet *Remove-Mailbox <Anwender>* verwenden.

Führen Sie den folgenden Befehl aus, um zu überprüfen, ob das Postfach gelöscht wurde:

```
Get-MailboxDatabase | Get-MailboxStatistics | Where { $_.DisplayName -eq
"<Anmeldenamen>" } | fl DisconnectReason,DisconnectDate
```

Mit dem Wert *Disabled* der Eigenschaft *DisconnectReason* wird angegeben, dass das Postfach gelöscht wurde. Wenn Sie ein Postfach deaktivieren, ist der Wert der Eigenschaft *DisconnectReason* auch *Disabled*. Allerdings wird das entsprechende Active Directory-Benutzerkonto bei der Deaktivierung nicht gelöscht.

Mit dem Cmdlet *Get-User <Anwender>* rufen Sie Active Directory-Konten ab. Erhalten Sie einen Fehler, haben Sie das Konto erfolgreich gelöscht.

Wenn Sie aktive und getrennte Postfächer endgültig löschen, werden sämtliche Postfachinhalte aus der Exchange-Postfachdatenbank unwiederbringlich entfernt. Wenn Sie ein aktives Konto endgültig dauerhaft löschen, wird das dazugehörige Active Directory-Benutzerkonto ebenfalls entfernt.

Sie können nicht das Exchange Admin Center zum endgültigen Löschen eines aktiven oder getrennten Postfachs verwenden. Führen Sie den folgenden Befehl aus, um ein aktives Postfach und das dazugehörige Active Directory-Benutzerkonto endgültig zu löschen:

```
Remove-Mailbox -Identity <Anwender> -Permanent $true
```

Wenn Sie den Parameter *Permanent* nicht angeben, wird das gelöschte Postfach standardmäßig 30 Tage in der Postfachdatenbank aufbewahrt, bevor es endgültig gelöscht wird.

Führen Sie den folgenden Befehl aus, um zu prüfen, ob das Postfach endgültig aus der Exchange-Postfachdatenbank entfernt wurde:

```
Get-MailboxDatabase | Get-MailboxStatistics | Where { $_.DisplayName -eq
"<Anzeigenamen>" }
```

Wenn Sie das Postfach erfolgreich endgültig gelöscht haben, gibt der Befehl keine Ergebnisse zurück.

Falls Sie mit dem Cmdlet *Remove-StoreMailbox* ein getrenntes Postfach und dessen gesamten Inhalt aus der Postfachdatenbank löschen, ist der Datenverlust endgültig. Beispiel:

```
Remove-StoreMailbox -Database MBD01 -Identity "Dan Jump" -MailboxState
SoftDeleted
```

Zum Prüfen, ob ein getrenntes Postfach endgültig auch aus der Exchange-Postfachdatenbank gelöscht wurde, führen Sie den folgenden Befehl aus:

```
Get-MailboxDatabase | Get-MailboxStatistics | Where { $_.DisplayName -eq
"<Anzeigenamen>" }
```

Wurde das Postfach erfolgreich endgültig gelöscht, gibt der Befehl keine Ergebnisse zurück. Wenn es nicht endgültig gelöscht ist, gibt der Befehl Informationen zum Postfach aus.

14.4.14 Gelöschtes Postfach wiederherstellen

Sie können über die Shell mit dem Cmdlet *New-MailboxRestoreRequest* ein gelöschtes Postfach in einem vorhandenen Postfach wiederherstellen. Wenn Sie ein gelöschtes Quellpostfach wiederherstellen, wird der Inhalt in ein vorhandenes Zielpostfach kopiert.

Nachdem eine Postfachwiederherstellung erfolgreich durchgeführt wurde, bewahrt Exchange das gelöschte Postfach standardmäßig 30 Tage auf, bevor es entfernt wird. Mit dem Cmdlet *Remove-StoreMailbox* können Sie es früher entfernen.

Das Exchange Admin Center kann nicht zum Wiederherstellen eines gelöschten Postfachs verwendet werden. Sie müssen dazu die Exchange Management Shell verwenden.

Für die Anforderung einer Postfachwiederherstellung müssen Sie den Anzeigenamen, Legacy-DN (Distinguished Name) oder die Postfach-GUID des gelöschten Postfachs angeben. Mit dem Cmdlet *Get-MailboxStatistics* können Sie die Werte seiner Eigenschaften *DisplayName*, *MailboxGuid* und *LegacyDN* anzeigen. Führen Sie zum Beispiel den folgenden Befehl aus, um diese Informationen für alle deaktivierten und gelöschten Postfächer in Ihrer Organisation anzuzeigen:

```
Get-MailboxDatabase | Get-MailboxStatistics | Where {$_.DisconnectReason -eq
"Disabled"} |fl DisplayName,MailboxGuid,LegacyDN,Database
```

Ein Beispielaufruf für die Wiederherstellung lautet folgendermaßen:

```
New-MailboxRestoreRequest -SourceStoreMailbox e4890ee7-79a2-4f94-9569-
91e61eac372b -SourceDatabase MBXDB01 -TargetMailbox "Debra Garcia"
-AllowLegacyDNMismatch
```

Um zu prüfen, ob Sie ein gelöschtes Postfach erfolgreich im Zielpostfach wiederhergestellt haben, führen Sie das Cmdlet *Get-MailboxRestoreRequest* aus. Wurde die Wiederherstellungsanforderung erfolgreich erstellt, hat die Eigenschaft *Status* den Wert *Queued*, *InProgress* oder *Completed*. Nachdem die Wiederherstellungsanforderung abgeschlossen wurde, wird der Inhalt des gelöschten Postfachs im Zielpostfach angezeigt.

Das Exchange Admin Center kann nicht zum Wiederherstellen vorläufig gelöschter Postfächer verwendet werden. Dabei handelt es sich um Postfächer, die Sie von einer Quelldatenbank in eine Zieldatenbank verschoben haben. Nach dem erfolgreichen Verschieben löscht Exchange das Postfach in der Quelldatenbank. Das vorläufig gelöschte Postfach lässt sich aber wiederherstellen.

Führen Sie den folgenden Befehl aus, um sicherzustellen, dass das vorläufig gelöschte Postfach noch in der Postfachdatenbank vorhanden ist und es sich nicht um ein deaktiviertes Postfach handelt:

```
Get-MailboxDatabase | Get-MailboxStatistics | Where { $_.DisplayName -eq
"<Anzeigenamen>" } |fl DisplayName,DisconnectReason,DisconnectDate
```

Das vorläufig gelöschte Postfach muss sich in der Postfachdatenbank befinden, und der Wert der Eigenschaft *DisconnectReason* muss *SoftDeleted* sein. Endgültig gelöschte Postfächer zeigt der Befehl nicht an. Alternativ können Sie zum Anzeigen aller vorläufig gelöschten Postfächer in Ihrer Organisation den folgenden Befehl verwenden:

```
Get-MailboxDatabase | Get-MailboxStatistics | Where { $_.DisconnectReason -eq
"SoftDeleted" } |fl DisplayName,DisconnectReason,DisconnectDate
```

Sie können auch hier das Cmdlet *New-MailboxRestoreRequest* verwenden. Wenn Sie ein vorläufig gelöschtes Postfach wiederherstellen, werden seine Inhalte in ein vorhandenes Zielpostfach kopiert. Nachdem eine Postfachwiederherstellungsanforderung erfolgreich abgeschlossen wurde, wird sie standardmäßig für 30 Tage aufbewahrt, bevor sie entfernt wird. Sie können sie vorher mit dem Cmdlet *Remove-MailboxRestoreRequest* entfernen.

Nach der Wiederherstellung eines vorläufig gelöschten Postfachs wird es in der Postfachdatenbank bis zu seiner endgültigen Löschung durch einen Administrator oder bis zum Ablauf des Aufbewahrungszeitraums aufbewahrt.

```
New-MailboxRestoreRequest -SourceStoreMailbox "Thomas Joos" -SourceDatabase
MBXDB01 -TargetMailbox "Thomas Joos" -AllowLegacyDNMismatch
```

Das Cmdlet *Get-MailboxRestoreRequest* gibt standardmäßig den Namen der Anforderung, das Zielpostfach, in dem die Daten wiederhergestellt werden, und den Status der Anforderung zurück.

Das Cmdlet *Suspend-MailboxRestoreRequest* kann Wiederherstellungsvorgänge anhalten, die noch nicht abgeschlossen sind.

Sie können die Statistiken zu einer Anforderung zur Postfachwiederherstellung anzeigen. Standardmäßig enthalten die zurückgegebenen Informationen den Namen, das Postfach, den Status und den Prozentsatz der Fertigstellung. Verwenden Sie dazu das Cmdlet *Get-MailboxRestoreRequestStatistics*. Im folgenden Beispiel werden Statistiken für das Postfach von Thomas Joos zurückgegeben und der Bericht wird in eine CSV-Datei exportiert:

```
Get-MailboxRestoreRequestStatistics -Identity "Thomas Joos\MailboxRestore" |
Export-CSV \\SERVER01\RestoreRequest_Reports\joos_Restorestats.csv
```

Im nächsten Beispiel werden zusätzliche Informationen für alle Wiederherstellungsanforderungen mit dem Status *Failed* zurückgegeben. Dazu verwenden Sie noch die Option *IncludeReport*, um die Informationen in einer Textdatei zu speichern:

```
Get-MailboxRestoreRequest -Status Failed | Get-MailboxRestoreRequestStatistics
-IncludeReport |fl > AllRestoreReports.txt
```

Wenn eine Anforderung zur Postfachwiederherstellung keinen Erfolg hat, können Sie mit dem Cmdlet *Set-MailboxRestoreRequest* ihre Eigenschaften ändern.

Im folgenden Beispiel wird festgelegt, dass die Wiederherstellungsanforderung *MailboxRestore1* für das Postfach von Thomas Joos zehn beschädigte Postfachelemente überspringt:

```
Set-MailboxRestoreRequest -Identity "Thomas Joos\MailboxRestore1"
-BadItemLimit 10
```

Da der Wert für *BadItemLimit* bei 50 liegt, müssen Sie den Parameter *AcceptLargeDataLoss* verwenden, um ein höheres Limit zu verwenden:

```
Set-MailboxRestoreRequest -Identity "Thomas Joos"\MailboxRestore1"
-BadItemLimit 100 -AcceptLargeDataLoss
```

Um zu prüfen, ob Sie die Eigenschaft einer Wiederherstellungsanforderung erfolgreich geändert haben, führen Sie das Cmdlet *Get-MailboxRestoreRequestStatistics* aus, um die geänderten Eigenschaften anzuzeigen. Wurde die Wiederherstellungsanforderung erfolgreich erstellt, hat die Eigenschaft *Status* den Wert *Queued*, *InProgress* oder *Completed*. Nach ihrem Abschluss wird der Inhalt des vorläufig gelöschten Postfachs im Zielpostfach angezeigt.

Sie können eine Wiederherstellungsanforderung anhalten, nachdem sie erstellt ist und bevor sie den Status *Completed* erreicht. Dazu verwenden Sie das Cmdlet *Suspend-MailboxRestoreRequest*.

Wollen Sie alle laufenden Prozesse anhalten, verwenden Sie den folgenden Befehl:

```
Get-MailboxRestoreRequest -Status InProgress | Suspend-MailboxRestoreRequest
-SuspendComment <Text>
```

Mit *Get-MailboxRestoreRequest <Identity> | fl Suspend,Status* zeigen Sie die angehaltenen Prozesse an. Wenn die Eigenschaft *Suspend* den Wert *True* hat, wurde die Wiederherstellungsanforderung erfolgreich angehalten.

Verwenden Sie das Cmdlet *Resume-MailboxRestoreRequest*, um eine Wiederherstellungsanforderung fortzusetzen. Mit dem Cmdlet *Remove-MailboxRestoreRequest* löschen Sie Wiederherstellungsanforderungen für Postfächer.

14.5 Kompletten Server mit dem Sicherungsprogramm wiederherstellen

Haben Sie auf dem Server eine vollständige Datensicherung erstellt, können Sie damit den kompletten Server wiederherstellen, falls er zum Beispiel nicht mehr starten kann. Dazu muss der Datenträger mit der Sicherung mit dem Server verbunden und dieser mit der Windows Server-DVD oder einem USB-Stick gebootet werden.

Auf der Startseite des Installations-Assistenten klicken Sie auf *Weiter*. Auf der nächsten Seite wählen Sie *Computerreparaturoptionen* aus. In den Systemwiederherstellungsoptionen wählen Sie die Option zur Wiederherstellung einer Systemabbildsicherung aus. Dazu klicken Sie auf *Problembehandlung* und *Systemimage-Wiederherstellung*.

Windows Server 2025 unterstützt die Wiederherstellung einer Systemsicherung auch auf anderer Hardware.

Sie können auswählen, aus welcher Sicherung Sie den Server wiederherstellen wollen, und anschließend auch die Datenträger, die wiederhergestellt werden sollen. Auf diese Weise können Sie das Betriebssystem wieder in einen lauffähigen Zustand zurückführen. Wichtig ist dazu, dass Sie die Bare-Metal-Restore-Möglichkeit bei der Sicherung ausgewählt haben.

Als Nächstes wählen Sie aus, ob Windows den Datenträger formatieren und partitionieren soll oder ob Sie die Daten auf die bisherige Partition zurücksichern wollen.

Über die Schaltfläche *Datenträger ausschließen* wählen Sie die Datenträger aus, die nicht wiederhergestellt werden sollen, weil sie zum Beispiel Datenbankdateien von Postfachspeichern enthalten.

Über *Treiber installieren* lassen sich wichtige Treiber integrieren, die für die Wiederherstellung unter Umständen benötigt werden. In den Optionen unter *Erweitert* legen Sie fest, dass der Server automatisch nach der Wiederherstellung neu starten und Datenträger auf Defekte überprüfen soll.

Zum Abschluss erscheint eine Meldung, die darüber informiert, dass die Datenträger neu formatiert werden. Diese Meldung müssen Sie bestätigen, bevor die Wiederherstellung beginnt. Anschließend beginnt der Assistent mit der Wiederherstellung des Servers. Nach diesem Vorgang steht der Server wieder zur Verfügung. Sie sollten nach erfolgreicher Wiederherstellung den Status der Datenbanken überprüfen und unter Umständen aktuelle Sicherungen der SQL-Datenbanken wiederherstellen.

14.6 Betriebssystem reparieren

In den folgenden Abschnitten zeige ich Ihnen verschiedene Möglichkeiten, um Windows Server 2019 wieder zu reparieren oder wiederherzustellen, wenn der Server nicht mehr funktioniert. Um Windows Server 2019 wiederherzustellen, verwenden Sie entweder die Windows Server 2019-Installations-DVD oder drücken beim Bootvorgang die F8-Taste.

14.6.1 Problemaufzeichnung – Fehler in Windows nachvollziehen und beheben

Windows Server bietet (noch) die Möglichkeit, Fehler in Windows aufzuzeichnen und für Spezialisten so aufzubereiten, dass sie sie leicht nachvollziehen und überprüfen können. Diese schrittweise Aufzeichnung von Fehlern hat die Bezeichnung *Problemaufzeichnung* oder *Steps Recorder*.

Am schnellsten starten Sie die Problemaufzeichnung, indem Sie *psr* auf der Startseite eintippen. Es öffnet sich die Oberfläche, mit der Sie die Aufzeichnung durchführen. Um einen Fehler aufzuzeichnen und weitergeben zu können, gehen Sie folgendermaßen vor:

1. Tippen Sie *psr* im Suchfeld des Startmenüs ein.
2. Klicken Sie nach dem Start des Tools auf *Aufzeichnung starten*.
3. Gehen Sie exakt die Schritte in Windows oder dem jeweiligen Programm durch, die zum Fehler führen.
4. Per Klick auf *Kommentar hinzufügen* können Sie eigene Hinweise einfügen, falls der Fehler nicht schnell offensichtlich ist.
5. Haben Sie den Fehler nachgestellt, klicken Sie auf *Aufzeichnung beenden*.
6. Speichern Sie die Datei als ZIP-Archiv ab.
7. Das Tool speichert die eigentliche Aufzeichnung als *.mht*-Datei, die Sie mit dem Internet Explorer öffnen können. Extrahieren Sie die *.zip*-Datei per Rechtsklick oder klicken Sie doppelt auf die *.zip*-Datei und dann auf die *.mht*-Datei. Sie sehen die Aufzeichnung des Problems als Dokument, das jeder nachvollziehen kann.

14.6.2 Bootprobleme beheben

Neben den standardmäßigen Wiederherstellungsmöglichkeiten in Windows Server 2025 stehen Ihnen erweiterte Funktionen zur Reparatur zur Verfügung. Dazu booten Sie den Computer über den Windows Server 2025-USB-Stick und starten die *Computerreparaturoptionen*. Alternativ wählen Sie *Computer reparieren* im erweiterten Bootmenü. Dieses erreichen Sie mit der [F8]-Taste beim Starten des Servers.

Es startet die Wiederherstellungsoberfläche von Windows Server 2025. Klicken Sie auf *Problembehandlung*. Wählen Sie *Erweiterte Optionen* aus, um weitere Werkzeuge für die Reparatur zu starten. An dieser Stelle stehen Ihnen verschiedene Optionen zur Verfügung. *Systemimage-Wiederherstellung* kann Windows über eine Imagedatei wiederherstellen, die Sie zuvor auf dem Server mit der Windows Server-Sicherung erstellt haben.

Der Eintrag *Eingabeaufforderung* öffnet eine Befehlszeile, über die Sie verschiedene Wiederherstellungsvorgänge starten können. In vielen Fällen hilft die Eingabe von *Bootrec /fixmbr*, um den Boot-Manager zu reparieren, falls der Windows-Server nicht mehr startet.

Funktioniert die deutsche Tastatur nicht korrekt, finden Sie den Schrägstrich / über [⇧]+[.] auf der US-Tastatur. Der Befehl *Bootrec /scanos* zeigt Betriebssysteme an, die zwar auf der Festplatte installiert, nicht aber im Boot-Manager eingetragen sind. Mit *Bootrec /rebuildbcd* können Sie Windows Server 2025-Installationen, die Sie mit *Bootrec /scanos* gefunden haben, in den Boot-Manager integrieren. Oft hilft auch *Bootrec /fixboot*, wenn Sie parallel zu Windows Server 2025 noch ein anderes Betriebssystem auf dem Server installiert haben.

Starten Sie den Server neu und drücken Sie die [F8]-Taste, können Sie aus verschiedenen Optionen zur Wiederherstellung auswählen:

- **Debugmodus** startet Windows in einem erweiterten Problembehandlungsmodus.
- **Startprotokollierung aktivieren** erstellt die Datei *Ntbtlog.txt*, in der alle Treiber aufgelistet werden, die beim Starten installiert werden und für die eine erweiterte Problembehandlung nützlich sein kann.
- **Videomodus mit niedriger Auflösung aktivieren** startet Windows mithilfe des aktuellen Videotreibers und mit niedrigen Einstellungen für Auflösung und Aktualisierungsrate. In diesem Modus können Sie die Anzeigeeinstellungen zurücksetzen.
- **Abgesicherter Modus** startet Windows mit den mindestens erforderlichen Treibern und Diensten.
- **Abgesicherter Modus mit Netzwerktreibern** startet Windows im abgesicherten Modus zusammen mit den für den Zugriff auf das Internet oder auf andere Computer im Netzwerk erforderlichen Netzwerktreibern und -diensten.
- **Abgesicherter Modus mit Eingabeaufforderung** startet Windows im abgesicherten Modus mit einem Eingabeaufforderungsfenster anstelle der normalen Windows-Benutzeroberfläche.
- **Erzwingen der Treibersignatur deaktivieren** ermöglicht, dass Treiber mit ungültigen Signaturen installiert werden.
- **Frühen Start des Treibers der Antischadsoftware deaktivieren** In Windows Server 2019 startet der installierte Virenscanner wesentlich früher als in Windows Server 2008 R2. Das kann zu Problemen führen, wenn der Server nicht mehr startet. Hier deaktivieren Sie diesen Schutz.
- **Automatischen Neustart bei Systemfehler deaktivieren** verhindert, dass Windows nach einem durch einen eigenen Fehler verursachten Absturz automatisch neu gestartet wird. Wählen Sie diese Option nur aus, wenn Windows in einer Schleife festgefahren ist, die aus Absturz, Neustart und erneutem Absturz besteht.

Normalerweise werden diese Startoptionen nur selten benötigt. Wenn Sie möglichst immer nur aktuelle und kompatible Software installieren, nur signierte Treiber verwenden und nur dann Änderungen am System durchführen, wenn Sie genau wissen, was Sie tun, läuft Windows Server 2025 deutlich stabiler als seine Vorgänger.

Neu ist die Funktion, Windows Server 2025 ohne aktivierte Antischadsoftware zu starten. Dies sollten Sie jedoch nur in Ausnahmefällen tun, da die Funktion verhindert, dass Viren vor dem Start des Virenscanners geladen werden.

14.6.3 Windows-Abstürze analysieren und beheben

Bluescreens sind in Windows Server 2025 lange nicht mehr so häufig anzutreffen wie bei vorangegangenen Windows-Versionen. Was viele ärgert, soll das System jedoch schützen. Ein Bluescreen ist in fast allen Fällen kein Fehler, der durch Windows oder eine Anwendung verursacht wird. Hauptsächlich sind fehlerhafte Treiber schuld, dass Windows aufgibt und mit einem Fehler abstürzt. Neben fehlerhaften Treibern treten Bluescreens sehr oft auch dann auf, wenn Hardware defekt ist.

Am häufigsten liegen dann Probleme mit dem Arbeitsspeicher oder einer überhitzten CPU vor. Ebenfalls weit verbreitet sind defekte Festplattencontroller oder Hauptplatinen. Auch wenn Windows an einem Dateizugriff scheitert, kündigt sich so oft ein Plattenausfall an. Bei einem Bluescreen läuft Windows noch stabil genug, um den Fehler zu protokollieren und sich selbst sofort zu beenden.

Meistens erscheint eine achtstellige Hexadezimalzahl sowie eine kurze Beschreibung des Fehlers, oft *IRQ_NOT_LESS_OR_EQUAL* oder *INACCESSIBLE_BOOT_DEVICE*. Manchmal zeigt Windows auch die Datei an, die den Fehler verursacht hat – meist eine *.sys*-Datei, also ein Treiber. Schreibt ein Treiber durch Programmierfehler in einen Arbeitsspeicherbereich, in dem sich bereits Daten eines anderen Treibers oder sogar des Systems befinden, stellt Windows sofort seinen Betrieb ein und meldet den Fehler als Bluescreen. Würde das System nicht so vorgehen, könnten durch die ungültigen Bereiche im Arbeitsspeicher Daten zerstört oder im Falle von Hardwaretreibern sogar die Hardware eines Computers in Mitleidenschaft gezogen werden.

Solche Kernelzugriffe von Treibern hat Microsoft nahezu abgeschafft, sodass Bluescreens in diesem Bereich eher selten auftreten. Verliert ein Teil des Arbeitsspeichers durch einen physischen Defekt jedoch Daten, kann auch unter Windows Server 2019 ein Bluescreen erscheinen.

Bluescreens gibt es auch unter UNIX oder Linux, werden hier aber als *Kernel Panic* bezeichnet. Der Prozessor kann bei mangelnder Kühlung zu heiß werden und eine eventuelle Übertaktung den Effekt noch verstärken. In Windows Server gibt es das Windows-Speicherdiagnose-Tool, das Sie über den Befehl *Mdsched.exe* auf der Startseite aufrufen.

Windows Server 2019 ist standardmäßig so eingestellt, dass der Rechner nach einem Bluescreen automatisch neu startet. Dies hat den Vorteil, dass der Server dann recht schnell wieder zur Verfügung steht. Allerdings können Sie in diesem Fall auch die entsprechende Fehlermeldung nicht lesen.

Erscheint der Bluescreen nach jedem Start, verfängt sich der Computer in einer Schleife, da er nach jedem Bluescreen neu startet. Die möglichen Einstellungen, wie sich Windows nach einem Bluescreen verhalten soll, finden Sie unter *Systemsteuerung/System und Sicherheit/System/Erweiterte Systemeinstellungen*. Klicken Sie im Bereich *Starten und Wiederherstellen* auf die Schaltfläche *Einstellungen*.

Über den Bereich *Systemfehler* lassen sich die Einstellungen vornehmen. Zunächst sollten Sie das Kontrollkästchen *Automatisch Neustart durchführen* deaktivieren, wenn Sie wollen, dass der Rechner bei der Anzeige des Bluescreens stehen bleibt. Über das Listenfeld *Debuginformationen speichern* wählen Sie aus, welche Art von Informationen das Betriebssystem protokollieren soll.

Am besten ist die Variante *Automatisches Speicherabbild* oder *Kleines Speicherabbild* geeignet, da andere Informationen ohnehin eher verwirrend sind. Hier legen Sie auch fest, in welchem Ordner das Speicherabbild mit dem Fehler abgelegt werden soll. Um eine *.dmp*-Datei mit den nachfolgend genannten Tools zu analysieren, laden Sie diese ganz normal in das jeweilige Programm.

Eine gute Möglichkeit, um Bluescreens auf die Spur zu kommen, ist die Software *BlueScreen-View*, die Sie von der Seite *http://www.nirsoft.net/utils/blue_screen_view.html* herunterladen können. Sie erhalten Informationen zu den Bluescreens und können schneller Fehler finden. Der Vorteil des Tools ist, dass Sie den Viewer nicht installieren müssen. Er lässt sich daher auch über einen USB-Stick aufrufen.

Das Tool analysiert die Datei *Memory.dmp*, die Windows mit dem Bluescreen erzeugt. Liegt diese Datei im Ordner *C:\Windows\minidump*, liest es die Datei automatisch ein. Findet es die Datei nicht, kopieren Sie *Memory.dmp* von *C:\Windows* in den Ordner *C:\Windows\Minidump*. Ist der Ordner nicht vorhanden, legen Sie ihn an. Nach dem Einlesen der Datei liefert der Fehler in der Spalte *Bug Check String* bereits einen ersten Hinweis, den Sie für die Internetrecherche nutzen können.

Zusätzlich verwenden Sie noch den Code in der Spalte *Bug Check Code*. Klicken Sie doppelt auf *Memory.dmp*, öffnet sich ein Detailfenster des Absturzes. Hat ein Treiber den Bluescreen verursacht, sehen Sie ihn in der Spalte *Caused by Driver*. Auch diese Information sollten Sie in die Recherche mit einbeziehen.

Können Sie den Bluescreen eingrenzen und erhalten über eine Suchmaschine nähere Informationen, zum Beispiel das Ändern bestimmter Registrierungsschlüssel, sind Sie schon ein Stück weiter. Ist ein Treiber schuld am Fehler, installieren Sie eine aktualisierte oder ältere Version. Tritt ein Fehler bei Ihnen erst nach der Installation eines neuen Treibers auf, können Sie in Windows den vorherigen Treiber aktivieren, mit dem das System noch stabil läuft. Das geht natürlich nur dann, wenn Windows noch startet und Sie den Geräte-Manager aufrufen können.

Haben Sie den Treiber über ein Installationsprogramm installiert oder ist der Absturz nicht durch einen Treiber verursacht, sondern von einer von Ihnen installierten Anwendung, können Sie in Windows auch den Systemzustand wiederherstellen wie vor der Installation der Anwendung. Um den Zustand zurückzusetzen, müssen Sie Windows starten oder den Rechner über die Windows-DVD oder einen Rettungsdatenträger booten und die Computerreparaturoptionen starten. Setzen Sie in diesem Fall den Systemwiederherstellungspunkt zurück.

Oft stürzt in Windows nur ein einzelner Prozess ab oder belegt zu viele Ressourcen. Finden Sie diesen Prozess und beenden Sie ihn, läuft Windows Server in den meisten Fällen aber problemlos weiter:

1. Klicken Sie mit der rechten Maustaste auf die Taskleiste und wählen Sie im Kontextmenü den Eintrag *Task-Manager*. Alternativ starten Sie den Task-Manager auch mit `Strg`+`Alt`+`Entf` und der Auswahl des entsprechenden Befehls. Aktivieren Sie im unteren Bereich immer die Option *Mehr Details*.
2. Wechseln Sie zunächst zur Registerkarte *Leistung*. Manchmal verursachen Prozesse eine hohe CPU-Last von bis zu 100 % oder verwenden den kompletten Arbeitsspeicher. Dauerhaft sollte die Belastung immer schwanken und nicht mehr als 30 bis 40 % betragen.

Rufen Sie anschließend die Registerkarte *Prozesse* auf. Hier sehen Sie Programme, die gestartet sind, und bei *Status* die Meldung *Keine Rückmeldung*, wenn ein Programm nicht mehr funktioniert. Versuchen Sie, ein solches Programm mit *Task beenden* zu schließen.

Auch wenn keine hohe CPU-Last vorliegt, kann dennoch ein Prozess das System lahmlegen. Handelt es sich um einen Prozess, der eine hohe CPU-Last verursacht, klicken Sie auf die Spalte *CPU*. Der Task-Manager sortiert anschließend die Prozesse absteigend nach dem CPU-Verbrauch. Hier sehen Sie recht schnell, welcher Prozess das Problem verursacht.

Verursacht ein Prozess zu viel Last, können Sie ihn beenden. Aber Achtung: Dabei können auch ungespeicherte Daten verloren gehen. Bevor Sie einen Prozess beenden, suchen Sie nach dessen Namen im Internet, wenn Sie ihn nicht kennen.

Speichern Sie möglichst alle Programme, die noch reagieren, und beenden Sie sie ordnungsgemäß. Klicken Sie den Prozess mit der rechten Maustaste an und wählen Sie *Task beenden*. Teilweise erscheint noch eine Rückfrage nach einigen Sekunden, anschließend beendet Windows den Prozess.

Reagiert Windows wieder, sollten Sie möglichst alle noch offenen Programme beenden und Daten speichern. Starten Sie anschließend den Rechner neu, damit Windows wieder alle notwendigen Prozesse starten kann. Beenden Sie den Explorer, fehlt oft die grafische Oberfläche. Sie starten sie dann einfach über den Task-Manager mit *Datei/Neuen Task ausführen* und der Eingabe von *explorer*.

14.7 Zusammenfassung

In diesem Kapitel haben Sie anhand umfassender Anleitungen erfahren, wie Sie Exchange SE online und offline sichern. Auch die Wiederherstellung wurde ausführlich erläutert. Außerdem bin ich auf wichtige und interessante Zusatztools zur Sicherung und Wiederherstellung eingegangen und habe Ihnen gezeigt, wie Sie einzelne Elemente oder ganze Server wiederherstellen.

Das nächste Kapitel befasst sich umfassend mit der Hochverfügbarkeit und den Datenbankverfügbarkeitsgruppen.

Kapitel 15

Hochverfügbarkeit mit Exchange SE

In diesem Kapitel zeige ich Ihnen, wie Sie Exchange SE hochverfügbar konfigurieren. Sie haben dazu die Möglichkeit, mit den Datenbankhochverfügbarkeits-Gruppen (Database Availability Groups, DAG) zu arbeiten oder Exchange SE als virtuellen Server in einem Hyper-V/VMware-Cluster zu betreiben.

Die Absicherung von Postfachdatenbanken läuft nicht über Server, sondern direkt über die Datenbanken. Sie erstellen eine neue DAG, die zwar die Clusterfunktionalitäten von Windows nutzt, brauchen aber keinen Cluster zu erstellen. Die Replikation der Datenbanken erfolgt über die Exchange-Transaktionsprotokolle (siehe Kapitel 5).

Postfachserver können Sie also mit DAG hochverfügbar zur Verfügung stellen oder alternativ als virtuelle Server in einem Hyper-V-/VMware-Cluster betreiben.

Microsoft verspricht eine bessere Leistung für Hochverfügbarkeits-Gruppen und besseren Failover, wenn eine Datenbank ausfällt. Es geht von einer Zeitersparnis von 33 % aus, wenn ein Failover durchgeführt werden muss. Zeugenserver für DAG-Cluster lassen sich in der neuen Version auch in Microsoft Azure positionieren.

15.1 Datenbankverfügbarkeits-Gruppen verstehen

Mit Datenbankverfügbarkeits-Gruppen (Database Availability Groups, DAG) können Sie Exchange-Datenbanken zwischen verschiedenen Servern synchron halten. Alle Funktionalitäten für Ausfallsicherheit sind in die DAG integriert.

Setzen Sie Windows Server 2025 zusammen mit Exchange SE ein, können Sie auch die Standard-Edition nutzen. Sie brauchen für den Einsatz von DAG aber keinen Cluster zu erstellen oder zu konfigurieren. Bei Exchange SE handelt es sich um keine Clusteranwendung, die DAGs nutzen lediglich Komponenten der Clusterfunktionalität von Windows Server zur Replikation von Postfachdatenbanken. Aus diesem Grund brauchen Sie keinen Cluster zu installieren und zu verwalten, sondern nur Windows Server 2025 Standard/Datacenter zu installieren.

Datenbankverfügbarkeits-Gruppen sind auch mit der Standard-Edition von Exchange SE möglich. Sie sind daher ein hervorragendes Mittel, um auch bei kleineren Unternehmen eine Hochverfügbarkeit der Exchange-Datenbanken zu erreichen, ohne komplexe Konfigurationen durchführen zu müssen. Grundsätzlich empfiehlt Microsoft, den Datenverkehr zur Replikation und die Verbindung der Anwender auf verschiedene Netzwerkkarten zu verteilen, die Sie während der Erstellung der DAG festlegen können.

Sie brauchen dazu den Netzwerkverkehr nicht zu trennen. Daher lassen sich DAGs auch auf Servern mit nur einer Netzwerkkarte einsetzen. Allerdings dürfen in diesem Fall alle DAG-Mitglieder ebenfalls nur eine Netzwerkkarte verwenden. DAG-Netzwerke unterstützen IPv4 und IPv6. Setzen Sie IPv6 ein, dürfen Sie IPv4 allerdings nicht deaktivieren. Für Datenbankverfügbarkeits-Gruppen benötigen Sie keinen teuren Cluster oder gemeinsame Datenträger.

In Exchange SE gibt es weiterhin öffentliche Ordner. Allerdings hat sich ihre Speicherform geändert. Öffentliche Ordner-Datenbanken gibt es in Exchange SE nicht mehr.

Gemeinsame Inhalte werden jetzt über spezielle Postfächer zur Verfügung gestellt, die wiederum zur Ausfallsicherheit mit Datenbankverfügbarkeits-Gruppen (DAG) abgesichert werden.

Öffentliche Ordner sind daher in Exchange SE als Postfach innerhalb der Postfachdatenbank abgebildet. Das erleichtert die Konfiguration und verbessert die Hochverfügbarkeit.

In Exchange SE ist der primäre Mechanismus für hohe Verfügbarkeit von Postfächern die Datenbankverfügbarkeits-Gruppe (Database Availability Group, DAG). Wenn aufgrund eines Ausfalls einer Postfachdatenbank oder eines Servers eine veraltete Kopie der Postfachdatenbank höhergestuft wird, werden die Nachrichten im Transportdumpster automatisch an die neue aktive Kopie der Postfachdatenbank erneut übermittelt. Der Transportdumpster in Exchange SE heißt Sicherheitsnetz. Das ist eine Warteschlange, die mit dem Transportdienst auf einem Postfachserver verbunden ist. In dieser Warteschlange werden Kopien von Nachrichten gespeichert, die vom Server erfolgreich verarbeitet wurden.

Sie können angeben, wie lange das Sicherheitsnetz Kopien der erfolgreich verarbeiteten Nachrichten speichert, bevor sie ablaufen und automatisch gelöscht werden. Der Standardwert beträgt zwei Tage. Das Sicherheitsnetz erfordert keine DAGs. Für Postfachserver, die zu DAGs gehören, speichert es Kopien zugestellter Nachrichten auf anderen Postfachservern am lokalen Active Directory-Standort. Das Routing in Exchange SE bietet vollständige Unterstützung für Datenverfügbarkeits-Gruppen (DAG). In Exchange SE hosten alle Postfachserver den Transportdienst.

Nur der Postfachtransportdienst kommuniziert mit der Postfachdatenbank auf dem lokalen Postfachserver. Wenn der Postfachserver Mitglied einer DAG ist, akzeptiert nur der Postfachtransportdienst auf dem Postfachserver, auf dem die aktive Kopie der Postfachdatenbank gespeichert ist, eine Nachricht für den Zielempfänger.

Der Postfachtransportdienst verwendet Remote Procedure Call (Remoteprozeduraufruf, RPC), um Nachrichten an die lokale Postfachdatenbank zu senden oder von dieser zu empfangen. Wenn der Postfachserver Mitglied einer DAG ist, verwendet RPC den Postfachtransportdienst nur zur lokalen Kommunikation mit den aktiven Kopien der Postfachdatenbanken.

15.1.1 Einstieg in DAG

Die Replikation der Datenbanken zwischen den beteiligten Servern erfolgt über Transaktionsprotokolle (siehe Kapitel 5). Administratoren können auch Nachlaufzeiten festlegen und Datenbanken erst nach einer gewissen Zeit durch Transaktionsprotokolle aktualisieren lassen.

Da in Exchange SE die Exchange-Datenbanken einen einmaligen Namen in der Organisation haben, können Sie durch Postfachkopien in einer DAG alle produktiven Datenbanken auf alle Postfachserver untereinander kopieren und bei Bedarf auch aktiv schalten. Bei einem Ausfall brauchen Sie nicht mehr den kompletten Exchange-Server auf einen anderen Clusterknoten zu verschieben. DAGs sind sozusagen ein Exchange-RAID über mehrere Server hinweg.

Die Replikation erfolgt nicht über das Server Message Block-Protokoll (SMB), sondern über ein Replikationsverfahren, speziell für DAG. Exchange SE verwendet einen festgelegten TCP-Port für den Datenaustausch. Aktive Transaktionsprotokolle der produktiven Exchange-Datenbank senden einen Datenstrom an die passiven Kopien. Der Datenstrom ist verschlüsselt und komprimiert. Exchange SE kann als Quelle für die Replikation der Daten die produktive Datenbank verwenden oder eine andere Postfachdatenbankkopie.

Beide Editionen von Exchange SE unterstützen eine Hochverfügbarkeit über die Datenbankverfügbarkeits-Gruppen (DAG). Sie können die Editionen in einer DAG auch mischen. Da es keine Datenbanken für öffentliche Ordner mehr gibt und öffentliche Ordner auch in Postfachdatenbanken gespeichert sind, profitieren öffentliche Ordner jetzt auch von DAGs. Diese Datenbanken mussten Sie in Exchange 2010 mit einer eigenen Absicherung replizieren, eine Integration in DAG-Gruppen war nicht möglich. Das hat Microsoft in Exchange SE geändert. Postfachserver in einer Datenbankverfügbarkeits-Gruppe überwachen sich gegenseitig auf Fehler.

15.1.2 Mehr zu DAG, Clusterdienst und dem Active Manager

Exchange SE arbeitet für die Replikation von Postfachdatenbankkopien und Datenbankverfügbarkeits-Gruppen mit dem Active Manager. Der Dienst ersetzt die Funktionen der Clusterverwaltung von Exchange 2003/2007. Postfachclusterserver gibt es bei Exchange SE nicht mehr. Ein Windows-Failovercluster verwendet Exchange ohne Clustergruppen und Speicherressourcen.

Clusterknoten und Netzwerke sind zwar in den Verwaltungswerkzeugen vorhanden, Exchange verwaltet diese Komponenten aber selbst, nicht mehr die Clusterverwaltung. Der Active Manager läuft auf allen Postfachservern, die Mitglieder einer Datenbankverfügbarkeits-Gruppe sind.

Es gibt zwei Active Manager-Rollen, den Primary Active Manager (PAM) und den Standby Active Manager (SAM). Der PAM entscheidet, welche Postfachdatenbankkopien aktiv oder passiv sind. Aktive Kopien verwendet Exchange als produktive Datenbank, mit der Anwender arbeiten, passive sind die Kopien, die im Hintergrund laufen. Die PAM-Rolle läuft auf dem Mitglied, das aktuell die Clusterquorumressource besitzt.

PAM arbeitet mit der SAM-Rolle auf dem lokalen Server, um Fehler der lokalen Datenbank zu erkennen. Der SAM teilt dem RPC-Clientzugriffsdienst mit, auf welchem Server die aktive Kopie einer Postfachdatenbank gehostet wird, also die produktive Datenbank. Findet SAM Fehler in der lokalen Datenbank, teilt er dem PAM mit, dass ein Failover zu einem anderen Server stattfinden muss.

Der Active Manager speichert Informationen zur Postfachdatenbank in der Clusterdatenbank. Darauf greifen aber keinerlei andere Komponenten zu. Die Integrität aller Datenbanken überwacht der Microsoft Exchange-Replikationsdienst. Erkennt er einen Fehler, benachrichtigt er den Active Manager. Anschließend legt der Active Manager fest, welche Datenbankkopie auf den einzelnen Mitgliedern der DAG als produktive Datenbank übernehmen soll. Dazu wählt er eine Kopie der Postfachdatenbank in der DAG aus, die den Status *Fehlerfrei* aufweist.

Wird keine fehlerfreie Datenbank gefunden, geht der Active Manager nach bestimmten Kriterien in folgender Reihenfolge vor, um eine möglichst aktuelle Datenbank zu finden:

Erfüllt keine der Datenbankkopien die optimalen Kriterien, versucht der Active Manager, eine beliebige Datenbankkopie mit dem Status *Fehlerfrei* zu aktivieren. Ist keine Datenbankkopie mit diesem Status verfügbar, ist eine automatische Aktivierung nicht möglich.

15.1.3 Grundlagen zur Erstellung und Verwendung einer DAG

Datenbankverfügbarkeits-Gruppen erstellen Sie entweder über die Exchange Management Shell oder im Exchange Admin Center. In der Exchange Management Shell arbeiten Sie mit dem Cmdlet *New-DatabaseAvailabilityGroup*.

Im Exchange Admin Center finden Sie die Einstellungen über *Server/Database Availability Groups*. Bei einer DAG handelt es sich zunächst um ein leeres Objekt in Active Directory.

Fügen Sie der DAG den ersten Server hinzu, erstellt Exchange für sie automatisch einen Failovercluster. Die Datenbankverfügbarkeits-Gruppe verfügt über einen eindeutigen Namen und eine statische IP-Adresse.

Das Cmdlet *Add-DatabaseAvailabilityGroupServer* fügt Postfachserver zu der DAG hinzu. Die IP-Adressen für den Cluster registriert der Clusterdienst in DNS.

Standardmäßig verwenden DAGs eine integrierte fortlaufende Replikation zum Replizieren. Sie können aber auch eine Lösung von Drittherstellern für die Replikation verwenden. Dazu verwenden Sie das Cmdlet *New-DatabaseAvailabilityGroup* mit der Option *ThirdPartyReplication*. Ist dieser Modus einmal aktiviert, können Sie ihn nicht mehr deaktivieren. Nehmen Sie in der Datenbankverfügbarkeits-Gruppe weitere Server auf, treten diese dem Cluster bei. Haben Sie einer Datenbankverfügbarkeits-Gruppe Mitglieder hinzugefügt, können Sie die Postfachdatenbanken auf jedem Server auf andere DAG-Mitglieder replizieren.

Exchange verwendet für einen DAG-Cluster auch noch einen weiteren Server im Netzwerk, auf dem ein Ordner liegt, der Daten des Clusters enthält. Dieser Server (Zeugenserver genannt) wird nicht Bestandteil des Clusters, sondern ist logisch außerhalb von ihm angeordnet. Diese Freigabe wird offiziell als File Share Witness (Dateifreigabenzeuge) bezeichnet und zur Absicherung des Datenflusses zwischen den Clusterknoten eingesetzt. Hauptsächlich wird diese Erweiterung in Zwei-Knoten-Clustern verwendet.

Für Failovercluster gilt auch beim Einsatz von DAGs das Quorumkonzept. Wenn der Cluster das Quorum verliert, werden alle DAG-Operationen eingestellt, und die Bereitstellung aller Datenbanken wird aufgehoben. DAGs mit einer geraden Anzahl an Mitgliedern verwenden den Quorummodus *Knoten- und Dateifreigabemehrheit* des Failoverclusters, der zum Lösen von Konflikten mit einem externen Zeugenserver arbeitet. In diesem Quorummodus erhält jedes DAG-Mitglied eine Stimme. Außerdem wird einem DAG-Mitglied anhand des Zeugenservers eine Stimme bereitgestellt. Die Daten des Clusters werden auf den Systemdatenträgern der DAG-Mitglieder gespeichert. Auf dem Zeugenserver wird keine Kopie der Quorumdaten gespeichert.

Der Zeugenserver verfolgt, welches Mitglied die aktuelle Kopie der Daten besitzt. In diesem Modus muss eine Mehrheit der Server, also DAG-Mitglieder und Zeugenserver, zum Erhalten des Quorums für den Betrieb bereit sein. Wenn eine Mehrheit der Wähler nicht miteinander kommunizieren kann, verliert die DAG das Quorum.

DAGs mit einer ungeraden Anzahl von Mitgliedern verwenden den Quorummodus *Knotenmehrheit* des Clusters. In diesem Modus erhält jedes Mitglied eine Stimme.

15.2 Datenbankverfügbarkeits-Gruppe erstellen und löschen

Wenn Sie eine DAG erstellen, müssen Sie ihren Namen festlegen sowie eine IP-Adresse, die Sie ihr zuordnen. Danach können Sie über das Cmdlet *Set-DatabaseAvailabilityGroup* die Einstellungen anpassen. Im Exchange Admin Center finden Sie die Steuerung der DAG über *Server* im Menü *Database Availability Groups*. Setzen Sie im Unternehmen IPv6 ein, versucht der Assistent, der Datenbankverfügbarkeits-Gruppe auch eine IPv6-Adresse zuzuweisen. Sie brauchen keinen Windows-Cluster zu erstellen oder die Server besonders auszurüsten. Sie können normale Postfachserver verwenden und sie mit DAG absichern. DAGs nutzen die Clusterfunktionen von Windows Server zur Replikation der Exchange-Datenbanken, ohne dass Sie Cluster erstellen oder verwalten müssen.

> Wenn es sich beim Zeugenserver nicht um einen Exchange-Server handelt, müssen Sie auf dem Server die Windows-Gruppe *Exchange Trusted Subsystem* in die lokale Administratorengruppe aufnehmen, bevor Sie eine DAG erstellen.

Auf allen Servern muss derselbe Stand des Betriebssystems installiert sein. Der Zeugenserver für den DAG-Cluster braucht allerdings nicht das identische Betriebssystem zu haben, da er nur als Zeuge dient und kein Mitglied des eigentlichen Clusters ist.

Sie können aber in einer DAG verschiedene Editionen von Exchange SE installieren, also die Standard-Edition und die Enterprise-Edition. Bei der Erstellung einer DAG müssen Sie in Exchange SE zusammen mit Windows Server 2025 keine IP-Adresse mehr für sie angeben.

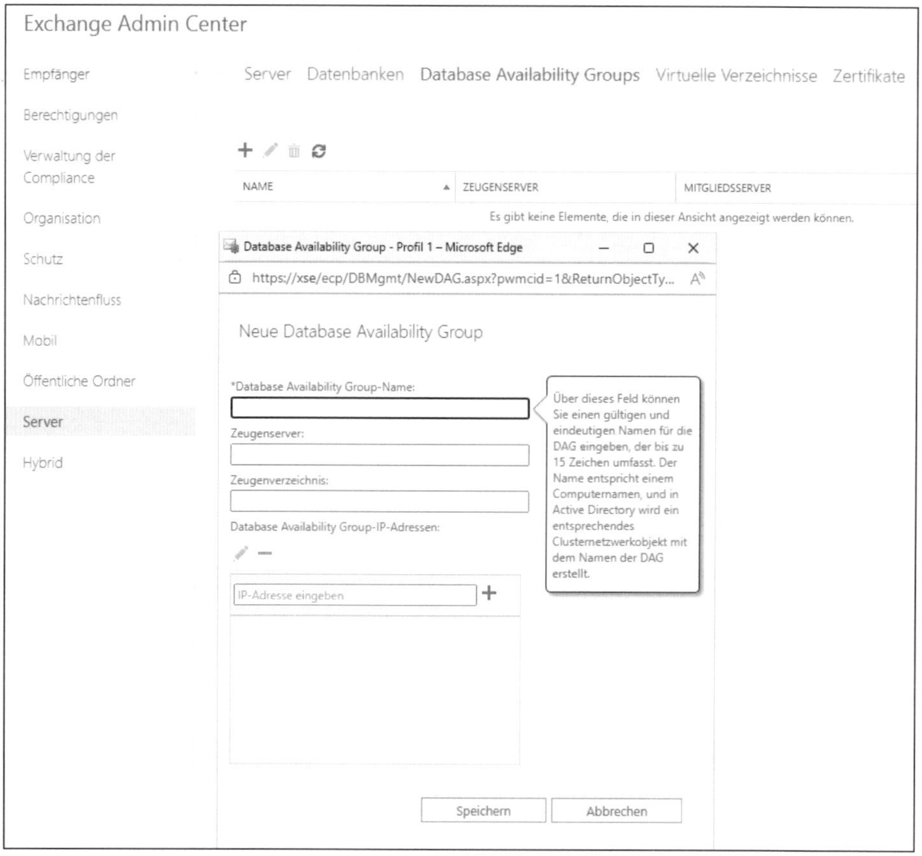

Abb. 15.1 Erstellen einer neuen DAG

15.2.1 DAG erstellen

Während bei der Erstellung einer DAG in vorherigen Exchange-Versionen die Angabe eines Zeugenservers (Witness) optional war und die beiden Optionen *Zeugenserver* und *Zeugenverzeichnis* nicht aktiviert werden mussten, sind in Exchange SE diese Optionen zwingend notwendig. Sie müssen also den Zeugenserver angeben. Sie können in Exchange SE auch einen virtuellen Server in Microsoft Azure als Zeugenserver verwenden.

Für den Zeugenserver ist ein Hostname oder ein vollqualifizierter Domänenname (FQDN) anzugeben. Die Verwendung einer IP-Adresse wird nicht unterstützt. Außerdem darf der Zeugenserver kein Mitglied der Datenbankverfügbarkeits-Gruppe sein.

Als Ordner geben Sie einen lokalen Ordner auf dem Server an, zum Beispiel *C:\DAG*, keinen UNC-Pfad oder einen Ordner im Netzwerk.

Auf dem Zeugenserver für einen DAG-Cluster braucht nicht Exchange SE installiert zu sein. In diesem Fall müssen Sie der lokalen Administratorgruppe auf dem Zeugenserver die universelle Exchange-Sicherheitsgruppe *Exchange Trusted Subsystem* manuell hinzufügen.

Exchange führt Aufgaben im Kontext des vertrauenswürdigen Exchange-Teilsystems (Exchange Trusted Subsystem) und nicht im Kontext des Benutzers durch, der eine Administrationsaufgabe durchführt. Das vertrauenswürdige Exchange-Teilsystem ist eine universelle Sicherheitsgruppe mit Berechtigungen, die Lese- und Schreibzugriff auf jedes Exchange-bezogene Objekt in der Exchange-Organisation besitzt. Außerdem gehört sie zur lokalen Sicherheitsgruppe *Administratoren* und zur Gruppe *Exchange-Windows-Permissions*, die Exchange das Erstellen und Verwalten von Active Directory-Objekten ermöglicht. Auf Servern, die nicht Mitglied der Organisation sind, müssen Sie diese Gruppe manuell hinzufügen, wenn Sie einen Zeugenserver verwenden wollen.

Wollen Sie eine DAG nicht im Exchange Admin Center, sondern in der Exchange Management Shell erstellen, verwenden Sie den folgenden Befehl:

```
New-DatabaseAvailabilityGroup -Name <Name der DAG> -WitnessServer
<Zeugenserver> -WitnessDirectory <Zeugenordner>
```

Wollen Sie eine DAG löschen, müssen Sie zunächst im Exchange Admin Center über *Server* im Menü *Datenbanken* die Postfachdatenbankkopien löschen.

Außerdem muss auf dem Server das Feature für Dateiserver installiert sein. Auch die Datei- und Druckerfreigabe muss in der Firewall des Servers freigeschaltet sein.

15.2.2 DAG konfigurieren

Im Exchange Admin Center rufen Sie zum Anpassen der DAG deren Eigenschaften auf. Viele Einstellungen nehmen Sie über die Symbolleiste vor, ohne die Eigenschaften der DAG aufrufen zu müssen.

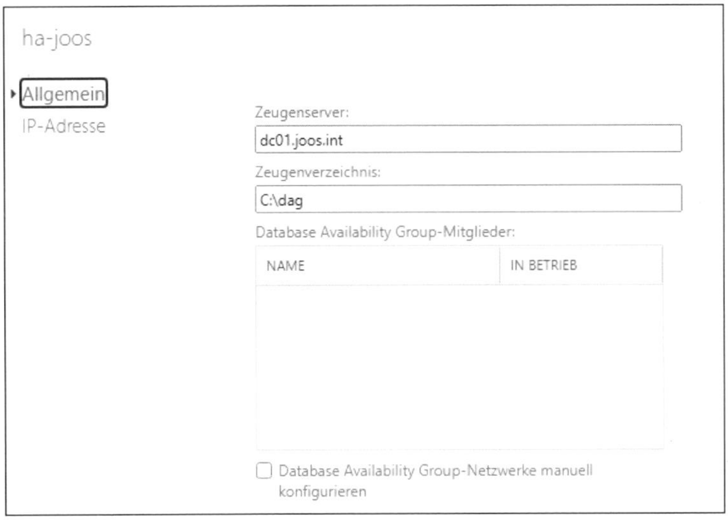

Abb. 15.2 Verwalten von DAGs im Exchange Admin Center

Die DAG-Eigenschaften speichert Exchange in Active Directory. Im Menü *Allgemein* sehen Sie die Mitglieder der DAG, den Zeugenserver und den DAG-Ordner.

Über das Symbol *DAG-Mitgliedschaft verwalten* legen Sie die Server fest, auf denen Sie Datenbanken mit DAGs absichern wollen. Dieser Befehl steht in der Symbolleiste zur Verfügung. Mit dem Cmdlet *Set-DatabaseAvailabilityGroup -Identity <Name der DAG>* passen Sie ebenfalls die Einstellungen der DAG an. Hier stehen die gleichen Möglichkeiten wie bei der Erstellung zur Verfügung.

Die Option *AutoDatabaseMountDial* legt das Verhalten für das automatische Einbinden von Datenbanken nach einem Datenbankfailover fest. Mit dem Cmdlet *Set-MailboxServer* können Sie die Option *AutoDatabaseMountDial* mit den folgenden Werten konfigurieren:

- **BestAvailability** Verwenden Sie diesen Wert, wird die Datenbank nach einem Failover automatisch bereitgestellt, wenn die Länge der Kopiewarteschlange kleiner oder gleich 12 ist. Ihre Länge entspricht der Anzahl von Protokollen, die von der passiven Kopie als zu replizieren erkannt werden. Wenn ihre Länge größer als 12 ist, wird die Datenbank nicht automatisch bereitgestellt.
- **GoodAvailability** Verwenden Sie diesen Wert, wird die Datenbank nach einem Failover automatisch bereitgestellt, wenn die Länge der Kopiewarteschlange kleiner oder gleich 6 ist.
- **Lossless** Verwenden Sie diesen Wert, werden die Datenbanken erst dann automatisch bereitgestellt, wenn alle Protokolle, die auf der aktiven Kopie generiert wurden, auf die passive Kopie kopiert wurden.

Der Standardwert ist *GoodAvailability*. Zusätzlich können Sie die Option *AutoDatabaseMountDial* mit einem benutzerdefinierten Wert konfigurieren, indem Sie den ADSI-Editor oder *Ldp.exe* verwenden, um das Attribut direkt in Active Directory zu ändern. Die Option *AutoDatabaseMountDial* wird durch das Attribut *msExchDataLossForAutoDatabaseMount* des Postfachserverobjekts dargestellt. Der ganzzahlige Wert für dieses Attribut stellt die maximale Anzahl von Transaktionsprotokolldateien dar, die Sie bereit sind, für das Einbinden einer Datenbank ohne menschliches Eingreifen zu verlieren. Wie Sie dabei vorgehen, lesen Sie in Kapitel 2. Hier beschreibe ich den Umgang mit ADSI-Edit und Exchange SE.

Im folgenden Beispiel wird ein Postfachserver mit *GoodAvailability* konfiguriert:

```
Set-MailboxServer -Identity EX1 -AutoDatabaseMountDial GoodAvailability
```

Die Option *DatabaseCopyAutoActivationPolicy* gibt den Typ der automatischen Aktivierung an, der für Postfachdatenbankkopien auf Postfachservern verfügbar ist. Mit dem Cmdlet *Set-MailboxServer* können Sie die Option mit den folgenden Werten konfigurieren:

- **Blocked** Wenn Sie diesen Wert angeben, können Datenbanken auf den ausgewählten Postfachservern nicht automatisch aktiviert werden.
- **IntrasiteOnly** Wenn Sie diesen Wert angeben, kann die Datenbankkopie auf Servern am selben Active Directory-Standort aktiviert werden. Dadurch wird ein Failover oder eine Aktivierung zwischen Standorten vermieden. Datenbanken können auf diesem Postfachserver nicht für Datenbankkopien aktiviert werden, die an einem anderen Active Directory-Standort aktiv sind.
- **Unrestricted** Wenn Sie diesen Wert angeben, gelten keine Einschränkungen für die Aktivierung von Postfachdatenbankkopien auf den ausgewählten Postfachservern.

Im folgenden Beispiel wird ein Postfachserver mit einer *DatabaseCopyAutoActivationPolicy*-Einstellung von *Blocked* konfiguriert.

```
Set-MailboxServer -Identity EX1 -DatabaseCopyAutoActivationPolicy Blocked
```

Die Option *MaximumActiveDatabases* des Cmdlets *Set-MailboxServer* legt die Anzahl von Datenbanken fest, die auf einem Postfachserver eingebunden werden können. Wenn die maximale Anzahl erreicht ist, werden die Datenbankkopien auf dem Server bei einem Failover oder Switchover nicht aktiviert. Sind die Kopien auf einem Server bereits aktiv, lässt der Server die Einbindung der Datenbanken nicht zu. Beispiel:

```
Set-MailboxServer -Identity EX1 -MaximumActiveDatabases 20
```

Mit dem Cmdlet *Get-DatabaseAvailabilityGroup <DAG-Name> |fl* lassen Sie Einstellungen einer DAG anzeigen. Eine Liste aller Mitglieder der DAG erhalten Sie über *Get-DatabaseAvailability-Group <DAGName> | fl Servers*.

15.2.3 Mitglieder zu einer DAG hinzufügen, entfernen und reparieren

Der nächste wichtige Schritt beim Verwenden von DAGs ist die Aufnahme von Mitgliedern zu dieser Gruppe. Bei den Mitgliedern handelt es sich um Server mit der Postfachrolle, um ihre Datenbanken über DAG zu replizieren. Jeder Server, der Mitglied der DAG wird, nimmt Exchange als Clusterknoten in den zugrunde liegenden Windows-Cluster auf.

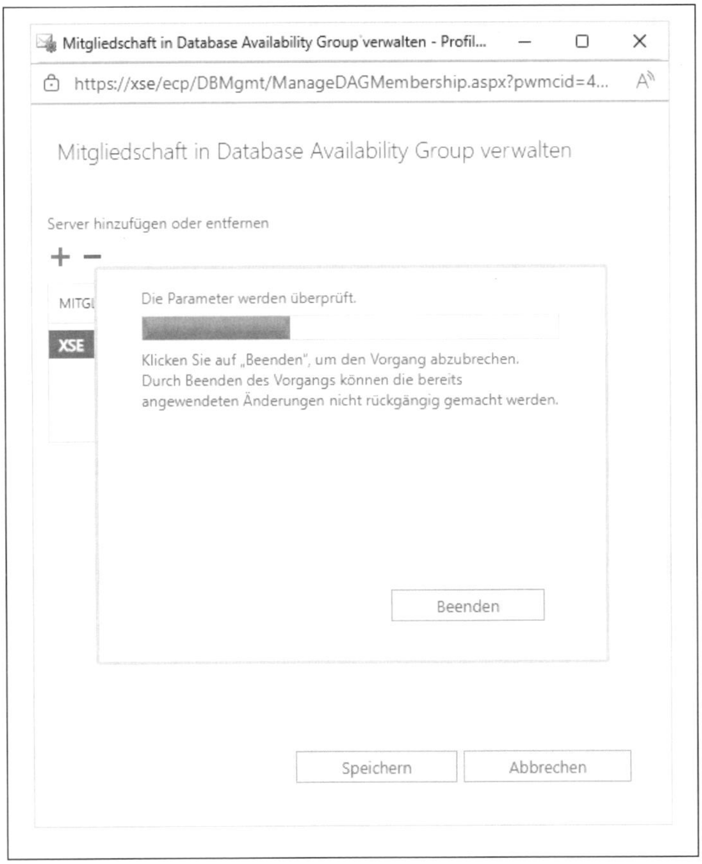

Abb. 15.3 Hinzufügen von Servern zu einer DAG

Bricht das Hinzufügen von Mitgliedern ab, sollten Sie die beteiligten Server neu starten. Nehmen Sie anschließend die Server nacheinander auf, um festzustellen, warum sich einzelne Server nicht hinzufügen lassen. Oft liegt das Problem an fehlerhaften Berechtigungen, Netzwerkverbindungsproblemen oder einer falsch konfigurierten Namensauflösung. Überprüfen Sie nach dem Neustart im Server-Manager oder dem Windows Admin Center, ob das Windows-Feature für Failovercluster installiert ist. Teilweise hat der Assistent zum Hinzufügen von neuen Servern zu DAGs ein Problem, wenn eine Neuinstallation des Servers aussteht oder die Failovercluster-Verwaltung nicht installiert ist. Ist das Feature installiert und wurde der Server neu gestartet, sollten sich die Server nacheinander problemlos hinzufügen lassen.

Kommt es beim Aufnehmen einzelner Mitglieder immer noch zu Problemen, sollten Sie das Exchange Admin Center auf dem jeweiligen Server starten, sich direkt mit dem Server verbinden und ihn der DAG hinzufügen.

Alle notwendigen Schritte zur Verwaltung einer DAG nehmen Sie am besten im Exchange Admin Center vor, Sie brauchen den Cluster nicht mit der Failovercluster-Verwaltung zu konfigurieren. Jeder Postfachserver kann nur in einer einzigen Datenbankverfügbarkeits-Gruppe Mitglied sein. Nur Datenbanken auf Postfachservern mit Exchange SE, die Mitglied einer DAG sind, lassen sich durch die DAG auch absichern.

Sie können über dasselbe Menü auch Server wieder aus der DAG entfernen. Zuvor müssen Sie aber auf dem Server alle Replikate der Datenbanken entfernen. Außer im Exchange Admin Center können Sie Server auch in der Exchange Management Shell zu einer DAG hinzufügen. Dazu verwenden Sie folgendes Cmdlet:

```
Add-DatabaseAvailabilityGroupServer -Identity <DAG-Name> -MailboxServer
<Servername>
```

Um einen Server aus seiner DAG mit der Exchange Management Shell zu entfernen, verwenden Sie den folgenden Befehl:

```
Remove-DatabaseAvailabilityGroupServer -Identity <DAG-Name> -MailboxServer
<Servername>
```

Tritt ein Fehlerfall ein und ein Server in einer DAG ist nicht mehr verfügbar, können Sie ihn über das Exchange-Setupprogramm wieder reparieren. Gehen Sie dazu genauso vor wie bei der Wiederherstellung eines normalen Servers (siehe Kapitel 14). Überprüfen Sie nach der Wiederherstellung, ob die Replikation noch funktioniert. Unter Umständen müssen Sie sie auf den anderen Servern anhalten und den Server neu in die DAG und die Postfachkopien aufnehmen.

Abb. 15.4 Erfolgreich erstellte DAG mit einem ersten Server

15.2.4 AutoReseed für eine Database Availability Group konfigurieren

AutoReseed ist eine Funktion für die schnelle Wiederherstellung der Datenbankredundanz nach einem Datenträgerausfall. Wenn ein Datenträger ausfällt, wird für die auf diesem Datenträger gespeicherten Datenbankkopien automatisch ein erneutes Seeding auf einen vorkonfigurierten Ersatzdatenträger auf dem Postfachserver durchgeführt. Bei diesem Vorgang werden die Daten in den Exchange-Datenbanken mit anderen Datenbanken abgeglichen und synchronisiert. Die Einstellungen sind optional. Sie brauchen sie für die Erstellung und Verwendung einer DAG nicht zu verwenden.

15.2.5 Stammpfade für Datenbanken und Volumes festlegen

Der erste Schritt erfordert das Festlegen von Stammordnern für die Datenbanken (*AutoDagDatabasesRootFolderPath*) und Volumes (*AutoDagVolumesRootFolderPath*) der DAG. Die Standardordner sind *C:\ExchangeDatabases* und *C:\ExchangeVolumes*. Sie können diesen Schritt übergehen, wenn Sie die Standardpfade verwenden. Um Pfade zu ändern, verwenden Sie die beiden folgenden Anweisungen:

```
Set-DatabaseAvailabilityGroup DAG1 -AutoDagDatabasesRootFolderPath "C:\ExchDbs"
Set-DatabaseAvailabilityGroup DAG1 -AutoDagVolumesRootFolderPath "C:\ExchVols"
```

Mit dem folgenden Befehl lassen Sie die Einstellungen anzeigen:

```
Get-DatabaseAvailabilityGroup DAG1 |fl *auto*
```

Nachdem Sie die Einstellungen vorgenommen haben, müssen Sie die Ordner im Explorer anlegen. Stellen Sie außerdem jedes Volume, das für Datenbanken eingesetzt wird, in der Windows-Datenträgerverwaltung (*Diskmgmt.msc*) in einem bereitgestellten Ordner unter *C:\ExchangeVolumes* bereit. Wenn Sie zum Beispiel zwei Volumes mit Datenbanken und ein Ersatzvolume verwenden, müssen Sie die Volumes in den folgenden Ordnern bereitstellen:

- *C:\ExchangeVolumes\Volume1*
- *C:\ExchangeVolumes\Volume2*
- *C:\ExchangeVolumes\Volume3*

Erstellen Sie noch die Datenbankordner unterhalb des Stammpfads *C:\ExchangeDatabases*. Für jede Datenbank erstellen Sie einen eigenen Pfad. Innerhalb dieses Pfads erstellen Sie wiederum jeweils zwei Ordner für die Datenbankdatei und die Transaktionsprotokolle (siehe Kapitel 5). Als Bezeichnung für den Ordner der Datenbankdatei verwenden Sie *<Datenbankname>.db*, als Bezeichnung für den Ordner der Transaktionsprotokolle verwenden Sie *<Datenbankname>.log*.

Im folgenden Beispiel wird gezeigt, wie Sie Ordner für vier Datenbanken erstellen, die auf Volume 1 gespeichert sind:

```
md c:\ExchangeDatabases\Volume1\db001.db
md c:\ExchangeDatabases\Volume1\db001.log
md c:\ExchangeDatabases\Volume1\db002.db
md c:\ExchangeDatabases\Volume1\db002.log
md c:\ExchangeDatabases\Volume1\db003.db
md c:\ExchangeDatabases\Volume1\db003.log
md c:\ExchangeDatabases\Volume1\db004.db
md c:\ExchangeDatabases\Volume1\db004.log
```

15.2.6 Anzahl von Datenbanken pro Volume konfigurieren

Als Nächstes konfigurieren Sie die Anzahl von Datenbanken pro Volume (*AutoDagDatabaseCopiesPerVolume*) für die DAG, beispielsweise über die folgende Anweisung:

```
Set-DatabaseAvailabilityGroup DAG1 -AutoDagDatabaseCopiesPerVolume 4
```

Mit dem folgenden Befehl zeigen Sie die Einstellungen auch hier an:

```
Get-DatabaseAvailabilityGroup DAG1 |fl *auto*
```

15.2.7 Bereitstellungspunkte für Datenbanken erstellen

Erstellen Sie einen Bereitstellungspunkt für jede Datenbank und verknüpfen Sie ihn mit dem entsprechenden Volume. Zum Beispiel sollte sich der bereitgestellte Ordner für *db001* im Ordner *C:\ExchangeDatabases\db001* befinden.

Sie können *Diskmgmt.msc* oder *Mountvol.exe* verwenden. Im folgenden Beispiel wird *db001* mit *Mountvol.exe* in *C:\ExchangeDatabases\db001* bereitgestellt:

```
Mountvol.exe c:\ExchangeDatabases\db001 db001
```

Führen Sie den folgenden Befehl aus, um die erfolgreiche Erstellung zu überprüfen:

```
Mountvol.exe c:\ExchangeDatabases\db001 /L
```

15.2.8 Datenbanken erstellen

Erstellen Sie die Datenbanken im entsprechenden Ordner, zum Beispiel so:

```
New-MailboxDatabase -Name db001 -Server MBX1 -LogFolderPath
c:\ExchangeDatabases\db001\db001.log -EdbFilePath
c:\ExchangeDatabases\db001\db001.db\db001.edb
```

Lassen Sie nun die Einstellungen in diesem Beispiel anzeigen:

```
Get-MailboxDatabase db001 |fl *path*
```

Führen Sie den folgenden Befehl aus, um die Konfiguration der DAG zu überprüfen:

```
Get-DatabaseAvailabilityGroup DAG1 |fl *auto*
```

15.2.9 Mitgliedsserver einer Datenbankverfügbarkeits-Gruppe wiederherstellen

Mit einer Serverwiederherstellung (siehe Kapitel 14) können Sie einen Server in der DAG wieder zur Verfügung stellen, falls er nicht mehr startet. Sie verwenden dazu die Option */m:RecoverServer* des Exchange-Setupprogramms. Daraufhin liest Exchange die Konfigurationsinformationen des Servers aus Active Directory und installiert die ursprünglichen Exchange-Dateien und -Dienste auf dem Server sowie die hinterlegten Serverrollen.

Sie können dazu auch einen neuen Server verwenden, auf dem Sie das Betriebssystem komplett neu installieren. Entfernen Sie, falls möglich, die Postfachdatenbankkopien auf dem Server mit dem Cmdlet *Remove-MailboxDatabaseCopy*, zum Beispiel über den folgenden Befehl:

```
Remove-MailboxDatabaseCopy DB1\MBX1
```

Anschließend sollten Sie den Server zunächst aus der DAG entfernen. Verwenden Sie dazu den folgenden Aufruf:

```
Remove-DatabaseAvailabilityGroupServer -Identity <DAG-Name> -MailboxServer
<Servername>
```

Löschen Sie am besten das Computerkonto aus der Domäne und erstellen Sie es nach der Installation neu. Alternativ können Sie es auch zurücksetzen. Dazu klicken Sie es im Snap-In *Active Directory-Benutzer und -Computer* mit der rechten Maustaste an und wählen im Kontextmenü den Befehl *Konto zurücksetzen* aus.

Exchange SE installieren Sie auf einem solchen Server mit der Option *Setup /m:RecoverServer* (siehe auch Kapitel 14). Anschließend müssen Sie den Server neu in die DAG mit aufnehmen. Danach müssen Sie die zur Replikation vorgesehenen Postfachdatenbankkopien neu aufnehmen. Verwenden Sie dazu das Cmdlet *Add-MailboxDatabaseCopy*, zum Beispiel mit:

```
Add-MailboxDatabaseCopy -Identity DB1 -MailboxServer MBX1
```

Sie können diese Einstellungen auch im Exchange Admin Center vornehmen.

15.2.10 Updates auf Mitgliedern einer Datenbankverfügbarkeits-Gruppe installieren

Updates sollten Sie auf Mitgliedern von DAGs nicht automatisch installieren, zum Beispiel über WSUS, sondern möglichst manuell, um versehentliche Ausfälle zu verhindern.

Während der Installation sollten Sie verhindern, dass der Server produktive Datenbanken bereitstellt, die Mitglied einer DAG sind. Außerdem sollten während der Installation von Exchange-Patches keine Replikationen von Transaktionsprotokollen für Postfachdatenbankkopien stattfinden.

Während der Installation hält der Installations-Assistent mehrere Dienste an, zum Beispiel alle Exchange-Dienste und den Windows-Clusterdienst. Microsoft empfiehlt, die Installation von Updates und Service Packs auf Servern, die Mitglieder in einer DAG sind, in folgender Reihenfolge durchzuführen:

Im ersten Schritt halten Sie die Replikation der Datenbank auf dem Server an, den Sie aktualisieren wollen. Verwenden Sie dazu das Exchange Admin Center oder die Exchange Management Shell und geben Sie den folgenden Befehl ein:

```
Get-MailboxDatabaseCopyStatus -Server <Servername> | Suspend-MailboxDatabaseCopy
-Activation-Only -Confirm:$False -SuspendComment "Installieren des Updates xyz"
```

Im Exchange Admin Center halten Sie die Replikation von Postfachdatenbankkopien an, indem Sie auf eine Datenbankkopie klicken und hier die Datenbank anhalten. Auf den Servern, die die produktive Datenbank bereitstellen, brauchen Sie diesen Schritt nicht durchzuführen.

Verschieben Sie alle produktiven Datenbanken auf einen anderen Server in der DAG. Dadurch ist sichergestellt, dass der Server, den Sie aktualisieren, weder eine produktive Datenbank bereitstellt noch eine Aktualisierung der Postfachdatenbankkopien enthält. Installieren Sie anschließend die Aktualisierung auf dem Server.

Setzen Sie die Replikation der Postfachdatenbankkopien auf dem Server fort und verschieben Sie die gewünschten produktiven Datenbanken wieder auf den Server.

Wenn Sie ein Exchange-Updaterollup auf einem Server installieren, der Mitglied einer DAG ist, werden mehrere Dienste während der Installation angehalten, darunter auch alle Exchange-Dienste und der Clusterdienst. Die Vorgehensweise zum Installieren von Updaterollups zu einem DAG-Mitglied ist folgende:

1. Verwenden Sie das Skript *StartDagServerMaintenance.ps1* im Ordner *C:\Program Files\Microsoft\Exchange Server\V15\Scripts*, um das DAG-Mitglied in den Wartungsmodus zu versetzen.
2. Installieren Sie das Updaterollup.
3. Mit dem Skript *StopDagServerMaintenance.ps1* versetzen Sie das DAG-Mitglied aus dem Wartungsmodus zurück in den Produktivmodus.
4. Verwenden Sie das Skript *RedistributeActiveDatabases.ps1*, um die aktiven Datenbankkopien für die DAG neu auszugleichen.

15.2.11 DAG-Netzwerke erstellen und verwalten

Grundsätzlich empfiehlt Microsoft, den Datenverkehr zur Replikation und die Verbindung der Anwender auf verschiedene Netzwerkkarten zu verteilen, die Sie während der Erstellung der DAG festlegen können. Allerdings brauchen Sie den Netzwerkverkehr nicht zu trennen. Das Erstellen eines DAG-Netzwerks ist also nicht zwingend vorgeschrieben.

Daher lassen sich DAGs auch auf Servern mit nur einer Netzwerkkarte einsetzen. Allerdings dürfen in diesem Fall alle DAG-Mitglieder ebenfalls nur eine Netzwerkkarte verwenden. Die Gesamtzahl der Netzwerkverbindungen aller DAG-Mitglieder muss identisch sein. DAG-Netzwerke unterstützen IPv4 und IPv6. Setzen Sie IPv6 ein, dürfen Sie IPv4 allerdings nicht deaktivieren.

15.2.12 Neues DAG-Netzwerk erstellen

Klicken Sie zur Erstellung eines DAG-Netzwerks auf die DAG und wählen Sie in der Symbolleiste *Neues DAG-Netzwerk*. Geben Sie im Fenster die entsprechenden Daten für das DAG-Netzwerk ein. Standardmäßig verwenden DAGs bereits eine automatische Netzwerkkonfiguration.

Klicken Sie auf *Hinzufügen*, um die einzelnen Subnetze dem DAG-Netzwerk hinzuzufügen. Sie können an dieser Stelle auch IPv6-Netzwerke verwenden.

DAG-Netzwerke lassen sich auch in der Exchange Management Shell erstellen. Dazu verwenden Sie den folgenden Aufruf:

```
New-DatabaseAvailabilityGroupNetwork -DatabaseAvailabilityGroup <Name der DAG>
-Name <Name des Netzwerks> -Description <Beschreibung> -Subnets <Subnetze>
-ReplicationEnabled:$true
```

Zum Abrufen von Einstellungen oder zum nachträglichen Ändern verwenden Sie die Cmdlets *Set-DatabaseAvailabilityGroupNetwork* und *Get-DatabaseAvailabilityGroupNetwork*.

Nach der Erstellung eines DAG-Netzwerks können Sie seine Einstellungen jederzeit anpassen. Sie finden DAG-Netzwerke über *Server* im Bereich *Database Availability Groups*. Klicken Sie auf eine DAG, sehen Sie rechts die verbundenen Netzwerke.

Es wird empfohlen, dass iSCSI-Speicher dedizierte Netzwerke und Netzwerkadapter verwenden. Diese Netzwerke sollten nicht durch die DAG oder deren Cluster verwaltet oder als DAG-Netzwerke verwendet werden. Sie sollten diese Netzwerke manuell für die Verwendung durch die DAG deaktivieren. Konfigurieren Sie die DAG so, dass iSCSI-Netzwerke ignoriert werden. Verwenden Sie dazu den folgenden Aufruf:

```
Set-DatabaseAvailabilityGroupNetwork -Identity DAG2\DAGNetwork02
-ReplicationEnabled:$false -IgnoreNetwork:$true
```

Dieser Befehl deaktiviert auch die Verwendung des Netzwerks durch den Cluster. Nach Ausführung des obigen Befehls werden die iSCSI-Netzwerke zwar weiterhin als DAG-Netzwerke angezeigt, jedoch nicht verwendet.

15.2.13 TCP-Port, Komprimierung und Verschlüsselung für die Replikation steuern und kontrollieren

Die Replikation erfolgt nicht über das Server Message Block-Protokoll (SMB), sondern über ein Replikationsverfahren speziell für DAG. Exchange SE verwendet einen festgelegten TCP-Port für den Datenaustausch und daher einen reinen TCP-Verkehr.

Aktive Transaktionsprotokolle der produktiven Exchange-Datenbank senden einen Datenstrom an die passiven Kopien. Der Datenstrom ist verschlüsselt und komprimiert. Exchange 2019 kann als Quelle für die Replikation der Daten die produktive Datenbank verwenden oder eine andere Postfachdatenbankkopie.

Standardmäßig verwendet Exchange den Port 64327. Sie können dies aber beliebig anpassen. Mit dem folgenden Befehl sehen Sie nur den aktuell verwendeten Port:

```
Get-DatabaseAvailabilityGroup <DAG-Name> -Status |fl ReplicationPort
```

Den Port können Sie nur in der Exchange Management Shell anpassen, indem Sie das Cmdlet *Set-DatabaseAvailabilityGroup* verwenden. Dazu nutzen Sie den Befehl:

```
Set-DatabaseAvailabilityGroup <DAG-Name> -ReplicationPort <Portnummer>
```

Nach der Änderung sollten Sie sich den neuen Port anzeigen lassen:

```
Get-DatabaseAvailabilityGroup <DAG-Name> -Status |fl ReplicationPort
```

Aktualisieren Sie anschließend eine Postfachdatenbankkopie, sehen Sie mit *Netstat -an |more*, dass Exchange jetzt diesen Port nutzt. Er steht aber erst dann in der Liste, wenn eine Aktualisierung stattfindet. Achten Sie bei der Änderung auch darauf, den neuen Port in der Windows-Firewall für die Kommunikation freizuschalten. Ansonsten kann Exchange keine Daten mehr replizieren.

Standardmäßig komprimiert Exchange die Daten vor einer Replikation zu den Kopieservern. Sie können sich den Status mit dem folgenden Befehl anzeigen lassen:

```
Get-DatabaseAvailabilityGroup <Name der Gruppe> -Status |fl NetworkCompression
```

Die Einstellungen für die Komprimierung erfolgen für die DAG, nicht für die DAG-Netzwerke. Standardmäßig ist die Einstellung auf *InterSubnetOnly* gesetzt. Das bedeutet, dass die Daten nur dann komprimiert werden, wenn Exchange sie über verschiedene Subnetze senden muss. Sie können folgende Werte verwenden:

- **Disabled** Keine Komprimierung
- **Enabled** Komprimierung bei allen Netzwerken
- **InterSubnetOnly** Komprimierung nur zwischen Subnetzen
- **SeedOnly** Komprimierung nur beim manuellen Seeding

Wollen Sie die Komprimierung für alle Netzwerke einschalten, um dadurch die Belastung zu reduzieren, verwenden Sie in der Exchange Management Shell den Befehl:

```
Set-DatabaseAvailabilityGroup <Name der DAG> -NetworkCompression Enabled
```

Die Daten für die Replikation werden verschlüsselt. DAG nutzt die Kerberos-Authentifizierung zwischen den einzelnen Mitgliedern. Folgende Werte können Sie für die Verschlüsselung festlegen:

- **Disabled** Keine Verschlüsselung
- **Enabled** Verschlüsselung zu allen Netzwerken
- **InterSubnetOnly** Verschlüsselung nur zwischen Subnetzen
- **SeedOnly** Verschlüsselung nur beim manuellen Seeding, also dem manuellen Replizieren von Daten. Ich komme auf das Seeding noch ausführlicher bei der Einrichtung von Postfachkopien zurück.

Standardmäßig verschlüsselt Exchange die Daten vor einer Replikation zu den Kopieservern, wenn diese in verschiedenen Subnetzen positioniert sind. Sie können sich den Status mit der folgenden Anweisung ansehen:

```
Get-DatabaseAvailabilityGroup <Name der Gruppe> -Status |fl NetworkEncryption
```

Wollen Sie die Verschlüsselung für alle Netzwerke einschalten, um dadurch ihre Sicherheit zu erhöhen, verwenden Sie in der Exchange Management Shell den Befehl:

```
Set-DatabaseAvailabilityGroup <Name der DAG> -NetworkEncryption Enabled
```

15.3 Postfachdatenbankkopien für DAG einrichten

Eine DAG ist zunächst nur ein leeres Gerüst. Erst wenn Sie Server als Mitglieder aufnehmen und die Datenbanken dieser Postfachserver replizieren lassen, aktivieren Sie diese Funktion. Postfachdatenbankkopien sind Replikate der Postfachdatenbanken auf den verschiedenen Mitgliedern der DAG. Die Replikation nimmt Exchange auf Basis der Transaktionsprotokolle vor (siehe Kapitel 5).

15.3.1 Grundlagen von Postfachdatenbankkopien

Nur Server mit Exchange SE können Mitglied einer DAG sein. Exchange SE kennt weder Postfachclusterserver noch Speichergruppen. Alle Postfachserver in einer Datenbankverfügbarkeits-Gruppe müssen Mitglied derselben Active Directory-Domäne sein.

Datenbankkopien können Sie nur auf Postfachservern erstellen, die nicht als Host der aktiven Kopie einer Datenbank dienen. Sie können keine zwei Kopien derselben Datenbank auf demselben Server anlegen. Alle Kopien einer Datenbank verwenden auf allen Servern denselben Pfad. Die Pfade dürfen nicht in Konflikt mit anderen Datenbankpfaden stehen.

Datenbankkopien können an unterschiedlichen Active Directory-Standorten und Netzwerksubnetzen erstellt werden. Sie können eine Datenbank weder außerhalb einer DAG noch eine Exchange SE-Postfachdatenbank auf einen Server mit Exchange 2010/2013 oder früher replizieren. Datenbankkopien können Sie im Exchange Admin Center oder mit dem Cmdlet *Add-MailboxDatabaseCopy* in der Exchange Management Shell erstellen. Bei der Erstellung einer Postfachdatenbankkopie müssen Sie Daten eingeben, die in der Organisation eindeutig sind.

Datenbanknamen müssen zum Beispiel innerhalb der Exchange-Organisation eindeutig sein. Bei der Erstellung einer Postfachdatenbankkopie geben Sie auch den Namen des Postfachservers an, auf dem Sie die Kopie erstellen wollen. Der Server muss Mitglied derselben Datenbankverfügbarkeits-Gruppe sein und darf nicht bereits eine Kopie der Datenbank enthalten.

Bei der Erstellung einer Kopie geben Sie auch eine Zeitspanne in Minuten für die Wiedergabeverzögerung der Transaktionsprotokolle an. Verwenden Sie den Wert 0, deaktivieren Sie die Protokollwiedergabeverzögerung. In diesem Fall überträgt Exchange ein Transaktionsprotokoll sofort nach Fertigstellung auf den Kopieserver, sodass die Datenbankkopie immer denselben Datenstand wie das Original aufweist.

Die Aktivierungseinstellungsnummer dient als Entscheidungsgrundlage bei der Datenbankaktivierung. Erkennt Exchange im Fehlerfall, dass mehrere Datenbankkopien dieselben Aktivierungskriterien erfüllen, verwendet es die Kopie mit der niedrigsten Aktivierungseinstellungsnummer. Fügen Sie eine Kopie einer Postfachdatenbank hinzu, wird automatisch die fortlaufende Replikation zwischen der vorhandenen Datenbank und der Datenbankkopie aktiviert.

Datenbankkopien erhalten einen Namen in der Form *<Datenbankname>**<PostfachHost-ServerName>*. Die aktive Kopie der Postfachdatenbank muss bereitgestellt sein, ansonsten lässt sich keine Kopie erstellen. Die Umlaufprotokollierung der originalen Datenbank darf nicht aktiviert sein, wenn Sie eine Postfachdatenbankkopie erstellen. Nachdem Sie die Kopie erstellt haben, können Sie die Umlaufprotokollierung wieder aktivieren.

Der Pfad für die angegebene Datenbankkopie und deren Protokolldateien muss auf dem ausgewählten Postfachserver verfügbar sein. Der Hostserver der aktiven Kopie und der Server, der die passive Kopie hosten soll, müssen sich in derselben Datenbankverfügbarkeits-Gruppe (Database Availability Group, DAG) befinden.

> Wenn Sie die zweite Kopie einer Datenbank hinzufügen, darf die Umlaufprotokollierung für die angegebene Postfachdatenbank nicht aktiviert sein. Ist die Umlaufprotokollierung aktiviert, müssen Sie sie zunächst deaktivieren. Sobald Sie die Kopie der Postfachdatenbank hinzugefügt haben, können Sie sie wieder aktivieren.
>
> Nach der Aktivierung der Umlaufprotokollierung für eine replizierte Postfachdatenbank wird die Umlaufprotokollierung der fortlaufenden Replikation (Continuous Replication Circular Logging, CRCL) anstelle der JET-Umlaufprotokollierung verwendet. Wenn Sie die dritte oder nachfolgende Kopie einer Datenbank hinzufügen, brauchen Sie CRCL nicht zu deaktivieren.

15.3.2 Postfachdatenbankkopie erstellen

Um eine Kopie zu erstellen, öffnen Sie das Exchange Admin Center und navigieren zu *Server/Datenbanken*. Markieren Sie die Datenbank, klicken Sie auf *Weitere* (drei Punkte) und dann auf *Datenbankkopie hinzufügen*. Die Option ist aber nur auf dem Server verfügbar, auf dem die aktive Datenbank gespeichert ist. Außerdem ist es notwendig, die Einbindung der Datenbank aufzuheben.

Bei *Name der Postfachdatenbank* sehen Sie den Namen der Datenbank, von der Sie eine Kopie erstellen wollen. Klicken Sie bei *Geben Sie den Postfachserver an* auf *Durchsuchen* und wählen Sie den Postfachserver aus, auf dem Sie die Kopie der Postfachdatenbank erstellen wollen. Der Assistent zeigt nur die Postfachserver an, die Mitglied der DAG sind, in der auch der Server mit der Quelldatenbank Mitglied ist.

Geben Sie bei *Aktivierungseinstellungsnummer* einen Wert für die Datenbankkopie an. Jede Kopie sollte eine eigene Nummer erhalten. Die Aktivierungseinstellungsnummer dient als Entscheidungsgrundlage, wenn bei einem Fehlerfall der originalen Datenbank eine Kopie aktiviert werden muss, damit Anwender weiterarbeiten können. Klicken Sie auf *Speichern*, um die Kopie zu erstellen.

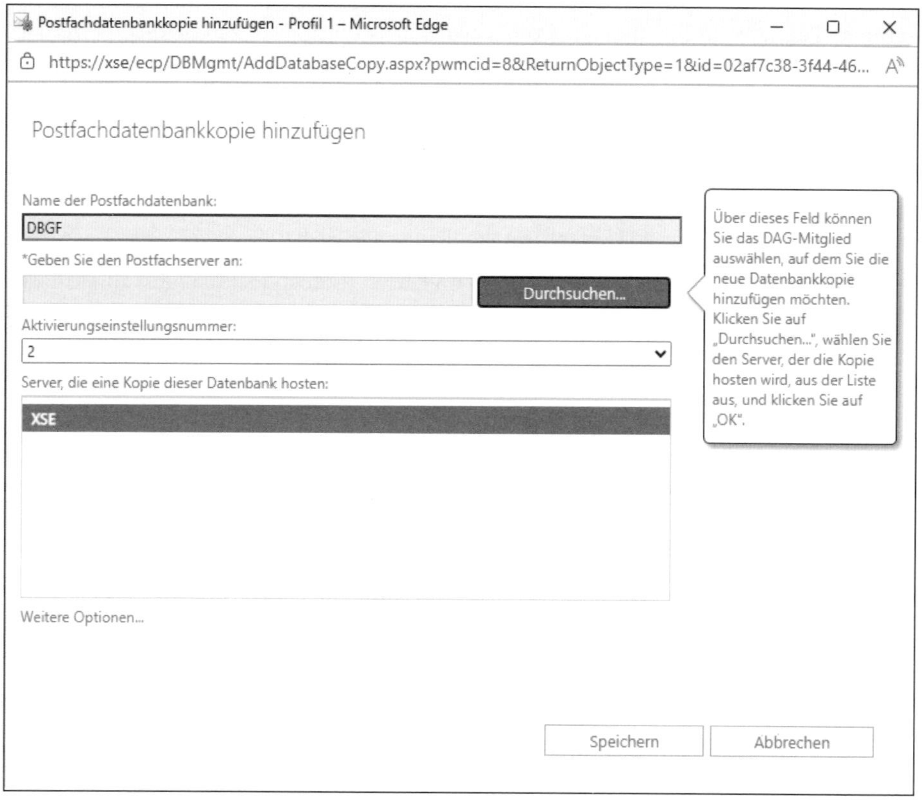

Abb. 15.5 Erstellen einer neuen Postfachdatenbankkopie

Über *Weitere Optionen* können Sie festlegen, dass die Kopiedatenbank erst nach einer bestimmten Zeit die Daten aus der Quelldatenbank erhält. Über das Kontrollkästchen *Seeding verschieben* legen Sie fest, dass die erste Synchronisierung der Datenbank manuell erfolgen soll. Klicken Sie auf *Speichern*, um den Assistenten zu schließen.

Sobald Sie die Konfiguration mit *Speichern* abschließen, beginnt Exchange mit dem Seeding. Dabei werden die Daten von der Quelldatenbank auf die Datenbankkopie übertragen.

Wollen Sie eine Kopie in der Exchange Management Shell erstellen, verwenden Sie den folgenden Cmdlet-Aufruf:

```
Add-MailboxDatabaseCopy -Identity <Name der Datenbank> -MailboxServer <Name des
Kopieservers> -ActivationPreference <Aktivierungseinstellungsnummer>
```

Nach der erfolgreichen Erstellung der Kopie sehen Sie ihren Status im Bereich *Server/Datenbanken* auf der rechten Seite, wenn Sie die Datenbank anklicken.

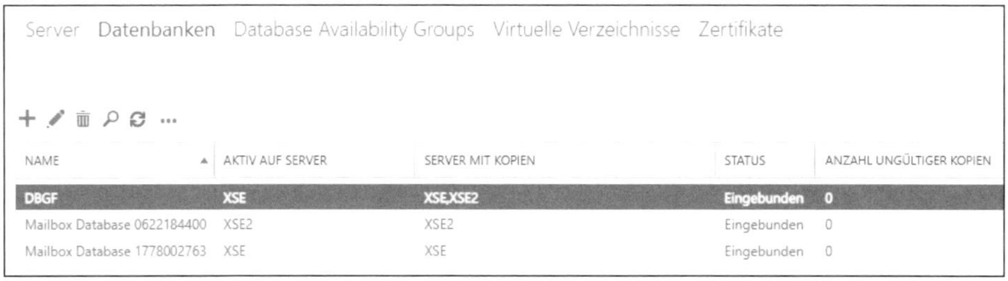

Abb. 15.6 Anzeigen des Status einer Postfachdatenbankkopie

Überprüfen Sie anschließend den Status der Kopien. Im Ereignisprotokoll sollten Sie nach Fehlern der Datenbank suchen. Mit dem Cmdlet *Get-MailboxDatabaseCopyStatus* können Sie sich den Status der Replikation für die Datenbankkopie in der Exchange Management Shell anzeigen lassen.

Mit dem Cmdlet *Test-ReplicationHealth* lassen Sie sich den Status der Datenbankverfügbarkeits-Gruppe und der Replikation ebenfalls anzeigen. Auch hier sollten keine Fehler erscheinen.

Wechseln Sie in der Exchange Management Shell in den *Scripts*-Ordner von Exchange SE (standardmäßig *C:\Program Files\Microsoft\Exchange Server\V15\Scripts)*, können Sie durch Eingabe von *.\CheckDatabaseRedundancy.ps1* ebenfalls einen Test der Replikation durchführen.

Wollen Sie eine Postfachdatenbankkopie entfernen, klicken Sie die Datenbank an und wählen den Befehl *Entfernen* im rechten Bereich der Konsole bei *Passiv* aus.

In der Exchange Management Shell verwenden Sie den folgenden Befehl:

```
Remove-MailboxDatabaseCopy -Identity <Name der Datenbankkopie>
-Confirm:$false
```

```
[PS] C:\Program Files\Microsoft\Exchange Server\V15\Scripts>.\CheckDatabaseRedundancy.ps1


DatabaseName                        : DBGF
LastRedundancyCount                 : 0
CurrentRedundancyCount              : 2
LastState                           : Unknown
CurrentState                        : Green
LastStateTransitionUtc              : 05.11.2025 09:51:05
LastGreenTransitionUtc              : 05.11.2025 09:51:05
LastRedTransitionUtc                :
LastGreenReportedUtc                : 05.11.2025 09:51:05
HasReportedGreenEvent               : True
LastRedReportedUtc                  :
PreviousTotalRedDuration            : 00:00:00
TotalRedDuration                    : 00:00:00
IsTransitioningState                : True
HasErrorsInHistory                  : False
CurrentErrorMessages                :
ErrorHistory                        :
IsOneDatacenter                     : False
CurrentRedundancyCountPerSite       : {[Default-First-Site-Name, 2]}
CurrentSearchRedundancyCountPerSite :
```

Abb. 15.7 Anzeigen des Status der Replikation von Postfachdatenbankkopien

15.3.3 Transaktionsprotokolle verzögert schreiben

Sie können auch Verzögerungen konfigurieren, mit denen die Daten der produktiven Datenbanken in die Postfachdatenbankkopien geschrieben werden. Dazu stehen die Eigenschaften der Datenbankkopie im Exchange Admin Center zur Verfügung oder Sie verwenden das Cmdlet *Add-MailboxDatabaseCopy* und die beiden Optionen *ReplayLagTime* und *TruncationLagTime*:

- **ReplayLagTime** Legt fest, wie lange Exchange nach dem Kopieren der Transaktionsprotokolle auf dem Server mit der Postfachdatenbankkopie warten soll, bis die Transaktionsprotokolle in die Postfachdatenbankkopie übernommen werden. Das Format dieser Option ist *Tage:Stunden:Minuten:Sekunden*. Der Standardwert ist 0, das heißt, Exchange schreibt die Daten sofort in die Postfachdatenbankkopie.
- **TruncationLagTime** Legt fest, wann Exchange die Transaktionsprotokolle löschen soll, die in die Datenbankkopie geschrieben sind. Das Format dieser Option ist *Tage: Stunden:Minuten:Sekunden*.

15.3.4 Postfachdatenbankkopien verwalten

Um die Kopien einer Postfachdatenbank zu verwalten, rufen Sie im Exchange Admin Center den Bereich *Server/Datenbanken* auf. Auf der rechten Seite sehen Sie Daten der Datenbankkopien und welche Server sie bereitstellen.

Sie sehen die Länge der Warteschlange von Daten, die noch übertragen werden müssen, und welche Datenbank aktiv ist. Über die Links *Details anzeigen* lassen sich Einstellungen ändern.

In den Eigenschaften sehen Sie den aktuellen Zustand der Datenbank und können die Aktivierungseinstellungsnummer anpassen.

Das Feld *Länge der Kopiewarteschlange* zeigt die Anzahl der zu kopierenden Transaktionsprotokolle an, die Exchange noch in die Datenbank schreiben muss. Der Wert sollte möglichst gering sein, damit die Daten in der Postfachdatenbankkopie aktuell sind.

Länge der Wiedergabewarteschlange zeigt die Anzahl der Transaktionsprotokolle an, die auf dem Server kopiert sind, aber noch nicht in die Datenbank geschrieben wurden. Weiter unten sehen Sie die Daten der letzten Protokolle und die Zeiten des Imports.

15.3.5 Replikation einer Postfachdatenbankkopie anhalten und fortsetzen

Sie können die Kopiervorgänge für die Replikation zeitweise deaktivieren. In diesem Fall bleibt die Konfiguration erhalten, aber Exchange kopiert keine Daten mehr von der produktiven Datenbank zur Datenbankkopie. Sie führen diese Vorgänge am besten in der Exchange Management Shell durch, indem Sie den folgenden Cmdlet-Aufruf verwenden:

```
Suspend-MailboxDatabaseCopy -Identity <Name der Datenbankkopie> -SuspendComment
<Kommentar> -Confirm:$false
```

Mit *Resume-MailboxDatabaseCopy* setzen Sie die Replikation fort. Im Exchange Admin Center klicken Sie für diesen Vorgang auf den Link *Anhalten* auf der rechten Seite der Konsole, wenn Sie die Datenbankkopie angeklickt haben.

Sie können eine Replikation auch manuell durchführen. Diesen Vorgang bezeichnet Microsoft als Seeding. Eine manuelle Übertragung ist zum Beispiel sinnvoll, wenn Sie eine Offlinedefragmentierung für eine Datenbank durchgeführt haben oder wenn Sie aus anderen Gründen sicherstellen wollen, dass die Postfachdatenbankkopie von der produktiven Datenbank aktualisiert wird. Verwenden Sie für diesen Vorgang das Cmdlet *Update-MailboxDatabaseCopy*.

Eine weitere Möglichkeit ist, die Bereitstellung der aktiven Datenbank aufzuheben und die Datenbankdatei auf den Postfachserver mit der Postfachdatenbankkopie zu kopieren. Sie können auch mehrere Datenbankkopien gleichzeitig manuell replizieren. In diesem Fall dürfen Sie nur für die Datenbankdatei ein Seeding durchführen und müssen den Inhaltsindexkatalog weglassen.

Verwenden Sie dazu die Option *DatabaseOnly* des Cmdlets *Update-MailboxDatabaseCopy*. Damit Sie die Kopie einer Postfachdatenbank aktualisieren können, müssen Sie die Replikation zunächst anhalten. Diesen Befehl finden Sie im Menü auf der rechten Seite der Postfachdatenbankkopie.

Navigieren Sie im Exchange Admin Center zu *Server/Datenbanken*. Klicken Sie auf die Datenbankkopie, die Sie aktualisieren wollen, und wählen Sie *Aktualisieren*. Der Link erscheint aber erst, wenn Sie die Kopie angehalten haben.

Konfigurieren Sie auf der Seite die notwendigen Optionen. Standardmäßig verwendet der Vorgang die produktive Datenbank als Quelle. Sie können aber auch eine passive Kopie der Datenbank für das Seeding verwenden.

Wollen Sie die Replikation nicht automatisch fortsetzen, wenn die manuelle Replikation abgeschlossen ist, können Sie die Datenbankkopie im angehaltenen Zustand belassen. Klicken Sie anschließend auf *Speichern*, um die Datenbankkopie zu aktualisieren.

Über die Exchange Management Shell verwenden Sie als Beispiel den folgenden Befehl mit jeweils den Daten Ihrer Umgebung:

```
Update-MailboxDatabaseCopy -Identity "db1\Exchange03" -SourceServer 'Exchange01'
-Network 'dag1\DAGNetwork' -DeleteExistingFiles
```

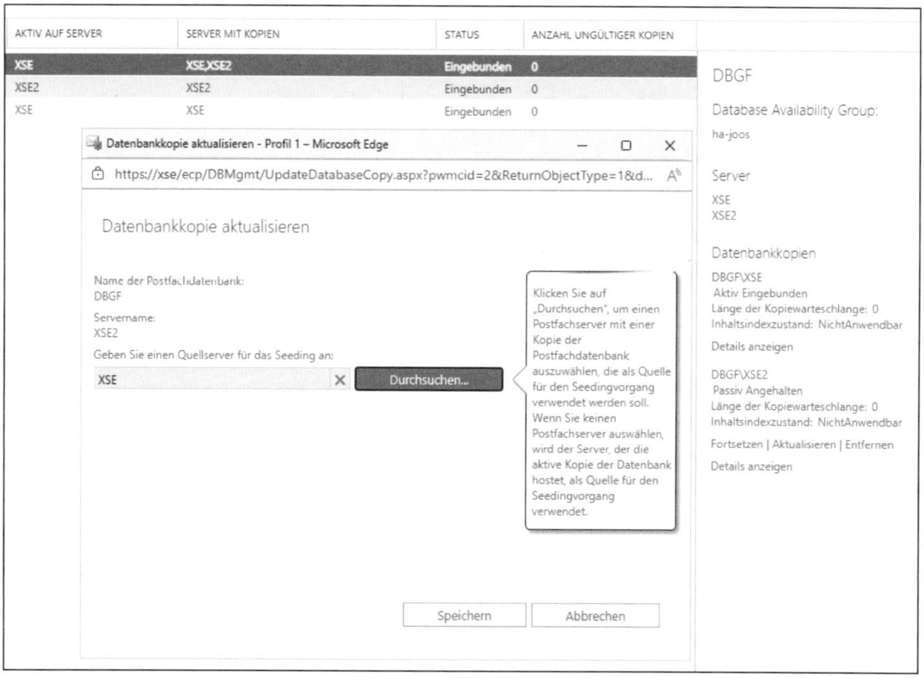

Abb. 15.8 Aktualisieren einer Datenbankkopie

Wenn Sie die produktive Datenbank und ihre Dateien manuell offline auf den Kopieserver kopieren wollen, müssen Sie die Umlaufprotokollierung für die Datenbank deaktivieren. Heben Sie dann die Bereitstellung der produktiven Datenbank auf. Kopieren Sie anschließend die Datenbankdateien und alle Transaktionsprotokolle manuell auf den Kopieserver.

Stellen Sie danach die Datenbank wieder bereit. Fügen Sie die Kopie der Postfachdatenbank über das Cmdlet *Add-MailboxDatabaseCopy* mit der Option *SeedingPostponed* hinzu:

```
Add-MailboxDatabaseCopy -Identity DB1 -MailboxServer MBX3 -SeedingPostponed
```

15.3.6 Postfachdatenbankkopien als produktive Datenbank einsetzen

Beim Aktivieren einer passiven Postfachdatenbankkopie legen Sie fest, dass eine der erstellten Postfachdatenbankkopien zur produktiven Datenbank wird und Anwender zukünftig mit dieser arbeiten. Die bisherige Datenbank wird dann zur passiven Kopie.

Microsoft bezeichnet diesen Vorgang auch als Switchover, hierbei hebt Exchange die Bereitstellung der produktiven Datenbank auf und verwendet die passive Datenbankkopie als neue aktive, produktive Datenbank. Die Datenbankkopie muss dabei fehlerfrei und aktuell sein.

Navigieren Sie im Exchange Admin Center zu *Server/Datenbanken*. Klicken Sie auf die passive Postfachdatenbank, die Sie zukünftig als produktive Datenbank verwenden wollen. Klicken Sie auf *Aktivieren*.

Abb. 15.9 Aktivieren einer passiven Datenbankkopie

Anschließend aktiviert Exchange die ausgewählte Datenbank als zukünftige produktive Datenbank. Die Änderung der aktiven Datenbank ist für Benutzer vollkommen transparent. Es gehen keine Daten verloren. Unter Umständen müssen sich Anwender neu an Outlook Web App (OWA) anmelden oder Outlook neu starten, um die Verbindung wiederherzustellen.

Neben einer möglichen Datensicherung sind Postfachdatenbankkopien hauptsächlich dann sinnvoll, wenn die produktive Datenbank ausfällt. Anwender lassen sich dann automatisch auf eine Kopie der Postfachdatenbank umleiten. Die Aktivierung einer Postfachdatenbankkopie erfolgt automatisch, wenn eine Datenbank oder ein Postfachserver ausfällt.

Administratoren können den Vorgang auch manuell durchführen. Einzelne Datenbankkopien lassen sich aber auch für die Aktivierung so konfigurieren, dass Exchange sie nicht verwendet, sondern nur als Datensicherung einsetzt. Mit dem folgenden Cmdlet verhindern Sie, dass die entsprechende Postfachdatenbankkopie bei einem Ausfall der produktiven Datenbank aktiv geschaltet wird:

```
Suspend-MailboxDatabaseCopy -Identity <Postfachdatenbankkopie> -ActivationOnly
```

Mit dem folgenden Befehl aktivieren Sie die Konfiguration wieder, sodass Exchange die Kopie als produktive Datenbank verwenden kann, wenn die aktuelle Produktionsdatenbank nicht mehr verfügbar ist:

```
Resume-MailboxDatabaseCopy -Identity <Postfachdatenbankkopie>
```

15.3.7 Postfachdatenbankkopien verzögert als produktive Datenbank einsetzen

Haben Sie bei der Replikation eine Verzögerung aktiviert, lassen also Transaktionsprotokolle erst nach einer gewissen Zeit in die Postfachdatenbankkopie schreiben, können Sie Postfachdatenbankkopien auch verzögert als produktive Postfachdatenbanken einsetzen.

Für die Postfachdatenbankkopie müssen alle Transaktionsprotokolle verfügbar sein. Verwenden Sie zur Aktivierung der Postfachdatenbankkopie die Exchange Management Shell. Mit der folgenden Anweisung halten Sie zunächst die Replikation der Datenbank an:

```
Suspend-MailboxDatabaseCopy <Name der Postfachdatenbankkopie> -SuspendComment
<Kommentar> -Confirm:$false
```

Erstellen Sie einen Schattenkopie-Snapshot der Volumes, auf denen sich die Daten der Postfachdatenbankkopie befinden. Sie können dazu das Windows-Tool *VSSAdmin.exe* verwenden:

```
VSSAdmin create shadow /For=C:\
```

Überprüfen Sie als Nächstes, welche Transaktionsprotokolle noch erforderlich sind. Löschen Sie die Prüfpunktdatei (*.chk*) für die Datenbank (siehe Kapitel 5 und Kapitel 14). Verwenden Sie *Eseutil.exe /r /eXX /a*, um die Wiederherstellung durchzuführen. Statt *eXX* geben Sie das entsprechende Präfix für die Transaktionsprotokolle der Datenbank an. Setzen Sie die Replikation für die Datenbank fort.

15.3.8 Pfad der Postfachdatenbank für eine Postfachdatenbankkopie ändern

Nachdem Sie eine Postfachdatenbank erstellt haben, können Sie sie auf ein anderes Volume, in einen anderen Ordner, an einen anderen Standort oder in einen anderen Pfad verschieben. Dazu verwenden Sie die Exchange Management Shell.

Alle Kopien einer Postfachdatenbank müssen sich auf jedem Server im gleichen Pfad befinden. Wenn sich die Datenbank *DB1* im Pfad *C:\Mountpoints\DB1* auf dem Server *EX1* befindet, müssen sich Kopien von *DB1* auf den Servern *EX2*, *EX3* usw. ebenfalls im Ordner *C:\Mountpoints\DB1* befinden.

Um den Verschiebungsvorgang auszuführen, muss die Einbindung der Datenbank aufgehoben werden. Die Datenbank steht für Benutzer in diesem Zeitraum nicht zur Verfügung. Ist die Einbindung der Datenbank aufgehoben, wird sie nach Abschluss des Befehls nicht erneut eingebunden.

Damit der Verschiebungsvorgang ausgeführt werden kann, müssen Sie die Replikation für die Datenbank für alle Kopien deaktivieren. Sie müssen die Datenbanken mit *Remove-MailboxDatabaseCopy* deaktivieren, um die Datenbankkopien zu entfernen.

Wenn die Umlaufprotokollierung für die Datenbank aktiviert ist, muss sie deaktiviert werden, bevor Sie den Vorgang fortsetzen. Sie können sie mit dem Cmdlet *Set-MailboxDatabase* deaktivieren:

```
Set-MailboxDatabase DB1 -CircularLoggingEnabled $false
```

Entfernen Sie alle Postfachdatenbankkopien für die zu verschiebende Datenbank. Danach sichern Sie die Datenbank- und Transaktionsprotokolldateien von den einzelnen Servern, von denen die Datenbankkopie entfernt werden soll, indem Sie sie an einen anderen Speicherort verschieben. Diese Dateien bleiben erhalten, sodass für die Datenbankkopien nach dem erneuten Hinzufügen kein Seeding erforderlich ist. Ansonsten müssen alle Inhalte erneut übertragen werden.

Erstellen Sie die erforderliche Ordnerstruktur auf den einzelnen Postfachservern, die zuvor eine passive Kopie der verschobenen Postfachdatenbank enthalten haben und auf denen Sie die Replikation später wieder aktivieren wollen. Nachdem Sie die Ordnerstruktur erstellt haben, verschieben Sie die passive Kopie der Postfachdatenbank und ihren Protokolldatenstrom auf den einzelnen Servern an den neuen Speicherort.

Führen Sie auf jedem Server, der eine Kopie der zu entfernenden Postfachdatenbank enthält, die folgenden Befehle aus, um die Inhaltsindexdienste zu beenden und neu zu starten:

```
Net stop Msftesql-Exchange
Net start MSExchangeSearch
```

Konfigurieren Sie alle zuvor festgelegten Werte für die Wiedergabeverzögerung und die Abschneideverzögerung mit dem Cmdlet *Set-MailboxDatabaseCopy* erneut. Beispiel:

```
Set-MailboxDatabaseCopy DB1\MBX2 -ReplayLagTime 00:15:00
```

Nachdem alle Kopien hinzugefügt sind, sollten Sie ihren Zustand überprüfen. Untersuchen Sie das Ereignisprotokoll auf Fehler- oder Warnereignisse, die sich auf die Datenbank oder Datenbankkopie beziehen.

Verwenden Sie zusätzlich das Cmdlet *Get-MailboxDatabaseCopyStatus*, um den Zustand und Status der fortlaufenden Replikation für die Datenbankkopie zu überprüfen.

Verwenden Sie das Cmdlet *Test-ReplicationHealth*, um den Zustand und Status der Datenbankverfügbarkeits-Gruppe (DAG) und der fortlaufenden Replikation zu überprüfen.

15.3.9 Serverswitchover und Rechenzentrumswitchover

Fallen Server oder sogar ein komplettes Rechenzentrum aus, können Sie mit dem Switchover von Servern oder ganzen Rechenzentren die Exchange-Infrastruktur wieder zur Verfügung stellen.

Bei einem Serverswitchover können Sie alle aktiven Postfachdatenbanken vom aktuellen Postfachserver auf einen oder mehrere Postfachserver mit entsprechenden Postfachdatenbankkopien umschalten. Die Server, auf denen Sie die Postfachdatenbankkopien aktivieren, also zu den produktiven Datenbanken machen, müssen Mitglied in derselben Datenbankverfügbarkeits-Gruppe sein.

15.3.10 Serverswitchover durchführen

Um einen Serverswitchover durchzuführen, können Sie das Exchange Admin Center einsetzen. Navigieren Sie zu *Server*. Wählen Sie den gewünschten Postfachserver aus, auf dem aktuell die produktiven Datenbanken gespeichert sind, und klicken Sie darauf. Wählen Sie *Serverswitchover* aus.

Anschließend können Sie Exchange die Wahl überlassen, welche Postfachdatenbankkopien auf den verschiedenen Servern aktiv geschaltet werden, oder Sie können manuell einen Zielserver auswählen, auf dem Exchange die Postfachdatenbankkopien zukünftig als produktive Datenbanken einsetzt.

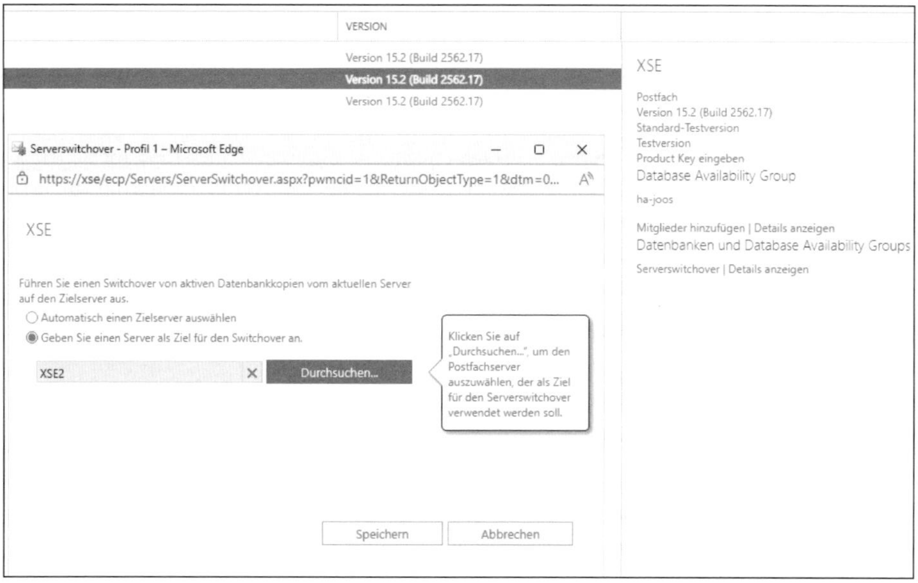

Abb. 15.10 Umschalten eines Servers mit Serverswitchover

Sie können den Vorgang auch in der Exchange Management Shell durchführen, indem Sie das folgende Cmdlet verwenden:

```
Move-ActiveMailboxDatabase -Server <Quellserver> -ActivateOnServer <Zielserver>
```

15.3.11 Switchover von ganzen Rechenzentren

Sie können für Datenbankverfügbarkeits-Gruppen (DAG) einen speziellen Modus für Rechenzentren aktivieren. Die Option ist sinnvoll, wenn Sie größere DAGs betreiben und diese über verschiedene Active Directory-Standorte verteilt sind. Der Modus ist standardmäßig deaktiviert.

Sie sollten den Modus nur für Datenbankgruppen mit mehr als drei Mitgliedern aktivieren, die über mehrere Rechenzentren verteilt sind. Bei einer Datenbankverfügbarkeits-Gruppe mit nur zwei Mitgliedern oder nur einem Active Directory-Standort kann das System nicht zwischen dem Ausfall eines einzelnen Servers, mehrerer Server oder eines Standorts unterscheiden. Ist der Modus nicht aktiviert, startet nach einem Ausfall die Datenbankverfügbarkeits-Gruppe neu und versucht, die Datenbanken bereitzustellen.

In einer Konfiguration mit mehreren Datencentern kann dieses Verhalten zu Problemen führen, wenn Mitglieder der Datenbankverfügbarkeits-Gruppen untereinander nicht mehr kommunizieren können. Ein solches Problem tritt zum Beispiel auf, wenn die Netzwerkkommunikation zwischen den Rechenzentren ausfällt.

Es lässt sich verhindern, wenn die Mehrzahl der Mitglieder der Datenbankverfügbarkeits-Gruppe verfügbar sind. Stellt Exchange die DAG nach einem Fehler wieder her, stellt es die Datenbanken nicht automatisch bereit, sondern überprüft erst die Verfügbarkeit und die Verbindung zwischen den Rechenzentren.

Fallen in einem Rechenzentrum alle Server und die Verbindung zu anderen Rechenzentren aus, können Administratoren ein Standby-Rechenzentrum aktivieren. Ist die Netzwerkverbindung zwischen den Rechenzentren wieder aktiv, fährt Exchange normalerweise die Mitglieder der Datenbankverfügbarkeits-Gruppe im ausgefallenen Rechenzentrum wieder hoch. Das zentrale Rechenzentrum sollte immer das Quorum der Datenbankverfügbarkeits-Gruppe haben, also die Mehrzahl der Mitglieder, einschließlich des Zeugenservers.

Auf diese Weise verfügt das zentrale Rechenzentrum über die Mehrheit der DAGs, also die meisten Server des Clusters, auch wenn keine Verbindung zu den Mitgliedern der Datenbankverfügbarkeits-Gruppe im Standby-Rechenzentrum besteht. Hierbei kann es allerdings zu Problemen kommen, da Exchange im zentralen Rechenzentrum Datenbanken bereitstellt, in denen andere Daten gespeichert sind als in den produktiven Datenbanken, die aktuell im aktivierten Standby-Rechenzentrum bereitgestellt sind.

Der Active Manager, das Kontrollmodul in Exchange zur Steuerung der DAGs, speichert ein Flag (0 oder 1) im Arbeitsspeicher. Dieses Bit legt fest, ob die lokale DAG lokale Datenbanken, die auf dem Server als aktiv zugewiesen sind, bereitstellen darf. Haben Sie für eine Datenbankverfügbarkeits-Gruppe den Rechenzentrum-Aktivierungsmodus aktiviert, setzt Exchange das Bit auf 0, was bedeutet, dass es die Datenbanken nicht automatisch bereitstellt.

Dadurch muss der Server erst versuchen, ob er mit allen Mitgliedern der Datenbankverfügbarkeits-Gruppe kommunizieren kann. Antwortet ein anderer Server, dass sein Bit auf 1 gesetzt ist, bedeutet das, dass die Server Datenbanken automatisch bereitstellen dürfen. Bei der Wiederherstellung eines zentralen Rechenzentrums nach einem Stromausfall, bei dem die Server funktionieren, aber nicht die Verbindung zu den anderen Rechenzentren, ist bei allen Mitgliedern der Datenbankverfügbarkeits-Gruppe im zentralen Rechenzentrum das Bit auf 0 gesetzt.

Aus diesem Grund stellt keiner der Server im Rechenzentrum automatisch Datenbanken bereit, da sie nicht mit einem Mitglied der DAG kommunizieren können, das im Rechenzentrum-Aktivierungsprotokoll einen Bitwert von 1 zurückmeldet.

Den Aktivierungsmodus für Rechenzentren aktivieren Sie in der Exchange Management Shell mit dem Cmdlet *Set-DatabaseAvailabilityGroup*. Ein Beispiel für den Befehl lautet:

```
Set-DatabaseAvailabilityGroup -Identity DAG1 -DatacenterActivationMode DagOnly
```

Die DAG-Mitglieder im primären Datencenter müssen als beendet gekennzeichnet sein, damit die Datenbanken nicht versehentlich bereitgestellt werden. Dazu verwenden Sie am Standort das Cmdlet *Stop-DatabaseAvailabilityGroup* und die Option *ActiveDirectorySite*. Sie müssen das Cmdlet *Stop-DatabaseAvailabilityGroup* auf allen Servern im zentralen Rechenzentrum ausführen.

Im zweiten Rechenzentrum, dem Standbyzentrum, müssen Sie herausfinden, welche Server des zentralen Rechenzentrums beendet wurden. Dazu verwenden Sie ebenfalls das Cmdlet *Stop-DatabaseAvailabilityGroup* mit den Optionen *ConfigurationOnly* und *ActiveDirectorySite* mit dem Namen des Active Directory-Standorts im ausgefallenen zentralen Rechenzentrum.

Für DAG-Mitglieder im zentralen Rechenzentrum müssen Sie Cluster der Datenbankverfügbarkeits-Gruppe entfernen, wenn die Bereinigung nicht korrekt funktioniert. Verwenden Sie dazu auf den Servern im zentralen Rechenzentrum die beiden Befehle in der Eingabeaufforderung:

```
Net stop clussvc
Cluster <DAG> node <DAG-Mitglied> /forcecleanup
```

Die Mitglieder der Datenbankverfügbarkeits-Gruppe im zweiten Rechenzentrum starten Sie neu und schließen den entsprechenden Vorgang ab. Halten Sie den Clusterdienst für jedes Mitglied der DAG im zweiten Datencenter an, indem Sie folgenden Befehl verwenden:

```
Net stop clussvc
```

Geben Sie auf einem DAG-Mitglied im zweiten Rechenzentrum den folgenden Befehl ein, um das Quorum, also die Steuerung des DAG-Clusters, zu übernehmen:

```
Net start clussvc /forcequorum
```

Starten Sie dann den Failovercluster-Manager und stellen Sie die Verbindung mit dem Cluster der Datenbankverfügbarkeits-Gruppe her. Navigieren Sie zu *<Clustername>/Knoten*. Klicken Sie mit der rechten Maustaste auf jeden Knoten im zentralen Rechenzentrun und wählen Sie *Weitere Aktionen/Entfernen*.

Befindet sich die Datenbankverfügbarkeits-Gruppe im Aktivierungsmodus für die Datenbanken, sollten Sie diesen Modus auf jedem DAG-Mitglied im zweiten Rechenzentrum beenden, zum Beispiel mit dem Cmdlet *Stop-Service ClusSvc*. Alternativ können Sie auch *Net stop clussvc* in einer Eingabeaufforderung mit erhöhten Rechten verwenden.

Die Postfachserver im zweiten Rechenzentrum können Sie dann mit *Restore-DatabaseAvailabilityGroup* für die Übernahme aktivieren. Den Active Directory-Standort des zweiten Rechenzentrums verwenden Sie mit dem Cmdlet *Restore-DatabaseAvailabilityGroup*.

Funktioniert die Übernahme nicht automatisch, zum Beispiel weil sie blockiert ist, können Sie sie auch manuell durchführen. Befindet sich die Datenbankverfügbarkeits-Gruppe nicht im Aktivierungsmodus der Datenbank, müssen Sie das Quorum auf die Anzahl von DAG-Mitgliedern im zweiten Rechenzentrum ändern. Ist eine ungerade Anzahl von DAG-Mitgliedern vorhanden, ändern Sie das DAG- in ein Knotenmehrheitsquorum:

```
Cluster <DAG-Name> /quorum /nodemajority
```

Ist eine gerade Anzahl von DAG-Mitgliedern verfügbar, konfigurieren Sie den Zeugenserver und den Ordner neu:

```
Set-DatabaseAvailabilityGroup <DAG-Name> -WitnessServer <Zeugenserver>
```

Starten Sie den Clusterdienst auf den DAG-Mitgliedern im zweiten Rechenzentrum mit

```
Net start clussvc
```

Nach den Vorbereitungen können Sie auf den Servern im ausgefallenen zentralen Rechenzentrum ein Serverswitchover durchführen. Neben dem Exchange Admin Center können Sie dazu auch die Exchange Management Shell verwenden:

```
Move-ActiveMailboxDatabase -Server <DAG-Server im ausgefallenen zentralen
Rechenzentrum> --ActivateOnServer <DAG-Server im Standby-Rechenzentrum>
```

Stellen Sie manuell alle Datenbanken im zweiten Rechenzentrum bereit. Ist das zentrale Rechenzentrum wieder verfügbar, können Sie die Verwaltung der DAG wieder zum zentralen Rechenzentrum übertragen.

15.4 Zusammenfassung

In diesem Kapitel konnten Sie alles Wissenswerte zum Aufbauen von hochverfügbaren Lösungen für Exchange SE erfahren. So habe ich beispielsweise erläutert, wie Sie Postfachdatenbanken über Datenbankverfügbarkeits-Gruppen absichern.

Im nächsten Kapitel erfahren Sie, wie Sie Exchange SE mit Microsoft 365 betreiben.

Kapitel 16

Exchange mit Microsoft 365

Microsoft 365, vor allem die Exchange Online-Komponente, spielt in Unternehmen eine immer größere Rolle. Das liegt sicher auch daran, dass Exchange-Server in Hybrid-Umgebungen zusammen mit Microsoft 365 koexistieren können. Daher können Unternehmen auf lokale Exchange-Server setzen, aber dennoch ihre Anwender nach und nach in die Cloud migrieren. Wichtig ist in diesem Zusammenhang aber auch die Sicherheit der Cloud-Lösung.

Viele Unternehmen setzen lokale Exchange-Server parallel mit Microsoft 365 ein oder wollen komplett zu Microsoft 365 migrieren. Um Administratoren bei der Umstellung zu unterstützen, stellt Microsoft den Hybridkonfigurations-Assistenten (Hybrid Configuration Wizard, HCW) bereit.

Microsoft erweitert mit jeder Exchange-Version, jedem kumulativen Update und jedem Servicepack die Funktionen und Anbindungsmöglichkeiten. Das heißt, jeder Administrator verfügt über eine andere Oberfläche mit unterschiedlichen Funktionen.

Bei jedem Start des Assistenten zur Anbindung an Microsoft 365 verbindet er sich mit dem Internet und lädt die neueste Version herunter. Das heißt, Unternehmen arbeiten immer mit den neuesten Funktionen und allen Fehlerbehebungen, egal welche Exchange-Version eingesetzt wird.

Setzen Sie bereits eine hybride Konfiguration mit Exchange-Server ein, aktualisieren Sie am besten zu Exchange SE, indem Sie einen neuen Server mit Exchange SE installieren. Achten Sie darauf, dass Sie das Zertifikat des Servers, das Sie für die Hybrid-Bereitstellung nutzen, auf neuen Servern importieren. Sobald Sie den Assistenten neu durchgeführt haben, werden alle Verbindungen in Microsoft 365 zum neuen Server mit Exchange SE umgeleitet.

Server, die Sie lediglich für die Verbindung zwischen der lokalen Umgebung und Microsoft 365 nutzen, sollten die Umlaufprotokollierung verwenden.

16.1 Exchange SE mit Microsoft 365 und Entra ID betreiben

Exchange SE baut auf Exchange 2019 CU15 auf, weshalb auch der Hybridkonfigurations-Assistent ähnlich im Aufbau ist. Bezüglich der Serverversion entspricht Exchange SE in der RTM-Version der Version 15.2 (Build 2562.17). Bei Exchange 2019 CU15 ist die Version ebenfalls 15.2, allerdings mit der Build 1748.10. Um eine lokale Exchange-Organisation an Microsoft 365 anzubinden und die Benutzer auch über Microsoft 365 anzubinden, erfolgt die Ausführung des Hybridkonfigurations-Assistenten über den Bereich *Hybrid* im Exchange Admin Center.

Abb. 16.1 Der Hybridkonfigurations-Assistent in Microsoft SE

16.1.1 Exchange-Verwaltungstools auf Windows 11 vorbereiten

Am besten erfolgt die Einrichtung über eine Admin-Arbeitsstation, auf der auch die Verwaltungstools für Exchange SE installiert sind. Verbinden sich Admins von einer Arbeitsstation mit installierten Exchange-Verwaltungstools über den lokal installierten Webbrowser mit dem Exchange Admin Center, können sie von hier die Einrichtung starten.

Die Exchange-Verwaltungstools werden am besten über die ISO-Datei von Exchange SE installiert. Dazu wird zuerst das Feature *IIS6ManagementCompatibility* gebraucht. Es lässt sich in Windows 11 am schnellsten über die Befehlszeile installieren:

```
dism.exe /online /Enable-Feature /FeatureName:IIS-IIS6ManagementCompatibility /All
```

Im Anschluss werden die notwendigen Runtimes für C++ benötigt und auf dem PC installiert:

- Visual C++ Redistributable for Visual Studio 2012 (*https://www.microsoft.com/en-us/download/details.aspx?id=30679*)
- Update for Visual C++ 2013 Redistributable Package (*https://support.microsoft.com/de-de/topic/update-for-visual-c-2013-redistributable-package-d8ccd6a5-4e26-c290-517b-8da6cfdf4f10*)

Danach erfolgt der Start des Installationsassistenten von Exchange SE auf dem PC.

16.1.2 Verbindung zwischen Exchange und Microsoft 365 testen

Damit Exchange SE mit Microsoft 365 verbunden werden kann, sollte auf dem Exchange-Server zunächst die Verbindung überprüft werden. Microsoft stellt dazu ein Skript (*http://aka.ms/hybridconnectivity*) zur Verfügung, mit dem die Verbindung getestet werden kann. Den kompletten Hybridkonfigurations-Assistenten können Sie von der Seite *https://aka.ms/HybridWizard* herunterladen. Nach dem Download kopieren Sie die Datei in das *Modules*-Verzeichnis der PowerShell. Dieses lässt sich mit dem folgenden Befehl öffnen:

```
Cd $PSHome\Modules
```

Parallel dazu kann es sinnvoll sein, das Skript noch in dieses Verzeichnis zu kopieren:

C:\Program Files\Microsoft\Exchange Server\V15\Bin\HybridManagement.psm1

Damit das Skript funktioniert, muss zeitweise die Ausführungsrichtlinie für Skripts der PowerShell auf *Unrestricted* gesetzt werden:

```
Set-ExecutionPolicy Unrestricted
```

Das PowerShell-Skript muss zunächst als Modul in die PowerShell importiert werden:

```
Import-Module "C:\Program Files\Microsoft\Exchange Server\V15\Bin\
HybridManagement.psm1"
```

Nach dem erfolgreichen Import sollte *Get-Module* das Modul anzeigen:

```
Get-Module HybridManagement
```

Danach kann die Verbindung mit folgendem Cmdlet getestet werden:

```
Test-HybridConnectivity -testO365Endpoints
```

Die Verbindungen müssen funktionieren, damit der Hybridkonfigurations-Assistent (HCW) für Exchange bereitgestellt werden kann.

16.1.3 Exchange-Verwaltungstools installieren

Nach der Installation stehen die Verwaltungstools auf dem PC zur Verfügung, vor allem das PowerShell-Modul für Exchange SE, das Basis für die Verwaltung ist. Nach dem Start der Tools rufen Sie über den lokal installierten Browser das Exchange Admin Center auf dem Server mit Exchange SE auf. Die Adresse dazu ist *https://<Name oder IP von Exchange>/ecp*. Nach der Anmeldung erfolgt ein Wechsel zu *Hybrid*.

Die Einrichtung lässt sich auch über die Schaltfläche *Konfigurieren* im Exchange Online Admin Center bei *Einstellungen/Hybrideinrichtung* starten. Das Exchange Online Admin Center steht über die Adresse *admin.Exchange.microsoft.com* zur Verfügung.

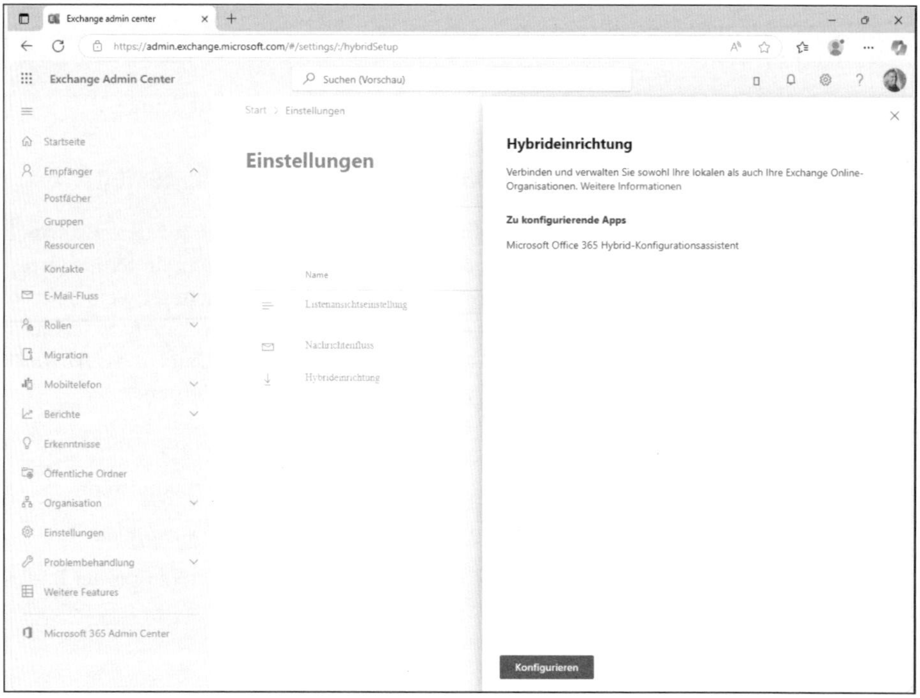

Abb. 16.2 Die Hybridkonfiguration lässt sich lokal oder aus Microsoft 365 heraus starten.

Nach dem Download des Hybrid-Assistenten *Microsoft.Online.CSE.Hybrid.Client.application* erfolgt sein Start. Das funktioniert auch direkt auf dem Server, ist aber aufgrund von Sicherheitseinstellungen oft umständlicher als auf einer Arbeitsstation. Startet der Assistent nicht, hilft es, die Verknüpfung der Dateiendung **.application* in den Systemeinstellungen von Windows auf eine andere App zu legen, zum Beispiel den Editor, und danach wieder auf *ClickOnce Application Deployment Support Library*.

Das Tool kann auch direkt über den Link *https://aka.ms/HybridWizard* heruntergeladen werden. Startet der Assistent nicht, steht hier eine angepasste Version zur Verfügung (*https://www.alitajran.com/wp-content/uploads/setups/HCW.zip*). Diese Version sollte problemlos starten, die Anleitung dazu ist auf der Webseite zu finden (*https://www.alitajran.com/office-365-hybrid-configuration-wizard-cant-start*). Hierbei handelt es sich aber um keinen offiziellen Download von Microsoft, die Verwendung erfolgt auf eigene Gefahr.

16.1.4 Hybrid Agent im Exchange Admin Center aktivieren

Der Hybrid Agent wird direkt über das Exchange Admin Center gestartet, sobald der Hybridkonfigurations-Assistent ausgeführt wird. Auf der Arbeitsstation mit Windows 11 und installierten Exchange-Verwaltungstools genügt ein Aufruf der Seite *Hybrid*, um den Assistenten herunterzuladen und zu starten. Der Agent ersetzt in der modernen Bereitstellung klassische Methoden wie Reverse Proxies oder öffentliche HTTPS-Verbindungen auf dem Exchange-Server.

Während der Einrichtung fordert der Assistent zur Authentifizierung an der lokalen Exchange-Organisation und Microsoft 365 auf. Sobald beide Anmeldungen erfolgreich verlaufen sind, prüft das Tool die verfügbaren Server und fordert zur Auswahl der Hybridkonfiguration auf.

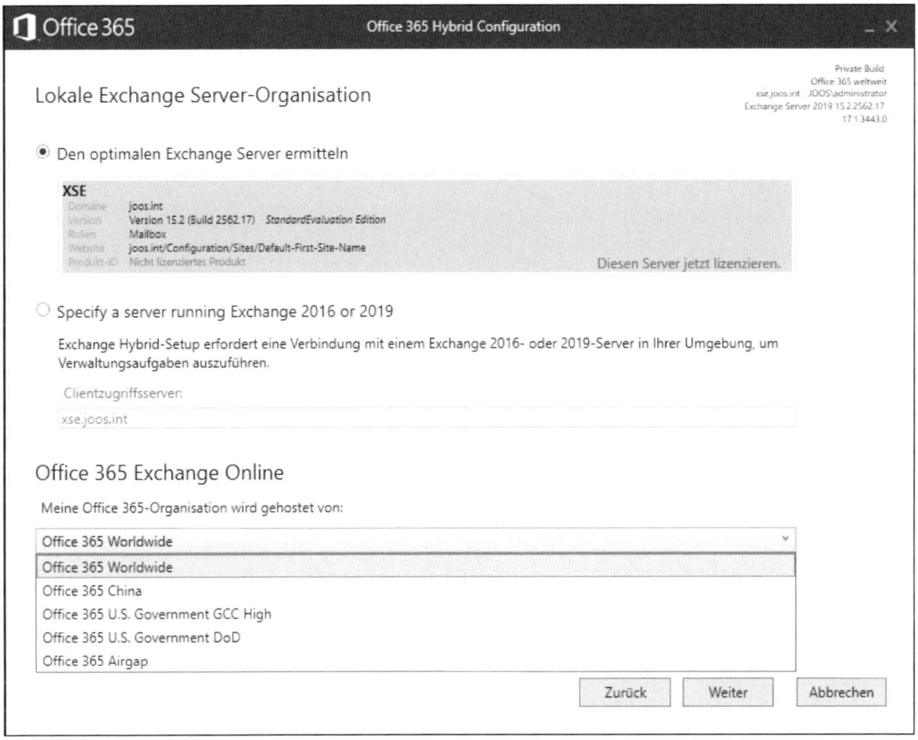

Abb. 16.3 Lokalen Exchange-Server mit Microsoft 365 verbinden

Für die Anbindung wird ein TXT-Eintrag in der externen DNS-Zone notwendig, um den Besitz der Domäne zu bestätigen. Der Inhalt des Eintrags wird im Assistenten angezeigt und kann direkt in die Zwischenablage übernommen werden.

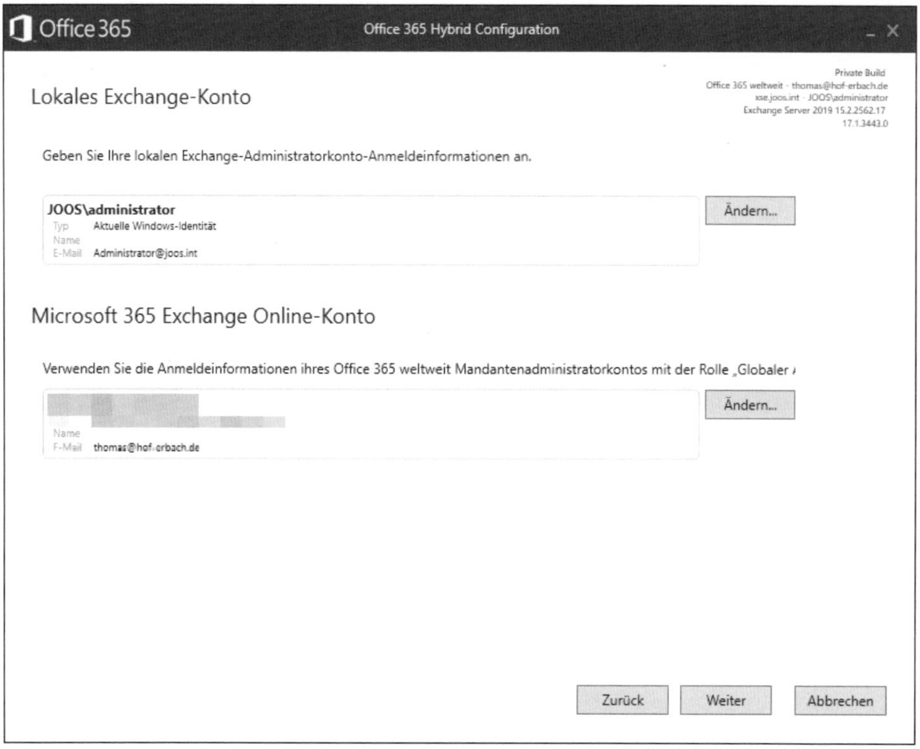

Abb. 16.4 Verbindung zwischen Exchange und Exchange Online sicherstellen

16.1.5 Zertifikatsvalidierung und Connector-Konfiguration

Nach der Domänenverifizierung prüft der Assistent die eingesetzten Zertifikate auf allen Exchange SE-Servern. Dabei erkennt er automatisch, ob die Zertifikate korrekt installiert, vollständig verteilt und den richtigen Connectors zugewiesen sind. Fehlerhafte Konfigurationen blockieren den Assistenten nicht. Stattdessen lassen sich betroffene Server aus der Hybridkonfiguration ausschließen und der Vorgang trotzdem abschließen. Der Hybrid Agent benötigt keinen eingehenden Netzwerkzugriff von außen. Alle Verbindungen erfolgen ausgehend über die Ports 80 und 443.

Teilweise schlägt die Verbindung zu Microsoft 365 wegen eines Fehlers in der Zeitzonenerkennung fehl. In diesem Fall hilft eine temporäre Umstellung der Arbeitsstation auf UTC -1 (Azoren). Der Fehler tritt unregelmäßig auf und betrifft vor allem den Verbindungsaufbau beim Start des Assistenten.

16.1.6 Postfachmigration und Frei/Gebucht-Zeiten aktivieren

Nach Abschluss der Einrichtung lassen sich Postfächer direkt vom lokalen Exchange SE-Server zu Microsoft 365 migrieren. Auch die Frei/Gebucht-Zeiten zwischen Cloud- und On-Premises-Benutzern werden synchronisiert. Der Mailbox Replication Service nutzt dafür eine dedizierte Proxy-URL, die über den Agent generiert und verwaltet wird. Die URL basiert auf einem GUID-basierten Format und ist vollständig in Azure abgesichert.

Anders als oft vermutet, verbindet der Hybrid Agent nicht nur einen bestimmten Server mit Microsoft 365. In Exchange SE sind alle Server einer Organisation eingebunden, sofern sie über den Assistenten erkannt und zugelassen wurden. Eine zentrale Hybridrolle entfällt. Voraussetzung ist, dass alle beteiligten Server die DNS-Auflösung für AutoDiscover intern und extern fehlerfrei umsetzen können.

16.1.7 Vorbereitung und Kontrolle der lokalen Umgebung

Bevor der Hybrid Agent zum Einsatz kommt, sollte Exchange SE vollständig eingerichtet und betriebsbereit sein. Dazu gehören korrekte Zertifikatszuweisungen, stabile DNS-Auflösungen und eine funktionierende AutoDiscovery-Logik. Besonders bei komplexeren Umgebungen mit mehreren Servern empfiehlt sich eine Prüfung der Ereignisanzeige sowie ein Testlauf über das Skript *Test-HybridConnectivity*.

Zur vollständigen Integration in Microsoft 365 ist auch die Benutzer- und Gruppenverwaltung über Entra ID erforderlich. Dazu wird Entra ID Connect eingesetzt. Das Tool läuft auf einem separaten Server oder einem Domänencontroller und synchronisiert die lokalen Objekte in die Cloud. Die Einrichtung erfolgt über das Azure-Portal und bildet die Basis für ein einheitliches Identitätsmodell zwischen Exchange SE und Microsoft 365.

16.2 Microsoft Exchange Hybrid Agent im Detail

Mit dem Microsoft Hybrid Agent lassen sich lokale Exchange-Server mit Microsoft 365 zusammen betreiben. Microsoft bietet mit dem Hybrid Agent für Exchange Server ein Tool an, mit dem sich lokale Exchange-Installationen an Microsoft 365 anbinden lassen. Unternehmen, die den Hybridkonfigurations-Assistenten nutzen, erhalten jetzt weitere Einstellungsmöglichkeiten, die Microsoft als »Modern Hybrid« bezeichnet.

Dabei handelt es sich um eine Erweiterung der Möglichkeiten, die der Hybridkonfigurations-Assistent bietet. Bei der Ausführung dieser neuen Schritte wird auf dem Server ein Agent installiert, der auf Azure Application Proxy aufbaut. Mit dem Agent lassen sich Exchange-Organisationen veröffentlichen und mit Exchange Online verbinden. Im Fokus steht hier vor allem die Einrichtung der notwendigen DNS-Einstellungen. Die Einrichtung nehmen Sie am besten im Exchange Admin Center über den Bereich *Hybrid* vor, wie zuvor beschrieben.

> Möglicherweise müssen Sie vor dem Aufruf der Hybrid-Einstellungen zunächst in den Einstellungen Ihres Browsers Drittanbieter-Cookies aktivieren. Wie Sie dazu vorgehen müssen, finden Sie in der Hilfe zu Ihrem jeweiligen Browser beschrieben.

Im Rahmen der Einrichtung, die im vorhergehenden Absatz behandelt wurde, wird die Verbundvertrauensstellung aktiviert. In diesem Zusammenhang ist es wichtig, dass in Exchange bei den akzeptierten Domänen eine Domäne hinterlegt ist, die dem Unternehmen gehört und die auch in Microsoft 365 eingesetzt wird.

Abb. 16.5 Auswählen der Hybridfunktionen bei der Hybrid-Anbindung zwischen Exchange und Exchange Online

In diesem Schritt des Hybridkonfigurations-Assistenten wählen Sie, welchen Funktionsumfang Ihre Exchange-Hybridbereitstellung erhalten soll. Die angezeigten Optionen bestimmen, wie eng Ihre lokale Exchange-Organisation mit Exchange Online verbunden wird.

Wenn Sie die Option *Minimale Hybridkonfiguration* aktivieren, richtet der Assistent nur die notwendigen Komponenten ein, die für den reinen Postfachtransfer zwischen Ihrer lokalen Umgebung und Exchange Online erforderlich sind. Diese Variante eignet sich, wenn Sie lediglich eine Migration planen und keine dauerhafte Koexistenz zwischen beiden Umgebungen benötigen. Exchange konfiguriert in diesem Fall die grundlegenden Connectors und Authentifizierungseinstellungen, damit der Mailfluss und die Postfachverschiebung über die Hybridverbindung funktionieren.

Das Kontrollkästchen *Übertragung der Organisationskonfiguration* erweitert die minimale Konfiguration um eine einmalige Synchronisation bestimmter Organisationseinstellungen in Richtung Exchange Online. Dabei überträgt der Assistent Informationen zu akzeptierten Domänen, Remote-Domänen, Transportregeln und Adressrichtlinien. Nach Abschluss dieser Übertragung müssen Sie Änderungen an diesen Objekten in beiden Systemen manuell nachpflegen, da keine laufende Replikation besteht. Diese Option ist sinnvoll, wenn Sie eine konsistente Ausgangsbasis schaffen möchten, ohne eine vollständige bidirektionale Synchronisation einzurichten.

Wenn Sie stattdessen die Option *Vollständige Hybridkonfiguration* aktivieren, richtet Exchange eine umfassende und dauerhaft gekoppelte Umgebung ein. Dazu gehören Funktionen wie Frei/Gebucht-Abfragen über Organisationsgrenzen hinweg, gemeinsame Adresslisten, erweitertes Nachrichtenrouting, zentrale Mailflusssteuerung, Transportverschlüsselung über Zertifikate, eDiscovery und Archivierung über beide Plattformen. Diese Variante ist für größere Organisationen gedacht, die eine langfristige Koexistenz zwischen lokalen und cloudbasierten Postfächern planen. Der Aufwand für die Verwaltung und die Netzwerkanforderungen sind höher, dafür bleibt die Integration zwischen Exchange On-Premises und Exchange Online nahezu nahtlos.

Die Entscheidung zwischen beiden Varianten hängt also davon ab, ob Sie eine einmalige Migration durchführen oder eine dauerhafte Hybridumgebung betreiben möchten. In den meisten Szenarien, in denen Postfächer schrittweise migriert werden sollen, genügt die minimale Hybridkonfiguration mit der Übertragung der Organisationskonfiguration.

Damit der Assistent überprüfen kann, ob die konfigurierte Domäne im Besitz des Unternehmens ist, muss ein TXT-Eintrag in der DNS-Zone erstellt werden. Die dazu notwendigen Daten zeigt er gleich an. Diese lassen sich in die Zwischenablage kopieren und so weiterverwenden, um den Eintrag zu erstellen. Erst wenn die Domäneneigentümerschaft erfolgreich überprüft wurde, kann der Assistent fortgesetzt werden.

Danach wird der E-Mail-Fluss konfiguriert. Hier können Sie steuern, welche Server für den E-Mail-Fluss zwischen Exchange und Microsoft 365 verantwortlich sind. An dieser Stelle lassen sich auch Edge-Transportserver einbinden.

Im Rahmen der Einrichtung müssen anschließend auch die Sende- und Empfangsconnectors konfiguriert werden. Auch die Zertifikate werden an dieser Stelle angepasst. Abschließend wird noch der FQDN der lokalen Exchange-Organisation angepasst sowie die MX-Einträge für den E-Mail-Fluss. Sobald alle Einstellungen vorgenommen wurden, bestätigen Sie die Eingaben und lassen die lokale Exchange-Organisation für die Zusammenarbeit mit Microsoft 365 anpassen.

Alle Einstellungen, die Sie im Assistenten angeben, werden in Active Directory gespeichert. Erst wenn der Assistent dazu veranlasst wird, die Einstellungen in der Exchange-Organisation zu hinterlegen, werden sie auf die Server geschrieben. Die Konfiguration bleibt in Active Directory erhalten.

Wollen Sie die Benutzer Ihrer lokalen Active Directory-Umgebung mit Microsoft 365 synchronisieren, benötigen Sie das Tool Microsoft Entra Connect. Dieses installieren Sie auf einem Domänencontroller oder einem eigenständigen Server. Die Einrichtung nehmen Sie über das Webportal von Microsoft Azure vor.

Damit der Microsoft Hybrid Agent funktioniert, muss er ausgehende HTTPS-Verbindungen zum Internet aufbauen können. Dazu muss der Server über die Ports 80 und 443 mit dem Internet kommunizieren dürfen. Wenn der Agent nicht auf einem Server installiert ist, der den Client Access Service (CAS) zur Verfügung stellt, muss er über das Netzwerk mit den Ports 80, 443, 5985 und 5986 mit dem lokalen Server kommunizieren können.

16.3 Hybridbereitstellungen – Voraussetzungen beachten

Unternehmen, die Exchange parallel mit Microsoft 365 einsetzen, müssen einige Voraussetzungen beachten, wenn die beiden Umgebungen über den Microsoft 365 Hybridkonfigurations-Assistenten (HCW) miteinander verbunden werden sollen. Vor allem die DNS-Konfiguration muss so gesetzt sein, dass die Domänen, die Exchange verwendet, im Besitz des Unternehmens sind und zusammen mit Microsoft 365 eingesetzt werden können.

Starten Sie den Assistenten, überprüft er zuerst die Voraussetzungen und zeigt Probleme sofort an. Das vermeidet unnötigen Ärger, da sofort klar ist, ob eine Hybridbereitstellung konfiguriert werden kann.

Die aktuelle Version bietet außerdem umfassende Informationen und Tipps, wenn die Einrichtung nicht funktioniert. Zusätzliche Werkzeuge sind also nicht mehr notwendig. Alles, was zur Einrichtung benötigt wird, hat Microsoft in den Microsoft 365 Hybridkonfigurations-Assistenten integriert. Funktioniert etwas nicht, erhalten Sie keine kryptischen Fehlermeldungen mehr, sondern umfassende Hilfen und Zugang zu Protokolldateien.

Exchange SE hat viele Funktionen und Bestandteile aus Microsoft 365 erhalten. Hier hat Microsoft seine Erfahrungen mit der Cloudumgebung dazu genutzt, den neuen Exchange-Server so zu gestalten, dass er lokal, aber auch in Hybridumgebungen einsetzbar ist. Das ist auch einer der Gründe, warum Exchange SE besonders gut mit Microsoft 365 zusammenarbeitet, denn die Technologien sind sehr ähnlich. In Microsoft 365 werden bereits jetzt bei den meisten Abonnements Exchange SE oder Exchange 2019 eingesetzt, was auch an der identischen Oberfläche zu sehen ist.

Bevor sich Administratoren an die Hybridbereitstellung machen, muss die lokale Exchange-Organisation fertig eingerichtet werden. Microsoft empfiehlt eine Cloudanbindung erst dann, wenn sie optimal eingerichtet ist. Um das zu überprüfen, wird so vorgegangen wie beim Betrieb ohne Microsoft 365. Denn durch die Cloudanbindung wird die Umgebung etwas komplexer und korrekte Einstellungen an den verschiedenen Stellen in Exchange sind enorm wichtig. Administratoren sollten vor der Hybridkonfiguration eine Umgebung umfangreich testen, die Ereignisanzeigen überprüfen und Diagnosetools verwenden, damit sichergestellt ist, dass alle lokalen Exchange-Server funktionieren.

Auch die lokale Hardware für Exchange SE muss optimal geplant sein, damit die Hybridbereitstellung effizient betrieben werden kann. Unternehmen müssen die lokalen Exchange-Server so ausstatten, dass alle Postfächer auf den Servern betrieben werden können. Durch das Umziehen der Postfächer in die Cloud werden die lokalen Server nach und nach entlastet. Dafür kommen weitere Aufgaben für die Replikation zwischen lokalen Exchange-Servern und der Cloud hinzu. Generell sollten Postfachserver aber immer so ausgerichtet werden, dass sie alle Postfächer bereitstellen können.

Die AutoDiscovery-Funktion zur automatischen Anbindung von Outlook-Clients und Smartphones/Tablets muss intern funktionieren, aber auch über das Internet. Erst dann ist eine Anbindung an die Cloud sinnvoll. Das gilt vor allem dann, wenn Unternehmen Exchange, Outlook und Microsoft 365 gemeinsam betreiben, da die drei Produkte sehr stark von AutoDiscovery abhängen. Intern werden zur Auflösung die Internetinformationsdienste

(Internet Information Services, IIS) auf dem Exchange-Server sowie Eintragungen in Active Directory verwendet. Bei der Auflösung über das Internet spielen die öffentlichen DNS-Server eine wichtige Rolle, die die E-Mail-Domäne der Hybridkonfiguration verwalten.

Viele Administratoren gehen davon aus, dass es in der Exchange-Organisation einen bestimmten Hybrid-Server gibt, der die lokalen Exchange-Server mit Microsoft 365 verbindet. Das ist allerdings nicht korrekt.

Denn beim Einsatz mehrerer Exchange-Server in der Organisation sind generell immer alle Exchange-Server mit Microsoft 365 verbunden und sorgen für optimalen Datenverkehr. Es muss daher darauf geachtet werden, dass alle lokalen Exchange-Server mit Microsoft 365 kommunizieren können.

16.4 DNS-Einstellungen und Zertifikate konfigurieren

Microsoft bietet mit HCW jetzt auch die Möglichkeit, die notwendigen DNS-Einstellungen und Einträge zu konfigurieren, die für einen gemeinsamen Betrieb von Exchange und Microsoft 365 notwendig sind. Alle notwendigen Daten, zum Beispiel der Inhalt von DNS-Einträgen, zeigt der Assistent an und erlaubt auch gleich das Kopieren in die Zwischenablage. Dadurch lassen sich fehlerfreie DNS-Einträge wesentlich schneller und vor allem zuverlässiger erstellen.

Außerdem lassen sich die notwendigen Zertifikate für die Verbindung zwischen Exchange und Microsoft 365 im Assistenten auswählen. Zusätzlich überprüft der Assistent, ob das Zertifikat auf jedem Exchange-Server verfügbar ist. Er prüft zudem, ob das Zertifikat auch mit dem korrekten Domänennamen konfiguriert ist und Sende- sowie Empfangsconnectors es nutzen. Je mehr Server und Connectors im Einsatz sind, umso mehr Nutzen bringt der Assistent, da er alle umfassend prüft.

Findet der Assistent Fehler, erhalten Sie einen Hinweis, welche Server oder Connectors Probleme haben, das Zertifikat zu nutzen. Beispielsweise lassen sich im Assistenten dann Server von der Sendeliste zwischen Exchange und Microsoft 365 entfernen und die Hybridbereitstellung ohne sie abschließen. Das heißt, eine Bereitstellung bricht nicht mehr mit einem Fehler ab, sondern lässt sich angepasst abschließen, auch wenn einzelne Server nicht optimal konfiguriert sind.

16.5 Exchange Online mit der PowerShell verwalten

Exchange Online in Microsoft 365 kann mit der lokalen PowerShell verwaltet werden. Der Vorteil besteht darin, dass hier ähnliche und teilweise auch die gleichen Cmdlets zur Verfügung stehen. Die Verwaltung kann auf den Rechnern der Administratoren erfolgen und in einer PowerShell-Sitzung lassen sich parallel Einstellungen in Exchange Online vornehmen, aber auch auf lokalen Exchange-Servern. Das heißt, es profitieren auch Hybrid-Umgebungen von der Möglichkeit der Verwaltung über die PowerShell.

Damit ein Rechner aus Exchange Online mit der PowerShell verwaltet werden kann, muss er zunächst mit der Cloud verbunden werden. Es ist also eine funktionierende Internetverbindung sowie die Installation der notwendigen PowerShell-Module erforderlich. Anschließend muss der Computer eine Verbindung zur Cloud herstellen und es muss eine Authentifizierung erfolgen. Sobald die Einrichtung einmal vorgenommen wurde, lassen sich die Einstellungen in Exchange Online mit der PowerShell steuern.

Um Exchange Online über die PowerShell von einem lokalen Server aus zu verwalten, benötigen Sie zunächst eine Verbindung zwischen Ihrer lokalen Verwaltungsumgebung und dem Cloud-Dienst. Dieser Zugriff erfolgt über das PowerShell-Modul *ExchangeOnlineManagement*, das Microsoft für Administratoren bereitstellt. Damit lassen sich alle Exchange Online-Cmdlets direkt ausführen, ohne dass das Exchange Admin Center im Browser geöffnet werden muss.

Vorbereitung der Umgebung

Sie sollten die PowerShell-Sitzung als Administrator starten, da sonst Module und Abhängigkeiten nicht korrekt installiert werden. Prüfen Sie zunächst, ob eine aktuelle Version des *PowerShellGet*-Moduls vorhanden ist:

```
Get-Module PowerShellGet -ListAvailable
```

Wenn das Modul veraltet ist, führen Sie das Update aus:

```
Install-Module PowerShellGet -Force
```

Anschließend installieren Sie das Exchange-Modul:

```
Install-Module ExchangeOnlineManagement -Force
```

Falls Ihre Umgebung keinen direkten Internetzugang besitzt, können Sie das Modul auf einem Administrationssystem mit Internetverbindung installieren und dann das Verzeichnis *C:\Program Files\WindowsPowerShell\Modules\ExchangeOnlineManagement* auf den Server kopieren.

Aufbau der Verbindung zu Exchange Online

Nach der Installation importieren Sie das Modul und stellen die Verbindung her:

```
Import-Module ExchangeOnlineManagement

Connect-ExchangeOnline -UserPrincipalName admin@ihredomain.onmicrosoft.com
```

Daraufhin öffnet sich ein Microsoft-Anmeldefenster. Melden Sie sich mit Ihrem Administratorkonto an. Wenn Ihr Konto durch Multi-Faktor-Authentifizierung (MFA) geschützt ist, geben Sie zusätzlich den zweiten Faktor ein. Nach erfolgreicher Anmeldung lädt PowerShell automatisch die Exchange Online-Cmdlets in die aktuelle Sitzung. Sie können kontrollieren, ob die Verbindung aktiv ist:

```
Get-ConnectionInformation
```

Wenn die Sitzung korrekt aufgebaut wurde, erscheint dort ein Eintrag mit dem Typ *ExchangeOnline*. Danach stehen Befehle wie *Get-Mailbox, Set-Mailbox, Get-TransportRule* oder *New-DistributionGroup* sofort zur Verfügung. Auf diesem Weg können Sie auf dem lokalen Exchange-Server auch die Benutzer in Microsoft 365 verwalten.

Verwaltung der Cloud-Postfächer

Ab diesem Zeitpunkt verwalten Sie Exchange Online wie eine lokale Exchange-Organisation. Sie können zum Beispiel Eigenschaften einzelner Postfächer prüfen:

```
Get-Mailbox -Identity "Benutzername"
```

Oder Richtlinien anpassen:

```
Set-Mailbox -Identity "Benutzername" -EmailAddressPolicyEnabled $false
```

Alle Änderungen wirken direkt in der Cloud, da PowerShell über die Exchange Online PowerShell V3 API kommuniziert.

Nach Abschluss Ihrer Arbeit sollten Sie die Verbindung wieder schließen:

```
Disconnect-ExchangeOnline -Confirm:$false
```

Damit entfernen Sie die aktive Remote-Sitzung und vermeiden unnötige Anmeldeverbindungen.

Wenn Ihre Umgebung eine Hybridkonfiguration verwendet, können Sie gleichzeitig in derselben PowerShell-Sitzung lokale Exchange-Cmdlets ausführen. Starten Sie dazu zunächst die Exchange Management Shell und stellen Sie danach die Verbindung zu Exchange Online her. Auf diese Weise lassen sich Postfächer sowohl on-premises als auch in der Cloud administrieren, ohne zwischen verschiedenen Oberflächen zu wechseln. Diese Methode bietet eine konsistente, sichere und skriptfähige Verwaltung von Exchange Online direkt aus Ihrer lokalen Infrastruktur heraus.

16.6 Eigene Domänen in Microsoft 365 anbinden und verwalten

Sie können bei Hybridbereitstellungen die E-Mail-Domänen des Unternehmens auch in Microsoft 365 registrieren, um einen gemeinsamen Betrieb zu ermöglichen. Die ursprüngliche Microsoft 365-Domäne **.onmicrosoft.com* bleibt bei diesem Vorgang erhalten. Das heißt, Sie können jederzeit neue Domänen an Microsoft 365 einbinden und an den verschiedenen Stellen nutzen.

Die Anwender erhalten ihrer Konfiguration entsprechend eine E-Mail-Adresse mit der neuen Domäne. Die Standard-Domäne und damit verbundene E-Mail-Adressen mit **onmicrosoft.com* bleiben bestehen. Das heißt, E-Mails, die an die alten Adressen gesendet werden, stellt Microsoft 365 weiterhin zu. Versenden Anwender eine E-Mail, verwendet Microsoft 365 dann die neue Domäne. Die alte Domäne kann daher weiterhin als Backup-Domäne dienen.

Sie müssen mit verschiedenen Assistenten innerhalb und außerhalb von Microsoft 365 arbeiten. Außerdem muss die Domäne und deren Daten durch die Microsoft 365-DNS-Server lesbar oder konfigurierbar sein. Bei der Verwendung eigener Domänen sollten Sie daher etwas Zeit mitbringen. Bevor Sie eine Domäne buchen, müssen Sie außerdem entscheiden, ob Sie sie nur in Microsoft 365 und den hier angebundenen Diensten nutzen wollen oder auch zusammen mit anderen Diensten und Webseiten.

16.6.1 Domänen in Microsoft 365 hinzufügen

Wenn Sie die Domäne gebucht haben, beginnen die Konfigurationsschritte zur Anbindung an Microsoft 365. Hier sollten Sie etwas Zeit einplanen, da auch hier viele Synchronisierungsschritte notwendig sind, die Sie nicht beschleunigen können. Sobald Sie im Besitz der Domäne bei Ihrem Dienstleister sind, rufen Sie das Microsoft 365 Admin Center auf, melden sich als Administrator an und rufen die Einstellungen für Domänen auf (*https://admin.cloud.microsoft/?#/Domains*).

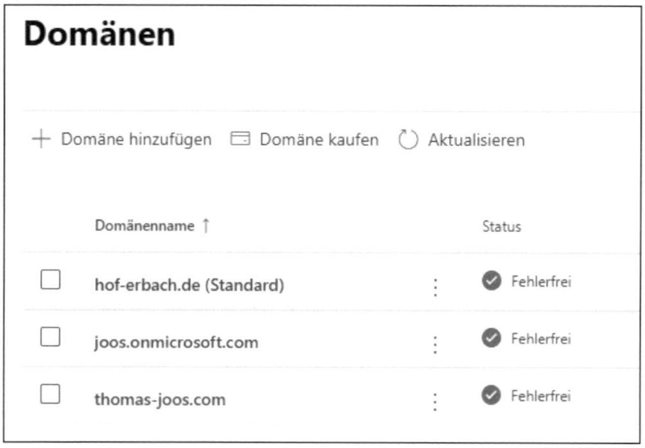

Abb. 16.6 Die Einstellungen für Domänen

Hier können Sie Ihre neuen Domänen hinzufügen und sehen die bereits vorhandenen. Sobald Sie eine Domäne hinzugefügt haben, können Sie sie an dieser Stelle auch verwalten, Einträge hinzufügen und Probleme beheben. Doch dazu später mehr.

Um eine neue Domäne in Microsoft 365 zu integrieren, klicken Sie auf *Domäne hinzufügen*. Danach erscheint ein Assistent, der Sie bei der Anbindung Ihrer neuen Domäne unterstützt. Im Assistenten zur Anbindung von neuen Domänen sehen Sie zunächst, mit welcher Domäne Microsoft 365 aktuell arbeitet, und Sie erhalten Links mit mehr Informationen zum Anbinden neuer Domänen.

Danach erscheint der erste Bereich, der für die Einrichtung neuer Domänen maßgeblich ist. Im nächsten Fenster müssen Sie festlegen, wie Sie die DNS-Einstellungen der Domänen verwalten.

Im Rahmen dieses Assistenten müssen Sie einen neuen TXT-Eintrag für die Domäne erstellen. Dazu nutzen Sie die Weboberfläche Ihres Domänenproviders. Wenn der Provider in der Liste des Assistenten vorhanden ist, erhalten Sie genaue Hinweise. Die meisten Provider sind allerdings kein Bestandteil des Assistenten. Die Einträge haben die Form *MS=ms1234567* für TXT-Einträge. Notieren Sie sich die Werte des Eintrags von der Webseite und tragen Sie sie in der DNS-Verwaltung Ihres Providers ein. In den meisten Fällen arbeiten Sie mit dem TXT-Eintrag.

Sobald Sie den Eintrag gesetzt haben, kann es bis zu 24 Stunden dauern, bis Microsoft 365 den erfolgreichen Eintrag verifizieren kann. Sie können das Browserfenster also schließen und später mit der Einrichtung fortfahren. Sind die notwendigen Daten noch nicht zwischen den verschiedenen DNS-Servern registriert, erhalten Sie im Assistenten eine Fehlermeldung. Erst wenn der Eintrag verifiziert ist, können Sie mit dem Assistenten fortfahren.

Das heißt, Sie können weitere Maßnahmen erst nach dem erfolgreichen Überprüfen durchführen. Öffnen Sie dazu nach einiger Zeit einfach wieder das Microsoft 365-Portal. Die Überprüfung können Sie jederzeit starten. Sobald sie erfolgreich abgeschlossen ist, können Sie fortfahren.

16.6.2 Domänen endgültig an Microsoft 365 anbinden

Sobald der Test erfolgreich abgeschlossen wird, bindet der Assistent die Domäne an Microsoft 365 an. Ab dieser Stelle können Sie sie in Ihrer Umgebung nutzen und den Webseiten und Anwendern zuteilen. Allerdings sind hier Tests notwendig, bevor Sie produktiv mit der Domäne arbeiten.

Haben Sie Ihre neue Domäne schließlich erfolgreich in Microsoft 365 überprüft, besteht der nächste Schritt darin, dass Sie ihre Namensserver-Einstellungen bei Ihrem Provider auf die DNS-Server von Microsoft 365 umstellen. Die Auflösung wird dann nicht mehr von den DNS-Servern des Providers vorgenommen, sondern von denjenigen bei Microsoft. Diese Einstellungen müssen Sie in der Weboberfläche beim Provider vornehmen. Wenn Sie bei der Einrichtung der Domäne die Selbst-Verwaltung der Domäne ausgewählt haben, müssen Sie wichtige Einträge wie MX und andere manuell pflegen.

Verwenden Sie die DNS-Server bei Microsoft, hat das den Vorteil, dass alle Konfigurationen und notwendigen Einstellungen wie MX, Autoeinstellungs-Daten für Outlook, Smartphones und andere Dienste automatisiert im Hintergrund vorgenommen werden. Sie brauchen ab diesem Moment also nichts mehr zu konfigurieren, sondern Microsoft erledigt es.

Wenn Sie eigene DNS-Server betreiben, erhalten Sie aber auch hier ausführliche Hinweise, welche Einträge Sie konfigurieren müssen, damit die Domäne funktioniert. Hier ist einfach etwas mehr Handarbeit und sorgfältige Überprüfung gefragt. Wenn Sie die Domäne ausschließlich für Microsoft 365 nutzen, tragen Sie am besten die DNS-Server von Microsoft in den Namenseinstellungen Ihrer Domäne beim Provider ein.

Haben Sie die Einstellungen vorgenommen, überprüft sie Microsoft 365 auch hier. Dieser Vorgang kann wieder etwas dauern, bis verifiziert wird, dass alle notwendigen DNS-Einträge vorhanden sind und die Anwender mit Microsoft 365 arbeiten können. In vielen Fällen müssen Sie wieder bis zu 24 Stunden warten, bis Sie die Einstellungen in Microsoft 365 fortsetzen können. Sie sehen, es ist etwas Geduld und Zeit gefragt, wenn Sie Domänen an Microsoft 365 anbinden wollen.

Haben Sie schließlich alle Aufgaben abgeschlossen und die DNS-Server im Internet sind untereinander synchronisiert, zeigt Microsoft 365 die Domäne als *Überprüft* an. Sie können sie jetzt an die Anwender zuweisen. Die Standarddomäne *<Name>.onmicrosoft.com* bleibt im Hintergrund weiter aktiv. Das heißt, die Anwender empfangen weiter E-Mails, die von extern an die alte Domäne gesendet wurden, versenden E-Mails aber mit der neuen Domäne. In den DNS-Einstellungen der Domänen können Sie auch weitere Einträge hinzufügen, wenn Sie sie zusätzlich benötigen. Dazu verwenden Sie das Verwaltungsportal von Microsoft 365.

Sobald Sie die Einstellungen abgeschlossen haben, verwenden die Anwender für die Anmeldung an der Weboberfläche von Microsoft 365 oder der Konfiguration in Outlook und anderen E-Mail-Programmen die neue Domäne. In den Benutzereinstellungen von Microsoft 365 sehen Sie außerdem die primäre Adresse und alle Domänen, die Sie angebunden haben. Hier können Sie auch für verschiedene Benutzer unterschiedliche Domänen festlegen.

16.7 Migration zu Microsoft 365

Starten Sie nicht auf der grünen Wiese, sondern müssen Daten von bestehenden Postfächern und lokalen Servern im Netzwerk zu Microsoft 365 migrieren, sind natürlich mehr Aufgaben zu beachten als nur das Anlegen von Anwendern.

Beachten müssen Sie bei der Migration auch den Namen Ihrer Internetdomäne, den Sie ebenfalls in Microsoft 365 übernehmen müssen. Benutzer und Gruppen können Sie mit Tools in Microsoft 365 von einem bestehenden Active Directory synchronisieren. Beim parallelen Betrieb von Microsoft 365 und einem lokalen Active Directory können Sie daher die Benutzerkonten weiterhin mit den bekannten Verwaltungstools administrieren. Die Synchronisierung funktioniert aber nur in eine Richtung. Bei der Anbindung von Microsoft 365 lassen sich die notwendigen Daten in die Cloud kopieren. Änderungen in der Cloud synchronisieren sich nicht zu lokal betriebenen Servern.

Bei der Koexistenz können Sie Postfächer zu Microsoft 365 migrieren, aber weiterhin parallel eigene Exchange-Server mit Postfächern betreiben. Wollen Sie parallel weiter eigene Exchange-Server im Unternehmen einsetzen und mit den Postfächern und Diensten von Microsoft 365 verbinden, müssen Sie die Enterprise-Edition von Microsoft 365 lizenzieren. Nur diese ermöglicht eine Verbindung eines lokalen Active Directory mit Microsoft 365-Diensten, inklusive einer Synchronisierung mit dem lokalen Active Directory.

Beachten Sie bei der Migration den Namen der E-Mail-Domäne, die Sie zu Microsoft 365 übernehmen müssen. Hier bietet die Verwaltungskonsole aber Assistenten, über die Sie eigene Domänennamen hinzufügen können. Standardmäßig stellt Microsoft 365 die Domäne *@<Eigener Name>.onmicrosoft.com*, zum Beispiel *@joos.onmicrosoft.com*, zur Verfügung. Sie können jedoch eigene Domänen hinzufügen. Achten Sie aber darauf, dass Microsoft 365 nicht alle Anbieter unterstützt.

Je mehr Postfächer in der Organisation vorhanden sind und je mehr Exchange-Server Sie betreiben, desto komplexer wird der Migrationsaufwand. Auch wenn Microsoft Sie bei der Migration unterstützt, kann es sinnvoll sein, auf Tools von Drittanbietern zu setzen.

Bevor Sie sich für ein Tool eines Anbieters entscheiden, sollten Sie in einer Testumgebung und einer Testlizenz von Microsoft 365 die Migration testen.

16.8 Microsoft 365 gemeinsam mit Exchange betreiben

In den nächsten Abschnitten gehe ich darauf ein, wie Sie einzelne Funktionen in Microsoft 365 effizient mit Exchange SE und im Netzwerk nutzen.

16.8.1 Tools für Microsoft 365 in Verbindung mit Exchange

Für den Einsatz von Microsoft 365, vor allem im Rahmen der Migration, gibt es einige Tools, die Administratoren bei der Fehlerbehebung optimal unterstützen. Mit den Tools finden Sie Fehler und erhalten in vielen Fällen auch eine Fehlerlösung. Auch bei der Migration zu Microsoft 365 helfen Anwendungen. Wenn Anwender Probleme bei der Anbindung an Microsoft 365 haben, stellt Microsoft ebenfalls kostenlose Tools zur Verfügung, mit denen sie auch ohne Administratoren schnell und einfach Fehler finden können.

16.8.2 Mit Microsoft 365 E-Mails verschlüsseln

In Microsoft 365 hat Microsoft Funktionen zur Verschlüsselung von E-Mails integriert. Die Verschlüsselung funktioniert nicht nur innerhalb Ihres Microsoft 365-Abonnements, sondern auch zu externen Unternehmen. In den Lizenzeditionen E3 und E4 von Microsoft 365 ist die Nachrichtenverschlüsselung kostenlos mit dabei. Bei diesen Editionen ist auch Azure Active Directory Rights Management Bestandteil. Diese Cloud-Technologie enthält die Funktionen für Microsoft 365-Verschlüsselung.

Unternehmen, die auf die kleineren Editionen E1 und E2 setzen, können die Funktionen für etwa 2 Dollar oder 1,50 Euro pro Benutzer ebenfalls lizenzieren. Die entsprechenden Optionen sind im Microsoft 365-Portal zu finden. Auf Basis von Transportregeln verschlüsselt Microsoft 365 ganz automatisch die E-Mails, die die Kriterien erfüllen. Die Einstellungen dazu werden von den Administratoren vorgenommen:

1. Klicken Sie in der Weboberfläche auf *Administrator* und wählen Sie *Exchange* aus.
2. Klicken Sie auf *Nachrichtenfluss* und dann auf *Regeln*.
3. Erstellen Sie mit dem Pluszeichen eine neue Regel. Wählen Sie dazu *Neue Regel erstellen* aus.
4. Geben Sie der Regel einen Namen.
5. Wählen Sie bei *Diese Regel anwenden, wenn* die Kriterien aus, bei denen Microsoft 365 E-Mails verschlüsseln soll.
6. Klicken Sie auf *Weitere Optionen*.
7. Wählen Sie bei *Folgendermaßen vorgehen aus*: *Die Nachrichtensicherheit ändern/Microsoft 365-Nachrichtenverschlüsselung anwenden*.
8. Die Nachrichtenverschlüsselung aktivieren Sie über eine neue Transportregel in Microsoft 365.

16.8.3 Multi-Faktor-Authentifizierung in Microsoft 365

Neben der E-Mail-Verschlüsselung spielt auch die Sicherheit bei der Anmeldung an Microsoft 365-Webdiensten eine wesentliche Rolle. Mit der Multi-Faktor-Authentifizierung in Microsoft 365 können Unternehmen besonders sicherheitskritische Benutzerkonten vor Hackerangriffen und fehlerhaftem Anmelden absichern.

Zunächst müssen Sie im Microsoft 365 Admin Center im Bereich *Benutzer und Gruppen* auf *Aktive Benutzer* klicken. Hier sehen Sie auf der rechten Seite alle angelegten Benutzer. Im oberen Bereich finden Sie die Option *Multi-Faktor-Authentifizierung festlegen*. Sobald sich der Anwender das nächste Mal am Microsoft 365-Portal anmeldet, erhält er eine Meldung, dass die mehrstufige Authentifizierung aktiviert wurde und er sie für sein Konto einrichten muss.

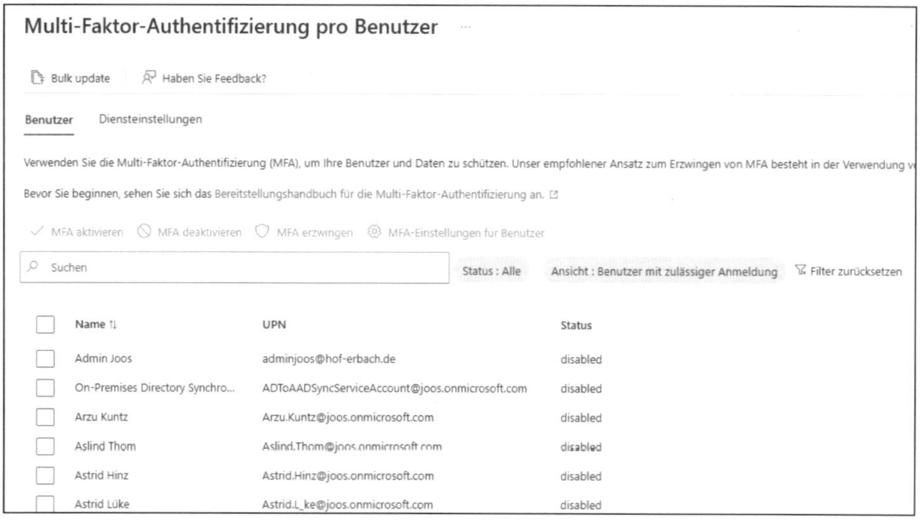

Abb. 16.7 Mehrstufige Authentifizierung in Microsoft 365

Bei der Einrichtung können die Anwender sich für eine Art der mehrstufigen Authentifizierung entscheiden. In einem neuen Fenster können sie zwischen Mobiltelefon, Telefon und einer mobilen App wählen. Sie können außerdem noch festlegen, ob sie für die Anmeldung angerufen werden oder ob sie eine SMS bekommen sollen, die einen Anmeldecode enthält. Die bequemste Anmeldung ist sicher der Telefonrückruf, da hier nur die [#]-Taste gedrückt werden muss.

Wird die mobile App verwendet, sendet Microsoft 365 automatisch nach der Eingabe des Kennworts auch eine Authentifizierungsanforderung an die App des Smartphones. Rufen Sie diese auf, brauchen Sie die Anmeldung nur noch zu bestätigen. Ohne diese Bestätigung bringt einem Angreifer also selbst ein korrekter Benutzername mit Kennwort nichts. In den Benutzereinstellungen seines Kontos kann der Anwender Änderungen vornehmen und zum Beispiel die Telefonnummer und andere Einstellungen der mehrstufigen Authentifizierung anpassen.

16.8.4 Microsoft 365 Mobile Device Management

Unternehmen, die auf Microsoft 365 setzen, können Mobile Device Management-Funktionen nutzen, um die Endgeräte der Anwender abzusichern und zu verwalten. Neben Funktionen der mobilen Betriebssysteme lassen sich auch Anwendungen verwalten, zum Beispiel Unternehmens-Apps oder Microsoft Office-Apps. Die MDM-Funktionen in Microsoft 365 unterstützen Android, aber auch iPhone/iPad.

Die Verwaltung von Endgeräten ist dann möglich, wenn ein Anwender ein Postfach in Microsoft 365 nutzt und das Gerät für MDM in Microsoft 365 registriert. Die Einrichtung erfolgt über einen Assistenten, der bei der Erstellung der notwendigen Richtlinien hilft. Auf den Endgeräten setzen die Anwender die Richtlinien ebenfalls mit einem einfach zu bedienenden Assistenten um. MDM-Funktionen in Microsoft 365 gehen über das hinaus, was Administratoren in Exchange Online aus Microsoft 365 steuern können, und bieten mehr Verwaltungsmöglichkeiten sowie selektierbare Löschfunktionen.

Administratoren können in Microsoft 365 alle Daten eines Smartphones/Tablets löschen, aber auch selektiv nur die Unternehmensdaten. Das ist ideal für Umgebungen mit Bring-Your-Own-Device(BYOD)-Ansätzen. Die Bedienung von Microsoft 365 MDM ist bewusst einfach gehalten und komplett cloudbasiert. Sie können diese schnell aktivieren und unkompliziert Richtlinien erstellen. Die Umsetzung auf den Endgeräten übernehmen die Anwender selbst.

16.8.5 Das kann Microsoft 365 Mobile Device Management

Mit Microsoft 365 können Sie zahlreiche Sicherheitseinstellungen von iPhones/iPads, Android-Geräten und Windows Phone steuern. Auch Verschlüsselungsfunktionen lassen sich aktivieren. Das alles erledigen Sie schnell und einfach über Sicherheitsrichtlinien, die Sie in der Weboberfläche des Microsoft 365 Admin Centers über einen Assistenten aktivieren. Sie haben auch die Möglichkeit, mehrere Richtlinien zu erstellen und verschiedenen Anwendern zuzuweisen. In den Sicherheitseinstellungen von *Richtlinien* können Sie die Option *Verbinden von Geräten mit Jailbreak oder Rootzugriff verhindern* aktivieren. Dadurch schließen Sie große Sicherheitslücken, die durch solche Geräte entstehen können.

Neben Sicherheitseinstellungen auf den Endgeräten können Sie mit Microsoft 365 MDM auch die Apps auf den Geräten steuern und absichern, die für den Zugriff auf Microsoft 365-Ressourcen verwendet werden. Beispiele dafür sind OneDrive for Business oder Office Mobile. Auch Outlook oder andere Anwendungen, die auf Microsoft 365-Ressourcen zugreifen, lassen sich mit Microsoft 365 MDM steuern. Auf diesem Weg können Administratoren Bedingungen festlegen, mit welchen Apps Anwender auf Microsoft 365 zugreifen dürfen, zum Beispiel um Daten in OneDrive for Business auf einem Endgerät zu nutzen.

Zusätzlich lassen sich umfassende Berichte erstellen, mit denen Sie überprüfen können, wie viele Geräte nicht Ihren Vorgaben entsprechen oder nicht kompatibel mit den Sicherheitsrichtlinien sind. Auch diese Berichte lassen sich schnell und einfach mit einem Mausklick erstellen.

Microsoft 365 nutzt für die Verwendung von MDM Funktionen aus Azure Active Directory und Microsoft Intune. Sie brauchen diese Dienste aber weder zu lizenzieren noch zu konfigurieren. Alle Microsoft 365-Abos auf der Basis Business, Enterprise, EDU und Government sollen die Funktion erhalten.

Alles, was Sie für Microsoft 365 MDM benötigen, steuern Sie im Microsoft 365 Admin Center. Sie benötigen dazu weder zusätzliche Konfigurationswerkzeuge noch weitere Lizenzen. Nutzen Sie den Zugriff auf Microsoft 365-Ressourcen mit Microsoft-Anwendungen, können diese die Richtlinie von Microsoft 365 auslesen und ebenfalls umsetzen.

16.8.6 Zugriffssteuerung für E-Mails und Dokumente

Mit Microsoft 365 MDM können Sie den Zugriff auf das Postfach von Anwendern steuern, aber auch den Zugriff auf andere Komponenten in Microsoft 365, wie zum Beispiel OneDrive for Business, Dokumente oder SharePoint Online. Microsoft 365 MDM arbeitet dazu mit den MDM-Funktionen von Microsoft Intune zusammen. Die Konfiguration ist allerdings vollkommen transparent. Sie erstellen als Administrator die entsprechenden Richtlinien, ihre Umsetzung erfolgt im Hintergrund. Das ermöglicht die zuverlässige Absicherung des Datenzugriffs von Microsoft-Apps. Dadurch lässt sich auch das unerlaubte Versenden oder Kopieren geheimer Unternehmensdaten verhindern.

Die Zuweisung von Richtlinien erfolgt auf Ebene der Anwender. Es spielt also keine Rolle, mit welchem Endgerät sich ein Anwender verbindet, er arbeitet immer mit den Sicherheitseinstellungen, die Administratoren vorgeben. Administratoren erstellen dazu eine Geräteverwaltungsrichtlinie in Microsoft 365 und weisen sie den Benutzern auf Basis von Microsoft 365-Gruppen zu.

Die Einstellungen gelten dann nicht nur für die Anbindung per Exchange ActiveSync, sondern für den kompletten Zugriff auf Microsoft 365 über alle Geräte, die ein Anwender nutzt, und alle Anwendungen, die kompatibel mit Microsoft 365 sind. Verbindet sich ein Anwender mit einem Postfach, das eine Richtlinie nutzt, muss er den Einstellungen der Richtlinie zustimmen oder er erhält keinen oder nur eingeschränkten Zugriff. Generell entspricht der Funktionsumfang den Möglichkeiten von Richtlinien in Exchange ActiveSync, geht aber noch ein Stück darüber hinaus, da sich mehr Einstellungen konfigurieren lassen.

Richtlinien und Zugriffsregeln in Microsoft 365 MDM überschreiben Exchange ActiveSync-Postfachrichtlinien. Hat ein Anwender sein Gerät in MDM für Microsoft 365 registriert, wird die Exchange ActiveSync-Postfachrichtlinie zukünftig ignoriert. Für unterstützte Geräte lassen sich folgende Sicherheitseinstellungen in MDM für Microsoft 365 vorgeben:

- Kennwort anfordern
- Einfaches Kennwort verhindern (wird nicht auf Android-Geräten unterstützt)
- Alphanumerisches Kennwort anfordern (wird nicht auf Android-Geräten unterstützt)
- Minimale Kennwortlänge
- Anzahl von Anmeldefehlern, bevor die Gerätedaten gelöscht werden
- Minuten der Inaktivität, bevor das Gerät gesperrt wird
- Kennwortablauf (Tage)
- Kennwortverlauf verfolgen und Wiederverwendung verhindern

Auf Wunsch lassen sich alle Microsoft 365-Daten in iOS und Android verschlüsseln. Bei Windows Phone-Geräten ist das nicht notwendig, da hier die Daten automatisch verschlüsselt werden, auch ohne Microsoft 365 MDM. Außerdem erkennt MDM in Microsoft 365, wenn Geräte gerootet (Android) oder gejailbreakt (iOS) sind. Solche Geräte lassen sich am Zugriff auf Microsoft 365 hindern. Die entsprechende Option dazu ist in den Einstellungen der Richtlinie zu sehen. Alle unterstützten Funktionen und die jeweils kompatiblen Einstellungen listet Microsoft unter der folgenden URL auf: *https://learn.microsoft.com/de-de/microsoft-365/admin/security-and-compliance/m365b-devices-basic-mobility-security-overview?view=o365-worldwide*.

16.8.7 Einrichten von MDM in Microsoft 365

Die Verwaltung der Sicherheit von mobilen Geräten, die an Microsoft 365 angebunden sind, erfolgt über das Exchange Admin Center in Microsoft 365 (*https://admin.Exchange.microsoft.com*) über den Bereich *Mobiltelefon*.

Die MDM-Funktionen in Microsoft 365 unterstützen Android, aber auch iOS (iPhone/iPad). Die Verwaltung von Endgeräten ist beim Einsatz dieses Produkts dann möglich, wenn ein Anwender ein Postfach in Microsoft 365 nutzt und das Gerät für MDM in Microsoft 365 registriert. Die Einrichtung erfolgt über einen Assistenten, der bei der Erstellung der notwendigen Richtlinien hilft. Die Bedienung von Microsoft 365 MDM ist bewusst einfach gehalten und komplett cloudbasiert. Es sind also keine lokalen Server notwendig.

Abb. 16.8 Verwalten der Sicherheit von mobilen Geräten in Microsoft 365, zusammen mit Exchange SE

Neben Sicherheitseinstellungen auf den Endgeräten können mit Microsoft 365 MDM auch die Apps auf den Geräten gesteuert und abgesichert werden, die für den Zugriff auf Microsoft 365-Ressourcen verwendet werden. Beispiele dafür sind OneDrive for Business oder Office Mobile.

Auch iPhones und iPads lassen sich über Richtlinien absichern. Dazu werden Apple-Pushbenachrichtigungszertifikate (APNS-Zertifikate) benötigt. In Microsoft 365 kann dazu in der Geräteverwaltung eine Zertifikatsignaturanforderung erstellt werden, mit der wiederum ein Zertifikat bei Apple angefordert werden kann. Dazu ist ein Apple-Unternehmenskonto notwendig, mit dem Zertifikate angefordert werden können. Der Link dazu wird im Assistenten zum Erstellen einer neuen Anforderung eingeblendet.

Bei der Erstellung des Zertifikats wird die CSR-Datei benötigt, die der Assistent in Microsoft 365 erstellt hat. Sie muss auf den PC heruntergeladen werden, von dem aus das Apple-Zertifikat angefordert wird. Sobald das Zertifikat erstellt wurde, kann es heruntergeladen und in den Assistenten in Microsoft 365 eingelesen und hochgeladen werden.

16.8.8 Richtlinien erstellen

Über *Gerätezugriffsregeln* können über *Hinzufügen* neue Richtlinien definiert werden, die die Sicherheit von Smartphones und Tablets steuern, die an Microsoft 365 angebunden werden. Im Assistenten wird zunächst ein Name der Richtlinie definiert. Danach erfolgt über *Richtlinieneinstellungen* die Konfiguration der Sicherheitsrichtlinie, die auf den Smartphones umgesetzt sein muss, damit eine Anmeldung an Microsoft 365 erlaubt wird.

Über verschiedene Seiten kann eingestellt werden, wie die Sicherheit der Kennwörter definiert wird, ob Smartphones gesperrt werden sollen, wenn die Anmeldung eine bestimmte Anzahl an Versuchen nicht gelungen ist, und welche Funktionen auf dem Smartphone blockiert werden. So lassen sich zum Beispiel Zugriffe auf den App-Store und Screenshots verhindern und es gibt weitere Sicherheitseinstellungen, die in der Bildergalerie zu sehen sind. Auch Smartphones mit Root-Zugriff und Jailbreak lassen sich über Richtlinien aussperren.

Beim Erstellen einer Richtlinie kann festgelegt werden, ob sie gleich angewandt wird oder für die spätere Verwendung gespeichert werden soll. Erstellte Richtlinien erscheinen in der Geräteverwaltung von Microsoft 365 und lassen sich jederzeit bearbeiten, anpassen und Gruppen zuweisen.

16.8.9 Smartphones und Tablets verbinden

Sobald Geräte sich mit Microsoft 365 verbinden, die zu einer Gruppe gehören, für die eine Richtlinie definiert wurde, erscheint auf ihnen eine Meldung, dass Richtlinien umgesetzt werden müssen. Verweigern Anwender dies, lehnt Microsoft 365 die Verbindung ab. Gestatten Anwender die Umsetzung der Richtlinien, werden die Einstellungen, die in der Richtlinie definiert sind, auf den Endgeräten umgesetzt.

Idealerweise wird für die Anbindung von Richtlinien mit Sicherheitsgruppen gearbeitet, die im Admin Center von Microsoft 365 angelegt werden. Der Gruppe können Benutzer hinzugefügt werden. So können Administratoren steuern, für welche Benutzer die verschiedenen Geräterichtlinien umgesetzt werden.

Der Anwender erhält dazu eine Meldung und muss sich die Microsoft Intune-App herunterladen. Über einen Assistenten muss er die Umsetzung der Richtlinie durchführen und wird danach an Microsoft 365 angebunden. Sobald Geräte sich registriert und angemeldet haben, erscheinen sie in der Geräteverwaltung im Admin-Portal. Hier lassen sie sich verwalten, Richtlinien zuweisen und Informationen abrufen. Auch das installierte Betriebssystem, der Zustand des Geräts und der Benutzer lassen sich anzeigen.

Über die Schaltfläche *Firmendaten entfernen* werden die Unternehmensdaten auf dem Smartphone entfernt, die Anwender gespeichert haben. Andere Daten bleiben davon unberührt. Mit *Zurück auf Werkseinstellungen* lassen sich Smartphones über das Microsoft 365-Portal zurücksetzen.

MDM muss im entsprechenden Abonnement erst aktiviert werden. Standardmäßig sind die Funktionen nicht aktiv. Wechseln Sie im Microsoft 365 Admin Center in den Administratorbereich zu *Mobile Geräte*. Mit der Schaltfläche *Beginnen* richten Sie den Dienst ein. Seine generelle Aktivierung dauert einige Zeit, danach können Sie Richtlinien und Einstellungen vornehmen.

Verwalten Sie iPhones/iPads mit Microsoft 365, müssen Sie noch ein APN-Zertifikat (Apple Push Notifications) für die Verwaltung von iOS-Geräten erstellen, DNS-Anpassungen vornehmen und unter Umständen auch die Mehrwege-Authentifizierung aktivieren. Die Einstellungen dazu nehmen Sie über den Link *Einstellungen verwalten* vor.

Die Anpassung Ihrer Domänen für die Unterstützung von MDM und die Erstellung von APN-Zertifikaten für Apple-Geräte sind notwendig, die mehrstufige Authentifizierung und die Gerätesicherheitsrichtlinien sind an dieser Stelle optional. Ohne APN-Zertifikate lassen sich Apple-Geräte nicht mit MDM-Lösungen von Drittherstellern verwalten. DNS-Einstellungen sind dann wichtig, wenn Sie eigene Domänen mit Microsoft 365 einsetzen und sich Anwender mit E-Mail-Adresse auf Basis dieser Domänen anmelden.

Damit die Registrierung in Microsoft 365 funktioniert, müssen Sie zwei zusätzliche Einträge mit dem Typ *CNAME* vornehmen. Sie erstellen einen Eintrag mit dem Host *enterpriseregistration* und *enterpriseregistration.windows.net* sowie *enterpriseenrollment* und *enterpriseenrollment.manage.microsoft.com*. Nach etwa 24 Stunden sollten die Daten weltweit repliziert sein, sodass von allen DNS-Servern aus der Zugriff erfolgen sollte.

16.9 Exchange-Kontakte per Graph API synchronisieren

Microsoft hat die Verwaltung und Synchronisation von Kontakten zwischen Exchange On-Premises, Exchange Online und Drittsystemen grundlegend verändert. Während die klassische Exchange-Verwaltung lange auf EWS und PowerShell setzte, gilt heute die Graph API als strategische Plattform für alle Cloud-Datenzugriffe. Für Administratoren entsteht damit eine klare Trennung, EWS bleibt lokal funktionsfähig, verliert aber in der Cloud seine Bedeutung. Wer künftig Exchange-Kontakte zentral, automatisiert oder mandantenübergreifend synchronisieren will, muss die Graph-Struktur, Berechtigungsmodelle und die Integration mit Entra ID verstehen.

16.9.1 Architektur und Schnittstellen

Exchange verwaltet Kontakte als Postfachobjekte, die in der Datenbank der jeweiligen Mailbox gespeichert sind. Diese Kontakte sind nicht identisch mit den Objekten im globalen Adressbuch (Global Address List, GAL), das in Entra ID hinterlegt ist. Während GAL-Kontakte von der Organisation zentral gepflegt werden, liegen persönliche Kontakte im Benutzerpostfach und gehören technisch zum gleichen Datencontainer wie E-Mails, Termine oder Aufgaben. Diese Trennung bleibt auch in der Cloud bestehen.

Der Zugriff auf Postfachkontakte war über Jahre durch Exchange Web Services (EWS) möglich. Diese SOAP-basierte API ist tief in Exchange integriert und unterstützt serverseitig alle CRUD-Operationen (Create, Read, Update, Delete). Sie wurde häufig in Automatisierungsskripts, CRM-Integrationen oder Migrationslösungen eingesetzt. Mit dem Übergang zu Microsoft 365 verlagerte sich der Fokus jedoch auf REST-basierte Endpunkte, die Microsoft nun im Rahmen von Microsoft Graph bündelt.

Graph ist kein einfaches Nachfolgetool, sondern eine übergreifende Datenplattform für Microsoft 365, Entra ID, Teams, SharePoint, Intune und Windows Services. Der Endpunkt erlaubt es, Daten aus diesen Diensten mit einem einheitlichen Authentifizierungsmodell zu adressieren. Die API verwendet offene Standards, OAuth 2.0 für Authentifizierung, OData 4.0 für Filter und JSON für den Datenaustausch und ist damit unabhängig von Exchange-spezifischen Protokollen.

Microsoft positioniert Graph als einheitliches Gateway zu allen Cloud-Daten. Der Zugriff erfolgt über REST-Aufrufe oder über das Microsoft Graph PowerShell SDK, das die REST-Endpunkte in Cmdlets abbildet. Damit können Administratoren aus PowerShell heraus dieselben Operationen ausführen, die auch Cloud-Anwendungen über Graph verwenden.

16.9.2 Exchange On-Premises und Entra Connect

In lokalen Exchange-Umgebungen bleibt der Zugriff auf Kontakte weiterhin über EWS oder PowerShell möglich. Die Integration mit der Cloud erfolgt über Microsoft Entra Connect, den Nachfolger von Azure AD Connect. Das Tool synchronisiert Benutzer, Gruppen und Kontakte aus dem lokalen Active Directory in die Cloud, damit Exchange Online oder Teams diese Adressdaten in der globalen Adressliste verwenden kann.

Dabei werden jedoch keine Inhalte aus den Postfächern repliziert. Persönliche Kontakte, die in Outlook oder OWA angelegt werden, bleiben lokal und erscheinen nicht automatisch in der Cloud. Soll eine echte Synchronisation stattfinden, ist eine eigene Schnittstellenlogik nötig, zum Beispiel ein Skript, das über EWS die Kontakte ausliest und über Graph in Exchange Online schreibt. Für hybride Organisationen, die ihre Postfächer schrittweise migrieren, bedeutet das: EWS bleibt bis zum Abschluss der Migration unverzichtbar. Erst wenn alle Benutzer in Exchange Online liegen, lässt sich vollständig auf Graph umstellen.

16.9.3 Exchange Online und Unified Contacts

In Exchange Online arbeitet Microsoft bereits mit einem vereinheitlichten Kontaktmodell. Persönliche Kontakte werden von Outlook, Teams und anderen Diensten gemeinsam genutzt. Ein neu angelegter Kontakt in Outlook erscheint automatisch im Teams-Client und ist dort für Anrufe oder Chats verfügbar. Diese Funktion basiert auf dem Konzept der Unified Contacts, bei denen beide Anwendungen dieselben Objekte im Postfach verwenden.

Die Vereinheitlichung betrifft nicht nur die Anzeige, sondern auch die Datenspeicherung. Änderungen in Outlook oder Teams werden über Graph synchronisiert, wodurch keine doppelten Datenbestände entstehen. Das neue Modell gilt als Vorbereitung auf die vollständige Umstellung von EWS auf Graph.

Beim Zugriff auf den Endpunkt *https://graph.microsoft.com/v1.0/me/contacts* muss immer ein gültiges OAuth-Token übergeben werden. Der häufig auftretende Fehler »Access token is empty« zeigt, dass der Aufruf ohne gültige Authentifizierung erfolgte oder der HTTP-Header *Authorization* fehlt. Graph akzeptiert ausschließlich Anfragen mit dem Header *Authorization: Bearer <AccessToken>*. Das Token darf weder leer noch abgelaufen sein und muss für die Ressource *https://graph.microsoft.com* ausgestellt sein. Wird die API im Browser ohne Anmeldung aufgerufen, antwortet der Dienst immer mit dieser Fehlermeldung.

In der Praxis empfiehlt sich der Einstieg über den Graph Explorer (*https://developer.microsoft.com/en-us/graph/graph-explorer*), da hier die Authentifizierung automatisch erfolgt. Nach dem Anmelden im Microsoft-Konto lassen sich die benötigten Berechtigungen wie *Contacts.Read* oder *Contacts.ReadWrite* direkt erteilen. Anschließend kann der Aufruf *GET https://graph.microsoft.com/v1.0/me/contacts* ausgeführt und die Rückgabe überprüft werden. Für automatisierte Skripts bietet sich das Microsoft Graph PowerShell SDK an. Der Befehl *Connect-MgGraph -Scopes "Contacts.ReadWrite"* stellt eine delegierte Verbindung her, mit der Kontakte des angemeldeten Benutzers über *Get-MgUserContact -UserId me* abgerufen werden.

Wer dagegen Anwendungstokens ohne Benutzerkontext verwendet, muss App-only-Authentifizierung einsetzen. Dabei wird über Entra ID ein Access Token per Client-ID, Secret oder Zertifikat angefordert. Delegierte Endpunkte wie */me* sind in diesem Modus nicht erlaubt. Stattdessen wird die Benutzer-ID oder der UPN angegeben, etwa mit *Get-MgUserContact -UserId "user@firma.de"*. Das Token muss über die Application Permission *Contacts.ReadWrite* verfügen, die zuvor im Mandanten genehmigt wurde.

In automatisierten Umgebungen wie Logic Apps, Azure Functions oder PowerShell-Skripts sollte zusätzlich auf die Gültigkeit des Tokens geachtet werden. Access Tokens laufen standardmäßig nach einer Stunde ab. Längere Abläufe erfordern daher ein eingebautes Token Renewal. Fehlerbehandlung und Wiederholungslogik sollten ebenfalls Bestandteil des Skripts sein, um auf Antwortcodes wie 401 (Unauthorized) oder 429 (Rate Limit) reagieren zu können. Mit dieser strukturierten Vorgehensweise gelingt ein stabiler Zugriff auf Exchange-Kontakte über Graph, unabhängig davon, ob die Authentifizierung interaktiv oder App-basiert erfolgt.

Das Graph PowerShell SDK bietet dafür Befehle wie *Get-MgUserContact* und *New-MgUserContact*, mit denen sich Kontakte automatisiert anlegen, bearbeiten oder löschen lassen. Ein typischer Anwendungsfall besteht darin, zentrale Organisationskontakte in alle Benutzerpostfächer zu importieren. Dazu können die Kontakte aus einer Microsoft List oder einer SharePoint-Tabelle geladen und anschließend per Skript in alle Zielpostfächer eingetragen werden.

Ein praxisbewährter Ansatz besteht darin, beim Anlegen neuer Postfächer automatisch eine vordefinierte Kontaktliste bereitzustellen, die zentrale Ansprechpartner aus Personalwesen, IT oder Support enthält. Das zugehörige Skript überprüft vor dem Einfügen, ob ein Kontakt bereits vorhanden ist, um doppelte Einträge zu vermeiden. Die Authentifizierung erfolgt über eine in Entra ID registrierte Anwendung, die mit einem Zertifikat arbeitet und die Berechtigungen *Users.Read.All* sowie *Contacts.ReadWrite* besitzt. Wenn die Kontaktinformationen aus einer Microsoft List stammen, wird zusätzlich *Sites.Manage.All* oder *Sites.Read.All* verwendet, um die Datenquelle zu lesen.

16.9.4 EWS-Rückbau und Funktionslücken in Graph

Die offizielle Roadmap sieht vor, dass Exchange Web Services in Exchange Online ab dem 01.10.2026 vollständig blockiert wird (*https://techcommunity.microsoft.com/blog/Exchange/retirement-of-Exchange-web-services-in-Exchange-online/3924440*). Der Zugriff über EWS bleibt in lokalen Exchange-Servern weiterhin bestehen, wird dort jedoch nicht mehr weiterentwickelt.

Aktuell existieren noch einige Funktionslücken, die Graph bis zum Abschalttermin schließen soll:

- Zugriff auf Archivpostfächer, die bisher nur über EWS erreichbar sind
- Folder Associated Information und User Configuration, also Postfach-Metadaten
- Erweiterte Verwaltungsfunktionen für Exchange Online
- Programmgesteuerter Zugriff auf öffentliche Ordner, der künftig auf Outlook-Clients beschränkt wird

Nach Oktober 2026 erlaubt Microsoft nur noch das Lesen und Schreiben von öffentlichen Ordnern für unterstützte Outlook-Clients sowie für den Import oder Export großer Datenmengen. APIs zum Erstellen oder Bearbeiten dieser Ordner entfallen vollständig. Microsoft empfiehlt Entwicklern, bestehende Integrationen frühzeitig zu prüfen, betroffene Anwendungen zu identifizieren und alle EWS-Aufrufe schrittweise durch Graph-Endpunkte zu ersetzen.

16.9.5 Sicherheit, Berechtigungen und Automatisierung

Graph arbeitet ausschließlich mit dem OAuth-2.0-Authentifizierungsmodell, das granular festlegt, welche Daten eine Anwendung lesen oder verändern darf. Der Zugriff erfolgt über Access Tokens, die zeitlich begrenzt gültig sind. Administratoren sollten sicherstellen, dass Tokens nicht unverschlüsselt gespeichert und regelmäßig erneuert werden.

Für automatisierte Abläufe lassen sich Tokens über App-Registrierungen in Entra ID mit Secrets oder Zertifikaten generieren. Alternativ können Managed Identities in Azure Functions oder Logic Apps eingesetzt werden, um Tokens dynamisch zu beziehen, ohne Geheimnisse im Code zu hinterlegen. Logic Apps, Power Automate oder Azure Automation greifen intern bereits auf die Graph API zu. Dadurch lassen sich Kontaktvorgänge, zum Beispiel das Aktualisieren zentraler Adressinformationen, direkt in Cloud-Workflows einbinden.

16.9.6 Entwicklungsumgebung, Zugriffswerkzeuge und Praxisintegration

Für Administratoren und Entwickler ist die Wahl der richtigen Werkzeuge entscheidend, um Graph-Anwendungen produktiv einzusetzen. Microsoft bietet mit dem Graph Explorer eine browserbasierte Oberfläche, mit der sich API-Aufrufe direkt testen lassen, ohne Code zu schreiben. Für lokale Entwicklungsumgebungen stehen SDKs in mehreren Sprachen bereit, darunter .NET, JavaScript, Python und PHP. Wer bevorzugt mit PowerShell arbeitet, kann das Microsoft Graph PowerShell SDK installieren, das alle REST-Endpunkte in Cmdlets abbildet. Der Befehl *Connect-MgGraph* stellt die Verbindung her und akzeptiert sowohl interaktive Anmeldungen mit Benutzerkontext als auch App-basierte Authentifizierung über Entra ID.

In komplexen Unternehmensszenarien sind Automatisierungen über Azure Functions, Logic Apps oder Power Automate üblich, da diese Dienste intern ebenfalls Graph-Connectors verwenden. Bei längeren Skriptausführungen muss die Lebensdauer der Access Tokens beachtet werden. Standardmäßig ist ein Token eine Stunde gültig, kann aber in bestimmten Szenarien durch Token Renewal verlängert werden. Für die Fehlerbehandlung empfiehlt Microsoft, auf Statuscodes wie 429 (Rate Limit) zu reagieren und Wiederholungslogik einzubauen.

Ein praktischer Vorteil der Graph-Plattform besteht darin, dass verschiedene Datendienste konsistent adressiert werden. Über einen einzigen Endpunkt lassen sich Benutzer aus Entra ID, Teams-Kontakte, SharePoint-Listen und Exchange-Postfächer ansprechen. Diese Vereinheitlichung ermöglicht es, Informationen zu Personen, Gruppen, Geräten und Sicherheitsereignissen in gemeinsamen Workflows zu verknüpfen, zum Beispiel durch Microsoft Graph Security API, die Sicherheitswarnungen aus Defender, Sentinel oder Drittanbietern aggregiert und automatisierte Reaktionen über Logic Apps ermöglicht.

16.9.7 Migration und organisatorische Auswirkungen

Für Unternehmen mit hybriden oder reinen Cloud-Umgebungen wird die Migration zu Graph zur Pflichtaufgabe. Die Umstellung betrifft nicht nur Anwendungen, sondern auch Berechtigungskonzepte, Audit-Prozesse und Sicherheitsrichtlinien. Graph ersetzt eine Vielzahl alter APIs, ActiveSync, EWS, MAPI/HTTP und bringt alle Microsoft 365-Dienste unter ein gemeinsames Sicherheitsmodell.

Administratoren sollten frühzeitig prüfen, welche internen Tools, Skripts oder Add-Ins noch auf EWS basieren. Besonders betroffen sind Automatisierungen für Kontaktpflege, CRM-Synchronisation und Helpdesk-Systeme. Eine erfolgreiche Migration umfasst die Neuregistrierung der Anwendungen in Entra ID, das Ersetzen alter Endpunkte durch Graph-Aufrufe und die Überprüfung aller Berechtigungen.

Organisatorisch verändert sich damit auch die Frage, wo Kontakte verwaltet werden sollen. Lokale Postfächer, Cloud-Konten und hybride Szenarien lassen sich nur mit klar definierten Verantwortlichkeiten synchron halten. Viele Unternehmen verlagern ihre Kontaktverwaltung vollständig in die Cloud, um doppelte Pflege zu vermeiden und Unified Contacts zwischen Outlook und Teams zu nutzen.

16.10 Distribution Groups, Mail-Enabled Groups in Exchange und Exchange Online

Verwirrung ist programmiert, sobald Exchange-Postfächer, synchronisierte Gruppenobjekte und Cloud-only-Instanzen parallel existieren. Distribution Groups, Mail-Enabled Security Groups, dynamische Verteiler – alle nutzen dieselbe technische Grundlage, erfüllen aber unterschiedliche Aufgaben und unterliegen abweichenden Verwaltungsregeln. Wer in Exchange und Exchange Online den Überblick behalten will, muss den Verwendungszweck, die Verwaltungsumgebung und die Systemgrenzen exakt einordnen.

16.10.1 Distribution Groups: Der E-Mail-Klassiker mit begrenzter Zuständigkeit

Distribution Groups, im deutschen Sprachgebrauch als Verteilerlisten bezeichnet, sind statische E-Mail-Gruppen. Sie existieren seit den ersten Exchange-Generationen und dienen ausschließlich der Nachrichtenzustellung. Ein Absender adressiert eine Verteilergruppe, und alle zugeordneten Mitglieder erhalten die Nachricht als direkte Kopie. Die Gruppe besitzt keine eigene Mailbox, keine Historie, keinen Kalender. Ihre Verwaltung erfolgt im Exchange Admin Center, lokal oder online.

In Exchange Online lassen sich Distribution Groups über das EAC oder PowerShell erstellen, bearbeiten, moderieren oder löschen. Sie unterstützen externe Absender (wenn explizit freigegeben), erlauben Zustellungsfilter, Absenderbeschränkungen, Genehmigungen und Stellvertretungsfunktionen. Technisch handelt es sich um Objekte in Entra ID, deren Verwaltung vollständig über Exchange erfolgt. Sobald jedoch Entra ID-Synchronisierung mit lokalem Active Directory im Spiel ist, wird die Zuständigkeit fragmentiert, Änderungen sind dann nur noch im lokalen Active Directory möglich. Distribution Groups können nicht direkt in Entra ID verwaltet werden, auch das erschwert die zentrale Pflege, wenn Cloud-Only-Strategien gewünscht sind.

16.10.2 Mail-Enabled Security Groups: Zugriffskontrolle mit Zustelloption

Mail-aktivierte Sicherheitsgruppen verbinden zwei Welten. Sie basieren auf Sicherheitsgruppen im AD, verfügen zusätzlich über eine E-Mail-Adresse und lassen sich wie Verteiler ansprechen. Gedacht sind sie für Szenarien, in denen Benutzer gleichzeitig Berechtigungen auf Ressourcen erhalten und im Rahmen einer Gruppe kommunizieren sollen, etwa *Einkauf EU*, *Controlling Nord* oder *IT-Support Standort X*.

Im Gegensatz zu reinen Verteilern können Mail-Enabled Security Groups auch SharePoint-Zugriffe, Exchange-Berechtigungen oder Teams-Mitgliedschaften steuern. Geräte lassen sich hier jedoch nicht verwalten, ein entscheidender Unterschied zu klassischen Entra-Sicherheitsgruppen. Ihre Verwaltung erfolgt im Exchange Admin Center oder über PowerShell. Auch sie unterliegen jedoch den Einschränkungen durch die Synchronisierung zwischen AD und Entra ID. Synchronisierte Gruppenobjekte sind in Exchange Online nicht mehr editierbar. Gruppenmitglieder, Eigentümer oder Einstellungen lassen sich dann nur noch im lokalen AD verändern.

16.10.3 Dynamische Distribution Groups: Flexibel, aber träge

Dynamische Verteiler sind Distribution Groups mit Empfängerfilter. Statt statischer Mitgliedschaften definieren Regeln, wer dazugehört. Die Mitgliedsliste wird einmal täglich generiert, ein deutlicher Nachteil gegenüber Echtzeitlogik in Entra ID. Exchange Online limitiert die Zahl dieser Gruppen auf 3000. Ihre Verwaltung erfolgt ausschließlich über das Exchange Admin Center oder PowerShell, eine Integration in Microsoft 365 Admin Center, Teams oder SharePoint existiert nicht.

Die Einschränkungen betreffen nicht nur die Aktualisierungsfrequenz. Auch Transportregeln, Moderationen oder Genehmigungen arbeiten mit der gecachten Liste, nicht mit aktuellen AD-Attributen. Fehlerhafte Filterbedingungen, inkonsistente AD-Einträge oder fehlerhafte UPN-Zuordnungen führen schnell zu Mailzustellfehlern oder ungewollten Empfängerlisten.

16.10.4 Verwaltungskonflikte im Hybridbetrieb

In hybriden Umgebungen treten systemische Brüche auf. Exchange Online zeigt alle synchronisierten Gruppen an, bietet aber keine Bearbeitungsmöglichkeit. Benutzer mit der Rolle *MyDistributionGroups* stoßen auf Fehlermeldungen, sobald sie DirSync-Gruppen ändern wollen, selbst wenn sie laut GUI berechtigt wären. Ein typischer Fehler: Fachbereiche sollen ihre Gruppen weiter selbst verwalten, verlieren aber nach der Migration in die Cloud sämtliche Änderungsrechte.

Auch das Zusammenspiel mit Outlook oder OWA führt zu Irritationen. Cloud-only-Gruppen lassen sich dort bearbeiten, DirSync-Objekte hingegen nicht. Verwaltungsmöglichkeiten erscheinen kontextabhängig, inkonsistent und schwer kontrollierbar. Das Entra Admin Center hilft hier nicht weiter, es ist klar für IT-Administratoren konzipiert, für Support-Mitarbeiter oder Fachanwender ungeeignet. Fehler in der Bedienung, unvollständige Änderungen oder falsche Gruppenlogik sind in der Praxis keine Seltenheit.

16.10.5 Best Practices für den Umgang mit Distribution Groups und Mail-Enabled Security Groups

Der wichtigste Grundsatz lautet: Verantwortung und Verwaltungsweg müssen kongruent sein. Wer möchte, dass Fachabteilungen ihre Gruppen pflegen, muss diese Gruppen in der Cloud erstellen, als Cloud-only-Objekte. Synchronisierte Gruppen sind hingegen systemisch an das lokale AD gebunden.

Für klassische Verteiler empfiehlt sich der Einsatz dedizierter Owner, die per EAC Änderungen vornehmen können, etwa Mitglieder verwalten, externe Absender zulassen, Stellvertreter zuweisen. Bei Mail-aktivierten Sicherheitsgruppen sollte klar geregelt sein, ob sie primär für Rechtevergabe oder für Kommunikation gedacht sind. Für beides gleichzeitig ist ihre Pflege komplexer und fehleranfälliger. Dynamische Gruppen sollten nur dort eingesetzt werden, wo regelmäßige Mailings notwendig sind, nicht für kritische Zugriffssteuerung oder projektbezogene Zusammenarbeit.

Bei der initialen Erstellung von Gruppen in Microsoft Entra ID ist besondere Sorgfalt gefragt, da der gewählte Gruppentyp nachträglich nicht mehr geändert werden kann. Das betrifft insbesondere Mail-aktivierte Sicherheitsgruppen, die zwar in der E-Mail-Kommunikation eingebunden werden können, aber keine Geräte verwalten und nicht für dynamische Mitgliedschaften geeignet sind. Auch Distribution Groups, obwohl technisch verwandt, lassen sich nicht im Entra Admin Center pflegen, sie bleiben exklusiv dem Exchange Admin Center vorbehalten. Ein weiteres Risiko ergibt sich bei verschachtelten Gruppen (Nested Groups). Änderungen in übergeordneten Gruppen können unvorhergesehene Auswirkungen auf die Mitgliederstruktur in abhängigen Gruppen haben. Zudem erschwert der fragmentierte Portalzugriff (Entra Admin Center, EAC, M365 Admin Center) eine konsistente Pflege. Unerfahrene Anwender geraten hier schnell an Grenzen, weshalb strukturierte Rollenzuweisung und abgestimmte Eigentümerkonzepte zwingend notwendig sind. Auch die Möglichkeit, Gruppenmitgliedschaften durch Eigentümer freigeben zu lassen, sollte nicht unterschätzt werden, fehlt der Freigabeprozess, bleiben viele Gruppen statisch, falsch zugewiesen oder verwaist.

16.10.6 Genehmigungsprozesse, Self-Service und Echtzeitkontrolle

Eine moderne Gruppenverwaltung in Exchange Online endet nicht bei der Zuweisung von Mitgliedschaften. Entscheidend ist, wie diese Änderungen gesteuert, kontrolliert und abgesichert werden. Genau hier setzen strukturierte Genehmigungsprozesse an. Änderungen an Gruppenmitgliedschaften lassen sich so konfigurieren, dass sie erst nach Freigabe durch berechtigte Vorgesetzte wirksam werden. Dies verhindert unautorisierte Änderungen und fördert die Transparenz, insbesondere bei sicherheitsrelevanten Gruppen oder bei der Zugriffszuteilung in hybriden Umgebungen.

Mitarbeiter können nicht nur ihre Kontaktinformationen aktualisieren, sondern auch Gruppenmitgliedschaften beantragen oder Passwörter zurücksetzen, vollständig protokolliert und regelbasiert freigegeben. Sämtliche Änderungen erfolgen in Echtzeit direkt im Active Directory oder Entra ID, ohne Zwischenpuffer oder separate Datenhaltung. Damit reduziert sich nicht nur der Verwaltungsaufwand, auch die Nachvollziehbarkeit steigt. Die rollenbasierte Zugriffskontrolle (RBAC) stellt sicher, dass Aufgaben und Zuständigkeiten sauber getrennt bleiben, während Compliance-Anforderungen vollständig erfüllt werden können.

16.11 Zusammenfassung

Ich habe Ihnen in diesem Kapitel anhand einiger Anleitungen gezeigt, wie Sie Exchange SE zusammen mit Microsoft 365 betreiben.

Im nächsten Kapitel erfahren Sie, wie Sie von einer früheren Exchange-Version zu Exchange SE migrieren.

Teil E

Migration und Überwachung

Kapitel 17

Migration und Planung

In diesem Kapitel gebe ich Ihnen einige Hinweise und Tipps zur Migration zu Exchange SE von Vorgängerversionen. In Kapitel 2 bin ich bereits auf einige Bereiche davon eingegangen. Auch in den Kapitel 1 und Kapitel 4 erhalten Sie wichtige Informationen zur Migration.

Am einfachsten lässt sich eine Exchange-Migration durchführen, wenn Sie Exchange SE in eine bestehende Organisation installieren. Dazu sind aber einige Voraussetzungen notwendig, auf die ich in diesem Kapitel ausführlich eingehe.

Bevor Sie zu Exchange SE migrieren, sollte eine Inventarisierung sowie eine Dokumentation der bestehenden Umgebung angefertigt werden. Dabei sollten vor allem folgende Dinge berücksichtigt werden:

- Firewall, vor allem alle Regeln bezüglich Internetzugang und E-Mail
- Zertifikate
- Fax- und Unified-Messaging-Server
- Geräte, die auf Exchange zugreifen, Beispiel: Scanner, Drucker oder andere Server
- SharePoint, SQL-Server
- Serverdienste, die per SMTP auf Exchange zugreifen
- Outlook-Versionen

17.1 Identitäts- und Berechtigungskonzept vor der Migration

Bevor Sie die eigentliche Migration beginnen, sollten Sie Ihre Identitätsstruktur und Berechtigungen überprüfen. Exchange SE und Exchange Online setzen auf eine saubere Active Directory-Struktur in Kombination mit Microsoft Entra ID. Wenn Sie Postfächer in die Cloud verschieben oder eine Hybridumgebung betreiben möchten, muss das lokale Active Directory fehlerfrei replizieren. Überprüfen Sie die Replikation mit *repadmin /replsummary* und beheben Sie inkonsistente Objekte, doppelte Benutzerattribute oder verwaiste Exchange-Einträge. Solche Fehler führen später oft zu Problemen bei der Anbindung an Exchange Online oder bei der Zuordnung von Benutzeridentitäten.

Analysieren Sie anschließend Ihre administrativen Rollenzuweisungen. Zeigen Sie über *Get-RoleGroup* in der Exchange Management Shell an, welche Gruppen vorhanden sind, und prüfen Sie, ob die Rollen *Organization Management*, *Recipient Management* und *View-Only Organization Management* korrekt zugewiesen sind. Fügen Sie Administratoren immer über Rollengruppen hinzu, nicht über Einzelberechtigungen. Diese Methode garantiert konsistente Rechte nach der Migration und verhindert Konflikte bei der Rechtevererbung.

Wenn Sie eine Hybridumgebung planen, installieren Sie frühzeitig Microsoft Entra Connect auf einem dedizierten Windows-Server. Mit diesem Tool synchronisieren Sie Benutzerkonten, Gruppen und Attribute zwischen Active Directory und Microsoft Entra ID. Aktivieren Sie im Einrichtungsassistenten die Option *Password Hash Synchronization*, damit Benutzer sich nach der Migration mit denselben Anmeldeinformationen anmelden können. Überprüfen Sie mit *Get-ADSyncScheduler*, ob die Synchronisierung planmäßig läuft, und kontrollieren Sie die Ereignisanzeige regelmäßig auf Fehler mit der Quelle *Directory Synchronization*.

Für reine On-Premises-Umgebungen ist es sinnvoll, die Rollenzuweisungen und Sicherheitsgruppen vorab zu dokumentieren. Führen Sie zudem eine Funktionsprüfung aller Exchange-Dienste mit *Test-ServiceHealth* durch. Dadurch gewährleisten Sie, dass alle Dienste laufen und keine Abhängigkeiten blockiert sind, bevor Sie neue Server oder Cloud-Verbindungen hinzufügen. Diese Vorbereitung reduziert typische Installationsabbrüche und sorgt für eine stabile Ausgangsbasis für Ihre Migration.

17.2 Planung einer Exchange SE-Infrastruktur

Mit Exchange SE hat Microsoft wieder einiges an der Serverinfrastruktur geändert, zumindest ab CU1. Exchange SE RTM entspricht noch dem Funktionsumfang und Code von Exchange 2019 CU15. Daher sollten sich Administratoren vor der Einführung von Exchange genau Gedanken machen, wie die Hardware der Umgebung für die Umstellung zu Exchange SE aussehen soll. Auch bei der Virtualisierung von Exchange sollte auf Basis der neuen Server-Funktionen die Ausstattung der Server überdacht werden. In diesem Zusammenhang bietet Microsoft, aber auch Unternehmen wie VMware, umfangreiche Informationen, wie Sie Exchange-Umgebungen optimal planen.

Viele Planungspunkte, die seit Jahren für Exchange gelten, sind weiterhin in Exchange SE gültig. Bei der Berechnung der notwendigen Hardware planen Sie Exchange SE im Grunde genommen genauso wie eine Exchange 2016/2019-Installation, bei der Sie alle Server-Dienste auf einem gemeinsamen Server installiert haben. Allerdings haben sich die Empfehlungen von Microsoft bezüglich der Prozessor-Planung etwas geändert.

Generell empfiehlt Microsoft für alle eingesetzten Geräte und Dienste eine Redundanz. Sie sollten daher Netzwerkkarten, Exchange-Server, Switches und andere Geräte entsprechend redundant planen. Grundsätzlich ist es für alle eingesetzten Komponenten sinnvoll, wenn Sie sich Gedanken darüber machen, welche Auswirkungen es für die Exchange-Umgebung hat, wenn sie ausfallen.

17.2.1 Änderungen der Serverrollen im Überblick

Vor allem im Hinblick auf die Änderungen der Serverrollen ist eine neue Planung der Exchange-Infrastruktur notwendig. Unter Umständen sind weniger Server in der Umgebung notwendig, dafür übernehmen sie aber mehr Aufgaben und müssen hardwareseitig besser ausgestattet werden.

In Exchange SE gibt es keine dedizierte Serverrolle für den Clientzugriff mehr, der Client Access Server wird abgeschafft, seine Funktion übernehmen zukünftig die Postfachserver. Alle Funktionen, die Clientzugriffsserver übernehmen, werden also in Exchange SE von den Postfachservern übernommen. Das heißt, Unternehmen, die dedizierte Clientzugriffsserver einsetzen, müssen diese entweder zu Postfachservern umwandeln oder die bereits vorhandenen Postfachserver müssen über genügend Leistung verfügen, damit sie auch die Clientzugriffsdienste zur Verfügung stellen können.

Greift ein Anwender auf einen Postfachserver zu, auf dem sich nicht sein Postfach befindet, überprüft der Server in Active Directory, welcher Server das Postfach bereitstellt, und leitet die Anfrage des Anwenders automatisch weiter. Diese Aufgabe hat bisher der Clientzugriffsserver übernommen. Das heißt, Postfachserver stehen zukünftig auch für den Zugriff per Outlook im Web, Outlook, Exchange Active Sync, IMAP und SMTP zur Verfügung. Die entsprechenden Ports müssen dazu in der Firewall freigeschaltet werden.

Microsoft will dadurch die Anzahl der notwendigen Exchange-Server im Unternehmen reduzieren. Dadurch sparen Unternehmen Hardware-Kosten, Lizenzen und Verwaltungsaufwand. Nutzen Unternehmen die Unified Messaging-Funktionen in Exchange, übernehmen die Postfachserver auch hier die Aufgaben des Clientzugriffsservers. Das heißt, auch SIP und RTP sind auf Postfachservern aktiv.

17.2.2 Vorgehensweise bei der Planung von Exchange SE

Ein wesentlicher Bestandteil bei der Planung Ihrer Exchange-Umgebung ist die Anzahl der Postfächer. Die Anzahl reicht alleine aber nicht aus, um die Hardware optimal zu planen. Administratoren sollten sich vorher darüber informieren, wie viele E-Mails die Benutzer täglich senden und erhalten. Auch die Größe der durchschnittlichen E-Mails spielt eine wichtige Rolle. Microsoft geht bei den Standard-Planungen von einer durchschnittlichen Größe von 75 KB aus.

Sie können die Größe entweder über die Nachrichtenprotokolle in Erfahrung bringen oder über Zusatztools. Überwachen Sie mit der Leistungsüberwachung die beiden Leistungsindikatoren *MSExchangeIS\Messages Submitted/sec* und *MSExchangeIS\Messages Delivered/sec*. Wichtig ist, dass Sie die Messung am besten zu Zeiten vornehmen, an denen besonders viele E-Mails empfangen oder gesendet werden. Diese Daten benötigen Sie später für die Planung der Hardware über Exchange Server Role Requirements Calculator.

Microsoft geht in typischen Umgebungen von etwa 50 bis 500 Nachrichten pro Benutzer und Tag aus sowie einer durchschnittlichen E-Mail-Größe von 75 KB. Wenn Sie in Ihrer Umgebung von einem Mittelwert von etwa 200 Nachrichten am Tag ausgehen und jede E-Mail etwa 75 KB Größe hat, ergibt sich ein zusätzlicher Speicherplatz von etwa 15 MB am Tag, der über die Exchange-Server abgewickelt werden muss.

Die E-Mails müssen gespeichert werden, und zwar in den gesendeten Objekten des Absenders sowie unter Umständen im Posteingang des Empfängers, wenn die Nachricht intern zugestellt wird. Auch die Datensicherung muss diese Daten berücksichtigen. Wenn Anwender diese E-Mails löschen, bleiben sie zunächst in der Datenbank gespeichert, bis der Grenzwert zum Löschen von gelöschten Daten erreicht ist. Das heißt, auch gelöschte Objekte müssen bei der Größe der Festplattenspeicher berücksichtigt werden.

17.2.3 Netzwerk- und Bandbreitenplanung

Neben der Serverhardware spielt die Netzwerkanbindung eine zentrale Rolle für eine stabile Exchange-Umgebung. Prüfen Sie vor der Installation, ob Ihre Netzwerkstruktur ausreichend Bandbreite und geringe Latenzzeiten bietet. Exchange SE überträgt Daten intensiv zwischen den Postfachservern, insbesondere bei Datenbankreplikationen, MAPI-Verbindungen und Outlook Web Access. Verwenden Sie für diese Kommunikation immer eine dedizierte Netzwerkkarte, die ausschließlich für den internen Exchange-Datenverkehr reserviert ist.

In größeren Umgebungen sollten Sie die durchschnittliche Bandbreite pro Clientverbindung messen. Eine typische Outlook-Verbindung benötigt im Leerlauf nur wenige Kilobit pro Sekunde, beim Öffnen großer Postfächer oder beim Synchronisieren von Anhängen steigt der Verbrauch jedoch deutlich an. Nutzen Sie Performance Monitor oder Wireshark, um typische Spitzenlasten zu ermitteln. Planen Sie die WAN-Anbindung so, dass mindestens 30 % Reserve vorhanden sind.

Für verteilte Standorte mit Replikation in Datenbankverfügbarkeitsgruppen (DAGs) ist die Latenz entscheidend. Microsoft empfiehlt eine Round-Trip-Latenz von unter 250 ms zwischen den Standorten. Liegt die Latenz darüber, kann es zu verzögerten Failovern und Replikationsfehlern kommen. Testen Sie regelmäßig mit *Test-ReplicationHealth* und *Test-MapiConnectivity*, ob Ihre Netzwerkverbindungen stabil sind.

Falls Sie Remote-Standorte mit eingeschränkter Bandbreite anbinden, sollten Sie dort keine aktiven Postfachdatenbanken betreiben. Besser ist es, lokale Exchange-Server als Cache-Server mit nur passiven Kopien einzusetzen. Das reduziert den WAN-Verkehr erheblich. Wenn Sie Clients über VPN verbinden, aktivieren Sie auf den Firewalls Quality of Service (QoS), um Exchange-Traffic mit höherer Priorität zu behandeln.

Auch DNS spielt eine wichtige Rolle. Achten Sie darauf, dass alle Exchange-Server interne und externe Namensauflösungen korrekt durchführen können. Verwenden Sie separate DNS-Zonen für interne und externe Namen (Split-DNS), um falsche Auflösungen beim Autodiscover zu vermeiden. Überprüfen Sie regelmäßig mit *Test-OutlookConnectivity* und *Resolve-DnsName*, ob die internen Endpunkte erreichbar sind.

Für die Anbindung an Exchange Online oder hybride Szenarien ist außerdem die Internetverbindung wichtig. Planen Sie redundante Internetzugänge mit verschiedenen Providern, um Ausfälle zu vermeiden. Testen Sie vor der Aktivierung hybrider Dienste mit *Test-HybridConnectivity*, ob Ihre Umgebung alle Microsoft-Endpunkte auf Port 443 und 80 erreicht. Fügen Sie diese Adressen gegebenenfalls in Ihre Firewall-Whitelist ein, um Authentifizierungs- und Synchronisationsprobleme zu verhindern. Eine sauber geplante Netzwerkinfrastruktur entscheidet in der Praxis darüber, wie zuverlässig Ihre Exchange-Umgebung arbeitet. Je präziser Sie Bandbreiten, Latenzen und DNS-Auflösungen prüfen, desto weniger Störungen treten später bei der Migration oder beim produktiven Betrieb auf.

17.2.4 Festplatten-Speicher planen

Es ist zwar durchaus möglich, Exchange-Datenbanken in größer dimensioniertem SAN-Speicher zu betreiben, aber Exchange lässt sich auch problemlos auf günstigeren Datenspeichern leistungsstark nutzen.

Microsoft hat die Exchange-Speicherstruktur so verbessert, dass sich die Exchange-Datenbanken auch auf langsameren SAS/SATA-Datenträgern betreiben lassen. Auch in JBOD-Konfigurationen lassen sie sich problemlos steuern. Auch den Ausfall einzelner Datenträger kann die Exchange-Datenbank verkraften. Im folgenden Abschnitt zeige ich Ihnen, welche Punkte Sie bei der Planung der Speicherkapazität berücksichtigen müssen.

Natürlich muss hier entsprechend die Hochverfügbarkeit sowie die Replikation geplant werden. Wenn Sie Exchange-Datenbanken zwischen verschiedenen Exchange-Servern replizieren lassen, dann müssen die Datenträger der entsprechenden Server über genügend Leistung und Festplattenplatz verfügen. Vor der Planung der eigentlichen Hardware sollten Sie daher umfassend planen, wie viele Kopien Ihrer Datenbanken Sie auf wie viele Exchange-Server verteilen wollen. Denn davon hängt die notwendige Hardware des Servers ab.

Einfach ausgedrückt heißt das, wenn Sie in Ihrer Umgebung 500 Postfächer betreiben, die in etwa eine Größe von 2 GB erreichen, dann haben die Exchange-Datenbanken eine Größe von etwa einem Terabyte. Wollen Sie die Datenbanken auf drei Servern replizieren, benötigen Sie insgesamt drei Terabyte Speicherplatz. Arbeiten Sie mit Grenzwerten für Ihre Postfächer, können Sie den notwendigen Speicherplatz auch dadurch errechnen, dass Sie die maximale Anzahl der Postfächer mit der maximalen Grenze multiplizieren. Das Ergebnis müssen Sie dann zusätzlich noch einmal mit der Anzahl der von Ihnen geplanten Datenbankkopien multiplizieren.

Neben der aktuellen Größe der Postfachdatenbanken müssen Sie natürlich auch deren Wachstum berücksichtigen. Wenn Sie zum Beispiel in Ihrer Exchange-Umgebung den Grenzwert für das endgültige Löschen von gelöschten Daten auf etwa 14 Tage setzen, müssen Sie die potenzielle Größe der Exchange-Datenbanken um etwa ein Prozent erhöhen. Das bedeutet bei Exchange-Datenbanken mit einer Größe von einem Terabyte immerhin eine Größe von etwa 10 GB. Das sind natürlich nur grob geschätzte Werte. Die Formel, mit der Sie die Größe der gelöschten Objekte eines Postfachs berücksichtigen können, die Exchange zusätzlich zum Postfach noch speichern muss, hat Microsoft folgendermaßen aufgebaut:

(Anzahl der Nachrichten pro Tag x Durchschnittliche Nachrichtengröße x Zeitraum zum endgültigen Löschen) + (Grenzwert des Postfachs x 0,012) + (Grenzwert des Postfachs x 0,03)

Nehmen wir eine Größe von etwa 200 Nachrichten pro Tag und eine durchschnittliche Größe von 75 KB der Nachrichten. Der Grenzwert für das endgültige Löschen von Nachrichten liegt bei 14 Tagen, der Grenzwert für die Postfächer ist auf 10 GB festgelegt. In diesem Fall wird die Größe des Verzeichnisses für das Speichern von gelöschten Objekten, die sich wiederherstellen lassen, folgendermaßen berechnet:

(200 Nachrichten/Tag x 75 KB x 14 Tage) + (10 GB x 0,012) + (10 GB x 0,03)
= 210 KB + 125.819,12 KB + 314.572,8 KB = 635,16 MB

Sie müssen für die Planung der einzelnen Postfächer in diesem Fall also davon ausgehen, dass Sie für jedes Postfach nicht 10 GB planen müssen, sondern 10,63 Gigabyte.

Zusätzlich werden die Exchange-Datenbanken integriert, damit Anwender schneller Ergebnisse finden können. Microsoft geht von einem Speicherbedarf von etwa 20 % der Größe der Datenbank aus, die für die Indexdateien berücksichtigt werden müssen. Zusätzlich müssen Sie noch einmal 20 % für die Wartungsaufgaben der Datenbanken berücksichtigen.

17.2.5 Speicherarchitektur und ReFS-Optimierung

Für eine stabile Exchange SE-Umgebung spielt die Konfiguration des Dateisystems eine entscheidende Rolle. Microsoft empfiehlt für alle Datenbank- und Protokoll-Volumes das Resilient File System (ReFS). Dieses Dateisystem ist robuster gegenüber Hardwarefehlern und beugt Beschädigungen der Datenbankdateien durch Prüfsummenüberwachung und Integritätsströme vor. Verwenden Sie bei der Formatierung das Befehlszeilentool *format* mit der Option */Q /FS:ReFS /A:64K*, um eine Blockgröße von 64 KB zu setzen. Diese Größe ist optimal für die Datenbankzugriffe der Extensible Storage Engine (ESE).

Legen Sie für jede Datenbank optional ein eigenes Volume an und trennen Sie die Protokolle auf separate Laufwerke. Wenn Sie mehrere Datenbankkopien auf einem Server betreiben, sollten Sie sicherstellen, dass sich keine aktiven und passiven Kopien derselben Datenbank auf demselben Volume befinden. Nutzen Sie das Cmdlet *Get-MailboxDatabaseCopyStatus*, um zu prüfen, welche Kopien aktiv sind.

In virtualisierten Umgebungen sollten Sie ReFS-Volumes direkt an die virtuelle Maschine durchreichen (Direct Attached Storage). Vermeiden Sie die Speicherung von Exchange-Datenbanken in dynamischen VHDX-Dateien, da diese zusätzliche Latenz erzeugen. Wenn der Einsatz von VHDX unvermeidlich ist, deaktivieren Sie das Hintergrund-Feature *Block Realignment* und aktivieren Sie feste Größen, um unnötige Schreibvorgänge zu verhindern.

Aktivieren Sie auf ReFS-Volumes das *Integrity Stream*-Feature nur für Protokoll-Laufwerke. Für Datenbank-Laufwerke ist es besser, diese Funktion zu deaktivieren, da Exchange bereits eigene Prüfsummen führt. Sie setzen die Option mit folgendem Befehl:

```
Set-FileIntegrity e:\ExDB -Enable $false
```

Für Transaktionsprotokolle empfiehlt Microsoft hingegen, Integrity Streams zu aktivieren:

```
Set-FileIntegrity f:\Logs -Enable $true
```

Überprüfen Sie mit *fsutil integrity query*, ob die Einstellung korrekt übernommen wurde.

Nutzen Sie Mount-Points statt Laufwerksbuchstaben, wenn mehr als 26 Volumes geplant sind. Damit bleibt die Struktur übersichtlich und Sie können Datenbankordner direkt unterhalb eines gemeinsamen Pfads, etwa *C:\ExchangeDatabases*, bereitstellen. Das erleichtert spätere Wartungsskripts und den Einsatz des Exchange Server Role Requirements Calculator. Hier können Sie auch die Version für Exchange 2019 nutzen, wenn für Exchange SE keine aktuelle Version zur Verfügung steht (*https://www.microsoft.com/en-us/download/details.aspx?id=102123*).

Für zusätzliche Performance empfiehlt sich, den Schreibcache des Controllers zu aktivieren. Prüfen Sie nach jedem Firmware- oder Treiberupdate, ob der Cache aktiv bleibt. Exchange schreibt große Mengen kleiner Blöcke, daher kann ein deaktivierter Cache zu spürbarer Verlangsamung führen.

Wenn Sie Backups über Volume Shadow Copy (VSS) nutzen, sollten Sie darauf achten, dass die VSS-Komponenten die Replikation nicht stören. Setzen Sie den Parameter *VSSWriter* in der Backupsoftware gezielt auf die Exchange-Writer-Komponente. Testen Sie mit *vssadmin list writers*, ob *Microsoft Exchange Writer* den Status *Stable* anzeigt.

Eine präzise Trennung von Datenbank-, Log- und Indexdateien kombiniert mit einer korrekt konfigurierten ReFS-Struktur ist einer der wichtigsten Stabilitätsfaktoren. Sie erhöht die Ausfallsicherheit, senkt die Latenzzeiten und vereinfacht spätere Wartungsarbeiten erheblich.

17.2.6 Transaktionsprotokolle bei der Planung berücksichtigen

In großen Umgebungen spielen natürlich auch die Transaktionsprotokolle der Datenbanken eine Rolle. Die Transaktionsprotokolle bleiben so lange auf den Datenträgern gespeichert, bis eine vollständige Datenbanksicherung sie löscht. Das heißt, Sie müssen bei der Planung der Datenträger auch berücksichtigen, in welchen Zeitintervallen Sie eine vollständige Datenbanksicherung durchführen wollen.

Die Transaktionsprotokolle zeichnen alle Schreibvorgänge der Datenbank auf und werden erst nach einer erfolgreichen Sicherung gelöscht. Wenn kein Backup durchgeführt wird, wachsen die Protokolle unbegrenzt, bis das Laufwerk voll ist. Planen Sie deshalb eine klare Strategie zur Log-Rotation.

Führen Sie mindestens einmal täglich ein vollständiges Backup durch, das den Exchange Writer nutzt. Nur eine Sicherung mit aktivem VSS-Writer (Volume Shadow Copy Service) markiert die Protokolle als gesichert und gibt sie zur Löschung frei. Verwenden Sie für Tests oder kleine Umgebungen notfalls den PowerShell-Befehl *eseutil /mh <Pfad zur Datenbank>*, um den Status der Protokolle manuell zu prüfen. Der Eintrag *State: Clean Shutdown* zeigt, dass alle Transaktionen übernommen wurden.

Falls Sie keine Backup-Software einsetzen, können Sie das Truncation-Verhalten auch manuell erzwingen. Stoppen Sie dazu den Informationsspeicherdienst, löschen Sie die alten Logdateien nach einer vollständigen Sicherung und starten Sie den Dienst wieder. Diese Methode ist jedoch nur für Ausnahmesituationen geeignet. Im Dauerbetrieb sollte immer eine VSS-kompatible Lösung verwendet werden.

Überwachen Sie regelmäßig den freien Speicherplatz auf den Log-Volumes. Verwenden Sie *Get-MailboxDatabaseCopyStatus* oder *Get-MailboxDatabase -Status | ft Name,LogFilePrefix,LogFileGenerationNumber*, um zu erkennen, ob Protokolle sich ungewöhnlich schnell vermehren. Eine auffällige Zunahme deutet häufig auf Drittsoftware oder fehlerhafte Clients hin, die viele kleine Transaktionen erzeugen.

Bei DAGs empfiehlt sich zusätzlich eine Kontrolle der Replikationsverzögerung. Mit *Test-ReplicationHealth* prüfen Sie, ob die Protokolle zeitnah auf die passiven Kopien repliziert werden. Eine hohe Verzögerung bedeutet, dass der Replikationskanal oder das Netzwerk überlastet ist.

Wenn Sie die Logs auf SSD-Volumes speichern, achten Sie darauf, dass das Laufwerk dauerhaft genug Schreibreserven besitzt. Exchange erzeugt viele kleine Schreibvorgänge, die SSDs ohne Over-Provisioning schneller verschleißen lassen. Prüfen Sie regelmäßig die SMART-Werte Ihrer Laufwerke und planen Sie den Tausch rechtzeitig ein.

Auch die Überwachung per Windows-Ereignisanzeige ist hilfreich. Fehlerhafte Log-Truncation-Vorgänge werden im Anwendungsprotokoll mit der Quelle *ESE* oder *MSExchangeIS* protokolliert. Konfigurieren Sie einen Taskplaner-Trigger, der Sie per E-Mail informiert, wenn weniger als 10 % freier Speicherplatz auf einem Log-Volume verbleiben.

Eine konsequent gepflegte Sicherungs- und Überwachungsstrategie stellt sicher, dass Transaktionsprotokolle weder unkontrolliert wachsen noch verloren gehen. Damit minimieren Sie das Risiko von Datenverlust und sorgen dafür, dass Exchange SE auch unter hoher Last stabil arbeitet.

Jedes Transaktionsprotokoll der Exchange-Datenbanken hat in etwa eine Größe von 1 MB. Werden in Ihrer Umgebung 200 Nachrichten am Tag versendet oder empfangen, legt Exchange etwa 40 neue Transaktionsprotokolle an. Bei 500 Nachrichten am Tag geht Microsoft von etwa 100 Transaktionsprotokollen am Tag aus. Diese Werte nehmen aber eine durchschnittliche Nachrichtengröße von etwa 75 KB an.

Microsoft nennt einen Faktor von 1,9 bei jeder Verdopplung der durchschnittlichen Nachrichtengröße, den Sie ansetzen müssen. Wenn in Ihrer Umgebung die E-Mails also etwa eine Größe von 150 KB haben, dann müssen Sie bei einer angenommenen Anzahl von 200 Nachrichten am Tag nicht von 40 Transaktionsprotokollen ausgehen, sondern von 40 x 1,9 Protokollen, also knapp 80.

Arbeiten Sie mit den Datenbankverfügbarkeitsgruppen auf Basis mehrerer Exchange-Server, brauchen Sie nicht unbedingt auf allen mehrere Netzwerkkarten oder doppelte Netzteile zu verwenden. Denn wenn ein Exchange-Server ausfällt, kann automatisch ein anderer dessen Dienste übernehmen. In diesem Fall müssen Sie aber über den Exchange Server Role Requirements Calculator die Hardware der einzelnen Exchange-Server so planen, dass sie bei dem Ausfall eines anderen Servers dessen Dienste und Postfächer übernehmen können.

Haben Sie den Ausfall eines Exchange-Servers in der Planung der Hardware der anderen Server berücksichtigt, dann brauchen Sie wiederum keine Bedenken zu haben, dass der Ausfall einer einzelnen Hardware-Komponente, zum Beispiel einer Netzwerkkarte, Auswirkung auf die Exchange-Infrastruktur hat.

17.2.7 Hochverfügbarkeit und Wiederherstellung in der Praxis

Exchange SE setzt wie seine Vorgänger auf Datenbankverfügbarkeitsgruppen (Database Availability Groups, DAGs), um Ausfälle von Postfachservern automatisch abzufangen. In der Praxis zeigt sich jedoch, dass viele Administratoren die DAG zwar konfigurieren, aber selten regelmäßig testen. Planen Sie deshalb neben der reinen DAG-Einrichtung auch ein klares Konzept für Failover, Wiederherstellung und Notfallprozeduren.

Beginnen Sie mit einer genauen Definition, welche Postfächer wie viele Kopien besitzen sollen. Verwenden Sie das Cmdlet *Get-MailboxDatabaseCopyStatus*, um die aktuelle Replikation zu prüfen. In produktiven Umgebungen empfiehlt es sich, für jede produktive Datenbank mindestens eine passive Kopie auf einem anderen Server zu halten. In größeren Organisationen sind drei Kopien sinnvoll, wenn Sie geografisch getrennte Rechenzentren betreiben.

Testen Sie den automatischen Failover regelmäßig. Simulieren Sie den Ausfall eines Servers mit dem PowerShell-Befehl *Stop-Service MSExchangeIS -Force*. Anschließend beobachten Sie über *Get-MailboxDatabaseCopyStatus*, ob die aktive Kopie automatisch auf einen anderen

Server übergeht. Ein erfolgreicher Wechsel zeigt *Mounted* auf einem alternativen Host. So erkennen Sie, ob Ihre DAG-Konfiguration in der Praxis tatsächlich greift oder ob manuelle Eingriffe notwendig wären.

Wenn Sie eine geplante Wartung durchführen möchten, sollten Sie die aktive Kopie gezielt auf einen anderen Server verschieben, bevor Sie Updates installieren. Verwenden Sie dazu *Move-ActiveMailboxDatabase -Identity <Datenbankname> -ActivateOnServer <Zielserver> -Confirm:$false*. Dadurch verhindern Sie unkontrollierte Failover-Vorgänge während eines Neustarts.

Eine häufig übersehene Maßnahme ist die Wiederherstellungskontrolle. Erstellen Sie regelmäßig Test-Restores in einer isolierten Umgebung. Kopieren Sie dafür eine Datenbankdatei und ihre zugehörigen Protokolle auf einen separaten Testserver und führen Sie *eseutil /r <Logprefix> /d <Pfad zur EDB-Datei>* aus, um die Konsistenz zu prüfen. Wenn die Datenbank sauber gemountet werden kann, funktioniert auch Ihre Backup-Strategie zuverlässig.

Für den Notfallbetrieb bietet Exchange SE zusätzlich die Möglichkeit, Recovery-Datenbanken zu nutzen. Damit können Sie gelöschte Postfächer oder einzelne Nachrichten wiederherstellen, ohne den Produktivbetrieb zu stören. Beispiel:

```
New-MailboxDatabase -Recovery RDB01 -EdbFilePath "E:\RDB01\RDB01.edb"
-LogFolderPath "E:\RDB01\Logs"

Mount-Database RDB01
```

Danach lassen sich einzelne Postfächer oder Mails mit *Restore-Mailbox* wiederherstellen:

```
Restore-Mailbox -Identity "Max.Mueller" -RecoveryDatabase RDB01 -RecoveryMailbox
"Max.Mueller"
```

Wenn Sie DAGs über zwei Standorte betreiben, richten Sie einen File Share Witness auf einem dritten Standort ein. So vermeiden Sie Split-Brain-Szenarien, bei denen beide Standorte gleichzeitig aktiv werden. Prüfen Sie regelmäßig mit *Get-DatabaseAvailabilityGroup | fl WitnessServer, WitnessDirectory*, ob der Witness-Server erreichbar ist.

Auch bei Hybrid- oder Cloud-Szenarien sollten Sie Failover-Tests durchführen. Nutzen Sie dazu den Exchange Online Protection (EOP)-Monitor, um den Mailfluss bei einem lokalen Serverausfall zu beobachten. Überprüfen Sie, ob Nachrichten zwischengespeichert oder verzögert zugestellt werden.

Wichtig ist außerdem die Wiederanbindung nach einem Restore. Nach dem Zurückspielen einer Datenbank müssen die Replikationsbeziehungen erneut aktiviert werden. Verwenden Sie dafür *Update-MailboxDatabaseCopy -Identity <Datenbank> -CatalogOnly:$false*. Damit synchronisiert sich die neue Kopie automatisch mit den übrigen Servern.

Für den Ernstfall empfiehlt sich, eine Checkliste bereitzuhalten. Diese sollte den Ablauf eines vollständigen Serververlusts, die Schritte zur Wiederherstellung der DAG-Mitgliedschaft und die Prüfung der Postfachintegrität enthalten. Speichern Sie die wichtigsten Exchange-Befehle in einem Skript, das Sie auch offline ausführen können.

Eine Hochverfügbarkeitslösung ist nur so gut wie ihre Tests. Führen Sie daher mindestens einmal pro Quartal einen kontrollierten Failover durch und dokumentieren Sie das Ergebnis. Erst wenn Sie sicher sind, dass alle Kopien korrekt übernehmen, können Sie sich im Notfall auf die Automatik verlassen.

17.2.8 WAN-Leitungen planen

Betreiben Sie eine Exchange-Umgebung in einem größeren Netzwerk, wird Sie erfreuen, dass Microsoft den Datenverkehr im WAN deutlich reduzieren will. Der Suchindex in Exchange 2019 kann auch passive Kopien von Datenbankverfügbarkeitsgruppen nutzen. Bisher wurde der Inhalt der passiven Kopien einer Datenbankverfügbarkeitsgruppe von aktiven Datenbanken erstellt.

Der Suchindex der verschiedenen Datenbanken wurde ebenfalls immer über aktive Datenbankkopien erstellt, auch dann, wenn die entsprechenden Server über das WAN angebunden sind. Exchange SE nutzt dazu direkt die passive Kopie am jeweiligen Standort für das Erstellen des Index. Dadurch wird der Index beschleunigt zur Verfügung gestellt, erhält schneller neue Informationen und entlastet gleichzeitig die WAN-Leitung. Natürlich muss der lokale Exchange-Server über genügend Leistung verfügen, um den Suchindex performant zur Verfügung zu stellen.

17.2.9 WAN-Anbindung und hybride Netzwerkkonnektivität

Wenn Sie Exchange SE mit Exchange Online koppeln oder entfernte Standorte betreiben, ist die WAN-Anbindung ein kritischer Faktor für Stabilität und Performance. Prüfen Sie zunächst die verfügbare Bandbreite für MAPI/HTTP, Exchange Web Services und Outlook Web Access. Diese Protokolle erzeugen dauerhafte HTTPS-Verbindungen, die empfindlich auf Paketverlust und Latenz reagieren. Eine Latenz von mehr als 250 Millisekunden zwischen Client und Server kann bereits zu wahrnehmbaren Verzögerungen beim Öffnen von Postfächern führen.

Messen Sie die Verbindung mit dem PowerShell-Befehl *Test-HybridConnectivity -TestO365Endpoints*, um festzustellen, ob Ihr Server alle Microsoft-Endpunkte über Port 443 erreicht. Achten Sie darauf, dass *ocsp.msocsp.com*, *login.microsoftonline.com* und *outlook.office.com* aufgelöst werden können. Schlägt die Namensauflösung fehl, prüfen Sie die DNS-Weiterleitungen oder die Proxy-Konfiguration Ihres Netzwerks.

Wenn Sie einen HTTP-Proxy einsetzen, sollte er TLS-Verbindungen zu Microsoft-Endpunkten nicht terminieren oder umschreiben. Ausgehende HTTPS-Verbindungen von Exchange-Servern zu den Microsoft-Cloud-Diensten müssen ungefiltert passieren. Erstellen Sie in der Firewall oder im Proxy eine Whitelist für folgende Domains:

- **.outlook.office.com*
- **.microsoftonline.com*
- **.msocsp.com*
- **.office365.com*

Diese Ausnahmen verhindern, dass der Hybrid-Agent oder der MRS-Proxy beim Postfachtransfer blockiert wird.

Für Standorte mit geringerer Bandbreite empfiehlt es sich, den Exchange-Verkehr priorisiert zu behandeln. Aktivieren Sie Quality of Service (QoS) auf den Routern oder Firewalls, um HTTPS-Verbindungen mit hoher Priorität zu kennzeichnen. Verwenden Sie als DSCP-Wert 46 für Echtzeitdaten und 26 für Standarddatenverkehr. In Windows Server aktivieren Sie QoS über Gruppenrichtlinien bei *Computerkonfiguration/Windows-Einstellungen/Richtlinienbasiertes QoS*. Legen Sie dort eine neue Richtlinie an und definieren Sie die Ports 443 und 80 als priorisierte Ausgänge.

Wenn Sie eine hybride Umgebung betreiben, kann auch Exchange Online Protection (EOP) das WAN belasten. Planen Sie für eingehenden Mailverkehr mindestens 20 % Bandbreitenreserve. Prüfen Sie regelmäßig den Durchsatz Ihrer SMTP-Verbindungen mit *Test-Mailflow -TargetEmailAddress <Adresse>*. Eine hohe Zustellverzögerung deutet häufig auf Engpässe in der Firewall oder im Virenscanner-Gateway hin.

In hybriden Setups müssen Outlook-Clients den Microsoft 365-Dienst direkt erreichen können, selbst wenn das Postfach noch lokal liegt. Aktivieren Sie daher Split-DNS und prüfen Sie mit *Resolve-DnsName outlook.office.com*, ob der Name korrekt aufgelöst wird. Vermeiden Sie die Umleitung über lokale Reverse-Proxys, da dies den Autodiscover-Vorgang verlängert.

Zur Überwachung empfiehlt sich der Einsatz von *Test-OutlookConnectivity* und *Test-ServiceHealth* in regelmäßigen Intervallen. Diese Tests lassen sich per Taskplaner automatisch ausführen und melden Ihnen per E-Mail, wenn bestimmte Microsoft-Endpunkte nicht erreichbar sind.

17.2.10 Hybride Identität und Authentifizierung mit Microsoft Entra ID

In einer Hybridumgebung verbindet Exchange SE die lokale Organisation mit Microsoft Entra ID. Damit diese Verbindung zuverlässig funktioniert, müssen Authentifizierung, Token-Austausch und Verzeichnisabgleich korrekt konfiguriert sein.

Starten Sie mit der Einrichtung von Microsoft Entra Connect, das den Verzeichnisabgleich zwischen lokalem Active Directory und Entra ID herstellt. Installieren Sie das Tool auf einem separaten Windows-Server und aktivieren Sie die Option *Password Hash Synchronization*. Dadurch können sich Benutzer mit denselben Zugangsdaten sowohl an Exchange On-Premises als auch an Exchange Online anmelden. Nach der Einrichtung sollten Sie mit *Get-ADSyncScheduler* prüfen, ob die Synchronisierung alle 30 Minuten ausgeführt wird.

Bei der ersten Hybridkonfiguration richtet Exchange SE automatisch einen OAuth-Trust zwischen der lokalen Umgebung und Entra ID ein. Sie können die Verbindung mit dem Befehl *Get-AuthConfig | fl CurrentCertificateThumbprint, ServiceName, IssuerIdentifier* überprüfen. Wichtig ist, dass der *IssuerIdentifier* Ihrer Entra ID-Umgebung entspricht. Falls die Werte leer oder ungültig sind, lässt sich der Trust mit *Set-AuthConfig -IssuerIdentifier <TenantID> -ServiceName <ServicePrincipalName>* neu erstellen.

Für den sicheren Token-Austausch nutzt Exchange SE Modern Authentication auf Basis von OAuth 2.0. Dieses Verfahren ersetzt die klassische Basic Authentication, die seit 2023 von Microsoft nicht mehr unterstützt wird. Wenn Outlook-Clients beim Anmelden regelmäßig Benutzernamen oder Kennwörter abfragen, liegt häufig ein Fehler in dieser Token-Kommunikation vor. Sie können das Verhalten mit dem Cmdlet *Test-OAuthConnectivity -Service EWS* prüfen. Der Test zeigt, ob Exchange SE gültige Tokens von Entra ID abrufen kann.

Wenn Sie die Verbindung zu Exchange Online trennen und wiederherstellen müssen, löschen Sie alte OAuth-Objekte mit *Remove-AuthServer* und richten Sie sie anschließend mit dem Hybridkonfigurations-Assistenten neu ein. Dieser Assistent konfiguriert nicht nur den Authentifizierungsfluss, sondern auch die zugehörigen Service Principal Objects in Entra ID.

In der Praxis treten Authentifizierungsprobleme oft durch Proxy- oder Zertifikatsfehler auf. Achten Sie darauf, dass alle Exchange-Server das Microsoft Intermediate Certificate »Microsoft RSA Root Certificate Authority 2017« im Zertifikatspeicher unter *Vertrauenswürdige*

Stammzertifizierungsstellen installiert haben. Prüfen Sie außerdem mit *Test-HybridConnectivity*, ob die Verbindung zu den Entra-Endpunkten *login.microsoftonline.com* und *login. windows.net* ohne TLS-Fehler hergestellt werden kann.

Wenn Benutzer multifaktorielle Authentifizierung (MFA) verwenden, müssen Administratoren bei PowerShell-Aufrufen den Parameter *-UserPrincipalName* angeben. Beispiel:

```
Connect-ExchangeOnline -UserPrincipalName admin@contoso.onmicrosoft.com
```

Damit öffnet sich das Modern-Auth-Fenster mit MFA-Unterstützung. Diese Anmeldeart ist für Exchange Online und Hybrid-Skripts Pflicht, wenn das Konto in Entra ID registriert ist.

Bei hybriden Bereitstellungen ist es sinnvoll, regelmäßig die Authentifizierungslogs im Microsoft 365 Admin Center zu prüfen. Dort sehen Sie Anmeldeereignisse, Token-Abläufe und blockierte Anfragen. Wenn sich Benutzer in Outlook nicht anmelden können, ist der Status »interaktiv abgelehnt« meist ein Hinweis auf fehlerhafte Conditional Access-Regeln.

17.2.11 Hybrid-Mailflow und Exchange Online Protection

Sobald die Verbindung zwischen Exchange SE und Microsoft Entra ID steht, folgt die Einrichtung des hybriden Mailflows. Dieser Bereich entscheidet in der Praxis darüber, ob Nachrichten korrekt zwischen Cloud und On-Premises zugestellt werden. Exchange SE nutzt für den hybriden Transport die Exchange Online Protection (EOP), die alle E-Mails über Microsoft-Rechenzentren routet.

Beginnen Sie mit der Konfiguration der Connectors. Öffnen Sie im Exchange Admin Center (EAC) der lokalen Umgebung den Bereich *Nachrichtenfluss/Sendeconnectors* und legen Sie einen neuen Connector mit dem Typ »Internet« an. Als Ziel geben Sie die Smart-Host-Adresse Ihrer Region an, beispielsweise *contoso-com.mail.protection.outlook.com*. Aktivieren Sie die Option *TLS erzwingen* und weisen Sie das Zertifikat zu, das Sie auch im Hybridkonfigurations-Assistenten hinterlegt haben. Achten Sie darauf, dass der Zertifikatsname (Common Name) exakt der öffentlichen SMTP-Domain entspricht, die in Microsoft 365 verifiziert wurde.

Auf der Microsoft 365-Seite legen Sie über den Admin Center-Assistenten zwei Connectors an. Der erste führt von Microsoft 365 zu Ihrer lokalen Exchange-Organisation, der zweite in die entgegengesetzte Richtung. Beide nutzen gegenseitige TLS-Authentifizierung auf Basis des öffentlichen Zertifikats. Sie können die aktuelle Konfiguration prüfen, indem Sie in der PowerShell von Exchange Online den Befehl *Get-InboundConnector* und *Get-OutboundConnector* ausführen.

Für die Zustellprüfung steht der Befehl *Test-Mailflow* zur Verfügung. Führen Sie ihn auf einem Exchange SE-Server aus, um den Mailfluss zu einer Cloud-Mailbox zu testen:

```
Test-Mailflow -TargetEmailAddress user@contoso.onmicrosoft.com
```

Wenn die Verbindung korrekt funktioniert, zeigt das Ergebnis »Success«. Bei TLS-Fehlern prüfen Sie die Zertifikatskette mit *Get-ExchangeCertificate | fl Subject,Issuer,Status,NotAfter*. Ein häufiges Problem sind abgelaufene Zwischenzertifikate oder fehlerhafte Hostnamen im Zertifikat.

Für eingehende Mails aus dem Internet übernimmt EOP automatisch die Filterung. Sie können eigene Richtlinien im Microsoft 365 Defender-Portal konfigurieren, um Spam, Phishing oder Malware abzufangen. Für eine reibungslose Integration sollte der MX-Eintrag Ihrer Domain in der öffentlichen DNS-Zone auf die EOP-Adresse zeigen, also *<tenant>.mail.protection.outlook.com*.

Wenn Sie lokale Systeme wie Scanner oder ERP-Anwendungen haben, die weiterhin E-Mails über Exchange SE versenden, müssen sie den lokalen Server als Relay verwenden. Legen Sie dazu im EAC einen Empfangsconnector mit der Option *Anwendungen, die E-Mails über Exchange senden* an und erlauben Sie die IP-Adressen dieser Systeme. Achten Sie darauf, dass diese Nachrichten in EOP nicht als anonyme Weiterleitung erkannt werden.

In Hybridumgebungen empfiehlt es sich, regelmäßig den Status des Hybrid-Mailflows zu prüfen. Nutzen Sie dafür die Cmdlets *Get-HybridMailflow* oder *Test-HybridMailflow*. Letzteres sendet automatisch Testnachrichten zwischen den Umgebungen und wertet die Zustellzeiten aus. So erkennen Sie frühzeitig Probleme in der Verbindung, lange Queuezeiten oder TLS-Warnungen.

Wenn E-Mails aus der Cloud nicht ankommen, prüfen Sie im Exchange Admin Center unter *Nachrichtenablaufverfolgung*, ob sie in der Queue hängen. Auf der lokalen Seite hilft *Get-Queue | ft Identity,MessageCount,NextHopDomain*, festzustellen, ob E-Mails korrekt weitergeleitet werden.

Eine funktionierende Hybrid-Mailflow-Konfiguration ist nicht nur für Postfachmigrationen wichtig, sondern auch für gemischte Umgebungen mit dauerhaftem Parallelbetrieb. Testen Sie die Zustellung regelmäßig mit internen und externen Adressen und kontrollieren Sie Zertifikate sowie Connectors nach jedem Cumulative Update.

17.2.12 Postfachmigration und Fehleranalyse in hybriden Szenarien

Nach der Einrichtung des Hybrid-Mailflows folgt die Postfachmigration. In Hybridumgebungen wird der Migrationsprozess vollständig über Exchange Online gesteuert, während die Daten über den Mailbox Replication Service (MRS) zwischen der lokalen Umgebung und der Cloud übertragen werden. Jede Verschiebung erzeugt einen sogenannten Move Request, der den Status und Fortschritt der Migration enthält.

Beginnen Sie mit einem Pilotbatch, um den Prozess zu validieren. Erstellen Sie im Microsoft 365 Admin Center oder in der Exchange Online PowerShell einen neuen Batch. Mehr dazu lesen Sie in Kapitel 16.

```
New-MigrationBatch -Name "Pilotbatch" -SourceEndpoint "Hybrid Migration
Endpoint" -CSVData (Get-Content C:\Migrations\users.csv -Encoding Byte)
-AutoStart -AutoComplete
```

Die CSV-Datei enthält die Benutzer mit UPN oder primärer SMTP-Adresse. Wenn Sie den Batch starten, erstellt Exchange automatisch die Move Requests auf dem lokalen Server. Sie können diese Vorgänge jederzeit in der Exchange Management Shell überwachen:

```
Get-MoveRequest | Get-MoveRequestStatistics | ft
DisplayName,PercentComplete,StatusDetail
```

Bei größeren Umgebungen empfiehlt es sich, Batches mit maximal 100 Postfächern zu erstellen, um den Netzwerkverkehr gleichmäßig zu verteilen.

Ein häufiger Fehler ist der Zustand *StalledDueToMailboxLock*. Er tritt auf, wenn Benutzer während der Migration noch aktiv auf ihr Postfach zugreifen. Um den Vorgang fortzusetzen, führen Sie den Befehl *Resume-MoveRequest -Identity <Benutzername>* aus. Falls der Fehler *TransientFailure* erscheint, können Sie den Grenzwert für fehlerhafte Elemente erhöhen:

```
Set-MoveRequest -Identity <Benutzername> -BadItemLimit 50 -AcceptLargeDataLoss
```

```
Resume-MoveRequest -Identity <Benutzername>
```

Dadurch werden defekte Elemente übersprungen und die Migration fortgesetzt. Diese Option sollte jedoch nur nach einer Sicherung und sorgfältiger Prüfung genutzt werden.

Wenn ein Move Request dauerhaft hängen bleibt, hilft der Befehl *Remove-MoveRequest -Identity <Benutzername>*, um den Eintrag zu löschen und den Benutzer erneut in den Batch aufzunehmen. Sie können auch die Logdateien auf dem lokalen Exchange-Server auswerten, die sich im Verzeichnis *C:\Program Files\Microsoft\Exchange Server\V15\Logging\MigrationLogs* befinden. Dic Datci *MigrationRcport.xml* enthält detaillierte Statusinformationen, einschließlich Fehlermeldungen zum Quell- oder Zielserver.

In der Praxis bewährt es sich, die Migration außerhalb der Hauptarbeitszeiten durchzuführen. Setzen Sie *StartAfter* und *CompleteAfter* beim Erstellen des Batches, um die Verschiebung zeitlich zu steuern:

```
New-MigrationBatch -Name "Batch2" -SourceEndpoint "Hybrid Migration Endpoint"
-CSVData (Get-Content C:\Migrations\Batch2.csv -Encoding Byte) -AutoStart
-StartAfter "22:00" -CompleteAfter "04:00"
```

So werden Postfächer nachts migriert, ohne dass Benutzer etwas davon bemerken.

Nach Abschluss einer Migration sollten Sie sicherstellen, dass Outlook-Profile automatisch auf die Cloud umstellen. Überprüfen Sie im Event Viewer, ob die Clients erfolgreich auf *autodiscover-s.outlook.com* umgeleitet werden. Falls nicht, liegt meist ein Problem mit CNAME-Einträgen oder alten SCP-Objekten im Active Directory vor. Sie lassen sich mit

```
Get-ClientAccessService | Set-ClientAccessService
-AutoDiscoverServiceInternalUri $null
```

bereinigen.

Prüfen Sie nach jeder erfolgreichen Migration den Status mit

```
Get-MigrationBatch | Get-MigrationUserStatistics | ft
DisplayName,Status,TotalItemsSynced,BytesTransferred
```

und löschen Sie abgeschlossene Batches mit:

```
Remove-MigrationBatch -Identity "Pilotbatch"
```

Dadurch halten Sie das System sauber und vermeiden verwaiste Einträge im Exchange Online-Migrationsdienst.

Planen Sie für jede Migrationswelle ein kurzes Testfenster ein. Versenden Sie interne und externe Testmails, prüfen Sie Kalendereinträge und Freigaben, ob der Mailfluss vollständig funktioniert. Führen Sie abschließend *Test-Mailflow* und *Test-OutlookConnectivity* aus, um mögliche Synchronisationsprobleme frühzeitig zu erkennen.

17.2.13 Zertifikate, DNS und Autodiscover in Hybridumgebungen

Eine stabile Hybridbereitstellung steht und fällt mit einer sauberen Zertifikats- und DNS-Konfiguration. Noch bevor Sie Postfächer verschieben, sollten Sie alle externen und internen Namensräume eindeutig definieren und die Zertifikate auf die neuen Exchange SE-Server ausrollen. Damit vermeiden Sie Anmeldefehler, fehlerhafte TLS-Verbindungen und Probleme beim Autodiscover-Prozess.

Beginnen Sie mit der Zertifikatsplanung. Verwenden Sie nur Zertifikate von einer öffentlichen, vertrauenswürdigen Zertifizierungsstelle. Selbstsignierte Zertifikate oder interne CAs verursachen in Hybridumgebungen häufig Authentifizierungsfehler, weil Exchange Online die Zertifikate nicht als vertrauenswürdig erkennt.

Das Zertifikat muss alle relevanten Namen enthalten, typischerweise *mail.contoso.de*, *autodiscover.contoso.de* und die interne FQDN-Adresse des Servers, wenn interne Clients den gleichen Namensraum verwenden. Prüfen Sie die installierten Zertifikate in der Exchange Management Shell mit:

```
Get-ExchangeCertificate | fl Subject,Services,Thumbprint,NotAfter
```

Achten Sie darauf, dass das Zertifikat den Dienst *SMTP* zugewiesen hat. Die Zuordnung erfolgt über:

```
Enable-ExchangeCertificate -Thumbprint <Thumbprint> -Services "IIS,SMTP"
```

Wenn Sie mehrere Server betreiben, exportieren Sie das Zertifikat mit dem privaten Schlüssel und importieren Sie es auf die weiteren Exchange SE-Server. Im Exchange Admin Center geht das über *Server/Zertifikate/Exportieren.*

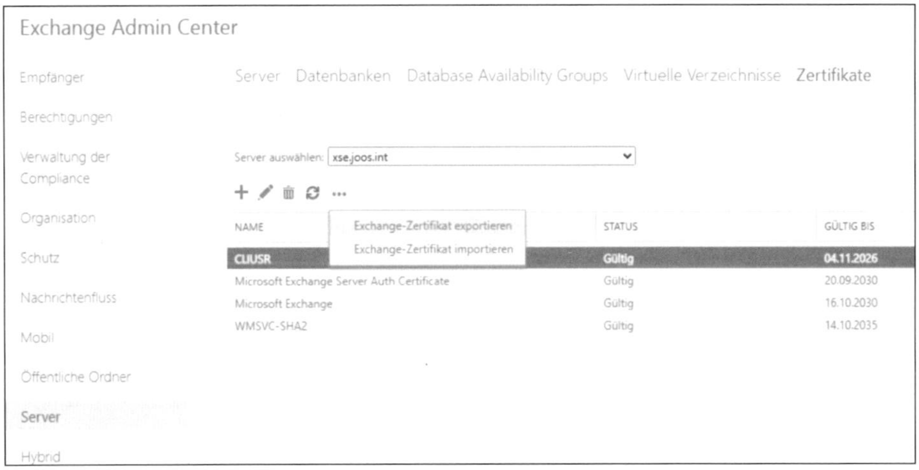

Abb. 17.1 Zertifikate spielen eine wichtige Rolle bei der Exchange-Migration.

Für den Hybrid-Mailflow und Autodiscover ist ein konsistenter DNS-Namensraum entscheidend. Verwenden Sie intern und extern dieselben Namen (Split-DNS), damit Clients keine unterschiedlichen Autodiscover-Ergebnisse erhalten.

In der öffentlichen DNS-Zone müssen folgende Einträge vorhanden sein (siehe Tabelle 17.1):

Typ	Name	Wert
A	mail.contoso.de	Öffentliche IP-Adresse des Reverse-Proxys oder Exchange-Servers
A	autodiscover.contoso.de	Öffentliche IP-Adresse des Exchange-Servers oder Load Balancers
MX	contoso.de	*<tenant>.mail.protection.outlook.com*
CNAME	autodiscover	*autodiscover.outlook.com* (nach Abschluss der Migration)

Tab. 17.1 Die Einträge in der öffentlichen DNS-Zone

Überprüfen Sie die DNS-Auflösung mit:

```
Resolve-DnsName autodiscover.contoso.de
```

Testen Sie anschließend den Autodiscover-Vorgang mit:

```
Test-OutlookConnectivity -ProbeIdentity OutlookRpcSelfTestProbe
-MailboxCredential (Get-Credential)
```

Während der Migrationsphase können Sie die Autodiscover-Umleitung in zwei Stufen einrichten. Zunächst zeigen interne Clients auf die lokale Exchange SE-Instanz, während externe Clients bereits den Cloud-Autodiscover-Dienst verwenden. Nach der vollständigen Migration verweisen beide auf *autodiscover.outlook.com*. Diese Umstellung erfolgt, indem Sie den Service Connection Point (SCP) in Active Directory leeren:

```
Get-ClientAccessService | Set-ClientAccessService
-AutoDiscoverServiceInternalUri $null
```

Anschließend beziehen alle Outlook-Clients die Cloud-Informationen direkt über DNS.

In Hybridumgebungen sollten Sie zusätzlich regelmäßig die TLS-Verbindungen überprüfen. Führen Sie dazu auf einem beliebigen Exchange-Server den Befehl aus:

```
Test-Mailflow -TargetEmailAddress user@contoso.onmicrosoft.com -TLSAuthMechanism
MutualAuthTls
```

Ein erfolgreicher Test zeigt, dass das Zertifikat korrekt erkannt wird und die Gegenstelle (Exchange Online Protection) den Namen validieren konnte.

Vor allem während Umstellungsphasen ist eine saubere Reihenfolge wichtig: zuerst Zertifikate ausrollen, dann DNS-Einträge anpassen, zuletzt den Autodiscover-Pfad umstellen. Wenn Sie diese drei Schritte gründlich dokumentieren und in Testumgebungen prüfen, verläuft der spätere Cutover zu Exchange Online oder zwischen Exchange-Versionen meist problemlos.

17.2.14 Automatisierte Vorabtests und Health Checks vor der Migration

Bevor Sie die eigentliche Migration zu Exchange SE starten, sollten Sie die gesamte Umgebung mit automatisierten Health Checks prüfen. Diese Tests sorgen dafür, dass Active Directory, DNS, Zertifikate und Exchange-Dienste fehlerfrei arbeiten. Je gründlicher Sie hier vorgehen, desto stabiler läuft später die Migration.

Starten Sie mit der Überprüfung des Active Directory. Führen Sie auf einem Domänencontroller den Befehl *dcdiag /v /c /d /e /s:<DC-Name>* aus. Der Test überprüft alle Domänendienste und listet eventuelle Replikationsprobleme auf. Achten Sie insbesondere auf die Einträge *KCC failed to connect to directory* oder *Replication Failure*. Diese Fehler müssen behoben sein, bevor Sie Schemaerweiterungen durchführen.

Kontrollieren Sie anschließend die DNS-Auflösung für Ihre Exchange-Server:

```
Resolve-DnsName <Servername>
Test-NetConnection <Servername> -Port 443
```

Wenn einer der Server nicht erreichbar ist oder die Namensauflösung fehlschlägt, beheben Sie das Problem vor der Migration. Exchange verwendet für fast alle Dienste HTTPS-basierte Kommunikation, weshalb eine fehlerhafte Namensauflösung zu Verbindungsabbrüchen führt.

Im nächsten Schritt prüfen Sie den Zustand Ihrer Exchange-Dienste mit:

```
Test-ServiceHealth
```

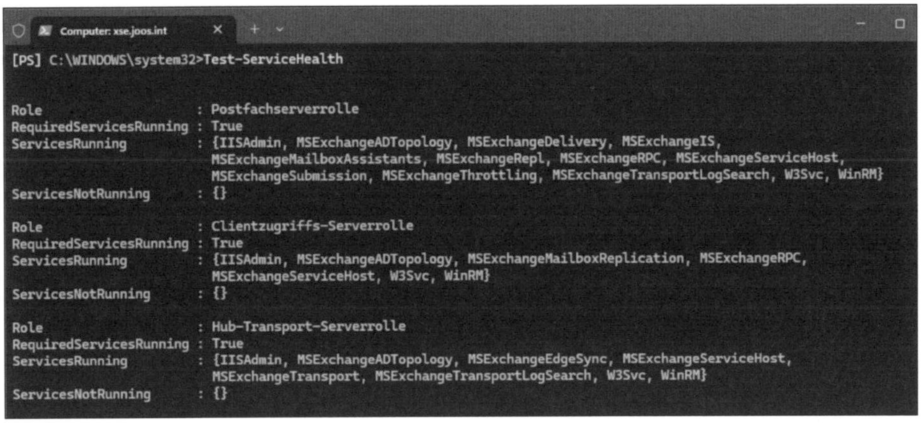

Abb. 17.2 Prüfen der Systemdienste vor der eigentlichen Migration

Dieser Befehl zeigt, ob alle essenziellen Exchange-Dienste wie der Microsoft Exchange Transport, der Information Store oder der RPC Client Access Service aktiv sind. Wenn Dienste fehlen, starten Sie sie mit *Start-Service <Dienstname>*. Für Datenbank- und Replikationskontrollen in DAGs nutzen Sie *Test-ReplicationHealth*. Damit erkennen Sie, ob alle passiven Kopien aktuell sind und ob Replikationsverzögerungen vorliegen. Bei Fehlern wie *Content Index State: Failed* führen Sie den Befehl *Update-MailboxDatabaseCopy -CatalogOnly* aus, um die Suchindizes neu zu erstellen.

Überprüfen Sie anschließend die Zertifikatsgültigkeit. Mit folgendem Befehl lassen sich alle Exchange-Zertifikate mit ihrem Ablaufdatum anzeigen:

```
Get-ExchangeCertificate | Select-Object FriendlyName,Subject,NotAfter |
Sort-Object NotAfter
```

Erstellen Sie sich eine Übersicht, damit Sie ablaufende Zertifikate vor der Migration verlängern können.

Microsoft empfiehlt zudem, den Exchange Analyzer zu nutzen. Das Tool ist Teil des Exchange Server Health Checker Scripts, das auf GitHub verfügbar ist (*https://github.com/microsoft/CSS-Exchange*). Laden Sie das Skript herunter, führen Sie es mit administrativen Rechten auf jedem Exchange-Server aus und lassen Sie die Ergebnisse in eine Datei schreiben:

```
.\HealthChecker.ps1 -BuildHtmlServersReport
```

Das Skript prüft Buildstände, Cumulative Updates, Registry-Konfiguration, DAG-Status, Zertifikate und empfohlene Sicherheitseinstellungen. Die HTML-Ausgabe enthält konkrete Handlungsempfehlungen, etwa »Update required for TLS configuration« oder »Outdated .NET Framework detected«.

Wenn Sie PowerShell automatisiert ausführen möchten, können Sie alle Tests in einer Sequenz bündeln:

```
Test-ServiceHealth
Test-ReplicationHealth
Test-MAPIConnectivity
Test-OutlookConnectivity
Test-Mailflow -TargetEmailAddress admin@contoso.onmicrosoft.com
```

So prüfen Sie Mailfluss, Dienstzustand und Clientverbindungen in einem Durchlauf.

In größeren Organisationen bewährt sich außerdem ein Skript, das die wichtigsten Exchange-Dienste täglich testet und bei Fehlern automatisch eine E-Mail an das Administratorpostfach sendet. Verwenden Sie dafür den Windows-Aufgabenplaner, um das Skript regelmäßig auszuführen. Ein letzter wichtiger Punkt ist die Überprüfung der Update-Stände. Mit

```
Get-ExchangeServer | ft Name,Edition,AdminDisplayVersion
```

sehen Sie sofort, ob alle Server auf dem erforderlichen Cumulative Update (mindestens CU15 für Exchange 2019) stehen. Aktualisieren Sie ältere Versionen vor der Migration.

Wenn alle Tests fehlerfrei durchlaufen, haben Sie die Gewissheit, dass Exchange, Active Directory und Netzwerk stabil arbeiten. Erst dann lohnt es sich, mit der eigentlichen Installation und Migration zu Exchange SE zu beginnen.

17.3 Migration zu Exchange SE

Seit Juli 2025 ist Microsoft Exchange Server SE und Skype for Business Server SE als Subscription Edition offiziell verfügbar. Beide Produkte unterliegen der Modern Lifecycle Policy (*https://techcommunity.microsoft.com/blog/microsoft_365blog/licensing-and-pricing-updates-for-on-premises-server-products-coming-july-2025/4400174?WT.mc_id=M365-MVP-6771*) mit fortlaufenden Updates statt fixer Versionszyklen. Microsoft stellt für Testumgebungen auch eine Trial-Version bereit, die bis zu 180 Tage eingesetzt werden kann. Sind die 180 Tage abgelaufen, versendet der Server keine E-Mails mehr, weil der Transport-Dienst beendet wird.

17.3.1 Vorbereitung der Umgebung vor dem Setup von Exchange SE

Bevor Sie mit der eigentlichen Installation von Exchange SE beginnen, sollten Sie Ihre bestehende Umgebung gründlich prüfen und vorbereiten. Diese Vorarbeiten reduzieren das Risiko, dass das Setup abbricht oder die Schemaerweiterung fehlschlägt.

Führen Sie zuerst eine umfassende Systemprüfung der Exchange-Server durch. Kontrollieren Sie, ob alle Server das gleiche Cumulative Update (CU) verwenden. In gemischten Umgebungen muss mindestens Exchange 2019 CU15 installiert sein, da nur diese Version den technischen Unterbau für Exchange SE enthält. Prüfen Sie die Buildnummern mit:

```
Get-ExchangeServer | ft Name,AdminDisplayVersion
```

Wenn ein Server noch ein älteres CU verwendet, aktualisieren Sie diesen zuerst. Unterschiedliche Versionsstände führen bei der Schemaerweiterung zu Konflikten.

Stellen Sie sicher, dass Ihr Active Directory auf einem unterstützten Funktionslevel arbeitet. Exchange SE erfordert mindestens Windows Server 2016-Domänencontroller. Überprüfen Sie das Level mit:

```
Get-ADForest | fl ForestMode
Get-ADDomain | fl DomainMode
```

Falls ältere DCs vorhanden sind, sollten Sie sie vor dem Setup migrieren oder außer Betrieb nehmen.

Führen Sie anschließend einen Check der Namensauflösung und Kerberos-Kommunikation durch. Ein häufiger Fehler bei Setup-Abbrüchen sind unregistrierte SPNs (Service Principal Names). Testen Sie die SPN-Registrierung mit:

```
setspn -Q MSExchangeIS/<Servername>
setspn -Q MSExchangeAB/<Servername>
```

Wenn ein Eintrag fehlt, registrieren Sie ihn mit *setspn -S*.

Führen Sie außerdem einen Test der Anmeldeberechtigungen durch. Verwenden Sie das Cmdlet *Test-ExchangeServerHealth.ps1*, das im Exchange Scripts-Verzeichnis enthalten ist. Es prüft Anmeldungen, Zertifikate und Transportdienste. Wenn Sie das Skript nicht finden, können Sie es im Ordner *C:\Program Files\Microsoft\Exchange Server\V15\Scripts* aufrufen.

17.3.2 Software Assurance für die Aktualisierung von Exchange SE

Voraussetzung für den Einsatz von Exchange SE ist eine aktive Software Assurance oder eine Cloud-Subscription für sämtliche Nutzer und Geräte. Unternehmen, die eine Software Assurance mit Microsoft abgeschlossen haben, können ohne weitere Kosten von Exchange 2016 oder 2019 zu Exchange SE aktualisieren.

17.3.3 Neuer Produktschlüssel aktiviert Exchange SE

Hier reicht es aus, im Exchange Admin Center bei *Server* in den Eigenschaften über *Allgemein* den Produktschlüssel von Exchange SE einzutragen. Dadurch ändert sich die Version einer installierten Exchange 2019 CU15-Installation zu Exchange SE RTM. Die neuen Funktionen von SE kommen mit dem CU1. Der Exchange SE-Produktschlüssel kann auch in der Exchange Management Shell hinterlegt werden:

```
Set-ExchangeServer <ServerName> -ProductKey <ProductKey>
```

Nach dem Wechsel sollte der Server neu gestartet werden, zumindest der Informationsspeicherdienst. Auch das geht in der PowerShell, eine Exchange Management Shell-Sitzung ist dabei nicht notwendig:

```
Restart-service msExchangeis
```

Ob der Wechsel erfolgreich war, ist in der Spalte *Version* des Serverobjekts im Exchange Admin Center zu sehen oder in der Exchange Management Shell mit:

```
Get-ExchangeServer <ServerName> | Format-List Name,Edition
```

Es ist auch möglich, Exchange SE auf einem neuen Server in die Organisation einzubinden. Sinnvoll ist es, hier gleich auf Windows Server 2025 als Betriebssystem zu setzen, um den maximalen Supportzeitraum auszuschöpfen. Wenn auf einem Server bereits Exchange installiert ist, sollte das Betriebssystem nicht aktualisiert werden. Das ist zwar technisch möglich, allerdings unterstützt Microsoft dieses Szenario nicht.

17.3.4 Migrationsszenarien: Swing oder Inplace/Swing

Bei der Swing-Migration wird ein separater Server mit Exchange SE auf neuer Hardware und unter Windows Server 2022 oder 2025 installiert. Anschließend erfolgt die Integration in die bestehende Organisation.

Die Kombination aus Inplace-Upgrade und Swing-Migration, auch Inplace/Swing genannt, kommt dort zum Einsatz, wo bestehende Server mit Exchange 2019 CU15 laufen. Hier genügt es, den Produktschlüssel zu ändern, um den Server technisch in eine SE-Instanz zu überführen. Da Microsoft jedoch keine Betriebssystem-Upgrades auf Servern mit installiertem Exchange unterstützt, lässt sich die Plattform in diesem Fall nicht erneuern.

Die Swing-Komponente ermöglicht es, parallel einen neuen Server mit Windows Server 2025 aufzubauen und langfristig zu betreiben. Beide Varianten setzen zwingend CU15 voraus, das unter anderem das Active Directory für Exchange SE vorbereitet und die technische Grundlage für Feature-Aktualisierungen wie das geplante CU1 bildet. Wer frühzeitig zu Windows Server 2025 wechselt, profitiert zusätzlich von dessen AD-Erweiterungen und langfristigem Support.

17.3.5 Wichtige Lizenzen

Im Rahmen der Migration müssen Unternehmen drei verschiedene Bausteine bei der Lizenzierung beachten. Zunächst müssen Sie den Server selbst als Exchange SE Standard oder Enterprise lizenzieren, genauso wie bei Exchange 2016/2019. Unternehmen, die auf Microsoft 365 E3/E5 setzen und »Extended Use Rights« in Anspruch nehmen können, dürfen lokal Exchange SE ohne weitere Kosten betreiben.

Voraussetzung dafür ist, dass der Exchange-Zugriff ausschließlich durch Nutzer erfolgt, die mit einem aktiven Microsoft 365 E3- oder E5-Plan lizenziert sind. Die Extended Use Rights gelten dabei nur für den Zugriff auf Serverprodukte wie Exchange SE, nicht jedoch für Serverlizenzen selbst. Diese müssen separat vorhanden sein, sofern keine Volumenlizenz mit aktiver Software Assurance vorliegt. Für Unternehmen, die ausschließlich cloudbasierte Dienste einsetzen und dennoch hybride Funktionen wie das Verzeichnis-Synchronisationsobjekt oder das Management von Empfängerattributen benötigen, lassen sich mit den Extended Use Rights lokale Exchange SE-Instanzen lizenzrechtlich korrekt betreiben. Eine Mischform aus cloudbasierter Produktivnutzung und lokalem Verwaltungsserver ist damit weiterhin möglich, ohne zusätzliche CAL-Kosten für lokal installierte Exchange-Instanzen (*https://www.microsoft.com/licensing/terms/productoffering/Microsoft365/EAEAS?WT.mc_id=M365-MVP-6771*).

Wer Exchange SE über SA abonniert hat, braucht Exchange-CALs für die Nutzer. Auch hier gibt es weiterhin Standard- und Enterprise-CALs. Nutzer, die eine Enterprise-CAL zugewiesen bekommen, haben zum Beispiel Zugriff auf das Archiv, verschiedene Compliance-Funktionen und andere Funktionen. Es ist auch an dieser Stelle sinnvoll, zu prüfen, ob bereits Microsoft 365 E3/E5 lizenziert vorliegt. In diesem Fall liegen meistens auch bereits CALs für Nutzer bereit, weitere CALs sind dann nicht mehr notwendig. Die Lizenzierung wird daher nicht einfacher und es ist sehr sinnvoll, im Rahmen der Migration zu Exchange SE die Lizenzen durch einen Profi prüfen und optimieren zu lassen. Lokale Exchange-Server, die mit Exchange Online verbunden sind, können als Hybrid Connector Server eingesetzt werden. Sollen allerdings Exchange Edge-Server genutzt werden, brauchen sie eine Lizenz und können die Lizenzierung dafür über das Microsoft 365 Admin Center steuern.

17.3.6 Migrationspfade zu Exchange SE

Ein direktes Inplace-Upgrade von Exchange Server 2016 auf Exchange SE ist nicht möglich. Stattdessen müssen Unternehmen neue Exchange SE-Server auf aktueller Hardware bereitstellen und die Postfächer per »Move Mailbox« übertragen. Bei größeren Umgebungen kann dieser Vorgang jedoch zeitintensiv sein.

Ein alternativer Weg führt über Exchange Server 2019. Durch die Installation auf Exchange 2019 CU15 erhalten Unternehmen Zeit für die Umstellung, da CU15 technisch bereits Exchange SE RTM entspricht und Windows Server 2022 sowie 2025 unterstützt. Ist Exchange 2019 CU15 im Einsatz, lässt sich der Wechsel zu Exchange SE über ein Inplace-Upgrade durchführen, vorausgesetzt, die zugrunde liegende Plattform bleibt für die nächsten Jahre tragfähig. Ist das Betriebssystem jedoch veraltet oder die Hardware überaltert, bleibt die Migration per Move Mailbox dennoch möglich. Auch in solchen Fällen kann ein Inplace-Wechsel in Erwägung gezogen werden, sofern keine Altversionen von Exchange parallel betrieben werden.

Neben den technischen Möglichkeiten spielen zwei zentrale Faktoren eine Rolle. Erstens die Lizenzierung: Zwischenversionen müssen korrekt lizenziert werden. Zwar existieren Evaluierungsversionen, doch sie unterliegen funktionalen Beschränkungen etwa bei der Anzahl von Datenbanken oder bei der Integration in DAGs. Auch CALs sind notwendig, sofern sie nicht bereits über Microsoft 365 E3/E5 abgedeckt sind. Zweitens der Faktor Zeit: Eine Move-Mailbox-Migration dauert ungleich länger als ein Inplace-Upgrade und ist deshalb vor allem im Hinblick auf CU1 für Exchange SE unter Zeitdruck problematisch.

Erschwerend kommt hinzu, dass Inplace-Upgrades keine Betriebssystemwechsel erlauben und Hardwareanpassungen risikobehaftet sind, vor allem bei Servern ohne DAG-Struktur. Mischformen mehrerer Exchange-Versionen im Forest sollten im Vorfeld bereinigt werden. Auch veraltete CU-Stände müssen zwingend auf den aktuellen Stand (Exchange 2016 CU23, Exchange 2019 CU14/CU15) gebracht werden.

Szenarien wie Cross-Forest-Migrationen oder Ex- und Import über PST-Dateien gelten als unpraktikabel und entziehen sich einer professionellen Migrationsstrategie. Wer den Migrationsdruck reduzieren will, sollte erwägen, einen Großteil der Postfächer nach Exchange Online zu verschieben. Die verbleibende Migration auf Exchange SE lässt sich so erheblich schlanker gestalten.

17.3.7 Strategische Planung der Migrationsphase

Nach Abschluss der technischen Vorbereitung beginnt die eigentliche Migrationsplanung. Dabei geht es nicht mehr um Serverinstallation oder Schemaerweiterungen, sondern um das genaue Vorgehen, wann, in welchen Etappen und mit welchen Werkzeugen Postfächer und Dienste verschoben werden. Eine erfolgreiche Migration steht und fällt mit realistischer Zeitplanung, sauberer Kommunikation und klar definierten Rückfalloptionen.

Zunächst sollten Sie eine vollständige Analyse des Postfachbestands durchführen. Erfassen Sie Größe, Aktivität und Art der Postfächer, also Benutzer-, Ressourcen-, geteilte und Systempostfächer. Verwenden Sie in der Exchange Management Shell:

```
Get-Mailbox -ResultSize Unlimited | Get-MailboxStatistics | Select
DisplayName,TotalItemSize,ItemCount,LastLogonTime
```

Exportieren Sie die Daten in eine CSV-Datei und gruppieren Sie Postfächer nach Größe und Nutzung. Diese Übersicht bildet die Grundlage, um Migrationswellen gleichmäßig zu planen.

Definieren Sie anschließend die Migrationsstrategie. In kleineren Umgebungen bietet sich ein »Cutover«-Ansatz an, also der gleichzeitige Umstieg aller Benutzer auf Exchange SE oder Exchange Online. Bei größeren Organisationen ist die gestaffelte Migration (Staged Migration) sinnvoll. Hierbei werden Postfächer in mehreren Wellen verschoben, beispielsweise nach Abteilung, Standort oder Größe. Der Vorteil liegt in besser planbarer Netzwerklast und kontrollierter Fehlerbehandlung.

Für jede Welle sollten Sie eine Vorlaufzeit von mindestens einer Woche einplanen. Führen Sie zunächst einen Pilotlauf mit Testbenutzern durch und überprüfen Sie Mailfluss, Berechtigungen und Kalenderfreigaben. Dokumentieren Sie Auffälligkeiten in einer Checkliste, damit spätere Batches reibungslos verlaufen. Wenn Sie Hybrid-Postfächer verschieben, empfiehlt sich das PowerShell-Cmdlet *New-MoveRequest* mit den Parametern *-BatchName* und *-SuspendWhenReadyToComplete*. Damit können Sie Verschiebungen vorbereiten und erst dann abschließen, wenn alle Tests erfolgreich sind:

```
New-MoveRequest -Identity user@contoso.de -TargetDatabase DBXSE01 -BatchName
"Pilotbatch" -SuspendWhenReadyToComplete
```

Der Abschluss erfolgt gesammelt per:

```
Get-MoveRequest -BatchName "Pilotbatch" | Resume-MoveRequest
```

Ein weiterer wichtiger Punkt ist die Kommunikation mit den Benutzern. Informieren Sie rechtzeitig über geplante Migrationszeiten, erwartete Unterbrechungen und eventuelle Änderungen im Outlook-Profil. Ein klares Informationskonzept reduziert den Supportaufwand erheblich. In der Praxis bewährt sich ein einfaches Migrationsfenster von Freitagabend bis Sonntagabend, da sich Postfachverschiebungen zeitlich flexibel abschließen lassen.

Planen Sie außerdem eine Rollback-Strategie für den Notfall. Wenn Postfächer nach der Migration Probleme zeigen, können Sie sie mithilfe des MRS-Proxys oder des Hybrid Migration Service wieder zurück auf den Quellserver verschieben. Verwenden Sie dazu denselben *MoveRequest*-Befehl mit umgekehrtem Ziel.

Überwachen Sie während der gesamten Migration das System aktiv. Nutzen Sie dafür die Cmdlets *Get-MoveRequestStatistics*, *Get-Queue* und *Get-MailboxDatabaseCopyStatus*, um Engpässe frühzeitig zu erkennen. Wenn einzelne MoveRequests hängen bleiben, prüfen Sie die MRS-Logs unter *C:\Program Files\Microsoft\Exchange Server\V15\Logging\MigrationLogs*.

Am Ende jeder Welle sollten Sie eine interne Qualitätskontrolle durchführen. Testen Sie Mailfluss, Kalenderfunktionen, Postfachberechtigungen und den Zugriff auf öffentliche Ordner. Dokumentieren Sie die Ergebnisse und schließen Sie erst dann die nächste Welle an.

17.3.8 Vorbereitung für die Migration – Schemaerweiterungen

Sie können Server mit Exchange SE in bestehende Organisationen installieren. Dazu müssen Sie vor der Installation des Exchange-Servers zunächst das Schema erweitern (siehe Kapitel 2). Zwar kann auch die Exchange-Installation selbst die Aktualisierung durchführen, es ist aber besser, wenn Sie diese Aktionen vor der eigentlichen Installation von Exchange SE durchführen. Hier verwenden Sie am besten die Installationsdateien von Exchange SE mit dem aktuellen kumulativen Update. Sie enthalten die Schema-Änderungen von Exchange SE.

Von den Schemaerweiterungen werden die Quellserver mit Exchange Server 2016/2019 nicht beeinträchtigt. Der Name der Exchange-Organisation wird von der Quell-Organisation übernommen. Um das Active Directory für Exchange SE bereit zu machen, führen Sie folgenden Befehl aus:

```
Setup.exe /PrepareSchema /IAcceptExchangeServerLicenseTerms_DiagnosticDataOff
```

Neben den Schemaerweiterungen muss auch das Active Directory aktualisiert werden, bevor Sie Exchange SE in der Organisation installieren können. Auch dieser Vorgang muss vor der eigentlichen Installation auf einem Server erfolgen:

```
Setup.exe /PrepareAD /IAcceptExchangeServerLicenseTerms_DiagnosticDataOff
```

Generell entspricht diese Vorgehensweise den Befehlen, die Sie auch bei einer Neuinstallation von Exchange SE in einer Organisation ohne Exchange ausführen. Nachdem das Active Directory erweitert wurde, müssen Sie noch die Domäne für die Installation von Exchange SE vorbereiten:

```
Setup.exe /IAcceptExchangeServerLicenseTerms_DiagnosticDataOff
/PrepareAllDomains
```

Bevor Sie Exchange SE installieren, sollten Sie abwarten, bis die Domänencontroller und Exchange-Server die neuen Informationen repliziert und verarbeitet haben. Ansonsten besteht die Gefahr, dass die Exchange-Installation mit einem Fehler abbricht.

17.3.9 Überwachung und Optimierung laufender Migrationen

Während einer aktiven Migration entscheidet die laufende Überwachung über den Erfolg des gesamten Projekts. Exchange SE-Umgebungen und hybride Setups stellen umfangreiche Protokolle und Cmdlets bereit, mit denen sich Verschiebevorgänge, Engpässe und Fehlermuster in Echtzeit erkennen lassen. Eine systematische Kontrolle verhindert abgebrochene Move Requests, überlastete Datenbanken und inkonsistente Postfächer.

Beginnen Sie mit einer Übersicht aller aktuell laufenden Migrationen. Das Cmdlet *Get-MoveRequest* zeigt sämtliche offenen und abgeschlossenen Postfachverschiebungen an. Ergänzen Sie es mit *Get-MoveRequestStatistics*, um Fortschritt, Geschwindigkeit und fehlerhafte Elemente zu prüfen:

```
Get-MoveRequestStatistics | Select
DisplayName,PercentComplete,StatusDetail,BytesTransferred,TotalInProgressDuration
```

Wenn Sie Migrationen in mehreren Batches ausführen, sollten Sie für jeden Batch den Parameter *-BatchName* verwenden. So lassen sich einzelne Gruppen gezielt überwachen. Eine gleichmäßige Verteilung der Batches auf alle Datenbanken verhindert Engpässe, insbesondere wenn viele große Postfächer parallel verschoben werden.

Während des Migrationsbetriebs empfiehlt es sich, den Datenträgerdurchsatz und die Latenz regelmäßig zu kontrollieren. Auf den Exchange SE-Servern liefert der Leistungsindikator *MSExchange Mailbox Replication Service\Request Throttling Limit* (siehe Kapitel 18) Hinweise darauf, ob die Replikationssteuerung greift. Steigt dieser Wert dauerhaft über 80 Prozent, sind entweder zu viele gleichzeitige Verschiebungen aktiv oder die Speicher-Subsysteme erreichen ihre Leistungsgrenze. Verringern Sie in diesem Fall die Anzahl paralleler Move Requests mit:

```
Set-MigrationEndpoint "Hybrid Migration Endpoint" -MaxConcurrentMigrations 10
```

Beobachten Sie auch den Netzwerkverkehr, insbesondere wenn Postfächer in Exchange Online verschoben werden. In hybriden Szenarien läuft jeder Datentransfer über den MRS-Proxy. Über die Ereignisanzeige lassen sich Latenz- und Authentifizierungsfehler unter der Quelle *MSExchange Mailbox Replication* identifizieren. Wiederkehrende Fehlermeldungen mit *ErrorTransientFailure* deuten auf eine instabile Verbindung oder fehlerhafte Proxykonfiguration hin.

Bei Migrationen können Sie mithilfe des Parameters *-SuspendWhenReadyToComplete* steuern, wann eine Verschiebung finalisiert wird. Dadurch lassen sich Postfächer außerhalb der Geschäftszeiten abschließen, ohne dass der Datentransfer unterbrochen wird. Bei Exchange Online-Migrationen sollte zusätzlich der Fortschritt über das Microsoft 365 Admin Center beobachtet werden, da dort MRS-Aktivitäten und Fehlerstatistiken grafisch aufbereitet sind.

Nach Abschluss jeder Welle ist eine technische Nachkontrolle unverzichtbar. Prüfen Sie mit *Get-MoveRequest | Where-Object {$_.Status -ne "Completed"}*, ob noch offene oder fehlerhafte Migrationen existieren. Verwenden Sie *Remove-MoveRequest*, um alte Einträge zu löschen und die Übersicht zu wahren. Analysieren Sie außerdem die Logdateien unter *C:\Program Files\Microsoft\Exchange Server\V15\Logging\MigrationLogs*, um Ursachen für wiederkehrende Probleme zu erkennen.

In der Praxis hat sich bewährt, täglich einen Migrationsbericht zu generieren. Ein einfaches PowerShell-Skript kann die wichtigsten Parameter auslesen und in eine CSV-Datei schreiben. So behalten Sie Fortschritt, Volumen und Dauer im Blick und können Migrationsfenster besser planen.

17.3.10 Exchange SE-Installation im Rahmen der Migration durchführen

Wenn Sie Ihre Organisation für Exchange SE vorbereitet haben, können Sie einen Server mit Exchange SE in die bestehende Organisation installieren (siehe Kapitel 2). Achten Sie darauf, dass auf den alten Servern das aktuelle, kumulative Update installiert ist, also CU15 für Exchange 2019 und CU23 für Exchange 2016. Die Installation von Exchange SE in einer vorhandenen Organisation sollten Sie darüber hinaus am besten mit dem aktuellen CU vornehmen, nicht mit der veralteten RTM-Version.

Dazu bereiten Sie den neuen Exchange-Server wie bei einer normalen Neuinstallation vor. Ich habe die Installation bereits in Kapitel 2 ausführlich beschrieben. Verwenden Sie für Exchange SE als Basisbetriebssystem Windows Server 2025. Bereiten Sie den Server genauso wie bei einer Neuinstallation vor und starten Sie danach die Installation von Exchange SE.

Nachdem die Installation abgeschlossen ist, wurde der neue Server mit Exchange SE in die bestehende Organisation mit Exchange Server 2016/2019 installiert.

17.3.11 Installation prüfen und häufige Fehler beheben

Nach der erfolgreichen Installation von Exchange SE sollten Sie eine technische Prüfung des Servers durchführen. Auch wenn das Setup ohne sichtbare Fehler abgeschlossen wurde, können im Hintergrund Probleme bei Diensten, Zertifikaten oder Berechtigungen bestehen, die erst im laufenden Betrieb auffallen würden.

Beginnen Sie mit der Auswertung der Installationsprotokolle. Öffnen Sie die Datei ExchangeSetup.log, die sich standardmäßig im Verzeichnis C:\ExchangeSetupLogs befindet. Suchen Sie dort nach dem Eintrag [0] End of Setup. Wenn dieser Eintrag fehlt oder mit *Error* endet, wurde das Setup nicht korrekt abgeschlossen. Häufig tritt der Fehler *Setup encountered an error while modifying Active Directory schema* auf. In diesem Fall ist meist ein Domänencontroller nicht erreichbar oder die Schema-Replikation wurde noch nicht vollständig durchgeführt. Wiederholen Sie dann das Setup mit dem Parameter */Mode:RecoverServer*.

Prüfen Sie anschließend den Dienstestatus:

```
Get-Service *Exchange* | Where-Object {$_.StartType -eq 'Automatic'} | ft
Name,Status
```

Alle Exchange-Dienste sollten den Status *Running* aufweisen.

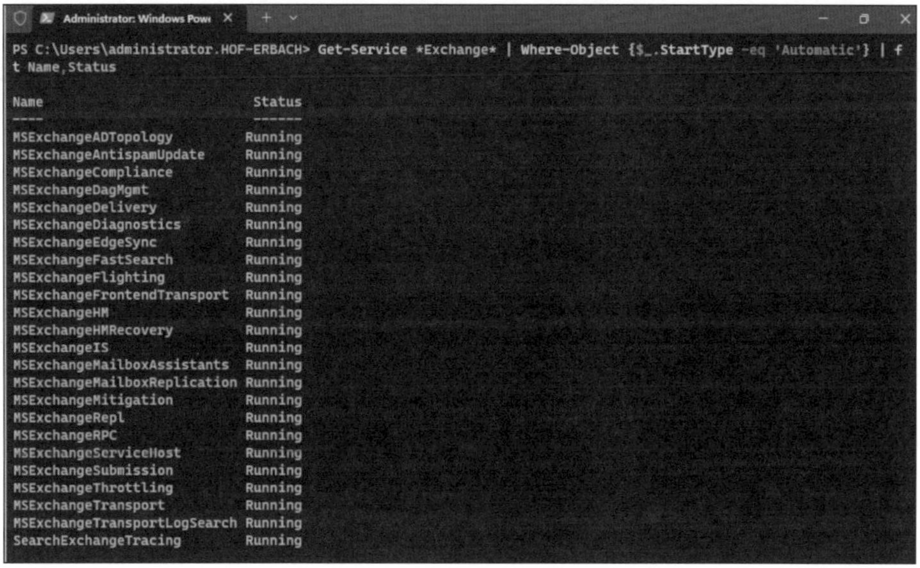

Abb. 17.3 Prüfen der Exchange-Dienste nach der Installation von Exchange SE in einer Exchange 2019-Organisation

Wenn Dienste wie *MSExchangeTransport* oder *MSExchangeIS* nicht gestartet sind, prüfen Sie die Ereignisanzeige unter *Anwendung* und *System*. Typische Ursachen sind fehlende Zertifikatszuweisungen oder ein fehlerhafter Zugriff auf die Active Directory-Domänencontroller. Kontrollieren Sie die Bindung der Zertifikate mit:

```
Get-ExchangeCertificate | ft Subject,Services,NotAfter
```

Wenn kein Zertifikat dem Dienst SMTP zugeordnet ist, führen Sie aus:

```
Enable-ExchangeCertificate -Thumbprint <Thumbprint> -Services "IIS,SMTP"
Restart-Service MSExchangeTransport
```

Fehlende Zertifikate führen dazu, dass der Transportdienst den Start verweigert.

Überprüfen Sie danach den Zugriff auf die Datenbank. Führen Sie den Befehl Get-MailboxDatabase -Status | ft Name,Mounted,Server aus. Die Standarddatenbank sollte den Status *Mounted* haben. Wenn nicht, mounten Sie sie manuell mit:

```
Mount-Database <Datenbankname>
```

Falls der Mount-Vorgang mit dem Fehler *Jet error 1216 – Database cannot be mounted* abbricht, führen Sie eseutil /mh <Pfad zur EDB-Datei> aus, um den Datenbankzustand zu prüfen. Bei *Dirty Shutdown* hilft meist ein Soft Recovery mit:

```
eseutil /r E00 /l <Pfad zu den Logs> /d <Pfad zur EDB>
```

Danach lässt sich die Datenbank in der Regel erfolgreich mounten.

Vergewissern Sie sich auch, dass die Serverrolle korrekt registriert wurde. Mit

```
Get-ExchangeServer | fl Name,Edition,AdminDisplayVersion,IsMailboxServer
```

sehen Sie, ob der Server als Mailbox-Server gekennzeichnet ist. Testen Sie anschließend den Zugriff über PowerShell und das Exchange Admin Center (EAC). Melden Sie sich an der ECP-Adresse des Servers an, beispielsweise

```
https://xse.contoso.de/ecp/?ExchClientVer=15
```

Wenn die Seite nicht erreichbar ist, prüfen Sie den IIS-Dienst mit:

iisreset /status

und starten Sie ihn gegebenenfalls neu. Kontrollieren Sie außerdem das virtuelle Verzeichnis *owa* im IIS-Manager, insbesondere die Authentifizierungsmethoden. Aktivieren Sie Windows Authentication und Negotiate für interne Anmeldungen.

Führen Sie zum Abschluss die internen Funktionstests durch:

```
Test-ServiceHealth
Test-Mailflow
Test-OutlookConnectivity
Test-MAPIConnectivity
```

Wenn alle Tests ohne Fehler durchlaufen, ist der Exchange SE-Server korrekt eingebunden und einsatzbereit.

Zur Absicherung sollten Sie den Server in den nächsten Tagen über die Ereignisanzeige beobachten. Achten Sie auf Einträge der Quellen *MSExchangeTransport*, *MSExchangeIS* und *MSExchangeFrontEndTransport*. Wiederkehrende Warnungen mit den IDs 12014, 1009 oder 15021 deuten meist auf Zertifikats- oder URL-Konflikte hin. Diese Probleme lassen sich fast immer durch einen Neustart des Transportdiensts oder eine erneute Bindung der URLs beheben.

Bricht die Installation mit einem Fehler ab, überprüfen Sie, woher das Problem kommt, lösen Sie es und starten Sie die Installation erneut. Der Installationsassistent erkennt bereits installierte Komponenten und installiert die noch notwendigen Daten nach. Hier gehen Sie genauso vor wie bei einer Neuinstallation von Exchange SE.

Sie können nach der Installation die Postfächer von der Quell-Exchange-Version auf den neuen Server mit Exchange SE verschieben. Verwenden Sie dazu das Exchange Admin Center. Bei der Installation von Exchange SE gehen Sie genauso vor wie in Kapitel 2 beschrieben.

Bevor Sie Objekte wie Postfächer oder öffentliche Ordner auf den neuen Exchange-Server mit Exchange SE verschieben, muss darauf geachtet werden, dass der neue Server ebenfalls optimal funktioniert. Es ist wichtig, dass nicht nur die alten Server, sondern auch die neu installierten fehlerfrei laufen. Zur Diagnose gehen Sie genauso vor wie bei einer neuen Installation von Exchange SE. Diese Bereiche habe ich in den Kapiteln 2 und 3 ausführlich vorgestellt.

17.3.12 Fehlerbehebung bei Setup-Abbrüchen und Wiederherstellung

Wenn das Setup von Exchange SE abbricht oder der Server nach einem Neustart keine Exchange-Dienste startet, können Sie den Server meist vollständig wiederherstellen, ohne ihn neu installieren zu müssen. Microsoft stellt dafür den *RecoverServer*-Modus zur Verfügung. Dieses Verfahren liest die Exchange-Konfiguration aus dem Active Directory aus und installiert die fehlenden Komponenten automatisch nach.

Sorgen Sie dafür, dass die Installationsquelle exakt dieselbe Build-Version enthält, die auch ursprünglich auf dem Server installiert wurde. Verwenden Sie für Exchange SE also das identische Cumulative Update (CU), das Sie beim ersten Setup eingesetzt haben. Kopieren Sie das Installationsmedium auf den betroffenen Server und öffnen Sie eine administrative PowerShell-Sitzung. Führen Sie dann folgenden Befehl aus:

```
Setup.exe /Mode:RecoverServer /IAcceptExchangeServerLicenseTerms
```

Das Setup durchsucht das Active Directory nach dem vorhandenen Serverobjekt und installiert alle fehlenden Rollen und Dienste neu. Dieser Vorgang kann je nach Umgebung 15 bis 30 Minuten dauern. Nach Abschluss des Prozesses müssen Sie den Server neu starten. Überprüfen Sie danach, ob alle Exchange-Dienste wieder verfügbar sind:

```
Get-Service *Exchange* | Where-Object {$_.StartType -eq 'Automatic'} |
ft Name,Status
```

Wenn Dienste weiterhin nicht starten, kontrollieren Sie die Datei *C:\ExchangeSetupLogs\ExchangeSetup.log* und suchen Sie nach dem Eintrag *RecoverServer Completed*. Fehlt dieser, wurde die Wiederherstellung nicht abgeschlossen.

In manchen Fällen verweigert der Informationsspeicher den Start, weil das Setup eine beschädigte Konfigurationsdatei hinterlassen hat. Prüfen Sie dann den Registrierungspfad:

HKLM\Software\Microsoft\ExchangeServer\v15

Wenn dort verwaiste Schlüssel vorhanden sind, exportieren Sie sie als Sicherung und löschen Sie anschließend nur die defekten Unterschlüssel, die sich auf die fehlerhafte Rolle beziehen (zum Beispiel *MailboxRole* oder *TransportRole*). Führen Sie danach den *RecoverServer*-Befehl erneut aus.

Nach einem erfolgreichen Recover-Vorgang müssen Sie die virtuellen Verzeichnisse und URLs erneut prüfen. Verwenden Sie hierfür:

```
Get-OwaVirtualDirectory | Set-OwaVirtualDirectory -InternalUrl "https://
mail.contoso.de/owa" -ExternalUrl "https://mail.contoso.de/owa"

Get-WebServicesVirtualDirectory | Set-WebServicesVirtualDirectory -InternalUrl
"https://mail.contoso.de/EWS/Exchange.asmx" -ExternalUrl "https://
mail.contoso.de/EWS/Exchange.asmx"
```

So tragen Sie dafür Sorge, dass alle internen und externen Zugriffe wieder funktionieren.

Wenn das Setup durch eine unvollständige Schemaerweiterung unterbrochen wurde, führen Sie diese separat erneut aus:

```
Setup.exe /PrepareSchema /IAcceptExchangeServerLicenseTerms
repadmin /syncall /AdeP
```

Warten Sie, bis alle Domänencontroller repliziert haben, und starten Sie danach den *Recover-Server*-Vorgang erneut.

Nach erfolgreicher Wiederherstellung sollten Sie die Exchange-Dienste absichern, indem Sie ein vollständiges Backup des Systemvolumes und der Exchange-Datenbanken anlegen. So vermeiden Sie, dass Sie bei einem erneuten Fehler die komplette Recovery noch einmal durchführen müssen. Führen Sie abschließend folgende Tests aus:

```
Test-ServiceHealth
Test-MAPIConnectivity
Test-Mailflow
```

Wenn alle Tests *Success* melden, ist der Server wieder funktionsfähig.

Diese Vorgehensweise hat sich in der Praxis bewährt, um Installationsabbrüche oder beschädigte Exchange-Instanzen schnell zu beheben. Der *RecoverServer*-Modus spart Zeit, erhält die ursprüngliche Konfiguration und verhindert, dass Postfächer oder Datenbanken neu eingebunden werden müssen.

17.3.13 Exchange-Datenbanken für die Migration vorbereiten

Wenn Sie die Datenbanken auf dem neuen Server in einem bestimmten Ordner speichern oder ihre Namen ändern wollen, sollten Sie das erledigen, bevor Sie Postfächer oder öffentliche Ordner verschieben. Im folgenden Szenario haben wir für die Postfachdatenbanken eigene Datenträger und geben den Datenbanken auch gleich die passenden Namen. Generell ist es sinnvoll, den Datenträger, auf dem Sie die Exchange-Datenbanken speichern, mit dem ReFS-Dateisystem zu formatieren. Dieses arbeitet optimal mit Exchange-Datenbanken zusammen, da es robuster, stabiler und schneller ist als NTFS.

Die Konfiguration dazu entspricht den Vorgehensweisen, die ich auch in Kapitel 4 beschrieben habe. Sie können die Datenbanken in der Exchange Management Shell umbenennen und auch gleich verschieben:

```
Get-MailboxDatabase -Server xse | Set-MailboxDatabase -Name DB012XSE
Move-DatabasePath DB01XSE -EdbFilePath e:\ExDB\DB01XSE\DB01XSE.edb
-LogFolderPath e:\ExDB\DB01XSE
```

17.3.14 Postfachmigration zwischen Exchange 2019 und Exchange SE

Im folgenden Beispiel gehe ich von einer Organisation mit dem Postfachserver *mail01* mit Exchange 2019 aus, der durch *mail02* ersetzt wird. Auf dem neuen Server ist Exchange SE installiert.

Nachdem der neue Server *mail02* mit Exchange SE auf Windows Server 2025 erfolgreich in die bestehende Organisation integriert wurde, kann die eigentliche Migration der Postfächer beginnen. Der bisherige Server *mail01* mit Exchange 2019 CU15 bleibt während dieser Phase vollständig in Betrieb, damit alle Dienste ohne Unterbrechung verfügbar sind. Exchange SE ist vollständig abwärtskompatibel zu Exchange 2019, sodass beide Systeme in derselben Organisation parallel betrieben werden können.

Als Vorbereitung sollten Sie sicherstellen, dass sich die neue Datenbank auf *mail02*, in diesem Beispiel *Mailbox Database 1795464213*, im gemounteten Zustand befindet und fehlerfrei arbeitet. Dies überprüfen Sie mit:

```
Get-MailboxDatabase -Status | ft Name,Mounted,Server
```

Wenn der Status *Mounted* angezeigt wird, können Sie mit der Migration beginnen. Die Quelldatenbank auf *mail01* trägt den Namen *Mailbox Database 1193969110* und enthält derzeit alle produktiven Postfächer.

Starten Sie die Migration mit den Systempostfächern, da diese für die reibungslose Kommunikation zwischen den Servern erforderlich sind. Führen Sie auf einem Exchange-Server Ihrer Wahl den folgenden Befehl aus:

```
Get-Mailbox -Database "Mailbox Database 1193969110" -Arbitration |
New-MoveRequest -TargetDatabase "Mailbox Database 1795464213"
```

Überprüfen Sie den Fortschritt der Verschiebung mit:

```
Get-MoveRequest | Get-MoveRequestStatistics | ft
DisplayName,Status,PercentComplete,BytesTransferred
```

Erst wenn alle Systempostfächer erfolgreich verschoben wurden, sollten Sie mit den Benutzerpostfächern fortfahren. Dabei kommen die gleichen Cmdlets zum Einsatz.

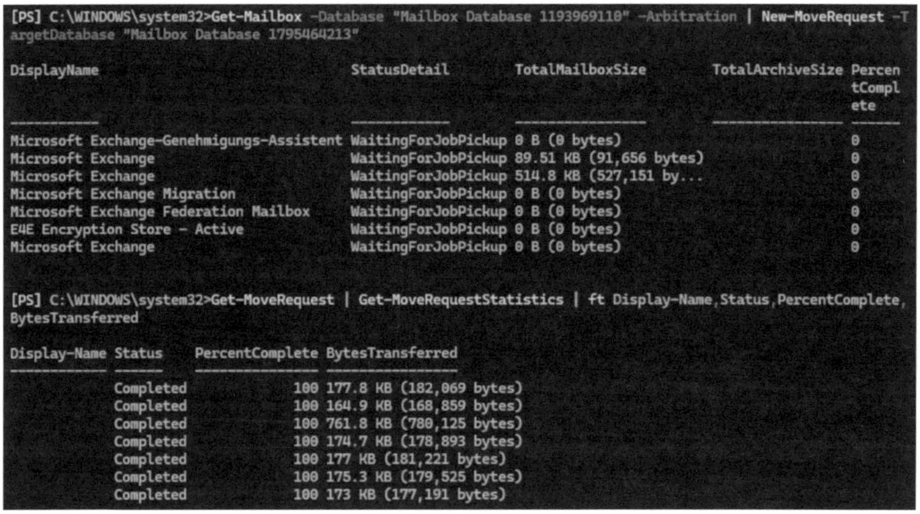

Abb. 17.4 Verschieben von Postfächern in Exchange SE

Für den Umzug der Benutzerpostfächer bietet sich ein gestaffeltes Vorgehen an. Beginnen Sie mit Testkonten oder unkritischen Benutzern, um das Verhalten der Migration zu validieren. Anschließend migrieren Sie die produktiven Benutzer. Verwenden Sie hierfür:

```
Get-Mailbox -Database "Mailbox Database 1193969110" -RecipientTypeDetails
UserMailbox | New-MoveRequest -TargetDatabase "Mailbox Database 1795464213"
-BatchName "Migration-Mail01-zu-Mail02"
```

Überwachen Sie die Vorgänge mit:

```
Get-MoveRequest -BatchName "Migration-Mail01-zu-Mail02" |
Get-MoveRequestStatistics | ft
DisplayName,StatusDetail,PercentComplete,TotalInProgressDuration
```

Während der Verschiebung können einzelne Postfächer den Status *StalledDueToMailboxLock* oder *TransientFailure* erhalten. In diesem Fall setzen Sie die Migration mit

```
Resume-MoveRequest -BatchName "Migration-Mail01-zu-Mail02"
```

fort. Wenn alle Benutzerpostfächer übertragen sind, folgen die freigegebenen Postfächer und Ressourcenpostfächer:

```
Get-Mailbox -Database "Mailbox Database 1193969110" -RecipientTypeDetails
SharedMailbox,RoomMailbox,EquipmentMailbox | New-MoveRequest -TargetDatabase
"Mailbox Database 1795464213" -BatchName "Migration-Ressourcen"
```

Nach Abschluss aller Migrationen prüfen Sie mit *Get-MoveRequest | Where-Object {$_.Status -ne "Completed"}*, ob noch offene Anfragen vorhanden sind, und bereinigen Sie abgeschlossene Einträge mit *Get-MoveRequest | Remove-MoveRequest.*

Führen Sie anschließend Funktionstests durch. Verwenden Sie den Befehl *Test-Mailflow*, um sicherzustellen, dass Nachrichten zwischen den Servern weiterhin zugestellt werden, und überprüfen Sie mit *Test-OutlookConnectivity*, ob Clients korrekt verbunden bleiben:

```
Test-Mailflow -TargetEmailAddress user@contoso.de
Test-OutlookConnectivity -ProbeIdentity OutlookRpcSelfTestProbe
```

Sobald diese Tests erfolgreich abgeschlossen sind, arbeiten alle Postfächer produktiv über *mail02* (Exchange SE), während *mail01* (Exchange 2019) weiterhin als Fallbacksystem dient.

Im praktischen Betrieb ist die Koexistenz zwischen Exchange 2019 und Exchange SE unproblematisch. Beide Server nutzen dieselbe Organisation, dieselben Connectors und denselben Namensraum. Exchange steuert die Zugriffe der Benutzer automatisch über den internen Load-Balancing-Mechanismus. Outlook-Clients, deren Postfächer bereits auf *mail02* verschoben wurden, verbinden sich automatisch über Autodiscover mit dem neuen Server, ohne dass Profile neu eingerichtet werden müssen.

Nach dem Verschieben der Postfächer folgt die Anpassung der Infrastrukturkomponenten. Überprüfen Sie zunächst die Sende- und Empfangsconnectors, ob der neue Server am Nachrichtenfluss beteiligt ist. Fügen Sie *mail02* als Quellserver zu bestehenden Sendeconnectors hinzu:

```
Set-SendConnector "Internet" -SourceTransportServers mail01,mail02
```

Anschließend kontrollieren Sie, ob die Empfangsconnectors auf *mail02* dieselben Authentifizierungseinstellungen besitzen wie auf *mail01*:

```
Get-ReceiveConnector -Server mail02 | ft
Name,Bindings,AuthMechanism,PermissionGroups
```

Sollten Abweichungen bestehen, passen Sie die Konfiguration entsprechend an.

Danach prüfen Sie die URLs der Webdienste. Alle internen und externen Dienste (OWA, ECP, EWS, MAPI) sollten weiterhin auf denselben Namensraum zeigen, etwa *https://mail.contoso.de*. Verwenden Sie:

```
Get-OwaVirtualDirectory -Server mail02 | fl InternalUrl,ExternalUrl
```

Korrigieren Sie die Einträge, wenn das notwendig ist, mit:

```
Set-OwaVirtualDirectory -Identity "mail02\owa (Default Web Site)" -InternalUrl
https://mail.contoso.de/owa -ExternalUrl https://mail.contoso.de/owa
```

Auf diese Weise bleibt die Benutzererfahrung unverändert, da alle Clients weiterhin über denselben FQDN arbeiten.

Für den letzten Schritt überprüfen Sie, ob das Offlineadressbuch (OAB) und die Adressbuchdienste von Exchange SE übernommen wurden. Das Standard-OAB sollte auf die neue Datenbank *Mailbox Database 1795464213* verweisen:

```
Get-MailboxDatabase -Server mail02 | Set-MailboxDatabase -OfflineAddressBook
(Get-OfflineAddressBook | Where-Object {$_.Name -eq "Default Offline Address
Book"})
```

In der Praxis empfiehlt es sich, *mail01* nach der vollständigen Migration noch einige Tage aktiv zu belassen, um mögliche Nachläufer oder lokale Dienste (zum Beispiel Backup-Agents, Scanner oder Faxsysteme) schrittweise auf *mail02* umzustellen. Erst wenn keine Abhängigkeiten mehr bestehen und alle Mails ordnungsgemäß über *mail02* laufen, kann *mail01* deaktiviert und anschließend aus der Organisation entfernt werden.

17.3.15 Autodiscover-Konsistenz und Outlook-Profil-Neuausrichtung nach der Migration

Nach der Migration von Postfächern zu Exchange SE ist ein stabiler Autodiscover-Prozess entscheidend dafür, dass Outlook-Clients korrekt auf den neuen Server zugreifen. Outlook nutzt Autodiscover, um Verbindungsendpunkte, Postfachstandorte und URLs für MAPI/HTTP, EWS und OAB dynamisch zu ermitteln. Wenn diese Informationen noch auf den alten Server *mail01* verweisen oder veraltete SCP-Einträge im Active Directory zwischengespeichert sind, meldet Outlook Fehlermeldungen wie »Die Verbindung zu Microsoft Exchange ist nicht verfügbar« oder fordert Benutzer wiederholt zur Anmeldung auf.

Prüfen Sie nach der Migration zuerst die Autodiscover-Antwort des neuen Exchange SE-Servers *mail02*. Verwenden Sie hierzu das Cmdlet:

```
Test-OutlookConnectivity -ProbeIdentity OutlookRpcSelfTestProbe
```

Der Test sollte den Hostnamen von *mail02* zurückgeben. Wenn stattdessen noch *mail01* angezeigt wird, aktualisieren Sie die internen SCP-Einträge über:

```
Get-ClientAccessService | Set-ClientAccessService -
AutoDiscoverServiceInternalUri https://mail.contoso.de/autodiscover/
autodiscover.xml
```

Dieser Schritt gewährleistet, dass alle Clients denselben FQDN nutzen und nicht zufällig unterschiedliche Server ansteuern.

Auch Outlook-Caches können Probleme erzeugen. Bei Benutzern, deren Verbindungen nach der Migration instabil sind, sollten Sie den lokalen Autodiscover-Cache zurücksetzen. Dies geschieht durch Löschen der **.xml*-Dateien im Ordner:

```
%LocalAppData%\Microsoft\Outlook\
```

Beim nächsten Outlook-Start wird Autodiscover neu ausgeführt und zeigt auf den neuen Server.

Kontrollieren Sie außerdem das externe Autodiscover-Verhalten. Wenn Ihre Organisation Split-DNS verwendet, sollten interne und externe Clients denselben FQDN auflösen. Überprüfen Sie die DNS-Einträge mit:

```
Resolve-DnsName mail.contoso.de
Resolve-DnsName autodiscover.contoso.de
```

Nach der Migration auf Exchange SE empfiehlt es sich, zusätzliche Tests mit dem Outlook-Remote-Connectivity-Analyzer oder dem integrierten Test-Autodiscover-Cmdlet durchzuführen:

```
Test-OutlookConnectivity
```

Ergibt die Analyse Fehler zu HTTP-Umleitungen, Zertifikatsnamen oder Mischmodi zwischen *mail01* und *mail02*, passen Sie die virtuellen Verzeichnisse auf *mail02* erneut an.

Zuletzt sollten Sie prüfen, ob Outlook-Profilattribute korrekt aktualisiert wurden. Wenn Outlook bei einzelnen Benutzern noch auf den alten Server zeigt, können Sie im Hintergrund verborgene Werte zurücksetzen, indem Sie das MAPI-Profil neu initialisieren. Dies geschieht über die Reparaturfunktion in der Outlook-Systemsteuerung oder manuell über die Profilverwaltung. In seltenen Fällen kann es sinnvoll sein, das Profil neu zu erstellen, insbesondere wenn es ältere Autodiscover-Einträge enthält.

Durch diese Schritte steuern Outlook-Clients autonom den neuen Server an, ohne dass Benutzerprofildaten angepasst werden müssen. Sie verhindern typische Verbindungsprobleme und erleichtern den finalen Übergang von *mail01* auf *mail02*.

17.3.16 Überprüfung von Berechtigungen und Stellvertretungen nach der Postfachmigration

Nach einer abgeschlossenen Migration treten in der Praxis häufig kleine Unstimmigkeiten bei Stellvertretungen, Freigaben oder Gruppenmitgliedschaften auf. Diese entstehen, weil Exchange beim Verschieben von Postfächern Berechtigungen zwar vollständig übernimmt, sich aber Änderungen an SIDHistory- oder ACL-Einträgen nicht immer sofort replizieren. Prüfen Sie daher direkt nach der Migration die Rechte in Outlook und Exchange, um mögliche Probleme vor dem Produktivbetrieb zu erkennen.

Listen Sie über die Exchange Management Shell alle Berechtigungen eines Postfachs auf, das als zentrales Kalender- oder Gruppenpostfach dient:

```
Get-MailboxFolderPermission -Identity "user@contoso.de:\Kalender"
```

Fehlen Einträge oder Benutzer werden mit *Unknown* angezeigt, entfernen Sie verwaiste ACLs und fügen Sie die Berechtigungen erneut hinzu:

```
Remove-MailboxFolderPermission -Identity "user@contoso.de:\Kalender" -User
"Unbekannt"

Add-MailboxFolderPermission -Identity "user@contoso.de:\Kalender" -User
"assistenz@contoso.de" -AccessRights Editor
```

Bei Ressourcenpostfächern, zum Beispiel Konferenzräumen, prüfen Sie zusätzlich die Delegierungen:

```
Get-CalendarProcessing -Identity "Besprechungsraum Berlin" | fl
AutomateProcessing,ResourceDelegates,AllRequestOutOfPolicy
```

Mit *Set-CalendarProcessing* können Sie anschließend Steuerungsparameter und Buchungsregeln neu setzen. Dadurch vermeiden Sie, dass Benutzer versehentlich doppelte Reservierungen vornehmen oder Einladungen abgelehnt werden, weil alte Regeln noch aktiv sind.

17.3.17 Performance- und Stabilitätskontrolle nach größeren Migrationswellen

Sobald mehrere Batches abgeschlossen sind, sollten Sie die Performance von *mail02* mit gezielten Messungen überprüfen. Das Ziel ist, Engpässe zu erkennen, bevor Benutzer sie wahrnehmen. Erfassen Sie zunächst den Status aller aktiven Datenbanken:

```
Get-MailboxDatabaseCopyStatus | ft
Name,Status,CopyQueueLength,ReplayQueueLength,LastInspectedLogTime
```

Steigen die Werte für *CopyQueueLength* oder *ReplayQueueLength* stark an, deutet das auf eine Überlastung der Replikation oder zu viele gleichzeitige Verschiebevorgänge hin. Reduzieren Sie in diesem Fall die Zahl paralleler *MoveRequests* oder erhöhen Sie das Intervall zwischen neuen Migrationen.

Auch der Mailbox Replication Service (MRS) selbst sollte regelmäßig überprüft werden. Verwenden Sie dafür den Leistungsindikator *MSExchange Mailbox Replication Service\Request Throttling Limit* oder das Cmdlet:

```
Get-Counter -Counter "\MSExchange Mailbox Replication(*)\Active Moves"
```

So erkennen Sie, ob Migrationsvorgänge gestaut sind. In der Praxis hilft es, Batches in ruhigeren Zeitfenstern, zum Beispiel nachts oder am Wochenende, einzuplanen.

Für eine Nachkontrolle der allgemeinen Stabilität können Sie den Befehl *Test-ReplicationHealth* verwenden. Er prüft, ob alle Datenbankkopien synchronisiert und die Katalogindizes aktuell sind. Fehler mit *ContentIndexState: Failed* beheben Sie über:

```
Update-MailboxDatabaseCopy -Identity "Mailbox Database 1795464213" -CatalogOnly
```

17.3.18 Prüfung der Nachrichtenwarteschlangen und Rückstaus im Transportdienst

Gerade während oder kurz nach der Migration kann es zu temporären Rückstaus im Transportdienst kommen, wenn Nachrichten an Postfächer gesendet werden, die gerade verschoben werden. Überprüfen Sie deshalb regelmäßig die Warteschlangen mit:

```
Get-Queue | ft Identity,MessageCount,NextHopDomain,Status
```

Eine dauerhaft hohe Anzahl an Nachrichten im Status *Retry* weist auf DNS- oder TLS-Probleme hin. Analysieren Sie in diesem Fall den jeweiligen Connector mit

```
Get-SendConnector | fl Name,SmartHosts,RequireTLS,SourceTransportServers
```

und stellen Sie sicher, dass der neue Server dort korrekt eingetragen ist.

Um Rückstaus schnell aufzulösen, können Sie einzelne Queues gezielt leeren oder erneut abarbeiten lassen:

```
Retry-Queue -Identity <QueueID> -Resubmit $true
```

So sorgen Sie dafür, dass nach jeder Migrationswelle keine Nachrichten zurückbleiben und alle Systeme synchron arbeiten.

17.3.19 Automatisierte Nachverfolgung von MoveRequests

In Umgebungen mit vielen Benutzern ist es sinnvoll, den Status aller laufenden und abgeschlossenen MoveRequests automatisch protokollieren zu lassen. Dadurch behalten Sie Übersicht über Fortschritt, Fehler und Dauer einzelner Migrationen.

Erstellen Sie dazu ein einfaches Skript, das täglich ausgeführt wird:

```
$Date = Get-Date -Format "yyyy-MM-dd_HH-mm"
Get-MoveRequest | Get-MoveRequestStatistics |
Select DisplayName,Status,PercentComplete,BytesTransferred,TotalInProgressDuration |
Export-Csv "C:\MigrationReports\Migration_$Date.csv" -NoTypeInformation
```

Dieses Skript erstellt eine CSV-Datei mit allen Migrationsdetails, die Sie später auswerten können. Ergänzen Sie das Skript bei Bedarf um eine automatische E-Mail-Benachrichtigung über *Send-MailMessage*, wenn Migrationen fehlerhaft oder hängen geblieben sind. Damit automatisieren Sie die Erfolgskontrolle, ohne manuell alle Batches prüfen zu müssen.

17.3.20 Migration von Archivpostfächern und Wiederherstellung alter Archivdaten

Nach der erfolgreichen Übertragung der Benutzerpostfächer folgt in vielen Organisationen die Migration der Archivpostfächer. Diese werden häufig getrennt von den Hauptpostfächern betrieben und müssen in Exchange SE aktiv zugeordnet werden. In der Regel liegen die Archivpostfächer noch auf dem alten Server *mail01* in der Standarddatenbank oder in einer separaten Archivdatenbank. Exchange SE erkennt diese automatisch, sobald beide Server in derselben Organisation aktiv sind. Überprüfen Sie zunächst, welche Benutzer ein Archivpostfach besitzen:

```
Get-Mailbox -Archive | ft DisplayName,ArchiveDatabase,ArchiveStatus
```

Wenn die Archivpostfächer noch in der alten Datenbank gespeichert sind, können Sie sie einzeln oder in Batches verschieben. Der Befehl lautet:

```
Get-Mailbox -Archive -Server mail01 | New-MoveRequest -TargetDatabase "Mailbox
Database 1795464213" -BatchName "Archiv-Migration"
```

Überwachen Sie den Fortschritt mit:

```
Get-MoveRequest -BatchName "Archiv-Migration" | Get-MoveRequestStatistics | ft
DisplayName,Status,PercentComplete,TotalInProgressDuration
```

Wenn alle Archivpostfächer den Status *Completed* zeigen, löschen Sie die abgeschlossenen Einträge mit:

```
Get-MoveRequest -BatchName "Archiv-Migration" | Remove-MoveRequest
```

In einigen Fällen werden ältere Archivstrukturen nicht automatisch erkannt, vor allem, wenn Benutzer vor längerer Zeit deaktiviert oder Postfächer manuell exportiert wurden. Hier hilft der Befehl *Enable-Mailbox -Archive*, um Archivpostfächer neu zu aktivieren. Anschließend importieren Sie alte PST-Dateien über den Importdienst:

```
New-MailboxImportRequest -Mailbox "Benutzername" -FilePath
"\\fileserver\PST\Benutzername.pst"
```

Prüfen Sie den Status der Importe mit:

```
Get-MailboxImportRequest | Get-MailboxImportRequestStatistics
```

Durch diesen Ablauf werden auch ältere Archivbestände, die bisher extern gespeichert waren, in die neue SE-Umgebung integriert.

Nach Abschluss der Archivmigration sollten Sie die Speicherlimits überprüfen. Setzen Sie die Archivgröße in Abhängigkeit vom Benutzerprofil, beispielsweise:

```
Set-Mailbox -Identity "Benutzername" -ArchiveQuota 100GB -ArchiveWarningQuota 90GB
```

So vermeiden Sie spätere Synchronisationsfehler oder unvollständige Archivierungen.

17.3.21 Übernahme und Kontrolle von Verteilergruppen und dynamischen Gruppen

Nach der Postfach- und Archivmigration ist die Aktualisierung der Gruppenstrukturen erforderlich. Exchange speichert Verteilergruppenobjekte im Active Directory, sie brauchen also nicht verschoben zu werden. Dennoch kann es vorkommen, dass neue Server diese Gruppen erst nach einer AD-Replikation korrekt erkennen. Prüfen Sie die aktiven Verteilergruppen mit:

```
Get-DistributionGroup | ft DisplayName,PrimarySmtpAddress,ManagedBy
```

Kontrollieren Sie anschließend, ob die Gruppenmitgliedschaften synchronisiert sind:

```
Get-DistributionGroupMember "Marketing"
```

Falls einzelne Gruppen nicht sichtbar sind, erzwingen Sie die Replikation auf einem Domänencontroller mit:

```
repadmin /syncall /AdeP
```

Oder stoßen Sie eine manuelle Aktualisierung der Adresslisten an:

```
Update-GlobalAddressList -Identity "Default Global Address List"
Update-OfflineAddressBook "Default Offline Address Book"
```

Dynamische Verteilergruppen, die auf Attributfiltern basieren, sollten Sie prüfen, da Filterausdrücke manchmal auf alte Datenbanknamen oder Serververweise zeigen. Zeigen Sie die Filterregel mit folgendem Befehl an:

```
Get-DynamicDistributionGroup "Support" | fl RecipientFilter
```

Wenn hier noch ein Bezug auf *mail01* oder eine alte Datenbank existiert, aktualisieren Sie den Filter über:

```
Set-DynamicDistributionGroup "Support" -RecipientFilter {(RecipientType -eq
'UserMailbox') -and (Database -eq 'Mailbox Database 1795464213')}
```

Damit stellen Sie sicher, dass alle dynamischen Gruppen ausschließlich Postfächer des neuen Servers berücksichtigen.

17.3.22 Frei/Gebucht-Daten und Kalenderberechtigungen nach der Migration prüfen und neu aufbauen

Nach der Migration der Postfächer zu Exchange SE sollten Sie die Frei/Gebucht-Funktion gründlich überprüfen. Outlook und Teams greifen bei Terminplanung auf diese Informationen zu. Wenn einzelne Postfächer noch auf den alten Server *mail01* verweisen oder veraltete Kalenderberechtigungen besitzen, kann es nach der Migration zu verzögerten oder fehlerhaften Frei/Gebucht-Anzeigen kommen. Die Symptome reichen von »keine Information« bis hin zu stundenlangen Aktualisierungsverzögerungen.

Prüfen Sie zunächst stichprobenartig die Frei/Gebucht-Anzeige eines Benutzers:

```
Test-OutlookConnectivity -ProbeIdentity OutlookRpcSelfTestProbe
```

Zeigt der Test weiterhin *mail01*, obwohl das Postfach auf *mail02* liegt, sollten Sie die virtuellen Verzeichnisse und den Autodiscover-Eintrag des neuen Servers kontrollieren. In vielen Fällen hilft eine Aktualisierung der Autodiscover-URI über:

```
Set-ClientAccessService -Identity mail02 -AutoDiscoverServiceInternalUri
https:// mail.contoso.de/autodiscover/autodiscover.xml
```

Anschließend sollten Sie die Kalenderberechtigungen der Benutzer überprüfen. Verwenden Sie dazu:

```
Get-MailboxFolderPermission "user@contoso.de:\Kalender"
```

Fehlen Berechtigungen oder werden Benutzer als *Unknown* angezeigt, tragen Sie die Freigaben erneut ein. Bei Ressourcenpostfächern sollten Sie zusätzlich alle Buchungsregeln prüfen:

```
Get-CalendarProcessing -Identity "Besprechungsraum Berlin"
```

Ein weiterer wichtiger Punkt ist der Free/Busy Publish Service, der für jeden Benutzer den Frei/Gebucht-Status generiert. Nach einer Migration kann es vorkommen, dass einzelne Postfächer noch Referenzen auf den alten Server besitzen. Führen Sie einen Neuaufbau der Kalenderstruktur durch, indem Sie den folgenden Befehl verwenden:

```
Update-StoreMailboxState -Identity "user@contoso.de"
```

Dies sorgt dafür, dass Exchange SE alle Kalenderstrukturen neu indiziert und die Frei/Gebucht-Daten korrekt veröffentlicht.

In Umgebungen mit öffentlichen Ordnern sollten Sie prüfen, ob Kalenderordner korrekt mit dem neuen Server verknüpft sind. Verwenden Sie:

```
Get-PublicFolder -Recurse | Where-Object {$_.FolderClass -eq "IPF.Appointment"}
```

Wenn alte Verweise bestehen, ordnen Sie die Kalenderordner neu zu oder migrieren Sie sie vollständig auf öffentliche Ordner-Postfächer in Exchange SE.

Zum Abschluss empfiehlt es sich, die Frei/Gebucht-Funktion über Teams zu testen, da Teams den Availability-Service besonders stark nutzt. Tragen Sie nach der Migration einen Testtermin ein und prüfen Sie im Teams-Kalender die Anzeige der Verfügbarkeit anderer Benutzer. Fehler in Frei/Gebucht sind oft ein Hinweis auf unvollständige LegacyDN-Zuordnungen oder SCP-Einträge.

Diese Kontrolle stellt sicher, dass Kalenderfreigaben zuverlässig funktionieren und Outlook/Teams keine falschen Daten mehr aus alten Serverstrukturen abruft. In der Praxis ist dieser Schritt ein zentraler Erfolgsfaktor, damit nach der Migration keine Terminprobleme oder Berechtigungsfehler auftreten.

17.3.23 Offlineadressbuch nach der Migration überprüfen und neu zuweisen

Nach der Migration der Postfächer zu Exchange SE sollten Sie das Offlineadressbuch (OAB) sorgfältig überprüfen. Exchange generiert und verteilt das OAB pro Datenbank. Wenn diese Aufgabe nach der Migration weiterhin auf dem alten Server *mail01* liegt, kann es bei Outlook-Clients zu Verzögerungen kommen oder zum Fehler 0x8004010F (Adressbuch kann nicht heruntergeladen werden). Dieser Fehler tritt immer dann auf, wenn Clients zwar bereits mit *mail02* verbinden, das OAB aber noch durch eine veraltete Version auf dem alten Server bereitgestellt wird.

Prüfen Sie zunächst, auf welchem Server das OAB generiert wird:

```
Get-OfflineAddressBook | fl Name,Server
```

Wenn hier noch *mail01* als generierender Server eingetragen ist, weisen Sie das OAB dem neuen Exchange SE-Server zu:

```
Set-OfflineAddressBook "Default Offline Address Book" -Server mail02
```

Anschließend müssen Sie dafür Sorge tragen, dass jede Exchange-Datenbank auf *mail02* dieses OAB verwendet. Prüfen Sie die Zuordnung mit:

```
Get-MailboxDatabase -Server mail02 | ft Name,OfflineAddressBook
```

Wenn die Datenbanken noch auf ein altes OAB verweisen, setzen Sie das korrekte OAB erneut:

```
Set-MailboxDatabase "Mailbox Database 1795464213" -OfflineAddressBook "Default
Offline Address Book"
```

Zum Abschluss sollten Sie einen manuellen Generierungslauf auslösen:

```
Update-OfflineAddressBook "Default Offline Address Book"
```

Damit wird eine aktuelle Version erzeugt, die alle Änderungen der Migration enthält.

Auf Clientseite kann es notwendig sein, den lokalen OAB-Cache zurückzusetzen, wenn Outlook weiterhin auf den alten Server verweist. Der OAB-Cache liegt unter:

%LocalAppData%\Microsoft\Outlook

Nach dem Löschen der OAB-Dateien lädt Outlook beim nächsten Start die aktuelle Version von Exchange SE herunter.

Testen Sie die OAB-Verfügbarkeit zudem mit:

```
Test-OutlookConnectivity -ProbeIdentity OutlookOABSelfTestProbe
```

Wenn der Test erfolgreich ist, können Outlook-Clients das Offlineadressbuch korrekt über *mail02* beziehen. Dieser Schritt verhindert typische Nach-Migration-Probleme wie unvollständige Adresslisten oder alte Adressen, die noch aus dem OAB von *mail01* stammen.

17.3.24 Migration von Journalpostfächern und Compliance-Daten

Neben Benutzer- und Archivpostfächern müssen in vielen Umgebungen auch Journalpostfächer und Compliance-bezogene Daten übernommen werden. Diese Postfächer dienen der revisionssicheren Aufbewahrung und sind oft Ziel von Transportregeln, die Kopien aller internen oder externen Nachrichten archivieren. Eine unvollständige Migration dieser Postfächer kann dazu führen, dass rechtlich relevante E-Mails verloren gehen oder Compliance-Regeln nicht mehr greifen.

Überprüfen Sie zunächst, ob in Ihrer Umgebung Journalregeln aktiv sind:

```
Get-JournalRule | ft Name,Enabled,Recipient,JournalEmailAddress
```

Die hier angezeigten Empfängeradressen müssen nach der Migration auf den neuen Server *mail02* angepasst werden. Wenn die Journaling-Adresse auf ein Postfach in der alten Datenbank *Mailbox Database 1193969110* verweist, verschieben Sie dieses Journalpostfach wie folgt:

```
Get-Mailbox -Database "Mailbox Database 1193969110" -RecipientTypeDetails
JournalMailbox | New-MoveRequest -TargetDatabase "Mailbox Database 1795464213"
```

Nachdem das Journalpostfach erfolgreich auf *mail02* übertragen wurde, überprüfen Sie mit *Get-MoveRequestStatistics -MoveRequestQueue "mail02" | ft DisplayName,Status*, dass der Status *Completed* lautet, und entfernen Sie abgeschlossene Requests anschließend:

```
Get-MoveRequest | Remove-MoveRequest
```

Falls Ihr Unternehmen ein zentrales Archivsystem eines Drittanbieters verwendet, das Journalpostfächer per SMTP abholt, muss dort der neue FQDN des Exchange SE-Servers hinterlegt werden. Prüfen Sie auch die zugehörigen Connectors, damit Nachrichten weiterhin ohne Unterbrechung an das Journalsystem zugestellt werden.

Nach der Migration sollten Sie eine Testmail über die Exchange Management Shell versenden, um die Verarbeitung der Journalregel zu überprüfen:

```
New-MailMessage -From admin@contoso.de -To user@contoso.de -Subject "Journal-
Test" -Body "Testmail nach Migration" -SmtpServer mail02.contoso.de
```

Kontrollieren Sie anschließend, ob die E-Mail im Journalpostfach oder Archivsystem ankommt. Auf diese Weise stellen Sie sicher, dass alle Journaling-Prozesse auch nach der Migration rechtskonform weiterlaufen.

17.3.25 Protokoll- und Nachrichtenjournalisierung nach der Migration prüfen

Ein häufig übersehener, aber entscheidender Schritt nach der Migration zu Exchange SE ist die Kontrolle der Protokollierung und Nachrichtenjournalisierung. Diese Funktion ist besonders relevant in Unternehmen, die E-Mails zu Überwachungs-, Sicherheits- oder Compliance-Zwecken aufzeichnen müssen. Nach einer Migration bleiben viele Journal- und Transportlog-Einstellungen im Active Directory gespeichert, verweisen jedoch noch auf alte Pfade oder Servernamen. Dadurch können Protokolle unvollständig bleiben oder Exchange SE erzeugt doppelte Journaleinträge.

Überprüfen Sie zunächst die aktuellen Einstellungen der Nachrichtenverfolgung. Auf dem neuen Server *mail02* können Sie die Protokollierung mit folgendem Befehl kontrollieren:

```
Get-TransportService mail02 | fl
MessageTrackingLogEnabled,MessageTrackingLogPath,MessageTrackingLogMaxAge,
MessageTrackingLogMaxDirectorySize
```

Wenn das Feld *MessageTrackingLogPath* noch auf ein altes Verzeichnis verweist (etwa *C:\Program Files\Microsoft\Exchange Server\V15\TransportRoles\Logs*), können Sie einen neuen Speicherort auf einem dedizierten Laufwerk definieren:

```
Set-TransportService mail02 -MessageTrackingLogPath "E:\TransportLogs"
Restart-Service MSExchangeTransport
```

Dadurch zeichnet Exchange SE die Nachrichtenprotokolle korrekt auf und überschreibt ältere Logs aus der 2019er-Instanz nicht.

Anschließend prüfen Sie die Konfiguration der Journaleinstellungen, ob E-Mails weiterhin ordnungsgemäß archiviert werden. Dazu verwenden Sie den Befehl:

```
Get-JournalRule | ft Name,Enabled,JournalEmailAddress,Recipient,Scope
```

Wenn hier noch der alte Server oder ein altes Postfach auf *mail01* als Journaling-Ziel eingetragen ist, passen Sie die Regel an:

```
Set-JournalRule -Identity "Standard Journaling" -JournalEmailAddress
journal@contoso.de -Scope Global
```

Führen Sie anschließend einen Test durch, indem Sie eine interne und eine externe Testmail versenden und prüfen, ob beide korrekt im Journalpostfach oder Archivsystem ankommen.

Zur Kontrolle kann das Nachrichtenprotokoll durchsucht werden:

```
Get-MessageTrackingLog -Recipients journal@contoso.de -Start
(Get-Date).AddMinutes(-10)
```

Falls ein zentrales DLP- oder Archivsystem verwendet wird, überprüfen Sie dort, ob Nachrichten aus der neuen SE-Instanz erkannt und verarbeitet werden. Einige Systeme benötigen eine Anpassung der SMTP-Header oder Authentifizierung, wenn Exchange SE mit neuen Zertifikaten arbeitet.

Abschließend sollte das interne Audit Logging überprüft werden. Das geht mit folgendem Befehl:

```
Set-AdminAuditLogConfig -AdminAuditLogEnabled $true -AdminAuditLogCmdlets *
-AdminAuditLogParameters *
```

Damit dokumentiert Exchange SE administrative Änderungen, die nach der Migration durchgeführt werden. Die Protokolle werden im *AdminAuditLogMailbox* gespeichert und lassen sich mit *Search-AdminAuditLog* auswerten.

Diese Überprüfung stellt sicher, dass alle E-Mail-Transaktionen und administrativen Änderungen nach der Migration vollständig und nachvollziehbar protokolliert werden. Das ist nicht nur für den operativen Betrieb, sondern auch für rechtliche Prüfungen (z. B. DSGVO oder ISO 27001) relevant.

17.3.26 Migration von Transportregeln, Adressrichtlinien und Disclaimer-Texten

Nach der Postfach- und Journalmigration sollten Sie die Transportregeln und Richtlinien der Organisation auf den neuen Server übernehmen. Exchange speichert diese Objekte zentral im Active Directory, sie werden beim Hinzufügen von Exchange SE zwar automatisch übernommen, sollten aber nach jeder Migration überprüft werden.

Listen Sie die bestehenden Regeln auf:

```
Get-TransportRule | ft Name,Mode,Enabled,Priority
```

Wenn auf *mail02* noch keine Regeln vorhanden sind, exportieren Sie sie von *mail01*:

```
Export-TransportRuleCollection -FileName "C:\Temp\TransportRules.xml"
```

Und importieren Sie sie auf *mail02* wieder:

```
[byte[]]$Data = Get-Content -Path "C:\Temp\TransportRules.xml" -Encoding Byte
-ReadCount 0

Import-TransportRuleCollection -FileData $Data
```

Damit werden alle Regeln einschließlich Disclaimer, Spamfilter-Aktionen und Weiterleitungsrichtlinien auf dem neuen Server wiederhergestellt.

Überprüfen Sie nach dem Import, ob die Richtlinien weiterhin aktiv sind, und versenden Sie Testmails, um die Funktionsfähigkeit zu prüfen.

Auch Adressrichtlinien und E-Mail-Adressvorlagen sollten kontrolliert werden, da Exchange SE hier dieselben Objekte nutzt wie Exchange 2019. Prüfen Sie diese mit:

```
Get-EmailAddressPolicy | ft Name,EnabledPrimarySMTPAddressTemplate
```

Falls Ihre Organisation neue Domains hinzufügt oder abweichende Namenskonventionen verwendet, können Sie Adressrichtlinien nachträglich aktualisieren:

```
Set-EmailAddressPolicy "Default Policy" -EnabledEmailAddressTemplates
"SMTP:@contoso.de","smtp:@contoso.com"

Update-EmailAddressPolicy -Identity "Default Policy"
```

Damit werden die neuen Adressen automatisch auf alle Benutzer angewendet.

Vergessen Sie außerdem nicht, benutzerdefinierte Disclaimer oder Fußzeilenregeln zu prüfen, die häufig über Transportregeln oder Exchange Online-Richtlinien eingebunden sind. Wenn Sie HTML-basierte Disclaimer nutzen, exportieren Sie sie separat und hinterlegen Sie sie im Importskript erneut, damit Formatierungen nicht verloren gehen.

17.3.27 Weiterleitungen und Umleitungsziele nach der Migration überprüfen

Nach der Migration von Postfächern zu Exchange SE sollten Sie gezielt alle Weiterleitungen und Umleitungsziele überprüfen, die in der Organisation aktiv sind. Diese Einstellungen werden häufig über einen langen Zeitraum hinweg auf Benutzerebene, Datenbankebene oder über Transportregeln konfiguriert und können nach der Migration zu unerwartetem Verhalten führen. Problematisch sind Weiterleitungen, die direkt auf den alten Server *mail01* oder auf veraltete LegacyDN-Werte verweisen.

Beginnen Sie mit der Prüfung aller im Benutzerobjekt definierten Weiterleitungen. Exchange zeigt diese Einstellungen über das Attribut *ForwardingAddress* an:

```
Get-Mailbox | Where-Object {$_.ForwardingAddress -ne $null} | ft
DisplayName,ForwardingAddress,DeliverToMailboxAndForward
```

Wenn Weiterleitungen auf alte oder ungültige Ziele verweisen, korrigieren Sie diese im Anschluss mit *Set-Mailbox*. Beachten Sie, dass Weiterleitungen zu externen Empfängern oft eine explizite Genehmigung erfordern. Überprüfen Sie daher zusätzlich die Gültigkeit der externen Zieladressen.

Neben der Postfachweiterleitung existiert SMTP-Weiterleitung, die direkt im Postfachobjekt konfiguriert ist und Nachrichten an eine alternative interne oder externe Adresse sendet. Zeigen Sie diese Konfiguration mit folgendem Befehl an:

```
Get-Mailbox | Where-Object {$_.ForwardingSmtpAddress -ne $null} | ft
DisplayName,ForwardingSmtpAddress
```

In vielen Umgebungen finden Sie hier Einträge mit alten On-Premises-Adressen, die nach der Migration nicht mehr gültig sind. Passen Sie sie entweder auf interne Adressen des neuen Servers an oder entfernen Sie sie vollständig.

Ein weiterer wichtiger Punkt betrifft Weiterleitungen, die über Transportregeln eingerichtet wurden. Diese Regeln werden in komplexen Umgebungen häufig genutzt, um Support-Postfächer, Funktionspostfächer oder Shared Mailboxes automatisch mit Kopien bestimmter Nachrichten zu versorgen. Ermitteln Sie diese Regeln über:

```
Get-TransportRule | Where-Object {$_.Actions -like "*RedirectMessageTo*"} | ft
Name,Actions
```

Prüfen Sie anschließend, ob die definierten Ziele noch existieren und nach der Migration korrekt erreichbar sind. Wenn Transportregeln Umleitungen auf Postfächer in alten Datenbanken verwenden, aktualisieren Sie die Ziele auf die neuen Postfächer in der Datenbank *Mailbox Database 1795464213*.

Auch Weiterleitungen auf Ebene der öffentlichen Ordner müssen kontrolliert werden, da sie nach der Migration auf moderne öffentliche Ordner-Postfächer gelegentlich nicht mehr korrekt funktionieren. Verwenden Sie dazu:

```
Get-PublicFolder -Recurse | Where-Object {$_.MailEnabled -eq $true} |
Get-MailPublicFolder | ft Name,ForwardingAddress
```

Wenn ein Ordner auf eine alte Adresse zeigt, setzen Sie das Ziel mit *Set-MailPublicFolder* neu.

Zum Abschluss empfiehlt es sich, alle globalen Umleitungsmechanismen zu testen. Senden Sie dazu Nachrichten an Beispielempfänger mit Weiterleitung und prüfen Sie den Nachrichtenfluss über das Message Tracking:

```
Get-MessageTrackingLog -Recipients user@contoso.de -Start (Get-
Date).AddMinutes(-15)
```

Kontrollieren Sie, ob die Weiterleitungen korrekt aufgelöst werden und keine Schleifen oder doppelten Zustellungen entstehen.

Damit sorgen Sie dafür, dass Benutzer, Gruppen und Systeme nach der Migration keine Nachrichten verlieren und alle automatisierten Weiterleitungsmechanismen korrekt arbeiten. Gerade in Unternehmen, die viele Rollenpostfächer oder automatisierte Posteingänge betreiben, ist dieser Schritt unerlässlich.

17.3.28 Postfachdelegationen und Berechtigungsbeziehungen nach der Migration prüfen

Nach einer erfolgreichen Migration von Postfächern zu Exchange SE sollten Sie gezielt die Postfachdelegationen und Berechtigungen prüfen, da diese häufig Ursache für nachgelagerte Supportfälle sind. Besonders bei Berechtigungen vom Typ *Full Access*, *Send As* und *Send on Behalf* kommt es nach dem Wechsel auf einen neuen Server gelegentlich zu Inkonsistenzen in den Zugriffslisten.

Überprüfen Sie alle Vollzugriffsrechte mit folgendem Befehl:

```
Get-MailboxPermission -Identity "Benutzername" | Where-Object {$_.AccessRights
-eq "FullAccess"} | ft User,AccessRights,IsInherited
```

Zeigt die Ausgabe veraltete Einträge oder unbekannte Benutzerobjekte, entfernen Sie sie und weisen Sie die Berechtigung neu zu:

```
Remove-MailboxPermission -Identity "Benutzername" -User "Unbekannt"

Add-MailboxPermission -Identity "Benutzername" -User "assistent@contoso.de"
-AccessRights FullAccess
```

Prüfen Sie ebenso die Berechtigungen für das Senden im Auftrag und das Senden als anderer Benutzer:

```
Get-RecipientPermission -Identity "Benutzername"
```

und setzen Sie fehlerhafte Zuweisungen bei Bedarf neu:

```
Add-RecipientPermission -Identity "Benutzername" -Trustee "manager@contoso.de"
-AccessRights SendAs
```

Bei gemeinsam genutzten Postfächern oder Kalendern kann es vorkommen, dass Outlook-Berechtigungen zwar noch bestehen, aber nicht synchron zur Exchange-Datenbank sind. In diesem Fall löschen Sie den Berechtigungseintrag im Client und fügen ihn über die Exchange Management Shell erneut hinzu. Für freigegebene Kalender gilt:

```
Get-MailboxFolderPermission "user@contoso.de:\Kalender"
Add-MailboxFolderPermission "user@contoso.de:\Kalender" -User
"assistenz@contoso.de" -AccessRights Editor
```

Führen Sie diesen Abgleich für alle gemeinsam genutzten Postfächer, Projekt- oder Abteilungs-Postfächer durch, bevor Sie den alten Server endgültig entfernen.

17.3.29 Suchindex neu aufbauen und Suchleistung nach Migration optimieren

Nach umfangreichen Postfachverschiebungen kann es passieren, dass der Suchindex der Datenbank auf dem neuen Server *mail02* unvollständig oder veraltet ist. Symptome sind verzögerte Suchergebnisse oder unvollständige Treffer in Outlook und OWA. Exchange SE legt den Suchindex pro Datenbank an und aktualisiert ihn asynchron. In produktiven Umgebungen sollten Sie den Zustand regelmäßig kontrollieren. Prüfen Sie den Status der Indizes mit:

```
Get-MailboxDatabaseCopyStatus | ft Name,ContentIndexState
```

Wenn der Status *Failed* oder *FailedAndSuspended* angezeigt wird, lässt sich der Index gezielt neu aufbauen:

```
Update-MailboxDatabaseCopy -Identity "Mailbox Database 1795464213" -CatalogOnly
```

In Exchange SE erfolgt der Neuaufbau deutlich schneller als in Exchange 2019, da Microsoft die Index-Engine optimiert hat und ReFS-Dateisysteme bevorzugt nutzt.

Während der Indizierung bleibt der Zugriff auf Postfächer uneingeschränkt möglich. Planen Sie den Vorgang aber außerhalb der Hauptarbeitszeiten, um Lastspitzen zu vermeiden.

In der Praxis hilft eine zusätzliche Kontrolle über die Ereignisanzeige. Suchen Sie im Protokoll *Application* nach der Ereignis-ID *109* und Quelle *MSExchangeFastSearch* – sie bestätigt, dass der Index erfolgreich erstellt wurde.

17.3.30 Protokollierung und Analyse der Benutzeranmeldungen nach der Migration

Nach einer größeren Migration lohnt es sich, die Anmeldeaktivitäten der Benutzer zu analysieren. So erkennen Sie verwaiste Konten, Clients mit fehlerhaften Autodiscover-Einträgen oder Benutzer, die sich noch auf dem alten Server anmelden. Exchange SE bietet dafür das Cmdlet *Get-LogonStatistics*, das alle aktiven Verbindungen anzeigt. Führen Sie den folgenden Befehl auf *mail02* aus:

```
Get-LogonStatistics -Server mail02 | Select
UserName,DatabaseName,ClientName,ClientVersion,LastAccessTime | Sort-Object
UserName
```

Einträge, die noch auf *mail01* verweisen, deuten auf falsch konfigurierte Profile oder fehlerhafte Autodiscover-Caches hin. Leeren Sie in diesem Fall den Autodiscover-Cache des Benutzers oder prüfen Sie, ob SCP-Einträge in Active Directory korrekt auf den neuen Server zeigen.

Zur langfristigen Kontrolle können Sie das Cmdlet in ein automatisiertes Skript einbinden, das täglich eine CSV-Datei erstellt:

```
Get-LogonStatistics -Server mail02 | Export-Csv "C:\Reports\Logons_$(Get-Date
-Format yyyy-MM-dd).csv" -NoTypeInformation
```

Damit dokumentieren Sie die Anmeldeaktivität aller Benutzer und erkennen sofort, ob sich einzelne Postfächer nicht verbinden oder veraltete Outlook-Clients im Einsatz sind.

17.3.31 Migration und Kontrolle mobiler Geräte über Exchange ActiveSync

Nach der Postfachmigration zu Exchange SE müssen auch mobile Geräte (Smartphones, Tablets) überprüft werden, die über ActiveSync angebunden sind. Outlook Mobile oder native Mail-Apps synchronisieren sich über Autodiscover automatisch mit dem neuen Server, ältere Geräte benötigen jedoch gelegentlich eine erneute Anmeldung.

Ermitteln Sie zunächst die vorhandenen Gerätepartnerschaften eines Benutzers:

```
Get-MobileDevice -Mailbox "user@contoso.de" | ft
FriendlyName,DeviceType,DeviceOS,LastSuccessSync
```

Wenn Geräte doppelt aufgeführt sind oder keine aktuelle Synchronisation zeigen, entfernen Sie alte Einträge:

```
Get-MobileDevice -Mailbox "user@contoso.de" | Remove-MobileDevice
```

Beim nächsten Öffnen der Mail-App erstellt das Gerät automatisch eine neue Partnerschaft mit *mail02*.

Achten Sie außerdem darauf, dass Geräte mit veralteten TLS-Protokollen (älter als TLS 1.2) keine Verbindung mehr aufbauen können. In solchen Fällen hilft nur ein Client-Update oder das Einrichten der modernen Outlook-Mobile-App, die OAuth unterstützt.

Für eine zentrale Kontrolle können Sie die Synchronisationsstatistik aller Benutzer auswerten:

```
Get-MobileDeviceStatistics -Server mail02 | ft
Identity,LastSyncAttemptTime,LastSuccessSync
```

So erkennen Sie, welche Geräte seit der Migration nicht mehr synchronisiert wurden.

17.3.32 Migration von Anwendungskonten und SMTP-Relay-Systemen

Neben Benutzerpostfächern und Freigaben müssen während einer Migration zu Exchange SE alle Systeme berücksichtigt werden, die automatisiert E-Mails versenden. Dazu gehören Scanner, Multifunktionsgeräte, Backup-Lösungen, ERP- und CRM-Systeme, Monitoring-Dienste oder Skripts, die Berichte oder Warnungen per SMTP verschicken. In den meisten Umgebungen senden diese Systeme noch über den alten Server *mail01* oder verwenden dessen IP-Adresse bzw. Hostnamen in der Konfiguration. Wird dieser Server nach der Migration abgeschaltet, schlagen Versandversuche sofort fehl.

Identifizieren Sie daher alle Geräte und Dienste, die E-Mails versenden, und prüfen Sie, welche Verbindungsmethode sie nutzen: anonymes internes Relay, SMTP-Authentifizierung oder SMTPS mit Zertifikat. Listen Sie vorhandene Relay-Bereiche über die Exchange Management Shell auf:

```
Get-ReceiveConnector -Server mail01 | ft
Name,Bindings,RemoteIPRanges,AuthMechanism,PermissionGroups
```

Erstellen Sie auf *mail02* einen äquivalenten Connector für interne Systeme. Ein typischer interner Relay-Connector sieht wie folgt aus:

```
New-ReceiveConnector -Name "Internal Relay" -Server mail02 -Bindings 0.0.0.0:25 `
-RemoteIPRanges 10.0.0.0/16 -PermissionGroups AnonymousUsers `
-AuthMechanism ExternalAuthoritative
```

Stimmen Sie die IP-Ranges exakt auf Ihre Umgebung ab. Fehler in diesem Bereich führen häufig zu 5.7.1- oder 5.7.54-Zustellfehlern. Nach der Konfiguration sollten Sie jedes Gerät einzeln umstellen, indem Sie die SMTP-Adresse auf den FQDN von *mail02* oder auf eine neutrale Adresse wie *mail.contoso.de* ändern.

Prüfen Sie anschließend mit einer Testmail, ob das Relay korrekt funktioniert:

```
Send-MailMessage -From scanner@contoso.de -To admin@contoso.de -Subject
"SMTP-Test" -Body "Test nach Migration" -SmtpServer mail02.contoso.de
```

Viele Drittanbieter-Anwendungen speichern SMTP-Verbindungen intern im Format Legacy FQDN oder sogar als alte IPv4-Adressen. Diese müssen Sie manuell anpassen, da die Migration von Exchange diese Einträge nicht automatisch aktualisiert. In der Praxis betrifft dies besonders Geräte wie Multifunktionsscanner, die oft noch auf *mail01.contoso.local* oder sogar *10.0.1.20* verweisen.

Wenn Ihr Unternehmen Cloud-Dienste nutzt (z. B. Jira, ServiceNow oder Backup-Systeme), sollten Sie prüfen, ob sie weiterhin über SMTP senden dürfen oder künftig über Exchange Online eingebunden werden. Bei Modern-Auth-Pflicht (Basic Auth wurde 2023 deaktiviert) müssen Sie für solche Systeme ggf. App-Kennwörter oder SMTP-Relay über Exchange Online Protection konfigurieren.

Zum Abschluss sollten Sie mit einer einfachen PowerShell-Abfrage prüfen, ob noch Nachrichten an alte Server adressiert werden. Das gelingt über das Nachrichtenprotokoll:

```
Get-MessageTrackingLog -Server mail01 -Start (Get-Date).AddHours(-1) | ft
Sender,Recipients,ClientHostname
```

Wenn hier weiterhin Einträge auftauchen, verwenden noch Systeme den alten Server. Erst wenn keine SMTP-Verbindungen mehr bei *mail01* eingehen, können Sie sicher sein, dass alle Applikationen erfolgreich auf Exchange SE umgestellt wurden.

17.3.33 Migration öffentlicher Ordner in gemischten Organisationen

In vielen Exchange-Umgebungen existieren noch klassische öffentliche Ordner, die in früheren Versionen als Kommunikations- und Ablagebereiche genutzt wurden. Diese Strukturen müssen bei der Migration zu Exchange SE besonders sorgfältig behandelt werden, da Exchange SE nur noch moderne öffentliche Ordner unterstützt, die in Postfächern gespeichert werden.

Bevor Sie die Migration beginnen, prüfen Sie, ob alle öffentlichen Ordner in Postfächern organisiert sind oder ob noch Datenbanken im alten Format vorhanden sind:

```
Get-PublicFolderDatabase
```

Wenn das Ergebnis leer bleibt, sind alle öffentlichen Ordner bereits auf moderne Postfächer migriert. Sollte hier jedoch noch eine Datenbank erscheinen, müssen Sie diese zunächst auflösen. Nutzen Sie dazu die von Microsoft bereitgestellten Skripts *Export-PublicFolderStatistics.ps1* und *PublicFolderToMailboxMapGenerator.ps1*, die im Installationsverzeichnis unter Scripts zu finden sind.

Sichern Sie anschließend die Inhalte und führen Sie die Migration in die neue Umgebung durch:

```
New-PublicFolderMigrationRequest -SourceDatabase "Mailbox Database 1193969110"
-CSVData (Get-Content "C:\PFMigration\PublicFolderMapping.csv" -Encoding Byte)
```

Überwachen Sie den Status mit:

```
Get-PublicFolderMigrationRequest | Get-PublicFolderMigrationRequestStatistics
-IncludeReport | fl
```

Nach erfolgreichem Abschluss können Sie auf *mail02* neue öffentliche Ordner-Postfächer anlegen und prüfen, ob alle Hierarchien und Zugriffsrechte übernommen wurden.

In gemischten Organisationen mit Exchange Online sollten Sie prüfen, ob die Ordnerstruktur synchronisiert werden soll. In diesem Fall aktivieren Sie den Hybrid-Zugriff über:

```
Set-OrganizationConfig -PublicFoldersEnabled Remote -RemotePublicFolderMailboxes
PFMailbox
```

Damit können lokale Benutzer weiterhin auf öffentliche Ordner zugreifen, auch wenn sie teilweise in der Cloud liegen.

17.3.34 Migration von Unified Messaging und Voicemail-Integrationen

Organisationen, die Exchange in Verbindung mit Telefonanlagen oder Teams Direct Routing betreiben, müssen nach der Migration dafür Sorge tragen, dass Voicemail-Benachrichtigungen und Sprachmails weiterhin funktionieren. Exchange SE enthält keine eigene Unified-Messaging-Rolle mehr, weshalb die Integration über SMTP oder Teams Phone System erfolgt.

Prüfen Sie, ob Ihre Telefonanlage Nachrichten noch an den alten Server *mail01* sendet. Ändern Sie in diesem Fall den Ziel-FQDN auf *mail02.contoso.de* oder auf einen gemeinsamen DNS-Alias, z. B. *mail.contoso.de*, der auf beide Server zeigt.

Für SIP-basierte Systeme gilt: Exchange SE kommuniziert ausschließlich über SMTP und HTTPS. Verwenden Sie daher Connectors, die den Voicemail-Traffic korrekt annehmen:

```
New-ReceiveConnector -Name "Voicemail Gateway" -Server mail02 -RemoteIPRanges
<IP-Adresse der TK-Anlage> -Bindings 0.0.0.0:25 -AuthMechanism TLS,
ExternalAuthoritative -PermissionGroups ExchangeServers
```

Testen Sie anschließend die Zustellung, indem Sie eine Voicemail an ein Benutzerpostfach senden und im Posteingang kontrollieren, ob die E-Mail mit der Betreffzeile *Voice Message* eingeht.

Wenn Ihre Umgebung auf Microsoft Teams Phone System basiert, wird die Voicemail-Funktion automatisch über Exchange Online abgewickelt. Lokale Postfächer werden in diesem Fall über das Hybrid Routing adressiert. Prüfen Sie daher regelmäßig den Connectorstatus mit:

```
Test-HybridMailflow
```

Damit gewährleisten Sie, dass Teams-Sprachnachrichten weiterhin in den Posteingängen der Benutzer ankommen.

17.3.35 Interner Failover-Test und Validierung des Migrationsstatus

Nach Abschluss der Postfachmigration ist ein interner Failover-Test sinnvoll, ob die Exchange SE-Umgebung stabil arbeitet. Simulieren Sie dazu einen geplanten Ausfall des alten Servers *mail01*. Deaktivieren Sie vorübergehend den Transportdienst oder trennen Sie die Netzwerkverbindung.

Ob alle Dienste auf *mail02* korrekt übernehmen und der Mailfluss aufrechterhalten bleibt, überwachen Sie währenddessen mit:

```
Test-ServiceHealth
Get-MailboxDatabaseCopyStatus
Test-Mailflow
```

Ein erfolgreicher Test zeigt, dass keine Abhängigkeiten mehr zum alten Server bestehen. Dokumentieren Sie die Ergebnisse und halten Sie fest, welche Dienste automatisch umgeschaltet wurden und wo manuelle Anpassungen erforderlich waren.

Nach dem Failover-Test aktivieren Sie *mail01* wieder und kontrollieren, ob die Replikation der Postfächer unverändert funktioniert. Verwenden Sie dafür:

```
Get-MailboxDatabaseCopyStatus -Server mail02 | ft
Name,CopyQueueLength,ReplayQueueLength
```

Ein Wert von 0 oder 1 für beide Spalten zeigt eine vollständige Synchronisation an.

17.3.36 Nachbereitung, Monitoring und Abschlussbericht

Nach der vollständigen Migration zu Exchange SE sollte die Umgebung systematisch überwacht werden, um Stabilität und Performance langfristig zu gewährleisten. Erstellen Sie regelmäßige Berichte, die den Zustand der Server, Datenbanken und Connectors erfassen.

Das wichtigste Werkzeug bleibt *HealthChecker.ps1*, das Sie bereits in der Vorbereitungsphase verwendet haben. Führen Sie das Skript nach jeder größeren Migrationswelle erneut aus, um Buildstände, TLS-Konfiguration, Zertifikatsstatus und Dienste zu prüfen:

```
.\HealthChecker.ps1 -BuildHtmlServersReport
```

Die erzeugten HTML-Berichte lassen sich als Nachweis der erfolgreichen Migration archivieren.

Ergänzend sollten Sie das interne Monitoring aktivieren. Mit dem Cmdlet *Get-ServerHealth -Identity mail02* sehen Sie den Zustand aller Exchange-Komponenten. Verwenden Sie zusätzlich *Get-ServerComponentState -Identity mail02*, um den aktiven Status jeder Rolle abzufragen. Wenn einzelne Komponenten auf »Inactive« stehen, aktivieren Sie sie mit:

```
Set-ServerComponentState -Identity mail02 -Component HubTransport -State Active
-Requester Maintenance
```

Nach Abschluss der Migration empfiehlt es sich, einen Abschlussbericht zu erstellen, der alle relevanten Prüfpunkte dokumentiert, inklusive Postfachanzahl, Migrationsdauer, aufgetretener Fehler, neu zugewiesener Zertifikate und Anpassungen an Connectors. Dieses Protokoll sollte als offizieller Nachweis für den erfolgreichen Abschluss des Projekts archiviert werden.

17.3.37 Weitere Aufgaben nach der Migration durchführen

Parallel zu den Aktionen, die ich in den vorhergehenden Abschnitten beschrieben habe, gibt es weitere Dinge, die Sie bei der Migration berücksichtigen sollten.

17.3.38 Connectors anpassen

Damit der neue Exchange-Server die Sendeconnectors nutzen kann und die Empfangsconnectors ebenfalls mit dem neuen Server zusammenarbeiten, können Sie auch im Exchange Admin Center bei Nachrichtenfluss den neuen Exchange-Server als Quell- beziehungsweise als Zielserver eintragen. Überprüfen Sie alle Connectors und tragen Sie den neuen Exchange-Server ein. Entfernen Sie später Exchange 2016/2019 aus der Organisation, sollten Sie vorher wiederum den alten Server aus den Connectors entfernen.

Überprüfen Sie alle Einstellungen aller Connectors und tragen Sie den neuen Server ein. Teilweise müssen Sie noch Grenzwerte anpassen, vor allem bei den Empfangsconnectors des neuen Exchange-Servers. Hier überprüfen Sie die Optionen, die zum Beispiel auch auf den Empfangsconnectors des bisherigen Servers eingetragen sind.

Generell sollten Sie im Exchange Admin Center alle Einstellungen des Servers mit den Einstellungen des alten Servers vergleichen und sie angleichen.

Überprüfen Sie Ihre Firewall-Regeln und DNS-Einträge. Hier werden oft externe Zugriffe über DNS gesteuert. Als IP-Adresse ist der alte Exchange-Server eingetragen. Wechseln Sie die Einträge, damit sie auf den neuen Server zeigen. Das gilt vor allem für den externen Zugriff, SMTP-Regeln und Autodiscover-Einträge.

Sorgen Sie dafür, dass auf Geräten, die E-Mails an den Server senden, zum Beispiel Scanner oder Faxserver, ebenfalls der neue Server eingetragen wird, und testen Sie, ob die entsprechende Funktion noch gegeben ist.

Verschieben Sie zeitnah die Postfächer und schließen Sie die Migration ab, sollten Sie an dieser Stelle den alten Exchange-Server aus den Bereichsdefinitionen der Sendeconnectors entfernen.

17.3.39 URLs, Zertifikate und Webzugriffe steuern

Wollen Sie für den Zugriff auf Outlook Web App, Exchange ActiveSync und andere Dienste für die neuen Exchange-Server mit Exchange SE dieselben URLs verwenden wie beim Einsatz der vorherigen Version, sollten Sie die Zertifikate auf den ursprünglichen Exchange-Servern exportieren und auf dem neuen Exchange-Server mit Exchange SE importieren. Grundsätzlich können also auch die alten Zertifikate weiterverwendet werden. Wichtig ist jedoch, dass die Zertifikate-Konfiguration auf den alten und auf den neuen Servern optimal vorgenommen wurde, bevor Sie Benutzer auf die neuen Server umstellen.

Dazu verwenden Sie am besten das Verwaltungsprogramm für Zertifikate, das Sie über den Befehl *certlm.msc* starten. Exchange-Zertifikate können Sie auch im Exchange Admin Center exportieren. Dazu wählen Sie bei *Server/Zertifikate* den alten Server aus und exportieren das Zertifikat über *Exchange-Zertifikat exportieren*. Die Option ist über die drei Punkte im oberen Bereich zu finden.

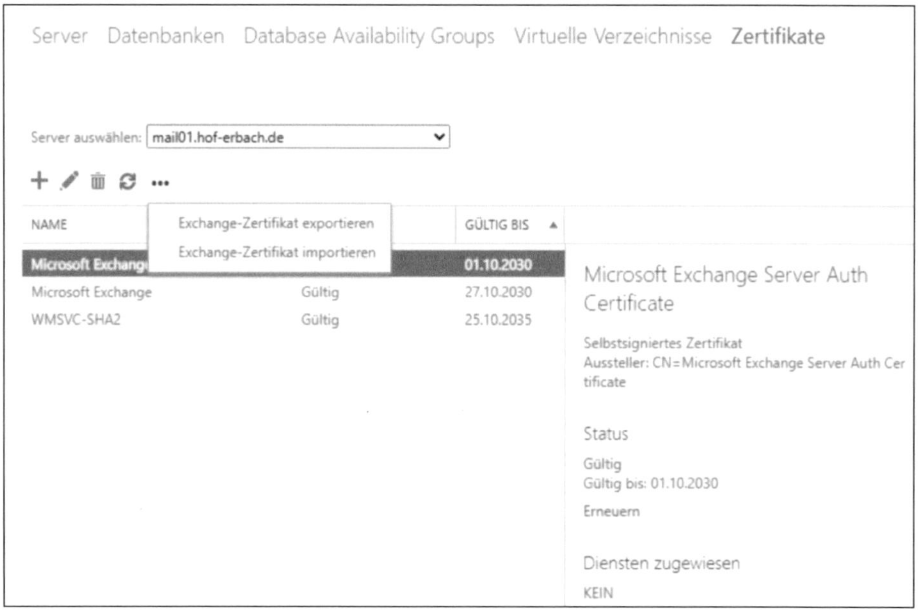

Abb. 17.5 Exportieren von Exchange-Zertifikaten

Um auf dem neuen Exchange SE-Server dieselben URLs zu verwenden, haben Sie auch die Möglichkeit, die Exchange Management Shell zu verwenden. Das exportierte Zertifikat importieren Sie auf dem Exchange SE-Server und weisen ihm, zum Beispiel im Exchange Admin Center, die Exchange-Dienste zu, die Sie nutzen wollen. Die Vorgehensweise dazu ist in Kapitel 3 zu finden.

Das Umstellen der URLs kann mit einem Skript erfolgen. Dazu können Sie zum Beispiel folgende Befehle verwenden:

```
Get-OwaVirtualDirectory -Server <Exchange-Server> | Set-OwaVirtualDirectory
-InternalUrl <Interne URL> -ExternalUrl <Externe URL>
Get-EcpVirtualDirectory -Server <Exchange-Server> | Set-EcpVirtualDirectory
-InternalUrl <Interne URL> -ExternalUrl <Externe URL>
Get-WebServicesVirtualDirectory -Server <Exchange-Server> |
Set-WebServicesVirtualDirectory -InternalUrl <Interne URL> -ExternalUrl <Externe URL>
Get-ActiveSyncVirtualDirectory -Server <Exchange-Server>  |
Set-ActiveSyncVirtualDirectory -InternalUrl <Interne URL> -ExternalUrl <Externe URL>
Get-OabVirtualDirectory -Server <Exchange-Server> | Set-OabVirtualDirectory
-InternalUrl <Interne URL> -ExternalUrl <Externe URL>
Get-MapiVirtualDirectory -Server <Exchange-Server> | Set-MapiVirtualDirectory
-InternalUrl <Interne URL> -ExternalUrl <Externe URL>
Get-OutlookAnywhere -Server <Exchange-Server> | Set-OutlookAnywhere -ExternalHostname
<Externer Hostname> -InternalHostname <Interner Hostname>
-ExternalClientsRequireSsl:$true -InternalClientsRequireSsl:$true
```

```
-ExternalClientAuthenticationMethod 'Negotiate'
Get-ClientAccessService <Exchange-Server> | Set-ClientAccessService
-AutoDiscoverServiceInternalUri <Autodiscover-URL>
```

Dadurch können Sie auf dem neuen Exchange-Server zum Beispiel dieselben URLs verwenden wie auf dem alten Exchange-Server. Nutzen Sie für den internen und externen Zugriff zum Beispiel den Namen *outlook.contoso.de*, dann können Sie diesen an den neuen Server binden, bevor Sie Benutzer verschieben.

In der Exchange Management Shell von Exchange SE können Sie mit dem Cmdlet *Get-ExchangeServer* die alten und die neuen Exchange-Server anzeigen lassen. Hier sind auch die Exchange-Versionen zu sehen.

Verwaltungsaufgaben in der Organisation sollten Sie möglichst immer im Exchange Admin Center von Exchange SE durchführen. Dieses ist auch kompatibel mit Exchange 2019.

Nachdem Sie Exchange SE installiert und konfiguriert haben, wie in den vorhergehenden Abschnitten beschrieben, sollten Sie im Exchange Admin Center auch die Konfiguration der Zertifikate vornehmen. Hier gehen Sie ebenfalls genauso vor wie bei der Neuinstallation von Exchange SE. Die Vorgehensweise habe ich in Kapitel 2 und Kapitel 3 beschrieben.

Im Exchange Admin Center von Exchange SE sehen Sie im Bereich *Server* den neuen Server mit Exchange SE, aber auch die älteren Exchange-Server. Überprüfen Sie hier die Versionsnummern. In der Exchange Management Shell überprüfen Sie den Server mit *Get-ExchangeServer*.

Um das webbasierte Exchange Admin Center von Exchange SE aufzurufen, verwenden Sie den Link:

https://<FQDN des Servers>/ecp/?ExchClientVer=15

Nachdem Sie einen neuen Server mit Exchange SE in die Exchange-Organisation installiert haben, überprüfen Sie im Exchange Admin Center im Bereich *Server* die Eigenschaften des alten Exchange-Servers und die Authentifizierungseinstellungen im Bereich *Outlook Anywhere*. Hier muss darauf geachtet werden, dass auf den neuen und den alten Servern die gleichen Authentifizierungseinstellungen vorgenommen wurden.

Außerdem sollte im Bereich *Server/Virtuelle Verzeichnisse* überprüft werden, ob die Art der Anmeldung für OWA und der Exchange-Systemsteuerung ebenfalls korrekt konfiguriert sind. Dazu rufen Sie die Eigenschaften der entsprechenden virtuellen Verzeichnisse auf und klicken auf den Menüpunkt *Authentifizierung*.

Arbeitet Ihr Unternehmen mit denselben URLs weiter, müssen Sie nach dem Verschieben der Postfächer die DNS-Einträge dieser URLs auf den neuen Exchange-Server umleiten. Nach der Umstellung sollte die Verbindung zum neuen Exchange-Server getestet werden.

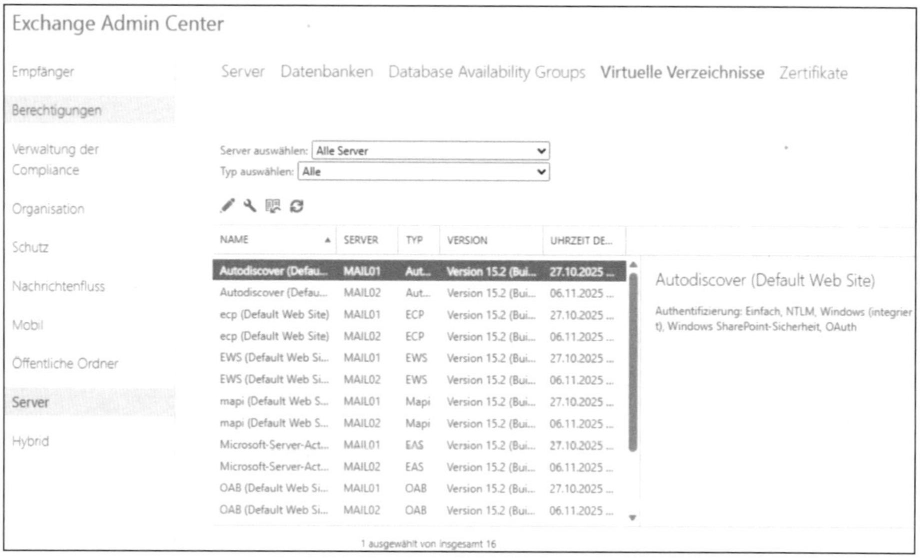

Abb. 17.6 Anpassen der virtuellen Verzeichnisse aller Exchange-Server

Bevor Sie Objekte zu Exchange SE übernehmen, sollten Sie zuvor die URLs und die Zertifikate konfiguriert haben. Der einfachste Weg ist die Verwendung derselben URLs und desselben Zertifikats. Das erspart viel Arbeit bei der Migration.

17.3.40 Empfänger-Postfächer im Exchange Admin Center verschieben

Die Empfänger der Organisation finden Sie im Bereich *Empfänger* im Exchange Admin Center. Hier sehen Sie auch die Benutzer, deren Postfach sich auf den Quell-Exchange-Servern befindet. In der Spalte *Datenbank* ist zu sehen, auf welchem Server und in welcher Datenbank das Postfach des Anwenders gespeichert ist. Wird die Spalte nicht angezeigt, fügen Sie sie über die drei Punkte in der Ansicht hinzu. Neben der Exchange Management Shell können Sie das Migrieren von Postfächern daher auch mit dem Exchange Admin Center durchführen.

Um Benutzer zu Exchange SE zu verschieben, verwenden Sie den Bereich *Empfänger/Migration* im Exchange Admin Center. Hier können Sie neue Migrationsaufträge erstellen und die Benutzer zwischen den Servern verschieben. Sie sollten auch hier nicht alle Postfächer auf einmal verschieben, sondern sie aufteilen. Generell kann es sinnvoll sein, dass Sie Ressourcen-Postfächer und geteilte Postfächer erst dann migrieren, wenn die herkömmlichen Postfächer verschoben wurden.

Klicken Sie dazu auf das Plus-Symbol und wählen Sie die Option *in eine andere Datenbank verschieben*. Generell ist es empfehlenswert, wenn Sie zuerst einige Test-Postfächer verschieben. Sobald die Postfächer erfolgreich verschoben wurden, sehen Sie in der Spalte *Status* den Status *abgeschlossen*.

Im Assistenten können Sie für den Verschiebevorgang noch einen Namen eingeben und die Zieldatenbank auswählen. Sie sehen dort auch die genaue Version der Exchange-Installation, in der sich das Postfach aktuell befindet. Schließen Sie den Assistenten ab, wird das Postfach verschoben.

Achten Sie darauf, vor dem Verschieben von Postfächern beziehungsweise direkt danach das Offline-Adressbuch in den Einstellungen der jeweiligen Exchange-Datenbank auszuwählen. Dieses ist über den Menüpunkt *Clienteinstellungen* zu finden.

Es kann sinnvoll sein, vor der Migration eine Offline-Defragmentierung der Exchange-Datenbanken durchzuführen (siehe Kapitel 5).

Haben Sie die Empfänger-Postfächer getrennt von den Ressourcen-Postfächern verschoben, können Sie im Anschluss die freigegebenen Postfächer und Ressourcen-Postfächer verschieben. Das geht zum Beispiel in der Exchange Management Shell:

```
Get-Mailbox -Database DB012016 -RecipientTypeDetails Shared, RoomMailbox,
EquipmentMailbox
```

Sie können sich Details zu den Verschiebevorgänge jeweils mit dem folgenden Befehl anzeigen lassen:

```
Get-MoveRequest | Get-MoveRequestStatistics
```

17.3.41 Fehlerhafte Elemente in Postfächern berücksichtigen

Erkennt der Assistent zum Verschieben von Postfächern, dass es fehlerhafte Objekte in den Exchange-Postfächern gibt, wird der Verschiebevorgang abgebrochen. Sie können über das Verschieben in der Exchange Management Shell aber definieren, dass Exchange einige Elemente ignorieren soll. Dazu wird die Option *BadItemLimit* genutzt. Ein Beispiel für das Verschieben mit dieser Option sieht folgendermaßen aus:

```
Get-Mailbox -Database DB201016 -RecipientTypeDetails UserMailbox |
New-MoveRequest -Target-Database DB012019 -BadItemLimit 50
```

Sie können die Option *BadItemLimit* aber auch über *Grenzwert für ungültige Elemente* steuern, wenn Sie den Verschiebevorgang im Exchange Admin Center durchführen.

17.3.42 Checkliste für das Entfernen von Exchange-Servern

Nachdem alle Objekte auf die neuen Exchange-Server verschoben wurden, sollten Sie die alten Server noch einige Tage in der Organisation belassen. Dadurch synchronisieren sich die Server untereinander und alle notwendigen Daten können ausgetauscht werden. Wenn sicher ist, dass die alten Server nicht mehr benötigt werden, besteht der nächste Schritt darin, sie einige Tage auszuschalten. Bevor ein alter Exchange-Server entfernt wird, müssen einige Dinge gewährleistet sein:

- Alle Postfächer müssen auf die neuen Server verschoben sein. Am schnellsten testen Sie das Vorhandensein von Postfächern auf dem alten Exchange-Server in der Exchange Management Shell mit dem Befehl *Get-Mailbox -Database <Name der alten Datenbank>*.
- Nutzen Sie die Compliance-Funktionen, sollten Sie das Vorhandensein der Arbitration-Postfächer überprüfen. Dazu verwenden Sie in der Exchange Management Shell den Befehl *Get-Mailbox -Database <Alte Datenbank> -Arbitration*. Sind wider Erwarten noch Postfächer vorhanden, können Sie diese in der Exchange Management Shell auf den neuen Exchange-Server verschieben. Dazu verwenden Sie den Befehl *Get-MailboxDatabase <Alte Datenbank> | Get-Mailbox -Arbitration | New-MoveRequest -TargetDatabase <Neue Datenbank>*.
- Auf dem Server dürfen sich keine öffentlichen Ordner befinden.
- Wenn Sie sicher sind, dass sich auf dem alten Server keine öffentlichen Ordner und keine Postfächer mehr befinden, sollten Sie vor dem Entfernen des Exchange-Servers zunächst die Postfachdatenbanken löschen. Am einfachsten geht das in der Exchange Management Shell mit dem Befehl *Remove-MailboxDatabase <Name der Datenbank>*.
- Der alte Exchange-Server darf in keinem Connector eingetragen sein. Sind mehrere Server im Einsatz, darf kein alter Exchange-Server mehr irgendwo als produktiver E-Mail-Server eingesetzt werden.
- Der Server darf durch keine Dritthersteller-Connectors mehr verwendet werden.
- Es muss sichergestellt werden, dass sich jeder Benutzer mindestens einmal mit seinem neuen Postfachserver verbunden hat.

17.3.43 Fehlerbehebung und früheren Exchange-Server entfernen

Der nächste Schritt besteht darin, die alten Exchange-Server aus der Organisation zu entfernen. Das funktioniert allerdings nur dann, wenn sich die alten Postfachdatenbanken löschen lassen. Sind im System noch MoveRequests vorhanden, zum Beispiel weil sie nicht abgeschlossen sind, lassen sich die Datenbanken nicht löschen. Die MoveRequests werden mit dem folgenden Befehl angezeigt:

```
Get-MoveRequest
```

Sind noch MoveRequests vorhanden, können Sie das *BadItemList* für die Requests erhöhen und die Requests fortführen:

```
Get-MoveRequest | Set-MoveRequest -BadItemLimit 100
Get-MoveRequest | Resume-MoveRequest
```

Sie können sich die Daten des Vorgangs auch anzeigen lassen:

```
Get-MoveRequest | Get-MoveRequestStatistics | fl
```

Überprüfen Sie, ob auf dem Server noch irgendwelche Postfächer gespeichert sind. Dazu nutzen Sie am besten die Exchange Management Shell und folgende Befehle. Den Namen der Datenbank können Sie im Vorfeld mit *Get-MailboxDatabase* abfragen:

```
Get-Mailbox -Database "Mailbox Database 1492482597"
Get-Mailbox -Database "Mailbox Database 1492482597" -Arbitration
Get-Mailbox -Database "Mailbox Database 1492482597" -Archive
Get-Mailbox -Database "Mailbox Database 1492482597" -PublicFolder
Get-Mailbox -Database "Mailbox Database 1492482597" -AuditLog
```

Im Anschluss deinstallieren Sie Exchange vom Server. Dazu nutzen Sie am besten die Systemsteuerung. Rufen Sie *appwiz.cpl* auf, suchen Sie die alte Exchange-Version heraus und deinstallieren Sie sie. Es kann sinnvoll sein, vorher die alten Exchange-Datenbanken zu löschen.

Achten Sie darauf, dass Sie im Vorfeld andere Anwendungen auf dem Server deinstallieren, die den Exchange-Server nutzen. Dabei kann es sich um Agents der Sicherungssoftware, Malwareschutz und andere Software handeln.

17.4 Zusammenfassung

Migrieren Sie zu Exchange SE, finden Sie in diesem Kapitel umfassende Anleitungen zu diesem Thema. Ich habe Ihnen gezeigt, wie Sie Exchange SE in bestehende Organisationen integrieren oder eine neue Organisation aufbauen.

Im folgenden Kapitel erfahren Sie, wie Sie die Leistung in Exchange verbessern und Flaschenhälse entfernen. Auch auf die Richtlinien zur Steuerung des Benutzerzugriffs gehe ich ein.

Kapitel 18

Überwachung und Leistungsverbesserung

Liegen Leistungsprobleme in Exchange vor, zum Beispiel beim Postfachzugriff oder beim Versenden von Nachrichten, gibt es häufig parallel ein Problem in Active Directory oder DNS. In diesem Kapitel gehe ich auf die Diagnose und Fehlerbehebungen in diesem Bereich ein.

Ich zeige Ihnen, wie Sie die Leistung in Exchange verbessern und Flaschenhälse entfernen. Auch auf die Richtlinien zur Steuerung des Benutzerzugriffs gehe ich ein.

18.1 Grundlagen des Active Directory-Zugriffs von Exchange

Exchange greift über die Systemdatei *Wldap32.dll* auf Active Directory zu. Dabei laufen (vereinfacht) folgende Vorgänge ab:

1. Die Datei *Wldap32.dll* auf dem Exchange-Server erhält durch einen Exchange-Prozess eine Anfrage, um auf den globalen Katalog (Global Catalog, GC) zuzugreifen.
2. Per DNS versucht der Server, den globalen Katalog-Server aufzulösen, um auf ihn zugreifen zu können. Dauert dieses Auflösen zu lange, verzögert sich bereits an dieser Stelle der Active Directory-Zugriff.
3. Nach der Auflösung baut die Datei eine Verbindung zum GC auf und überträgt die Daten.
4. Nach dem Aufbau der TCP-Verbindung startet Exchange eine LDAP-Abfrage. Damit die Verbindung funktioniert, benötigt sie drei Bestätigungen durch den Domänencontroller. Bei einer Latenz von 10 Millisekunden im Netzwerk dauert der Zugriff also 30 Millisekunden, bevor der Exchange-Server die LDAP-Abfrage übertragen kann.
5. Die LDAP-Abfrage wird zur Datei *Lsass.exe* auf dem Domänencontroller übertragen, die auf den LDAP-Port des Servers (389) hört.
6. Der Domänencontroller nimmt die Abfrage an den GC entgegen und führt die Suche in seinem globalen Katalog durch.
7. Der GC sendet die Daten zur Datei *Wldap32.dll* auf dem Exchange-Server. Handelt es sich um eine hohe Anzahl an Daten, zum Beispiel beim Auflösen der Mitglieder einer großen Verteilergruppe, müssen zunächst alle Daten übertragen werden, bevor Exchange mit der Verarbeitung weitermachen kann.

Sie sehen, ein sehr großer Teil der Leistung hängt von der Netzwerkgeschwindigkeit zwischen Exchange-Server und dem globalen Katalog oder Domänencontroller ab.

Aus diesem Grund sollten Sie bei Leistungsproblemen der Exchange-Infrastruktur ebenfalls immer die Geschwindigkeit des Netzwerks messen. Auch die Geschwindigkeit zum DNS-Server und eine schnelle, stabile und korrekte Namensauflösung sind sehr wichtig.

Die Geschwindigkeit zum DNS-Server darf 50 Millisekunden nicht überschreiten, wenn Sie die Leistung des Exchange-Servers optimieren wollen. Dauert die Anfrage länger, haben Sie schon den ersten Flaschenhals in der Exchange-Leistung.

18.1.1 LDAP-Lesezugriffe mit der Leistungsüberwachung messen

Um die Leistung der Exchange-Server im Zusammenspiel mit Active Directory zu überprüfen, benötigen Sie zunächst die Leistungsdaten beim Abrufen von Active Directory-Informationen über LDAP.

Über LDAP greift Exchange auf Active Directory zu, um E-Mails zu senden, die Replikation zu starten oder die Berechtigung zu überprüfen. Ist die Verbindung zu Active Directory langsam, reagiert auch Exchange langsam. Der erste Schritt führt daher zunächst über die Leistungsüberwachung auf dem Exchange-Server, die Sie mit *Perfmon.msc* starten:

1. Klicken Sie anschließend auf *Leistungsüberwachung*.
2. Klicken Sie auf das grüne Plus-Symbol, um einen neuen Indikator hinzuzufügen.
3. Wichtig ist die Indikatorgruppe *MSExchange ADAccess-Prozesse*. Erweitern Sie diese Gruppe.

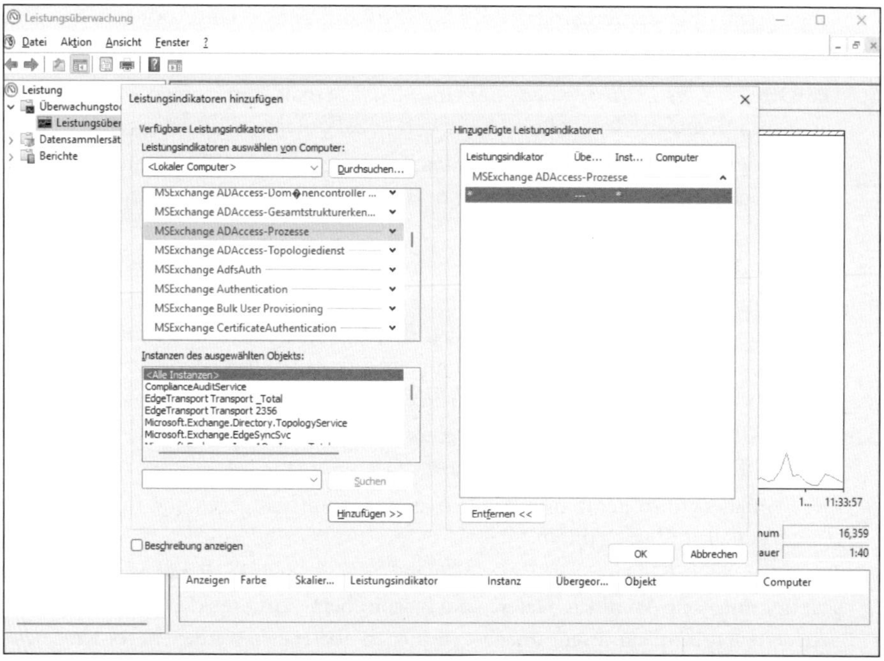

Abb. 18.1 Exchange überwachen

4. Von besonderem Interesse sind in dieser Gruppe die beiden Indikatoren *LDAP-Lesedauer* und *LDAP-Suchdauern*. Klicken Sie auf die beiden Indikatoren, wählen Sie im unteren Bereich *Instanzen des ausgewählten Objekts* die Instanz *<Alle Instanzen>* und klicken Sie auf *Hinzufügen*:
   - **LDAP-Lesedauer** misst die Zeit, die eine LDAP-Abfrage bis zur Datenübermittlung benötigt.
   - **LDAP-Suchdauer** zeigt die Zeit an, die der Exchange-Server für eine Suche per LDAP in Active Directory benötigt.

Der Durchschnittswert für diese Indikatoren sollte unter 50 Millisekunden liegen, die Maximaldauer sollte nicht über 100 Millisekunden ansteigen.

18.1.2 Nachrichtenwarteschlangen und Transport-Pipelines überwachen

Ein zentraler Bestandteil der Exchange-Überwachung ist die Kontrolle der Nachrichtenwarteschlangen. Die Zustellpipelines (Transport Pipelines) zeigen unmittelbar, ob der Mailfluss funktioniert oder ob Engpässe, DNS-Probleme oder TLS-Fehler vorliegen. Exchange SE protokolliert Queue-Zustände kontinuierlich, reagiert aber erst spät mit Fehlern. Daher sollten Sie die Queue-Überwachung als festen Bestandteil Ihrer Exchange-Kontrollroutinen einplanen.

Rufen Sie den aktuellen Zustand aller Queues mit folgendem Befehl ab:

```
Get-Queue | ft Identity,Status,MessageCount,NextHopDomain
```

Ein normaler Zustand zeigt geringe *MessageCounts* und den Status *Active* oder *Ready*. Häufen sich Nachrichten im Status *Retry*, liegt in der Regel ein Problem im DNS, in TLS-Verbindungen oder im Ziel-SMTP-Server vor. Überprüfen Sie den jeweiligen NextHop-Wert, um zu erkennen, wohin die Zustellung blockiert.

Für eine tiefere Analyse einzelner Queues verwenden Sie:

```
Get-Queue "mail02\Submission" | Get-Message
```

Der Submission-Queue-Status gibt Aufschluss darüber, ob lokale Postfächer Nachrichten einliefern können. Staus in dieser Queue deuten oft auf einen blockierten Transportdienst oder Overload-Zustände (Backpressure) hin.

Um Nachrichten erneut einzureihen oder aus einer Blockierung zu holen, können Sie gezielt Queues erneut verarbeiten lassen:

```
Retry-Queue -Identity "mail02\123" -Resubmit $true
```

Dieser Befehl eignet sich für Umgebungen, in denen einzelne Nachrichten hängen bleiben und die restlichen Queues weiterarbeiten.

Für die Überwachung im Hintergrund lässt sich eine automatische Queue-Analyse per Timer oder Aufgabenplanung einrichten. Ein einfaches Skript kann zum Beispiel alle Queues prüfen und eine Warnung ausgeben, wenn die Anzahl der Nachrichten über einen definierten Schwellenwert steigt:

```
$queues = Get-Queue
foreach ($q in $queues) {
    if ($q.MessageCount -gt 50) {
```

```
            Send-MailMessage -To admin@contoso.de -From monitor@contoso.de `
            -Subject "Warnung: Queue $($q.Identity) überlastet" `
            -Body "Die Queue $($q.Identity) enthält $($q.MessageCount) Nachrichten." `
            -SmtpServer mail02.contoso.de
        }
    }
```

Diese einfache Überwachung kann viele Transportprobleme erkennen, bevor Benutzer sie bemerken.

Prüfen Sie außerdem regelmäßig die Shadow Redundancy und die Safety-Net-Funktion, die ebenfalls Teil der Transport-Pipeline sind. Beide Mechanismen schützen Exchange vor Datenverlust, wenn ein Server ausfällt oder während des Nachrichtenflusses ein Fehler auftritt. Überwachen Sie ihren Status mit:

```
Get-TransportServer | fl ShadowRedundancy*
Get-TransportServer | fl SafetyNet*
```

Sorgen Sie dafür, dass Shadow Redundancy aktiv ist und Safety Net ausreichend Speicherplatz aufweist. Missstände in diesen Bereichen führen häufig zu verzögerter Zustellung oder unerwarteten NDRs.

Eine vollständige Transportüberwachung umfasst immer auch den Blick in das Nachrichtenprotokoll. Überprüfen Sie etwaige Fehler mit:

```
Get-MessageTrackingLog -Start (Get-Date).AddMinutes(-10) | ft
Timestamp,Source,EventId,Recipients,MessageSubject
```

Auffällige EventIDs wie FAIL, AGENTFAIL, DROP oder DELIVERFAIL sollten Sie sofort analysieren.

Eine regelmäßige Überwachung der Transport-Pipelines ist für den stabilen Betrieb einer Exchange SE-Umgebung unverzichtbar. Sie erkennt Engpässe frühzeitig, sorgt für zeitnahe Problembehebung und stellt sicher, dass die E-Mail-Zustellung reibungslos funktioniert.

18.1.3 Überwachung des MAPI/HTTP-Zugriffs und der Outlook-Clientverbindungen

Ein weiterer wichtiger Bestandteil der Exchange-Überwachung betrifft den Zugriff der Outlook-Clients auf die Postfächer über MAPI/HTTP, das Standardprotokoll moderner Exchange-Versionen. Auffälligkeiten in diesem Bereich führen in der Praxis zu langen Ladezeiten, periodischen Anmeldefenstern oder Verbindungsabbrüchen. Da Exchange SE sämtliche Clientzugriffe über die Postfachserver abwickelt, muss die Stabilität des MAPI-/HTTP-Dienstes regelmäßig überprüft werden.

Beginnen Sie mit einer Gesamtübersicht aller aktiven Clientverbindungen auf dem Exchange-Server. Verwenden Sie dazu:

```
Get-LogonStatistics -Server mail02 | ft
UserName,ClientName,ClientVersion,LastAccessTime
```

Diese Abfrage listet alle aktiven Outlook-Verbindungen, deren Versionen und das letzte erfolgreiche Zugriffsdatum. Häufen sich Clients mit alten Versionen, kann das zu Authentifizierungsproblemen oder ineffizienten Verbindungen führen. In solchen Fällen sollten Sie die Clients aktualisieren oder über Gruppenrichtlinien auf moderne Versionen umstellen.

Zur gezielten Prüfung des MAPI-/HTTP-Zugriffs nutzen Sie das integrierte Probe-System:

```
Test-OutlookConnectivity -ProbeIdentity OutlookRpcSelfTestProbe
```

Dieser Test simuliert eine vollständige MAPI-/HTTP-Anmeldung. Ein erfolgreicher Test bestätigt, dass Autodiscover, Zertifikate, URLs und der MAPI-Dienst auf dem Server korrekt arbeiten. Fehlermeldungen wie *MailboxServerOffline* oder *AuthZFailed* deuten meist auf DNS-, Zertifikats- oder LegacyDN-Probleme hin.

Überwachen Sie zusätzlich die MAPI-/HTTP-Leistungsindikatoren in der Leistungsüberwachung (Perfmon). Von besonderem Interesse sind folgende Werte:

```
MSExchange RpcClientAccess\RPC Average Latency
```

(Sollte idealerweise unter 40 ms liegen.)

```
MSExchange HttpProxy\Requests/sec
```

(Sprünge deuten auf Backpressure oder Lastspitzen hin.)

```
MSExchange HttpProxy\Current Requests Queued
```

(Darf nicht dauerhaft ansteigen.)

Diese Werte zeigen frühzeitig, ob Clients Verzögerungen wahrnehmen oder ob die Serverlast steigt.

Auch die HTTP-Protokollierung in IIS ist hilfreich, um fehlerhafte Clientanfragen zu analysieren. Aktivieren Sie dazu die erweiterte Protokollierung für das »Default Web Site«-Binding und analysieren Sie anschließend die *.log*-Dateien unter

```
C:\inetpub\logs\LogFiles\
```

Besonders Fehler der Kategorie 401, 403 oder 500 sind relevant, da sie oft auf Zertifikatsfehler, falsche Authentifizierung oder beschädigte Outlook-Profile zurückzuführen sind.

Wenn viele Benutzer wiederholt zur Anmeldung aufgefordert werden, sollten Sie zusätzlich die Outlook-Autodiscover-Antwort prüfen. Nutzen Sie hierfür:

```
Test-OutlookConnectivity -ProbeIdentity OutlookRpcSelfTestProbe
-MailboxCredential (Get-Credential)
```

Der Test gibt Aufschluss darüber, ob Benutzer korrekt auf *mail02* landen oder ob noch alte SCP-Einträge auf *mail01* verweisen.

Eine regelmäßige Überwachung von MAPI/HTTP verhindert, dass Benutzer im Tagesgeschäft Leistungsprobleme bemerken. Gleichzeitig erleichtert sie die Identifikation fehlerhafter Outlook-Profile, ungültiger LegacyDN-Werte oder DNS-Probleme, die zu den häufigsten Ursachen von Clientverbindungsfehlern gehören.

18.1.4 Überwachung der Suchdienste und des Content Indexing

Ein wesentlicher Bestandteil einer stabilen Exchange SE-Umgebung ist die Überwachung der Suchdienste. Der Indexdienst stellt sicher, dass Benutzer schnelle Suchergebnisse in Outlook und Outlook im Web erhalten. Bereits kleine Verzögerungen oder ein Ausfall der Indizierung führen zu langsamen Suchvorgängen, unvollständigen Treffern oder Fehlermeldungen beim

Öffnen von Ordnern. Da Exchange SE den Suchindex pro Datenbank speichert und regelmäßig aktualisiert, sollten Sie den Zustand aller Indizes konsequent überwachen.

Prüfen Sie zunächst den allgemeinen Status der Content-Indizes auf allen Datenbanken mit:

```
Get-MailboxDatabaseCopyStatus | ft Name,ContentIndexState
```

Ein gesundes System zeigt für jede Datenbank den Zustand *Healthy*. Zustände wie *Failed*, *FailedAndSuspended* oder *Crawling* deuten auf Probleme hin. In diesen Fällen sollten Sie den Index gezielt neu erstellen. Exchange SE ermöglicht den Neuaufbau über:

```
Update-MailboxDatabaseCopy -Identity "Mailbox Database 1795464213" -CatalogOnly
```

Dieser Vorgang startet den Indexprozess neu, ohne die eigentliche Datenbankkopie zu beeinflussen. Die Suchdienste bleiben währenddessen verfügbar, können aber zeitweise erhöhte Last erzeugen.

Zusätzlich empfiehlt sich die Überwachung der zugehörigen Suchdienste im Betriebssystem. Zwei Dienste sind besonders wichtig:

- *Microsoft Exchange Search*
- *Microsoft Exchange Search Host Controller*

Beide müssen im Status *Running* sein. Überprüfen Sie sie regelmäßig mit:

```
Get-Service *search* | ft Name,Status
```

Ist einer dieser Dienste gestoppt oder hängen sie im Status *Starting*, sollten Sie sie kontrolliert neu starten.

Darüber hinaus bietet die Leistungsüberwachung wertvolle Informationen. Fügen Sie im Perfmon die folgenden Indikatoren hinzu:

```
MSExchange FastSearch\Crawler: Mailboxes Remaining
MSExchange FastSearch\Crawler: Retry Mailboxes
MSExchange FastSearch\Feeder: Documents Processed/sec
```

Wenn die Anzahl der ausstehenden Postfächer über längere Zeit hoch bleibt, deutet dies auf Engpässe hin. Ursachen können langsame Datenträger, ReFS-Integritätsprüfungen, beschädigte Indexdateien oder hohe Last durch parallele Migrationen sein.

Die Ereignisanzeige liefert ebenfalls wichtige Hinweise. Überprüfen Sie das Protokoll *Application* auf Einträge der Quelle *MSExchangeFastSearch*. Meldungen mit den Event-IDs 1006, 1012 oder 1014 weisen auf beschädigte Indexdateien hin. In solchen Fällen sollten Sie das Indexverzeichnis der betroffenen Datenbank löschen, damit Exchange SE es beim nächsten Start automatisch neu erzeugt.

Ein weiterer Punkt ist der Einfluss großer Postfächer, insbesondere bei aktiviertem Onlinearchiv. Wenn Benutzer Ordner mit mehreren Zehntausend Elementen besitzen, steigt die Last der Suchdienste deutlich an. Überwachen Sie in solchen Fällen die Indexgröße und die Änderungsrate. Exchange protokolliert die Arbeit der Indexkomponenten im Ordner:

C:\Program Files\Microsoft\Exchange Server\V15\Logging\Search

Analysieren Sie hier die CrawlReports und FeederReports, um Engpässe gezielt zu lokalisieren.

Eine konsequente Überwachung des Content-Indexing sorgt dafür, dass Benutzer jederzeit schnelle Suchergebnisse erhalten und dass der gesamte Exchange SE-Server geschmeidig arbeitet. Fehler in diesem Bereich wirken sich sofort auf die Benutzerzufriedenheit aus und werden in größeren Umgebungen schnell wahrgenommen. Daher sollte die Suchdienstüberwachung ein fester Bestandteil der Standardkontrollen sein.

18.1.5 Überwachung von Datenbankverfügbarkeitsgruppen und der Replikationszustände

In Exchange SE spielen Datenbankverfügbarkeitsgruppen (DAGs) eine zentrale Rolle für Hochverfügbarkeit und Ausfallsicherheit. Eine regelmäßige Überwachung der Replikationszustände ist deshalb unerlässlich, denn bereits geringe Verzögerungen oder beschädigte Kopien wirken sich unmittelbar auf die Stabilität der gesamten Umgebung aus. Besonders in Organisationen mit mehreren Standorten oder unterschiedlicher Hardware kann es nach Updates, Lastspitzen oder Storage-Änderungen zu abweichenden Replikationswerten kommen.

Beginnen Sie mit einem vollständigen Überblick über alle Datenbankkopien. Der folgende Befehl liefert alle relevanten Statusinformationen:

```
Get-MailboxDatabaseCopyStatus | ft
Name,Status,CopyQueueLength,ReplayQueueLength,ContentIndexState
```

Achten Sie darauf, dass *CopyQueueLength* und *ReplayQueueLength* möglichst nahe null liegen. Ein dauerhaft erhöhter Wert bedeutet, dass der Server Änderungen nicht schnell genug übernehmen kann. Ursachen können Netzwerkengpässe, Storage-Probleme, hohe Last durch Migrationen oder fehlerhafte Replikationsdienste sein. *ContentIndexState* sollte stets den Wert *Healthy* anzeigen. Ein abweichender Zustand deutet darauf hin, dass die Suche und damit der Zugriff der Benutzer auf Informationen beeinträchtigt ist.

Zusätzlich empfiehlt sich die Nutzung des Diagnosebefehls *Test-ReplicationHealth*, der die gesamte DAG überprüft:

```
Test-ReplicationHealth
```

Der Befehl kontrolliert die Cluster-Konfiguration, die Replikation, die Katalogindizes und die Quorum-Parameter. Warnungen in diesem Kontext sollten ernst genommen werden, da sie oft Vorboten größerer Ausfälle sind.

Zur Laufzeitüberwachung setzen Sie in der Leistungsüberwachung (Perfmon) folgende Indikatoren ein:

```
MSExchange Replication\CopyQueueLength
MSExchange Replication\ReplayQueueLength
MSExchange Replication\Failed Replication Attempts/sec
MSExchange Replication\InspectedLogs
```

Diese Werte helfen dabei, Verzögerungen zu erkennen, die im Ereignisprotokoll nicht sofort sichtbar sind. Eine steigende Zahl an fehlgeschlagenen Replikationsversuchen weist häufig auf Netzwerkprobleme oder Storage-Engpässe hin.

Auch die Überwachung des File Share Witness ist entscheidend. Prüfen Sie regelmäßig, ob der Witness erreichbar ist und die DAG korrekt darauf zugreift:

```
Get-DatabaseAvailabilityGroup | fl
WitnessServer,WitnessDirectory,AlternateWitnessServer
```

Ein nicht erreichbarer oder falsch konfigurierter Witness-Server kann im Fehlerfall dazu führen, dass die gesamte DAG funktionsunfähig wird oder kein Failover möglich ist.

Ebenfalls wichtig ist die Analyse des Ordners *C:\Program Files\Microsoft\Exchange Server\V15\Logging\HighAvailability*. Hier protokolliert Exchange detailliert alle Vorgänge der Replikation. Prüfen Sie bei Problemen die Dateien *EventLog_Replication* und *PingResponder*, um Ursachen für Verbindungsfehler, Zeitüberschreitungen oder abgestürzte Dienste gezielt einzugrenzen.

Eine konsequente DAG-Überwachung sorgt dafür, dass Sie mögliche Fehlerzustände frühzeitig erkennen und nicht erst im Ernstfall reagieren müssen. Besonders in produktiven Umgebungen ist die DAG das Rückgrat der Exchange-Infrastruktur – und ihre regelmäßige Kontrolle daher ein unverzichtbarer Bestandteil der Überwachung.

18.1.6 Überwachung des SMTP-FrontEnd-Transports und TLS-Verbindungen

Ein häufig unterschätzter, aber essenzieller Teil der Exchange SE-Überwachung betrifft den FrontEnd-Transportdienst, der alle eingehenden SMTP-Verbindungen annimmt. Störungen in diesem Bereich führen sofort zu ausbleibenden Zustellungen, TLS-Fehlern, Verzögerungen im Hybridbetrieb und falschen Routingentscheidungen. Gerade nach Updates oder Konfigurationsänderungen sollten Sie den Status der FrontEnd-Komponenten regelmäßig prüfen.

Beginnen Sie mit der Überwachung des Dienstzustands. Der SMTP-FrontEnd-Dienst muss jederzeit aktiv sein, da er eingehende Verbindungen über Port 25 und 587 entgegennimmt:

```
Get-Service MSExchangeFrontEndTransport | ft Name,Status
```

Wenn der Status nicht *Running* ist, sollten Sie den Dienst neu starten und die Ereignisanzeige auf zugehörige Fehler prüfen. Häufige Ursachen für Probleme sind nicht zugewiesene Zertifikate, Konflikte mit anderen Diensten oder Ports, die durch Drittanwendungen belegt sind.

Prüfen Sie als Nächstes die aktiven Listener des FrontEnd-Transports. Nutzen Sie dazu:

```
Test-NetConnection -ComputerName mail02.contoso.de -Port 25
Test-NetConnection -ComputerName mail02.contoso.de -Port 587
```

Beide Ports sollten erfolgreich antworten. Fehler in diesem Bereich deuten auf Firewallblockaden, Reverse-Proxy-Konflikte oder fehlgeleitete NAT-Regeln hin.

Ein zentraler Bestandteil der Überwachung betrifft die TLS-Kommunikation. Exchange SE setzt konsequent auf TLS 1.2 oder höher. Ob das aktive SMTP-Zertifikat gültig ist und nicht kurz vor dem Ablauf steht, überprüfen Sie mit:

```
Get-ExchangeCertificate | ft Thumbprint,Subject,Services,NotAfter
```

Zusätzlich sollten Sie mit dem Nachrichtenprotokoll prüfen, ob TLS korrekt ausgehandelt wird. Suchen Sie nach Protokolleinträgen zum SMTP-Ingress:

```
Get-MessageTrackingLog -Start (Get-Date).AddMinutes(-10) -EventId RECEIVE |
Select Timestamp,Source,ClientHostname,ServerIp,ConnectorId,MessageSubject
```

Wenn Nachrichten vermehrt im Klartext eingehen oder TLS-Fehler auftreten, liefert der FrontEnd-Transport in der Ereignisanzeige spezifische Warnungen, meist mit den Event-IDs 12014, 12015 oder 15021. Diese Meldungen sind Hinweise auf Zertifikatsfehler, unvollständige Zertifikatsketten oder eine fehlerhafte TLS-Konfiguration.

Für eine tiefere Analyse lässt sich über PowerShell der TLS-Status jeder eingehenden Verbindung auswerten. Nutzen Sie hierfür das Protokoll *ReceiveProtocolLog*:

```
C:\Program Files\Microsoft\Exchange Server\V15\TransportRoles\Logs\Hub\Proto-
colLog\SmtpReceive
```

Hier finden Sie Details zu Cipher Suites, TLS-Versionen, Sendeports und fehlerhaften Handshakes. Ein schneller Weg, problematische Einträge zu finden, besteht darin, die Protokolle nach »TLS« oder »NO-TLS« zu durchsuchen.

Auch im Hybridbetrieb spielt die Überwachung des FrontEnd-Transports eine besondere Rolle. Exchange Online Protection verlangt funktionierende TLS-Verbindungen, damit Nachrichten über den Hybrid-Connector angenommen werden. Prüfen Sie regelmäßig mit *Test-HybridMailflow*, ob die sichere SMTP-Verbindung zwischen Exchange SE und Exchange Online weiterhin stabil funktioniert.

Eine saubere Überwachung des SMTP-FrontEnd-Transports gewährleistet, dass Nachrichten zuverlässig empfangen werden, TLS-Verbindungen korrekt ausgehandelt werden und die gesamte Mailrouting-Infrastruktur fehlerfrei arbeitet. Dieser Bereich sollte daher ein fester Bestandteil Ihrer Exchange SE-Überwachung sein, insbesondere in hybriden oder sicherheitskritischen Umgebungen.

18.1.7 Überwachen von Exchange-Servern und Postfachzugriffen

Über Diagnoseprotokolleigenschaften lassen sich verschiedene Einstellungen für die Exchange-Überwachung anpassen. Sie steuern über diesen Bereich, welche Informationen Exchange in der Ereignisanzeige protokolliert. Sie können für Exchange-Dienste verschiedene Protokolliergrade einstellen.

Durch das Ändern von Protokolliergraden können Sie festlegen, welche Ereignisse die einzelnen Systemdienste im Anwendungsprotokoll der Ereignisanzeige erstellen. Der Standardprotokolliergrad ist 0 (*Niedrigste*). Nach Abschluss einer eventuellen Diagnose sollten Sie diesen Grad auch wieder einstellen. Folgende Protokolliergrade stehen zur Verfügung:

- **Niedrigste** Bei dieser Standardeinstellung schreibt Exchange nur wichtige Ereignisse und Fehler in die Ereignisanzeige. Diese Einstellung ist für alle Dienste auf Exchange-Servern der Standardgrad.
- **Niedrig** Bei diesem Protokolliergrad werden zusätzlich zu allen Fehlermeldungen auch die Warnmeldungen der einzelnen Dienste und Kategorien protokolliert.
- **Medium** Wenn Sie für eine Kategorie diesen Protokolliergrad aktivieren, werden außer Fehler- und Warnmeldungen auch alle Informationsmeldungen in die Ereignisanzeige geschrieben. Abhängig von der Kategorie steigt die Anzahl der Ereignisse mit diesem Protokolliergrad steil an, da die Exchange-Dienste zahlreiche Funktionen erfüllen.
- **Hoch** Dieser Grad umfasst etwas weniger Informationen als die Einstellung *Experte*. Verwenden Sie ihn, wenn Sie über *Medium* nicht genügend Informationen erhalten.

- **Experte** Dieser Protokolliergrad ist der umfangreichste. Wenn Sie ihn aktivieren, werden alle Fehlermeldungen, alle Warnmeldungen und alle Informationen aller Funktionsabläufe protokolliert. Diesen Protokolliergrad sollten Sie nur kurzzeitig und nur für wenige Kategorien aktivieren. Bei der hohen Anzahl von Ereignissen können bei Aktivierung von *Experte* wichtige Fehlermeldungen übersehen werden und dann können Sie mit dem Informationsfluss nichts mehr anfangen. Aktivieren Sie den Grad *Experte* nur, wenn Sie bereits die vorhergehenden Protokollierungsgrade getestet und keine Meldung erhalten haben, die Ihnen bei der Problemsuche hilft.

Die Protokollierung belastet den Server mehr oder weniger, abhängig vom Protokolliergrad.

Mit dem Cmdlet *Get-EventLogLevel* lassen Sie sich die jeweiligen Einstellungen in der Exchange-Verwaltungsshell anzeigen. Mit dem folgenden Befehl ändern Sie Einstellungen:

```
Set-EventLogLevel -Identity <Protokollierbereich> -Level <Protokolliergrad>
```

Wollen Sie zum Beispiel den Zugriff auf die Postfächer der Anwender überwachen, müssen Sie den Bereich *MSExchangeIS* und hier genauer den Bereich 9000 *Private* überwachen lassen. Hier können Sie verschiedene Unterdienste für die Überwachung aktivieren. Sie sollten möglichst nicht dauerhaft alle Logons überwachen, da der Server an dieser Stelle auch andere Zugriffe wie Frei/Gebucht einbezieht.

18.1.8 Überwachung des Exchange Health-Moduls und der Component States

Exchange SE überwacht seinen internen Zustand mithilfe des integrierten Health-Moduls. Dieses System wird oft übersehen, gehört aber zu den zuverlässigsten Quellen, um festzustellen, ob ein Server vollständig funktionsfähig ist. Jeder Exchange-Dienst besitzt einen sogenannten Component State, der angibt, ob die jeweilige Funktion aktiv, eingeschränkt oder deaktiviert ist. Änderungen am Component State entstehen automatisch bei Last, Fehlern, Wartung oder Konfigurationsfehlern. Deshalb sollten Sie die Werte regelmäßig prüfen.

Mit folgendem Befehl erhalten Sie eine vollständige Übersicht aller Komponenten des Servers *mail02*:

```
Get-ServerComponentState -Identity mail02 | ft Component,State,Requester
```

Werte wie *Active* zeigen normale Funktion. Wenn eine Komponente auf *Inactive* oder *Draining* steht, bedeutet das, dass Exchange sie nicht mehr im normalen Betrieb verwendet. Der Eintrag unter *Requester* zeigt an, wer die Deaktivierung ausgelöst hat – zum Beispiel *Maintenance*, *HealthApi*, *Offline* oder *Functional*.

Besonders wichtig sind die Komponenten:

- **HubTransport** – nimmt eingehende SMTP-Nachrichten an.
- **FrontendTransport** – verarbeitet Frontend-SMTP.
- **Mailbox** – entscheidet über MAPI/HTTP und Postfachzugriffe.
- **ServerWideOffline** – wenn aktiv, wird der gesamte Server aus dem Betrieb genommen.

Steht *ServerWideOffline* auf *Inactive* oder *Active:Maintenance*, wird der Server vom Load-Balancer ausgeschlossen und nimmt keine Clientverbindungen mehr an.

Vor oder nach Updates, Wartungsarbeiten oder DAG-Schwenks sollte der Exchange-Server immer manuell in den Wartungsmodus versetzt und danach wieder sauber aktiviert werden:

```
Set-ServerComponentState mail02 -Component ServerWideOffline -State Active
-Requester Maintenance
```

Nach Abschluss der Arbeiten aktivieren Sie den Server wieder:

```
Set-ServerComponentState mail02 -Component ServerWideOffline -State Inactive
-Requester Maintenance
```

Damit das Health-Modul korrekt arbeitet, sollten Sie zusätzlich regelmäßig die Ergebnisse des Monitoring-Frameworks prüfen:

```
Get-HealthReport -Identity mail02 | ft Name,AlertValue
```

Ein Unhealthy-Wert zeigt sofort an, ob eine relevante Exchange-Komponente fehlerhaft ist – noch bevor Benutzer Probleme melden.

18.2 Exchange-Administratoren überwachen

Sie haben die Möglichkeit, Änderungen, die Administratoren am System durchführen, zu überprüfen und nachzuvollziehen. Dazu verwendet Exchange unter anderem die Administratorüberwachungsprotokollierung.

Nach der Installation protokolliert Exchange alle Änderungen am System automatisch. Jedes Cmdlet, das Administratoren ausführen, erzeugt einen Protokolleintrag. Da alle Änderungen im System, auch im Exchange Admin Center, auf Cmdlets der Exchange Management Shell aufbauen, lassen sich damit alle Konfigurationsänderungen von Administratoren erfassen.

Wollen Sie Änderungen an der Protokollierung vornehmen, verwenden Sie das Cmdlet *Set-AdminAuditLogConfig* mit der Option *-AdminAuditLogCmdlets*. Dahinter schreiben Sie eine Liste der Cmdlets, die Sie überwachen wollen. In der Liste können Sie auch mit dem Platzhalter * arbeiten, um mehrere Cmdlets zu überwachen, zum Beispiel mit **mailbox** alle Cmdlets, in denen der Begriff »mailbox« vorkommt.

Wollen Sie nur einige Optionen der überwachten Cmdlets im Protokoll aufnehmen, also nicht alle möglichen Optionen aller Cmdlets überwachen, verwenden Sie noch die Option *-AdminAuditLogParameters* des Cmdlets *Set-AdminAuditLogConfig*. Damit legen Sie, ebenfalls mit einer kommagetrennten Liste, die zu überwachenden Optionen der Cmdlets fest. Auch hier können Sie mit dem Platzhalter arbeiten, zum Beispiel:

```
Set-AdminAuditLogConfig -AdminAuditLogParameters Database, *Address
```

Wollen Sie die aktuellen Einstellungen der Protokollierung anzeigen, verwenden Sie am besten das Cmdlet *Get-AdminAuditLogConfig | fl*. Es zeigt in einer formatierten Liste alle Einstellungen an, die für die Protokollierung aktiviert und gesetzt sind.

Sie können die Protokollierung jederzeit testen und durchgeführte Änderungen anzeigen. Dazu nehmen Sie einfach eine Änderung am System vor, die die Protokollierung überwacht. Da nach der Installation von Exchange die Überwachung ohnehin aktiv ist, können Sie für den ersten Test die Standardeinstellungen verwenden:

1. Rufen Sie das Exchange Admin Center als Administrator auf.
2. Klicken Sie auf *Verwaltung der Compliance/Überwachung* und dann auf *Administratorüberwachungsprotokoll exportieren*.
3. Es öffnet sich ein neues Fenster, in dem Sie den Zeitraum auswählen können, von dem Sie das Überwachungsprotokoll anzeigen lassen wollen.
4. In diesem Fenster wählen Sie auch aus, zu welchem Postfach der Exchange-Server das Protokoll senden soll.
5. Klicken Sie auf *Exportieren*, um den Exportvorgang zu starten.

18.2.1 Änderungen in der Ereignisanzeige anzeigen

Exchange protokolliert viele Änderungen in der Ereignisanzeige des Servers. Um sie anzuzeigen, gehen Sie folgendermaßen vor:

1. Geben Sie in der PowerShell oder einer Eingabeaufforderung *eventvwr* ein und starten Sie die Ereignisanzeige.
2. Navigieren Sie zu *Anwendungs- und Dienstprotokolle/Microsoft\MSExchange Management*.

Im rechten Bereich sehen Sie alle durchgeführten Änderungen, allerdings nicht, wer sie durchgeführt hat.

Neben der Überwachung einzelner Administratoren sollten Sie in regelmäßigen Abständen auch die generelle Vergabe der Berechtigungen zur Verwaltung der Exchange-Organisation überprüfen. Mit der Option *GetEffectiveUsers* des Cmdlets *Get-ManagementRoleAssignment* können Sie anzeigen, welchen Benutzern die Berechtigungen einer Verwaltungsrolle gewährt sind:

```
Get-ManagementRoleAssignment -Role <Verwaltungsrolle> -GetEffectiveUsers
```

Wollen Sie nur einen bestimmten Benutzer anzeigen, geben Sie die mit *Get-ManagementRoleAssignment* erstellte Liste an das Cmdlet *Where* weiter:

```
Get-ManagementRoleAssignment -Role <Verwaltungsrolle> -GetEffectiveUsers | Where
{ $_.Effective-UserName -Eq "<Name des Benutzers>" }
```

Wollen Sie alle Verwaltungsrollen anzeigen, die Sie einem Benutzer zugewiesen haben, verwenden Sie zum Beispiel den Befehl:

```
Get-ManagementRoleAssignment -GetEffectiveUsers | Where { $_.EffectiveUserName
-Eq "<Name des Benutzers>" }
```

18.3 Exchange mit kostenlosen Zusatztools überwachen

Geht es um die Überwachung von Exchange-Servern, denken viele Administratoren an teure Zusatzlösungen wie System Center Operations Manager. Es gibt aber auch kostenlose Tools, die Administratoren bei der Überwachung von Exchange unterstützen. In diesem Abschnitt zeige ich Ihnen das ein oder andere Tool.

18.3.1 Exchange Reporter – Berichte regelmäßig per E-Mail versenden

Exchange Reporter (*https://github.com/FrankysWeb/Exchange-Reporter*) kann in regelmäßigen Abständen, gesteuert durch eine Windows-Aufgabe, einen Bericht per E-Mail an Administratoren, öffentliche Ordner oder eine Gruppe senden. Neben allgemeinen Informationen zu Ihrer Exchange-Umgebung enthält die E-Mail auch alle aktuellen Einträge in der Ereignisanzeige der Exchange-Server. Außerdem wird mit jeder E-Mail ein Bericht erstellt, ob die Zertifikate auf dem Exchange-Server noch funktionieren und welche Exchange-Versionen in der Organisation im Einsatz sind. Auch der Festplattenplatz der Server wird überwacht.

Das Tool funktioniert auch mit Exchange SE. Es belastet den Exchange-Server nicht, da es sich dabei lediglich um ein PowerShell-Skript handelt, das ab und zu Daten abfragt. Die Abfrage erfolgt nicht in Echtzeit, sondern nur, wenn Sie sie manuell oder über eine Aufgabe starten.

Sie sehen Statistiken der gesendeten und empfangenen E-Mails, den verbrauchten Speicherplatz und mehr. Auch eine Übersicht zu den Exchange-Datenbanken erhalten Sie. Für die Installation laden Sie das Installations-Archiv und entpacken es auf dem Exchange-Server.

Die Einstellungen von Exchange Reporter nehmen Sie über die Datei *settings.ini* vor. Hier tragen Sie in den einzelnen Zeilen die Informationen ein, die das Tool benötigt, also vor allem die Empfänger und den E-Mail-Server, über den es die Daten senden soll.

Exchange Reporter wird über eine Windows-Aufgabe gestartet. Die Aufgabe erstellen Sie mit dem Skript *Create-ExchangeReporterTask.ps1*. Sie brauchen es nur in der Power-Shell zu starten.

Sie können einen ersten Bericht auch manuell erstellen lassen. Dazu starten Sie im Verzeichnis des Exchange Reporters das folgende Skript:

```
.\New-ExchangeReport.ps1
```

18.3.2 Aktivieren eines öffentlichen Ordners für E-Mail

Sollen Tools wie Exchange Reporter E-Mails an öffentliche Ordner senden, müssen Sie den entsprechenden Ordner für E-Mail aktivieren. Dieser Schritt ist optional. Wenn Sie den öffentlichen Ordner nicht für E-Mail aktivieren, können Benutzer Nachrichten in diesem Ordner bereitstellen, indem sie Elemente aus Outlook hineinziehen, aber Tools wie Exchange Reporter können keine Berichte direkt in den Ordner senden. Den E-Mail-Empfang steuern Sie folgendermaßen:

1. Wechseln Sie im Exchange Admin Center zu *Öffentliche Ordner/Öffentliche Ordner*.
2. Wählen Sie den öffentlichen Ordner aus, den Sie für E-Mail aktivieren wollen.
3. Klicken Sie im Detailbereich unter *E-Mail-Einstellungen – Deaktiviert* auf den Link *Aktivieren*.
4. Sie werden gefragt, ob Sie den öffentlichen Ordner tatsächlich für E-Mail aktivieren möchten. Klicken Sie auf *Ja*.

Der öffentliche Ordner ist jetzt für E-Mail aktiviert, sein Name ist der Alias. Wenn mehrere Empfänger denselben Namen verwenden, wird eine Zahl an den Alias des öffentlichen Ordners angehängt.

In der Exchange Management Shell verwenden Sie zur E-Mail-Aktivierung eines öffentlichen Ordners das Cmdlet *Enable-MailPublicFolder*, zum Beispiel:

```
Enable-MailPublicFolder "\Einkauf"
```

Mehr Informationen zum Cmdlet finden Sie bei Microsoft unter *https://docs.microsoft.com/en-us/powershell/module/Exchange/sharing-and-collaboration/Enable-MailPublicFolder?re-directed-from=MSDN&view=Exchange-ps*.

18.4 Leistungsprobleme beheben: Hohe CPU-Last in den Griff bekommen

Vor allem in kleinen und mittelständischen Unternehmen kann es schnell passieren, dass der interne E-Mail-Server in die Knie geht und die Leistung deutlich einbricht. Mit einigen Schritten lassen sich Probleme aber schnell eingrenzen und in den meisten Fällen recht zügig beheben.

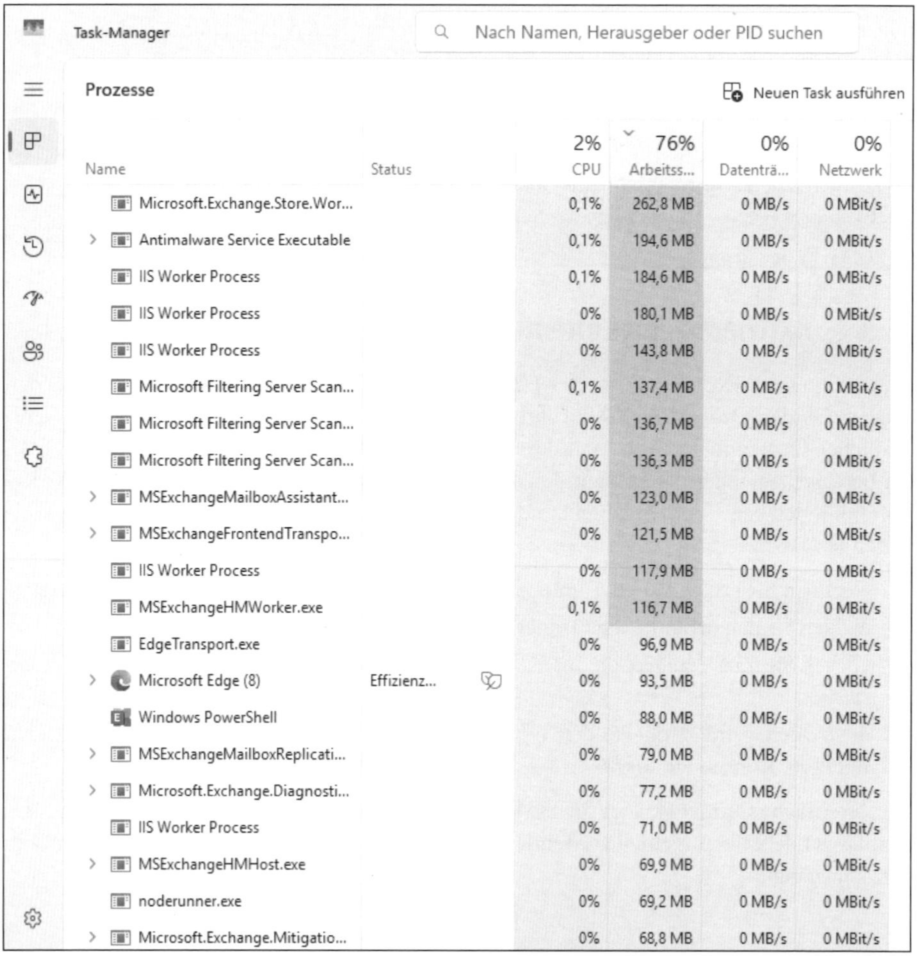

Abb. 18.2 Im Task-Manager finden Sie CPU-Auslastungen am schnellsten.

Reagiert ein E-Mail-Server nicht mehr optimal, sollte der erste Blick in den Task-Manager gehen. Sie starten ihn am schnellsten, indem Sie nach *taskmgr* suchen. Bei Windows Server 2019 klicken Sie danach auf *Mehr Details*, wechseln auf die Registerkarte *Details* und danach auf die Spalte *CPU*. So können Sie nach CPU-Last sortieren und sehen recht schnell, welcher Prozess für die hohe CPU-Last verantwortlich ist.

Der Prozess *Leerlaufprozess* muss eine hohe CPU-Last verursachen, das bedeutet, dass der Server derzeit nicht überlastet ist. Hat der Prozess *svchost.exe* eine hohe Last, sollten Sie diese genauer untersuchen.

Ein häufiger Prozess auf Servern ist *svchost.exe*, der in den meisten Fällen auch mehrmals gestartet ist. Die Datei *svchost.exe* ist im *System32*-Ordner gespeichert und wird beim Systemstart von Windows automatisch als allgemeiner Prozess gestartet. Er durchsucht beim Systemstart die Registry nach Diensten, die beim Systemstart geladen werden müssen.

Dienste, die nicht eigenständig lauffähig sind, sondern über Dynamic Link Library (DLL)-Dateien geladen werden, werden mit *svchost.exe* geladen. Diesen Prozess sollten Sie auf Exchange-Servern beobachten, da Exchange-Prozesse eigene Startdateien haben. Verursacht ein Prozess der *svchost.exe* eine hohe Last, dann ist auf dem Server meistens ein anderer Prozess für die hohe CPU-Last verantwortlich, nicht Exchange selbst. Da unter Windows die unterschiedlichsten Dienste parallel laufen, können auch mehrere Instanzen der *svchost.exe* gleichzeitig in der Prozessliste auftauchen.

18.4.1 Microsoft Sysinternals Process Explorer verwenden

Ein wichtiges Tool für die Analyse der laufenden Prozesse auf einem Computer ist Process Explorer (*https://download.sysinternals.com/files/ProcessExplorer.zip*) von Sysinternals. Sie können sich entweder die ZIP-Datei herunterladen oder das Tool, wie übrigens jedes andere Tool von Sysinternals, auch direkt über den Browser starten. Dazu verwenden Sie die URL *http://live.sysinternals.com/procexp.exe*.

Fahren Sie mit der Maus über einen Prozess, zeigt Process Explorer an, welche aktuellen Dienste oder Anwendungen von dieser Instanz der *svchost.exe* abhängen. So können Sie recht schnell aufschlüsseln, welcher Prozess für die Last verantwortlich ist.

Über den Befehl *tasklist /svc* in der Eingabeaufforderung können Sie sich ebenfalls anzeigen lassen, welche Anwendungen auf *svchost.exe* zurückgreifen. Alternativ können Sie sich die mit *svchost.exe* verbundenen Dienste auch im Task-Manager anzeigen lassen. Gehen Sie dazu folgendermaßen vor:

1. Öffnen Sie den Task-Manager.
2. Holen Sie die Registerkarte *Details* in den Vordergrund.
3. Klicken Sie mit der rechten Maustaste auf eine Instanz von *svchost.exe* und klicken Sie dann auf *Zu Dienst(en) wechseln*. Die dem betreffenden Prozess zugeordneten Dienste werden auf der Registerkarte *Dienste* hervorgehoben.
4. Finden Sie einen Prozess außerhalb von Exchange, dann beenden Sie ihn, um zu testen, ob Exchange wieder ordnungsgemäß funktioniert.

18.4.2 Exchange-Dienste verursachen eine hohe CPU-Last

Verursacht ein einzelner Exchange-Dienst eine hohe CPU-Last, sollten Sie ihn testweise neu starten. Hilft das nicht, starten Sie den Server neu. Beobachten Sie, ob der Prozess normal läuft oder wieder hohe Lasten verursacht. Installieren Sie in diesem Fall das neueste Update für den aktuellen Server, das gilt auch für das Betriebssystem.

18.4.3 Prozessorauslastung messen und optimieren

Zu wenig Hauptspeicher kann die Konsequenz haben, dass auch der Prozessor sehr stark belastet wird. Denn die Auslagerung von Seiten und viele andere Vorgänge gehen natürlich nicht spurlos am Prozessor vorbei. Er hat an der Verwaltung des Arbeitsspeichers einen relativ hohen Anteil. Da Engpässe beim Hauptspeicher typischerweise deutlich kostengünstiger zu beheben sind als solche beim Prozessor, sollte diese Situation zunächst untersucht werden.

Die Auslastung ist kein Problem, wenn sie kurzzeitig über 90 % liegt oder wenn das gelegentlich vorkommt. Zum Problem wird sie, wenn sie über längere Zeiträume in diesem Bereich liegt. Aber auch dann muss man mit der Analyse noch etwas vorsichtig sein. Bei Mehrprozessorsystemen gilt das Augenmerk vor allem den Leistungsindikatoren aus dem Objekt *System*. Dort werden Informationen von mehreren Systemkomponenten zusammengefasst.

Beobachten Sie in der Leistungsüberwachung von Windows Server 2019 den Leistungsindikator *Prozessor: Prozessorzeit (%)*. Dieser Leistungsindikator überwacht die Zeit, die die CPU zur Verarbeitung eines Threads benötigt, der sich nicht im Leerlauf befindet. Ein konstanter Status von 80 bis 90 % ist zu viel.

Zusätzlich können Sie die Prozessornutzung aber auch über *Prozessor: Privilegierte Zeit (%)* überwachen. Dieser gibt den prozentualen Zeitanteil an der Gesamtzeit an, die der Prozessor benötigt, um Windows-Kernelbefehle, wie die Verarbeitung von E/A-Anforderungen von Exchange, auszuführen.

Mit *Prozessor: Benutzerzeit (%)* wird der prozentuale Zeitanteil an der Gesamtzeit angegeben, die der Prozessor benötigt, um Benutzerprozesse wie beispielsweise Exchange Server auszuführen.

Über *System: Prozessor-Warteschlangenlänge* werden die Threads gezählt, die auf Prozessorzeit warten. Ein Prozessorengpass entsteht, wenn die Threads eines Prozesses mehr Prozessorzyklen benötigen, als zur Verfügung stehen.

18.5 Aus der PowerShell E-Mails für Systembenachrichtigungen schreiben

Vor allem um Systemnachrichten aus Skripts zu versenden, kann es sinnvoll sein, aus der PowerShell E-Mails zu verschicken. Um diese Funktion zu nutzen, ist es nicht notwendig, ein Zusatztool zu installieren. Alle notwendigen Objekte stehen in der PowerShell zur Verfügung.

Um E-Mails zu versenden, können Sie das Cmdlet *New-Object* nutzen. Es kann E-Mails erstellen und sich sogar an E-Mail-Servern anmelden, wenn diese eine Authentifizierung benötigen.

Um eine einfache E-Mail zu versenden, speichern Sie am besten die einzelnen Daten in Variablen und lösen danach den Befehl aus. So bleibt die Übersicht in PowerShell-Skripts zum Beispiel zur Systemüberwachung oder Sicherung erhalten. Zunächst speichern Sie den Absender und den Empfänger der E-Mail in der PowerShell als Variable. Im folgenden Beispiel verwenden wir dazu die E-Mail-Adressen *thomas.joos@live.de* als Absendeadresse und *thomas.joos@outlook.com* als Empfänger.

```
$from = "thomas.joos@live.de"
$to = "thomas.joos@outlook.com"
```

Danach speichern Sie den Betreff:

```
$Subject = "PowerShell-E-Mail"
```

Den Text der E-Mail können Sie ebenfalls als Variable speichern:

```
$text = "Dies ist eine E-Mail aus der PowerShell"
```

In den nächsten Schritten legen Sie den SMTP-Server fest, über den Sie die E-Mails senden wollen. Dazu speichern Sie zunächst den Server in der Variablen *$server*, legen danach den Benutzernamen für die Anmeldung mit der Variablen *$user* und danach das Kennwort zur Anmeldung mit der Variablen *$pass* fest.

```
$server = "smtp.live.com"
$user = "thomas.joos@live.de"
$pass = "<Kennwort in Klartext>"
```

Danach erstellen Sie den Befehl, um eine E-Mail zu versenden, und greifen dabei auf die erstellten Variablen zurück:

```
$SMTPClient = New-Object Sys-tem.Net.Mail.SmtpClient($server, 25)
```

Auch diese Konfiguration speichern Sie in einer Datei. Im Anschluss müssen Sie auch noch die Anmeldedaten festlegen und anschließend die E-Mail versenden.

```
$mail.Credentials = New-Object Sys-tem.Net.NetworkCredential($User, $Pass);
$mail.Send($From, $To, $Subject, $text)
```

Wenn der Server TLS oder eine andere Sicherheitsverbindung nutzt, müssen Sie die Befehle etwas anders aufbauen:

```
$Server = "smtp.live.com"
$Port = "587"
$User = "thomas.joos@live.de"
$Pass = "<Kennwort in Klartext>"
$email = New-Object System.Net.Mail.MailMessage
$email.From = "thomas.joos@live.de"
$email.To.Add( "thomas.joos@outlook.com" )
$email.Subject = "Power-Shell-Test-E-Mail"
$email.IsBodyHtml = $false
$email.Body = "Test-Text"
$SMTPClient = New-Object Sys-tem.Net.Mail.SmtpClient( $Server , $Port )
$SMTPClient.EnableSsl = $true
$SMTPClient.Credentials = New-Object Sys-tem.Net.NetworkCredential($User , $Pass );
$SMTPClient.Send( $email )
```

18.6 Zusammenfassung

Das Thema Überwachung und Protokollierung habe ich bereits in den einzelnen Kapiteln dieses Buches behandelt. Dieses letzte Kapitel befasste sich mit Themen, die bisher in keinem anderen Kapitel behandelt wurden, zum Beispiel das Einschränken des Leistungsverbrauchs für Anwender.

Index

B

C

F

G

H

I

J

K

O

P

Q

R

S

T

U

V

W

Z